LAROUSSE

Pocket
DICTIONARY

**POLISH
ENGLISH**

**ENGLISH
POLISH**

LAROUSSE

LAROUSSE

SŁOWNIK
kieszonkowy

POLSKO-
-ANGIELSKI

ANGIELSKO-
-POLSKI

LAROUSSE

Publishing manager
Redaktor naczelny

Janice McNeillie

Project management
Redaktorzy prowadzący

Beata Assaf, Ryszard J. Burek

Editors
Redaktorzy

Benjamin Cope, Katarzyna O'Croinin, Maria Derwich,
Małgorzata Durżyńska, Dena Gurgul, Joanna Haracz-Lewandowska,
Irena Ozga, Elżbieta Polek, Joanna Ruszczak, Jolanta Scicińska,
Piotr Sobotka, Katarzyna Wywiał, Barbara Zielińska, Marek Znidericz

Prepress
Łamanie

LogoScript sp. z o.o.

© Larousse/SEJER, 2004
21, rue du Montparnasse
75283 Paris Cedex 06, France

ISBN 2-03-542035-0
Houghton Mifflin Company, Boston

Preface

This new dictionary has been designed as a reliable and user-friendly tool for use in all language situations. It provides accurate and up-to-date information on written and spoken Polish and English as they are used today.

With over 40,000 words and phrases and 50,000 translations this dictionary includes many proper names and abbreviations, as well as a selection of the most common terms from computing, business and current affairs.

Carefully constructed entries and a clear page design help you to find the translation that you are looking for fast. Examples (from basic constructions and common phrases to idioms) have been included to help put a word in context and give a clear picture of how it is used.

The Publisher

Przedmowa

Niniejszy słownik został pomyślany jako rzetelne, niezawodne i przyjazne dla użytkownika narzędzie przydatne we wszystkich sytuacjach językowych. Dostarcza dokładnych, najbardziej aktualnych informacji o współcześnie stosowanych w mowie i w piśmie językach polskim i angielskim.

Wśród ponad 40 000 słów i zwrotów oraz 50 000 tłumaczeń słownik zawiera wiele nazw własnych i skrótów, wybór najważniejszych terminów komputerowych i biznesowych, a także związanych z aktualnymi wydarzeniami.

Dopracowana forma haseł i przejrzysty układ stron pomagają szybko odnaleźć potrzebne tłumaczenie. Załączone przykłady (od prostych konstrukcji i popularnych zwrotów po związki frazeologiczne) ułatwiają poprawne użycie słowa i zastosowanie go we właściwym kontekście.

Wydawca

Abbreviations

abbreviation	*abbr*	skrót
adjective	*adj*	przymiotnik
adverb	*adv*	przysłówek
anatomy	ANAT	anatomia
automobile	AUT(O)	motoryzacja
auxiliary verb	*aux vb*	czasownik posiłkowy
cinema	CIN	kino
commerce	COMM	handel
comparative	*compar*	stopień wyższy
computing	COMPUT	informatyka
conjunction	*conj*	spójnik
construction	*constr*	konstrukcja
continuous	*cont*	forma ciągła
cooking	CULIN	kulinaria
	cztka	cząstka wyrazowa
definite article	*def art*	przedimek określony
economy	ECON/EKON	ekonomia
exclamation	*excl*	wykrzyknik
feminine	*f*	rodzaj żeński
feminine or masculine	*f lub m*	rodzaj żeński lub rodzaj męski
figurative	*fig*	przenośne
finance	FIN	finanse
formal	*fml*	oficjalne
feminine plural	*fpl*	liczba mnoga rodzaju żeńskiego
generally	*gen*	ogólne
grammar	GRAM(M)	gramatyka
impersonal verb	*impers vb*	czasownik nieosobowy
indefinite article	*indef art*	przedimek nieokreślony
informal	*inf*	potoczne
computing	INFORM	informatyka
exclamation	*interj*	wykrzyknik
cooking	KULIN	kulinaria
law	LAW	prawo
literal	*lit*	dosłowne
masculine	*m*	rodzaj męski
medicine	MED	medycyna
military	MIL	wojskowość
masculine plural	*mpl*	liczba mnoga rodzaju męskiego
music	MUS/MUZ	muzyka
neuter	*n*	rodzaj nijaki
noun	*n*	rzeczownik
plural neuter	*npl*	liczba mnoga rodzaju nijakiego
plural noun	*npl*	rzeczownik w liczbie mnogiej
numeral	*num*	liczebnik
formal	*oficjal*	oficjalne

(Skróty)

Abbreviations   ## Skróty

oneself	*o.s.*	
particle	*part*	partykuła
pejorative	*pej*	pejoratywne
plural	*pl*	liczba mnoga
politics	POL/POLIT	polityka
informal	*pot*	potoczne
past participle	*pp*	imiesłów czasu przeszłego
proper noun	*pr n*	nazwa własna
preposition	*prep*	przyimek
pronoun	*pron*	zaimek
plural pronoun	*pron pl*	zaimek w liczbie mnogiej
figurative	*przen*	przenośne
past tense	*pt*	czas przeszły
registered trademark	®	znak towarowy
radio	RADIO	radio
rail	RAIL	kolejnictwo
religion	RELIG	religia
somebody	*sb*	
school	SCH	szkoła
Scottish English	*Scot.*	szkocki angielski
abbreviation	*skr*	skrót
sport	SPORT	sport
something	*sthg*	
superlative	*superl*	stopień najwyższy
technology	TECH/TECHN	technika
television	TV	telewizja
British English	UK	brytyjski angielski
American English	US	amerykański angielski
intransitive verb	*vi*	czasownik nieprzechodni
intransitive verb inseparable	*vi insep*	czasownik nieprzechodni nierozłączny
intransitive verb separable	*vi sep*	czasownik nieprzechodni rozłączny
imperfective verb	*vimperf*	czasownik niedokonany
impersonal verb	*vimpers*	czasownik nieosobowy
reflexive imperfective verb	*vp imperf*	czasownik zwrotny niedokonany
reflexive impersonal verb	*vp impers*	czasownik zwrotny nieosobowy
reflexive perfective verb	*vp perf*	czasownik zwrotny dokonany
perfective verb	*vperf*	czasownik dokonany
transitive verb	*vt*	czasownik przechodni
transitive verb inseparable	*vt insep*	czasownik przechodni nierozłączny
transitive verb separable	*vt sep*	czasownik przechodni rozłączny
uncountable noun	U	
vulgar	*vulg/wulg*	wulgarne
cultural equivalent	≃	odpowiednik kulturowy

Phonetic Transcription

English vowels

[ɪ] pit, big, rid
[e] pet, tend
[æ] pat, bag, mad
[ʌ] run, cut
[ɒ] pot, log
[ʊ] put, full
[ə] mother, suppose
[iː] bean, weed
[ɑː] barn, car, laugh
[ɔː] born, lawn
[uː] loop, loose
[ɜː] burn, learn, bird

English diphthongs

[eɪ] bay, late, great
[aɪ] buy, light, aisle
[ɔɪ] boy, foil
[əʊ] no, road, blow
[aʊ] now, shout, town
[ɪə] peer, fierce, idea
[eə] pair, bear, share
[ʊə] poor, sure, tour

Semi-vowels

you, spaniel   [j]
wet, why, twin   [w]

Consonants

pop, people   [p]
bottle, bib   [b]
train, tip   [t]
dog, did   [d]
come, kitchen   [k]
gag, great   [g]
chain, wretched   [tʃ]
jet, fridge   [dʒ]
fib, physical   [f]
vine, livid   [v]
think, fifth   [θ]
this, with   [ð]
seal, peace   [s]
zip, his   [z]
sheep, machine   [ʃ]

Transkrypcja fonetyczna

Polskie samogłoski

byk, rydz
kret, tlen

rana, dać
pole, koło
kula, but

kino, list
talk, bar

kula, luz
drzewo, beton

Polskie dyftongi

pejzaż, rejs, klej
daj, kraj
soja

Półsamogłoski

jak, daj
łoś, zły, tył

Spółgłoski

pieprz, sopel
buty, Biblia
trawa, kto
dodać, dym
kot, kaczka
gitara, noga
czekać, oczy
dżem, drożdże
foka, fizyka
wino, lewy

sowa, pisać
zero, wóz
szałas, mysz

usual, measure	[ʒ]	żuraw, masaż
how, perhaps	[h]	hak
metal, comb	[m]	mama, bomba
night, dinner	[n]	nowy, okno
little, help	[l]	lot, dalej
right, carry	[r]	rower, pora

The symbol ['] indicates that the following syllable carries primary stress and the symbol [,] that the following syllable carries secondary stress.

Symbol ['] oznacza, że na następującą po nim sylabę pada akcent główny, a po symbolu [,] akcent poboczny.

The symbol [ʳ] in English phonetics indicates that the final "r" is pronounced only when followed by a word beginning with a vowel. Note that it is nearly always pronounced in American English.

W angielskiej fonetyce symbol [ʳ] oznacza, że końcowe „r" jest wymawiane tylko, kiedy następuje po nim słowo rozpoczynające się samogłoską. W amerykańskim angielskim wymawiane jest prawie zawsze.

POLSKO – ANGIELSKI

POLISH – ENGLISH

A

a *conj* [związek treści] and; [przeciwstawność] but; [uzupełnianie treści] and • **pojechali do Anglii, a nie do Ameryki** they went to England, and not to America. ➡ **a!** *interj* [stany uczuciowe] ah!, oh!

AA *(skr od* Anonimowi Alkoholicy*)* AA.

abażur *(D* **-u**) *m* lampshade.

abonament *(D* **-u**) *m* subscription • **abonament telewizyjny/radiowy** TV/radio licence.

abonent, ka *m, f* [czasopisma, gazety] subscriber. ➡

abonować *(perf* **zaabonować**) *vimperf* to subscribe • **abonować coś** to subscribe to sthg.

aborcja *(D* aborcji*)* *f* abortion.

absolutny *adj* absolute • **mieć absolutne zaufanie do kogoś** to have absolute faith in sb.

absolwent, ka *m, f* graduate. ◌

absorbować *vimperf* [pochłaniać] to absorb • **praca zawodowa bardzo mnie absorbuje** my work is really absorbing.

abstrakcyjny *adj* abstract.

abstynent, ka *m, f* teetotaller.

absurd *(D* **-u**) *m* nonsense.

absurdalny *adj* absurd.

absynt *(D* **-u**) *m* absinthe.

aby ◌ *conj* [cel] (in order) to, so that; [skutek] to. ◌ *part* [byle] as

long as • **aby doczekać do wiosny!** roll on Spring!

aczkolwiek *conj oficjal* although, though.

adaptacja *(D* adaptacji*)* *f* [gen] adaptation; [budynku] conversion.

adekwatny *adj* adequate.

adidasy *(D* adidasów*)* *mpl* trainers.

administracja *(D* administracji*)* *f* administration • **administracja osiedlowa** [mieszkania komunalne] housing authority; [mieszkania własnościowe] estate management; **administracja samorządowa** local authority; **wziąć coś w administrację** to take over the management of sthg.

administrator *m* administrator.

admirał *m* admiral.

adnotacja *(D* adnotacji*)* *f* note.

adopcja *(D* adopcji*)* *f* adoption.

adoptować *vimperf* LUB *vperf* to adopt.

adoptowany *adj* adopted.

adres *(D* **-u**) *m* [miejsce zamieszkania] address • **adres zwrotny** return address; **adres zamieszkania/zameldowania** home address; **adres stały/tymczasowy** permanent/temporary address; **adres internetowy** INFORM internet address.

2

adresat, ka *m, f* [listu, przesyłki] addressee; [filmu] viewer; [powieści] reader.

adresować (*perf* **zaadresować**) *vimperf* [kopertę, list] to address.

Adriatyk (*D* **-u**) *m* Adriatic.

adwokat *m* lawyer.

aerobik (*D* **-u**) *m* aerobics.

aerozol (*D* **-u**) *m* aerosol.

afera (*D* **afery**) *f pej* scandal.

aferzysta, aferzystka *m, f* swindler.

afisz (*D* **-a**) *m* poster.

afiszować się *vp imperf pej* [z poglądami, uczuciami] to flaunt • **afiszować się z czymś** to flaunt sthg.

Afryka (*D* **Afryki**) *f* Africa.

AGD (*skr od* **artykuły gospodarstwa domowego**) *n household electrical goods.*

agencja (*D* **agencji**) *f* [firma] agency • **agencja reklamowa** advertising agency; **agencja towarzyska** dating agency; **Europejska Agencja Kosmiczna** European Space Agency.

agent, ka *m, f* : **agent ubezpieczeniowy** insurance agent; **agent nieruchomości** estate agent; **agent wywiadu** secret agent; **agent handlowy** sales representative.

agitator, ka *m, f* [polityczny] campaigner.

aglomeracja (*D* **aglomeracji**) *f* [miejska] urban area.

agonia (*D* **agonii**) *f* death • **leżeć w agonii** to lie dying.

agrafka (*D* **agrafki**) *f* safety pin.

agresja (*D* **agresji**) *f* aggression.

agresor *m pej* aggressor.

agrest (*D* **-u**) *m* gooseberry.

agresywnie *adv* aggressively.

agresywny *adj* aggressive.

AIDS (*inv*) *m* LUB *n* AIDS.

ajencja (*D* **ajencji**) *f* franchise • **wziąć coś w ajencję** to obtain a franchise on sthg.

ajerkoniak (*D* **-u**) *m* advocaat.

akacja (*D* **akacji**) *f* acacia.

akademia (*D* **akademii**) *f* [wyższa uczelnia] academy; [uroczystość] *commemorative ceremony, comprising an official and an artistic part* • **Akademia Sztuk Pięknych** Academy of Fine Arts.

akademicki *adj* academic • **młodzież akademicka** students.

akademik (*D* **-a**) *m* [dom studencki] hall of residence.

akapit (*D* **-u**) *m* [ustęp] paragraph.

akcent (*D* **-u**) *m* GRAM accent; [charakter] tone.

akcentować (*perf* **zaakcentować**) *vimperf* [wymawiać z naciskiem] to stress.

akceptować (*perf* **zaakceptować**) *vimperf* to accept • **nie akceptować czegoś** to refuse to accept sthg.

akcesoria (*D* **akcesoriów**) *npl* accessories • **akcesoria malarskie** artists' materials.

akcja (*D* **akcji**) *f* [zbiorowe działanie] campaign; EKON share • **akcja wyborcza** election campaign; **akcja charytatywna** charity appeal; **akcja powieści/filmu** the plot of a novel/film; **kupić akcje** to buy shares; **kurs akcji** share index.

akcjonariusz, ka *m, f* shareholder.

akcyjny *adj* : **spółka akcyjna** joint-stock company; **kapitał akcyjny** share capital.

aklimatyzacja (*D* **aklimatyzacji**) *f* acclimatization.

aklimatyzować (*perf* zaaklimatyzować) *vimperf* to acclimatize.
➤ **aklimatyzować się** (*perf* zaaklimatyzować się) *vp imperf* to acclimatize.

akompaniament (*D* -u) *m* MUZ accompaniment.

akompaniować *vimperf* MUZ to accompany • **akompaniować na fortepianie** to accompany on the piano.

akonto (*D* akonta) *n* [zaliczka] advance payment • **wziąć od szefa akonto** to get an advance from the boss.

akord (*D* -u) *m* MUZ chord; EKON piecework • **akord fortepianowy** a chord on the piano; **praca na akord** piecework.

akordeon (*D* -u) *m* accordion.

akr (*D* -a) *m* acre.

akredytacja (*D* akredytacji) *f* accreditation.

akredytowany *adj* accredited.

aksamit (*D* -u) *m* velvet • **jak aksamit** velvety.

akt (*D* -u) *m* [dokument] certificate; [część sztuki] act; [kobiecy, męski] nude • **sztuka w trzech aktach** a play in three acts; **akt agresji** an act of aggression; **akt kobiecy** female nude; **akt notarialny** authenticated deed; **akt oskarżenia** indictment; **akt urodzenia** birth certificate; **Jednolity Akt Europejski** Single European Act.

aktor, ka *m, f* actor (*f* actress).

aktówka (*D* aktówki) *f* briefcase.

aktualnie *adv* oficjal currently.

aktualność (*D* aktualności) *f* [tematu, utworu] topicality.
➤ **aktualności** (*D* aktualności) *fpl* latest news.

aktualny *adj* [na czasie] current; [ważny, obowiązujący] valid.

aktywność (*D* aktywności) *f* [zawodowa, życiowa] activity.

aktywny *adj* [biorący udział] active.

akumulacja (*D* akumulacji) *f* accumulation.

akumulator (*D* -a) *m* battery • **ładować akumulator** to charge the battery.

akupunktura (*D* akupunktury) *f* acupuncture.

akurat <> *adv* [dokładnie] exactly; [właśnie] just. <> *interj* : **akurat ci uwierzę!** there's no way I'll believe you!

akustyczny *adj* [dźwiękowy] acoustic.

akwarela (*D* akwareli) *f* watercolour.

akwarium (*inv*) *n* aquarium.

akwedukt (*D* -u) *m* aqueduct.

akwen (*D* -u) *m* body of water. ()

akwizycja (*D* akwizycji) *f* door to door sales.

akwizytor *m* travelling salesman.

al. (*skr od* aleja) Ave.

alabaster (*D* alabastru) *m* alabaster.

alarm (*D* -u) *m* [sygnał] alarm • **alarm samochodowy** car alarm; **alarm pożarowy/powodziowy** fire/flood alert.

alarmować (*perf* zaalarmować) *vimperf* [zawiadamiać] to alert; [ostrzegać] to warn.

alarmowy *adj* [ostrzegawczy] warning • **system alarmowy** warning system; **poziom wody przekroczył stan alarmowy** the water level rose above danger point.

alarmujący *adj* alarming.

Alaska (*D* Alaski) *f* Alaska.

Albania (*D* Albanii) *f* Albania.

albinos, ka *m, f* albino.

albo *conj* or • **albo..., albo...** either... or ...

album (*D* -u) *m* album • **album do zdjęć** photograph album; **album malarstwa** a book of paintings.

ale ◇ *conj pot* [przeciwieństwo] but. ◇ *part* [zdumienie, podziw] what • **ale narozrabiałeś!** what a load of trouble you've caused!

aleja (*D* alei) *f* avenue • **aleja wjazdowa** drive; **aleja wysadzana topolami** an avenue lined with poplars.

alejka (*D* alejki) *f* path.

alergia (*D* alergii) *f* allergy • **alergia na truskawki** strawberry allergy; **mieć na coś alergię** to be allergic to sthg.

alergiczny *adj* allergenic.

alfabet (*D* -u) *m* alphabet • **alfabet Braille'a** Braille; **alfabet Morse'a** Morse code.

alfabetyczny *adj* alphabetical • **w porządku alfabetycznym** in alphabetical order.

alga (*D* algi) *f* algae.

algebra (*D* algebry) *f* algebra.

Algieria (*D* Algierii) *f* Algeria.

alibi (*inv*) *n* alibi • **mieć alibi** to have an alibi.

alkohol (*D* -u) *m* alcohol.

alkoholik, alkoholiczka *m, f* alcoholic.

alkoholowy *adj* alcoholic.

aloes (*D* -u) *m* aloe vera.

alpejski *adj* alpine • **krajobraz alpejski** Alpine landscape; **roślinność alpejska** Alpine plants; **narciarstwo alpejskie** downhill skiing.

alpinizm (*D* -u) *m* mountaineering.

Alpy (*D* Alp) *pl* the Alps.

altana (*D* altany) *f* [ogrodowa] summer house.

alternatywa (*D* alternatywy) *f* alternative • **stanąć przed alternatywą: pójść na studia albo rozpocząć pracę** to be faced with a choice of whether to go to university or to start work.

alternatywny *adj* alternative.

aluminiowy *adj* aluminium.

aluminium *(inv)* *n* aluminium.

aluzja (*D* aluzji) *f* allusion.

Alzacja (*D* Alzacji) *f* Alsace.

Alzatczyk, Alzatka *m, f* Alsatian.

amant, ka *m, f* [wielbiciel] admirer; [aktor] sex symbol.

amator, ka *m, f* [miłośnik] fan; [niezawodowiec] amateur.

amatorski *adj* [niezawodowy] amateur; [niedoskonały] amateurish.

Amazonka (*D* Amazonki) *f* Amazon.

ambasada (*D* ambasady) *f* embassy.

ambasador *m* ambassador.

ambicja (*D* ambicji) *f* [duma] pride; [pragnienie] ambition. ➡ **ambicje** (*D* ambicji) *fpl* [pragnienie] ambitions.

ambitny *adj* ambitious.

ambona (*D* ambony) *f* [w kościele] pulpit.

ambulans (*D* -u) *m* ambulance.

ambulatorium *(inv)* *n* clinic.

ameba (*D* ameby) *f* amoeba.

amen *interj* [w modlitwie] amen.

Ameryka (*D* Ameryki) *f* America • **Ameryka Łacińska** Latin

America; **Ameryka Południowa** South America; **Ameryka Północna** North America; **Ameryka Środkowa** Central America.

ametyst (D -u) m amethyst.

amfetamina (D amfetaminy) f amphetamine.

amfiteatr (D -u) m amphitheatre.

amnestia (D amnestii) f amnesty.

amnezja (D amnezji) f amnesia.

amoralny adj amoral.

amortyzacja (D amortyzacji) f EKON depreciation; AUTO shock absorption.

amortyzator (D -a) m AUTO shock absorber.

amortyzować vimperf AUTO : resory w pełni nie amortyzowały wstrząsów the suspension didn't cushion all the bumps. ➡ **amortyzować się** vp imperf EKON to be amortized • zakup amortyzuje się w ciągu kilku lat the purchase is amortized over a period of several years.

amper (D -a) m ampere.

ampułka (D ampułki) f ampoule.

amputacja (D amputacji) f MED amputation.

Amsterdam (D -u) m Amsterdam.

amsterdamczyk, amsterdamka m, f inhabitant of Amsterdam.

amulet (D -u) m amulet.

amunicja (D amunicji) f ammunition.

anachroniczny adj [przestarzały] outdated.

analfabeta, analfabetka m, f illiterate person • **wtórny analfabeta** ignoramus.

analfabetyzm (D -u) m illiteracy • **wtórny analfabetyzm** ignorance.

analiza (D analizy) f analysis.

analizować (perf zanalizować) vimperf to analyse • **analizować coś** to analyse sthg.

analogia (D analogii) f analogy.

analogicznie adv by analogy.

analogiczny adj analogous.

ananas (D -a) m pineapple.

anatomia (D anatomii) f anatomy.

Andaluzja (D Andaluzji) f Andalusia.

Andaluzyjczyk, Andaluzyjka m, f inhabitant of Andalusia.

andrut (D -a) m KULIN filled wafer.

Andy (D Andów) pl the Andes.

anegdota (D anegdoty) f [prawdziwa] anecdote; [zmyślona] joke.

aneks (D -u) m [załącznik] appendix; [część pomieszczenia] area.

anemia (D anemii) f anaemia.

anemiczny adj [o człowieku] anaemic.

angaż (D -u) m [zatrudnienie] employment.

angażować (perf zaangażować) vimperf [zatrudniać] to take on; [zajmować] to engage. ➡ **angażować się** (perf zaangażować się) vp imperf [uczuciowo] to be committed • **zaangażować się w coś** to be committed to sthg.

angielski adj English.

angina (D anginy) f strep throat.

Anglia (D Anglii) f England.

Anglik, Angielka *m, f* Englishman (*f* Englishwoman).

ani ⟨⟩ *conj* [z innym przeczeniem]
: **nie znała żadnego języka
obcego: ani angielskiego, ani
niemieckiego** she didn't know
any foreign languages, neither
English nor German. ⟨⟩ *part*
[wzmacnia przeczenie] : **ani się
waż!** don't even try!; **ani słowa!**
not a word!

animacja (*D* animacji) *f* [filmowa]
animation.

animowany *adj* [film] animated.

anioł (*D* -a) *m* angel • **Anioł Stróż**
guardian angel.

ankieta (*D* ankiety) *f* [formularz]
questionnaire; [badanie opinii]
opinion poll.

anomalia (*D* anomalii) *f* anom-
aly.

anonim (*D* -u) *m* [list] anonymous
letter. • **dostać anonim** to receive an anonymous letter.

anonimowość (*D* anonimo-
wości) *f* anonymity.

anonimowy *adj* [utwór, list]
anonymous.

anoreksja (*D* anoreksji) *f* anor-
exia.

anormalny *adj* abnormal.

Antarktyda (*D* Antarktydy) *f*
Antarctica.

Antarktyka (*D* Antarktyki) *f*
Antarctic.

antena (*D* anteny) *f* [urządzenie]
antenna; [o audycji] : **wejść na
antenę** to be broadcast • **antena
pokojowa** indoor aerial; **antena
satelitarna** satellite dish.

antidotum (*inv*) *n* antidote.

antrakt (*D* -u) *m* interval.

antresola (*D* antresoli) *f* mezza-
nine.

antrykot (*D* -u) *m* KULIN entre-
cote.

antybiotyk (*D* -u) *m* antibiotic.

antyczny *adj* [epoka] ancient;
[meble] antique • **antyczna literatura** the classics.

antygen (*D* -u) *m* antigen.

antyk (*D* -u) *m* [epoka] antiquity;
[przedmiot] antique • **sklep z
antykami** antique shop.

antykoncepcja (*D* antykoncep-
cji) *f* contraception.

antykoncepcyjny *adj* contraceptive • **pigułka antykoncepcyjna** contraceptive pill.

antykwariat (*D* -u) *m* [sklep z
książkami] second-hand book
shop; [sklep z antykami] antique
shop.

antylopa *f* antelope.

antypatia (*D* antypatii) *f* dislike.

antypatyczny *adj* repulsive.

antypoślizgowy *adj* non-skid.

antysemita, antysemitka *m, f*
anti-Semite.

antysemityzm (*D* -u) *m* anti-
Semitism.

antyseptyczny *adj* antiseptic.

anulować *vimperf* LUB *vperf* to
cancel.

anyż (*D* -u) *m* aniseed.

anyżówka (*D* anyżówki) *f* aniseed vodka.

aorta (*D* aorty) *f* MED aorta.

aparat (*D* -u) *m* [urządzenie]
appliance • **aparat radiowy** radio; **aparat fotograficzny** camera; **aparat telefoniczny** phone.

apartament (*D* -u) *m* [mieszkanie]
flat *UK*, apartment *US* • **apartament hotelowy** suite.

apatia (*D* apatii) *f* apathy.

apatyczny *adj* apathetic.

apel (D -u) m [zbiórka] assembly; [odezwa] appeal • **zwrócić się do kogoś z gorącym apelem** to make a heartfelt appeal to sb.

apelować vimperf to appeal • **apelować o coś** [mobilizować, zachęcać do czegoś] to (make an) appeal for sthg; **apelować do czyjegoś sumienia** to appeal to sb's conscience.

Apeniny (D Apeninów) pl the Apennines.

aperitif (D -u) m aperitif.

apetyczny adj appetising.

apetyt (D -u) m appetite • **jeść coś z apetytem** to eat sthg with relish.

aplikacja (D aplikacji) f [adwokacka] articles; INFORM application.

apolityczny adj non-political.

aportować vimperf to retrieve.

apostoł m [uczeń Chrystusa] apostle.

aprobata (D aprobaty) f approval.

aprobować vimperf LUB vperf to approve.

apteczka (D apteczki) f : **apteczka pierwszej pomocy** first-aid kit.

apteka (D apteki) f chemist • **apteka całodobowa** all-night chemist.

aptekarz, aptekarka m, f pharmacist.

ar (D -a) m are.

Arabia Saudyjska (D Arabii Saudyjskiej) f Saudi Arabia.

arabski adj [kraje, osoba] Arab; [język, kultura] Arabic • **cyfry arabskie** Arabic numerals.

aranżacja (D aranżacji) f [pio-senki] arrangement • **aranżacja wnętrz** interior design.

arbitralny adj arbitrary.

arbuz (D -a) m watermelon.

archaiczny adj [kultura] archaic; pej [pojazd] archaic.

archeologia (D archeologii) f archaeology.

archeologiczny adj archaeological.

archipelag (D -u) m archipelago.

architekt m architect.

architektura (D architektury) f architecture • **architektura wnętrz** interior design.

archiwum (inv) n archive.

arcybiskup m archbishop.

arcydzieło (D arcydzieła) n masterpiece.

Ardeny (D Arden LUB Ardenów) pl the Ardennes.

arena (D areny) f lit & przen arena.

areszt (D -u) m [kara] custody; [pomieszczenie] detention cell.

aresztować vimperf LUB vperf to arrest.

aresztowanie (D aresztowania) n arrest.

aresztowany ◇ adj [przestępca] under arrest. ◇ m [osoba aresztowana] person under arrest.

Argentyna (D Argentyny) f Argentina.

argument (D -u) m argument.

argumentować vimperf to argue.

aria (D arii) f aria.

arka (D arki) f [biblijna] ark • **Arka przymierza** Ark of the Covenant.

arkada (D arkady) f arcade.

arkusz (D -a) m [papieru] sheet.

armaniak (D -u) m armagnac.

armata (*D* armaty) *f* [współczesna] large calibre gun; [dawna] cannon.

armia (*D* armii) *f* [wojsko] army.

arogancja (*D* arogancji) *f* arrogance.

arogancki *adj* arrogant.

aromat (*D* -u) *m* aroma.

aromatyczny *adj* aromatic.

arras (*D* -u) *m* tapestry.

arszenik (*D* -u) *m* arsenic.

arteria (*D* arterii) *f* [droga] arterial road.

artretyzm (*D* -u) *m* arthritis.

artykuł (*D* -u) *m* article • **artykuły gospodarstwa domowego** household goods.

artysta, artystka *m*, *f* artist.

artystyczny *adj* [kierunek, salon] artistic.

arystokracja (*D* arystokracji) *f* aristocracy.

arystokrata, arystokratka *m*, *f* aristocrat.

as (*D* -a) *m* [w kartach; o człowieku] ace.

asekuracja (*D* asekuracji) *f* [zabezpieczenie] protection; [postępowanie] precaution • **asekuracja wspinaczkowa** belay.

asekurować *vimperf* [zabezpieczać] to protect • **asekuruj mnie w czasie wspinaczki na ten szczyt** belay me for the climb up to the peak. **asekurować się** *vp imperf* [zabezpieczać się] to take out protection.

aseptyczny *adj* sterile.

asfalt (*D* -u) *m* asphalt.

asortyment (*D* -u) *m* [towarów] selection.

aspekt (*D* -u) *m* aspect.

aspiracje (*D* aspiracji) *fpl* aspirations.

aspiryna (*D* aspiryny) *f* aspirin.

aspołeczny *adj* asocial.

astma (*D* astmy) *f* asthma.

astrologia (*D* astrologii) *f* astrology.

astronomia (*D* astronomii) *f* astronomy.

astronomiczny *adj* [zima, suma] astronomical.

asygnata (*D* asygnaty) *f* EKON order of payment.

asymilacja (*D* asymilacji) *f* assimilation.

asymilować *vimperf* [przyswajać] to assimilate. **asymilować się** *vp imperf* [przystosowywać się] to assimilate.

asystent, ka *m*, *f* [pomocnik] assistant.

asystować *vimperf* to assist • **asystować komuś** to assist sb.

atak (*D* -u) *m* attack • **atak serca** heart attack.

atakować (*perf* **zaatakować**) *vimperf* to attack.

ateista, ateistka *m*, *f* atheist.

atelier *(inv)* *n* studio.

Ateny (*D* Aten) *pl* Athens.

ateńczyk, atenka *m*, *f* Athenian.

atest (*D* -u) *m* certificate.

Atlantyk (*D* -u) *m* Atlantic.

atlas (*D* -u) *m* atlas.

atleta, atletka *m*, *f* athlete.

atłas (*D* -u) *m* satin.

atmosfera (*D* atmosfery) *f* [ziemska, napięta] atmosphere.

atmosferyczny *adj* atmospheric.

atom (*D* -u) *m* atom.

atomizer (D -a) m atomiser.

atomowy adj nuclear • **jądro atomowe** nucleus.

atrakcja (D atrakcji) f attraction • **atrakcja turystyczna** tourist attraction.

atrakcyjny adj [kobieta, cena] attractive.

atrament (D -u) m ink.

atrapa (D atrapy) f [imitacja] imitation • **na wystawie wisiały same atrapy** the shop window was full of imitation goods.

atu (inv) n trump.

atut (D -u) m [atu] trump; [zaleta] best point • **posiadać wiele atutów** to have many good points.

audiencja (D audiencji) f audience.

audiowizualny adj audiovisual.

audycja (D audycji) f programme.

audytorium (inv) n [słuchacze] audience; [sala] lecture theatre.

aukcja (D aukcji) f auction.

aula (D auli) f lecture hall.

aureola (D aureoli) f halo.

Australia (D Australii) f Australia.

Austria (D Austrii) f Austria.

Austriak, Austriaczka m, f Austrian.

autentyczność (D autentyczności) f authenticity.

autentyczny adj authentic.

autentyk (D -u) m original.

auto (D auta) n car.

autoalarm (D -u) m car alarm.

autobiografia (D autobiografii) f autobiography.

autobus (D -u) m bus • **jechać autobusem** to go by bus; **wsiąść do autobusu** to get on a bus.

autocasco (inv) n comprehensive car insurance.

autograf (D -u) m autograph.

autokar (D -u) m coach.

automat (D -u) m [telefon] payphone; [z papierosami, napojami] vending machine.

automatycznie adv automatically.

automatyczny adj automatic • **automatyczna sekretarka** answer-phone.

automobilizm (D -u) m motor sport.

autonomia (D autonomii) f autonomy.

autonomiczny adj autonomous.

autoportret (D -u) m self-portrait.

autor, ka m, f author.

autorytet (D -u) m [szacunek] respect; [osoba] authority • **cieszyć się u kogoś autorytetem** to have sb's respect.

autoryzowany adj authorised.

autoserwis (D -u) m garage.

autostop (D -u) m hitchhiking • **podróżować autostopem** to hitchhike.

autostopowicz, ka m, f hitchhiker.

autostrada (D autostrady) f motorway • **wjazd na autostradę** slip road onto the motorway; **zjazd z autostrady** slip road off the motorway.

awangardowy adj avant-garde.

awans (D -u) m promotion • **awans społeczny** social advancement.

awansować vimperf LUB vperf to be promoted • **awansować kogoś** to promote sb.

awantura (D awantury) f row.

awanturnik, awanturniczka *m, f pej* troublemaker.

awanturować się *vp imperf* to row.

awaria (*D* awarii) *f* : usunąć awarię wodociągu to repair a fault in the water main; **awaria silnika** engine failure; **awaria sieci gazowej** damage to the gas main.

awaryjny *adj* emergency.

awersja (*D* awersji) *f* aversion.

awista (*inv*) *adj* [na każde żądanie] : konto awista current account.

awizo (*D* awiza) *n* *notification of mail waiting for collection from post office.*

awokado (*inv*) *n* avocado.

Azja (*D* Azji) *f* Asia.

azot (*D* -u) *m* nitrogen.

azyl (*D* -u) *m* [polityczny] asylum.

B

b. (*skr od bardzo*) *v*; (*skr od były*) *former.*

baba *f pot* [kobieta] woman; *pot* [chłopka] peasant woman.

babcia *f* grandmother; [staruszka] old woman.

babeczka (*D* babeczki) *f* cupcake • **babeczka owocowa** fruit tart; **babeczka piaskowa** Madeira cake; **krucha babeczka** shortcrust pie.

babka *f pot* [kobieta] girl; [babcia] grandmother; [ciasto] *plain, well-risen cake, traditional at Easter.*

bachor *m pot & pej* [dziecko] brat.

bacówka (*D* bacówki) *f* [szałas] *shepherd's hut in the mountains.*

bacznie *adv* attentively.

baczny *adj* attentive • **zwracać baczną uwagę na coś** to pay close attention to sthg.

bać się *vp imperf* [czuć strach] to be afraid; [niepokoić się] to worry • **bać się kogoś/czegoś** to be afraid of sb/sthg; **bać się o kogoś/o coś** to be worried about sb/sthg.

badacz, ka *m, f* researcher.

badać (*perf* zbadać) *vimperf* [chorego] to examine; [sprawę] to investigate.

badanie (*D* badania) *n* [rutynowe] test; [lekarskie] examination; [naukowe] research.

badawczy *adj* [praca, ośrodek] research; [spojrzenie] scrutinizing.

badminton (*D* -a) *m* badminton.

bagatela (*D* bagateli) *f* trifle.

bagatelizować (*perf* zbagatelizować) *vimperf* to make light of • **zbagatelizować problem** to make light of the problem.

bagaż (*D* -u) *m* luggage • **bagaż podręczny** hand luggage.

bagażnik (*D* -a) *m* [w samochodzie] boot *UK*, trunk *US* • **bagażnik na dachu/rowerowy** roof/bicycle rack.

bagażowy *m* porter.

bagietka (*D* bagietki) *f* baguette.

bagnisko (*D* bagniska) *n* bog.

bagnisty *adj* boggy.

bagno (*D* bagna) *n* bog.

bajeczny *adj* [istniejący w bajkach] fairy tale; [niesamowity] fabulous.

bajka (*D* bajki) *f* [baśń] fairy tale; [bzdura] nonsense.

bajoński *adj* enormous • **zapła-**

cić za coś bajońską sumę to pay a king's ransom for sthg.

bajt (*D* -u LUB a) *m* INFORM byte.

bak (*D* -u) *m* [na paliwo] tank.

bakcyl (*D* -a) *m* bug • połknął bakcyla teatru he was bitten by the theatre bug.

baki (*D* baków) *mpl* [zarost] sideburns.

bakłażan (*D* -a LUB u) *m* aubergine *UK*, eggplant *US* • nadziewany bakłażan stuffed aubergine.

bakteria (*D* bakterii) *f* bacterium.

bal (*D* -u) *m* [zabawa] ball.

balast (*D* -u) *m* ballast.

balet (*D* -u) *m* ballet.

balkon (*D* -u) *m* [na zewnątrz budynku] balcony; [w teatrze] circle.

ballada (*D* ballady) *f* [utwór literacki] ballad; [utwór muzyczny] ballade.

balon (*D* u) *m* [statek powietrzny] hot-air balloon; [zabawka] balloon.

balonik (*D* -a) *m* balloon.

balsam (*D* -u) *m* lotion • balsam do rąk/ciała hand/bodylotion.

balustrada (*D* balustrady) *f* balustrade.

bałagan (*D* -u) *m* mess.

Bałkany (*D* Bałkanów) *pl* the Balkans.

Bałtyk (*D* -u) *m* the Baltic.

bałwan (*D* -a) *m* [śniegowy] snowman; *pot & pej* [głupiec] wally.

bambus (*D* -a) *m* bamboo.

banalny *adj* banal.

banał (*D* -u) *m* banality.

banan (*D* -a) *m* banana.

banda (*D* bandy) *f* [szajka] gang.

bandaż (*D* -a) *m* bandage • bandaż elastyczny elastic bandage.

bandażować (*perf* zabandażować) *vimperf* to bandage • bandażować ranę to bandage a wound.

bandera (*D* bandery) *f* flag.

banderola (*D* banderoli) *f* band.

bandyta *m* bandit • jednoręki bandyta [automat do gry] one-armed bandit.

baniak (*D* -a) *m* canister.

banialuki (*D* banialuk) *fpl* pot nonsense • opowiadać banialuki to tell tall tales.

bank (*D* -u) *m* bank • wziąć pieniądze z banku to withdraw money from the bank; Europejski Bank Centralny European Central Bank; Europejski Bank Inwestycyjny European Investment Bank; Europejski Bank Odbudowy i Rozwoju European Bank for Reconstruction and Development.

bankier *m* banker

bankiet (*D* -u) *m* banquet.

banknot (*D* -u) *m* banknote.

bankomat (*D* -u) *m* cash-point.

bankowy *adj* bank.

bankructwo (*D* bankructwa) *n* bankruptcy.

bankrutować (*perf* zbankrutować) *vimperf* to go bankrupt.

bańka (*D* bańki) *f* [naczynie] container; [pęcherzyk] bubble • bańki mydlane soap bubbles.

bar (*D* -u) *m* [bufet] bar; [zakład] snack-bar • bar sałatkowy salad bar; bar mleczny *subsidised self-service restaurant offering home-style cooking*.

barak (*D* -u) *m* [budynek] prefab.

baran *m* [zwierzę] ram. **Baran** *m* [znak zodiaku] Aries.

baranek *m* [mały baran] lamb.

baranina (*D* baraniny) *f* mutton.

barbarzyński *adj* [zbrodniczy] barbaric.

Barcelona (*D* Barcelony) *f* Barcelona.

barcelończyk, barcelonka *m*, *f inhabitant of Barcelona*.

bardzo (*compar* bardziej, *superl* najbardziej) *adv* [w wysokim stopniu] very; [bardziej] more; [najbardziej] the most.

bariera (*D* bariery) *f* barrier.

barierka (*D* barierki) *f* [płotek] barrier.

bark (*D* -u) *m* shoulder.

barka (*D* barki) *f* barge.

barman, ka *m*, *f* barman (*f* barmaid) *UK*, bartender *US*.

barometr (*D* -u) *m* barometer.

barszcz (*D* -u) *m* borsch • **barszcz biały** *sour, light-coloured soup based on rye flour, usually served with a piece of sausage in it*; **barszcz ukraiński** beetroot and vegetable soup.

barwa (*D* barwy) *f* [kolor] colour; [brzmienie] tone.

barwić (*perf* zabarwić) *vimperf* to dye.

barwnik (*D* -a) *m* dye.

barwny *adj* [kolorowy] colour; [ciekawy] colourful.

barykada (*D* barykady) *f* barricade.

barykadować (*perf* zabarykadować) *vimperf* [drogę, ulicę] to barricade. ➡ **barykadować się** (*perf* zabarykadować się) *vp imperf* [w domu, piwnicy] to barricade o.s.

baryłka (*D* baryłki) *f* [miodu, piwa] barrel.

basen (*D* -u) *m* [pływalnia] swimming pool; [zlewisko] basin.

Bask, Baskijka *m*, *f* Basque.

Baskonia (*D* Baskonii) *f* the Basque Provinces.

baszta (*D* baszty) *f* keep.

baśń (*D* baśni) *f* fairy tale.

bat (*D* -a) *m* whip.

bateria (*D* baterii) *f* battery.

batuta (*D* batuty) *f* baton • **orkiestra pod batutą** orchestra conducted by.

batyst (*D* -u) *m* batiste.

Bawarczyk, Bawarka *m*, *f* Bavarian.

Bawaria (*D* Bawarii) *f* Bavaria.

bawarka (*D* bawarki) *f* KULIN *tea with milk*.

bawełna (*D* bawełny) *f* cotton • **owijać w bawełnę** to beat about the bush.

bawełniany *adj* cotton.

bawić *vimperf* [dzieci] to entertain • **bawić kogoś** to entertain someone; **to mnie nie bawi** I don't like it. ➡ **bawić się** *vp imperf* to play • **bawić się z kimś** to play with sb; **bawić się w coś** to play sthg; **jak się bawiłaś na imprezie?** how did you enjoy the party?; **dobrze bawić się w czyimś towarzystwie** to enjoy sb's company; **nie baw się w swatkę** don't play the match-maker.

baza (*D* bazy) *f* [podstawa] base; [środki] resource base • **baza danych** database.

bazar (*D* -u) *m* bazaar.

Bazylea (*D* Bazylei) *f* Basle.

bazylejczyk, bazylejka *m*, *f inhabitant of Basle*.

bazylia (*D* bazylii) *f* basil.

bazylika (*D* bazyliki) *f* basilica.

bażant *m* pheasant.

bąbel (*D* bąbla) *m* [na skórze] blister.

bądź *part* : gdzie bądź anywhere; co bądź anything; jak bądź anyhow • bądź co bądź after all.

bąk *m* [owad] bumblebee; [zabawka] spinning top.

beczka (*D* beczki) *f* barrel.

befsztyk (*D* -a LUB u) *m* beefsteak • befsztyk tatarski steak tartare.

bekon (*D* -u) *m* bacon.

beksa *f* LUB *m* pot cry-baby.

beletrystyka (*D* beletrystyki) *f* fiction.

Belg, Belgijka *m*, *f* Belgian.

Belgia (*D* Belgii) *f* Belgium.

belgijski *adj* Belgian.

Belgrad (*D* -u) *m* Belgrade.

belgradczyk, belgradka *m*, *f* *inhabitant of Belgrade.*

belka (*D* belki) *f* [konstrukcyjna] beam; [naszywka na pagonie] bar.

benzyna (*D* benzyny) *f* petrol *UK*, gas *US* • zatankować benzynę to fill up with petrol.

beret (*D* -u) *m* beret.

Berlin (*D* -a) *m* Berlin.

berlińczyk, berlinka *m*, *f* Berliner.

berło (*D* berła) *n* sceptre.

bermudy (*D* bermudów) *pl* bermuda shorts.

Berno (*D* Berna) *n* Bern.

Beskidy (*D* Beskidów) *pl* the Beskidy Mountains.

bessa (*D* bessy) *f* EKON slump.

bestia (*D* bestii) *f* *lit & przen* beast.

bestialski *adj* savage.

bestseller (*D* -a LUB u) *m* bestseller.

beton (*D* -u) *m* concrete.

bez[1] (*D* bzu) *m* [roślina] lilac.

bez[2] *prep* without.

beza (*D* bezy) *f* meringue.

bezbłędny *adj* faultless.

bezbolesny *adj* painless.

bezbronny *adj* defenceless.

bezcelowy *adj* [działanie] pointless; [spacer] aimless.

bezcen ➝ **za bezcen** *constr* dirt cheap.

bezcenny *adj* priceless.

bezceremonialnie *adv* unceremoniously.

bezchmurny *adj* cloudless.

bezcłowy *adj* duty-free.

bezczelny *adj* insolent.

bezczynność (*D* bezczynności) *f* idleness.

bezczynny *adj* idle.

bezdenny *adj* [rozpacz] infinite; [otchłań] bottomless • bezdenna głupota infinite stupidity.

bezdętkowy *adj* tubeless.

bezdomny ◇ *adj* homeless. ◇ *m* homeless person.

bezduszny *adj* [przepisy] inhuman; [zachowanie] callous.

bezdyskusyjny *adj* undisputed.

bezdzietny *adj* childless.

bezgraniczny *adj* boundless.

bezimienny *adj* nameless.

bezinteresowny *adj* selfless.

bezkarnie *adv* with impunity • bezkarnie coś robić to get away with doing sthg; komuś coś uszło bezkarnie sb got away with doing sthg.

bezkolizyjny *adj* collision-free.

bezkompromisowy *adj* uncompromising.

bezkonfliktowy *adj* [ugodowy] agreeable.

bezkonkurencyjny adj unrivalled.

bezkrytyczny adj uncritical.

bezlitosny adj merciless.

bezludny adj deserted • **bezludna wyspa** desert island.

bezładny adj disordered.

bezmierny adj immeasurable.

bezmięsny adj vegetarian.

bezmyślny adj [postępowanie] thoughtless; [zabawa] mindless.

beznadziejny adj [rozpaczliwy] hopeless; pot [straszny, okropny] hopeless.

beznamiętny adj dispassionate.

bezokolicznik (D -a) m GRAM infinitive.

bezołowiowy adj unleaded.

bezosobowy adj impersonal.

bezowocny adj fruitless.

bezpański adj [kot, pies] stray.

bezpieczeństwo (D bezpieczeństwa) n safety • **hamulec bezpieczeństwa** emergency brake; **pasy bezpieczeństwa** seat belts.

bezpiecznik (D -a) m [korek] fuse.

bezpieczny adj safe.

bezpłatnie adv free of charge.

bezpłatny adj [bilet] free; [urlop] unpaid.

bezpłodny adj [niepłodny] sterile; [daremny] unproductive.

bezpodstawny adj groundless.

bezpośredni adj [osoba, zachowanie] straightforward; [połączenie] direct.

bezpośrednio adv [wprost, blisko] directly; [zaraz] immediately.

bezprawnie adv unlawfully.

bezprawny adj unlawful.

bezprzewodowy adj cordless.

bezradny adj helpless.

bezrobotny <> adj unemployed. <> m unemployed person.

bezsenność (D bezsenności) f insomnia.

bezsenny adj sleepless.

bezsens (D -u) m [absurd] senselessness.

bezsensowny adj [pomysł] senseless.

bezsilność (D bezsilności) f powerlessness.

bezsilny adj [bezradny] powerless.

bezskuteczny adj [wysiłki, prośby] ineffective.

bezsolny adj salt-free • **dieta bezsolna** salt-free diet.

bezsporny adj indisputable.

bezsprzeczny adj undisputed.

bezstronny adj impartial.

bezszelestnie adv noiselessly.

bezterminowy adj without a time limit.

beztroska (D beztroski) f [niefrasobliwość] carelessness; [brak trosk] unconcern.

beztroski adj [postępowanie] careless; [nastrój, rozmowa] carefree.

beztrosko adv [żyć] without a care; [postępować] carelessly.

bezużyteczny adj useless.

bezwartościowy adj worthless.

bezwiednie adv unwittingly.

bezwietrzny adj [dzień, pogoda] still.

bezwładny adj inert.

bezwstydny adj shameless • **bezwstydny dowcip** rude joke.

bezwzględnie adv [bezwarunkowo] without fail; [surowo] ruthlessly; [całkowicie] completely.

bezwzględny adj [surowy] ruthless; [zupełny] absolute.

bezzapachowy *adj* [gaz] odourless; [kosmetyki] unperfumed.

bezzębny *adj* toothless.

bezzwłocznie *adv* without delay.

bęben (*D* bębna) *m* drum.

bębenek (*D* bębenka) *m* [mały bęben] small drum; *pot* [błona bębenkowa] ear drum.

bębnić *vimperf* [na bębnie] to drum; [o deszczu] to beat; [na fortepianie] to thump; [o telewizorze] to be loud • **bębnić palcami o stół** to drum one's fingers on the table.

bękart *m pot & pej* bastard.

BHP (*skr od* **bezpieczeństwo i higiena pracy**) *n health and safety at work*.

białaczka (*D* białaczki) *f* leukaemia.

białko (*D* białka) *n* [w jajku] white; [zwierzęce, roślinne] proɪain.

Białorusin, ka *m, f* Belorussian.

Białoruś (*D* Białorusi) *f* Belarus.

białość (*D* białości) *f* whiteness.

biały *adj* white.

bibelot (*D* -u) *m* knickknack.

Biblia (*D* Biblii) *f* the Bible.

bibliografia (*D* bibliografii) *f* bibliography.

biblioteczka (*D* biblioteczki) *f* [mała biblioteka] book collection.

biblioteka (*D* biblioteki) *f* library • **wypożyczać książki z biblioteki** to borrow books from the library.

bibliotekarz, bibliotekarka *m, f* librarian.

bibuła (*D* bibuły) *f* [cienki papier] tissue-paper; [krepina] crepe paper; *pot* [ulotki] flyers.

biceps (*D* -a) *m* biceps.

bicie (*D* bicia) *n* [zegara] striking; [dzwonów] ringing • **bicie serca** heart beat.

bić *vimperf* [o zegarze] to strike; [o dzwonie] to ring; [o liczniku] to tick; [o sercu] to beat • **bić kogoś** to beat sb; **bić komuś brawo** to applaud sb; **bić rekord** to break a record. ⇒ **bić się** *vp imperf* to fight • **bić się z kimś** to fight sb; **bić się z myślami** to struggle with one's thoughts.

biec *vimperf* to run • **biec komuś na pomoc** to run to sb's assistance.

bieda (*D* biedy) *f* poverty.

biedak, biedaczka *m, f* [nędzarz] poor person; *pot* [nieszczęśnik] poor thing.

biedny ⟨⟩ *adj* poor. ⟨⟩ *m* [biedak] poor person • **pomagać biednym** to help the poor.

biedronka *f* ladybird *UK*, ladybug *US*.

bieg (*D* -u) *m* [sposób poruszania się] run; SPORT race; [wydarzeń, rzeki] course • **bieg wsteczny** reverse gear; **bieg przez płotki** hurdles; **bieg sztafetowy** relay race; **bieg długodystansowy** long-distance run.

biegać *vimperf* to run; [dla zdrowia] to jog • **biegać za kimś/za czymś** *przen* to chase after sb/sthg.

biegle *adv* [mówić] fluently.

biegły, biegła ⟨⟩ *m, f* [ekspert] expert. ⟨⟩ *adj* [w robieniu czegoś] proficient; [w mówieniu] fluent.

biegun (*D* -a) *m* pole • **biegun południowy** south pole; **biegun północny** north pole.

biegunka (*D* biegunki) *f* diarrhoea.

bielizna (*D* bielizny) *f* [ciepła]

underwear; [nocna] sleep-wear; [damska] lingerie • **bielizna stołowa/pościelowa** table/bed linen.

biernie adv passively.

bierny adj passive • **bierny opór** passive resistance.

Bieszczady (D Bieszczad LUB Bieszczadów) pl the Bieszczady Mountains.

bieżąco ➤ **na bieżąco** constr [terminowo] on time; [systematycznie] methodically • **być na bieżąco** to keep up to date.

bieżący adj current • **bieżący rok/miesiąc** this year/month; **bieżąca woda** running water; **rachunek bieżący** current account.

bieżnik (D -a) m AUTO tread; [serweta] table runner.

bigos (D -u) m Polish stew made from sauerkraut, dried mushrooms and a variety of meats and sausages.

bijatyka (D bijatyki) f brawl.

bilans (D -u) m EKON balance; [podsumowanie, zestawienie] summary.

bilard (D -u) m [gra] billiards; [gra w barze] pool; [stół] billiard table, pool table.

bilardowy adj pool, billiard.

bilet (D -u) m ticket • **bilet miesięczny** monthly ticket; **bilet powrotny** return ticket; **bilet ulgowy** reduced-rate ticket; **bilet normalny** standard-fare ticket.

bilon (D -u) m loose change.

biodro (D biodra) n hip.

biografia (D biografii) f biography.

biologia (D biologii) f biology.

biskup m bishop.

bisować vimperf to do an encore.

biszkopcik (D -a) m ≃ sponge finger.

biszkopt (D -u) m sponge cake.

bit (D -u) m bit.

bitki (D bitek) fpl stewed (beef) cutlets • **bitki wołowe** stewed beef cutlets.

bitwa (D bitwy) f battle.

biuletyn (D -u) m bulletin.

biurko (D biurka) n desk.

biuro (D biura) n office • **biuro podróży** travel agency; **biuro rzeczy znalezionych** lost property office.

biurokracja (D biurokracji) f pej bureaucracy.

biurokrata m pej bureaucrat.

biust (D -u) m bust.

biustonosz (D -a) m bra.

biwak (D -u) m camp.

biwakować vimperf to camp.

biznes (D -u) m [działalność dochodowa] business; pot [sprawa] business.

biznesmen, bizneswoman m, f businessman (f businesswoman).

biżuteria (D biżuterii) f jewellery.

blacha (D blachy) f [arkusz metalu] sheet metal; [forma do ciasta] baking tray.

blacharski adj : roboty blacharskie sheet metal work; **warsztat blacharski** sheet metal workshop.

blacharz m sheet metal worker.

blady adj pale • **blady strach** sheer terror.

blaga (D blagi) f hot air.

blankiet (D -u) m form • **blankiet firmowy** company headed paper.

blask (*D* -u) *m* [światło] glow; [złota] glitter • **blask księżyca** moonlight.

blaszany *adj* tin.

blat (*D* -u) *m* [stołu] top; [kuchenny] work surface.

blednąć (*perf* **zblednąć**) *vimperf* to go pale.

blef (*D* -u) *m* bluff.

blefować *vimperf* to bluff.

bliski (*compar* **bliższy,** *superl* **najbliższy**) *adj* [sąsiedni, nieodległy w czasie] near; [serdeczny] close • **bliskie plany** immediate plans.
  bliscy (*D* **bliskich**) *mpl* loved ones.

blisko (*compar* **bliżej,** *superl* **najbliżej**) <> *adv* [niedaleko, w czasie] near; [w dużym stopniu] closely. <> *prep* close to.

blizna (*D* **blizny**) *f* scar.

bliźni (*D* -ego) *m* fellow human.

bliźniaczka *f* twin.

bliźniak *m* [bliźnię] twin; [dom] semi-detached house.

bliźnię (*D* -cia) *n* [człowiek] twin.
  Bliźnięta (*D* **Bliźniąt**) *npl* [znak zodiaku] Gemini.

bliżej *adv* ▷ blisko.

bliższy *adj* ▷ bliski.

blok (*D* -u) *m* [mieszkalny] block of flats *UK*, apartment building *US*; [w szpitalu] wing; [rysunkowy] pad • **blok operacyjny** surgical wing.

blokada (*D* **blokady**) *f* [drogowa, polityczna] blockade; [kierownicy] lock.

blond *(inv)* *adj* blond.

blondyn, ka *m, f* man with blond hair (*f* blonde).

bluszcz (*D* -u) *m* ivy.

bluza (*D* **bluzy**) *f* top • **bluza sportowa** sweatshirt; **bluza od piżamy** pyjama top.

błagać *vimperf* to beg • **błagać kogoś o coś** to beg sb for sthg.

błagalny *adj* pleading • **błagalne prośby o pomoc** pleas for help.

błahostka (*D* **błahostki**) *f* trifle.

błahy *adj* trivial.

bławatek (*D* **bławatka**) *m* cornflower.

błazen (*D* **błazna**) *m* [klown] clown; *pej* [głupiec] fool; [nadworny] jester.

błaznować *vimperf* to clown around.

błąd (*D* **błędu**) *m* mistake • **popełniać błędy** to make mistakes; **wprowadzać w błąd** to mislead.

błądzić *vimperf* [nie znajdować drogi] to be lost; [chodzić bez celu] to wander around; [mylić się] to be wrong.

błędnik (*D* -a) *m* MED inner ear.

błędny *adj* [odpowiedź] wrong; [wersli] vacant.

błękitny *adj* light blue.

błogi *adj* blissful.

błona (*D* **błony**) *f* [tkanka] membrane.

błotnik (*D* -a) *m* [w rowerze, motocyklu] mudguard *UK*, fender *US*; [w samochodzie] wing *UK*, fender *US*.

błotnisty *adj* muddy.

błoto (*D* **błota**) *n* [rozmiękła ziemia] mud. **błota** (*D* **błot**) *pl* [grząski teren] marshes.

błysk (*D* -u) *m* flash.

błyskać (*perf* **błysnąć**) *vimperf* [światłem] to flash; [zaimponować] to dazzle. **błyskać się** (*perf* **błysnąć się**) *vp impers* : **w oddali błysnęło się** [o błyskawicy] there was a flash of lightning in the distance.

błyskawica (D błyskawicy) f flash of lightning.

błyskawicznie adv [bardzo szybko] at lightning speed; [natychmiast] instantly.

błyskawiczny adj [reakcja] instant • **zamek błyskawiczny** zip UK, zipper US; **zupa błyskawiczna** instant soup.

błyskotliwy adj [odpowiedź] witty; [kariera] dazzling.

błysnąć vp imperf = błyskać.

błyszczący adj [tkaniny, guziki] shiny; [oczy, gwiazdy] shining.

błyszczeć vimperf to sparkle; [o biżuterii] glitter. **błyszczeć się** vp imperf [o włosach] to shine.

bm. (skr od bieżącego miesiąca) during the current month.

bo conj pot [przyczyna] because; pot [następstwa] or.

boa (inv) m [wąż] boa constrictor.

boazeria (D boazerii) f panelling.

bobsleje (D bobslejów) mpl SPORT bobsleigh.

bochenek (D bochenka) m loaf.

bocian m stork.

boczek (D boczku) m bacon • **boczek wędzony** smoked bacon.

boczny adj [kieszeń, wejście] side.

bodziec (D bodźca, pl bodźce) m [zachęta] incentive; [czynnik] stimulus.

bogacić się vp imperf to become rich.

bogactwo (D bogactwa) n [majątek] wealth; [obfitość, różnorodność] abundance • **bogactwa naturalne** natural resources.

bogacz, ka m, f wealthy person.

bogaty adj rich.

bogini (D bogini) f goddess.

bohater, ka m, f [narodowy] hero (f heroine); [powieści] main character.

bohaterski adj heroic.

bohaterstwo (D bohaterstwa) n heroism.

boisko (D boiska) n [do gier sportowych] playing field; [do piłki nożnej] football pitch; [szkolne] playground.

boja (D boi) f buoy.

bojaźliwy adj timid.

bojkot (D -u) m boycott.

bojownik, bojowniczka m, f fighter.

bok (D -u) m side • **oprzeć się bokiem o coś** to lean sideways against sthg; **przesunąć coś na bok** to move sthg aside; **stać z boku** to stand on the sidelines.

boks (D -u) m boxing.

bokser m [sportowiec, rasa psa] boxer.

boleć vimperf [sprawiać ból] to hurt; [sprawiać długotrwały ból] to ache • **boli mnie głowa** my head aches; **boli mnie gardło** I've got a sore throat; **boleć nad czymś** [ubolewać] to be grieved by sthg.

bolesny adj painful.

bomba (D bomby) f [pocisk] bomb • **podłożyć bombę** to plant a bomb; **wpaść jak bomba** to burst in. **bomba!** interj pot brilliant!

bombardować vimperf to bomb • **bombardować kogoś pytaniami** to bombard sb with questions.

bombka (D bombki) f [ozdoba na choinkę] glass ball (for Christmas tree).

bombonierka (D bombonierki) f box of chocolates.

bon (*D* -u) *m* [talon] voucher.

bonifikata (*D* bonifikaty) *f* discount.

bordo *(inv)* *adj* maroon.

borować *vimperf* to drill.

borowik (*D* -a) *m* [grzyb] penny bun, cep.

borówka (*D* borówki) *f* cowberry.

borsuk *m* badger.

boski *adj* [właściwy Bogu] divine; *pot* [wspaniały] divine.

boso *adv* barefoot.

bosy *adj* [osoba] barefoot; [stopy] bare.

Bośnia i Hercegowina (*D* Bośni i Hercegowiny) *f* Bosnia-Herzegovina.

Bośniak, Bośniaczka *m*, *f* Bosnian.

botaniczny *adj* botanical • **ogród botaniczny** botanical gardens.

botwina (*D* botwiny) *f* KULIN *soup made from the leaves and roots of young beetroots.*

bożek (*D* bożka) *m* [bóstwo] god.

boży *adj* [związany z Bogiem] divine • **Boże Ciało** Corpus Christi; **Boże Narodzenie** Christmas.

bożyszcze (*D* bożyszcza) *n* [idol] idol.

bób (*D* bobu) *m* broad bean.

bóbr (*D* bobra) *m* beaver • **płakać jak bóbr** to cry one's eyes out.

Bóg (*D* Boga) *m* God. ➡ **o Boże!** *interj pot* oh God!

bójka (*D* bójki) *f* brawl.

ból (*D* -u) *m* *lit & przen* pain • **ból brzucha** stomach ache; **ból głowy** headache; **ból zęba** toothache.

bóstwo (*D* bóstwa) *n* [bóg] deity; **wyglądać jak bóstwo** [o kobiecie] to look stunning.

br. (*skr od* bieżącego roku) *during the current year*.

brać (*perf* wziąć) *vimperf* to take • **skąd ty na to wszystko bierzesz pieniądze/siłę?** where do you get the money/energy for all that?; **brać gosposię** to take on a housekeeper; **brać w czymś udział** to take part in sthg. ➡ **brać się** (*perf* wziąć się) *vp imperf* : **wziąć się za ręce** [chwytać się] to take each other by the hand; **skąd ty się tu wzięłaś?** [pojawiać się] where've you come from?; **brać się do czegoś** to get down to doing sthg.

brak[1] (*D* -u) *m* [niedostatek] lack.

brak[2] *vimpers* : **brak jej było domowego ogniska** she missed home; **brak mi cierpliwości** I lack patience.

brakować *vimperf* to be short • **ciągle brakowało mi pieniędzy** money was always short; **jeszcze tylko tego brakowało!** that's all I need!

brama (*D* bramy) *f* gate.

bramka (*D* bramki) *f* goal • **zdobyć bramkę** to score a goal.

bramkarz *m* SPORT goalkeeper; [ochroniarz] bouncer.

brandy *(inv)* *f* brandy.

bransoletka (*D* bransoletki) *f* bracelet.

branża (*D* branży) *f* [dział biznesu] industry.

brat *m* brother • **rodzony brat** brother.

bratanek, bratanica *m*, *f* nephew (*f* niece).

bratek (*D* bratka) *m* [kwiat] pansy.

braterski *adj* [właściwy bratu] brotherly; [przyjacielski] fraternal.

braterstwo (*D* braterstwa) *n* [solidarność] brotherhood.

bratowa *f* sister-in-law.

Bratysława (*D* Bratysławy) *f* Bratislava.

brawo (*D* brawa) *n* applause. ➡ **brawo!** *interj* well done!

brawura (*D* brawury) *f* bravado.

Brazylia (*D* Brazylii) *f* Brazil.

brąz (*D* -u) *m* [kolor] brown; [metal, medal] bronze.

brązowy *adj* brown.

brednie (*D* bredni) *fpl* pot & pej rubbish.

bredzić *vimperf* pot & pej [mówić głupoty] to talk rot; [majaczyć] to be delirious • **bredzić w gorączce** to be delirious; **bredzić przez sen** to talk in one's sleep.

Bretania (*D* Bretanii) *f* Brittany.

Bretończyk, Bretonka *m, f* Breton.

brew (*D* brwi, *pl* brwi) *f* eyebrow.

brezent (*D* -u) *m* tarpaulin.

broda (*D* brody) *f* [część twarzy] chin; [zarost] beard.

brodaty *adj* bearded.

brodzik (*D* -a) *m* [dla dzieci] paddling pool; [w łazience] shower tray.

brokat (*D* -u) *m* [tkanina] brocade; [błyszczące płatki] glitter.

brokuł (*D* -u) *m* broccoli.

bronchit (*D* -u) *m* bronchitis.

bronić (*perf* obronić) *vimperf* to defend; [zabraniać] to forbid • **bronić kogoś/czegoś** to defend sb/sthg. ➡ **bronić się** (*perf*

obronić się) *vp imperf* to defend o.s.

broń (*D* broni) *f* lit & przen weapon • **broń palna** firearms.

broszka (*D* broszki) *f* brooch.

broszura (*D* broszury) *f* pamphlet.

browar (*D* -u) *m* [zakład] brewery; pot [piwo] beer.

bród ➡ **w bród** *constr* in abundance.

brud (*D* -u) *m* [zanieczyszczenie] dirt. ➡ **brudy** (*D* brudów) *pl* [brudna bielizna] dirty washing.

brudno *adv* : **jest tu brudno** it's dirty in here; **na brudno** in rough.

brudnopis (*D* -u) *m* [notes] rough book; [tekst] rough draft.

brudny *adj* dirty.

brudzić *vimperf* to dirty. ➡ **brudzić się** *vp imperf* to get dirty.

bruk (*D* -u) *m* cobblestones • **wyrzucić kogoś na bruk** to throw sb out onto the street.

brukiew (*D* brukwi) *f* swede *UK*, rutabaga *US*.

brukowiec (*D* brukowca) *m* pot & pej tabloid.

Bruksela (*D* Brukseli) *f* Brussels.

brukselczyk, brukselka *m, f* *inhabitant of Brussels*.

brukselka (*D* brukselki) *f* [warzywo] brussels sprouts.

brulion (*D* -u) *m* [zeszyt] thick exercise book.

brunet, ka *m, f* man with dark hair (*f* brunette).

brutal *m* pot brute.

brutalny *adj* brutal.

brutto (*inv*) *adj* gross.

brwi *fpl* = brew.

brydż (*D* -a) *m* bridge.

brygada (*D* brygady) *f* [grupa ludzi] squad; [w armii] brigade.

brylant (*D* -u) *m* diamond.

bryła (*D* bryły) *f* [węgla, ziemi] lump; [w geometrii] solid.

brystol (*D* -u) *m* Bristol board.

Brytyjczyk, Brytyjka *m, f* Briton.

brytyjski *adj* British.

brzask (*D* -u) *m* first light.

brzdąc *m pot* tot.

brzeg (*D* -u) *m* [rzeki] bank; [jeziora, morza] shore; [łóżka, lasu] edge.

brzęk (*D* -u) *m* [monet] chink; [szklanek] clink; [talerzy, rozbitej szyby] clatter; [kluczy] jangle.

brzmienie (*D* brzmienia) *n* sound • **brzmienie głosu** the sound of sb's voice.

brzoskwinia (*D* brzoskwini) *f* peach.

brzoza (*D* brzozy) *f* birch.

brzuch (*D* -a) *m* stomach.

brzydki *adj* [ogh] ugly; [dzień] nasty; [zachowanie] bad • **brzydka pogoda** bad weather; **brzydki zapach** nasty smell.

brzydko (*compar* **brzydziej**, *superl* **najbrzydziej**) *adv* [wyglądać] terrible; [śpiewać] terribly; [zachowywać się] badly.

brzydnąć (*perf* **zbrzydnąć**) *vimperf* [stawać się brzydkim] to bécome ugly; [rozczarowywać] to lose lustre.

brzydota (*D* brzydoty) *f* ugliness.

brzydzić *vimperf* [budzić wstręt] to disgust • **brzydzić kogoś** to disgust sb. ➡ **brzydzić się** *vp imperf* [czuć wstręt] to find repulsive • **brzydzić się czymś/czegoś** to find sthg repulsive; **brzydzić**

się kimś/kogoś to find sb repulsive; **brzydzę się tobą, nie zbliżaj się do mnie** you disgust me, don't come any closer; **brzydziła się myszy** she hated mice.

brzytwa (*D* brzytwy) *f* razor.

bubel (*D* bubla) *m pot* & *pej* piece of trash.

buda (*D* budy) *f* [dla psa] kennel.

Budapeszt (*D* -u) *m* Budapest.

budapeszteńczyk, budapesztenka *m, f inhabitant of Budapest*.

buddyzm (*D* -u) *m* Buddhism.

budka (*D* budki) *f* [mały sklepik] stall; [dla ptaków] bird box • **budka telefoniczna** telephone box *UK*, telephone booth *US*.

budowa (*D* budowy) *f* [budowanie] construction; [wyrazu] structure • **budowa ciała** build; **plac budowy** building site.

budować (*perf* **zbudować**) *vimperf* to build.

budowla (*D* budowli) *f* [budynek] building.

budowlany *adj* building.

budownictwo (*D* budownictwa) *n* construction.

budynek (*D* budynku) *m* building.

budyń (*D* budyniu) *m* KULIN blancmange.

budzić (*perf* **obudzić**) *vimperf* [zrywać ze snu] to wake up; [powodować reakcję] to arouse • **jego zachowanie budziło we mnie niesmak** his behaviour disgusted me. ➡ **budzić się** (*perf* **obudzić się**) *vp imperf* [ze snu] to wake up; [o nadziei, wątpliwości] to arise.

budżet (*D* -u) *m* budget • **Budżet Unii Europejskiej** European Union Budget.

bufet (*D* -u) *m* [stół na przyjęciu] buffet table; [mały bar] snack-bar; [w pociągu, na stacji kolejowej] buffet; [mebel] sideboard.

bufon *m* oficjal & pej bighead.

Bug (*D* -u) *m* the Bug River.

bujak (*D* -a) *m* [fotel] rocking chair.

bujda (*D* bujdy) *f pot* pack of lies.

bujny adj [włosy] luxuriant; [roślinność] lush; [wyobraźnia] vivid.

buk (*D* -u LUB a) *m* beech.

Bukareszt (*D* -u) *m* Bucharest.

bukareszteńczyk, bukaresztenka *m, f* inhabitant of Bucharest.

bukiet (*D* -u) *m* [kwiatów] bouquet.

buldog *m* bulldog.

bulion (*D* -u) *m* stock.

bulwar (*D* -u) *m* [aleja] boulevard [nadbrzeżna ulica] esplanade.

bułeczka (*D* bułeczki) *f* bread roll.

Bułgar, ka *m, f* Bulgarian.

Bułgaria (*D* Bułgarii) *f* Bulgaria.

bułgarski adj Bulgarian.

bułka (*D* bułki) *f* white bread • bułka tarta bread crumbs.

bunt (*D* -u) *m* rebellion.

buntować (*perf* zbuntować) *vimperf* to incite to rebel • buntować kogoś przeciw czemuś to incite sb to rebel against sthg. ➡ **buntować się** (*perf* zbuntować się) *vp imperf* to rebel.

burak (*D* -a) *m* beetroot.

burczeć ⟨⟩ *vimpers* [o brzuchu] to rumble. ⟨⟩ *vimperf* (*perf* burknąć) [gderać] to grumble • burczeć pod nosem to mutter under one's breath.

burda (*D* burdy) *f pot* brawl.

burdel (*D* -u) *m* pot & pej, [dom publiczny] brothel; pot & pej [bałagan] tip.

Burgund, ka *m, f* Burgundian.

Burgundia (*D* Burgundii) *f* Burgundy.

burknąć *vperf* = burczeć.

burmistrz *m* mayor.

bursztyn (*D* -u) *m* amber.

burta (*D* burty) *f* [na statku] side • człowiek za burtą! man overboard!

burza (*D* burzy) *f* storm.

burzliwy adj stormy • burzliwe oklaski thunderous applause.

burzyć (*perf* zburzyć) *vimperf* to knock down.

burżuazja (*D* burżuazji) *f* bourgeoisie.

busola (*D* busoli) *f* compass.

but (*D* -a) *m* shoe.

butelka (*D* butelki) *f* bottle • butelka bezzwrotna nonreturnable bottle.

butik (*D* -u) *m* boutique.

butonierka (*D* butonierki) *f* buttonhole.

buzia (*D* buzi) *f pot* [usta] mouth; pot [twarz] face • dać komuś buzi [pocałować kogoś] to give sb a kiss.

buziak (*D* -a) *m pot* [pocałunek, całus] kiss.

by, -by part : można by to kupić, gdybyśmy mieli pieniądze we could buy that if we had the money; on by tego nie zrobił he wouldn't do that.

być *vimperf* to be (składnik czasu przyszłego złożonego, strony biernej i orzeczenia imiennego) : będę wyjeżdżał/wyjeżdżać za pięć dni I'm leaving in five days; samochód był naprawiany przez dwa tygodnie the car was being fixed for two weeks; **było nam bardzo przyjemnie** it's been a pleasure for us.

bydło (D **bydła**) n cattle.

byk m [zwierzę] bull. ➤ **Byk** m [znak zodiaku] Taurus.

byle part : **byle gdzie** anywhere; **z byle kim** with anybody; **śmiać się z byle czego** to laugh at anything; **byle jaki** trashy.

były adj former.

bym, -bym part : **przeczytałbym to, gdybym miał czas** I would read that if I had the time.

bystry adj [spostrzegawczy] sharp; [inteligentny] bright; [dobrze funkcjonujący] keen; [rwący] swift.

byś, -byś part : **gdzie byś pojechał na moim miejscu?** where would you go if you were me?

byście, -byście part : **gdzie pojechalibyście na wakacje, gdybyście mieli dużo pieniędzy?** where would you go on holiday if you had a lot of money?

byśmy, -byśmy part : **kupilibyśmy ten dom, gdybyśmy mieli dużo pieniędzy** we would buy that house if we had a lot of money.

byt (D -u) m [utrzymanie] livelihood • **umiał zapewnić byt rodzinie** he was able to provide for his family.

bywalec, bywalczyni m, f frequent visitor • **stały bywalec** regular.

bywały adj experienced • **bywały w świecie** a man of the world.

bzdura (D **bzdury**) ⬦ f pot & pej [nonsens] drivel; pot [błahostka] piddling thing. ⬦ interj [nonsens] rubbish!

bzdurny adj pot & pej [bezsensowny] stupid; [błahy] silly.

C

cal (D -a) m inch.

calvados (D -u LUB a) m calvados.

całkiem adv [zupełnie] completely; [dosyć] quite.

całkowicie adv completely.

całkowity adj [zupełny] total • **całkowity zakaz palenia** a complete ban on smoking; **masz całkowitą rację** you are absolutely right; **ponosisz całkowitą odpowiedzialność** you bear full responsibility.

cało adv unharmed • **wyjść cało z wypadku** to escape from an accident unharmed.

całodobowy adj twenty-four-hour.

całość (D **całości**) f whole • **w całości** in its entirety; **zapłacić rachunek w całości** to pay a bill in full.

całować (perf **pocałować**) vimperf to kiss • **całować kogoś** to kiss sb. ➤ **całować się** (perf **pocałować się**) vp imperf to kiss • **całować się z kimś** to kiss sb.

całus (D -a) m pot kiss.

cały adj [obejmujący wszystko] whole; [zdrowy] safe • **całe szczęście** thank goodness; **z całej siły** with all one's strength; **zdrów i cały** safe and sound.

camping m = kemping.

car m tsar.

cargo (inv) n cargo.

cążki (D **cążków** LUB **cążek**) pl [do

paznokci] nail clippers; [małe cęgi] pliers.

CD n [płyta kompaktowa] CD; (skr od **corps diplomatique**) diplomatic corps.

cd. (skr od ciąg dalszy) cont.

cdn. (skr od ciąg dalszy nastąpi) to be continued.

CD-ROM (D -u) m CD-ROM.

cebula (D cebuli) f onion.

cebulka (D cebulki) f [kwiatowa] bulb; [mała cebula] onion; [część włosa] root.

cecha (D cechy) f feature • **cecha charakterystyczna** characteristic.

cechować vimperf to characterise • **cechować coś**: sztukę antyczną cechowała harmonia harmony was a characteristic of the art of ancient times; **cechować się czymś**: moją matkę cechowała ogromna odwaga enormous courage was one of my mother's characteristics. ➤ **cechować się** vp imperf : cechować się czymś [odznaczać się] to be characterised by sthg.

cedr (D -u) m cedar.

cedzić vimperf [przez sito] to strain; [herbatę] to sip • **cedzić makaron** to drain pasta; **cedzić drinka** to sip a cocktail; **cedzić słowa** to drawl.

cegła (D cegły) f [materiał budowlany] brick pot & pej [książka] doorstop.

cekin (D -a LUB u) m sequin.

cel (D -u) m [dążeń] objective; [podróży] destination; [ataku] target • **osiągnąć cel** to achieve one's goal.

cela (D celi) f cell.

celnik, celniczka m, f customs officer.

celny[1] adj [strzał] accurate; [uwaga] apt.

celny[2] adj [urząd, kontrola] customs • **odprawa celna** customs clearance.

celofan (D -u) m cellophane.

celować vimperf [z pistoletu] to aim; [wybijać się] to excel • **celować do kogoś** to aim at sb; **celować w czymś** to excel at sthg.

celowo adv on purpose.

celująco adv with flying colours.

celujący <> adj [stopień] excellent; [uczeń] outstanding. <> m (D celującego) [ocena szkolna] A+.

cement (D -u) m cement.

cementować vimperf lit & przen to cement.

cena (D ceny) f price • **za wszelką cenę** at all costs; **cena interwencyjna** intervention price; **cena progu** threshold price.

cenić vimperf to value • **cenić kogoś** to think highly of sb. ➤ **cenić się** vp imperf : **cenić się nisko/wysoko** to have a low/high opinion of o.s.

ceniony adj [towar] highly valued; [twórca] highly regarded.

cennik (D -a) m price list.

cenny adj valuable.

cent (D -a) m cent.

centrala (D centrali) f [instytucji] head office; [telefoniczna] telephone exchange.

centralny adj central.

centrum (inv) n centre; [miasta] town centre • **centrum handlowe** shopping centre; **centrum informacji turystycznej** tourist information centre; **Europejskie Centrum Popierania Kształcenia Zawodowego** European

Centre for the Development of Vocational Training.

centymetr (*D* -a) *m* centimetre.

Cepelia (*D* Cepelii) (*skr od* **Centrala Przemysłu Ludowego i Artystycznego**) *f chain of shops selling Polish folk art and crafts.*

cera (*D* cery) *f* complexion.

ceramika (*D* ceramiki) *f* [artystyczna] ceramics; [użytkowa] pottery.

cerata (*D* ceraty) *f* oilcloth.

ceremonia (*D* ceremonii) *f* ceremony.

cerkiew (*D* cerkwi) *f* Orthodox church.

certyfikat (*D* -u) *m* certificate.

cesarstwo (*D* cesarstwa) *n* empire.

cesarz, owa *m, f* emperor (*f* empress).

cętkowany *adj* spotted.

chaber (*D* chabra) *m* cornflower.

chała (*D* chały) *f* pot & pej [coś bezwartościowego] trash.

chałka (*D* chałki) *f* KULIN *challah.*

chałtura (*D* chałtury) *f* pot & pej [dodatkowe zajęcie] second job; [niedbale wykonana praca] sloppy work.

chałupa (*D* chałupy) *f* [chata] cottage.

chałwa (*D* chałwy) *f* sesame halva.

cham, ka *m, f pej* lout.

chamski *adj* pot & pej boorish.

chandra (*D* chandry) *f* : **mieć chandrę** *pot* to have the blues.

chaos (*D* -u) *m* chaos.

chaotyczny *adj* chaotic.

charakter (*D* -u) *m* [osobowość] character; [zespół cech] nature • **cechy charakteru** character

traits; **charakter pisma** handwriting; **mieć charakter** to have a strong personality.

charakterystyczny *adj* characteristic.

charakterystyka (*D* charakterystyki) *f* profile.

charakteryzacja (*D* charakteryzacji) *f* make-up.

charytatywny *adj* charity.

chata (*D* chaty) *f* [wiejska] cottage.

chcieć *vimperf* to want. ➠ **nie chcieć** *vimperf* : **silnik nie chce zapalić** [przychodzić z trudem] the engine won't start.

chciwość (*D* chciwości) *f* greed.

chciwy *adj* greedy.

chełpić się *vp imperf* to boast • **chełpić się czymś** to boast about sthg.

chełpliwy *adj* boastful.

chemia (*D* chemii) *f* chemistry.

chemiczny *adj* chemical.

chemik, chemiczka *m, f* [specjalista] chemist.

chęć (*D* chęci) *f* [ochota] inclination • **z chęcią** willingly; **mam chęć na czekoladę** I feel like some chocolate.

chętka (*D* chętki) *f* : **mam chętkę na czekoladę** *pot* I fancy some chocolate.

chętnie *adv* willingly.

chętny *adj* willing.

chichot (*D* -u) *m* giggle.

chichotać *vimperf* to giggle.

Chiny (*D* Chin) *pl* China.

Chińczyk, Chinka *m, f* Chinese.

chiński *adj* Chinese.

chirurgia (*D* chirurgii) *f* surgery.

chirurgiczny *adj* surgical • **zabieg chirurgiczny** operation.

chlapa (D **chlapy**) f pot nasty weather.

chlapać vimperf to splash • chlapać czymś na kogoś to splash sb with sthg.

chleb (D -a) m bread • chleb biały white bread; chleb pszenny wheat bread; chleb razowy wholemeal bread; chleb tostowy sliced bread; chleb wiejski farmhouse bread; chleb żytni rye bread; kromka chleba slice of bread.

chlew (D -a LUB u) m pigsty.

chlor (D -u) m chlorine.

chlubić się vp imperf • chlubić się czymś to take pride in sthg.

chlusnąć vperf [rozlać się gwałtownie] to gush; [wylać płyn] to slosh • chlusnąć czymś: chlusnąć komuś w twarz wodą to slosh water in sb's face.

chłodnica (D **chłodnicy**) f AUTO radiator.

chłodno adv [zimno] cool; [nieprzyjaźnie, obojętnie] coolly.

chłodny adj cool.

chłodzić vimperf [oziębiać] to cool • chłodzić coś to cool sthg. ➡ chłodzić się vp imperf to cool down.

chłop m [wieśniak] peasant; pot [mężczyzna] bloke.

chłopak m [młody mężczyzna] lad; [sympatia] boyfriend.

chłopiec (D **chłopca**) m [dziecko] boy.

chłopka f peasant woman.

chłopski adj peasant.

chłód (D **chłodu**) m [niska temperatura] chill; [obojętność] coldness.

chmiel (D -u) m hops.

chmura (D **chmury**) f cloud.

chmurzyć się vp imperf [o niebie] to cloud over; [o osobie] to frown.

chociaż part & conj = choć.

choć ⬦ part at least. ⬦ conj although, though.

chodnik (D -a) m [dla pieszych] pavement UK, sidewalk US; [dywanik] rug.

chodzić vimperf -1. [poruszać się] to walk. -2. [uczęszczać] to go. -3. [nosić] to wear. -4. : chodzić z kimś pot [umawiać się] to go out with sb. -5. [działać] to work. -6. : o co tutaj chodzi? pot [dziać się] what's the problem here?

choinka (D **choinki**) f [świąteczna] Christmas tree; [uroczystość] Christmas party.

choinkowy adj Christmas.

cholera (D **cholery**) f [choroba] cholera; pot [osoba] sod. ➡ cholera! interj pot bloody hell!

cholernie adv pot bloody.

cholerny adj pot bloody.

cholesterol (D -u) m cholesterol.

chomik m hamster.

chorągiewka (D **chorągiewki**) f flag.

choreograf m choreographer.

choroba (D **choroby**) f [schorzenie] illness, disease. ➡ choroba! interj oh flip!

chorobliwy adj [niezdrowy] unhealthy; [nienaturalny] abnormal.

chorować vimperf to be ill • chorować na coś to have sthg; chorować na grypę to have flu.

chorowity adj sickly.

Chorwacja (D **Chorwacji**) f Croatia.

Chorwat, ka m, f Croat.

chory, chora ⬦ m, f [pacjent]

patient. <> *adj* [niezdrowy] ill; [o części ciała] bad.

chować *vimperf* [ukrywać] to hide; [kłaść] to put away • **chować coś przed kimś** to hide sthg from sb. ➤ **chować się** *vp imperf* [znikać] to disappear; [ukrywać się] to hide.

chód (*D* chodu) *m* [sposób chodzenia] gait; SPORT walk.

chór (*D* -u) *m* [zespół śpiewaków] choir.

chrabąszcz *m* cockchafer.

chrapać *vimperf* to snore.

chroniczny *adj* chronic.

chronologia (*D* chronologii) *f* chronology.

chropowaty *adj* rough.

chrupki *adj* [ciasteczko] crunchy; [mięso] crispy • **chrupkie pieczywo** crispbread.

chrust (*D* -u) *m* [na opał] brushwood; [faworki] *deep fried sweet pastries especially popular in the period before Lent.*

chrypa (*D* chrypy) *f* hoarseness • **mieć chrypę** to be hoarse.

chryzantema (*D* chryzantemy) *f* chrysanthemum.

chrzan (*D* -u) *m* horseradish.

chrząkać (*perf* chrząknąć) *vimperf* [o człowieku] to clear one's throat; [o świni] to grunt.

chrząknąć *vperf* = chrząkać.

chrząszcz *m* beetle.

chrzciny (*D* chrzcin) *pl* [przyjęcie] christening party.

chrzest (*D* chrztu) *m* [sakrament] baptism; [uroczystość] christening.

chrzestna *f* godmother.

chrzestny *m* godfather.

chrześcijanin, chrześcijanka *m, f* Christian.

chrześcijański *adj* Christian.

chrześniaczka *f* goddaughter.

chrześniak *m* godson.

chrzęst (*D* -u) *m* [śniegu, piasku] crunch; [gałęzi] snap; [zbroi] clash.

chuchać (*perf* chuchnąć) *vimperf* to blow.

chuchnąć *vperf* = chuchać.

chuchro *n pot* bag of bones.

chuderlak *m pot & pej* skinny weakling.

chudnąć (*perf* schudnąć) *vimperf* to lose weight.

chudy *adj* [osoba] thin; [mięso] lean; [mleko] skimmed; [ser] low-fat.

chudzina *f pot* bag of bones.

chuligan *m pej* hooligan.

chusta (*D* chusty) *f* [na głowę] headscarf; [duża] shawl.

chusteczka (*D* chusteczki) *f* handkerchief • **chusteczka higieniczna** tissue.

chustka (*D* chustki) *f* [mała chusta] headscarf; [do nosa] handkerchief.

chwalić (*perf* pochwalić) *vimperf* [wyrażać uznanie] to praise • **chwalić kogoś za coś** to praise sb for sthg. ➤ **chwalić się** (*perf* pochwalić się) *vp imperf* [chełpić się] to boast • **chwalić się czymś** to boast about sthg.

chwała (*D* chwały) *f* glory.

chwast (*D* -u) *m* weed.

chwiejny *adj* [krok] unsteady; [człowiek] wavering.

chwila (*D* chwili) *f* moment • **co chwila** every few minutes; **na chwilę** for a moment; **przed chwilą** a minute ago; **w tej chwili** at the moment; **mieć chwilę** to have a moment to

spare; **odpowiadaj w tej chwili**
tell me right now.

chwilowo *adv* temporarily.

chwilowy *adj* temporary.

chwycić *vperf* = **chwytać**.

chwyt (*D* -**u**) *m* [mocny, pewny]
grip; [reklamowy] trick.

chwytać (*perf* **chwycić**) *vimperf*
[łapać] to grasp • **chwytać ko-
goś/coś** to grasp sb/sthg; **chwytać kogoś za coś** to grasp sb by
sthg.

chyba *part* probably • **to był
chyba twój brat** I think that
was your brother; **chyba wiesz,
co to oznacza** I think you know
what that means; **chyba tak**
probably.

chyłkiem *adv* stealthily • **uciekać chyłkiem** to sneak away.

chytry *adj* [przebiegły] cunning;
pot & pej [skąpy] greedy; [pomysło-
wy] ingenious.

ci *pron* ⊳ **ten**; ⊳ **ty**.

ciało (*D* **ciała**) *n* body.

ciarki (*D* **ciarek**) *pl* shivers.

ciasno *adv* [mieć mało miejsca]
cramped; [obciśle] tightly • **ciasno nam w tym pokoju** we're
cramped in this room.

ciasny *adj* [wąski] narrow; [mały]
cramped; [obcisły] tight.

ciasteczko (*D* **ciasteczka**) *n* little
cake • **ciasteczka kruche** biscuits
US, cookies *UK*.

ciastkarnia (*D* **ciastkarni**) *f* cake
shop.

ciastko (*D* **ciastka**) *n* cake • **ciastko francuskie** French pastry;
ciastko kruche z owocami individual fruit tart.

ciasto (*D* **ciasta**) *n* [surowe] [gęste]
dough; [rzadkie] batter [upieczone]
cake • **ciasto drożdżowe** yeast
cake; **ciasto francuskie** puff

pastry; **ciasto kruche z owocami**
fruit tart; **ciasto piaskowe** Madeira cake.

ciąć (*perf* **pociąć**) *vimperf* [nożem]
to cut; [o deszczu] to lash down;
[o komarach] to bite.

ciąg (*D* -**u**) *m* [wydarzeń] sequence
• **ciąg dalszy nastąpi** to be
continued; **w ciągu dnia** during
the day.

ciągle *adv* [wciąż] still; [nieustan-
nie] continually.

ciągły *adj* [bezustanny] constant
• **linia ciągła** unbroken line.

ciągnąć *vimperf* to pull • **ciągnąć
coś** to pull sthg; **ciągnąć kogoś
za coś** to pull sb by sthg; **ciągnąć kogoś gdzieś** to drag sb
somewhere. ◆ **ciągnąć się**
vp imperf [o osobie] to pull each
other; [o dyskusji] to drag on;
[o ulicy] to stretch.

ciągnik (*D* -**a**) *m* tractor.

ciąża (*D* **ciąży**) *f* pregnancy • **być
w ciąży** to be pregnant; **zajść w
ciążę** to get pregnant.

cichaczem *adv* on the quiet.

cicho (*compar* **ciszej**, *superl* **naj-
ciszej**) ⟨⟩ *adv* quietly. ⟨⟩ *interj*
quiet!

cichy *adj* quiet.

ciebie *pron* ⊳ **ty**.

ciecz (*D* -**y**) *f* liquid.

ciekaw *adj* = **ciekawy**.

ciekawie *adv* [opowiadać] in an
interesting way; [przyglądać się]
with curiosity.

ciekawostka (*D* **ciekawostki**) *f*
[informacja] interesting fact;
[przedmiot] interesting object.

ciekawość (*D* **ciekawości**) *f* curiosity • **umierać z ciekawości** to
be dying of curiosity.

ciekawy *adj* [interesujący] interesting; [dociekliwy] curious.

ciekły adj liquid.

** cieknąć** vimperf [płynąć strugą] flow; [przeciekać] leak • **woda cieknie z kranu** the tap's dripping.

cielesny adj [kara] corporal; [miłość] carnal.

cielę (D -cia) n calf.

cielęcina (D cielęciny) f veal.

ciemno adv dark. ➡ **ciemnocztka** [o dużej intensywności] : **ciemnoniebieski** dark blue; [o ciemnej barwie] : **ciemnooki** dark-eyed.

ciemność (D ciemności) f dark.

ciemny adj [pokój, odcień] dark; [zacofany] backward; [podejrzany] shady • **ciemny chleb** brown bread; **ciemne piwo** brown ale.

cienki adj thin • **cienki głos** high-pitched voice.

cienko adv [smarować] thinly; [ubrać się] lightly.

cień (D cienia) ***** [odbicie] shadow; [miejsce] shade.

cieplarnia (D cieplarni) f hot-house.

ciepło (D ciepła) ◇ n warmth. ◇ adv (compar **cieplej**, superl **najcieplej**) [niezimno] warm • **trzymać w cieple** to keep warm; **naleśniki podajemy na ciepło** we serve hot pancakes.

ciepły adj [niezimny] warm.

cierpieć vimperf to suffer. ➡ **nie cierpieć** vimperf : **nie cierpię tego człowieka** I can't stand that person.

cierpienie (D cierpienia) n suffering.

cierpki adj [kwaśny i gorzki] sour.

cierpliwość (D cierpliwości) f patience.

cierpliwy adj patient.

cieszyć się vp imperf to be pleased • **cieszyć się z czegoś** to be pleased with sthg.

cieśla m joiner.

cieśnina (D cieśniny) f strait • **cieśnina Bosfor** the Bosphorus; **Cieśnina Gibraltarska** Strait of Gibraltar.

cię pron ▷ ty.

cięcie (D cięcia) n cut.

cięty adj [złośliwy] cutting • **być ciętym na kogoś** pot to be tough on sb; **mieć cięty język** to have a sharp tongue.

ciężar (D -u) m [przedmiot] weight; [brzemię] burden.

ciężarna ◇ adj pregnant • **ciężarna kobieta** pregnant woman. ◇ f pregnant woman.

ciężarówka (D ciężarówki) f lorry UK, truck US.

ciężki adj [walizka, krok] heavy; [trudny] difficult • **ciężki obowiązek** heavy responsibility, **ciężki problem** serious problem.

ciężko adv [stąpać, oddychać] heavily; [pracować] hard.

ciężkostrawny adj heavy.

ciocia f pot auntie.

cios (D -u) m blow.

ciotka f aunt.

ciskać (perf **cisnąć**) vimperf to hurl • **cisnąć czymś w coś/o coś** to hurl sthg at/to sthg.

cisnąć vperf = **ciskać**.

cisza (D ciszy) f silence • **proszę o ciszę** quiet please. ➡ **cisza!** interj quiet!

ciśnienie (D ciśnienia) n [wielkość fizyczna] pressure; MED blood pressure • **mieć niskie/wysokie/ciśnienie** to have high/low blood pressure.

ciśnieniomierz (*D* -a) *m* blood pressure gauge.

ciuch (*D* -a) *m* pot gear.

ckliwy *adj pej* mushy.

clić (*perf* oclić) *vimperf* to charge (customs) duty on.

cło (*D* cła) *n* customs, duty. ✓

cm (*skr od* centymetr) cm.

cmentarz (*D* -a) *m* cemetery.

cmokać (*perf* cmoknąć) *vimperf* [z zadowolenia] to smack one's lips; *pot* [całować] to kiss • **cmoknąć z zachwytu** ≃ to whistle with delight; **cmokać na konia/psa** ≃ to whistle to a dog/horse.

cmoknąć *vperf* = cmokać.

cnota (*D* cnoty) *f* virtue.

co *pron* [w pytaniach] what; [wprowadzający zdanie podrzędne] which (*zaimki 'czym' i 'czemu' rzadko występują w tym znaczeniu*) • **rób, co chcesz** do what you want; **czego mi było trzeba, to gorącej kąpieli** what I needed was a hot bath.

c.o. (*skr od* centralne ogrzewanie) *n central heating.*

coca-cola® (*D* coca-coli) *f* Coca-Cola®.

codz. (*skr od* codzienny, codziennie) *every day.*

codziennie *adv* every day.

codzienny *adj* [zdarzający się każdego dnia] daily; [zwyczajny, powszedni] everyday.

cofać (*perf* cofnąć) *vimperf* to withdraw • **cofać auto** to reverse. ➡ **cofać się** (*perf* cofnąć się) *vp imperf* [poruszać się w tył] to move back; [przypominać sobie] to look back on • **on nie cofnie się przed niczym, nie ma żadnych skrupułów** he'll stop at nothing, he has no scruples.

cofnąć *vperf* = cofać.

cokolwiek *pron* anything.

comber (*D* combra) *m* KULIN saddle • **comber zajęczy** saddle of hare.

coraz *adv* : **coraz gorzej** worse and worse; **coraz lepiej** better and better; **coraz więcej** more and more.

coroczny *adj* annual.

coś *pron* [w zdaniach twierdzących] something; [w zdaniach pytających] anything; [odnosi się do czegoś ważnego, atrakcyjnego] something.

córka *f* daughter.

cuchnący *adj* stinking.

cuchnąć *vimperf* to stink.

cucić (*perf* ocucić) *vimperf* to revive • **cucić kogoś** to revive sb.

cud (*D* -u) *m* [zjawisko nadprzyrodzone] miracle; [rzecz niezwykła] wonder. ➡ **cudem** *adv* miraculously • **cudem uniknęliśmy nieszczęścia** it's a miracle we escaped unharmed.

cudotwórca, cudotwórczyni *m, f* miracle worker.

cudownie *adv* [wspaniale] wonderfully; [na skutek cudu] miraculously • **wyglądać cudownie** you look wonderful; **cudownie, że mnie odwiedziłeś** it's wonderful that you visited me.

cudowny *adj* [nadprzyrodzony] miraculous; [wspaniały] wonderful.

cudzoziemiec, cudzoziemka *m, f* foreigner.

cudzoziemski *adj* foreign.

cudzy *adj* someone else's.

cudzysłów (*D* cudzysłowu) *m* inverted commas.

cukier (*D* cukru) *m* sugar.

cukierek (D cukierka) m sweet UK, candy US.

cukiernia (D cukierni) f cake shop.

cukierniczka (D cukierniczki) f sugar bowl.

cukiernik m confectioner.

cukrzyca (D cukrzycy) f diabetes.

cukrzyk m diabetic.

cuma (D cumy) f mooring rope.

cumować vimperf to moor.

curry (inv) n curry powder.

CV (skr od curriculum vitae) n [życiorys] CV.

cyfra (D cyfry) f digit • cyfry arabskie/rzymskie Arabic/Roman numerals.

cyfrowy adj [kod] numeric; [technika, urządzenie] digital.

cygaro (D cygara) n cigar.

cyjanek (D cyjanku) m cyanide.

cykada f cicada.

cykl (D -u) m [rozwojowy] cycle; [wykładów, koncertów] series.

cyklon (D -u) m cyclone.

cykoria (D cykorii) f chicory.

cynaderki (D cynaderek) pl KULIN stewed kidneys.

cynamon (D -u) m cinnamon • jabłko z cynamonem baked apple with cinnamon.

cyniczny adj cynical.

cynk (D -u) m zinc.

cypel (D cypla) m headland.

Cypr (D -u) m Cyprus.

Cypryjczyk, Cypryjka m, f Cypriot.

cyrk (D -u) m [widowisko] circus • ale cyrk! pot what a mess!

cyrkiel (D cyrkla) m compasses.

cyrkowy adj circus.

cysterna (D cysterny) f tank.

cytadela (D cytadeli) f citadel.

cytat (D -u) m quotation.

cytować vimperf to quote.

cytrusowy adj citrus.

cytryna (D cytryny) f lemon.

cywil m civilian.

cywilizacja (D cywilizacji) f civilization.

cywilizowany adj civilized.

cywilny adj [niewojskowy] civilian • stan cywilny marital status.

cz. (skr od część) pt.

czad (D -u) m [tlenek węgla] carbon monoxide; pot [swąd] burning smell.

czajniczek (D czajniczka) m teapot.

czajnik (D -a) m kettle.

czapka (D czapki) f hat • czapka z daszkiem cap.

czapla f heron.

czar (D -u) m [urok] charm; [magia] (D ....) pl [magia] magic • odczynić czary to break a spell.

czara (D czary) f goblet.

czarnoksiężnik m sorcerer.

czarny adj black.

czarodziej, ka m, f wizard.

czarodziejski adj magic • czarodziejska różdżka magic wand.

czarownica f [wiedźma] witch; [o brzydkiej kobiecie] hag.

czarownik m [mag] wizard; [szaman] shaman.

czarter (D -u) m [najem] charter; [rejs samolotem] charter flight.

czarterowy adj charter.

czas (D -u) m time • czas świąteczny holiday period; od czasu since; w wolnym czasie in one's free time; od czasu do czasu from time to time; od czasu, jak since; **do czasu, aż** until; **na czas określony** for a limited period.

czasami *adv* sometimes.

czasopismo (*D* czasopisma) *n* periodical.

czasownik (*D* -a) *m* verb.

czaszka (*D* czaszki) *f* skull.

czat (*D* -u) *m* chat.

czatować *vimperf pot* to lie in wait • **czatować na kogoś** to lie in wait for sb.

cząber (*D* cząbru) *m* savory.

cząstka (*D* cząstki) *f* part.

czcionka (*D* czcionki) *f* font.

czczo ⬤ **na czczo** *constr* on an empty stomach.

Czech, Czeszka *m*, *f* Czech.

Czechy (*D* Czech) *pl* the Czech Republic.

czego *pron* ⊳ co.

czegokolwiek *pron* ⊳ cokolwiek.

czegoś *pron* ⊳ coś.

czek (*D* -u) *m* cheque • **czek podróżny** traveller's cheque; **czek bez pokrycia** bounced cheque; **zapłacić czekiem** to pay by cheque.

czekać *vimperf* [gen] to wait; [o przyszłości] to await • **czekać na kogoś/na coś** to wait for sb/sthg.

czekanie (*D* czekania) *n* wait, waiting.

czekolada (*D* czekolady) *f* chocolate • **czekolada z orzechami** chocolate with nuts; **gorąca czekolada** hot chocolate; **nadziewana czekolada** chocolate with filling; **tabliczka czekolady** bar of chocolate.

czekoladka (*D* czekoladki) *f* chocolate; [bombonierka] box of chocolates.

czemu *pron* [dlaczego] why; ⊳ co.

czemukolwiek *pron* ⊳ cokolwiek.

czemuś *pron* [dlaczego] why; ⊳ coś.

czepek (*D* czepka) *m* [dziecięcy] bonnet; [kąpielowy] bathing-cap.

czeremcha (*D* czeremchy) *f* bird cherry.

czereśnia (*D* czereśni) *f* cherry.

czerpać *vimperf* [nabierać] to scoop; [wykorzystywać] to get • **czerpać coś z czegoś** to get sthg from sthg.

czerstwy *adj* [o pieczywie] stale [o osobie] robust.

czerwiec (*D* czerwca) *m* June; *zobacz też* styczeń.

czerwony *adj* red.

czesać (*perf* **uczesać**) *vimperf* to do sb's hair. ⬤ **czesać się** (*perf* **uczesać się**) *vp imperf* [grzebieniem] to comb one's hair; [szczotką] to brush one's hair • **czesać się w kok** to have a bun; **czesać się z grzywką** to have a fringe.

czesne (*D* czesnego) *n* tuition fee.

cześć (*D* czci) *f* [szacunek] reverence • **na cześć kogoś** in sb's honour; **otaczał kobiety czcią** he revered women. ⬤ **cześć!** *interj* [na powitanie] hi!; [na pożegnanie] bye, see you!

często *adv* often.

Częstochowa (*D* Częstochowy) *f* Częstochowa.

częstotliwość (*D* częstotliwości) *f* frequency.

częstować (*perf* **poczęstować**) *vimperf* : **częstować kogoś czymś** to offer sthg to sb. ⬤ **częstować się** (*perf* **po-**

częstować się) *vp imperf* to help o.s.

częsty *adj* [zjawisko] frequent; [klient] regular • **częsty ból** recurrent pain.

częściowo *adv* partly.

częściowy *adj* partial.

część (*D* części) *f* part • **części zamienne** spare parts.

czkać (*perf* czknąć) *vimperf* to hiccup.

czkawka (*D* czkawki) *f* hiccups.

czknąć *vperf* = czkać.

człon (*D* -u) *m* [ogniwo] segment.

członek, członkini *m, f* [uczestnik grupy] member.

członkostwo (*D* członkostwa) *n* membership.

członkowski *adj* [legitymacja, składka] membership; [państwa] member.

człowiek (*pl* ludzie) *m* [istota ludzka] person; [mężczyzna] man • **dużo ludzi** a lot ot people; **starzy ludzie** old people; **prawa człowieka** human rights.

czołg (*D* -u) *m* tank.

czoło (*D* czoła) *n* [część twarzy] forehead; [przód] front.

czołowy *adj* [wybitny] outstanding; [dominujący] leading • **zderzenie czołowe** head-on collision.

czołówka (*D* czołówki) *f* [elita] elite; [w gazecie] front page.

czopek (*D* czopka) *m* MED suppository.

czosnek (*D* czosnku) *m* garlic.

czterdziestu *num* forty; *zobacz też* sześciu.

czterdziesty *num* fortieth; *zobacz też* szósty.

czterdzieści *num* forty; *zobacz też* sześć.

czterech *num* four; *zobacz też* sześciu.

czterechsetny *num* four hundredth; *zobacz też* szósty.

czterej *num* (*łączy się z rzeczownikami męskoosobowymi w mianowniku*) four.

czternastu *num* fourteen; *zobacz też* sześciu.

czternasty *num* fourteenth; *zobacz też* szósty.

czternaście *num* fourteen; *zobacz też* sześć.

cztery *num* four; *zobacz też* sześć.

czterysta *num* four hundred; *zobacz też* sześć.

czub (*D* -a) *m* [o włosach] Mohican; [łódki] bow; [drzewa] top.

czubek (*D* czubka) *m* [nosa, buta] tip; [głowy, drzew] top.

czuć *vimperf* [ból, miłość] to feel; [zapach] to smell; *pot* [przewidywać] to have a feeling. ◆ **czuć się** *vr imperf* to feel • **czuć się dobrze/źle** to feel good/bad; **czuć się gdzieś swobodnie** to feel at home somewhere; **czuć się jak u siebie w domu** to make o.s. at home.

czujnik (*D* -a) *m* sensor.

czujność (*D* czujności) *f* vigilance.

czujny *adj* alert.

czule *adv* tenderly.

czułość (*D* czułości) *f* tenderness.

czuły *adj* tender.

czupryna (*D* czupryny) *f* mop of hair.

czupurnie *adv* [zawadiacko] defiantly.

czupurny *adj* defiant.

czuwać *vimperf* [być czujnym] to be on the alert; [opiekować się] to tend to; [nie spać] to stay up.

czuwanie (*D* czuwania) *n* vigil.

czw. (*skr od* **czwartek**) Thurs.

czwartek (*D* czwartku) *m* Thursday; *zobacz też* **sobota** • **tłusty czwartek** *last Thursday before Lent*.

czwarty *num* fourth; *zobacz też* **szósty**.

czy <> *conj* if, whether; [łączy zdania równorzędne lub ich części, wyraża wymienność lub wzajemne wykluczanie się; bądź] or. <> *part* : **czy do ciebie zadzwonił?** did he call you?; **czy czytałeś tę książkę?** have you read this book?

czyj *pron* [w pytaniach] whose.

czyli *conj* in other words.

czym *pron* ⊳ co.

czymkolwiek *pron* ⊳ cokolwiek.

czymś *pron* ⊳ coś.

czyn (*D* -u) *m* deed.

czynnik (*D* -a) *m* factor.

czynność (*D* czynności) *f* act • **wykonywać wiele czynności naraz** to do a lot of things at the same time.

czynny *adj* [sklep] open; [wypoczynek] active.

czynsz (*D* -u) *m* rent.

czyrak (*D* -a) *m* boil.

czystość (*D* czystości) *f* cleanliness • **środki czystości** detergents.

czysty *adj* clean.

czyszczenie (*D* czyszczenia) *n* cleaning.

czyścić *vimperf* to clean.

czytać (*perf* **przeczytać**) *vimperf* to read.

czytanie (*D* czytania) *n* reading.

czytelnia (*D* czytelni) *f* reading room.

czytelnie *adv* [wyraźnie] legibly; [zrozumiale] intelligibly.

czytelnik, czytelniczka *m, f* reader.

czytelny *adj* [wyraźny] legible; [zrozumiały] intelligible.

ćma *f* moth.

ćwiartka (*D* ćwiartki) *f* [ćwierć] quarter; *pot* [wódka] *quarter-litre bottle of vodka*.

ćwiczenie (*D* ćwiczenia) *n* [trening] exercise. ⮞ **ćwiczenia** (*D* ćwiczeń) *npl* [zbiór zadań] workbook.

ćwiczyć *vimperf* [na siłowni, pamięć] to train; [na fortepianie] to practise.

ćwierć (*D* ćwierci) *num* quarter.

ćwierćfinał (*D* -u) *m* quarter final.

ćwierkać *vimperf* to chirp.

ćwikła (*D* ćwikły) *f* KULIN *beetroot and horseradish sauce*.

D

dach (*D* -u) *m* roof.

dachówka (*D* dachówki) *f* roof tile.

dać *vperf* **-1.** [wręczyć, podać] to give; **dać coś komuś** to give sb sthg. **-2.** [użyczyć, zapewnić] to give. **-3.** [oddać] to give. **-4.** [pozwolić] to let • **dać komuś wolną rękę** to give sb a free hand; **dać komuś w twarz** to slap sb in the face; **dać słowo** to give one's word.

dag (*skr od dekagram*) 10 gms.

daktyl (*D* -a) *m* date.

dal (*D* -i) *f* distance • **w dali** in the distance.

daleki (*compar* **dalszy**, *superl* **najdalszy**) *adj* [kraj, głos, czasy] distant; [podróż] long. ⟶ **z daleka** *adv* [przyjechać] from far away; [siedzieć] far away from.

daleko (*compar* **dalej**, *superl* **najdalej**) *adv* far away • **czy daleko do stacji?** is it far to the station? ⟶ **dalej** *adv* [w czasie] further • **dalej wszystko potoczyło się szczęśliwie** and they all lived happily ever after.

dalekobieżny *adj* long-distance.

dalekowidz *m* : **być dalekowidzem** to be long-sighted.

dalekowzroczność (*D* **dalekowzroczności**) *f* MED long-sightedness; [rozwaga] far-sightedness.

dalekowzroczny *adj* MED long-sighted; [przewidujący] far-sighted.

dalia (*D* **dalii**) *f* dahlia.

daltonista, daltonistka *m, f* : **być daltonistą** to be colour blind.

dama *f* [elegancka kobieta] lady; [w kartach] queen.

damski *adj* [buty, bielizna] women's; [towarzystwo] female.

dane (*D* **danych**) *pl* data.

Dania (*D* **Danii**) *f* Denmark.

danie (*D* **dania**) *n* [część posiłku] course; [potrawa] dish • **danie główne** main course; **danie mięsne** meat dish; **pierwsze/drugie danie** first/second course.

dar (*D* -u) *m* [prezent] gift; [ofiara] contribution.

daremnie *adv* in vain.

darmo ⟶ **za darmo** *adv* for nothing • **bilety są za darmo** tickets are free ⟶ **na darmo** *adv* in vain • **tracić czas na darmo** to waste time.

darmowy *adj* free.

darowizna (*D* **darowizny**) *f* donation.

daszek (*D* **daszka** LUB **daszku**) *m* [mały dach] small roof; [czapki] peak.

data (*D* **daty**) *f* date • **data urodzenia** date of birth.

datek (*D* **datku**) *m* offering.

datownik (*D* -a) *m* [przyrząd] date stamp.

dawać *vimperf* = **dać**.

dawca, dawczyni *m, f* donor.

dawka (*D* **dawki**) *f* dose.

dawkowanie (*D* **dawkowania**) *n* dosage.

dawno *adv* : **dawno temu** a long time ago; **dawno kupiłem ten samochód** I bought this car a long time ago; **już dawno nie byłem w kinie** I haven't been to the cinema for a long time. ⟶ **dawniej** *adv* [przedtem] before • **jak dawniej** as before.

dawny *adj* former; [przyjaciel] old.

dążyć *vimperf* to aim for • **dążyć do czegoś** to strive for sthg.

dB (*skr od decybel*) dB.

dbać *vimperf* to care • **dbać o kogoś/o coś** to take care of sb/sthg.

dbały *adj* attentive.

dealer *m* dealer.

debata (*D* **debaty**) *f* debate.

debatować *vimperf* to debate

• **debatować nad czymś** to discuss sthg.

debet (*D* -u) *m* overdraft.

debil, ka *m, f pot & pej* moron.

debiut (*D* -u) *m* debut.

debiutant, ka *m, f* novice.

debiutować *vimperf* to make one's debut.

dech (*D* tchu) *m* [oddech] breath.

decybel (*D* -a) *m* decibel.

decydować (*perf* zdecydować) *vimperf* to decide • **decydować o czymś** to decide sthg. ➡ **decydować się** (*perf* zdecydować się) *vp imperf* to make up one's mind • **decydować się na coś** to decide on sthg.

decydujący *adj* decisive.

decymetr (*D* -a) *m* decimetre.

decyzja (*D* decyzji) *f* decision • **podjąć decyzję** to make a decision.

dedykacja (*D* dedykacji) *f* dedication.

defekt (*D* -u) *m* defect.

deficyt (*D* -u) *m* deficit.

defilada (*D* defilady) *f* march past.

definicja (*D* definicji) *f* definition.

definiować (*perf* zdefiniować) *vimperf* to define.

definitywny *adj* [decyzja] definitive; [zmiana] definite.

deformacja (*D* deformacji) *f* deformation.

defragmentacja (*D* defragmentacji) *f* : **defragmentacja dysku** INFORM disk defragmentation.

defraudacja (*D* defraudacji) *f* embezzlement.

degeneracja (*D* degeneracji) *f* degeneracy.

degustacja (*D* degustacji) *f* tasting.

degustować *vimperf* to taste.

dekada (*D* dekady) *f* [dni] ten days; [lata] decade.

dekagram (*D* -a) *m* ten grams.

deklaracja (*D* deklaracji) *f* declaration • **deklaracja celna** customs declaration.

dekoder (*D* -a) *m* decoder.

dekodować *vimperf* to decode.

dekolt (*D* -u) *m* [przy szyi] neckline.

dekoracja (*D* dekoracji) *f* decoration.

dekoracyjny *adj* decorative.

dekorować *vimperf* to decorate.

dekret (*D* -u) *m* decree.

delegacja (*D* delegacji) *f* [grupa ludzi] delegation; [wyjazd] business trip.

delegalizować *vimperf oficjal* to make illegal.

delegat, ka *m, f* delegate.

delektować się *vp imperf* to relish • **delektować się czymś** to relish sthg.

delfin (*D* -a) *m* [zwierzę] dolphin; [SPORT styl pływacki] butterfly stroke.

delicje (*D* delicji) *fpl* delicacies.

delikatesy (*D* delikatesów) *pl* [sklep] delicatessen.

delikatnie *adv* gently.

delikatny *adj* [subtelny, wrażliwy] sensitive; [kruchy, niemasywny] delicate; [lekki, słaby] gentle.

delta (*D* delty) *f* delta.

demaskować *vimperf* to expose.

dementować *vimperf oficjal* to deny • **dementować plotki** to deny a rumour.

demograficzny *adj* demographic • **niż/wyż demograficzny** demographic low/high.

demokracja (D demokracji) f democracy.

demokratyczny adj democratic.

demon (D -a) m demon.

demonstracja (D demonstracji) f demonstration.

demonstrować vimperf to demonstrate.

demoralizacja (D demoralizacji) f demoralization.

denat, ka m, f oficjal the deceased.

denaturat (D -u) m methylated spirit.

denerwować (perf zdenerwować) vimperf to irritate • **coś kogoś denerwuje** sthg gets on sb's nerves. **denerwować się** (perf zdenerwować się) vp imperf to be upset • **denerwować się na kogoś/coś** to get upset with sb/sthg.

denerwujący adj irritating.

dentysta, dentystka m, f dentist.

dentystyczny adj dental.

departament (D -u) m [dział] department.

depesza (D depeszy) f [telegram] telegram; [wiadomość agencyjna] dispatch.

depilator (D -a) m [środek kosmetyczny] hair remover; [urządzenie] depilator.

depilować vimperf to depilate.

deponować (perf zdeponować) vimperf to deposit.

deportacja (D deportacji) f deportation.

depozyt (D -u) m deposit.

depresja (D depresji) f depression.

deptać vimperf to trample • **nie deptać trawnika** keep off the grass.

deptak (D -a LUB -u) m promenade.

deputowany, deputowana m, f deputy.

dermatolog m dermatologist.

deseń (D desenia LUB deseniu) m pattern.

deser (D -u) m dessert.

deska (D deski) f board • **drzwi z desek** wooden door; **deska surfingowa** surfboard.

deskorolka (D deskorolki) f SPORT skateboard.

despota m despot.

destrukcja (D destrukcji) f destruction.

desygnować vimperf oficjal to designate.

deszcz (D -u) m rain.

deszczowy adj [pogoda, dzień] rainy; [chmura, woda] rain.

detal (D -u) m [szczegół] detail.

detaliczny adj retail.

detektyw m detective.

determinacja (D determinacji) f determination.

detonacja (D detonacji) f detonation.

dewaluacja (D dewaluacji) f devaluation.

dewaluować vimperf to devalue.

dewastacja (D dewastacji) f devastation.

dewastować vimperf to devastate.

dewiza (D dewizy) f motto. **dewizy** (D dewiz) pl foreign currency.

dewizowy adj [konto] foreign currency.

dezaktualizować (*perf* zdezaktualizować) *vimperf oficjal* to make invalid. ➡ **dezaktualizować się** (*perf* zdezaktualizować się) *vp imperf* to go out of date.

dezerter *m* deserter.

dezodorant (*D* -u) *m* deodorant.

dezorganizacja (*D* dezorganizacji) *f* disorganization.

dezynfekcja (*D* dezynfekcji) *f* disinfection.

dezynfekować (*perf* zdezynfekować) *vimperf* to disinfect.

dezynfekujący *adj* : środek dezynfekujący disinfectant; ekipa dezynfekująca disinfection team.

dętka (*D* dętki) *f* [w oponie] inner tube.

diabelski *adj* diabolic • diabelski młyn Ferris wheel.

diabeł (*D* diabła) *m* devil. ➡ **do diabła!** *interj pot* what the hell!

diagnoza (*D* diagnozy) *f* diagnosis.

dialekt (*D* -u) *m* dialect.

dialog (*D* -u) *m* dialogue.

diament (*D* -u) *m* diamond.

diamentowy *adj* diamond.

diecezja (*D* diecezji) *f* diocese.

dieta¹ (*D* diety) *f* [sposób odżywiania] diet • być na diecie to be on a diet.

dieta² (*D* diety) *f* [wynagrodzenie] allowance.

dietetyczny *adj* [pieczywo] diet; [właściwości] dietary.

dinozaur (*D* -a) *m* dinosaur.

dkg (*skr od* dekagram) 10 gms.

dla *prep* -1. [cel, przeznaczenie] for. -2. [w stosunku do] to. -3. [według] for.

dlaczego *pron* why.

dlatego *conj* so.

dławić się (*perf* udławić się) *vp imperf* to choke • dławić się czymś to choke on sthg.

dłoń (*D* dłoni) *f* [wewnętrzna część ręki] palm; [ręka] hand.

dług (*D* -u) *m* debt.

długi (*compar* dłuższy, *superl* najdłuższy) *adj* long.

długo (*compar* dłużej, *superl* najdłużej) *adv* a long time • na długo for a long time.

długopis (*D* -u) *m* ballpoint.

długość (*D* długości) *f* length.

długoterminowy *adj* long-term • pożyczka długoterminowa long-term loan.

długotrwały *adj* prolonged.

długowieczny *adj* long-lived.

dłużej *adv* ▷ długo.

dłużnik, dłużniczka *m, f* debtor.

dłużny *adj* indebted • być komuś coś dłużnym to owe sb sthg.

dłuższy *adj* ▷ długi.

dmuchać *vimperf* to blow • dmuchać na coś to blow on sthg; dmuchać w balonik to be breathalysed.

dn. (*skr od* dnia) *used in writing to introduce date* (= *on the day of*).

dni *mpl* ▷ dzień.

Dniepr (*D* -u) *m* the Dnieper.

Dniestr (*D* -u) *m* the Dniester.

dniówka (*D* dniówki) *f* [dzień pracy] working day; [wynagrodzenie] daily wage.

dno (*D* dna) *n* [spód] bottom; *pej* [o człowieku] the pits • (wywrócić) do góry dnem (to turn) upside down.

do *prep* -1. [w kierunku] to;

uśmiechnął się do mnie he smiled at me. **-2.** [zasięg] to; **włosy sięgają mu do ramion** his hair reaches down to his shoulders; **woda sięgała jej do brody** the water came up to her chin. **-3.** [czas] to; **przedstawienie trwa do dziewiątej** the performance lasts until nine. **-4.** [odbiorca] for. **-5.** [cel, przeznaczenie] to.

doba (*D* **doby**) *f* twenty-four hours.

dobić *vperf* = **dobijać**.

dobiec *vperf* = **dobiegać**.

dobiegać (*perf* **dobiec**) *vimperf* [o człowieku, dźwięku] to reach; [o czasie] to approach • **dobiegać końca** to be coming to an end.

dobierać (*perf* **dobrać**) *vimperf* to select • **dobierać coś do czegoś** to get sthg to match with sthg.

dobijać (*perf* **dobić**) *vimperf* [docierać] to reach; [zabijać] to finish off; [przysparzać zmartwień] to devastate • **dobijać kogoś** to put sb out of their misery; **dobijać targu** to strike a deal. → **dobijać się** *vp imperf* : **dobijać się do drzwi** to bang on the door.

dobitny *adj* distinct.

dobór (*D* **doboru**) *m* selection.

dobrać *vperf* = **dobierać**.

dobranoc *interj* good night.

dobranocka (*D* **dobranocki**) *f* *TV cartoon broadcast just before children's bedtime.*

dobrany *adj* well-matched.

dobro (*D* **dobra**) *n* good.

dobrobyt (*D* **-u**) *m* prosperity.

dobroczynny *adj* [wpływ] beneficial; [instytucja] charitable; [koncert] charity.

dobroczyńca *m* benefactor.

dobroć (*D* **dobroci**) *f* kindness • **po dobroci** out of kindness.

dobroduszny *adj* kind-hearted.

dobrotliwy *adj* good-natured.

dobrowolnie *adv* voluntarily.

dobrowolny *adj* voluntary.

dobry (*compar* **lepszy**, *superl* **najlepszy**) *adj* good • **ma lepszy charakter niż jego brat** he's got a better personality than his brother; **wszystkiego dobrego** LUB **najlepszego** many happy returns; **mieć dobry gust** to have good taste. → **dobry** (*D* **dobrego**) *m* [ocena] ≃ B. → **bardzo dobry** (*D* **bardzo dobrego**) *m* [najwyższa ocena] ≃ A.

dobrze (*compar* **lepiej**, *superl* **najlepiej**) ⟨⟩ *adv* well; [sprzedać] at a profit. ⟨⟩ *interj* [w porządku] OK • **zostali dobrze przyjęci przez rodziców** they were well received by the parents; **zna się dobrze na kwiatach** he/she knows a lot about flowers; **coraz lepiej mówi po angielsku** his/her English is getting better and better; **czy twój zegarek dobrze chodzi?** is your watch right?

dobytek (*D* **dobytku**) *m* belongings.

docelowy *adj* [stanowiący cel] target • **port docelowy** port of destination; **stacja docelowa** destination.

doceniać *vimperf* to appreciate • **doceniać kogoś** to appreciate sb.

dochodowy *adj* profitable.

dochodzenie (*D* **dochodzenia**) *n* investigation.

dochodzić (*perf* **dojść**) *vimperf* [do miejsca] to reach • **dochodzi północ** it's almost midnight; **dochodzić do siebie** to recover;

dochodzić do zdrowia to recover.

dochód (*D* dochodu) *m* income • **dochód narodowy** national revenue.

dociekliwy *adj* inquiring.

docierać (*perf* dotrzeć) *vimperf* to reach.

docinek (*D* docinka) *m* jibe.

dodać *vperf* = dodawać.

dodatek (*D* dodatku) *m* [uzupełnienie] addition; [do gazety] supplement; [do pensji] bonus • **dodatek rodzinny** child benefit.

dodatkowo *adv* in addition.

dodatkowy *adj* extra.

dodatni *adj* positive.

dodawać (*perf* dodać) *vimperf* to add.

dodawanie (*D* dodawania) *n* addition.

dodruk (*D* -u) *m* [dodatkowy druk] reprint.

dodzwonić się *vp perf* to get through • **dodzwonić się do kogoś** to get through to sb.

doganiać (*perf* dogonić) *vimperf* to catch up with • **doganiać kogoś** to catch up with sb.

doglądać *vimperf* [pilnować] to mind; [opiekować się] to look after • **doglądać kogoś/czegoś** to look after sb/sthg.

dogłębnie *adv* [gruntownie] in depth; [radykalnie] profoundly.

dogodny *adj* [położenie, moment] convenient; [warunki] favourable • **dogodna oferta** an attractive offer.

dogonić *vperf* = doganiać.

dogrywka (*D* dogrywki) *f* SPORT extra time.

dojazd (*D* -u) *m* [podróż] journey; [dostęp] access.

dojechać *vperf* = dojeżdżać.

dojeżdżać (*perf* dojechać) *vimperf* [do pracy] to commute; [do miejsca] to approach • **dojechać na miejsce** to arrive at one's destination.

dojrzałość (*D* dojrzałości) *f* [ludzi, zwierząt] maturity; [owoców] ripeness.

dojrzały *adj* [człowiek] mature; [owoc] ripe.

dojrzeć *vperf* = dojrzewać.

dojrzewać (*perf* dojrzeć) *vimperf* [o człowieku] to mature; [o owocach, zbożu] to ripen.

dojrzewanie (*D* dojrzewania) *n* [człowieka] adolescence; [owoców] ripening.

dojście (*D* dojścia) *n* [dostęp] access; [do pracy] walk.

dojść *vperf* = dochodzić.

dokąd *pron* [o miejscu] where; [o czasie] how long.

dokładać (*perf* dołożyć) *vimperf* [uzupełniać] to add; *pot* [bić] to whack • **dokładać komuś czegoś** to give sb more of sthg; **dokładać wszelkich starań** to make every effort; **dokładać sobie zupy** to help o.s. to more soup. ➡ **dokładać się** (*perf* dołożyć się) *vp imperf* to contribute.

dokładka (*D* dokładki) *f* second helping.

dokładnie *adv* [szczegółowo] carefully; [ściśle] precisely.

dokładność (*D* dokładności) *f* [precyzja] precision.

dokładny *adj* [szczegółowy] detailed; [ścisły, precyzyjny] precise; [staranny, skrupulatny] thorough; [o zegarku] accurate.

dokoła *prep* = dookoła.

dokonany *adj* [zrobiony] done

• **czasownik dokonany** perfective verb; **fakt dokonany** fait accompli.

dokończenie (D dokończenia) n [czynności] completion; [historii] conclusion.

dokończyć vperf to finish.

dokształcać vimperf to educate further. ➡ **dokształcać się** vp imperf to do further study.

dokształcający adj further education • **kursy dokształcające** further education courses.

doktor m [stopień naukowy] PhD; [lekarz] doctor.

doktorat (D -u) m [praca naukowa] thesis; [stopień naukowy] PhD.

dokuczliwy adj unpleasant.

dokument (D -u) m document; [film] documentary • **dokumenty stwierdzające tożsamość** identification, ID.

dokumentacja (D dokumentacji) f record

dokumentalny adj documentary • **film dokumentalny** documentary.

dolać vperf = **dolewać**.

dolar (D -a) m dollar.

dolatywać (perf dolecieć) vimperf : **samolot dolatywał do Paryża** the plane was approaching Paris; **dolatywał do nas przykry zapach/głośny dźwięk** we were assailed by a nasty smell/loud noise.

dolecieć vperf = **dolatywać**.

dolewać (perf dolać) vimperf to top up with • **dolewać komuś czegoś** to top sb up with sthg.

dolina (D doliny) f valley.

dolny adj [szuflada, pokład] bottom; [warga, powieka] lower • **dolna Wisła** the lower Vistula.

dołożyć vperf = **dokładać**.

dom (D -u) m [budynek] house; [mieszkanie] home; [gospodarstwo domowe] household • **dom dziecka** children's home; **dom towarowy** department store; **prowadzić dom** to run a household.

domagać się vp imperf to demand • **domagać się czegoś** to demand sthg.

domator, ka m, f stay-at-home.

domena (D domeny) f sphere.

domięśniowy adj intramuscular.

dominacja (D dominacji) f domination.

dominować vimperf to dominate • **dominować nad czymś** to dominate sthg; **dominować nad kimś** to dominate sb.

domniemany adj alleged.

domofon (D -u) m entry phone.

domownik, domowniczka m f member of household.

domowy adj [adres, telefon] home; [atmosfera] homely; [zwierzęta] domestic • **praca domowa** homework.

domysł (D -u) m conjecture.

domyślać się (perf domyślić się) vp imperf [odgadywać] to guess • **domyślać się czegoś** to guess sthg.

domyślić się vp perf = **domyślać się**.

doniczka (D doniczki) f flowerpot.

donieść vperf = **donosić**.

doniosły adj momentous.

donos (D -u) m pej denunciation.

donosiciel, ka m, f pej informer.

donosić (perf donieść) vimperf to inform.

donośny *adj* loud.

dookoła *prep* (a) round.

dopasować *vperf* [włączyć w całość] to fit together • **dopasować coś do czegoś** to match sthg to sthg. ◆ **dopasować się** *vp perf* [dostosować się] to adjust.

dopiero *part* only.

dopilnować *vperf* to see to.

doping (*D* -u) *m* [zachęta] encouragement; SPORT taking drugs.

dopisać *vperf* [uzupełnić tekst] to add *(to text)*; [skończyć pisanie] to finish writing; [nie zawieść] not to let down.

dopłata (*D* dopłaty) *f* surcharge.

dopłynąć *vperf* = dopływać.

dopływ (*D* -u) *m* [gazu, prądu] supply; [powietrza] flow; [rzeki] tributary.

dopływać (*perf* dopłynąć) *vimperf* [o statku] to sail up to; [o człowieku] to swim up to.

dopóki *conj* as long as • **uczył się pilnie, dopóki nie znalazł pracy** he studied hard until he found a job.

doprowadzać (*perf* doprowadzić) *vimperf* [zmierzać do czegoś] to lead; [dostarczać] to supply; [do szaleństwa, rozpaczy] to drive • **doprowadzić sprawę do końca** to bring the matter to a conclusion; **doprowadzać mieszkanie do porządku** to put the flat in order; **doprowadzać do czegoś** to lead to sthg.

doprowadzić *vperf* = doprowadzać.

dopuszczać *vimperf* to allow • **dopuszczać kogoś do tajemnicy** to let sb in on a secret; **dopuszczać kogoś do głosu** to let sb speak; **dopuszczać kogoś do egzaminu** to accept sb for an examination.

dopuszczalny *adj* acceptable.

dorabiać (*perf* dorobić) *vimperf* [dodatkowo zarabiać] to supplement one's income • **dorabiać klucze** to have extra keys cut.

doradca *m* adviser • **doradca handlowy** trade adviser; **doradca prawny** legal adviser.

doradzać (*perf* doradzić) *vimperf* to advise • **doradzać coś komuś** to recommend sthg to sb.

doradzić *vperf* = doradzać.

doręczyć *vperf* to deliver • **doręczyć coś komuś** to deliver sthg to sb.

dorobek (*D* dorobku) *m* [majątek] worldly goods; [osiągnięcia] achievements.

dorobić *vperf* = dorabiać.

doroczny *adj* annual.

dorodny *adj* [zdrowy] healthy-looking.

dorosły *adj* [dojrzały psychicznie lub fizycznie] adult; [mądry, odpowiedzialny] mature. ◆ **dorośli** (*D* dorosłych) *mpl* adults.

dorożka (*D* dorożki) *f* horse-drawn cab.

dorsz (*D* -a) *m* cod.

dorywczy *adj* occasional • **dorywcza praca** casual work.

dorzecze (*D* dorzecza) *n* river basin.

DOS (*D* -u) *m* INFORM DOS.

dosadnie *adv* bluntly.

dosięgać *vimperf* to reach.

doskonale ◇ *adv* very well • **doskonale, że przyjechałeś** it's great that you've come. ◇ *interj* great!

doskonalić *vimperf* to perfect.

doskonały *adj* great.

dosłownie adv [rozumieć] literally; [cytować] word for word.

dosłowny adj literal.

dostać vperf [prezent, gorączki] to get; [zostać uderzonym] to get hit • **dostać coś od kogoś** to get sthg from sb; **dostać od kogoś lanie** to get a beating from sb.

dostać się vp perf [dotrzeć, uzyskać] to get; [zostać przyjętym] to get in • **dostać się na studia** to get in to university.

dostarczać vimperf to supply.

dostateczny adj sufficient.

dostateczny (D dostatecznego) m [ocena] ≃ C.

dostatek (D dostatku) m [dobrobyt] affluence; [obfitość] abundance.

dostawa (D dostawy) f delivery.

dostawać (perf dostać) vimperf [otrzymywać] to get; [być bitym] to get hit.

dostawiać vp supplies

dostęp (D -u) m access.

dostępny adj [dla wszystkich] accessible; [do kupienia] available.

dostojnie adv with dignity • **wyglądać dostojnie** to look dignified.

dostojnik m dignitary.

dostosować vperf = dostosowywać.

dostosowywać (perf dostosować) vimperf to adapt • **dostosowywać coś do czegoś** to adapt sthg to sthg. **dostosowywać się** (perf dostosowywać się) vp imperf to adjust • **dostosowywać się do czegoś** to adjust to sthg.

dostrzegalny adj visible.

doszczętnie adv completely.

doścignąć vperf to catch up

• **doścignąć kogoś** to catch up with sb.

dość adv [wystarczająco] enough; [stosunkowo] quite • **mieć dość czegoś/kogoś** to have enough of sthg/sb.

doświadczenie (D doświadczenia) n [przeżycie, praktyka] experience; [eksperyment] experiment.

doświadczony adj experienced.

dotacja (D dotacji) f grant.

dotąd pron [do tego miejsca] up to here; [do tego czasu] up to now; [tyle czasu] until.

dotkliwy adj severe.

dotknąć vperf = dotykać.

dotknięcie (D dotknięcia) n touch.

dotować vimperf LUB vperf to subsidize.

dotrzeć vperf = docierać.

dotrzymywać (perf dotrzymać) vimperf [zobowiązania] to keep dla kogoś do czegoś dotrzymywać terminów/umów/umowy to keep to deadlines/agreements; **dotrzymywać danego słowa** to keep one's word; **dotrzymywać komuś towarzystwa** to keep sb company.

dotychczas adv till now.

dotychczasowy adj : sprawozdanie z dotychczasowej działalności firmy a report of the company's activities to date.

dotyczyć vimperf to concern • **dotyczyć kogoś/czegoś** to concern sb/sthg.

dotyk (D -u) m touch.

dotykać (perf dotknąć) vimperf [lekko poruszać] to touch; [sprawić przykrość] to hurt • **dotykać czegoś** to touch sthg; **dotykać czegoś palcami** to touch sthg with one's fingers.

doustny adj oral.

dowcip (*D* -u) *m* joke.

dowcipny *adj* witty.

dowiadywać się *vp imperf* to inquire • **dowiadywać się o coś** to ask about sthg.

dowiedzieć się *vp perf* to find out • **dowiedzieć się czegoś** to find out sthg; **dowiedzieć się o czymś** to find out about sthg.

dowieść *vperf* = **dowodzić**.

dowodzić (*perf* **dowieść**) *vimperf* [tezy] to prove; [wojskiem] to command • **dowodzić czegoś** to prove sthg.

dowolny *adj* any.

dowód (*D* dowodu) *m* [świadectwo, uzasadnienie] evidence; [urzędowy dokument] receipt • **dowód tożsamości** identity card.

dowódca *m* commander.

doza (*D* dozy) *f* dose.

dozorca, dozorczyni *m, f* [gospodarz domu] caretaker.

dozowanie (*D* dozowania) *n* dosage.

dozwolony *adj* [niezakazany] allowed.

dożyć *vperf* to live to.

dożylny *adj* intravenous.

dożynki *pl* harvest home.

dożywocie (*D* dożywocia) *n* life imprisonment.

dożywotni *adj* for life.

dół (*D* dołu) *m* [w ziemi] hole; [najniższa część] bottom • **na dole** [na parterze] downstairs; **na dół** down; **w dół** down.

dr (*skr od* **doktor**) *PhD, used as title.*

dr med. (*skr od* **doktor medycyny**) Dr.

drabina (*D* drabiny) *f* ladder.

draka (*D* draki) *f pot* hoo-ha.

dramat (*D* -u) *m* [utwór literacki] · play; [trudna sytuacja] tragedy.

drań *m pot & pej* bastard.

drapać *vimperf* [skrobać] to scratch; [o ubraniu] to be itchy. • **drapać się** *vp imperf* to scratch o.s.

drapieżnik (*D* -a) *m* predator.

drastycznie *adv* drastically.

drastyczny *adj* [środki, przepisy] drastic; [scena] violent.

draśnięcie (*D* draśnięcia) *n* scratch.

drażetka (*D* drażetki) *f a pill or sweet with a hard coating.*

drażliwy *adj* [temat] touchy.

drażnić *vimperf* to irritate • **drażnić kogoś** to irritate sb.

drąg (*D* -a) *m* pole.

dreptać *vimperf* to toddle.

dres (*D* -u) *m* tracksuit.

dreszcz (*D* -u) *m* shiver.

drewniany *adj* wooden.

drewno (*D* drewna) *n* wood.

dręczyć *vimperf* to torment • **dręczyć kogoś** to harass sb. • **dręczyć się** *vp imperf* to torment o.s.

drętwieć *vimperf* [o człowieku] to stiffen up; [o kończynie] to go numb.

drgać (*perf* **drgnąć**) *vimperf* [głos, ręka] to shake; [powieka] to twitch • **nie drgnąć** not to move a muscle.

drgawka (*D* drgawki) *f* convulsion.

drgnąć *vperf* = **drgać**.

drobiazg (*D* -u) *m* [mały przedmiot] trinket; [błahostka] trifle.

drobiazgowy *adj* [badania] detailed; [człowiek] pedantic.

drobne (D drobnych) pl small change.

drobnomieszczański adj pej [obyczaje, gust] bourgeois.

drobnostka (D drobnostki) f trifle.

drobnoustrój (D drobnoustroju) m microorganism.

drobny adj [osoba, kłopot] small; [deszcz, druk] fine.

droga (D drogi) f [pas komunikacyjny] road; [trasa] way; [podróż] journey • **po drodze** on the way; **zgubić drogę** to lose one's way; **znaleźć drogę** to find the way.

drogeria (D drogerii) f drugstore.

drogo (compar **drożej**, superl **najdrożej**) adv [kosztować, zapłacić] a lot.

drogocenny adj valuable.

drogowskaz (D -u) m road sign.

drogówka (D drogówki) f pot traffic police.

drożdże (D drożdży) pl yeast.

drożdżówka (D drożdżówki) f bun • **drożdżówka z serem** bun with curd cheese filling.

drożeć (perf **podrożeć**) vimperf to go up in price.

droższy adj [kosztowny] expensive; [bliski sercu] precious.

drób (D drobiu) m poultry.

drugi num second; zobacz też szósty.

druk (D -u) m [drukowanie] print; [czcionka] type.

drukarka (D drukarki) f printer • **drukarka atramentowa** inkjet printer; **drukarka laserowa** laser printer.

drukarnia (D drukarni) f printer's.

drukarz m printer.

drukować (perf **wydrukować**) vimperf to print; [publikować] to publish.

drukowany adj printed • **pismo drukowane** printed document.

drut (D -u) m wire. ⇌ **druty** (D drutów) mpl knitting needles • **robić sweter na drutach** to knit a sweater.

drużyna (D drużyny) f SPORT team; [harcerska] troop.

drwal m lumberjack.

drwiący adj mocking.

drwić vimperf to mock • **drwić z kogoś** to mock sb.

drwina (D drwiny) f mockery • **drwiny sobie robisz z nauczyciela?** are you mocking the teacher?

drzazga (D drzazgi) f [zadra] splinter; [kawałek drewna] piece of matchwood.

drzeć (perf **podrzeć**) vimperf to tear • **drzeć coś** to tear sthg. ⇌ **drzeć się** (perf **podrzeć się**) vp imperf [niszczyć się] to become worn; pot [wydzierać się] to yell • **drzeć się na kogoś** to yell at sb.

drzemać vimperf to snooze.

drzemka (D drzemki) f snooze.

drzewo (D drzewa) n [roślina] tree; [drewno] wood.

drzwi (D drzwi) pl door • **prosimy zamykać drzwi** please shut the door.

drżeć vimperf [z zimna, ze strachu] to shiver; [na myśl o czymś] to shudder; [ręce] to shake • **drżeć o kogoś** to be afraid for sb; **drżeć przed kimś** to be afraid of sb.

ds. (skr od **do spraw**) in charge of.

Dublin (D -a) m Dublin.

duch (D -a) m [zjawa] ghost; [dusza, atmosfera] spirit.

duchowny (D duchownego) m [ksiądz, zakonnik] cleric.

duchowy adj spiritual.

duet (D -u) m duet.

duma (D dumy) f pride • **to nie jest powód do dumy** it's not sthg to be proud of.

dumny adj proud.

Dunaj (D -u) m the Danube.

Duńczyk, Dunka m, f Dane.

duplikat (D -u) m duplicate.

dusić (perf udusić) vimperf [ściskać za gardło] to strangle; [mięso, warzywa] to stew • **dusić coś** [żal] to suppress sthg; **dusić kogoś** to strangle sb. ➡ **dusić się** (perf udusić się) vp imperf [dymem] to choke; [mięso, warzywa] to stew.

dusza (D duszy) f [psychika] soul • **bratnia dusza** kindred spirit.

duszno adv stuffy • **duszno mi, proszę, otwórz okno** I can't breathe, could you please open the window?

duszność (D duszności) f MED shortness of breath.

duszny adj stuffy.

duszony adj [mięso, warzywa] stewed.

dużo (compar więcej, superl najwięcej) adv a lot • **za dużo** to much; **jest coraz więcej samochodów** there are more and more cars.

duży (compar większy, superl największy) adj [znacznych rozmiarów, liczny] large; [dorosły] big; [intensywny] great; [temperatura] high • **ma największy dom w okolicy** he has the largest house in the neighborhood.

DVD (inv) n [płyta] DVD; [napęd] DVD drive.

dwa num (łączy się z rodzajem męskim nieosobowym) two; zobacz też **sześć**.

dwadzieścia num twenty; zobacz też **sześć**.

dwaj num (łączy się z rzeczownikami męskoosobowymi w mianowniku) two.

dwanaście num twelve; zobacz też **sześć**.

dwie num (łączy się z rzeczownikami rodzaju żeńskiego w mianowniku) two.

dwieście num two hundred; zobacz też **sześć**.

dworek (D dworku) m country house.

dworzec (D dworca) m station • **dworzec autobusowy/PKS** bus/coach station; **dworzec kolejowy/PKP** train station.

dwóch num two; zobacz też **sześciu**.

dwór (D dworu) m [ziemiański] manor; [królewski] court • **na dworze** outside.

dwudziestoletni adj [osoba] twenty-year-old.

dwudziestowieczny adj twentieth-century.

dwudziestu num twenty; zobacz też **sześciu**.

dwudziesty num twentieth; zobacz też **szósty**.

dwumiesięcznik (D -a) m [periodyk] bimonthly.

dwunastu num twelve; zobacz też **sześciu**.

dwunasty num twelfth; zobacz też **szósty**.

dwupasmowy adj two-lane.

dwusetny num two hundredth; zobacz też **szósty**.

dwutlenek (D dwutlenku) m dioxide.

dwutygodnik (D -a) m bi-weekly.

dwuznaczność (D dwuznaczności) f ambiguity.

dwuznaczny adj [niejasny, aluzyjny] ambiguous; [podejrzany moralnie] suggestive.

dygać (perf dygnąć) vimperf to curtsy.

dygnąć vperf = dygać.

dygresja (D dygresji) f digression.

dykcja (D dykcji) f diction.

dyktafon (D -u) m Dictaphone®.

dyktator m [władca absolutny] dictator • **dyktator mody** fashion guru.

dyktatura (D dyktatury) f dictatorship.

dyktować (perf **podyktować**) vimperf to dictate.

dylemat (D -u) m dilemma.

dyletant, ka m f pej dilettante

dym (D -u) m smoke.

dymić vimperf to smoke.

dymisja (D dymisji) f resignation • **podać się do dymisji** to hand in one's resignation.

dynamiczny adj dynamic.

dynastia (D dynastii) f dynasty.

dynia (D dyni) f pumpkin.

dyplom (D -u) m diploma.

dyplomacja (D dyplomacji) f diplomacy; [instytucja] diplomatic service.

dyplomata m diplomat.

dyplomatyczny adj diplomatic.

dyplomowany adj certified.

dyr. (skr od **dyrektor**) director, used as title.

dyrekcja (D dyrekcji) f management.

dyrektor, ka m, f director.

dyrygent, ka m, f conductor.

dyrygować vimperf [orkiestrą] to conduct; [osobą] to order around • **dyrygować kimś** to order sb around.

dyscyplina (D dyscypliny) f discipline • **dyscyplina sportowa** sport as a subject of study.

dyscyplinarny adj disciplinary.

dysk (D -u) m SPORT discus; [komputerowy, kręgosłupa] disk • **dysk instalacyjny** installation disk; **dysk optyczny** optical disc; **twardy dysk** hard disk.

dyskietka (D dyskietki) f INFORM floppy disk.

dyskoteka (D dyskoteki) f disco.

dyskrecja (D dyskrecji) f discretion.

dyskretnie adv discreetly.

dyskretny adj [sprawa, obserwacja] discreet; [muzyka] soft.

dyskryminacja (D dyskryminacji) f discrimination.

dyskryminować vimperf to discriminate.

dyskusja (D dyskusji) f discussion.

dyskusyjny adj [spotkanie, klub] discussion; [kwestia] debatable.

dyskutować vimperf to discuss • **dyskutować o czymś** to discuss sthg; **dyskutować nad czymś** to discuss sthg.

dyskwalifikacja (D dyskwalifikacji) f disqualification.

dysponować vimperf oficjal [zarządzać] to administer • **dysponować czymś** [majątkiem] to administer sthg; [pieniędzmi] to have sthg at one's disposal.

dyspozycja (D dyspozycji) f order.

dyspozycyjny *adj* flexible.

dysproporcja (*D* dysproporcji) *f* disproportion.

dystans (*D* -u) *m* distance.

dystrybucja (*D* dystrybucji) *f* distribution.

dystrybutor (*D* -a) *m* [osoba] distributor; [zbiornik] dispenser.

dyszeć *vimperf* to pant • ledwo dyszeć to be exhausted.

dywan (*D* -u) *m* carpet.

dywidenda (*D* dywidendy) *f* dividend.

dyżur (*D* -u) *m* : mieć dyżur to be on duty; dyżur nocny night duty • dziś pełni dyżur apteka na Jasnej today the duty chemist is on Jasna Street; ostry dyżur casualty department.

dyżurny (*D* dyżurnego) <> *adj* on duty. <> *m* [w komisariacie] desk sergeant; [w szpitalu] duty doctor; [w szkole] monitor.

dyżurować *vimperf* to be on duty.

dzbanek (*D* dzbanka) *m* jug • dzbanek kawy a pot of coffee.

dziać się *vp imperf* [zdarzać się] to happen; [w czasie] to take place.

dziadek *m* grandfather • dziadek do orzechów nutcrackers. ➤ **dziadkowie** (*D* dziadków) *pl* grandparents.

dział (*D* -u) *m* [gospodarki, nauki] branch; [instytucji] department.

działacz, ka *m, f* activist.

działać *vimperf* [być czynnym] to act; [uczestniczyć] to be active; [wpływać] to have an effect; [funkcjonować] to work • ta muzyka działa mi na nerwy this music is getting on my nerves.

działalność (*D* działalności) *f* activity.

działanie (*D* działania) *n* [w matematyce] operation. ➤ **działania** (*D* działań) *pl* action.

działka (*D* działki) *f* [budowlana] plot of land; [wypoczynkowa] allotment.

dziąsło (*D* dziąsła) *n* gum.

dziczyzna (*D* dziczyzny) *f* game.

dzieci *npl* = dziecko.

dziecięcy *adj* [twarz, uśmiech] childlike; [literatura] children's.

dziecinny *adj* childish • pokój dziecinny nursery.

dzieciństwo (*D* dzieciństwa) *n* childhood.

dziecko (*pl* dzieci) *n* child.

dziedzictwo (*D* dziedzictwa) *n* heritage.

dziedziczenie (*D* dziedziczenia) *n* inheritance.

dziedziczyć (*perf* odziedziczyć) *vimperf* to inherit • dziedziczyć/ odziedziczyć coś po kimś to inherit sthg from sb.

dziedzina (*D* dziedziny) *f* field.

dziekan *m* dean.

dzielenie (*D* dzielenia) *n* [w matematyce] division.

dzielić (*perf* podzielić) *vimperf* to divide • dzielić coś to share sthg. ➤ **dzielić się** (*perf* podzielić się) *vp imperf* [częstować się] to share; [wyodrębniać się] to divide • dzielić się czymś z kimś to share sthg with sb.

dzielnica (*D* dzielnicy) *f* district • dzielnica mieszkaniowa residential area; dzielnica przemysłowa industrial area.

dzielny *adj* brave.

dzieło (*D* dzieła) *n* work.

dzienniczek (*D* dzienniczka) *m* [ucznia] *a notebook through which a* *pupil's teachers and parents can communicate.*

dziennie *adv* daily.

dziennik (*D* -a) *m* [gazeta] newspaper; [pamiętnik] diary; [wiadomości] the news.

dziennikarz, dziennikarka *m, f* journalist.

dzienny *adj* [nienocny] day; [dobowy] daily • **studia dzienne** full-time studies; **światło dzienne** daylight.

dzień (*D* dnia, *pl* dni) *m* day • **dzień dobry** [rano/po południu] good morning/good afternoon; **następnego dnia** the next day; **w dni powszednie** on weekdays; **w dni świąteczne** at weekends and holidays.

dzierżawca *m* tenant.

dzierżawić *vimperf* to rent.

dziesiąty *num* tenth; *zobacz też* szósty.

dziesięciobój (*D* dziesięcioboju) *m* decathlon.

dziesięciu *num* ten; *zobacz też* sześciu.

dziesięć *num* ten; *zobacz też* sześć.

dziewczyna *f* [młoda kobieta] girl.

dziewczynka *f* girl.

dziewiąty *num* ninth; *zobacz też* szósty.

dziewica *f* virgin.

dziewictwo (*D* dziewictwa) *n* virginity.

dziewięciu *num* nine; *zobacz też* sześciu.

dziewięć *num* nine; *zobacz też* sześć.

dziewięćdziesiąt *num* ninety; *zobacz też* sześć.

dziewięćdziesiąty *num* ninetieth; *zobacz też* szósty.

dziewięćdziesięciu *num* ninety; *zobacz też* sześciu.

dziewięćset *num* nine hundred; *zobacz też* sześć.

dziewięćsetny *num* nine hundredth; *zobacz też* szósty.

dziewiętnastu *num* nineteen; *zobacz też* sześciu.

dziewiętnasty *num* nineteenth; *zobacz też* szósty.

dziewiętnaście *num* nineteen; *zobacz też* sześć.

dzięcioł *m* woodpecker.

dzięki *prep* thanks to.

dziękować (*perf* podziękować) *vimperf* to thank • **podziękować komuś za coś** to thank sb for sthg.

dzik *m* wild boar.

dzikus, ka *m, f pej* barbarian.

dziobać *vimperf* to peck.

dziób *m* (*D* dzioba) [ptasi] beak; (*D* dziobu) [statku, łódki] bow.

dzióbek (*D* dzióbka) *m* [ptasi] beak; [dzbanka] spout.

dzisiaj, dziś *adv* today • **dziś wieczorem** this evening.

dzisiejszy *adj* today's • **dzisiejszy ranek/wieczór** this morning/evening.

dziupla (*D* dziupli) *f* hollow.

dziura (*D* dziury) *f* hole; [w zębie] cavity; [w budżecie] gap.

dziurawy *adj* with holes • **dziurawy dach** leaky roof.

dziurka (*D* dziurki) *f* small hole • **dziurka od klucza** keyhole; **guzik nie chce przejść przez dziurkę** the button won't go through the buttonhole.

dziurkacz (*D* -a) *m* hole punch.

dziurkować *vimperf* to punch.

dziwaczny *adj* strange.

dziwak, dziwaczka *m, f* freak.

dziwić (*perf* zdziwić) *vimperf* to surprise. ← **dziwić się** (*perf* zdziwić się) *vp imperf* to be surprised • dziwić się czemuś/komuś to be surprised by sthg/sb.

dziwka *f pot* tart.

dziwny *adj* peculiar.

dzwon (*D* -u) *m* bell.

dzwonek (*D* dzwonka) *m* bell; [dźwięk] ring.

dzwonić (*perf* **zadzwonić**) *vimperf* [wydać dźwięk] to ring; [telefonować] to call, to ring *UK* • dzwonić do drzwi to ring at the door; dzwonić do kogoś to call sb.

dzwonnica (*D* dzwonnicy) *f* belfry.

dźwięczny *adj* [głos, śmiech] resonant.

dźwięk (*D* -u) *m* sound.

dźwiękoszczelny *adj* soundproof.

dźwig (*D* -u) *m* [maszyna] crane; [winda] lift.

dźwigać *vimperf* [przenosić] to carry; [podnosić] to lift • dźwigać coś to lift/carry sthg.

dźwignia (*D* dźwigni) *f* lever.

dżdżownica *f* earthworm.

dżin (*D* -u) *m* gin • dżin z tonikiem gin and tonic.

dżinsy (*D* dżinsów) *pl* jeans.

dżudo (*inv*) *n* judo.

dżuma (*D* dżumy) *f* plague.

dżungla (*D* dżungli) *f* jungle.

echo (*D* echa) *n* echo.

edukacja (*D* edukacji) *f* education.

edycja (*D* edycji) *f* edition.

edytor (*D* -a) *m* : edytor tekstu INFORM editor.

EEG (*skr od* **elektroencefalogram**) *n* EEG.

efekt (*D* -u) *m* result • efekty specjalne special effects.

efektowny *adj* glamorous.

efektywny *adj* effective.

egipski *adj* Egyptian.

Egipt (*D* -u) *m* Egypt.

egoista, egoistka *m, f* egoist.

egoistyczny *adj* egoistic.

egoizm (*D* -u) *m* egoism.

egzamin (*D* -u) *m* exam.

egzaminator, ka *m, f* examiner.

egzaminować *vimperf* to test.

egzekucja (*D* egzekucji) *f* execution.

egzekwować (*perf* wyegzekwować) *vimperf* [podatki] to exact; [prawo] to enforce • egzekwować coś od kogoś to exact sthg from sb.

egzema (*D* egzemy) *f* MED eczema.

egzemplarz (*D* -a) *m* copy.

egzotyczny *adj* exotic.

egzystencja (*D* egzystencji) *f* existence.

egzystować *vimperf* to exist.

EKG (*skr od* **elektrokardiogram**) *n* ECG.

ekipa (D ekipy) f crew.

eklerka (D eklerki) f eclair.

ekologia (D ekologii) f ecology.

ekologiczny adj [chroniący środowisko] eco-friendly; [wykonany ze składników naturalnych] organic.

ekonomia (D ekonomii) f economics.

ekonomiczny adj [polityka] economic; [samochód] economical.

ekran (D -u) m screen.

ekranizacja (D ekranizacji) f [przeniesienie na ekran] screen adaptation; [film] screen version.

ekscelencja m excellency.

ekscentryk m eccentric.

ekshibicjonista, ekshibicjonistka m, f exhibitionist.

eksmitować (perf wyeksmitować) vimperf to evict • eksmitować kogoś to evict sb.

ekspansja (D ekspansji) f expansion.

ekspedientka f [sprzedawczyni] shop assistant UK, salesclerk US.

ekspedycja (D ekspedycji) f expedition.

ekspert m expert.

ekspertyza (D ekspertyzy) f [specjalistyczne badanie] assessment; [opinia ekspertów] evaluation.

eksperyment (D -u) m experiment.

eksperymentalny adj experimental.

eksperymentować vimperf to experiment • eksperymentować na kimś to experiment on sb; eksperymentować z czymś to experiment with sthg.

eksploatacja (D eksploatacji) f [używanie] utilisation; [wyzysk] exploitation.

eksploatować vimperf [złoża] to

exploit; [maszynę, samochód] to use.

Eksplorator Windows (D Eksploratora Windows) m Windows Explorer.

eksplozja (D eksplozji) f explosion.

eksponat (D -u) m exhibit.

eksponować vimperf to exhibit.

eksponowany adj prominent.

eksport (D -u) m export.

eksportować vimperf to export.

eksportowy adj export.

ekspres (D -u) m [pociąg] express; [urządzenie] coffee maker; [kawa z ekspresu] espresso.

ekspresowy adj [przesyłka] express • herbata ekspresowa tea bags.

ekstaza (D ekstazy) f ecstasy.

ekstradycja (D ekstradycji) f extradition.

ekstrawagancki adj eccentric.

ekwipunek (D ekwipunku) m gear.

ekwiwalent (D -u) m equivalent.

elastyczny adj [materiał] elastic; [pracownik] flexible • bandaż elastyczny elastic bandage.

elegancja (D elegancji) f elegance.

elegancki adj elegant.

elektrociepłownia (D elektrociepłowni) f combined heat and power station.

elektrokardiogram (D -u) m MED electrocardiogram.

elektroniczny adj electronic.

elektronik m electronic engineer.

elektronika (D elektroniki) f [nauka] electronics; [urządzenie elektroniczne] electronic device.

elektrownia (D elektrowni) f

power station • **elektrownia jądrowa** nuclear power station.

elektryczność (*D* elektryczności) *f* electricity.

elektryczny *adj* electric.

elektryk *m* electrician.

elektryzujący *adj* electrifying.

element (*D* -u) *m* element. ➥ **elementy** (*D* elementów) *mpl* [podstawy] elements.

elementarny *adj* elementary.

eliminacja (*D* eliminacji) *f* elimination. ➥ **eliminacje** (*D* eliminacji) *fpl* eliminations.

eliminować (*perf* wyeliminować) *vimperf* to eliminate.

elita (*D* elity) *f* elite.

elitarny *adj* elite.

elokwencja (*D* elokwencji) *f* eloquence.

e-mail (*D* -a) *m* e-mail.

emalia (*D* emalii) *f* enamel; [farba] gloss.

emancypacja (*D* emancypacji) *f* emancipation.

emeryt, ka *m, f* pensioner.

emerytalny *adj* pension • **fundusz emerytalny** pension fund; **wiek emerytalny** retirement age.

emerytowany *adj* retired.

emerytura (*D* emerytury) *f* [świadczenie] pension • **być na emeryturze** to be retired; **przejść na emeryturę** to retire.

emigracja (*D* emigracji) *f* emigration • **przebywać na emigracji** to have emigrated.

emigrant, ka *m, f* emigrant.

emigrować (*perf* wyemigrować) *vimperf* LUB *vperf* to emigrate.

emisja (*D* emisji) *f* EKON issue; [radiowa, telewizyjna] broadcast; [gazów] emission.

emisyjny *adj* [cena, kurs] of issue • **bank emisyjny** bank of issue.

emitować *vimperf* LUB *vperf* EKON to issue; [program] to broadcast; [zanieczyszczenia] to emit.

emocje (*D* emocji) *fpl* emotions • **dać się ponieść emocjom** to get emotional.

emocjonalny *adj* emotional.

emocjonujący *adj* exciting.

encyklopedia (*D* encyklopedii) *f* encyclopedia • **encyklopedia powszechna** general encyclopedia.

energia (*D* energii) *f* energy • **energia elektryczna** electrical energy.

energiczny *adj* energetic.

entuzjasta, entuzjastka *m, f* enthusiast.

entuzjastyczny *adj* enthusiastic.

entuzjazm (*D* -u) *m* enthusiasm.

epidemia (*D* epidemii) *f* epidemic.

epizod (*D* -u) *m* [wydarzenie, scena] episode; [drobna rola] bit part.

epoka (*D* epoki) *f* age.

epokowy *adj* epoch-making.

era (*D* ery) *f* era • **naszej ery** A.D; **przed naszą erą** B.C.

erotyczny *adj* erotic.

esencja (*D* esencji) *f* [koncentrat] essence; [herbaciana] *very strong tea that is later diluted*.

espadryle (*D* espadryli) *mpl* espadrilles.

estetyczny *adj* [doznania] aesthetic; [gustowny] tasteful.

Estonia (*D* Estonii) *f* Estonia.

Estończyk, Estonka *m, f* Estonian.

estrada (*D* estrady) *f* stage.

estragon (*D* -u) *m* tarragon.

etap (D -u) m stage.

etat (D -u) m post • **pracować na cały etat** to work full-time.

etatowy adj full-time • **pracownik etatowy** full-time employee.

etc. (skr od et cetera) etc.

Etiopia (D Etiopii) f Ethiopia.

Etna (D Etny) f Mount Etna.

etniczny adj ethnic.

etui (inv) n case.

etyczny adj ethical.

etykieta (D etykiety) f [zachowanie] etiquette; [nalepka] label.

etykietka (D etykietki) f [nalepka] label.

euforia (D euforii) f euphoria.

EUR (skr od euro) at bureau de change: euro.

euro (inv) n euro.

Europa (D Europy) f Europe.

Europejczyk, Europejka m, f European.

europejski adj European.

eutanazja (D eutanazji) f euthanasia.

ewakuacja (D ewakuacji) f evacuation.

ewakuować vimperf LUB vperf to evacuate.

ewangelicki adj evangelical • **Kościół ewangelicki** Evangelical Church.

ewentualnie ◇ part [w razie czego] if need be. ◇ conj [albo] or.

ewentualność (D ewentualności) f eventuality.

ewidencja (D ewidencji) f record.

ewolucja (D ewolucji) f evolution.

fab. (skr od fabularny) feature.

fabryka (D fabryki) f factory.

fabularny adj feature.

fabuła (D fabuły) f plot.

facet, ka m, f pot guy.

fachowiec (D fachowca) m [rzemieślnik] tradesman; [ekspert] specialist.

fachowo adv professionally.

fajans (D -u) m china; pot [coś bezwartościowego] rubbish.

fajka (D fajki) f [do tytoniu] pipe; pot [papieros] fag.

fajnie adv pot great.

fajny adj pot great.

faks (D -u) m fax • **wysłać faks** to send a fax.

fakt (D -u) m fact.

faktura (D faktury) f [rachunek] invoice.

faktycznie adv [naprawdę] really.

fakultatywny adj optional.

fala (D fali) f wave.

falochron (D -u) m breakwater.

falować vimperf to undulate.

falsyfikat (D -u) m forgery.

fałda (D fałdy) f fold.

fałszerstwo (D fałszerstwa) n forgery.

fałszerz m forger.

fałszować (perf sfałszować) vimperf [pieniądze, podpis] to forge; [fakty] to falsify; [śpiewać nieczysto] to be out of tune.

fałszywie adv [nieprawdziwie] falsely; [obłudnie] insincerely; [nieczysto] off-key • **fałszywie ze-znawać** to give false testimony.

fałszywy adj false; [podrobiony] forged; [nieczysty] off-key.

fan, ka m, f pot fan.

fanatyk, fanatyczka m, f fanatic.

fant (D -u) m prize.

fantastyczny adj [fikcyjny] fantastical; pot [wspaniały] fantastic.

fantazja (D fantazji) f imagination.

farba (D farby) f [do malowania] paint; [do drukowania] ink.

farbować vimperf [barwić] to dye; [puszczać kolor] to run.

farsz (D -u) m stuffing.

fart (D -u LUB -a) m pot luck • **mieć fart/farta** to be lucky.

fartuch (D -a) m apron; [lekarza] white coat.

fasada (D fasady) f facade.

fascynacja (D fascynacji) f fascination.

fascynować vimperf to fascinate ➤ **fascynować się** vp imperf to take an interest • **fascynować się czymś** to take an interest in sthg.

fascynujący adj fascinating.

fasola (D fasoli) f bean.

fasolka (D fasolki) f bean • **fasolka szparagowa** string bean.

fason (D -u) m [krój] style; [kształt] shape.

fatalnie adv awfully.

fatalny adj [pechowy] unlucky; [zły, okrutny] dreadful.

fatum (inv) n jinx.

fatyga (D fatygi) f trouble.

fatygować vimperf to bother • **fatygować kogoś** to bother

sb. ➤ **fatygować się** vp imperf to bother.

faul (D -u LUB -a) m SPORT foul.

fauna (D fauny) f fauna.

faworki (D faworków) mpl small, crunchy cakes in the shape of a ribbon = **chrust**.

faworyt, ka m, f favourite.

faworyzować vimperf to favour • **faworyzować kogoś** to favour sb.

faza (D fazy) f phase.

federacja (D federacji) f federation.

felga (D felgi) f AUTO rim (of wheel).

felieton (D -u) m column.

feministka f feminist.

fenomen (D -u) m phenomenon.

fenomenalny adj phenomenal.

ferie (D ferii) pl holidays.

ferma (D fermy) f farm.

fermentować vimperf to ferment.

festiwal (D -u) m festival.

festyn (D -u) m fete.

figa (D figi) f fig.

figiel (D figla) m prank.

figlarny adj mischievous.

figura (D figury) f [dziewczęca, kamienna] figure; [szachowa] piece; [karciana] court card; [osobistość] personage • **figury geometryczne** geometric figures.

figurować vimperf to appear • **figurować na liście** to appear on the list.

fikcja (D fikcji) f fiction.

filantrop, ka m, f philanthropist.

filar (D -u LUB -a) m pillar.

filatelista m stamp collector.

filc (D -u) m felt.

filet (D -a LUB -u) m fillet • **filet śledziowy** fillet of herring; **filet z piersi kurczaka** chicken breast fillet.

filharmonia (D filharmonii) f [budynek] concert hall • **zespół filharmonii** philharmonic orchestra.

filia (D filii) f branch.

filiżanka (D filiżanki) f cup

film (D -u) m film • **obejrzeć film** to watch a film; **film dokumentalny** documentary.

filmować (perf **sfilmować**) vimperf to film.

filmowiec m filmmaker.

filmowy adj film • **aktor filmowy** film actor.

filozofia (D filozofii) f philosophy.

filtr (D -a LUB -u) m [urządzenie] filtr, [papierosowy] filter tip.

filtrować vimperf to filter.

Fin, ka m, f Finn.

finanse (D finansów) pl finances.

finansować vimperf to finance.

finansowy adj financial.

Finlandia (D Finlandii) f Finland.

fioletowy adj purple.

fiolka (D fiolki) f phial.

fiołek (D fiołka) m violet.

firanka (D firanki) f net curtain.

firma (D firmy) f firm.

firmowy adj company • **danie firmowe** speciality; **znak firmowy** trademark.

fiskalny adj fiscal.

fiskus (D -a) m pot taxman.

fizjologiczny adj physiological.

fizyczny adj [gen] physical • **pracownik fizyczny** manual worker.

fizyka (D fizyki) f [nauka] physics.

fizykoterapia (D fizykoterapii) f physiotherapy.

flaczki (D flaczków) mpl KULIN tripe.

flaga (D flagi) f flag.

flakon (D -u) m [do perfum] bottle; [na kwiaty] vase.

Flamand, ka m, f Fleming.

Flamandia (D Flamandii) f Flanders.

flamandzki adj Flemish.

flamaster (D flamastra) m felt-tip pen.

flaming m flamingo.

Flandria (D Flandrii) f Flanders.

Flandryjczyk, Flandryjka m, f Fleming.

flanela (D flaneli) f flannel.

flanelowy adj flannel.

flądra (D flądry) f flounder.

flesz (D -a) m flash.

flet (D -u) m flute.

flirt (D -u) m flirt.

flirtować vimperf to flirt • **flirtować z kimś** to flirt with sb.

Florencja (D Florencji) f Florence.

florentyńczyk, florentynka m, f Florentine.

flota (D floty) f fleet.

fluor (D -u) m fluoride.

fobia (D fobii) f phobia • **mieć fobię na punkcie czegoś** to have a phobia about sthg.

folder m (D -u) brochure; (D -a) INFORM folder.

folia (D folii) f [spożywcza] cling film; [aluminiowa] kitchen foil; [do książek] plastic.

folklor (D -u) m folklore.

fontanna (D fontanny) f fountain.

forma (D formy) f form.

formalista, formalistka *m, f*
pej stickler.

formalnie *adv* formally.

formalność (*D* formalności)
(*zwykle w lm*) *f* formality.

formalny *adj* formal.

format (*D* -u) *m* format.

formatowanie (*D* formatowa-
nia) *n* formatting.

formować *vimperf* [tworzyć] to
form • **formować coś z czegoś**
to form sthg from sthg.

formularz (*D* -a) *m* form.

formuła (*D* formuły) *f* formula
• **formuła grzecznościowa** polite expression.

formułować (*perf* sformułować) *vimperf* to formulate.

forsa (*D* forsy) *f pot* dosh.

fortepian (*D* -u) *m* grand piano
• **grać na fortepianie** to play the
piano.

fortepianowy *adj* piano.

fortuna (*D* fortuny) *f* fortune
• **zbić fortunę** to make a fortune.

forum (*inv*) *n* forum.

fosa (*D* fosy) *f* moat.

fotel (*D* -a) *m* [mebel] armchair; [w
samochodzie, samolocie] seat • **fotel na biegunach** rocking chair.

fotogeniczny *adj* photogenic.

fotograf *m* photographer.

fotografia (*D* fotografii) *f* [zdję-
cie] photograph; [zajęcie] photography.

fotografować (*perf* sfotografować) *vimperf* to photograph.

fotokomórka (*D* fotokomórki) *f*
photoelectric cell.

fotokopia (*D* fotokopii) *f* photocopy.

fotokopiarka (*D* fotokopiarki) *f*
TECHN photocopier.

fotomontaż (*D* -u) *m* [zdjęcie]
photomontage.

fragment (*D* -u) *m* fragment.

frak (*D* -a) *m* tails.

framuga (*D* framugi) *f* frame.

Francja (*D* Francji) *f* France.

francuski *adj* French.

francuskojęzyczny *adj* franco-
phone.

Francuz, ka *m, f* Frenchman
(*f* Frenchwoman).

frekwencja (*D* frekwencji) *f* [wy-
borcza] turnout; [w szkole, teatrze]
attendance.

fresk (*D* -u) *m* fresco.

front (*D* -u) *m* front.

froterować *vimperf* to polish.

frustrować *vimperf oficjal* to
frustrate. ➡ **frustrować się**
vp imperf oficjal to be frustrated.

frustrujący *adj* frustrating.

fruwać *vimperf* [latać] to fly; *pot*
[przemieszczać się] to gad about.

frytki (*D* frytek) *fpl* chips *UK*,
french fries *US*.

frywolny *adj* frivolous.

fryzjer, ka *m, f* hairdresser.

fryzura (*D* fryzury) *f* hairdo.

fundacja (*D* fundacji) *f* foundation.

fundament (*D* -u) *m* foundation.

**fundamentalista, fundamen-
talistka** *m, f* fundamentalist.

fundator, ka *m, f* [darczyńca]
benefactor; [założyciel] founder.

fundować *vimperf* [sponsorować]
to fund • **fundować coś komuś**
pot to treat sb to sthg.

fundusz (*D* -u) *m* fund • **Europejski Fundusz Rozwoju Regio-
nalnego** European Regional De-

velopment Fund. **fundusze** (D funduszy) pl funds.

funkcja (D funkcji) f function.

funkcjonalny adj functional.

funkcjonariusz, ka m, f officer • **funkcjonariusz państwowy** state employee; **funkcjonariusz policji** police officer.

funkcjonować vimperf to function.

furgonetka (D furgonetki) f van.

furia (D furii) f fury • **wpaść w furię** to become furious.

furora (D furory) f : **zrobić furorę** to make it big.

furtka (D furtki) f [drzwi ogrodzenia] gate.

fusy (D fusów) pl [kawowe] grounds; [herbaciane] tea leaves.

futbol (D -u) m football UK, soccer US • **futbol amerykański** American football.

futerał (D -u) m case.

futro (D futra) n [sierść] fur; [okrycie] fur coat.

fuzja (D fuzji) f [połączenie] merger.

FWP (skr od **Fundusz Wczasów Pracowniczych**) m LUB n organisation providing low-cost holidays within Poland.

G

gabinet (D -u) m [szefa] office; [pisarza, profesora] study; [lekarza, dentysty] surgery; POLIT Cabinet.

gablota (D gabloty) f showcase.

gad m reptile.

gadać vimperf pot to gab • **nie słuchaj tego, co ludzie gadają** don't listen to what they say.

gadatliwy adj talkative.

gadżet (D -u) m novelty.

gafa (D gafy) f gaffe • **popełnić gafę** to make a gaffe.

gag (D -u) m gag.

gala (D gali) f [uroczystość] gala; [strój] finery.

galaktyka (D galaktyki) f galaxy.

galanteria (D galanterii) f oficjal [kurtuazja] chivalry; [wyroby] haberdashery.

galaretka (D galaretki) f [KULIN deser] jelly; [auszpik] aspic • **galaretka owocowa** fruit jelly; **galaretka z nóżek** brawn; **karp w galarecie** carp in aspic. .

galeria (D galerii) f gallery • **galeria handlowa** shopping center.

galimatias (D -u) m pot mayhem.

galop (D -u) m gallop.

galopować vimperf to gallop.

galowy adj gala.

gałąź (D gałęzi) f branch.

gałka (D gałki) f [lodów] scoop • **gałka muszkatołowa** nutmeg.

gama (D gamy) f MUZ scale; [barw, dźwięków] range.

gang (D -u) m gang.

gangster m gangster.

gapa f LUB m pej wally. **na gapę** adv : **pasażer na gapę** pot [w komunikacji miejskiej] fare dodger; [na statku, w samolocie] stowaway.

gapić się vp imperf pot to stare • **gapić się na kogoś** to stare at sb.

gapie (D gapiów) mpl onlookers.

garaż (*D* -u) *m* garage.

garb (*D* -u) *m* hump.

garbaty *adj* [człowiek] hunch-backed; [nos] hooked.

garbić się *vp imperf* to slouch.

garderoba (*D* **garderoby**) *f* oficjal [odzież] wardrobe; [pomieszczenie] walk-in wardrobe; [w teatrze] dressing room.

gardło (*D* gardła) *n* throat.

gardzić *vimperf* to despise • **gardzić** kimś/czymś to despise sb/sthg; **gardzić czymś** to despise sthg.

garnek (*D* garnka) *m* pot.

garnitur (*D* -u) *m* [ubranie] suit.

garsonka (*D* garsonki) *f* women's suit.

garść (*D* garści) *f* [dłoń] hand; [zawartość] handful • **garść czegoś** a handful of sthg.

gasić *vimperf* [papierosa, ogień] to put out; [silnik] to turn off • **gasić światło** to turn off the light; **gasić pożar** to put out a fire; **gasić pragnienie** to quench a thirst.

Gaskonia (*D* Gaskonii) *f* Gascony.

Gaskończyk, Gaskonka *m, f* Gascon.

gasnąć (*perf* **zgasnąć**) *vimperf* [o latarni] to go out; [o silniku] to stall.

gastronomia (*D* gastronomii) *f* gastronomy.

gastryczny *adj* gastric.

gaśnica (*D* gaśnicy) *f* fire extinguisher.

gatunek (*D* gatunku) *m* [rodzaj] kind; [roślin, zwierząt] species; [jakość] quality.

gaworzyć *vimperf* [o niemowlęciu] to babble.

gaz (*D* -u) *m* [gen] gas; AUTO accelerator • **dodać gazu** to accelerate.

gaza (*D* gazy) *f* gauze.

gazeta (*D* gazety) *f* newspaper • **gazeta codzienna** daily paper; **czytać gazetę** to read the newspaper.

gazociąg (*D* -u) *m* gas pipeline.

gazomierz (*D* -a) *m* gas meter.

gazowany *adj* sparkling.

gaźnik (*D* -a) *m* AUTO carburetor.

gaża (*D* gaży) *f* salary.

gąbka (*D* gąbki) *f* [do mycia] sponge; [do tablicy] eraser.

gąsienica (*D* gąsienicy) *f* caterpillar.

gąszcz (*D* -u) *m* [gęstwina] thicket.

GBP *at bureau de change: pound sterling.*

gbur *m* pot & pej boor.

Gdańsk (*D* -a) *m* Gdansk.

gderliwy *adj* grumpy.

gdy *conj* oficjal [kiedy] when; pot [jeśli] when.

gdyby *conj* [jeśliby] if; [pragnienie, życzenie] if only.

Gdynia (*D* Gdyni) *f* Gdynia.

gdyż *conj* oficjal because.

gdzie *pron* [w pytaniach] where; [wprowadzający zdania podrzędne] where.

gdziekolwiek *pron* anywhere, wherever.

gdzieniegdzie *adv* here and there.

gdzieś *pron* [o miejscu] somewhere; pot [mniej więcej] more or less.

gej *m* pot gay man.

gen (*D* -u) *m* gene.

gen. (*skr od* **generał**) Gen.

generalizować *vimperf* to generalize.

generalny *adj* [ogólny] general; [naczelny] chief; [gruntowny] general • **generalny remont** major overhaul; **generalne porządki** spring cleaning; **próba generalna** dress rehearsal.

generał *m* general.

genetyczny *adj* genetic.

Genewa (*D* Genewy) *f* Geneva.

genialny *adj* [wybitny] brilliant; *pot* [wspaniały] brilliant.

geniusz *m* (*D* -a) [człowiek] genius; (*D* -u) [talent] genius.

geografia (*D* geografii) *f* [nauka] geography.

geologia (*D* geologii) *f* [nauka] geology.

geometria (*D* geometrii) *f* geometry.

gest (*D* -u) *m* gesture.

gestykulować *vimperf* to gesture.

gęba (*D* gęby) *f pot* [twarz] mug; *pot* [usta] mouth.

gęstnieć *vimperf* to thicken.

gęstość (*D* gęstości) *f* [zawiesistość] density • **gęstość zaludnienia** population density.

gęsty *adj* [las, zupa] thick; [mrok, mgła] dense; [atmosfera] oppressive.

gęś (*D* gęsi) *f* goose • **gęś w galarecie** KULIN goose in aspic.

giełda (*D* giełdy) *f* EKON stock exchange; [targ] auction • **giełda papierów wartościowych** stock exchange; **grać na giełdzie** to speculate on the stock exchange.

giętki *adj* [elastyczny] flexible; [zwinny] supple.

gigantyczny *adj* [kolosalny] colossal.

gimnastyczny *adj* : **ćwiczenia gimnastyczne** gymnastics; **strój gimnastyczny** P.E. kit; **sala gimnastyczna** gym.

gimnastyka (*D* gimnastyki) *f* gymnastics.

gimnastykować się *vp imperf* to exercise.

gimnazjum (*inv*) *n* [szkoła] ≃ secondary school.

ginąć (*perf* zginąć) *vimperf* [umierać] to die; [znikać] to vanish; [gubić się] to go missing.

gips (*D* -u) *m* plaster.

girlanda (*D* girlandy) *f* garland.

gitara (*D* gitary) *f* guitar • **grać na gitarze** to play the guitar.

glazura (*D* glazury) *f* [płytki] tiles.

gleba (*D* gleby) *f* soil.

ględzić *vimperf pot* to go on.

glina (*D* gliny) *f* [surowiec] clay; *pot* [policjant] cop.

glob (*D* -u) *m* glob.

globalny *adj* global.

globus (*D* -a) *m* globe.

glon (*D* -u) *m* algae.

gładki *adj* [jezioro, skóra] smooth; [materiał] plain.

głaskać (*perf* pogłaskać) *vimperf* to stroke.

głębia (*D* głębi) *f* depth • **w głębi sali** at the back of the hall; **w głębi lasu** in the depths of the forest.

głęboki (*compar* głębszy, *superl* najgłębszy) *adj* deep; [prowincja] remote.

głęboko (*compar* głębiej, *superl* najgłębiej) *adv* [gen] deep; [wnikliwie] in depth.

głębokość (*D* głębokości) *f* depth.

głodny adj hungry • **być głodnym** to be hungry.

głodować vimperf to starve.

głodówka (D głodówki) f hunger strike.

głodzić vimperf to starve • **głodzić kogoś** to starve sb.

głos (D -u) m [dźwięk] voice; [w głosowaniu] vote • **na głos** aloud; **zabrać głos** to take the floor; **prosić o głos** to ask to speak; **wstrzymać się od głosu** to abstain.

głosować vimperf to vote • **głosować na kogoś** to vote for sb; **głosować za czymś** to vote for sthg.

głosowanie (D głosowania) n voting • **tajne/jawne głosowanie** secret/open ballot; **być uprawnionym do głosowania** to have the right to vote.

głośnik (D -a) m loudspeaker.

głośno adv [donośnie] loud; [otwarcie] openly.

głośny adj [donośny] loud; [hałaśliwy] noisy; [znany] famous.

głowa (D głowy) f head • **mieć pojętną głowę** to have a good head; **coś łatwo wchodzi komuś do głowy** sb finds sthg easy to pick up.

głód (D głodu) m [uczucie] hunger; [klęska] famine; [objaw uzależnienia] craving.

głównie part mainly.

główny adj main • **danie główne** main course; **główne wejście** main entrance.

głuchoniemy <> adj profoundly deaf. <> m (D głuchoniemego) profoundly deaf person.

głuchy <> adj [człowiek] deaf; [cisza] deathly [prowincja, wieś] remote. <> m (D głuchego) deaf person.

głupi <> adj stupid. <> m (f głupia) fool • **nie ma głupich** pot I'm not that stupid.

głupiec (D głupca) m fool.

głupio adv [nierozsądnie] foolishly; [niezręcznie] awkward • **czuć się głupio** to feel sheepish.

głupota (D głupoty) f stupidity. ➡ **głupoty** (D głupot) fpl pot & pej nonsense.

głupstwo (D głupstwa) n [drobnostka] trifle • **zrobić głupstwo** to do sthg stupid; **palnąć głupstwo** to put one's foot in it.

gmach (D -u) m building.

gmina (D gminy) f [w mieście] ≃ borough; [na wsi] ≃ parish; [urząd] council.

gnać vimperf to rush.

gniazdko (D gniazdka) n lit & przen nest • **gniazdko elektryczne** electric socket.

gniazdo (D gniazda) n nest.

gnić (perf zgnić) vimperf lit & przen to rot.

gnieść vimperf [materiał] to crush; [ciasto] to knead. ➡ **gnieść się** vp imperf pot [tłoczyć się] to be packed in like sardines.

gniew (D -u) m anger.

gniewać vimperf [złościć] to enrage • **gniewać kogoś** to make sb angry. ➡ **gniewać się** vp imperf [obrażać się] to be angry • **gniewać się na kogoś** to be angry with sb; **gniewać się o coś** to be angry about sthg; **gniewać się z kimś** to be at odds with sb.

go pron ▷ on ▷ ono.

godło (D godła) n emblem.

godność (D godności) f [honor]

dignity; [nazwisko] surname; *oficjal* [urząd] status.

godny *adj* [postawa, życie] honourable; [wart] worthy • **godny uwagi** noteworthy; **godny zaufania** trustworthy.

godz. (*skr od* **godzina**) *used in writing to introduce time (at the hour of)*.

godzić *vimperf* [jednać, łączyć] reconcile; [mierzyć] threaten • **godzić coś z czymś** to balance sthg with sthg; **godzić w coś** to threaten sthg. ➤ **godzić się** *vp imperf* [jednać się] to make up; [pozwalać] to consent • **godzić się na coś** consent to sthg.

godzina (*D* **godziny**) *f* [okres, pora] hour; [na zegarze] time; [lekcyjna] period • **która godzina?** what's the time?; **co cztery godziny** every four hours; **godzinę temu** an hour ago; **godziny nadliczbowe** overtime; **godziny otwarcia** opening hours, **godziny szczytu** rush hour; **po trzech godzinach** after three hours; **za godzinę** in an hour.

gofr (*D* -a) *m* waffle.

gogle (*D* **gogli**) *pl* goggles.

goić się (*perf* **zagoić się**) *vp imperf* to heal • **do wesela się zagoi** you'll live.

gol (*D* -a) *m* SPORT goal • **strzelić gola** to score.

golas, ka *m, f pot* naked person • **na golasa** *pot* in the nude.

golenie (*D* **golenia**) *n* shaving • **woda po goleniu** aftershave; **krem do golenia** shaving cream.

golf (*D* -u LUB -a) *m* [sweter] poloneck; SPORT golf.

golić (*perf* **ogolić**) *vimperf* to shave. ➤ **golić się** (*perf* **ogolić się**) *vp imperf* to shave.

golonka (*D* **golonki**) *f* KULIN pork knuckle.

gołąb (*D* **gołębia**) *m* pigeon.

gołąbki (*D* **gołąbków**) *mpl* KULIN *cabbage-leaf parcels filled with a mixture of minced pork and rice* • **gołąbki w sosie pomidorowym** cabbage-leaf parcels with tomato sauce.

gołoledź (*D* **gołoledzi**) *f* black ice.

goły *adj* [nagi] bare.

gong (*D* -u) *m* [instrument] gong; [dźwięk] sound of the gong.

gonić *vimperf* [ścigać] to chase; [naglić, mobilizować] to press; *pot* [biec] to race • **gonić kogoś** to chase sb.

goniec *m* messenger.

GOPR (*skr od* **Górskie Ochotnicze Pogotowie Ratunkowe**) (*D* -u) *m Mountain Volunteer Rescue Service*.

gorąco *adv* [ciepło] hot; [serdecznie] warmly.

gorący *adj* [cieply] hot; [zaangażowany] ardent • **gorąca dyskusja** heated discussion; **gorące brawa** thunderous applause.

gorączka (*D* **gorączki**) *f* fever • **mieć gorączkę** to have a fever.

gorączkować *vimperf* to run a fever.

gorliwy *adj* zealous.

gorszy *adj* ▷ **zły**.

gorszyć (*perf* **zgorszyć**) *vimperf* [demoralizować] to shock • **gorszyć kogoś** to shock sb. ➤ **gorszyć się** (*perf* **zgorszyć się**) *vp imperf* to be shocked.

gorycz (*D* **goryczy**) *f lit & przen* bitterness.

goryl *m* [małpa] gorilla; *pot* [ochroniarz] minder.

gorzej *adv* ▷ **źle**.

gorzki *adj lit & przen* bitter.

gorzknieć *vimperf* [nabierać gorzkiego smaku] to turn sour; [tracić optymizm] to become embittered.

gorzko *adv* [boleśnie] bitterly; : **mieć gorzko w ustach** [cierpko] to have a bitter taste in one's mouth.

gospodarczy *adj* [kryzys, rozwój] economic; [budynek] farm • **pomieszczenie gospodarcze** [w domu] broom cupboard.

gospodarka (*D* gospodarki) *f* EKON economy; *pot* [gospodarstwo rolne] farm.

gospodarstwo (*D* gospodarstwa) *n* [posiadłość wiejska] farm • **gospodarstwo domowe** household.

gospodarz *m* [rolnik] farmer; [właściciel] landlord; [w domu, w telewizji] host; [dozorca] caretaker.

gosposia *f* housekeeper.

gościć *vimperf* [być z wizytą] to stay; [podejmować] welcome • **gościć kogoś** to have sb as a guest; **gościć u kogoś** to stay with sb.

gościnność (*D* gościnności) *f* hospitality.

gościnny *adj* [serdeczny dla gości] welcoming; [przeznaczony dla gości] visitor's • **pokój gościnny** guest room.

gość *m* guest.

gotować (*perf* ugotować) *vimperf* [posiłek] to cook; [wodę] to boil. ➡ **gotować się** (*perf* ugotować się) *vp imperf* [o posiłku] to cook.

gotowany *adj* [poddany gotowaniu] boiled.

gotowość (*D* gotowości) *f* [chęć] readiness; [stan pogotowia] standby.

gotowy *adj* ready.

gotów *adj* = gotowy.

gotówka (*D* gotówki) *f* cash • **płacić gotówką** to pay cash.

goździk (*D* -a) *m* [kwiat] carnation; [przyprawa] clove.

góra (*D* góry) *f* [wzniesienie] mountain; [stos] pile; [część powyżej] top • **na górze** [na piętrze] upstairs; **ręce do góry!** hands up!

góral, ka *m, f* highlander.

góralski *adj* highland.

górnik *m* miner.

górny *adj* upper.

górować *vimperf* [być wyższym] to tower; [przodować] to surpass • **górować nad czymś** to tower over sthg; **górować nad kimś** to be head and shoulders above sb.

górski *adj* mountain.

górzysty *adj* mountainous.

gr (*skr od* grosz) = grosz.

gr. (*skr od* grupa) = grupa.

gra (*D* gry) *f* game; [na pianinie, flecie] playing; [aktorska] acting • **gra komputerowa** computer game.

grabić (*perf* zagrabić) *vimperf* [liście] to rake; [łupić] to loot.

grabie (*D* grabi) *pl* rake.

gracz *m* player.

grać (*perf* zagrać) *vimperf* to play; [odtwarzać rolę] to act • **grać w coś** to play sthg; **grać na czymś** to play sthg.

grad (*D* -u) *m* hail.

graffiti (*inv*) *n* graffiti.

graficzny *adj* graphic • **znak graficzny** logo.

grafik *m* graphic artist.

grafika (*D* grafiki) *f* [sztuka] graphics; [dzieło] print • **grafika komputerowa** computer-graphics.

grafit (*D* **-u**) *m* [minerał] graphite; [w ołówku] lead.

gram (*D* **-a**) *m* gram.

gramatyka (*D* **gramatyki**) *f* [nauka] grammar.

granat (*D* **-u**) *m* [broń] grenade; [kamień] garnet; [kolor] navy; [owoc] pomegranate.

granatowy *adj* navy.

granica (*D* **granicy**) *f* [państwa] border; [kres, koniec] limit • **wyjechać za granicę** to go abroad; **za granicą** abroad.

graniczyć *vimperf* [mieć wspólną granicę] to border • **graniczyć z czymś** to border on sthg.

granit (*D* **-u**) *m* granite.

gratisowy *adj* complimentary.

gratulacje (*D* **gratulacji**) *pl* congratulations.

gratulować (*perf* **pogratulować**) *vimperf* to congratulate • **gratulować komuś czegoś** to congratulate sb on sthg.

Grecja (*D* **Grecji**) *f* Greece.

grecki *adj* Greek.

grejpfrut (*D* **-a**) *m* grapefruit.

Grek, Greczynka *m*, *f* Greek.

Grenlandia (*D* **Grenlandii**) *f* Greenland.

grill (*D* **-a**) *m* barbecue • **potrawa z grilla** barbecued food.

grobowiec (*D* **grobowca**) *m* tomb.

groch (*D* **-u**) *m* pea.

grochówka (*D* **grochówki**) *f* pea soup.

grodzić (*perf* **ogrodzić**) *vimperf* to fence.

gromada (*D* **gromady**) *f* [ludzi] group; [ptaków] flock.

gromadzić (*perf* **zgromadzić**) *vimperf* to accumulate. ➡ **gro-**

madzić się (*perf* **zgromadzić się**) *vp imperf* [o ludziach, chmurach] to gather.

grono (*D* **grona**) *n* [krąg] circle; [kiść] bunch • **w gronie rodzinnym** with family; **w ścisłym gronie** with a select group.

grosz (*D* **-a**) *m* [setna część złotego] *Polish monetary unit, one hundredth of a zloty.*

groszek (*D* **groszku**) *m* pea • **groszek konserwowy** tinned peas; **marchewka z groszkiem** peas and carrots.

grota (*D* **groty**) *f* grotto.

groza (*D* **grozy**) *f* [niebezpieczeństwo] peril; [lęk] terror.

grozić *vimperf* [straszyć] to threaten • **grozić komuś pistoletem** to threaten sb with a gun.

groźba (*D* **groźby**) *f* threat.

groźny *adj* [przeciwnik] formidable; [spojrzenie] menacing.

grób (*D* **grobu**) *m* grave.

grubianin, grubianka *m*, *f* *oficjal* boor.

grubiański *adj oficjal* boorish.

gruby *adj* [książka] thick; [człowiek] fat.

gruchać *vimperf* [o gołębiu] to coo; [o ludziach] to bill and coo.

grudzień (*D* **grudnia**) *m* December; *zobacz też* **styczeń**.

grunt (*D* **-u**) *m* [gleba] soil; [teren] terrain • **w gruncie rzeczy** as a matter of fact.

gruntowny *adj* thorough.

grupa (*D* **grupy**) *f* [ludzi] group; [drzew] clump • **grupa krwi** blood group.

grusza (*D* **gruszy**) *f* pear tree.

gruszka (*D* **gruszki**) *f* pear.

gruz (*D* **-u**) *m* [odłamki muru]

rubble. ➧ **gruzy** (*D* gruzów) *mpl* [ruiny] ruins.

gruźlica (*D* gruźlicy) *f* TB.

grymas (*D* -u) *m* [mina] grimace. ➧ **grymasy** (*D* grymasów) *mpl* [dąsy] sulks.

grymasić *vimperf* [kaprysić] to be fussy.

grypa (*D* grypy) *f* flu.

gryzący *adj* [wełna] itchy; [dym] acrid.

gryźć *vimperf* to bite; [o dymie] to sting; [o sumieniu] to trouble • **pies gryzie kość** the dog's gnawing a bone.

grzać *vimperf* [wodę] to heat up; [ręce] to warm; [o słońcu] to beat down.

grzałka (*D* grzałki) *f* heating element.

grzanka (*D* grzanki) *f* [z chleba] toast; [z wina] mulled wine.

grzbiet (*D* -u) *m* [część ciała] back; [szczyt] ridge.

grzebać *vimperf (tylko w imperf)* [przeszukiwać] to rummage; [składać do grobu] to bury. ➧ **grzebać się** *vp imperf pot* [robić powoli] to faff around.

grzebień (*D* grzebienia) *m* comb.

grzech (*D* -u) *m* sin • **popełnić grzech** to commit a sin.

grzechotka (*D* grzechotki) *f* rattle.

grzecznie *adv* [uprzejmie] politely; [spokojnie] nicely.

grzecznościowy *adj* polite • **zwrot grzecznościowy** polite phrase.

grzeczność (*D* grzeczności) *f* [uprzejmość] politeness; [przysługa] favour.

grzeczny *adj* [uprzejmy] polite; [posłuszny] good.

grzejnik (*D* -a) *m* [urządzenie] heater; [kaloryfer] radiator.

grzeszyć (*perf* zgrzeszyć) *vimperf* to sin • **nie grzeszyć czymś** not to have too much of sthg.

grzmieć *vimperf* [o burzy] : **grzmi** it's thundering; [o głosie] to thunder; [o armatach] to roar • **grzmią oklaski** there's thunderous applause.

grzmot (*D* -u) *m* clap of thunder.

grzyb (*D* -a) *m* [w biologii] fungus; [jadalny] mushroom; [niejadalny] toadstool.

grzybica (*D* grzybicy) *f* fungal infection • **grzybica stóp** athlete's foot.

grzywka (*D* grzywki) *f* fringe.

grzywna (*D* grzywny) *f* fine.

gubić (*perf* zgubić) *vimperf* to lose. ➧ **gubić się** (*perf* zgubić się) *vp imperf* to get lost.

gujawa (*D* gujawy) *f* guava.

guma (*D* gumy) *f* [tworzywo] rubber • **guma do żucia** chewing gum; **guma arabska** gum arabic; **złapać gumę** *pot* to get a flat.

gumka (*D* gumki) *f* [ołówkowa] rubber *UK*, eraser *US*; [do włosów] rubber band; [do bielizny] elastic.

gust (*D* -u) *m* taste.

gustować *vimperf* : **gustować w czymś** to have a liking for sthg.

gustowny *adj* tasteful.

guz (*D* -a) *m* lump • **guz nowotworowy** malignant tumour.

guzik (*D* -a) *m* button.

gwałt (*D* -u) *m* [zgwałcenie] rape.

gwałtowność (*D* gwałtowności) *f* [impulsywność] impetuousness; [nagłość] suddenness.

gwałtowny *adj* [usposobienie] violent; [zmiana, ulewa] sudden.

gwara (*D* gwary) *f* dialect.

gwarancja (*D* gwarancji) *f* guarantee.

gwarancyjny *adj* guarantee • **karta gwarancyjna** guarantee card.

gwarantować (*perf* **zagwarantować**) *vimperf* to guarantee • **gwarantować coś komuś** to guarantee sb sthg.

gwiazda (*D* gwiazdy) *f* star.

gwiazdka (*D* gwiazdki) *f* [gwiazda] star; [Boże Narodzenie] Christmas.

gwiazdkowy *adj* Christmas • **prezent gwiazdkowy** Christmas present.

gwiazdor *m* [filmowy] star.

gwiaździsty *adj* [niebo] starry; *oficjal* [oczy] starry.

gwizdać (*perf* **zagwizdać**) *vimperf* [wydawać gwizd] to whistle; *pot* [lekceważyć] to trivialize • **gwizdać na coś** *pot* not to give a toss about sthg.

gwizdek (*D* gwizdka) *m* whistle.

gwizdnąć *vperf* [wydać gwizd] to whistle; *pot* [ukraść] to nick • **gwizdnąć coś** to nick sthg.

gwóźdź (*D* gwoździa) *m* nail.

H

h (*skr od* **godzina**) hr.

ha (*skr od* **hektar**) ha.

haczyk (*D* -a) *m* hook.

haft (*D* -u) *m* embroidery.

haftka (*D* haftki) *f* hook and eye.

haftować *vimperf* to embroider.

Haga (*D* Hagi) *f* The Hague.

hak (*D* -a) *m* hook.

haker *m* hacker.

hala (*D* hali) *f* [duża sala] hall; [górskie pastwisko] mountain pastureland • **hala dworcowa** station concourse; **hala targowa** covered market.

halibut (*D* -a) *m* halibut.

halka (*D* halki) *f* petticoat.

halo! *interj* hello!

halogen (*D* -u) *m* halogen lamp.

halogenowy *adj* halogen • **światła halogenowe** halogen lights.

halucynacja (*D* halucynacji) *f* hallucination.

hałas (*D* -u) *m* [wrzawa] noise; [rozgłos] furore.

hałasować *vimperf* to make noise.

hałaśliwy *adj* noisy.

hamować (*perf* **zahamować**) *vimperf* [zwalniać] to brake; [powstrzymywać] to hold back. ◆ **hamować się** *vp imperf* to restrain o.s.

hamulec (*D* hamulca) *m* brake • **hamulec ręczny** handbrake; **hamulec bezpieczeństwa** communication cord.

handel (*D* handlu) *m* trade • **handel zagraniczny** foreign trade; **Europejskie Stowarzyszenie Wolnego Handlu** European Free Trade Association.

handlować *vimperf* to trade • **handlować czymś** to trade in sthg.

handlowiec *m* dealer.

handlowy *adj* commercial • **centrum handlowe** shopping centre.

hantle (*D* hantli) *pl* SPORT dumbbells.

hańba (D hańby) f dishonour.

harcerz, harcerka m, f scout (f guide).

hardware (D -u) m hardware.

harfa (D harfy) f harp.

harmider (D harmidru LUB harmideru) m racket.

harmonia (D harmonii) f [ład] harmony; [instrument] concertina.

harmonijka (D harmonijki) f mouth organ.

harmonijny adj harmonious.

harmonizować vimperf to harmonize • **harmonizować z czymś** to go with sthg.

harmonogram (D -u) m schedule.

harować vimperf pot to slave.

harówka (D harówki) f pot hard grind.

hartować vimperf [organizm] to toughen; [wolę] to exercise; TECHN to temper • **hartować kogoś** to toughen sb up.

hasło (D hasła) n [slogan] slogan; [sygnał] signal; [znak rozpoznawczy] password.

haszysz (D -u) m hashish.

haust (D -u) m [płynu] gulp • **wypić jednym haustem** to down in one.

Hawr (D -u) m Le Havre.

hazard (D -u) m gambling • **uprawiać hazard** to gamble; **mieć żyłkę do hazardu** to have a bent for gambling.

hazardowy adj risky • **gra hazardowa** game of chance.

hazardzista, hazardzistka m, f gambler.

hej! interj [przywoływać] hey!; [powitanie] hi!; [pożegnanie] bye!

hejnał m bugle-call.

hektar (D -a) m hectare.

hektolitr (D -a) m hectolitre.

helikopter (D -a) m helicopter.

Helsinki (D Helsinek) pl Helsinki.

hełm (D -u) m helmet.

hemoroidy (D hemoroidów) pl haemorrhoids.

herb (D -u) m [miasta] crest; [państwa] emblem; [szlachecki] coat of arms.

herbaciarnia (D herbaciarni) f tea-shop.

herbata (D herbaty) f tea.

herbatnik (D -a) m biscuit.

hermetyczny adj hermetic.

heroina (D heroiny) f [narkotyk] heroin.

hiacynt (D -a LUB u) m [kwiat] hyacinth.

hiena f hyena.

hierarchia (D hierarchii) f hierarchy.

higiena (D higieny) f hygiene • **higiena osobista** personal hygiene; **dbać o higienę** to maintain a high level of personal hygiene.

higieniczny adj hygienic • **chusteczka higieniczna** tissue.

Himalaje (D Himalajów) pl the Himalayas.

hipermarket (D -u) m hypermarket.

hipnotyzować vimperf [pacjenta] to hypnotize; [urzekać] to mesmerize.

hipnoza (D hipnozy) f hypnosis.

hipokryta, hipokrytka m, f hypocrite.

hipopotam m hippopotamus.

hipoteka (D hipoteki) f [zabezpieczenie] mortgage; [dokumentacja] mortgage deed.

hipoteza (D hipotezy) f hypothesis.

hippiczny adj equestrian • zawody hipiczne gymkhana.

histeria (D histerii) f hysteria • wpaść w histerię to go into hysterics.

histeryczny adj hysterical.

histeryzować vimperf to get hysterical.

historia (D historii) f history; [opowieść] story.

historyczny adj [dawny] historical; [ważny] historic • postać historyczna historical figure.

Hiszpan, ka m, f Spaniard.

Hiszpania (D Hiszpanii) f Spain.

hiszpański adj Spanish.

hit (D -u) m hit.

hobby (inv) n hobby.

hobbysta, hobbystka m, f hobbyist.

hodować vimperf [prowadzić hodowlę] to breed; [uprawiać] to grow.

hodowca m [zwierząt] breeder; [kwiatów, warzyw] grower.

hodowla (D hodowli) f [zwierząt] breeding; [roślin] growing.

hodowlany adj breeding • gospodarstwo hodowlane animal farm; ferma hodowlana poultry farm.

hojny adj generous.

hokej (D -a) m hockey • hokej na lodzie ice hockey; hokej na trawie field hockey.

hol (D -u) m [lina] towrope; [pomieszczenie] foyer • wziąć samochód na hol to tow a car.

Holandia (D Holandii) f Holland.

holding (D -u) m EKON holding company.

Holender, ka m, f Dutchman (f Dutchwoman).

holenderski adj Dutch.

holować vimperf to tow.

hołd (D -u) m [ku czci] homage • złożyć komuś hołd to pay homage to sb.

homeopatyczny adj homeopathic.

homogenizowany adj homogenized.

homoseksualista m homosexual.

honor (D -u) m [godność] honour; oficjal [zaszczyt] honour • dać komuś słowo honoru to give sb one's word of honour.

honorarium (inv) n fee • honorarium autorskie royalty.

honorować vimperf [uznawać] to accept.

hormon (D -u) m hormone.

hormonalny adj hormonal.

horoskop (D -u) m horoscope.

horror (D -u) m [film, książka] horror film/story; [koszmar] nightmare.

horyzont (D -u) m lit & przen horizon.

hospitalizować vimperf oficjal to hospitalize.

hossa (D hossy) f EKON boom.

hotel (D -u) m hotel • zatrzymać się w hotelu to stay at a hotel.

hotelowy adj hotel.

huczeć vimperf to roar.

huk (D -u) m roar; [armat] boom.

hulać vimperf [o wietrze] to blow this way and that; pot [bawić się] to party.

humanistyczny adj [studia] arts • nauki humanistyczne the humanities.

humanitarny adj [ludzki] humane; [pomoc] humanitarian.

humor (D -u) m [komizm] humour; [nastrój] mood • **być w dobrym/złym humorze** to be in a good/bad mood; **mieć poczucie humoru** to have a sense of humour. **humory** (D humorów) mpl moods.

humorystyczny adj humorous.

hura! interj hurray!

huragan (D -u) m hurricane.

hurt (D -u) m wholesale.

hurtownia (D hurtowni) f [przedsiębiorstwo] wholesaler; [magazyn] warehouse.

hurtownik m wholesaler.

hurtowy adj wholesale.

huśtać vimperf to rock. **huśtać się** vp imperf to swing.

huśtawka (D huśtawki) f swing.

huta (D huty) f : **huta szkła** glassworks; **huta żelaza** steelworks.

hydraulik m plumber.

hymn (D -u) m [pieśń pochwalna] hymn • **hymn narodowy** national anthem.

i conj [oraz] and; pot [konsekwencja] and.

ich pron ⊳ oni ⊳ one; [wyraża posiadanie] their • **nie ma ich w domu** they're not at home; **te skarpetki są ich** these socks are theirs.

idea (D idei, pl idee) f idea.

idealista, idealistka m, f idealist.

idealizować vimperf to idealize • **idealizować kogoś** to idealize sb.

idealny adj ideal; [porządek, szczęście] perfect.

ideał (D -u) m ideal.

identyczny adj identical.

identyfikacja (D identyfikacji) f identification.

identyfikować vimperf to identify. **identyfikować się** vp imperf to identify • **identyfikować się z kimś** to identify with sb.

idę vimperf ⊳ iść.

idiota, idiotka m, f pot & pej idiot.

idiotyczny adj pot & pej idiotic.

idol m idol.

idziesz vimperf ⊳ iść.

iglasty adj coniferous • **drzewo iglaste** conifer.

iglica (D iglicy) f spire.

igła (D igły) f needle.

ignorancja (D ignorancji) f oficjal & pej ignorance.

ignorant, ka m, f oficjal & pej ignoramus.

ignorować vimperf to ignore • **ignorować kogoś** to ignore sb.

igrzyska (D igrzysk) pl : **igrzyska olimpijskie** Olympic Games.

ikona (D ikony) f icon.

ile pron [z rzeczownikami policzalnymi] how many; [z rzeczownikami niepoliczalnymi] how much; [wprowadza zdanie podrzędne] as many as, as much as • **ile masz lat?** how old are you?

iloraz (D -u) m quotient • **iloraz**

inteligencji intelligence quotient.

ilość (D ilości) f [miara] amount; [liczba] number.

iluminacja (D iluminacji) f [oświetlenie] lighting; oficjal [olśnienie] enlightenment.

ilustracja (D ilustracji) f illustration.

ilustrować vimperf to illustrate.

ilustrowany adj illustrated • pismo ilustrowane glossy magazine.

iluzja (D iluzji) f illusion.

iluzoryczny adj [złudny] illusory; [nierealny] unrealistic.

im pron ▷ oni ▷ one.

im. (skr od imienia) used in writing to introduce the name of a historical figure after whom an institution has been named (with the name of).

imbir (D -u) m ginger.

imieniny (D imienin) pl [dzień patrona] name-day; [przyjęcie] name-day party. first

imię (D imienia) n name • jak masz na imię? what's your name? w imię prawa in the name of the law.

imigracja (D imigracji) f [przybycie do obcego kraju] immigration; [ogół imigrantów] immigrants.

imigrant, ka m, f immigrant.

imigrować vimperf LUB vperf to immigrate.

imitacja (D imitacji) f imitation.

imitować vimperf to imitate.

immunitet (D -u) m immunity.

impas (D -u) m impasse.

imponować (perf zaimponować) vimperf to impress • imponować komuś to impress sb.

imponujący adj impressive.

import (D -u) m import.

importować vimperf to import.

importowy adj import.

impotent m impotent man.

impregnowany adj waterproof.

impresario m impressario.

impreza (D imprezy) f [wydarzenie] event; [prywatka] party.

improwizacja (D improwizacji) f improvisation.

improwizować vimperf to improvise.

impuls (D -u) m [bodziec] impulse; [sygnał] unit (of telephone time).

inaczej ◇ adv [w inny sposób] differently • inaczej mówiąc in other words. ◇ conj [w przeciwnym razie] otherwise.

inauguracja (D inauguracji) f oficjal inauguration.

inaugurować vimperf LUB vperf oficjal to inaugurate.

incydent (D -u) m oficjal incident.

indeks (D -u) m [spis] index; [książeczka studenta] a student's assessment book in which teachers/lecturers write comments and marks.

Indie (D Indii) pl India.

indyjski adj [język, kultura] hindu.

indyk (D -a) m turkey.

indywidualista, indywidualistka m, f individualist.

indywidualny adj individual.

infantylny adj oficjal & pej infantile.

infekcja (D infekcji) f infection.

inflacja (D inflacji) f inflation.

informacja (D informacji) f information • informacja turystyczna tourist information centre.

informator (D -a) m [publikacja]

guide • **informator kulturalny** listings magazine.

informatyk *m* computer scientist.

informatyka (*D* informatyki) *f* information technology.

informować (*perf* poinformować) *vimperf* to inform • **informować kogoś o czymś** to inform sb about sthg.

infrastruktura (*D* infrastruktury) *f* infrastructure.

ingerencja (*D* ingerencji) *f oficjal* interference.

ingerować *vimperf oficjal* to interfere • **ingerować w coś** to interfere in sthg.

inhalacja (*D* inhalacji) *f* inhalation.

inicjacja (*D* inicjacji) *f oficjal* [rozpoczęcie] initiation.

inicjały (*D* inicjałów) *mpl* initials.

inicjator, ka *m, f* [projektodawca, prekursor] initiator.

inicjatywa (*D* inicjatywy) *f* initiative.

inicjować *vimperf oficjal* to initiate.

innowacja (*D* innowacji) *f* innovation.

inny ◇ *adj* [odmienny] different; [drugi] other • **coś innego** something else; **innym razem** another time; **ktoś inny** someone else; **między innymi** among others. ◇ *m* (*D* innego) [drugi człowiek] another • **nie oglądaj się na innych** don't count on others.

insekt (*D* -a) *m* parasitic insect.

inspekcja (*D* inspekcji) *f* inspection • **przeprowadzić inspekcję** to carry out an inspection.

inspektor *m* inspector.

inspiracja (*D* inspiracji) *f* inspiration.

inspirować (*perf* zainspirować) *vimperf* to inspire • **inspirować kogoś do czegoś** to inspire sb to do sthg.

instalacja (*D* instalacji) *f* [zespół urządzeń] : **instalacja elektryczna** wiring; **instalacja sanitarna** plumbing; [instalowanie] installation.

instalować *vimperf* to install.

instrukcja (*D* instrukcji) *f* [wskazówka] instruction; [zbiór przepisów] instructions • **instrukcja obsługi** instructions.

instruktor, ka *m, f* instructor.

instrument (*D* -u) *m* instrument • **instrument muzyczny** musical instrument.

instynkt (*D* -u) *m* instinct.

instynktownie *adv* instinctively.

instynktowny *adj* instinctive.

instytucja (*D* instytucji) *f* institution.

instytut (*D* -u) *m* institute.

insulina (*D* insuliny) *f* insulin.

insynuacja (*D* insynuacji) *f oficjal* insinuation.

integracja (*D* integracji) *f oficjal* integration.

integrować *vimperf oficjal* to bring closer. ➡ **integrować się** *vp imperf oficjal* to get to know better.

intelekt (*D* -u) *m* intellect.

intelektualista, intelektualistka *m, f* intellectual.

intelektualny *adj* intellectual.

inteligencja (*D* inteligencji) *f* [zdolność] intelligence; [grupa społeczna] intelligentsia.

inteligentny *adj* intelligent.

intencja (*D* intencji) *f* intention.

intensywny *adj* [praca, ćwiczenia] intensive; [barwa, zapach, światło] intense.

interes (*D* -u) *m* [sprawa, przedsięwzięcie] business; *pot* [przedsiębiorstwo] business • **prowadzić interesy** to do business; **nie twój interes** *pot* it's none of your business; **mieć w czymś interes** to have a vested interest in sthg; **zrobić interes** to get a deal.

interesant, ka *m*, *f* client.

interesować (*perf* zainteresować) *vimperf* to interest • **interesować kogoś** to interest sb.
➠ **interesować się** (*perf* zainteresować się) *vp imperf* to be interested in • **interesować się kimś/czymś** to be interested in sb/sthg.

interesowny *adj* mercenary.

interesujący *adj* interesting.

interfejs (*D* -u) *m* INFORM interface.

internat (*D* -u) *m* dormitory • **szkoła z internatem** boarding school.

Internet (*D* -u) *m* Internet • **być w Internecie** to be on the internet; **serfować po Internecie** to surf the internet.

internista, internistka *m*, *f* doctor.

interpretacja (*D* interpretacji) *f* interpretation.

interpretować *vimperf* to interpret.

interwencja (*D* interwencji) *f* *oficjal* intervention • **interwencja zbrojna** armed intervention.

interweniować *vimperf* *oficjal* to intervene.

intonacja (*D* intonacji) *f* intonation.

introligator *m* bookbinder.

intruz (*D* -a) *m* intruder.

intryga (*D* intrygi) *f* intrigue.

intrygant, ka *m*, *f* *pej* schemer.

intrygować (*perf* zaintrygować) *vimperf* [zaciekawiać] to intrigue • **intrygować kogoś czymś** to intrigue sb with sthg.

intuicja (*D* intuicji) *f* intuition.

intuicyjny *adj* intuitive.

intymność (*D* intymności) *f* intimacy.

intymny *adj* intimate • **higiena intymna** personal hygiene.

inwalida, inwalidka *m*, *f* disabled person.

inwazja (*D* inwazji) *f* invasion.

inwencja (*D* inwencji) *f* *oficjal* inventiveness • **inwencja twórcza** creativity.

inwestor *m* investor.

inwestować (*perf* zainwestować) *vimperf* to invest • **inwestować w coś** to invest in sthg.

inwestycja (*D* inwestycji) *f* investment.

inwestycyjny *adj* investment • **fundusz inwestycyjny** investment fund.

inż. (*skr od* inżynier) *engineer, used as title*.

inżynier *m* engineer.

IQ (*inv*) *m* LUB *n* IQ.

Irlandczyk, Irlandka *m*, *f* Irishman (*f* Irishwoman).

Irlandia (*D* Irlandii) *f* Ireland.

irlandzki *adj* Irish.

ironia (*D* ironii) *f* irony.

ironiczny *adj* derisive.

ironizować *vimperf* to deride • **ironizować na temat czegoś** to deride sthg.

irys (D -a) m [kwiat] iris; [cukierek] toffee.

irytować vimperf to annoy • irytować kogoś czymś to annoy sb with sthg. ⟶ **irytować się** vp imperf to get annoyed.

irytujący adj annoying.

iskra (D iskry) f spark • iskra elektryczna electric spark.

iskrzyć vimperf [sypać iskrami] to spark. ⟶ **iskrzyć się** vp imperf [lśnić] to sparkle.

islam (D -u) m Islam.

Islandia (D Islandii) f Iceland.

istnieć vimperf to exist.

istnienie (D istnienia) n existence.

istota (D istoty) f [stworzenie] creature; [sedno] heart.

istotnie ⟨⟩ part [rzeczywiście] indeed. ⟨⟩ adv [znacząco] significantly.

istotny adj [ważny] significant.

iść vimperf -1. [przemieszczać się] to go iść do teatru to go to the theatre; iść do lekarza to go to the doctor; iść na spacer to go for a walk; iść pieszo to go on foot; iść po kogoś to go and get sb; iść za kimś to follow sb; iść dalej to go on. -2. [zaczynać czynność] to go to do sthg. -3. pot [powodzić się] : jak tam idą interesy? how's business?; jak ci idzie w szkole? how are you getting on at school?

itd. (skr od i tak dalej) etc.

itp. (skr od i tym podobnie) etc.

izba (D izby) f [pokój] room; [w parlamencie] house • izba przyjęć inpatient reception.

izolacja (D izolacji) f isolation.

izolatka (D izolatki) f [w szpitalu] isolation ward.

izolować vimperf LUB vperf TECHN to insulate; [odosabniać] to isolate. ⟶ **izolować się** vp imperf to isolate o.s.

J

ja pron I • to ja it's me.

jabłecznik (D -a) m [szarlotka] apple cake; [napój] cider.

jabłko (D jabłka) n apple.

jabłoń (D jabłoni) f apple tree.

jacht (D -u) m yacht.

jad (D -u) m venom.

jadać vimperf to eat.

jadalny adj [grzyby] edible; [pokój] dining.

jadłospis (D -u) m [spis potraw] menu; [dieta] diet.

jadowity adj [wąż, pająk] poisonous; przen [uśmiech] venomous.

jagnię (D jagnięcia) n lamb.

jagnięcina (D jagnięciny) f lamb.

jagoda (D jagody) f berry.

jajecznica (D jajecznicy) f KULIN scrambled eggs • jajecznica na bekonie scrambled eggs fried with chopped bacon; jajecznica na szynce scrambled eggs fried with chopped ham.

jajko (D jajka) n egg • jajka faszerowane stuffed eggs; jajka na miękko soft-boiled eggs; jajka na twardo hard-boiled eggs; jajka sadzone fried eggs; jajka w koszulkach poached eggs.

jajnik (D -a) m ovary.

jak pron how.

jaki *pron* [w pytaniach] what; [wprowadzający zdanie podrzędne] which.

jakiego *pron* ▷ jaki.

jakiegoś *pron* ▷ jakiś.

jakiemu *pron* ▷ jaki.

jakiemuś *pron* ▷ jakiś.

jakim *pron* ▷ jaki.

jakimś *pron* ▷ jakiś.

jakiś *pron* some • **jakiś pan o ciebie pytał** a man was asking about you; **czy są jakieś pytania?** are there any questions?

jakość (*D* jakości) *f* quality.

jałmużna (*D* jałmużny) *f* [datek] alms.

jałowcówka (*D* jałowcówki) *f* juniper vodka.

jałowiec (*D* jałowca) *m* juniper.

jama (*D* jamy) *f* [dół] pit; [nora] hole • **jama lisia** fox's lair.

jamnik (*D* -a) *m* dachshund.

Japonia (*D* Japonii) *f* Japan.

japoński *adj* Japanese.

jarmark (*D* -u) *m* fair.

jarosz *m* vegetarian.

jarski *adj* vegetarian.

jarzębina (*D* jarzębiny) *f* rowan.

jarzyna (*D* jarzyny) *f* vegetable.

jasiek *m* [mała poduszka] small pillow.

jaskinia (*D* jaskini) *f* cave.

jaskółka *f* swallow.

jaskrawy *adj* [kolor] garish; [światło, przykład] glaring.

jasno *adv* [świecić, pomalować] brightly; [wyrażać się] clearly • **w tym pokoju jest jasno od słońca** this room gets a lot of sunlight.

jasno- *cztka* [o kolorze] : **jasnoniebieski** light blue; [o jasnej barwie] : **jasnowłosy** fair; **jasnoskóry** fair-skinned.

jasnowidz *m* clairvoyant.

jasny *adj* [pokój, światło] bright; [kolor] light; [zrozumiały] clear • **piwo jasne** lager.

jastrząb (*D* jastrzębia) *m* hawk.

jaszczurka *f* lizard.

jaśmin (*D* -u) *m* jasmine.

jawny *adj* [obrady] public; [oszustwo] evident.

jazda (*D* jazdy) *f* [samochodem] drive; [pociągiem] journey; [na rowerze] ride • **prawo jazdy** driving licence; **rozkład jazdy** timetable; **jazda na nartach** skiing; **jazda na łyżwach** skating; **jazda figurowa** figure skating; **jazda szybka na lodzie** speed skating; **jazda konna** riding.

jazz (*D* -u) *m* jazz.

ją *pron* ▷ ona.

jądro (*D* jądra) *n* [narząd] testicle; [istota] core.

jądrowy *adj* [broń, energetyka] nuclear.

jąkać się *vp imperf* to stutter.

jechać (*perf* pojechać) *vimperf* [samochodem, autobusem, pociągiem, tramwajem] to go; [rowerem, konno] to ride; [podróżować] to go • **jechać czymś** to go by sthg; **jechać za kimś** to drive behind sb; **jechać do Paryża** to go to Paris; **jechać na wakacje** to go on holiday; **pojechać za granicę** to go abroad; **jechać na gapę** to fare dodge.

jeden, jedna *num* [liczba lub cyfra 1] one; *zobacz też* sześć; [pierwszy] one.

jedenastu *num* eleven; *zobacz też* sześciu.

jedenasty *num* eleventh; *zobacz też* szósty.

jedenaście *num* eleven; *zobacz też* sześć.

jednak *part* but.

jednakowy *adj* [identyczny] identical; [prawo] equal.

jednocześnie *adv* [w tym samym czasie] at the same time.

jednoczyć *vimperf* to unite.
➤ **jednoczyć się** *vp imperf* to unite.

jednogłośnie *adv* unanimously.

jednogłośny *adj* [wybór, decyzja] unanimous.

jednokierunkowy *adj* [ruch, ulica] one-way.

jednolity *adj* uniform.

jednomyślnie *adv* unanimously.

jednomyślny *adj* unanimous.

jednorazowy *adj* [opłata] single; [strzykawka, igła] disposable.

jednostajny *adj* [życie, krajobraz] monotonous.

jednostka (*D* jednostki) *f* [człowiek] individual; [miary] unit.

jednostronny *adj* [ruch] one-way; [opinia] one-sided.

jedność (*D* jedności) *f* unity.

jednoznaczny *adj* unambiguous.

jedwab (*D* jedwabiu) *m* silk.

jedwabny *adj* silk.

jedynaczka *f* only child.

jedynak *m* only child.

jedynie *part* only.

jedyny *adj* only • **jedyny w swoim rodzaju** one of a kind.

jedzenie (*D* jedzenia) *n* food.

jego *pron* ➤ **on** ➤ **ono**; [wskazuje na posiadanie] his, its.

jej *pron* ➤ **ona**; [wskazuje na posiadanie] her, its • **ten sweter jest jej** this sweater is hers.

jeleń *m* deer.

jelito (*D* jelita) *n* intestine.

jemioła (*D* jemioły) *f* mistletoe.

jemu *pron* ➤ **on** ➤ **ono**.

jeniec (*D* jeńca) *m* prisoner *(of war)*.

jesienny *adj* [deszcz, kolor] autumn; [pogoda] autumnal.

jesień (*D* jesieni) *f* autumn • **jesienią** in autumn.

jesiotr (*D* -a) *m* sturgeon.

jeszcze ◇ *adv* [wciąż] still. ◇ *part* [niedawno] just • **jeszcze nie** not yet; **jeszcze raz** again; **posiedźcie jeszcze** stay a bit longer.

jeść (*perf* zjeść) *vimperf* to eat • **jeść śniadanie** to have breakfast; **jeść obiad** to have lunch; **jeść kolację** to have supper; **jeść czymś** to eat with sthg; **jeść na mieście** to eat out.

jeśli *conj* [warunek, zastrzeżenie] if; *pot* [okoliczności] if.

jezdnia (*D* jezdni) *f* road.

jezioro (*D* jeziora) *n* lake.

jeździć *vimperf* [samochodem] to drive; [rowerem] to cycle; [podróżować] to travel • **jeździć konno** to ride a horse; **jeździć na nartach** to ski.

jeździec (*D* jeźdźca) *m* rider.

jeździecki *adj* riding • **klub jeździecki** riding club.

jeździectwo (*D* jeździectwa) *n* horse-riding.

jeż *m* hedgehog.

jeżeli *conj* = jeśli.

jeżowiec (*D* jeżowca) *m* sea urchin.

jeżyna (*D* jeżyny) *f* blackberry.

jęczeć *vimperf* to moan.

jęczmień (*D* jęczmienia) *m* barley.

jęk (*D* -u) *m* moan.

język (*D* -a) *m* [narząd] tongue; [mowa] language • **język obcy**

foreign language; **języki urzędowe** official languages; **pokazać komuś język** to stick one's tongue out at sb.

jodła (D jodły) f fir tree.

jogging (D -u) m jogging.

jogurt (D -u) m yogurt • **jogurt naturalny** plain yogurt; **jogurt owocowy** fruit yogurt.

joystick (D -a) m joystick.

jubilat, ka m, f [osoba obchodząca swój jubileusz] *person celebrating a birthday or anniversary*.

jubiler m jeweller.

jubileusz (D -u) m jubilee.

Jugosławia (D Jugosławii) f Yugoslavia.

Jugosłowianin, Jugosłowianka m, f Yugoslav.

jugosłowiański adj Yugoslav.

jury (inv) n [festiwalu, konkursu] jury.

jutro ◇ n (D jutra) tomorrow. ◇ adv tomorrow • **jutro rano** tomorrow morning. ◆ **do jutra** ◇ interj see you tomorrow.

już adv already • **już nie** not anymore; **już nigdy** never again.

jw. (skr od jak wyżej) ditto.

K

k. (skr od koło) [w pobliżu] nr.

kabaczek (D kabaczka) m marrow UK, squash US • **nadziewany kabaczek** KULIN stuffed marrow.

kabaret (D -u) m caberet.

kabel (D kabla) m cable.

kabina (D kabiny) f [pilota] cockpit; [na statku] cabin; [prysznicowa] cubicle.

kac (D -a) m hangover • **mieć kaca** to have a hangover.

kaczka (D kaczki) f duck • **kaczka z jabłkami** KULIN duck with apples.

kadencja (D kadencji) f term (of office).

kadra (D kadry) f [personel] staff; SPORT team.

kadzidło (D kadzidła) n incense.

kafelek (D kafelka) m tile.

kaftan (D -a) m pot [luźna bluza] top • **kaftan bezpieczeństwa** straitjacket.

kaftanik (D -a) m [niemowlęcy] vest.

kaganiec (D kagańca) m muzzle.

kajak (D -a) m canoe.

kajakarstwo (D kajakarstwa) n canoeing.

kajdanki (D kajdanek) pl handcuffs.

kajuta (D kajuty) f cabin.

kajzerka (D kajzerki) f kaiser roll.

kakao (inv) n cocoa.

kaktus (D -a) m cactus.

kalafior (D -a) m cauliflower.

kalambur (D -u) m pun.

kalectwo (D kalectwa) n disability.

kaleczyć vimperf to cut • **kaleczyć język** to butcher a language.

kalejdoskop (D -u) m kaleidoscope.

kaleka m LUB f [inwalida] cripple.

kalendarz (D -a) m calendar.

kalendarzyk (D -a) m diary.

kalesony (D kalesonów) pl long johns.

kaliber (*D* kalibru) *m* caliber.

kalka (*D* kalki) *f* TECHN tracing paper.

kalkomania (*D* kalkomanii) *f* transfer.

kalkulator (*D* -a) *m* calculator.

kaloria (*D* kalorii) *f* calorie.

kaloryczny *adj* [dieta, jedzenie] calorific.

kaloryfer (*D* -a) *m* radiator.

kał (*D* -u) *m* faeces.

kałuża (*D* kałuży) *f* puddle.

kamera (*D* kamery) *f* (film) camera, (television) camera • **kamera wideo** video camera.

kameralny *adj* [atmosfera, spotkanie] intimate; [pokój] cosy; [orkiestra] chamber • **muzyka kameralna** chamber music.

kamienica (*D* kamienicy) *f* town house.

kamienisty *adj* stony.

kamień (*D* kamienia) *m* [bryła skalna] stone; [minerał] gem • **kamień nazębny** tartar; **kamień nerkowy** kidney stone; **kamień szlachetny** gem.

kamizelka (*D* kamizelki) *f* waistcoat • **kamizelka ratunkowa** life jacket.

kampania (*D* kampanii) *f* [wyborcza, reklamowa, edukacyjna] campaign.

kamyk (*D* -a) *m* pebble.

Kanada (*D* Kanady) *f* Canada.

Kanadyjczyk, Kanadyjka *m, f* Canadian.

kanadyjski *adj* Canadian.

kanalizacja (*D* kanalizacji) *f* sewage system.

kanał (*D* -u) *m* [morski, rzeczny] canal; [ściek] drain; [telewizyjny] channel • **Kanał Augustowski** the Augustow Canal; **kanał La Manche** the English Channel; **Kanał Panamski** the Panama Canal; **Kanał Sueski** the Suez Canal.

kanapa (*D* kanapy) *f* couch.

kanarek (*D* kanarka) *m* canary.

kancelaria (*D* kancelarii) *f* [biuro] office; [adwokacka] chambers.

kanclerz *m* chancellor.

kandydat, ka *m, f* [na prezydenta, na studia] candidate.

kandydatura (*D* kandydatury) *f* candidacy • **wysunąć czyjąś kandydaturę** to put forward a candidate.

kandydować *vimperf* to stand *(in the election)*.

kangur *m* kangaroo.

kanister (*D* kanistra) *m* canister.

kanon (*D* -u) *m* [prawa, urody] canon.

kantor (*D* -u) *m* : **kantor wymiany walut** bureau de change.

kantować *vimperf pot* [oszukiwać] to cheat.

kanwa (*D* kanwy) *f* [osnowa] background • **na kanwie** based on.

kapać (*perf* kapnąć) *vimperf* to drip.

kapar (*D* -a) *m* caper.

kapeć (*D* kapcia) *m* [pantofel] slipper.

kapela (*D* kapeli) *f* [ludowa] folk group; *pot* [rockowa] band.

kapelusz (*D* -a) *m* hat.

kapitalny *adj* [główny] fundamental; *pot* [znakomity] brilliant.

kapitał (*D* -u) *m* [zasoby finansowe] capital • **kapitał spółki** business capital.

kapitan *m* [statku, samolotu, drużyny] captain.

$\smile$

kaplica (*D* kaplicy) *f* [zamkowa, kościelna] chapel.

kapłan *m* [w kościele] priest.

kapnąć *vperf* = kapać.

kapok (*D* -a) *m* life jacket.

kapować *vimperf pot* [rozumieć] to twig; *pot & pej* [donosić] to rat.

kaprys (*D* -u) *m* [zachcianka] whim. ➡ **kaprysy** (*D* kaprysów) *mpl pej* [dąsy] sulks.

kaprysić *vimperf* [przy jedzeniu] to be capricious.

kapryśny *adj* [dziecko, klient, pogoda] capricious.

kapsel (*D* kapsla) *m* [po piwie] bottle top.

kapsułka (*D* kapsułki) *f* [lek] capsule.

kaptur (*D* -a) *m* hood.

kapusta (*D* kapusty) *f* cabbage • **kapusta biała** white cabbage; **kapusta czerwona** red cabbage; **kapusta kwaszona** sauerkraut; **kapusta pekińska** Chinese cabbage; **kapusta włoska** savoy cabbage.

kapuśniak (*D* -u) *m* KULIN cabbage soup.

kara (*D* kary) *f* punishment • **kara śmierci** capital punishment.

karabin (*D* -u) *m* rifle • **karabin maszynowy** machine gun.

karać (*perf* ukarać) *vimperf* to punish • **karać kogoś za coś** to punish sb for sthg; **ukarać kogoś grzywną** to give sb a fine.

karalny *adj* [kradzież] punishable.

karaluch (*D* -a) *m* cockroach.

karany *adj* : **być karanym** to have a past conviction.

karat (*D* -a) *m* carat.

karate (*inv*) *n* SPORT karate.

karawan (*D* -u) *m* hearse.

karawana (*D* karawany) *f* [pojazdów] convoy.

karcić *vimperf* to scold • **karcić kogoś za coś** to scold sb for sthg.

karczoch (*D* -a) *m* artichoke.

kardynał *m* cardinal.

karetka (*D* karetki) *f* [pogotowia] ambulance.

kariera (*D* kariery) *f* [piosenkarska, aktorska] career • **zrobić karierę** to make it big.

karierowicz, ka *m, f pej* careerist.

kark (*D* -u) *m* (nape of the) neck.

Karkonosze (*D* Karkonoszy) *pl* the Karkonosze Mountains.

karmić (*perf* nakarmić) *vimperf* [dzieci, zwierzęta] to feed • **karmić kogoś czymś** to feed sb sthg.

karnacja (*D* karnacji) *f* [jasna, ciemna] complexion.

karnawał (*D* -u) *m* carnival.

karnet (*D* -u) *m* [do teatru] season ticket.

karnisz (*D* -a) *m* curtain rail.

karo (*inv*) *n* [w kartach] diamond • **as karo** ace of diamonds.

karoseria (*D* karoserii) *f* body.

karp (*D* karpia) *m* carp • **karp smażony** KULIN fried carp.

Karpaty (*D* Karpat) *pl* the Carpathian Mountains.

karta (*D* karty) *f* [do gry] card • **grać w karty** to play cards; **karta do bankomatu** cash card; **karta kredytowa** credit card; **karta telefoniczna** LUB **magnetyczna** phone card; **karta pobytu** residence permit; **karta pokładowa** boarding pass; **karta win** wine list; **talia kart** pack of cards; **karta dźwiękowa** INFORM sound card; **karta graficzna** graphics card; **Karta Socjalna**

(Karta Socjalnych Praw Podstawowych) Social Charter (Charter of the Fundamental Social Rights of Workers).

kartel (*D* -u) *m* cartel.

kartka (*D* kartki) *f* [papieru] sheet; [z zeszytu] page • **kartka pocztowa** postcard.

kartkować *vimperf* [książkę, zeszyt, gazetę] to leaf through.

kartofel (*D* kartofla) *m* pot [ziemniak] potato • **kartofle purée** mashed potatoes.

karton (*D* -u) *m* cardboard.

kartoteka (*D* kartoteki) *f* [policyjna, biblioteczna] file index.

karuzela (*D* karuzeli) *f* roundabout.

karykatura (*D* karykatury) *f* caricature.

karzeł (*D* karła) *m* *lit & przen* dwarf.

kasa (*D* kasy) *f* [w supermarkecie] check-out; [w banku] *a window that handles cash withdrawals and deposits*; [na dworcu] ticket office; [w kinie] box office • **kasa pancerna** safe.

kaseta (*D* kasety) *f* [magnetofonowa, wideo] cassette; [filmowa] cartridge.

kasjer, ka *m, f* [w sklepie, banku] cashier; [na dworcu, w kinie] booking clerk.

kask (*D* -u) *m* helmet.

kasować (*perf* skasować) *vimperf* [bilet] to punch; [nagranie] to erase.

kasownik (*D* -a) *m* ticket punch.

kasowy *adj* [wpływy] cash; [film, autor] commercial.

Kastylia (*D* Kastylii) *f* Castile.

Kastylijczyk, Kastylijka *m, f* Castilian.

kasyno (*D* kasyna) *n* casino.

kasza (*D* kaszy) *f* cooked grain • **kasza gryczana** buckwheat; **kasza jęczmienna** barley; **kasza kukurydziana** cornmeal; **kasza manna** semolina; **kasza perłowa** pearl barley.

kaszel (*D* kaszlu) *m* cough.

kaszleć *vimperf* to cough.

kaszmir (*D* -u) *m* cashmere.

kasztan (*D* -a) *m* chestnut.

kasztanowiec (*D* kasztanowca) *m* horse chestnut.

kasztanowy *adj* chestnut.

kataklizm (*D* -u) *m* disaster.

katalog (*D* -u) *m* catalogue.

Katalonia (*D* Katalonii) *f* Catalonia.

Katalończyk, Katalonka *m, f* Catalan.

katar (*D* -u) *m* cold • **dostać kataru** to catch a cold; **katar sienny** hay fever.

katastrofa (*D* katastrofy) *f* [kolejowa, lotnicza] disaster; [ekonomiczna, życiowa] catastrophe.

katastrofalny *adj* [powódź, rządy, skutki] catastrophic.

katedra (*D* katedry) *f* [kościół] cathedral.

kategoria (*D* kategorii) *f* category.

kategoryczny *adj* categorical.

katolicki *adj* Catholic.

katolik, katoliczka *m, f* Catholic.

katować *vimperf* *lit & przen* to torture.

Katowice (*D* Katowic) *pl* Katowice.

kaucja (*D* kaucji) *f* [za więźnia] bail; [za butelkę, książkę] deposit.

kauczuk (*D* -u) *m* rubber.

kawa (*D* kawy) *f* coffee • **kawa**

biała white coffee; **kawa czarna** black coffee; **kawa mrożona** iced coffee; **kawa z mlekiem** coffee with milk; **kawa ze śmietanką** coffee with cream; **mocna kawa** strong coffee.

kawalarz *m pot* joker.

kawaler *m* bachelor.

kawalerka (*D* kawalerki) *f* studio flat.

kawalerski *adj* : **wieczór kawalerski** stag night.

kawał (*D* -u) *m* [duża część] chunk; *pot* [żart] joke • **opowiadać kawały** to tell jokes; **zrobić komuś kawał** to play a joke on sb.

kawałek (*D* kawałka) *m* [niewielka część] piece; *pot* [odległość, fragment] bit.

kawiarenka (*D* kawiarenki) *f* cafe • **kawiarenka internetowa** internet cafe.

kawiarnia (*D* kawiarni) *f* cafe.

kawior (*D* -u) *m* caviar.

kazać *vimperf* : **kazać komuś coś zrobić** to tell sb to do sthg • **rób, co ci każę** do what I tell you.

kazanie (*D* kazania) *n* [podczas mszy] sermon; *pej* [pouczenie] lecture.

kąpać *vimperf* [dziecko] to bath. ➤ **kąpać się** *vp imperf* [w łazience] to take a bath; [w jeziorze, rzece] to bathe.

kąpiel (*D* -i) *f* [w wannie] bath; [w jeziorze, rzece] bathe.

kąpielowy *adj* bath • **kostium kąpielowy** swimsuit.

kąpielówki (*D* kąpielówek) *pl* swimming trunks.

kąt (*D* -a) *m* [róg] corner; [w matematyce] angle.

kciuk (*D* -a) *m* thumb • **trzymać kciuki** to keep one's fingers crossed.

keczup (*D* -u) *m* ketchup.

kefir (*D* -u) *m* *milk product similar to yoghurt*.

keks (*D* -a LUB u) *m* fruit cake.

kelner, ka *m, f* waiter (*f* waitress).

kemping (*D* -u) *m* camp site.

kempingowy *adj* : **przyczepa kempingowa** caravan *UK*, trailer *US*; **domek kempingowy** cabin.

kg (*skr od* kilogram) kg.

khaki (*inv*) *adj* khaki.

kibic *m* [piłki nożnej] fan.

kichać (*perf* kichnąć) *vimperf* to sneeze.

kichnąć *vperf* = kichać.

kicz (*D* -u) *m pej* kitsch.

kiedy ◇ *pron* [w pytaniach] when. ◇ *conj pot* when.

kiedykolwiek *pron* [w dowolnym czasie] whenever • **czy ja cię kiedykolwiek zawiodłam?** have I ever let you down?; **jesteś dziś piękniejsza niż kiedykolwiek** today you are more beautiful than ever; **kiedykolwiek zechcesz, odwiedź mnie** visit me whenever you want.

kiedyś *pron* [w przeszłości] once; [w przyszłości] one day.

kieliszek (*D* kieliszka) *m* glass.

kieł (*D* kła) *m* [u psa] fang.

kiełbasa (*D* kiełbasy) *f* sausage • **kiełbasa krakowska** *wide Polish sausage*.

kiepski *adj pot* [nastrój, dowcip] lousy.

kiepsko *adv pot* [czuć się, wyglądać] lousy • **uczyć się kiepsko** to be a poor learner.

kier (*D* -a) *n* heart • **as kier** ace of hearts.

kiermasz (*D* -u) *m* [książek, artykułów szkolnych] fair.

kierować vimperf [samochodem] to drive; [słowa, myśli] to direct • **kierować kimś** [wpływać] to exert influence over sb; **kierować czymś** [zarządzać] to manage sthg. ➤ **kierować się** vp imperf [postępować] to be guided by sthg; [iść] to head for.

kierowca m driver.

kierownica (D kierownicy) f steering wheel.

kierownik, kierowniczka m, f manager.

kierunek (D kierunku) m [wiatru] direction; [w sztuce] trend; [na uczelni] subject • **iść w kierunku czegoś** to go in the direction of sthg.

kierunkowskaz (D -u) m [migacz] indicator; [drogowskaz] signal.

kieszeń (D kieszeni) f [w ubraniu] pocket; [w plecaku, torbie] compartment.

kieszonkowe (D kieszonkowego) n pocket money.

kieszonkowiec m pot pickpocket.

kij (D -a) m stick • **kij bilardowy** billard cue; **kij golfowy** golf club; **kij baseballowy** baseball bat.

kijek (D kijka) m stick • **kijek narciarski** ski pole.

kijowianin, kijowianka m, f inhabitant of Kiev.

Kijów (D Kijowa) m Kiev.

kilka pron several.

kilkakrotnie adv several times.

kilogram (D -a) m kilogram.

kilometr (D -a) m kilometre.

kim pron ➢ kto.

kimkolwiek pron ➢ ktokolwiek.

kimś pron ➢ ktoś.

kinkiet (D -u) m [na ścianie] wall lamp.

kino (D kina) n cinema.

kinoman, ka m, f film-lover.

kiosk (D -u) m kiosk • **kiosk ruchu** newsagent.

kipieć (perf wykipieć) vimperf [woda, mleko] to boil over.

kiść (D kiści) f [bananów, winogron, bzu] bunch.

kit (D -u) m putty • **do kitu** pot crummy.

kiwać vimperf [głową] to nod; [ręką] to wave. ➤ **kiwać się** vp imperf [o głowie] to sway.

kiwi (inv) n kiwi fruit.

klacz f mare.

klakson (D -u) m horn.

klamerka (D klamerki) f [przy pasku, u butów] buckle.

klamka (D klamki) f [do drzwi, furtki] handle.

klapa (D klapy) f [pokrywa] cover; pot [fiasko] flop • **zrobić klapę** pot to be a flop.

klaps (D -a) m [w pośladek] slap; [na planie filmowym] take.

klasa (D klasy) f [gen] class • **zabytki klasy zerowej** top-class monuments.

klaser (D -a) m stamp album.

klaskać vimperf to clap.

klasówka (D klasówki) f test.

klasyczny adj [starożytny] classical; [wzorcowy] classic.

klasyfikacja (D klasyfikacji) f classification.

klasyfikować vimperf [rośliny, zawodników] to classify; [ucznia] to pass.

klasztor (D -u) m [męski] monastery; [żeński] convent.

klatka (D klatki) f [dla zwierząt]

cage; [na kliszy] frame • **klatka piersiowa** chest; **klatka schodowa** staircase.

klaun m clown.

klauzula (D klauzuli) f clause • **Klauzula najwyższego uprzywilejowania** priority-clause.

klawiatura (D klawiatury) f keyboard • **klawiatura komputera** computer keyboard.

klawisz (D -a) m [pianina, komputera] key; [telefonu] button; pot [strażnik więzienny] screw • **klawisze funkcyjne** function keys; **klawisze numeryczne** number keys.

kląć (perf **zakląć**) vimperf to curse.

klątwa (D klątwy) f curse.

kleić (perf **skleić**) vimperf to glue. **kleić się** vp imperf to stick • **rozmowa się nie kleiła** the conversation didn't flow.

kleisty adj sticky.

klej (D -u) m glue.

klejnot (D -u) m jewel. **klejnoty** (D klejnotów) mpl jewels.

klementynka (D klementynki) f clementine.

klepsydra (D klepsydry) f [przyrząd] hourglass.

kleptoman, ka m, f kleptomaniac.

kler (D -u) m clergy.

kleszcz (D -a) m [pajęczak] tick.

klęczeć vimperf to kneel.

klęczki (D klęczek) pl : **na klęczkach** on one's knees; **z klęczek** from a kneeling position.

klękać (perf **klęknąć**) vimperf to kneel.

klęknąć vperf = **klękać**.

klęska (D klęski) f defeat • **klęska żywiołowa** natural disaster.

klient, ka m, f [gen] client; [w sklepie] customer.

klientela (D klienteli) f clientele.

klif (D -u) m cliff.

klimat (D -u) m [morski, kontynentalny] climate; [naukowy, twórczy] atmosphere.

klimatyczny adj climatic.

klimatyzacja (D klimatyzacji) f air-conditioning.

klinika (D kliniki) f clinic.

klips (D -a) m clip-on earring.

klisza (D kliszy) f film.

klocek (D klocka) m [drewna] block. **klocki** (D klocków) mpl [zabawka] blocks.

klomb (D -u) m [kwiatów] bed.

klon[1] (D -u) m [drzewo] maple.

klon[2] (D -a) m [owcy, myszy] clone.

klonować vimperf [rośliny, zwierzęta] to clone.

klosz (D -a) m [do lampy] lampshade.

klub (D -u) m club • **nocny klub** nightclub.

klucz (D -a) m lit & przen key; TECHN spanner, wrench.

kluczyć vimperf [po lesie] to wander around.

kluski (D klusek) fpl KULIN dumplings • **kluski lane** dumplings made by spooning batter into boiling water; **kluski śląskie** mashed potato dumplings.

kładka (D kładki) f [na rzece, nad ulicą] footbridge.

kłamać (perf **skłamać**) vimperf to lie • **kłamać komuś** to lie to sb.

kłamczuch, a m, f pot liar.

kłamstwo (D kłamstwa) n lie.

kłaniać się (perf **ukłonić się**) vp imperf to bow • **kłaniać się komuś** to greet sb.

kłaść *vimperf* to put • **kłaść coś na stole** to put sthg on the table; **kłaść duży nacisk na coś** to put great emphasis on sthg. ➥ **kłaść się** *vp imperf* [na łóżku] to lie down • **kłaść się spać** to go to bed.

kłębek (*D* kłębka) *m* [nici, drutu, sznurka] ball • **kłębek nerwów** bundle of nerves.

kłopot (*D* -u) *m* trouble.

kłopotliwy *adj* [trudny] troublesome.

kłos (*D* -u) *m* [zboża] ear.

kłócić się (*perf* pokłócić się) *vp imperf* to quarrel • **kłócić się z kimś** to quarrel with sb; **kłócić się o coś** to quarrel about sthg.

kłódka (*D* kłódki) *f* padlock.

kłótliwy *adj* quarrelsome.

kłótnia (*D* kłótni) *f* quarrel.

kłuć *vimperf* [igłą] to prick; [o bólu] to hurt • **od rana kłuje mnie w boku** I've had a stabbing pain in my side since morning.

kłujący *adj* [igła] sharp; [ból] stabbing.

kłusownik *m* poacher.

km (*skr od* kilometr) km.

kminek (*D* kminku) *m* caraway seed.

kneblować (*perf* zakneblować) *vimperf* [usta] to gag.

knot (*D* -a) *m* [świecy] wick; *pot & pej* [chała] crap.

knuć *vimperf* [spisek, intrygę] to plot • **knuć przeciw komuś** to plot against sb.

koalicja (*D* koalicji) *f* coalition.

kobieciarz *m pot* womanizer.

kobiecość (*D* kobiecości) *f* femininity.

kobiecy *adj* [rola, twarz] female; [pismo] women's; [zachowanie, kształty] feminine.

kobieta *f* woman.

koc (*D* -a) *m* blanket.

kochać *vimperf* to love • **kocham cię** I love you; **kochać kogoś** to love sb. ➥ **kochać się** *vp imperf* : **kochać się w kimś** to be in love with sb; **kochać się z kimś** to make love with sb.

kochanek *m* lover.

kochanka *f* [w równym związku] lover; [w nierównym związku] mistress.

kochany ⬥ *adj* [drogi] dear. ⬥ *m* [człowiek bliski] (my) dear.

kocur *m* tomcat.

koczować *vimperf* [o plemionach] to move from place to place; *pot* [mieszkać tymczasowo] to stay temporarily.

kod (*D* -u) *m* code • **kod pocztowy** postcode.

kodeks (*D* -u) *m* [karny, cywilny, pracy] code.

kodować (*perf* zakodować) *vimperf* to encode.

kofeina (*D* kofeiny) *f* caffeine.

kogo *pron* ▷ kto.

kogokolwiek *pron* ▷ ktokolwiek.

kogoś *pron* ▷ ktoś.

kogut *m* [zwierzę] rooster; *pot* [na karetce] siren.

kojarzyć (*perf* skojarzyć) *vimperf* [fakty] to associate; [ludzi] to join • **kojarzyć coś z czymś** to associate sthg with sthg. ➥ **kojarzyć się** (*perf* skojarzyć się) *vp imperf* [przywodzić na myśl] to remind.

kok (*D* -a) *m* [uczesanie] bun.

kokarda (*D* kokardy) *f* bow.

kokieteryjny *adj* [uśmiech, spojrzenie] flirtatious.

kokietka *f* flirt.

kokon (*D* -u) *m* cocoon.

kokos (*D* -a LUB -u) coconut.

kokosowy *adj* coconut.

koktajl (*D* -u) *m* [alkoholowy] cocktail; [nabiałowy] smoothie • **koktajl mleczny** milk shake.

kolacja (*D* kolacji) *f* supper.

kolano (*D* kolana) *n* knee.

kolarstwo (*D* kolarstwa) *n* cycling.

kolarz *m* cyclist.

kolba (*D* kolby) *f* [kukurydzy] cob; [karabinu] butt.

kolczyk (*D* -a) *m* earring.

kolec (*D* kolca) *m* [róży] thorn; [jeża] spine.

kolega *m* [z pracy] colleague; [poza pracą] friend.

kolegium *(inv)* *n* college • **Kolegium Europejskie w Brugii** College of Europe in Brugges.

kolej (*D* kolei) *f* [środek transportu] railway; [następstwo] turn • **po kolei** one by one; **kolej miejska** city rail link; **kolej podmiejska** suburban railway; **kolej podziemna** metro.

kolejarz *m* railway worker.

kolejka (*D* kolejki) *f* [w sklepie] queue • **kolejka górska** [w wesołym miasteczku] roller coaster; **kolejka linowa** cable car.

kolejno *adv* one by one.

kolejność (*D* kolejności) *f* [alfabetyczna, zdarzeń] order; [w rankingu] position.

kolejny *adj* [następny] next; [jeszcze jeden] another.

kolejowy *adj* : **dworzec kolejowy** train station.

kolekcja (*D* kolekcji) *f* [obrazów, mody] collection.

kolekcjoner, ka *m, f* collector.

kolekcjonować *vimperf* to collect.

kolendra (*D* kolendry) *f* coriander.

koleżanka *f* [z pracy] colleague; [poza pracą] friend.

koleżeński *adj* friendly.

kolęda (*D* kolędy) *f* carol.

koliber (*D* kolibra) *m* hummingbird.

kolizja (*D* kolizji) *f* [kraksa] collision; [konflikt] conflict.

kolka (*D* kolki) *f* MED stitch.

kolonia (*D* kolonii) *f* colony. ➤ **kolonie** (*D* kolonii) *fpl* holiday camp.

koloński *adj* : **woda kolońska** cologne.

kolor (*D* -u) *m* [barwa] colour; [w kartach] suit. ➤ **kolory** (*D* kolorów) *mpl* [rumieńce] blush • **mieć/dostać kolory** to blush.

kolorować (*perf* pokolorować) *vimperf* [rysunek] to colour.

kolorowy *adj* [wielobarwny] colourful; [telewizor, zdjęcie] colour.

koloryt (*D* -u) *m* colour.

koloryzować *vimperf* [opowieść] to embellish.

kolos (*D* -a) *m* giant.

kolosalny *adj* colossal.

kolportaż (*D* -u) *m* distribution.

kolumna (*D* kolumny) *f* [słup] column; [głośnik] speaker.

kołdra (*D* kołdry) *f* quilt.

kołek (*D* kołka) *m* [kawałek drewna] peg.

kołnierz (*D* -a) *m* collar.

koło¹ (*D* koła) *n* [pojazdu] wheel; [okrąg, grono] circle • **koło ratun-**

kowe life belt; **koło zapasowe** spare wheel.

koło² *prep* [obok] near; [około] around.

kołysać *vimperf* [wózek] to rock; [biodrami] to sway. ➡ **kołysać się** *vp imperf* [w tańcu] to sway.

kołysanka (*D* kołysanki) *f* lullaby.

komar *m* mosquito.

kombatant, ka *m, f* ex-combatant.

kombinacja (*D* kombinacji) *f* [barw, zapachów] combination • **kombinacja alpejska** SPORT alpine combined.

kombinezon (*D* -u) *m* : **kombinezon roboczy** boiler suit; **kombinezon narciarski** ski suit; **kombinezon lotnika** flying suit.

komedia (*D* komedii) *f* comedy.

komenda (*D* komendy) *f* [siedziba] headquarters; [rozkaz] command.

komentarz (*D* -a) *m* [uwaga, opinia] commentary.

komentować *vimperf* to comment on.

komercyjny *adj* commercial.

kometa (*D* komety) *f* comet.

kometka (*D* kometki) *f* badminton.

komfort (*D* -u) *m* comfort.

komfortowy *adj* comfortable.

komiczny *adj* [mina] comic; [zdarzenie] comical.

komiks (*D* -u) *m* comic.

komin (*D* -a) *m* chimney.

kominek (*D* kominka) *m* fireplace.

kominiarka (*D* kominiarki) *f* balaclava.

kominiarz *m* chimney sweep.

komis (*D* -u) *m* [samochodowy] sale on commission.

komisariat (*D* -u) *m* police station.

komisja (*D* komisji) *f* committee; [rządowa, międzynarodowa] commission • **Europejska Komisja Gospodarcza** European Economic Commission; **Europejska Komisja Praw Człowieka** European Commission of Human Rights; **Komisja Europejska** European Commission.

komitet (*D* -u) *m* committee • **Komitet Ekonomiczno-Społeczny** Economic and Social Committee; **Komitet Konsultacyjny** Consultative Committee; **Komitet Koordynacyjny** Coordination Committee; **Komitet Regionów** Committee of the Regions.

komora (*D* komory) *f* compartment • **komora celna** customs.

komorne (*D* komornego) *n* rent.

komórka (*D* komórki) *f* [organizmu] cell; *pot* [telefon] mobile.

komórkowy *adj* cell • **telefon komórkowy** mobile phone.

kompakt (*D* -u) *m pot* [płyta] CD.

kompaktowy *adj* : **płyta kompaktowa** CD; **odtwarzacz kompaktowy** CD player.

kompas (*D* -u) *m* compass.

kompatybilny *adj* compatible.

kompetencja (*D* kompetencji) *f* oficjal [prawo do czegoś] area of responsibility; oficjal [zdolność do wypełniania obowiązków] competence • **kompetencje sądu** court jurisdiction.

kompetentny *adj* oficjal competent; [uprawniony] authorised.

kompilator (*D* -a) *m* [INFORM & program komputerowy] compiler.

kompleks (*D* **-u**) *m* complex • **mieć kompleks niższości** to have an inferiority complex.

komplement (*D* **-u**) *m* compliment • **prawić komuś komplementy** to pay sb compliments.

komplet (*D* **-u**) *m* [gen] set; [łazienkowy] suite; [w kinie, teatrze] full house; [w samolocie] full flight.

kompletny *adj* complete.

kompletować *vimperf* to assemble.

komplikacja (*D* **komplikacji**) *f* complication.

komplikować (*perf* **skomplikować**) *vimperf* to complicate. ➡ **komplikować się** (*perf* **skomplikować się**) *vp imperf* to get complicated.

komponować *vimperf* to compose.

kompozycja (*D* **kompozycji**) *f* composition.

kompozytor *m* composer.

kompres (*D* **-u**) *m* compress.

kompromis (*D* **-u**) *m* compromise.

kompromisowy *adj* compromise.

kompromitacja (*D* **kompromitacji**) *f* embarrassment.

kompromitować (*perf* **skompromitować**) *vimperf* to embarrass. ➡ **kompromitować się** (*perf* **skompromitować się**) *vp imperf* to discredit o.s.

komputer (*D* **-a**) *m* computer • **komputer multimedialny** multimedia computer; **komputer osobisty** personal computer.

komputerowy *adj* : **gra komputerowa** computer game.

komputeryzacja (*D* **komputeryzacji**) *f* computerisation.

komputeryzować *vimperf* to computerise.

komu *pron* ▷ **kto**.

komukolwiek *pron* ▷ **ktokolwiek**.

komunalny *adj* municipal • **mieszkanie komunalne** council flat.

komunia (*D* **komunii**) *f* communion.

komunikacja (*D* **komunikacji**) *f* communication • **komunikacja miejska** city transport.

komunikat (*D* **-u**) *m* announcement • **komunikat meteorologiczny** weather forecast.

komunikatywny *adj* [kontaktowy] communicative; [zrozumiały] articulate.

komunikować *vimperf* oficjal [oznajmiać] to inform • **komunikować coś komuś** to inform sb about sthg. ➡ **komunikować się** *vp imperf* [porozumiewać się] to communicate • **komunikować się z kimś** to communicate with sb.

komunizm (*D* **-u**) *m* communism.

komuś *pron* ▷ **ktoś**.

koncentracja (*D* **koncentracji**) *f* concentration.

koncentrat (*D* **-u**) *m* concentrate • **koncentrat pomidorowy** tomato puree.

koncentrować (*perf* **skoncentrować**) *vimperf* to concentrate. ➡ **koncentrować się** (*perf* **skoncentrować się**) *vp imperf* to concentrate • **koncentrować się na czymś** to concentrate on sthg.

koncepcja (*D* **koncepcji**) *f* [projekt] concept; [pomysł] idea.

koncern (*D* **-u**) *m* concern.

koncert (*D* **-u**) *m* [impreza] concert; [utwór] concerto • **iść na koncert** to go to a concert.

koncertowy *adj* concert.

koncesja (*D* koncesji) *f* concession.

koncesjonowany *adj* licensed.

kondolencje (*D* kondolencji) *pl* condolences.

kondycja (*D* kondycji) *f* [forma fizyczna] fitness; [stan] state • **mieć kondycję** to be in good shape.

konewka (*D* konewki) *f* watering can.

konfekcja (*D* konfekcji) *f* clothes.

konferencja (*D* konferencji) *f* conference • **konferencja prasowa** press conference.

konfiskata (*D* konfiskaty) *f* confiscation.

konfiskować (*perf* skonfiskować) *vimperf* to confiscate.

konfitury (*D* konfitur) *fpl* preserves.

konflikt (*D* -u) *m* conflict.

konfliktowy *adj* [człowiek] confrontational; [sprawa, sytuacja] conflict-inducing.

konfrontacja (*D* konfrontacji) *f* confrontation.

konfrontować (*perf* skonfrontować) *vimperf* [porównywać] to compare • **konfrontować coś z czymś** to compare sthg with sthg.

kongres (*D* -u) *m* congress.

koniak (*D* -u) *m* cognac.

koniczyna (*D* koniczyny) *f* clover.

koniec (*D* końca) *m* end • **na końcu ulicy** at the end of the street; **ledwo wiązać koniec z końcem** to barely make ends meet; **w końcu** finally.

koniecznie *adv* absolutely.

konieczność (*D* konieczności) *f* necessity.

konieczny *adj* necessary.

konik (*D* -a) *m* [mały koń] small horse; [zabawka] rocking horse • **konik polny** grasshopper.

konina (*D* koniny) *f* horse meat.

konkluzja (*D* konkluzji) *f* conclusion.

konkretny *adj* [cel] clear-cut; [dowód, rzecz] real; [człowiek] businesslike.

konkurencja (*D* konkurencji) *f* competition.

konkurencyjny *adj* [cena] competitive; [firma] rival.

konkurent, ka *m, f* rival.

konkurs (*D* -u) *m* contest.

konno *adv* on horseback • **jeździć konno** to ride a horse.

konsekwencja (*D* konsekwencji) *f* [następstwo] consequence; [systematyczność] consistency.

konsekwentny *adj* [systematyczny] consistent.

konserwa (*D* konserwy) *f* canned food • **konserwa mięsna** canned meat.

konserwacja (*D* konserwacji) *f* [zabytków, dróg, budynków] conservation; [żywności] preservation.

konserwatysta, konserwatystka *m, f* conservative.

konserwować *vimperf* [zabytki] to conserve; [żywność] to preserve.

konspekt (*D* -u) *m* outline.

konspiracja (*D* konspiracji) *f* [tajność] conspiracy; [organizacja] • underground.

Konstantynopol (*D* -a) *m* Constantinople.

konstantynopolitańczyk, kon-

stantynopolitanka *m, f inhabitant of Constantinople.*

konstrukcja (*D* konstrukcji) *f* [struktura] structure; [budowanie] construction.

konstytucja (*D* konstytucji) *f* constitution • **konstytucja europejska** European Constitution.

konstytucyjny *adj* constitutional.

konsul *m* consul.

konsularny *adj* consular.

konsulat (*D* -u) *m* consulate.

konsultacja (*D* konsultacji) *f* consultation.

konsultant, ka *m, f* consultant.

konsultować (*perf* skonsultować) *vimperf* [omawiać] to talk sthg over • **konsultować coś z kimś** to seek sb's opinion about sthg. ⟶ **konsultować się** (*perf* skonsultować się) *vp imperf* to consult.

konsument, ka *m, f oficjal* [nabywca] consumer.

konsumować *vimperf oficjal* [spożywać] to consume.

konsumpcja (*D* konsumpcji) *f oficjal* [spożywanie] consumption.

konsumpcyjny *adj oficjal* consumer • **dobra konsumpcyjne** consumer goods.

konsystencja (*D* konsystencji) *f* consistency.

kontakt (*D* -u) *m* [łączność] contact; [gniazdko elektryczne] socket • **być w kontakcie** to be in touch; **włożyć wtyczkę do kontaktu** to put the plug in the socket. ⟶ **kontakty** (*D* kontaktów) *mpl* [stosunki] contacts.

kontaktować (*perf* skontaktować) *vimperf* to put in touch • **kontaktować kogoś z kimś** to put sb in touch with sb.

⟶ **kontaktować się** (*perf* skontaktować się) *vp imperf* to get in touch with.

kontekst (*D* -u) *m* context.

kontemplować *vimperf* to contemplate.

kontener (*D* -a) *m* container.

konto (*D* konta) *n* account • **przelać (pieniądze) na konto** to transfer (money) to an account; **wpłacić (pieniądze) na konto** to make a deposit; **wyjąć (pieniądze) z konta** to make a withdrawal.

kontrabas (*D* -u) *m* double-bass.

kontrakt (*D* -u) *m* contract.

kontrast (*D* -u) *m* contrast.

kontrola (*D* kontroli) *f* [sprawdzenie] inspection; [nadzór] control.

kontroler, ka *m, f* inspector.

kontrolować (*perf* skontrolować) *vimperf* [sprawować nadzór] to check; [panować nad czymś] to control.

kontrowersyjny *adj* controversial.

kontuar (*D* -u) *m* counter.

kontur (*D* -u) *m* outline.

kontuzja (*D* kontuzji) *f* SPORT injury • **doznać kontuzji** to get injure.

kontynent (*D* -u) *m* continent.

kontynentalny *adj* continental.

kontynuacja (*D* kontynuacji) *f* [rozpoczętej pracy, tradycji] continuation.

kontynuować *vimperf* [naukę, pracę] to continue.

konwalia (*D* konwalii) *f* lily of the valley.

konwenanse (*D* konwenansów) *mpl* conventions.

konwencja (*D* konwencji) *f* convention • **Europejska Konwen-cja Praw Człowieka i Podstawo-wych Wolności** European Convention for the Protection of Human Rights and Fundamental Freedom.

konwencjonalny *adj* [tradycyjny] conventional; [grzecznościowy] polite.

konwersacja (*D* konwersacji) *f* oficjal [rozmowa towarzyska] conversation.

konwój (*D* konwoju) *m* [więźniów] escort; [z pomocą humanitarną] transport.

konwulsje (*D* konwulsji) *fpl* convulsions.

koń (*D* konia) *m* horse.

końcowy *adj* end • **końcowe prace** final touches.

kończyć (*perf* skończyć LUB za-kończyć) *vimperf* [położyć kres] to end; [mieć zrobione] to finish. **kończyć się** (*perf* skończyć się LUB zakończyć się) *vp imperf* to come to an end • **kończą się nam pieniądze** we're running out of money.

kończyna (*D* kończyny) *f* limb.

koński *adj* horse's • **koński ogon** [fryzura] ponytail.

kooperacja (*D* kooperacji) *f* cooperation.

kopać *vimperf* [łopatą, motyką] to dig; [nogą] to kick • **kopać kogoś** to kick sb; **kopać piłkę** to kick a ball.

kopalnia (*D* kopalni) *f* mine.

Kopenhaga (*D* Kopenhagi) *f* Copenhagen.

kopenhażanin, kopenhażan-ka *m, f inhabitant of Copenhagen*.

koper (*D* kopru) *m* dill.

koperek (*D* koperku) *m* dill

• **ziemniaki z koperkiem** potatoes with dill.

koperta (*D* koperty) *f* envelope • **zaadresować kopertę** to address an envelope.

kopia (*D* kopii) *f* [obrazu, rzeźby] copy; [wersja] version.

kopiować *vimperf* to copy.

kopnąć *vperf* to kick.

kopniak (*D* -a) *m* kick.

kopuła (*D* kopuły) *f* dome.

kora (*D* kory) *f* [drzewa] bark.

koral (*D* -a) *m* [koralowiec] coral. **korale** (*D* korali) *mpl* [ozdoba] beads.

koralowy *adj* coral.

korba (*D* korby) *f* crank.

kordon (*D* -u) *m* [policjantów, żołnierzy] cordon.

Kordyliery (*D* Kordylierów) *pl* the Cordilleras.

korek (*D* korka) *m* [od butelki] cork; *pot* [uliczny] traffic jam.

korekta (*D* korekty) *f* [decyzji, planu] correction; [tekstu] proof-reading.

korektor (*D* -a) *m* [kosmetyk] masking foundation; [pisak] tippex; [osoba] proofreader.

korepetycje (*D* korepetycji) *fpl* private lesson.

korespondencja (*D* korespon-dencji) *f* correspondence.

korespondować *vimperf* to correspond.

korkociąg (*D* -u) *m* corkscrew.

kormoran *m* cormorant.

korona (*D* korony) *f* [królewska] crown.

koronacja (*D* koronacji) *f* coronation.

koronka (*D* koronki) *f* [tkanina] lace.

koronny *adj* [królewski] royal; [najważniejszy] conclusive • **świadek koronny** key witness.

korozja (*D* korozji) *f* [metalu] corrosion; [skały] erosion.

korporacja (*D* korporacji) *f* corporation.

korpus (*D* -u) *m* [tułów] body • **korpus dyplomatyczny** diplomatic corps.

Korsyka (*D* Korsyki) *f* Corsica.

Korsykanin, Korsykanka *m, f* Corsican.

korsykański *adj* Corsican.

kort (*D* -u) *m* : **kort tenisowy** tennis court.

korumpować *vimperf* to corrupt.

korupcja (*D* korupcji) *f* corruption.

korytarz (*D* -a) *m* [szkolny, szpitalny] corridor; [podziemny, skalny] tunnel.

korzeń (*D* korzenia) *m* [rośliny] root. ➡ **korzenie** (*D* korzeni) *mpl* [pochodzenie] roots.

korzystać (*perf* skorzystać) *vimperf* : **korzystać z czegoś** [z telefonu, łazienki] to use sthg; [z praw] to exercise sthg; [z okazji] to take advantage of sthg.

korzystny *adj* [zyskowny] lucrative; [pomyślny, pozytywny] favourable.

korzyść (*D* korzyści) *f* [zysk] profit; [pożytek] benefit.

kos *m* blackbird.

kosa (*D* kosy) *f* [narzędzie] scythe.

kosiarka (*D* kosiarki) *f* lawnmower.

kosić (*perf* skosić) *vimperf* [żyto, trawę] to mow.

kosmetyczka (*D* kosmetyczki) *f* [zawód] beautician; [torebka] make-up bag.

kosmetyczny *adj* cosmetic • **gabinet kosmetyczny** beauty salon; **mleczko kosmetyczne** lotion.

kosmetyk (*D* -u) *m* cosmetic.

kosmonauta *m* astronaut.

kosmos (*D* -u) *m* [przestrzeń pozaziemska] space; [wszechświat] cosmos.

kosmyk (*D* -a) *m* [włosów] strand.

kostium (*D* -u) *m* [teatralny] costume; [na balu] fancy dress.

kostka (*D* kostki) *f* [część nogi] ankle; [do gry] dice; [lodu, cukru] cube • **kostka rosołowa** KULIN stock cube.

kostnica (*D* kostnicy) *f* mortuary.

kosz (*D* -a) *m* [na śmiecie] bin; [do gry] basket.

koszmar (*D* -u) *m* nightmare.

koszt (*D* -u) *m* cost.

kosztorys (*D* -u) *m* estimate.

kosztować *vimperf* *lit & przen* to cost • **ile to kosztuje?** how much does it cost?

kosztowności (*D* kosztowności) *fpl* valuables.

kosztowny *adj* expensive.

koszula (*D* koszuli) *f* shirt.

koszyk (*D* -a) *m* basket.

koszykówka (*D* koszykówki) *f* SPORT basketball.

kościół (*D* kościoła) *m* [świątynia] church. ➡ **Kościół** *m* [instytucja] Church.

kościsty *adj* bony.

kość (*D* kości) *f* bone. ➡ **kości** (*D* kości) *fpl* [gra] dice.

~~**kot**~~ *m* cat.

kotara (*D* kotary) *f* curtain.

kotlet (*D* -a) *m* KULIN cutlet • **kot-**

let mielony meat rissole; **kotlet schabowy** pork chop.

kotlina (D kotliny) f valley.

kotwica (D kotwicy) f anchor.

kowal m blacksmith.

koza f [zwierzę] goat.

kozioł (D kozła) m billy-goat • **kozioł ofiarny** scapegoat.

koziorożec (D koziorożca) m [zwierzę] ibex. ➠ **Koziorożec** (D Koziorożca) m [znak zodiaku] Capricorn.

kółko (D kółka) n [roweru, maszyny] wheel; [narysowane] circle; [zainteresowań] group • **kręcić się w kółko** to go round in circles.

kpiący adj derisive.

kpić vimperf to make fun of • **kpić sobie z kogoś** to make fun of sb.

kpina (D kpiny) f mockery.

kpt. (skr od kapitan) Capt.

kra (D kry) f ice floe.

krab m crab.

krach (D -u) m EKON crash; [plajta] bankruptcy.

kraciasty adj checked.

kradzież (D -y) f theft.

kraj (D -u) m country • **ciepłe kraje** warm countries.

krajobraz (D -u) m landscape.

krajowy adj [nie międzynarodowy] domestic; [na cały kraj] national.

krajoznawczy adj : **wycieczka krajoznawcza** sightseeing tour.

krakać vimperf [o ptaku] to caw; pot [o człowieku] to be a prophet of doom.

krakowianin, krakowianka m, f inhabitant of Cracow.

Kraków (D Krakowa) m Cracow.

kraksa (D kraksy) f crash.

kran (D -u) m tap.

kraniec (D krańca) m [koniec drogi] end; [koniec lasu] edge.

krasnoludek (D krasnoludka) m [gen] gnome; [siedem z królewną] dwarf.

kraść (perf ukraść) vimperf to steal.

krata (D kraty) f [z prętów] grating; [w oknie] bars.

kratka (D kratki) f [drewniana, żelazna] grating • **w kratkę** checked.

kraul (D -a) m SPORT crawl • **pływać kraulem** to do the crawl.

krawat (D -a LUB u) m tie.

krawędź (D krawędzi) f edge.

krawężnik (D -a) m kerb UK, curb US.

krawiec, krawcowa m, f tailor (f dressmaker).

krążenie (D krążenia) n [krwi] circulation.

krążyć vimperf [o samolocie] to circle; [o Ziemi] to go round; [o plotkach] to circulate.

kreatywny adj creative.

kreda (D kredy) f chalk.

kredka (D kredki) f [do rysowania] crayon; [do makijażu] pencil.

kredyt (D -u) m credit • **udzielić komuś kredytu** to give sb a loan.

kredytobiorca m oficjal borrower.

kredytodawca m oficjal creditor.

krem (D -u) m [nawilżający, czekoladowy] cream; [z warzyw] puree • **ciastko z kremem** cream cake; **krem selerowy** cream of celery soup; **krem szparagowy** cream of asparagus soup.

kreować vimperf oficjal [tworzyć] to create; oficjal [odtwarzać rolę] to play.

krepina (D krepiny) f crêpe paper.

kres (D -u) m [koniec] end; [granica] limit • **być u kresu sił** to be completely exhausted; **położyć czemuś kres** to put an end to sthg.

kreska (D kreski) f [linia] line.

kreskówka (D kreskówki) f cartoon.

kreślarz m draughtsman.

kreślić vimperf [rysować] to draw; [przekreślać] to cross out.

kret m mole.

Kreta (D Krety) f Crete.

Kreteńczyk, Kretenka m, f Cretan.

krew (D krwi) f blood • **badanie krwi** blood test; **grupa krwi** blood group.

krewny, krewna m, f relative.

kręcić vimperf [obracać] to turn; [układać w loki] to curl; pot [oszukiwać] to pull the wool over sb's eyes. **kręcić się** vp imperf [obracać się] to turn; [przemieszczać się] to wander; pot [zabiegać o względy] to hang around; [o lokach] to curl.

kręgosłup (D -a) m spine.

krępować vimperf [utrudniać ruch] to restrict • **krępować kogoś** to make sb feel awkward. **krępować się** vp imperf [wstydzić się] to feel self-conscious.

krępujący adj embarrasing.

krępy adj [mężczyzna, sylwetka] stocky.

kręty adj [schody, ulice, ścieżki] winding.

kroić (perf pokroić LUB ukroić) vimperf to cut.

krok (D -u) m lit & przen step; [chód] pace • **czynić kroki** to take measures.

krokiet (D -a) m croquette.

krokodyl m crocodile.

krokus (D -a) m crocus.

kromka (D kromki) f slice • **kromka chleba** slice of bread.

kronika (D kroniki) f [zapis wydarzeń] chronicle; [przegląd aktualności] news.

kropić vimperf [o deszczu] to drizzle.

kropka (D kropki) f [okrągła plamka] dot; GRAM full stop UK, period US.

kropla (D kropli) f [deszczu, wody, potu] drop. **krople** (D kropli) fpl [lek] drops.

kroplomierz (D -a) m dropper.

kroplówka (D kroplówki) f drip.

krosta (D krosty) f [na twarzy] spot.

krowa f cow • **choroba szalonych krów** mad cow disease.

krój (D kroju) m style.

król m king.

królestwo (D królestwa) n kingdom.

królewicz m prince.

królewna f princess.

królewski adj royal.

królik (D -a) m rabbit • **królik doświadczalny** guinea pig.

królowa f queen.

krótki adj short.

krótko (compar krócej, superl najkrócej) adv : **na krótko** for a short time; **krótko mówiąc** in brief; **napisać krótko** to write briefly; **ostrzyc się krótko** to have a short haircut; **iść krótko** to walk a short distance.

krótkofalówka (*D* krótkofalówki) *f* short-wave radio.

krótkometrażowy *adj* : **film krótkometrażowy** short.

krótkoterminowy *adj* short-term.

krótkotrwały *adj* short-lived.

krótkowidz *m* short-sighted person.

krótkowzroczność (*D* krótkowzroczności) *f* *lit & przen* short-sightedness.

krótkowzroczny *adj* *lit & przen* short sighted.

krtań (*D* krtani) *f* larynx • **zapalenie krtani** laryngitis.

kruchy *adj* [lód, szkło] brittle; [ciasteczka] crumbly.

kruk *m* raven.

krupnik (*D* -u) *m* KULIN Scotch broth.

kruszyć (*perf* pokruszyć) *vimperf* [chleb] to crumble • **kruszyć coś** to crumble sthg. ➤ **kruszyć się** (*perf* pokruszyć się) *vp imperf* [o cieście, o skale] to crumble.

krwawić *vimperf* to bleed.

krwawienie (*D* krwawienia) *n* bleeding.

krwawy *adj* bloody.

krwiak (*D* -a) *m* haematoma.

krwinka (*D* krwinki) *f* blood cell.

krwiodawca *m* blood donor.

krwisty *adj* : **krwisty befsztyk** rare steak.

krwotok (*D* -u) *m* haemorrhage • **krwotok z nosa** nosebleed.

kryjówka (*D* kryjówki) *f* hiding-place.

kryminalista, kryminalistka *m, f* criminal.

kryminalny *adj* criminal • **film kryminalny** detective film.

kryminał (*D* -u) *m* [powieść, film] detective story; *pot* [więzienie] slammer.

krypta (*D* krypty) *f* [grobowa] crypt.

kryształ (*D* -u) *m* [minerał, szkło] crystal; [wyrób] cut glass.

kryształowy *adj* [wazon] cut-glass; [woda] crystal clear.

kryterium (*pl* kryteria) *n* criterion (*pl* criteria).

kryty *adj* covered • **basen kryty** indoor swimming pool.

krytyczny *adj* critical.

krytyka (*D* krytyki) *f* [ocena] criticism; [ogół krytyków] critics.

krytykować (*perf* skrytykować) *vimperf* to criticize • **krytykować kogoś za coś** to criticize sb for sthg.

kryzys (*D* -u) *m* crisis.

kryzysowy *adj* [stan] critical; [sztab] crisis.

krzak (*D* -a) *m* [bzu] bush; [pomidorów, truskawek] plant.

krzątać się *vp imperf* to bustle around.

krzątanina (*D* krzątaniny) *f* *pot* bustle.

krzepki *adj* [staruszek, ciało] robust.

krzesło (*D* krzesła) *n* chair.

krzew (*D* -u) *m* [gen] shrub; [jałowca, malin] bush.

krztusić się *vp imperf* [od dymu, ze śmiechu] to choke.

krzyczeć (*perf* krzyknąć) *vimperf* [wrzeszczeć] to shout; [z bólu] to cry out • **krzyczeć na kogoś** to shout at sb.

krzyk (*D* -u) *m* [wrzask] shout; [rozpaczy, z radości] cry • **ostatni**

krzyk mody the latest thing; **narobić krzyku** to make a lot of noise.

krzykliwy adj [głos, dziecko] loud.

krzyknąć vperf = **krzyczeć**.

krzywda (D krzywdy) f [moralna] hurt; [realna] harm • **wyrządzić komuś krzywdę** to do sb an injustice.

krzywdzić (perf **skrzywdzić**) vimperf to harm • **krzywdzić kogoś** to harm sb.

krzywić (perf **skrzywić**) vimperf [wyginać] to bend. ➤ **krzywić się** (perf **skrzywić się**) vp imperf [grymasić] to grimace; [zginać się] to bend.

krzywo adv crookedly • **patrzeć na kogoś krzywo** to frown at sb.

krzywy adj [pochyły] crooked; [nieprzyjazny] disapproving. ➤ **krzywa** (D krzywej) f MAT curve.

krzyż (D -a) m cross.

krzyżować (perf **skrzyżować**) vimperf [ręce] to cross. ➤ **krzyżować się** (perf **skrzyżować się**) vp imperf [o ulicach, o spojrzeniach] to cross.

krzyżówka (D krzyżówki) f crossword • **rozwiązać krzyżówkę** to do a crossword.

ks. (skr od **ksiądz**) Fr.

kserokopia (D kserokopii) f photocopy.

kserokopiarka (D kserokopiarki) f photocopier.

kserować (perf **skserować**) vimperf to photocopy.

ksiądz (D księdza, pl księża) m priest.

książeczka (D książeczki) f book • **książeczka czekowa** cheque book; **książeczka zdrowia** health records.

książę (D księcia, pl książęta) m prince.

książka (D książki) f book • **książka telefoniczna** phone book.

księgarnia (D księgarni) f bookshop.

księgowość (D księgowości) f [prowadzenie ksiąg rachunkowych] accounting; [dział biura] accounts.

księgowy, księgowa m, f accountant.

księgozbiór (D księgozbioru) m oficjal library.

księstwo (D księstwa) n duchy.

księżna (D księżnej LUB księżny) f duchess.

księżniczka f princess.

Księżyc (D -a) m the moon.

kształcenie (D kształcenia) n education.

kształcić vimperf to educate. ➤ **kształcić się** vp imperf to study.

kształt (D -u) m shape • **w kształcie** in the shape of.

kształtny adj [figura] shapely; [o literach] neat.

kto pron [w pytaniach] who; [wprowadzający zdanie podrzędne] who.

ktokolwiek pron anybody • **ktokolwiek jesteś** whoever you are.

ktoś pron [w zdaniach twierdzących] somebody; [w zdaniach pytających] anybody.

którędy pron which way.

który pron [w pytaniach] which; [zaimek względny] who; [zaimek względny zastępujący rzeczownik nieosobowy] which.

któryś pron one.

ku prep towards • **spojrzał ku górze** he looked upwards.

kubek (D kubka) m mug.

kubeł (D kubła) m [na śmieci] bin; [wiadro] bucket.

kucać vimperf to crouch.

kucharski adj : książka kucharska cookbook; sztuka kucharska the art of cookery.

kucharz, kucharka m, f chef (f cook).

kuchenka (D kuchenki) f cooker • kuchenka elektryczna electric cooker; kuchenka gazowa gas cooker; kuchenka mikrofalowa microwave (oven).

kuchenny adj kitchen.

kuchnia (D kuchni) f [pomieszczenie] kitchen; [potrawy] food; [sposób podawania i przyrządzania] cuisine.

kuć vimperf [wyrąbywać] to chisel • kuć żelazo to forge iron; kuć do egzaminów pot to swot.

kufel (D kufla) m [naczynie] beer mug; [zawartość] mug.

kufer (D kufra) m [skrzynia] chest; [bagażnik samochodu] boot UK, trunk US.

Kujawy (D Kujaw) pl Kujawy.

kukiełka (D kukiełki) f puppet.

kukułka f cuckoo.

kukurydza (D kukurydzy) f sweetcorn • prażona kukurydza popcorn.

kula (D kuli) f [geometryczna] sphere; [szklana, śniegowa] ball; [pocisk] bullet; [podpora] crutch • kula bilardowa billiard ball; kula ziemska the globe.

kulawy adj [człowiek, pies] lame.

kuleć vimperf to limp.

kulig (D -u) m a number of horse-drawn sleighs travelling together for fun.

kulinarny adj culinary.

kulisy (D kulis) fpl [w teatrze] wings; [okoliczności] behind-the-scenes story.

kulminacyjny adj : punkt kulminacyjny climax.

kuloodporny adj bulletproof.

kult (D -u) m [religijny, pracy] cult.

kultura (D kultury) f [duchowa i materialna] culture; [ogłada] refinement.

kulturalny adj [instytucja] cultural; [człowiek] cultured.

kulturystyka (D kulturystyki) f body-building.

kuluary (D kuluarów) mpl lobby.

kumpel, ka m, f pot mate.

kumulacja (D kumulacji) f accumulation.

kumulować vimperf to accumulate.

kundel (D kundla) m pot mongrel.

kunszt (D -u) m [mistrzostwo] finesse; [sztuka] art.

kupa (D kupy) f pot [stos] heap; [duża ilość] load • kupa ludzi loads of people; to się kupy nie trzyma pot it doesn't hold water.

kupić vperf = kupować.

kupno (D kupna) n purchase.

kupon (D -u) m coupon.

kupować (perf kupić) vimperf to buy • kupować dla kogoś to buy for sb; kupować od kogoś to buy from sb.

kupujący, kupująca m, f customer.

kura (D kury) f hen.

kuracja (D kuracji) f treatment.

kurant (D -a) m [mechanizm] chime • zegar z kurantem chiming clock.

kurcz (D -u) m cramp.

kurczak (D -a) m chicken.

kurczowo *adv* tight.

kurczyć (*perf* skurczyć) *vimperf*
: kurczyć **nogi** to crouch down.
➡ **kurczyć się** (*perf* skurczyć
się) *vp imperf* [o swetrze] to
shrink; [o człowieku] to huddle
up.

kuropatwa *f* partridge.

kurs (*D* -u) *m* [językowy, obsługi
komputera] course; [waluty] exchange rate; EKON price; [autobu-
su] route; [przejazd] ride.

kursor (*D* -a) *m* cursor.

kursować *vimperf* [o autobusie] to
run; [o człowieku] to go backwards and forwards.

kurtka (*D* kurtki) *f* jacket.

kurtuazja (*D* kurtuazji) *f* courtesy.

kurtyna (*D* kurtyny) *f* curtain.

kurz (*D* -u) *m* dust • ścierać kurze
to dust.

kurzyć *vimperf* to raise clouds of
dust. ➡ **kurzyć się** *vp imperf*
to get dusty.

kusić (*perf* skusić) *vimperf* to
tempt • kusić kogoś to tempt
sb.

kuszący *adj* tempting.

kuszetka (*D* kuszetki) *f* couchette.

kuter (*D* kutra) *m* fishing boat.

kuzyn, ka *m, f* cousin.

kw. (*skr od* kwadratowy) sq.

kwadrans (*D* -a, *pl* kwadranse)
m quarter of an hour.

kwadrat (*D* -u) *m* square.

kwadratowy *adj* square • metr/
kilometr kwadratowy square
metre/kilometre.

kwalifikacje (*D* kwalifikacji) *fpl*
[zawodowe] qualifications.

kwalifikować (*perf* zakwalifikować) *vimperf* [oceniać] to evalu-

ate. ➡ **kwalifikować się**
(*perf* zakwalifikować się) *vp
imperf* [przechodzić do następnego
etapu] to qualify; [spełniać wyma-
gania] to be eligible.

kwarantanna (*D* kwarantanny)
f quarantine.

kwarcówka (*D* kwarcówki) *f pot*
sun-lamp.

kwartalnik (*D* -a) *m* quarterly.

kwartał (*D* -u) *m* quarter (of a
year).

kwartet (*D* -u) *m* quartet.

kwas (*D* -u) *m* acid.

kwaśnieć *vimperf* [mleko, zupa] to
go sour.

kwaśny *adj* [smak] sour.

kwatera (*D* kwatery) *f* [wojskowa]
quarters • **kwatery prywatne**
private accomodation.

kwestia (*D* kwestii) *f* question.

kwestionariusz (*D* -a) *m* questionnaire • wypełnić kwestionariusz to fill in a questionnaire.

kwestionować (*perf* zakwestionować) *vimperf oficjal* to question • kwestionować coś to
question sthg.

kwiaciarka *f* florist.

kwiaciarnia (*D* kwiaciarni) *f*
flower shop.

kwiat (*D* -u) *m* flower.

kwiecień (*D* kwietnia) *m* April;
zobacz też styczeń.

kwiecisty *adj* flowery.

kwietnik (*D* -a) *m* [mebel] flower
pot stand.

kwit (*D* -u) *m* receipt.

kwitnąć *vimperf* [rośliny, drzewa]
to be in flower; [życie] to flourish.

kwota (*D* kwoty) *f* amount.

L

l (*skr od* litr) l.

labirynt (*D* -u) *m* maze.

laboratorium (*inv*) *n* laboratory.

lać *vimperf* [nalewać] to pour; [o deszczu] to pour • **lać łzy** to shed tears.

lada¹ (*D* lady) *f* [w sklepie] counter.

lada² *part* : **lada chwila** any time; **lada dzień** any day.

laicki *adj* secular.

lakier (*D* -u) *m* varnish • **lakier do paznokci** nail varnish; **lakier do włosów** hair spray.

lakiernik *m* paint worker.

lakierować *vimperf* [samochód, podłogę, paznokcie] to polish.

lakoniczny *adj* laconic.

lalka (*D* lalki) *f* doll. ✓

lament (*D* -u) *m* lamentation.

lamentować *vimperf* to lament.

lampa (*D* lampy) *f* lamp • **lampa błyskowa** flash.

lampart *m* leopard.

lancet (*D* -u) *m* lancet.

lanie (*D* lania) *n* pot hiding.

lansować (*perf* **wylansować**) *vimperf* to promote.

lapidarny *adj* oficjal terse.

laptop (*D* -a) *m* laptop.

larwa (*D* larwy) *f* larva.

las (*D* -u) *m* forest.

laser (*D* -a) *m* laser.

laska (*D* laski) *f* [do podpierania się] stick.

lata *pl* = rok.

latać *vimperf* to fly.

latarka (*D* latarki) *f* torch.

latarnia (*D* latarni) *f* street light • **latarnia morska** lighthouse.

latawiec (*D* latawca) *m* kite.

lato (*D* lata) *n* summer • **w lecie** in summer.

laur (*D* -u) *m* lit & przen laurel • **zbierać laury** to reap laurels.

laureat, ka *m*, *f* prizewinner.

laurowy *adj* lit & przen laurel.

lawa (*D* lawy) *f* lava.

lawenda (*D* lawendy) *f* lavender.

lawina (*D* lawiny) *f* [śnieżna] avalanche.

Lazurowe Wybrzeże (*D* Lazurowego Wybrzeża) *n* Côte d'Azur.

ląd (*D* -u) *m* land • **zejść na ląd** to go ashore.

lądować (*perf* **wylądować**) *vimperf* to land.

lądowanie (*D* lądowania) *n* landing • **mieć przymusowe lądowanie** to make an emergency landing.

leasing (*D* -u) *m* ≃ hire purchase.

lebiodka (*D* lebiodki) *f* oregano.

lecieć *vimperf* -1. [samolot, ptak] to fly. -2. [liść] to fall. -3. [łzy, woda] to flow. -4. *pot* [pędzić] to run.

lecz *conj* oficjal but.✓

leczenie (*D* leczenia) *n* treatment.

lecznica (*D* lecznicy) *f* [przychodnia] surgery; [szpital] hospital.

leczyć *vimperf* [człowieka] to treat. **leczyć się** *vp imperf* [poddawać się terapii] to get treatment; [samego siebie] to treat o.s.

ledwo *adv* hardly.

legalizować *vimperf* to legalize.

legalnie *adv* legally.

legalny *adj* legal.

legenda (D legendy) f legend.

legendarny adj legendary.

legginsy (D legginsów) pl leggings.

legislacyjny adj oficjal legislative.

legitymacja (D legitymacji) f [identyfikująca] identity card; [członkowska] membership card.

lejce (D lejców) mpl reins.

lek (D -u) m medicine.

lekarski adj medical.

lekarstwo (D lekarstwa) n medicine.

lekarz, lekarka m, f doctor.

lekceważyć (perf **zlekceważyć**) vimperf [rady, polecenia] to disregard; [przeciwnika] to underestimate • lekceważyć kogoś to disrespect sb.

lekcja (D lekcji) f lesson. ➡ **lekcje** (D lekcji) fpl homework.

lekki (compar **lżejszy**, superl **najlżejszy**) adj [gen] light; [łatwy, przyjemny] easy; [kawa, herbata, piwo] weak.

lekko (compar **lżej**, superl **najlżej**) adv [delikatnie, przewiewnie] lightly; [łatwo] : **nie było mi lekko** things weren't easy; [słabo] slightly.

lekkoatletyka (D lekkoatletyki) f athletics UK, track and field US.

lekkomyślnie adv recklessly.

lekkomyślny adj reckless.

lekkostrawny adj [jedzenie] light.

lekkość (D lekkości) f [bagażu] lightness; [wzorów, wystroju] subtlety; [ruchu] grace.

leksykon (D -u) m lexicon.

lektor m [spiker] radio/TV reader; [nauczyciel] foreign language teacher.

lektura (D lektury) f [czytanie] reading; [książka] reading material.

lemoniada (D lemoniady) f lemonade.

len (D lnu) m [tkanina] linen; [roślina] flax.

lenić się vp imperf pej to be idle.

lenistwo (D lenistwa) n pej idleness.

leniwy adj pej [niepracowity] idle; [niespieszny] lazy.

leń m pej idler.

lepić vimperf [z gliny, z plasteliny, bałwana] to mould. ➡ **lepić się** vp imperf [być lepkim] to be sticky; [przyklejać się] to stick.

lepiej adv = **dobrze**.

lepki adj sticky.

lepszy adj = **dobry**.

leszcz (D -a) m bream.

leśniczówka (D leśniczówki) f forester's lodge.

leśniczy m forester.

leśny adj forest.

letarg (D -u) m lethargy.

letni adj [o sukience, o porze roku] summer; [płyn] lukewarm.

letniskowy adj holiday.

lew (D lwa) m lion. ➡ **Lew** (D Lwa) m [znak zodiaku] Leo.

lewarek (D lewarka) m [samochodowy] jack.

lewica (D lewicy) f POLIT the left; [lewa ręka] left hand.

lewicowy adj POLIT left-wing.

lewo ➡ **na lewo** constr left. ➡ **w lewo** constr [w lewą stronę] left.

leworęczny adj left-handed.

lewostronny adj : **ruch lewostronny** cars drive on the left.

lewy adj [gen] left; [strona tkaniny]

: **po lewej stronie** inside out • **po lewej** on the left.

leżak (*D* -a) *m* deckchair.

leżeć *vimperf* [na łóżku] to lie; [znajdować się] to be situated • **leżeć w szpitalu** to be in hospital.

lęk (*D* -u) *m* fear.

lękać się *vp imperf* [bać się] to be afraid; [niepokoić się] to worry.

lękliwy *adj* timid.

Liban (*D* -u) *m* Lebanon.

Libańczyk, Libanka *m, f* Lebanese.

liberalizm (*D* -u) *m* POLIT liberalism.

liberalny *adj* liberal.

liberał *m* POLIT liberal.

Libia (*D* Libii) *f* Libya.

licealista, licealistka *m, f* ≃ sixth-form student *UK*, ≃ high school student *US*.

licencja (*D* licencji) *f* licence.

licencjat (*D* -u) *m* [stopień] ≃ bachelor's degree.

licencjonowany *adj* licensed.

liceum (*inv*) *n* ≃ sixth form *UK*, ≃ high school *US*.

lichtarz (*D* -a) *m* candlestick.

lichy *adj* poor quality.

licytacja (*D* licytacji) *f* [dzieł sztuki] auction.

licytować *vimperf* [majątek] to auction.

liczba (*D* liczby) *f* number.

liczebnik (*D* -a) *m* GRAM numeral.

licznie *adv* in great numbers.

licznik (*D* -a) *m* [gazu, prądu] meter; [w samochodzie] speedometer.

liczny *adj* numerous.

liczyć *vimperf* [pieniądze] to count;

[na kalkulatorze] to calculate • **liczyć na kogoś** to count on sb.
➩ **liczyć się** *vp imperf* [mieć znaczenie] to matter • **liczyć się z kimś/czymś** to hold sb/sthg in high esteem.

lider, ka *m, f* leader.

likier (*D* -u) *m* liqueur • **likier z czarnej porzeczki** black currant liqueur.

likwidacja (*D* likwidacji) *f* [firmy] closing down; [odpadów] disposal.

likwidować (*perf* zlikwidować) *vimperf* to close down.

lilia (*D* lilii) *f* lily.

limit (*D* -u) *m* limit.

limuzyna (*D* limuzyny) *f* limousine.

lin (*D* -a) *m* tench.

lina (*D* liny) *f* rope.

linia (*D* linii) *f* line • **linie lotnicze** airlines.

linijka (*D* linijki) *f* [przyrząd] ruler; [wiersz] line.

linoskoczek *m* tightrope walker.

lipa (*D* lipy) *f* [drzewo] lime *(tree)*.

lipiec (*D* lipca) *m* July; *zobacz też* **styczeń**.

liryczny *adj* lyrical.

lis *m* fox.

list (*D* -u) *m* letter • **list motywacyjny** letter of application; **list polecony** registered letter; **wysłać list** to send a letter.

lista (*D* listy) *f* [spis] list • **sporządzić listę** to make a list; **lista dyskusyjna** INFORM discussion list.

listing (*D* -u) *m* INFORM listing.

listonosz, ka *m, f* postman (*f* postwoman) *UK*, mailman *US*.

listopad (*D* -a) *m* November; *zobacz też* **styczeń**.

listowie (*D* listowia) *n* foliage.

listownie *adv* by letter.

liść (*D* liścia) *m* leaf • **liść laurowy** bay leaf.

litera (*D* litery) *f* letter • **drukowane litery** printed letters.

literacki *adj* literary.

literatura (*D* literatury) *f* literature • **literatura piękna** literature.

literować *vimperf* to spell.

litość (*D* litości) *f* [współczucie] pity; [łaska] mercy.

litować się *vp imperf* to feel pity.

litr (*D* -a) *m* litre.

Litwa (*D* Litwy) *f* Lithuania.

Litwin, ka *m, f* Lithuanian.

lizać *vimperf* to lick.

lizak (*D* -a) *m* lollipop.

Lizbona (*D* Lizbony) *f* Lisbon.

lizbończyk, lizbonka *m, f* *inhabitant of Lisbon*.

lizus, ka *m, f* pot & pej creep.

lniany *adj* linen.

Loara (*D* Loary) *f* the Loire.

lobby (*inv*) *n* lobby.

loch (*D* -u) *m* dungeon.

lodowaty *adj* [bardzo zimny] freezing; [nieprzyjazny] icy.

lodowiec (*D* lodowca) *m* glacier.

lodowisko (*D* lodowiska) *n* ice rink.

lodówka (*D* lodówki) *f* fridge • **włożyć coś do lodówki** to put sthg in the fridge; **wyjąć coś z lodówki** to take sthg out of the fridge.

logiczny *adj* logical.

logika (*D* logiki) *f* logic.

logo (*inv*) *n* [firmy, organizacji] logo.

logowanie (*D* logowania) *n* INFORM logging on.

lojalnie *adv* loyally.

lojalność (*D* lojalności) *f* loyalty.

lojalny *adj* loyal.

lok (*D* -a) *m* curl.

lokal (*D* -u) *m* [pomieszczenie] premises; [kawiarnia] cafe; [restauracja] restaurant • **lokale mieszkalne** private accommodation.

lokalizacja (*D* lokalizacji) *f* location.

lokalizować *vimperf* to locate.

lokalny *adj* local.

lokata (*D* lokaty) *f* EKON investment; [w klasyfikacji] place.

lokator, ka *m, f* tenant.

lokomotywa (*D* lokomotywy) *f* engine.

lokować *vimperf* [deponować] to invest.

lombard (*D* -u) *m* pawnshop.

Londyn (*D* -u) *m* London.

londyńczyk, londynka *m, f* Londoner.

lornetka (*D* lornetki) *f* binoculars • **lornetka teatralna** opera glasses.

los (*D* -u) *m* [koleje życia] lot; [przeznaczenie] fate; [bilet loteryjny] lottery ticket.

losować *vimperf* to draw lots.

losowanie (*D* losowania) *n* draw.

losowy *adj* : **przypadek losowy** act of God; **gra losowa** game of chance.

lot (*D* -u) *m* flight • **lot czarterowy** charter flight; **w lot** in an instant; **widzieć z lotu ptaka** to have a bird's eye view.

LOT (*D* -u) *m* [Polskie Linie Lotnicze LOT] LOT Polish Airlines.

Lotaryngia (*D* Lotaryngii) *f* Lorraine.

Lotaryńczyk, Lotarynka *m, f* *inhabitant of Lorraine*.

loteria (*D* loterii) *f* lottery.

lotnia (*D* lotni) *f* SPORT hang-glider.

lotniarstwo (*D* lotniarstwa) *n* hang-gliding.

lotnictwo (*D* lotnictwa) *n* aviation • **lotnictwo sportowe** sport aviation.

lotniczy *adj* air; [bilet] plane.

lotnik *m* pilot.

lotnisko (*D* lotniska) *n* airport.

Lozanna (*D* Lozanny) *f* Lausanne.

lozańczyk, lozanka *m, f inhabitant of Lausanne.*

loża (*D* loży) *f* [teatralna, rządowa] box.

lód (*D* lodu) *m* ice • **kostka lodu** ice cube. ➡ **lody** (*D* lodów) *mpl* ice cream • **dwie gałki lodów** two scoops of ice cream; **lody na patyku** ice lolly; **lody waniliowe** vanilla ice cream; **lody włoskie** Italian ice cream; **lody czekoladowe** chocolate ice cream.

lśniący *adj* shiny.

lub *conj* or.

lubiany *adj* popular.

lubić *vimperf* to like • **lubić coś robić** to enjoy doing sthg.

Lublana (*D* Lublany) *f* Ljubljana.

lud (*D* -u) *m* people • **lud pracujący** the working class.

ludność (*D* ludności) *f* population.

ludowy *adj* folk.

ludożerca *m* man-eater.

ludzie *pl* = **człowiek**.

ludzki *adj* [gatunek, mowa] human; [traktowanie] humane • **istota ludzka** human being.

ludzkość (*D* ludzkości) *f* humankind • **zbrodnie przeciwko ludzkości** crimes against humanity.

lufa (*D* lufy) *f* [broni palnej] barrel; *pot* [ocena] bad mark.

lufcik (*D* -a) *m* fanlight.

luka (*D* luki) *f* gap • **luki prawne** legal loopholes.

Luksemburczyk, Luksemburka *m, f inhabitant of Luxembourg.*

Luksemburg (*D* -a) *m* Luxembourg.

luksus (*D* -u) *m* luxury.

luksusowy *adj* luxury.

lunatyk, lunatyczka *m, f* sleepwalker.

luneta (*D* lunety) *f* telescope.

lupa (*D* lupy) *f* magnifying glass.

lura (*D* lury) *f* *pot & pej* [herbata, kawa] dishwater.

lusterko (*D* lusterka) *n* mirror • **lusterko samochodowe** car mirror.

lustro (*D* lustra) *n* mirror.

luty (*D* lutego) *m* February; *zobacz też* **styczeń**.

luz (*D* -u) *m* [swoboda] easy time; AUTO neutral • **być na luzie** *pot* to be laid back.

luźny *adj* [ubranie, obuwie] loose.

lwica *f* lioness.

Łaba (*D* Łaby) *f* the Elbe.

łabędź *m* swan.

łachman (*D* -a) *m* *pot & pej* [ubranie] rag.

łaciaty *adj* [krowa] spotted.

łacina (*D* łaciny) *f* [język] Latin.

ład (D -u) m order • **zaprowadzić ład** to create order.

ładnie adv [niebrzydko] nicely; [wyglądać] nice; pot [dobrze] well.

ładny adj [niebrzydki] nice; [dziewczyna] pretty • **ładna suma** a pretty penny; **ładny wiek** a good age.

ładować vimperf [akumulator, baterię] to charge; [do samochodu, na statek] to load.

ładunek (D ładunku) m [towar] load; [materiał wybuchowy] explosive charge.

łagodnie adv [uśmiechać się] kindly; [hamować] gently.

łagodność (D łagodności) f kindness • **łagodność klimatu** mildness of climate.

łagodny adj [charakter] kindly; [ocena] lenient; [zakręt] gentle • **łagodny nowotwór** benign tumour.

łagodzący adj soothing.

łagodzić vimperf [ostry smak] to make milder; [podrażnienie] to soothe • **łagodzić ból** to ease the pain.

łakomstwo (D łakomstwa) n [obżarstwo] gluttony.

łakomy adj [żarłoczny] gluttonous • **być łakomym na słodycze** to have a sweet tooth.

łamać (perf złamać) vimperf to break • **łamać prawo** to break the law.

łamigłówka (D łamigłówki) f [zagadka] puzzle.

łania f hind.

łańcuch (D -a) m chain • **łańcuch górski** mountain range.

łańcuszek (D łańcuszka) m chain • **złoty łańcuszek** gold chain.

łapa (D łapy) f paw.

łapczywie adv greedily.

łapczywy adj greedy • **być łapczywym na coś** to be hungry for sthg.

łapówka (D łapówki) f bribe.

łasica f weasel.

łaska (D łaski) f [przychylność] favour; [ułaskawienie] pardon • **być na czyjejś łasce** to live on sb's generosity.

łaskaw adj = łaskawy.

łaskawie adv [przychylnie] graciously.

łaskawy, łaskaw adj kind • **czy byłby pan łaskaw wskazać mi drogę?** oficjal would you be so kind as to show me the way?

łaskotać vimperf to tickle.

łaskotki (D łaskotek) pl : **mieć łaskotki** to be ticklish.

łata (D łaty) f patch.

łatać vimperf [dziurę] to patch.

łatwo adv easily • **łatwo powiedzieć!** easier said than done.

łatwopalny adj [materiał] flammable.

łatwość (D łatwości) f [zdolność] aptitude.

łatwowierny adj gullible.

łatwy adj easy.

ławica (D ławicy) f [ryb] shoal.

ławka (D ławki) f [w parku, w ogrodzie] bench; [w szkole] desk.

łazienka (D łazienki) f bathroom • **być w łazience** to be in the bathroom; **pójść do łazienki** to go to the bathroom.

łaźnia (D łaźni) f baths.

łącze (D łącza) n connection.

łącznie adv together • **łącznie z** including.

łączność (D łączności) f [komunikacja] communications; [kontakt] connection.

łączny *adj* total • pisownia łączna *referring to particles or words that are written together.*

łączyć *vimperf* [jednoczyć] to unite; [dwa punkty] to connect • **łączyć coś z czymś** to connect sthg with sthg else. ➡ **łączyć się** *vp imperf* [kojarzyć się] to be connected.

łąka (*D* łąki) *f* meadow.

łkać *vimperf oficjal* to sob.

łobuz *m pot* [urwis] rascal; *pot & pej* [drań] thug.

łodyga (*D* łodygi) *f* stem.

łokieć (*D* łokcia) *m* elbow.

łopata (*D* łopaty) *f* spade.

łopatka (*D* łopatki) *f* [kość] shoulder blade; [dziecięca] spade; KULIN shoulder.

łosoś (*D* łososia) *m* salmon.

Łotwa (*D* Łotwy) *f* Latvia.

Łotysz, Łotyszka *m, f* Latvian.

łowić (*perf* złowić) *vimperf* [zwierzynę] to hunt • **łowić ryby** to fish.

łódka (*D* łódki) *f* boat.

łódź (*D* łodzi) *f* boat • **łódź motorowa** motor boat; **łódź podwodna** submarine.

Łódź (*D* Łodzi) *f* Lodz.

łóżko (*D* łóżka) *n* bed • **łóżko polowe** camp-bed; **pozostać w łóżku** to stay in bed; **położyć się do łóżka** to go to bed; **ścielić łóżko** to make the bed.

łucznictwo (*D* łucznictwa) *n* archery.

łudzić się *vp imperf* to deceive o.s.

łuk (*D* -u) *m* [broń] bow; [w budownictwie] arch • **łuk trium-**

falny triumphal arch; **strzelać z łuku** to shoot with a bow.

łup (*D* -u) *m* [zdobycz] loot • **paść czyimś łupem** to fall prey to sb.

łupież (*D* -u) *m* dandruff.

łupina (*D* łupiny) *f* [z ziemniaka] skin; [z orzecha] shell.

łuska (*D* łuski) *f* [ryby] scale; [naboju] cartridge.

łuskać *vimperf* [orzechy, groch] to shell.

łuszczyć się *vp imperf* [o skórze] to flake (off).

łydka (*D* łydki) *f* calf.

łyk (*D* -a) *m* [napoju] mouthful.

łykać *vimperf* to swallow.

łysieć *vimperf* to go bald.

łysina (*D* łysiny) *f* [miejsce] bald patch; [łysa głowa] bald head.

łysy *adj* bald.

łyżeczka (*D* łyżeczki) *f* [mała łyżka] teaspoon; [zawartość] teaspoonful.

łyżka (*D* łyżki) *f* [sztuciec] spoon; [zawartość] spoonful • **łyżka do butów** shoehorn.

łyżwa (*D* łyżwy) *f* ice-skate.

łyżwiarstwo (*D* łyżwiarstwa) *n* SPORT skating.

łyżwiarz, łyżwiarka *m, f* [sportowiec] ice-skater; [figurowy] figure-skater.

łza (*D* łzy) *f* tear.

łzawiący *adj* : **łzawiące oczy** watering eyes; **gaz łzawiący** tear gas.

łzawić *vimperf* to water.

M

m (*skr od* **metr**) m.

m. (*skr od* **mieszkanie**) flat *UK*, apt. *US*; (*skr od* **miasto**) *used in writing to introduce the name of a city*.

maca (*D* macy) f matzo.

Macedonia (*D* Macedonii) f Macedonia.

Macedończyk, Macedonka m, f Macedonian.

machać (*perf* **machnąć**) vimperf [ręką] to wave; [ogonem] to wag.

machinalny adj automatic.

machnąć vperf = **machać**.

macica (*D* macicy) f womb.

macierzyński adj [instynkt] maternal; [miłość] motherly • **urlop macierzyński** maternity leave.

macierzyństwo (*D* macierzyństwa) n motherhood.

macocha f stepmother.

Madagaskar (*D* -u) m Madagascar.

Madryt (*D* -u) m Madrid.

mafia (*D* mafii) f mafia.

magazyn (*D* -u) m [budynek] warehouse; [czasopismo] magazine.

magazynier m warehouse supervisor.

magazynować vimperf [zboże] to store.

magdalenka (*D* magdalenki) f madeleine.

magia (*D* magii) f magic • **to dla mnie czarna magia** it's all Greek to me.

magiczny adj magic.

magister m [nauk ścisłych] Master of Science; [nauk humanistycznych] Master of Arts.

magnes (*D* -u) m magnet.

magnetofon (*D* -u) m cassette recorder.

magnetowid (*D* -u) m video recorder.

magnetyczny adj magnetic.

mahoń (*D* mahoniu) m mahogany.

mail (*D* -a) m = e-mail.

maj (*D* -a) m May; *zobacz też* styczeń.

majaczyć vimperf [w gorączce] to be delirious.

majątek (*D* majątku) m [ogół dóbr] fortune; [posiadłość] property • **zrobić majątek** to make a fortune.

majeranek (*D* majeranku) m marjoram.

majestatyczny adj majestic.

majonez (*D* -u) m mayonnaise.

majsterkować vimperf to do (some) DIY.

majsterkowanie (*D* majsterkowania) n do-it-yourself.

majsterkowicz m pot DIY fan.

majtki (*D* majtek) pl [bielizna] knickers.

mak (*D* -u) m [roślina] poppy; [nasiona] poppy seeds.

makaron (*D* -u) m pasta.

makieta (*D* makiety) f model.

makijaż (*D* -u) m make-up • **zmyć makijaż** to remove one's make-up; **zrobić sobie makijaż** to put make-up on.

makrela (*D* makreli) f mackerel.

maksimum (*inv*) n & adv maximum.

maksymalnie adv [w najwyższym stopniu] as much as possible; [najwyżej] at most.

maksymalny adj maximum.

makulatura (D makulatury) f [zużyty papier] waste paper • zbierać gazety na makulaturę to collect newspapers for recycling.

malaria (D malarii) f malaria.

malarstwo (D malarstwa) n painting.

malarz, malarka m, f [obrazów] painter; [ścian] painter and decorator.

malec m pot nipper.

maleć (perf zmaleć) vimperf to become smaller.

maleńki adj tiny.

malina (D maliny) f raspberry.

malkontent, ka m, f pej grumbler.

malować (perf pomalować) vimperf (tylko perf) [obraz] to paint; [ściany] to paint. ➤ **malować się** (perf pomalować się) vp imperf [robić makijaż] to put on make-up.

malowniczy adj [widok] picturesque; [postać] colourful.

malutki adj tiny.

malwersacja (D malwersacji) f embezzlement.

mało (compar mniej, superl najmniej) adv [niewiele] little; [niedużo] not much • mało co nearly; mało tego what's more.

małoletni adj juvenile.

małomówny adj taciturn.

Małopolanin, Małopolanka m, f inhabitant of Małopolska.

Małopolska (D Małopolski) f Małopolska.

małostkowy adj petty.

małpa f monkey.

małpować vimperf pej to ape • małpować kogoś to ape sb.

mały (compar mniejszy, superl najmniejszy) adj [nieduży] small; [młody] little • małe litery small letters; o mały włos by a hair's breadth.

małżeński adj marital • zdrada małżeńska adultery; związek małżeński marriage.

małżeństwo (D małżeństwa) n [związek] marriage; [małżonkowie] married couple • zawrzeć małżeństwo to get married.

małżonek m oficjal husband. ➤ **małżonkowie** pl oficjal married couple.

małżonka f oficjal wife.

mama f pot mum.

maminsynek m pot & pej mummy's boy.

mammografia (D mammografii) f mammography.

Mamry (D Mamr) pl Lake Mamry.

mandarynka (D mandarynki) f tangerine.

mandat (D -u) m [kara] fine; [pełnomocnictwo] mandate • zapłacić mandat to pay a fine; mandat poselski parliamentary seat.

manekin (D -a) m [krawiecki] dummy.

manewrować vimperf lit & przen to manoeuvre.

mango (inv) n mango.

mania (D manii) f mania • mania wielkości megalomania.

maniak, maniaczka m, f maniac • maniak zakupów compulsive shopper.

maniera (D maniery) f pej [przyzwyczajenie] mannerism; [styl] manner. **maniery** (D manier) fpl [dobre, złe] manners.

manifest (D -u) m manifesto.

manifestacja (D manifestacji) f demonstration • **manifestacja przeciw czemuś** demonstration against sthg.

manifestować vimperf [uczucia, poglądy] to show; [przeciw czemuś] to demonstrate.

manikiur (D -u) m manicure.

manikiurzystka (D -i) f manicurist.

manipulacja (D manipulacji) f pej [faktami, historią] manipulation.

manipulować vimperf pej [faktami, historią] to manipulate • **manipulować kimś** pej to manipulate sb; **manipulować przy czymś** to tinker with sthg.

mankiet (D -u) m cuff.

manko (D -a) n shortfall • **zrobić manko** to have a shortfall.

mansarda (D mansardy) f [mieszkanie] attic flat.

mapa (D mapy) f map • **mapa samochodowa** road map.

maraton (D -u) m SPORT marathon • **nocny maraton filmowy** an all-night film session.

marcepan (D -u LUB -a) m marzipan.

marchew (D marchwi) f carrot.

margaryna (D margaryny) f margarine.

margerytka (D margerytki) f daisy.

marginalny adj marginal.

margines (D -u) m [w zeszycie] margin • **margines społeczny** the dregs of society; **na marginesie** incidentally.

marihuana (D marihuany) f marijuana.

marionetka (D marionetki) f [lalka] puppet; pej [osoba] puppet.

marka (D marki) f [znak firmowy] brand.

marker (D -a) m highlighter.

marketing (D -u) m marketing.

markowy adj brand-name.

marmolada (D marmolady) f jam.

marmur (D -u) m marble.

marmurowy adj marble.

marnieć vimperf [o człowieku] to waste away; [o roślinach, o zwierzętach] to wither away.

marnotrawić vimperf oficjal to squander.

marnotrawstwo (D marnotrawstwa) n waste.

marnować (perf zmarnować) vimperf [czas, zdolności, pieniądze] to waste.

marny adj poor. ✔

Marokańczyk, Marokanka m, f Moroccan.

marokański adj Moroccan.

Maroko (D Maroka) n Morocco.

marsylczyk, marsylka m, f inhabitant of Marseille.

Marsylia (D Marsylii) f Marseille.

marsz m (D -u) [równy, szybki] march; (D -a) [MUZ żałobny] march.

marszałek m [w wojsku] marshal; [w parlamencie] speaker.

marszczyć (perf zmarszczyć) vimperf [sukienkę] to gather • **marszczyć brwi** to knit one's brows; **marszczyć czoło** to frown.

martwić (perf zmartwić) vimperf : **martwić kogoś** to worry sb.

martwić się (*perf* zmartwić się) *vp imperf* to worry.

martwy *adj* dead.

marudny *adj pot & pej* grumpy.

marudzić *vimperf pot & pej* [ględzić] to grumble; *pot & pej* [kaprysić] to whine.

marynarka (*D* marynarki) *f* [sportowa, wizytowa] jacket; [handlowa, wojenna] navy.

marynarski *adj* [stopień] naval; [czapka] sailor's.

marzec (*D* marca) *m* March; *zobacz też* styczeń.

marzenie (*D* marzenia) *n* [przedmiot pragnień] dream; [fantazjowanie] daydream • **senne marzenie** dream; **spełnienie marzeń** the fulfilment of one's dreams.

marznąć (*perf* zmarznąć) *vimperf* to freeze.

marzyciel, ka *m, f* dreamer.

marzycielski *adj* dreamy.

marzyć *vimperf* to dream • **marzyć o czymś/o kimś** to dream about sthg/sb.

marża (*D* marży) *f* EKON profit margin • **narzucić marżę** to add a profit margin.

masa (*D* masy) *f* [gen] mass; [do ciasta] mixture. ➡ **masy** *fpl* [ludowe, robotnicze] masses.

masakra (*D* masakry) *f* massacre.

masakrować *vimperf* to massacre.

masaż (*D* -u) *m* massage.

maska (*D* maski) *f* [gen] mask; AUTO bonnet *UK*, hood *US*.

maskarada (*D* maskarady) *f* masked ball.

maskotka (*D* maskotki) *f* soft toy.

masło (*D* masła) *n* butter • **masło roślinne** soft margarine.

masować *vimperf* [stopy, plecy] to massage.

masowy *adj* mass • **kultura masowa** mass culture.

mass media (*D* mass mediów) *pl* mass media.

masywny *adj* [budowa] massive; [człowiek] thickset.

maszerować *vimperf* to march.

maszt (*D* -u) *m* [statku, cyrku] mast.

maszyna (*D* maszyny) *f* machine • **maszyna do pisania** typewriter; **maszyna do szycia** sewing machine.

maszynista *f* [w lokomotywie] engine driver; [w fabryce] machine operator.

maszynka (*D* maszynki) *f* [maszyna] machine; [do mięsa, do kawy] grinder; *pot* [elektryczna, gazowa] cooker • **maszynka do golenia** shaver.

maszynopis (*D* -u) *m* typescript.

maść (*D* maści) *f* [lek] ointment; [konia] colour.

maślanka (*D* maślanki) *f* buttermilk.

mata (*D* maty) *f* mat.

matczyny *adj* motherly.

matematyczny *adj* mathematical.

matematyka (*D* matematyki) *f* mathematics.

materac (*D* -a) *m* mattress.

materialista, materialistka *m, f pej* materialist.

materialny *adj* [finansowy] material • **sytuacja materialna** financial situation.

materiał (*D* -u) *m* [gen] material • **materiały biurowe** office supplies; **materiały budowlane** building materials.

matka f mother • **przybrana matka** adoptive mother; **matka chrzestna** godmother; **matka natura** Mother Nature; **matka zastępcza** foster mother.

matowy adj [farba, szminka] mat; [włosy] dull.

matrymonialny adj matrimonial • **biuro matrymonialne** dating agency.

matura (D matury) f ≃ A levels UK, ≃ SATs US.

maturzysta, maturzystka m, f student who is about to take or has just taken the matura exam.

mazak (D -a) m felt-tip.

Mazowszanin, Mazowszanka m, f Mazovian.

Mazowsze (D Mazowsza) n Mazovia (province of Poland).

Mazury (D Mazur) pl Mazuria.

mączny adj [produkty] made of flour.

mądrość (D mądrości) f wisdom.

mądry adj [rozsądny, inteligentny] wise; [sprytny] clever.

mądrze adv [rozsądnie] wisely.

mądrzeć (perf zmądrzeć) vimperf [z wiekiem] to grow wise.

mądrzyć się vp imperf pej to act the know-all • **mądrzy się, chociaż nie ma racji** he's acting like he knows it all, even though he's wrong.

mąka (D mąki) f flour.

mąż (D męża) m [małżonek] husband; [stanu] statesman; [zaufania] person entrusted with tasks of social responsibility • **wyjść za mąż** to get married.

m.b. (skr od metr bieżący) m.

MB (skr od megabajt) m INFORM MB (Mb).

m-c (skr od miesiąc) m used in writing to introduce the name of a month.

mdleć (perf zemdleć) vimperf to faint.

mdlić (perf zemdlić) vimpers to nauseate.

mdłości (D mdłości) fpl nausea • **mieć mdłości** to feel nauseous.

mdły adj [potrawa] bland; [światło, kolory] insipid.

mebel (D mebla) m piece of furniture.

meblować (perf umeblować) vimperf [mieszkanie, pokój] to furnish.

mecenas, ka m, f [adwokat] polite term used when talking to or about a lawyer; [sponsor] patron.

mech (D mchu) m moss.

mechaniczny adj mechanical • **uszkodzenie mechaniczne** mechanical fault.

mechanik m mechanic.

mechanizm (D -u) m mechanism.

mecz (D -u) m SPORT match • **mecz remisowy** draw; **mecz rewanżowy** return match; **rozegrać mecz** to play a match.

meczet (D -u) m mosque.

medal (D -u) m medal • **otrzymać medal** to get a medal.

medalik (D -a) m a small medallion worn by Catholics.

media (D mediów) pl the media.

Mediolan (D -u) m Milan.

mediolańczyk, mediolanka m, f Milanese.

meduza (D meduzy) f jellyfish.

medycyna (D medycyny) f medicine.

medyczny adj medical.

medytacja (D medytacji) f meditation.

medytować vimperf to meditate.

megafon (D -u) m [duży głośnik] megaphone; [na ulicy, dworcu, placu] loudspeaker • **ogłaszać coś przez megafon** to announce sthg through a megaphone.

Meksyk (D -u) m Mexico.

melancholia (D melancholii) f melancholy • **popaść w melancholię** to fall into melancholy.

meldować vimperf to report.
➡ **meldować się** vp imperf to report.

meldunek (D meldunku) m [stały, tymczasowy] registration.

melina (D meliny) f pot & pej [pijacka] drinking den.

melodia (D melodii) f tune.

melodyjny adj melodious.

meloman, ka m, f music lover.

melon (D -a) m melon.

melonik (D -a) m bowler hat.

memorandum (inv) n memorandum.

mennica (D mennicy) f mint.

menstruacja (D menstruacji) f menstruation.

mentalność (D mentalności) f mentality.

menu (inv) n menu • **menu start** start menu.

mer m mayor.

merostwo (D merostwa) n [urząd mera] mayoralty; [okręg administracyjny] *municipal administrative district with a mayor at its head*.

meta (D mety) f SPORT finishing line • **na dłuższą metę** in the long run.

metal (D -u) m [substancja] metal; pot & MUZ heavy metal.

metalik (D -u) m [lakier] metallic lacquer.

metalowy adj metal.

meteorologia (D meteorologii) f meteorology.

meteorologiczny adj meteorological.

meteoryt (D -u) m meteorite.

metka (D metki) f tag.

metoda (D metody) f method.

metr (D -a) m metre • **metr kwadratowy** square metre; **metr sześcienny** cubic metre.

metro (D metra) n underground UK, subway US • **stacja metra** metro station.

metryka (D metryki) f certificate.

mewa f seagull.

mezalians (D -u) m mismatch • **popełnić mezalians** to marry beneath one's station.

męczący adj tiring.

męczennik, męczennica m, f martyr.

męczyć (perf zmęczyć) vimperf : **męczyć kogoś** to tire sb • **nie męcz mnie tymi ciągłymi pytaniami** stop pestering me with your constant questions.
➡ **męczyć się** (perf zmęczyć się) vp imperf to get tired.

mędrzec (D mędrca) m oficjal sage.

męka (D męki) f oficjal [psychiczna] torment; oficjal [fizyczna] torture.

męski adj [towarzystwo] men's; [charakter, decyzja] manly.

męskość (D męskości) f masculinity.

męstwo (D męstwa) n courage.

mętny *adj* [woda] cloudy; [tłuma-
czenia] muddled.

męty *mpl pot & pej* scum.

mężatka *f* married woman.

mężczyzna *m* man.

mężnieć *vimperf* to grow into a
man.

mg (*skr od* miligram) mg.

mglisty *adj* [poranek] misty; [nie-
wyraźny] hazy.

mgła (*D* mgły) *f* fog.

mgnienie (*D* mgnienia) *n* : w
mgnieniu oka in a split second.

mgr (*skr od* magister) *MA, MSc
used as title.*

mi *pron* ⊳ ja.

mianować *vimperf LUB vperf* to
appoint.

mianowicie *conj oficjal* namely.

miara (*D* miary) *f* [jednostka]
measure; [rozmiar] size • szyty
na miarę tailor-made; w miarę
możliwości as far as possible.

miasteczko (*D* miasteczka) *n*
small town • miasteczko uni-
wersyteckie campus; wesołe
miasteczko funfair.

miasto (*D* miasta) *n* [większe]
city; [mniejsze] town • miasto
powiatowe district capital;
miasto wojewódzkie provincial
capital; iść na miasto to hit the
town.

miauczeć *vimperf* to miaow.

miażdżyca (*D* miażdżycy) *f* arte-
riosclerosis.

miażdżyć (*perf* zmiażdżyć)
vimperf to crush.

miąższ (*D* -u) *m* pulp.

miecz (*D* -a) *m* sword.

mieć *vimperf* [gen] to have (got);
[mierzyć, być w pewnym wieku] to
be [wyrażać powinność, koniecz-
ność] to have (got) to • ile masz

lat? how old are you?; mieć
grypę to have flu; mieć nadzieję
to have hope; mieliśmy porozmawiać, zapomniałeś? we were
going to talk, have you forgotten?

miednica (*D* miednicy) *f* [miska]
bowl; [część tułowia] pelvis.

miedziany *adj* copper.

miedź (*D* miedzi) *f* copper.

miejsce (*D* miejsca) *n* [przestrzeń,
pozycja] place; [cel podróży] destination; [siedzenie] seat • miejsce
urodzenia place of birth; miejsce zamieszkania place of residence; zarezerwować miejsce to
reserve a seat.

miejscowość (*D* miejscowości) *f*
place.

miejscowy *adj* local.

miejscówka (*D* miejscówki) *f*
seat reservation • bilet z miej-
scówką ticket with a reserved
seat.

miejski *adj* [zabudowa] urban;
[park, szpital] town.

mielić *vimperf* [kawę, pieprz] to
grind.

mielizna (*D* mielizny) *f* shallows
• statek osiadł na mieliźnie the
ship ran aground.

mierny *adj* [kiepski] mediocre.

mierzyć *vimperf* [dokonywać po-
miarów] to measure • mierzyć
ubranie to try on clothes; mierzyć temperaturę to take sb's
temperature.

miesiąc (*D* -a) *m* month • miesiąc miodowy honeymoon; co
miesiąc every month; po miesiącu after a month.

miesiączka (*D* miesiączki) *f* period.

miesięcznie *adv* monthly.

miesięcznik (*D* -a) *m* monthly.

miesięczny *adj* [opłata] monthly; [urlop] month-long.

mieszać (*perf* **pomieszać**) *vimperf* [herbatę, zupę] to stir; [fakty, sprawy] to mix up. ⟶ **mieszać się** *vp imperf* [łączyć się] to mingle; [wtrącać się] to interfere • **mieszać się do czegoś** to interfere in sthg.

mieszany *adj* mixed • **mieć mieszane uczucia** to have mixed feelings.

mieszczański *adj pej* [ograniczony] bourgeois.

mieszkać *vimperf* to live • **mieszkać w mieście** to live in a city; **mieszkać na wsi** to live in the countryside; **mieszkać w Warszawie** to live in Warsaw; **mieszkać w Polsce** to live in Poland; **mieszkać na ulicy Jasnej** to live on Jasna Street.

mieszkalny *adj* residential.

mieszkanie (*D* mieszkania) *n* flat • **mieszkanie do wynajęcia** flat to let; **przeprowadzić się do nowego mieszkania** to move to a new flat.

mieszkaniec, mieszkanka *m, f* [domu] resident; [wsi, miasta] inhabitant.

mieszkaniowy *adj* housing • **budownictwo mieszkaniowe** housing; **dzielnica mieszkaniowa** residential area.

mieścić *vimperf* [zawierać] to contain. ⟶ **mieścić się** *vp imperf* [znajdować miejsce] to fit; [znajdować się] to be located.

międzylądowanie (*D* międzylądowania) *n* stopover.

międzynarodowy *adj* international • **sytuacja międzynarodowa** international situation.

miękki *adj* soft • **miękkie narkotyki** soft drugs.

mięknąć *vimperf* to soften.

mięsień (*D* mięśnia) *m* muscle.

mięsny *adj* meat.

mięso (*D* mięsa) *n* meat • **białe mięso** white meat; **mięso gotowane** boiled meat; **mięso mielone** minced meat *UK*, ground meat *US*.

mięsożerny *adj* carnivorous.

mięta (*D* mięty) *f* mint.

miętowy *adj* mint.

migać *vimperf* to flash.

migdał (*D* -a LUB -u) *m* almond.

migdałki (*D* migdałków) *mpl* tonsils • **zapalenie migdałków** tonsilitis.

migowy *adj* : **język migowy** sign language.

migracja (*D* migracji) *f* migration.

migrena (*D* migreny) *f* migraine.

migrować *vimperf* to migrate.

mijać (*perf* **minąć**) *vimperf* [przechodzić obok] to pass; [przejeżdżać obok] to overtake. ⟶ **mijać się** (*perf* **minąć się**) *vp imperf* to pass each other.

Mikołajki *pl* St. Nicholas Day.

mikrofalówka (*D* mikrofalówki) *f pot* microwave.

mikrofon (*D* -u) *m* microphone.

mikroprocesor (*D* -a) *m* INFORM microprocessor.

mikroskop (*D* -u) *m* microscope.

mikroskopijny *adj* microscopic.

mikser (*D* -a) *m* [kuchenny] liquidiser *UK*, blender *US*.

mila (*D* mili) *f* mile • **mila morska** nautical mile.

milczący *adj* silent • **milcząca zgoda** silent acquiescence.

milczeć *vimperf* to be silent.

milczenie (*D* milczenia) *n* silence

• **zachować milczenie** to keep silent.

miliard num billion; zobacz też sześć.

miliarder, ka m, f billionaire.

miliardowy num billionth.

mililitr (D -a) m millilitre.

milimetr (D -a) m millimetre.

milion num million.

milioner, ka m, f millionaire.

milionowy num millionth.

miło (compar **milej**, superl **najmilej**) adv [serdecznie] kindly; [przyjemnie] pleasantly.

miłosierdzie (D miłosierdzia) n oficjal compassion.

miłosny adj love.

miłość (D miłości) f love • **miłość własna** self-love; **wyznać komuś miłość** to declare one's love for sb; **miłość od pierwszego wejrzenia** love at first sight.

miły (compar **milszy**, superl **najmilszy**) adj nice.

mimika (D mimiki) f facial expression.

mimo, pomimo prep in spite of.
  ➡ **mimo to** part nevertheless.
  ➡ **mimo że** conj even though.

mimowolny adj involuntary.

min (skr od minuta) min.

min. (skr od minister) minister.

m.in. (skr od między innymi) among others.

mina (D miny) f [wyraz twarzy] look; [ładunek wybuchowy] mine • **zrobić głupią minę** to pull a silly face.

minąć vperf = mijać.

mineralny adj mineral • **woda mineralna** mineral water.

minerał (D -u) m mineral.

mini (inv) <> n [spódnica] miniskirt. <> adj [bardzo krótki] mini.

miniatura (D miniatury) f miniature.

minimalnie adv [o bardzo małą wartość] marginally; [nie mniej niż] a minimum of.

minimalny adj minimal.

minimum (inv) <> n [najniższy stopień] minimum. <> adv [co najmniej] at least.

minister m minister • **Rada Ministrów** the Cabinet.

ministerstwo (D ministerstwa) n ministry.

minus (D -a) m [znak graficzny] minus; [wada] drawback.

minuta (D minuty) f minute • **po dwóch minutach** after two minutes; **w pięć minut** in five minutes; **za piętnaście minut** in fifteen minutes.

Mińsk (D -a) m Minsk.

miotać vimperf [rzucać] to hurl.
  ➡ **miotać się** vp imperf [rzucać się] to rave; [nie móc się zdecydować] to be unable to make one's mind up.

miotła (D miotły) f [do zamiatania] broom; [czarownicy] broomstick.

miód (D miodu) m honey • **miód pitny** mead.

mirabelka (D mirabelki) f wild plum.

misja (D misji) f mission.

miska (D miski) f [do mycia] bowl.

mistrz, yni m, f SPORT champion; [wybitna osobistość] master • **mistrz świata** world champion.

mistrzostwo (D mistrzostwa) n [kunszt] mastery; SPORT championship.
  ➡ **mistrzostwa** (D mistrzostw) pl [zawody] championships • **mistrzostwa świata** world championships.

miś (*D* misia) *m* [mały niedźwiedź] bear; [zabawka] teddy-bear.

mit (*D* -u) *m* myth.

mitologia (*D* mitologii) *f* mythology.

mizerny *adj* [wychudły] gaunt.

MKOl (*skr od* Międzynarodowy Komitet Olimpijski) (*D* -u) *m* IOC.

mkw. (*skr od* metr kwadratowy) sq m.

ml (*skr od* mililitr) ml.

mlaskać *vimperf* to smack one's lips.

mleczarnia (*D* mleczarni) *f* dairy.

mleć *vimperf* [kawę, ziarno] to grind; [mięso] to mince.

mleko (*D* mleka) *n* milk.

mln (*skr od* milion) m.

młodnieć *vimperf* to feel younger.

młodo *adv* [w młodości] when young; [młodzieńczo] young.

młodość (*D* młodości) *f* youth.

młody *adj* [człowiek] young; [ziemniak] new. ➡ **młodszy** *adj* younger.

młodzież (*D* młodzieży) *f* young people • **młodzież akademicka** students.

młotek (*D* młotka) *m* hammer.

młyn (*D* -a) *m* mill.

młynek (*D* młynka) *m* [do pieprzu, do kawy] mill.

mm (*skr od* milimetr) mm.

mną *pron* ➡ ja.

mnich, mniszka *m, f* monk.

mnie *pron* ➡ ja • **nie będzie mnie dziś w pracy** I won't be at work today.

mniej *adv* ➡ mało less.

mniejszość (*D* mniejszości) *f* minority • **mniejszość narodowa** national minority.

mniejszy *adj* = mały.

mnożenie (*D* mnożenia) *n* multiplication • **tabliczka mnożenia** multiplication table.

mnożyć (*perf* pomnożyć) *vimperf* to multiply.

mobilizacja (*D* mobilizacji) *f* mobilization.

mobilizować (*perf* zmobilizować) *vimperf* to mobilize. ➡ **mobilizować się** (*perf* zmobilizować się) *vp imperf* to get going.

moc (*D* mocy) *f* [zdolność] power; [ważność] validity; [wytrzymałość, esencjonalność] strength; TECHN force • **silnik o mocy 400 koni** 400 horsepower engine; **na mocy czegoś** on the strength of sthg.

mocarstwo (*D* mocarstwa) *n* power.

mocno *adv* [intensywnie] deeply; [z siłą, energią] strongly; [uścisnąć] tightly; [uderzyć] hard.

mocny *adj* strong • **mocna herbata** strong tea; **mocny alkohol** strong drink.

mocz (*D* -u) *m* urine.

moczyć *vimperf* [bieliznę, nogi] to soak.

moda (*D* mody) *f* fashion • **pokaz mody** fashion show.

model *m* (*D* -u) [wzorzec] model; (*D* -a) [mężczyzna] male model.

modelka *f* model.

modem (*D* -u) *m* INFORM modem.

modernizacja (*D* modernizacji) *f* oficjal modernization.

modlić się *vp imperf* to pray • **modlić się za kogoś** to pray for sb.

modlitwa (D modlitwy) f prayer • **odmawiać modlitwę** to say a prayer.

modny adj fashionable.

moim pron ⊳ mój.

mojego pron ⊳ mój.

mojemu pron ⊳ mój.

moknąć (perf zmoknąć) vimperf to get wet.

mokro adv wet.

mokry adj wet. ✓

molestować vimperf [nalegać] to pester; [napastować] to molest.

molo (D mola) n pier.

Mołdawia (D Mołdawii) f Moldova.

moment (D -u) m moment • **w pewnym momencie** at a certain point.

moneta (D monety) f coin.

monitor (D -a) m INFORM monitor.

monitować vimperf oficjal [ponaglać] to send a reminder.

monogamia (D monogamii) f oficjal monogamy.

monopol (D -u) m monopoly • **mieć monopol na coś** to have a monopoly on sthg.

monotonny adj monotonous.

montować (perf zmontować) vimperf [szafy, komputer] to assemble.

MOP (skr od Międzynarodowa Organizacja Pracy) (D -u) m LUB f ILO.

moralność (D moralności) f morality.

moralny adj moral.

morał (D -u) m [bajki] moral.

morderca, morderczyni m, f murderer.

morderstwo (D morderstwa) n murder • **popełnić morderstwo** to commit murder.

morela (D moreli) f apricot.

morfina (D morfiny) f morphine.

mors m walrus.

morski adj [związany z morzem] sea; [ptactwo] marine • **choroba morska** sea sickness; **latarnia morska** lighthouse.

morszczuk (D -a) m [ryba] hake.

mortadela (D mortadeli) f mortadella.

morwa (D morwy) f mulberry.

morze (D morza) n sea • **kąpać się w morzu** to bathe in the sea; **wypłynąć w morze** to go out to sea; **Morze Adriatyckie** the Adriatic Sea; **Morze Bałtyckie** the Baltic Sea; **Morze Czarne** the Black Sea; **Morze Północne** the North Sea; **Morze Śródziemne** the Mediterranean Sea.

Moskwa (D Moskwy) f Moscow.

moskwianin, moskwianka m, f Muscovite.

most (D -u) m bridge • **most powietrzny** airlift.

motek (D motka) m [wełny] hank.

motel (D -u) m motel.

motocykl (D -a) m motorcycle.

motocyklista, motocyklistka m, f motorcyclist.

motokros (D -u) m motocross.

motor (D -u) m [silnik] motor; pot [motocykl] motorbike.

motorniczy m tram driver.

motorówka (D motorówki) f motorboat.

motorynka (D motorynki) f motorized bike.

motoryzacja (D motoryzacji) f motorization.

motto (D -a) n motto.

motyka (*D* motyki) *f* hoe.

motyl *m* butterfly.

motylek *m* [styl pływacki] butterfly stroke.

motyw (*D* -u) *m* [powód] motive; [wątek] theme • **motyw zbrodni** the motive for the crime.

motywacja (*D* motywacji) *f* oficjal motivation.

motywować *vimperf oficjal* [uzasadniać] to motivate • **motywować coś czymś** to give sthg as a reason for sthg.

mowa (*D* mowy) *f* [język] language; [przemówienie, zdolność mówienia] speech.

mozaika (*D* mozaiki) *f* mosaic.

może *part* maybe • **może napijesz się kawy?** maybe you'd like a coffee?

możliwość (*D* możliwości) *f* [wyboru] chance. **możliwości** (*D* możliwości) *fpl* possibilities.

można *vimpers* [jest możliwe] : **można na nim polegać** you can rely on him; **czy mogę prosić o menu?** could I have the menu please?; [wolno] : **nie można tutaj parkować** you can't park here; **nie można tego zapomnieć** you mustn't forget that.

móc *vimperf* **-1.** [być w stanie] to be able **jak będę mogła, zadzwonię** if I can, I'll call. **-2.** [mieć prawo do czegoś] to be allowed **nie mogę tutaj zaparkować** I can't park here. **-3.** [wyrażający prawdopodobieństwo] : **może padać** it might rain. **-4.** [w zwrotach grzecznościowych] : **czy możesz podać mi sól?** could you pass me the salt?

mój, moja *pron* my • **ten długopis jest mój** that pen is mine.

mól (*D* mola) *m* [owad] moth • **mól książkowy** bookworm.

mówca, mówczyni *m, f* speaker.

mówić *vimperf* [posługiwać się mową] to speak; [powiedzieć coś] to say; [powiedzieć komuś coś] to tell; [rozmawiać] to talk • **mówić do kogoś** to talk to sb; **mówić o kimś/o czymś** to talk about sb/sthg; **mówić głupstwa** to talk rubbish; **mówić prawdę** to tell the truth; **mówić po angielsku** to speak English.

mównica (*D* mównicy) *f* [trybuna] rostrum.

mózg (*D* -u) *m* brain • **burza mózgów** brainstorm; **wstrząs mózgu** concussion.

móżdżek (*D* móżdżku LUB móżdżka) *m* KULIN brains.

mroczny *adj* dark.

mrok (*D* -u) *m* darkness.

mrowisko (*D* mrowiska) *n* ants' nest.

mroźny *adj* freezing.

mrożonka (*D* mrożonki) *f* frozen food.

mrówka *f* ant.

mróz (*D* mrozu) *m* [poniżej zera] frost • **12 stopni mrozu** 12 degrees below zero.

mruczeć *vimperf* [o człowieku] to murmur; [o kocie] to purr.

mrugać *vimperf* [powiekami] to blink • **mrugać okiem** to wink.

mrużyć (*perf* zmrużyć) *vimperf* to squint.

m.st. (*skr od* **miasto stołeczne**) *used in writing to introduce the name Warsaw (capital city)*.

MSZ (*D* -etu) (*skr od* **Ministerstwo Spraw Zagranicznych**) *n* LUB *m Ministry of Foreign Affairs*.

msza (*D* mszy) *f* mass • **odprawiać mszę** to celebrate mass.

mściciel, ka *m, f* avenger.

mścić się *vp imperf* to take revenge • **mścić się za coś** to take revenge for sthg.

mściwy *adj* [człowiek, spojrzenie] vindictive.

mucha (*D* muchy) *f* [owad] fly; [krawat] bow tie.

muchomor (*D* -a) *m* [grzyb] toadstool.

multimedia (*D* multimediów) *pl* multimedia.

muł *m* (*D* -a) [zwierzę] mule; (*D* -u) [osad] sludge.

mumia (*D* mumii) *f* mummy.

mundur (*D* -u) *m* [żołnierza, policjanta] uniform.

mur (*D* -u) *m* [ściana] wall • **mur chiński** Great Wall of China.

murarz *m* bricklayer.

murować *vimperf* [budować] to build.

mus (*D* -u) *m* KULIN mousse • **mus czekoladowy** chocolate mousse.

musical (*D* -u) *m* musical.

musieć *vimperf* [gen] to have to; **to musiał być on** [wyraża prawdopodobieństwo] that must have been him.

muskularny *adj* muscular.

muskuł (*D* -u) *m* muscle.

musujący *adj* [napój] sparkling.

muszla (*D* muszli) *f* [skorupa] shell • **muszla klozetowa** toilet bowl; **muszla koncertowa** concert bowl.

musztarda (*D* musztardy) *f* KULIN mustard.

mutacja (*D* mutacji) *f* : **nastolatek przechodził mutację** [zmiana głosu] the teenager's voice broke; [zmiana genetyczna] mutation.

muza (*D* muzy) *f* [mitologiczna] muse.

muzeum (*inv*) *n* museum • **zwiedzać muzeum** to visit a museum.

muzułmanin, muzułmanka *m, f* Muslim.

muzyczny *adj* musical • **zespół muzyczny** music group.

muzyk *m* musician.

muzyka (*D* muzyki) *f* music • **słuchać muzyki** to listen to music.

my *pron* we • **jesteście lepsi niż my** you're better than us.

myć (*perf* umyć) *vimperf* [ręce, włosy, naczynia] to wash; [zęby, okna] to clean. ⏵ **myć się** (*perf* umyć się) *vp imperf* to have a wash.

mydło (*D* mydła) *n* soap.

myjnia (*D* myjni) *f* [samochodowa] car wash.

mylić (*perf* pomylić) *vimperf* to mix up • **mylić coś z czymś** to mix up sthg with sthg. ⏵ **mylić się** *vp imperf* to make a mistake.

mysz *f* mouse.

myszka (*D* myszki) *f* INFORM mouse.

myśl (*D* myśli) *f* [myślenie] thought; [pomysł] idea.

myślący *adj* thinking.

myśleć *vimperf* to think • **myśleć o kimś/o czymś** to think about sb/sthg; **myśleć o kimś dobrze/źle** to have a good/bad opinion of sb.

myśliwy *m* [łowca] hunter.

MZK (*skr od* **Miejskie Zakłady Komunikacyjne**) *n city transport authority*.

N

na *prep* **1.** [miejsce] on **na uniwersytecie/imprezie/przystanku** at university/a party/a bus stop; **na ulicy** in the street. **-2.** [czas, termin] for. **-3.** [częstotliwość, szybkość] a. **-4.** [narzędzie] : **jeździć na rowerze/na nartach** to cycle/ski; **pisać na komputerze** to write on the computer; **grać na pianinie** to play the piano. **-5.** [cel, przeznaczenie] for • **iść na zakupy** to go shopping; **iść na spacer** to go for a walk; **iść na koncert** to go to a concert; **na dole** downstairs; **na górze** upstairs; **na lewo (od)** (to the) left (of); **na prawo (od)** (to the) right (of); **na wprost** opposite; **iść na wprost** to go straight on; **na zewnątrz** outside.

nabój (*D* naboju) *m* [amunicja] cartridge.

nabrać *vperf* [zaczerpnąć] to take; [zdobyć] to gain • **nabrać kogoś** [oszukać] to take sb in.

nabytek (*D* nabytku) *m* [zakup] acquisition.

nacisk (*D* -u) *m* [presja] pressure • **wywierać na kogoś nacisk** to put pressure on sb.

naciskać (*perf* nacisnąć) *vimperf* lit & przen to press.

nacisnąć *vperf* = naciskać.

nacjonalista, nacjonalistka *m, f* nationalist.

naczynie (*D* naczynia) *n* dish • **zmywać naczynia** to do the washing-up.

nad *prep* [wyżej] above; [miejsce] : **pojechać nad morze** to go to the seaside; **nad morzem** at the seaside; **Warszawa leży nad Wisłą** Warsaw lies on the Vistula.

nadać *vperf* [specyficzny smak] to give; [paczkę, telegram] to send • **nadać list** to send a letter; **nadać imię** to name sb.

nadawać się *vp imperf* [spełniać warunki] to be suited to.

nadawca *m* [listu, paczki] sender.

nadciśnienie (*D* nadciśnienia) *n* high blood pressure.

nade *prep* = nad.

nadepnąć *vperf* to tread on • **nadepnąć komuś na stopę** to tread on sb's foot.

nadgarstek (*D* nadgarstka) *m* wrist.

nadgodziny (*D* nadgodzin) *fpl* overtime.

nadgorliwy *adj* over-zealous.

nadliczbowy *adj* additional.

nadłożyć *vperf* : **nadłożyć drogi** to take a roundabout route; **nadłożyłem dwa kilometry** I went two kilometres out of my way.

nadmiar (*D* -u) *m* excess.

nadmorski *adj* seaside.

nadmuchiwany *adj* inflatable.

nadobowiązkowy *adj* optional.

nadopiekuńczy *adj* overprotective.

nadpłata (*D* nadpłaty) *f* overpayment.

nadprodukcja (*D* nadprodukcji) *f* overproduction.

nadprogramowy *adj* extra.

nadrobić *vperf* [uzupełnić braki] to make up for • **nadrobić zaległości** to catch up on.

nadruk (*D* -u) *m* [napis] *(printed)* inscription.

nadrzędny *adj* [ważniejszy] over-riding.

nadwaga (*D* nadwagi) *f* excess weight • **mieć nadwagę** to be overweight.

nadwrażliwy *adj* oversensitive.

nadwyżka (*D* nadwyżki) *f* surplus.

nadzieja (*D* nadziei) *f* [ufność] hope • **mieć nadzieję** to hope.

nadzwyczajnie *adv* [wspaniale] extraordinarily.

nadzwyczajny *adj* [niezwykły] extraordinary; [specjalny] special.

nafta (*D* nafty) *f* [do lampy] paraffin.

nagana (*D* nagany) *f* reprimand • **udzielić komuś nagany** to reprimand sb.

naganny *adj* blameworthy.

nagi *adj* [goły] naked; [drzewa, ściany] bare.

nagle *adv* suddenly.

nagłówek (*D* nagłówka) *m* [gazety] headline; [listu] letterhead.

nagły *adj* sudden.

nago *adv* naked.

nagość (*D* nagości) *f* nakedness.

nagrać *vperf* [zarejestrować] to record • **nagrać płytę** to make a record.

nagradzać *vimperf* [dawać nagrodę] to award; [wynagradzać] to reward • **nagradzać kogoś za coś** to reward sb for sthg; **nagradzano go wielokrotnie za jego twórczość** : he received many awards for his creativity.

nagranie (*D* nagrania) *n* recording.

nagrobek (*D* nagrobka) *m* [na cmentarzu] gravestone.

nagroda (*D* nagrody) *f* [za zwycięstwo] award; [za pomoc] re-ward • **nagroda pocieszenia** consolation prize.

nagrodzony *adj* award-winning • **zostać nagrodzonym** to receive an award.

nagrywarka (*D* nagrywarki) *f* burner.

naiwność (*D* naiwności) *f* naivety.

naiwny *adj* naive.

najazd (*D* -u) *m* [napaść] invasion.

najedzony *adj* [syty] full.

najem (*D* najmu) *m* oficjal lease.

najemca, najemczyni *m*, *f* oficjal [wynajmujący] lessee • **najemca lokalu/mieszkania** tenant.

najeść się *vp perf* [zjeść dużo] : **najadłem się czekolady i teraz boli mnie brzuch** I filled myself up with chocolate and now I've got a stomach ache; [zaspokoić głód] : **najedliście się czy chcecie dokładkę?** have you had enough or do you want seconds?

najpierw *adv* [przede wszystkim] first; [w pierwszej kolejności] first.

nakarmić *vperf* = karmić.

nakaz (*D* -u) *m* [polecenie] order.

naklejka (*D* naklejki) *f* sticker.

nakład (*D* -u) *m* [książki, gazety] print run.

nakłaniać *vimperf* [namawiać] to persuade • **nakłaniać kogoś do czegoś** to persuade sb to do sthg; **nakłaniali mnie do zmiany decyzji** : they persuaded me to change my decision.

nakręcić *vperf* [zegar] to wind up • **nakręcić film** to make a film.

nakrętka (*D* nakrętki) *f* [na butelkę] top.

nakrycie (*D* nakrycia) *n* [zastawa stołowa] place setting • **nakrycie głowy** headgear.

nakryć *vperf* to cover • **nakryć kogoś na czymś** [złapać na gorącym uczynku] to catch sb doing sthg; **nakryć do stołu** to lay the table.

nalać *vperf* to pour • **nalać czegoś do czegoś** to pour sthg into sthg.

nalegać *vimperf* to insist • **nalegać na coś** to insist on sthg.

nalepka (*D* nalepki) *f* label.

naleśnik (*D* -a) *m* KULIN pancake.

należeć *vimperf* [wchodzić w skład] to belong to • **należeć do kogoś** to belong to sb; **wybór należy do ciebie** the choice is yours.
➤ **należeć się** *vp imperf* : **należą mi się wyjaśnienia** I deserve an explanation.

należność (*D* należności) *f* [za pracę, za światło] amount owing.

należy *vimpers* [trzeba] : **należy oddawać pożyczone pieniądze** you should return money that you borrow; **należało rozmawiać z nim bardziej stanowczo** you should have spoken to him more firmly.

nałogowy *adj* [palacz, alkoholik, hazardzista] habitual.

nałóg (*D* nałogu) *m* addiction • **popaść w nałóg** to become addicted (to sthg).

nam *pron* ▷ my.

namalować *vperf* to paint.

namawiać *vimperf* to persuade • **namawiać kogoś do czegoś** to persuade sb to do sthg.

nami *pron* ▷ my.

namiętnie *adv* [zmysłowo] passionately; [z pasją] passionately.

namiętność (*D* namiętności) *f* [pożądanie] passion; [pasja] passion.

namiętny *adj* passionate.

namiot (*D* -u) *m* tent • **rozbić namiot** to put up a tent; **wyjechać pod namiot** to go camping.

namysł (*D* -u) *m* thought.

namyślać się *vp imperf* to think over.

naokoło *prep* (a) round.

napad (*D* -u) *m* [zbrojny] assault; [bandycki] hold-up; [rabunkowy] robbery; [choroby, smutku] attack.

napadać (*perf* napaść) *vimperf* to attack.

napar (*D* -u) *m* infusion.

napastnik, napastniczka *m, f* [agresor] assailant.

napaść *vperf* = napadać.

napęd (*D* -u) *m* : **napęd dysków** INFORM disk drive.

napić się *vp perf* to have a drink • **czego się napijesz?** what would you like to drink?

napięcie (*D* napięcia) *n* TECHN voltage; [nerwowe] tension.

napinać *vimperf* [żagle] to tighten; [mięśnie] to tense • **napinać łuk** to draw a bow.

napis (*D* -u) *m* [formuła] sign; [tekst tłumaczenia podczas filmu] subtitle.

napisać *vperf* to write.

napiwek (*D* napiwku) *m* tip.

napoleonka (*D* napoleonki) *f* KULIN custard slice.

napój (*D* napoju) *m* drink.

naprawa (*D* naprawy) *f* repair • **oddać coś do naprawy** to have sthg repaired.

naprawdę *part* [rzeczywiście] really.

naprawiać *vimperf* [samochód, radio] repair; [błąd] to correct.

naprzeciw(ko) *prep* opposite • **naprzeciwko mnie idzie moja**

mama my mum is coming to meet me.

naprzód *adv* [do przodu] forward.

naprzykrzać się *vp imperf* : **naprzykrzać się komuś** [narzucać się] to pester sb.

narada (*D* narady) *f* meeting • **narada wojenna** council of war.

naradzać się (*perf* naradzić się) *vp imperf* [zasięgać opinii] to confer.

naraz *adv* [nagle] suddenly; [jednocześnie] at the same time.

narazić *vperf* = narażać.

narażać (*perf* narazić) *vimperf* to expose • **narażać kogoś na niebezpieczeństwo** to put sb in danger; **narażał życie dla ratowania swoich bliskich** he risked his life to save his loved ones. ➥ **narażać się** (*perf* narazić się) *vp imperf* : **narażać się komuś** to make o.s. unpopular with sb; **narażać się na coś** to run the risk of sthg; **narażać się na niebezpieczeństwo** to put o.s. in danger.

narażony *adj* exposed.

narciarstwo (*D* narciarstwa) *n* SPORT skiing.

nareszcie *adv* at last.

narkoman, ka *m, f* drug addict.

narkomania (*D* narkomanii) *f* drug addiction.

narkotyk (*D* -u) *m* drug.

narkotyzować się *vp imperf* to take drugs.

narkoza (*D* narkozy) *f* anaesthesia.

narodowość (*D* narodowości) *f* nationality.

narodowy *adj* national.

narodziny (*D* narodzin) *pl* birth

• **narodziny dziecka** birth of a child.

naród (*D* narodu) *m* nation.

narrator *m* [opowiadania, powieści] narrator.

narta (*D* narty) *f* SPORT ski • **narty wodne** water skis.

naruszać *vimperf* [nie dotrzymywać] to break; [napoczynać] to touch • **naruszać prawo** to break the law; **naruszać oszczędności** to break into one's savings.

narysować *vperf* = rysować.

narząd (*D* -u) *m* MED organ.

narzeczona *f* fiancée.

narzeczony *m* fiancé.

narzekać *vimperf* [żalić się] to complain.

narzędzie (*D* narzędzia) *n* [chirurgiczne] instrument; [rolnicze, ogrodnicze] tool • **narzędzie zbrodni** murder weapon; **narzędzia systemowe** INFORM system tools; **narzędzia internetowe** INFORM internet tools.

narzucać *vimperf* : **narzucać coś komuś** to impose sthg on sb. ➥ **narzucać się** *vp imperf* to impose o.s. • **narzucać się komuś** to impose o.s. on sb.

nas *pron* ▷ my.

nasenny *adj* [środek] sleeping.

nasienie (*D* nasienia, *pl* nasiona) *n* [rośliny] seed.

naskórek (*D* naskórka) *m* skin *(surface)*.

nastawiać (*perf* nastawić) *vimperf* [zegarek, budzik] to set; [wodę na herbatę] to put on.

nastawić *vperf* = nastawiać.

nastawienie (*D* nastawienia) *n* [wrogie, przyjazne] attitude.

nastąpić *vperf* = następować.

następca, następczyni *m, f* successor • **następca tronu** heir to the throne.

następnie *adv* [potem, później] then.

następny *adj* [kolejny] next.

następować (*perf* **nastąpić**) *vimperf* [zdarzać się] to follow.

nastolatek *m* teenager.

nastolatka *f* teenager • **czasopismo dla nastolatek** magazine for teenage girls.

nastroić *vperf* [fortepian, skrzypce] to tune.

nastrojowy *adj* [muzyka, oświetlenie] atmospheric.

nastrój (*D* **nastroju**) *m* [samopoczucie, humor] mood; [atmosfera] atmosphere • **nie mieć nastroju** not to be in the mood (to do sthg).

nasz *pron* our.

naszego *pron* ⊳ **nasz**.

naszemu *pron* ⊳ **nasz**.

naszyjnik (*D* **-a**) *m* necklace.

naszym *pron* ⊳ **nasz**.

naśladować *vimperf* to copy.

naśladowca, naśladowczyni *m, f* [imitator] imitator.

naświetlanie (*D* **naświetlania**) *n* [promieniami rentgena] radiation treatment; [filmu] exposure.

natchnienie (*D* **natchnienia**) *n* [poryw twórczy] inspiration.

natężenie (*D* **natężenia**) *n* TECHN intensity; [ruchu] intensity.

natka (*D* **natki**) *f* [pietruszki] parsley.

NATO *n* NATO.

natomiast *conj* oficjal however.

natręt *m* [intruz] pushy person.

natrętny *adj* [natarczywy] intrusive.

natrysk (*D* **-u**) *m* [prysznic] shower.

natura (*D* **natury**) *f* nature • **martwa natura** still life.

naturalnie ◇ *adv* naturally. ◇ *part* [oczywiście] of course.

naturalny *adj* natural • **przyrost naturalny** population growth.

naturysta, naturystka *m, f* naturist.

natychmiast *adv* immediately.

natychmiastowy *adj* immediate.

nauczanie (*D* **nauczania**) *n* teaching.

nauczyciel, ka *m, f* teacher.

nauczyć *vperf* to teach • **nauczyć kogoś czegoś** to teach sb sthg; **nauczył mnie gry na gitarze** he taught me to play the guitar. ➤ **nauczyć się** *vp perf* to learn.

nauka (*D* **nauki**) *f* [dziedzina wiedzy] science; [czytania i pisania] study.

naukowiec *m* [uczony] scholar; [nauk ścisłych] scientist.

naukowy *adj* [teoria] scientific.

naumyślnie *adv* [celowo] intentionally.

nawet *part* even.

nawias (*D* **-u**) *m* bracket • **nawiasem mówiąc** *pot* by the way.

nawiązać *vperf* = **nawiązywać**.

nawiązywać (*perf* **nawiązać**) *vimperf* [kontakt, łączność, współpracę] to establish • **nawiązać rozmowę z kimś** to get into a conversation with sb; **nawiązywać do czegoś** to refer to sthg.

nawierzchnia (*D* **nawierzchni**) *f* [drogi] surface.

nawigacja (*D* **nawigacji**) *f* [lotnicza, morska] navigation.

nawijać *vimperf* [nici, sznur] to wind.

nawilżacz (*D* -a) *m* humidifier.

nawlec *vperf* to thread • **nawlec igłę** to thread a needle.

nawóz (*D* nawozu) *m* [sztuczny, naturalny] fertilizer.

nawzajem ◇ *adv* [wzajemnie] each other. ◇ *part* [odwrotnie] vice versa. ◇ *interj* [wzajemnie] the same to you!

nazwa (*D* nazwy) *f* [ulicy, miasta, rzeki, kraju] name • **nazwa własna** proper noun.

nazwać *vperf* = nazywać.

nazwisko (*D* nazwiska) *n* surname • **jak masz na nazwisko?** what's your name?; **nazwisko panieńskie** maiden name.

nazywać (*perf* nazwać) *vimperf* to name. **nazywać się** *vp imperf* to be called • **nazywam się Basia** my name's Basia.

nb. (*skr od* notabene) NB.

Neapol (*D* -u) *m* Naples.

neapolitańczyk, neapolitanka *m, f* Neapolitan.

negacja (*D* negacji) *f* negation.

negatyw (*D* -u) *m* [w fotografii] negative; [minus] minus.

negatywny *adj* negative.

negliż (*D* -u) *m* [strój] negligée.

negocjacje (*D* negocjacji) *fpl* negotiations • **prowadzić negocjacje** to hold negotiations.

negocjator, ka *m, f* negotiator.

negocjować *vimperf* to negotiate.

nekrolog (*D* -u) *m* [zawiadomienie o śmierci] obituary.

nektarynka (*D* nektarynki) *f* nectarine.

neon (*D* -u) *m* [światło] neon light.

nerka (*D* nerki) *f* MED kidney.

nerkowiec (*D* nerkowca) *m* cashew.

nerw (*D* -u) *m* MED nerve. **nerwy** (*D* nerwów) *mpl* nerves • **ona działa mi na nerwy** she gets on my nerves.

nerwica (*D* nerwicy) *f* [choroba] neurosis.

nerwowy *adj* [tik] nervous; [człowiek] touchy.

netto (*inv*) *adj* net.

neutralny *adj* [bezstronny] neutral.

nędza (*D* nędzy) *f* [bieda] poverty.

nędzarz, nędzarka *m, f* pauper.

nędzny *adj* [biedny] shabby; [bezwartościowy] wretched.

nią *pron* ⊳ ona.

nic *pron* nothing • **nic o tym nie wiem** I don't know anything about it.

Nicea (*D* Nicei) *f* Nice.

nich *pron* ⊳ oni, ⊳ one.

nić (*D* nici) *f* thread.

nie ◇ *part* [negacja] not • **nie odwiedziłbyś mnie jutro?** why don't you come and visit me tomorrow? ◇ *interj* [odmowa] no • **jeszcze nie** not yet; **wcale nie** not at all.

nieaktualny *adj* [przestarzały] out of date; [nieobowiązujący] no longer valid.

niebezpieczeństwo (*D* niebezpieczeństwa) *n* danger • **być/ znajdować się w niebezpieczeństwie** to be/find o.s. in danger.

niebezpieczny *adj* dangerous.

niebieski *adj* blue.

niebo (*D* nieba) *n* [gwiaździste, zachmurzone] sky.

niecenzuralny adj [nieprzyzwoity] obscene.

niech part : niech zobaczę let me see; niech pan siada please sit down; niech żyje królowa long live the Queen.

niechcący adv by accident.

niechęć (D niechęci) f dislike.

niechętnie adv [opieszale] reluctantly; [nieżyczliwie] unfavourably.

nieciekawy adj [nudny, bezbarwny] dull; [podejrzany] suspicious.

niecierpliwy adj impatient.

nieco adv [trochę] a little.

niecodzienny adj [niezwykły] unusual.

nieczuły adj [niewrażliwy] insensitive.

nieczynny adj [sklep] closed; [aparat telefoniczny] out of order.

nieczytelny adj [pismo] illegible.

niedaleko prep [o miejscu] not far from; [o czasie] not long till.

niedawno adv [w niedalekiej przeszłości] not long ago.

niedawny adj recent.

niedoceniany adj underestimated.

niedochodowy adj [interes] unprofitable.

niedojrzały adj [młodzieniec] immature; [owoce, warzywa, zboża] unripe.

niedokładny adj careless.

niedokrwistość (D niedokrwistości) f MED anaemia.

niedopałek (D niedopałka) m [papierosa] cigarette end.

niedopatrzenie (D niedopatrzenia) n oversight.

niedopuszczalny adj [błąd, zachowanie] unacceptable.

niedoskonały adj imperfect.

niedostępny adj [nieosiągalny] inaccessible • dyrektor jest dzisiaj niedostępny the director is unavailable today.

niedoświadczony adj inexperienced.

niedowiarek m pot [sceptyk] doubting Thomas.

niedrogi adj [tani] inexpensive.

niedwuznaczny adj unambiguous.

niedyskretny adj indiscreet.

niedysponowany adj [niezdrowy] indisposed.

niedz. (skr od niedziela) Sun.

niedziela (D niedzieli) f Sunday; zobacz też sobota.

niedźwiedź m [biały, polarny] bear.

nieefektowny adj unattractive.

nieefektywny adj [pracownik] ineffective.

nieekonomiczny adj uneconomical.

nieelegancki adj [suknia, kobieta] inelegant.

niefunkcjonalny adj [pomieszczenie, meble] impractical.

niego pron ⊳ on.

niegospodarny adj [rozrzutny] wasteful.

niegościnny adj inhospitable.

niegroźny adj [bez konsekwencji] not serious.

niegrzeczny adj [dziecko, zachowanie] bad.

nieistotny adj irrelevant.

niej pron ⊳ ona.

niejadalny adj inedible.

niejasny adj [niezrozumiały] unclear.

niejeden *pron* [wielu, wiele] many.

niejednego *pron* ⊳ niejeden.

niejednemu *pron* ⊳ niejeden.

niejednokrotnie *adv* [wielokrotnie, nieraz] many times.

niejednym *pron* ⊳ niejeden.

niekoleżeński *adj* unfriendly.

niekompetentny *adj* [pracownik] incompetent.

niekomunikatywny *adj* uncommunicative.

niekoniecznie *part* [nieobowiązkowo] not necessarily.

niekonsekwentny *adj* inconsistent.

niekorzystny *adj* unfavourable.

niektórzy *pron* some.

niekulturalny *adj* bad-mannered.

nielegalny *adj* illegal.

nieletni *adj* under-age • nieletni przestępca juvenile delinquent.

nielogiczny *adj* illogical.

nielojalny *adj* [nieuczciwy] disloyal.

nieludzki *adj* [okrutny] inhuman; [ogromny] superhuman.

nie ma *vimpers* [ktoś, coś jest nieobecne] : nie ma go w domu he's not at home; nie ma wielu mebli w pokoju there isn't much furniture in the room; nie ma jeszcze autobusu the bus hasn't come yet.

Niemcy (*D* Niemiec) *pl* Germany.

Niemiec, Niemka *m, f* German.

niemiły *adj* unpleasant.

niemodny *adj* unfashionable.

niemoralny *adj* immoral.

niemowa *f* LUB *m* mute.

niemowlę (*D* niemowlęcia) *n* baby.

niemożliwy *adj* [nierealny] impossible; [nieznośny] terrible.

nienaturalny *adj* unnatural.

nienawidzić *vimperf* to hate • nienawidzić kogoś za coś to hate sb for sthg.

nienawiść (*D* nienawiści) *f* hatred.

nienormalny *adj* abnormal.

nieobecność (*D* nieobecności) *f* absence.

nieobecny *adj* absent.

nieobliczalny *adj* unpredictable.

nieodpowiedzialny *adj* irresponsible.

nieodwołalnie *adv* irrevocably.

nieodzowny *adj* essential.

nieoficjalnie *adv* unofficially.

nieomylny *adj* infallible.

nieopłacalny *adj* unprofitable.

nieosiągalny *adj* [cel] unattainable • kierownik był nieosiągalny the manager was unavailable.

nieostrożny *adj* careless.

niepalący ⋄ *adj* [cecha] non-smoking • osoby niepalące non-smokers. ⋄ *m, f* (*f* niepaląca) [osoba] non-smoker.

nieparzysty *adj* [liczba, dni] odd.

niepełnoletni *adj* under-age • niepełnoletni przestępca juvenile delinquent.

niepełnosprawny ⋄ *adj* disabled. ⋄ *m* (*D* niepełnosprawnego) disabled person.

niepewnie *adv* [niezdecydowanie] uncertainly.

niepewny *adj* [trudny do przewidzenia] uncertain; [niebudzący zaufania] unreliable; [nieśmiały] hesitant.

niepodległość (*D* niepodległości) *f* independence.

niepodległy *adj* independent.

niepodważalny *adj* irrefutable.

niepokojący *adj* disturbing.

niepokój (*D* niepokoju) *m* [obawa] anxiety.

niepomyślny *adj* [niekorzystny] unfavourable • **niepomyślne wiadomości** bad news.

niepopularny *adj* unpopular.

nieporozumienie (*D* nieporozumienia) *n* [pomyłka] misunderstanding; [kłótnia] disagreement.

nieposłuszeństwo (*D* nieposłuszeństwa) *n* disobedience.

nieposłuszny *adj* disobedient.

niepotrzebnie *adv* unnecessarily • **niepotrzebnie dziś przyjeżdżałeś** you needn't have come today.

niepotrzebny *adj* unnecessary.

niepoważny *adj* not serious.

niepowodzenie (*D* niepowodzenia) *n* [życiowe, miłosne] failure.

niepozorny *adj* [człowiek] inconspicuous.

niepożądany *adj* [gość] unwelcome.

niepraktyczny *adj* impractical.

nieprawdopodobny *adj* incredible.

nieprawdziwy *adj* [wymyślony] fictitious; [fałszywy] untrue.

nieprawomocny *adj* [wyrok] pending appeal.

nieprecyzyjny *adj* [niedokładny] imprecise.

nieprofesjonalny *adj* [piłkarz] amateur; [obsługa] unprofessional.

nieproszony *adj* unwelcome.

nieprzejezdny *adj* impassable • **miasto jest nieprzejezdne:** wszyscy stoją w korku the town is gridlocked: everyone is stuck in a jam.

nieprzekupny *adj* [urzędnik, polityk] incorruptible.

nieprzemakalny *adj* waterproof • **nieprzemakalny płaszcz** raincoat.

nieprzetłumaczalny *adj* untranslatable.

nieprzychylny *adj* [nieżyczliwy] unfavourable.

nieprzytomny *adj* [bez świadomości] unconscious.

nieprzyzwoity *adj* [gest, dowcip] indecent.

niepunktualny *adj* unpunctual.

nieraz *adv* [czasami] now and again.

nierdzewny *adj* stainless.

nierealny *adj* [nierzeczywisty] unreal; [nierealistyczny] unrealistic.

nieregularny *adj* irregular.

nierentowny *adj* unprofitable.

nierozsądny *adj* [nierozważny] foolish.

nierówno *adv* [krzywo] crookedly; [nierównomiernie] unequally.

nierówność (*D* nierówności) *f* [na drodze, na chodniku] unevenness; [społeczna, majątkowa] inequality.

nieruchomość (*D* nieruchomości) *f* property *UK*, real estate *US* • **agencja nieruchomości** estate agency *UK*, real estate office *US*.

nieruchomy *adj* motionless.

nierzetelny *adj* [niesolidny] unreliable.

niesamodzielny *adj* not independent.

nieskuteczny *adj* ineffective.

niesłusznie *adv* [bezpodstawnie] wrongly.

niesolidny *adj* [pracownik] unreliable; [meble] poor quality.

niespodzianka (*D* niespodzianki) *f* surprise • **zrobić komuś niespodziankę** to give sb a surprise.

niespodziewany *adj* unexpected.

niesprawiedliwy *adj* unfair.

niesprawny *adj* [samochód, pralka] faulty.

niestabilny *adj* unstable.

niestaranny *adj* careless.

niestety *part* [z żalem] unfortunately.

niestrawność (*D* niestrawności) *f* indigestion.

niesumienny *adj* not conscientious.

nieszczelny *adj* : **nieszczelne okna** draughty windows.

nieszczęście (*D* nieszczęścia) *n* misfortune • **pomóc komuś w nieszczęściu** to help sb in distress.

nieszczęśliwy *adj* [godny pożałowania] unhappy; [niekorzystny] unlucky.

nieszkodliwy *adj* [dla zdrowia] harmless.

nieścisłość (*D* nieścisłości) *f* inaccuracy.

nieść *vimperf* to carry.

nieślubny *adj* [dziecko] illegitimate.

nieśmiały *adj* [wstydliwy] shy.

nieśmiertelny *adj* [wieczny] immortal.

nieświeży *adj* [produkty] unfresh; [ubranie] dirty; [cera] tired.

nietaktowny *adj* tactless.

nietolerancja (*D* nietolerancji) *f* intolerance.

nietoperz *m* bat.

nietowarzyski *adj* unsociable.

nietrwały *adj* [materiał] not durable; [uczucie] short-lived.

nietutejszy *adj* not local.

nietykalny *adj* [prawnie chroniony] inviolable.

nietypowy *adj* untypical.

nieuczciwość (*D* nieuczciwości) *f* dishonesty.

nieuczciwy *adj* dishonest.

nieudany *adj* unsuccessful.

nieufność (*D* nieufności) *f* distrust.

nieufny *adj* distrustful.

nieuleczalny *adj* incurable.

nieunikniony *adj* inevitable.

nieurodzaj (*D* -u) *m* crop failure.

nieuzasadniony *adj* [bezpodstawny] groundless.

nieużytki (*D* nieużytków) *mpl* [rolne] uncultivated land.

nieważny *adj* [błahy] unimportant; [nieaktualny] invalid.

niewdzięczność (*D* niewdzięczności) *f* ingratitude.

niewdzięczny *adj* [dziecko] ungrateful; [temat rozmowy] thankless.

niewiarygodny *adj* [historia] unbelievable.

niewidoczny *adj* invisible.

niewidomy ◇ *adj* [niewidzący] blind. ◇ *m, f* (*f* niewidoma) [człowiek ociemniały] blind person • **niewidomy od urodzenia** blind from birth.

niewiedza (*D* niewiedzy) *f* ignorance.

niewiele *pron* (z rzeczownikami niepoliczalnymi) not much; (z rzeczownikami policzalnymi) not many.

niewierność (D niewierności) f [zdrada] unfaithfulness.

niewierny adj [mąż, żona] unfaithful.

niewierzący adj unbelieving • **jest niewierzący** he's a nonbeliever.

niewinność (D niewinności) f [brak winy] innocence.

niewinny adj [bez winy] innocent.

niewłaściwie adv inappropriately.

niewola (D niewoli) f [brak wolności] captivity.

niewolnik, niewolnica m, f slave.

niewybaczalny adj [czyn, błąd] inexcusable.

niewybredny adj [niewymagający] undemanding; [niewyszukany] crude.

niewygodny adj [buty] uncomfortable; [świadek] inconvenient.

niewykształcony adj uneducated.

niewykwalifikowany adj unqualified.

niewypał (D -u) m [pocisk] unexploded bomb; [coś nieudanego] flop.

niewypłacalny adj insolvent.

niewyraźny adj [podpis] unclear; [kontury] faint.

niewystarczający adj insufficient.

niewytłumaczalny adj inexplicable.

niezależnie adv [samodzielnie] independently; [bez względu na coś] regardless.

niezależność (D niezależności) f independence.

niezależny adj independent.

niezamężna adj single (woman).

niezawodny adj [pewny] unfailing.

niezbędny adj indispensable.

niezdecydowany adj [mało stanowczy] indecisive.

niezdolność (D niezdolności) f inability.

niezdyscyplinowany adj undisciplined.

niezgrabny adj [ruchy] clumsy; [nogi] unshapely.

niezidentyfikowany adj unidentified.

niezliczony adj innumerable.

nieznajomy <> adj strange. <> m, f (f **nieznajoma**) stranger.

nieznany adj unknown.

niezręczność (D niezręczności) f [gestów] clumsiness; [gafa] blunder.

niezręczny adj [niezgrabny] clumsy; [żenujący] awkward.

niezrozumiały adj incomprehensible.

niezrównoważony adj unbalanced.

niezupełnie adv [niecałkowicie] not completely.

niezwyciężony adj invincible.

niezwykle adv [nadzwyczajnie] unusually.

niezwykły adj unusual.

nieżyciowy adj impractical.

nieżyczliwy adj unfriendly.

nieżywy adj dead.

nigdy pron never.

nigdzie pron nowhere.

Niger (D Nigru) m [państwo, rzeka] Niger.

Nigeria (D Nigerii) f Nigeria.

nijaki *adj* [przeciętny] bland • **ro-dzaj nijaki** GRAM neuter.

niknąć *vimperf* [zanikać] to dwin-dle; [stawać się niewidocznym] to disappear • **jego sukcesy nikły przy osiągnięciach brata** his successes were eclipsed by the achievements of his brother.

nikotyna (*D* nikotyny) *f* nicotine.

Nikozja (*D* Nikozji) *f* Nicosia.

nikt *pron* nobody.

Nil (*D* -u) *m* Nile.

nim *pron* ⊳ on.

nimi *pron* ⊳ oni.

niski (*compar* niższy, *superl* naj-niższy) *adj* [wzrost, cena, budynek] low; [człowiek] short.

nisko (*compar* niżej, *superl* naj-niżej) *adv* low.

niskokaloryczny *adj* low-cal-orie.

niskoprocentowy *adj* [kredyt] low-interest; [napój alkoholowy] low-alcohol.

niszczyć (*perf* zniszczyć) *vimperf* [dokumenty] to destroy; [pracę] to ruin; [ubranie] to wear out.

nitka (*D* nitki) *f* thread.

niuans (*D* -u) *m* [szczegół] nuance.

nizina (*D* niziny) *f* plain.

niż ◇ *m* (-*D* u) [atmosferyczny] low • **niż demograficzny** low birth rate. ◇ *conj* [składnik po-równań] than.

niżej *adv* ⊳ nisko.

niższy *adj* ⊳ niski.

noblista, noblistka *m, f* Nobel Prize winner.

noc (*D* nocy) *f* night • **noc po-ślubna** wedding night; **w nocy** at night.

nocleg (*D* -u) *m* overnight accom-modation.

nocny *adj* : **koszula nocna** night-dress; **nocny sklep** all-night shop.

nocować *vimperf* to spend the night.

noga (*D* nogi) *f* [człowieka, zwie-rzęcia, stołu] leg.

nogawka (*D* nogawki) *f* [spodni] trouser leg.

nokaut (*D* -u) *m* SPORT knockout.

nominacja (*D* nominacji) *f* [dy-rektora] nomination.

nonsens (*D* -u) *m* nonsense.

nonsensowny *adj* nonsensical.

nonszalancja (*D* nonszalancji) *f* nonchalance.

nora (*D* nory) *f* [mysia] hole; [borsucza] set; [królicza] burrow.

norma (*D* normy) *f* [etyczna, pracy] norm.

normalizacja (*D* normalizacji) *f* normalization.

normalny *adj* [zwykły, zdrowy] normal.

Normandczyk, Normandka *m, f* Norman.

Normandia (*D* Normandii) *f* Normandy.

Norweg, Norweżka *m, f* Nor-wegian.

Norwegia (*D* Norwegii) *f* Nor-way.

nos (*D* -a) *m* [część twarzy] nose.

nosiciel, ka *m, f* [choroby] carrier.

nosić *vimperf* [dziecko, dokumenty] to carry; [ubranie, okulary] to wear.

nosorożec *m* rhinoceros.

nostalgia (*D* nostalgii) *f* nostal-gia.

nosze (*D* noszy) *pl* [dla chorego] stretcher.

nota (*D* noty) *f* [pismo] note; [ocena] score.

notarialny adj [akt] ≃ solicitor's.

notariusz m notary (public).

notatka (D notatki) f [zapisek] note.

notatnik (D -a) m [notes] notebook.

Noteć (D Noteci) f Notec River.

notes (D -u) m notebook.

notować (perf **zanotować**) vimperf [zapisywać] to note down • **notował podczas wykładu** he made notes during the lecture.

notowanie (D notowania) n [EKON kurs] quotation (share).

nowalijka (D nowalijki) f [młode warzywo] early vegetable.

nowatorski adj [pisarz, rozwiązania] innovative.

nowelizacja (D nowelizacji) f [ustawy, kodeksu] amendment.

nowicjusz, ka m, f [początkujący] novice.

nowina (D nowiny) f [wiadomość] news.

nowoczesny adj [sprzęt, poglądy] modern.

noworoczny adj [bal, życzenia] New Year's.

noworodek m newborn baby.

nowość (D nowości) f [bycie nowym] newness; [nowina] news • **mieć coś od nowości** to have sthg from new; **nowości teatralne** new productions; **nowości wydawnicze** new releases.

nowotwór (D nowotworu) m [rak] tumour.

nowy adj [samochód, kolega] new • **Nowy Rok** New Year.

Nowy Jork (D Nowego Jorku) m New York.

nożyczki (D nożyczek) pl [do cięcia] scissors.

nóż (D noża) m [kuchenny] knife.

nóżki (D nóżek) fpl KULIN chopped meat in aspic.

np. (skr od na przykład) e.g.

n.p.m. (skr od nad poziomem morza) above sea level.

nr (skr od numer) No.

nucić vimperf [piosenkę] to hum.

nuda (D nudy) f [znudzenie] boredom.

nudności (D nudności) pl [mdłości] nausea.

nudny adj [zajęcie, towarzystwo] boring.

nudysta, nudystka m, f [naturysta] nudist.

nudzić vimperf [być nudnym] to bore. ➡ **nudzić się** vp imperf [odczuwać nudę] to be bored; [być nudnym] to be boring.

nuklearny adj [wojna, broń] nuclear.

numer (D -u) m [domu, mieszkania, telefonu, gazety] number.

numeracja (D numeracji) f [stron, domów] numbering.

nurek m diver.

nurkować vimperf to dive.

nuta (D nuty) f MUZ note; [odcień] note • **czytać nuty** to read music.

nylon (D -u) m [tkanina] nylon.

O

o *prep* [na temat] about; [określenie czasu] at.

o. (*skr od* **ojciec**) [zakonnik] *used in writing to introduce name of monk.*

oaza (*D* oazy) *f* [na pustyni] oasis.

ob. (*skr od* **obywatel, obywatelka**) *citizen.*

obawa (*D* obawy) *f* [niepokój, lęk] fear.

obcas (*D* -a) *m* [w bucie] heel.

obchodzić *vimperf* [interesować] to care; [świętować] to celebrate.
➡ **obchodzić się** *vp imperf* [posługiwać się] to handle • **obchodzić się z kimś** to treat sb.

obciąć *vperf* = obcinać.

obciążenie (*D* obciążenia) *n* [zobowiązanie] burden.

obcierać (*perf* obetrzeć) *vimperf* [kaleczyć skórę] to rub.

obcinać (*perf* obciąć) *vimperf* [paznokcie, włosy] to cut.

obcisły *adj* [ubranie] tight-fitting.

obcokrajowiec *m* [cudzoziemiec] foreigner.

obcy *adj* foreign • **wyraz obcy** foreign word.

obdzierać (*perf* obedrzeć) *vimperf* [ze skóry] to skin.

obecnie *adv* oficjal [teraz] currently.

obecny *adj* [teraźniejszy, będący gdzieś] present.

obedrzeć *vperf* = obdzierać.

obejmować (*perf* objąć) *vimperf* [tulić] to hug; [zawierać] to include.

obejrzeć *vperf* to look at • **obejrzeć film** to watch a film; **obejrzeć wystawę** to see an exhibition.

obelga (*D* obelgi) *f* insult.

oberwać *vperf* = obrywać.

obetrzeć *vperf* = obcierać.

obezwładniający *adj* paralysing.

obezwładnić *vperf* : **obezwładnić kogoś** to overpower sb.

obfity *adj* [opady, kształty] abundant.

obgadywać *vimperf* : **obgadywać kogoś** [obmawiać kogoś] to gossip about sb.

obiad (*D* -u) *m* [posiłek] lunch.

obiecać *vperf* to promise • **obiecać coś komuś** to promise sb sthg.

obiegowy *adj* [utarty] current.

obiekcja (*D* obiekcji) *f* [zastrzeżenie] objection.

obiekt (*D* -u) *m* [przedmiot] object; [budynek] building.

obiektyw (*D* -u) *m* [aparatu fotograficznego, mikroskopu] lens.

obiektywnie *adv* [bezstronnie] objectively.

obiektywny *adj* [bezstronny] objective.

obietnica (*D* obietnicy) *f* [przyrzeczenie] promise.

objazd (*D* -u) *m* [okrężna droga] detour • **policja wyznaczyła objazd** the police set up a diversion.

objąć *vperf* = obejmować.

objętość (*D* objętości) *f* [miara przestrzeni] volume; [rozmiar, wielkość] length.

oblać *vperf* = oblewać.

oblewać (*perf* oblać) *vimperf* [wodą] to pour; [pot ze strachu] to be drenched; *pot* [czcić coś alkoholem] to celebrate *(with alcohol)*.

oblężenie (*D* oblężenia) *n* [miasta, sklepów] siege.

obliczać (*perf* obliczyć) *vimperf* [wydatki, straty] to calculate.

obliczyć *vperf* = obliczać.

obligacja (*D* obligacji) *f* EKON bond.

oblizywać *vimperf* to lick.

oblodzony *adj* [droga, szyba] icy.

obława (*D* obławy) *f* [policyjna] raid • **organizować obławę na uciekinierów** to organize a manhunt for escapees.

obłęd (*D* -u) *m* insanity • **popaść w obłęd** to go insane.

obłędny *adj* [szalony] insane; *pot* [niesamowity] fantastic.

obłok (*D* -u) *m* [chmura, tuman] cloud.

obłuda (*D* obłudy) *f* hypocrisy.

obłudny *adj* [uśmiech, współpracownik] false.

obmawiać *vimperf* : obmawiać kogoś to gossip about sb.

obnażać *vimperf* [plecy, piersi] to bare. ➡ **obnażać się** *vp imperf* [do naga] to undress.

obniżać (*perf* obniżyć) *vimperf* to lower • **obniżać ceny** to lower prices.

obniżka (*D* obniżki) *f* [cen, płac, kosztów] cut.

obniżyć *vperf* = obniżać.

obojczyk (*D* -a) *m* MED collarbone.

obojętny *adj* [nieczuły] indifferent; [neutralny] neutral • **termin jest mi obojętny, dopasuję się** the date doesn't matter, I'm flexible.

obok *prep* near.

obora (*D* obory) *f* [dla bydła] cowshed.

obowiązek (*D* obowiązku) *m* [powinność] responsibility.

obowiązkowy *adj* [uczeń, pracownik] diligent; [strój] mandatory.

obowiązujący *adj* [aktualny, ważny] current.

obozować *vimperf* [biwakować] to camp.

obóz (*D* obozu) *m* [wypoczynkowy, szkoleniowy, jeniecki] camp • **obóz harcerski** boy scout camp; **wyjechać na obóz** to go camping.

obrabować *vperf* to rob • **obrabować bank** to rob a bank.

obradować *vimperf* to debate.

obrady (*D* obrad) *pl* : **obrady sejmu** *Polish parliament proceedings.*

obraz (*D* -u) *m* [dzieło sztuki] painting; [na ekranie] picture.

obrazić *vperf* : obrazić kogoś to offend sb. ➡ **obrazić się** *vp perf* to be offended.

obraźliwy *adj* [słowa] insulting.

obrażony *adj* [zagniewany] offended • **dlaczego jesteś na mnie obrażona?** why are you angry with me?

obrączka (*D* obrączki) *f* [ślubna] wedding ring.

obręcz (*D* -y) *f* [koła samochodu, roweru] rim.

obrona (*D* obrony) *f* [miasta, prawnicza] defence • **obrona konieczna** necessary force; **obrona własna** self-defence.

obronić *vperf* = bronić.

obroża (*D* obroży) *f* [dla psa] collar.

obrus (*D* -u LUB a) *m* [na stół] tablecloth.

obrywać (*perf* **oberwać**) *vimperf* [owoce z drzew] to pick; [guzik od sukienki] to tear off.

obrzęd (*D* **-u**) *m* [zwyczaj] ceremony.

obrzydzenie (*D* **obrzydzenia**) *n* [wstręt] disgust.

obsada (*D* **obsady**) *f* [grupa aktorów] cast; [personel] appointment.

obsceniczny *adj* [powieść, żart] obscene.

obserwacja (*D* **obserwacji**) *f* [naukowa] observation; MED observation.

obserwator, ka *m, f* [widz, przedstawiciel] observer.

obserwatorium *(inv)* *n* [meteorologiczne, astronomiczne] observatory.

obserwować *vimperf* to observe.

obsesja (*D* **obsesji**) *f* [uporczywa myśl] obsession • **mieć obsesję na punkcie czegoś** to have an obsession about sthg.

obsługa (*D* **obsługi**) *f* [personel, obsługiwanie] service • **instrukcja obsługi** instruction manual.

obsługiwać *vimperf* [klientów] to serve.

obstawa (*D* **obstawy**) *f* [ochrona] security.

obstawiać *vimperf* [otaczać] to surround; [konia] to bet on.

obstrukcja (*D* **obstrukcji**) *f* [MED zaparcie] constipation.

obsuwać się *vp imperf* [skała] to slide; [ziemia] to cave in.

obszar (*D* **-u**) *m* [teren] area • **Europejski Obszar Gospodarczy** European Economic Area.

obszarpany *adj* [żebrak, płaszcz] tattered.

obszerny *adj* [pomieszczenie] spacious; [wypowiedź] lengthy; [koszula, kurtka] loose.

obszukiwać *vimperf* [kieszenie, dom] to search • **obszukiwać kogoś** to search sb.

obtarcie (*D* **obtarcia**) *n* [skóry] sore.

obudzić *vperf* = **budzić**.

oburzać *vimperf* to appal. ➡ **oburzać się** *vp imperf* to be indignant.

oburzający *adj* [postępowanie] outrageous.

oburzenie (*D* **oburzenia**) *n* [gniew] indignation.

oburzony *adj* [zbulwersowany] outraged.

obustronny *adj* [po obu stronach] bilateral; [obopólny] mutual.

obuwie (*D* **obuwia**) *n* shoes.

obwieszczenie (*D* **obwieszczenia**) *n* [komunikat] announcement.

obwodnica (*D* **obwodnicy**) *f* [miasta] ring road UK, beltway US.

obwoluta (*D* **obwoluty**) *f* [książki] dust cover.

obwód (*D* **obwodu**) *m* [figury geometrycznej, talii] circumference; [scalony] circuit.

obwódka (*D* **obwódki**) *f* [wokół oczu] outline; [lamówka] border.

oby *part* : **oby wyzdrowiał** let's hope he gets better; **obyście byli szczęśliwi!** may you be happy!

obycie (*D* **obycia**) *n* [towarzyskie] polish.

obyczaj (*D* **-u**) *m* [dawne, ludowe] custom.

obyć się *vp perf* : **obyć się bez kogoś/czegoś** [poradzić sobie] to live without sb/sthg.

obywatel, ka *m, f* citizen.

obywatelstwo (*D* obywatelstwa) *n* citizenship. **Obywatelstwo Unii Europejskiej** European Union Citizenship.

obżarstwo (*D* obżarstwa) *n pot* gluttony.

obżerać się *vp imperf pot* to gorge o.s.

ocaleć *vperf* [wyjść cało] to survive • **ocaleć z wypadku** to survive an accident.

ocalić *vperf* [uratować] to save.

ocean (*D* -u) *m* ocean • **Ocean Atlantycki** the Atlantic Ocean; **Ocean Indyjski** the Indian Ocean; **Ocean Spokojny** the Pacific Ocean.

ocena (*D* oceny) *f* [osąd] assessment; [stopień] mark *UK*, grade *US*.

oceniać (*perf* ocenić) *vimperf* [wydawać opinię] to judge; [wystawiać oceny] to mark.

ocenić *vperf* = oceniać.

ocet (*D* octu) *m* vinegar.

ochlapać *vperf* : **ochlapać kogoś** [opryskać] to splash sb.

ochłodzenie (*D* ochłodzenia) *n* [spadek temperatury] cooling down.

ochłodzić *vperf* to chill. **ochłodzić się** *vp perf* [o temperaturze] to cool down.

ochota (*D* ochoty) *f* [chęć] : **mam ochotę na ciastko** I feel like cake; **robić coś z ochotą** to do sthg willingly.

ochotnik, ochotniczka *m, f* volunteer • **zgłosić się na ochotnika** to volunteer.

ochraniać (*perf* ochronić) *vimperf* [osłaniać, zabezpieczać] to protect.

ochrona (*D* ochrony) *f* [zabezpieczenie] protection; [straż] bodyguard.

ochroniarz *m* [prezydenta, piosenkarza] bodyguard.

ochronić *vperf* = ochraniać.

ochrypnąć *vperf* [od głośnego śpiewania] to be hoarse.

ochrzcić *vperf* to baptize.

ociekać *vimperf* [spływać] to drip.

ocieplacz (*D* -a) *m* [warstwa tkaniny lub ubiór] lining.

ocieplać *vimperf* [budynek, pomieszczenie] to insulate; [ręce] to warm. **ocieplać się** *vp imperf* [klimat, powietrze] to get warmer.

ocieplenie (*D* ocieplenia) *n* [wzrost temperatury] warming up.

ocierać (*perf* otrzeć) *vimperf* [pot z czoła, usta dłonią] to wipe • **ocierać komuś łzy** to wipe away sb's tears.

oclić *vperf* = clić.

ocucić *vperf* = cucić.

oczarować *vperf* [zachwycić] to enchant • **oczarować kogoś czymś** to enchant sb with sthg.

oczekiwać *vperf* to wait for.

oczerniać *vimperf* : **oczerniać kogoś** [obmawiać] to defame.

oczy *npl* = oko.

oczyścić *vperf* [usunąć brud] to clean; [uwolnić od czegoś] to clear.

oczytany *adj* well-read.

oczywisty *adj* obvious.

oczywiście *part* [naturalnie] of course.

od *prep* [gen] from; [czas trwania] for.

odbierać (*perf* odebrać) *vimperf* [zabierać] to seize; [przesyłkę, zapłatę] to pick up • **odbierać telefon** to answer the phone.

odbiorca, odbiorczyni *m, f* [listu, przesyłki] recipient; [sztuki, literatury] audience.

odbiornik (*D* -a) *m* receiver • **odbiornik telewizyjny** TV set.

odblaskowy *adj* [światełka] reflector.

odblokować *vperf* [drogę, przejście] to unblock.

odbyć *vperf* = odbywać.

odbytnica (*D* odbytnicy) *f* MED rectum.

odbywać (*perf* odbyć) *vimperf* [naradę, podróż] to make • **odbył poważną rozmowę z synem** he had a serious talk with his son. ➡ **odbywać się** (*perf* odbyć się) *vp imperf* to take place.

odchody (*D* odchodów) *mpl* feaces.

odchodzić (*perf* odejść) *vimperf* [odjeżdżać] to leave; [oddalać się pieszo] to walk away; [z pracy] to quit • **odchodzić** LUB **odejść od kogoś** to leave sb.

odchudzać się (*perf* odchudzić się) *vp imperf* to lose weight.

odchudzanie się (*D* odchudzania się) *n* slimming.

odchudzić się *vperf* = odchudzać się.

odciąć *vperf* = odcinać.

odcień (*D* odcienia) *m* [odmiana koloru] shade; [nuta] touch.

odcinać (*perf* odciąć) *vimperf* to cut • **odciąć drogę powrotu** to cut off the return path.

odcinek (*D* odcinka) *m* [część] section; [serialu] episode; [część prostej] segment.

odcisk (*D* -u) *m* [od niewygodnych butów] corn • **odciski palców** fingerprints.

odczepić *vperf* : **odczepić coś** to detach sthg. ➡ **odczepić się**

vp perf to detach; *pot* [dać komuś spokój] to get lost.

odczuwać *vimperf* [smutek, radość, znużenie] to feel.

odczyt (*D* -u) *m* lecture.

oddać *vperf* [zwrócić] to return; [dać] to give • **oddać coś komuś** to return sthg to sb; **oddać głos** to surrender the floor.

oddalony *adj* distant.

oddany *adj* devoted.

oddech (*D* -u) *m* breath.

oddechowy *adj* respiratory.

oddychać *vimperf* to breathe.

oddychanie (*D* oddychania) *n* breathing • **sztuczne oddychanie** artificial respiration.

oddział (*D* -u) *m* [policji, straży] squad; [banku] branch; [w szpitalu] ward.

oddziaływać *vimperf* : **oddziaływać na coś/na kogoś** to influence sthg/sb.

oddzielnie *adv* separately.

odebrać *vperf* = odbierać.

odejmować (*perf* odjąć) *vimperf* [wykonywać odejmowanie] to subtract; [potrącać kwotę] to deduct.

odejmowanie (*D* odejmowania) *n* [działanie matematyczne] subtraction.

odejść *vperf* = odchodzić.

odepchnąć *vperf* = odpychać.

oderwać *vperf* : **oderwać coś** [urwać] to tear sthg off; **oderwać kogoś od czegoś** to tear sb away from sthg.

oderwany *adj* unconnected.

odesłać *vperf* = odsyłać.

odezwać się *vp perf* = odzywać się.

odgłos (*D* -u) *m* [kroków, pociągu] sound.

odgórny adj [polecenie, decyzja] from the top.

odgradzać (perf **odgrodzić**) vimperf [gen] to separate off; [płotem] to fence off; [murem] to wall off.

odgrażać się vp imperf to threaten.

odgrodzić vperf = **odgradzać**.

odgrywać vimperf : **odgrywać rolę** [mieć znaczenie] to play. ➤ **odgrywać się** vp imperf [dziać się] to take place • **odgrywać się na kimś** [mścić się] to take revenge on sb.

odgryźć vperf [zębami] to bite. ➤ **odgryźć się** vp perf pot to get back at.

odgrzewać vimperf to warm up.

odjazd (D -u) m [pociągu, autobusu] departure • **spotkamy się przed moim odjazdem** let's meet before I leave.

odjąć vperf = **odejmować**.

odjechać vperf = **odjeżdżać**.

odjeżdżać (perf **odjechać**) vimperf to leave.

odkażać vimperf to disinfect.

odklejać vimperf to unstick.

odkładać (perf **odłożyć**) vimperf [kłaść na bok] to put aside; [przesuwać w czasie] to postpone • **odkładać coś na miejsce** to put sthg in it's place; **odkładać na później** to postpone for later; **odkładać pieniądze** to save up.

odkręcać (perf **odkręcić**) vimperf [śrubkę, koło] to unscrew; [butelkę, słoik] to twist off.

odkręcić vperf = **odkręcać**.

odkrycie (D odkrycia) n discovery • **odkrycia geograficzne** geographical discovery.

odkryć vperf to discover; [informację] to find out.

odkrywca, odkrywczyni m, f discoverer.

odkupić vperf to buy • **odkupić coś od kogoś** to buy sthg from sb.

odkurzacz (D -a) m vacuum cleaner.

odkurzać vimperf [dywan] to vacuum; [książki] to dust.

odległość (D odległości) f distance.

odległy adj [daleki, oddalony] distant • **najbliższe miasto jest odległe o 100 km** the nearest city is 300 km away.

odlot (D -u) m [samolotu] departure; [ptaków] migration.

odludek m [samotnik] recluse.

odludny adj [okolica, miejscowość] secluded.

odludzie (D odludzia) n : **mieszkam na odludziu** I live off the beaten track.

odłam (D -u) m [partii, ugrupowania] faction.

odłożyć vperf = **odkładać**.

odmarzać vimperf [o rzekach, o jeziorach] to unfreeze.

odmładzać vimperf to make look younger • **ta fryzura cię odmładza** that hairstyle makes you look younger.

odmładzający adj rejuvenating.

odmłodnieć vperf to feel younger.

odmowa (D odmowy) f refusal.

odmówić vperf [nie zgodzić się] to refuse • **odmówić komuś** to refuse sb.

odmrozić vperf [uszy, ręce] to get frostbite; [szybę, mięso] to defrost.

odmrożenie (D odmrożenia) n [rąk, twarzy] frostbite.

odnawiać (*perf* **odnowić**) *vimperf* [mieszkanie] to renovate; [kontakty] to renew.

odnieść *vperf* = **odnosić**.

odnoga (*D* **odnogi**) *f* [drogi, przewodu] branch • **odnoga rzeki** arm of the river.

odnosić (*perf* **odnieść**) *vimperf* [sukces, zwycięstwo] to achieve.

odnowić *vperf* = **odnawiać**.

odpady (*D* **odpadów**) *mpl* [resztki, śmieci] waste.

odpaść *vperf* [z zawodów] to drop out; [oderwać się] to fall off.

odpędzać *vimperf* [nie ulegać czemuś] to fight off; [odganiać] to chase away; [zmuszać do cofnięcia się] to force back.

odpinać *vimperf* [broszkę od kołnierza] to unpin; [guzik, bluzkę, plecak] to undo.

odpis (*D* **-u**) *m* [dyplomu, metryki] copy.

odpłatnie *adv* for a fee.

odpływ (*D* **odpływu**) *m* outflow.

odpływać *vperf* [o statku] to sail away; [o człowieku] to swim.

odpocząć *vperf* = **odpoczywać**.

odpoczynek (*D* **odpoczynku**) *m* free time.

odpoczywać (*perf* **odpocząć**) *vimperf* to rest.

odporność (*D* **odporności**) *f* [organizmu] immunity.

odporny *adj* immune.

odpowiadać (*perf* **odpowiedzieć**) *vimperf* (*tylko imperf*) [pasować] to suit; [spełniać] to fulfil; [na pytania, na list] to answer.

odpowiedni *adj* appropriate.

odpowiednik (*D* **-a**) *m* equivalent.

odpowiednio *adv* appropriately.

odpowiedzialność (*D* **odpowiedzialności**) *f* responsibility • **ponosić za coś odpowiedzialność** to be responsible for sthg.

odpowiedzialny *adj* [rzetelny, odpowiadający za coś] responsible.

odpowiedzieć *vperf* = **odpowiadać**.

odpowiedź (*D* **odpowiedzi**) *f* [na pytanie, w szkole] answer.

odprężać *vimperf* to relax. ➡ **odprężać się** *vp imperf* to relax.

odprężenie (*D* **odprężenia**) *n* relaxation • **odprężenia polityczne** detente.

odprowadzać (*perf* **odprowadzić**) *vimperf* to accompany • **odprowadzać kogoś** [na dworzec] to see sb off.

odprowadzić *vperf* = **odprowadzać**.

odpruć *vperf* [rękaw] to rip out.

odpychać (*perf* **odepchnąć**) *vimperf* to push away.

odra (*D* **odry**) *f* [choroba] measles.

Odra (*D* **Odry**) *f* the Oder.

odradzać (*perf* **odradzić**) *vimperf* : **odradzać komuś coś** to discourage sb from sthg.

odradzić *vperf* = **odradzać**.

odrastać *vimperf* [o włosach] to grow back.

odrodzenie (*D* **odrodzenia**) *n* revival. ➡ **Odrodzenie** (*D* **Odrodzenia**) *n* [epoka] Renaissance.

odróżniać (*perf* **odróżnić**) *vimperf* [dostrzegać różnicę] to tell apart; [stanowić różnicę] to set apart.

odróżnić *vperf* = **odróżniać**.

odruch (*D* **-u**) *m* [reakcja medyczna] reflex; [reakcja żywiołowa] impulse.

odruchowo adv instinctively.

odruchowy adj [skurcz, niechęć, pomoc] involuntary.

odrzucać (perf odrzucić) vimperf [piłkę] to throw back; [pomoc, pomysł, propozycję] to reject.

odrzucić vperf = odrzucać.

odrzutowiec (D odrzutowca) m [samolot] jet aeroplane.

odsetek (D odsetka) m percentage. ◆ **odsetki** (D odsetek) mpl [od kredytu, od lokaty] interest.

odsłaniać vimperf [nogi] to reveal; [firankę] to draw back; [okno] to uncover.

odstający adj protruding.

odstępstwo (D odstępstwa) n deviation.

odstraszający adj repellent • środki odstraszające komary mosquito repellent.

odsunąć vperf = odsuwać.

odsuwać (perf odsunąć) vimperf to pull back. ◆ **odsuwać się** vp imperf to pull away.

odsyłać (perf odesłać) vimperf to send back.

odszkodowanie (D odszkodowania) n compensation.

odszukać vperf to find.

odszyfrować vperf to decipher.

odśnieżać vimperf [drogi, chodnik] to clear snow.

odświeżacz (D -a) m [powietrza] to freshen.

odświętny adj festive.

odtrutka (D odtrutki) f antidote.

odtwarzać (perf odtworzyć) vimperf to reconstruct.

odtworzyć vperf = odtwarzać.

odtwórca, odtwórczyni m, f [głównej roli] leading man (f leading lady).

odurzający adj [zapach, leki] intoxicating.

odwaga (D odwagi) f courage.

odważny adj courageous.

odwdzięczać się vp imperf to pay back • odwdzięczać się komuś za coś to pay sb back.

odwiązać vperf to untie.

odwiedzić vperf : odwiedzić kogoś to visit sb.

odwiedziny (D odwiedzin) pl visit • iść/przyjść/przyjechać w odwiedziny to pay a visit; godziny odwiedzin w szpitalu hospital visiting hours.

odwieść vperf : odwieść kogoś od czegoś to dissuade sb from sthg.

odwieźć vperf to take back • odwieźć kogoś to see sb off.

odwijać vimperf [prezent] to unwrap.

odwilż (D -y) f [śniegu] thaw.

odwlekać vimperf to put off.

odwodnienie (D odwodnienia) n dehydration.

odwołać vperf : odwołać coś [spotkanie, wyjazd] to cancel sthg; odwołać kogoś ze stanowiska [zwolnić] to dismiss sb.

odwrotnie adv [o ubraniach], backwards; [inaczej] opposite.

odwrotność (D odwrotności) f opposite.

odwrócić vperf [wzrok, oczy, głowę, kartkę] to turn. ◆ **odwrócić się** vp perf to turn around.

odzew (D -u) m response.

odziedziczyć vperf = dziedziczyć.

odzież (D -y) f clothing.

odznaczenie (*D* odznaczenia) *n* [medal] distinction.

odznaczyć *vperf* : **odznaczyć kogoś** to decorate sb.

odzwyczaić *vperf* : **odzwyczaić kogoś od czegoś** to get out of the habit of sthg. ➡ **odzwyczaić się** *vp perf* to get out of the habit.

odzywać się (*perf* odezwać się) *vp imperf* [mówić do kogoś] to speak; [kontaktować się] to contact.

odżywiać *vimperf* to feed. ➡ **odżywiać się** *vp imperf* to eat.

odżywianie (*D* odżywiania) *n* nutrition.

odżywka (*D* odżywki) *f* [do włosów] conditioner; [dla dzieci] baby food.

oferować *vimperf* [usługi, towar, pomoc] to offer.

oferta (*D* oferty) *f* [propozycja] offer; [wybór] selection.

offline *adv* INFORM offline.

ofiara *f* [wypadku, wojny] victim; *pot* loser.

ofiarodawca, ofiarodawczyni *m, f* donor.

ofiarować *vperf* : **ofiarować coś komuś** [podarować] to give sb sthg; [zaofiarować] to offer.

oficer *m* officer.

oficjalny *adj* [komunikat, wizyta] official; [list, język] formal.

ogień (*D* ognia) *m* fire • **budynek stanął w ogniu** the building burst into flames; **przepraszam, czy ma pan ogień?** excuse me, do you have a light?

oglądać *vimperf* [telewizję, film] to watch.

ogłaszać *vimperf* [wyrok, ustawę, przerwę] to announce.

ogłoszenie (*D* ogłoszenia) *n* [o pracy, sprzedaży samochodu] announcement • **tablica ogłoszeń** bulletin board.

ogłuchnąć *vperf* [od huku] to go deaf.

ogłupiający *adj pot* stupefying.

ognioodporny *adj* [materiał] fire-proof.

ognisko (*D* ogniska) *n* campfire • **ognisko domowe** LUB **rodzinne** hearth and home.

ogniwo (*D* ogniwa) *n* [łańcucha] link.

ogolić *vperf* = golić.

ogolony *adj* [głowa, twarz] shaved.

ogon (*D* -a) *m* [psa, ryby] tail.

ogólnokształcący *adj* [liceum] general education.

ogólny *adj* [powszechny, publiczny] common; [nieszczegółowy] general; [łączny] total.

ogórek (*D* ogórka) *m* cucumber • **ogórki kwaszone** LUB **kiszone** pickled dill cucumbers.

ograniczać *vimperf* to limit • **ograniczać wydatki** to cut back on expenses.

ograniczony *adj* [zakres, zasięg] limited; *pej* [człowiek] slow-witted.

ogrodniczki (*D* ogrodniczek) *pl* [spodnie] dungarees.

ogrodnik *m* gardener.

ogrodzenie (*D* ogrodzenia) *n* [wokół domu] fence.

ogrodzić *vperf* = grodzić.

ogromnie *adv* [bardzo] enormously • **kocham cię ogromnie** I love you a lot.

ogromny *adj* [dom, człowiek, tłum] enormous.

ogród (D ogrodu) m garden • ogród zoologiczny zoo.

ogryzać vimperf [kości] to gnaw.

ogryzek (D ogryzka) m [jabłka] bite.

ogrzać vperf = ogrzewać.

ogrzewać (perf ogrzać) vimperf [ręce, mieszkanie] to heat.

ogrzewanie (D ogrzewania) n [instalacja] heating.

ohyda (D ohydy) f [zbrodni] monstrosity.

ohydny adj [dom, ubranie, smak] horrible.

ojciec (D ojca) m father • ojciec chrzestny godfather; przybrany ojciec adoptive father.

ojcostwo (D ojcostwa) n fatherhood.

ojczym m stepfather.

ojczysty adj [kraj, język] native.

ojczyzna (D ojczyzny) f homeland.

ok. (skr od około) approx.

okablować vperf : okablować budynek to wire a building.

okazja (D okazji) f [sposobność, możliwość] opportunity; [ważne wydarzenie] occasion • z okazji czegoś on the occasion of sthg.

okazyjnie adv [cena, kupno] at a bargain price.

okiennica (D okiennicy) f shutter.

oklaski (D oklasków) pl [brawa] applause.

oklaskiwać vimperf [aktora] to applaud • oklaskiwać kogoś to applaud sb.

okład (D -u) m [na głowę] compress.

okładka (D okładki) f [książki, czasopisma] cover.

okłamywać vimperf : okłamywać kogoś to lie to sb.

okno (D okna) n window • okno wystawowe shop window; okno dialogowe INFORM dialogue box.

oko (D oka, pl oczy) n [narząd] eye • na pierwszy rzut oka at first glance.

okolica (D okolicy) f region • w okolicy [w pobliżu] in the area.

okoliczności (D okoliczności) fpl circumstances • zbieg okoliczności coincidence.

około prep about.

okoń (D okonia) m perch.

okraść vperf [sklep, bank] to rob • okraść kogoś to rob sb.

okrąg (D okręgu) m circle.

okrągły adj [gen] round; [kolisty] circular.

okres (D -u) m period.

określać vimperf [datę] to set.

określenie (D określenia) n [wyraz] description.

określony adj [czas, miejsce] specific.

okręg (D -u) m [administracyjny] district • okręg wyborczy constituency.

okręt (D -u) m ship.

okrężny adj [ruch] circular; [droga] roundabout.

okropny adj terrible.

okruch (D -a) m [chleba] crumb; [szkła] piece.

okrucieństwo (D okrucieństwa) n cruelty.

okrutny adj cruel.

okrycie (D okrycia) n [ubranie] covering.

okrywać vimperf [kocem] to cover.

okrzyk (D -u) m [zdziwienia, radości] cry; [na cześć] cheer.

okulary (D okularów) pl glasses.

okup (D -u) m ransom.

okupacja (D okupacji) f [kraju] occupation.

okupować vimperf : okupować kraj to occupy a country.

olbrzym m [w baśni] giant.

olbrzymi adj [budynek, człowiek, znaczenie] giant.

olej (D -u) m oil.

olejek (D olejku) m [kosmetyk, lekarstwo] oil • olejek do opalania sun-tan oil.

olimpiada (D olimpiady) f [sportowa] Olympics.

oliwa (D oliwy) f olive oil.

oliwić vimperf [zawiasy] to oil.

oliwka (D oliwki) f olive.

oliwkowy adj olive.

olśnić vperf [zachwycić] to dazzle • olśnić kogoś urodą to dazzle sb with beauty.

olśnienie (D olśnienia) n [nagłe zrozumienie] epiphany; [oczarowanie] enchantment.

ołów (D ołowiu) m [metal] lead.

ołówek (D ołówka) m pencil.

ołtarz (D -a) m [w kościele] altar.

omawiać (perf omówić) vimperf [sprawę] to discuss.

omdlenie (D omdlenia) n [utrata przytomności] fainting.

omijać (perf ominąć) vimperf [miejsca trudności] to avoid; [przepisy] to evade.

ominąć vperf = omijać.

omlet (D -u) m omelette.

omówić vperf = omawiać.

omyłkowo adv by mistake.

on pron [o człowieku] he; [o rzeczy, zwierzęciu] it.

ona pron [o człowieku] she; [o rzeczy, zwierzęciu] it.

ondulacja (D ondulacji) f [trwała] perm.

one pron they.

oni pron they.

onieśmielać vimperf to embarrass.

onieśmielony adj embarrassed.

online adv INFORM online.

ono pron it • niemowlę płacze, daj mu pić the baby's crying, give him/her sthg to drink.

ONZ (skr od Organizacja Narodów Zjednoczonych) (D -etu) m LUB f UN.

opakować vperf [prezent, paczkę] to wrap.

opakowanie (D opakowania) n [papierowe] wrapping; [proszku, soku] package.

opalać (perf opalić) vimperf [plecy] to tan. ◆ opalać się (perf opalić się) vp imperf to sunbathe.

opalenizna (D opalenizny) f tan.

opalić vperf = opalać.

opalony adj tanned.

opamiętać się vp perf [oprzytomnieć] to keep a cool head.

opanować vperf [miasto] to capture; [strach, emocje] to control. ◆ opanować się vp perf [uspokoić się] to control o.s.

opanowanie (D opanowania) n [spokój] self-control.

opanowany adj [zrównoważony] calm.

oparcie (D oparcia) n [krzesła, fotela] armrest; [moralne] support.

oparzenie (D oparzenia) n [skóry] burn.

oparzyć *vperf* [rękę] to burn.
➤ **oparzyć się** *vp perf* to
burn o.s.

opaska (*D* opaski) *f* [taśma, wstąż-
ka] band.

opatentować *vperf* : **opatentować wynalazek** to patent an
invention.

opatrunek (*D* opatrunku) *m*
bandage.

opcja (*D* opcji) *f* [do wyboru,
polityczna] option.

opera (*D* opery) *f* [dramat, budy-
nek] opera.

operacja (*D* operacji) *f* [chirur-
giczna, handlowa] operation.

operetka (*D* operetki) *f* [komedia,
budynek] operetta.

operować *vimperf* [pacjenta] to
operate on.

opieczętować *vperf* = **pieczętować**.

opieka (*D* opieki) *f* [nad dziećmi]
care.

opiekacz (*D* -a) *m* [toster] toaster.

opiekać *vimperf* [mięso, grzanki]
to roast.

opiekować się *vp imperf* [dzieć-
mi, chorymi] to take care of.

opiekun *m* [prawny, rodziny] guardian.

opiekunka *f* [do dziecka] childminder; [starszej osoby] carer.

opiekuńczy *adj* [ojciec, gest] caring.

opieszały *adj pej* [powolny] sluggish.

opinia (*D* opinii) *f* [zdanie, pogląd]
opinion; [reputacja] reputation;
[ekspertyza] judgement • **opinia
publiczna** public opinion.

opiniować *vimperf* [projekt, wnio-
sek] to endorse.

opis (*D* -u) *m* [podróży, wydarzeń]
account.

opisać *vperf* = **opisywać**.

opisywać (*perf* opisać) *vimperf*
[wydarzenie, przestępcę] to describe.

opium *(inv)* *n* opium.

opluć *vperf* : **opluć kogoś** [oczer-
nić] to sling mud at sb.

opłacalność (*D* opłacalności) *f*
[produkcji] profitability.

opłacalny *adj* [interes] profitable.

opłacić *vperf* : **opłacić coś** [ra-
chunek, hotel] to pay sthg.
➤ **opłacić się** *vp perf* to pay
off.

opłakiwać *vimperf* [stratę] to
lament • **opłakiwać kogoś** to
mourn for sb.

opłata (*D* opłaty) *f* [za telefon, za
hotel] payment; [za autostradę]
toll.

opłatek (*D* opłatka) *m* [w liturgii]
wafer.

opłukać *vperf* [warzywa] to rinse.

opodatkować *vperf* : **opodatkować coś** to tax sthg.

opona (*D* opony) *f* [samochodo-
wa, rowerowa] tire.

oporny *adj* unyielding.

oportunista, oportunistka *m,
f pej* opportunist.

opowiadać (*perf* opowiedzieć)
vimperf [historie, bzdury] to tell
about • **opowiadać coś komuś**
to tell sb about sthg; **opowiadać
dowcipy** to tell jokes.

opowiadanie (*D* opowiadania)
n [relacja] story; [utwór literacki]
short story.

opowiedzieć *vperf* = **opowiadać**.

opowieść (*D* opowieści) *f* [rela-
cja] tale.

opozycja (*D* opozycji) *f* [parlamentarna, społeczeństwa] opposition.

opór (*D* oporu) *m* resistance.

opóźniać (*perf* opóźnić) *vimperf* [odwlekać w czasie] to delay.
➡ **opóźniać się** (*perf* opóźnić się) *vp imperf* [o pociągu, samolocie] to be late.

opóźnić *vperf* = opóźniać.

opóźnienie (*D* opóźnienia) *n* [planu, pociągu] delay.

opóźniony *adj* [pociąg, samolot] delayed.

oprocentowanie (*D* oprocentowania) *n* [kredytu] interest rate.

oprogramowanie (*D* oprogramowania) *n* INFORM software.

oprowadzać *vimperf* : oprowadzać kogoś po mieście to show sb around the city.

oprócz *prep* [z wyjątkiem] except; [ponadto] apart from.

opróżnić *vperf* [butelkę, torbę] to empty.

opryskliwy *adj* [człowiek, odpowiedź] surly.

oprzeć *vperf* [o ścianę] to lean against; [na faktach] to base on.
➡ **oprzeć się** *vp perf* [uzyskać pomoc] to lean on; [stawić opór] to resist • oprzeć się o coś to lean against sthg.

oprzytomnieć *vperf* = przytomnieć.

optyczny *adj* [wrażenie, złudzenie] optical.

optyk *m* optician.

optymalny *adj* [warunki] optimal.

optymista, optymistka *m, f* optimist.

optymistyczny *adj* [usposobienie] optimistic.

optymizm (*D* -u) *m* [postawa] optimism.

opublikować *vperf* = publikować.

opuchlizna (*D* opuchlizny) *f* [obrzęk] swelling.

opuchnięty *adj* [stopy, ręce] swollen.

opuszczać (*perf* opuścić) *vimperf* [wzrok, ręce] to lower; [kraj, żonę] to leave.

opuszczony *adj* [samotny, opustoszały] abandoned.

opuścić *vperf* = opuszczać.

OPZZ (*skr od* Ogólnopolskie Porozumienie Związków Zawodowych) (*D* OPZZ-etu) *m* LUB *n* All-Poland Alliance of Trade Unions.

oraz *conj* oficjal and.

orbita (*D* orbity) *f* lit & przen orbit.

order (*D* -u) *m* [odznaczenie] medal.

ordynacja (*D* ordynacji) *f* : ordynacja wyborcza electoral law.

oregano (*inv*) *n* oregano.

organ (*D* -u) *m* [administracji, wzroku] organ.

organiczny *adj* [związek] organic.

organizacja (*D* organizacji) *f* [charytatywna, pracy] organization • Organizacja Bezpieczeństwa i Współpracy w Europie Organization for Security and Cooperation in Europe; Organizacja Współpracy Gospodarczej i Rozwoju Organization for Economic Cooperation and Development.

organizator, ka *m, f* organizer.

organizm (*D* -u) *m* [ciało] organism.

organizować (*perf* zorganizo-

wać) *vimperf* [spotkanie, wycieczkę, pracę] to organize.

orientacja (*D* orientacji) *f* [w
terenie, w jakiejś materii] orienta-
tion.

orientalny *adj* [wschodni] oriental.

orientować (*perf* zorientować)
vimperf [informować] to inform.
→ orientować się (*perf* zorientować się) *vp imperf* [w te-
renie] to know; [w jakiejś materii]
to be informed.

orkiestra (*D* orkiestry) *f* [symfo-
niczna] orchestra.

ORP (*skr od* Okręt Rzeczypospolitej Polskiej) *m* ≃ HMS *UK*,
≃ USS *US*.

ortodoksyjny *adj* [wyznawca]
orthodox.

ortografia (*D* ortografii) *f* ortho-
graphy.

oryginalny *adj* [obraz, pomysł]
original.

oryginał (*D* -u) *m* [dzieła sztuki,
dokumentu] original.

orzech (*D* -a) *m* nut • **orzech
kokosowy** coconut; **orzech laskowy** hazelnut; **orzech włoski**
walnut.

orzeł (*D* orła) *m* [ptak] eagle;
[strona monety] heads.

orzeszek (*D* orzeszka) *m* nut
• **orzeszki pistacjowe** pistacios;
orzeszki ziemne peanuts.

orzeźwiać *vimperf* to refresh.

orzeźwiający *adj* [napój] refreshing.

os. (*skr od* osiedle) *housing estate*.

osa *f* [owad] wasp.

osad (*D* -u) *m* [na zębach, na
szklance] sediment.

oschły *adj* [człowiek, słowa] dry.

oset (*D* ostu) *m* thistle.

osiągać *vimperf* [cel, sukces] to
achieve.

osiągalny *adj* [cel, towary] attain-
able.

osiągnięcie (*D* osiągnięcia) *n*
[sukces] achievement.

osiedle (*D* osiedla) *n* [mieszkanio-
we] residential area.

osiem *num* eight; *zobacz też* sześć.

osiemdziesiąt *num* eighty; *zobacz też* sześć.

osiemdziesiąty *num* eightieth;
zobacz też szósty.

osiemdziesięciu *num* eighty;
zobacz też sześciu.

osiemnastu *num* eighteen; *zobacz też* sześciu.

osiemnasty *num* eighteenth; *zobacz też* szósty.

osiemnaście *num* eighteen; *zobacz też* sześć.

osiemset *num* eight hundred;
zobacz też sześć.

osiemsetny *num* eight hundredth; *zobacz też* szósty.

osierocić *vperf* : osierocić dziecko to orphan a child.

osiodłać *vperf* : osiodłać konia
to saddle a horse.

osioł (*D* osła) *m* [zwierzę] donkey.

osiwieć *vperf* = siwieć.

oskarżać *vimperf* to accuse
• **oskarżać kogoś o coś** to accuse
sb of sthg.

oskarżenie (*D* oskarżenia) *n*
[zarzut] accusation; [oficjalna skar-
ga] indictment [strona oskarżają-
ca] prosecutor.

oskarżony ◇ *adj* accused.
◇ *m* (*f* oskarżona) defen-
dant.

oskarżyciel *m* [w sądzie] prosecutor.

oskrzela (*D* oskrzeli) *npl* [organ] bronchial tubes.

Oslo (*inv*) *n* Oslo.

osłabienie (*D* osłabienia) *n* [po chorobie] weakness; [wzroku, słuchu] diminishing.

osłabiony *adj* [chorobą] weakened.

osłabnąć *vperf* = słabnąć.

osłaniać (*perf* osłonić) *vimperf* [głowę rękami] to cover; [złodzieja] to protect • **osłaniać kogoś od czegoś** to protect sb from sthg. ➤ **osłaniać się** *vp imperf* : **osłaniać się przed czymś** to take shelter from sthg.

osłodzić *vperf* [herbatę] to sweeten.

osłonić *vperf* = osłaniać.

osłuchiwać *vimperf* : **osłuchiwać chorego** to auscultate a sick person.

osłupieć *vperf* : **osłupieć ze zdziwienia** to be stunned with surprise.

osoba (*D* osoby) *f* person.

osobisty *adj* [rozmowa, sukces, sprawy, życie] personal.

osobiście *adv* [we własnej osobie] personally.

osobno *adv* [oddzielnie] separately.

osobny *adj* [pokój] separate.

osobowość (*D* osobowości) *f* [charakter, postać] personality.

osolić *vperf* = solić.

osowiały *adj* dejected.

ospa (*D* ospy) *f* [choroba] smallpox • **wietrzna ospa** chickenpox.

ospały *adj* [wzrok, ruchy] sluggish.

ostatecznie *adv* [w końcu] finally; [definitywnie] for good; [w ostateczności] eventually.

ostateczność (*D* ostateczności) *f* : **w ostateczności** as a last resort; [konieczność] necessity.

ostateczny *adj* final.

ostatni *adj* [piętro, rok] last.

ostatnio *adv* [niedawno, ostatnim razem] lately.

ostentacyjny *adj* [poza, uprzejmość] ostentatious.

ostro *adv* [spiczasto, gwałtownie] sharply; [surowo] harshly; [pikantnie] spicy.

ostrożnie *adv* [uważnie] carefully.

ostrożność (*D* ostrożności) *f* caution.

ostrożny *adj* [uważny, przezorny] cautious.

ostry *adj* [nóż, zapach, zdjęcie] sharp; [dźwięk, przepisy, światło] harsh; [język] rough; [smak] spicy; [kolor] bright • **ostry zakręt** sharp turn.

ostrzec *vperf* = ostrzegać.

ostrzegać (*perf* ostrzec) *vimperf* to warn • **ostrzegać kogoś przed czymś** to warn sb about sthg; **ostrzegać kogoś przed kimś** to warn sb about sb.

ostrzegawczy *adj* [tablice, znaki] warning.

ostrzeżenie (*D* ostrzeżenia) *n* warning.

ostrzyc *vperf* [głowę, włosy, brodę] to cut. ➤ **ostrzyc się** *vp perf* to have one's hair cut.

ostrzyć *vimperf* [nóż, nożyczki] to sharpen.

ostudzić *vperf* [wodę] to cool.

ostygnąć *vperf* = stygnąć.

osuszyć *vperf* [bagna] to dry out; [łzy] to dry.

oswajać (*perf* oswoić) *vimperf* [zwierzęta] to tame. ➤ **oswajać się** (*perf* oswoić się) *vp* *imperf* [o człowieku] to get used to; [o zwierzętach] to become tame.

oswoić *vperf* = oswajać.

oswojony *adj* [zwierzę] tame.

oszaleć *vperf* [z gniewu, ze strachu] to go crazy.

oszczep (*D* -u) *m* [broń] spear.

oszczerca *m* slanderer.

oszczerstwo (*D* oszczerstwa) *n* slander.

oszczędność (*D* oszczędności) *f* [cecha charakteru] thrift; [gazu, paliwa] saving. ➡ **oszczędności** (*D* oszczędności) *fpl* [pieniądze] savings.

oszczędny *adj* thrifty.

oszczędzać *vimperf* [siły, czas, zdrowie] to save; [pieniądze] to save up.

oszukać *vperf* = oszukiwać.

oszukiwać (*perf* oszukać) *vimperf* [wprowadzać w błąd] to cheat; [okłamywać] to deceive.

oszust, ka *m, f* fraud.

oszustwo (*D* oszustwa) *n* fraud.

oś (*D* osi) *f* [symetrii, parku] axis.

ość, ości *f* [ryby] fishbone.

oślepiać (*perf* oślepić) *vimperf* [o słońcu] to blind.

oślepiający *adj* [światło] blinding.

oślepnąć *vperf* to go blind.

ośmieszać *vimperf* : ośmieszać kogoś to ridicule sb. ➡ **o- śmieszać się** *vp imperf* to make a fool of o.s.

ośmiornica *f* octopus.

ośmiu *num* eight; *zobacz też* sześciu.

ośnieżony *adj* snow-covered.

ośrodek (*D* ośrodka) *m* [handlowy, przemysłowy] centre.

oświadczenie (*D* oświadczenia) *n* [premiera, komisji] statement.

oświadczyny (*D* oświadczyn) *pl* proposal of marriage.

oświata (*D* oświaty) *f* [wykształcenie] education.

oświetlać *vimperf* [pokój, ulicę] to light.

oświetlenie (*D* oświetlenia) *n* [ulicy, awaryjne] lighting.

otaczać *vimperf* [dom] to enclose; [miasto] to encircle; [życzliwymi ludźmi] to be surrounded • **otaczać kogoś opieką** to take care of sb.

otarcie (*D* otarcia) *n* [rana] abrasion.

otoczenie (*D* otoczenia) *n* [okolica, środowisko] surroundings.

otruć *vperf* to poison.

otrzeć *vperf* = ocierać.

otrzymać *vperf* [list, zadanie] to receive.

otwarcie *adv* [mówić] openly.

otwarty *adj* [sklep, przestrzeń, człowiek] open.

otwieracz (*D* -a) *m* opener.

otwierać (*perf* otworzyć) *vimperf* to open.

otworzyć *vperf* = otwierać.

otyły *adj* obese.

owad *m* insect.

owadobójczy *adj* : środki owadobójcze insecticide.

owalny *adj* [kształt] oval.

owca *f* sheep.

owczy *adj* sheep's.

owdowieć *vperf* [o kobiecie] to become a widow; [o mężczyźnie] to become a widower.

owies (*D* owsa) *m* oats.

owijać *vimperf* [w papier] to wrap.

owoc (*D* -u) *m* *lit & przen* fruit • **owoce morza** seafood; **owoce**

kandyzowane KULIN candied fruit.

owocny adj [praca] fruitful.

owocowy adj [sok] fruit.

ozdoba (D ozdoby) f decoration.

ozdobić vperf to decorate.

ozdobny adj decorative.

oziębienie (D oziębienia) n [stosunków] cooling.

oziębłość (D oziębłości) f coldness.

oznaczać vimperf to mean • **co to oznacza?** what does it mean?

oznajmiać vimperf to announce • **oznajmiać coś komuś** to inform sb about sthg.

ozór (D ozora) m tongue.

ożenić vperf [syna, córkę] to marry. ➡ **ożenić się** vp perf to get married.

ożywać vimperf to come alive.

ożywienie (D ożywienia) n [gospodarcze] revival; [podekscytowanie] liveliness.

ożywiony adj [handel, życie] thriving; [o człowieku] lively.

ósmy num eighth zobacz też szósty.

ówczesny adj [czasy] in those days.

P

p. (skr od pan) Mr; (skr od pani) Ms, Mrs; (skr od piętro) floor.

pacha (D pachy) f armpit • **trzymać coś pod pachą** to carry sthg under one's arm.

pachwina (D pachwiny) f groin.

pacjent, ka m, f patient.

Pacyfik (D -u) m the Pacific.

pacyfista, pacyfistka m, f pacifist.

paczka (D paczki) f [pakunek] parcel; [kawy, papierosów] packet.

Pad (D -u) m the Po.

padaczka (D padaczki) f epilepsy.

padać vimperf [gen] to fall; [o deszczu] to rain; [o śniegu] to snow; [na ziemię] to get down • **padać ze zmęczenia** to be totally exhausted.

pająk m [owad] spider.

pajęczyna (D pajęczyny) f spider's web.

pakować (perf **zapakować**) vimperf [walizki] to pack.

pakowny adj [torba, szafa] capacious.

pakt (D -u) m [o nieagresji] pact.

pakunek (D pakunku) m [paczka] bundle.

pal (D -a) m stake.

palacz, ka m, f [papierosów] smoker.

palarnia (D palarni) f smoking-room.

palec (D palca) m [u ręki] finger; [u stopy] toe.

palić vimperf [w piecu] to light • **palić papierosy** to smoke. ➡ **palić się** vp imperf [o ogniu] to burn.

paliwo (D paliwa) n fuel.

palma (D palmy) f [drzewo] palm.

palto (D palta) n coat.

pałac (D -u) m [królewski] palace.

pamiątka (D pamiątki) f [z podróży] souvenir.

pamiątkowy adj [fotografia, tablica] commemorative.

pamięć (D pamięci) f [zdolność] memory; [wspomnienie] remembrance; INFORM memory • **na pamięć** by heart.

pamiętać vimperf [mieć w pamięci] to remember • **pamiętać coś/ kogoś** to remember sthg/sb; **pamiętać o czymś** to bear sthg in mind.

pamiętliwy adj unforgiving.

pamiętnik (D -a) m [dziennik osobisty] diary; [album] album.

pan m [tytuł grzecznościowy] formal address; [przy nazwisku] Mr; [mężczyzna] man; [człowiek mający władzę] boss • **może pan usiądzie** please take a seat; **przepraszam pana** excuse me; **pan młody** bridegroom.

PAN (skr od Polska Akademia Nauk) (D PAN-u) m LUB f Polish Academy of Sciences.

panel (D -u) n : **panel sterowania** INFORM control panel.

pani f [tytuł grzecznościowy] formal address; [przy nazwisku] Ms, Mrs; [kobieta] woman • **może pani usiądzie** please take a seat; **przepraszam panią** excuse me.

paniczny adj [ucieczka] panicky • **paniczny strach** blind terror.

panika (D paniki) f panic.

panikować vimperf to panic.

panna f [niezamężna kobieta] girl • **panna młoda** bride. ➡ **Panna** (D Panny) f [znak zodiaku] Virgo.

panorama (D panoramy) f [miasta] panorama.

panoramiczny adj [zdjęcie] panoramic.

panować vimperf [spokój] to rule; [król] to reign • **panować nad** czymś/nad kimś to control sthg/ sb.

pantera f [zwierzę] panther.

pantofel (D pantofla) m slipper.

pantoflarz m pot henpecked husband.

państwo¹ (D państwa) n [kraj] country; [władza] state.

państwo² pl [przy nazwisku] Mr and Mrs; [kilka osób różnej płci] formal term for a group; [tytuł grzecznościowy] Ladies and Gentleman.

państwowy adj [flaga] national; [administracja, przedsiębiorstwo] state.

PAP (skr od Polska Agencja Prasowa) (D -u) m LUB f Polish Press Agency.

papeteria (D papeterii) f writing paper and envelope.

papier (D -u) m paper • **papier toaletowy** toilet paper. ➡ **papiery** (D papierów) mpl pot [dokumenty] papers • **papiery wartościowe** bonds.

papierniczy adj [przemysł] paper • **sklep papierniczy** stationer's.

papieros (D -a) m cigarette.

papierowy adj paper.

papież m pope.

paproć (D paproci) f fern.

papryka (D papryki) f [warzywo] capsicum; [przyprawa] paprika.

papuga f [ptak] parrot.

papugować vimperf pot & pej [naśladować] to parrot.

para¹ (D pary) f [rękawiczek, butów, spodni] pair; [związek dwóch osób] couple • **młoda para** newly married couple.

para² (D pary) f [wodna] steam.

parada (D parady) f [uliczna, wojskowa] parade.

paradoks (*D* -u) *m* paradox.

parafia (*D* parafii) *f* parish.

parafować *vimperf* [dokument, umowę] to initial.

paragon (*D* -u) *m* [dowód zapłaty] receipt.

paragraf (*D* -u) *m* [prawny, tekstu] paragraph.

paraliż (*D* -u) *m* [komunikacji miejskiej] standstill; [ciała] paralysis.

paraliżować *vimperf* [miasto, nogi] to paralyze.

parapet (*D* -u) *m* [pod oknem] windowsill.

parasol (*D* -a) *m* [od deszczu] umbrella; [od słońca] parasol.

park (*D* -u) *m* park • **park narodowy** national park.

parkan (*D* -u) *m* fence.

parkiet (*D* -u) *m* [dębowy] floor; [do tańca] dance floor; [sala giełdy] trading floor.

parking (*D* -u) *m* parking space • **parking strzeżony** guarded car park.

parkometr (*D* -u) *m* parking meter.

parkować (*perf* **zaparkować**) *vimperf* [samochód] to park.

parlament (*D* -u) *m* parliament • **Parlament Europejski** European Parliament.

parlamentarny *adj* [wybory] parliamentary.

parny *adj* [dzień] sultry.

parodia (*D* parodii) *f* [piosenki] parody; *pej* [małżeństwa] mockery.

parodiować *vimperf* to parody.

parówka (*D* parówki) *f* frankfurter.

parsknąć *vperf* : **parsknąć śmiechem** to burst out laughing.

parter (*D* -u) *m* [w budynku] ground floor; [w teatrze] stalls.

partia (*D* partii) *f* [polityczna] party; [materiału] portion; [szachów] game.

partner, ka *m, f* [współuczestnik] partner.

Paryż (*D* -a) *m* Paris.

paryżanin, paryżanka *m, f* Parisian.

parzyć *vimperf* : **parzyć coś** [herbatę, kawę] to make sthg.

parzysty *adj* [liczba] even.

pas (*D* -a) *m* [skórzany] belt; [talia] waist • **pas ruchu** carriage-way; **pas startowy** runway; **pasy bezpieczeństwa** safety belt. ➡ **pasy** (*D* pasów) *mpl* [dla pieszych] lead.

pasaż (*D* -u) *m* [przejście] passageway.

pasażer, ka *m, f* passenger.

pasek (*D* paska) *m* [do spodni] belt; [u torebki] strap • **w paski** [w deseń, wzór] striped; **pasek adresów** INFORM address toolbar; **pasek narzędzi** INFORM toolbar; **pasek zadań** INFORM taskbar.

paser *m* fence.

pasiasty *adj* [koc] striped.

pasieka (*D* pasieki) *f* apiary.

pasierb, pasierbica *m, f* stepson (*f* stepdaughter).

pasja (*D* pasji) *f* [zamiłowanie] passion; [gniew] fury.

pasjans (*D* -a) *m* [w kartach] patience *UK*, solitaire *US*.

pasjonować *vimperf* to fascinate. ➡ **pasjonować się** *vp imperf* : **pasjonować się czymś** to have a passion for sthg.

pasjonujący *adj* [książka, zabawa] exciting.

paskudny *adj* [zapach] terrible.

pasmanteria (*D* pasmanterii) *f* [artykuły] accessories; [sklep] clothing accessory shop.

pasmo (*D* pasma) *n* [górskie] range.

pasować *vimperf* [współgrać z czymś] to suit • **pasować do czegoś** to fit sthg.

pasożyt (*D* -a) *m* [organizm] parasite.

pasożytniczy *adj* [choroba, grzyby] parasitic.

passa (*D* passy) *f* [dobra, zła] run.

pasta (*D* pasty) *f* [do butów, podłogi] polish; KULIN paste • **pasta do zębów** toothpaste.

pastelowy *adj* [kolor] pastel.

pasteryzowany *adj* [mleko] pasteurized.

pastor *m* pastor.

pastować *vimperf* [buty, podłogę] to polish.

pastwisko (*D* pastwiska) *n* pasture.

pastylka (*D* pastylki) *f* [owocowa] sweet; [na przeziębienie] pastille.

pasywny *adj* [bierny] passive.

pasza (*D* paszy) *f* [dla zwierząt] fodder.

paszport (*D* -u) *m* passport.

paszportowy *adj* [kontrola] passport.

pasztet (*D* -u) *m* pate.

pasztetowa (*D* pasztetowej) *f* KULIN liver sausage.

paść *vperf* = padać.

pat (*D* -a) *m* [w negocjacjach, w szachach] stalemate.

patelnia (*D* patelni) *f* [do smażenia] frying pan.

patent (*D* -u) *m* [prawo] patent; [sternika] licence.

patison (*D* -a) *m* autumn squash.

patologiczny *adj* [rodzina] dysfunctional; [miłość] sick.

patos (*D* -u) *m* pathos.

patriota, patriotka *m*, *f* patriot.

patrol (*D* -u) *m* [żołnierzy, policjantów] patrol.

patrolować *vimperf* to patrol.

patrzeć *vimperf* to look at.

pauza (*D* pauzy) *f* break.

paw (*D* pawia) *m* peacock.

pawian *m* baboon.

pawilon (*D* -u) *m* [handlowy] pavilion; [muzealny] annexe.

pawlacz (*D* -a) *m* [schowek] *storage space under the ceiling, in a corridor*.

paznokieć (*D* paznokcia) *m* nail.

pazur (*D* -a) *m* [ptasi, koci] claw.

październik (*D* -a) *m* October; *zobacz też* styczeń.

pączek (*D* pączka) *m* doughnut.

pączkować *vimperf* [o kwiatach, o drzewach] to be in bud.

pąk (*D* -a) *m* [na drzewach] bud.

PC (*skr od* **personal computer**) *m* PC.

pchać (*perf* **pchnąć**) *vimperf* to push. ➡ **pchać się** *vp imperf* to push one's way through.

pchła (*D* pchły) *f* flea.

pchnąć *vperf* = pchać.

pchnięcie (*D* pchnięcia) *n* push • **pchnięcie kulą** SPORT shot put.

PCK (*skr od* **Polski Czerwony Krzyż**) *n* LUB *m* *Polish Red Cross*.

PCW (*skr od* **polichlorek winylu**) *n* PVC.

pech (*D* -a) *m* : **mieć pecha** to have bad luck.

pechowiec *m pot* unlucky creature.

pechowy *adj* [człowiek, trzynastka] unlucky; [dzień] bad.

pedał (*D* -u) *m* [w samochodzie, w rowerze] pedal.

pedałować *vimperf* to pedal.

pedant, ka *m, f* pedant.

pedikiur (*D* -u) *m* pedicure.

pedikiurzystka *f* pedicure.

pejzaż (*D* -u) *m* landscape.

pekińczyk *m* [pies] Pekinese.

pelargonia (*D* pelargonii) *f* geranium.

pelikan *m* [ptak] pelican.

Peloponez (*D* -u) *m* the Peloponnese.

pełen *adj* = pełny.

pełnia (*D* pełni) *f* [sezonu, szczęścia] height; [księżyca] full moon.

pełnić *vimperf* [funkcję, dyżur, obowiązki] to fulfil.

pełno *adv* [po brzegi] to the brim; [mnóstwo] no end.

pełnoletni *adj* adult.

pełnomocnictwo (*D* pełnomocnictwa) *n* authorization.

pełny, pełen *adj* [kubek, autobus, sala, tekst] full.

pełzać *vimperf* [o płazach, gadach] to crawl.

penicylina (*D* penicyliny) *f* penicillin.

pensja (*D* pensji) *f* [wynagrodzenie] salary. ✓

pensjonat (*D* -u) *m* [rodzaj hotelu] guest house.

perfekcja (*D* perfekcji) *f* perfection.

perfekcjonista, perfekcjonistka *m, f* perfectionist.

perfidia (*D* perfidii) *f pej* treachery.

perfumeria (*D* perfumerii) *f* [sklep] perfumery.

perfumy (*D* perfum) *pl* perfume.

perła (*D* perły) *f* [klejnot] pearl.

peron (*D* -u) *m* platform.

personalia (*D* personaliów) *pl* personal data.

personel (*D* -u) *m* [szpitala, sklepu] personnel.

perspektywa (*D* perspektywy) *f* [dystans] perspective. ➡ **perspektywy** (*D* perspektyw) *fpl* [szanse] future.

perswazja (*D* perswazji) *f* persuasion.

pertraktacje (*D* pertraktacji) *pl* negotiations.

pertraktować *vimperf* to negotiate • **pertraktować z kimś** to negotiate with sb.

peruka (*D* peruki) *f* [sztuczne włosy] wig.

perwersja (*D* perwesji) *f* perversion.

pestka (*D* pestki) *f* [dyni, słonecznika] seed; [owoców] stone.

pesymista, pesymistka *m, f* pessimist.

pesymistyczny *adj* pessimistic.

pesymizm (*D* -u) *m* pessimism.

peszyć *vimperf* [onieśmielać] to disconcert. ➡ **peszyć się** *vp imperf* [tracić pewność siebie] to lose one's self-confidence.

petarda (*D* petardy) *f* firecracker.

Petersburg (*D* -a) *m* Saint Petersburg.

pewien *pron* [bliżej nieokreślony] certain • **pewnego razu** [w bajkach] once upon a time.

pewno *part* [prawdopodobnie] surely. ➡ **na pewno** *part* [niewątpliwie] for certain.

pewność (*D* pewności) *f* [przekonanie] certainty; [zdecydowanie] confidence • **mam pewność, że**

przyjdzie I am certain he'll come.

pewny adj [niewątpliwy] certain; [zdecydowany] sure; [przekonany] confident; [droga] right; [przyjaciel] reliable • **pewny siebie** self-confident.

pęcherz (D -a) m [na rękach] blister; [moczowy] bladder.

pęczek (D pęczka) m [pietruszki, rzodkiewki] bunch.

pędzel (D pędzla) m brush.

pędzić vimperf [szybko biec lub jechać] to race.

pęk (D -u) m [kluczy, kwiatów] bunch.

pękać (perf pęknąć) vimperf [lód, ściana, rura] to crack; [lina] to snap; [balon] to burst • **pękać ze śmiechu** to split one's sides with laughter.

pęknąć vperf = pękać.

pępek (D pępka) m [na brzuchu] belly button.

pęseta (D pęsety) f tweezers.

pętelka (D pętelki) f knot.

pętla (D pętli) f [wokół szyi] noose; [tramwajowa, autobusowa] last stop.

piać vimperf [kogut] to crow.

piana (D piany) f foam.

pianino (D pianina) n piano.

pianista, pianistka m, f pianist.

piasek (D piasku) m sand.

piaskownica (D piaskownicy) f sandpit.

piaszczysty adj sandy.

piąć się vp imperf [wspinać się] to climb.

piątek (D piątku) m Friday zobacz też sobota.

piąty num fifth zobacz też szósty.

pić vimperf [wodę, piwo, sok] to drink.

piec[1] (D -a) m [elektryczny, gazowy] stove.

piec[2] (perf upiec) vimperf [ciasto] to bake; [mięso] to roast.

piechur m [żołnierz] infantry; [turysta] walker.

piecyk (D -a) m [elektryczny, gazowy] stove; [piekarnik] oven.

pieczarka (D pieczarki) f button mushroom.

pieczątka (D pieczątki) f [odbity znak] seal; [przyrząd] stamp.

pieczeń (D pieczeni) f roast.

pieczęć (D pieczęci) f stamp.

pieczętować (perf opieczętować) vimperf [drzwi, dokument] to seal.

pieczony adj [mięso] roast.

pieczywo (D pieczywa) n bread.

piegi (D piegów) mpl [na nosie] freckles.

piekarnia (D piekarni) f baker's.

piekarnik (D -a) m [gazowy, elektryczny] oven.

piekarz m baker.

piekło (D piekła) n lit & przen hell.

pielęgnacja (D pielęgnacji) f [ciała, niemowląt] care.

pielęgniarka f nurse.

pielęgnować vimperf [chorego] to care for.

pielucha (D pieluchy) f [dla niemowląt] nappy UK, diaper US.

pieniądze (D pieniędzy) mpl money.

pieprz (D -u) m pepper • **pieprz turecki** paprika.

pieprzny adj [jedzenie] peppery; pot [kawał, dowcip] spicy.

pieprzyć vimperf [jedzenie] to pepper; wulg to talk shit.

pierogi (*D* pierogów) *mpl* *boiled dumplings with a variety of fillings* • **pierogi z grzybami i kapustą** sauerkraut and mushroom dumplings; **pierogi z mięsem** meat dumplings; **ruskie pierogi** cottage cheese and potato dumplings; **leniwe pierogi** *dumplings made with cottage cheese as part of the dough.*

pierś (*D* piersi) *f* breast • **pierś kaczki** duck breast; **pierś kurczaka** chicken breast.

pierścionek (*D* pierścionka) *m* [zaręczynowy] ring.

pierwszeństwo (*D* pierwszeństwa) *n* priority.

pierwszy *num* first *zobacz też* szósty.

pierze (*D* pierza) *n* feathers.

pies (*D* psa) *m* dog.

pieszczota (*D* pieszczoty) *f* caress.

pieszczotliwy *adj* [głos, gest] tender.

pieszo *adv* [na nogach] on foot.

pieszy ◇ *adj* [wycieczka, podróż] walking. ◇ *m* [człowiek] pedestrian.

pieścić *vimperf* [dziecko] to fondle. ◆ **pieścić się** *vp imperf* [tulić się wzajemnie] to cuddle.

pieśń (*D* pieśni) *f* song.

pietruszka (*D* pietruszki) *f* [korzeń] parsnip; [natka] parsley.

pięciobój (*D* pięcioboju) *m* pentathlon • **pięciobój lekkoatletyczny** pentathlon; **pięciobój nowoczesny** modern pentathlon.

pięciu *num* five *zobacz też* sześciu.

pięć *num* five *zobacz też* sześć.

pięćdziesiąt *num* fifty *zobacz też* sześć.

pięćdziesiąty *num* fiftieth; *zobacz też* szósty.

pięćdziesięciu *num* fifty; *zobacz też* sześciu.

pięćset *num* five hundred; *zobacz też* sześć.

pięćsetny *num* five hundredth; *zobacz też* szósty.

pięknie *adv* [bardzo ładnie] beautifully; [szlachetnie] nobly • **pięknie wyglądasz** you look beautiful.

piękno (*D* piękna) *n* beauty.

piękność (*D* piękności) *f* [uroda, kobieta] beauty.

piękny *adj* [bardzo ładny, szczęśliwy] beautiful; [szlachetny] noble.

pięść (*D* pięści) *f* fist.

pięta (*D* pięty) *f* heel.

piętnastu *num* fifteen; *zobacz też* sześciu.

piętnasty *num* fifteenth; *zobacz też* szósty.

piętnaście *num* fifteen; *zobacz też* sześć.

piętro (*D* piętra) *n* [kondygnacja] floor.

pijak, pijaczka *m, f pej* [alkoholik] drunkard.

pijany *adj* [nietrzeźwy] drunk.

pik (*D* -a) *m* [w kartach] spades.

pikantny *adj* [jedzenie] spicy; [historia] juicy.

piknik (*D* -u) *m* picnic.

pilnik (*D* -a) *m* [do paznokci, metalu, drewna] file.

pilnować *vimperf* [strzec] to guard; [opiekować się] to take care of.

pilny *adj* [sprawa] urgent; [uczeń] diligent.

pilot (*D* -a) *m* [samolotu] pilot;

[wycieczek] guide; [telewizora] remote control.

pilotować vimperf [pojazd] to guide.

piła (D piły) f [narzędzie] saw.

piłka (D piłki) f ball • **piłka nożna** football; **grać w piłkę** to play football.

piłkarski adj football.

piłkarz m footballer.

piłować vimperf [drzewo] to saw; [paznokcie] to file.

pinezka (D pinezki) f drawing pin UK, thumb tack US.

ping-pong (D -a) m table tennis.

pingwin m penguin.

pion (D -u) m [kierunek] perpendicular.

pionowy adj vertical.

piorun (D -a) m lightning.

piorunochron (D -u) m lightning conductor.

piosenka (D piosenki) f song.

piosenkarz, piosenkarka m, f singer.

piórnik (D -a) m pencil case.

pióro (D pióra) n [ptasie] feather.

piracki adj [statek, kasety] pirate.

Pireneje (D Pirenejów) pl the Pyrenees.

pisać vimperf to write • **długopis przestał pisać** this pen's stopped working.

pisarz, pisarka m, f [literat] writer.

pisemnie adv in writing.

pisemny adj [zgoda, egzamin] written.

pisk (D -u) m [dzieci, ptaków, opon] squeal.

piskliwy adj [krzyk, śmiech] shrill; [dziecko] squealing.

pismo (D pisma) n [obrazkowe, egipskie] alphabet; [proste, staranne] writing; [służbowe] letter; [kobiece, literackie] magazine • **na piśmie** in writing.

pisnąć vperf = piszczeć.

pisownia (D pisowni) f spelling.

pistacja (D pistacji) f pistachio.

pistolet (D -u) m pistol.

piszczeć (perf pisnąć) vimperf [o dzieciach] to squeal.

pitny adj [woda, miód] drinking.

piwiarnia (D piwiarni) f pub.

piwnica (D piwnicy) f [pod ziemią] cellar; [lokal] bar.

piwo (D piwa) n beer • **piwo ciemne/piwo jasne** dark beer/lager.

piwonia (D piwonii) f peony.

piżama (D piżamy) f pyjamas.

PKP (skr od **Polskie Koleje Państwowe**) n *Polish State Railways*.

PKS (skr od **Przedsiębiorstwo Komunikacji Samochodowej**) (D -u) m *regional long-distance bus company*.

pl. (skr od **plac**) Sq.

plac (D -u) m [miejski] square • **plac zabaw** playground.

placek (D placka) m [ciasto] cake • **placki kartoflane** KULIN potato pancakes.

plagiat (D -u) m plagiarism.

plakat (D -u) m [afisz] poster.

plama (D plamy) f [na ubraniu] stain.

plamić (perf poplamić) vimperf [ubranie] to stain.

plan (D -u) m [gen] plan • **plan miasta** city map.

plandeka (D plandeki) f [kawałek brezentu] canvas.

planeta (D planety) f [ciało nie-
bieskie] planet.

planetarium n planetarium.

planować (perf **zaplanować**)
vimperf to plan.

plansza (D planszy) f [tablica]
illustration; [wyposażenie gry]
board.

plastelina (D plasteliny) f [do
lepienia] plasticine.

plaster (D plastra) m [mięsa, sera,
szynki] slice; [przylepiec] plaster.

plasterek (D plasterka) m [cytry-
ny, pomidora] slice; [przylepiec]
plaster.

plastik (D -u) m plastic.

plastikowy adj plastic.

platforma (D platformy) f [część
samochodu, wagonu] trailer;
[wiertnicza] platform.

platoniczny adj [miłość] platonic.

platyna (D platyny) f platinum.

plaża (D plaży) f beach.

plażowy adj beach.

plątać (perf **poplątać**) vimperf
[supłać] to tangle; [mylić] to confuse.

plebania (D plebanii) f presby-
tery.

plebiscyt (D -u) m [konkurs]
nationwide contest.

plecak (D -a) m rucksack.

plecy (D pleców) pl shoulders.

plemię (D plemienia) n [indiań-
skie, celtyckie] tribe.

plemnik (D -a) m sperm.

pleść vimperf [koszyk, wianek] to
weave • **pleść warkocze** to plait
one's hair; **pleść głupstwa** pej to
jabber on.

pleśń (D pleśni) f [nalot] mould.

plik (D -u) m INFORM file.

PLN Polish zloty.

plomba (D plomby) f [w zębie]
filling.

plombować (perf **zaplombować**) vimperf [zęby] to fill.

ploter (D -a) m INFORM plotter.

plotka (D plotki) f rumour.

plotkarz, plotkarka m, f pej
gossip.

plotkować vimperf to gossip.

pluć vimperf to spit.

plus (D -a) m [znak graficzny, zaleta]
plus.

plusk (D -u) m [wody] splash.

pluskwa (D pluskwy) f [owad]
bedbug; pot [podsłuch] bug.

pluszowy adj [mebel] soft • **pluszowy miś** teddy bear.

płaca (D płacy) f wages • **podwyżka płac** pay rise.

płacić (perf **zapłacić**) vimperf to
pay.

płacz (D -u) m [szloch] tears.

płaczliwy adj [dziecko] tearful;
[ton] plaintive.

płakać vimperf to cry.

płaski adj flat.

płaskorzeźba (D płaskorzeźby) f
relief.

płaskowyż (D -u) m plateau.

płastuga (D płastugi) f plaice.

płaszcz (D -a) m coat • **płaszcz
kąpielowy** bathrobe; **płaszcz
przeciwdeszczowy** raincoat.

płatki (D płatków) mpl flakes
• **płatki kukurydziane** cornflakes; **płatki zbożowe** wheat
flakes.

płatność (D płatności) f oficjal
payment.

płatny adj [urlop] paid; [wstęp do
muzeum] paying.

płciowy adj sexual.

płd. (*skr od* południe, południowy) S.

płd.-wsch. (*skr od* południowschód, południowo-wschodni) SE.

płd.-zach. (*skr od* południo-zachód, południowo-zachodni) SW.

płeć (*D* płci) *f* sex • **płeć piękna** [kobiety] the fair sex.

płetwa (*D* płetwy) *f* [ryby] fin; [do nurkowania] flipper.

płn. (*skr od* północ, północny) N.

płn.-wsch. (*skr od* północo--wschód, północno-wschodni) NE.

płn.-zach. (*skr od* północo-zachód, północno-zachodni) NW.

płoć (*D* płoci) *f* roach.

płodny *adj* [zwierzę, ziemia] fertile; [pisarz, malarz] prolific.

płomień (*D* płomienia) *m* [świecy, lampy] flame.

płonąć *vimperf* [dom] to be burning.

płot (*D* -u) *m* [ogrodzenie] fence.

płód (*D* płodu) *m* [ludzki] foetus.

płótno (*D* płótna) *n* [tkanina] linen; [obraz] canvas.

płuco (*D* płuca) *n* lung • **zapalenie płuc** pneumonia.

płukać *vimperf* [usta, gardło] to rinse.

płyn (*D* -u) *m* [ciecz] liquid.

płynąć *vimperf* [statek] to sail; [człowiek] to swim; [rzeka, czas] to flow.

płynnie *adv* [mówić] fluently.

płynny *adj* [ciekły] liquid; [biegły] fluent; [niestały] fluid.

płyta (*D* płyty) *f* [nagranie] record; [teren] surface; [lotniska] field; [nagrobkowa] stone • **płyta kompaktowa** compact disk, CD.

płytka (*D* płytki) *f* [ceramiczna] plate.

płytki *adj* [jezioro, talerz, utwór] shallow.

płytoteka (*D* płytoteki) *f* record library.

pływać *vimperf* [człowiek] to swim; [żaglówka] to sail • **pływać żabką** to swim breaststroke; **pływać kraulem** to swim crawl.

pływak, pływaczka *m, f* [zawodnik] swimmer.

pływalnia (*D* pływalni) *f* swimming pool.

pływanie (*D* pływania) *n* swimming.

p.n.e. (*skr od* przed naszą erą) BC.

po *prep* -1. [zdarzenie, czas] after. -2. [miejsce] : **chodzić po sklepach** to traipse around the shops; **wchodzić po schodach** to go up the stairs. -3. [dziedziczenie] from **odziedziczyć coś po kimś** to inherit sthg from sb.

pobić *vperf* : **pobić kogoś** to beat sb • **pobić rekord** to beat a record.

pobieżnie *adv* quickly.

pobłażać *vimperf* : **pobłażać komuś** [być wyrozumiałym] to be tolerant with sb.

pobocze (*D* pobocza) *n* [pas drogi] hard-shoulder.

pobożny *adj* [religijny] religious.

pobrać się *vp perf pot* to get married.

pobrudzić *vperf* = brudzić.

pobudka (*D* pobudki) *f* [budzenie] wake-up; [sygnał] alarm. ➤ **pobudki** (*D* pobudek) *fpl* motives.

pobudzać *vimperf* [mobilizować] to rouse.

pobudzający adj [środki, leki] stimulating.

pobyt (D -u) m stay.

pocałować vperf = całować.

pocałunek (D pocałunku) m kiss.

pochlebiać vimperf to flatter.

pochlebstwo (D pochlebstwa) n flattery.

pochmurny adj [niebo] cloudy; [twarz] gloomy.

pochodnia (D pochodni) f torch.

pochodzenie (D pochodzenia) n [rodowód] origin.

pochodzić vimperf : pochodzić skądś [wywodzić się] to come from somewhere; **pochodzimy z Polski/z Warszawy** : we come from Poland/Warsaw.

pochopnie adv [bez zastanowienia] rashly.

pochopny adj rash.

pochować vperf [schować] to put (away) • **pochować kogoś** [pogrzebać] to bury sb.

pochód (D pochodu) m march.

pochwalić vperf = chwalić.

pochwała (D pochwały) f approval.

pochyły adj [drzewo, pismo] slanting.

pociąć vperf = ciąć.

pociąg (D -u) m [pojazd] train; [skłonność] weakness • **pociąg z Gdyni do Zakopanego** the Gdynia-Zakopane train; **pociąg ekspresowy** express train; **pociąg osobowy** slow train; **pociąg pośpieszny** fast train; **jechać pociągiem** to go by train.

pociągać vimperf : pociągać kogoś [fascynować] to appeal to sb.

pociągły adj [twarz] oval.

pociągnąć vperf [za włosy, rękę] to pull.

pocić się vp imperf to sweat.

pocieszać vimperf : pocieszać kogoś to comfort sb. ◆ **pocieszać się** vp imperf to comfort o.s.

pocisk (D -u) m [nabój] bullet; [artyleryjski] shell.

początek (D początku) m [pracy, szkoły] start; [ulicy] near end • **na początku** at first; **od początku** from the beginning.

początkowo adv [z początku, najpierw] initially.

poczekalnia (D poczekalni) f waiting room.

poczęstować vperf = częstować.

poczęstunek (D poczęstunku) m [to, co się oferuje gościom] drinks and nibbles.

poczta (D poczty) f [urząd] post office; [korespondencja] post • **poczta elektroniczna** electronic mail.

pocztówka (D pocztówki) f postcard.

poczytny adj [książka, gazeta] popular.

pod prep [poniżej] under; [obok] by • **pod warunkiem** on condition.

podać vperf = podawać.

podajnik (D -a) m INFORM feeder • **podajnik papieru** paper feeder.

podanie (D podania) n [oficjalne pismo] communication; [o pracę] application • **złożyć podanie o coś** to make an application for sthg.

podarować vperf : podarować coś komuś to give sb sthg.

podarty adj [dziurawy] with a hole.

podatek (D podatku) m EKON tax • **wolny od podatku** tax free.

podatnik, podatniczka *m, f*
taxpayer.

podawać *(perf* podać) *vimperf* to
give • **podawać coś komuś** to
give sb sthg; **czy możesz podać
mi sól?** can you pass me the salt,
please?

podaż *(D* -y) *f* EKON supply.

podążać *vimperf* [kierować się
dokądś] to head • **podążać za
kimś** to follow sb; **podążać
swoją drogą** to find one's own
path.

podbój *(D* podboju) *m* conquest.

podbródek *(D* podbródka) *m*
chin.

podburzać *vimperf* : **podburzać
kogoś** to stir sb up.

podchwytliwy *adj* [pytanie]
tricky.

podczas *prep* during. ➡ **podczas gdy** *conj* while.

poddać się *vp perf* to surrender.

poddasze *(D* poddasza) *n* loft.

podejrzany ⬦ *adj* [nasuwający
podejrzenie] suspected; [wątpliwy]
suspicious. ⬦ *m, f* (*f* **podejrzana**) [osoba] suspect.

podejrzeć *vperf* = podglądać.

podejrzewać *vimperf* : **podejrzewać coś** to suspect sthg;
podejrzewać kogoś o coś to
suspect sb of sthg.

podejrzliwość *(D* podejrzliwoś-
ci) *f* suspicion.

podejrzliwy *adj* [nieufny] suspicious.

podeszwa *(D* podeszwy) *f* sole
(of shoe).

podglądać *(perf* podejrzeć)
vimperf to spy on.

podgrzewać *vimperf* to heat.

Podhale *(D* Podhala) *n* Podhale.

podium *(inv) n* [estrada] platform;
[dla medalistów] podium.

podjazd *(D* -u) *m* [do domu,
sklepu] drive.

podjąć *vperf* to take. ➡ **podjąć się** *vp perf* to undertake
• **podjąć się czegoś** to take sthg
on; **nie podejmę się tego** I'm
not up to it.

podkolanówki *(D* podkolanó-
wek) *fpl* knee-length stockings.

podkoszulek *(D* podkoszulka) *m*
vest.

podkreślać *(perf* podkreślić)
vimperf [wyróżniać kreską] to underline; [zwracać uwagę] to emphasize.

podkreślić *vperf* = podkreślać.

podlać *vperf* = podlewać.

Podlasie *(D* Podlasia) *n* Podlasie.

podlegać *vimperf* [przepisom] to
be under • **podlegać komuś** to
be answerable to sb.

podlewać *(perf* podlać) *vimperf*
[kwiatki] to water.

podlizywać się *vp imperf* : **podlizywać się komuś** *pej* to creep
to sb.

podłączyć *vperf* [połączyć przewo-
dem, zainstalować] to connect.

podłoga *(D* podłogi) *f* floor.

podłożyć *vperf* [bombę] to plant
• **podłożyć pod coś** to put sthg
under sthg.

podłużny *adj* [twarz] oval; [pasy]
loose.

podmiejski *adj* suburban • **komunikacja podmiejska** suburban transport; **pociąg podmiejski** suburban train.

podmuch *(D* -u) *m* [bomby] blast;
[wiatru] gust.

podniebienie *(D* podniebienia)
n [miękkie, twarde] palate.

157 podstępny

podniecać *vimperf* [pobudzać] to excite; [pociągać erotycznie] to arouse. **podniecać się** *vp imperf* [odczuwać podniecenie] to get excited.

podniecający *adj* [kobieta, wygląd] seductive.

podniecony *adj* [dziecko] excited; [mężczyzna] aroused.

podnieść *vperf* [unieść] to pick up. **podnieść się** *vp perf* [wstać] to stand up.

podnoszenie (*D* podnoszenia) *n* : podnoszenie ciężarów weight lifting.

podobać się *vp imperf* : podobał mi się ten film I liked this film; podobasz mi się I like you.

podobieństwo (*D* podobieństwa) *n* resemblance.

podobnie *adv* similarly, like • myślała podobnie jak my she thought as me; była uczesana podobnie do mnie she had the same haircut as me.

podobno *part* [jak mówią] they say that.

podobny *adj* similar • być podobnym do kogoś to look like sb.

podpalacz *m* arsonist.

podpalić *vperf* [dom, las] to set fire to.

podpaska (*D* podpaski) *f* [higieniczna] sanitary towel *UK*, sanitary napkin *US*.

podpis (*D* -u) *m* signature.

podpisać *vperf* to sign. **podpisać się** *vp perf* to sign one's name.

podpora (*D* podpory) *f* support.

podporządkowany *adj* subordinate • droga podporządkowana sliproad.

podpowiadać (*perf* podpowie-

dzieć) *vimperf* to prompt • podpowiadać komuś to prompt sb; [dawać wskazówkę] to give a clue.

podpowiedzieć *vperf* = podpowiadać.

podrapać *vperf* [po plecach, pazurami] to scratch. **podrapać się** *vp perf* to scratch o.s.

podręcznik (*D* -a) *m* textbook.

podręczny *adj* [łatwo dostępny] handy • biblioteka podręczna reference library; apteczka podręczna first aid kit.

podrobić *vperf* [podpis, dokument] to forge • podrobić coś to forge sthg.

podrobiony *adj* [podpis, dokument] forged.

podroby (*D* podrobów) *pl* offal.

podrożeć *vperf* = drożeć.

podróż (*D* podróży) *f* trip • podróż poślubna honeymoon.

podróżnik, podróżniczka *m, f* traveller.

podróżować *vimperf* to travel.

podrywacz *m pot* skirt chaser.

podrzeć *vperf* = drzeć.

podrzędny *adj* [kiepski] secondrate; [zależny] subordinate.

podsłuchać *vperf* = podsłuchiwać.

podsłuchiwać (*perf* podsłuchać) *vimperf* [rozmowę przez drzwi] to eavesdrop.

podstawa (*D* podstawy) *f* [cokołu, pomnika] base. **podstawy** (*D* podstaw) *fpl* [zasady] basis; [powody] reason.

podstawowy *adj* [zasadniczy] basic • szkoła podstawowa elementary school.

podstęp (*D* -u) *m* trick.

podstępny *adj* [oszust] cunning

• **podstępna gra** game of strategy.

podsumować *vperf* [koszty, wnioski] to sum up.

podsumowanie (*D* podsumowania) *n* [dyskusji] summary; [w wypracowaniu] conclusion.

podszewka (*D* podszewki) *f* [płaszcza, spódnicy] lining.

podświadomy *adj* [urazy, motywy] subconscious.

podtrzymywać *vimperf* [podpierać] to hold up • **podtrzymywać rozmowę** to keep the conversation going.

podupadać *vimperf* [słabnąć] to be in decline.

poduszka (*D* poduszki) *f* [do spania] pillow; [kanapy, fotela] cushion • **poduszka powietrzna** air-bag.

podwajać (*perf* **podwoić**) *vimperf* [majątek, wygraną] to double.

podważać *vimperf* [drzwi łomem] to lever open; [argumenty] to disprove • **podważać czyjeś zdanie** to refute sb's opinion.

podwieczorek (*D* podwieczorku LUB podwieczorka) *m* teatime.

podwieźć *vperf* : **podwieźć kogoś** to give sb a lift.

podwładny, podwładna *m, f* subordinate.

podwodny *adj* [skały] underwater • **okręt podwodny** submarine.

podwoić *vperf* = podwajać.

podwozie (*D* podwozia) *n* [pojazdu] undercarriage.

podwójny *adj* [łóżko, życie] double.

podwórko (*D* podwórka) *n* yard.

podwyżka (*D* podwyżki) *f* [cen]

rise • **dostać podwyżkę** to get a pay rise.

podyktować *vperf* = dyktować.

podział (*D* -u) *m* division.
➡ **podziały** (*D* podziałów) *mpl* [różnice] distinctions.

podzielać *vimperf* [poglądy, odczucia] to share • **podzielać czyjeś zdanie** to share sb's opinion.

podzielić *vperf* = dzielić.

podziemie (*D* podziemia) *n* [budynku] vaults; [działalność] underground.

podziękować *vperf* = dziękować.

podziękowanie (*D* podziękowania) *n* [za pomoc] thanks.

podziw (*D* -u) *m* [uznanie, zachwyt] admiration.

podziwiać *vimperf* : **podziwiać kogoś/coś** to admire sb/sthg; **podziwiać kogoś za coś** to admire sb for sthg.

poeta, poetka *m, f* poet.

poezja (*D* poezji) *f* poetry.
➡ **poezje** (*D* poezji) *fpl* [wiersze] poems.

poganiać *vimperf* : **poganiać kogoś** to urge sb on.

poganin, poganka *m, f* heathen.

pogarda (*D* pogardy) *f* contempt.

pogardliwy *adj* [uśmiech, stosunek] contemptuous.

pogląd (*D* -u) *m* opinion.

pogłaskać *vperf* = głaskać.

pogłębiać *vimperf* : **pogłębiać coś** to deepen sthg; **pogłębiać swoją wiedzę** to strengthen one's knowledge.

pogłoska (*D* pogłoski) *f* rumour.

pogniewać się *vp perf* : pognie-

wać się z kimś to quarrel with sb.

pogoda (D pogody) f [słoneczna, deszczowa] weather; [ducha] cheerfulness.

pogodny adj [ranek] fine; [usposobienie] cheerful.

pogodzić vperf [przyjaciół] to reconcile. ➠ **pogodzić się** vp perf [po kłótniach] to become reconciled; [z myślą] to reconcile o.s • **pogodzić się z kimś** to become reconciled with sb.

pogoń (D pogoni) f [za złodziejem] chase; [za pieniędzmi] pursuit.

pogorszenie (D pogorszenia) n [pogody, zdrowia] deterioration.

pogorszyć vperf [sytuację] to make sthg worse. ➠ **pogorszyć się** vp perf [o pogodzie, o stosunkach] to deteriorate.

pogotowie (D pogotowia) n [stan gotowości] readiness; [służbal repair service; [karetka] emergency services • **pogotowie ratunkowe** ambulance service; **wezwać pogotowie** to call the emergency services.

pogranicze (D pogranicza) n [miejsce] border; [czas] threshold.

pogratulować vperf = gratulować.

pogrom (D -u) m [rzeź] pogrom; [klęska militarna] crushing defeat.

pogryźć vperf [pokąsać] to bite; [żuć] to chew.

pogrzeb (D -u) m funeral.

poinformować vperf = informować.

pojechać vperf = jechać.

pojedynczo adv [w pojedynkę] singly.

pojedynczy adj [liczba, przypadek] single.

pojedynek (D pojedynku) m [walka] duel.

pojemnik (D -a) m [na śmieci] container.

pojemność (D pojemności) f [zbiornika] capacity • **pojemność pamięci** INFORM storage capacity.

pojęcie (D pojęcia) n [termin] concept; [wyobrażenie] notion.

pojutrze adv [za dwa dni] the day after tomorrow.

pokarm (D -u) m food.

pokarmowy adj alimentary.

pokaz (D -u) m [mody, lotniczy] show.

pokazać vperf = pokazywać.

pokazywać (perf pokazać) vimperf to show • **pokazać coś komuś** to show sb sthg.

poker (D -a) m [gra] poker.

pokłócić się vperf = kłócić się.

pokochać vperf to fall in love with • **pokochać kogoś** to fall in love with sb.

pokolenie (D pokolenia) n generation.

pokolorować vperf = kolorować.

pokonać vperf : **pokonać kogoś** [zwyciężyć] to beat sb; **pokonać coś** [lęk, ból] to overcome sthg.

pokorny adj [sługa, prośba] humble.

pokój¹ (D pokoju) m [pomieszczenie] room.

pokój² (D pokoju) m [bez wojny] peace.

pokrewieństwo (D pokrewieństwa) n relationship.

pokroić vperf = kroić.

pokropić vperf [o deszczu] to drizzle; [płynem] to sprinkle.

pokrowiec (*D* pokrowca) *m* [na meble, na fotele] cover.

pokruszyć *vperf* = kruszyć.

pokryć *vperf* [koszty] to cover • **pokryć coś** to cover sthg; **pokryć czymś** to cover with sthg.

pokrywka (*D* pokrywki) *f* [garnka] lid.

pokrzywa (*D* pokrzywy) *f* nettle.

pokrzywdzony <> *adj* [w sądzie, przez los] wronged. <> *m* [ofiara] injured party.

pokusa (*D* pokusy) *f* temptation • **ulec pokusie** to give in to temptation.

Polak, Polka *m, f* Pole.

polana (*D* polany) *f* clearing.

pole (*D* pola) *n* [ziemia, teren, dziedzina] field.

polec *vperf* [żołnierze] to die.

polecać (*perf* polecić) *vimperf* [nakazywać] to tell • **polecać coś komuś** to recommend sthg to sb; **polecać kogoś komuś** to recommend sb to sb.

polecający *adj* : **list polecający** letter of recommendation.

polecić *vperf* = polecać.

polecieć *vperf* [gen] to fly; *pot* [pobiec] to run.

polegać *vimperf* [zasadzać się na czymś] to involve; [ufać] to rely • **polegać na kimś** to rely on sb.

polemika (*D* polemiki) *f* polemic.

polemizować *vimperf* to argue • **polemizować z kimś** to argue with sb.

polepszać *vimperf* [sytuację, warunki] to improve. ➡ **polepszać się** *vp imperf* [sytuacja, warunki] to improve.

polepszenie (*D* polepszenia) *n* improvement.

polędwica (*D* polędwicy) *f* loin.

policja (*D* policji) *f* police; [komisariat] police station.

policjant, ka *m, f* policeman (*f* policewoman).

policzek (*D* policzka) *m* cheek.

policzyć *vperf* [wydatki] to calculate; [liczby] to count.

poligamia (*D* poligamii) *f* polygamy.

polisa (*D* polisy) *f* policy • **polisa na życie** life insurance policy.

politechnika (*D* politechniki) *f* polytechnic, university of technology.

polityczny *adj* political.

polityk *m* politician.

polityka (*D* polityki) *f* [społeczna, zagraniczna] politics; [personalna] policy.

polny *adj* field • **polna droga** dirt track; **polne kwiaty** wild flowers.

polot (*D* -u) *m* [łatwość] inspiration.

polować *vimperf* [na zwierzęta] to hunt.

polowanie (*D* polowania) *n* [na zwierzęta] hunting.

Polska (*D* Polski) *f* Poland.

polski *adj* Polish.

polubić *vperf* : **polubić coś** to take (a liking) to sthg; **polubić kogoś** to take (a liking) to sb.

polubownie *adv* [kompromisowo] amicably.

połączenie (*D* połączenia) *n* [telefoniczne, autobusowe, kolejowe] connection.

połączyć *vperf* to join; [rozmowę telefoniczną] to put through. ➡ **połączyć się** *vp perf* [złączyć się] to join; [przez telefon] to get through.

połknąć *vperf* [proszek] to swallow.

połowa (*D* połowy) *f* [pół] half; [środek] middle • **połowa lat 70.** the mid-70s.

położenię (*D* położenia) *n* [geograficzne] location; [materialne, ekonomiczne] situation.

położony *adj* [usytuowany] located.

położyć *vperf* [książkę na biurku] to put • **położyć spać** [dzieci] to put to bed. ➡ **położyć się** *vp perf* [na kanapie] to lie down • **położyć się spać** to go to bed.

połów (*D* połowu) *m* [ryb] fishing.

południe (*D* południa) *n* [godzina] midday; [kierunek, obszar] south • **po południu** in the afternoon; **przed południem** in the morning; **w południe** at midday.

południowo-wschodni *adj* southeast.

południowo-zachodni *adj* southwest.

południowy *adj* south • **południowa Polska** southern Poland; **południowa półkula** Southern Hemisphere.

połysk (*D* -u) *m* [włosów, butów] shine.

pomagać (*perf* pomóc) *vimperf* to help • **pomagać komuś** to help sb; **pomagać komuś w czymś** to help sb with sthg; **pomagać komuś coś robić** to help sb to do sthg.

pomalować *vperf* = malować.

pomarańcza (*D* pomarańczy) *f* orange.

pomarańczowy *adj* orange.

pomiar (*D* -u) *m* [długości, głębokości] measurement.

pomidor (*D* -a) *m* tomato.

pomieszać *vperf* = mieszać.

pomieszczenie (*D* pomieszczenia) *n* [mieszkalne] accommodation.

(po)między *prep* **-1.** [dwiema rzeczami, osobami] between. **-2.** [wśród] among.

pomimo *prep* = mimo.

pominąć *vperf* [nie uwzględnić] to omit.

pomnik (*D* -a) *m* [posąg, obiekt] monument.

pomnożyć *vperf* = mnożyć.

pomoc (*D* pomocy) *f* [wsparcie, ratunek] help; [człowiek] assistant • **pierwsza pomoc** first aid; **udzielić komuś pomocy** to give sb help; **pomoc domowa** home help. ➡ **na pomoc!** *interj* help!

Pomorzanin, Pomorzanka *m, f* Pomeranian.

Pomorze (*D* Pomorza) *n* Pomerania.

pomost (*D* -u) *m* [nad rzeką] jetty; [część wagonu] platform; [część statku] deck.

pomóc *vperf* = pomagać.

pompka (*D* pompki) *f* [do roweru] pump; [ćwiczenie] press-up *UK*, push-up *US*.

pompować *vimperf* [dętkę, koło] to pump up.

pomścić *vperf* to avenge • **pomścić kogoś** to avenge sb.

pomylić *vperf* to mix up. ➡ **pomylić się** *vp perf* to make a mistake.

pomyłka (*D* pomyłki) *f* [błąd] mistake.

pomyłkowo *adv* [omyłkowo] by mistake.

pomysł (*D* -u) *m* idea • **wpaść na pomysł** to hit upon an idea.

pomysłowy adj [pracownik, rozwiązanie] ingenious.

pomyśleć vperf [zastanowić się, zatroszczyć się, wyobrazić sobie] to think.

pomyślny adj [korzystny, sprzyjający] favourable • **pomyślny wynik egzaminu** successful exam result.

pon. (skr od poniedziałek) Mon.

ponad prep over.

ponaglać vimperf [popędzać] to rush.

poniedziałek (D poniedziałku) m Monday zobacz też sobota.

ponieważ conj because.

poniżać vimperf to humiliate • **poniżać kogoś** to humiliate sb. ➡ **poniżać się** vp imperf [upokarzać się] to degrade o.s.

poniżenie (D poniżenia) n humiliation.

ponownie adv [powtórnie] again.

ponton (D -u) m [łódź gumowa] inflatable dinghy; [do budowy mostu] pontoon.

ponury adj [posępny] gloomy.

pończochy (D pończoch) fpl stockings.

pop[1] (D -a) m Orthodox priest.

pop[2] ◇ m pop music. ◇ adj pop.

poparcie (D poparcia) n support.

poparzenie (D poparzenia) n [na ciele] burn.

poparzyć vperf [ciało] to burn. ➡ **poparzyć się** vp perf to scald o.s.

popełnić vperf [coś złego] to commit • **popełnić przestępstwo** to commit a crime; **popełnić błąd** to make a mistake.

popęd (D -u) m [płciowy] sex drive.

popędzać vimperf : **popędzać kogoś** to rush sb.

popić vperf pot to have a drink • **popić czymś** [proszki] to wash sthg down.

popielaty adj light grey.

popielniczka (D popielniczki) f ashtray.

popierać (perf poprzeć) vimperf : **popierać kogoś/coś** to support sb/sthg.

popiół (D popiołu) m ash.

popisać się vp perf to show off.

poplamić vperf = plamić.

poplątać vperf = plątać.

popołudnie (D popołudnia) n afternoon.

poprawa (D poprawy) f [pogody, zdrowia] improvement.

poprawczak (D -a) m pot youth detention centre.

poprawiać (perf poprawić) vimperf [błędy] to correct; [włosy] to adjust; [wynik] to improve • **poprawiać makijaż** to touch up one's make-up.

poprawkowy adj [egzamin] repeat.

poprawnie adv correctly.

poprawny adj [odpowiedź] correct; [zachowanie] good.

poprosić vperf = prosić.

poprzeć vperf = popierać.

poprzedni adj previous.

poprzednik, poprzedniczka m, f predecessor.

poprzednio adv previously.

poprzez prep through.

popsuć vperf = psuć.

populacja (D populacji) f population.

popularnonaukowy adj [publikacje] popular science.

popularność (*D* popularności) *f* popularity • **zdobyć/zyskać popularność** to become popular.

popularny *adj* popular.

popularyzować (*perf* spopularyzować) *vimperf* to popularize.

popyt (*D* -u) *m* EKON demand.

por (*D* -a) *m* leek.

pora (*D* pory) *f* [okres, odpowiednia chwila] time • **pora roku** season; **pora spać** it's time to go to bed.

porada (*D* porady) *f* advice.

poradnia (*D* poradni) *f* [małżeńska, językowa] advice centre.

poradnik (*D* -a) *m* [czasopismo, książka] guide.

poradzić *vperf* = **radzić**.

poranek (*D* poranka) *m* morning.

poranny *adj* morning.

porażenie (*D* porażenia) *n* [paraliż] paralysis; [prądem] electric shock • **porażenie mózgowe** cerebral palsy.

porażka (*D* porażki) *f* [przegrana] defeat; [niepowodzenie] failure.

porcelana (*D* porcelany) *f* porcelain, china.

porcelanowy *adj* porcelain.

porcja (*D* porcji) *f* [jedzenia] portion.

poręcz (*D* poręczy) *f* [schodów] banister; [na balkonie] railing.

poręczenie (*D* poręczenia) *n* [gwarancja] guarantee.

poręczyciel, ka *m, f* guarantor.

poręczyć *vperf* to guarantee • **poręczyć za kogoś** to act as guarantor for sb.

pornografia (*D* pornografii) *f* pornography.

porozumieć się *vp perf* [skontaktować się] to communicate; [dogadać się] to reach an agreement.

porozumienie (*D* porozumienia) *n* [umowa] agreement.

poród (*D* porodu) *m* birth.

porównać *vperf* to compare • **porównać coś z czymś** to compare sthg with sthg.

porównanie (*D* porównania) *n* comparison.

porównywalny *adj* [wyniki, oceny] comparable.

port (*D* -u) *m* [morski, rzeczny, rybacki] port • **port lotniczy** airport.

portal (*D* -u) *m* INFORM portal.

portfel (*D* -a) *m* [na pieniądze] wallet.

portiernia (*D* portierni) *f* reception.

portmonetka (*D* portmonetki) *f* purse.

porto (*inv*) *n* port.

portowy *adj* [żegluga, miasto] port.

portret (*D* -u) *m* [obraz] portrait.

Portugalczyk, Portugalka *m, f* Portuguese.

Portugalia (*D* Portugalii) *f* Portugal.

poruszyć *vperf* [nogą, głową] to move; [temat] to raise. ◆ **poruszyć się** *vp perf* [wykonać ruch] to move.

porwać *vperf* [papier] to tear; [samolot] to hijack; [człowieka] to kidnap.

porwanie (*D* porwania) *n* [człowieka] kidnapping; [samolotu] hijacking.

porywacz, ka *m, f* [człowieka] kidnapper; [samolotu] hijacker.

porządek (*D* porządku) *m* [ład, kolejność] order. ◆ **porządki** (*D* porządków) *mpl* : **robić porządki** to tidy up.

porządkować *vimperf* [mieszkanie] to tidy up; [sprawy] to sort out.

porzeczka (D porzeczki) f currant • **czarna porzeczka** blackcurrant; **czerwona porzeczka** redcurrant.

pos. (*skr od* **poseł, posłanka**) ≃ MP UK.

posada (D posady) f [stanowisko] job.

posadzić *vperf* [kwiaty, drzewa] to plant; [dziecko, gości] to seat.

posadzka (D posadzki) f [podłoga] floor.

posag (D -u) m [majątek panny] dowry.

posądzać *vimperf* [podejrzewać] to suspect • **posądzać kogoś o coś** to suspect sb of sthg.

posąg (D -u) m [rzeźba] statue.

poseł, posłanka m, f Member of Parliament UK, Representative US.

posesja (D posesji) f [posiadłość] property.

posępny *adj* [smutny, ponury] gloomy.

posiadacz, ka m, f [domu] owner.

posiadać *vimperf oficjal* [mieć] to have • **posiadać dom** to own a house.

posiadłość (D posiadłości) f [ziemska] estate.

posiedzenie (D posiedzenia) n *oficjal* [sejmu, sądu, zarządu] session.

posiłek (D posiłku) m [ranny, wieczorny] meal • **obfity posiłek** large meal. → **posiłki** (D posiłków) mpl [wsparcie wojskowe] reinforcements.

poskarżyć *vperf* = skarżyć.

posłać *vperf* [łóżko] to make; = posyłać.

posłanie (D posłania) n [łóżko] bed.

posłaniec (D posłańca) m [wysłannik] messenger.

posłodzić *vperf* = słodzić.

posłuchać *vperf* [rady, muzyki] to listen to.

posługiwać się *vp imperf* : **posługiwać się czymś** to use sthg • **posługiwać się kilkoma językami** to speak several languages.

posłuszeństwo (D posłuszeństwa) n [karność] obedience.

posłuszny *adj* [karny] obedient.

posmarować *vperf* = smarować.

posolić *vperf* = solić.

pospieszny *adj* = pośpieszny.

pospolity *adj* [przeciętny] ordinary • **pospolity przestępca** common criminal.

post (D -u) m [przestrzegać, łamać] fast • **Wielki Post** Lent.

postać (D postaci, pl postacie LUB postaci) f [kształt] form; [sylwetka człowieka] figure; [bohater literacki] character.

postanowić *vperf* to decide • **postanowić coś zrobić** to decide to do sthg.

postanowienie (D postanowienia) n [zamiar, orzeczenie] decision.

postarać się *vp perf* : **postarać się coś zrobić** to try to do sthg; **postarać się o coś** to try to get sthg.

postarzeć się *vp perf* [stać się starszym] to age.

postawa (D postawy) f [wobec życia] attitude; [układ ciała] posture.

postawić *vperf* [ustawić] to put; [dom, budynek] to put up; *pot* [zafundować] to buy.

poster (*D* -u) *m* poster.

posterunek (*D* posterunku) *m* [policji] police station; [straży granicznej] post.

postęp (*D* -u) *m* progress.

postępować *vimperf* [zachowywać się] to behave; [rozwijać się] to progress.

postępowy *adj* [nowoczesny] progressive.

postój (*D* postoju) *m* [w drodze] stop • **postój taksówek** taxi rank; **zakaz postoju** no waiting *UK*, no standing *US*.

postrzelić *vperf* [zranić] to wound *(by shooting)*.

postrzelony *adj* [narwany] crazy; [ranny] wounded *(by shooting)*.

postulat (*D* -u) *m* [żądanie] demand.

postulować *vimperf* to demand.

posunąć *vperf* to push. ➡ **posunąć się** *vp perf* [przesunąć się] to move over.

posyłać (*perf* posłać) *vimperf* [list, paczkę] to send • **posyłać** LUB **posłać kogoś** [do szkoły] to send sb; **posyłać** LUB **posłać po kogoś** [po lekarza] to send for sb; **posyłać** LUB **posłać kogoś po coś** [po zakupy] to send sb for sthg.

poszczególny *adj* individual.

poszewka (*D* poszewki) *f* [na poduszkę] pillowcase.

poszkodowany ◇ *adj* injured. ◇ *m* (*f* poszkodowana) injured party.

poszlaka (*D* poszlaki) *f* circumstantial evidence.

poszlakowy *adj* [proces] based on circumstantial evidence.

poszukiwać *vimperf* [szukać] to look for.

poszukiwanie (*D* poszukiwania) *n* [szukanie kogoś] search; [badanie, eksperyment] research.

poszukiwany ◇ *adj* [towar] sought-after. ◇ *m* (*f* poszukiwana) [przez policję] wanted person.

poszwa (*D* poszwy) *f* [na kołdrę] quilt cover.

pościć *vimperf* to fast.

pościel (*D* pościeli) *f* [bielizna] bed linen; [łóżko] bedclothes.

pościelić *vperf* : **pościelić łóżko** to make the bed.

pościg (*D* -u) *m* [za złodziejem] pursuit.

pośladek (*D* pośladka) *m* buttock.

poślizg (*D* -u) *m* skid • **wpaść w poślizg** to go into a skid.

poślizgnąć się *vp perf* [na mokrej podłodze] to slip.

pośliznąć się *vp perf* = poślizgnąć się.

pośmiertny *adj* [odznaczenie] posthumous.

pośpiech (*D* -u) *m* hurry.

pośpieszny, pospieszny *adj* [szybki] hurried; [pochopny] hasty • **autobus pośpieszny** limited-stop bus.

pośpieszyć się *vp perf* to hurry • **pośpiesz się, bo się spóźnimy** hurry up, we'll be late.

pośredniczyć *vimperf* to act as an intermediary.

pośrodku ◇ *adv* [na środku] in the middle. ◇ *prep* [na środku] in the middle of.

pośród *prep* [między, wśród] among.

poświadczenie (*D* poświadcze-nia) *n* certification.

poświęcenie (*D* poświęcenia) *n* [ofiarność] dedication.

poświęcić *vperf* [czas, uwagę, życie] to devote. ➡ **poświęcić się** *vp perf* [zaangażować się] to devote o.s.

pot (*D* -u) *m* sweat.

potasować *vperf* = tasować.

potem *adv* [później] afterwards.

potencjalny *adj* [klient] potential.

potęga (*D* potęgi) *f* [siła, moc] power.

potępić *vperf* to condemn • **po-tępić kogoś za coś** to condemn sb for sthg.

potężny *adj* [ogromny] enormous; [wpływowy] powerful; [silny] powerful.

potknąć się *vp perf* [zawadzić o coś] to trip.

potłuc *vperf* [szybę, szklankę] to break.

potoczny *adj* [język] colloquial; [wyobrażenie] popular.

potok (*D* -u) *m* stream • **potok górski** mountain stream.

potomność (*D* potomności) *f* [przyszłe pokolenia] posterity.

potop (*D* -u) *m* [powódź] flood.

potrafić *vimperf* LUB *vperf* to be able to.

potraktować *vperf* = trakto-wać.

potrawa (*D* potrawy) *f* [danie] dish.

potrawka (*D* potrawki) *f* fricas-see • **potrawka cielęca** veal fri-cassee; **potrawka z drobiu** chick-en or turkey fricassee; **potrawka z królika** rabbit fricassee; **po-trawka z kurczaka** chicken fricassee.

potrącić *vperf* [przechodnia] to hit.

potrójny *adj* triple.

potrząsnąć *vperf* to shake.

potrzeba (*D* potrzeby) ⟨⟩ *f* [konieczność, powód] need • **bez potrzeby** unnecessarily. ⟨⟩ *vim-pers* [trzeba] : **potrzeba ci odpo-czynku** you need some rest.

potrzebny *adj* necessary • **żonie potrzebny jest wypoczynek** my wife needs a rest.

potrzebować *vimperf* to need • **potrzebować czegoś** to need sthg.

potulny *adj* [pracownik] easy-going.

potwierdzenie (*D* potwierdze-nia) *n* [kwit] receipt.

potwierdzić *vperf* [termin, zezna-nia] to confirm • **potwierdził odbiór paczki** he acknowledged receipt of the parcel.

potworny *adj* [widok] terrible.

potwór (*D* potwora) *m* monster.

poufały *adj* [bezceremonialny] fa-miliar.

poufny *adj* confidential.

powaga (*D* powagi) *f* serious-ness • **zachować powagę** to remain serious.

poważanie (*D* poważania) *n* [szacunek] respect.

poważnie *adv* [z powagą, bardzo] seriously.

poważny *adj* [pełen powagi, duży] serious.

powąchać *vperf* = wąchać.

powiat (*D* -u) *m* [administracyjny] *Polish local administrative district*; [budynek] *offices of the local admin-istrative district*.

powiedzenie (*D* powiedzenia) *n* [ludowe] saying.

powiedzieć vperf to say • powiedzieć coś komuś to tell sb sthg.

powieka (D powieki) f eyelid.

powielać vimperf [odbijać] to make copies; [naśladować] to copy.

powierniczy adj : fundusz powierniczy trust fund.

powiernik, powierniczka m, f [sekretów] confidant; [firmy] trustee.

powierzchnia (D powierzchni) f [stołu, mieszkania] surface; [obszar] area.

powierzchownie adv superficially.

powierzchowność (D powierzchowności) f [aparycja] appearance; [niedokładność] superficiality.

powierzchowny adj [obserwacje, draśnięcie] superficial.

powierzyć vperf [opiekę, zadanie] to entrust • powierzyć komuś tajemnicę to tell sb a secret.

powiesić vperf [kurtkę na wieszaku] to hang.

powieściopisarz, powieściopisarka m, f novelist.

powieść (D powieści) f [utwór] novel.

powietrze (D powietrza) n air • wyjść na powietrze to go outside; wysadzić w powietrze to blow up.

powietrzny adj air • trąba powietrzna whirlwind.

powiew (D -u) m puff of wind • zimny powiew wiatru puff of cold air.

powiększający adj : szkło powiększające magnifying glass.

powiększenie (D powiększenia) n [zdjęcia] enlargement • w powiększeniu enlarged.

powiększyć vperf [majątek, wymagania] to increase.

powinien should • powinieneś pójść do lekarza you should go to the doctor; morze powinno być ciepłe the sea should be warm.

powitać vperf = witać.

powitalny adj [mowa] welcoming.

powitanie (D powitania) n welcome • słowa powitania words of welcome; zgotować komuś gorące powitanie to give sb an enthusiastic welcome.

powodować (perf spowodować) vimperf [chorobę, niezadowolenie, wypadek] to cause.

powodzenie (D powodzenia) ⋄ n [sukces] success; [atrakcyjność] popularity (with the opposite sex) • cieszyć się powodzeniem to be popular (with the opposite sex). ⋄ interj [zwrot grzecznościowy] all the best!

powodzić się vp imperf [wieść się, układać się] : źle/dobrze im się powodzi they are doing badly/well.

powojenny adj postwar.

powoli adv slowly.

powolny adj slow.

powołanie (D powołania) n [misja] vocation.

powód (D powodu) m [przyczyna] reason • z powodu because of.

powództwo (D powództwa) n oficjal suit.

powódź (D powodzi) f flood.

powrotny adj return.

powrót (D powrotu) m [gen] return • jestem z powrotem w domu I'm back home.

powstanie (D powstania) n [fundacji] beginning; [insurekcja] uprising.

powstrzymywać vimperf [śmiech, płacz] to restrain. ➤ **powstrzymywać się** vp imperf to restrain o.s.

powszechny adj [ogólny] universal • **historia powszechna** world history.

powszedni adj [zwyczajny] everyday • **dzień powszedni** weekday.

powściągliwość (D powściągliwości) f restraint.

powściągliwy adj restrained.

powtarzać (perf powtórzyć) vimperf [gen] to repeat • **powtarzać za kimś** to repeat after sb.

powtórzenie (D powtórzenia) n repetition.

powtórzyć vperf = powtarzać.

powyżej ⟨⟩ adv [wcześniej w tekście] above. ⟨⟩ prep [nad czymś] above.

poza¹ (D pozy) f [pozycja] pose.

poza² prep [domem] outside; [oprócz] apart from.

pozbawiony adj [wdzięku, sensu] lacking.

pozbyć się vp perf : **pozbyć się kogoś/czegoś** to get rid of sb/sthg.

pozdrowić vperf to greet • **pozdrów ode mnie rodziców** give my regards to your parents.

pozdrowienie (D pozdrowienia) n greeting. ➤ **pozdrowienia** (D pozdrowień) npl regards • **proszę przekazać pozdrowienia rodzicom** please give my regards to your parents.

pozer, ka m, f pot & pej poser.

poziom (D -u) m [wody, cukru,

wykształcenia] level • **w poziomie** horizontally.

poziomka (D poziomki) f alpine strawberry.

poziomy adj horizontal.

pozłacany adj [zegarek] gold-plated.

pozmywać vperf to wash • **pozmywać naczynia** to wash up.

poznać vperf [obce kraje] to get to know; [kogoś] to meet; [rozpoznać] to recognize • **poznać kogoś z kimś** to introduce sb to sb. ➤ **poznać się** vp perf to meet • **poznać się z kimś** to meet sb; **poznać się na kimś/na czymś** to see through sb/sthg.

Poznań (D Poznania) m Poznan.

pozornie adv seemingly.

pozorny adj seeming.

pozować vimperf [jako model] to pose.

pozór (D pozoru) m [grzeczności] appearance • **zachowywać pozory** to keep up appearances; **pod żadnym pozorem** under no circumstances.

pozwalać vimperf to allow • **pozwalać komuś na coś** to allow sb to do sthg; **pozwalam ci na ten wyjazd** I'll allow you to go on that trip.

pozwolenie (D pozwolenia) n permission • **pozwolenie na pracę** work permit.

pozycja (D pozycji) f [gen] position; [element, obiekt] item • **pozycje wydawnicze** publication.

pozytyw (D -u) m [obraz fotograficzny] positive; [plus] positive aspect.

pozytywny adj [dobry, korzystny] favourable; [dodatni] positive • **pozytywny stosunek do kogoś** positive attitude to sb;

pozytywny wynik egzaminu good exam result.

pożalić się *vp perf* to complain.

pożar (*D* -u) *m* fire.

pożądać *vimperf* to desire • **pożądać kogoś/czegoś** to desire sb/sthg.

pożądanie (*D* pożądania) *n* [fizyczne] lust.

pożegnać *vperf* to say goodbye • **pożegnać kogoś** to say goodbye to sb. ⟶ **pożegnać się** *vp perf* to say goodbye • **pożegnać się z kimś** to say goodbye to sb.

pożegnanie (*D* pożegnania) *n* goodbye.

pożyczać (*perf* pożyczyć) *vimperf* : **pożyczać komuś** [dawać] to lend (to) sb; **pożyczać od kogoś** [brać] to borrow from sb.

pożyczka (*D* pożyczki) *f* [kredyt] loan.

pożyczyć *vperf* = pożyczać.

pożyteczny *adj* [użyteczny, potrzebny] useful.

pożytek (*D* pożytku) *m* benefit.

pożywienie (*D* pożywienia) *n* food.

pożywny *adj* nourishing.

pójść *vperf* [gen] to go.

pół *num* half.

półfinał (*D* -u) *m* SPORT semifinal.

półgłosem *adv* in a low voice.

półka (*D* półki) *f* shelf.

półkole (*D* półkola) *n* semicircle.

półkula (*D* półkuli) *f* hemisphere.

półmetek (*D* półmetka) *m* halfway point.

półmisek (*D* półmiska) *m* platter • **półmisek zimnych mięs** a platter of cold cuts.

półmrok (*D* -u) *m* semi-darkness.

północ (*D* północy) *f* [godzina] midnight; [kierunek, teren] north.

północno-wschodni *adj* northeast.

północno-zachodni *adj* northwest.

północny *adj* north • **północne Niemcy** northern Germany.

półrocze (*D* półrocza) *n* [w kalendarzu] half-year; [w szkole] semester.

półświatek (*D* półświatka) *m* pot underworld.

półtora, półtorej *num* one and a half.

półwysep (*D* półwyspu) *m* peninsula • **Półwysep Apeniński** the Apennine Penisula; **Półwysep Arabski** the Arabian Peninsula; **Półwysep Bałkański** the Balkan Peninsula; **półwysep Hel** the Hel Peninsula; **Półwysep Iberyjski** the Iberian Peninsula; **Półwysep Indyjski** the Indian Peninsula, **półwysep Labrador** Labrador; **Półwysep Skandynawski** Scandanavia.

półwytrawny *adj* : **wino półwytrawne** semi-sweet wine.

późno (*compar* później, *superl* najpóźniej) *adv* late. ⟶ **później** *adv* [potem] later.

późny (*compar* późniejszy, *superl* najpóźniejszy) *adj* [schyłkowy] late. ⟶ **późniejszy** *adj* [przyszły] future.

pp. (*skr od* państwo) Mr. and Mrs (*skr od* panowie) Messrs (*skr od* panie) *ladies*.

p.p.m. (*skr od* poniżej poziomu morza) *below sea level*.

prababka *f* great-grandmother.

praca (*D* pracy) *f* [zawodowa, naukowa] work; [tekst] work; [maszyny, organizmu] functioning

• **praca dorywcza** casual work; **praca na pełnym etacie** full-time work; **praca na pół etatu** part-time work; **stracić pracę** to lose one's job; **szukać pracy** to look for a job; **wziąć się do pracy** to get down to work; **praca magisterska** master's dissertation.

pracochłonny adj [zajęcie] laborious.

pracodawca, pracodawczyni m, f employer.

pracować vimperf to work.

pracowity adj [uczeń] hard-working.

pracownia (D pracowni) f [malarza] studio; [chemiczna] laboratory; [krawiecka] workshop.

pracownik, pracownica m, f employee • **pracownik fizyczny** bluecollar worker; **pracownik naukowy** research worker; **pracownik umysłowy** whitecollar worker.

prać vimperf to wash.

pradziadek m great-grandfather.

Praga (D Pragi) f Prague.

pragnąć vimperf [coś zrobić] to want to.

pragnienie (D pragnienia) n [chęć] desire; [w gardle] thirst • **mieć pragnienie** to be thirsty; **ugasić pragnienie** to quench one's thirst.

praktyczny adj [użyteczny, zaradny] practical.

praktyka (D praktyki) f [doświadczenie] experience; [w zastosowaniu] practice.

praktykant, ka m, f trainee.

pralka (D pralki) f washing machine.

pralnia (D pralni) f laundry • **pralnia chemiczna** dry-clea-

ner's; **pralnia samoobsługowa** launderette UK, laundromat US.

pranie (D prania) n washing • **zrobić pranie** to do the washing.

prasa (D prasy) f [gazety, dziennikarze] press • **prasa codzienna** daily papers.

prasować (perf **uprasować** LUB **wyprasować**) vimperf to iron.

prasowy adj press • **artykuł prasowy** newspaper article; **konferencja prasowa** press conference; **rzecznik prasowy** spokesperson.

prawda (D prawdy) f truth.

prawdopodobnie <> adv [wiarygodnie] plausible. <> part [przypuszczalnie] probably.

prawdopodobny adj [wiarygodny] plausible.

prawdziwek (D prawdziwka) m *a type of edible wild mushroom.*

prawdziwy adj [rzeczywisty] true; [autentyczny] real.

prawica (D prawicy) f [ugrupowanie polityczne] right wing; [prawa ręką] right hand.

prawicowy adj [partia] right-wing.

prawidłowość (D prawidłowości) f [poprawność] correctness; [zgodność z regułami] law.

prawidłowy adj [właściwy, poprawny] correct.

prawie part [niemal] almost.

prawnik, prawniczka m, f lawyer.

prawnuczka f great-granddaughter.

prawnuk m great-grandson.

prawo¹ (D prawa) n [prawodawstwo] law; [uprawnienie] right

• **prawo jazdy** driving licence *UK*, driver's license *US*; **zgodny z prawem** in accordance with the law; **niezgodny z prawem** against the law; **Prawo Wspólnotowe** Community Law.

prawo² ➡ **na prawo** *constr* to the right. ➡ **w prawo** *constr* right.

prawodawczy *adj* legislative.

praworęczny *adj* [gracz] right-handed.

prawosławny *adj* Eastern Orthodox.

prawostronny *adj* [ruch] right-hand.

prawowity *adj* [właściciel] legitimate.

prawy *adj* [obywatel] honest; [strona, ręka] right • **po prawej** on the right.

prazanin, prażanka *m, f* inhabitant of Prague.

prąd (*D* -**u**) *m* electricity; [rzeki] current • **prąd elektryczny** electrical current.

prążkowany *adj* striped.

precedens (*D* -**u**) *m* precedent.

precyzja (*D* precyzji) *f* precision.

precyzyjny *adj* precise.

predyspozycja (*D* predyspozycji) *f* [zdolność] predisposition.

prehistoryczny *adj* [dzieje] prehistoric.

prekursor, ka *m, f* precursor.

prelegent, ka *m, f* speaker.

prelekcja (*D* prelekcji) *f* lecture.

premedytacja (*D* premedytacji) *f* [celowość] premeditation.

premia (*D* premii) *f* bonus.

premier *m* [szef rządu] prime minister.

premiera (*D* premiery) *f* [filmu] premiere.

prenumerata (*D* prenumeraty) *f* [czasopisma] subscription.

presja (*D* presji) *f* pressure • **wywierać na kogoś presję** to put pressure on sb.

prestiż (*D* -**u**) *m* [uznanie] prestige.

pretekst (*D* -**u**) *m* [wymówka] excuse.

pretensja (*D* pretensji) *f* [żal] grievance; [roszczenie] claim • **mieć do kogoś pretensję o coś** to blame sb for sthg.

prezencja (*D* prezencji) *f* [wygląd] presence.

prezent (*D* -**u**) *m* present • **prezent imieninowy** name-day present; **prezent urodzinowy** birthday present.

prezentacja (*D* prezentacji) *f* [pokaz] presentation; *oficjal* [zgromadzonych osób] introduction.

prezerwatywa (*D* prezerwatywy) *f* condom.

prezes *m* [szef] chairman *UK*, president *US* • **prezes spółki** company chairman.

prezydent *m* president.

prędki *adj pot* [szybki] fast.

prędko (*compar* prędzej, *superl* najprędzej) *adv pot* [szybko] quickly. ➡ **prędzej** *part* [raczej] sooner.

prędkość (*D* prędkości) *f* speed • **ograniczenie prędkości** speed limit.

prędzej *adv* = prędko.

pręt (*D* -**a**) *m* [ogrodzenia] bar.

prima aprilis *m*.

priorytet (*D* -**u**) *m* [pierwszeństwo] priority.

problem (D -u) m [kłopot] problem.

problematyczny adj [dyskusyjny] problematic.

proboszcz m [parafii] parish priest.

probówka (D probówki) f [laboratoryjna] test tube.

proc. (skr od procent) percent.

proca (D procy) f catapult UK, slingshot US.

procent (D -u) m [alkoholu] per cent; [odsetki] interest.

proces (D -u) m [przebieg zjawisk] process; [sprawa sądowa] court case • **wytoczyć komuś proces** to take sb to court.

procesja (D procesji) f [religijna] procession.

procesor (D -a) m INFORM processor.

proch (D -u) m gunpowder.
➡ **prochy** (D prochów) mpl [szczątki] ashes.

produkcja (D produkcji) f production.

produkować (perf wyprodukować) vimperf to produce.

produkt (D -u) m [towar] product • **produkty rolne** farm produce.

prof. (skr od profesor) Prof.

profesor, ka m, f [uniwersytecki] professor; [w szkole średniej] teacher.

profil (D -u) m [twarzy, charakter] profile.

profilaktyczny adj [szczepienia] preventive.

prognoza (D prognozy) f : **prognoza pogody** weather forecast.

program (D -u) m [wyborczy, telewizyjny] programme; [INFORM ciąg rozkazów] program • **pro-**gram komputerowy computer program.

programista m computer programmer.

progresywny adj [wzrastający] progressive.

projekcja (D projekcji) f [filmu] showing.

projekt (D -u) m [architektoniczny] design • **projekt ustawy** bill.

projektor (D -a) m [aparat] projector.

projektować (perf zaprojektować) vimperf [ubrania, dom] to design.

prokuratura (D prokuratury) f [urząd] public prosecutor's office.

prolog (D -u) m [powieści] prologue.

prom (D -u) m [statek] ferry • **prom kosmiczny** space shuttle.

promenada (D promenady) f [aleja] promenade.

promienieć vimperf : **promienieć radością** [wyrażać radość] to radiate joy.

promieniotwórczy adj [pierwiastek] radioactive.

promieniować vimperf to radiate.

promień (D promienia) m ray.

promocja (D promocji) f [towaru] promotion.

promować (perf wypromować) vimperf [towar] to promote.

proponować (perf zaproponować) vimperf [pomysł] to suggest • **proponować coś komuś** to offer sb sthg.

proporcja (D proporcji) f [składników] proportion.

proporcjonalny adj [współmierny] proportional; [harmonijny] well-proportioned.

propozycja (*D* propozycji) *f*
[projekt, wniosek] suggestion
• propozycja pracy job offer.

prorok *m* prophet.

prosić (*perf* poprosić) *vimperf*
: prosić kogoś o coś to ask sb
for sthg; proszę siadać/wejść
please sit down/come in; prosimy o ciszę quiet, please.

prospekt (*D* -u) *m* [reklamowy]
brochure.

prostacki *adj* [maniery] common.

prostak, prostaczka *m, f pot*
peasant.

prosto *adv* [na wprost, bezpośred-
nio] straight.

prostokąt (*D* -a) *m* rectangle.

prostokątny *adj* rectangular.

prostopadły *adj* perpendicular.

prostować *vimperf* [drut] to
straighten; [wypowiedź] to correct.

prosty *adj* [drut] straight, [czło-
wiek] uneducated; [zadanie] simple. ➡ **prosta** (*D* prostej) *f*
straight line.

prostytutka *f* prostitute.

proszek (*D* proszku) *m* [do prania]
powder; [od bólu głowy] pill.

prośba (*D* prośby) *f* request.

protegować *vimperf* to pull
strings for sb.

protegowany ◇ *adj* : był protegowany przez szefa he was the
boss's favourite. ◇ *m* (*f* pro-
tegowana) favourite.

protekcja (*D* protekcji) *f* [w pracy]
cronyism.

protest (*D* -u) *m* protest.

protestant, ka *m, f* protestant.

protestować *vimperf* to protest.

proteza (*D* protezy) *f* [ręki, nogi]
artificial limb; [zębów] dentures.

protokół (*D* protokołu) *m* [spra-
wozdanie] report; [z zebrania]
minutes • protokół dyplomatyczny diplomatic protocol.

prototyp (*D* -u) *m* [urządzenia]
prototype.

prowadzenie (*D* prowadzenia)
n [kierowanie] running; [przewaga]
lead.

prowadzić *vimperf* [wieść] to
lead; [realizować] to conduct;
[samochód] to drive.

Prowansalczyk, Prowansalka
m, f Provencal.

Prowansja (*D* Prowansji) *f* Prov-
ence.

prowiant (*D* -u) *m* [zapas jedze-
nia] food.

prowincja (*D* prowincji) *f* provinces.

prowincjonalny *adj* [miasto]
provincial.

prowizja (*D* prowizji) *f* commission.

prowizoryczny *adj* [budynek]
temporary.

prowokacja (*D* prowokacji) *f*
[polityczna] provocation.

prowokator *m* troublemaker.

prowokować (*perf* sprowokować) *vimperf* to provoke • prowokować LUB sprowokować kogoś
do czegoś to provoke sb to sthg.

proza (*D* prozy) *f* prose.

prozaiczny *adj* [pospolity] prosaic.

próba (*D* próby) *f* [usiłowanie]
attempt; [przygotowanie] rehearsal; [test] test.

próbka (*D* próbki) *f* [kremu]
sample.

próbny *adj* [nagranie, okres] trial.

próbować (*perf* spróbować)
vimperf to try • próbować coś
zrobić to try to do sthg.

próchnica (D próchnicy) f [zębów] tooth decay.

prócz prep = oprócz.

próg (D progu) m [u drzwi] doorstep.

próżnia (D próżni) f vacuum • szukał jej dłoni, ale trafił w próżnię he reached for her hand but grasped thin air.

próżniak m pej lazybones.

próżno adv : na próżno in vain.

próżnować vimperf pej to loaf around.

próżny adj pej [zapatrzony w siebie] vain; [daremny] futile.

pruć (perf spruć) vimperf [sweter] to undo.

prymas m [arcybiskup] primate.

prymat (D -u) m [pierwszeństwo] primacy.

prymitywny adj primitive.

prymus, ka m, f best pupil.

pryskać vimperf to spray.

pryszcz (D -a) m [na nosie] spot.

pryszczyca (D pryszczycy) f [choroba zwierząt] foot-and-mouth disease.

prysznic (D -a) m shower • wziąć prysznic to have a shower.

prywatnie adv [poza szkołą, poza pracą] privately • prywatnie zachowywał się zupełnie inaczej niż w pracy in private he acted completely differently than at work.

prywatny adj private • własność prywatna private property; życie prywatne private life.

prywatyzacja (D prywatyzacji) f [przedsiębiorstwa] privatization.

prywatyzować (perf sprywatyzować) vimperf [przedsiębiorstwo] to privatize.

przebaczyć vperf : przebaczyć coś komuś to forgive sb for sthg.

przebić vperf [oponę] to puncture.

przebieg (D -u) m [wydarzeń] course.

przebiegły adj [człowiek, uśmiech] crafty.

przebieralnia (D przebieralni) f [szatnia] changing room.

przebiśnieg (D -u) m snowdrop.

przebój (D przeboju) m hit • jego ulubiona grupa była na drugim miejscu na liście przebojów his favourite group was at number two in the music charts.

przebrać vperf [dziecko] to change. ➡ **przebrać się** vp perf to change • przebrać się za kogoś to dress up as sb else.

przebranie (D przebrania) n [kostium] costume; [ubranie] change.

przebywać vimperf to spend • przebywać za granicą to spend time abroad.

przecena (D przeceny) f [towarów] sale.

przeceniać vimperf [rolę, wpływ] to overestimate; [towar] to reduce.

przeceniony adj [towar] reduced.

przechodzić vimperf [gen] to pass; [obok budynku] to walk; [chorobę] to have; [przebiegać] to pass through.

przechodzień (D przechodnia) m passer-by.

przechowalnia (D przechowalni) f : przechowalnia bagażu left-luggage office.

przechowywać vimperf to store • przechowywać coś gdzieś to store sthg somewhere.

przechylić vperf [pochylić] to tilt.

przechylić się *vp perf* [pochylić się] to lean.

przeciąć *vperf* = przecinać.

przeciąg (*D* -u) *m* draught.
 ➤ **w przeciągu** *constr* [w trakcie] within.

przeciągać się *vp imperf* [o spotkaniu] to drag; [o człowieku] to stretch.

przeciek (*D* -u) *m* [oleju, gazu] leak; [prasowy] leak.

przeciekać *vimperf* [o dachu] to leak.

przecież *part* : musisz pojechać, przecież obiecałeś you've got to go, you promised didn't you?; wstawaj, przecież już późno get up, it's already late; ciągle narzeka na brak pieniędzy, a przecież mało nie zarabia she always complains that she has no money, but she earns quite a lot; nie płacz, przecież nie jest tak źle don't cry, after all, it's not that bad; przecież to prawda, czemu mi nie wierzysz? but it's true, why don't you believe me?

przeciętnie *adv* [średnio] on average; [normalnie] averagely.

przeciętny *adj* [średni, typowy, zwykły] average.

przecinać (*perf* przeciąć) *vimperf* [sznure] to cut.

przecinek (*D* przecinka) *m* GRAM comma.

przeciskać *vimperf* [przez coś ciasnego] to squeeze. ➤ **przeciskać się** *vp imperf* [pchać się] to push one's way through.

przeciwbólowy *adj* [proszek, zastrzyk] painkilling.

przeciwdeszczowy *adj* [płaszcz] waterproof.

przeciwdziałać *vimperf* [zapobiegać] to counteract.

przeciwieństwo (*D* przeciwieństwa) *n* [odwrotność] opposite; [trudność] opposition • **w przeciwieństwie** in contrast to.

przeciwko *prep* against • **szczepionka przeciw ospie** smallpox vaccine.

przeciwko *prep* = przeciw.

przeciwnie *adv* [odwrotnie, inaczej] contrarily.

przeciwnik, przeciwniczka *m, f* opponent.

przeciwność (*D* przeciwności) *f* [trudność] setback.

przeciwny *adj* [brzeg, poglądy, skutek] opposite • **być czemuś przeciwnym** to be opposed to sthg; **w przeciwnym razie** otherwise.

przeciwsłoneczny *adj* : okulary przeciwsłoneczne sunglasses.

przeciwwskazanie (*D* przeciwwskazania) *n* [leku] contraindication.

przeczekać *vperf* [deszcz] to wait out.

przeczenie (*D* przeczenia) *n* GRAM negation.

przecznica (*D* przecznicy) *f* side street.

przeczucie (*D* przeczucia) *n* premonition.

przeczyszczający *adj* [środek] laxative.

przeczytać *vperf* = czytać.

przed *prep* [miejsce] in front of; [czas] before • **jesteśmy parę kilometrów przed Warszawą** we're a few kilometres outside Warsaw.

przedawkować *vperf* [lek] to overdose.

przeddzień ➡ **w przeddzień** *constr* the day before.

przedłużacz (*D* -a) *m* [przyrząd] extension lead.

przedłużać *vimperf* [sznur, urlop] to extend; [prawo jazdy] to renew.

przedmieście (*D* przedmieścia) *n* suburb.

przedmiot (*D* -u) *m* [rzecz] object; [szkolny] subject.

przedmowa (*D* przedmowy) *f* [w książce] preface.

przedni *adj* [z przodu] front.

przedostatni *adj* last but one.

przedpłata (*D* przedpłaty) *f* [za mieszkanie] prepayment.

przedpokój (*D* przedpokoju) *m* hall.

przedpołudnie (*D* przedpołudnia) *n* morning.

przedramię (*D* przedramienia) *n* forearm.

przedrukować *vperf* [artykuł] to reprint.

przedrzeźniać *vimperf* to mock.

przedsiębiorca *m* businessman.

przedsiębiorczy *adj* [operatywny] enterprising.

przedsiębiorstwo (*D* przedsiębiorstwa) *n* [firma] enterprise; [działalność] business.

przedsięwzięcie (*D* przedsięwzięcia) *n* [zadanie, działania] enterprise.

przedsprzedaż (*D* -y) *f* [biletów, akcji] advance sale.

przedstawiać (*perf* przedstawić) *vimperf* : przedstawiać coś to present sthg • przedstawiać kogoś komuś to introduce sb to sb.

przedstawiciel, ka *m, f* [kraju, organizacji, handlowy] representative.

przedstawicielstwo (*D* przed-stawicielstwa) *n* [reprezentacja] representation; [filia] bureau.

przedstawić *vperf* = przedsta-wiać.

przedstawienie (*D* przedsta-wienia) *n* [spektakl] performance.

przedszkole (*D* przedszkola) *n* nursery school.

przedtem *adv* earlier.

przedwczesny *adj* early.

przedwczoraj *adv* the day before yesterday.

przedwojenny *adj* pre-war.

przedyskutować *vperf* : prze-dyskutować coś to discuss sthg.

przedział (*D* -u) *m* [w pociągu] compartment.

przedziałek (*D* przedziałka) *m* [na głowie] parting.

przeforsować *vperf* [pomysł, żą-dania] to push *(through)*.

przegapić *vperf* *pot* to miss • przegapić okazję to miss out on an opportunity.

przegląd (*D* -u) *m* [zestawienie, pokaz] review; [kontrola] inspection.

przeglądać *vimperf* [gazetę, książ-kę] to skim through. ➡ **prze-glądać się** *vp imperf* [w lustrze] to look at o.s.

przeglądarka (*D* przeglądarki) *f* INFORM browser.

przegrać *vperf* [mecz] to lose; [płytę] to copy.

przegrywarka (*D* przegrywarki) *f* INFORM burner.

przegub (*D* -u) *m* [ręki] wrist.

przejaśnienie (*D* przejaśnienia) *n* [o pogodzie] bright interval.

przejazd (*D* -u) *m* [przez miasto] journey; [kolejowy] level crossing.

przejażdżka (*D* przejażdżki) *f* [samochodem, konna] ride.

przejechać *vperf* [całą Europę] to travel; [przez rzekę, przez tunel] to cross; [obok budynku] to pass; [stację] to miss; [psa] to run over.

przejmować się *vp imperf* to worry • **nie przejmuj się, wszystko będzie dobrze** take it easy, it will be alright.

przejście (*D* przejścia) *n* : **przejście dla pieszych** pedestrian crossing; **przejście graniczne** border crossing; **przejście podziemne** pedestrian subway.

przejść *vperf* -1. [pokonać pieszo] to walk **przejść przez rzekę** to cross a river. -2. [grypę, ciężkie chwile] to have. -3. [do następnej klasy] to go through. -4. [do innej pracy] to change • **przejść na emeryturę** to retire. ⇒ **przejść się** *vp perf* to go for a walk.

przekaz (*D* -u) *m* [pocztowy] postal order; [obrazu, informacji] transfer • **środki masowego przekazu** ~~mass media~~

przekazać *vperf* [firmę] to transfer • **przekazać pozdrowienia** to pass on sb's best wishes; **przekazał dużą sumę na cele charytatywne** he donated a large sum of money to charity.

przekąska (*D* przekąski) *f* snack.

przekleństwo (*D* przekleństwa) *n* [obelga, klątwa] curse • **obrzucić kogoś przekleństwami** to swear at sb.

przeklinać *vimperf* : **przeklinać kogoś** to swear at sb; **przeklinać coś** [dzień, pracę] to curse sthg.

przekład (*D* -u) *m* [z angielskiego na polski] translation.

przekonać *vperf* : **przekonać kogoś** to persuade sb.

przekonanie (*D* przekonania) *n* [pogląd, sąd] belief; [pewność] conviction.

przekonany *adj* [pewny] convinced.

przekonujący *adj* = **przekonywający**.

przekonywający *adj* [dowód, sposób mówienia] convincing.

przekorny *adj* [dziecko, śmiech] contrary.

przekreślać *vimperf* [unieważniać, skreślać] to cross out.

przekroczyć *vperf* [limit, oczekiwania] to exceed; [próg, granicę] to cross.

przekroić *vperf* [jabłko na pół] to cut.

przekrój (*D* przekroju) *m* [średnica] diameter; [rysunek] cross-section.

przekształcić *vperf* [zmienić] to convert.

przekupić *vperf* [dać łapówkę] to bribe.

przekupny *adj* [urzędnik] corrupt.

przekwitać *vimperf* [o roślinach] • **niektóre rośliny przekwitają jesienią** some plants stop flowering in the autumn.

przelać *vperf* [wodę do dzbanka] to pour; [pieniądze na konto] to transfer. ⇒ **przelać się** *vp perf* [o płynie] to spill over.

przelew (*D* -u) *m* [bankowy] transfer.

przelot (*D* -u) *m* [samolotu] flight.

przelotny *adj* fleeting.

przeludnienie (*D* przeludnienia) *n* [miasta] overpopulation.

przeludniony *adj* [kraj] overpopulated.

przeładowany *adj* [statek, samochód] overloaded.

przełączyć *vperf* [program, rozmowę] to switch.

przełęcz (*D* -y) *f* [górska] pass.

przełknąć *vperf* [ślinę] to swallow.

przełożony, przełożona *m, f* [zwierzchnik] superior • **przełożona pielęgniarek** senior nursing officer.

przełyk (*D* -u) *m* oesophagus.

przemakać *vimperf* [o ubraniu] to leak.

przemawiać *vimperf* to speak.

przemęczenie (*D* przemęczenia) *n* tiredness.

przemęczony *adj* [pracą] overtired.

przemiana (*D* przemiany) *f* [gospodarcza, polityczna] transformation.

przemijać *vimperf* [moda, wakacje] to pass.

przemilczeć *vperf* [coś ważnego] to pass over.

przemoc (*D* -y) *f* violence.

przemoczyć *vperf* [ubranie] to soak.

przemoknięty *adj* [ubranie] soaked through.

przemówienie (*D* przemówienia) *n* speech.

przemycać (*perf* przemycić) *vimperf* to smuggle.

przemycić *vperf* = przemycać.

przemysł (*D* -u) *m* [metalowy, odzieżowy] industry.

przemysłowy *adj* [produkcja, rozwój] industrial.

przemyślany *adj* [decyzja] well thought through.

przemyśleć *vperf* [sprawę] to think through.

przemyt (*D* -u) *m* smuggling.

przemytnik *m* smuggler.

przeniesienie (*D* przeniesienia) *n* [w inne miejsce] move.

przenieść *vperf* [skądś] to move.

przenocować *vperf* : **przenocować kogoś** to put sb up; **przenocować u kogoś** to stay over.

przenośny *adj* portable • **przenośna wystawa** travelling exhibition.

przeobrażenie (*D* przeobrażenia) *n* [w gospodarce, w sztuce] transformation.

przeoczyć *vperf* [błąd] to miss.

przepadać *vimperf* : **przepadać za kimś/za czymś** [uwielbiać] to be fond of sb/sthg.

przepaść[1] (*D* przepaści) *f* [górska] precipice.

przepaść[2] *vperf* [zginąć] to vanish.

przepełniony *adj* [autobus] overflowing.

przepiórka *f* quail.

przepis (*D* -u) *m* [kulinarny] recipe; [prawny] regulations.

przepisać *vperf* [z brudnopisu] to copy out • **przepisać coś od kogoś** to copy sthg from sb.

przepłacić *vperf* to pay too much.

przepłynąć *vperf* = przepływać.

przepływ (*D* -u) *m* : **swobodny przepływ kapitału** free movement of capital; **swobodny przepływ pracowników** free movement of workers; **swobodny przepływ osób** free movement of people; **swobodny przepływ usług** free movement of services.

przepływać (*perf* przepłynąć) *vimperf* [o statku] to sail across; [o człowieku] to swim across; [o rzece] to flow.

przepowiedzieć *vperf* to predict • **przepowiedzieć coś komuś** to predict sthg for sb.

przepraszać (*perf* przeprosić)

vimperf : **przepraszać kogoś za coś** to apologise to sb for sthg • **Przepraszam!** Excuse me!

przeprawa (*D* przeprawy) *f* crossing.

przeprosić *vperf* = przepraszać.

przeprosiny (*D* przeprosin) *pl* apology.

przeprowadzić się *vp perf* [do nowego mieszkania] to move.

przeprowadzka (*D* przeprowadzki) *f* move.

przepuklina (*D* przepukliny) *f* MED hernia.

przepustka (*D* przepustki) *f* [dokument] pass.

przepuścić *vperf* [samochody] to let in • **przepuścić kogoś** [puścić] to let sb through.

przepych (*D* -u) *m* splendour.

przerazić *vperf* : **przerazić kogoś** to terrify sb. **przerazić się** *vp perf* to be terrified.

przeraźliwy *adj* [dźwięk] shrill; [widok] horrible • **przeraźliwy mróz** bitter frost.

przerażający *adj* [widok, wiadomość] horrifying; [historia] terrifying.

przerażenie (*D* przerażenia) *n* terror.

przerażony *adj* horrified.

przerobić *vperf* [zmienić formę] to alter.

przerwa (*D* przerwy) *f* [w rozmowie, w zajęciach] break.

przerwać *vperf* = przerywać.

przerywać (*perf* przerwać) *vimperf* [rozmowę] to interrupt.

przerzutka (*D* przerzutki) *f* [w rowerze] gear.

przesadny *adj* excessive.

przesadzać *vimperf* [wyolbrzymiać

coś] to exaggerate; [rośliny] to replant.

przesąd (*D* -u) *m* [zabobon] superstition; [uprzedzenie] prejudice.

przesądny *adj* [zabobonny] superstitious.

przesądzać *vimperf* [decydować] to determine.

przesiadka (*D* przesiadki) *f* [w środkach lokomocji] change.

przesiąść się *vp perf* to change.

przesilenie (*D* przesilenia) *n* [przełom] crisis; [zjawisko astronomiczne] solstice.

przeskoczyć *vperf* [przez płot] to jump.

przesłać *vperf* [paczkę, list, wiadomość] to send • **przesłać komuś życzenia** to send one's regards to sb.

przesłuchać *vperf* [płytę] to listen to • **przesłuchać kogoś** to question sb.

przesłuchanie (*D* przesłuchania) *n* [śledcze] questioning.

przesłyszeć się *vp perf* to mishear.

przesolić *vperf* [potrawę] to oversalt.

przestać *vperf* [przerwać czynność] to stop.

przestarzały *adj* old-fashioned.

przestawiać *vimperf* [meble] to shift.

przestępca *m* criminal.

przestępczość (*D* przestępczości) *f* criminality.

przestępny *adj* [rok] leap.

przestępstwo (*D* przestępstwa) *n* crime.

przestraszony *adj* frightened.

przestraszyć *vperf* to frighten, to scare • **przestraszyć kogoś** to frighten sb. ➡ **przestraszyć się** vp perf to be frightened.

przestronny adj [dom, pokój] spacious.

przestrzegać vimperf : przestrzegać czegoś [przepisów, prawa] to observe • **przestrzegać kogoś przed kimś/przed czymś** [ostrzegać] to warn sb not to do sthg.

przestrzeń (D przestrzeni) f space.

przesunąć vperf to move.

przesyłka (D przesyłki) f [pocztowa] post; [przesyłanie] postage.

przeszczep (D -u) m [wątroby] transplant.

przeszkadzać (perf przeszkodzić) vimperf to disturb • **przeszkadzać komuś coś robić** to prevent sb from doing sthg.

przeszkoda (D przeszkody) f lit & przen obstacle.

przeszkodzić vperf = przeszkadzać.

przeszkolenie (D przeszkolenia) n [kurs] training course.

przeszkolić vperf : przeszkolić kogoś to train sb.

przeszłość (D przeszłości) f [czas, dzieje] past.

przeszukiwać vimperf [bagaż, podejrzanych] to search.

prześcieradło (D prześcieradła) n sheet.

prześladować vimperf to persecute • **prześladują mnie koszmary** I am haunted by nightmares.

prześwietlać vimperf [klatkę piersiową] to X-ray.

prześwietlenie (D prześwietlenia) n X-ray.

przetarg (D -u) m [sprzedaż] tender.

przeterminowany adj [jedzenie, lek] out-of-date.

przetłumaczyć vperf [z polskiego na angielski] to translate.

przewaga (D przewagi) f [liczebna, gospodarcza] advantage.

przeważnie adv [zazwyczaj, zwykle] usually.

przewidujący adj [przezorny] farsighted.

przewidywać (perf przewidzieć) vimperf [dalszy ciąg wydarzeń] to foresee.

przewidzieć vperf = przewidywać.

przewietrzyć vperf = wietrzyć.

przewiewny adj [sukienka] light.

przewieźć vperf = przewozić.

przewlekły adj protracted.

przewodniczący, przewodnicząca m, f [komisji] chairman.

przewodniczyć vimperf [obradom, zgromadzeniu] to preside • **przewodniczyć czemuś** to preside over sthg.

przewodnik, przewodniczka m, f guide.

przewozić (perf przewieźć) vimperf [towary] to transport • **przewieźć kogoś** pot to give sb a ride in/on sthg.

przewód (D przewodu) m [elektryczny, telefoniczny] cable.

przewóz (D przewozu) m [towarów] transport.

przewrażliwiony adj oversensitive.

przewrotny adj [obłudny, podstępny] deceitful.

przewrócić vperf [kolegę] to knock over • **przewrócić coś** to knock sthg over. ➡ **przewró-cić się** *vp perf* to fall over.

przewrót (*D* przewrotu) *m* [zamach stanu] revolution; [przełom] upheaval.

przewyższać *vimperf* [o głowę] to be taller; [możliwości] to exceed.

przez *prep* -1. [miejsce] across. -2. [czas trwania] for. -3. [poprzez] through. -4. [za pomocą] : **patrzeć przez lornetkę** to look through binoculars; **przez satelitę** by satellite; **rozmawiać przez telefon** to talk on the phone. -5. [wykonawca czynności] by.

przeziębić się *vp perf* to catch cold.

przeziębienie (*D* przeziębienia) *n* cold.

przeziębiony *adj* : **być przeziębionym** to have a cold.

przeznaczenie (*D* przeznaczenia) *n* [los, powołanie] destiny.

przeznaczyć *vperf* to assign • **przeznaczyć coś na coś** to allocate sthg to sthg.

przezorny *adj* [ostrożny, zapobiegliwy] cautious.

przezrocze (*D* przezrocza) *n* slide.

przezroczysty *adj* [szyba, woda] transparent.

przezwisko (*D* przezwiska) *n* nickname.

przezwyciężać *vimperf* [lęk, trudności] to overcome.

przezywać *vimperf* : **przezywać kogoś** to call sb names.

przeżegnać się *vp perf* to make the sign of the cross.

przeżuwać *vimperf* [dokładnie żuć] to chew.

przeżycie (*D* przeżycia) *n* [doświadczenie] experience.

przeżyć *vperf* [zachować życie] to survive; [doświadczyć] to live through • **przeżył wiele ciekawych przygód** he had many interesting adventures.

przeżywać *vimperf* [porażki, radość] to experience • **głęboko przeżywa śmierć dziecka** the death of her child has hit her hard.

przodek *m* ancestor.

przód (*D* przodu) *m* [budynku, samochodu] front • **z przodu** in front.

przybić *vperf* [obraz] to fix; [do brzegu] to land.

przybiec *vperf* to run up to.

przybity *adj* [przygnębiony] disheartened.

przybliżenie (*D* przybliżenia) *n* : **w przybliżeniu** [około] approximately.

przybliżony *adj* [niedokładny] approximate.

przybory (*D* przyborów) *mpl* [wyposażenie] accessories • **przybory do szycia** sewing kit.

przybrany *adj* [dzieci] adopted; [rodzice] adoptive.

przybyć *vperf oficjal* to arrive.

przychodnia (*D* przychodni) *f* [lekarska] clinic.

przychodzić (*perf* **przyjść**) *vimperf* [gen] to come; [o środkach transportu] to arrive.

przychód (*D* przychodu) *m* [wpływy] income; [zysk] profit.

przychylny *adj* [życzliwy] favourable.

przyciągać *vimperf* [skłaniać] to attract; [łódkę do pomostu] to pull *(towards)*.

przyciągający *adj* [wzrok, film] enticing; [kobieta, mężczyzna] attractive.

przycisk (D -u) m [dzwonka, telefonu] button.

przycisnąć vperf [dzwonek, klamkę] to press • **przycisnąć coś czymś** to weight sthg down with sthg else; **przycisnąć kogoś do siebie** to hug sb.

przyczepa (D przyczepy) f [pojazd] trailer • **przyczepa kempingowa** caravan.

przyczepiać vimperf to attach.

przyczyna (D przyczyny) f cause.

przydać się vp imperf to be useful.

przydarzać się vp imperf to happen.

przydatny adj useful.

przydrożny adj [znak, słup] roadside.

przydzielić vperf to allocate.

przygarnąć vperf [przytulić] to hug; [dać schronienie] to take under one's roof.

przyglądać się (perf przyjrzeć się) vp imperf to look at.

przygnębiający adj [atmosfera, wrażenie] depressing.

przygnębienie (D przygnębienia) n [smutek] depression.

przygnębiony adj depressed.

przygniatający adj [cisza, atmosfera] oppressive.

przygoda (D przygody) f adventure.

przygodny adj [przypadkowy] chance.

przygotować vperf [gen] to prepare • **przygotować coś dla kogoś** to prepare sthg for sb; **przygotować kogoś na coś** to prepare sb for sthg, to get sb ready for sthg. ➡ **przygotować się** vp perf to prepare o.s. • **przygotować się do czegoś** to prepare o.s. for sthg, to get ready.

przygotowanie (D przygotowania) n preparation.

przygotowany adj prepared.

przygraniczny adj : **obszar przygraniczny** frontier zone • **handel przygraniczny** border trade.

przyjaciel m friend.

przyjacielski adj friendly.

przyjaciółka f friend.

przyjazd (D -u) m arrival.

przyjazny adj friendly.

przyjaźnić się vp imperf to be friends • **przyjaźnić się z kimś** to be friends with sb.

przyjaźń (D przyjaźni) f friendship.

przyjąć vperf : **przyjąć coś** to accept sthg; **przyjąć kogoś** [ugościć] to entertain; **przyjąć kogoś** [nowego pracownika] to take on.

przyjechać vperf to come.

przyjemnie adv nicely.

przyjemność (D przyjemności) f pleasure • **sprawić komuś przyjemność** to give sb pleasure; **z przyjemnością** [chętnie] with pleasure.

przyjemny adj nice.

przyjezdny m [przybysz] visitor.

przyjęcie (D przyjęcia) n [spotkanie] party; [reakcja] reception • **godziny przyjęć** admission times.

przyjęty adj [przez lekarza] seen; [do pracy] accepted.

przyjrzeć się vp perf = **przyglądać się**.

przyjść vperf = **przychodzić**.

przykleić vperf to stick.

przykład (D -u) m [ilustracja,

dowód, wzór] example • **na przy-kład** for example.

przykro adv : **przykro mi** I'm sorry.

przykrość (D przykrości) f [nie-miły fakt] unpleasantness; [niemiłe uczucie] distress.

przykry adj [nieprzyjemny] unpleasant.

przykryć vperf to cover • **przykryć kogoś czymś** to cover sb with sthg.

przykrywka (D przykrywki) f [garnka] lid.

przylądek (D przylądka) m cape.

przylecieć vperf to arrive.

przyległy adj [pokój, ulica] adjacent.

przylepiec (D przylepca) m (sticking) plaster.

przylepka (D przylepki) f heel.

przylot (D -u) m [samolotu] arrival.

przyłączyć się vp perf [wziąć udział] to join in • **przyłączyć się do kogoś** to join sb.

przymierzać vimperf [ubrania] to try on.

przymierzalnia (D przymierzalni) f [w sklepie] changing room.

przymierze (D przymierza) n [sojusz] alliance.

przymiotnik (D -a) m GRAM adjective.

przymocować vperf to attach.

przymrozek (D przymrozku) m ground frost.

przymusowy adj [konieczny] compulsory • **przymusowe lądowanie** forced landing.

przynajmniej part at least.

przynależność (D przynależności) f [członkostwo] membership • **jaka jest ich przynależ-** **ność narodowa?** what is their nationality?

przynęta (D przynęty) f bait.

przynieść vperf to bring.

przypadek m (D przypadku) [zbieg okoliczności] accident; [wypadek] incident; GRAM case • **przez przypadek** by accident.

przypadkowo adv [spotkać się] accidentally.

przypadkowy adj [spotkanie] accidental.

przypiąć vperf [broszkę, kartkę] to pin.

przypłynąć vperf [do portu] to sail up.

przypływ (D -u) m [morza] high tide.

przypominać vimperf to remember • **przypominać kogoś** to resemble; **przypominać sobie coś** to remember sthg.

przypomnieć vperf [odszukać w pamięci] to remember, [zwrócić uwagę na coś] to remind • **przypomnieć komuś coś** to remind sb of sthg; **przypomnieć sobie coś** to remember sthg.

przypomnienie (D przypomnienia) n [wspomnienie] reminder.

przyprawa (D przyprawy) f [smakowa] seasoning • **przyprawa korzenna** spice.

przyprowadzić vperf [przyjść z kimś] to bring • **przyprowadzić ze sobą kogoś** to bring sb along.

przypuszczać vimperf [mniemać] to presume.

przypuszczalnie adv [prawdopodobnie] presumably.

przypuszczenie (D przypuszczenia) n [domysł] presumption.

przyroda (D przyrody) f nature.

przyrodni adj : przyrodni brat half-brother.

przyrost (D -u) m increase • przyrost naturalny birth rate.

przyrząd (D -u) m [urządzenie] equipment.

przyrzec vperf = przyrzekać.

przyrzeczenie (D przyrzeczenia) n [złożyć, dotrzymać] vow.

przyrzekać (perf przyrzec) vimperf [obiecywać] to vow.

przysiąść vperf [na chwilę] to sit down. ➡ **przysiąść się** vp perf [usiąść obok] to sit next to sb.

przysięga (D przysięgi) f oath • przysięga małżeńska marriage vow.

przysięgać vimperf to swear.

przysłać vperf [list, paczkę] to send.

przysłowie (D przysłowia) n proverb.

przysługa (D przysługi) f favour.

przysłużyć się vp perf to serve.

przysmak (D -u) m delicacy.

przystanek (D przystanku) m [autobusowy] stop; [w pracy] break • przystanek autobusowy bus stop; przystanek końcowy terminus; przystanek na żądanie request stop; przystanek tramwajowy tram stop.

przystań (D przystani) f harbour.

przystawka (D przystawki) f [zimna, gorąca] starter.

przystojny adj [mężczyzna] handsome.

przysunąć vperf [podsunąć] to pull up.

przyszłość (D przyszłości) f future.

przyszły adj [pokolenia] future; [miesiąc, rok] next • w przyszłym miesiącu next month.

przyszyć vperf [guzik] to sew on.

przyśnić się vp perf to dream about.

przyśpieszać (perf przyśpieszyć) vimperf [o pojazdach, o ludziach] to speed up.

przyśpieszenie (D przyśpieszenia) n acceleration.

przyśpieszyć vperf = przyśpieszać.

przytłaczający adj [budynki, meble] overpowering; [wiadomość] overwhelming.

przytomnieć (perf oprzytomnieć) vimperf [o chorym] to come round.

przytomność (D przytomności) f [świadomość] consciousness; [rozsądek] sense.

przytomny adj [świadomy] conscious; [rozsądny] quick-witted.

przytulać vimperf [do siebie] to cuddle. ➡ **przytulać się** vp imperf to cuddle up.

przytulny adj [pokój] cosy.

przytyć vperf [na wadze] to put on weight.

przywiązać vperf to tie. ➡ **przywiązać się** vp perf : przywiązać się do kogoś [zżyć się] to become attached to sb.

przywiązanie (D przywiązania) n [do pracy, rodziny] attachment.

przywiązany adj [zżyty] attached.

przywidzieć się vp perf [uroić się] : przywidziało mi się, że ktoś stoi za drzwiami he imagined that sb was behind the door.

przywieźć vperf to bring.

przywilej (D -u) m privilege.

przywitać vperf [gości] to greet. ➡ **przywitać się** vp perf to greet.

przywódca, przywódczyni *m, f* leader.

przyznać *vperf* [rację, słuszność] to acknowledge. ➡ **przyznać się** *vp perf* : przyznać się do czegoś to admit to sthg.

przyzwoity *adj* [porządny] decent.

przyzwyczaić *vperf* to get used to. ➡ **przyzwyczaić się** *vp perf* to get used to.

przyzwyczajenie (*D* przyzwyczajenia) *n* habit.

PS (*skr od* postscriptum) PS.

pseudonim (*D* -u) *m* pseudonym.

pstrąg (*D* -a) *m* trout.

psuć (*perf* popsuć LUB zepsuć) *vimperf* [stosunki] to spoil; [zegarek, zabawki] to break. ➡ **psuć się** *vp imperf* [samochód] to break down; [zegarek] to break; [mięso] to go off; [pogoda] to get worse.

psychiczny *adj* : choroba psychiczna mental illness.

psychologia (*D* psychologii) *f* [nauka, wydział] psychology.

psychoza (*D* psychozy) *f* [choroba] psychosis; [histeria] hysteria.

pszczoła *f* bee.

pszenica (*D* pszenicy) *f* wheat.

pt. (*skr od* piątek) Fri.

ptak *m* bird.

ptyś (*D* ptysia) *m* KULIN choux bun.

publicystyka (*D* publicystyki) *f* [kulturalna, polityczna] journalism.

publicznie *adv* [jawnie] publicly.

publiczność (*D* publiczności) *f* [widownia] audience.

publiczny *adj* [społeczny, oficjalny] public.

publikować (*perf* opublikować) *vimperf* [książkę, czasopismo] to publish.

puch (*D* -u) *m* down.

puchar (*D* -u) *m* [nagroda] cup; [naczynie] goblet.

puchnąć (*perf* spuchnąć) *vimperf* [noga, ręka] to swell.

pudel (*D* pudla) *m* [pies] poodle.

pudełko (*D* pudełka) *n* box.

puder (*D* pudru) *m* [kosmetyk] powder.

puderniczka (*D* puderniczki) *f* face powder compact.

pudrować *vimperf* [nos, twarz] to powder.

puenta (*D* puenty) *f* [sedno] point.

pukać (*perf* zapukać) *vimperf* [do drzwi] to knock.

pukiel (*D* pukla) *m* : pukiel włosów lock of hair.

pula (*D* puli) *f* [nagród] pool; [w grze] stake; [wygrana] jackpot.

pulower (*D* -a) *m* pullover.

pulpet (*D* -a) *m* KULIN meatball.

pulpit (*D* -u) *m* desktop.

puls (*D* -u) *m* [tętno] pulse.

pulsować *vimperf* [krew] to pulse.

pułapka (*D* pułapki) *f lit & przen* trap.

pułkownik *m* colonel.

puma *f* puma.

pumeks (*D* -u) *m* pumice.

punkt (*D* -u) *m* [miejsce, jednostka] point • punkt widzenia [opinia] point of view.

punktacja (*D* punktacji) *f* score.

punktualnie *adv* on time.

punktualny *adj* [terminowy] punctual.

pupa (*D* pupy) *f pot* bottom.

pupil, ka *m, f* favourite.

purée (*inv*) *n* puree.

purpurowy *adj* crimson.

pustkowie (*D* **pustkowia**) *n* wilderness.

pusto *adv* emptily • **pusto tu bez was** it is empty here without you.

pusty *adj* [ulica, dom, stolik] empty.

pustynia (*D* **pustyni**) *f* desert.

puszcza (*D* **puszczy**) *f* primeval forest.

puszka (*D* **puszki**) *f* can • **puszka konserw** can of preserves.

puścić *vperf* to let go.

pycha (*D* **pychy**) *f* pride.

pył (*D* **-u**) *m* dust.

pyłek (*D* **pyłku**) *m* [piasku, kurzu] speck • **pyłek kwiatowy** pollen.

pysk (*D* **-a**) *m* [psa, kota] snout.

pyszny *adj* [obiad] delicious.

pytać (*perf* **spytać** LUB **zapytać**) *vimperf* to ask.

pytający *adj* [wzrok, ton] questioning.

pytanie (*D* **pytania**) *n* question • **odpowiadać na pytanie** to answer a question; **zadać komuś pytanie** to ask sb a question.

R

r. (*skr od* **rok**) *used in writing after the number of a year*.

rabarbar (*D* **-u**) *m* rhubarb.

rabat (*D* **-u**) *m* discount.

rabować (*perf* **zrabować**) *vimperf* [bank, sklep] to rob.

rachunek (*D* **rachunku**) *m* [w restauracji, opłata] bill.

racja (*D* **racji**) *f* : **mieć rację** to be right • **nie mieć racji** to be wrong.

racjonalnie *adv* rationally.

racjonalny *adj* rational.

raczej *part* [właściwie] rather.

rada (*D* **rady**) *f* [wskazówka] advice • **dawać sobie radę** to cope; **Rada Europejska** European Council; **Rada Europy** Council of Europe; **Rada Unii Europejskiej** Council of the European Union.

radar (*D* **-u**) *m* radar.

radca *m* adviser • **radca prawny** solicitor, attorney *US*.

radio (*D* **radia**) *n* [odbiornik, stacja] radio • **słuchać radia** to listen to the radio; **radio samochodowe** car radio.

radiomagnetofon (*D* **-u**) *m* radio cassette recorder.

radioodbiornik (*D* **-a**) *m* radio receiver.

radiostacja (*D* **radiostacji**) *f* radio station.

radiowóz (*D* **radiowozu**) *m* patrol car.

radiowy *adj* [program, fale] radio • **audycja radiowa** radio broadcast.

radosny *adj* [człowiek, uśmiech, nastrój] joyful.

radość (*D* **radości**) *f* joy.

radykalny *adj* [skrajny, zasadniczy] radical • **radykalne posunięcie** radical move.

radzić *vimperf* [doradzać] to advise • **radzić komuś** to advise sb. **radzić się** *vp imperf* to consult.

rafa (*D* **rafy**) *f* reef.

rafineria (*D* rafinerii) *f* [naftowa] refinery.

raj (*D* -u) *m* *lit & przen* paradise.

rajd (*D* -u) *m* race.

rajstopy (*D* rajstop) *pl* tights.

rak (*D* -a) *m* [zwierzę] crab; [choroba] cancer. ➡ **Rak** (*D* Raka) *m* [znak zodiaku] Cancer.

rakieta (*D* rakiety) *f* [kosmiczna] rocket; [tenisowa] racket.

rakietka (*D* rakietki) *f* [do badmintona, tenisa] racket; [do tenisa stołowego] bat.

rakotwórczy *adj* [substancje] carcinogenic.

RAM (*D* -u) *m* INFORM RAM.

rama (*D* ramy) *f* [okienna, obrazu] frame.

ramiączko (*D* ramiączka) *n* [w sukience] strap.

ramię (*D* ramienia) *n* [bark] shoulder; [ręka] arm.

ramka (*D* ramki) *f* [na zdjęcie] frame.

rana (*D* rany) *f* wound • **opatrzyć ranę** to dress a wound.

randka (*D* randki) *f* date.

ranek (*D* ranka) *m* morning.

ranić (*perf* zranić) *vimperf* [gen] to wound; [uczucia] to hurt.

ranking (*D* -u) *m* [klasyfikacja] ranking.

ranny *adj* [poranny] morning; [zraniony] wounded • **ranny ptaszek** early bird.

rano (*D* rana) ⇔ *n* morning. ⇔ *adv* in the morning.

raport (*D* -u) *m* [komisji] report.

rarytas (*D* -u) *m* [rzadkość] rarity.

rasa (*D* rasy) *f* race.

rasista, rasistka *m, f* racist.

rasowy *adj* [dyskryminacja] racial; [kot, pies] pedigree.

rata (*D* raty) *f* [wpłata] instalment • **płacić w ratach** to pay in instalments; **rata miesięczna** monthly instalment.

ratalny *adj* [sprzedaż, spłata] instalment.

ratować (*perf* uratować) *vimperf* [nieść pomoc] to rescue.

ratownictwo (*D* ratownictwa) *n* [górskie, medyczne] rescue.

ratownik, ratowniczka *m, f* rescuer.

ratunek (*D* ratunku) *m* [pomoc] rescue. ➡ **ratunku!** *interj* help!

ratusz (*D* -a) *m* town hall.

ratyfikacja (*D* ratyfikacji) *f* [umowy, traktatu] ratification.

ratyfikować *vimperf* LUB *vperf* [traktat, umowę] to ratify.

raz (*D* -u) *m* [wypadek] time; [wielokrotność] times • **w razie czegoś** [gdyby] in case of sthg.

razem *adv* [wspólnie] together.

rączka (*D* rączki) *f* [mała ręka] hand; [uchwyt] handle.

rdza (*D* rdzy) *f* rust.

rdzeń (*D* rdzenia) *m* [kręgowy] core.

rdzewieć (*perf* zardzewieć) *vimperf* [nóż] to rust.

reagować (*perf* zareagować) *vimperf* [na prośby] to react.

reakcja (*D* reakcji) *f* reaction.

reaktor (*D* -a) *m* [jądrowy, atomowy] reactor.

realista, realistka *m, f* realist.

realistyczny *adj* [rozsądny, trzeźwy] realistic.

realizacja (*D* realizacji) *f* [planów] realization; [filmu] making.

realizm (*D* -u) *m* realism.

realizować (*perf* zrealizować)

vimperf [wykonywać] to realize; [czek] to cash • **kelner zrealizował zamówienie** the waiter brought the order.

realny *adj.* [rzeczywisty] real; [plany, ocena] realistic.

reanimacja (*D* reanimacji) *f* resuscitation.

recenzja (*D* recenzji) *f* [filmu, książki] review.

recepcja (*D* recepcji) *f* : **recepcja hotelowa** hotel reception.

recepcjonistka *f* receptionist.

recepta (*D* recepty) *f* [lekarska] prescription.

recital (*D* -u) *m* [solisty] recital.

recytować *vimperf* [wiersz] to recite.

red. (*skr od* **redaktor**) ed; (*skr od* **redakcja**) editorial office.

redagować *vimperf* [tekst, książkę] to edit.

redakcja (*D* redakcji) *f* [lokal, instytucja] editorial office; [tekstu] editing.

redaktor, ka *m, f* editor.

redukcja (*D* redukcji) *f* [zmniejszenie] reduction.

referat (*D* -u) *m* [wystąpienie] paper.

referencje (*D* referencji) *fpl* [opinia] reference.

referendum *(inv)* *n* referendum.

referować *vimperf* [spotkanie] to report.

refleks (*D* -u) *m* [szybki, opóźniony] reflex.

refleksja (*D* refleksji) *f* [przemyślenie] reflection.

reflektor (*D* -a) *m* [lampa] floodlight; [samochodu] headlight.

reforma (*D* reformy) *f* [systemu] reform.

reformować *vimperf* [gospodarkę, prawo] to reform.

refren (*D* -u) *m* [piosenki] chorus.

regał (*D* -u) *m* [mebel] shelf.

region (*D* -u) *m* [strefa] region.

regionalny *adj* regional.

regulamin (*D* -u) *m* regulation.

regularnie *adv* [systematycznie] regularly.

regularność (*D* regularności) *f* regularity.

regularny *adj* [systematyczny, kształtny] regular.

regulować *vimperf* [głośność, należność] to regulate.

regulowany *adj* [pasek] adjustable; [prawem, przepisami] regulated.

reguła (*D* reguły) *f* [zasada] rule.

rehabilitacja (*D* rehabilitacji) *f* rehabilitation.

rejestr (*D* -u) *m* [spis] register.

rejestracja (*D* rejestracji) *f* [samochodu] registration.

rejestracyjny *adj* registration • **numer rejestracyjny samochodu** car registration number; **tablica rejestracyjna** number plate *UK*, license plate *US*.

rejestrować *vimperf* [samochód, stowarzyszenie] to register; [obraz] to record.

Rejkiawik (*D* -u) *m* Reykjavík.

rejon (*D* -u) *m* region.

rejonowy *adj* regional.

rejs (*D* -u) *m* [statkiem] cruise; [samolotem] flight.

rekin (*D* -a) *m* shark.

reklama (*D* reklamy) *f* [ogłoszenie] advertisement; [reklamowanie] advertising.

reklamacja (*D* reklamacji) *f* [wady towaru] complaint.

reklamować *vimperf* [robić reklamę] to advertise; [zgłaszać reklamację] to complain.

reklamowy *adj* [kampania] advertising.

reklamówka (*D* reklamówki) *f* [torba] plastic bag; [ulotka] promotional material.

rekompensata (*D* rekompensaty) *f* [za krzywdy] compensation.

rekonesans (*D* -u) *m* [po okolicy] reconnaissance.

rekonstrukcja (*D* rekonstrukcji) *f* [malowidła, wydarzeń] reconstruction.

rekonwalescencja (*D* rekonwalescencji) *f* [po chorobie] convalescence.

rekord *m* [w biegu] record.

rekordzista, rekordzistka *m, f* record holder.

rekrut *m* [żołnierz] recruit.

rektor *m* [uczelni] ≃ vice chancellor *UK*, ≃ president *US*.

rekwirować *vimperf* to requisition.

rekwizyt (*D* -u) *m* [teatralny] prop.

relacja (*D* relacji) *f* [z podróży] report.

relacjonować *vimperf* [przebieg meczu] to relate.

relaks (*D* -u) *m* relaxation.

religia (*D* religii) *f* religion.

religijny *adj* [kult, człowiek] religious.

remanent (*D* -u) *m* [w sklepie] inventory.

remis (*D* -u) *m* [meczu] tie.

remont (*D* -u) *m* [mieszkania] rennovation.

remontować *vimperf* [dom] to rennovate.

Ren (*D* -u) *m* the Rhine.

rencista, rencistka *m, f* pensioner.

renifer *m* reindeer.

renkloda (*D* renklody) *f* greengage.

renomowany *adj* [produkt] famous.

renowacja (*D* renowacji) *f* [kamienicy] renovation.

renta (*D* renty) *f* pension.

rentgen (*D* -a) *m* X-ray.

rentowny *adj* profitable.

reorganizacja (*D* reorganizacji) *f* [przedsiębiorstwa] reorganization.

reperacja (*D* reperacji) *f* [telewizora] repair.

reperować *vimperf* [samochód, ubranie] to repair.

repertuar (*D* -u) *m* [teatru] repertoire.

reportaż (*D* -u) *m* [telewizyjny] report.

represje (*D* represji) *fpl* repression.

reprezentacja (*D* reprezentacji) *f* [sportowa] representation.

reprezentant, ka *m, f* [przedsiębiorców] representative.

reprezentować *vimperf* to represent.

reprodukcja (*D* reprodukcji) *f* [dzieła sztuki] reproduction.

reprywatyzacja (*D* reprywatyzacji) *f* reprivatization.

republika (*D* republiki) *f* republic.

reputacja (*D* reputacji) *f* [opinia] reputation.

resor (*D* -u LUB a) *m* AUTO spring.

resort (*D* -u) *m* [finansów] department.

respekt (D -u) m [szacunek] respect.

respektować vimperf [przepisy] to respect.

restauracja (D restauracji) f restaurant.

restaurować vimperf [zabytki] to restore.

restrykcje (D restrykcji) fpl [finansowe] restrictions.

reszka (D reszki) f [strona monety] tails.

reszta (D reszty) f [pozostałość] rest; [pieniądze] change.

resztka (D resztki) f [pozostałość] rest. ◆ **resztki** (D resztek) fpl [jedzenia] leftovers.

retoryczny adj [styl] rhetorical.

retransmisja (D retransmisji) f [ceremonii] retransmission.

retro adj [moda] retro.

reumatyzm (D -u) m rheumatism.

rewaloryzacja (D rewaloryzacji) f [emerytur] revaluation.

rewanż (D -u) m [ponowna rozgrywka] rematch; [odwzajemnienie się] return • **w rewanżu za pomoc kupił mi czekoladę** in return for my help, he bought me chocolate.

rewelacja (D rewelacji) f [prasowa] revelation.

rewers (D -u) m [monety] reverse.

rewia (D rewii) f [na lodzie] revue • **rewia mody** fashion show.

rewidować (perf zrewidować) vimperf [bagaż] to search.

rewizja (D rewizji) f [mieszkania] search.

rewolucja (D rewolucji) f [społeczna] revolution.

rewolucjonista, rewolucjonistka m, f revolutionary.

rewolwer (D -u) m revolver.

rezerwa (D rezerwy) f [żywności] reserve.

rezerwacja (D rezerwacji) f [w hotelu] reservation • **dokonać rezerwacji** to make a reservation.

rezerwat (D -u) m [przyrody] reserve.

rezerwować (perf zarezerwować) vimperf [hotel, bilet] to reserve.

rezerwuar (D -u) m [na wodę] reservoir.

rezonans (D -u) m resonance.

rezultat (D -u) m [wynik] result.

rezydencja (D rezydencji) f [ambasadora] residence.

rezydent m [biura turystycznego] agent.

rezygnacja (D rezygnacji) f [ze stanowiska] resignation.

rezygnować vimperf [ze stanowiska] to resign; [odwoływać] to cancel.

reż. (skr od **reżyser**) director, used as title.

reżim (D -u) m [polityczny] regime.

reżyser m director.

reżyserować vimperf [film] to direct.

ręcznie adv [wykonany] manually • **ten sweter był ręcznie zrobiony przez moją matkę** this sweater was handmade by my mother.

ręcznik (D -a) m towel.

ręczny adj [hamulec] hand.

ręka (D ręki) f [dłoń] hand; [ramię] arm.

rękaw (D -a) m sleeve.

rękawiczka (D rękawiczki) f glove.

rękojmia (D rękojmi) f [poręczenie] guarantee.

rękopis (D **-u**) m [powieści] manuscript.

ring (D **-u**) m ring.

robaczywy adj [jabłko] wormy.

robak (D **-a**) m worm.

robić (perf **zrobić**) vimperf -1. [gen] to do **co robisz dziś wieczorem?** what are you doing tonight?; **robić zakupy** to do shopping. -2. [wytwarzać] to make **robić śniadanie/obiad/kolację** to make breakfast/dinner/supper.

➡ **robi się** vimpers to become • **robi się zimno** it's getting cold.

robocizna (D **roboczizny**) f labour.

robot (D **-a**) m robot • **robot kuchenny** food processor.

robota (D **roboty**) f work. ➡ **roboty** (D **robót**) fpl : **roboty drogowe** road work.

robotniczy adj working-class.

robotnik, robotnica m, f manual worker • **robotnik niewykwalifikowany** unskilled worker; **robotnik wykwalifikowany** skilled worker.

rocznica (D **rocznicy**) f [ślubu] anniversary.

rocznie adv yearly.

rocznik (D **-a**) m [wina] vintage.

roczny adj yearly • **roczne dziecko** one-year-old child.

rodak, rodaczka m, f fellow countryman (f fellow countrywoman).

Rodan (D **-u**) m the Rhone.

Rodos (inv) m Rhodes.

rodowity adj native.

rodowód (D **rodowodu**) m [człowieka] lineage; [psa] pedigree.

rodzaj (D **-u**) m [typ] kind.

rodzeństwo (D **rodzeństwa**) n siblings.

rodzice pl parents.

rodzić vimperf to give birth to.

rodzina (D **rodziny**) f family • **rodzina zastępcza** foster family; **założyć rodzinę** to have a family; **głowa rodziny** head of the family.

rodzinny adj [pamiątka] family; [przywiązany] family-oriented.

rodzynek (D **rodzynka**) m raisin.

rogacz m pot & pej cuckold.

rogalik (D **-a**) m croissant.

rok (D **-u**, pl **lata**) m year • **ile masz lat?** how old are you?; **rok kalendarzowy** calendar year; **rok szkolny** school year; **rok urodzenia** year of birth; **przed laty** years ago; **w 1999 roku** in 1999; **za rok** in a year; **rok temu** a year ago; **sto lat!** [gdy składamy komuś życzenia] best wishes [z okazji urodzin] happy birthday.

rola (D **roli**) f [funkcja, postać] role; [ziemia] soil • **odgrywać rolę** to play a role.

rolada (D **rolady**) f roulade • **rolada biszkoptowa** Swiss roll.

roleta (D **rolety**) f blinds.

rolka (D **rolki**) f roll. ➡ **rolki** (D **rolek**) fpl rollerblades.

rolnictwo (D **rolnictwa**) n agriculture.

rolniczy adj agricultural.

rolnik, rolniczka m, f farmer.

rolny adj agricultural • **gospodarstwo rolne** farm.

ROM (D **-u**) m ROM.

romans (D **-u**) m romance • **mieć z kimś romans** to have an affair with sb.

romantyczny adj romantic.

romantyk, romantyczka m, f romantic.

rondel (D **rondla**) m saucepan.

rondo (D ronda) n roundabout UK, traffic circle US.

ropa (D ropy) f [surowiec] petroleum; [wydzielina] pus • **ropa naftowa** crude oil.

ropieć vimperf to fester.

ropień (D ropnia) m MED abscess.

ropucha f toad.

rosa (D rosy) f dew.

Rosja (D Rosji) f Russia.

Rosjanin, Rosjanka m, f Russian.

rosnąć (perf urosnąć) vimperf [rozwijać się] to grow; [zwiększać się] to rise.

rosół (D rosołu) m consommé.

rostbef (D -u) m roast beef.

rosyjski ⟷ adj Russian. ⟷ m (D rosyjskiego) [język rosyjski] Russian.

roślina (D rośliny) f plant.

roślinność (D roślinności) f vegetation.

roślinny adj vegetable.

rotacja (D rotacji) f rotation.

rower (D -u) m bicycle • **rower wodny** paddle boat; **jeździć na rowerze** to ride a bike.

rowerzysta, rowerzystka m, f cyclist.

rozbawiony adj amused.

rozbić vperf = rozbijać.

rozbierać (perf rozebrać) vimperf to undress. ⟵ **rozbierać się** vp imperf to undress.

rozbieżność (D rozbieżności) f discrepancy.

rozbijać (perf rozbić) vimperf [gen] to break; [samochód] to crash.

rozbiór (D rozbioru) m [państwa] partition; [analiza] analysis.

rozbitek m [osoba uratowana] castaway; [ktoś nieszczęśliwy] wreck.

rozbity adj [stłuczony] broken; [roztrzęsiony] damaged.

rozbrajający adj disarming.

rozbrojenie (D rozbrojenia) n disarmament.

rozbudowa (D rozbudowy) f extension.

rozchodzić się vp imperf [o drogach] to diverge; [rozpraszać się] to scatter.

rozchorować się vp perf to become ill.

rozciągać vimperf to stretch.

rozcieńczalnik (D -a) m thinner.

rozcieńczyć vperf to dilute.

rozcierać vimperf [dłonie] to rub; [masło z cukrem] to mix.

rozczarować vperf : **rozczarować kogoś** to disappoint sb.

rozczarowanie (D rozczarowania) n disappointment • **przeżyć rozczarowanie** to suffer a disappointment.

rozczarowany adj disappointed.

rozdać vperf = rozdawać.

rozdanie (D rozdania) n distribution.

rozdarcie (D rozdarcia) n [zszyć] tear; [przeżywać] dilemma.

rozdarty adj torn.

rozdawać (perf rozdać) vimperf [gen] to give out; [zadania] to hand out.

rozdrapać vperf to scratch • **rozdrapać krostę** to pick at a pimple.

rozdrażnić vperf : **rozdrażnić kogoś** to annoy sb.

rozdrażniony adj annoyed.

rozdroże (D rozdroża) n crossroad • **stanąć na rozdrożu** to stand at a crossroads.

rozdział (D -u) m [książki] chapter; [nagród] distribution.

rozdzielić vperf [pieniądze] to distribute; [walczących] to separate.

rozdzierający adj [krzyk] piercing; [ból] excruciating.

rozebrać vperf = rozbierać.

rozejm (D -u) m truce • **zawrzeć rozejm** to make a truce.

rozejrzeć się vp perf = rozglądać się.

rozejść się vp perf [rozproszyć się] to scatter; [rozwieść się] to divorce; [skończyć się] to run out.

rozerwać vperf to tear. ⇒ **rozerwać się** vp perf [o ubraniach] to tear; pot [zabawić się] to have fun.

roześmiać się vp perf to laugh out loud.

roześmiany adj smiling.

rozgałęziacz (D -a) m adapter.

rozgarnięty adj sharp-witted.

rozglądać się (perf rozejrzeć się) vp imperf to look around.

rozgłośnia (D rozgłośni) f [radiowa] broadcasting station.

rozgniewać vperf to anger • **rozgniewać kogoś** to anger sb.

rozgoryczony adj bitter.

rozgotowany adj overboiled.

rozgryźć vperf [proszek] to crack; pot [zrozumieć] to understand.

rozgrzewać vimperf to warm. ⇒ **rozgrzewać się** vp imperf to warm up.

rozgwiazda (D rozgwiazdy) f starfish.

rozjemca, rozjemczyni m, f arbitrator.

rozkaz (D -u) m order • **wydać rozkaz** to give an order.

rozkazać vperf = rozkazywać.

rozkazujący adj commanding • **tryb rozkazujący** GRAM imperative.

rozkazywać (perf rozkazać) vimperf to order.

rozkład (D -u) m [mieszkania] layout; [ciała] decomposition • **rozkład jazdy** timetable; **rozkład zajęć** schedule.

rozkładać (perf rozłożyć) vimperf [mapę, kanapę] to unfold; [na części] to take apart.

rozkojarzony adj absent-minded.

rozkoszny adj delightful.

rozkwit (D -u) m [uczucia, miasta] prime; [drzewa] bloom.

rozkwitać vimperf [rośliny] to bloom.

rozlać vperf [herbatę na podłodze] to spill; [zupę do talerzy] to pour.

rozlegać się vp imperf [wołanie, dźwięk] to ring out.

rozległy adj [widok] wide; [plan] extensive.

rozliczyć się vp perf to settle.

rozluźnić vperf [uścisk] to loosen; [atmosferę] to lighten.

rozładować vperf [towar] to unload; [stres] to relieve • **rozładować atmosferę** to lighten the atmosphere.

rozłąka (D rozłąki) f separation.

rozłożyć vperf = rozkładać.

rozmach (D -u) m [zamach] swing; [wizja] forethought • **robić coś z rozmachem** to do sthg with a flourish.

rozmaitość (D rozmaitości) f variety.

rozmaity adj diverse.

rozmaryn (*D* **-u**) *m* rosemary.

rozmarzyć się *vp perf* to fall into a reverie.

rozmasować *vperf* to massage.

rozmawiać *vimperf* to talk.

rozmiar (*D* **-u**) *m* [wielkość, numer] size; [skala] extent • **większy rozmiar** larger size.

rozmienić *vperf* to change.

rozmnażać się *vp imperf* to reproduce.

rozmnażanie (*D* rozmnażania) *n* reproduction.

rozmontować *vperf* to take apart.

rozmowa (*D* rozmowy) *f* conversation • **rozmowa miejscowa** local call; **rozmowa międzymiastowa** long-distance call; **rozmowa międzynarodowa** international call; **rozmowa na temat kogoś/czegoś** a conversation about sb/sthg; **rozmowa o kimś/o czymś** a conversation about sb/sthg. ➡ **rozmowy** (*D* **rozmów**) *fpl* negotiations • **prowadzić rozmowy** to conduct negotiations.

rozmowny *adj* talkative.

rozmówca, rozmówczyni *m, f* conversationalist.

rozmówki (*D* **rozmówek**) *pl* phrase books.

rozmrozić *vperf* to defrost • **rozmrozić lodówkę** to defrost the refrigerator.

rozmyślać *vimperf* to ponder.

rozmyślanie (*D* rozmyślania) *n* meditation.

rozmyślić się *vp perf* to reconsider.

rozmyślnie *adv* deliberately.

roznosić *vimperf* to deliver.

rozpacz (*D* rozpaczy) *f* despair

• **pogrążyć się w rozpaczy** to fall into despair.

rozpaczać *vimperf* to despair.

rozpaczliwy *adj* [pełen rozpaczy] anguished; [desperacki, beznadziejny] desperate.

rozpadać się *vp imperf* to fall apart.

rozpatrzyć *vperf* to consider • **rozpatrzyć podanie** to consider an application.

rozpęd (*D* **-u**) *m* momentum • **nabrać rozpędu** to gather momentum.

rozpędzić *vperf* to disperse • **rozpędzić zbiegowisko** to disperse a throng.

rozpętać *vperf* to spark.

rozpiąć *vperf* to undo.

rozpieszczać *vimperf* to spoil.

rozpieszczony *adj* spoiled.

rozplątać *vperf* to untwist.

rozpłakać się *vp perf* to burst into tears.

rozpocząć *vperf* to begin.

rozpoczęcie (*D* rozpoczęcia) *n* beginning • **rozpoczęcie roku szkolnego** beginning of the school year.

rozpogadzać się *vp imperf* to clear up.

rozpogodzenie (*D* rozpogodzenia) *n* sunny spell.

rozporek (*D* rozporka) *m* [w spodniach] flies *UK*, fly *US*; [w spódnicy] slit.

rozporządzenie (*D* rozporządzenia) *n* decree • **wydać rozporządzenie** to issue a decree.

rozpowszechniać *vimperf* [poglądy, plotki] to spread.

rozpowszechniony *adj* widespread.

rozpoznać *vperf* [chorobę] to

diagnose; [banknoty] to recognize
• **rozpoznać kogoś** to recognize
sb.

rozpoznanie (*D* rozpoznania) *n*
[diagnoza] diagnosis; [zadanie bo-
jowe] reconnaissance.

rozpoznawczy *adj* [charakterys-
tyczny] identifying; [prowadzący
rozpoznanie] reconnaissance.

rozpraszać *vimperf* [uwagę, myśli]
to distract. ➠ **rozpraszać się**
vp imperf to be distracted.

rozprawa (*D* rozprawy) *f* [w są-
dzie] trial.

rozprężenie (*D* rozprężenia) *n*
[chaos] deconcentration.

rozprostować *vperf* [nogi] to
stretch; [kartkę] to smooth.

rozprowadzać *vimperf* [towary]
to distribute; [farbę] to spread.

rozpruć *vperf* [szew] to rip.

rozpryskiwać *vimperf* to splat-
ter.

rozpusta (*D* rozpusty) *f* debauch-
ery.

rozpuszczalnik (*D* -a) *m* solvent.

rozpuszczalny *adj* soluble.

rozpuścić *vperf* [utworzyć roztwór]
to dissolve; [roztopić] to melt.

rozpychać się *vp imperf* to
jostle.

rozpylacz (*D* -a) *m* atomizer.

rozpylać *vimperf* to spray.

rozrabiać *vimperf* pot to stir up
trouble.

rozróżniać *vimperf* to distinguish.

rozruch (*D* -u) *m* [silnika] start.
➠ **rozruchy** (*D* rozruchów) *pl*
riots.

rozruszać *vperf* [palce] to work
out stiffness; [towarzystwo] to
liven up.

rozrusznik (*D* -a) *m* starter • **rozrusznik serca** pacemaker.

rozrywka (*D* rozrywki) *f* entertainment.

rozrzucać *vimperf* [rzeczy] to
scatter; [ulotki] to drop.

rozrzutny *adj* wasteful.

rozsądek (*D* rozsądku) *m* sense
• **zdrowy rozsądek** common
sense.

rozsądny *adj* [sensowny] sensible;
[umiarkowany] reasonable.

rozstać się *vp perf* to separate.

rozstanie (*D* rozstania) *n* separation.

rozstawiać *vimperf* [umieszczać]
to put; [rozkładać] to set up.

rozstępować się *vp imperf* to
part.

rozstroić *vperf* [instrument] to
make out of tune; [wyprowadzić
z równowagi] to upset.

rozstrzygać (*perf* rozstrzygnąć)
vimperf to decide.

rozstrzygnąć *vperf* = rozstrzygać.

rozsuwać *vimperf* to draw back.

rozsypać *vperf* to spill.

rozszalały *adj* raging.

rozszyfrowywać *vimperf* [kod]
to decipher; [tajemnicę] to unra-
vel.

rozśmieszać *vimperf* to make
laugh • **jego żarty zawsze mnie
rozśmieszą** his jokes always
make me laugh.

roztaczać *vimperf* to surround.
➠ **roztaczać się** *vp imperf* to
unfold.

roztapiać *vimperf* to melt.
➠ **roztapiać się** *vp imperf* to
melt.

roztargnienie (*D* roztargnienia)
n absent-mindedness • **zrobić**

coś przez roztargnienie to do sthg absent-mindedly.

roztargniony *adj* absent-minded.

roztropny *adj* prudent.

roztrwonić *vperf* to waste.

roztrzepanie (*D* roztrzepania) *n* *pot* absent-mindedness.

roztrzepany *adj* *pot* scatter-brained.

roztrzęsiony *adj* jittery.

rozum (*D* -u) *m* reason. ✓

rozumieć (*perf* zrozumieć) *vimperf* to understand.

rozumny *adj* rational.

rozumować *vimperf* to reason.

rozumowanie (*D* rozumowania) *n* reasoning.

rozwaga (*D* rozwagi) *f* deliberation • **brać coś pod rozwagę** to take sthg into consideration.

rozważać *vimperf* to consider.

rozważanie (*D* rozważania) *n* consideration.

rozważny *adj* prudent.

rozweselać *vimperf* to cheer up.

rozwiać *vperf* [chmury] to disperse; [wątpliwości] to dispel • **wiatr rozwiał mi włosy** the wind blew through my hair.

rozwiązać *vperf* [problem] to solve; [węzeł] to tie.

rozwiązanie (*D* rozwiązania) *n* [problemu] solution; [supła] knot.

rozwidlenie (*D* rozwidlenia) *n* fork.

rozwiedziony, rozwiedziona *m, f* divorced.

rozwieść się *vp perf* to divorce.

rozwijać (*perf* rozwinąć) *vimperf* [rozpakowywać] to unwrap; [rozpinać] to uncoil; [zainteresowania] to develop • **rozwinąć prędkość**

to gainspeed. ➡ **rozwijać się** (*perf* rozwinąć się) *vp imperf* to develop.

rozwinąć *vperf* = rozwijać.

rozwinięty *adj* [dojrzały] developed; [kwiat] fully-developed.

rozwodnik *m* divorcee.

rozwolnienie (*D* rozwolnienia) *n* *pot* diarrhoea.

rozwód (*D* rozwodu) *m* divorce • **wziąć rozwód** to get a divorce.

rozwódka *f* divorcee.

rozwój (*D* rozwoju) *m* development • **rozwój sytuacji** development of the situation.

rożen (*D* rożna) *m* spit.

ród (*D* rodu) *m* family.

róg (*D* rogu) *m* [gen] horn; [domu, ulic] corner • **za rogiem** around the corner.

rój (*D* roju) *m* swarm.

rów (*D* rowu) *m* [tektoniczny] trench; [przy drodze] ditch.

rówieśnica *f* peer.

rówieśnik *m* peer.

również *part* also.

równik (*D* -a) *m* equator.

równina (*D* równiny) *f* plain.

równo ⬦ *adv* [gładko] smoothly; [prosto] straight; [miarowo] evenly; [jednakowo] equally. ⬦ *part* [dokładnie] exactly.

równoczesny *adj* simultaneous.

równoległy *adj* parallel • **równoległa ulica** parallel street.

równoleżnik (*D* -a) *m* parallel.

równorzędny *adj* equivalent.

równość (*D* równości) *f* [wobec prawa] equality; [drogi] evenness.

równouprawnienie (*D* równouprawnienia) *n* equality of rights.

równowaga (*D* równowagi) *f*

[postawa pionowa] balance; [spokój] poise • **wyprowadzić kogoś z równowagi** to throw sb off balance.

równowartość (D równowartości) f equivalent.

równy adj [płaski] flat; [prosty] straight; [niezmienny] steady.

róża (D róży) f rose.

różaniec (D różańca) m rosary • **odmawiać różaniec** to say the rosary.

różdżka (D różdżki) f magic wand.

różnica (D różnicy) f [niezgodność] difference; [wynik odejmowania] remainder.

różnić się vp imperf to differ.

różnie adv differently.

różnobarwny adj multicoloured.

różnorodność (D różnorodności) f variety.

różnorodny adj various.

różny adj different.

różowy adj pink.

różyczka (D różyczki) f [mała róża] small rose; [choroba] measles.

rtęć (D rtęci) f mercury.

rubaszny adj coarse.

rubel (D rubla) m rouble.

rubin (D -u) m ruby.

rubryka (D rubryki) f [w gazecie] column; [w tabeli] blank.

ruch (D -u) m [powietrza] motion; [uliczny, świąteczny] traffic; [aktywność fizyczna] exercise; [polityczny] movement • **ruch jednokierunkowy** one-way traffic; **ruch lewostronny/prawostronny** left/right lane traffic.

ruchliwy adj [pełny ruchu] busy; [energiczny] lively • **ruchliwa ulica** busy street.

ruchomości (D ruchomości) fpl EKON moveables.

ruchomy adj moving.

rudy adj red.

ruina (D ruiny) f ruin. ⬥ **ruiny** (D ruin) fpl ruins.

rujnować (perf zrujnować) vimperf to ruin.

ruletka (D ruletki) f roulette • **rosyjska ruletka** Russian roulette.

rulon (D -u) m roll • **zwinąć coś w rulon** to roll sthg.

rum (D -u) m rum.

rumianek (D rumianku) m chamomile.

rumienić się (perf zarumienić się) vp imperf to blush.

rumieniec (D rumieńca) m blush.

Rumun, ka m, f Romanian.

Rumunia (D Rumunii) f Romania.

rumuński adj Romanian.

rura (D rury) f pipe • **rura wydechowa** exhaust pipe.

rurka (D rurki) f [gen] tube; [słomka] straw • **rurka z kremem** KULIN *cylindrical wafers filled with fresh cream*.

rurociąg (D -u) m pipeline.

ruszać (perf ruszyć) vimperf [samochód] to go; [ręką] to move; [brać] to touch.

ruszt (D -u) m grill.

rusztowanie (D rusztowania) n scaffolding.

ruszyć vperf = ruszać.

rutyna (D rutyny) f [biegłość] experience; [szablonowość] routine • **popaść w rutynę** to get into a rut.

ryba f fish • **łowić ryby** to catch

fish. **Ryby** (D Ryb) fpl [znak zodiaku] Pisces.

rybacki adj fishing.

rybak m fisherman.

rybitwa f tern.

rybny adj fish.

rybołówstwo (D rybołówstwa) n fishing.

rycerski adj [uprzejmy] chivalrous; [zbroja] knight's.

rycerz m knight.

rycina (D ryciny) f print.

ryczałt (D -u) m lump sum • płacić za coś ryczałtem to pay for sthg with a lump sum.

ryczałtowy adj lump sum.

Ryga (D Rygi) f Riga.

rygorystyczny adj rigorous.

ryk (D -u) m [krowy] moo; [osła] bray; [maszyny] roar.

rym (D -u) m rhyme.

rymować vimperf to rhyme.

rynek (D rynku) m [gen] market; [główny plac] square • czarny rynek black market; rynek pracy labour market; Rynek Wewnętrzny (Jednolity Rynek) Internal Market (Single Market).

rynna (D rynny) f gutter.

rynsztok (D -u LUB -a) m gutter • stoczyć się do rynsztoka pot to end up in the gutter.

rys (D -u) m trait. **rysy** (D rysów) mpl features • rysy twarzy facial features.

rys. (skr od rysunek) fig.

rysa (D rysy) f scratch.

rysować (perf narysować) vimperf to draw.

rysunek (D rysunku) m drawing.

rytm (D -u) m rhythm • poczucie rytmu a feel for rhythm.

rytmiczny adj rhythmic.

rytuał (D -u) m ritual.

rywal, ka m, f rival.

rywalizacja (D rywalizacji) f rivalry.

rywalizować vimperf to compete.

ryza (D ryzy) f ream.

ryzyko (D ryzyka) n risk • podejmować ryzyko to take a risk.

ryzykować vimperf to risk.

ryzykowny adj risky.

ryż (D -u) m rice.

rzadki adj [gen] rare; [zupa, włosy] thin.

rzadko (compar rzadziej, superl najrzadziej) <> adv [niezbyt często] rarely; [w dużych odstępach] sparsely. <> part seldom.

rząd[1] (D rządu) m government. **rządy** (D rządów) mpl rule.

rząd[2] (D rzędu) m [szereg] row; [stopień] order.

rządowy adj government.

rządzić vimperf to rule.

rzecz (D rzeczy) f thing • rzeczy osobiste personal things.

rzecznik, rzeczniczka m, f spokesperson • rzecznik prasowy press secretary; Rzecznik Praw Obywatelskich Unii Europejskiej European Union Human Rights Spokesman.

rzeczownik (D -a) m GRAM noun.

rzeczpospolita (D rzeczpospolitej LUB rzeczypospolitej) f republic.

rzeczywistość (D rzeczywistości) f reality.

rzeczywisty adj real.

rzeczywiście adv really.

rzeka (D rzeki) f river.

rzekomo part supposedly.

rzemień (*D* rzemienia) *m* leather strap.

rzemieślniczy *adj* craft • **cech rzemieślniczy** craft guild.

rzemieślnik *m* tradesman.

rzemiosło (*D* rzemiosła) *n* craftsmanship.

rzep (*D* -u) *m* [we włosach] burr; [zapięcie] Velcro®.

rzepa (*D* rzepy) *f* turnip.

rześki *adj* brisk.

rzetelny *adj* reliable.

rzeź (*D* rzezi) *f* slaughter.

rzeźba (*D* rzeźby) *f* sculpture.

rzeźbiarz, rzeźbiarka *m*, *f* sculptor.

rzeźbić *vimperf* to sculpt.

rzeźnia (*D* rzeźni) *f* slaughterhouse.

rzeźnik *m* butcher.

rzeżucha (*D* rzeżuchy) *f* cress.

rzęsa (*D* rzęsy) *f* eyelash.

rzęsisty *adj* [deszcz] torrential; [brawa] thunderous.

rzodkiewka (*D* rzodkiewki) *f* radish.

rzucać (*perf* rzucić) *vimperf* [piłkę] to throw; [pracę] to quit • **rzucił mnie chłopak** my boyfriend broke up with me.

rzucić *vperf* = rzucać.

rzut (*D* -u) *m* throw • **rzut dyskiem** discus; **rzut rożny** corner; **rzut karny** penalty; **rzut młotem** hammer throw; **rzut oszczepem** javelin.

rzutek (*D* rzutka) *m* dart • **grać w rzutki** to play darts.

rzutnik (*D* -a) *m* projector.

rzygać *vimperf wulg* to puke.

Rzym (*D* -u) *m* Rome.

rzymianin, rzymianka *m*, *f* Roman.

rzymski *adj* Roman • **rzymskie cyfry** Roman numerals.

rżeć *vimperf* to neigh.

S

s (*skr od* sekunda) s.

s. (*skr od* siostra) *used in writing to introduce name of nun*; (*skr od* strona) p.

sabotaż (*D* -u) *m* sabotage.

sad (*D* -u) *m* orchard.

sadysta, sadystka *m*, *f* sadist.

sadystyczny *adj* sadistic.

sadzawka (*D* sadzawki) *f* pond.

sadzić *vimperf* to plant.

safari *(inv)* *n* safari.

Sahara (*D* Sahary) *f* the Sahara.

sala (*D* sali) *f* [pomieszczenie] hall; [publiczność] audience.

salami *(inv)* *n* salami.

salaterka (*D* salaterki) *f* salad bowl.

salceson (*D* -u) *m* brawn.

saldo (*D* salda) *n* EKON balance.

salicylowy *adj* salicylic.

salmonella (*D* salmonelli) *f pot* salmonella.

salon (*D* -u) *m* [gen] salon; [pokój dzienny] living room.

salutować *vimperf* to salute.

salwa (*D* salwy) *f* [wystrzał] volley; [odgłos] peal.

sałata (*D* sałaty) *f* lettuce.

sałatka (*D* sałatki) *f* salad • **sałatka grecka** mediterranean salad; **sałatka jarzynowa** vegetable salad; **sałatka owocowa** fruit salad; **sałatka śledziowa** *salad made with pickled or salted herring as main ingredient.*

sam¹ (*D* -u) *m pot* [sklep] self-service shop.

sam² *adj* [gen] alone; [tylko] only; [nawet] even.

samica *f* female.

samiec (*D* samca) *m* male.

samobójca, samobójczyni *m, f* suicide.

samobójstwo (*D* samobójstwa) *n* suicide • **popełnić samobójstwo** to commit suicide.

samochodowy *adj* auto • **warsztat samochodowy** garage.

samochód (*D* samochodu) *m* car • **samochód ciężarowy** lorry *UK*, truck *US*; **samochód osobowy** car; **samochód pułapka** car bomb; **jechać samochodem** to drive by car; **prowadzić samochód** to drive a car.

samodzielnie *adv* [bez pomocy] unaided; [niezależnie] independently.

samodzielny *adj* independent.

samogłoska (*D* samogłoski) *f* GRAM vowel.

samolot (*D* -u) *m* plane • **samolot z Warszawy do Londynu** a plane from Warsaw to London; **lecieć samolotem** to fly; **odlot samolotu** departure; **przylot samolotu** arrival.

samolubny *adj* selfish.

samoobrona (*D* samoobrony) *f* self-defence.

samoobsługa (*D* samoobsługi) *f* self-service.

samoobsługowy *adj* self-service.

samopoczucie (*D* samopoczucia) *n* mood.

samoprzylepny *adj* self-adhesive.

samotnik, samotniczka *m, f* loner.

samotność (*D* samotności) *f* loneliness.

samotny *adj* [gen] lonely; [bez partnera] single.

samouczek (*D* samouczka) *m* "teach yourself" book.

samowola (*D* samowoli) *f* wilfulness.

San (*D* -u) *m* the San.

sanatorium (*inv*) *n* sanatorium.

sandacz (*D* -a) *m* pikeperch.

sandał (*D* -a) *m* sandal.

saneczkarstwo (*D* saneczkarstwa) *n* luge.

sanepid (*skr od* stacja sanitarno--epidemiologiczna) *health inspectorate.*

sanie (*D* sań) *pl* sleigh.

sanitarny *adj* sanitary.

sankcja (*D* sankcji) *f* sanction.

sanki (*D* sanek) *pl* sledge *UK*; sled *US*.

sapać *vimperf* to pant.

Sarajewo (*D* Sarajewa) *n* Sarajevo.

sardela (*D* sardeli) *f* anchovy.

Sardynia (*D* Sardynii) *f* Sardinia.

sardynka (*D* sardynki) *f* sardine.

Sardyńczyk, Sardynka *m, f* Sardinian.

sarna *f* deer.

sarnina (*D* sarniny) *f* venison.

satelita (*D* satelity) *m* [księżyc] satellite; [urządzenie] satellite.

satelitarny *adj* satellite.

satyna (*D* satyny) *f* satin.

satyra (*D* satyry) *f* satire.

satysfakcja (*D* satysfakcji) *f*

satisfaction • **mieć z czegoś satysfakcję** to get satisfaction from sthg.

sauna (D sauny) f sauna.

sąd (D -u) m [gen] court; [sędziowie] judge; [opinia] judgement.

sądzić vimperf [uważać] to think • **co o tym sądzisz?** what do you think about it?

sąsiad, ka m, f neighbour.

sąsiadować vimperf to neighbour.

sąsiedni adj neighbouring.

scena (D sceny) f [teatralna] stage; [część utworu] scene.

scenariusz (D -a) m screenplay.

sceptyczny adj skeptical.

schab (D -u) m pork loin • **schab karkowy** neck of pork; **schab środkowy** pork tenderloin.

schemat (D -u) m [maszyny] diagram; [szablon] pattern.

schludny adj tidy.

schnąć vimperf to dry.

schody (D schodów) pl stairs • **schody ruchome** escalator; **schodzić ze schodów** to go down the stairs; **wchodzić po schodach** to go up the stairs.

schodzić (perf zejść) vimperf -1. [z góry] to go down. -2. [opuszczać] to leave. -3. [zsiadać] to dismount.

schować vperf to hide.

schowek (D schowka) m hiding place.

schron (D -u) m shelter.

schronić się vp perf to take shelter.

schronienie (D schronienia) n shelter.

schronisko (D schroniska) n [dla turystów] hostel; [dla zwierząt] shelter • **schronisko młodzieżowe** youth hostel.

schudnąć vperf = chudnąć.

schylić się vp perf to lean over.

scyzoryk (D -a) m penknife.

seans (D -u) m [pokaz] show; [spotkanie] seance.

sedes (D -u) m toilet.

sedno (D sedna) n essence • **sedno sprawy** the heart of the matter.

segment (D -u) m [część] segment; [dom] terraced house UK, row house US.

segregacja (D segregacji) f segregation.

segregator (D -a) m ring binder.

sejf (D -u) m safe.

sejm (D -u) m lower house of the Polish Parliament.

sejmowy adj parliamentary.

sekcja (D sekcji) f [oddział] section; [zwłok] post-mortem.

sekret (D -u) m secret • **powiedzieć komuś coś w sekrecie** to tell sb sthg in secret.

sekretariat (D -u) m office.

sekretarka f secretary.

seks (D -u) m sex • **dziewczyna pełna seksu** a really sexy woman • **uprawiać seks** to have sex.

seksowny adj sexy.

seksualny adj sexual.

sekta (D sekty) f sect • **sekta religijna** religious sect.

sektor (D -a) m sector.

sekunda (D sekundy) f second.

sekundnik (D -a) m second hand.

Sekwana (D Sekwany) f the Seine.

seledynowy adj light green.

selekcja (D selekcji) f selection.

seler (D -a) m celery.

semafor (D -a) m (railway) signal.

semestr (D -u) m semester, term.

seminarium (inv) n [naukowe] seminar; [duchowne] seminary.

sen (D snu) m [spanie] sleep; [marzenie] dream • **sen zimowy** hibernation.

senat (D -u) m senate.

senator m senator.

senior, ka m, f [rodu] senior member; SPORT senior.

senny adj [śpiący] drowsy; [marzenia] dream.

sens (D -u) m [znaczenie] meaning; [celowość] sense.

sensacja (D sensacji) f sensation.

sensacyjny adj sensational • **film sensacyjny** action film.

sensowny adj sensible.

sentyment (D -u) m fondness • **mieć do czegoś/kogoś sentyment** to be fond of sthg/sb.

sentymentalny adj sentimental.

separacja (D separacji) f separation • **w separacji** separated.

seplenić vimperf to lisp.

ser (D -a) m cheese • **biały ser** curd cheese; **żółty ser** hard cheese.

Serb, ka m, f Serbian.

Serbia (D Serbii) f Serbia.

serce (D serca) n heart • **atak serca** heart attack.

serdecznie adv warmly.

serdeczność (D serdeczności) f warmth.

serdeczny adj [list] warm; [atmosfera] friendly; [przyjaciel] close.

serfować vimperf to surf • **serfować po Internecie** to surf the Internet.

seria (D serii) f series.

serial (D -u) m serial.

serio <> adv seriously • **brać coś na serio** to take sthg seriously. <> interj really.

sernik (D -a) m cheesecake.

serpentyna (D serpentyny) f [taśma] streamer; [droga] winding road.

serw (D -u) m SPORT serve.

serwer (D -a) m INFORM server.

serwetka (D serwetki) f [do ocierania ust] serviette; [na stół] small decorative cloth.

serwis (D -u) m SPORT serve; [do kawy] set; [obsługa] service.

serwować vimperf to serve.

sesja (D sesji) f session • **sesja egzaminacyjna** end-of-term exams; **sesja giełdowa** stock exchange session.

setka (D setki) f [gen] hundred; [banknot] hundred-zloty note; pot [prędkość] hundred kilometres per hour.

setny num hundredth; zobacz też szósty.

sezon (D -u) m season.

sędzia m judge.

sęp m vulture.

sfałszować vperf = fałszować.

sfilmować vperf = filmować.

sfinansować vperf = finansować.

sfinks (D -a) m sphinx.

sformułować vperf = formułować.

sfotografować vperf = fotografować.

sfrustrowany adj frustrated.

siać vimperf to sow.

siadać vimperf to sit (down).

siano (D siana) n hay.

siatka (D siatki) f [na zakupy] bag;

[do ogrodzenia] netting; [plan] network; SPORT net.

siatkówka (*D* siatkówki) *f* volleyball.

sieć (*D* sieci) *f* [rybacka] net; [pajęczyna] web; [telefoniczna] network; [sklepów] chain • **sieć internetowa** Internet; **sieć komputerowa** computer network.

siedem *num* seven *zobacz też* sześć.

siedemdziesiąt *num* seventy; *zobacz też* sześć.

siedemdziesiąty *num* seventieth; *zobacz też* szósty.

siedemdziesięciu *num* seventy; *zobacz też* sześciu.

siedemnastu *num* seventeen; *zobacz też* sześciu.

siedemnasty *num* seventeenth; *zobacz też* szósty.

siedemnaście *num* seventeen; *zobacz też* sześć.

siedemset *num* seven hundred; *zobacz też* sześć.

siedemsetny *num* seven hundredth; *zobacz też* szósty.

siedmiu *num* seven; *zobacz też* sześciu.

siedzący *adj* sitting.

siedzenie (*D* siedzenia) *n* seat.

siedziba (*D* siedziby) *f* location • **główna siedziba firmy** head office.

siedzieć *vimperf* to sit; [przebywać] to stay.

sieja (*D* siei) *f* lavaret.

siekać *vimperf* to chop up.

siekiera (*D* siekiery) *f* axe.

sielanka (*D* sielanki) *f* idyll.

sienny *adj* : **katar sienny** hay fever.

sierociniec (*D* sierocińca) *m* orphanage.

sierota *m* LUB *f* [dziecko] orphan; *pot* [niezdara] silly thing. ·

sierpień (*D* sierpnia) *m* August; *zobacz też* styczeń.

sierść (*D* sierści) *f* hair.

sięgać *vimperf* to reach • **włosy sięgają mu do ramion** his hair reaches down to his shoulders; **sięgać po coś** to reach for sthg.

sikać *vimperf pot* to pee.

sikorka *f* tit.

silnik (*D* -a) *m* engine.

silny *adj* strong.

siła (*D* siły) *f* [gen] force; [energia] strength. ➡ **siły** (*D* sił) *fpl* forces.

siłacz, ka *m, f* strongman.

siłować się *vp imperf* to wrestle.

siłownia (*D* siłowni) *f* gym.

singiel (*D* singla) *m* [płyta] single; SPORT singles.

siniak (*D* siniaka) *m* bruise • **nabić sobie siniaka** to bruise o.s.

siodło (*D* siodła) *n* saddle.

siostra *f* sister; [pielęgniarka] nurse.

siostrzenica *f* niece.

siostrzeniec *m* nephew.

siódmy *num* seventh *zobacz też* szósty.

sito (*D* sita) *n* [przetak] sieve; *pot* [selekcja] screening.

siwieć (*perf* osiwieć) *vimperf* to go grey.

siwy *adj* grey.

sjesta (*D* sjesty) *f* siesta.

skafander (*D* skafandra) *m* [kurtka] anorak; [kosmiczny] spacesuit; [nurka] diving suit.

skakać (*perf* skoczyć) *vimperf* to jump.

skakanka (D skakanki) f [sznur] skipping rope UK, jump rope US.

skala (D skali) f scale.

skaleczenie (D skaleczenia) n cut.

skaleczyć vperf to cut. ➤ **skaleczyć się** vp perf to cut (o.s.).

skalisty adj rocky.

skalpel (D -a) m scalpel.

skała (D skały) f rock.

skandal (D -u) m scandal • **wywołać skandal** to create a scandal.

skandaliczny adj scandalous.

skandować vimperf to chant.

Skandynaw, ka m, f Scandinavian.

Skandynawia (D Skandynawii) f Scandinavia.

skaner (D -a) m scanner.

skansen (D -u) m open-air museum.

skarabeusz m dung beetle.

skarb (D -u) m treasure • **skarb państwa** (state) treasury.

skarbiec (D skarbca) m vault.

skarbonka (D skarbonki) f moneybox.

skarbowy adj treasury • **urząd skarbowy** tax office.

skarcić vperf to tell off • **skarcić dziecko** to tell off a child.

skarga (D skargi) f complaint.

skarpa (D skarpy) f slope.

skarpetki (D skarpetek) fpl socks.

skarżyć (perf poskarżyć) vimperf to tell on sb. ➤ **skarżyć się** (perf poskarżyć się) vimperf to complain.

skasować vperf : **skasować bilet** to validate one's ticket (by putting it into the ticket machine on the bus or tram).

skateboard (inv) m skateboard.

skazać vperf to sentence.

skazany ◇ adj convicted. ◇ m (f skazana) convict.

skażony adj contaminated.

skąd ◇ pron where from. ◇ interj no way! • **skąd jesteś?** where are you from?; **skąd wiesz?** how do you know?

skąpiec (D skąpca) m miser.

skierować vperf [rozmowę] to direct; [wysłać] to refer. ➤ **skierować się** vp perf to turn (to/towards).

skierowanie (D skierowania) n referral.

skin m pot skinhead.

skinąć vperf [ręką] to beckon; [głową] to nod • **skinąć komuś głową** to nod one's head to sb.

sklasyfikowany adj listed; [w szkole] qualified by end-of-year results to advance to the next class at school.

skleić vperf = kleić.

sklep (D -u) m shop • **sklep mięsny** butcher's; **sklep rybny** fishmonger's; **sklep spożywczy** grocer's; **sklep warzywny** greengrocer's; **sklep z pamiątkami** souvenir shop.

sklepikarz m shopkeeper UK, storekeeper US.

skleroza (D sklerozy) f [choroba] hardening of the arteries; [zaburzenie pamięci] senility.

skład (D -u) m [zbiór] ingredients; [zespół osób] lineup; [magazyn] warehouse; [składowisko] yard; [przygotowanie do druku] typesetting.

składać (perf złożyć) vimperf [życzenia, gratulacje] to offer; [zamówienie] to submit; [jaja] to lay; [kartkę, ubrania] to fold; [meble] to put together. ➤ **składać się** (perf złożyć się) vp imperf to be made up (of).

składany adj folding.

składka (D składki) f [społeczna] contribution; [złożenie się] collection.

składnik (D -a) m ingredient.

skłamać vperf = kłamać.

skłaniać vimperf to persuade • skłaniać kogoś do czegoś to persuade sb to do sthg. ➤ **skłaniać się** vp imperf to incline • skłaniać się do czegoś to incline to sthg.

skłonność (D skłonności) f tendency.

skłonny adj [podatny] prone; [gotowy] ready.

skłócony adj at odds with.

sknera m LUB f pej skinflint.

skocznia (D skoczni) f ski jump.

skoczyć vperf = skakać.

skojarzenie (D skojarzenia) n association.

skojarzyć vperf = kojarzyć.

skok (D -u) m [gen] jump; pot [napad] robbery • skok o tyczce pole-vault; skok w dal long jump; skok wzwyż high jump; skoki do wody diving; skoki narciarskie ski-jumping.

skomplikować vperf = komplikować.

skomplikowany adj complicated.

skomponować vperf = komponować.

skompromitować vperf = kompromitować.

skoncentrować vperf = koncentrować.

skoncentrowany adj focused.

skondensowany adj condensed.

skonfiskować vperf = konfiskować.

skonfrontować vperf = konfrontować.

skonsultować vperf = konsultować.

skontaktować vperf = kontaktować.

skontrolować vperf = kontrolować.

skończyć vperf = kończyć.

Skopie (D Skopia) n Skopje.

skoro conj oficjal since.

skorowidz (D -a) m index.

skorpion m scorpion. ➤ **Skorpion** m [znak zodiaku] Scorpio.

skorumpowany adj corrupt.

skorupa (D skorupy) f shell.

skorupiak m crustacean.

skorzonera (D skorzonery) f scorzonera.

skorzystać vperf = korzystać.

skosić vperf = kosić.

skostniały adj [z zimna] stiff; [administracja] ossified.

skosztować vperf [spróbować] to taste • skosztować czegoś to taste sthg.

skowronek m lark.

skóra (D skóry) f [człowieka] skin; [surowiec] leather.

skórka (D skórki) f [owoców] peel; [dziecka] skin • gęsia skórka gooseflesh.

skórzany adj leather.

skradać się vp imperf to creep up.

skraj (D -u) m edge.

skrajność (D skrajności) f ex-

treme • **popadać w skrajności**
to fall into extremes.

skrajny *adj* extreme.

skreślić *vperf* to delete.

skręcić *vperf* to turn • **skręcić w lewo** to turn left; **skręcić w prawo** to turn right; **skręcić nogę** to twist one's leg.

skrępowanie (*D* skrępowania) *n* [zażenowanie] embarrassment; [związanie] tying up.

skrępowany *adj* [związany] tied up; [zażenowany] embarrassed.

skromność (*D* skromności) *f* modesty; [prostota] simplicity • **fałszywa skromność** false modesty.

skromny *adj* modest.

skroń (*D* skroni) *f* temple.

skrócić *vperf* to shorten.

skrót (*D* -u) *m* [do domu] short cut; [tekstu] summary; [relacja] highlights; GRAM abbreviation.

skrupulatnie *adv* meticulously.

skrupulatny *adj* meticulous.

skrupuły (*D* skrupułów) *mpl* scruples • **mieć skrupuły** to have scruples; **pozbawiony skrupułów** unscrupulous.

skruszony *adj* remorseful.

skruszyć *vperf* to break into pieces. ➡ **skruszyć się** *vp perf* to be remorseful.

skrycie *adv* secretly.

skrytka (*D* skrytki) *f* secret compartment • **skrytka pocztowa** post-office box.

skryty *adj* [zamknięty w sobie] uncommunicative; [tajemny] secret.

skrytykować *vperf* = krytykować.

skrzydło (*D* skrzydła) *n* wing.

skrzynia (*D* skrzyni) *f* [kufer] chest • **skrzynia biegów** gearbox.

skrzynka (*D* skrzynki) *f* box • **skrzynka na listy** letterbox *UK*, mailbox *US*; **skrzynka pocztowa** letterbox *UK*, mailbox *US*; **skrzynka mailowa** INFORM mailbox.

skrzypce (*D* skrzypiec) *pl* violin.

skrzypek, skrzypaczka *m, f* violinist.

skrzypieć *vimperf* [o drzwiach] to squeak; [o śniegu] to crunch.

skrzywdzić *vperf* = krzywdzić.

skrzywić *vperf* = krzywić.

skrzyżować *vperf* = krzyżować.

skrzyżowanie (*D* skrzyżowania) *n* intersection.

skserować *vperf* = kserować.

skup (*D* -u) *m* purchase.

skupiony *adj* [skoncentrowany] focused; [zwarty] dense.

skupować *vimperf* to buy.

skurcz (*D* -u) *m* [mięśni] cramp; [porodowy] contraction.

skurczyć *vperf* = kurczyć.

skusić *vperf* = kusić.

skuteczność (*D* skuteczności) *f* effectiveness.

skuteczny *adj* effective.

skutek (*D* skutku) *m* effect.

skwaszony *adj* [zupa] sour; [mina] sour.

skwer (*D* -u) *m* green.

slajd (*D* -u) *m* slide.

slalom (*D* -u) *m* SPORT slalom.

slang (*D* -u) *m* slang.

slipy (*D* slipów) *pl* briefs.

slogan (*D* -u) *m* slogan.

słabnąć (*perf* osłabnąć) *vimperf* to get weaker.

słabo adv [z niewielką siłą] weakly; [niewyraźnie] faintly; [źle] poorly.

słabość (D słabości) f weakness • **mieć do czegoś słabość** to have a weakness for sthg. ◆ **słabości** (D słabości) fpl weaknesses.

słaby adj [gen] weak; [uczeń] poor.

sława (D sławy) f fame • **zdobyć sławę** to become famous.

sławny adj famous.

słodki adj sweet.

słodycz (D słodyczy) f sweetness. ◆ **słodycze** (D słodyczy) fpl sweets UK, candies US.

słodzić (perf posłodzić) vimperf to sweeten • **czy słodzisz herbatę?** do you take sugar in your tea?

słodzik (D -a) m sweetener.

słoik (D -a) m jar.

słoma (D słomy) f straw.

słomianka (D słomianki) f doormat.

słomka (D słomki) f straw.

słonecznik (D -a) m sunflower; [nasiona] sunflower seeds.

słoneczny adj solar; [dzień] sunny • **udar słoneczny** sunstroke; **światło słoneczne** sunlight.

słonina (D słoniny) f pork fat.

słony adj salty.

słoń m elephant.

słońce (D słońca) n sun.

słota (D słoty) f wet weather.

Słowacja (D Słowacji) f Slovakia.

Słowak, Słowaczka m, f Slovak.

Słowenia (D Słowenii) f Slovenia.

Słoweniec, Słowenka m, f Slovene.

słowik m nightingale.

słownictwo (D słownictwa) n vocabulary.

słowniczek (D słowniczka) m pocket dictionary.

słownie adv in words.

słownik (D -a) m dictionary.

słowny adj [wyrażony słowami] verbal; [dotrzymujący słowa] reliable.

słowo (D słowa) n word • **słowo honoru** word of honour.

słuch (D -u) m hearing • **mieć dobry słuch** to have good hearing.

słuchacz, ka m, f [koncertu] listener; [student] student.

słuchać vimperf to listen to • **słucham!** [przez telefon] hello!; **słucham?** [gdy nie dosłyszeliśmy czegoś] pardon?; **słuchać kogoś/czegoś** to listen to sb/sthg. ◆ **słuchać się** vp imperf to obey.

słuchawka (D słuchawki) f receiver. ◆ **słuchawki** (D słuchawek) fpl earphones.

słuchowisko (D słuchowiska) n radio play.

słup (D -a) m pillar.

słusznie ◇ adv [trafnie] rightly; [sprawiedliwie] fairly. ◇ interj that's right.

służba (D służby) f [gen] service; [służący] staff • **służba zdrowia** health service.

służbista, służbistka m, f pej officious person.

służbowo adv on business.

służbowy adj [samochód, telefon] company; [podróż] business.

służyć vimperf [sprawie, jako] to serve; [pracować u kogoś] to work • **czym mogę służyć?** how can I help?; **służyć u kogoś** to work for sb; **służyć do czegoś** to be designed for sthg.

słychać *vimpers* [być znanym] to be heard of • **słychać było muzykę** music could be heard; **co u ciebie słychać?** how are you doing?

słynny *adj* famous.

słyszalny *adj* audible.

słyszeć (*perf* **usłyszeć**) *vimperf* to hear.

smaczny *adj* tasty. ➤ **smacznego!** *interj* bon appétit! *UK*, enjoy your meal! *US*.

smagły (*compar* **smaglejszy**, *superl* **najsmaglejszy**) *adj* dark-complexioned.

smak (*D* -u) *m* taste.

smakołyki (*D* **smakołyków**) *mpl* delicacies.

smakosz, ka *m, f* connoisseur.

smakować *vimperf* [mieć dobry smak] to taste (good) • **to mi nie smakuje** I don't like it.

smakowity *adj* appetizing.

smalec (*D* **smalcu**) *m* lard.

smar (*D* -u) *m* grease.

smarkacz *m pot* snotty-nosed kid.

smarować (*perf* **posmarować**) *vimperf* [chleb masłem] to spread; [zawiasy smarem] to lubricate; [ciało, twarz kremem] to apply. ➤ **smarować się** (*perf* **posmarować się**) *vp imperf* to put on.

smażalnia (*D* **smażalni**) *f* fried food bar.

smażony *adj* fried.

smażyć *vimperf* to fry.

smoczek (*D* **smoczka**) *m* [dla dziecka] dummy *UK*, pacifier *US*.

smog (*D* -u) *m* smog.

smok (*D* -a) *m* dragon.

smoking (*D* -u) *m* dinner jacket *UK*, tuxedo *US*.

smoła (*D* **smoły**) *f* tar.

smród (*D* **smrodu**) *m pot* stink.

SMS *text message*.

smuga (*D* **smugi**) *f* [światła] streak; [dymu] trail.

smukły (*compar* **smuklejszy**, *superl* **najsmuklejszy**) *adj* slender.

smutek (*D* **smutku**) *m* sorrow.

smutny *adj* sad.

smycz (*D* **smyczy**) *f* lead.

snob, ka *m, f pot* snob.

snop (*D* -a) *m* sheaf.

sob. (*skr od* **sobota**) Sat.

sobota (*D* **soboty**) *f* Saturday • **co sobotę** every Saturday; **w każdą sobotę** every Saturday; **w następną sobotę** next Saturday; **w sobotę** on Saturday; **w soboty** on Saturdays; **w sobotę rano** on Saturday morning; **w tę sobotę** this Saturday; **w zeszłą sobotę** last Saturday.

sobowtór *m* double.

socjalista, socjalistka *m, f* socialist.

socjalistyczny *adj* socialist.

socjalny *adj* social.

socjologia (*D* **socjologii**) *f* sociology.

soczewica (*D* **soczewicy**) *f* lentil.

soczewka (*D* **soczewki**) *f* lens.

soczysty *adj* juicy.

soda (*D* **sody**) *f* soda.

Sofia (*D* **Sofii**) *f* Sofia.

software (*D* **software'u**) *m* software.

sojusz (*D* -u) *m* alliance • **wejść w sojusz** to join an alliance; **zawrzeć sojusz** to form an alliance; **zerwać sojusz** to break off an alliance.

sojusznik, sojuszniczka *m, f* ally.

sok (*D* -u) *m* juice • **sok owocowy** fruit juice.

sokowirówka (*D* sokowirówki) *f* juice extractor.

sokół *m* falcon.

sola (*D* soli) *f* sole.

solarium (*inv w lp*) *n* solarium.

solenizant, ka *m, f* *person celebrating their birthday or name day.*

solić (*perf* osolić LUB posolić) *vimperf* to put salt on.

solidarność (*D* solidarności) *f* solidarity.

solidny *adj* [pracownik] reliable; [mebel] solid.

solista, solistka *m, f* [opery] soloist; [zawodnik] individual competitor.

solniczka (*D* solniczki) *f* salt cellar.

solo (*inv*) *n* solo.

sonda (*D* sondy) *f* [sondaż] opinion poll; [urządzenie] probe.

sondaż (*D* -u) *m* opinion poll.

sorbet (*D* -u) *m* sorbet.

sos (*D* -u) sauce • **sos słodko-kwaśny** sweet and sour sauce; **sos sojowy** soy sauce.

sosna (*D* sosny) *f* pine.

sowa *f* owl.

sól (*D* soli) *f* salt.

spacer (*D* -u) *m* walk.

spacerować *vimperf* to stroll.

spacerówka (*D* spacerówki) *f* [wózek] pushchair *UK*, stroller *US*.

spacja (*D* spacji) *f* space.

spać *vimperf* to sleep • **iść spać** to go to bed; **kłaść się spać** to go to bed.

spadać (*perf* spaść) *vimperf* to fall.

spadek (*D* spadku) *m* [cen] drop; [terenu] slope; [majątek] inheritance.

spadkobierca, spadkobierczyni *m, f* heir (*f* heiress).

spadochron (*D* -u) *m* parachute.

spadochroniarstwo (*D* spadochroniarstwa) *n* parachuting.

spadzisty *adj* steep.

spaghetti (*inv*) *n* spaghetti.

spakować *vperf* to pack. ➡ **spakować się** *vp perf* to pack (up).

spalenizna (*D* spalenizny) *f* burning smell.

spalić *vperf* to burn. ➡ **spalić się** *vp perf* to be burnt.

spalinowy *adj* : silnik spalinowy TECHN combustion engine.

spaliny (*D* spalin) *pl* exhaust fumes.

spalony (*D* spalonego) *m* SPORT offside.

sparaliżowany *adj* paralysed.

sparzyć *vperf* to burn. ➡ **sparzyć się** *vp perf* [wrzątkiem] to burn o.s.; *pot* to get one's fingers burnt.

spaść *vperf* = spadać.

specjalista, specjalistka *m, f* specialist.

specjalnie *adv* specially.

specjalność (*D* specjalności) *f* [zawód] specialism; [najlepszy wyrób] speciality.

specjalny *adj* special.

specyficzny *adj* specific.

spektakl (*D* -u) *m* performance.

spektakularny *adj* spectacular.

spekulacja (*D* spekulacji) *f* EKON speculation. ➡ **spekulacje** (*D* spekulacji) *fpl* speculation.

spekulować *vimperf* to speculate.

spelunka (*D* spelunki) *f* pot & pej dive.

spełnić *verf* to fulfil • **spełnić czyjeś życzenie** to fulfil sb's wish. ➤ **spełnić się** *vp perf* to come true.

speszyć *vperf* to make uncomfortable. ➤ **speszyć się** *vp perf* to become uncomfortable.

spędzać *vimperf* [czas] to spend; [zganiać] to chase • **spędzać czas** to spend time.

spichlerz (*D* -a) *m* granary.

spiczasty *adj* pointed.

spieszyć się *vp imperf* = śpieszyć się.

spięcie (*D* spięcia) *n* short (circuit).

spiker, ka *m*, *f* TV/radio presenter.

spinacz (*D* -a) *m* clip.

spinka (*D* spinki) *f* pin.

spis (*D* -u) *m* list • **spis treści** (table of) contents; **spis ludności** census.

spisek (*D* spisku) *m* plot • **uknuć spisek** to plot.

spiżarnia (*D* spiżarni) *f* pantry.

splendor (*D* -u) *m* splendour.

spleśniały *adj* mouldy.

spleśnieć *vperf* to go mouldy.

splunąć *vperf* to spit.

spłacać *vimperf* to pay • **spłacać raty** to pay in instalments.

spłata (*D* spłaty) *f* repayment.

spłonąć *vperf* to burn down.

spłowiały *adj* faded.

spłukać *vperf* to rinse.

spłukany *adj* pot [bez pieniędzy] broke.

spocić się *vp perf* to get sweaty.

spocony *adj* sweaty.

spod *prep* from under.

spodek (*D* spodka) *m* saucer.

spodnie (*D* spodni) *pl* trousers.

spodobać się *vp perf* to like • **spodobać się komuś** to like.

spodziewać się *vp imperf* to expect • **spodziewać się dziecka** to be expecting a baby.

spojówka (*D* spojówki) *f* : **zapalenie spojówek** conjunctivitis.

spojrzeć *vperf* to look • **spojrzeć na kogoś** to look at sb.

spojrzenie (*D* spojrzenia) *n* look.

spokojnie *adv* [z opanowaniem] calmly; [wolno] leisurely; [śmiało] safely.

spokojny *adj* [gen] calm; [cichy] quiet.

spokój (*D* spokoju) *m* [ducha] calm; [cisza] quiet.

społeczeństwo (*D* społeczeństwa) *n* society.

społeczny *adj* social • **opieka społeczna** social welfare.

spomiędzy *prep* from among.

sponad *prep* from above.

sponsor *m* sponsor.

sponsorować *vimperf* to sponsor.

spontaniczny *adj* spontaneous.

spopularyzować *vperf* to popularize.

sporadycznie *adv* sporadically.

sporny *adj* disputed.

sporo *adv & pron* a lot.

sport (*D* -u) *m* sport • **sport amatorski** amateur sport; **sport zawodowy** professional sport; **uprawiać sport** to do sport.

sportowiec (*D* sportowca) *m* sportsperson.

sportowy adj sports.

sposób (D sposobu) m way • **sposób użycia** directions for use.

spostrzegawczy adj perceptive.

spostrzeżenie (D spostrzeżenia) n observation.

spośród prep from among.

spotkać vperf = spotykać.

spotkanie (D spotkania) n meeting • **umówić się z kimś na spotkanie** to arrange a meeting with sb.

spotykać (perf spotkać) vimperf to meet. ➡ **spotykać się** (perf spotkać się) vp imperf to meet; pot [umawiać się] to go out (together) • **spotykać się z kimś** to meet (with) sb.

spoufalać się vp imperf to become too familiar • **spoufalać się z kimś** to become too familiar with sb.

spoważnieć vperf to become serious.

spowiedź (D spowiedzi) f confession.

spowodować vperf = powodować.

spoza prep from outside.

spożycie (D spożycia) n consumption.

spożywczy adj food.

spód (D spodu) m [dno] bottom.

spódnica (D spódnicy) f skirt.

spódniczka (D spódniczki) f skirt.

spójnik (D -a) m GRAM conjunction.

spółdzielnia (D spółdzielni) f cooperative.

spółgłoska (D spółgłoski) f GRAM consonant.

spółka (D spółki) f EKON company

• **wejść z kimś w spółkę** to go into partnership with sb.

spór (D sporu) m dispute.

spóźnić się vp perf to be late.

spóźnienie (D spóźnienia) n delay.

spóźniony adj [niepunktualny] late; [wykonany z opóźnieniem] delayed.

spragniony adj [odczuwający pragnienie] thirsty; [złakniony] hungry.

sprany adj faded.

sprawa (D sprawy) f [kwestia] matter; [interes] business; [proces] case.

sprawca, sprawczyni m, f perpetrator.

sprawdzać (perf sprawdzić) vimperf to check.

sprawdzian (D -u) m test.

sprawdzić vperf = sprawdzać.

sprawiedliwość (D sprawiedliwości) f justice • **wymiar sprawiedliwości** system of justice.

sprawiedliwy adj [bezstronny] fair; [słuszny] just.

sprawny adj [fizycznie] fit; [urządzenie] in working order.

sprawozdanie (D sprawozdania) n report.

sprawozdawca m : **sprawozdawca radiowy/telewizyjny** radio/television commentator.

spray m = sprej.

sprej (D -u) m spray.

sprężyna (D sprężyny) f spring.

sprostować vperf to correct • **sprostować informacje** to correct information.

sprostowanie (D sprostowania) n correction.

sprośny adj rude.

sprowokować *vperf* = prowokować.

spróbować *vperf* = próbować.

spróchnieć *vperf* to rot.

spruć *vperf* = pruć.

spryciarz, spryciara *m, f pot* cunning sod.

spryt (*D* -u) *m* cunning.

sprytny *adj* cunning.

sprywatyzować *vperf* = prywatyzować.

sprzączka (*D* sprzączki) *f* buckle.

sprzątaczka *f* cleaner.

sprzątać *vimperf* to clean.

sprzątanie (*D* sprzątania) *n* cleaning.

sprzeciw (*D* -u) *m* [protest] opposition; [odwołanie] objection.

sprzeciwić się *vp perf* to oppose • sprzeciwić się komuś/czemuś to oppose sb/sthg.

sprzeczka (*D* sprzeczki) *f* quarrel.

sprzeczność (*D* sprzeczności) *f* contradiction.

sprzeczny *adj* contradictory.

sprzed *prep* [o miejscu] from in front of; [o wydarzeniu] from before; [o czasie] from.

sprzedać *vperf* = sprzedawać.

sprzedany *adj* sold.

sprzedawać (*perf* sprzedać) *vimperf* to sell.

sprzedawca, sprzedawczyni *m, f* shop assistant *UK*, salesclerk *US*.

sprzedaż (*D* sprzedaży) *f* sale.

sprzęgło (*D* sprzęgła) *n* AUTO clutch.

sprzęt (*D* -u) *m* equipment • sprzęt komputerowy computer equipment.

sprzymierzeniec (*D* sprzymierzeńca) *m* ally.

spuchnąć *vperf* = puchnąć.

spuchnięty *adj* swollen.

spudłować *vperf pot* to miss.

spuszczać (*perf* spuścić) *vimperf* [wzrok] to lower; [wodę] to let out.

spuścić *vperf* = spuszczać.

spytać *vperf* = pytać.

srebrny *adj* silver • srebrny medalista silver medallist.

srebro (*D* srebra) *n* silver.

srogi *adj* [nauczyciel] strict; [mróz] severe.

sroka *f* magpie.

ssak *m* mammal.

stabilizacja (*D* stabilizacji) *f* stabilization.

stabilny *adj* stable.

stacja (*D* stacji) *f* station • stacja końcowa last stop; stacja benzynowa petrol station *UK*, gas station *US*; stacja dysków INFORM disk drive.

stacyjka (*D* stacyjki) *f* AUTO ignition.

stać¹ *vimperf* -1. [gen] to stand. -2. [nie funkcjonować] to stop.

stać² *vimpers* : nie stać mnie na zakup tak drogiego samochodu I can't afford to buy such an expensive car.

stać się *vp perf* [zmienić się stopniowo] to become; [zdarzyć się] to happen.

stadion (*D* -u) *m* SPORT stadium.

stadium (*inv w lp*) *n* stage.

stadnina (*D* stadniny) *f* stud farm.

stado (*D* stada) *n* [bydła] herd; [owiec, ptaków] flock; [wilków] pack.

stagnacja (*D* stagnacji) *f* stagnation.

stajnia (D **stajni**) f stable.

stal (D **stali**) f steel.

stale adv constantly.

stały adj [ciało] solid; [ceny] fixed; [adres] permanent; [wytrwały] constant.

Stambuł (D -u) m Istambuł.

stamtąd pron from there.

stan (D -u) m [Ameryki] state; [chorego] condition • **stan cywilny** marital status.

stanąć vperf [gen] to stand; [zatrzymać się] to stop; [znaleźć się w jakiejś sytuacji] to face.

standard (D -u) m standard.

stanieć vperf = tanieć.

stanik (D -a) m bra.

stanowczo adv firmly.

stanowczy adj firm.

stanowisko (D **stanowiska**) n position.

Stany Zjednoczone (D **Stanów Zjednoczonych**) pl the United States of America.

starać się vp imperf to try • **starać się o pracę** to try to get a job.

starania (D **starań**) npl efforts.

starannie adv carefully.

staranny adj careful.

starczać vimpers to be enough.

starodawny adj ancient.

staropolski adj Old Polish.

starość (D **starości**) f old age.

staroświecki adj old-fashioned.

starożytny adj ancient.

starszy adj = stary.

start (D -u) m [gen] start; [udział] participation; [samolotu] take off; [rakiety] launch.

startować vimperf [brać udział] to

take part; [rozpoczynać wyścig] to start; [rozpoczynać lot] to take off.

stary adj [gen] old; [pieczywo] stale • **stara panna** spinster; **stary kawaler** confirmed bachelor. ➡ **starszy** adj older, elder • **starszy brat** older brother.

starzec (D **starca**) m old man.

starzeć się vp imperf to get old.

statek (D -u) m ship • **statek kosmiczny** spaceship.

statua (D **statuy** LUB **statui**) f statue.

status (D -u) m status.

statut (D -u) m regulations.

statystyczny adj statistical; [przeciętny] average.

staw (D -u) m [rybny] pond; [kolanowy] joint.

stawka (D **stawki**) f [godzinowa] rate; [w grze, cena] stake.

staż (D -u) m work experience.

stażysta, stażystka m, f trainee.

stąd pron [z tego miejsca] from here; [z tego powodu] that is why; [od tego] from that.

stchórzyć vperf pej to chicken out.

stek (D -u) m steak.

stempel (D **stempla**) m [firmowy, urzędowy] stamp; [pocztowy] postmark.

stenografować vimperf to take down in shorthand.

step (D -u) m steppe.

stepować vimperf to tap-dance.

ster (D -u) m [statku] helm; [samolotu] controls.

stereo (inv) adj stereo.

stereofoniczny adj stereo.

sterować vimperf [statkiem] to steer; [samolotem] to pilot.

sterroryzować *vperf* to terrorize.

sterta (*D* sterty) *f* pile.

sterylizować (*perf* wysterylizować) *vimperf* to sterilize.

sterylny *adj* sterile.

stewardesa *f* air hostess.

stęchlizna (*D* stęchlizny) *f* mustiness.

stłuc *vperf* = tłuc.

stłuczenie (*D* stłuczenia) *n* [ręki] bruise; [talerza] breaking.

stłuczka (*D* stłuczki) *f* bump.

stłumić *vperf* = tłumić.

stłumiony *adj* [cichy] muffled; [stłamszony] suppressed.

sto *num* hundred; *zobacz też* sześć.

stocznia (*D* stoczni) *f* shipyard.

stodoła (*D* stodoły) *f* barn.

stoisko (*D* stoiska) *n* section.

stojący *adj* : miejsca stojące standing room.

stokrotka (*D* stokrotki) *f* daisy.

stolarz *m* carpenter.

stolica (*D* stolicy) *f* capital.

stolik (*D* -a) *m* [mały stół] small table; [w restauracji] table • zarezerwować stolik to reserve a table.

stołek (*D* stołka) *m* stool.

stołować się *vp imperf* : stołować się w restauracji to have one's meals at a restaurant.

stołówka (*D* stołówki) *f* canteen.

stonoga *f* woodlouse.

stop[1] (*D* -u) *m* [metali] alloy.

stop[2] *interj* stop!

stopa (*D* stopy) *f* foot.

stoper (*D* -a) *m* stopwatch.

stopić *vperf* to melt.

stopień (*D* stopnia) *m* [schodów] step; [poziom] level; [tytuł] rank; [ocena] mark, grade; [akademicki, temperatura] degree.

stopiony *adj* melted.

stopnieć *vperf* = topnieć.

stopniowo *adv* gradually.

stopniowy *adj* gradual.

storczyk (*D* -a) *m* orchid.

stos (*D* -u) *m* pile.

stosować *vimperf* to apply.
➡ **stosować się** *vp imperf* [do wymagań, życzeń] to comply with; [do zaleceń, rad] to follow.

stosowany *adj* applied.

stosowny *adj* suitable.

stosunek (*D* stosunku) *m* [relacja] relationship; [postawa] attitude; [akt płciowy] intercourse • stosunki polsko-niemieckie Polish-German relations; zerwać z kimś wszelkie stosunki to break off all relations with sb.

stosunkowo *adv* relatively.

stowarzyszenie (*D* stowarzyszenia) *n* association.

stóg (*D* stogu) *m* : stóg siana haystack.

stół (*D* stołu) *m* table • nakryć do stołu to lay the table; siadać do stołu to sit down to the table.

str. (*skr od* strona) p.

strach (*D* -u) *m* fear.

stracić *vperf* = tracić.

stragan (*D* -u) *m* stall.

strajk (*D* -u) *m* strike.

strajkować *vimperf* to be on strike.

straszny *adj* terrible.

straszyć *vimperf* to scare; [grozić] to threaten • straszyć kogoś to scare sb; w zamku straszy the castle is haunted.

strata (*D* straty) *f* loss • strata

czasu i pieniędzy a waste of time and money.

strategia (*D* strategii) *f* strategy.

strawić *vperf* = **trawić**.

straż (*D* straży) *f* guard • **straż miejska** *local city police dealing with petty crime*; **straż pożarna** fire brigade *UK*, fire department *US*.

strażak *m* firefighter.

strażnik *m* guard.

strąk (*D* -a) *m* pod.

strefa (*D* strefy) *f* zone • **Strefa Wolnego Handlu** Free Trade Area.

stres (*D* -u) *m* stress.

stresować *vimperf* to stress out. ➤ **stresować się** *vp imperf* to feel stressed • **stresować się czymś** to feel stressed by sth.

stresujący *adj* stressful.

streszczenie (*D* streszczenia) *n* summary.

streścić *vperf* to summarize.

striptiz (*D* -u) *m* striptease.

stroić *vimperf* [choinkę] to decorate; [gitarę] to tune; [fochy] to make • **stroić sobie z kogoś żarty** to make fun of sb. ➤ **stroić się** *vp imperf* to dress up.

stromy *adj* steep.

strona (*D* strony) *f* [bok] side; [stronica] page; [kierunek] direction • **strona internetowa** INFORM web site.

stronić *vimperf* to avoid • **stronić od kogoś** to avoid sb.

stronnictwo (*D* stronnictwa) *n* party.

stronniczy *adj* biased.

strój (*D* stroju) *m* dress.

struć się *vp perf* to get food poisoning.

struktura (*D* struktury) *f* structure.

strumień (*D* strumienia) *m* stream.

struna (*D* struny) *f* string • **struny głosowe** vocal cords.

struś *m* ostrich.

strych (*D* -u) *m* attic.

strzał (*D* -u) *m* shot.

strzała (*D* strzały) *f* arrow.

strzałka (*D* strzałki) *f* arrow.

strzec *vimperf* to guard • **strzec czegoś jak oka w głowie** to guard sthg with one's life.

strzelać (*perf* strzelić) *vimperf* [z pistoletu] to fire; [bramkę] to score.

strzelanina (*D* strzelaniny) *f* shooting.

strzelba (*D* strzelby) *f* rifle.

strzelec (*D* strzelca) *m* [żołnierz] rifleman; [zawodnik] scorer • **strzelec wyborowy** marksman. ➤ **Strzelec** (*D* Strzelca) *m* Sagittarius.

strzelectwo (*D* strzelectwa) *n* shooting • **strzelectwo sportowe** sport shooting.

strzelić *vperf* = **strzelać**.

strzelnica (*D* strzelnicy) *f* shooting range.

strzeżony *adj* guarded • **parking strzeżony** guarded car park.

strzykawka (*D* strzykawki) *f* syringe.

strzyżenie (*D* strzyżenia) *n* cutting.

stu *num* hundred; *zobacz też* **sześciu**.

student, ka *m, f* student.

studia (*D* studiów) *pl* studies • **być na studiach** to be at university.

studio n studio.

studiować vimperf to study.

studnia (D studni) f well.

studniówka f student's bal.

studzić (perf **ostudzić**) vimperf [herbatę] to cool (down); [zapał] to dampen.

stukać vimperf to tap.

stuknięty adj [samochód] dented; pot [zwariowany] crazy.

stulecie (D stulecia) n [wiek] century; [rocznica] centenary.

stuletni adj hundred-year-old.

stuprocentowy adj hundred per cent.

stwardnieć vperf = **twardnieć**.

stwierdzenie (D stwierdzenia) n statement.

stwierdzić vperf = **twierdzić**.

stworzenie (D stworzenia) n creature.

stworzyć vperf = **tworzyć**.

Stwórca m Creator.

styczeń (D stycznia) m January • **na początku stycznia** at the beginning of January; **pierwszego stycznia** the 1st of January; **w końcu stycznia** at the end of January; **w styczniu** in January; **2 stycznia 2004** 2nd January 2004.

stygnąć (perf **ostygnąć**) vimperf to get cold.

styl (D -u) m style.

stypendium (inv) n [pomoc] grant; [wyjazd] grant-funded study abroad.

stypendysta, stypendystka m, f grant holder.

subiektywny adj subjective.

sublokator, ka m, f lodger.

subordynacja (D subordynacji) f obedience.

subskrypcja (D subskrypcji) f subscription.

substancja (D substancji) f substance.

subtelny adj [rysy] delicate; [kolor] subtle; [zachowanie] considerate.

subwencja (D subwencji) f subsidy.

sucharek (D sucharka) m rusk.

sucho adv [niemokro] dry; [nieprzyjemnie] dryly.

suchy adj dry.

Sudan (D -u) m Sudan.

Sudety (D Sudetów) pl the Sudeten Mountains.

sufit (D -u) m ceiling.

suflet (D -u) m soufflé • **suflet czekoladowy** chocolate soufflé.

sugerować (perf **zasugerować**) vimperf to suggest • **sugerować coś komuś** to suggest sthg to sb.

sugestia (D sugestii) f suggestion.

sugestywny adj eloquent.

suka f bitch.

sukces (D -u) m success • **osiągnąć sukces** to succeed.

sukienka (D sukienki) f dress.

Sukiennice pl Cloth Hall.

sukno (D sukna) n woollen cloth.

sułtan m sultan.

sum (D -a) m catfish.

suma (D sumy) f [gen] sum; [kwota] amount.

sumienie (D sumienia) n conscience.

sumienny adj conscientious.

supeł (D supła) m knot.

super (inv) adj & adv pot great.

supermarket (D -u) m supermarket.

suplement (D -u) m supplement.

surowiec (*D* surowca) *m* raw material • **surowce wtórne** recyclable waste.

surowo *adv* [ostro] harshly; [bez ozdób] austerely.

surowy *adj* [nauczyciel] severe; [zima] harsh; [warzywa] raw.

surówka (*D* surówki) *f* salad.

susza (*D* suszy) *f* drought.

suszarka (*D* suszarki) *f* [do włosów] dryer; [w kuchni] plate rack.

suszony *adj* dried.

suszyć *vimperf* to dry.

suterena (*D* sutereny) *f* basement.

suwak (*D* -a) *m* zip *UK*, zipper *US*.

suwerenność (*D* suwerenności) *f* sovereignty.

suwerenny *adj* sovereign.

swatać *vimperf* to matchmake • **swatać kogoś z kimś** to pair sb off with sb.

sweter (*D* swetra) *m* sweater.

swędzić *vimperf* to itch.

swoboda (*D* swobody) *f* freedom • **swobody europejskie** European freedoms.

swobodny *adj* [zachowanie] natural; [wolny] free.

swój *pron* [mój] my; [twój] your; [jego] his; [jej] her; [nasz] our; [wasz] your; [ich] their.

sycący *adj* filling.

Sycylia (*D* Sycylii) *f* Sicily.

Sycylijczyk, Sycylijka *m, f* Sicilian.

sygnalizacja (*D* sygnalizacji) *f* signalling equipment • **sygnalizacja świetlna** traffic lights.

sygnalizować (*perf* zasygnalizować) *vimperf* [informować] to

indicate; [nadawać sygnały] to signal.

sygnał (*D* -u) *m* [znak] signal; [syrena] siren; [w słuchawce] tone.

syk (*D* -u) *m* hiss.

syknąć *vperf* to hiss.

sylaba (*D* sylaby) *f* GRAM syllable.

sylwester (*D* sylwestra) *m* New Year's Eve.

sylwetka (*D* sylwetki) *f* figure.

symbol (*D* -u) *m* symbol.

symboliczny *adj* symbolic.

symetryczny *adj* symmetrical.

symfonia (*D* symfonii) *f* MUZ symphony.

sympatia (*D* sympatii) *f* [życzliwość] liking; [osoba] sweetheart • **darzyć kogoś sympatią** to like sb.

sympatyczny *adj* pleasant.

sympozjum (*inv w lp*) *n* symposium.

symptom (*D* -u) *m* symptom.

symulant, ka *m, f* malingerer.

symulować *vimperf* to feign.

syn *m* son.

synagoga (*D* synagogi) *f* synagogue.

syndrom (*D* -u) *m* syndrome.

syndyk *m* receiver.

syndykat (*D* -u) *m* EKON syndicate.

synonim (*D* -u) *m* GRAM synonym.

synowa (*D* synowej) *f* daughter-in-law.

syntetyczny *adj* [sztuczny] synthetic; [skrótowy] outline.

synteza (*D* syntezy) *f* [połączenie] synthesis; [rekapitulacja] synopsis.

sypać *vimperf* [piasek] to scatter;

[mąkę] to sprinkle • **śnieg sypie** it's snowing hard.

sypialnia (*D* sypialni) *f* bedroom.

sypki *adj* loose.

syrena (*D* syreny) *f* [przyrząd] siren; [nimfa] mermaid.

syrop (*D* -u) *m* syrup.

system (*D* -u) *m* system.

systematyczny *adj* systematic.

sytuacja (*D* sytuacji) *f* situation.

syty *adj* [najedzony] full; [sycący] filling.

szabla (*D* szabli) *f* sword.

szachownica (*D* szachownicy) *f* chess board.

szachy (*D* szachów) *pl* chess.

szacunek (*D* szacunku) *m* respect.

szafa (*D* szafy) *f* [mebel] cupboard; [na ubrania] wardrobe; [na książki] bookcase • **szafa grająca** jukebox.

szafka (*D* szafki) *f* cupboard • **szafka nocna** bedside table.

szajka (*D* szajki) *f* [gang] gang.

szakal *m* jackal.

szal (*D* -a) *m* shawl.

szaleć *vimperf* [wariować] to go mad; *pot* [bawić się] to have a good time • **szaleć za kimś** to be crazy about sb.

szaleniec (*D* szaleńca) *m* lunatic.

szaleństwo (*D* szaleństwa) *n* [szał] frenzy; [obłęd] madness.

szalik (*D* -a) *m* scarf.

szalony *adj* crazy.

szalupa (*D* szalupy) *f* lifeboat.

szał (*D* -u) *m* [wybuch złości] rage; [zbiorowa mania] frenzy • **wpaść w szał** to fly into a rage.

szałas (*D* -u) *m* shelter.

szałwia (*D* szałwii) *f* sage.

szamotać się *vp imperf pot* to struggle.

szampan (*D* -a) *m* sparkling wine • **szampan półwytrawny** medium dry sparkling wine; **szampan słodki** sweet sparkling wine; **szampan wytrawny** dry sparkling wine; **szampan francuski** champagne.

Szampania (*D* Szampanii) *f* Champagne.

szampon (*D* -u) *m* shampoo • **szampon przeciwłupieżowy** anti-dandruff shampoo.

szanować *vimperf* to respect • **szanować kogoś** to respect sb.

szansa (*D* szansy) *f* chance • **mieć szansę na coś** to have a chance of sthg.

szantaż (*D* -u) *m* blackmail.

szantażować *vimperf* to blackmail • **szantażować kogoś** to blackmail sb.

szantażysta, szantażystka *m*, *f* blackmailer.

szarańcza (*D* szarańczy) *f* locust.

szarlotka (*D* szarlotki) *f* apple charlotte.

szarmancki *adj* gallant.

szarpanina (*D* szarpaniny) *f pot* struggle.

szary *adj* dark grey.

szaszłyk (*D* -a) *m* shish kebab.

szatnia (*D* szatni) *f* cloakroom.

szatyn, ka *m*, *f* dark-haired man (*f* dark-haired woman).

szczapa (*D* szczapy) *f* wood chip.

szczaw (*D* szczawiu) *m* sorrel.

szczątki (*D* szczątków) *mpl* [zwłoki] remains; [resztki] wreckage.

szczebel (*D* szczebla) *m* [drabiny] rung; [hierarchii] level • **piąć się po szczeblach kariery** to climb the career ladder.

Szczecin (D -a) m Szczecin.
szczególnie <> adv peculiarly.
<> part especially.
szczególny adj [wyjątkowy] exceptional; [specjalny] special.
szczegół (D -u) m detail.
szczegółowo adv in detail.
szczekać vimperf to bark.
szczelina (D szczeliny) f [gen] gap; [skalna] crevice.
szczelny adj [pojemnik] sealed; [bez luk] sealed.
szczeniak m [piesek] puppy; pot kid.
szczepienie (D szczepienia) n vaccination.
szczepionka (D szczepionki) f vaccine.
szczerość (D szczerości) f honesty.
szczery adj [prawdomówny] honest; [prawdziwy] sincere.
szczerze adv [otwarcie] honestly; [prawdziwie] genuinely.
szczęka (D szczęki) f jaw
• sztuczna szczęka false teeth.
szczęściarz, szczęściara m, f : jesteś wielkim szczęściarzem pot you're so lucky.
szczęście (D szczęścia) n [powodzenie] luck; [radość] happiness • mieć szczęście to be lucky.
szczęśliwy adj [zadowolony] happy; [korzystny] lucky.
szczoteczka (D szczoteczki) f brush • szczoteczka do zębów toothbrush.
szczotka (D szczotki) f brush • szczotka do włosów hairbrush.
szczupak m pike.
szczupły adj slim.
szczur m rat.

szczypać vimperf [palcami] to pinch; [piec] to sting.
szczypce (D szczypiec) pl pliers; [chirurgiczne] forceps; [raka, kraba] pincers.
szczypiorek (D szczypiorku) m chives.
szczypta (D szczypty) f pinch.
szczyt (D -u) m [drabiny, schodów] top; [góry] peak; [możliwości] height.
szef, owa m, f [firmy, działu] boss; [państwa, rządu] head.
szejk m sheik.
szelest (D -u) m rustle.
szelki (D szelek) fpl braces UK, suspenders US.
szept (D -u) m whisper.
szeptać vimperf to whisper.
szereg (D -u) m [rząd] row; [wiele] number of.
szermierka (D szermierki) f fencing.
szeroki (compar szerszy, superl najszerszy) adj wide.
szerokość (D szerokości) f width • szerokość geograficzna latitude.
szerszeń m hornet.
szesnastu num sixteen; zobacz też sześciu.
szesnasty num sixteenth; zobacz też szósty.
szesnaście num sixteen; zobacz też sześć.
sześcienny adj cubic.
sześciokąt (D -a) m hexagon.
sześciu num (łączy się z rzeczownikami męskoosobowymi) six • sześciu mężczyzn six men.
sześć num (nie występuje z rzeczownikami męskoosobowymi) six • mieć sześć lat to be six

(years old); **sześć kobiet** six women; **sześć kwiatów** six flowers; **sześć razy** six times; **sto sześć** a hundred and six.

sześćdziesiąt *num* sixty; *zobacz też* sześć.

sześćdziesiąty *num* sixtieth; *zobacz też* szósty.

sześćdziesięciu *num* sixty; *zobacz też* sześciu.

sześćset *num* six hundred; *zobacz też* sześć.

sześćsetny *num* six hundredth; *zobacz też* szósty.

szew (*D* szwu) *m* [na spodniach] seam; [chirurgiczny] stitch.

szewc *m* shoe mender.

szkarłatny *adj* scarlet.

szkatułka (*D* szkatułki) *f* jewellery box.

szkic (*D* -u) *m* [pałacu] sketch; [projektu] draft.

szkicować *vimperf* to sketch.

szkielet (*D* -u) *m* skeleton.

szklanka (*D* szklanki) *f* glass.

szklany *adj* glass.

szklarnia (*D* szklarni) *f* greenhouse.

szkło (*D* szkła) *n* [gen] glass; [przedmiot] glassware. **szkła** (*D* szkieł) *npl* lense • **szkła kontaktowe** contact lenses.

Szkocja (*D* Szkocji) *f* Scotland.

szkocki *adj* Scottish • **szkocka spódnica** kilt; **szkocka krata** tartan.

szkoda (*D* szkody) ⬦ *f* damage. ⬦ *adv* pity • **szkoda czasu/słów** waste of time/words.

szkodliwy *adj* harmful.

szkodzić *vimperf* to harm • **szkodzić komuś** to harm sb; **nie szkodzi!** that's OK!

szkolenie (*D* szkolenia) *n* training.

szkolić *vimperf* to train.

szkolnictwo (*D* szkolnictwa) *n* education.

szkolny *adj* school.

szkoła (*D* szkoły) *f* [gen] school; [uniwersytet] university • **chodzić do szkoły** to go to school.

Szkot, ka *m, f* Scot.

szlaban (*D* -u) *m* barrier.

szlachetny *adj* [prawy] noble; [dobrej jakości] fine; [cenny] precious.

szlafrok (*D* -a) *m* [podomka] dressing gown *UK*, bathrobe *US*.

szlagier (*D* -a LUB u) *m* hit.

szlak (*D* -u) *m* route • **szlak narciarski** ski run; **szlak turystyczny** (hiking) trail.

szloch (*D* -u) *m* sob.

szmaragd (*D* -u) *m* emerald.

szmer (*D* -u) *m* murmur.

szminka (*D* szminki) *f* lipstick.

szmira (*D* szmiry) *f* *pot & pej* trash.

sznur (*D* -a) *m* [gen] line; [cienka linka] string; [elektryczny] lead.

sznurek (*D* sznurka) *m* string.

sznurować (*perf* zasznurować) *vimperf* to lace up.

sznurowadło (*D* sznurowadła) *n* (shoe) lace.

sznycel (*D* sznycla) *m* schnitzel • **sznycel cielęcy po wiedeńsku** Wiener schnitzel.

szok (*D* -u) *m* shock • **doznać szoku** to get a shock.

szokować (*perf* zaszokować) *vimperf* to shock.

szokujący *adj* shocking.

szorstki *adj* [chropowaty] rough; [nieprzyjemny] harsh.

szorty (D szortów) pl shorts.

szosa (D szosy) f road.

szósty, szósta num sixth • **jest szósta (godzina)** it's six (o'clock); **szóste piętro** sixth floor; **szósty marca** the sixth of March; **szósty raz** sixth time; **szósty rozdział** sixth chapter.

szpan (D -u) m pot : **robić coś dla szpanu** to do sthg to look cool.

szpanować vimperf pot to show off • **szpanować czymś** to show off with sthg.

szpara (D szpary) f gap.

szparag (D -a) m asparagus.

szpecić vimperf to spoil.

szperać vimperf pot to rummage.

szpicel m pot & pej informer.

szpieg m spy.

szpiegować vimperf to spy.

szpilka (D szpilki) f pin. ⇒ **szpilki** (D szpilek) fpl stilettos.

szpinak (D -u) m spinach.

szpital (D -a) m hospital • **leżeć w szpitalu** to be in hospital.

szpon (D -u) m claw.

szprotka (D szprotki) f sprat.

szpulka (D szpulki) f spool.

szron (D -u) m frost.

sztaba (D sztaby) f bar.

sztafeta (D sztafety) f SPORT relay.

sztandar (D -u) m flag.

Sztokholm (D -u) m Stockholm.

sztorm (D -u) m storm.

sztuczka (D sztuczki) f trick.

sztucznie adv artificially.

sztuczny adj artificial.

sztućce (D sztućców) mpl cutlery.

sztuka (D sztuki) f [gen] art;

[spektakl] play; [pojedyncza rzecz] piece.

szturchać vimperf pot to nudge.

sztywny adj [gen] stiff; [pręt, konstrukcja, przepisy] rigid.

szufelka (D szufelki) f [łopatka] shovel; [zawartość] shovelful.

szuflada (D szuflady) f drawer.

szukać vimperf to look for • **szukać kogoś/czegoś** to look for sb/ sthg.

szum (D -u) m [szmer] sound; [w słuchawce] noise.

szumieć vimperf to sound.

szwagier (D szwagra) m brother-in-law.

szwagierka f sister-in-law.

Szwajcar, ka m, f Swiss.

Szwajcaria (D Szwajcarii) f Switzerland.

szwajcarski adj Swiss.

Szwecja (D Szwecji) f Sweden.

Szwed, ka m, f Swede.

szyba (D szyby) f [w oknach] (window) pane; [w regale] sheet of glass; [samochodowa] windscreen UK, windshield US • **stłuc szybę** to break a window; **wybić szybę** to break a window.

szybki adj & adv fast.

szybkościomierz (D -a) m speedometer.

szybkość (D szybkości) f speed.

szybkowar (D -a LUB u) m pressure cooker.

szycha (D szychy) f pot big shot.

szycie (D szycia) n sewing.

szyć vimperf to sew • **szyć ubranie** to make clothes.

szydełko (D szydełka) n crochet hook.

szyderczy adj sneering.

szydzić *vimperf* to sneer • **szydzić z kogoś** to sneer at sb.

szyfr (*D* -u) *m* code.

szyfrować (*perf* **zaszyfrować**) *vimperf* to write in code.

szyja (*D* szyi) *f* neck. ✔

szykanować *vimperf* to persecute.

szyld (*D* -u) *m* sign.

szympans *m* [małpa] chimpanzee.

szyna (*D* szyny) *f* rail.

szynka (*D* szynki) *f* ham • **szynka gotowana** boiled ham; **szynka wędzona** smoked ham.

szyszka (*D* szyszki) *f* cone.

Ś

ściana (*D* ściany) *f* wall.

ściąć *vperf* [włosy] to cut; [drzewo] to cut down.

ściąga (*D* ściągi) *f* pot crib sheet.

ściągać (*perf* **ściągnąć**) *vimperf* [zsuwać] to pull off; [przybywać tłumnie] to come flocking; [sprowadzać] to bring; [odpisywać] to crib.

ściągnąć *vperf* = ściągać.

ścieg (*D* -u) *m* stitch.

ściemniać się *vp imperf* to get dark.

ścienny *adj* wall.

ścierać (*perf* **zetrzeć**) *vimperf* [gen] to wipe; [kurze] to dust; [warzywa] to grate.

ścierka (*D* ścierki) *f* cloth.

ścierpieć *vperf* to bear.

ścierpnąć *vperf* to go numb.

ścieżka (*D* ścieżki) *f* [dróżka] path; [nagranie] track.

ścięgno (*D* ścięgna) *n* tendon.

ścigać *vimperf* to chase • **ścigać sądownie** to prosecute.

ścisk (*D* -u) *m* crush.

ściskać (*perf* **ścisnąć**) *vimperf* to squeeze • **ściskać kogoś** to hug sb.

ścisłość (*D* ścisłości) *f* accuracy.

ścisnąć *vperf* = ściskać.

ściszyć *vperf* [radio, telewizor] to turn down; [głos] to lower.

ślad (*D* -u) *m* [znak] track; [odcisk stopy] footprint; [pozostałość] mark.

Śląsk (*D* -a) *m* Silesia.

Ślązak, Ślązaczka *m, f* Silesian.

śledzić *vimperf* to follow • **śledzić kogoś** to follow sb.

śledztwo (*D* śledztwa) *n* investigation.

śledź (*D* śledzia) *m* herring.

ślepnąć *vimperf* to go blind.

ślepo *adv* blindly.

ślepy *adj* blind : **ślepa ulica** cul-de-sac; **ślepy tor** siding • **ślepa kuchnia** *windowless kitchen often separated by a screen from the living room.*

śliczny *adj* lovely.

ślimak *m* snail.

ślina (*D* śliny) *f* saliva.

śliniak (*D* -a) *m* bib.

śliski *adj* slippery.

ślisko *adv* slippery.

śliwka (*D* śliwki) *f* plum.

śliwowica (*D* śliwowicy) *f* plum brandy.

ślizgać się *vp imperf* [gen] to slide; [na łyżwach] to skate.

ślizgawica (*D* ślizgawicy) *f* icy road conditions.

ślizgawka (*D* ślizgawki) *f* skating rink.

ślub (*D* -u) *m* wedding; [zakonny] vow • **wziąć ślub** to get married.

ślubny *adj* wedding.

ślubować *vimperf* LUB *vperf* to pledge • **ślubować coś komuś** to pledge sthg to sb.

ślubowanie (*D* ślubowania) *n* pledge.

ślusarz *m* locksmith.

śluza (*D* śluzy) *f* sluice.

śmiać się *vp imperf* to laugh • **śmiać się z czegoś** to laugh at sthg.

śmiało (*compar* śmielej, *superl* najśmielej) *adv* boldly.

śmiałość (*D* śmiałości) *f* courage.

śmiały (*compar* śmielszy, *superl* najśmielszy) *adj* bold.

śmiech (*D* -u) *m* [radości] laughter; [drwina] ridicule.

śmieciarz *m* dustman *UK*, garbage collector *US*.

śmiecić *vimperf* to drop litter.

śmieć (*D* śmiecia, *pl* śmieci LUB śmiecie) *m* rubbish.

śmierć (*D* śmierci) *f* death.

śmierdzący *adj pot* smelly.

śmierdzieć *vimperf pot* to stink.

śmiertelność (*D* śmiertelności) *f* mortality.

śmiertelny *adj* [zabójczy] fatal; [człowiek] mortal; [drgawki] deathly.

śmieszny *adj* funny.

śmietana (*D* śmietany) *f* sour cream • **bita śmietana** whipped cream.

śmietnik (*D* -a) *m* [pojemnik] dustbin *UK*, garbage can *US*; [miejsce] bin area.

śmigło (*D* śmigła) *n* propeller.

śmigus-dyngus *m Easter Monday*.

śniadanie (*D* śniadania) *n* breakfast • **drugie śniadanie** mid-morning snack.

Śniardwy (*D* Śniardw) *pl* Lake Sniardwy.

śnić się *vp imperf* to dream • **śnił mi się koszmar** I had a nightmare.

śnieg (*D* -u) *m* snow.

śnieżka (*D* śnieżki) *f* snowball.

śnieżyca (*D* śnieżycy) *f* snowstorm.

śp. (*skr od* świętej pamięci) ≃ RIP.

śpiący *adj* sleepy.

śpiączka (*D* śpiączki) *f* coma.

śpieszyć się, spieszyć się *vp imperf* to (be in a) hurry • **śpieszyć komuś z pomocą** to rush to sb's aid.

śpiew (*D* -u) *m* singing.

śpiewać *vimperf* to sing.

śpioch *m* sleepyhead.

śpiwór (*D* śpiwora) *m* sleeping bag.

śr. (*skr od* środa) Weds.

średni *adj* average • **średnie wykształcenie** secondary education. ➡ **średnia** (*D* średniej) *f* average.

średnio *adv* on average.

średniowiecze (*D* średniowiecza) *n* Middle Ages.

środa (*D* środy) *f* Wednesday; *zobacz też* sobota.

środek (*D* środka) *m* [punkt] middle; [wnętrze] inside; [metoda] measure; [preparat] medicine

• **środki masowego przekazu** mass media. ➤ **środki** (D środków) mpl resources.

środowisko (D środowiska) n environment • **ochrona środowiska** environmental protection.

śródmieście (D śródmieścia) n [centrum] town/city centre UK, downtown US.

śruba (D śruby) f screw.

śrubokręt (D -u) m screwdriver.

św. (skr od święty) St.

świadectwo (D świadectwa) n certificate • **świadectwo szkolne** school report.

świadek m, f witness; [na ślubie] best man (f maid of honour) • **świadek koronny** key witness.

świadom adj = świadomy.

świadomie adv deliberately.

świadomość (D świadomości) f awareness • **mieć świadomość** to be aware.

świadomy, świadom adj [czegoś] aware; [zamierzony] deliberate.

świat (D -a) m world.

światło (D światła) n [gen] light; [prąd] electricity. ➤ **światła** (D świateł) npl (traffic) lights.

światopogląd (D -u) m worldview.

światowiec m man of the world.

światowy adj worldwide : **prowadzić światowe życie** to live the high life.

świąteczny adj [bożonarodzeniowy] Christmas; [wielkanocny] Easter; [niezwykły] festive.

świątynia (D świątyni) f temple.

świeca (D świecy) f candle.

świecący adj shining.

świecić vimperf to shine.

➤ **świecić się** vp imperf : **w jej pokoju świeci się jeszcze światło** the light is still on in her room; [błyszczeć się] to glisten.

świecki adj secular.

świeczka (D świeczki) f candle.

świecznik (D -a) m candlestick.

świerk (D -a LUB u) m spruce.

świerszcz m cricket.

świetlica (D świetlicy) f [szkolna] common room; [osiedlowa] community centre.

świetny adj excellent.

świeżo adv [niedawno] freshly; [zdrowo, rześko] fresh • **uwaga! świeżo malowane** wet paint!

świeżość (D świeżości) f freshness.

świeży adj fresh.

święcony adj holy.

święto (D święta) n holiday • **wesołych świąt!** Merry Christmas!, Happy Easter!; **Święto Niepodległości** Independence Day; **Święto Zmarłych** All Souls' Day.

świętokradztwo (D świętokradztwa) n sacrilege.

świętować vimperf to celebrate.

święty adj [obraz, medalik] holy • **Święty Mikołaj** Father Christmas; **święte słowa!** you're absolutely right!.

świnia (D świni) f pig.

świnka (D świnki) f [choroba] mumps; [mała świnia] piglet • **świnka morska** guinea pig.

świński adj pot piggy; pot [podły] dirty.

świństwo (D świństwa) n pot [podłość] nasty trick; pot [paskudztwo] muck.

świt (D -u) m dawn.

T

t (*skr od* **tona**) t.

t. (*skr od* **tom**) vol.

ta *pron* [bliżej] this; [dalej] that.

tab. (*skr od* **tabela**) *table*.

tabela (*D* tabeli) *f* table.

tabletka (*D* tabletki) *f* tablet.

tablica (*D* tablicy) *f* [szkolna] blackboard; [informacyjna] board • **tablica rejestracyjna** number plate *UK*, license plate *US*.

tabliczka (*D* tabliczki) *f* [mała tablica] plaque; [czekolady] bar; [mnożenia] table.

taboret (*D* -u) *m* stool.

tabu (*inv*) *n* taboo.

taca (*D* tacy) *f* tray.

tafla (*D* tafli) *f* surface.

Tag (*D* -u) *m* the Tagus.

tajemnica (*D* tajemnicy) *f* secret.

tajemniczy *adj* [zagadkowy] mysterious; [skryty] secretive.

tajny *adj* secret.

tak ⇔ *interj* [przyzwolenie] yes ⇔ *part* [potwierdzenie] : **herbaty nie słodzę, ale kawę tak** I don't take sugar in tea, but I do in coffee. ⇔ *pron* : **zróbmy to tak** [w taki sposób] let's do it like this; **zrobił tak, jak mu radziłem** he did as I advised; **przy tak wysokich temperaturach należy dużo pić** in such high temperatures you have to drink a lot; **nie wiedziałem, że jest tak późno** I didn't realise it was so late; **tak się za wami stęskniłem** I missed you so much; **tak..., że...** so..., that...

taki *pron* [odnosi się do cechy, o której była mowa lub która została wskazana] such; [podkreśla intensywność cechy] such; [odnosi się do cechy, która jest określona w zdaniu podrzędnym] • **on nie jest taki, jak myślisz** he's not like you think.

taksówka (*D* taksówki) *f* taxi • **zamówić taksówkę** to order a taxi.

taksówkarz *m* taxi-driver.

takt (*D* -u) *m* [umiar] tact; [rytm] time.

taktowny *adj* tactful.

taktyka (*D* taktyki) *f* tactics.

także *part* also.

talent (*D* -u) *m* talent.

talerz (*D* -a) *m* [gen] plate; [miseczka do zupy] bowl • **zjeść talerz zupy** to have a bowl of soup. ⇒ **talerze** (*D* talerzy) *mpl* cymbals.

talia (*D* talii) *f* [pas] waist; [komplet kart] pack.

talizman (*D* -u) *m* talisman.

talk (*D* -u) *m* talcum powder.

talon (*D* -u) *m* voucher.

tam *pron* there.

tama (*D* tamy) *f* dam.

Tamiza (*D* Tamizy) *f* the Thames.

tamować (*perf* **zatamować**) *vimperf* [krwotok] to staunch; [uliczny ruch] to obstruct.

tampon (*D* -u) *m* tampon.

tamta *pron* that.

tamten *pron* that.

tamtędy *pron* that way.

tancerz, tancerka *m*, *f* dancer.

tandem (*D* -u) *m* tandem.

tandeta (*D* tandety) *f* pot & pej piece of junk.

tani (*compar* **tańszy**, *superl* **najtańszy**) *adj* cheap.

taniec (*D* **tańca**) *m* dance.

tanieć (*perf* **stanieć**) *vimperf* to get cheaper.

tanio *adv* cheaply.

tankować (*perf* **zatankować**) *vimperf* to fill up.

Tanzania (*D* **Tanzanii**) *f* Tanzania.

tańczyć (*perf* **zatańczyć**) *vimperf* to dance.

tapczan (*D* **-u** LUB **a**) *m* sofa bed.

tapeta (*D* **tapety**) *f* wallpaper.

tapetować *vimperf* to wallpaper.

tarapaty (*D* **tarapatów**) *pl* trouble • **wpaść w tarapaty** to get into trouble.

taras (*D* **-u**) *m* patio.

tarasować *vimperf* to block.

tarcie (*D* **tarcia**) *n* friction.

tarcza (*D* **tarczy**) *f* [osłona] shield; [zegara] face.

targ (*D* **-u**) *m* market. ➤ **targi** (*D* **targów**) *mpl* fair.

targować się *vp imperf* to haggle.

tarka (*D* **tarki**) *f* grater.

tarty *adj* grated • **bułka tarta** breadcrumbs.

taryfa (*D* **taryfy**) *f* tariff.

tasiemiec (*D* **tasiemca**) *m* tapeworm.

tasiemka (*D* **tasiemki**) *f* [wąska taśma] tape; [ozdobna] ribbon.

tasować (*perf* **potasować**) *vimperf* to shuffle.

taśma (*D* **taśmy**) *f* tape.

tata *m pot* dad.

tatar (*D* **-a**) *m* steak tartare.

taternictwo (*D* **taternictwa**) *n* mountaineering.

Tatry (*D* **Tatr**) *pl* the Tatra Mountains.

tatuaż (*D* **-u**) *m* tattoo.

tatuować (*perf* **wytatuować**) *vimperf* to tattoo.

tatuś *m pot* daddy.

tchawica (*D* **tchawicy**) *f* windpipe.

tchórz *m pej* coward; [zwierzę] polecat.

tchórzliwy *adj* cowardly.

tchórzostwo (*D* **tchórzostwa**) *n* cowardice.

te *pron* [bliżej] these; [dalej] those • **te, które** [o osobach] those who; [o przedmiotach] those which.

teatr (*D* **-u**) *m* theatre.

teatralny *adj* theatrical • **festiwal teatralny** drama festival.

techniczny *adj* technical.

technika (*D* **techniki**) *f* [metoda] technique; [produkcja] technology.

technikum (*inv*) *n* technical college.

technologia (*D* **technologii**) *f* technology.

teczka (*D* **teczki**) *f* briefcase; [okładka] folder • **szkolna teczka** school bag.

tegoroczny *adj* this year's.

tekst (*D* **-u**) *m* [gen] text; [piosenki] lyrics.

tektura (*D* **tektury**) *f* cardboard.

tel. (*skr od* **telefon**) tel.

teledysk (*D* **-u**) *m* teledisc.

telefon (*D* **-u**) *m* [aparat] telephone, phone; [rozmowa] (phone) call; [numer] (phone) number • **telefon bezprzewodowy** cordless phone; **telefon komórkowy** mobile phone *UK*, cell phone *US*; **odebrać telefon** to answer the phone.

telefoniczny *adj* telephone.

telefonistka *f* (switchboard) operator.

telefonować *vimperf* to make a (phone) call • **telefonować do kogoś** to phone/call sb.

telegazeta (D telegazety) *f* teletext.

telegrafować *vimperf* to telegraph.

telegram (D -u) *m* telegram.

telekonferencja (D telekonferencji) *f* teleconference.

telepatia (D telepatii) *f* telepathy.

teleskop (D -u) *m* telescope.

teleturniej (D -u) *m* television quiz show.

telewidz *m* viewer.

telewizja (D telewizji) *f* television • **telewizja kablowa** cable television; **telewizja satelitarna** satellite television; **oglądać telewizję** to watch television.

telewizor (D -a) *m* television (set).

telewizyjny *adj* television.

temat (D -u) *m* subject.

temperament (D -u) *m* temperament.

temperatura (D temperatury) *f* temperature.

temperówka (D temperówki) *f* (pencil) sharpener.

tempo (D tempa) *n* pace.

ten *pron* [bliżej] this; [dalej] that.

tendencja (D tendencji) *f* tendency.

tenis (D -a) *m* tennis • **tenis stołowy** table tennis.

tenisista, tenisistka *m, f* SPORT tennis player.

tenisówki (D tenisówek) *fpl* tennis shoes UK, sneakers US.

teoretycznie *adv* theoretically.

teoria (D teorii) *f* theory.

terakota (D terakoty) *f* tiles.

terapia (D terapii) *f* therapy.

teraz *adv* now.

teren (D -u) *m* [obszar] area; [budowy] site; [szkoły] grounds.

termin (D -u) *m* [data] date; [techniczny] term.

terminal (D -u) *m* terminal.

terminologia (D terminologii) *f* terminology.

termometr (D -u) *m* thermometer.

termos (D -u) *m* Thermos (flask).

terrorysta, terrorystka *m, f* terrorist.

terroryzm (D -u) *m* terrorism.

terytorium *(inv)* *n* territory.

test (D -u) *m* test.

testament (D -u) *m* will • **Nowy/ Stary Testament** New/Old Testament.

testować *vimperf* to test.

teściowa (D teściowej) *f* mother-in-law.

teść *m* father-in-law.

teza (D tezy) *f* thesis.

tęcza (D tęczy) *f* rainbow.

tędy *pron* this way.

tęsknić *vimperf* : **tęsknić za kimś** to miss sb.

tęsknota (D tęsknoty) *f* longing.

tętnica (D tętnicy) *f* artery.

tętno (D tętna) *n* pulse.

tężec (D tężca) *m* tetanus.

tik (D -u) *m* tic.

Tirana (D Tirany) *f* Tirana.

tkanina (D tkaniny) *f* fabric.

tkanka (*D* tkanki) *f* tissue.

tlen (*D* -u) *m* oxygen.

tlenek (*D* tlenku) *m* oxide.

tlenić *vimperf* to bleach • **utlenić sobie włosy** to bleach one's hair.

tlić się *vp imperf* to smoulder.

tło (*D* tła) *n* background.

tłok (*D* -u) *m* crowd.

tłuc (*perf* **stłuc**) *vimperf* to break; *pot* to beat. ➤ **tłuc się** *vp imperf* to shatter.

tłum (*D* -u) *m* crowd.

tłumacz, ka *m, f* [na żywo] interpreter; [tekstów] translator.

tłumaczenie (*D* tłumaczenia) *n* [wyjaśnienie] explanation; [przekład] translation.

tłumaczyć *vimperf* [wyjaśniać] to explain; [przekładać] to translate • **tłumaczyć coś komuś** to explain sthg to sb. ➤ **tłumaczyć się** *vp imperf* to explain o.s.

tłumić (*perf* **stłumić**) *vimperf* [dźwięk] to muffle; [szloch] to stifle; [powstanie] to suppress.

tłumik (*D* -a) *m* AUTO silencer.

tłusty *adj* [jedzenie] fatty; [plama] greasy; *pot* [otyły] podgy • **tłuste mleko** full-fat milk.

tłuszcz (*D* -u) *m* [gen] fat; [roślinny, zwierzęcy] oil.

tłuszczowy *adj* [tkanka] fatty; [produkty] food-oil.

to ◇ *pron* [bliżej] this; [dalej] that. ◇ *part* : **a to pech!** what bad luck! ◇ *conj* [wskazuje na konsekwencję] so; [wskazuje na warunek] then. ◇ *vimpers* [zazwyczaj z czasownikiem 'być'] : **czas to pieniądz** time is money. ➤ **to jest** ◇ *conj* that is. ➤ **to znaczy** ◇ *conj* that is.

toaleta (*D* toalety) *f* toilet.

toaletowy *adj* toilet • **przybory toaletowe** toiletries.

toast (*D* -u) *m* toast.

toksyczny *adj* toxic.

tolerancja (*D* tolerancji) *f* tolerance.

tolerancyjny *adj* tolerant.

tolerować *vimperf* to tolerate • **tolerować coś/kogoś** to tolerate sthg/sb.

tom (*D* -u) *m* volume.

ton (*D* -u) *m* tone.

tona (*D* tony) *f* ton.

tonąć (*perf* **utonąć**) *vimperf* [łódka, statek] to sink; [ludzie] to drown.

tonik (*D* -u) *m* tonic water.

topić *vimperf* to drown. ➤ **topić się** *vp imperf* [tonąć] to drown; [rozpuszczać się] to melt.

topielec, topielica *m, f* drowned man.

topnieć (*perf* **stopnieć**) *vimperf* to melt.

topola (*D* topoli) *f* poplar.

tor (*D* -u) *m* [tramwajowy, kolejowy] track; [saneczkowy, bobslejowy] run; SPORT lane.

torba (*D* torby) *f* bag.

torbiel (*D* torbieli) *f* MED cyst.

torebka (*D* torebki) *f* [opakowanie] bag; [damska torba] handbag.

tornister (*D* tornistra) *m* satchel.

tors (*D* -u) *m* torso.

torsje (*D* torsji) *pl* vomiting.

tort (*D* -u) *m* gateau.

tortura (*D* tortury) *f* torture.

torturować *vimperf* to torture.

toster (*D* -a) *m* toaster.

totalny *adj* total.

toteż *conj oficjal* (and) so.

totolotek (D totolotka) m lottery.

towar (D -u) m merchandise.

towarzyski adj [życie] social; [człowiek] sociable.

towarzystwo (D towarzystwa) n [gen] company; [zrzeszenie] society • **być duszą towarzystwa na imprezie** to be the life and soul of the party.

towarzysz, ka m, f companion • **towarzysz broni** comrade-in-arms.

towarzyszący adj accompanying.

towarzyszyć vimperf to accompany • **towarzyszyć komuś** to accompany sb.

tożsamość (D tożsamości) f identity.

tracić (perf stracić) vimperf to lose • **tracić czas** to waste time.

tradycja (D tradycji) f tradition.

tradycyjny adj traditional.

trafiać (perf trafić) vimperf [gen] to find; [dosięgać celu] to hit.

trafić vperf = trafiać.

trafiony adj successful.

trafny adj [celny] accurate; [właściwy] accurate.

tragedia (D tragedii) f tragedy.

tragiczny adj [straszny, wstrząsający] tragic; pot [fatalny] awful.

trakt (D -u) m route.

traktat (D -u) m [umowa międzynarodowa] treaty; [rozprawa naukowa] treatise.

traktor (D -a) m [ciągnik] tractor.

traktować (perf potraktować) vimperf to treat.

traktowanie (D traktowania) n treatment.

trampolina (D trampoliny) f springboard.

tramwaj (D -u) m tram.

tran (D -u) m cod-liver oil.

trans (D -u) m trance • **wpaść w trans** to go into a trance.

transakcja (D transakcji) f transaction.

transfer (D -u) m transfer.

transformacja (D transformacji) f transformation.

transfuzja (D transfuzji) f MED transfusion.

transkrypcja (D transkrypcji) f transcript.

transmisja (D transmisji) f transmission.

transmitować vimperf to transmit.

transparent (D -u) m banner.

transplantacja (D transplantacji) f MED transplant.

transport (D -u) m transport.

transportować vimperf to transport.

tranzystor (D -a) m TECHN transistor.

tranzyt (D -u) m transit.

trasa (D trasy) f route.

tratować vimperf to trample.

tratwa (D tratwy) f raft.

trawa (D trawy) f grass.

trawić (perf strawić) vimperf [pokarm] to digest; pot [znosić] to stomach.

trawienie (D trawienia) n digestion.

trawnik (D -a) m lawn.

trąba (D trąby) f [instrument] trumpet; [wir] twister; [słonia] trunk.

trąbić (perf zatrąbić) vimperf

[grać] to play the trumpet; *pot* [rozpowiadać] to proclaim.

trąbka (D trąbki) f trumpet.

trądzik (D -u) m acne.

trefl (D -a) m club.

trema (D tremy) f nervousness • **mieć tremę** to be nervous.

trener m trainer.

trening (D -u) m SPORT training.

trenować *vimperf* to train.

tresować *vimperf* to train.

treść (D treści) f plot.

triathlon (D -u) m triathlon.

triumf (D -u) m triumph.

triumfalny *adj* triumphant.

triumfować *vimperf* to triumph • **triumfować nad kimś** to triumph over sb.

trochę <> *adv* a little. <> *pron* [niewiele] some • **przyszło trochę osób** a few people came.

trofeum (*inv*) n trophy.

trojaczki *pl* triplets.

tron (D -u) m throne.

trop (D -u) m trail • **wpaść na trop** to find the trail.

tropić *vimperf* to trail.

tropikalny *adj* tropical.

troska (D troski) f concern.

troskliwie *adv* with care.

troskliwy *adj* caring.

troszczyć się *vp imperf* to care.

trójkąt (D -a) m triangle • **trójkąt ostrzegawczy** warning triangle.

trójkątny *adj* triangular.

Trójmiasto (D Trójmiasta) n *Tri-city*.

trójskok (D -u) m triple jump.

trucizna (D trucizny) f poison.

truć *vimperf* to poison.

trud (D -u) m trouble.

trudno <> *adv* with difficulty. <> *interj* : **no to trudno** it can't be helped.

trudność (D trudności) f difficulty.

trudny *adj* difficult.

trujący *adj* poisonous.

trumna (D trumny) f coffin.

trup (D -a) m corpse.

truskawka (D truskawki) f strawberry.

trust (D -u) m EKON trust.

trutka (D trutki) f poison.

trwać *vimperf* to last.

trwały *adj* [materiały] durable; [uczucia] permanent. • **trwała** (D trwałej) f perm.

tryb (D -u) m procedure.

trybuna (D trybuny) f [podwyższenie] platform; [widownia] stand.

trybunał (D -u) m tribunal • **Europejski Trybunał Praw Człowieka** European Court of Human Rights; **Europejski Trybunał Sprawiedliwości** European Court of Justice; **Trybunał Obrachunkowy** Court of Auditors.

trykot (D -u) m [tkanina] knitted fabric; [ubranie] leotard.

tryumf (D -u) m = triumf.

tryumfować *vimperf* = triumfować.

trzask (D -u) <> m bang. <> *interj* [użycie czasownikowe] crash.

trzaskać (*perf* trzasnąć) *vimperf* [uderzać] to bang; [pękać z trzaskiem] to crack • **trzaskać drzwiami** to slam the door.

trzasnąć *vperf* = trzaskać.

trząść *vimperf* to shake. • **trząść się** *vp imperf* to shake.

trzcina (D trzciny) f reed • **trzcina cukrowa** sugar cane.

trzeba *vimpers* [należy] should; [potrzeba] to need.

trzech *num* three; *zobacz też* sześciu.

trzechsetny *num* three hundredth; *zobacz też* szósty.

trzeci *num* third; *zobacz też* szósty.

trzej *num (łączy się z rzeczownikami męskoosobowymi w mianowniku)* three.

trzepać *(perf* wytrzepać*) vimperf* to beat.

trzeszczeć *vimperf* to rustle.

trzeźwieć *(perf* wytrzeźwieć*) vimperf* to sober up.

trzeźwy *adj* sober.

trzęsienie *(D* trzęsienia*) n* : **trzęsienie ziemi** [wstrząs skorupy ziemskiej] earthquake.

trzmiel *m* bumblebee.

trzoda *(D* trzody*) f* herd.

trzon *(D* -u*) m* main part.

trzonek *(D* trzonka*) m* handle.

trzy *num* three; *zobacz też* sześć.

trzydziestu *num* thirty; *zobacz też* sześciu.

trzydziesty *num* thirtieth; *zobacz też* szósty.

trzydzieści *num* thirty; *zobacz też* sześć.

trzymać *vimperf* [chwytać] to hold; [przetrzymywać] to keep. **trzymać się** *vp imperf* to hold on to; *pot* to keep well; [wyglądać młodo] to look good.

trzynastu *num* thirteen; *zobacz też* sześciu.

trzynasty *num* thirteenth; *zobacz też* szósty.

trzynaście *num* thirteen; *zobacz też* sześć.

trzysta *num* three hundred; *zobacz też* sześć.

tu *pron* [o miejscu] here; [o sytuacji] here.

tubka *(D* tubki*) f* tube.

tubylec *m* native.

tuczyć *vimperf* to fatten.

tulić *vimperf* [przytulać się do czegoś] to nestle; [przytulać kogoś] to cuddle. **tulić się** *vp imperf* to cuddle up to.

tulipan *(D* -a*) m* tulip.

tułów *(D* tułowia*) m* trunk.

tuman *(D* -u*) m* cloud.

tunel *(D* -u*) m* tunnel.

tuńczyk *(D* -a*) m* tuna.

tupać *(perf* tupnąć*) vimperf* to stamp.

tupet *(D* -u*) m* nerve.

tupnąć *vperf* = tupać.

Turcja *(D* Turcji*) f* Turkey.

turecki *adj* Turkish.

Turek, Turczynka *m, f* Turk.

turniej *(D* -u*) m* SPORT competition • **turniej rycerski** tournament.

turnus *(D* -u*) m* fixed period.

turysta, turystka *m, f* tourist.

turystyczny *adj* tourist.

tusz *(D* -u*) m* Indian ink • **tusz do rzęs** mascara.

tusza *(D* tuszy*) f* corpulence.

tutaj *pron* here.

tuzin *(D* -a*) m* dozen.

tuzinkowy *adj* mediocre.

TV *(skr od* telewizja*) f* TV.

twardnieć *(perf* stwardnieć*) vimperf* to harden.

twardo *(compar* twardziej*, superl* najtwardziej*) adv* [niewygodnie] hard; [bezwzględnie] rigorously

• **jajko na twardo** hard-boiled egg.

twardy *adj* [sztywny] hard; [wytrzymały] tough; [bezwzględny] hard.

twarz (*D* twarzy) *f* face.

twarzowy *adj* becoming.

twierdza (*D* twierdzy) *f* fortress.

twierdzący *adj* affirmative.

twierdzić (*perf* stwierdzić) *vimperf* to maintain.

tworzyć (*perf* stworzyć) *vimperf* [gen] to form; [komponować] to create.

tworzywo (*D* tworzywa) *n* material.

twój *pron* your • **czy ten pies jest twój?** is this dog yours?

twórca, twórczyni *m*, *f* artist.

twórczość (*D* twórczości) *f* work.

ty *pron* you.

tyczka (*D* tyczki) *f* pole.

tyć (*perf* utyć) *vimperf* to put on weight.

tydzień (*D* tygodnia) *m* week • **w tygodniu** on weekdays.

tygodnik (*D* -a) *m* weekly.

tygodniowo *adv* weekly.

tygodniowy *adj* weekly.

tygrys *m* tiger.

tykać *vimperf* to tick; *pot* : **tykać kogoś** to be on first name terms.

tyle *pron* [wspomniana ilość] that much; [tak wiele] so much, so many.

tylko <> *part* [wyłącznie] only; [przynajmniej] just. <> *conj* just.

tylny *adj* back.

tył (*D* -u) *m* back.

tyłek (*D* tyłka) *m* pot bum.

tym *pron* ▷ ten.

tymczasem *adv* [podczas gdy] meanwhile; [jednak] whereas.

tymczasowy *adj* temporary.

tymianek (*D* tymianku) *m* thyme.

tynk (*D* -u) *m* plaster.

typ *m* (*D* -u) [rodzaj] type; (*D* -a) *pot & pej* [osobnik] guy.

typowy *adj* typical.

tyran *m* tyrant.

tyranizować *vimperf* to tyrannize.

tysiąc *num* thousand; *zobacz też* sześć.

tysiąclecie (*D* tysiąclecia) *n* millennium.

tysięczny *num* thousandth; *zobacz też* szósty.

tytoń (*D* tytoniu) *m* tobacco.

tytuł (*D* -u) *m* [gen] title; [stopień naukowy] degree.

tytułowy *adj* title.

tzn. (*skr od* to znaczy) i.e.

tzw. (*skr od* tak zwany) so-called.

U

u *prep* [o miejscu] at; [część całości] : **palec u nogi** toe; **pasek u torby** bag-strap; **klamka u drzwi** doorknob • **co u ciebie słychać?** how are you doing?

uaktualnić *vperf* to update.

uatrakcyjnić *vperf* to make (sthg) attractive.

ubawić *vperf* to amuse • **ubawić kogoś** to make sb laugh.

ubawić się vp perf to laugh.

ubezpieczać (perf **ubezpieczyć**) vimperf to insure. ➤ **ubezpieczać się** (perf **ubezpieczyć się**) vp imperf [samego siebie] to insure; [wzajemnie] to secure.

ubezpieczenie (D **ubezpieczenia**) n insurance.

ubezpieczony adj insured.

ubezpieczyć vperf = **ubezpieczać**.

ubiec vperf to forestall • **ubiec kogoś** to forestall sb.

ubiegłoroczny adj last year's.

ubiegły adj last.

ubierać (perf **ubrać**) vimperf to dress; [ozdabiać] to dress. ➤ **ubierać się** (perf **ubrać się**) vp imperf to dress.

ubikacja (D **ubikacji**) f toilet.

ubiór (D **ubioru**) m clothes.

ubliżać vimperf to offend.

uboczny adj side • **produkt uboczny** by-product.

ubogi (compar **uboższy**, superl **najuboższy**) adj [biedny] poor; [skromny] simple.

ubożeć vimperf to become poorer.

ubóstwiać vimperf to worship.

ubóstwo (D **ubóstwa**) n poverty.

ubrać vperf = **ubierać**.

ubranie (D **ubrania**) n clothes.

ubrany adj dressed.

ubrudzić vperf = **brudzić**.

ubywać vimperf to decrease.

ucho ⬦ n (D **ucha**, pl **uszy**) ear. ⬦ n (D **ucha**, pl **uszy** LUB **ucha**) [uchwyt] handle.

uchodźca, uchodźczyni m, f refugee.

uchwała (D **uchwały**) f resolution.

uchwyt (D -u) m [rączka] handle; [chwyt] grip.

uchylony adj ajar.

uciąć vperf to cut off.

uciążliwy adj [męczący] arduous; [irytujący] tiresome.

uciec vperf = **uciekać**.

ucieczka (D **ucieczki**) f escape.

uciekać (perf **uciec**) vimperf [gen] to escape; [odjeżdżać] to leave.

uciekinier, ka m, f runaway.

ucieszyć vperf to make (sb) happy. ➤ **ucieszyć się** vp perf to be pleased • **ucieszyć się z czegoś** to be pleased with sthg.

ucisk (D -u) m pressure.

uciskać vimperf [uwierać] to pinch; [ugniatać] to squeeze.

uciszać vimperf to quieten (down).

uczcić vperf [okazać szacunek] to honour; [uświetnić] to celebrate.

uczciwy adj honest.

uczelnia (D **uczelni**) f college.

uczenie (D **uczenia**) n teaching.

uczeń, uczennica m, f pupil.

uczesać vperf = **czesać**.

uczesanie (D **uczesania**) n hairstyle.

uczestnictwo (D **uczestnictwa**) n participation.

uczestniczyć vimperf to participate • **uczestniczyć w czymś** to participate in sthg.

uczestnik, uczestniczka m, f participant.

uczęszczany adj popular.

uczony ⬦ adj learned. ⬦ m, f (f **uczona**) scholar.

uczta (D **uczty**) f feast.

uczucie (D **uczucia**) n feeling.

uczulenie (*D* uczulenia) *n* allergy.

uczulony *adj* allergic.

uczyć *vimperf* to teach • **uczyć kogoś czegoś** to teach sb sthg. ➤ **uczyć się** *vp imperf* to learn.

uczynek (*D* uczynku) *m* deed.

uczynny *adj* helpful.

udać *vperf* = udawać.

udany *adj* successful.

udar (*D* -u) *m* MED stroke.

udawać (*perf* udać) *vimperf* to pretend. ➤ **udawać się** (*perf* udać się) *vp imperf* to be successful.

uderzenie (*D* uderzenia) *n* [cios] hit; [natarcie] strike.

uderzyć *vperf* to hit. ➤ **uderzyć się** *vp perf* to hit.

udko (*D* udka) *n* thigh.

udławić się *vp perf* ⊳ dławić się.

udo (*D* uda) *n* thigh.

udogodnienie (*D* udogodnienia) *n* improvement.

udokumentować *vperf* to document.

udostępnić *vperf* to make (sthg) available.

udowodnić *vperf* to prove.

udusić *vperf* ⊳ dusić.

udział (*D* -u) *m* participation; EKON share • **brać w czymś udział** to take part in sthg.

udziałowiec (*D* udziałowca) *m* shareholder.

udziec (*D* udźca) *m* haunch • **udziec cielęcy** leg of veal; **udziec barani** leg of mutton; **udziec barani pieczony** roast leg of mutton.

ufać (*perf* zaufać) *vimperf* to trust • **ufać komuś** to trust sb.

UFO *n* UFO.

ugasić *vperf* [pożar] to put out; [pragnienie] to quench.

uginać (*perf* ugiąć) *vimperf* to bend. ➤ **uginać się** (*perf* ugiąć się) *vp imperf* to bow.

ugniatać *vimperf* to press.

ugoda (*D* ugody) *f* arrangement.

ugodowy *adj* [związany z kompromisem] amicable; [gotowy do porozumienia] willing to compromise.

ugotować *vperf* = gotować.

ugryzienie (*D* ugryzienia) *n* bite.

ugryźć *vperf* to bite.

ujawnić *vperf* to reveal.

ująć *vperf* [chwycić] to take; [zyskać sympatię] to win. ➤ **ująć się** *vp perf* to stand up • **ująć się za kimś** to stand up for sb.

ujemny *adj* [negatywny] negative; [mniejszy od zera] minus.

ujęcie (*D* ujęcia) *n* [scena] shot; [sposób przedstawienia] presentation.

ujmujący *adj* captivating.

ujść *vperf* [przejść] to walk; [ulotnić się] to escape; [nie pociągnąć za sobą konsekwencji] to get away • **ujść z życiem** to escape with one's life.

ukarać *vperf* = karać.

uklęknąć *vperf* = klęknąć.

układ (*D* -u) *m* [system] system; [kolejność] order; [umowa] agreement • **układy towarzyskie** social relations; **Układ o zniesieniu kontroli granicznej** Agreement for the Abolition of Internal Border Controls.

układać (*perf* ułożyć) *vimperf* to arrange. ➤ **układać się** (*perf*

ułożyć się) *vp imperf* to work out.

układanka (*D* układanki) *f* puzzle.

ukłonić się *vp perf* = kłaniać się.

ukłony (*D* ukłonów) *mpl* regards.

ukłucie (*D* ukłucia) *n* [ból] shooting pain; [ukąszenie] sting.

ukłuć *vperf* = kłuć.

ukochany ⬦ *adj* beloved. ⬦ *m, f* (*f* ukochana) beloved.

ukośnie *adv* diagonally.

ukośny *adj* diagonal.

ukradkiem *adv* furtively.

ukradkowy *adj* furtive.

Ukraina (*D* Ukrainy) *f* Ukraine.

Ukrainiec, Ukrainka *m, f* Ukrainian.

ukraść *vperf* = kraść.

ukroić *vperf* = kroić.

ukrop (*D* -u) *m* pot boiling water.

ukryć *vperf* = kryć.

ukryty *adj* hidden.

ukrywać (*perf* ukryć) *vimperf* to hide • **ukrywać coś przed kimś** to hide sthg from sb. ➡ **ukrywać się** (*perf* ukryć się) *vp imperf* to hide.

ukwiecony *adj* full of flowers.

ul (*D* -a) *m* hive.✓

ul. (*skr od* ulica) Rd, St.

ulec *vperf* = ulegać.

uleczalny *adj* curable.

ulegać (*perf* ulec) *vimperf* [ustępować] to succumb; [być obiektem czegoś] to undergo.

uległy *adj* submissive.

ulepić *vperf* to make.

ulepszenie (*D* ulepszenia) *n* improvement.

ulepszyć *vperf* to improve.

ulewa (*D* ulewy) *f* downpour.

ulga (*D* ulgi) *f* [odprężenie] relief; [zniżka] reduction.

ulgowy *adj* [zniżkowy] reduced; [wyrozumiały, łagodny] preferential.

ulica (*D* ulicy) *f* street • **ślepa ulica** cul-de-sac; **ulica jednokierunkowa** one-way street.

uliczny *adj* roadside.

ulokować *vperf* to put • **ulokować kogoś gdzieś** to accommodate sb somewhere; **ulokować pieniądze** to invest money.

ulotka (*D* ulotki) *f* leaflet • **roznosić ulotki** to leaflet.

ulotny *adj* transitory • **rozdał wszytkie ulotne druki** he gave out all the leaflets.

ultimatum (*inv w lp*) *n* ultimatum • **postawić ultimatum** to give an ultimatum.

ulubienica *f* favourite.

ulubieniec *m* favourite.

ulubiony *adj* favourite.

ułamek (*D* ułamka) *m* fraction.

ułatwiać (*perf* ułatwić) *vimperf* to make (sthg) easier.

ułatwić *vperf* = ułatwiać.

ułatwienie (*D* ułatwienia) *n* simplification.

ułomny *adj* [kaleki] crippled; [niedoskonały] imperfect.

ułożyć *vperf* = układać.

umeblować *vperf* = meblować.

umeblowany *adj* furnished.

umiar (*D* -u) *m* restraint.

umiarkowany *adj* [średni] reasonable; [wyważony] moderate.

umieć *vimperf* to know.

umiejętność (*D* umiejętności) *f* skill.

umierać (*perf* umrzeć) *vimperf* to die.

umieścić *vperf* to put.

umięśniony *adj* muscular.

umilać *vimperf* to make (sthg) pleasant.

umilknąć *vperf* to die down.

umniejszać *vimperf* to lessen.

umocnić *vperf* to strengthen.

umocować *vperf* to fix.

umorzyć *vperf* to cancel • **umorzyć sprawę** to discontinue a case.

umowa (*D* **umowy**) *f* contract • **umowa o pracę** contract of employment; **podpisać umowę** to sign a contract.

umowny *adj* conventional.

umożliwiać *vimperf* to enable.

umówić *vperf* to make an appointment • **umówić kogoś** to arrange an appointment for sb. ➡ **umówić się** *vp perf* to arrange to meet.

umówiony *adj* arranged.

umrzeć *vperf* = umierać.

umyć *vperf* = myć.

umysł (*D* **-u**) *m* mind.

umysłowy *adj* [intelektualny] intellectual; [psychiczny] mental.

umyślnie *adv* specially.

umywalka (*D* **umywalki**) *f* basin.

unia (*D* **unii**) *f* union • **Unia Celna** Customs Union; **Unia Europejska** European Union; **Unia Gospodarcza i Walutowa** Economic and Monetary Union; **Unia Polityczna** Political Union; **Unia Zachodnioeuropejska** Western European Union.

uniemożliwiać *vimperf* to make impossible.

unieszczęśliwiać *vimperf* to make (sb) unhappy.

unieść *vperf* = unosić.

unieważnić *vperf* [dokument] to invalidate; [małżeństwo] to annul.

unieważnienie (*D* **unieważnienia**) *n* annulment.

uniewinnić *vperf* to acquit.

unik (*D* **-u**) *m* dodge.

unikać *vimperf* to avoid • **unikać kogoś/czegoś** to avoid sb/sthg.

unikalny *adj* unique.

unikat (*D* **-u**) *m* unique piece.

uniknąć *vperf* to avoid • **uniknąć czegoś** to avoid sthg.

uniwersalny *adj* universal.

uniwersytecki *adj* university.

uniwersytet (*D* **-u**) *m* university.

unormować *vperf* to regularize.

unosić (*perf* **unieść**) *vimperf* to hold up. ➡ **unosić się** (*perf* **unieść się**) *vp imperf* [wzlatywać] to rise; [wzburzać się] to get fired up.

unowocześniać *vimperf* to modernize.

uogólniać *vimperf* to generalize.

upadek (*D* **upadku**) *m* fall.

upadłość (*D* **upadłości**) *f* EKON bankruptcy.

upalny *adj* sweltering.

upał (*D* **-u**) *m* heat-wave.

upaństwowić *vperf* to nationalize.

uparty *adj* stubborn.

upaść *vperf* [przewrócić się] to fall; *przen* [ponieść fiasko] to fail.

upewnić *vperf* to ensure. ➡ **upewnić się** *vp perf* to make sure.

upić *vperf* to drink. ➡ **upić się** *vp perf* to get drunk.

upiec *vperf* = piec.

upierać się (*perf* **uprzeć się**) *vp imperf* to insist.

upiększać *vimperf* to adorn.

upłynąć *vperf* to pass.

upływ (*D* -u) *m* to go by.

upojenie (*D* upojenia) *n* intoxication • **upojenie alkoholowe** alcoholic intoxication.

upokarzający *adj* humiliating.

upokorzenie (*D* upokorzenia) *n* humiliation.

upokorzyć *vperf* to humiliate.

upolować *vperf* to hunt.

upominek (*D* upominku) *m* present.

upomnieć *vperf* to rebuke • **upomnieć kogoś** to rebuke sb. ➠ **upomnieć się** *vp perf* to demand • **upomnieć się o coś** to demand sthg.

upomnienie (*D* upomnienia) *n* [karcąca uwaga] rebuke; [przypomnienie] reminder.

uporczywość (*D* uporczywości) *f* persistence.

uporczywy *adj* persistent.

uporządkować *vperf* to (put sthg in) order.

uporządkowany *adj* ordered.

upośledzenie (*D* upośledzenia) *n* handicap.

upośledzony *adj* handicapped.

upoważnić *vperf* to authorize • **upoważnić kogoś do czegoś** to authorise sb to do sthg.

upoważnienie (*D* upoważnienia) *n* authorization.

upowszechnić *vperf* to spread.

upozorować *vperf* to simulate.

upór (*D* uporu) *m* stubborness.

upragniony *adj* longed for.

uprasować *vperf* = prasować.

uprawa (*D* uprawy) *f* cultivation.

uprawiać *vimperf* [rolę, ziemię] to cultivate; [sport] to do • **lubiliśmy uprawiać turystykę** we liked to travel; **uprawiać z kimś seks** to have sex with sb.

uprawniony *adj* eligible.

uprawny *adj* under cultivation.

uproszczony *adj* simplified.

uprościć *vperf* to simplify.

uprząż (*D* uprzęży) *f* harness.

uprzeć się *vp perf* = upierać się.

uprzedzenie (*D* uprzedzenia) *n* prejudice.

uprzedzić (*imperf* **uprzedzać**) *vperf* [ubiec] to pass; [ostrzec] to warn • **uprzedzić kogoś o czymś** to warn sb about sthg. ➠ **uprzedzić się** (*imperf* **uprzedzać się**) *vp perf* to be prejudiced • **uprzedzić się do kogoś** to be prejudiced against sb.

uprzejmie *adv* politely • **proszę uprzejmie** if you wouldn't mind.

uprzejmość (*D* uprzejmości) *f* politeness.

uprzejmy *adj* polite.

uprzemysłowiony *adj* industrial.

uprzyjemnić *vperf* to make pleasant.

uprzytomnić *vperf* to realize • **uprzytomnić komuś** to make sb realize.

uprzywilejowany *adj* privileged.

upuścić *vperf* to drop.

ur. (*skr od* **urodzony**) b.

Ural (*D* -u) *m* the Urals.

uratować *vperf* = ratować.

uraz (*D* -u) *m* [uszkodzenie] injury; [trauma] trauma.

uraza (*D* urazy) *f* resentment.

urazić *vperf* to hurt.

urażony *adj* hurt.

uregulować *vperf* [unormować] to regulate; [zapłacić, uiścić] to pay off.

urlop (*D* -u) *m* holiday • **wziąć urlop** to take a holiday.

uroczy *adj* beautiful.

uroczystość (*D* uroczystości) *f* celebration; [powaga] solemnity.

uroczysty *adj* ceremonial.

uroda (*D* urody) *f* beauty.

urodzaj (*D* -u) *m* harvest.

urodzajny *adj* fertile.

urodzenie (*D* urodzenia) *n* birth • **data urodzenia** date of birth.

urodzić *vperf* to give birth. ➡ **urodzić się** *vp perf* to be born.

urodzinowy *adj* birthday.

urodziny (*D* urodzin) *pl* birthday • **obchodzić urodziny** to celebrate a birthday.

urodzony *adj* born.

urojony *adj* imaginary.

urok (*D* -u) *m* charm • **urok osobisty** personal charm.

urosnąć *vperf* to grow.

urozmaicony *adj* varied.

uruchamiać *vimperf* to start.

urwać *vperf* to rip off. ➡ **urwać się** *vp perf* [oderwać się] to break loose; [ustać] to break off.

urywany *adj* interrupted.

urywek (*D* urywka LUB urywku) *m* fragment.

urząd (*D* urzędu) *m* [organ władzy] department; [funkcja] office • **urząd stanu cywilnego** registry office; **Urząd Statystyczny Unii Europejskiej (EUROSTAT)** Statistical Office of the European Union; **Europejski Urząd**

Patentowy European Patent Office.

urządzać *vimperf* [mieszkanie] to furnish; [imprezę] to arrange.

urządzenie (*D* urządzenia) *n* [przyrząd] appliance; [wyposażenie] fixture.

urzeczony *adj* bewitched.

urzeczywistnić *vperf* to realize.

urzekający *adj* enchanting.

urzędnik, urzędniczka *m, f* office worker • **urzędnik państwowy** civil servant.

urzędowy *adj* official.

usamodzielnić się *vp perf* to become independent.

usatysfakcjonowany *adj* satisfied.

uschnąć *vperf* to wither.

USD *US dollar.*

usiąść *vperf* [przyjąć pozycję siedzącą] to sit down; [zasiąść] to sit.

usilnie *adv* persistently.

usiłować *vimperf* to attempt.

usługa (*D* usługi) *f* service.

usłyszeć *vperf* = **słyszeć**.

usmażyć *vperf* = **smażyć**.

usnąć *vperf* to fall asleep.

uspokajający *adj* calming.

uspokoić *vperf* [ukoić] to calm; [zmusić do ciszy] to silence • **uspokoić kogoś** to calm sb down. ➡ **uspokoić się** *vp perf* to calm down.

usposobienie (*D* usposobienia) *n* disposition.

usprawiedliwiać *vimperf* to explain. ➡ **usprawiedliwiać się** *vp imperf* to explain o.s.

usprawiedliwienie (*D* usprawiedliwienia) *n* justification.

usprawnić *vperf* to rationalize.

usta (*D* ust) *pl* [wargi] lips; [jama ustna] mouth.

ustabilizować się *vp perf* [unormować się] to stabilize; [ustatkować się] to settle down.

ustalony *adj* prearranged.

ustawa (*D* ustawy) *f* law.

ustawić *vperf* to put.

ustawodawczy *adj* legislative.

ustąpić *vperf* = ustępować.

usterka (*D* usterki) *f* [defekt] fault; [błąd] flaw.

ustępliwy *adj* compliant.

ustępować (*perf* **ustąpić**) *vimperf oficjal* [rezygnować] to resign; [mijać] to pass; [ulegać] to surrender • **ustępować komuś miejsca** to give up one's seat for sb.

ustnie *adv* orally.

ustny *adj* oral.

ustosunkowany *adj* [ze stosunkami] well-connected; [nastawiony] : **jest ustosunkowany negatywnie do tego planu** attitude towards this plan.

ustrój (*D* ustroju) *m* system.

usunąć *vperf* [gen] to remove; [ciążę] to abort.

usunięcie (*D* usunięcia) *n* [awarii] repair; [ucznia ze szkoły] removal; [zęba] removal; [ciąży] abortion.

usypiać (*perf* **uśpić**) *vimperf* [dziecko] to lull sb to sleep; [zasypiać] to fall asleep; MED anaesthetize.

uszanować *vperf* to respect.

uszczelka (*D* uszczelki) *f* washer.

uszczęśliwiać *vimperf* to make *(sb) happy*.

uszczypliwy *adj* cutting.

uszczypnąć *vperf* = szczypać.

uszka (*D* uszek) *npl mushroom*

tortellini served with borsch at Christmas.

uszkodzić *vperf* to damage.

uszkodzony *adj* damaged.

uszy *npl* = ucho.

uszyć *vperf* to sew.

uścisk (*D* -u) *m* [uściśnięcie] hug; [dłoni] handshake.

uścisnąć *vperf* to hug • **uścisnąć komuś rękę** to shake hands.

uściślić *vperf* to specify.

uśmiech (*D* -u) *m* smile.

uśmiechać się (*perf* uśmiechnąć się) *vp imperf* to smile.

uśmiechnąć się *vp perf* = uśmiechać się.

uśmiechnięty *adj* [uśmiechający się] smiling.

uśpić *vperf* = usypiać.

uświadamiać *vimperf* to realize.

utalentowany *adj* talented.

utargować *vperf pot* [zarobić] to make; *pot* [obniżyć cenę] to barter.

utkwić *vperf* to stick.

utonąć *vperf* = tonąć.

utopia (*D* utopii) *f* utopia.

utopić *vperf* to drown. ➡ **utopić się** *vp perf* to drown.

utrudniać *vimperf* to hinder.

utrwalać *vimperf* to record.

utrzeć *vperf* [warzywa] to grate; [żółtko] to mix.

utrzymać *vperf* [nie upuścić] to hold; [zapewnić byt] to keep; [zachować] to have.

utrzymanie (*D* utrzymania) *n* support.

utwierdzić *vperf* to fix • **utwierdzić kogoś w przekonaniu** to confirm sb's belief.

utworzenie (D utworzenia) n creation.

utworzyć vperf to create.

utwór (D utworu) m creation.

utyć vperf = tyć.

utykać vimperf to limp.

uwaga (D uwagi) f [skupienie] attention; [komentarz] remark.
➤ **uwaga!** interj beware!

uważać vimperf [sądzić] to think; [pilnować] to look after; [być skupionym] to pay attention; [traktować] to consider.

uważnie adv attentively.

uważny adj attentive.

uwiecznić vperf to immortalize.

uwielbiać vimperf to adore.

uwierać vimperf to rub.

uwierzyć vperf to believe.

uwieść vperf to seduce.

uwięzić vperf to imprison; [uniemożliwić wyjście] to trap.

uwięź (D uwięzi) f leash • pies na uwięzi dog on a leash.

uwodziciel, ka m, f seducer.

uwodzicielski adj seductive.

uwolnić vperf to free.

uwolnienie (D uwolnienia) n freedom.

uwzględniać vimperf to take (sthg) into account.

uwziąć się vp perf to be determined • uwziąć się na kogoś to give sb a hard time.

uzależnić vperf to be dependent.
➤ **uzależnić się** vp perf to become dependent • uzależnić się od czegoś/kogoś to become dependent on sthg/sb.

uzależnienie (D uzależnienia) n [nałóg] addiction; [niesamodzielność] dependence.

uzależniony adj [od narkotyków] addicted; [od sytuacji] dependent.

uzasadniać (perf uzasadnić) vimperf justify.

uzasadnienie (D uzasadnienia) n justification.

uzasadniony adj justifiable.

uzbroić vperf to arm.

uzbrojenie (D uzbrojenia) n armament.

uzbrojony adj armed.

uzdolniony adj talented.

uzdrowić vperf [chorego] to cure; [stosunki] to heal.

uzdrowisko (D uzdrowiska) n health resort.

uzgodnić vperf to negotiate.

uziemienie (D uziemienia) n ground • gniazdko z uziemieniem grounded electrical socket.

uzmysłowić vperf : uzmysłowić sobie coś to realize sthg.

uznać vperf [dojść do wniosku] to recognize; [poczytać] to regard.

uznanie (D uznania) n recognition.

uzupełnić vperf to supplement.

użądlenie (D użądlenia) n sting.

użądlić vperf to sting.

użycie (D użycia) n use.

użyć vperf = używać.

użyteczny adj useful.

używać (perf użyć) vimperf to use.

używany adj used; [samochody, ubrania] second-hand.

użyźniać vimperf to fertilize.

W

w *prep* -1. [miejsce] in **w telewizji/ radiu** [audycja] on television/the radio; [praca] in television/radio; **w domu/szkole/kinie** at home/ school/the cinema. -2. [do] into. -3. [czas] in **w piątek** on Friday; **w nocy** at night. -4. at.

w. (*skr od* **wiek**) c.

wabić *vimperf* [kusić] to attract; [przyzywać] to attract.

wachlarz (*D* -a) *m* fan.

wacik (*D* -a) *m* cotton ball.

wada (*D* wady) *f* [cecha ujemna] fault; [defekt] defect.

wadliwy *adj* defective.

wafelek (*D* wafelka) *m* wafer.

waga (*D* wagi) *f* [urządzenie] scale; [ciężar] weight.   ➠ **Waga** (*D* Wagi) *f* [znak zodiaku] Libra.

wagarować *vimperf pot* to play truant *UK*, to play hooky *US*.

wagon (*D* -u) *m* coach *UK*, car *US* • **wagon sypialny** sleeping coach.

wahać się *vp imperf* to hesitate.

wahadło (*D* wahadła) *n* pendulum.

wahanie (*D* wahania) *n* [niezdecydowanie] hesitation; [temperatury] fluctuation.

wakacje (*D* wakacji) *pl* vacation.

walc (*D* -a) *m* waltz.

walczyć *vimperf* [na wojnie] to fight; [perswadować coś komuś] to struggle • **walczyć o coś** to fight for sthg; **walczyć z kimś** to fight with sb.

walec (*D* walca) *m* cylinder.

walet *m* jack.

walizka (*D* walizki) *f* suitcase.

walka (*D* walki) *f* [gen] fight; [bokserska] match.

walkman (*D* -a) *m* Walkman®.

waloryzacja (*D* waloryzacji) *f* valorisation.

waluta (*D* waluty) *f* currency • **kantor wymiany walut** bureau de change.

wałek (*D* wałka) *m* [do włosów] roller; [do ciasta] rolling-pin.

wampir (*D* -a) *m* vampire.

wandal *m pej* vandal.

wanilia (*D* wanilii) *f* vanilla.

wanna (*D* wanny) *f* bathtub.

wapń (*D* wapnia) *m* calcium.

warcaby (*D* warcabów) *pl* draughts *UK*, checkers *US*.

warczeć *vimperf* to growl.

warga (*D* wargi) *f* lip.

wariant (*D* -u) *m* variant.

wariat, ka *m, f pot* [nierozsądny] nutcase; *pot* [chory] lunatic.

warkocz (*D* -a) *m* braid.

Warmia (*D* Warmii) *f* Ermland.

warstwa (*D* warstwy) *f* [farby] coat; [poziom] layer.

Warszawa (*D* Warszawy) *f* Warsaw.

warszawiak, warszawianka *m, f* Varsovian.

warsztat (*D* -u) *m* workshop.   ➠ **warsztaty** (*D* warsztatów) *mpl* workshop.

warta (*D* warty) *f* guard • **stać na warcie** to be on guard; **zmiana warty** changing the guard.

Warta (*D* Warty) *f* the Warta River.

warto *vimpers* worth.

wartościowy *adj* valuable.

wartość (D wartości) f value.

warunek (D warunku) m condition • **pod warunkiem** on condition. ➝ **warunki** (D warunków) mpl conditions.

warunkowo adv conditionally • **zostać zwolnionym warunkowo** to be released on parole.

warzywo (D warzywa) n vegetable.

wasz pron your ✓**czy to wasz samochód?** is this your car?

Waszyngton (D -u) m Washington.

wata (D waty) f cotton.

Watykan (D -u) m the Vatican.

Wawel m.

waza (D wazy) f [grecka] vase; [zupy] tureen.

wazelina (D wazeliny) f Vaseline®.

wazon (D -u) m vase.

ważka (D ważki) f dragonfly.

ważność (D ważności) f [znaczenie] importance; [aktualność] validity.

ważny adj [gen] important; [wpływowy] important.

ważyć vimperf to weigh.

wąchać (perf powąchać) vimperf to smell.

wąs (D -a) m moustache.

wąsaty adj moustached.

wąski adj [przejście, łóżko] narrow; [spodnie] tight.

wątły (compar wątlejszy, superl najwątlejszy) adj frail.

wątpić vimperf to doubt • **wątpić w coś** to doubt sthg.

wątpliwość (D wątpliwości) f doubt.

wątpliwy adj doubtful.

wątroba (D wątroby) f liver.

wątróbka (D wątróbki) f liver.

wąwóz (D wąwozu) m ravine.

wąż (D węża) m snake.

wbić vperf to drive.

wbiec vperf to run.

wbrew prep [niezgodnie z czymś] against; [bez czyjejś zgody] in defiance of.

WC n LUB m WC.

wcale adv at all.

wchodzić (perf wejść) vimperf [do domu] to enter; [po schodach] to climb; [mieścić się] to contain.

wciągać (perf wciągnąć) vimperf to pull; [powietrze] to breathe in; [w zasadzkę] to entrap.

wciągnąć vperf = wciągać.

w ciągu prep within.

wciąż adv still.

wcisnąć vperf to stuff.

w czasie prep during.

wczasowicz, ka m, f holidaymaker UK, vacationer US.

wczesny adj early.

wcześniak m premature baby.

wcześnie adv earlier.

wczoraj ◇ n yesterday. ◇ adv yesterday.

wczorajszy adj [wieczór, gazeta] yesterday's • **wczorajszy wieczór** yesterday evening.

wdech (D -u) m inhalation • **zrobił kilka wdechów przy otwartym oknie** he inhaled a few times in front of the open window.

wdeptać vperf to stamp.

wdowa f widow.

wdowiec (D wdowca) m widower.

wdychać vimperf to inhale.

wdzięczność (D wdzięczności) f gratitude.

wdzięczny adj grateful.

wdzięk (D -u) m charm.

wedle prep = według.

według prep : według kogoś in sb's opinion; [zgodnie z czymś] according to • **film według książki** a film based on a book.

weekend (D -u) m weekend.

wegetacja (D wegetacji) f vegetation.

wegetarianin, wegetarianka m, f vegetarian.

wegetariański adj vegetarian.

wejście (D wejścia) n entrance.

wejściowy adj front.

wejściówka (D wejściówki) f pass.

wejść vperf = wchodzić.

weksel (D weksla) m bill of exchange.

welon (D -u) m veil.

wełna (D wełny) f wool.

wełniany adj wool.

Wenecja (D Wenecji) f Venice.

wenecjanin, wenecjanka m, f Venetian.

wentylacja (D wentylacji) f ventilation.

wentylator (D -a) m ventilator.

wepchnąć vperf = wpychać.

wermiszel (D -u) m vermicelli.

wermut (D -u) m vermouth.

wernisaż (D -u) m opening day.

wersalka (D wersalki) f sofa bed.

wersja (D wersji) f version.

wertować vimperf to browse through.

weryfikować vimperf [dane] to verify; [poglądy] to rethink.

wesele (D wesela) n wedding reception.

weselny adj wedding.

wesoło (compar weselej, superl najweselej) adv happily • **bawić się wesoło** to have a good time.

wesołość (D wesołości) f happiness.

wesoły (compar weselszy, superl najweselszy) adj cheerful • **wesołych świąt** [Bożego Narodzenia] Merry Christmas; **wesołych świąt** [Wielkanocnych] Happy Easter; **wesołe miasteczko** amusement park.

wesprzeć vperf = wspierać.

westchnąć vperf = wzdychać.

westchnienie (D westchnienia) n sigh.

wesz (D wszy) f louse.

weterynarz m vet.

wewnątrz prep inside.

wewnętrzny adj [kieszeń] interior; [obrażenia] internal; [polityka] domestic.

wezwać vperf = wzywać.

wezwanie (D wezwania) n subpoena.

węch (D -u) m smell.

wędka (D wędki) f fishing rod.

wędkarz m fisherman.

wędlina (D wędliny) f cured meat.

wędrowny adj migratory.

wędrówka (D wędrówki) f [stada] migration; [po górach] hike.

wędzony adj [zakonserwowany dymem] smoked.

węgiel (D węgla) m coal.

Węgier, ka m, f Hungarian.

węgierka (D węgierki) f dark plum.

węgierski adj Hungarian.

węgorz (*D* -a) *m* eel.

Węgry (*D* Węgier) *pl* Hungary.

węzeł (*D* węzła) *m* knot.

WF (*skr od* wychowanie fizyczne) (*D* WF-u) *m* PE.

wgniecenie (*D* wgniecenia) *n* dent.

whisky *(inv)* *n* whisky • **whisky z lodem** whisky on the rocks.

wiać *vimperf* to blow.

wiadomość (*D* wiadomości) *f* [informacja] news; [korespondencja] message.

wiadro (*D* wiadra) *n* bucket.

wiadukt (*D* -u) *m* flyover *UK*, overpass *US*.

wianek (*D* wianka) *m* garland.

wiara (*D* wiary) *f* faith.

wiarygodny *adj* credible.

wiatr (*D* -u) *m* wind.

wiatrak (*D* -a) *m* [młyn] windmill; [wentylator] fan.

wiatrówka (*D* wiatrówki) *f* windcheater *UK*, windbreaker *US*.

wiązać *vimperf* to tie.

wiązanka (*D* wiązanki) *f* bunch.

wiążący *adj* binding.

wibracja (*D* wibracji) *f* vibration.

wichura (*D* wichury) *f* gale.

widać *vimpers* to be visible.

widelec (*D* widelca) *m* fork.

wideo *(inv)* *n* & *adj* video.

wideoklip (*D* -u) *m* video.

widły (*D* wideł) *pl* pitchfork.

widno *adv* light.

widnokrąg (*D* widnokręgu) *m* horizon.

widny *adj* bright • **widna kuchnia** [kuchnia z oknem] light kitchen.

widocznie *adv* [pewnie, chyba] evidently; [dostrzegalnie] visibly.

widoczność (*D* widoczności) *f* visibility.

widoczny *adj* [zauważalny] visible; [wyczuwalny] apparent.

widok (*D* -u) *m* view.

widokówka (*D* widokówki) *f* postcard.

widowisko (*D* widowiska) *n* spectacle.

widownia (*D* widowni) *f* [część sali] auditorium; [publiczność] audience.

widz *m* viewer.

widzenie (*D* widzenia) *n* [dostrzeganie] sight; [zjawa] vision.

widzieć *vimperf* -1. [gen] to see. -2. [zdawać sobie sprawę] to realize.

widzimisię *(inv)* *n* *pej* whim.

wiec (*D* -u) *m* rally.

wiecznie *adv* [nieskończenie] forever; [stale, ciągle] always.

wieczność (*D* wieczności) *f* eternity.

wieczny *adj* [nieskończony] eternal; [stały, ciągły] perpetual.

wieczorny *adj* evening.

wieczorowy *adj* evening.

wieczór (*D* wieczoru) *m* evening • **dobry wieczór** good evening.

Wiedeń (*D* Wiednia) *m* Vienna.

wiedeńczyk, wiedenka *m*, *f* Viennese.

wiedza (*D* wiedzy) *f* knowledge.

wiedzieć *vimperf* to know • **wiedzieć o czymś** to know about sthg.

wiejski *adj* country.

wiek (*D* -u) *m* [lata życia] age; [100 lat] century • **w podeszłym wieku** at an advanced age.

wiekowy *adj* age; [bardzo stary] aged.

wielbiciel, ka *m, f* fan.

wielbić *vimperf* to adore.

wielbłąd *m* camel.

wiele (*compar* więcej, *superl* najwięcej) *adv* a lot.

Wielka Brytania (*D* Wielkiej Brytanii) *f* Great Britain.

Wieliczka *m* salt mine.

wielki (*compar* większy, *superl* największy) *adj* [gen] great; [olbrzymi] enormous.

wielkolud (*D* -a) *m* giant.

wielkomiejski *adj* big-city.

Wielkopolanin, Wielkopolanka *m, f* inhabitant of Wielkopolska, province of Poland.

Wielkopolska (*D* Wielkopolski) *f* Wielkopolska (*province of Poland*).

wielkość (*D* wielkości) *f* [rozmiar] size; [robić wrażenie] greatness; [ogrom] magnitude.

wielobarwny *adj* multicoloured.

wielodzietny *adj* with many children.

wielokropek (*D* wielokropka) *m* GRAM ellipsis.

wielokrotnie *adv* [wiele razy] repeatedly.

wieloryb *m* whale.

wielostronny *adj* versatile.

wieloznaczny *adj* ambiguous.

wieniec (*D* wieńca) *m* wreath.

wieprz *m* hog.

wieprzowina (*D* wieprzowiny) *f* pork.

wiercić *vimperf* to drill.
 wiercić się *vp imperf pot* to fidget.

wierność (*D* wierności) *f* faithfulness.

wierny *adj* faithful.

wiersz (*D* -a) *m* poem.

wiertarka (*D* wiertarki) *f* drill.

wierzba (*D* wierzby) *f* willow
 • **wierzba płacząca** weeping willow.

wierzch (*D* -u) *m* [dłoni] back; [górna warstwa] top.

wierzchołek (*D* wierzchołka) *m* top.

wierzyciel *m* creditor.

wierzyć *vimperf* to believe • **wierzyć komuś** to believe sb.

wieszać *vimperf* to hang.

wieszak (*D* -a) *m* [hak, kołek] peg; [ramiączko] hanger; [mebel] coat rack.

wieś (*D* wsi, *pl* wsie LUB wsi) *f* country.

wieść (*D* wieści) *f* news.

wieśniak, wieśniaczka *m, f* peasant.

wietrzny *adj* windy.

wietrzyć (*perf* przewietrzyć LUB wywietrzyć) *vimperf* to air out.

wiewiórka *f* squirrel.

wieźć *vimperf* to transport.

wieża (*D* wieży) *f* tower • **wieża hi-fi** stereo tower.

wieżowiec (*D* wieżowca) *m* [wysoki budynek] tower block *UK*, high-rise building *US*.

wieżyczka (*D* wieżyczki) *f* turret.

więc *conj* so.

więcej *adv* = dużo.

więdnąć (*perf* zwiędnąć) *vimperf* to wilt.

większość (*D* większości) *f* majority.

większy = duży.

więzić *vimperf* to imprison.

więzienie (*D* więzienia) *n* [budynek] prison; [kara] imprisonment.

więzień, więźniarka *m, f* prisoner.

więź (*D* więzi) *f* bond.

Wigilia (*D* Wigilii) *f* Christmas Eve. ➡ **wigilia** (*D* wigilii) *f* Christmas Eve supper.

wigilijny *adj* Christmas Eve.

Wigry (*D* Wigier) *pl* Lake Wigry.

wiklina (*D* wikliny) *f* wicker.

wilczur *m* Alsatian *UK*, German shepherd *US*.

wilgoć (*D* wilgoci) *f* humidity.

wilgotny *adj* [ubranie] damp; [dzień] humid.

wilk *m* wolf.

willa (*D* willi) *f* villa.

wilnianin, wilnianka *m, f* *inhabitant of Vilnius.*

Wilno (*D* Wilna) *n* Vilnius.

wina (*D* winy) *f* [odpowiedzialność za coś] fault; [przestępstwo] guilt • **przyznał się do winy** [w sądzie] he pleaded guilty.

winda (*D* windy) *f* elevator.

winien, winna (*mpl* winni, *fpl* winne) *adj* [dłużny] in debt; [odpowiedzialny] guilty • **jesteś mi winien pieniądze** you owe me money.

winieta (*D* winiety) *f* vignette.

winnica (*D* winnicy) *f* [plantacja winorośli] vineyard.

winny *adj* guilty.

wino (*D* wina) *n* wine • **wino białe/czerwone** white/red wine; **wino deserowe** dessert wine; **wino słodkie** sweet wine; **wino stołowe** table wine; **wino wytrawne** dry wine.

winobranie (*D* winobrania) *n* grape picking.

winogrono (*D* winogrona) *n* grape.

winorośl (*D* winorośli) *f* grapevine.

winowajca, winowajczyni *m, f* culprit.

wiolonczela (*D* wiolonczeli) *f* cello.

wiosenny *adj* spring.

wioska (*D* wioski) *f* village.

wiosło (*D* wiosła) *n* oar.

wiosłować *vimperf* to row.

wiosna (*D* wiosny) *f* spring • **na wiosnę** in the spring.

wiraż (*D* -u) *m* bend.

wirtualny *adj* virtual.

wirtuoz *m* virtuoso.

wirus (*D* -a) *m* virus • **wirus komputerowy** computer virus.

wisieć *vimperf* to hang.

wisiorek (*D* wisiorka) *m* pendant.

Wisła (*D* Wisły) *f* the Vistula.

wiśnia (*D* wiśni) *f* sour cherry.

wiśniówka (*D* wiśniówki) *f* cherry liqueur.

witać (*perf* **powitać**) *vimperf* to welcome.

witamina (*D* witaminy) *f* vitamin.

witraż (*D* -u LUB a) *m* stained glass.

witryna (*D* witryny) *f* window.

wiwatować *vimperf* to cheer.

wiza (*D* wizy) *f* visa • **wiza turystyczna** tourist visa.

wizerunek (*D* wizerunku) *m* [podobizna] picture; [wyobrażenie] image.

wizja (*D* wizji) *f* vision.

wizjer (D -a) m [otwór w drzwiach] peephole.

wizualny adj visual.

wizyta (D wizyty) f [odwiedziny] visit; [u lekarza] appointment.

wizytator, ka m, f inspector.

wizytówka (D wizytówki) f business card.

wjazd (D -u) m [do garażu] drive; [miejsce] entrance.

wjechać vperf [samochodem] to drive into; [pociągiem] to pull into; [rowerem] to ride into; [windą] to go up.

wklęsły adj hollow.

wkład (D -u) m [w banku] deposit; [długopisu] refill; [udział] contribution.

wkładać (perf włożyć) vimperf [umieszczać wewnątrz] to put in; [na siebie] to put on.

wkładka (D wkładki) f insert.

wkoło ⬦ adv around. ⬦ pron around.

wkroczyć vperf [do sali] to enter; [do akcji] to intervene.

wkrótce adv soon. ✔

wlać vperf to pour.

wlecieć vperf to fly into.

wliczać vimperf to include.

władza (D władzy) f authority ✔
➤ **władze** (D władz) fpl authorities.

włamać się vp perf to break in.

włamanie (D włamania) n burglary.

włamywacz, ka m, f thief.

własnoręczny adj personal.

własnościowy adj ownership
• mieszkanie własnościowe one's own apartment.

własność (D własności) f property.

własny adj own.

właściciel, ka m, f owner.

właściwie ⬦ adv properly. ⬦ part actually.

właściwość (D właściwości) f [cecha] characteristic; [własność] property.

właściwy adj [odpowiedni] right; [prawdziwy] actual.

właśnie adv just.

włącznie adv including.

włączony adj [telewizor] turned on; [zawarty] added.

włączyć vperf to turn on.
➤ **włączyć się** vp perf to join
• włączyć się do czegoś to join sthg.

Włoch, Włoszka m, f Italian.

Włochy (D Włoch) pl Italy.

włos (D -a) m hair.

włoski adj Italian.

włożyć vperf = wkładać.

włóczęga ⬦ m vagabond. ⬦ f trek.

włóczyć się vp imperf to wander.

włókno (D włókna) n fibre.

wmówić vperf to persuade
• wmówić coś komuś to persuade sb about sthg.

wnęka (D wnęki) f recess.

wnętrze (D wnętrza) n interior.

wnętrzności (D wnętrzności) pl entrails.

wniebowzięty adj entranced.

wnieść vperf = wnosić.

wnikliwie adv carefully.

wniosek (D wniosku) m [z dyskusji] conclusion; [propozycja] motion.

wnioskować vimperf to conclude.

wnosić (*perf* **wnieść**) *vimperf* to carry.

wnuczka *f* granddaughter.

wnuk *m* grandson.

woalka (*D* woalki) *f* veil.

wobec *prep* [w stosunku do] towards; [z powodu] due to • **wobec tego** in that case.

woda (*D* wody) *f* water • **woda mineralna** mineral water; **woda gazowana** sparkling water; **woda utleniona** peroxide.

Wodnik (*D* Wodnika) *m* [znak zodiaku] Aquarius.

wodociąg (*D* -u) *m* water supply.

wodolot (*D* -u) *m* hydrofoil.

wodoodporny *adj* waterproof.

wodorost (*D* -u) *m* seaweed.

wodospad (*D* -u) *m* waterfall.

wodoszczelny *adj* watertight.

wodotrysk (*D* -u) *m* fountain.

woj. (*skr od* województwo) = województwo.

wojewoda *m* governor.

województwo (*D* województwa) *n* province.

wojna (*D* wojny) *f* war.

wojsko (*D* wojska) *n* army.

wojskowy *adj* military.

wokalista, wokalistka *m, f* vocalist.

wokoło *prep* = wokół.

wokół *prep* (a) round.

wola (*D* woli) *f* will.

woleć *vimperf* to prefer.

wolno[1] *adv* [powoli] slowly.

wolno[2] *vimpers* [można] : **nie wolno tu palić** you are not allowed to smoke here.

wolnocłowy *adj* duty-free.

wolnorynkowy *adj* free-market.

wolność (*D* wolności) *f* freedom.

wolny *adj* [gen] free; [krok] slow.

wolontariusz, ka *m, f* volunteer.

wołać (*perf* **zawołać**) *vimperf* [wzywać] to call; [krzyczeć] to yell • **wołać kogoś** to call for sb.

wołanie (*D* wołania) *n* call.

Wołga (*D* Wołgi) *f* the Volga.

wołowina (*D* wołowiny) *f* beef • **wołowina duszona** stewed beef.

won! *interj* *pot* get out!

worek (*D* worka) *m* sack.

wosk (*D* -u) *m* wax.

wotum (*inv*) *n* vote.

wozić *vimperf* to transport • **wozić dzieci do szkoły** to drive the kids to school.

woźny, woźna *m, f* school caretaker.

wódka (*D* wódki) *f* vodka.

wódz (*D* wodza) *m* chief.

wół (*D* wołu) *m* ox.

wówczas *pron* then.

wóz (*D* wozu) *m* [konny] wagon; [samochód] car.

wózek (*D* wózka) *m* [nieduży pojazd] pram *UK*, baby carriage *US*; [inwalidzki] wheelchair; [na zakupy] shopping trolley *UK*, shopping cart *US*.

wpaść *vperf* [w dół, zaspę] to fall into; [w złość, zadumę] to be overcome by; *pot* [do pokoju] to run into • **wpaść do kogoś** to visit sb.

wpierw *adv* first.

wpis (*D* -u) *m* entry.

wpisać *vperf* to write down.

wpisowe (*D* wpisowego) *n* entrance fee.

wpłacić *vperf* to make a deposit.

wpłata (*D* wpłaty) *f* deposit.

wpław *adv* : przebyli rzekę wpław they swam across the river.

wpływ (*D* -u) *m* influence. ➤ **wpływy** (*D* wpływów) *mpl* contacts.

wpływać *vimperf* [oddziaływać] to influence; [do portu] to come into.

wpływowy *adj* influential.

w pobliżu *prep* near.

w poprzek *prep* across.

wpół *adv* in half • wpół do drugiej half past one.

wprawa (*D* wprawy) *f* skill.

wprost *adv* directly.

wprowadzenie (*D* wprowadzenia) *n* introduction.

wprowadzić *vperf* to bring into • wprowadzić samochód do garażu to drive the car into the garage. ➤ **wprowadzić się** *vp perf* to move into.

wpuścić *vperf* to let in.

wpychać (*perf* wepchnąć) *vimperf* to push. ➤ **wpychać się** *vp imperf* to jump *UK*, to cut *US*.

wracać (*perf* wrócić) *vimperf* to return.

wrak (*D* -a LUB u) *m* wreck.

wrażenie (*D* wrażenia) *n* impression.

wrażliwość (*D* wrażliwości) *f* sensitivity.

wrażliwy *adj* sensitive.

wreszcie *adv* finally.

wręcz ◇ *adv* openly. ◇ *part* completely • wręcz przeciwnie on the contrary.

wręczanie (*D* wręczania) *n* presentation.

Wrocław (*D* Wrocławia) *m* Wrocław.

wrodzony *adj* [zdolności] innate; [choroby] congenital.

wrogi *adj* hostile.

wrogość (*D* wrogości) *f* hostility.

wrona *f* crow.

wrotki (*D* wrotek) *fpl* roller skates.

wróbel (*D* wróbla) *m* sparrow.

wrócić *vperf* = wracać.

wróg (*D* wroga) *m* enemy.

wróżka *f* fortune-teller; [czarodziejka] fairy.

wróżyć *vimperf* to read.

wrzask (*D* -u) *m* scream.

wrzasnąć *vperf* = wrzeszczeć.

wrzący *adj* boiling.

wrzątek (*D* wrzątku) *m* boiling water.

wrzeć *vimperf* to boil.

wrzenie (*D* wrzenia) *n* boiling.

wrzesień (*D* września) *m* September; *zobacz też* styczeń.

wrzeszczeć (*perf* wrzasnąć) *vimperf* to scream.

wrzos (*D* -u) *m* heather.

wrzód (*D* wrzodu) *m* [żołądka] ulcer; [na skórze] abscess.

wrzucić *vperf* to throw.

wsadzać (*perf* wsadzić) *vimperf* [ręce do kieszeni] to put; *pot* to put on.

wsadzić *vperf* = wsadzać.

wsch. (*skr od* wschód, wschodni) E.

wschodni *adj* eastern.

wschodzić *vimperf* to rise.

wschód (*D* wschodu) *m* [pora dnia] sunrise; [kierunek] east; [teren] eastern • wschód słońca sunrise. ➤ **Wschód** (*D* Wschodu) *m* East.

wsiadać (*perf* wsiąść) *vimperf* [do

samochodu] to get in; [do pociągu, do autobusu, na konia, na statek] to get on.

wsiąkać (*perf* wsiąknąć) *vimperf* [w gąbkę] to soak into; *pot* [znikać] to vanish.

wsiąść *vperf* = wsiadać.

wskazówka (*D* wskazówki) *f* [rada] hint; [zegara] hand.

wskazywać *vimperf* to show.

wskaźnik (*D* -a) *m* index.

wskoczyć *vperf* to jump into.

wskutek *prep* as a result of.

wspaniale *adv* wonderful.

wspaniały *adj* splendid.

wsparcie (*D* wsparcia) *n* support.

wspierać (*perf* wesprzeć) *vimperf* [opierać] to rest; [pomagać] to support.

wspominać *vimperf* to recall.

wspomnieć *vperf* to mention.

wspomnienie (*D* wspomnienia) *n* memory.

wspólnie *adv* together.

wspólnik, wspólniczka *m*, *f* [w interesach] partner; [w przestępstwie] accomplice.

wspólnota (*D* wspólnoty) *f* community • **Wspólnota Europejska** European Community.

wspólny *adj* common.

współautor, ka *m*, *f* co-author.

współczesny *adj* contemporary.

współczucie (*D* współczucia) *n* compassion.

współczuć *vimperf* to sympathize with.

współlokator, ka *m*, *f* roommate.

współpraca (*D* współpracy) *f* cooperation.

współpracować *vimperf* to co-operate.

współpracownik, współpracownica *m*, *f* colleague.

współuczestniczyć *vimperf* to participate.

współudział (*D* -u) *m* [udział] participation; [część dochodu] share.

współwłaściciel, ka *m*, *f* joint owner.

współzawodniczyć *vimperf* to compete • **współzawodniczyć z kimś o coś** to compete with sb for sthg.

współżycie (*D* współżycia) *n* intercourse.

współżyć *vimperf* [obcować] to interact; *oficjal* [płciowo] to have intercourse.

wstać *vperf* = wstawać.

wstawać (*perf* wstać) *vimperf* to get up.

wstawić *vperf* [włożyć] to put into; [uzupełnić brak] to replace.

wstąpić *vperf* [zostać członkiem] to join; [zajść] to stop by.

wstążka (*D* wstążki) *f* ribbon.

wstecz *adv* backwards.

wsteczny *adj* reverse.

wstęp (*D* -u) *m* admission • **wstęp wzbroniony** no entry; **bilet wstępu** ticket of admission; **wstęp wolny** free admission.

wstręt (*D* -u) *m* revulsion.

wstrętny *adj* repulsive.

wstrząs (*D* -u) *m* [przy lądowaniu] jolt; [silne przeżycie] shock • **wstrząs mózgu** concussion.

wstrząsać *vimperf* [butelką] to shake; [sumieniem] to shock.

wstrząsający *adj* shocking.

wstrząśnięty *adj* shocked.

wstrzymywać (*perf* wstrzymać) *vimperf* to halt.

wstyd (*D* -u) *m* shame.

wstydliwy *adj* [dziecko] shy; [temat] shameful.

wstydzić się *vp imperf* to be ashamed • **wstydzić się kogoś/czegoś** to be ashamed of sb/sthg.

wsunąć *vperf* = wsuwać.

wsuwać (*perf* **wsunąć**) *vimperf* [szufladę] to pull out; [obrączkę] to put on.

wsuwka (*D* wsuwki) *f* hairpin.

wsypać *vperf* to pour.

wszechstronny *adj* versatile.

wszechświat (*D* -a) *m* universe.

wszerz *adv* width.

wszędzie *pron* everywhere.

wścibski *adj pej* nosy.

wściekać się (*perf* **wściec się**) *vp imperf* (*tylko perf*) to go mad; *pot & pej* to be furious at.

wściekle *adv* furiously.

wścieklizna (*D* wścieklizny) *f* rabies.

wściekłość (*D* wściekłości) *f* fury.

wściekły *adj* furious.

wśród *prep* among.

wt. (*skr od* **wtorek**) Tues.

wtargnąć *vperf* to burst into.

wtedy *pron* then.

wtorek (*D* wtorku) *m* Tuesday; *zobacz też* **sobota**.

wtrącić *vperf* to throw in. ➡ **wtrącać się** (*perf* **wtrącić się**) *vp imperf* to interrupt (*częściej w imperf*) • **wtrącać się w cudze sprawy** to pry into sb else's affairs.

wtyczka (*D* wtyczki) *f* plug.

wujek *m* uncle.

wulgarny *adj pej* vulgar.

wulkan (*D* -u) *m* volcano.

wwozić *vimperf* [przywozić] to import; [transportować] to transport.

wy *pron* you.

wybaczenie (*D* wybaczenia) *n* forgiveness.

wybaczyć *vperf* to forgive.

wybawca *m* saviour.

wybawić *vperf* to save.

wybić *vperf* [ząb, szybę] to break; [zegar] to strike.

wybiec *vperf* to run out.

wybielacz (*D* -a) *m* bleach.

wybielać *vimperf* [ściany wapnem] to bleach; [zęby, skórę] to whiten.

wybierać (*perf* **wybrać**) *vimperf* [dokonywać wyboru] to choose; [prezydenta] to elect; [wodę] to scoop out. ➡ **wybierać się** (*perf* **wybrać się**) *vp imperf* to go.

wybitny *adj* outstanding.

wyblakły *adj* faded.

wyboisty *adj* bumpy.

wyborca *m* voter.

wyborczy *adj* election.

wybór (*D* wyboru) *m* choice. ➡ **wybory** (*D* wyborów) *mpl* elections.

wybrać *vperf* = wybierać.

wybrakowany *adj* defective.

wybrany *adj* [nieliczny] selected; [w wyborach] elected.

wybredny *adj* choosy.

wybryk (*D* -u) *m* excess.

wybrzeże (*D* wybrzeża) *n* coast.

wybrzydzać *vimperf* to be fussy.

wybuch (*D* -u) *m* [bomby, gazu] explosion; [śmiechu, gniewu] burst.

wybuchać (*perf* **wybuchnąć**)

vimperf [bomba, granat] to explode; [kłótnia, awantura] to break out.

wybuchnąć *vperf* = wybuchać.

wybuchowy *adj* [ładunek] explosive; [człowiek] short-tempered.

wycena (*D* wyceny) *f* valuation.

wyceniać *vimperf* to value.

wychodzić (*perf* wyjść) *vimperf* to leave.

wychowanie (*D* wychowania) *n* [dziecka] upbringing; [ogłada towarzyska] manners.

wychowany *adj* mannered.

wychowawca, wychowawczyni *m, f* [opiekun] form tutor *UK*, home-room teacher *US*.

wychowywać (*perf* wychować) *vimperf* to be raised.

wyciąć *vperf* = wycinać.

wyciąg (*D* -u) *m* lift.

wyciągać *vimperf* [dokumenty z torebki] to take out; [kogoś do kina] to drag • **wyciągać wnioski** to draw conclusions.

wyciągnięty *adj* stretched out.

wycie (*D* wycia) *n* howl.

wycieczka (*D* wycieczki) *f* [wyjazd] trip; [grupa ludzi] tour group.

wyciekać *vimperf* to leak.

wycieńczony *adj* exhausted.

wycieraczka (*D* wycieraczki) *f* windscreen wiper *UK*, windshield wiper *US*; [mata] doormat.

wycierać (*perf* wytrzeć) *vimperf* to wipe.

wycinać (*perf* wyciąć) *vimperf* to cut out.

wyciskać (*perf* wycisnąć) *vimperf* to squeeze.

wycofywać (*perf* wycofać) *vimperf* to withdraw. ➡ **wy-**

cofywać się (*perf* wycofać się) *vp imperf* to back out.

wyczerpany *adj* exhausted.

wyczucie (*D* wyczucia) *n* feeling.

wyczuć *vperf* [dym] to smell; [ciepło] to feel • **wyczuć sytuację** to have a feel for the situation.

wyczulony *adj* sensitive.

wyczyn (*D* -u) *m* achievement.

wyczyścić *vperf* to clean.

wyć *vimperf* to howl.

wydać *vperf* = wydawać.

wydajność (*D* wydajności) *f* efficiency.

wydajny *adj* effective.

wydalać (*perf* wydalić) *vimperf* [ucznia ze szkoły] to expel; [mocz] to excrete.

wydalić *vperf* = wydalać.

wydanie (*D* wydania) *n* edition.

wydarzenie (*D* wydarzenia) *n* event.

wydarzyć się *vp perf* to take place.

wydatek (*D* wydatku) *m* expense.

wydawać (*perf* wydać) *vimperf* [pieniądze] to spend; [towar z magazynu] to issue; [książkę] to publish; [denuncjować] to betray. ➡ **wydawać się** *vp impers* to seem.

wydawca *m* publisher.

wydawnictwo (*D* wydawnictwa) *n* publishing house.

wydech (*D* -u) *m* exhalation.

wydekoltowany *adj* low-cut.

wydma (*D* wydmy) *f* dune.

wydmuchać *vperf* to blow.

wydobywać (*perf* wydobyć) *vimperf* [wyciągać] to get out; [wykopać] to extract.

wydorośleć *vperf* to grow up.

wydostać się *vp perf* to get.

wydra *f* otter.

wydrążony *adj* hollow.

wydruk (*D* -u) *m* printout.

wydrukować *vperf* = drukować.

wydział (*D* -u) *m* [instytucja] department; [wyższej uczelni] faculty.

wydziedziczać *vimperf* to disinherit.

wydzielać *vimperf* [racje żywieniowe] to ration; [mocną woń] to give off.

wydzierżawić *vperf* to rent.

wydziwiać *vimperf pot* to make a fuss.

wyegzekwować *vperf* = egzekwować.

wyeksmitować *vperf* = eksmitować.

wyeliminować *vperf* = eliminować.

wyemigrować *vperf* = emigrować.

wygadany *adj pot* talkative.

wyganiać (*perf* wygonić) *vimperf* to drive out.

wygarnąć *vperf pot* [całą prawdę] to hit; [wydostać] to wipe out.

wygiąć *vperf* to bend.

wygląd (*D* -u) *m* appearance.

wyglądać *vimperf* [prezentować się] to look; [pojawiać się] to appear; [wychylać się] to look out.

wygłodniały *adj* ravenous.

wygłosić *vperf* to deliver.

wygłupiać się *vp imperf* to fool around.

wygłupić się *vp perf* to make a fool of o.s.

wygnieciony *adj* wrinkled.

wygoda (*D* wygody) *f* comfort; [rzecz] convenience.

wygodnie *adv* comfortably.

wygodny *adj* comfortable.

wygonić *vperf* = wyganiać.

wygórowany *adj* [cena] exorbitant; [żądania] excessive.

wygrać *vperf* = wygrywać.

wygrana (*D* wygranej) *f* [zwycięstwo] victory; [suma] winnings.

wygrywać (*perf* wygrać) *vimperf* to win.

wygrzewać się *vp imperf* [w łóżku] to warm up; [na słońcu] to bask.

wyhodować *vperf* [rośliny] to grow; [zwierzęta] to raise.

wyjadać *vimperf* to eat.

wyjaśniać (*perf* wyjaśnić) *vimperf* to explain • **wyjaśniać coś komuś** to explain sthg to sb.

wyjaśnić *vperf* = wyjaśniać.

wyjaśnienie (*D* wyjaśnienia) *n* explanation.

wyjazd (*D* -u) *m* trip.

wyjąć *vperf* = wyjmować.

wyjątek (*D* wyjątku) *m* [odstępstwo] exception; [coś niezwykłego] rarity.

wyjątkowo *adv* [niezwykle] exceptionally; [na mocy wyjątku] unusually.

wyjątkowy *adj* exceptional.

wyjechać *vperf* = wyjeżdżać.

wyjeżdżać (*perf* wyjechać) *vimperf* [z domu, z kraju, za granicę] to leave; [pojazd] to drive • **wyjechać na urlop** to go on holiday.

wyjmować (*perf* wyjąć) *vimperf* to take.

wyjście (*D* wyjścia) *n* exit • **wyjście awaryjne** emergency exit;

wyjście bezpieczeństwa security exit.

wyjść *vperf* to go • **wyjść za mąż** to get married.

wykałaczka (D wykałaczki) *f* toothpick.

wykaz (D -u) *m* list.

wykazać *vperf* [pomyłkę] to prove; [talent] to show. ➡ **wykazać się** *vp perf* to show off.

wykąpać się *vperf* [wziąć kąpiel] to have a bath; [pływać] to swim.

wykipieć *vperf* = kipieć.

wykluczenie (D wykluczenia) *n* disqualification.

wykluczony *adj* [niemożliwy] unthinkable; [usunięty] disqualified.

wykład (D -u) *m* lecture.

wykładzina (D wykładziny) *f* carpet.

wykonalny *adj* feasible.

wykonanie (D wykonania) *n* [projektu, zadania] execution; [utworu muzycznego] performance.

wykonany *adj* [zrealizowany, ukończony] executed; [zrobiony z] made of.

wykonawca *m* [realizator] executor; [artysta] performer.

wykonywać *vimperf* to carry out • **wykonywać zawód nauczyciela** to work as a teacher.

wykończony *adj pot* exhausted.

wykończyć *vperf* to finish.

wykopać *vperf* [rów, dół] to dig; [piłkę] to kick; [cenne zabytki] to dig up.

wykorzystywać *vimperf* to take advantage of.

wykres (D -u) *m* graph.

wykreślać *vimperf* [z listy] to cross off; [z tekstu] to cross out.

wykreślenie (D wykreślenia) *n* removal.

wykręcać *vimperf* to unscrew. ➡ **wykręcać się** *vp imperf* [odwracać się] to turn away; *pot* to evade.

wykręt (D -u) *m* excuse.

wykroczenie (D wykroczenia) *n* offence.

wykrój (D wykroju) *m* pattern.

wykrzyknik (D -a) *m* GRAM interjection.

wykształcenie (D wykształcenia) *n* education.

wykształcić *vperf* [na lekarza] to educate; [poczucie obowiązku] to develop.

wykształcony *adj* educated.

wykwalifikowany *adj* qualified.

wykwintny *adj* [elegancki] fine; [wytworny] exquisite.

wylać *vperf* = wylewać.

wylansować *vperf* = lansować.

wylatywać (*perf* wylecieć) *vimperf* to depart; *(tylko perf)* *pot* to run.

wylądować *vperf* = lądować.

wyleczyć *vperf* to cure.

wylegitymować *vperf* : wylegitymować kogoś to check sb's ID.

wylegiwać się *vp imperf pot* to lay about.

wylew (D -u) *m* [rzeki] overflow; [krwi] stroke.

wylewać (*perf* wylać) *vimperf* [wodę z butelki] to pour; [kawę na obrus] to spill; [rzeka] to overflow.

wylizać *vperf* to lick.

wylosować *vperf* to win.

wylot (D -u) *m* [samolotu] departure; [rury, tunelu] mouth.

wyładować vperf [gniew, złość] to vent; [towar] to unload.

wyładowanie (D wyładowania) n unloading.

wyłączać (perf wyłączyć) vimperf to turn off.

wyłącznie adv only.

wyłącznik (D -a) m switch.

wyłączny adj [jedyny] only; [należący do jednej osoby] exclusive.

wyłączyć vperf = wyłączać.

wyłudzić vperf to trick.

wyłysieć vperf to go bald.

wymachiwać vimperf to swing.

wymagać vimperf [żądać] to require; [potrzebować] to need • wymagać od kogoś to require from sb.

wymagający adj demanding.

wymagania (D wymagań) npl demands.

wymarzony adj [spacer] ideal; [spotkanie] long-awaited.

wymawiać vimperf [słowa] to pronounce; [robić wyrzuty] to reproach.

wymeldować się vp perf ≃ to cancel residence registration.

wymiana (D wymiany) f [handlowa, pieniędzy] exchange; [sprzętu] replacement.

wymiar (D -u) m measurement.

wymieniać vimperf [w drzwiach zamki] to change; [znaczki, poglądy] to exchange.

wymienialny adj [waluta] convertible; [część samochodu] exchangeable.

wymieniony adj [na liście] mentioned; [zastąpiony] replaced.

wyminąć vperf to pass.

wymiotować (perf zwymiotować) vimperf to vomit.

wymioty (D wymiotów) pl vomiting.

wymowa (D wymowy) f pronunciation.

wymowny adj meaningful.

wymówić vperf [sylabę, wyraz] to pronounce; [umowę] to give notice.

wymówka (D wymówki) f [pretensja] reproach; [wykręt] excuse.

wymuszony adj forced.

wymyślać vimperf [rozwiązania] to think up; [historie] to make up.

wymyślony adj invented.

wynagrodzenie (D wynagrodzenia) n [zapłata] pay; [zadośćuczynienie] redress.

wynajem (D wynajmu) m renting.

wynajęcie (D wynajęcia) n renting.

wynajmować vimperf to rent • wynajmować komuś to rent to sb; wynajmować od kogoś to rent from sb.

wynalazca m inventor.

wynalazek (D wynalazku) m invention.

wynieść vperf [ukraść] to take; [śmieci] to take out.

wynik (D -u) m [pracy] result; [meczu] score.

wynikać vimperf [jako wniosek] to seem; [jako rezultat] to ensue.

wyniosły (compar wynioślejszy, superl najwynioślejszy) adj haughty.

wyobraźnia (D wyobraźni) f imagination.

wyobrażać vimperf [gen] to imagine; pot [myśleć] to think • wyobrażać sobie to imagine.

wyolbrzymiać vimperf to exaggerate.

wypadać *vimperf* [włosy] to fall out; [przytrafiać się] to come up. ➧ **wypada** *vimpers* to be proper.

wypadek (*D* wypadku) *m* [nieszczęśliwe zdarzenie] accident; [przypadek] case • **na wszelki wypadek** just in case.

wypalić *vperf* [słońce] to burn; [papierosa] to smoke.

wyparować *vperf* to evaporate.

wyparzać *vimperf* to scald.

wypaść *vperf* to fall; [spotkanie] to come up; [dobrze, źle] to do well • **coś wypadło mi z pamięci/z głowy** sthg slipped my mind.

wypełniać (*perf* wypełnić) *vimperf* [szklankę] to fill; [wolę, rozkaz] to fulfill; [ankietę] to fill out.

wypełnić *vperf* = wypełniać.

wypełniony *adj* [formularz] completed; [napełniony] full.

wyperswadować *vperf* to dissuade • **wyperswadować coś komuś** to dissuade sb from sthg.

wypędzić *vperf* to throw out.

wypić *vperf* to drink.

wypis (*D* -u) *m* [w szpitalu] release form; [sądowy] copy.

wypisać *vperf* [receptę] to write out; [cytaty] to write down; [chorego] to discharge.

wypluć *vperf* to spit out.

wypłacać (*perf* wypłacić) *vimperf* to withdraw.

wypłacalny *adj* solvent.

wypłacić *vperf* = wypłacać.

wypłata (*D* wypłaty) *f* [z konta] withdrawal; [należności] payment; [pensji] salary.

wypłowiały *adj* faded.

wypłukać *vperf* [pranie, gardło] to rinse; [rozmyć grunt] to wash out.

wypływać *vimperf* [odpływać] to put out; [wynurzać się] to surface.

wypoczynek (*D* wypoczynku) *m* rest.

wypoczywać *vimperf* to rest.

wypominać *vimperf* to remind.

wyposażenie (*D* wyposażenia) *n* equipment.

wypowiadać *vimperf* [słowa] to say; [poglądy] to voice; [umowę] to give notice.

wypowiedzenie (*D* wypowiedzenia) *n* [wymówienie] notice; [wojny] declaration.

wypowiedź (*D* wypowiedzi) *f* statement.

wypożyczalnia (*D* wypożyczalni) *f* [książek] lending library; [filmów] video rental; [sprzętu sportowego] sports rental shop.

wyprasować *vperf* = prasować.

wypraszać *vimperf* to invite to leave.

wyprawa (*D* wyprawy) *f* expedition.

wyprawiać *vimperf* [urodziny, imieniny] to organize; *pot* to do.

wyprodukować *vperf* = produkować.

wypromować *vperf* = promować.

wyprostować *vperf* to straighten.

wyprostowany *adj* straight.

wyprowadzać (*perf* wyprowadzić) *vimperf* to take out. ➧ **wyprowadzać się** (*perf* wyprowadzić się) *vp imperf* to move out.

wyprowadzić *vperf* = wyprowadzać.

wypróbować *vperf* [samochód] to try out; [przyjaźń] to test.

wypróbowany *adj* tested.

wyprzedawać *vimperf* to sell.

wyprzedaż (*D* -y) *f* sale.

wyprzedzać (*perf* **wyprzedzić**) *vimperf* [samochód] to overtake *UK*, to pass *US*; [rywali] to be ahead of.

wyprzedzić *vperf* = **wyprzedzać**.

wypukły *adj* protruding.

wypuszczać (*perf* **wypuścić**) *vimperf* [upuszczać] to let go; [kogoś z więzienia] to release; [powietrze z płuc] to let out; [fałszywe pieniądze] to put out.

wypuścić *vperf* = **wypuszczać**.

wypytywać *vimperf* to question • **wypytywać kogoś o coś** to question sb about sthg.

wyrachowany *adj pej* calculating.

wyrafinowany *adj* refined.

wyraz (*D* -u) *m* [słowo] word; [twarzy, oczu] expression.

wyrazić *vperf* to express.

wyraźnie *adv* [zrozumiale] clearly; [dobitnie] distinctly.

wyraźny *adj* distinct.

wyrażenie (*D* wyrażenia) *n* expression.

wyręczać *vimperf* to help out • **wyręczać kogoś w czymś** to help sb out with sthg.

wyrodny *adj pej* degenerate.

wyrok (*D* -u) *m* sentence.

wyrostek (*D* wyrostka) *m* appendix.

wyrozumiały *adj* understanding.

wyrób (*D* wyrobu) *m* product.

wyrównywać *vimperf* [nawierzchnię] to even out; [rachunki, długi] to settle.

wyróżniać *vimperf* [przyznawać komuś pierwszeństwo] to single out; [charakteryzować] to be distinguished by.

wyróżniający *adj* distinguishing.

wyróżnienie (*D* wyróżnienia) *n* [uznanie] distinction; [nagroda] award.

wyruszać *vimperf* to leave.

wyrwać *vperf* [kartki] to tear out; [zęby] to pull out.

wyrzeźbić *vperf* to carve.

wyrzucić *vperf* to throw out.

wyrzut (*D* -u) *m* reproach • **mieć wyrzuty sumienia** to have a guilty conscience.

wyrzutnia (*D* wyrzutni) *f* launcher.

wyschnąć *vperf* to dry out.

wysepka (*D* wysepki) *f* island; [tramwajowa] traffic island.

wysiadać *vimperf* [z samochodu] to get out; [z pociągu, z autobusu, z tramwaju] to get off; *pot* [psuć się] to break.

wysiłek (*D* wysiłku) *m* effort.

wyskakiwać *vimperf* to jump out.

wyskok (*D* -u) *m* [w górę] jump; *pot* [wybryk] excess.

wysłać *vperf* to send.

wysłuchać *vperf* to listen to.

wysługa (*D* wysługi) *f* seniority.

wysmażony *adj* well-done.

wysmukły *adj* slender.

wysoki (*compar* **wyższy**, *superl* **najwyższy**) *adj* [gen] high; [człowiek] tall • **szkoła wyższa** school of higher education.

wysoko (*compar* **wyżej**, *superl* **najwyżej**) *adv* [na dużej wysokości] high; [dużej wartości] highly • **cenią ją wyżej niż mnie** they value her more than me. ➡ **najwyżej** *adv* at last.

wysokogórski *adj* [klimat] alpine; [sprzęt] mountain-climbing.

wysokokaloryczny *adj* high-calorie.

wysokoprocentowy *adj* high-proof.

wysokość (*D* wysokości) *f* [pokoju] height; [100 metrów] altitude; [zarobków, temperatury] level.

wyspa (*D* wyspy) *f* island.

wyspać się *vp perf* to get enough sleep.

wyspany *adj* well-rested.

wysportowany *adj* athletic.

wystarczać *vimperf* to have enough.

wystarczająco *adv* enough.

wystarczający *adj* sufficient.

wystartować *vperf* [rozpocząć bieg] to compete; [rozpocząć lot] to depart.

wystawa (*D* wystawy) *f* [ekspozycja] exhibition; [witryna] window.

wystawiać *vimperf* [gen] to put out; [głowę za okno] to poke out; [sztukę] to stage.

wystawny *adj* [przyjęcie] sumptuous; [życie] rich.

wystąpić *vperf* = występować.

wysterylizować *vperf* = sterylizować.

występ (*D* -u) *m* performance.

występek (*D* występku) *m* misdemeanour.

występować (*perf* wystąpić) *vimperf* [w teatrze, w filmie] to perform; [do sądu] to sue; [na balu] to come to; [z referatem] to present; [ze spółki, organizacji] to resign • **występować w czyjejś obronie** to act in sb's defence.

wystrój (*D* wystroju) *m* decor.

wystrzał (*D* -u) *m* gunshot.

wystrzegać się *vp imperf* to be wary of.

wystygnąć *vperf* to get cold.

wysuszyć *vperf* to dry.

wysuwać *vimperf* [szufladę] to pull out; [pazury] to stick out.

wysyłać *vimperf* to send.

wysypać *vperf* to sprinkle.

wysypka (*D* wysypki) *f* rash.

wyszeptać *vperf* to whisper.

wyszukany *adj* sophisticated.

wyszukiwarka (*D* wyszukiwarki) *f* search engine.

wyścig (*D* -u) *m* race. ➡ **wyścigi** (*D* wyścigów) *mpl* races.

wyśledzić *vperf* to track down.

wyśmienity *adj* [pogoda] excellent; [obiad] delicious.

wyśmiewać *vimperf* to make fun of.

wyśniony *adj* dream.

wyświadczać *vimperf* to show • **wyświadczać przysługę** to do sb a favor.

wyświetlać *vimperf* to show.

wytargować *vperf* to negotiate.

wytarty *adj* threadbare.

wytatuować *vperf* = tatuować.

wytchnienie (*D* wytchnienia) *n* rest.

wytężać *vimperf* to strain.

wytężony *adj* [praca] strenuous; [wzrok] strained.

wytłumaczalny *adj* explicable.

wytłumaczenie (*D* wytłumaczenia) *n* explanation.

wytłumaczyć *vperf* to explain.

wytrawny *adj* seasoned • **wino wytrawne** dry wine.

wytrącić *vperf* [z ręki] to knock out; [z równowagi] to throw.

wytresować *vperf* to train.
wytrych (*D* -u) *m* skeleton key.
wytrzeć *vperf* = wycierać.
wytrzepać *vperf* = trzepać.
wytrzeźwieć *vperf* = trzeźwieć.
wytrzymać *vperf* [znieść] to stand; [z kimś nieznośnym] to put up (with).
wytrzymały *adj* [na ból] resilient; [materiał] durable.
wytworny *adj* refined.
wytwórnia (*D* wytwórni) *f* [płytowa, filmowa] company; [wędlin] factory.
wytypować *vperf* to pick.
wyuczony *adj* [wyćwiczony] learned; [nienaturalny] practised.
wywabiacz (*D* -a) *m* remover.
wywiad (*D* -u) *m* [rozmowa] interview; [służba wywiadowcza] intelligence • **udzielić wywiadu** to be interviewed.
wywiadówka (*D* wywiadówki) *f* parent-teacher meeting.
wywierać *vimperf* to exert.
wywiesić *vperf* to hang out.
wywieszka (*D* wywieszki) *f* notice.
wywietrznik (*D* -a) *m* ventilator.
wywietrzyć *vperf* = wietrzyć.
wywieźć *vperf* = wywozić.
wywnioskować *vperf* to conclude.
wywoływać *vimperf* [do odpowiedzi] to call; [sprzeciw, bunt] to provoke.
wywozić (*perf* **wywieźć**) *vimperf* to take out.
wywóz (*D* wywozu) *m* [śmieci] removal; [za granicę] export.
wywrócić *vperf* to overturn.
wyzdrowieć *vperf* = zdrowieć.

wyzdrowienie (*D* wyzdrowienia) *n* recovery.
wyznać *vperf* to confess.
wyznanie (*D* wyznania) *n* [religia] religion; [zwierzenie] confession.
wyznawca, wyznawczyni *m, f* [religii] believer; [teorii] advocate.
wyzwać *vperf* to challenge.
wyzwanie (*D* wyzwania) *n* challenge.
wyzwiska (*D* wyzwisk) *npl* curse.
wyzwolenie (*D* wyzwolenia) *n* liberation.
wyzwolić *vperf* to liberate.
wyzysk (*D* -u) *m pej* exploitation.
wyż (*D* -u) *m* [atmosferyczny] high; [demograficzny] boom.
wyżej *adv* ⊳ wysoko.
wyżeł (*D* wyżła) *m* pointer.
wyższy *adj* ⊳ wysoki.
wyżymać *vimperf* to wring.
wyżyna (*D* wyżyny) *f* upland.
wyżywienie (*D* wyżywienia) *n* food.
wzajemnie *adv* each other.
wzajemny *adj* mutual.
wzbroniony *adj* prohibited.
wzburzenie (*D* wzburzenia) *n* outrage.
wzburzony *adj* [fale] choppy; [głos] agitated.
wzdłuż *prep* along.
wzdychać (*perf* **westchnąć**) *vimperf* to sigh.
wzgląd *m* : **bez względu** regardless; **pod względem** in respect; **ze względu na** in light of.
względem *prep* towards.
względnie *adv* relatively.
względny *adj* [relatywny] relative; [znośny] comparative.
wzgórze (*D* wzgórza) *n* hill.

wziąć *vperf* = brać.

wzmacniać *vimperf* to strengthen.

wzmianka (*D* wzmianki) *f* mention.

wznak ← **na wznak** *constr* supine.

wznawiać *vimperf* on one's back.

wzniesienie (*D* wzniesienia) *n* hill.

wznowienie (*D* wznowienia) *n* resumption.

wzorek (*D* wzorku) *m* pattern.

wzorować *vimperf* to model.

wzorowy *adj* model.

wzorzec (*D* wzorca) *m* model.

wzór (*D* wzoru) *m* [ideał] example; [model] model; [ozdobny, kwiatowy] pattern.

wzrok (*D* -u) *m* [zmysł] vision; [spojrzenie] gaze.

wzrokowy *adj* [nerw] optic; [kontakt] visual.

wzrost (*D* -u) *m* [cen, zainteresowania] increase; [człowieka] height.

wzruszać *vimperf* to be moved.

wzruszający *adj* moving.

wzruszenie (*D* wzruszenia) *n* emotion.

wzruszony *adj* moved.

wzwyż ◇ *adv* up. ◇ *part* up.

wzywać (*perf* wezwać) *vimperf* to call for.

Z

z *prep* -1. [miejsce] from. -2. [czas] from. -3. [w towarzystwie, w sprawie] with. -4. [cecha] with. -5. [materiał] of **pierścionek ze złota** gold ring; **sweter z wełny** woollen sweater. -6. [zbiorowość] of.

za *prep* [miejsce] behind; [czas] in • **jest za pięć trzecia** it's five to three.

zaadaptować *vperf* to adapt • **zaadaptować strych na mieszkanie** to adapt an attic into a flat.

zaadoptować *vperf* to adopt.

zaadresować *vperf* to address • **zaadresować list do kogoś** to address a letter to sb.

zaakcentować *vperf* = akcentować.

zaakceptować *vperf* = akceptować.

zaaklimatyzować *vperf* = aklimatyzować.

zaalarmować *vperf* = alarmować.

zaangażować *vp perf* = angażować.

zaangażowanie (*D* zaangażowania) *n* involvement.

zaangażowany *adj* involved.

zaatakować *vperf* = atakować.

zaawansowany *adj* advanced.

zabandażować *vperf* = bandażować.

zabarwić *vperf* = barwić.

zabarykadować *vperf* = barykadować.

zabawa (*D* zabawy) *f* [gra] game; [spotkanie] party.

zabawiać *vimperf* to entertain.

zabawić *vperf* to have fun.

zabawka (*D* zabawki) *f* toy.

zabawny *adj* humorous.

zabezpieczać *vimperf* to secure.

zabić *vperf* to kill.

zabieg (*D* -u) *m* [kosmetyczny, chirurgiczny] procedure; [starania] endeavours.

zabierać (*perf* zabrać) *vimperf* [gen] to take; [odbierać siłą] to steal.

zabity <> *adj* killed. <> *m, f* (*f* zabita) murder victim.

zablokowany *adj* [droga] blocked; [drzwi] locked; [konto] frozen.

zabłądzić *vperf* to get lost.

zabłocony *adj* muddy.

zabobon (*D* -u) *m* superstition.

zaborczy *adj* possessive.

zabójca, zabójczyni *m, f* murderer.

zabójstwo (*D* zabójstwa) *n* murder.

zabrać *vperf* = zabierać.

zabraknąć *vperf* [pieniędzy] to run out; [być nieobecnym] to be absent • zabrakło dwóch dni do skończenia pracy two more days were needed to finish the work.

zabraniać (*perf* zabronić) *vimperf* to prohibit.

zabronić *vperf* = zabraniać.

zabroniony *adj* prohibited.

zabrudzić *vperf* = brudzić.

zabudowania (*D* zabudowań) *npl* buildings.

zabudowany *adj* construction.

zaburzenia (*D* zaburzeń) *npl* [snu] disorder; [na giełdzie] disturbance.

zabytek (*D* zabytku) *m* monument.

zach. (*skr od* zachód, zachodni) W.

zachcianka (*D* zachcianki) *f* whim.

zachęcający *adj* encouraging.

zachęcić *vperf* to encourage.

zachęta (*D* zachęty) *f* incentive.

zachłanny *adj* avaricious.

zachłysnąć się *vp perf* to choke on.

zachmurzenie (*D* zachmurzenia) *n* clouds.

zachmurzony *adj* cloudy.

zachmurzyć się *vp perf* to cloud over.

zachodni *adj* [półkula] western; [wiatr] westerly.

zachorować *vperf* to get sick.

zachowanie (*D* zachowania) *n* behaviour.

zachowywać *vimperf* [spokój] to maintain; [przedmioty] to retain; [tajemnice] to keep. ◆ **zachowywać się** *vp imperf* to behave.

zachód (*D* zachodu) *m* [pora dnia] dusk; [kierunek] west; [obszar] west • zachód słońca sunset. ◆ **Zachód** (*D* Zachodu) *m* West.

zachrypnięty *adj* hoarse.

zachwycać *vimperf* to enchant.

zachwycający *adj* enchanting.

zachwycony *adj* enchanted.

zachwyt (*D* -u) *m* delight.

zaciągnąć *vperf* [zawiązać] to drag; [zasłony] to draw; [pożyczkę, kredyt] to take out.

zaciekawić *vperf* to arouse

interest • **zaciekawić kogoś** to arouse sb's interest.

zaciekawienie (D zaciekawienia) n interest.

zaciemnienie (D zaciemnienia) n blackout.

zacieniony adj shady.

zacięty adj fierce.

zaciskać (perf zacisnąć) vimperf [rękę] to tighten; [zęby] to clench • **zacisnęła powieki, żeby tego nie widzieć** she shut her eyes tight so she couldn't see it.

zacisnąć vperf = zaciskać.

zaciszny adj [ustronny] secluded; [od wiatru] quiet.

zacofany adj [ciemny] backward; [słabiej rozwinięty] underdeveloped.

zaczarowany adj magic.

zacząć vperf to start.

zaczekać vperf to wait.

zaczepiać (perf zaczepić) vimperf [sznurek o gwóźdź] to fasten; [swetrem] to get caught on; pot [prowokować kłótnię] to accost.

zaczepka (D zaczepki) f taunt.

zaczepny adj aggressive.

zaczerwienić się vp perf to redden.

zaczynać vimperf to begin.

zaćmienie (D zaćmienia) n [Słońca] eclipse; [umysłu, pamięci] block.

zad (D -u) m rump.

zadanie (D zadania) n [cel, misja, obowiązek] task; [z matematyki] problem.

zadarty adj snub.

zadatek (D zadatku) m deposit.

zadawać vimperf [lekcje] to assign; [pytania] to ask. ➡ **zada-**

wać się vp imperf pot to hang around with.

zadbany adj [dom] neat; [kobieta] well-groomed.

zadecydować vperf [postanowić] to decide; [przesądzić] to determine.

zadedykować vperf to dedicate.

zadłużony adj indebted.

zadłużyć się vp perf to get into debt.

zadowalać vimperf to satisfy.

zadowolony adj pleased.

zadrasnąć vperf to scratch.

zadraśnięcie (D zadraśnięcia) n scratch.

zadręczać vimperf to pester.

Zaduszki pl. All Souls' Day.

zadymiony adj smoky.

zadyszany adj breathless.

zadyszeć się vp perf to be short of breath.

zadyszka (D zadyszki) f breathlessness.

zadziwiający adj astonishing.

zadzwonić vperf = dzwonić.

zafascynowany adj fascinated.

zafundować vperf pot to treat for.

zagadka (D zagadki) f [łamigłówka] riddle; [tajemnica] mystery.

zagadkowy adj puzzling.

zagadnienie (D zagadnienia) n issue.

zagapić się vp perf [zamyślić się] not to pay attention; [zapatrzyć się] to stare.

zagęszczony adj condensed.

zaginąć vperf to disappear.

zaginiony adj missing.

zaglądać vimperf [do środka] to look; [odwiedzać] to look in on.

zagłodzić *vperf* to starve.

zagoić się *vp perf* = goić się.

zagospodarowany *adj* developed.

zagrabić *vperf* = grabić.

zagrać *vperf* = grać.

zagradzać *vimperf* [bramę, przejazd] to obstruct; [teren] to secure.

zagranica (*D* zagranicy) *f* abroad.

zagraniczny *adj* foreign.

zagrażać *vimperf* to threaten • zagrażać komuś to threaten sb.

zagrozić *vperf* to threaten • zagrozić komuś to threaten sb.

zagrożenie (*D* zagrożenia) *n* threat.

zagrywka (*D* zagrywki) *f* SPORT serve.

Zagrzeb (*D* Zagrzebia) *m* Zagreb.

zagrzmieć *vperf* = grzmieć.

zagubiony *adj* lost.

zagwarantować *vperf* = gwarantować.

zagwizdać *vperf* = gwizdać.

zahamować *vperf* = hamować.

zahartować *vperf* = hartować.

zahartowany *adj* hardened.

zaimek (*D* zaimka) *m* GRAM pronoun.

zaimponować *vperf* = imponować.

zaimprowizowany *adj* impromptu.

zainspirować *vperf* = inspirować.

zainteresować *vperf* = interesować.

zainteresowanie (*D* zainteresowania) *n* interest. • **zainteresowania** (*D* zainteresowań) *npl* interests.

zainteresowany *adj* interested.

zaintrygować *vperf* = intrygować.

zainwestować *vperf* = inwestować.

zajazd (*D* -u) *m* roadside restaurant.

zając *m* hare.

zająć *vperf* = zajmować.

zajezdnia (*D* zajezdni) *f* depot.

zajęcie (*D* zajęcia) *n* occupation • prosimy o zajęcie miejsca please take your places. • **zajęcia** (*D* zajęć) *npl* classes.

zajęty *adj* [zapracowany] busy; [miejsce] occupied.

zajmować (*perf* zająć) *vimperf* [miejsce] to occupy; [czas] to take.

zajrzeć *vperf* [odwiedzić] to visit; [spojrzeć] to look.

zajście (*D* zajścia) *n* incident.

zakatarzony *adj* congested.

zakaz (*D* -u) *m* prohibition.

zakazać *vperf* to prohibit.

zakazany *adj* forbidden.

zakaźny *adj* [choroba] infectious • oddział zakaźny isolation ward.

zakażenie (*D* zakażenia) *n* infection.

zakażony *adj* infected.

zakąska (*D* zakąski) *f* appetizer.

zakątek (*D* zakątka) *m* nook.

zakląć *vperf* = kląć.

zakleić *vperf* [kopertę] to seal; [ogłoszenie] to stick.

zakład (*D* -u) *m* [przedsiębiorstwo] plant; [rodzaj umowy] bet. • **zakłady** (*D* zakładów) *mpl* bets.

zakładać (*perf* założyć) *vimperf* to put on. • **zakładać się**

(*perf* **założyć się**) *vp imperf* to bet.

zakładnik, zakładniczka *m, f* hostage.

zakłamany *adj* hypocritical.

zakłopotanie (*D* zakłopotania) *n* consternation.

zakłopotany *adj* embarrassed.

zakłócać *vimperf* to disrupt.

zakłócenie (*D* zakłócenia) *n* [komunikacyjne] disruption; [w odbiorze telewizji] disturbance.

zakneblować *vperf* = kneblować.

zakochać się *vp perf* to fall in love • zakochać się w kimś to fall in love with sb.

zakochany *adj* loving • jest w nim zakochana she's in love with him.

zakodować *vperf* = kodować.

zakodowany *adj* encoded.

zakomunikować *vperf* to inform.

zakon (*D* -u) *m* order.

zakonnica *f* nun.

zakonnik *m* monk.

zakończenie (*D* zakończenia) *n* ending.

zakończyć *vperf* = kończyć.

zakopać *vperf* to bury.

Zakopane (*D* Zakopanego) *n* Zakopane.

zakpić *vperf* to mock • zakpić z kogoś to mock sb.

zakraść się *vp perf* to sneak in.

zakres (*D* -u) *m* range • zakres obowiązków range of responsibilities.

zakręcać (*perf* zakręcić) *vimperf* [kran, butelkę] to twist closed; [włosy na wałki] to curl; *(tylko imperf)* [w lewo, w prawo] to turn.

zakręcić *vperf* = zakręcać.

zakręt (*D* -u) *m* turn.

zakrętka (*D* zakrętki) *f* cap.

zakrwawiony *adj* bloody.

zakrywać *vimperf* to hide.

zakrztusić się *vp perf* to choke • zakrztusić się czymś to choke on sthg.

zakrzywiony *adj* curved.

zakup (*D* -u) *m* purchase • robić zakupy to go shopping.

zakurzony *adj* dusty.

zakwalifikować *vperf* = kwalifikować.

zakwestionować *vperf* = kwestionować.

zakwitnąć *vperf* to bloom.

zalać *vperf* = zalewać.

zalany *adj* [mieszkanie] flooded; *pot* [pijany] sloshed.

zalecać *vimperf* to recommend.

zaledwie *part* merely.

zalegalizować *vperf* to legalise.

zaległy *adj* outstanding.

zaleta (*D* zalety) *f* virtue.

zalew (*D* -u) *m* reservoir.

zalewać (*perf* zalać) *vimperf* [mieszkanie] to flood; [herbatę wrzątkiem] to pour over.

zależeć *vimperf* to depend on.

zależnie *adv* depending on.

zależność (*D* zależności) *f* [finansowa, gospodarcza] dependence; [związek] relationship • w zależności od czegoś depending on sthg.

zależny *adj* dependent.

zalękniony *adj* frightened.

zaliczać (*perf* zaliczyć) *vimperf* [przedmiot] to finish; [uważać za coś] to count.

zaliczenie (*D* zaliczenia) *n* credit.

zaliczka (*D* zaliczki) *f* deposit.
zaliczyć *vperf* = zaliczać.
zalotny *adj* coquettish.
zaludnienie (*D* zaludnienia) *n* population.
załadować *vperf* to load.
załamać *vperf* to break. ◆ **załamać się** *vp perf* [nerwowo, psychicznie] to break down; [sytuacja gospodarcza] to slump; [most, lód] to collapse.
załamanie (*D* załamania) *n* [depresja] breakdown; [kryzys ekonomiczny] slump.
załatwić *vperf* to arrange; *pot* [rozprawić się z kimś] to deal with. ◆ **załatwić się** *vp perf pot* to go to the toilet.
załączenie (*D* załączenia) *n* attachment • w załączeniu attached.
załącznik (*D* -a) *m* attachment.
załoga (*D* załogi) *f* crew.
założenie (*D* założenia) *n* [zasadnicza myśl] assumption; [plan, propozycja] premise.
założyciel (*D* -ka) *m* founder.
założyć *vperf* = zakładać.
zamach (*D* -u) *m* attack • zamach stanu coup.
zamachowiec (*D* zamachowca) *m* attacker.
zamarznięty *adj* frozen.
zamaskowany *adj* masked.
zamawiać (*perf* zamówić) *vimperf* to order.
zamek[1] (*D* zamka) *m* lock.
zamek[2] (*D* zamku) *m* castle.
zameldować *vperf* to register.
zamęczyć *vperf* to pester.
zamęt (*D* -u) *m* confusion.
zamężna *adj* married • kobieta zamężna a married woman.

zamglenie (*D* zamglenia) *n* mist.
zamglony *adj* misty.
zamiana (*D* zamiany) *f* [wymiana] exchange; [przemiana] conversion.
zamiar (*D* -u) *m* intention.
zamiast *prep* instead of.
zamiatać (*perf* zamieść) *vimperf* to sweep.
zamieć (*D* zamieci) *f* snowstorm.
zamiejscowy *adj* [uczeń] out-of-town; [rozmowa telefoniczna] long-distance.
zamieniać (*perf* zamienić) *vimperf* [mieszkanie] to exchange; [wodę w lód] to turn.
zamierzać *vimperf* to intend.
zamieszać *vperf* to stir.
zamieszanie (*D* zamieszania) *n* confusion.
zamieszkać *vperf* to live.
zamieszkały *adj* [teren] inhabited; [osiadły] resident.
zamieszki (*D* zamieszek) *pl* riots.
zamieść *vperf* = zamiatać.
zamknąć *vperf* [gen] to close; [zasunąć, zatrzasnąć] to lock; [zlikwidować] to shut down.
zamknięcie (*D* zamknięcia) *n* closing.
zamknięty *adj* closed.
zamocować *vperf* to mount.
zamordować *vperf* to murder.
zamorski *adj* overseas.
zamortyzować *vperf* to cushion.
zamożny *adj* wealthy.
zamówić *vperf* = zamawiać.
zamówienie (*D* zamówienia) *n* order.
zamrażać (*perf* zamrozić) *vimperf* to freeze.

zamrażalnik (D -a) m freezer.

zamrażarka (D zamrażarki) f freezer.

zamrozić vperf = zamrażać.

zamrożenie (D zamrożenia) n [wody, owoców] freezing • **zamrożenie cen** price freeze.

zamsz (D -u) m suede.

zamykać vimperf to close.

zamyślić się vp perf to be lost in thought.

zamyślony adj thoughtful.

zanalizować vperf = analizować.

zanieczyszczenie (D zanieczyszczenia) n pollution. **zanieczyszczenia** (D zanieczyszczeń) npl impurities.

zaniedbanie (D zaniedbania) n neglect.

zaniedbany adj [kobieta] neglected; [mieszkanie] run-down.

zaniedbywać vimperf to neglect.

zaniemówić vperf to be speechless.

zaniepokoić vperf to alarm. **zaniepokoić się** vp perf to be alarmed.

zaniepokojenie (D zaniepokojenia) n alarm.

zaniepokojony adj alarmed.

zanieść vperf = zanosić.

zanik (D -u) m loss.

zaniżać vimperf to lower.

zanosić (perf zanieść) vimperf to take. **zanosić się** vimpers to look like.

zanotować vperf = notować.

zanurzyć vperf to immerse.

zaoczny adj in absentia • **studia zaoczne** part-time studies.

zaognić vperf to inflame.

zaokrąglić vperf to round.

zaokrąglony adj rounded.

zaopatrywać vimperf to supply.

zaopatrzony adj stocked.

zaopiekować się vp perf to take care of.

zaostrzyć vperf [kary, przepisy] to tighten; [konflikt] to inflame; [ołówek] to sharpen.

zaoszczędzić vperf to save.

zaowocować vperf [przynieść rezultat] to bear fruit; [wydać owoce] to bear fruit.

zapach (D -u) m smell.

zapakować vperf = pakować.

zapalać (perf zapalić) vimperf [papierosa, ognisko] to light; [światło, telewizor, lampę] to turn on; [o samochodzie] to start.

zapalenie (D zapalenia) n infection • **zapalenie płuc** pneumonia.

zapalić vperf = zapalać.

zapalniczka (D zapalniczki) f lighter.

zapalny adj [rejon świata] hot; [stan] inflamed • **punkt zapalny** hot spot.

zapał (D -u) m zeal.

zapałka (D zapałki) f match.

zapamiętać vperf to remember.

zapanować vperf [nad strachem, radością] to be in control of; [cisza] to prevail.

zaparcie (D zaparcia) n constipation.

zaparkować vperf = parkować.

zaparowany adj misty.

zaparzać vimperf to brew.

zapas (D -u) m reserve.

zapasowy adj spare • **koło zapasowe** spare tire.

zapasy (D zapasów) pl wrestling.

zapatrzony adj entranced.

zapchany *adj* [zlew, komin] blocked; [tramwaj] packed.

zapełnić *vperf* to fill.

zapewniać *vimperf* [przekonywać] to assure; [gwarantować] to guarantee.

zapewnienie (*D* zapewnienia) *n* assurance.

zapewniony *adj* [dostarczony] provided; [pewny] certain.

zapiąć *vperf* = zapinać.

zapiekać *vimperf* to bake.

zapięcie (*D* zapięcia) *n* fastener.

zapinać (*perf* zapiąć) *vimperf* to fasten.

zapisać *vperf* [adres] to write down; [dziecko na angielski] to register.

zaplanować *vperf* = planować.

zaplanowany *adj* planned.

zaplecze (*D* zaplecza) *n* stores.

zaplombować *vperf* = plombować.

zapłacić *vperf* = płacić.

zapłakany *adj* tearful.

zapłata (*D* zapłaty) *f* payment.

zapłon (*D* -u) *m* AUTO ignition.

zapominać (*perf* zapomnieć) *vimperf* to forget.

zapomnieć *vperf* = zapominać.

zapomoga (*D* zapomogi) *f* one-off payment.

zapora (*D* zapory) *f* [tama] dam; [przeszkoda] barrier.

zapowiadać (*perf* zapowiedzieć) *vimperf* (*raczej w imperf*) [zwiastować] : **grzmoty zapowiadają burzę** it sounds like there's going to be a storm; [uprzedzać o czymś] to announce.

zapowiedzieć *vperf* = zapowiadać.

zapowiedź (*D* zapowiedzi) *f*

[ogłoszenie] announcement; [oznaka] sign.

zapoznawać *vimperf* to introduce.

zapracowany *adj* busy.

zapraszać (*perf* zaprosić) *vimperf* to invite.

zaprojektować *vperf* = projektować.

zaproponować *vperf* = proponować.

zaprosić *vperf* = zapraszać.

zaproszenie (*D* zaproszenia) *n* invitation.

zaprotestować *vperf* to protest.

zaprzeczać *vimperf* to deny • **zaprzeczać czemuś** to deny sthg.

zaprzyjaźnić się *vp perf* to become friends.

zaprzyjaźniony *adj* : **być zaprzyjaźnionym z kimś** to be friends with sb.

zapuchnięty *adj* swollen.

zapukać *vperf* = pukać.

zapytać *vperf* = pytać.

zarabiać (*perf* zarobić) *vimperf* to earn.

zaradny *adj* resourceful.

zaraz *adv* [natychmiast] immediately; [za chwilę] in a moment.

zarazić *vperf* to infect.

zaraźliwy *adj* infectious.

zardzewiały *adj* rusty.

zardzewieć *vperf* = rdzewieć.

zareagować *vperf* = reagować.

zarejestrowany *adj* registered.

zarezerwować *vperf* = rezerwować.

zarezerwowany *adj* reserved.

zaręczać *vimperf* to guarantee.

zaręczony *adj* engaged.

zaręczyny (*D* zaręczyn) *pl* engagement.

zarobek (*D* zarobku) *m* earnings.

zarobić *vperf* = zarabiać.

zarobkowy *adj* paid.

zarost (*D* -u) *m* growth.

zarośla (*D* zarośli) *pl* thicket.

zarozumiały *adj* conceited.

zarówno *conj* both.

zarumienić się *vp perf* = rumienić się.

zarys (*D* -u) *m* outline.

zarząd (*D* -u) *m* [organ] board (of directors); [zarządzanie] management.

zarządzać *vimperf* [przedsiębiorstwem, firmą] to manage; [wydawać polecenie] to order.

zarządzanie (*D* zarządzania) *n* management.

zarzucać *vimperf* [biurko papierami] to scatter; [torbę na ramię] to fling; [pytaniami, prośbami] to bombard; [oszustwo] to accuse.

zarzut (*D* -u) *m* accusation.

zasada (*D* zasady) *f* rule.

zasadniczo *adv* fundamentally.

zasadniczy *adj* [podstawowy] basic; [całkowity] fundamental.

zasadzić *vperf* to plant.

zasadzka (*D* zasadzki) *f* ambush.

zasapać się *vp perf* to get out of breath.

zasapany *adj* breathless.

zasiać *vperf* to sow.

zasięg (*D* zasięgu) *m* range.

zasięgnąć *vperf* to ask for • zasięgnąć czyjejś opinii to consult sb.

zasiłek (*D* zasiłku) *m* benefit.

zaskakiwać (*perf* zaskoczyć) *vimperf* to surprise.

zaskakujący *adj* surprising.

zaskoczenie (*D* zaskoczenia) *n* surprise.

zaskoczyć *vperf* = zaskakiwać.

zaskroniec (*D* zaskrońca) *m* grass snake.

zasłabnąć *vperf* [zemdleć] to faint.

zasłaniać (*perf* zasłonić) *vimperf* to cover • zasłonić okno to close the curtains.

zasłona (*D* zasłony) *f* curtain *UK*, drape *US*.

zasłonić *vperf* = zasłaniać.

zasługa (*D* zasługi) *f* contribution.

zasłużyć *vperf* to deserve.

zasnąć *vperf* to fall asleep.

zaspa (*D* zaspy) *f* snowdrift.

zaspać *vperf* to oversleep.

zaspany *adj* sleepy.

zaspokoić *vperf* [głód, ciekawość] to satisfy; [pragnienie] to quench.

zastać *vperf* to find • czy zastałem dyrektora? is the director in?

zastanawiać *vimperf* to puzzle.
➥ **zastanawiać się** *vp imperf* to think.

zastaw (*D* -u) *m* collateral.

zastawa (*D* zastawy) *f* tableware.

zastępczy *adj* substitute • rodzina zastępcza foster family.

zastępować *vimperf* to stand in.

zastosować *vperf* to use.

zastosowanie (*D* zastosowania) *n* application.

zastraszyć *vperf* to intimidate.

zastrzec *vperf* to reserve.

zastrzelić *vperf* to shoot dead.

zastrzeżony *adj* reserved;

[numer] ex-directory *UK*, unlisted *US*.

zastrzyk (*D* -u) *m* injection.

zastukać *vperf* to tap.

zasugerować *vperf* = sugerować.

zasuwa (*D* zasuwy) *f* bolt.

zasygnalizować *vperf* = sygnalizować.

zasypać *vperf* [ziemią] to fill; [pokryć] to cover.

zasypiać *vimperf* to fall asleep.

zaszaleć *vperf* to push the boat out.

zaszczyt (*D* -u) *m* honour.

zaszkodzić *vperf* [spowodować chorobę] to be bad; [reputacji] to harm.

zasznurować *vperf* = sznurować.

zaszokować *vperf* = szokować.

zaszyfrować *vperf* = szyfrować.

zaślepienie (*D* zaślepienia) *n pej* blindness.

zaśmiać się *vp perf* to laugh.

zaśmiecać *vimperf* [trawniki] to drop litter.

zaświadczenie (*D* zaświadczenia) *n* certificate.

zatamować *vperf* = tamować.

zatankować *vperf* = tankować.

zatańczyć *vperf* = tańczyć.

zatarg (*D* -u) *m* quarrel.

zatem *conj* therefore.

zatkać *vperf* [butelkę korkiem] to stop (up) • **zatkało mnie, gdy ją zobaczyłem** *pot* I was flabbergasted when I saw her.

zatłoczony *adj* crowded.

zatoka (*D* zatoki) *f* bay, gulf.

zatopić *vperf* to sink.

zatrąbić *vperf* = trąbić.

zatroskany *adj* worried.

zatrucie (*D* zatrucia) *n* poisoning.

zatrudniać *vimperf* to employ.

zatrudniony *adj* employed.

zatruty *adj* poisoned.

zatruwać *vimperf* to poison.

zatrzask (*D* -u) *m* press-stud.

zatrzymać *vperf* [samochód] to stop; [przestępcę] to detain.

zatuszować *vperf* to cover up.

zatwardzenie (*D* zatwardzenia) *n* constipation.

zaufać *vperf* = ufać.

zaufanie (*D* zaufania) *n* trust.

zaułek (*D* zaułka) *m* lane.

zauważyć *vperf* [dostrzec] to notice; [zrobić uwagę] to remark.

zawadzić *vperf* [potrącić] to knock; [potknąć się] to trip.

zawahać się *vp perf* to hesitate.

zawalić *vperf* [rzeczami] to fill; [pracą] to swamp; *pot* [pracę] to blow. ➡ **zawalić się** *vp perf* to collapse.

zawał (*D* -u) *m* heart attack.

zawartość (*D* zawartości) *f* [naczynia, torby, paczki] contents; [ilość składnika] content.

zawdzięczać *vimperf* to owe.

zawiadomić *vperf* to inform.

zawiadomienie (*D* zawiadomienia) *n* announcement.

zawiązać *vperf* to tie • **zawiązać oczy** to blindfold.

zawiedziony *adj* disappointed.

zawierać *vimperf* to contain.

zawieszenie (*D* zawieszenia) *n* AUTO suspension • **zawieszenie broni** ceasefire.

zawieść *vperf* to let down.

zawieźć *vperf* to take.

zawijać *vimperf* to wrap (up).

zawiły *adj* complicated.

zawiść (*D* zawiści) *f* envy.

zawodnik (*D* zawodniczka) *m* [w lekkiej atletyce] competitor; [w piłce nożnej, koszykówce, tenisie] player.

zawodny *adj* unreliable.

zawodowiec (*D* zawodowca) *m* professional.

zawodowo *adv* professionally.

zawodowy *adj* professional.

zawody (*D* zawodów) *pl* competition.

zawołać *vperf* = wołać.

zawód[1] (*D* zawodu) *m* [zajęcie] profession.

zawód[2] (*D* zawodu) *m* [rozczarowanie] disappointment.

zawracać *vimperf* to turn back.

zawrót (*D* zawrotu) *m* dizziness.

zawstydzony *adj* [odczuwający wstyd] ashamed; [zażenowany] embarrassed.

zawsze *pron* always • **na zawsze** [na stałe] for ever.

zawyżać *vimperf* to inflate.

zawziąć się *vp perf* to be determined (to do sthg).

zawzięty *adj* [nieprzejednany] determined; [zaciekły] fierce.

zazdrosny *adj* jealous.

zazdrościć *vimperf* to be jealous.

zazdrość (*D* zazdrości) *f* jealousy.

zaziębić się *vp perf* to catch a cold.

zaziębiony *adj* : **być zaziębionym** to have a cold.

zaznaczyć *vperf* to mark.

zazwyczaj *adv* usually.

zażalenie (*D* zażalenia) *n* complaint.

zażartować *vperf* to joke.

zażądać *vperf* to demand.

zażenowany *adj* embarrassed.

zażyć *vperf* to take.

zażyłość (*D* zażyłości) *f* closeness.

zażyły *adj* close.

ząb (*D* zęba) *m* tooth.

zbadać *vperf* = badać.

zbagatelizować *vperf* = bagatelizować.

zbankrutować *vperf* = bankrutować.

zbędny *adj* unnecessary.

zbić *vperf* [dziecko] to beat; [wazon] to break; [kolano] to bang.

zbiec *vperf* [pobiec] to run down; [uciec] to run away.

zbieg *m* (*D* -a) [uciekinier] fugitive; (*D* -u) [ulic] intersection.

zbiegowisko (*D* zbiegowiska) *n* crowd.

zbieracz *m* collector.

zbierać *vimperf* [truskawki, grzyby] to pick; [znaczki] to collect.

zbiornik (*D* -a) *m* container.

zbiorowy *adj* collective.

zbiór (*D* zbioru) *m* [owoców, warzyw] picking; [zboża] harvest; [wierszy, opowiadań] collection. **zbiory** (*D* zbiorów) *mpl* [plony] crop; [kolekcja] collections.

zbiórka (*D* zbiórki) *f* [spotkanie] meeting; [pieniędzy, darów] collection.

zblazowany *adj pej* blasé.

zblednąć *vperf* = blednąć.

zbliżenie (*D* zbliżenia) *n* rapprochement.

zbliżony *adj* similar.

zbliżyć *vperf* : **zbliżył twarz do lustra** he put his face close to the mirror. **zbliżyć się** *vp perf* to approach.

zbłaźnić się *vp perf pej* to make a fool of o.s.

zbocze (*D* zbocza) *n* slope.

zboczenie (*D* zboczenia) *n* [z drogi] departure; [seksualne] perversion.

zboczony *adj pot* perverted.

zboczyć (*imperf* zbaczać) *vperf* to go off.

zboże (*D* zboża) *n* [roślina] cereal; [ziarno] grain.

zbrodnia (*D* zbrodni) *f* crime.

zbrodniarz, zbrodniarka *m, f* criminal.

zbroić *vimperf* to arm.

zbroja (*D* zbroi) *f* armour.

zbrojny *adj* armed.

zbrzydnąć *vperf* = brzydnąć.

zbudować *vperf* = budować.

zbudowany *adj* built.

zbuntować się *vp perf* to rebel.

zburzyć *vperf* = burzyć.

zbyć *vperf* to get rid of.

zbyt¹ (*D* -u) *m* [sprzedaż] sales • rynek zbytu market.

zbyt² *adv* [za bardzo] too.

zbyteczny *adj* unnecessary.

zbytek (*D* zbytku) *m* luxury.

zdać *vperf* = zdawać.

zdanie (*D* zdania) *n* [opinia] opinion; GRAM sentence • moim zdaniem in my opinion.

zdarzać się *vp imperf* to happen.

zdarzenie (*D* zdarzenia) *n* event.

zdawać (*perf* zdać) *vimperf* [egzamin] to take; [pomyślnie] to pass. ⟶ **zdaje się** *vimpers* it seems.

zdążyć *vperf* [na autobus, pociąg] to make it (in time); [zdołać coś robić] to manage.

zdechły *adj* dead.

zdecydować *vperf* = decydować.

zdecydowanie *adv* strongly.

zdecydowany *adj* [stanowczy] decisive; [na coś] determined.

zdefiniować *vperf* = definiować.

zdegustowany *adj* disgusted.

zdejmować (*perf* zdjąć) *vimperf* to take off.

zdenerwować *vperf* = denerwować.

zdenerwowany *adj* annoyed.

zderzak (*D* -a) *m* AUTO bumper.

zderzenie (*D* zderzenia) *n* collision.

zderzyć się *vp perf* to collide.

zdesperowany *adj* desperate.

zdeterminowany *adj* determined.

zdezorganizować *vperf* to disorganize.

zdezorientowany *adj* disorientated.

zdezynfekować *vperf* = dezynfekować.

zdjąć *vperf* = zdejmować.

zdjęcie (*D* zdjęcia) *n* photograph, photo; [rentgenowskie] X-ray • robić zdjęcia to take a photo. ⟶ **zdjęcia** (*D* zdjęć) *npl* filming.

zdobić *vimperf* to decorate.

zdobycie (*D* zdobycia) *n* [nagrody, medalu] winning; [szczytu, góry] ascent.

zdobyć *vperf* [nagrodę] to win; [szczyt] to reach; [bilety] to get.

zdobywca, zdobywczyni *m, f* [nagrody] winner; [bramki] scorer; [miasta] conqueror.

zdolność (*D* zdolności) *f* [uzdolnienia] talent; [możność] ability.

zdolny *adj* capable.

zdrada (*D* zdrady) *f* [ojczyzny]

betrayal; [męża, żony] unfaithfulness.

zdradzać (*perf* zdradzić) *vimperf* [gen] to betray; [męża, żonę] to be unfaithful.

zdradzić *vperf* = zdradzać.

zdrajca, zdrajczyni *m, f* traitor.

zdrętwiały *adj* numb.

zdrobnienie (*D* zdrobnienia) *n* diminutive.

zdrowie (*D* zdrowia) *n* health.

zdrowieć (*perf* wyzdrowieć) *vimperf* to recover.

zdrowo *adv* [odżywiać się] healthily; [wyglądać] healthy.

zdrowotny *adj* health • urlop zdrowotny sick leave.

zdrowy *adj* healthy.

zdrów *adj* = zdrowy.

zdrzemnąć się *vp perf* to dose off.

zdumienie (*D* zdumienia) *n* amazement.

zdumiewający *adj* amazing.

zduszony *adj* stifled.

zdymisjonować *vperf* to dismiss.

zdyscyplinowany *adj* disciplined.

zdzierstwo (*D* zdzierstwa) *n* pot & pej rip-off.

zdziwić *vperf* = dziwić.

zdziwienie (*D* zdziwienia) *n* surprise.

zdziwiony *adj* surprised.

ze *prep* = z.

zebra (*D* zebry) *f* [zwierzę] zebra; [pasy] zebra crossing *UK*, crosswalk *US*.

zebranie (*D* zebrania) *n* meeting.

zegar (*D* -a) *m* clock • zegar słoneczny sundial; zegar ścienny wall-clock.

zegarek (*D* zegarka) *m* watch.

zegarmistrz *m* watchmaker.

zejście (*D* zejścia) *n* [droga] way down; [schody] steps.

zejść *vperf* = schodzić.

zelówka (*D* zelówki) *f* sole.

zemdleć *vperf* = mdleć.

zemdlić *vperf* = mdlić.

zemsta (*D* zemsty) *f* revenge.

zemścić się *vp perf* to take revenge.

zepsuć *vperf* = psuć.

zepsuty *adj* [rower] broken; [jedzenie] bad.

zerwać *vperf* [owoc z drzewa] to pick; [nić, łańcuszek] to break.

zeschnięty *adj* dried up.

zespół (*D* zespołu) *m* group.

zestarzeć się *vp perf* to age.

zestaw (*D* -u) *m* [zbiór] set; [mebli] suite.

zeszły *adj* last • w zeszłym roku last year.

zeszyt (*D* -u) *m* exercise book.

zetknąć *vperf* [dwa końce] to connect; [doprowadzić do spotkania] to put in touch.

zetrzeć *vperf* = ścierać.

zewnątrz ➡ na zewnątrz *constr* outside. ➡ z zewnątrz *constr* from outside.

zewnętrzny *adj* [gen] external; [rynek] foreign.

zez (*D* -a) *m* squint.

zeznanie (*D* zeznania) *n* testimony.

zeznawać *vimperf* to testify.

zezowaty *adj* cross-eyed.

zezwolenie (*D* zezwolenia) *n* permission.

zgadywać *vimperf* to guess.

zgadzać się (*perf* zgodzić się) *vp*

imperf [przyznawać rację] to agree; [mieć rację] to be right • **zgadzać się na coś** to agree to sthg.

zgaga (D zgagi) f pot heartburn.

zgarbić się vp perf to stoop.

zgasić vperf [gen] to turn off; [papierosa] to put out.

zgasnąć vperf = gasnąć.

zgiełk (D -u) m racket.

zginać vimperf to bend.

zginąć vperf = ginąć.

zgliszcza (D zgliszczy LUB zgliszcz) npl ashes.

zgłaszać (perf zgłosić) vimperf [plan, projekt] to submit; [kradzież] to report; [kandydaturę] to propose.

zgłodnieć vperf to get hungry.

zgłosić vperf = zgłaszać.

zgłoszenie (D zgłoszenia) n application.

zgłupieć vperf pot to be stunned.

zgnić vperf = gnić.

zgnieść vperf to crush.

zgniły adj rotten.

zgoda (D zgody) f [brak konfliktu] harmony; [pozwolenie] consent.

zgodnie adv [nie kłócąc się] in harmony; [jednomyślnie] unanimously • **zgodnie z** according to.

zgodność (D zgodności) f conformity.

zgodny adj [rodzina] harmonious; [jednomyślny] unanimous; [z prawem] in accordance (with).

zgodzić się vp perf = zgadzać się.

zgolić vperf to shave off.

zgon (D -u) m oficjal death.

zgorszony adj shocked.

zgorszyć vperf = gorszyć.

zgorzkniały adj bitter.

zgrabny adj shapely.

zgromadzenie (D zgromadzenia) n [zebranie] gathering; [kolekcja] collection.

zgromadzić vperf = gromadzić.

zgroza (D zgrozy) f horror.

zgryźliwy adj caustic.

zgrzeszyć vperf = grzeszyć.

zguba (D zguby) f lost object; [klęska] ruin.

zgubić vperf = gubić.

zgwałcić vperf to rape.

ziarnko (D ziarnka) n grain.

ziarno (D ziarna) n grain.

ziele n = zioło.

ziele (D ziela) n herb • **ziele angielskie** pimento.

zielenić się vp imperf to turn green.

zielony adj green.

ziemia (D ziemi) f [grunt, gleba] soil; [podłoże] ground. • **Ziemia** (D Ziemi) f Earth.

ziemniak (D -a) m potato • **ziemniaki gotowane na parze** steamed potatoes.

ziewać vimperf to yawn.

zięć m son-in-law.

zignorować vperf = ignorować.

zilustrować vperf = ilustrować.

zima (D zimy) f winter • **w zimie** in winter.

zimno (D zimna) ⟨⟩ n cold. ⟨⟩ adv cold.

zimny adj cold.

zimowisko (D zimowiska) n winter camp.

zimowy adj winter.

zioło (D zioła) n herb.

ziołowy adj herbal.

ziółka (D ziółek) npl herbs.

zjadać (perf zjeść) vimperf to eat.

zjawić się *vp perf* to appear.

zjawisko (*D* zjawiska) *n* phenomenon.

zjazd (*D* -u) *m* [z góry] run; [z autostrady] exit; [spotkanie] conference.

zjechać *vperf* = zjeżdżać.

zjednoczony *adj* united.

zjednoczyć *vperf* = jednoczyć.

zjeść *vperf* = zjadać.

zjeżdżać (*perf* zjechać) *vimperf* [gen] to go down; [skręcać w bok] to turn; [przybywać] to arrive.

zjeżdżalnia (*D* zjeżdżalni) *f* slide.

zlecenie (*D* zlecenia) *n* order.

zlecić *vperf* to instruct.

zlekceważyć *vperf* = lekceważyć.

zlew (*D* -u) *m* sink.

zlikwidować *vperf* = likwidować.

zlizać *vperf* to lick off.

zlot (*D* -u) *m* [kulturalny, sportowy, turystyczny] meeting; [harcerski] jamboree.

zł (*skr od* złoty) *złoty*.

złamać *vperf* = łamać.

złamanie (*D* złamania) *n* fracture.

złapać *vperf* to catch.

złączyć *vperf* to join.

zło (*D* zła) *n* [zły czyn] wrong; [przeciwieństwo dobra] evil.

złoczyńca *m* criminal.

złodziej, ka *m, f* thief.

złom (*D* -u) *m* scrap.

złościć *vimperf* to make (sb) angry. ➔ **złościć się** *vp imperf* to be angry.

złość (*D* złości) *f* anger.

złośliwość (*D* złośliwości) *f* malice.

złośliwy *adj* malicious.

złoto (*D* złota) *n* gold.

złoty[1] *adj* gold.

złoty[2] (*D* złotego) *m* [pieniądz] *unit of Polish currency*.

złowić *vperf* = łowić.

złożony *adj* folded; [składający się z czegoś] consisting of.

złożyć *vperf* = składać.

złudzenie (*D* złudzenia) *n* illusion.

zły (*compar* gorszy, *superl* najgorszy) *adj* [gen] bad; [nieodpowiedni] wrong; [zagniewany] angry.

zmaleć *vperf* = maleć.

zmarły ⬦ *adj* dead. ⬦ *m* the deceased.

zmarnować *vperf* = marnować.

zmarszczka (*D* zmarszczki) *f* wrinkle.

zmarszczyć *vperf* = marszczyć.

zmartwić *vperf* = martwić.

zmartwienie (*D* zmartwienia) *n* worry.

zmartwiony *adj* worried.

zmarznąć *vperf* = marznąć.

zmarznięty *adj* frozen.

zmazywać *vimperf* to wipe off.

zmądrzeć *vperf* = mądrzeć.

zmęczenie (*D* zmęczenia) *n* tiredness.

zmęczony *adj* tired.

zmęczyć *vperf* = męczyć.

zmiana (*D* zmiany) *f* change.

zmiażdżyć *vperf* = miażdżyć.

zmieniać (*perf* zmienić) *vimperf* [wprowadzać zmianę] to change; [zastępować kogoś] to take over from. ➔ **zmieniać się** (*perf* zmienić się) *vp imperf* to change.

zmienić *vperf* = zmieniać.

zmienny *adj* changeable.

zmierzać *vimperf* [podążać] to make for; [dążyć] to aim at.

zmierzch (*D* -u) *m* [zmrok] dusk; [schyłek] twilight.

zmierzyć *vperf* to measure.

zmieszany *adj* [wymieszany] mixed; [zawstydzony] embarrassed.

zmięty *adj* crumpled.

zmobilizować *vperf* = mobilizować.

zmoknąć *vperf* = moknąć.

zmoknięty *adj* wet.

zmontować *vperf* = montować.

zmotoryzowany *adj* motorized.

zmrok (*D* -u) *m* dusk • **po zmroku** after dark.

zmrużyć *vperf* = mrużyć.

zmuszać *vimperf* to force • **zmuszać kogoś do zrobienia czegoś** to force sb to do sthg.

zmyć *vperf* = zmywać.

zmysł (*D* -u) *m* sense. ➤ **zmysły** (*D* zmysłów) *mpl* senses.

zmysłowy *adj* [wrażenia] sensory; [kobieta] sensual.

zmyślać *vimperf* to make up.

zmywacz (*D* -a) *m* : **zmywacz do farb** paint-stripper • **zmywacz do paznokci** nail polish remover.

zmywać (*perf* zmyć) *vimperf* [naczynia] to wash up; [makijaż] to take off.

zmywalny *adj* washable.

zmywarka (*D* zmywarki) *f* dishwasher.

znacjonalizować *vperf* to nationalize.

znaczek (*D* znaczka) *m* stamp • **znaczek pocztowy** (postage) stamp.

znaczenie (*D* znaczenia) *n* [sens] meaning; [ważność] significance.

znaczny *adj* significant.

znaczyć *vimperf* [gen] to mean; [zaznaczać] to mark.

znać *vimperf* to know.

znad *prep* from above.

znajdować (*perf* znaleźć) *vimperf* to find.

znajomość (*D* znajomości) *f* [umiejętność] knowledge; [osoba] acquaintance. ➤ **znajomości** (*D* znajomości) *fpl* connections.

znajomy, znajoma <> *adj* familiar. <> *m, f* friend.

znak (*D* -u) *m* [gest] sign; [cecha fizyczna] mark • **znaki drogowe** traffic signs; **znaki interpunkcyjne** punctuation marks.

znakomicie *adv* excellently.

znakomity *adj* excellent.

znakować *vimperf* to mark.

znaleźć *vperf* = znajdować.

znany *adj* well-known.

znawca *m* expert.

znęcać się *vp imperf* to be cruel • **znęcać się nad kimś** to be cruel to sb.

znicz (*D* -a) *m* candle • **znicz olimpijski** the Olympic torch.

zniechęcać *vimperf* to discourage. ➤ **zniechęcać się** *vp imperf* to become discouraged.

zniechęcenie (*D* zniechęcenia) *n* discouragement.

zniecierpliwienie (*D* zniecierpliwienia) *n* impatience.

zniecierpliwiony *adj* irritated.

znieczulać *vimperf* MED anaesthetize.

znieczulający *adj* anaesthetic.

znieczulenie (*D* znieczulenia) *n* MED anaesthetic.

zniekształcenie (*D* zniekształcenia) *n* deformity.

zniekształcony *adj* deformed.

znienacka *adv* suddenly.

znienawidzić *vperf* to hate.

znieść *vperf* [ból, upokorzenie] to bear; [dziecko ze schodów] to take down; [prawo, dekret, ustawę] to annul.

zniewaga (*D* zniewagi) *f* insult.

zniknąć *vperf* to disappear.

zniknięcie (*D* zniknięcia) *n* disappearance.

zniszczony *adj* [ubranie] worn-out; [ręce] worn; [cera] damaged.

zniszczyć *vperf* = niszczyć.

zniżka (*D* zniżki) *f* reduction.

zniżkowy *adj* reduced-price.

znosić *vimperf* [zestawiać] to take down; [unieważniać] to annul; [nie lubić] : **nie znoszę go** I can't stand him.

znowu ◇ *adv* again. ◆ *part* [właściwie] after all.

znów *adv* = znowu.

znudzony *adj* bored.

znużenie (*D* znużenia) *n* fatigue.

zobaczyć *vperf* to see. ◆ **zobaczyć się** *vp perf* to meet.

zobowiązać *vperf* to oblige • **zobowiązać kogoś do zrobienia czegoś** to oblige sb to do sthg.

zobowiązanie (*D* zobowiązania) *n* obligation.

zobowiązany *adj* obliged.

zodiak (*D* -u) *m* zodiac • **znak zodiaku** sign of the zodiac.

zoo (*inv*) *n* zoo.

zoperować *vperf* to operate.

zorganizować *vperf* = organizować.

zorientować *vperf* = orientować.

zostać *vperf* = zostawać.

zostawać (*perf* zostać) *vimperf* [nie opuszczać] to stay; [pozostawać jako reszta] to be left; [być w jakiejś sytuacji] to be left.

zostawiać *vimperf* to leave.

zrabować *vperf* = rabować.

zranić *vperf* [skaleczyć] to injure; *przen* [urazić] to hurt.

zraz (*D* -a) *m* stewed steak • **zrazy zawijane** beef olives.

zrazić *vperf* to put off.

zrealizować *vperf* = realizować.

zrehabilitować *vperf* to rehabilitate.

zrelaksowany *adj* relaxed.

zreorganizować *vperf* to reorganize.

zreperować *vperf* to repair.

zresztą *part* anyway.

zrewaloryzować *vperf* to revalue.

zrewanżować się *vp perf* to repay.

zrewidować *vperf* = rewidować.

zrezygnować *vperf* [zaniechać czegoś] to cancel; [złożyć rezygnację] to resign • **zrezygnować z czegoś** to cancel sthg.

zręczny *adj* [zwinny] skilful; [sprytny] clever.

zrobić *vperf* = robić.

zrozpaczony *adj* in despair.

zrozumiały *adj* [jasny] clear; [uzasadniony] understandable.

zrozumieć *vperf* = rozumieć.

zrównoważony *adj* even-tempered.

zróżnicowany *adj* diverse.

zrujnować *vperf* = rujnować.

zrujnowany *adj* ruined.

zrywać *vimperf* [owoce] to pick; [zaręczyny, znajomość] to break off.

zrządzenie (*D* zrządzenia) *n* : zrządzenie losu twist of fate.

zrzec się *vp perf* to renounce.

zrzeszenie (*D* zrzeszenia) *n* association.

zrzędliwy *adj* grumpy.

zrzędzić *vimperf* to grumble.

zrzucać *vimperf* [spychać] to throw; [płaszcz z ramion] to throw off.

zsiąść *vperf* to get off.

zsyp (*D* -u) *m* rubbish chute UK, garbage chute US.

zszywacz (*D* -a) *m* stapler.

zuchwałość (*D* zuchwałości) *f* impudence.

zuchwały *adj* impudent.

zupa (*D* zupy) *f* soup • zupa fasolowa bean soup; zupa grzybowa mushroom soup; zupa jarzynowa vegetable soup; zupa ogórkowa cucumber soup; zupa pomidorowa tomato soup.

zupełnie *adv* completely.

zupełny *adj* complete.

zużycie (*D* zużycia) *n* consumption.

zużyć *vperf* to use up.

zużyty *adj* used.

zwalczać *vimperf* to fight (against).

zwalniać (*perf* zwolnić) *vimperf* [z pracy] to dismiss; [z aresztu] to release; [pokój] to vacate; [od obowiązków] to exempt; [kroku] to slow down.

zwarcie (*D* zwarcia) *n* short circuit.

zwariować *vperf pot* to go mad • zwariować na punkcie czegoś to be crazy about sthg.

zwariowany *adj* crazy.

zwężać *vimperf* to take in.

zwiastun (*D* -a) *m* [reklama filmu] trailer; [oznaka] harbinger.

związać *vperf* to tie.

związany *adj* [obietnicą, przysięgą] bound; [mający związek] connected; [połączony więzią] tied.

związek (*D* związku) *m* [zależność] connection; [zrzeszenie] association; [nieślubny] relationship • związek małżeński marriage.

związkowiec *m* trade unionist.

zwichnąć *vperf* [nogę w kostce] to sprain; [nogę w kolanie] to dislocate.

zwiedzanie (*D* zwiedzania) *n* tour.

zwiedzić *vperf* to visit.

zwierzać się *vp imperf* to confide • zwierzać się komuś to confide in sb.

zwierzchnik, zwierzchniczka *m, f* superior.

zwierzenie (*D* zwierzenia) *n* confidence.

zwierzę (*D* zwierzęcia) *n* animal.

zwiędły *adj* withered.

zwiędnąć *vperf* = więdnąć.

zwiększać *vimperf* to increase.

zwięzły *adj* concise.

zwięźle *adv* concisely.

zwijać (*perf* zwinąć) *vimperf* to roll up.

zwinąć *vperf* = zwijać.

zwinny *adj* agile.

zwisać *vimperf* to hang; *pot* [być obojętnym] to not give a monkey's (about sb/sthg).

zwlekać *vimperf* to delay.

zwłaszcza *adv* especially.

zwłoka (*D* zwłoki) *f* delay.

zwłoki (*D* zwłok) *pl* corpse.

zwolennik, zwolenniczka *m, f* supporter.

zwolnić *vperf* = zwalniać.

zwolnienie (*D* zwolnienia) *n*
: zwolnienie lekarskie doctor's
certificate.

zwracać (*perf* zwrócić) *vimperf*
[książkę do biblioteki] to return;
[dług, pożyczkę] to repay; [twarz]
to turn.

zwrot (*D* zwrotu) *m* return;
[spłata] repayment.

zwrotka (*D* zwrotki) *f* verse.

zwrotnik (*D* -a) *m* tropic.

zwrotny *adj* manoeuvrable.

zwrócić *vperf* = zwracać.

zwycięski *adj* victorious.

zwycięstwo (*D* zwycięstwa) *n*
victory.

zwycięzca, zwyciężczyni *m, f*
winner.

zwyciężać *vimperf* [w zawodach,
w wyborach] to win; [przeciwnika,
wroga] to defeat.

zwyczaj (*D* -u) *m* [tradycyjne za-
chowanie] custom.

zwyczajnie *adv* as usual.

zwyczajny *adj* ordinary.

zwykle *adv* usually.

zwykły *adj* ordinary.

zwymiotować *vperf* = wymiotować.

zwymyślać *vperf* : zwymyślać
kogoś to give sb a piece of one's
mind.

zwyżka (*D* zwyżki) *f* [cen, kosztów,
notowań] increase; [formy] improvement.

zwyżkować *vimperf* to rise.

zygzak (*D* -a) *m* zigzag.

zysk (*D* -u) *m* profit.

zyskiwać *vimperf* [korzystać] to
profit; [zdobywać] to gain.

zza *prep* from behind.

źdźbło (*D* źdźbła) *n* blade.

źle (*compar* gorzej, *superl* najgorzej) *adv* badly.

źrebak *m* foal.

źrenica (*D* źrenicy) *f* pupil.

źródło (*D* źródła) *n* spring.

żaba *f* frog.

żaden *adj* [z dwóch] neither; [z
trzech lub więcej] none.

żagiel (*D* żagla) *m* sail.

żakiet (*D* -u) *m* jacket.

żal (*D* -u) *m* grief.

żalić się *vp imperf* to complain
• żalić się na kogoś/na coś to
complain about sb/sthg.

żaluzja (*D* żaluzji) *f* blind.

żałoba (*D* żałoby) *f* mourning.

żałosny *adj* pathetic.

żałować *vimperf* [ubolewać nad
czymś] to regret; [współczuć] to
feel sorry for; [pieniędzy] to
begrudge • żałować czegoś to
regret sthg.

żandarm *m* military policeman.

żarcie (*D* żarcia) *n pot* grub.

żargon (*D* -u) *m* jargon.

żarówka (*D* żarówki) *f* (light)
bulb.

żart (*D* -u) *m* joke.

żartobliwy *adj* humorous.

żartować *vimperf* [mówić żarty] to
joke; [lekceważyć] to make fun of.

żądać *vimperf* to demand • żądać
czegoś to demand sthg; żądać
od kogoś to demand from sb.

żądanie (*D* żądania) *n* demand.

żądza (*D* żądzy) *f* lust.

że *conj* that.

żeberka (*D* żeberek) *npl* spare-
ribs.

żebrać *vimperf* to beg.

żebrak, żebraczka *m, f* beggar.

żebro (*D* żebra) *n* rib.

żeby conj -1. [cel] (in order) to, so that. -2. [skutek] to. -3. [wprowadza zdanie dopełnieniowe i rozwijające] to. -4. pot [możliwość, niespełniony warunek] if only. -5. pot [kontrastujące okoliczności] if.

żeglarstwo (D żeglarstwa) n sailing • żeglarstwo deskowe windsurfing; żeglarstwo regatowe yachting.

żeglować vimperf to sail.

żegnać vimperf to say goodbye • żegnać kogoś to say goodbye to sb. ➤ żegnać się vp imperf to say goodbye • żegnać się z kimś to say goodbye to sb.

żel (D -u) m gel.

żelatyna (D żelatyny) f gelatine.

żelazko (D żelazka) n iron.

żelazo (D żelaza) n iron.

Żelazowa Wola f. Frederic Chopin's family home.

żenić vimperf to marry off. ➤ żenić się vp imperf to get married.

żeński adj female; GRAM feminine.

żeton (D -u) m token.

żłobek (D żłobka) m nursery.

żmija (D żmii) f viper.

żniwa (D żniw) npl harvest.

żołądek (D żołądka) m stomach.

żołnierz m soldier.

żona f wife.

żonaty adj married.

żonkil (D -a) m daffodil.

żółtaczka (D żółtaczki) f jaundice.

żółty adj yellow.

żółw m [lądowy] tortoise; [wodny] turtle.

żubr m bison.

żuć vimperf to chew.

żuraw m crane.

żurawina (D żurawiny) f cranberry.

życie (D życia) n life.

życiorys (D -u) m [opis życia] biography; [autobiografia] autobiography; [dokument] CV.

życzenie (D życzenia) n wish.

życzliwy adj friendly.

życzyć vimperf to wish.

żyć vimperf [gen] to live; [być żywym] to be alive.

Żyd m Jew.

żyletka (D żyletki) f razor blade.

żyła (D żyły) f vein.

żyrafa f giraffe.

żyrandol (D -a) m chandelier.

żyto (D żyta) n rye.

żywić vimperf to feed.

żywność (D żywności) f food.

żywo adv strongly.

żywopłot (D -u) m hedge.

żywy adj [żyjący] living; [energiczny] lively.

ENGLISH – POLISH
ANGIELSKO – POLSKI

A

a [(weak form ə, strong form eɪ, before vowel an weak form æn, strong form ən)] *indef art* **-1.** [referring to indefinite thing] *przedimek nieokreślony (najczęściej nie jest tłumaczony)* : **a friend** przyjaciel; **a restaurant** restauracja; **an apple** jabłko. **-2.** [instead of the number one] jeden ; **a hundred and twenty pounds** sto dwadzieścia funtów; **for a week** przez tydzień. **-3.** [in prices, ratios] za ; **£2 a kilo** dwa funty za kilogram; **once a month** raz w miesiącu; **three times a year** trzy razy w roku.

AA *n* (*abbr of* **Alcoholics Anonymous**) Anonimowi Alkoholicy; *UK* (*abbr of* **Automobile Association**) ≈ PZM (Polski Związek Motorowy).

aback [ə'bæk] *adv* : **to be taken aback** być zaskoczonym.

abandon [ə'bændən] *vt* [car, person] porzucać/porzucić; [ship] opuszczać/opuścić.

abattoir ['æbətwɑː'] *n* rzeźnia *f.*

abbey ['æbɪ] *n* opactwo *n.*

abbreviation [ə'briːvɪ'eɪʃn] *n* skrót *m.*

abdomen ['æbdəmen] *n* brzuch *m.*

abide [ə'baɪd] *vt* znosić/znieść • **I can't abide sthg/doing sthg** nie znoszę czegoś/robienia czegoś; **I can't abide him** nie cierpię go.

abide by *vt insep* [rule, law] przestrzegać.

ability [ə'bɪlətɪ] *n* umiejętność *f.*

able ['eɪbl] *adj* zdolny • **to be able to do sthg** móc coś zrobić.

abnormal [æb'nɔːml] *adj* nieprawidłowy.

aboard [ə'bɔːd] ⬦ *adv* na pokładzie. ⬦ *prep* [train, bus, plane] w; [ship] na.

abode [ə'bəʊd] *n fml* miejsce *n* zamieszkania.

abolish [ə'bɒlɪʃ] *vt* obalać/obalić.

aborigine ['æbə'rɪdʒəni] *n* aborygen *m*, -ka *f.*

abort [ə'bɔːt] *vt* [expedition] przerywać/przerwać; [plan] zaniechać.

abortion [ə'bɔːʃn] *n* aborcja *f* • **to have an abortion** usunąć ciążę.

about [ə'baʊt] ⬦ *adv* **-1.** [approximately] około ; **at about six o'clock** około szóstej; **about 50** około pięćdziesięciu; **it's just about ready** prawie gotowe. **-2.** [referring to place] tu i tam ; **to walk about** spacerować. **-3.** [on the point of] : **to be about to do sthg** właśnie mieć coś zrobić. ⬦ *prep* [concerning] o ; **a book about Scotland** książka o Szkocji; **what's it about?** o czym to jest?; **what about a drink?** a może byśmy się napili?

above [ə'bʌv] ⬦ *prep* [higher

than] nad; [more than] **ponad.**
⋄ *adv* [higher] wyżej; [more]
więcej • **above all** przede
wszystkim.

abroad [ə'brɔːd] *adv* [overseas] za
granicą.

abrupt [ə'brʌpt] *adj* [sudden] nagły.

abscess ['æbsɪs] *n* ropień *m*.

absence ['æbsəns] *n* nieobecność
f.

absent ['æbsənt] *adj* [not present]
nieobecny.

absent-minded ['æbsənt-] *adj*
roztargniony.

absolute ['æbsəluːt] *adj* całkowity.

absolutely ['æbsəluːtlɪ] ⋄ *adv*
[completely] całkowicie. ⋄ *excl*
oczywiście!

absorb [əb'sɔːb] *vt* [liquid] wchła-
niać/wchłonąć; [information]
przyswajać/przyswoić.

absorbed *adj* pochłonięty • **to
be absorbed in sthg** być czymś
pochłoniętym.

absorbent [əb'sɔːbənt] *adj* chłon-
ny.

abstain [əb'steɪn] *vi* powstrzymy-
wać/powstrzymać się; [in voting]
wstrzymywać/wstrzymać się
• **to abstain from doing sthg**
powstrzymywać się od robienia
czegoś.

absurd [əb'sɜːd] *adj* absurdalny.

ABTA ['æbtə] *n* (*abbr of* **Association of British Travel Agents**)
≃ POT (Polska Organizacja Turystyczna).

abuse ⋄ *n* [ə'bjuːs] [insults] obelgi *fpl*; [wrong use] nadużywanie
n; [maltreatment] wykorzystywa-
nie *n.* ⋄ *vt* [ə'bjuːz] [insult]
ubliżać/naubliżać *(komuś)*; [use
wrongly] nadużywać/nadużyć;

[maltreat] wykorzystywać/wyko-
rzystać.

abusive [ə'bjuːsɪv] *adj* obelżywy.

AC (*abbr of* **alternating current**)
prąd *m* zmienny.

academic ['ækə'demɪk] ⋄ *adj*
[educational] akademicki. ⋄ *n*
pracownik *m* naukowo-dydak-
tyczny, pracowniczka nauko-
wo-dydaktyczna *f.*

academy [ə'kædəmɪ] *n* akademia
f.

accelerate [ək'seləreɪt] *vi* przy-
śpieszać/przyśpieszyć.

accelerator [ək'seləreɪtəʳ] *n* pedał
m gazu.

accent ['æksent] *n* akcent *m*.

accept [ək'sept] *vt* [apology, offer,
gift, invitation] przyjmować/przy-
jąć; [blame, responsibility] brać/
wziąć na siebie; [fact, story, truth]
uznawać/uznać.

acceptable [ək'septəbl] *adj* [toler-
able] dopuszczalny; [satisfactory]
do przyjęcia.

access ['ækses] *n* [way in] wejście
n; [opportunity to use] dostęp *m*.

accessible [ək'sesəbl] *adj* [place]
dostępny.

accessories *npl* [extras] akcesoria
pl; [fashion items] dodatki *mpl.*

access road *n* droga *f* dojazdo-
wa.

accident ['æksɪdənt] *n* wypadek
m • **by accident** przypadkiem.

accidental ['æksɪ'dentl] *adj* przypadkowy.

accident insurance *n* ubezpieczenie *n* od następstw nieszczęś-
liwych wypadków.

accident-prone *adj* podatny na
wypadki.

acclimatize [ə'klaɪmətaɪz] *vi* aklimatyzować/zaaklimatyzować się.

accommodate [ə'kɒmədeɪt] vt [provide room for people] zakwaterować.

accommodation [ə'kɒmə'deɪʃn] n kwatera f • hotel accommodation miejsce n w hotelu; overnight accommodation nocleg m.

accommodations npl US = accommodation.

accompany [ə'kʌmpənɪ] vt towarzyszyć.

accomplish [ə'kʌmplɪʃ] vt osiągać/osiągnąć.

accord [ə'kɔːd] n : of one's own accord z własnej woli.

accordance [ə'kɔːdəns] n : in accordance with zgodnie z.

according [ə'kɔːdɪŋ] ➡ according to prep [as stated by] według; [depending on] zgodnie z.

accordion [ə'kɔːdjən] n akordeon m.

account [ə'kaʊnt] n [at bank] konto n; [in shop] rachunek m; [report] relacja f • to take into account brać pod uwagę; on no account pod żadnym pozorem; on account of z uwagi na. ➡ account for vt insep [explain] wyjaśniać/wyjaśnić; [constitute] stanowić.

accountant [ə'kaʊntənt] n księgowy m, księgowa f.

account number n numer m konta.

accumulate [ə'kjuːmjʊleɪt] vt gromadzić/nagromadzić.

accurate ['ækjʊrət] adj dokładny.

accuse [ə'kjuːz] vt : to accuse sb of sthg oskarżać/oskarżyć kogoś o coś.

accused [ə'kjuːzd] n : the accused oskarżony m, oskarżona f.

ace [eɪs] n [card] as m.

ache [eɪk] ◇ n ból m. ◇ vi boleć.

achieve [ə'tʃiːv] vt osiągać/osiągnąć.

acid ['æsɪd] ◇ adj [substance, liquid] kwaśny. ◇ n [chemical] kwas m; inf [drug] kwas m.

acid rain n kwaśny deszcz m.

acknowledge [ək'nɒlɪdʒ] vt [accept] uznawać/uznać; [letter] potwierdzać/potwierdzić odbiór.

acne ['æknɪ] n trądzik m.

acorn ['eɪkɔːn] n żołądź m.

acoustic [ə'kuːstɪk] adj akustyczny.

acquaintance [ə'kweɪntəns] n [person] znajomy m, znajoma f.

acquire [ə'kwaɪəʳ] vt nabywać/nabyć.

acre ['eɪkəʳ] n akr m.

acrobat ['ækrəbæt] n akrobata m, akrobatka f.

across [ə'krɒs] ◇ prep [to other side of] przez; [from one side to the other of] w poprzek; [on other side of] po drugiej stronie. ◇ adv : 10 miles across o szerokości 10 mil; across from naprzeciwko.

acrylic [ə'krɪlɪk] n akryl m.

act [ækt] ◇ n [action] czyn m; POL ustawa f; [of play] akt m; [performance] punkt m programu. ◇ vi [do something] działać; [behave] zachowywać/zachować się; [in play, film] grać/zagrać • to act as [serve as] pełnić funkcję.

action ['ækʃn] n [act] czynność f; [activity] działanie n; MIL walka f • to take action podejmować działanie; to put sthg into action wprowadzać coś w życie;

out of action [machine] nieczynny; [person] unieruchomiony.

action movie ['ækʃənmuːvɪ] *n* film *m* akcji.

active ['æktɪv] *adj* [busy] aktywny.

activity [æk'tɪvətɪ] *n* działalność *f*.
 ➡ **activities** *npl* [leisure events] zajęcia *npl*.

activity holiday *n* czynny wypoczynek *m*.

act of God *n* siła *f* wyższa.

actor ['æktəʳ] *n* aktor *m*.

actress ['æktrɪs] *n* aktorka *f*.

actual ['æktʃʊəl] *adj* [real] rzeczywisty; [for emphasis] właściwy.

actually ['æktʃʊəlɪ] *adv* w rzeczywistości.

acupuncture ['ækjʊpʌŋktʃəʳ] *n* akupunktura *f*.

acute [ə'kjuːt] *adj* [pain, angle] ostry; [feeling] dręczący.

AD [æd] (*abbr of* **Anno Domini**) n.e.

ad [æd] *n inf* ogłoszenie *n*.

adapt [ə'dæpt] <> *vt* przystosowywać/przystosować; [book] adaptować/zaadaptować. <> *vi* przystosowywać/przystosować się.

adapter *n* [for foreign plug] *nasadka na wtyczkę dopasowana do innego typu gniazdka*; [for several plugs] rozgałęziacz *m*.

add [æd] *vt* dodawać/dodać.
 ➡ **add up** *vt sep* sumować/zsumować. ➡ **add up to** *vt insep* [total] wynosić/wynieść.

adder ['ædəʳ] *n* żmija *f*.

addict ['ædɪkt] *n* [smoker] nałogowiec *m*; [drug user] narkoman *m*, -ka *f*.

addicted [ə'dɪktɪd] *adj* : **to be addicted to sthg** być uzależnionym od czegoś.

addiction [ə'dɪkʃn] *n* nałóg *m*.

addition [ə'dɪʃn] *n* [added thing] dodatek *m*; [in maths] dodawanie *n* • **in addition** na dodatek; **in addition to** oprócz.

additional [ə'dɪʃənl] *adj* dodatkowy.

additive ['ædɪtɪv] *n* dodatek *m*.

address [ə'dres] <> *n* [on letter] adres *m*. <> *vt* [speak to] przemawiać/przemówić do; [letter] adresować/zaadresować.

address book *n* książka *f* adresowa.

addressee ['ædre'siː] *n* adresat *m*, -ka *f*.

adequate ['ædɪkwət] *adj* [sufficient] wystarczający; [satisfactory] dostateczny.

adhere [əd'hɪəʳ] *vi* : **to adhere to** [stick to] trzymać się; [obey] stosować/zastosować się do.

adhesive [əd'hiːsɪv] <> *adj* przylepny. <> *n* klej *m*.

adjacent [ə'dʒeɪsənt] *adj* sąsiedni.

adjective ['ædʒɪktɪv] *n* przymiotnik *m*.

adjoining [ə'dʒɔɪnɪŋ] *adj* przyległy.

adjust [ə'dʒʌst] <> *vt* dostosowywać/dostosować. <> *vi* : **to adjust to sthg** przystosowywać/przystosować się do czegoś.

adjustable [ə'dʒʌstəbl] *adj* regulowany.

adjustment [ə'dʒʌstmənt] *n* poprawka *f*.

administration [əd'mɪnɪ'streɪʃn] *n* [organizing] administracja *f*; *US* [government] rząd *m*.

administrator [əd'mɪnɪstreɪtəʳ] *n* administrator *m*, -ka *f*.

admiral ['ædmərəl] *n* admirał *m*.

admire [əd'maɪəʳ] *vt* podziwiać.

admission [əd'mɪʃn] n [permission to enter] wstęp m; [entrance cost] bilet m wstępu.

admission charge n opłata f za wstęp.

admit [əd'mɪt] vt [confess] przyznawać/przyznać się; [allow to enter] wpuszczać/wpuścić • **to admit to sthg** przyznawać/przyznać się do czegoś; 'admits one' [on ticket] bilet m wstępu dla jednej osoby.

adolescent ['ædə'lesnt] n dorastający chłopak m, dorastająca dziewczyna f.

adopt [ə'dɒpt] vt [child] adoptować/zaadoptować; [plan, attitude] przyjmować/przyjąć.

adopted [ə'dɒptɪd] adj adoptowany.

adorable [ə'dɔːrəbl] adj rozkoszny.

adore [ə'dɔːʳ] vt uwielbiać.

adult ['ædʌlt] ⟨⟩ n osoba dorosła f. ⟨⟩ adj [entertainment, films] dla dorosłych; [animal] dorosły.

adult education n kształcenie n dorosłych.

adultery [ə'dʌltərɪ] n cudzołóstwo n.

advance [əd'vɑːns] ⟨⟩ n [money] zaliczka f; [movement] posuwanie się n naprzód. ⟨⟩ adj [warning, payment] zaliczkowy. ⟨⟩ vt [lend] dawać/dać zaliczkę; [bring forward] przesuwać/przesunąć na wcześniejszy termin. ⟨⟩ vi [move forward] posuwać/posunąć się naprzód; [improve, progress] postępować/postąpić naprzód.

advance booking n rezerwacja f.

advanced [əd'vɑːnst] adj [student] zaawansowany; [course, level] dla zaawansowanych.

advantage [əd'vɑːntɪdʒ] n [benefit] korzyść f • **to take advantage of** [opportunity, low exchange rate] skorzystać; [person] wykorzystywać/wykorzystać.

adventure [əd'ventʃəʳ] n przygoda f.

adventurous [əd'ventʃərəs] adj [person] śmiały; [life] pełen przygód.

adverb ['ædvɜːb] n przysłówek m.

adverse ['ædvɜːs] adj niesprzyjający.

advert = advertisement.

advertise ['ædvətaɪz] vt [product, event] reklamować/zareklamować.

advertisement [UK əd'vɜːtɪsmənt, US 'ædvər'taɪzmənt] n [for product] reklama f; [for event] ogłoszenie n.

advice [əd'vaɪs] n rada f • **a piece of advice** rada f.

advisable [əd'vaɪzəbl] adj wskazany.

advise [əd'vaɪz] vt radzić/poradzić • **to advise sb to do sthg** poradzić/doradzić komuś zrobienie czegoś; **to advise sb against doing sthg** odradzać/odradzić komuś zrobienie czegoś.

advocate ⟨⟩ n ['ædvəkət] [supporter] zwolennik m, zwolenniczka f; LAW adwokat m, -ka f. ⟨⟩ vt ['ædvəkeɪt] popierać/poprzeć.

aerial ['eərɪəl] n antena f.

aerobics [eə'rəʊbɪks] n aerobik m.

aerodynamic ['eərəʊdaɪ'næmɪk] adj aerodynamiczny.

aeroplane ['eərəpleɪn] n samolot m.

aerosol ['eərəsɒl] n aerozol m.

affair [ə'feəʳ] n [event] wydarzenie n; [love affair] romans m.

affect vt [ə'fekt] [influence] wpływać/wpłynąć na.

affection [ə'fekʃn] n sympatia f • **with affection** czule.

affectionate [ə'fekʃənət] adj czuły.

affluent ['æfluənt] adj zamożny.

afford [ə'fɔːd] vt : **to be able to afford sthg** [holiday, new coat] móc sobie pozwolić na coś • **I can afford the time** mam czas; **I can't afford it** nie stać mnie na to.

affordable [ə'fɔːdəbl] adj przystępny.

afloat [ə'fləut] adj na powierzchni.

afraid [ə'freɪd] adj [frightened] przestraszony • **to be afraid of** bać się; **I'm afraid so/not** obawiam się, że tak/nie.

Africa ['æfrɪkə] n Afryka f.

African ['æfrɪkən] ⇔ adj afrykański. ⇔ n Afrykanin m, Afrykanka f.

after ['ɑːftəʳ] ⇔ prep po. ⇔ conj po tym, jak. ⇔ adv potem • **a quarter after ten** US kwadrans po dziesiątej; **to be after sb/sthg** [in search of] szukać kogoś/czegoś; **after all** w końcu. ⇒ **afters** ⇔ npl UK inf [dessert] deser m.

aftercare ['ɑːftəkeəʳ] n [patient] opieka f nad rekonwalescentem; [customer] pomoc udzielana odbiorcy produktu/usługi przez producenta/dostawcę w przypadku wątpliwości, pytań etc.

aftereffects npl następstwa pl.

afternoon ['ɑːftə'nuːn] n popołudnie n • **good afternoon!** dzień dobry!

afternoon tea n podwieczorek m.

aftershave ['ɑːftəʃeɪv] n płyn m po goleniu.

aftersun ['ɑːftəsʌn] n balsam m po opalaniu.

afterwards ['ɑːftəwədz] adv później.

again [ə'gen] adv jeszcze raz • **again and again** wielokrotnie; **never... again** nigdy... więcej.

against [ə'genst] prep [in contact with] o (coś); [in opposition to] przeciw(ko); [in disagreement with] przeciw(ko) • **against the law** wbrew prawu.

age [eɪdʒ] n [of person, in history] wiek m; [old age] starość f • **under age** niepełnoletni; **I haven't seen him for ages** [inf] nie widziałem go całe wieki.

aged adj : **aged eight** w wieku ośmiu lat.

age group n grupa f wiekowa.

age limit n limit m wiekowy.

agency ['eɪdʒənsɪ] n agencja f.

agenda [ə'dʒendə] n porządek m dzienny.

agent ['eɪdʒənt] n agent m, -ka f.

aggression [ə'greʃn] n agresja f.

aggressive [ə'gresɪv] adj agresywny.

agile [UK 'ædʒaɪl, US 'ædʒəl] adj zwinny.

agility [ə'dʒɪlətɪ] n zwinność f.

agitated ['ædʒɪteɪtɪd] adj poruszony.

ago [ə'gəu] adv temu • **a month ago** miesiąc temu; **how long ago?** jak dawno temu?

agonizing ['ægənaɪzɪŋ] adj rozdzierający.

agony ['ægənɪ] n męczarnia f.

agree [ə'griː] vi [be in agreement, consent] zgadzać/zgodzić się; [correspond] być zgodnym • **it**

doesn't agree with me [food] to mi nie służy; **to agree to do sthg** zgadzać/zgodzić się coś zrobić. ➤ **agree on** vt insep [time, price] uzgadniać/uzgodnić.

agreed [ə'griːd] adj uzgodniony.

agreement [ə'griːmənt] n porozumienie n • **in agreement with** zgodnie z.

agriculture ['ægrɪkʌltʃəʳ] n rolnictwo n.

ahead adv [in front] z przodu; [forwards, into the future] naprzód • **in the weeks ahead** w następnych tygodniach; **to be ahead** [winning] być na prowadzeniu; **ahead of** przed; **to be ahead of sb** [in better position than] wyprzedzać kogoś.

aid [eɪd] ⟨⟩ n pomoc f. ⟨⟩ vt pomagać/pomóc • **in aid of** na rzecz; **with the aid of** z pomocą.

Aids [eɪdz] = AIDS.

AIDS [eɪdz] n AIDS.

ailment ['eɪlmənt] n fml dolegliwość f.

aim [eɪm] ⟨⟩ n [purpose] cel m. ⟨⟩ vt [gun, camera, hose] celować/wycelować; [campaign] kierować/skierować. ⟨⟩ vi : **to aim at sthg** dążyć do czegoś • **to aim to do sthg** zamierzać/zamierzyć coś zrobić.

air [eəʳ] ⟨⟩ n powietrze n. ⟨⟩ vt [room] przewietrzać/przewietrzyć. ⟨⟩ adj [terminal, travel] lotniczy • **by air** [travel, send] samolotem.

airbed ['eəbed] n materac m nadmuchiwany.

airborne ['eəbɔːn] adj unoszący się w powietrzu.

air-conditioned adj klimatyzowany.

air-conditioning n klimatyzacja f.

aircraft ['eəkrɑːft] (pl aircraft) n samolot m.

aircraft carrier n lotniskowiec m.

air force n lotnictwo n.

air freshener [-'freʃənəʳ] n odświeżacz m powietrza.

air hostess ['eə'həʊstɪs] n stewardesa f.

airing cupboard n szafka do przesuszania bielizny.

air letter n list m lotniczy.

airline ['eəlaɪn] n linia f lotnicza.

airliner ['eəlaɪnəʳ] n samolot m pasażerski.

airmail ['eəmeɪl] n poczta f lotnicza • **by airmail** pocztą lotniczą.

airplane ['eəpleɪn] n US samolot m.

airport ['eəpɔːt] n lotnisko n.

air raid n nalot m.

airsick ['eəsɪk] adj : **to be airsick** cierpieć na chorobę powietrzną.

air stewardess n stewardesa f.

air traffic control n [people] kontrola f ruchu lotniczego.

airy ['eərɪ] adj [room, building] przestronny.

aisle [aɪl] n [in plane, cinema, supermarket] przejście n; [in church] nawa f boczna.

aisle seat n [on plane] miejsce m przejścia.

ajar [ə'dʒɑːʳ] adj uchylony.

alarm [ə'lɑːm] ⟨⟩ n [warning device] alarm m. ⟨⟩ vt niepokoić/zaniepokoić.

alarm clock n budzik m.

alarmed [ə'lɑːmd] adj [anxious] zaniepokojony.

alarming [ə'lɑːmɪŋ] *adj* niepokojący.

album ['ælbəm] *n* album *m*.

alcohol ['ælkəhɒl] *n* alkohol *m*.

alcohol-free *adj* bezalkoholowy.

alcoholic ['ælkə'hɒlɪk] ◇ *adj* [drink] alkoholowy. ◇ *n* alkoholik *m*, alkoholiczka *f*.

alcoholism ['ælkəhɒlɪzm] *n* alkoholizm *m*.

alcove ['ælkəʊv] *n* alkowa *f*.

ale [eɪl] *n* piwo *n*.

alert [ə'lɜːt] ◇ *adj* [vigilant] czujny. ◇ *vt* [danger] ostrzegać/ostrzec • **to alert sb to sthg** ostrzec kogoś przed czymś.

A-level *n UK* ≃ matura *f*.

algebra ['ældʒɪbrə] *n* algebra *f*.

Algeria [æl'dʒɪərɪə] *n* Algieria *f*.

alias ['eɪlɪəs] *n* fałszywe nazwisko *n*.

alibi ['ælɪbaɪ] *n* alibi *n*.

alien ['eɪljən] *n* [foreigner] cudzoziemiec *m*, cudzoziemka *f*; [from outer space] kosmita *m*, kosmitka *f*.

alight [ə'laɪt] ◇ *adj* [on fire] płonący. ◇ *vi fml* [from train, bus] : **to alight (from)** wysiadać/wysiąść (z) • **to be alight** palić się.

align [ə'laɪn] *vt* : **to align sthg with sthg** wyrównać coś w stosunku do czegoś.

alike [ə'laɪk] ◇ *adj* podobny. ◇ *adv* [similarly] jednakowo • **to look alike** być do siebie podobnym.

alive [ə'laɪv] *adj* [living] żywy.

all [ɔːl] ◇ *adj* -1. [with singular noun] cały ; **all the money** wszystkie pieniądze; **all the time** cały czas; **we were out all day** nie było nas cały dzień. -2.

[with plural noun] wszyscy ; **all the people** wszyscy ludzie; **all trains stop at Tonbridge** wszystkie pociągi zatrzymują się w Tonbridge. ◇ *adv* -1. [completely] zupełnie ; **all alone** zupełnie sam. -2. [in scores] dla każdej ze stron ; **it's two all** dwa – dwa. -3. [in phrases] : **all but empty** prawie pusty; **all over** [finished] zakończony; [throughout, on top of] wszędzie. ◇ *pron* -1. [everything] wszystko ; **is that all?** [in shop] czy to już wszystko?; **the best of all** najlepszy ze wszystkich; **the biggest of all** największy ze wszystkich; **don't eat all of the cake** nie zjedz całego ciasta. -2. [everybody] wszyscy ; **all of us went** wszyscy poszliśmy. -3. [in phrases] : **at all** w ogóle; **in all** [in total] razem; [in summary] w sumie.

Allah ['ælə] *n* Allah *m*.

allege [ə'ledʒ] *vt* utrzymywać.

allergic [ə'lɜːdʒɪk] *adj* : **to be allergic to** [food, animals] być uczulonym na.

allergy ['ælədʒɪ] *n* alergia *f*.

alleviate [ə'liːvɪeɪt] *vt* [pain, situation] łagodzić/złagodzić.

alley ['ælɪ] *n* [narrow street] wąska uliczka *f*.

alligator ['ælɪɡeɪtəʳ] *n* aligator *m*.

all-in *adj UK* [inclusive] łączny.

all-night *adj* [bar, petrol station] całodobowy; [party] całonocny.

allocate ['æləkeɪt] *vt* przydzielać/przydzielić.

allotment [ə'lɒtmənt] *n UK* [for vegetables] ogródek *m* działkowy.

allow [ə'laʊ] *vt* [permit] pozwalać/pozwolić na; [time, money] przeznaczać/przeznaczyć • **to allow sb to do sthg** pozwalać/pozwolić komuś coś zrobić; **to be allowed to do sthg** mieć zezwolenie na zrobienie czegoś; **smoking is not allowed** zabrania się palić. ➡ **allow for** vt insep uwzględniać/uwzględnić.

allowance [ə'lauəns] n [state benefit] zasiłek m; [for expenses] dieta f; US [pocket money] kieszonkowe n.

all right <> adj w porządku. <> adv [satisfactorily] jak należy; [yes, okay] zgoda.

ally n ['ælaɪ] sojusznik m, sojuszniczka f.

almond ['ɑːmənd] n [nut] migdał m.

almost ['ɔːlməʊst] adv prawie.

alone [ə'ləʊn] <> adj sam. <> adv [away from others] samotnie; [unaided] w pojedynkę • **to leave sb alone** zostawić kogoś w spokoju; **to leave sthg alone** nie ruszać czegoś.

along [ə'lɒŋ] <> adv [forward] naprzód. <> prep [towards one end of, alongside] wzdłuż • **to walk along** iść; **to bring sthg along** przynieść coś ze sobą; **all along** przez cały czas; **along with** razem z.

alongside [ə'lɒŋ'saɪd] <> prep [next to] obok. <> adv : **to come alongside** zatrzymać się obok.

aloof [ə'luːf] adj powściągliwy.

aloud [ə'laʊd] adv głośno.

alphabet ['ælfəbet] n alfabet m.

Alps [ælps] npl : **the Alps** Alpy pl.

already [ɔːl'redɪ] adv już.

also ['ɔːlsəʊ] adv też.

altar ['ɔːltə'] n ołtarz m.

alter ['ɔːltə'] vt zmieniać/zmienić.

alteration [ɔːltə'reɪʃn] n [to plan, timetable] zmiana f; [to house] przebudowa f.

alternate adj [UK ɔːl'tɜːnət, US 'ɔːltərnət] [days, weeks] co drugi.

alternating current n prąd m zmienny.

alternative [ɔːl'tɜːnətɪv] <> adj [accommodation, route] inny; [lifestyle, medicine] alternatywny. <> n [option] możliwość f.

alternatively [ɔːl'tɜːnətɪvlɪ] adv ewentualnie.

alternator ['ɔːltəneɪtə'] n alternator m.

although [ɔːl'ðəʊ] conj chociaż.

altitude ['æltɪtjuːd] n wysokość f.

altogether ['ɔːltə'geðə'] adv [completely] całkowicie; [in total] razem.

aluminium ['æljʊ'mɪnɪəm] n UK aluminium n.

aluminum [ə'luːmɪnəm] US = aluminium.

always ['ɔːlweɪz] adv zawsze.

a.m. (abbr of ante meridiem) : **at 2 a.m.** o drugiej rano.

am [æm] ▷ be.

amateur ['æmətə'] n amator m, -ka f.

amazed [ə'meɪzd] adj zdumiony.

amazing [ə'meɪzɪŋ] adj zdumiewający.

Amazon ['æməzn] n [river] : **the Amazon** Amazonka f.

ambassador [æm'bæsədə'] n ambasador m.

amber ['æmbə'] adj [traffic lights] żółty; [jewellery] bursztynowy.

ambiguous [æm'bɪgjʊəs] adj dwuznaczny.

ambition [æm'bɪʃn] n ambicja f.

ambitious [æm'bɪʃəs] adj [person] ambitny.

ambulance ['æmbjʊləns] n karetka f pogotowia ratunkowego.

ambush ['æmbʊʃ] *n* zasadzka *f.*

amenities *npl* udogodnienia *npl.*

America [ə'merɪkə] *n* Ameryka *f.*

American [ə'merɪkn] <> *adj* amerykański. <> *n* [person] Amerykanin *m*, Amerykanka *f.*

amiable ['eɪmjəbl] *adj* miły.

ammunition ['æmjʊ'nɪʃn] *n* amunicja *f.*

amnesia [æm'niːzjə] *n* amnezja *f.*

among(st) *prep* wśród; [when sharing] (po)między.

amount [ə'maʊnt] *n* [quantity] ilość *f*; [sum] suma *f.*
➡ **amount to** *vt insep* [total] wynosić/wynieść.

amp [æmp] *n* amper *m* • a 13-amp plug wtyczka na 13 amperów.

ample ['æmpl] *adj* [time, supply, opportunity] aż nadto.

amplifier ['æmplɪfaɪəʳ] *n* wzmacniacz *m.*

amputate ['æmpjʊteɪt] *vt* amputować.

Amtrak ['æmtræk] *n amerykańska kolej pasażerska.*

amuse [ə'mjuːz] *vt* [make laugh] rozbawiać/rozbawić; [entertain] rozrywać/rozerwać.

amusement arcade *n* salon *m* gier.

amusement park *n* wesołe miasteczko *n.*

amusements *npl* atrakcje *fpl.*

amusing [ə'mjuːzɪŋ] *adj* zabawny.

an [(stressed) æn, (unstressed) ən] ➪ **a.**

anaemic [ə'niːmɪk] *adj UK* [person] anemiczny.

anaesthetic ['ænɪs'θetɪk] *n UK* środek *m* znieczulający.

analgesic ['ænæl'dʒiːsɪk] *n* środek *m* przeciwbólowy.

analyse ['ænəlaɪz] *vt* analizować/przeanalizować.

analyst ['ænəlɪst] *n* [psychoanalyst] psychoanalityk *m.*

analyze *US* = analyse.

anarchy ['ænəkɪ] *n* anarchia *f.*

anatomy [ə'nætəmɪ] *n* anatomia *f.*

ancestor ['ænsestəʳ] *n* przodek *m.*

anchor ['æŋkəʳ] *n* kotwica *f.*

anchovy [*UK* 'æntʃəvɪ, *US* 'æntʃəʊvɪ] *n* anchois *n.*

ancient ['eɪnʃənt] *adj* [customs, monument] starożytny.

and *conj* i; [indicating repetition] coraz • **and you?** a ty❓; **a hundred and one** sto jeden; **to try and do sthg** spróbować coś zrobić; **to go and see** pójść coś zobaczyć; **for hours and hours** całymi godzinami.

Andes ['ændiːz] *npl* : the Andes Andy *pl.*

anecdote ['ænɪkdəʊt] *n* anegdota *f.*

anemic *US* = anaemic.

anesthetic *US* = anaesthetic.

angel ['eɪndʒəl] *n* RELIG anioł *m.*

anger ['æŋgəʳ] *n* gniew *m.*

angina [æn'dʒaɪnə] *n* dusznica *f.*

angle ['æŋgl] *n* kąt *m* • **at an angle** pod kątem.

angler ['æŋgləʳ] *n* wędkarz *m.*

angling ['æŋglɪŋ] *n* wędkarstwo *n.*

angry ['æŋgrɪ] *adj* [person] rozgniewany; [words] gniewny • **to get angry (with sb)** rozzłościć się (na kogoś).

animal ['ænɪml] *n* zwierzę *n.*

aniseed ['ænɪsiːd] *n* anyż *m.*

ankle ['æŋkl] *n* kostka *f (u nogi)*.

annex *n* [building] dobudówka *f.*

annihilate [ə'naɪəleɪt] *vt* unicestwiać/unicestwić.

anniversary ['ænɪ'vɜːsərɪ] *n* rocznica *f.*

announce [ə'naʊns] *vt* [fact, intention] oznajmiać/oznajmić; [delay, departure] ogłaszać/ogłosić.

announcement [ə'naʊnsmənt] *n* ogłoszenie *n.*

announcer [ə'naʊnsəʳ] *n* [on TV, radio] prezenter *m*, -ka *f.*

annoy [ə'nɔɪ] *vt* irytować/zirytować.

annoyed [ə'nɔɪd] *adj* poirytowany ▪ **to get annoyed (with)** zdenerwować się na kogoś.

annoying [ə'nɔɪɪŋ] *adj* irytujący.

annual ['ænjʊəl] *adj* coroczny.

anonymous [ə'nɒnɪməs] *adj* anonimowy.

anorak ['ænəræk] *n* skafander *m.*

another [ə'nʌðəʳ] ◇ *adj* [additional] jeszcze jeden; [further] następny; [different] inny. ◇ *pron* [one more] jeszcze jeden; [different one] inny ▪ **another one** jeszcze jeden; **they love one another** kochają się; **they won't talk to one another** nie chcą ze sobą rozmawiać; **one after another** jeden po drugim.

answer ['ɑːnsəʳ] ◇ *n* [generally] odpowiedź *f*; [problem] rozwiązanie *n.* ◇ *vt & vi* odpowiadać/odpowiedzieć ▪ **to answer the door** otworzyć drzwi; **to answer the phone** odebrać telefon. ◆ **answer back** ◇ *vi* odcinać/odciąć się.

answering machine ['ɑːnsərɪŋ-] = answerphone.

answerphone *UK* ['ænsəfəʊn] *n* automatyczna sekretarka *f.*

ant [ænt] *n* mrówka *f.*

Antarctic [ænt'ɑːktɪk] *n* : **the Antarctic** Antarktyka *f.*

antenna [æn'tenə] *n US* [aerial] antena *f.*

anthem ['ænθəm] *n* hymn *m.*

antibiotics *npl* antybiotyki *mpl.*

anticipate [æn'tɪsɪ'peɪt] *vt* [expect] oczekiwać; [guess correctly] przewidywać/przewidzieć.

anticlimax [ænti'klaɪmæks] *n* zawód *m.*

anticlockwise ['ænti'klɒkwaɪz] *adv UK* przeciwnie do ruchu wskazówek zegara.

antidote ['æntidəʊt] *n* antidotum *n.*

antifreeze ['æntifriːz] *n* płyn *m* przeciw zamarzaniu.

antihistamine ['ænti'hɪstəmɪn] *n* antyhistamina *f.*

antiperspirant ['ænti'pɜːspərənt] *n* dezodorant *m* antyperspiracyjny.

antiquarian bookshop *n* antykwariat *m.*

antique [æn'tiːk] *n* antyk *m.*

antique shop *n* sklep *m* z antykami.

antiseptic ['ænti'septɪk] *n* antyseptyk *m.*

antisocial ['ænti'səʊʃl] *adj* [person] nietowarzyski; [behaviour] aspołeczny.

antlers *npl* rogi *mpl.*

anxiety [æŋ'zaɪətɪ] *n* [worry] niepokój *m.*

anxious ['æŋkʃəs] *adj* [worried] zaniepokojony; [eager] : **to be anxious for sthg** pragnąć czegoś.

any ['enɪ] ◇ *adj* -1. [in questions] jakiś ; **have you got any money** czy masz (jakieś) pieniądze?; **have you got any postcards?**

czy ma Pan (jakieś) pocztówki⸮ -2. [in negatives] żaden ; I haven't got any money nie mam (żadnych) pieniędzy; we don't have any rooms nie mamy wolnych pokoi. -3. [no matter which] którykolwiek ; take any one you like weź którykolwiek ci się podoba. <> pron -1. [in questions] jakiś ; I'm looking for a hotel – are there any nearby? szukam hotelu – czy są tu jakieś w pobliżu⸮ -2. [in negatives] żaden ; I don't want any (of them) nie chcę żadnego (z nich). -3. [no matter which one] każdy ; you can sit at any of the tables może Pan usiąść przy którymkolwiek stoliku. <> adv -1. [in questions] trochę ; any other questions? czy są jeszcze jakieś pytania⸮; can you drive any faster? czy możesz jechać trochę szybciej⸮ -2. [in negatives] : we can't wait any longer nie możemy już dłużej czekać; we can't afford any more nie stać nas na więcej.

anybody ['enɪ'bɒdɪ] = anyone.

anyhow ['enɪhaʊ] adv [carelessly] byle jak; [in any case] tak czy owak; [in spite of that] jednak.

anyone ['enɪwʌn] pron [any person] każdy; [in questions] ktoś; [in negatives] nikt.

anything ['enɪθɪŋ] pron [no matter what] cokolwiek; [everything] wszystko; [in questions] coś; [in negatives] nic.

anyway ['enɪweɪ] adv [in any case] tak czy owak; [in spite of that] jednak; [in conversation] w każdym razie • well, anyway tak w ogóle.

anywhere ['enɪweəʳ] adv [no matter where] gdziekolwiek; [in questions] gdzieś; [in negatives] nigdzie.

apart [ə'pɑːt] adv [separated] : it's best to keep them apart najlepiej trzymać ich z dala od siebie • to live apart mieszkać osobno; to come apart rozpadać/rozpaść się; apart from [except for] z wyjątkiem; [as well as] oprócz.

apartheid [ə'pɑːtheɪt] n apartheid m.

apartment [ə'pɑːtmənt] n US mieszkanie n.

apathetic ['æpə'θetɪk] adj apatyczny.

ape [eɪp] n małpa f człekokształtna.

aperitif [əperə'tiːf] n aperitif m.

aperture ['æpə'tjʊəʳ] n [of camera] przysłona f.

Apex = APEX.

APEX n ryczałtowe bilety lotnicze lub kolejowe, które należy zarezerwować i wykupić z wyprzedzeniem.

apiece [ə'piːs] adv : they cost £50 apiece kosztują po 50 funtów za sztukę.

apologetic [ə'pɒlə'dʒetɪk] adj [person] skruszony; [letter, phone call] z przeprosinami; [smile] przepraszający.

apologize [ə'pɒlədʒaɪz] vi : to apologize (to sb for sthg) przepraszać/przeprosić (kogoś za coś).

apology [ə'pɒlədʒɪ] n przeprosiny pl.

apostrophe [ə'pɒstrəfɪ] n apostrof m.

appal [ə'pɔːl] vt UK wstrząsać/ wstrząsnąć.

appall US = appal.

appalling [ə'pɔːlɪŋ] adj [horrific] wstrząsający; [very bad] fatalny.

apparatus ['æpə'rætəs] n [device] sprzęt m.

apparently [ə'pærəntlɪ] adv [seemingly] pozornie; [evidently] widocznie.

appeal [ə'pi:l] <> n LAW apelacja f; [fundraising campaign] apel m. <> vi LAW odwoływać/odwołać się • **to appeal to sb (for sthg)** apelować do kogoś (o coś); **it doesn't appeal to me** to do mnie nie przemawia.

appear [ə'pɪəʳ] vi [come into view] pojawiać/pojawić się; [seem] wydawać/wydać się; [in play, on TV] występować/wystąpić; [before court] stawiać/stawić się • **it appears that** wygląda na to, że.

appearance [ə'pɪərəns] n [arrival] przybycie n; [look] wygląd m.

appendices [ə'pendɪsi:z] pl ⊳ appendix.

appendicitis [ə'pendɪ'saɪtɪs] n zapalenie n wyrostka robaczkowego.

appendix [ə'pendɪks] (pl -ices [-si:z]) n ANAT wyrostek m robaczkowy; [of book] aneks m.

appetite ['æpɪtaɪt] n apetyt m.

appetizer ['æpɪtaɪzəʳ] n zakąska f.

appetizing ['æpɪtaɪzɪŋ] adj apetyczny.

applaud [ə'plɔ:d] vt & vi bić brawo.

applause [ə'plɔ:z] n brawa pl.

apple ['æpl] n jabłko n.

apple crumble n deser z drobno posiekanych pieczonych jabłek posypanych kruszonką.

apple juice n sok m jabłkowy.

apple pie n szarlotka f.

apple sauce [æpl'sɔ:s] n US gęsty sos jabłkowy podawany z pieczoną wieprzowiną.

apple tart n tarta f z jabłkami.

apple turnover n ciastko n z jabłkami.

appliance [ə'plaɪəns] n • **electrical appliance** urządzenie n elektryczne; **domestic appliance** sprzęt gospodarstwa domowego.

applicable ['æplɪkəbl] adj : **to be applicable (to)** odnosić się (do); **if applicable** w stosownych przypadkach.

applicant ['æplɪkənt] n kandydat m, -ka f.

application ['æplɪ'keɪʃn] n [for job, membership] podanie n.

application form n formularz m zgłoszeniowy.

apply [ə'plaɪ] <> vt [lotion, paint] stosować/zastosować; [brakes] używać/użyć. <> vi : **to apply (to sb for sthg)** [make request] zwrócić się (do kogoś z prośbą o coś); **to apply (to sb)** [be applicable] dotyczyć kogoś.

appointment [ə'pɔɪntmənt] n [with doctor, hairdresser] wizyta f; [with businessman] spotkanie n • **to have/make an appointment (with)** być umówionym/umówić się z kimś na spotkanie; **by appointment** po wcześniejszym ustaleniu terminu.

appreciable [ə'pri:ʃəbl] adj znaczny.

appreciate [ə'pri:ʃɪeɪt] vt [be grateful for] doceniać/docenić; [understand] rozumieć/zrozumieć; [like, admire] cenić sobie.

apprehensive ['æprɪ'hensɪv] adj pełen obaw.

apprentice [ə'prentɪs] n praktykant m, -ka f.

apprenticeship [ə'prentɪʃɪp] n nauka f rzemiosła.

approach [ə'prəʊtʃ] <> n [road] dojazd m; [to problem, situation] podejście n. <> vt [come nearer to] zbliżać/zbliżyć się do; [problem, situation] podchodzić/podejść do. <> vi nadchodzić/nadejść.

appropriate adj [ə'prəuprɪət] stosowny.

approval [ə'pruːvl] n [favourable opinion] pochwała f; [permission] zgoda f.

approve [ə'pruːv] vi : **to approve (of sb/sthg)** aprobować/zaaprobować (kogoś/coś).

approximate adj [ə'prɒksɪmət] przybliżony.

approximately [ə'prɒksɪmətlɪ] adv około.

Apr. (abbr of April) kwiecień.

apricot ['eɪprɪkɒt] n morela f.

April ['eɪprəl] n kwiecień m see also **September**.

apron ['eɪprən] n [for cooking] fartuch m.

apt [æpt] adj [appropriate] trafny • **to be apt to do sthg** mieć tendencję do robienia czegoś.

aquarium [ə'kweərɪəm] (pl -ria [-rɪə]) n akwarium n.

aqueduct ['ækwɪdʌkt] n akwedukt m.

Arab ['ærəb] <> adj arabski. <> n [person] Arab m, -ka f.

Arabic ['ærəbɪk] <> adj arabski. <> n [language] arabski m.

arbitrary ['ɑːbɪtrərɪ] adj [random] przypadkowy.

arc n łuk m.

arcade [ɑː'keɪd] n [for shopping] pasaż m handlowy; [of video games] salon m gier.

arch [ɑːtʃ] n łuk m.

archaeology n archeologia f.

archbishop ['ɑːtʃ'bɪʃəp] n arcybiskup m.

archery ['ɑːtʃərɪ] n łucznictwo n.

archipelago ['ɑːkɪ'pelɪgəʊ] n archipelag m.

architect ['ɑːkɪtekt] n architekt m & f.

architecture ['ɑːkɪtektʃə'] n architektura f.

Arctic ['ɑːktɪk] n : **the Arctic** Arktyka f.

are ⊳ be.

area ['eərɪə] n [region] obszar m; [zone] rejon m; [surface size] powierzchnia f; [space] **dining area** część jadalniana; **parking area** miejsce do parkowania; **play area** plac zabaw.

area code n US numer m kierunkowy.

arena [ə'riːnə] n arena f.

aren't [ɑːnt] = are not.

Argentina ['ɑːdʒən'tiːnə] n Argentyna f.

argue ['ɑːgjuː] vi [quarrel] : **to argue (with sb about sthg)** sprzeczać się (z kimś o coś); **to argue (that)** utrzymywać, (że).

argument ['ɑːgjʊmənt] n [quarrel] sprzeczka f; [reason] argument m.

arid ['ærɪd] adj jałowy.

arise [ə'raɪz] (pt arose, pp arisen) vi [happen] pojawiać/pojawić się • **to arise from** [result from] wynikać/wyniknąć z.

aristocracy ['ærɪ'stɒkrəsɪ] n arystokracja f.

arithmetic n [ə'rɪθmətɪk] arytmetyka f.

arm [ɑːm] n [of person] ramię n; [of chair] poręcz f; [of garment] rękaw m.

arm bands npl [for swimming] nadmuchiwane rękawki mpl.

armchair ['ɑːmtʃeə'] n fotel m.

armed [ɑːmd] adj [person] uzbrojony.

armed forces *npl* : **the armed forces** siły *fpl* zbrojne.

armor *US* = armour.

armour ['ɑːmə^r] *n UK* zbroja *f*.

armpit ['ɑːmpɪt] *n* pacha *f*.

arms [ɑːmz] *npl* [weapons] broń *f*.

army ['ɑːmɪ] *n* MIL wojsko *n*.

A-road *n UK* droga *f* główna.

aroma [ə'rəʊmə] *n* aromat *m*.

aromatic [ærə'mætɪk] *adj* aromatyczny.

arose [ə'rəʊz] *pt* ⊏> arise.

around [ə'raʊnd] <> *adv* [about, round] tu i tam; [present] gdzieś w pobliżu. <> *prep* [surrounding] wokół; [to the other side of] dookoła; [near] koło; [all over] dookoła; [approximately] około • **to go around the corner** skręcić za róg; **around here** [in the area] w pobliżu; **to turn around** odwrócić się; **to look around** [turn head] obejrzeć się; [in shop, city] rozejrzeć się; **to wander around the town** spacerować po mieście.

arouse [ə'raʊz] *vt* [suspicion, fear, interest] wzbudzać/wzbudzić.

arrange [ə'reɪndʒ] *vt* [flowers, books] układać/ułożyć; [meeting, event] organizować/zorganizować • **to arrange to do sthg (with sb)** umawiać się (z kimś), że się coś zrobi.

arrangement [ə'reɪndʒmənt] *n* [agreement] umowa *f*; [layout] układ *m* • **by arrangement** po wcześniejszym umówieniu; **to make arrangements (to do sthg)** poczynić przygotowania do (zrobienia czegoś).

arrest [ə'rest] *vt* [criminal] aresztować/zaaresztować • **under arrest** aresztowany.

arrival [ə'raɪvl] *n* [of person, train] przyjazd *m*; [of plane] przylot *m* • **on arrival** w momencie przybycia; **new arrival** [person] nowo przybyły.

arrive [ə'raɪv] *vi* [person, train] przyjeżdżać/przyjechać; [plane] przylatywać/przylecieć; [letter] przychodzić/przyjść • **to arrive at** [place] dotrzeć do.

arrogant ['ærəgənt] *adj* arogancki.

arrow ['ærəʊ] *n* [for shooting] strzała *f*; [sign] strzałka *f*.

arson ['ɑːsn] *n* podpalenie *n*.

art [ɑːt] *n* sztuka *f*. ⟩⟩ **arts** *npl* [humanities] kultura i sztuka • **the art** [fine arts] sztuki *fpl* piękne.

artefact ['ɑːtɪfækt] *n* wytwór *m* pracy ludzkiej.

artery ['ɑːtərɪ] *n* tętnica *f*.

art gallery *n* galeria *f* sztuki.

arthritis [ɑː'θraɪtɪs] *n* artretyzm *m*.

artichoke ['ɑːtɪtʃəʊk] *n* karczoch *m*.

article ['ɑːtɪkl] *n* [object] przedmiot *m*; [in newspaper] artykuł *m*; GRAM przedimek *m*.

articulate *adj* [ɑː'tɪkjʊlət] elokwentny.

artificial ['ɑːtɪ'fɪʃl] *adj* sztuczny.

artist ['ɑːtɪst] *n* [painter] twórca *m*, twórczyni *f*; [performer] artysta *m*, artystka *f*.

artistic [ɑː'tɪstɪk] *adj* [design, person] artystyczny.

arts centre *n* centrum *n* sztuki.

arty ['ɑːtɪ] *adj pej* pretensjonalny.

as <> *conj* -**1.** [referring to time] gdy ; **as the plane was coming in to land** kiedy samolot podchodził do lądowania. -**2.** [referring to manner] tak jak ; **do as**

you like rób, jak chcesz; **as expected, ...** zgodnie z oczekiwaniami. **-3.** [introducing a statement] jak ; **as you know ...** jak ci wiadomo... **-4.** [because] ponieważ. **-5.** [in phrases] : **as for** co do; **as from** od; **as if** jak gdyby. ◇ *prep* [referring to function, job] jako.

asap (*abbr of* **as soon as possible**) jak najszybciej.

ascent [ə'sent] *n* [climb] wspinanie się *n*.

ascribe [ə'skraıb] *vt* : **to ascribe sthg to sthg** [situation, success] przypisywać/przypisać coś czemuś; **to ascribe sthg to sb** [quality] przypisywać/przypisać coś komuś.

ash *n* [from cigarette, fire] popiół *m*; [tree] jesion *m*.

ashore [ə'ʃɔːʳ] *adv* na brzegu.

ashtray ['æʃtreɪ] *n* popielniczka *f*.

Asia [UK 'eɪʃə, US 'eɪʒə] *n* Azja *f*.

Asian [UK 'eɪʃn, US 'eɪʒn] ◇ *adj* azjatycki. ◇ *n* Azjata *m*, Azjatka *f*.

aside [ə'saɪd] *adv* [to one side] na bok • **to move aside** odsunąć się na bok.

ask [ɑːsk] ◇ *vt* [person] pytać/zapytać; [request] prosić/poprosić; [invite] zapraszać/zaprosić. ◇ *vi* : **to ask about sthg** [enquire] pytać/zapytać o coś • **to ask sb a question** zadać komuś pytanie; **to ask sb about sthg** pytać/zapytać kogoś o coś; **to ask sb sthg** pytać/zapytać kogoś o coś; **to ask sb to do sthg** prosić/poprosić kogoś, żeby coś zrobił; **to ask sb for sthg** prosić/poprosić kogoś o coś. ➡ **ask for** ◇ *vt insep* [ask to talk to] prosić/poprosić; [request] prosić/poprosić o.

asleep [ə'sliːp] *adj* pogrążony we śnie • **to fall asleep** zasnąć.

AS level *n* UK *dodatkowy egzamin maturalny na poziomie zaawansowanym.*

asparagus [ə'spærəgəs] *n* szparag *m*.

aspect ['æspekt] *n* [of situation, issue, plan] aspekt *m*.

aspirin ['æspərın] *n* aspiryna *f*.

ass [æs] *n* [animal] osioł *m*.

assassinate [ə'sæsıneıt] *vt* dokonywać/dokonać zamachu na.

assault [ə'sɔːlt] ◇ *n* [on person] napaść *f*. ◇ *vt* napadać/napaść.

assemble [ə'sembl] ◇ *vt* [bookcase, model] składać/złożyć. ◇ *vi* zbierać/zebrać się.

assembly [ə'semblı] *n* [at school] apel *m*.

assembly hall *n* [at school] aula *f*.

assembly point *n* [at airport, in shopping centre] miejsce *n* zbiórki.

assert [ə'sɜːt] *vt* [fact, innocence] utrzymywać; [authority] zaznaczać/zaznaczyć • **to assert o.s.** zachowywać się z pewnością siebie.

assess [ə'ses] *vt* [person, situation, effect] oceniać/ocenić; [value, damage] szacować/oszacować.

assessment [ə'sesmənt] *n* [of situation, person, effect] ocena *f*; [of value, damage, cost] oszacowanie *n*.

asset ['æset] *n* [valuable person] cenny nabytek *m*; [valuable skill] atut *m*.

assign [ə'saın] *vt* : **to assign sthg to sb** [give] przydzielać/przydzielić coś komuś; **to assign sb to sthg** [designate] wyznaczać/wyznaczyć kogoś do zrobienia czegoś.

assignment [ə'saɪnmənt] n zadanie n.

assist [ə'sɪst] vt pomagać/pomóc.

assistance [ə'sɪstəns] n pomoc f • **to be of assistance (to sb)** służyć (komuś) pomocą.

assistant [ə'sɪstənt] n asystent m, -ka f.

associate <> n [ə'səʊʃɪət] wspólnik m, wspólniczka f. <> vt [ə'səʊʃɪeɪt] : **to associate sb/sthg with** kojarzyć/skojarzyć kogoś/coś z czymś • **to be associated with** [attitude, person] być kojarzonym z.

association [ə'səʊsɪ'eɪʃn] n [group] stowarzyszenie n.

assorted [ə'sɔːtɪd] adj różnorodny • **in assorted colours/sizes** w różnych kolorach/rozmiarach.

assortment [ə'sɔːtmənt] n asortyment m.

assume [ə'sjuːm] vt [suppose] zakładać/założyć; [take control] obejmować/objąć; [take responsibility] brać/wziąć na siebie.

assurance [ə'ʃʊərəns] n [promise] zapewnienie n; [insurance] ubezpieczenie n.

assure [ə'ʃʊəʳ] vt zapewniać/zapewnić • **to assure sb (that)** ... zapewniać kogoś, że...

asterisk ['æstərɪsk] n gwiazdka f.

asthma ['æsmə] n astma f.

asthmatic [æs'mætɪk] adj astmatyczny.

astonished [ə'stɒnɪʃt] adj zdziwiony.

astonishing [ə'stɒnɪʃɪŋ] adj zadziwiający.

astound [ə'staʊnd] vt zdumiewać.

astray [ə'streɪ] adv : **to go astray** gubić/zagubić się.

astrology [ə'strɒlədʒɪ] n astrologia f.

astronomy [ə'strɒnəmɪ] n astronomia f.

asylum [ə'saɪləm] n [mental hospital] szpital m psychiatryczny; [political] azyl m.

at [(weak form) ət, (strong form) æt] prep -1. [indicating place, position] w ; **at school** w szkole; **at the hotel** w hotelu; **at home** w domu; **at my mother's** u mojej mamy. -2. [indicating direction] w ; **to look at sb** patrzeć na kogoś; **to smile at sb** uśmiechać/uśmiechnąć się do kogoś. -3. [indicating time] o ; **at nine o'clock** o godzinie dziewiątej; **at night** w nocy; **at Xmas** na Boże Narodzenie. -4. [indicating rate, level, speed] : **it works out at £5 each** wychodzi po 5 funtów za każdy; **at 60 km/h** z prędkością 60 km na godzinę. -5. [indicating activity] : **to be hard at work** ciężko pracować; **to be at lunch** być na lunchu; **to spend hours at sthg** spędzać godziny na czymś; **to be good/bad at sthg** być w czymś dobrym/słabym. -6. [indicating cause] z ; **to be surprised at sthg** być zaskoczonym czymś; **to be angry at sb** być złym na kogoś; **to be pleased at sthg** być zadowolonym z czegoś.

ate [UK et, US eɪt] pt ⊳ **eat**.

atheist ['eɪθɪɪst] n ateista m, ateistka f.

athlete ['æθliːt] n lekkoatleta m, lekkoatletka f.

athletics [æθ'letɪks] n lekkoatletyka f.

Atlantic [ət'læntɪk] n : **the Atlantic (Ocean)** Ocean m Atlantycki.

atlas n atlas m.

atmosphere ['ætmə'sfɪə'] *n* atmosfera *f*.

atom ['ætəm] *n* atom *m*.

A to Z *n* [map] plan *m* miasta.

atrocious [ə'trəʊʃəs] *adj* okropny.

attach [ə'tætʃ] *vt* przymocowywać/przymocować • **to attach sthg to sthg** przymocować coś do czegoś.

attachment [ə'tætʃmənt] *n* [device] nasadka *f*; [to e-mail] załącznik *m*.

attack [ə'tæk] ◇ *n* atak *m*. ◇ *vt* atakować/zaatakować.

attacker [ə'tækə'] *n* napastnik *m*, napastniczka *f*.

attain [ə'teɪn] *vt fml* osiągać/osiągnąć.

attempt [ə'tempt] ◇ *n* próba *f*. ◇ *vt* próbować/spróbować • **to attempt to do sthg** usiłować coś zrobić.

attend [ə'tend] *vt* [to go to] chodzić; [be present at] uczestniczyć • **to attend school/Mass** chodzić do szkoły/na mszę; **to attend a meeting** uczestniczyć w zebraniu. ⇒ **attend to** *vt insep* [deal with] zajmować/zająć się czymś.

attendance [ə'tendəns] *n* [people at concert, match] frekwencja *f*; [at school] obecność *f*.

attendant [ə'tendənt] *n* członek *m* obsługi.

attention [ə'tenʃn] *n* uwaga *f* • **to pay attention (to)** zwracać uwagę (na).

attic *n* strych *m*.

attitude ['ætɪtjuːd] *n* nastawienie *n*.

attorney [ə'tɜːnɪ] *n US* prawnik *m*.

attract [ə'trækt] *vt* [be attracted to] pociągać/pociągnąć; [draw towards] przyciągać/przyciągnąć.

attraction [ə'trækʃn] *n* [liking] pociąg *m*; [attractive feature] atrakcyjność *f*; [of town, resort] atrakcja *f*.

attractive [ə'træktɪv] *adj* [person, offer] atrakcyjny; [idea] interesujący.

attribute *vt* [ə'trɪbjuːt] : **to attribute sthg to** przypisywać/przypisać coś.

aubergine ['əʊbəʒiːn] *n UK* bakłażan *m*.

auburn ['ɔːbən] *adj* kasztanowy.

auction ['ɔːkʃn] *n* aukcja *f*.

audience ['ɔːdjəns] *n* [of play, concert, film] widownia *f*; [of TV] telewidzowie *mpl*; [of radio] radiosłuchacze *mpl*.

audio ['ɔːdɪəʊ] *adj* audio.

audio-visual *adj* audiowizualny.

auditorium ['ɔːdɪ'tɔːrɪəm] *n* [in theatre] widownia *f*; [lecture hall] sala *f* wykładowa.

Aug. (*abbr of* **August**) *sierpień*.

August *n* sierpień *m see also* **September**.

aunt [ɑːnt] *n* ciotka *f*.

au pair ['əʊ'peə'] *n* au pair.

aural ['ɔːrəl] *adj* słuchowy.

Australia [ɒ'streɪljə] *n* Australia *f*.

Australian [ɒ'streɪljən] ◇ *adj* australijski. ◇ *n* [person] Australijczyk *m*, Australijka *f*.

Austria ['ɒstrɪə] *n* Austria *f*.

Austrian ['ɒstrɪən] ◇ *adj* austriacki. ◇ *n* [person] Austriak *m*, Austriaczka *f*.

authentic [ɔː'θentɪk] *adj* autentyczny.

author ['ɔːθə'] *n* [of book, article] autor *m*, -ka *f*; [by profession] pisarz *m*, pisarka *f*.

authority [ɔː'θɒrətɪ] *n* [power] władza *f*; [official organization] władze *pl* • **the authorities** władze *pl*.

authorization [ˌɔːθəraɪ'zeɪʃn] *n* upoważnienie *n*.

authorize [ˈɔːθəraɪz] *vt* upoważniać/upoważnić • **to authorize sb to do sthg** upoważnić kogoś do zrobienia czegoś.

autobiography [ˌɔːtəbaɪ'ɒgrəfɪ] *n* autobiografia *f*.

autograph [ˈɔːtəgrɑːf] *n* autograf *m*.

automatic [ˌɔːtə'mætɪk] <> *adj* automatyczny. <> *n* [car] samochód *m* z automatyczną skrzynią biegów.

automatically [ˌɔːtə'mætɪklɪ] *adv* automatycznie.

automobile [ˈɔːtəməbiːl] *n US* samochód *m*.

autumn [ˈɔːtəm] *n* jesień *f* • **in (the) autumn** jesienią.

auxiliary (verb) *n* czasownik *m* posiłkowy.

available [ə'veɪləbl] *adj* [funds, details, product] dostępny; [table, seat] wolny; [person] wolny • **to be available for sthg** mieć czas na coś.

avalanche [ˈævəlɑːnʃ] *n* lawina *f*.

Ave. (*abbr of* avenue) al. *f*.

avenue [ˈævənjuː] *n* [road] aleja *f*.

average [ˈævərɪdʒ] <> *adj* średni; [not very good] przeciętny. <> *n* średnia *f* • **on average** średnio.

aversion [ə'vɜːʃn] *n* [dislike] niechęć *f*.

aviation [ˌeɪvɪ'eɪʃn] *n* lotnictwo *n*.

avid [ˈævɪd] *adj* zapalony.

avocado (pear) *n* awokado *n*.

avoid [ə'vɔɪd] *vt* [generally] unikać/ uniknąć; [town center] omijać/ ominąć • **to avoid doing sthg** unikać robienia czegoś.

await [ə'weɪt] *vt* oczekiwać.

awake [ə'weɪk] (*pt* awoke, *pp* awoken) <> *adj* : **to be awake** nie spać. <> *vi* budzić/obudzić się.

award [ə'wɔːd] <> *n* [prize] nagroda *f*. <> *vt* : **to award sb sthg** przyznawać/przyznać komuś coś.

aware [ə'weəʳ] *adj* [conscious] świadomy • **to be aware (of sthg)** być świadomym (czegoś).

away [ə'weɪ] *adv* -1. [movement from] : **to turn away (from sb)** odwracać się/odwrócić się (od kogoś); **to walk away (from sb)** odchodzić/odejść (od kogoś); **to drive away** odjeżdżać/odjechać; **to take sthg away (from sb)** odbierać/odebrać (coś komuś). -2. [safe place] : **to put sthg away** odkładać/odłożyć coś; **to lock sb/sthg somewhere** zamykać/zamknąć kogoś/coś gdzieś. -3. [absence] : **to be away from home** być z dala od domu; **to be away (from work/school)** być nieobecnym w pracy/szkole; **to go away on holiday** wyjechać na wakacje. -4. [distance in space] : **far away** daleko; **it's 10 miles away (from here)** to jest 10 mil stąd. -5. [distance in time] : **it's two weeks away** to będzie za dwa tygodnie.

awesome [ˈɔːsəm] *adj* [impressive] robiący wrażenie; *inf* [excellent] fantastyczny.

awful [ˈɔːfʊl] *adj* [very bad] okropny; *inf* [very great] straszny.

awfully [ˈɔːflɪ] *adv* [very] strasznie.

awkward [ˈɔːkwəd] *adj* [position, shape] niewygodny; [movement] niezdarny; [situation] niezręczny;

[time] niedogodny; [question] kłopotliwy; [task] trudny.

awning ['ɔːnɪŋ] *n* markiza *f.*

awoke [ə'wəʊk] *pt* ⊳ awake.

awoken [ə'wəʊkn] *pp* ⊳ awake.

axe [æks] *n* siekiera *f.*

axle ['æksl] *n* oś *f* (koła).

B

BA (*abbr of* **Bachelor of Arts**) *licencjat w dziedzinie nauk humanistycznych.*

babble ['bæbl] *vi* bełkotać.

baby ['beɪbɪ] *n* niemowlę *n* • **to have a baby** urodzić dziecko; **baby sweetcorn** minikolba *f* kukurydzy.

baby carriage *n US* wózek *m* dziecinny.

baby food *n* odżywka *f* dla niemowląt.

baby-sit *vi* *zajmować się dzieckiem.*

baby wipe *n* chusteczka *f* pielęgnacyjna dla niemowląt.

back [bæk] ⟨⟩ *adv* [towards the back] do tyłu; [to previous position, state, owner] z powrotem [in return] : **to write back** odpisać; : **to call back** oddzwonić. ⟨⟩ *n* [of person] plecy *pl*; [of chair] oparcie *n*; [of room] głębia *f*; [of car] tył *m*; [of book, of hand] grzbiet *m*; [of banknote] odwrotna strona *f.* ⟨⟩ *adj* [seat, wheels] tylny. ⟨⟩ *vi* [car, driver] cofać/cofnąć się. ⟨⟩ *vt* [support] popierać/poprzeć • **at the back**

of z tyłu; **in back of** *US* z tyłu; **back to front** tył na przód; **to hold sb back** powstrzymywać kogoś; **stand back!** cofnij się. ➡ **back up** • *vt sep* [support] popierać/poprzeć. ⟨⟩ *vi* [car, driver] cofać/cofnąć się.

backache ['bækeɪk] *n* ból *m* pleców.

backbone ['bækbəʊn] *n* kręgosłup *m.*

back door *n* tylne wejście *n.*

backfire ['bæk'faɪər] *vi* : **the car backfired** gaźnik samochodu strzelił.

background ['bækgraʊnd] *n* [of person] pochodzenie *n*; [in picture, on stage] drugi plan *m*; [to situation] kontekst *m.*

backlog ['bæklɒg] *n* zaległości *fpl.*

backpack ['bækpæk] *n* plecak *m.*

backpacker ['bækpækər] *n* turysta *m* z plecakiem.

back seat *n* tylne siedzenie *n.*

backside ['bæksaɪd] *n inf* tyłek *m.*

back street *n* uliczka *f.*

backstroke ['bækstrəʊk] *n* styl *m* grzbietowy.

backwards ['bækwədz] *adv* [move, look] do tyłu; [the wrong way round] odwrotnie; [from the end] od końca • **to put sthg on backwards** założyć coś tyłem na przód.

bacon ['beɪkən] *n* bekon *m* • **bacon and eggs** jajka *npl* na bekonie.

bacteria [bæk'tɪərɪə] *npl* bakterie *fpl.*

bad [bæd] (*compar* **worse**, *superl* **worst**) *adj* [unpleasant] zły; [harmful] szkodliwy; [serious] poważny; [poor, weak] słaby; [naughty] niegrzeczny; [diseased] chory; [rotten, off] zepsuty • **not bad** niezły; **to catch a bad cold** ciężko się przeziębić.

badge [bædʒ] *n* odznaka *f*.

badger ['bædʒəʳ] *n* borsuk *m*.

badly ['bædlɪ] (*compar* **worse**, *superl* **worst**) *adv* [poorly] źle; [seriously] ciężko; [very much] bardzo.

badly paid *adj* źle opłacany.

badminton ['bædmɪntən] *n* badminton *m*.

bad-tempered *adj* [by nature] wybuchowy; [in a bad mood] zirytowany.

bag [bæg] *n* torba *f*; [handbag] torebka (*damska*) *f* • **a bag of crisps** paczka *f* czipsów.

bagel ['beɪgəl] *n kręcony obwarzanek żydowski.*

baggage ['bægɪdʒ] *n* bagaż *m*.

baggage allowance *n* dozwolona ilość *f* bagażu.

baggage reclaim *n* [at airport] odbiór *m* bagażu.

baggage trolley *n* wózek *m* bagażowy.

baggy ['bægɪ] *adj* workowaty.

bagpipes ['bægpaɪps] *npl* dudy *pl.*

bail [beɪl] *n* kaucja *f.*

bait [beɪt] *n* przynęta *f.*

bake [beɪk] <> *vt* piec/upiec. <> *n* CULIN : **vegetable bake** jarzyny zapiekane.

baked *adj* CULIN pieczony.

baked Alaska ['beɪkt-] *n biszkopt z lodami podawany na gorąco.*

baked beans ['beɪkt-] *npl* fasolka *f* w sosie pomidorowym.

baked potato ['beɪkt-] *n* ziemniak *m* pieczony w łupinie.

baker ['beɪkəʳ] *n* piekarz *m* & *f* • **baker's** [shop] piekarnia *f.*

Bakewell tart *n tarta wypełniona ciastem biszkoptowym o smaku migdałowym przekładanym konfiturą.*

balance ['bæləns] <> *n* [of person] równowaga *f*; [of bank account] saldo *n*; [remainder] różnica *f.* <> *vt* [object] utrzymywać/utrzymać w równowadze • **to pay the balance** zapłacić pozostałą sumę.

balcony ['bælkənɪ] *n* balkon *m.*

bald [bɔːld] *adj* łysy.

bale [beɪl] *n* bela *f.*

ball [bɔːl] *n* [in football, rugby, tennis] piłka *f*; [in snooker] kula *f*; [in table tennis] piłeczka *f*; [of wool, string] kłębek *m*; [of paper] kulka *f*; [dance] bal *m* • **on the ball** *fig* na fali.

ballad ['bæləd] *n* ballada *f.*

ballerina ['bælə'riːnə] *n* baletnica *f.*

ballet ['bæleɪ] *n* balet *m.*

ballet dancer *n* tancerz *m* baletowy, tancerka *f* baletowa.

balloon [bə'luːn] *n* balon *m.*

ballot ['bælət] *n* głosowanie *n.*

ballpoint pen *n* długopis *m.*

ballroom ['bɔːlrʊm] *n* sala *f* balowa.

ballroom dancing *n* taniec *m* towarzyski.

bamboo [bæm'buː] *n* bambus *m.*

bamboo shoots *npl* CULIN pędy *mpl* bambusa.

ban [bæn] <> *n* zakaz *m.* <> *vt* zakazywać/zakazać • **to ban sb from doing sthg** zakazać komuś robienia czegoś.

banana [bə'nɑːnə] *n* banan *m.*

banana split *n banan z lodami i bitą śmietaną.*

band [bænd] *n* [musical group] zespół *m*; [rubber] gumka *f*; [strip of paper] pasek *m.*

bandage [ˈbændɪdʒ] <> *n* bandaż *m*. <> *vt* bandażować/zabandażować.

B and B *n* = bed and breakfast.

bandstand [ˈbændstænd] *n* estrada *f*.

bang [bæŋ] <> *n* [loud noise] huk *m*. <> *vt* [hit loudly] walić/walnąć; [shut loudly] trzaskać/trzasnąć; [injure] walić/walnąć się • **to bang one's head on the ceiling** walnąć się głową o sufit.

banger [ˈbæŋəʳ] *n UK inf* [sausage] kiełbaska *f* • **bangers and mash** kiełbaski *fpl* z ziemniakami purée.

bangle [ˈbæŋgl] *n* bransoleta *f*.

bangs *npl US* grzywka *f*.

banister [ˈbænɪstəʳ] *n* poręcz *f*.

banjo [ˈbændʒəʊ] *n* banjo *n*.

bank [bæŋk] *n* [for money] bank *m*; [of river, lake] brzeg *m*; [slope] skarpa *f*.

bank account *n* konto *n* bankowe.

bank charges *npl* opłaty *fpl* manipulacyjne.

bank clerk *n* urzędnik *m* bankowy, urzędniczka *f* bankowa.

bank draft *n* przekaz *m* bankowy.

banker [ˈbæŋkəʳ] *n* bankier *m*.

banker's card *n* karta *f* czekowa.

bank holiday *n UK* dzień *m* wolny od pracy.

bank manager *n* dyrektor *m* oddziału banku.

bank note *n* banknot *m*.

bankrupt [ˈbæŋkrʌpt] *adj* [person] zrujnowany; [company] upadły.

bank statement *n* wyciąg *m* z konta.

banner [ˈbænəʳ] *n* [in demonstration] transparent *m*.

banoffi pie *n tarta z karmelem, bananami i kremem.*

bannister [ˈbænɪstəʳ] = banister.

banquet [ˈbæŋkwɪt] *n* [formal dinner] bankiet *m*.

bap [bæp] *n UK* miękka bułka *f*.

baptize *vt* chrzcić/ochrzcić.

bar [bɑː] <> *n* [pub, in hotel, counter] bar *m*; [of metal, wood] pręt *m*; [of soap] kostka *f*; [of chocolate] tabliczka *f*. <> *vt* [obstruct] blokować/zablokować.

barbecue [ˈbɑːbɪkjuː] <> *n* grill *m*. <> *vt* piec/upiec na grillu.

barbecue sauce *n ostry sos podawany zazwyczaj do potraw z grilla.*

barbed wire *n* drut *m* kolczasty.

barber [ˈbɑːbəʳ] *n* fryzjer *m* męski • **barber's** [shop] męski zakład *m* fryzjerski.

bar code *n* kod *m* kreskowy.

bare [beəʳ] *adj* [feet] bosy; [head, arms] goły; [room, cupboard] pusty • **the bare minimum** absolutne minimum *n*.

barefoot [ˈbeəfʊt] *adv* boso.

barely [ˈbeəlɪ] *adv* ledwo.

bargain [ˈbɑːgɪn] <> *n* [agreement] umowa *f*; [cheap buy] okazja *f*. <> *vi* [haggle] targować się. <> **bargain for** <> *vt insep* oczekiwać.

bargain basement *n dział sklepu, w którym można nabyć towary z przeceny.*

barge [bɑːdʒ] *n* barka *f*. <> **barge in** *vi* [enter rudely] wtargnąć; [interrupt rudely] : **to barge (on sb)** przerwać (komuś) bezceremonialnie.

bark [bɑːk] <> n [of tree] kora f. <> vi szczekać/zaszczekać.

barley ['bɑːlɪ] n jęczmień m.

barmaid ['bɑːmeɪd] n barmanka f.

barman ['bɑːmən] (pl -men [-mən]) n barman m.

bar meal n danie n barowe.

barn [bɑːn] n stodoła f.

barometer [bə'rɒmɪtəʳ] n barometr m.

baron ['bærən] n baron m.

baroque [bə'rɒk] adj barokowy.

barracks npl koszary pl.

barrage ['bærɑːʒ] n [of questions, criticism] grad m.

barrel ['bærəl] n [of beer, wine, oil] beczka f; [of gun] lufa f.

barren ['bærən] adj [land, soil] jałowy.

barricade ['bærɪ'keɪd] n barykada f.

barrier ['bærɪəʳ] n bariera f.

barrister ['bærɪstəʳ] n UK adwokat m, -ka f.

bartender ['bɑːtendəʳ] n US barman m, -ka f.

barter ['bɑːtəʳ] vi prowadzić handel wymienny.

base [beɪs] <> n [of lamp] podstawa f; [of pillar] baza f; [of mountain] podnóże n; MIL baza f. <> vt : to base sthg on opierać/oprzeć coś na • to be based [located] mieć siedzibę.

baseball ['beɪsbɔːl] n baseball m.

baseball cap n bejsbolówka f.

basement ['beɪsmənt] n [cheap flat] suterena f; [cellar] piwnica f.

bases ['beɪsiːz] pl ⊳ basis.

bash [bæʃ] vt inf : to bash one's head rąbnąć się w głowę.

basic <> adj [fundamental] podstawowy; [accommodation, meal] skromny. <> npl : the basics artykuły mpl pierwszej potrzeby.

basically ['beɪsɪklɪ] adv właściwie.

basil ['beɪzl] n bazylia f.

basin ['beɪsn] n [washbasin] umywalka f; [bowl] miska f.

basis ['beɪsɪs] (pl -ses [-siːz]) n podstawa f • on a weekly basis co tydzień; on the basis of na podstawie.

basket ['bɑːskɪt] n [container] koszyk m.

basketball ['bɑːskɪtbɔːl] n [game] koszykówka f.

basmati rice [bæz'mɑːtɪ] n ryż m basmati.

bass¹ n [singer] bas m.

bass² n [freshwater fish] okoń m.

bass (guitar) n gitara f basowa.

bassoon [bə'suːn] n fagot m.

bastard ['bɑːstəd] n vulg sukinsyn m.

bat [bæt] n [in cricket, baseball] kij m; [in table tennis] rakietka f; [animal] nietoperz m.

batch [bætʃ] n [of goods] partia f.

bath [bɑːθ] <> n [wash] kąpiel f; [tub] wanna f. <> vt kąpać/wykąpać • to have a bath wykąpać się. ⮞ **baths** <> npl UK [public swimming pool] basen m.

bathe [beɪð] vi UK [swim] kąpać/wykąpać się; US [have bath] kąpać/wykąpać się.

bathing ['beɪðɪŋ] n UK kąpiel f.

bathrobe ['bɑːθrəʊb] n [for bathroom, swimming pool] płaszcz m kąpielowy; [dressing gown] szlafrok m.

bathroom ['bɑːθrʊm] n [room with bath] łazienka f; US [toilet] toaleta f.

bathroom cabinet n szafka f łazienkowa.

bathtub ['bɑːθtʌb] n wanna f.

baton ['bætən] n [of conductor] batuta f; [truncheon] pałka f policyjna.

batter ['bætəʳ] <> n CULIN rzadkie ciasto m. <> vt [wife, child] bić/zbić.

battered ['bætəd] adj CULIN : **battered sausage** kiełbaska f smażona w cieście.

battery ['bætərı] n [for radio, torch etc] bateria f; [for car] akumulator m.

battery charger n [for car battery] prostownik m; [for mobile phone] ładowarka f.

battle ['bætl] n [in war] bitwa f; [struggle] walka f.

battlefield ['bætlfiːld] n pole n bitwy.

battlements npl blanki pl.

battleship ['bætlʃɪp] n pancernik m.

bay [beɪ] n zatoka f.

bay leaf n liść m laurowy.

bay window n okno n wykuszowe.

BB = bed and breakfast.

BC (abbr of before Christ) p.n.e.

be [biː] (pt was, were, pp been) <> vi -1. [exist] być ; **there is/are** jest/są; **are there any shops near here?** czy w pobliżu są jakieś sklepy? -2. [referring to location] znajdować się ; **the hotel is near the airport** hotel znajduje się przy lotnisku; **I'll be there at six o'clock** będę tam o szóstej. -3. [referring to movement] być ; **have you ever been to Ireland?** czy kiedykolwiek byłeś w Irlandii?; **I'll be there in ten minutes** będę tam za dziesięć minut. -4. [occur] być. -5. [identifying, describing] być ; **he's a doctor** on jest lekarzem; **I'm British** jestem Brytyjczykiem; **I'm hot/cold** jest mi gorąco/zimno. -6. [referring to health] czuć się ; **how are you?** jak się masz?; **I'm fine** w porządku!; **she's ill** ona jest chora. -7. [referring to age] mieć ; **how old are you?** ile masz lat?; **I'm 14 (years old)** mam 14 lat. -8. [referring to cost] kosztować ; **how much is it?** ile to kosztuje?; **it's £10** to kosztuje 10 funtów. -9. [referring to time, dates] być ; **what time is it?** która jest godzina?; **it's ten o'clock** jest dziesiąta. -10. [referring to measurement] mieć ; **it's ten metres long/high** to ma dziesięć metrów długości/wysokości. -11. [referring to weather] być ; **it's hot** jest gorąco; **it's going to be nice today** dzisiaj będzie ładna pogoda. <> aux vb -1. [forming continuous tense] : **I'm learning French** uczę się francuskiego; **we've been visiting the museum** zwiedzaliśmy muzeum. -2. [forming passive] : **the flight was delayed** lot był opóźniony. -3. [with infin to express order] : **all rooms are to be vacated by ten a.m.** wszystkie pokoje należy opuścić do godziny 10 rano; **new arrivals are to wait in reception** nowo przybyli proszeni są o poczekanie w recepcji. -4. [with infin to express future] : **the race is to start at noon** wyścig ma się zacząć w południe; **the hotel is to be built in June** hotel ma być wybudowany w czerwcu. -5. [in tag questions] nieprawdaż ; **it's cold, isn't it?** jest zimno, nieprawdaż?

beach [biːtʃ] n plaża f.

bead [biːd] *n* [of glass, wood *etc*] koralik *m*.

beak [biːk] *n* dziób *m*.

beaker ['biːkə^r] *n* [for drinking] plastikowy kubek *m*.

beam [biːm] ⇔ *n* [of light] snop *m*; [from sun] promień *m*; [of wood, concrete] belka *f*. ⇔ *vi* [smile] uśmiechać/uśmiechnąć się promiennie.

bean [biːn] *n* [generally] fasola *f*; [of coffee] ziarno *n*.

bean curd *n* tofu *n*.

beansprouts *npl* kiełki *mpl*.

bear [beə^r] (*pt* bore, *pp* borne) ⇔ *n* [animal] niedźwiedź *m*. ⇔ *vt* [support] dźwigać/udźwignąć; [endure] znosić/znieść • to bear left/right kierować się na lewo/na prawo.

bearable ['beərəbl] *adj* znośny.

beard [bɪəd] *n* broda *f*.

bearer ['beərə^r] *n* [of cheque] okaziciel *m*, -ka *f*; [of passport] posiadacz *m*, -ka *f*.

bearing ['beərɪŋ] *n* [relevance] : to have no bearing on sthg nie mieć związku z czymś • to get one's bearings zorientować się.

beast [biːst] *n* [animal] zwierzę *n*.

beat [biːt] (*pt* beat, *pp* beaten) ⇔ *n* [of heart, pulse] uderzenie *n*; MUS rytm *m*. ⇔ *vt* [defeat] pobić; [hit] uderzać/uderzyć; [eggs, cream] ubijać/ubić. ➡ **beat down** ⇔ *vt sep* : to beat sb down skłaniać/ skłonić kogoś do obniżenia ceny. ⇔ *vi* [sun] prażyć; [rain] lać się strumieniami. ➡ **beat up** ⇔ *vt sep* bić/pobić.

beautiful ['bjuːtɪfʊl] *adj* [attractive] piękny; [very good] wspaniały.

beauty ['bjuːtɪ] *n* piękno *n*.

beauty parlour *n* salon *m* kosmetyczny.

beauty spot *n* [place] malowniczy zakątek *m*.

beaver ['biːvə^r] *n* bóbr *m*.

became [bɪ'keɪm] *pt* ⊳ become.

because [bɪ'kɒz] *conj* ponieważ • because of z powodu.

beckon ['bekən] *vi* : to beckon (to) skinąć (na).

become [bɪ'kʌm] (*pt* became [bɪ'keɪm]) *vi* stawać/stać się • what became of him? co się z nim stało?

bed *n* [for sleeping in] łóżko *n*; [of river] łożysko *n*; [of sea] dno *n*; CULIN : served on a bed of lettuce/boiled rice podawany z sałatą/gotowanym ryżem • in bed w łóżku; to get out of bed wstać z łóżka; to go to bed pójść do łóżka; to go to bed with sb pójść z kimś do łóżka; to make the bed posłać łóżko.

bed and breakfast *n* UK pokój *m* ze śniadaniem.

bedclothes ['bedkləʊðz] *npl* pościel *f*.

bedding ['bedɪŋ] *n* pościel *f*.

bed linen *n* bielizna *f* pościelowa.

bedroom ['bedrʊm] *n* sypialnia *f*.

bedside table *n* stoliczek *m* nocny.

bedsit ['bed'sɪt] *n* UK kawalerka *f*.

bedspread ['bedspred] *n* narzuta *f*.

bedtime ['bedtaɪm] *n* : it's bedtime pora spać.

bee [biː] *n* pszczoła *f*.

beech [biːtʃ] *n* buk *m*.

beef [biːf] *n* wołowina *f* • beef Wellington *danie z wołowiny i pasztetu w cieście francuskim.*

beefburger ['biːfˈbɜːgəʳ] n hamburger m z wołowiny.

beehive ['biːhaɪv] n ul m.

been [biːn] pp ▷ be.

beer [bɪəʳ] n piwo n • to have a couple of beers wypić parę piw.

beer garden n ogródek m piwny.

beer mat n podkładka f pod piwo.

beetle ['biːtl] n żuk m.

beetroot ['biːtruːt] n burak m ćwikłowy.

before [bɪˈfɔːʳ] ◇ prep przed. ◇ adv [previously] przedtem. ◇ conj zanim • before you leave zanim wyjdziesz; the day before dzień wcześniej; the week before last dwa tygodnie temu.

beforehand [bɪˈfɔːhænd] adv wcześniej.

befriend [bɪˈfrend] vt zaprzyjaźniać/zaprzyjaźnić się z.

beg [beg] ◇ vi żebrać. ◇ vt : to beg sb to do sthg błagać kogoś, żeby coś zrobił; to beg for sthg [for money, food] błagać o coś.

began [bɪˈgæn] pt ▷ begin.

beggar ['begəʳ] n żebrak m, żebraczka f.

begin [bɪˈgɪn] (pt began, pp begun) ◇ vt zaczynać/zacząć. ◇ vi zaczynać/zacząć • to begin doing OR to do sthg zaczynać coś robić; to begin by doing sthg zacząć od zrobienia czegoś; to begin with na początku.

beginner [bɪˈgɪnəʳ] n początkujący m, początkująca f.

beginning [bɪˈgɪnɪŋ] n początek m.

begun [-ˈgʌn] pp ▷ begin.

behalf [bɪˈhɑːf] n : on behalf of w imieniu.

behave [bɪˈheɪv] vi zachowywać/zachować się • to behave (o.s.) [be good] dobrze się sprawować.

behavior US = behaviour.

behaviour [bɪˈheɪvjəʳ] n zachowanie n.

behind [bɪˈhaɪnd] ◇ adv [at the back] z tyłu; [late] : to be half an hour behind schedule spóźniać się o pół godziny. ◇ prep [at the back of, supporting] za. ◇ n inf tyłek m • to leave sthg behind zapominać/zapomnieć o czymś; to stay behind zostawać/zostać.

beige [beɪʒ] adj beżowy.

being ['biːɪŋ] n istota f • to come into being powstać.

belated [bɪˈleɪtɪd] adj spóźniony.

belch [beltʃ] vi bekać/beknąć.

Belgian ['beldʒən] ◇ adj belgijski. ◇ n Belg m, Belgijka f.

Belgian waffle n US gofr m.

Belgium ['beldʒəm] n Belgia f.

belief [bɪˈliːf] n [faith] wiara f; [opinion] przekonanie n.

believe [bɪˈliːv] ◇ vt [person, story] wierzyć/uwierzyć; [think] sądzić. ◇ vi : to believe in [God, human rights] wierzyć w • to believe in doing sthg wierzyć w słuszność robienia czegoś.

believer [bɪˈliːvəʳ] n wierzący m, wierząca f.

bell [bel] n [church] dzwon m; [phone, door] dzwonek m.

bellboy ['belbɔɪ] n boy m hotelowy.

bellow ['beləʊ] vi ryczeć/zaryczeć.

belly ['belɪ] n inf brzuch m.

belly button n inf pępek m.

belong [bɪ'lɒŋ] vi [be in right place] mieć swoje miejsce • **to belong to** należeć do.

belongings npl rzeczy fpl • **personal belongings** rzeczy osobiste.

below [bɪ'ləʊ] <> adv poniżej; [downstairs] niżej. <> prep [lower than] poniżej.

belt [belt] n [for clothes] pasek m; TECH taśma f.

beltway ['belt'weɪ] n US obwodnica f.

bench [bentʃ] n ławka f.

bend [bend] <> (pt & pp bent) n [in road, river] zakręt m; [in pipe] wygięcie n. <> vt [leg, knees, pipe] zginać/zgiąć. <> vi [road, river] zakręcać/zakręcić; [pipe] wyginać/wygiąć się. ◆ **bend down** <> vi pochylać/pochylić się. ◆ **bend over** <> vi nachylać/nachylić się.

beneath [bɪ'ni:θ] adv & prep [below] poniżej • **beneath the table** pod stołem.

beneficial [benɪ'fɪʃl] adj dobroczynny • **to be beneficial for sb** być korzystnym dla kogoś.

benefit ['benɪfɪt] <> n [advantage] korzyść f; [money] świadczenie n. <> vt przynosić/przynieść korzyść. <> vi : **to benefit (from)** korzystać/skorzystać (z) • **for the benefit of** z myślą o.

benign [bɪ'naɪn] adj MED łagodny.

bent [bent] pt & pp ⊳ bend.

bereaved [bɪ'ri:vd] adj pogrążony w żałobie.

beret ['bereɪ] n beret m.

Bermuda shorts npl bermudy pl.

berry ['berɪ] n jagoda f.

berserk [bə'zɜ:k] adj : **to go berserk** wpaść w szał.

berth [bɜ:θ] n [for ship] stanowisko n (cumownicze); [in ship] koja f; [in train] kuszetka f.

beside [bɪ'saɪd] prep [next to] obok, przy • **beside the point** nie w tym rzecz.

besides [bɪ'saɪdz] <> adv [also] ponadto. <> prep [as well as] oprócz.

best [best] <> adj najlepszy. <> adv najlepiej. <> n : **the best** najlepszy; **a pint of best** [beer] duże piwo • **the best thing to do is...** najlepsze, co można zrobić to...; **to make the best of sthg** zrobić najlepszy użytek z czegoś; **to do one's best** dołożyć wszelkich starań; **to like sthg best** najbardziej coś lubić; **'best before...'** należy spożyć przed...; **at best** w najlepszym razie; **all the best!** wszystkiego najlepszego.

best man n drużba m.

best-seller n [book] bestseller m.

bet [bet] <> (pt & pp bet) <> n [of money] zakład m. <> vt [gamble] stawiać/postawić. <> vi : **to bet (on)** stawiać/postawić na • **I bet (that) you can't do it** mogę się założyć, że nie potrafisz tego zrobić; **I wouldn't bet on it!** nie liczyłbym na to!; **you bet!** no pewnie!

betray [bɪ'treɪ] vt zdradzać/zdradzić.

better ['betəʳ] <> adj lepszy. <> adv lepiej • **you had better...** lepiej będzie, jeśli...; **to get better** [improve] poprawiać/poprawić się; [in health] zdrowieć/wyzdrowieć; **I'm much better** czuję się dużo lepiej.

betting ['betɪŋ] n zakłady mpl.

betting shop n UK *punkt przyj- mowania zakładów.*

between [bɪ'twiːn] ⟷ *prep* (po)między. ⟷ *adv* • **in be- tween** [in space, time] (po)między jednym a drugim; **between you and me** między nami mówiąc.

beverage ['bevərɪdʒ] n *fml* napój *m.*

beware [bɪ'weəʳ] vi : **to beware of** uważać na • '**beware of the dog**' uwaga! zły pies.

bewildered [bɪ'wɪldəd] adj oszo- łomiony.

beyond [bɪ'jɒnd] ⟷ *prep* [on far side of] za; [later than] po; [outside] poza. ⟷ *adv* dalej.

biased ['baɪəst] adj stronniczy.

bib [bɪb] n [for baby] śliniak *m.*

bible ['baɪbl] n Biblia *f.*

biceps ['baɪseps] n biceps *m.*

bicycle ['baɪsɪkl] n rower *m.*

bicycle path n ścieżka *f* rowero- wa.

bicycle pump n pompka *f* rowerowa.

bid [bɪd] (pt & pp bid) ⟷ n [at auction] oferta *f*; [attempt] próba *f.* ⟷ vt [money] oferować/zaofe- rować. ⟷ vi : **to bid (for)** [item] brać/wziąć udział w licytacji [contract] stawać/stanąć do prze- targu.

bidet ['biːdeɪ] n bidet *m.*

big [bɪg] adj duży • **my big brother** mój starszy brat; **how big is it?** jakich jest rozmiarów?

bike [baɪk] n *inf* [bicycle] rower *m*; [motorcycle] motocykl *m.*

biking n : **to go biking** wybierać/ wybrać się na wycieczkę rowe- rową.

bikini [bɪ'kiːnɪ] n bikini *n.*

bikini bottom n dół *m* od kostiumu bikini.

bikini top n góra *f* od kostiumu bikini.

bilingual [baɪ'lɪŋgwəl] adj dwuję- zyczny.

bill [bɪl] n [for meal, electricity, hotel] rachunek *m*; US [bank note] banknot *m*; [at cinema, theatre] plakat *m*; POL projekt *m* ustawy • **can I have the bill please?** proszę o rachunek.

billboard ['bɪlbɔːd] n billboard *m.*

billfold ['bɪlfəʊld] n US portfel *m.*

billiards n bilard *m.*

billion ['bɪljən] n US [thousand million] miliard *m*; UK [million million] bilion *m.*

bin [bɪn] n [rubbish bin] kubeł *m* na śmieci; [wastepaper bin] kosz *m* na śmieci; [for bread, flour] po- jemnik *m*; [on plane] schowek *m.*

bind [baɪnd] (pt & pp bound) vt [tie up] związywać/związać.

binding ['baɪndɪŋ] n [of book] oprawa *f*; [for ski] wiązanie *n.*

bingo ['bɪŋgəʊ] n bingo *n.*

binoculars npl lornetka *f.*

biodegradable ['baɪəʊdɪ'greɪ- dəbl] adj rozkładający się natu- ralnie.

biography [baɪ'ɒgrəfɪ] n biografia *f.*

biological ['baɪə'lɒdʒɪkl] adj bio- logiczny.

biology [baɪ'ɒlədʒɪ] n biologia *f.*

birch [bɜːtʃ] n brzoza *f.*

bird [bɜːd] n [animal] ptak *m*; UK *inf* [woman] panienka *f.*

bird-watching n obserwowanie ptaków.

Biro® ['baɪərəʊ] n długopis *m.*

birth [bɜːθ] n narodziny *pl* • **by**

birth z urodzenia; **to give birth to** urodzić.

birth certificate n metryka f urodzenia.

birth control n antykoncepcja f.

birthday ['bɜ:θdeɪ] n urodziny pl • **happy birthday!** wszystkiego najlepszego (z okazji urodzin)!

birthday card n kartka f urodzinowa.

birthday party n przyjęcie n urodzinowe.

birthplace ['bɜ:θpleɪs] n miejsce n urodzenia.

biscuit ['bɪskɪt] n UK herbatnik m; US [scone] *babeczka podawana na ciepło z masłem i dżemem.*

bisexual ['baɪ'sekʃʊəl] ⬦ adj biseksualny. ⬦ n biseksualista m, biseksualistka f.

bishop ['bɪʃəp] n RELIG biskup m; [in chess] goniec m.

bistro ['bi:strəʊ] n bistro n.

bit ⬦ pt ▷ **bite.** ⬦ n [piece] kawałek m; [amount] trochę; [of drill] świder m; [of bridle] wędzidło m • **a bit** trochę; **not a bit** ani trochę; **bit by bit** stopniowo.

bitch [bɪtʃ] n vulg [woman] suka f; [dog] suka f.

bite [baɪt] (pt **bit**, pp **bitten**) ⬦ n [when eating] kęs m; [from insect, snake] ukąszenie n. ⬦ vt [subj: person, dog] gryźć/ugryźć; [subj: insect, snake] ukąsić • **to have a bite to eat** przekąsić coś.

bitter ['bɪtər] ⬦ adj [taste, food] gorzki; [weather] przenikliwie zimny; [wind] przejmujący; [person] zgorzkniały; [argument, conflict] zażarty. ⬦ n UK [beer] *rodzaj piwa o gorzkim smaku.*

bitter lemon n Schweppes® cytrynowy.

bizarre [bɪ'zɑːr] adj dziwaczny.

black [blæk] ⬦ adj czarny; [tea] bez mleka. ⬦ n [colour] czerń f; [person] Murzyn m, -ka f. ➥ **black out** ⬦ vi stracić przytomność.

black and white adj czarno-biały.

blackberry ['blækbərɪ] n jeżyna f.

blackbird ['blækbɜːd] n kos m.

blackboard ['blækbɔːd] n tablica f.

blackcurrant ['blæk'kʌrənt] n czarna porzeczka f.

black eye n podbite oko n.

Black Forest gâteau n tort m szwarcwaldzki.

black ice n gołoledź f.

blackmail ['blækmeɪl] ⬦ n szantaż m. ⬦ vt szantażować/zaszantażować.

blackout ['blækaʊt] n [power cut] przerwa f w dostawie prądu.

black pepper n czarny pieprz m.

black pudding n UK kaszanka f.

blacksmith ['blæksmɪθ] n kowal m.

bladder ['blædər] n pęcherz m moczowy.

blade [bleɪd] n [of knife] ostrze n [of saw] brzeszczot m; [of propeller, oar] pióro n; [of grass] źdźbło n.

blame [bleɪm] ⬦ n wina f. ⬦ vt obwiniać/obwinić • **to blame sb for sthg** winić kogoś za coś; **to blame sthg on sb** zrzucać winę za coś na kogoś.

bland [blænd] adj [food] mdły.

blank [blæŋk] ⬦ adj [space, page] pusty; [cassette] czysty; [expression] bez wyrazu. ⬦ n [empty space] puste miejsce n.

blank cheque n czek m in blanko.

blanket ['blæŋkɪt] *n* koc *m*.

blast [blɑːst] ⬦ *n* [explosion] wybuch *m*; [of air, wind] podmuch *m*. ⬦ *excl inf* o kurczę! • **at full blast** na cały regulator.

blaze [bleɪz] ⬦ *n* [fire] ogień *m*. ⬦ *vi* [fire] płonąć; [sun] prażyć; [light] oślepiać.

blazer ['bleɪzə'] *n marynarka z odznaką szkolną lub klubową na kieszeni.*

bleach [bliːtʃ] ⬦ *n* wybielacz *m*. ⬦ *vt* [hair] rozjaśniać/rozjaśnić; [clothes] wybielać/wybielić.

bleak [bliːk] *adj* ponury.

bleed [bliːd] (*pt & pp* **bled**) *vi* krwawić/wykrwawić.

blend [blend] ⬦ *n* [of coffee, whisky] mieszanka *f*. ⬦ *vt* [mix together] mieszać/wymieszać.

blender ['blendə'] *n* mikser *m*.

bless [bles] *vt* RELIG błogosławić/ pobłogosławić • **bless you!** [said after sneeze] na zdrowie!

blessing ['blesɪŋ] *n* błogosławieństwo *n*.

blew [bluː] *pt* ⟞ **blow**.

blind [blaɪnd] ⬦ *adj* [unable to see] niewidomy. ⬦ *n* [for window] żaluzja *f*. ⬦ *npl* : **the blind** niewidomi *mpl*.

blind corner *n* zakręt *m* z ograniczoną widocznością.

blind date *n* randka *f* w ciemno.

blindfold ['blaɪndfəʊld] ⬦ *n* opaska *f* na oczy. ⬦ *vt* zawiązywać/zawiązać komuś oczy.

blind spot *n* AUT martwy punkt *m*.

blink [blɪŋk] *vi* mrugać/mrugnąć.

bliss [blɪs] *n* rozkosz *f*.

blister ['blɪstə'] *n* pęcherz *m*.

blizzard ['blɪzəd] *n* zamieć *f*.

bloated ['bləʊtɪd] *adj* [after eating] wzdęty.

blob [blɒb] *n* [of cream, paint] kropla *f*.

block [blɒk] ⬦ *n* [of stone, ice] bryła *f*; [of wood] kloc *m*; [building] blok *m*; US [in town, city] kwartał *m*. ⬦ *vt* [obstruct] blokować/zablokować • **I live two blocks away** mieszkam dwie przecznice dalej; **to have a blocked (up) nose** mieć zapchany nos. ⬦ **block up** ⬦ *vt sep* zatykać/zatkać.

blockage ['blɒkɪdʒ] *n* zator *m*.

block capitals *npl* wielkie litery *fpl*.

block of flats *n* blok *m* mieszkalny.

bloke [bləʊk] *n* UK *inf* facet *m*.

blond [blɒnd] *adj* [hair] blond.

blonde [blɒnd] ⬦ *adj* blond. ⬦ *n* blondynka *f*.

blood [blʌd] *n* krew *f*.

blood donor *n* dawca *m*, dawczyni *f* krwi.

blood group *n* grupa *f* krwi.

blood poisoning *n* zakażenie *n* krwi.

blood pressure *n* ciśnienie *n* krwi • **to have high blood pressure** mieć wysokie ciśnienie; **to have low blood pressure** mieć niskie ciśnienie.

bloodshot ['blʌdʃɒt] *adj* przekrwiony.

blood test *n* badanie *n* krwi.

blood transfusion *n* transfuzja *f* krwi.

bloody ['blʌdɪ] ⬦ *adj* [hands, handkerchief] zakrwawiony; UK *vulg* [damn] cholerny. ⬦ *adv* UK *vulg* cholernie.

Bloody Mary n [drink] krwawa Mary f.

bloom [bluːm] ⬦ n kwiat m. ⬦ vi rozkwitać/rozkwitnąć • in bloom kwitnący.

blossom ['blɒsəm] n kwiaty mpl.

blot [blɒt] n [of ink] kleks m.

blotch [blɒtʃ] n plama f.

blotting paper n bibuła f.

blouse [blaʊz] n bluzka f.

blow [bləʊ] (pt blew, pp blown) ⬦ vt [subj: wind] porywać/porwać; [trumpet] dąć/zadąć w; [bubbles] puszczać/puścić. ⬦ vi [person] dmuchać/dmuchnąć; [wind] wiać/powiać; [fuse] przepalać/przepalić się. ⬦ n [hit] cios m • to blow the whistle gwizdać/zagwizdać; to blow one's nose wydmuchać nos. ➡ **blow up** ⬦ vt sep [cause to explode] wysadzać/wysadzić w powietrze; [inflate] nadmuchiwać/nadmuchać. ⬦ vi [explode] wybuchać/wybuchnąć.

blow-dry ⬦ n suszenie n suszarką. ⬦ vt modelować/wymodelować włosy suszarką.

blown [bləʊn] pp ▷ blow.

BLT n [sandwich] kanapka z bekonem, sałatą i pomidorem.

blue [bluː] ⬦ adj [colour] niebieski; [film] porno. ⬦ n [colour] niebieski m. ➡ **blues** ⬦ n MUS blues m.

bluebell ['bluːbel] n [plant] dzwonek m.

blueberry ['bluːbərɪ] n borówka f amerykańska.

bluebottle ['bluːˌbɒtl] n mucha f plujka.

blue cheese n ser m niebieski (typu rokpol).

bluff [blʌf] ⬦ n [cliff] urwisko n. ⬦ vi blefować/zablefować.

blunder ['blʌndər] n gafa f.

blunt [blʌnt] adj [knife] tępy [pencil] niezatemperowany; fig [person] szczery.

blurred [blɜːd] adj nieostry.

blush [blʌʃ] vi rumienić/zarumienić się.

blusher ['blʌʃər] n róż m.

blustery ['blʌstərɪ] adj wietrzny.

board [bɔːd] ⬦ n [plank] deska f; [notice board] tablica f informacyjna; [for games] plansza f; [blackboard] tablica f; [of company] zarząd m; [hardboard] płyta f. ⬦ vt [plane, ship] wchodzić/wejść na pokład; [bus] wchodzić do • board and lodging mieszkanie z utrzymaniem; full board całodzienne wyżywienie; half board śniadanie i kolacja. ➡ **on board** ⬦ adv na pokładzie. ⬦ prep [plane, bus] w; [ship] na.

board game n gra f planszowa.

boarding ['bɔːdɪŋ] n [of plane] wejście n na pokład.

boarding card n karta f pokładowa.

boarding house n pensjonat m.

boarding school n szkoła f z internatem.

board of directors n zarząd m.

boast [bəʊst] vi : to boast (about sthg) chwalić/pochwalić się czymś.

boat [bəʊt] n [small] łódka f; [large] statek m • by boat statkiem.

bob n [hairstyle] włosy mpl obcięte na równo.

bobby pin n US spinka f do włosów.

body ['bɒdɪ] n [of person] ciało n; [corpse] zwłoki pl; [of car] karoseria f; [organization] organ m; [of wine] wyraźny smak m.

bodyguard ['bɒdɪgɑːd] n [person] ochroniarz m.

body language n mowa f ciała.

body piercing n *przekłuwanie części ciała*.

body search n rewizja f osobista.

bodywork ['bɒdɪwɜːk] n [of car] karoseria f.

bog [bɒg] n bagno n.

bogus ['bəʊgəs] adj fałszywy.

boil [bɔɪl] <> vt [water] gotować/ zagotować; [food] gotować/ugotować. <> vi [about water] gotować/zagotować się; [about food] gotować /ugotować się. <> n [on skin] czyrak m • **to boil the kettle** zagotować wodę *(w czajniku)*.

boiled egg n gotowane jajko n.

boiled potatoes npl gotowane ziemniaki mpl.

boiler ['bɔɪləʳ] n [central heating] piec m; [hot water] bojler m.

boiling (hot) adj inf [weather] skwarny; [water] wrzący • **I'm boiling (hot)** jest mi strasznie gorąco.

bold [bəʊld] adj [brave] odważny.

bollard ['bɒlɑːd] n UK [on road] pachołek m.

bolt [bəʊlt] <> n [on door, window] zasuwa f; [screw] śruba f. <> vt [door, window] ryglować/ zaryglować.

bomb [bɒm] <> n bomba f. <> vt bombardować/zbombardować.

bombard [bɒm'bɑːd] vt MIL bombardować/zbombardować; [with questions] zasypywać/zasypać.

bomb scare n alarm m bombowy.

bomb shelter n schron m przeciwbombowy.

bond [bɒnd] n [tie, connection] więź f.

bone [bəʊn] n [of person, animal] kość f; [of fish] ość f.

boned [bəʊnd] adj [chicken] bez kości; [fish] odfiletowany.

boneless ['bəʊnlɪs] adj [chicken, pork] bez kości; [fish] bez ości.

bonfire ['bɒnfaɪəʳ] n ognisko n.

bonnet ['bɒnɪt] n UK [of car] maska f.

bonus ['bəʊnəs] (pl -es) n [extra money] premia f; [additional advantage] zaleta f.

bony ['bəʊnɪ] adj [person] kościsty; [fish] ościsty; [chicken] kościsty.

boo [buː] vi głośno wyrażać/ wyrazić dezaprobatę.

boogie ['buːgɪ] vi inf tańczyć.

book [bʊk] <> n [for reading] książka f; [for writing in] zeszyt m; [of stamps] karnet m; [of matches] kartonik m; [of tickets] bloczek m. <> vt [reserve] rezerwować/zarezerwować. ➠ **book in** <> vi [at hotel] meldować się/zameldować się.

bookable ['bʊkəbl] adj [seats, flight] objęty rezerwacją.

bookcase ['bʊkkeɪs] n biblioteczka f.

booking ['bʊkɪŋ] n [reservation] rezerwacja f.

booking office n kasa f biletowa.

bookkeeping ['bʊk'kiːpɪŋ] n księgowość f.

booklet ['bʊklɪt] n broszura f.

bookmaker's n bukmacher m.

bookmark ['bʊkmɑːk] n zakładka f.

bookshelf ['bʊkʃelf] (pl -shelves [-ʃelvz]) n [shelf] półka f na książki; [bookcase] regał m.

bookshop ['bʊkʃɒp] n księgarnia f.

bookstall ['bʊkstɔːl] n stoisko n z książkami.

bookstore ['bʊkstɔːʳ] = bookshop.

book token n talon m na książki.

boom [buːm] ⬦ n [sudden growth] gwałtowny wzrost m. ⬦ vi grzmieć/zagrzmieć.

boost [buːst] vt [profits, production, confidence] zwiększać/zwiększyć; [spirits] poprawiać/poprawić.

booster ['buːstəʳ] n [injection] dawka f przypominająca.

boot [buːt] n [shoe] but m; UK [of car] bagażnik m.

booth [buːð] n [for telephone] budka f; [at fairground] stoisko n.

booze [buːz] ⬦ n inf wóda f. ⬦ vi inf tankować.

bop [bɒp] n inf [dance] potańcówka f.

border ['bɔːdəʳ] n [of country] granica f; [edge] skraj m • the Borders linia graniczna wraz z przyległymi do niej regionami pomiędzy Szkocją i Anglią.

bore [bɔːʳ] ⬦ pt ▷ bear. ⬦ n inf [boring person] nudziarz m, nudziara f; [boring thing] nudy fpl. ⬦ vt [person] zanudzać/zanudzić; [hole] drążyć/wydrążyć.

bored [bɔːd] adj znudzony.

boredom ['bɔːdəm] n nuda f.

boring ['bɔːrɪŋ] adj nudny.

born [bɔːn] adj : to be born urodzić się.

borne [bɔːn] pp ▷ bear.

borough ['bʌrəʊ] n ≃ gmina f.

borrow ['bɒrəʊ] vt : to borrow sthg (from sb) pożyczać/pożyczyć coś od kogoś.

bosom ['bʊzəm] n [of woman] biust m.

boss [bɒs] n szef m, -owa f. ➡ **boss around** vt sep rządzić.

bossy ['bɒsɪ] adj apodyktyczny.

botanical garden n ogród m botaniczny.

both [bəʊθ] ⬦ adj & pron [of males] obaj; [of females] obie; [of males and females] oboje; [of things] obie. ⬦ adv : both ... and ... zarówno..., jak i...; both of them obydwaj; both of us oboje.

bother ['bɒðəʳ] ⬦ n [trouble] kłopot m. ⬦ vt [worry] martwić; [annoy, pester] przeszkadzać/przeszkodzić. ⬦ vi kłopotać się • not to bother to do sthg nie zadać sobie trudu, żeby coś zrobić; I can't be bothered nie chce mi się; it's no bother! to żaden kłopot!

bottle ['bɒtl] n butelka f.

bottle bank n pojemnik m na szkło.

bottled ['bɒtld] adj butelkowy • bottled beer piwo n butelkowe; bottled water woda f mineralna.

bottle opener n otwieracz m do butelek.

bottom ['bɒtəm] ⬦ adj [lowest] najniższy; [last] ostatni; [worst] najgorszy. ⬦ n [of sea, bag, glass] dno n; [of hill] podnóże n; [of page, ladder, stairs] dół m; [of garden, street] koniec m; [of adult] tyłek m; [of child] pupa f.

bought [bɔːt] pt & pp ▷ buy.

boulder ['bəʊldə'] *n* głaz *m*.

bounce [baʊns] *vi* [rebound] odbijać/odbić się; [jump] skakać/skoczyć • **to bounce a cheque** nie honorować czeku.

bouncer ['baʊnsə'] *n inf* bramkarz *m*.

bouncy castle *n* [for children] nadmuchiwany zamek *m*.

bound [baʊnd] ◇ *pt & pp* ▷ **bind**. ◇ *vi* [leap] biec/pobiec susami. ◇ *adj* [certain] : **they're bound to be late** na pewno się spóźnią • **it's bound to rain** na pewno będzie padać; **to be bound for** być w drodze do; **out of bounds** strefa *f* zakazana.

boundary ['baʊndərɪ] *n* granica *f*.

bouquet [bʊ'keɪ] *n* bukiet *m*.

bourbon *n amerykańska whisky z kukurydzy*.

bout [baʊt] *n* [of illness] atak *m*; [of activity] okres *m*.

boutique [buː'tiːk] *n* butik *m*.

bow¹ [baʊ] ◇ *n* [of head] skinienie *n*; [of ship] dziób *m*. ◇ *vi* [bend head] skinąć głową.

bow² [bəʊ] *n* [knot] kokarda *f*; [weapon] łuk *m*; MUS smyczek *m*.

bowels *npl* ANAT jelita *npl*.

bowl [bəʊl] *n* [container] miska *f*; [for sugar] cukiernica *f*; [for salad, fruit] salaterka *f*; [for washing] miednica *f*; [of toilet] muszla *f* klozetowa. ◆ **bowls** *npl* gra *f* w kule.

bowling ['bəʊlɪŋ] *n* [tenpin bowling] : **to go bowling** grać w kręgle.

bowling alley *n* kręgielnia *f*.

bowling green *n* murawa *f* do gry w kule.

bow tie [bəʊ-] *n* muszka *f*.

box [bɒks] ◇ *n* pudełko *n*; [for tools] skrzynka *f*; [for jewellery] szkatułka *f*; [on form] pole *n*; [in theatre] loża *f*. ◇ *vi* boksować się • **a box of chocolates** pudełko *n* czekoladek.

boxer ['bɒksə'] *n* [fighter] bokser *m*.

boxer shorts *npl* bokserki *pl*.

boxing ['bɒksɪŋ] *n* boks *m*.

Boxing Day *n* drugi dzień świąt Bożego Narodzenia.

boxing gloves *npl* rękawice *fpl* bokserskie.

boxing ring *n* ring *m (bokserski)*.

box office *n* kasa *f* biletowa.

boy [bɔɪ] ◇ *n* [male] chłopiec *m*; [son] syn *m*. ◇ *excl inf* : **(oh) boy!** o kurczę!

boycott ['bɔɪkɒt] *vt* bojkotować/zbojkotować.

boyfriend ['bɔɪfrend] *n* chłopak *m*.

boy scout *n* harcerz *m*.

bra [brɑː] *n* stanik *m*.

brace [breɪs] *n* [for teeth] aparat *m* korekcyjny. ◆ **braces** *npl* UK szelki *fpl*.

bracelet ['breɪslɪt] *n* bransoletka *f*.

bracken ['brækn] *n* paprocie *fpl*.

bracket ['brækɪt] *n* [written symbol] nawias *m*; [support] wspornik *m*.

brag [bræg] *vi* przechwalać się.

braid [breɪd] *n* [hairstyle] warkocz *m*.

brain [breɪn] *n* mózg *m*.

brainy ['breɪnɪ] *adj inf* łebski.

braised *adj* duszony.

brake [breɪk] ◇ *n* hamulec *m*. ◇ *vi* hamować/przyhamować.

brake block n klocek m hamulcowy.

brake fluid n płyn m hamulcowy.

brake light n światło n stopu.

brake pad n tarcza f cierna hamulca.

brake pedal n pedał m hamulca.

bran [bræn] n otręby pl.

branch [brɑːntʃ] n [of tree] gałąź f; [of bank] oddział m; [of company] filia f; [of subject] dziedzina f.
➡ **branch off** vi rozgałęziać/rozgałęzić się.

branch line n [train] boczna linia f.

brand [brænd] ◇ n [of product] marka f. ◇ vt : **to brand sb (as)** napiętnować kogoś (jako).

brand-new adj nowiutki.

brandy ['brændɪ] n brandy f.

brash [bræʃ] adj pej bezczelny.

brass [brɑːs] n [metal] mosiądz m.

brass band n orkiestra f dęta.

brasserie ['bræsərɪ] n rodzaj francuskiej restauracyjki.

brassiere [UK 'bræsɪəʳ, US brə'zɪr] n biustonosz m.

brat [bræt] n inf bachor m.

brave [breɪv] adj dzielny.

bravery ['breɪvərɪ] n męstwo n.

bravo ['brɑː'vəʊ] excl brawo!

brawl [brɔːl] n burda f.

Brazil n Brazylia f.

brazil nut n orzech m brazylijski.

breach [briːtʃ] vt [contract] zrywać/zerwać; [confidence] zdradzać/zdradzić.

bread [bred] n chleb m • **bread and butter** chleb z masłem.

bread bin n UK pojemnik m na chleb.

breadboard ['bredbɔːd] n deska f do krojenia chleba.

bread box US = bread bin.

breadcrumbs npl bułka f tarta.

breaded ['bredɪd] adj [fish, scampi, chicken] panierowany.

bread knife n nóż m do chleba.

bread roll n bułka f.

breadth [bredθ] n szerokość f.

break [breɪk] (pt broke, pp broken) ◇ n przerwa f. ◇ vt [television] psuć/zepsuć; [cup, window] tłuc/stłuc; [disobey] łamać/złamać; [contract] zrywać/zerwać; [promise] nie dotrzymywać/dotrzymać; [a record] bić/pobić; [news] przekazywać/przekazać; [journey] przerywać/przerwać. ◇ vi [glass] tłuc/stłuc się; [rope] zrywać/zerwać się; [television] psuć/zepsuć się; [dawn] świtać; [voice] łamać się • **without a break** bez przerwy; **a lucky break** uśmiech losu; **to break one's leg** złamać nogę.
➡ **break down** ◇ vi [car, machine] psuć/popsuć się. ◇ vt sep [door] wyważać/wyważyć; [barrier] przełamywać/przełamać.
➡ **break in** ◇ vi [enter by force] włamywać/włamać się.
➡ **break off** ◇ vt [detach] odłamywać/odłamać; [holiday] przerywać/przerwać. ◇ vi [stop suddenly] przerywać/przerwać.
➡ **break out** ◇ vi [fire, war, panic] wybuchać/wybuchnąć • **to break in a rash** pokryć się wysypką. ➡ **break up** ◇ vi [with spouse, partner] zrywać/zerwać; [meeting] kończyć/zakończyć się; [marriage] rozpadać/rozpaść się; [school] kończyć/skończyć się.

breakage ['breɪkɪdʒ] n stłuczka f.

breakdown ['breɪkdaʊn] n [of car] awaria f; [in communications, negotiations] zerwanie n; [mental] załamanie n nerwowe.

breakdown truck n samochód m pomocy drogowej.

breakfast ['brekfəst] n śniadanie n • to have breakfast jeść śniadanie; to have sthg for breakfast jeść coś na śniadanie.

breakfast cereal n płatki mpl śniadaniowe.

break-in n włamanie n.

breakwater ['breɪk'wɔːtəʳ] n falochron m.

breast [brest] n pierś f.

breastbone ['brestbəʊn] n mostek m.

breast-feed vt karmić piersią.

breaststroke ['breststrəʊk] n styl m klasyczny.

breath [breθ] n [of person] oddech m; [air inhaled] wdech m • out of breath bez tchu; to go for a breath of fresh air wyjść, żeby zaczerpnąć świeżego powietrza.

Breathalyser® ['breθəlaɪzəʳ] n UK alkomat m.

Breathalyzer® = Breathalyser®.

breathe [briːð] vi [person, animal] oddychać. ➡ **breathe in** vi wdychać. ➡ **breathe out** vi wydychać.

breathtaking ['breθ'teɪkɪŋ] adj zapierający dech.

breed [briːd] (pt & pp bred) ◇ n [of animal] rasa f; [of plant] odmiana f. ◇ vt hodować/wyhodować. ◇ vi rozmnażać/rozmnożyć się.

breeze [briːz] n wietrzyk m.

breezy ['briːzɪ] adj [weather, day] wietrzny.

brew [bruː] ◇ vt [beer] warzyć; [tea, coffee] parzyć/zaparzyć.

◇ vi [tea, coffee] parzyć/zaparzyć się.

brewery ['brʊərɪ] n browar m.

bribe [braɪb] ◇ n łapówka f. ◇ vt dawać/dać łapówkę.

bric-a-brac n bibeloty mpl.

brick [brɪk] n cegła f.

bricklayer ['brɪk'leɪəʳ] n murarz m.

brickwork ['brɪkwɜːk] n murarka f.

bride [braɪd] n panna f młoda.

bridegroom ['braɪdgrʊm] n pan m młody.

bridesmaid ['braɪdzmeɪd] n druhna f.

bridge [brɪdʒ] n [across road, river] most m; [of ship] mostek m; [card game] brydż m.

bridle ['braɪdl] n uzda f.

bridle path n ścieżka f do jazdy konnej.

brief [briːf] ◇ adj krótki. ◇ vt [inform] informować/poinformować; [instruct] instruować/poinstruować • in brief w skrócie. ➡ **briefs** ◇ npl [underpants] slipy pl; [knickers] figi pl.

briefcase ['briːfkeɪs] n aktówka f.

briefly ['briːflɪ] adv [for a short time] krótko; [in few words] zwięźle.

brigade [brɪ'geɪd] n brygada f.

bright [braɪt] adj [light, sun, room] jasny; [weather] słoneczny; [colour] żywy; [clever] bystry; [lively, cheerful] radosny • a bright idea świetny pomysł.

brilliant ['brɪljənt] adj [light, sunshine] olśniewający; [colour] żywy; [person] błyskotliwy; [idea] znakomity; inf [wonderful] kapitalny.

brim [brɪm] n [of hat] rondo n

• **it's full to the brim** jest wypełniony po brzegi.

brine [braɪn] n solanka f.

bring [brɪŋ] (pt & pp **brought** [brɔːt]) vt [person] przyprowadzać/przyprowadzić; [thing] przynosić/przynieść. **bring along** vt sep [person] przyprowadzać/przyprowadzić; [thing] zabierać/zabrać. **bring back** vt sep [return] zwracać/zwrócić. **bring in** vt sep [introduce] wprowadzać/wprowadzić; [earn] przynosić/przynieść. **bring out** vt sep [new product] wprowadzać/wprowadzić na rynek. **bring up** vt sep [child] wychowywać/wychować; [subject] poruszać/poruszyć; [food] zwracać/zwrócić.

brink [brɪŋk] n skraj m • **on the brink of** na skraju.

brisk [brɪsk] adj [quick] żwawy; [efficient] obrotny; [wind] rześki.

bristles n [of human] zarost m; [of animal] szczecina f; [of brush] włosie n.

Britain ['brɪtn] n Wielka Brytania f.

British ['brɪtɪʃ] ◇ adj brytyjski. ◇ npl : **the British** Bytyjczycy pl.

Briton ['brɪtn] n Brytyjczyk m, Brytyjka f.

brittle ['brɪtl] adj [fragile] kruchy.

B road n UK ≃ droga f drugorzędna.

broad [brɔːd] adj [wide] szeroki; [wide-ranging] rozległy; [description, outline] ogólny; [accent] silny.

broad bean n bób m.

broadcast ['brɔːdkɑːst] (pt & pp **broadcast**) ◇ n program m. ◇ vt nadawać/nadać.

broadly ['brɔːdlɪ] adv [in general] ogólnie • **broadlyspeaking** ogólnie mówiąc.

broadside ['brɔːdsaɪd] n US = broadsheet.

broccoli ['brɒkəlɪ] n brokuły mpl.

brochure [UK 'brəʊʃəʳ, US brəʊ'ʃʊr] n broszura f.

broiled adj US grillowany m.

broke [brəʊk] ◇ pt ⊳ **break**. ◇ adj inf spłukany.

broken ['brəʊkn] ◇ pp ⊳ **break**. ◇ adj [window, glass] rozbity; [leg] złamany; [TV] zepsuty; [English, Spanish] łamany.

bronchitis [brɒŋ'kaɪtɪs] n zapalenie n oskrzeli.

bronze [brɒnz] n [metal] brąz m.

brooch [brəʊtʃ] n broszka f.

brook [brʊk] n strumyk m.

broom [bruːm] n [brush] miotła f.

broomstick ['bruːmstɪk] n kij m od miotły.

broth [brɒθ] n rosół m.

brother ['brʌðəʳ] n [relative] brat m.

brother-in-law n szwagier m.

brought [brɔːt] pt & pp ⊳ **bring**.

brow [braʊ] n [forehead] czoło n; [eyebrow] brew f.

brown [braʊn] ◇ adj brązowy. ◇ n brąz m.

brown bread n ciemny chleb m.

brownie ['braʊnɪ] n CULIN ciastko czekoladowe z orzechami.

Brownie ['braʊnɪ] n dziewczynka należąca do drużyny zuchów.

brown rice n ryż m naturalny.

brown sauce n UK [gravy] brązowa zasmażka na wywarze mięsnym; [condiment] brązowy sos z dodatkiem octu i ostrych przypraw.

brown sugar n cukier m nierafinowany.

browse [brauz] vi [in shop] szperać • **to browse through** [book, paper] przeglądać.

browser ['brauzə'] n COMPUT przeglądarka f; : 'browsers welcome' zapraszamy do oglądania towaru.

bruise [bru:z] n siniak m.

brunch [brʌntʃ] n śniadanie połączone z lunchem.

brunette [bru:'net] n brunetka f.

brush [brʌʃ] <> n [for hair] szczotka f; [for teeth] szczoteczka f; [forpainting] pędzel m. <> vt [clothes] czyścić/wyczyścić; [floor] zamiatać/zamieść • **to brush one's hair** szczotkować włosy; **to brush one's teeth** myć zęby.

brussels sprouts npl brukselka f.

brutal ['bru:tl] adj brutalny.

BSc n (abbr of Bachelor of Science) licencjat w dziedzinie nauk ścisłych.

BT n ≃ TP SA.

bubble ['bʌbl] n bańka f.

bubble bath n płyn m do kąpieli.

bubble gum n guma f balonowa.

bubbly ['bʌblɪ] n inf [szampan] bąbelki mpl.

buck [bʌk] n US inf [dollar] dolec m; [male animal] samiec m.

bucket ['bʌkɪt] n wiadro n.

Buckingham Palace ['bʌkɪŋəm-] n Pałac m Buckingham.

buckle ['bʌkl] <> n sprzączka f. <> vt [fasten] zapinać/zapiąć na sprzączkę. <> vi [door] wypaczać/wypaczyć się; [metal] odkształcać/odkształcić się.

buck's fizz n szampan z sokiem pomarańczowym.

bud [bʌd] <> n [of plant] pąk • m. <> vi wypuszczać/wypuścić pąki.

Buddhist [UK 'budɪst, US budɪst] n buddysta m, buddystka f.

buddy ['bʌdɪ] n inf koleś m.

budge [bʌdʒ] vi [move] ustępować/ustąpić.

budgerigar ['bʌdʒərɪgɑ:'] n papużka f falista.

budget ['bʌdʒɪt] <> adj [holiday, travel] tani. <> n budżet m • **the Budget** UK budżet m państwa. ➡ **budget for** <> vt insep zapewniać/zapewnić środki na.

budgie ['bʌdʒɪ] n inf papużka f falista.

buff [bʌf] n inf [person] maniak m, maniaczka f.

buffalo ['bʌfələu] (pl inv OR pl -s) n bizon m amerykański.

buffalo wings npl CULIN US skrzydełka kurczaka w ostrym sosie.

buffer ['bʌfə'] n [on train] bufor m.

buffet [meal] szwedzki stół m; [cafeteria] bufet m.

buffet car ['bufeɪ-] n wagon m restauracyjny.

bug [bʌg] <> n [insect] insekt m; inf [mild illness] wirus m. <> vt inf [annoy] wpieniać/wpienić.

buggy ['bʌgɪ] n [pushchair] wózek m spacerowy; US [pram] wózek m dziecięcy.

bugle ['bju:gl] n trąbka f.

build [bɪld] (pt & pp built) <> n [of person] budowa. <> vt [construct] budować/zbudować. ➡ **build up** <> vt sep [strength] wzmacniać/wzmocnić; [speed] nabierać/nabrać. <> vi [traffic] nasilać/nasilić się.

builder ['bɪldə'] n przedsiębiorca budowlany m & f.

building ['bɪldɪŋ] n budynek m.

building site n budowa f.

building society n UK ≃ oszczędnościowa kasa f mieszkaniowa.

built [bɪlt] pt & pp ⊳ build.

built-in adj wbudowany.

built-up area n teren m zabudowany.

bulb [bʌlb] n [for lamp] żarówka f; [of plant] cebulka f.

Bulgaria [bʌl'geərɪə] n Bułgaria f.

bulge [bʌldʒ] vi wybrzuszać/wybrzuszyć się.

bulk [bʌlk] n [main part] : the bulk of większość; in bulk hurtem.

bulky ['bʌlkɪ] adj [person] zwalisty; [object] dużych rozmiarów; [cumbersome] nieporęczny.

bull [bʊl] n [male cow] byk m.

bulldog ['bʊldɒg] n buldog m.

bulldozer ['bʊldəʊzə'] n buldożer m.

bullet ['bʊlɪt] n [for gun] kula f.

bulletin ['bʊlətɪn] n [on radio, TV] skrót m wiadomości; [publication] biuletyn m.

bullfight ['bʊlfaɪt] n korrida f.

bull's-eye n środek m tarczy • to hit the bull's-eye trafić w dziesiątkę.

bully ['bʊlɪ] ◇ n prześladowca m, prześladowczyni f. ◇ vt zastraszać/zastraszyć.

bum [bʌm] n inf [bottom] tyłek m; US inf [tramp] włóczykij m.

bum bag n UK piterek m.

bumblebee ['bʌmblbiː] n trzmiel m.

bump [bʌmp] ◇ n [on surface] nierówność f; [on road] wybój m;

[on head, leg] guz m; [sound] łomot m; [minor accident] stłuczka f. ◇ vt : to bump one's head against sthg uderzyć głową o coś. ◆ bump into ◇ vt insep [hit] wpadać/wpaść na; [meet] natykać/natknąć się na.

bumper ['bʌmpə'] n [on car] zderzak m; US [on train] bufor m.

bumpy ['bʌmpɪ] adj [road] wyboisty • it was a bumpy flight/ ride samolot bardzo się kołysał/ bardzo trzęsło podczas jazdy.

bun [bʌn] n [cake] drożdżówka f; [bread roll] bułka f; [hairstyle] kok m.

bunch [bʌntʃ] n [of people] grupa f; [of flowers] bukiet m; [of grapes, bananas] kiść f; [of keys] pęk m.

bundle ['bʌndl] n [of clothes] tobołek m; [of papers] plik m.

bung [bʌŋ] n korek m.

bungalow ['bʌŋgələʊ] n dom m parterowy.

bunion ['bʌnjən] n haluks m.

bunk [bʌŋk] n [berth] koja f.

bunk bed n łóżko n piętrowe.

bunker ['bʌŋkə'] n [shelter] bunkier m.

bunny ['bʌnɪ] n króliczek m.

buoy [UK bɔɪ, US 'buːɪ] n boja f.

buoyant ['bɔɪənt] adj pływający.

BUPA n prywatna brytyjska firma oferująca ubezpieczenia zdrowotne.

burden ['bɜːdn] n ciężar m.

bureaucracy [bjʊə'rɒkrəsɪ] n biurokracja f.

bureau de change n kantor m wymiany walut.

burger ['bɜːgə'] n [hamburger] hamburger m; [made with nuts, vegetables etc] bezmięsny hamburger na bazie warzyw i orzechów.

burglar [ˈbɜːgləʳ] *n* włamywacz *m*, -ka *f*.

burglar alarm *n* alarm *m* przeciwwłamaniowy.

burglarize [ˈbɜːgləraɪz] *US* = **burgle**.

burglary [ˈbɜːglərɪ] *n* włamanie *n*.

burgle [ˈbɜːgl] *vt* włamywać/włamać się.

Burgundy [ˈbɜːgəndɪ] *n* Burgundia *f*.

burial [ˈberɪəl] *n* pogrzeb *m*.

burn [bɜːn] (*pt&pp* burnt/burned) ⟺ *n* oparzenie *n*. ⟺ *vt* [destroy] palić/spalić; [food] przypalać/przypalić; [hand, skin] oparzyć. ⟺ *vi* [be on fire] płonąć/spłonąć. ⟶ **burn down** ⟺ *vt sep* spalić *(doszczętnie)*. ⟺ *vi* spłonąć.

burning(hot) *adj* : burninghot bardzo gorący.

Burns' Night [bɜːnz-] *n obchody urodzin szkockiego poety Roberta Burnsa (25 stycznia)*.

burnt [bɜːnt] *pt & pp* ⊳ burn.

burp [bɜːp] *vi inf* bekać/beknąć.

burrow [ˈbʌrəʊ] *n* nora *f*.

burst [bɜːst] (*pt&pp* burst) ⟺ *n* [of gunfire] seria *f*; [of applause] burza *f*. ⟺ *vt* [balloon] przekłuwać/przekłuć. ⟺ *vi* [tyre, balloon, pipe] pękać/pęknąć • he burst into the room wtargnął do pokoju; to burst into tears wybuchnąć płaczem; to burst open otworzyć gwałtownie.

bury [ˈberɪ] *vt* [person] chować/pochować; [hide underground] zakopywać/zakopać.

bus [bʌs] *n* autobus *m* • by bus autobusem.

bus conductor *n* konduktor *m*, -ka *f* autobusu *m*.

bus driver *n* kierowca *m* autobusu.

bush [bʊʃ] *n* krzak *m*.

business [ˈbɪznɪs] *n* [commerce, trade] interesy *mpl*; [shop, firm] interes *m*; [things to do] sprawy *fpl*; [affair] sprawa *f* • business trip podróż służbowa; mind your own business! zajmij się własnymi sprawami; 'business as usual' pracujemy jak zwykle; to set up in business założyć biznes.

business card *n* wizytówka *f*.

business class *n* pierwsza klasa *f (w samolocie)*.

business hours *npl* [of shop] godziny *pl* otwarcia; [of office] godziny *pl* urzędowania.

businessman [ˈbɪznɪsmæn] (*pl* -men [-men]) *n* biznesmen *m*.

business studies *npl* zarządzanie *n*.

businesswoman [ˈbɪznɪsˈwʊmən] (*pl* -women [-ˈwɪmɪn]) *n* bizneswoman *f*.

busker [ˈbʌskəʳ] *n UK* uliczny artysta *m*, uliczna artystka *f*.

bus lane *n* pas *m* dla autobusu.

bus pass *n* autobusowy bilet *m* okresowy.

bus shelter *n* wiata *f (na przystanku autobusowym)*.

bus station *n* dworzec *m* autobusowy.

bus stop *n* przystanek *m* autobusowy.

bust [bʌst] ⟺ *n* [of woman] biust *m*. ⟺ *adj* : to go bust *inf* splajtować.

bustle [ˈbʌsl] *n* [activity] krzątanina *f*.

bus tour *n* wycieczka *f* autokarowa.

busy ['bɪzɪ] *adj* [person] zajęty; [day] pracowity; [schedule] napięty; [office, street] tętniący życiem; [telephone, line] zajęty • **to be busy doing sthg** być zajętym robieniem czegoś.

busy signal *n* US sygnał *m* zajęty.

but [bʌt] <> *conj* ale. <> *prep* tylko nie • **the last but one** przedostatni; **but for** gdyby nie; **nothing but trouble** nic, tylko same kłopoty.

butcher ['bʊtʃəʳ] *n* rzeźnik *m*, rzeźniczka *f* • **butcher's** [shop] sklep *m* mięsny.

butt [bʌt] *n* [of rifle] kolba *f*; [of cigarette, cigar] niedopałek *m*.

butter ['bʌtəʳ] <> *n* masło *n*. <> *vt* smarować/posmarować masłem.

butter bean *n* fasola *f* jaś.

buttercup ['bʌtəkʌp] *n* jaskier *m*.

butterfly ['bʌtəflaɪ] *n* [insect] motyl *m*; [swimming stroke] styl *m* motylkowy.

butterscotch ['bʌtəskɒtʃ] *n* karmel *m*.

buttocks *npl* pośladki *mpl*.

button ['bʌtn] *n* [on clothing] guzik *m*; [on machine] przycisk *m*; US [badge] znaczek *m*.

buttonhole ['bʌtnhəʊl] *n* [hole] dziurka *f* od guzika.

button mushroom *n* młoda pieczarka *f*.

buttress ['bʌtrɪs] *n* przypora *f*.

buy [baɪ] (*pt & pp* **bought**) <> *vt* kupować/kupić. <> *n* : **a good buy** dobry zakup *m* • **to buy sthg for sb, to buy sb sthg** kupić coś komuś.

buzz [bʌz] <> *vi* brzęczeć. <> *n*

inf [phone call] : **to give sb a buzz** zadzwonić do kogoś.

buzzer ['bʌzəʳ] *n* brzęczyk *m*.

by [baɪ] <> *prep* -1. [expressing cause, agent] przez ; **he was hit by a car** został potrącony przez samochód; **funded by the government** finansowany ze środków publicznych. -2. [expressing method, means] : **by car** samochodem; **to pay by credit card** płacić kartą kredytową; **to win by cheating** wygrać dzięki oszukiwaniu; **to hold sb by the hand** trzymać kogoś za rękę. -3. [near to, beside] koło ; **by the sea** nad morzem. -4. [past] obok ; **a car went by the house** samochód minął dom. -5. [via] przez ; **exit by the door on the left** wyjście drzwiami po lewej stronie. -6. [with time] do ; **be there by nine** bądź tam przed dziewiątą; **by day** w dzień; **by night** nocą; **by now** do teraz. -7. [expressing quantity] : **sold by the dozen** sprzedawany na tuziny; **prices fell by 20%** ceny spadły o 20%; **we charge by the hour** pobieramy opłatę za każdą godzinę. -8. [expressing authorship] : **a play by Shakespeare** sztuka Szekspira. -9. [expressing meaning] przez ; **what do you mean by that?** co przez to rozumiesz? -10. [in division, multiplication] przez ; **two metres by five** dwa metry na pięć. -11. [according to] zgodnie z ; **by law** zgodnie z prawem; **it's fine by me** jeśli chodzi o mnie, to wszystko w porządku. -12. [expressing gradual process] po ; **one by one** jeden po drugim; **day by day** dzień po dniu. -13. [in phrases] : **by mistake** przez pomyłkę; **by oneself** [alone, unaided] sam; **by profession** z

zawodu. <> adv [past] : **to go
by** przejść (obok) *(kogoś, czegoś)*.
bye (-bye) *excl inf* pa, pa!
bypass ['baɪpɑːs] *n* [road] obwodnica *f.*

C

C [siː] *(abbr of* **Celsius, centigrade)**
C.
cab [kæb] *n* [taxi] taksówka *f*; [of
lorry] szoferka *f.*
cabaret ['kæbəreɪ] *n* [show] kabaret *m.*
cabbage ['kæbɪdʒ] *n* kapusta *f.*
cabin ['kæbɪn] *n* [on ship] kajuta *f*;
[of plane] kabina *f*; [wooden
house] chata *f.*
cabin crew *n* obsługa *f* kabiny
pasażerskiej.
cabinet ['kæbɪnɪt] *n* [cupboard]
szafka *f*; POL Rada *f* Ministrów.
cable ['keɪbl] *n* [rope] lina *f*;
[electrical] kabel *m.*
cable car *n* kolejka *f* linowa.
cable television *n* telewizja *f*
kablowa.
cactus ['kæktəs] *(pl* **-tuses** OR *pl* **-ti**
[-taɪ]) *n* kaktus *m.*
Caesar salad *n* sałatka z sałaty,
*oliwek, anchois, grzanek i parmeza-
nu.*
cafe ['kæfeɪ] *n* kawiarnia *f.*
cafeteria [ˌkæfɪ'tɪərɪə] *n* stołówka
f.
cafetière [ˌkæf'tjeəʳ] *n* ekspres *m*
do kawy.

caffeine ['kæfiːn] *n* kofeina *f.*
cage [keɪdʒ] *n* klatka *f.*
cagoule [kə'guːl] *n* UK skafander
m.
Cajun ['keɪdʒən] *adj dotyczący
kultury i języka Akadyjczyków,
potomków francuskich osadników
zamieszkujących obecnie południowo-zachodni teren Luizjany.*
cake [keɪk] *n* [large] ciasto *n*;
[small] ciastko *n*; [savoury] : **potato cake** krokiet *m*; **fish cake**
kotlecik *m* rybny; [of soap]
kostka *f.*
calculate ['kælkjʊleɪt] *vt* [number,
total] obliczać/obliczyć; [risks, ef-
fect] oceniać/ocenić.
calculator ['kælkjʊleɪtəʳ] *n* kalkulator *m.*
calendar ['kælɪndəʳ] *n* kalendarz
m.
calf [kɑːf] *(pl* **calves** [kɑːvz]) *n* [of
cow] cielę *n*; [part of leg] łydka *f.*
call [kɔːl] <> *n* [visit] wizyta *f*;
[phone call] rozmowa *f*; [of bird]
głos *m*; [at airport] wezwanie *n*;
[at hotel] : **wake-up call** budzenie
n telefoniczne. <> *vt* [name]
nadawać/nadać imię; [say loudly]
wołać/zawołać; [summon] wzy-
wać/wezwać; [telephone] dzwo-
nić/zadzwonić; [describe as] na-
zywać/nazwać; [meeting] zwoły-
wać/zwołać; [flight] zapowiadać/
zapowiedzieć. <> *vi* [visit] wstę-
pować/wstąpić; [phone] dzwo-
nić/zadzwonić • **to be called**
nazywać się; **what is he called?**
jak on się nazywa?; **on call**
[nurse, doctor] na dyżurze; **to
pay sb a call** składać komuś
wizytę; **this train calls at ...** ten
pociąg zatrzymuje się w...;
who's calling? kto dzwoni?
◆ **call back** <> *vt sep* od-
dzwaniać/oddzwonić. <> *vi*
[phone again] oddzwaniać/od-

dzwonić jeszcze raz; [visit again] przychodzić/przyjść jeszcze raz. ◆ **call for** ◇ vt insep [come to fetch] zgłaszać/zgłosić się po; [demand] wzywać/wezwać; [require] wymagać. ◆ **call on** ◇ vt insep [visit] odwiedzać/ odwiedzić • **to call sb to do sthg** [ask] zaapelować do kogoś o zrobienie czegoś. ◆ **call out** ◇ vt sep [name, winner] wywoływać/wywołać; [doctor, fire brigade] wzywać/wezwać. ◇ vi krzyczeć/krzyknąć. ◆ **call up** ◇ vt sep MIL powoływać/powołać (do wojska); [telephone] dzwonić/zadzwonić.

call box n budka f telefoniczna.

caller ['kɔːləʳ] n [visitor] gość m; [on phone] osoba f dzwoniąca.

calm [kɑːm] ◇ adj [person, sea] spokojny; [weather, day] bezwietrzny. ◇ vt uspokajać/ uspokoić. ◆ **calm down** ◇ vt sep uspokajać/uspokoić. ◇ vi uspokajać/uspokoić się.

Calor gas® ['kæləʳ-] n butan m.

calorie ['kælərɪ] n kaloria f.

calves [kɑːvz] pl ⊳ **calf**.

camcorder ['kæmˌkɔːdəʳ] n przenośna kamera f wideo z magnetowidem.

came [keɪm] pt ⊳ **come**.

camel ['kæml] n wielbłąd m, wielbłądzica f.

camembert n camembert m.

camera ['kæmərə] n [for photographs] aparat m fotograficzny; [for filming] kamera f.

cameraman ['kæmərəmæn] (pl -men [-men]) n operator m, -ka f.

camera shop n sklep m fotograficzny.

camisole ['kæmɪsəʊl] n krótka koszulka f na ramiączkach.

camp [kæmp] ◇ n obóz m. ◇ vi biwakować.

campaign [kæmˈpeɪn] ◇ n [electoral, advertising etc] kampania f. ◇ vi : **to campaign (for/ against)** prowadzić kampanię (na rzecz/przeciwko).

camp bed n łóżko n polowe.

camper ['kæmpəʳ] n [person] obozowicz m, -ka f; [van] samochód m kempingowy.

camping ['kæmpɪŋ] n : **to go camping** wyjechać pod namiot.

camping stove n kuchenka f turystyczna.

campsite ['kæmpsaɪt] n kemping m.

campus ['kæmpəs] (pl -es) n kampus m.

can¹ n [of food, drink, paint] puszka f; [of oil] kanister m.

can² (conditional **could**) aux vb -1. [be able to] móc ; **can you help me?** czy możesz mi pomóc⁈; I can see you widzę cię. -2. [know how to] umieć ; **can you drive?** czy umiesz prowadzić samochód⁈; I **can speak Spanish** umiem mówić po hiszpańsku. -3. [be allowed to] móc ; **you can't smoke here** nie można tutaj palić. -4. [in polite requests] móc ; **can you tell me the time?** czy może mi Pan/Pani powiedzieć, która jest godzina⁈; **can I speak to the manager?** czy mogę rozmawiać z kierownikiem⁈ -5. [expressing occasional occurrence] móc ; **it can get cold at night** może być zimno w nocy. -6. [expressing possibility] móc ; **they could be lost** mogli się zgubić.

Canada ['kænədə] n Kanada f.

Canadian [kəˈneɪdjən] ◇ adj

kanadyjski. <> n Kanadyjczyk m, Kanadyjka f.

canal [kə'næl] n kanał m.

canapé ['kænəpeɪ] n mała kanapka f.

cancel ['kænsl] vt [booking, flight, meeting] odwoływać/odwołać; [cheque] unieważniać/unieważnić.

cancellation ['kænsə'leɪʃn] n [of booking, event, flight] odwołanie n; [of tickets] zwrot m.

cancer n rak m.

Cancer n Rak m.

candidate ['kændɪdət] n [for parliament, job] kandydat m, -ka f; [in exam] osoba f zdająca.

candle ['kændl] n świeczka f.

candlelit dinner n kolacja f przy świecach.

candy ['kændɪ] n US [confectionery] słodycze fpl; [sweet] cukierek m.

candyfloss ['kændɪflɒs] n UK wata f cukrowa.

cane [keɪn] n [for walking] laska f; [for furniture, baskets, punishment] trzcina f.

canister ['kænɪstəʳ] n [for tea] puszka f; [for gas] kanister m.

cannabis ['kænəbɪs] n haszysz m.

canned [kænd] adj [food] konserwowy; [drink] w puszce.

cannon ['kænən] n armata f.

cannot ['kænɒt] = can not.

canoe [kə'nu:] n kajak m.

canoeing [kə'nu:ɪŋ] n kajakarstwo n.

canopy ['kænəpɪ] n [over bed etc] baldachim m.

can't [kɑ:nt] = cannot.

canteen [kæn'ti:n] n [at school, workplace] stołówka f.

canvas ['kænvəs] n [for tent, bag] grube płótno n.

cap n [hat] czapka f; [of pen] skuwka f; [of bottle] kapsel m; [contraceptive] kapturek m.

capable ['keɪpəbl] adj [competent] kompetentny • **to be capable of doing sthg** być w stanie coś zrobić.

capacity [kə'pæsɪtɪ] n [ability] zdolność f; [of stadium, theatre] pojemność f.

cape [keɪp] n [of land] przylądek m; [cloak] peleryna f.

capers npl CULIN kapary mpl.

capital ['kæpɪtl] n [of country] stolica f; [money] kapitał m; [letter] wielka litera f.

capital punishment n kara f śmierci.

cappuccino ['kæpʊ'tʃi:nəʊ] (pl -s) n cappuccino n.

capsicum ['kæpsɪkəm] n papryka f.

capsize [kæp'saɪz] vi wywracać/wywrócić się (dnem do góry).

capsule ['kæpsju:l] n [for medicine] kapsułka f.

captain ['kæptɪn] n kapitan m.

caption ['kæpʃn] n podpis m.

capture ['kæptʃəʳ] vt [person, animal] chwytać/schwytać; [town, castle] zdobywać/zdobyć.

car [kɑ:ʳ] n [motorcar] samochód m; [railway wagon] wagon m.

carafe [kə'ræf] n karafka f.

caramel ['kærəmel] n [sweet] toffi n; [burnt sugar] karmel m.

carat ['kærət] n karat m • **24-carat gold** dwudziestoczterokaratowe złoto n.

caravan ['kærəvæn] n UK przyczepa f kempingowa.

caravanning ['kærəvænɪŋ] n UK

: to go caravanning wyjechać na wakacje z przyczepą.

caravan site n UK pole n kempingowe.

carbohydrate ['kɑːbəʊ'haɪdreɪt] n [in foods] węglowodan m.

carbon ['kɑːbən] n węgiel m.

carbon dioxide n dwutlenek m węgla.

carbon monoxide n tlenek m węgla.

car boot sale n UK sprzedaż rzeczy używanych z bagażnika samochodu.

carburetor US = carburettor.

carburettor ['kɑːbə'retəʳ] n UK gaźnik m.

car crash n wypadek m samochodowy.

card [kɑːd] n [for filing, notes, greetings, postcard] kartka f; [of membership] legitymacja f; [of business] wizytówka f; [playing card] karta f; [cardboard] tektura f • cards [game] karty fpl.

cardboard ['kɑːdbɔːd] n tektura f.

car deck n [on ferry] pokład m samochodowy.

cardiac arrest n zatrzymanie n akcji serca.

cardigan ['kɑːdɪgən] n sweter m rozpinany.

care [keəʳ] ⇔ n [attention] staranność f; [by doctor] opieka f; [of skin] pielęgnacja f. ⇔ vi [mind] obchodzić • to take care of [look after] opiekować/zaopiekować się; [deal with] zajmować/zająć się; would you care to ...? fml czy ma Pan/Pani ochotę na...?; to take care to do sthg postarać się coś zrobić; take care! [good-bye] trzymaj się!; with care ostrożnie; to care about [think

important] przejmować się; [person] troszczyć się.

career [kə'rɪəʳ] n [type of job] zawód m; [professional life] kariera f zawodowa.

carefree ['keəfriː] adj beztroski.

careful ['keəfʊl] adj [cautious] ostrożny; [thorough] staranny • be careful! uważaj!

carefully ['keəflɪ] adv [cautiously] ostrożnie; [thoroughly] starannie.

careless ['keəlɪs] adj [inattentive] nieuważny; [unconcerned] beztroski.

caretaker ['keə'teɪkəʳ] n UK [of school, flats] dozorca m, dozorczyni f.

car ferry n prom m samochodowy.

cargo ['kɑːgəʊ] (pl -es OR pl -s) n ładunek m.

car hire n UK wynajem m samochodów.

Caribbean [UK kærɪ'biːən, US kə'rɪbɪən] n : the Caribbean Karaiby pl.

caring ['keərɪŋ] adj troskliwy.

carnation [kɑː'neɪʃn] n goździk m.

carnival ['kɑːnɪvl] n karnawał m.

carousel ['kærə'sel] n [for luggage] taśmociąg f bagażowy; US [merry-go-round] karuzela f.

carp [kɑːp] n karp m.

car park n UK parking m.

carpenter ['kɑːpəntəʳ] n stolarz m.

carpentry ['kɑːpəntrɪ] n stolarstwo n.

carpet ['kɑːpɪt] n dywan m.

car rental n US wynajem m samochodów.

carriage ['kærɪdʒ] n UK [of train] wagon m; [horse-drawn] kareta f.

carriageway ['kærɪdʒweɪ] n UK jezdnia m.

carrier ['kærɪə'] n [bag] reklamówka f.

carrot ['kærət] n marchew f.

carrot cake n ciasto n marchewkowe.

carry ['kærɪ] <> vt [bear] nieść/zanieść; [transport] przewozić/przewieźć; [disease] przenosić/przenieść; [cash, passport, map] nosić/nieść przy sobie; [support] dźwigać/udźwignąć. <> vi [voice, sound] nieść/roznieść się. ◆ **carry on** <> vi [continue] kontynuować. <> vt insep [continue] kontynuować; [conduct] prowadzić/przeprowadzić ◆ **to carry doing sthg** nie przerywać czegoś. ◆ **carry out** <> vt sep [investigation, experiment] przeprowadzać/przeprowadzić; [plan, repairs] wykonywać/wykonać; [promise] spełniać/spełnić; [order] wykonywać/wykonać.

carrycot ['kærɪkɒt] n UK przenośne łóżeczko n dla niemowląt.

carryout ['kærɪaʊt] n danie n na wynos.

carsick ['kɑːˌsɪk] adj : **to be carsick** cierpieć na chorobę lokomocyjną.

cart [kɑːt] n [for transport] wóz m; US [in supermarket] wózek m; inf [video game cartridge] kaseta f zewnętrzna.

carton ['kɑːtn] n karton m.

cartoon [kɑːˈtuːn] n [drawing] rysunek m satyryczny; [film] kreskówka f.

cartridge ['kɑːtrɪdʒ] n nabój m.

carve [kɑːv] vt [wood, stone] rzeźbić/wyrzeźbić; [meat] kroić/pokroić.

carvery ['kɑːvərɪ] n restauracja, gdzie mięso kroi się na oczach klientów.

car wash n myjnia f samochodowa.

case [keɪs] n UK [suitcase] walizka f; [for glasses] etui n; [for jewellery] kasetka f; [instance, patient] przypadek m; [LAW trial] sprawa f ◆ **in any case** [besides] w każdym razie; **in case** na wypadek; **in case of** w razie; **(just) in case** na wszelki wypadek; **in that case** w takim razie.

cash [kæʃ] <> n [coins, notes] gotówka f; [money in general] pieniądze mpl. <> vt : **to cash a cheque** zrealizować czek ◆ **to pay cash** płacić gotówką.

cash desk n kasa f.

cash dispenser n bankomat m.

cashew (nut) n orzech m nerkowca.

cashier [kæˈʃɪə'] n kasjer m, -ka f.

cashmere [kæʃˈmɪə'] n kaszmir m.

cashpoint ['kæʃpɔɪnt] n UK bankomat m.

cash register n kasa f fiskalna.

casino [kəˈsiːnəʊ] (pl -s) n kasyno n.

cask [kɑːsk] n beczka f.

cask-conditioned adj [beer] określenie piwa beczkowego, które nie podlega filtrowaniu ani pasteryzacji, lecz jest fermentowane wtórnie w piwnicy pubu.

casserole ['kæsərəʊl] n [with chicken, veal] potrawka f; [with beef, pork] mięso n duszone z jarzynami ◆ **casserole(dish)** naczynie n żaroodporne.

cassette [kæˈset] n kaseta f.

cassette recorder n magnetofon m kasetowy.

cast [kɑːst] (pt&pp cast) <> n

[actors] obsada *f*; [for broken bone] gips *m*. ⋄ *vt* [shadow, light, look] rzucać/rzucić; [vote] oddawać/oddać głos • **to cast doubt on** poddawać w wątpliwość. ► **cast off** ⋄ *vi* [boat, ship] oddawać/oddać cumy.

caster ['kɑːstəʳ] *n* [wheel] kółko *n*.

caster sugar *n* UK drobny cukier *m* do pieczenia.

castle ['kɑːsl] *n* [building] zamek *m*; [in chess] wieża *f*.

casual ['kæʒʊəl] *adj* [relaxed] na luzie; [offhand] niedbały; [clothes] codzienny • **casual work** praca *f* dorywcza.

casualty ['kæʒjʊəltɪ] *n* ofiara *f* • **casualty (ward)** oddział *m* urazowy.

cat [kæt] *n* kot *m*.

catalog US = **catalogue**.

catalogue ['kætəlɒg] *n* [of products, books] katalog *m*.

catapult ['kætəpʌlt] *n* proca *f*.

cataract ['kætərækt] *n* [in eye] katarakta *f*.

catarrh [kəˈtɑːʳ] *n* katar *m*.

catastrophe [kəˈtæstrəfɪ] *n* katastrofa *f*.

catch [kætʃ] (*pt & pp* **caught**) ⋄ *vt* łapać/złapać; [surprise] przyłapać; [illness] zarażać/zarazić się; [hear] dosłyszeć; [attract] przyciągać/przyciągnąć; pobudzać/pobudzić. ⋄ *vi* [become hooked] zahaczać/zahaczyć się. ⋄ *n* [of window, door] zatrzask *m*; [snag] haczyk *m*. ► **catch up** ⋄ *vt* doganiać/dogonić. ⋄ *vi* : **to catch up (with)** doganiać/dogonić.

catching ['kætʃɪŋ] *adj inf* zaraźliwy.

category ['kætəgərɪ] *n* kategoria *f*.

cater ['keɪtəʳ] *vt insep* **-1.** [needs] UK : **cater for** zaspokajać/zaspokoić ; [tastes] zadowalać/zadowolić . **-2.** [anticipate] przewidywać/przewidzieć.

caterpillar ['kætəpɪləʳ] *n* gąsienica *f*.

cathedral [kəˈθiːdrəl] *n* katedra *f*.

Catholic ['kæθlɪk] ⋄ *adj* katolicki. ⋄ *n* katolik *m*, katoliczka *f*.

Catseyes® *npl* UK kocie oczy *npl*.

cattle ['kætl] *npl* bydło *n*.

cattle grid *n przeszkoda dla bydła w postaci rowu przykrytego metalową kratą.*

caught [kɔːt] *pt & pp* ▷ **catch**.

cauliflower ['kɒlɪˈflaʊəʳ] *n* kalafior *m*.

cauliflower cheese *n kalafior zapiekany w sosie beszamelowym z serem.*

cause [kɔːz] ⋄ *n* [reason, justification] powód *m*; [principle, aim] sprawa *f*. ⋄ *vt* powodować/spowodować • **to cause sb to do sthg** skłonić kogoś do zrobienia czegoś.

causeway ['kɔːzweɪ] *n* droga *f* na nasypie.

caustic soda *n* soda *f* kaustyczna.

caution ['kɔːʃn] *n* [care] ostrożność *f*; [warning] przestroga *f*.

cautious ['kɔːʃəs] *adj* ostrożny.

cave [keɪv] *n* jaskinia *f*. ► **cave in** *vi* [roof, ceiling] zapadać/zapaść się.

caviar(e) *n* kawior *m*.

cavity ['kævətɪ] *n* [in tooth] ubytek *m*.

CD *n* (*abbr of* **compact disc**) płyta *f* kompaktowa.

CDI *n* (*abbr of* **compact disc inter-**

active) dysk *m* kompaktowy interaktywny.

CD player *n* odtwarzacz *m* płyt kompaktowych.

cease [siːs] ⟨⟩ *vt fml* zaprzestawać/zaprzestać. ⟨⟩ *vi fml* ustawać/ustać.

ceasefire ['siːsfaɪəʳ] *n* zawieszenie *n* broni.

ceiling ['siːlɪŋ] *n* sufit *m*.

celebrate ['selɪbreɪt] ⟨⟩ *vt* [birthday] obchodzić; [victory] świętować; [Mass] odprawiać/odprawić. ⟨⟩ *vi* świętować.

celebration [selɪ'breɪʃn] *n* [event] uroczystość *f*. ➡ **celebrations** *npl* [festivities] obchody *pl*.

celebrity [sɪ'lebrətɪ] *n* [person] znakomitość *f*.

celeriac [sɪ'lerɪæk] *n* seler *m*.

celery ['selərɪ] *n* seler *m* naciowy.

cell [sel] *n* [of plant, body] komórka *f*; [in prison] cela *f*.

cellar ['seləʳ] *n* piwnica *f*.

cello ['tʃeləʊ] (*pl* -s) *n* wiolonczela *f*.

Cellophane® ['seləfeɪn] *n* celofan *m*.

Celsius ['selsɪəs] *adj* w skali Celsjusza.

cement [sɪ'ment] *n* cement *m*.

cement mixer *n* betoniarka *f*.

cemetery ['semɪtrɪ] *n* cmentarz *m*.

cent [sent] *n US* cent *m*.

center *US* = centre.

centigrade ['sentɪɡreɪd] *adj* w skali Celsjusza.

centimetre ['sentɪˌmiːtəʳ] *n* centymetr *m*.

centipede ['sentɪpiːd] *n* stonoga *f*.

central ['sentrəl] *adj* [in the middle]

środkowy; [near town centre] położony centralnie.

central heating *n* centralne ogrzewanie *n*.

central locking *n* zamek *m* centralny.

central reservation *n UK* pas *m* zieleni.

centre ['sentəʳ] ⟨⟩ *n UK* [middle] środek *m*; [building] ośrodek *m*. ⟨⟩ *adj UK* [middle] środkowy • **the centre of attention** centrum uwagi.

century ['sentʃʊrɪ] *n* stulecie *n*.

ceramic [sɪ'ræmɪk] *adj* ceramiczny. ➡ **ceramics** *npl* ceramika *f*.

cereal ['sɪərɪəl] *n* [breakfast food] płatki *mpl* śniadaniowe.

ceremony [*UK* 'serɪmənɪ, *US* 'serəməʊnɪ] *n* ceremonia *f*.

certain ['sɜːtn] *adj* [sure] pewny; [particular] pewien • **to be certain to do sthg** na pewno coś zrobić; **to be certain of sthg** być pewnym czegoś; **to make certain (that)** upewnić się, (że).

certainly ['sɜːtnlɪ] *adv* [without doubt] z pewnością; [of course] oczywiście.

certificate [sə'tɪfɪkət] *n* świadectwo *n*.

certify ['sɜːtɪfaɪ] *vt* [declare true] poświadczać/poświadczyć.

chain [tʃeɪn] ⟨⟩ *n* [of metal] łańcuch *m*; [of shops] sieć *f*; [of islands] archipelag *m*; [of mountains] łańcuch *m*. ⟨⟩ *vt* : **to chain sthg to sthg** przymocować coś łańcuchem do czegoś.

chain store *n* sklep *m* sieci handlowej.

chair [tʃeəʳ] ⟨⟩ *n* [seat] krzesło *n*; [person] przewodniczący *m*, przewodnicząca f. ⟨⟩ vt [meeting] przewodniczyć.

chair lift n wyciąg m krzesełkowy.

chairman ['tʃeəmən] (pl -men [-mən]) n przewodniczący m.

chairperson ['tʃeəˌpɜːsn] n osoba f przewodnicząca.

chairwoman ['tʃeəˌwomən] (pl -women [-ˌwɪmɪn]) n przewodnicząca f.

chalet ['ʃæleɪ] n [small house] dom m w stylu alpejskim; [at holiday camp] domek m letniskowy.

chalk [tʃɔːk] n kreda f • **a piece of chalk** kawałek kredy.

chalkboard ['tʃɔːkbɔːd] n US tablica f szkolna.

challenge ['tʃælɪndʒ] ⟨⟩ n wyzwanie n. ⟨⟩ vt [question] kwestionować/zakwestionować • **to challenge sb (to sthg)** [to fight, competition] wyzwać kogoś do zrobienia czegoś.

chamber ['tʃeɪmbəʳ] n komnata f.

chambermaid ['tʃeɪmbəmeɪd] n pokojówka f.

chamber music n muzyka f kameralna.

champagne ['ʃæmˈpeɪn] n szampan m.

champion ['tʃæmpjən] n [of competition] mistrz m, mistrzyni f.

championship ['tʃæmpjənʃɪp] n mistrzostwo n.

chance [tʃɑːns] ⟨⟩ n [luck] traf m; [possibility] szansa f; [opportunity] okazja f. ⟨⟩ vt : **to chance it** inf zaryzykować • **to take a chance** podjąć ryzyko; **by chance** przypadkiem; **on the off chance** na wszelki wypadek.

Chancellor of the Exchequer n UK ≃ minister m finansów.

chandelier ['ʃændəˈlɪəʳ] n żyrandol m.

change [tʃeɪndʒ] ⟨⟩ n [alteration] zmiana f; [money received back] reszta f; [coins] drobne pl. ⟨⟩ vt zmieniać/zmienić; [exchange] wymieniać/wymienić. ⟨⟩ vi [become different] zmieniać/zmienić się; [on bus, train] przesiadać/przesiąść się; [change clothes] przebierać/przebrać się • **a change of clothes** ubranie na zmianę; **do you have change for a pound?** czy możesz mi rozmienić funta?; **for a change** dla odmiany; **to get changed** przebrać się; **to change money** rozmienić pieniądze; **to change a nappy** zmienić pieluchę; **to change a wheel** zmienić koło; **to change trains/planes** przesiąść się na inny pociąg/samolot; **all change!** [on train] wszyscy wysiadać!

changeable ['tʃeɪndʒəbl] adj [weather] zmienny.

change machine n automat m do rozmieniania pieniędzy.

changing room n [for sport] szatnia f; [in shop] przymierzalnia f.

channel ['tʃænl] n [on TV, in sea] kanał m; [on radio] pasmo n • **the (English) Channel** kanał La Manche.

Channel Islands npl : **the Channel Islands** Wyspy Normandzkie.

Channel Tunnel n : **the Channel Tunnel** tunel m pod kanałem La Manche.

chant [tʃɑːnt] vt RELIG recytować śpiewnie; [words, slogan] skandować.

chaos ['keɪɒs] n chaos m.

chaotic [keɪˈɒtɪk] adj chaotyczny.

chap [tʃæp] *n UK inf* facet *m*.

chapatti [tʃə'pætɪ] *n rodzaj cienkiego chleba indyjskiego.*

chapel ['tʃæpl] *n* [at hospital, prison, airport, part of church] kaplica *f*; [church] kościół *m* nonkonformistyczny.

chapped [tʃæpt] *adj* spierzchnięty.

chapter ['tʃæptə'] *n* rozdział *m*.

character ['kærəktə'] *n* charakter *m*; [in film, book, play] postać *f*; *inf* [person, individual] typ *m*; [letter] znak *m*.

characteristic ['kærəktə'rɪstɪk] <> *adj* charakterystyczny. <> *n* cecha *f*.

charcoal ['tʃɑːkəʊl] *n* [for barbecue] węgiel *m* drzewny.

charge [tʃɑːdʒ] <> *n* [price] opłata *f*; LAW zarzut *m*. <> *vt* [money] pobierać/pobrać; [customer] policzyć; LAW oskarżać/oskarżyć; [battery] ładować/naładować. <> *vi* [ask money] pobierać/pobrać opłatę; [rush] : **to charge into the room** wpaść do pokoju; **to charge ahead** pędzić przed siebie • **to be in charge (of)** odpowiadać za; **to take charge (of)** przejąć kontrolę; **free of charge** bezpłatny; **there is no charge for service** obsługa jest bezpłatna.

chargrilled *adj grillowany szybko w bardzo wysokiej temperaturze (charakterystyczne osmalenie potraw).*

charity ['tʃærətɪ] *n* [organization] organizacja *f* charytatywna • **to give to charity** dawać na cele dobroczynne.

charity shop *n sklep z rzeczami używanymi, z których dochód przeznacza się na cele charytatywne.*

charm [tʃɑːm] <> *n* [attractiveness] urok *m*. <> *vt* oczarowywać/oczarować.

charming ['tʃɑːmɪŋ] *adj* uroczy.

chart [tʃɑːt] *n* [diagram] wykres *m* • **the charts** lista *f* przebojów.

chartered accountant *n* dyplomowany księgowy *m*, dyplomowana księgowa *f*.

charter flight *n* lot *m* czarterowy.

chase [tʃeɪs] <> *n* pogoń *f*. <> *vt* [pursue] gonić.

chat [tʃæt] <> *n* pogawędka *f*. <> *vi* pogadać • **to have a chat (with)** uciąć sobie pogawędkę (z). **chat up** <> *vt sep UK inf* podrywać/poderwać.

château *n* zamek *m*.

chat show *n UK* talk show *m*.

chatty ['tʃætɪ] *adj* [person] gadatliwy; [letter] gawędziarski.

chauffeur ['ʃəʊfə'] *n* szofer *m*.

cheap [tʃiːp] *adj* [inexpensive] tani; *pej* [low-quality] tandetny.

cheap day return *n UK tani kolejowy bilet powrotny ważny przez jeden dzień.*

cheaply ['tʃiːplɪ] *adv* tanio.

cheat [tʃiːt] <> *n* oszust *m*, -ka *f*. <> *vi* oszukiwać/oszukać. <> *vt* : **to cheat sb (out of sthg)** wyłudzać/wyłudzić coś od kogoś.

check [tʃek] <> *n* [inspection] kontrola *f*; US [bill] rachunek *m*; US [tick] ptaszek *m*; US = **cheque**. <> *vt* [inspect, verify] sprawdzać/sprawdzić. <> *vi* [with person] konsultować/skonsultować się; [on sthg] kontrolować/skontrolować • **to check for sthg** szukać czegoś. **check in** <> *vt sep* [luggage] zgłaszać/zgłosić do odprawy. <> *vi* [at hotel] meldować/

zameldować się; [at airport] zgłaszać/zgłosić się do odprawy. **check off** <> vt sep odhaczać/odhaczyć. **check out** <> vi wymeldowywać/wymeldować się z hotelu. **check up** <> vi : to check (on) sprawdzać/sprawdzić.

checked [tʃekt] adj w kratkę.

checkers ['tʃekəz] n US warcaby pl.

check-in desk n punkt m odpraw.

checkout ['tʃekaʊt] n kasa f.

checkpoint ['tʃekpɔɪnt] n punkt m kontroli granicznej.

checkroom ['tʃekrʊm] n US [cloakroom] szatnia f.

checkup ['tʃekʌp] n badanie n kontrolne.

cheddar (cheese) n ser m cheddar.

cheek [tʃiːk] n [of face] policzek m • what a cheek! co za tupet!

cheeky ['tʃiːkɪ] adj bezczelny.

cheer [tʃɪəʳ] <> n wiwat m. <> vi wiwatować.

cheerful ['tʃɪəfʊl] adj [person] pogodny; [music, colour] radosny.

cheerio ['tʃɪərɪ'əʊ] excl UK inf cześć! (na pożegnanie).

cheers [tʃɪəz] excl [when drinking] na zdrowie!; UK inf [thank you] dzięki!

cheese [tʃiːz] n ser m.

cheeseboard ['tʃiːzbɔːd] n [cheese and biscuits] wybór m serów.

cheeseburger ['tʃiːzʾbɜːgəʳ] n cheeseburger m.

cheesecake ['tʃiːzkeɪk] n sernik m.

chef [ʃef] n szef m kuchni.

chef's special n specjalność f szefa kuchni.

chemical ['kemɪkl] <> adj chemiczny. <> n substancja f chemiczna.

chemist ['kemɪst] n UK [pharmacist] aptekarz m, aptekarka f; [scientist] chemik m, chemiczka f • chemist's UK [shop] apteka.

chemistry ['kemɪstrɪ] n [science] chemia f.

cheque [tʃek] n UK czek m • to pay by cheque płacić czekiem.

chequebook ['tʃekbʊk] n książeczka f czekowa.

cheque card n karta f czekowa.

cherry ['tʃerɪ] n [fruit] czereśnia f.

chess [tʃes] n szachy pl.

chest [tʃest] n [of body] klatka f piersiowa; [box] skrzynia f.

chestnut ['tʃesnʌt] <> n [nut] kasztan m. <> adj [colour] kasztanowy.

chest of drawers n komoda f.

chew [tʃuː] vt [food] żuć.

chewing gum ['tʃuːɪŋ-] n guma f do żucia.

chic [ʃiːk] adj szykowny.

chicken ['tʃɪkɪn] n [bird] kura f; [meat] kurczak m.

chicken breast n pierś f kurczaka.

chickenpox ['tʃɪkɪnpɒks] n ospa f wietrzna.

chickpea ['tʃɪkpiː] n cieciorka f.

chicory ['tʃɪkərɪ] n cykoria f.

chief [tʃiːf] <> adj główny. <> n [person in charge] szef m, -owa f; [of tribe] wódz m.

chiefly ['tʃiːflɪ] adv [mainly] głównie; [especially] przede wszystkim.

child [tʃaɪld] (*pl* **children**) *n* dziecko *n*.

child abuse *n* maltretowanie *n*
dziecka.

child benefit *n UK* zasiłek *m*
rodzinny.

childhood [ˈtʃaɪldhʊd] *n* dzieciństwo *n*.

childish [ˈtʃaɪldɪ] *adj pej* [imma-
ture] dziecinny.

childminder [ˈtʃaɪldˌmaɪndəʳ] *n
UK* opiekun *m*, -ka *f* do dziecka.

children [ˈtʃɪldrən] *pl* ⊳ **child**.

childrenswear *n* ubrania *npl* dla
dzieci.

child seat *n* [in car] fotelik *m* dla
dziecka.

Chile [ˈtʃɪlɪ] *n* Chile *n*.

chill [tʃɪl] ◇ *n* [illness] przeziębienie *n*. ◇ *vt* [wine, beer, orange juice] schładzać/schłodzić
• **there's a chill in the air** w
powietrzu czuć ziąb.

chilled *adj* schłodzony • 'serve
chilled' podawać schłodzone.

chilli [ˈtʃɪlɪ] (*pl* **-ies**) *n* [fresh]
czerwony pieprz *m*; [dried] chili
n; [dish] = **chilli con carne**.

chilli con carne [ˈtʃɪlɪkɒnˈkɑːnɪ]
n fasola z duszoną wołowiną i chilli.

chilly [ˈtʃɪlɪ] *adj* chłodny.

chimney [ˈtʃɪmnɪ] *n* komin *m*.

chimneypot [ˈtʃɪmnɪpɒt] *n* na-
sada *f* kominowa.

chimpanzee [ˌtʃɪmpənˈziː] *n*
szympans *m*, -ica *f*.

chin [tʃɪn] *n* podbródek *m*.

china *n* [material] porcelana *f*.

China *n* Chiny *pl*.

Chinese [ˈtʃaɪˈniːz] ◇ *adj* chiński. ◇ *n* [language] chiński *m*.
◇ *npl* : **the Chinese** Chińczycy
mpl • **a Chinese restaurant** chińska restauracja.

chip [tʃɪp] ◇ *n* [of stone, glass]
odłamek *m*; [of wood] wiór
m; [mark] szczerba *f*; [counter]
żeton *m*; COMPUT chip *m*.
◇ *vt* wyszczerbiać/wyszczer-
bić. ⟶ **chips** ◇ *npl UK*
[French fries] frytki *fpl*; *US* [crisps]
chipsy *mpl*.

chiropodist [kɪˈrɒpədɪst] *n* pedi-
kiurzysta *m*, pedikiurzystka *f*.

chisel [ˈtʃɪzl] *n* dłuto *n*.

chives [tʃaɪvz] *npl* szczypiorek *m*.

chlorine [ˈklɔːriːn] *n* chlor *m*.

choc-ice *n UK* lody *pl* w polewie
czekoladowej.

chocolate [ˈtʃɒkələt] ◇ *n* czekolada *f*. ◇ *adj* czekoladowy
• **a box of chocolates** pudełko
czekoladek.

chocolate biscuit *n* herbatnik
m w czekoladzie.

choice [tʃɔɪs] ◇ *n* wybór *m*.
◇ *adj* [meat, ingredients] wyborowy • **the toppings of your
choice** dodatki do wyboru.

choir [ˈkwaɪəʳ] *n* chór *m*.

choke [tʃəʊk] ◇ *n* AUT ssanie *n*.
◇ *vt* dusić/udusić. ◇ *vi* [on
fishbone *etc*] dławić się; [to death]
udławić się.

cholera [ˈkɒlərə] *n* cholera *f*.

choose [tʃuːz] (*pt* **chose**, *pp*
chosen) *vt & vi* wybierać/wybrać
• **to choose to do sthg** zdecydować się coś zrobić.

chop [tʃɒp] ◇ *n* [of meat] kotlet *m*. ◇ *vt* [vegetables] kroić/
pokroić; [wood] rąbać/porąbać.
⟶ **chop down** ◇ *vt sep*
ścinać/ściąć. ⟶ **chop up**
◇ *vt sep* siekać/posiekać.

chopper [ˈtʃɒpəʳ] *n inf* [helicopter]
helikopter *m*.

chopping board [ˈtʃɒpɪŋ-] *n*
deska *f* do krojenia.

choppy ['tʃɒpɪ] *adj* niespokojny.

chopsticks *npl* pałeczki *fpl*.

chop suey *n danie chińskie z siekanego mięsa wieprzowego lub drobiowego, kiełków, pędów bambusa i cebuli podawane z ryżem.*

chord [kɔːd] *n* akord *m*.

chore [tʃɔːʳ] *n* [unpleasant task] harówka *f*; [routine task] obowiązek *m*.

chorus ['kɔːrəs] *n* [part of song] refren *m*; [group of singers, dancers] chór *m*.

chose [tʃəʊz] *pt* ▷ **choose**.

chosen ['tʃəʊzn] *pp* ▷ **choose**.

choux pastry [ʃuː-] *n* ciasto *n* ptysiowe.

chowder ['tʃaʊdəʳ] *n zupa rybna lub z owoców morza.*

chow mein *n chińska potrawa ze smażonego makaronu, mięsa lub owoców morza i warzyw.*

Christ [kraɪst] *n* Chrystus.

christen ['krɪsn] *vt* [baby] chrzcić/ochrzcić.

Christian ['krɪstʃən] ◇ *adj* chrześcijański. ◇ *n* chrześcijanin *m*, chrześcijanka *f*.

Christian name *n* imię *n* chrzestne.

Christmas ['krɪsməs] *n* Boże Narodzenie *n* • **Happy Christmas! Wesołych Świąt!**

Christmas card *n* kartka *f* świąteczna.

Christmas carol *n* kolęda *f*.

Christmas Day *n* Boże Narodzenie *n*.

Christmas Eve *n* Wigilia *f*.

Christmas pudding *n rodzaj deseru bakaliowego podawany na gorąco w Boże Narodzenie.*

Christmas tree *n* choinka *f*.

chrome [krəʊm] *n* chrom *m*.

chuck [tʃʌk] *vt inf* rzucać/rzucić.
➤ **chuck away** *vt sep* wyrzucać/wyrzucić.

chunk [tʃʌŋk] *n* [of meat, cake *etc*] kawał *m*.

church [tʃɜːtʃ] *n* kościół *m* • **to go to church** chodzić/pójść do kościoła.

churchyard ['tʃɜːtʃjɑːd] *n* cmentarz *m* przykościelny.

chute [ʃuːt] *n* [in playground, swimming pool] zjeżdżalnia *f*; [for rubbish, coal] zsyp *m*.

chutney ['tʃʌtnɪ] *n gęsty, ostry sos lub przyprawa z owoców, cukru i octu podawana do mięs i serów.*

cider ['saɪdəʳ] *n* [drink] jabłecznik *m*.

cigar [sɪ'gɑːʳ] *n* cygaro *n*.

cigarette ['sɪgə'ret] *n* papieros *m*.

cigarette lighter *n* zapalniczka *f*.

cinema ['sɪnəmə] *n* kino *n*.

cinnamon ['sɪnəmən] *n* cynamon *m*.

circle ['sɜːkl] ◇ *n* [shape] koło *n*; [ring] krąg *m*; [in theatre] balkon *m*. ◇ *vt* [draw circle around] zakreślać/zakreślić; [move round] okrążać/okrążyć. ◇ *vi* [plane] krążyć.

circuit ['sɜːkɪt] *n* [track] tor *m*; [lap] okrążenie *n*.

circular ['sɜːkjʊləʳ] ◇ *adj* [round] kolisty. ◇ *n* okólnik *m*.

circulation ['sɜːkjʊ'leɪʃn] *n* [of blood] krążenie *n*; [of newspaper, magazine] nakład *m*.

circumstances *npl* okoliczności *fpl* • **in** OR **under the circumstances** w tych okolicznościach.

circus ['sɜːkəs] *n* cyrk *m*.

cistern ['sɪstən] *n* [of toilet] rezerwuar *m*.

citizen ['sɪtɪzn] *n* [of country] obywatel *m*, -ka *f*; [of town] mieszkaniec *m*, mieszkanka *f*.

city ['sɪtɪ] *n* miasto *n* • **the City** *finansowe i handlowe centrum Londynu*.

city centre *n* centrum *n* miasta.

city hall *n US* urząd *m* miejski.

civilian [sɪ'vɪljən] *n* cywil *m*.

civilized ['sɪvɪlaɪzd] *adj* [society] cywilizowany; [person, evening] kulturalny.

civil rights *npl* prawa *npl* obywatelskie.

civil servant *n* urzędnik *m* państwowy, urzędniczka *f* państwowa.

civil service *n* administracja *f* państwowa.

civil war *n* wojna *f* domowa.

cl (*abbr of* **centilitre**) cl.

claim [kleɪm] ◇ *n* [assertion] twierdzenie *n*; [demand] żądanie *n*; [for insurance] roszczenie *n*. ◇ *vt* [allege] twierdzić; [demand] żądać/zażądać; [take credit, responsibility] przypisywać/przypisać sobie. ◇ *vi* [on insurance] zgłaszać/zgłosić roszczenie.

claimant ['kleɪmənt] *n* [of benefit] osoba *f* zgłaszająca roszczenie.

claim form *n* formularz *m* podaniowy.

clam [klæm] *n* małż *m* jadalny.

clamp [klæmp] ◇ *n* [for car] blokada *f* kół. ◇ *vt* [car] założyć blokadę.

clap [klæp] *vi* klaskać.

claret ['klærət] *n* wytrawne bordo *n* czerwone.

clarinet ['klærə'net] *n* klarnet *m*.

clash [klæʃ] ◇ *n* [noise] brzęk *m*; [confrontation] starcie *n*. ◇ *vi* [colours] gryźć się; [event, date] kolidować.

clasp [klɑːsp] ◇ *n* [of handbag] zatrzask *m*; [of bracelet] zameczek *m*. ◇ *vt* ściskać/ścisnąć.

class [klɑːs] ◇ *n* klasa *f*; [teaching period] lekcja *f*. ◇ *vt* : **to class sb/sthg (as)** zaklasyfikować kogoś/coś (jako).

classic ['klæsɪk] ◇ *adj* [typical] klasyczny. ◇ *n* klasyk *m*.

classical ['klæsɪkl] *adj* [traditional] klasyczny.

classical music *n* muzyka *f* poważna.

classification ['klæsɪfɪ'keɪʃn] *n* [categorization] klasyfikacja *f*; [category] kategoria *f*.

classified ads *npl* ogłoszenia *npl* drobne.

classroom ['klɑːsrʊm] *n* sala *f* lekcyjna.

claustrophobic ['klɔːstrə'fəʊbɪk] *adj* klaustrofobiczny.

claw [klɔː] *n* [of bird] szpon *m*; [of cat, dog] pazur *m*; [of crab, lobster] szczypce *pl*.

clay [kleɪ] *n* glina *f*.

clean [kliːn] ◇ *adj* [tidy, not dirty, unused] czysty; [driving licence] bez punktów karnych. ◇ *vt* [wash, tidy] sprzątać/posprzątać • **to clean one's teeth** czyścić/wyczyścić zęby.

cleaner ['kliːnəʳ] *n* [person] sprzątacz *m*, -ka *f*; [substance] środek *m* czyszczący.

cleanse [klenz] *vt* [skin, wound] oczyszczać/oczyścić.

cleanser ['klenzəʳ] *n* mleczko *n* do demakijażu.

clear [klɪəʳ] ◇ *adj* [water, liquid, glass] przejrzysty; [soup] czysty; [road] wolny; [view] swobodny;

[table] uprzątnięty; [day, sky] jasny; [easy to see, hear] wyraźny; [easy to understand] jasny; [obvious] oczywisty. <> *vt* [remove obstructions from] oczyszczać/oczyścić; usuwać/usunąć przeszkody z; [jump over] przeskoczyć; [declare not guilty] uniewinniać/uniewinnić; [authorize] zatwierdzać/zatwierdzić; [cheque] rozliczać/rozliczyć. <> *vi* [fog] rozwiewać/rozwiać się; [weather] przejaśniać/przejaśnić się • to be clear (about sthg) rozumieć (coś); to be clear of sthg [not touching] nie dotykać czegoś; to clear one's throat odchrząknąć; to clear the table sprzątnąć ze stołu. <> clear up <> *vt sep* [room, toys] sprzątać/posprzątać; [problem, confusion] wyjaśniać/wyjaśnić. <> *vi* [weather] wypogadzać/wypogodzić się; [tidy up] sprzątać/sprzątnąć.

clearance ['klıərəns] *n* [authorization, for take off] zezwolenie *n*; [free distance] miejsce *n*.

clearing ['klıərıŋ] *n* polana *f*.

clearly ['klıəlı] *adv* wyraźnie.

clearway ['klıəweı] *n UK* droga *f* ekspresowa.

clementine ['kleməntaın] *n* klementynka *f*.

clerk [*UK* klɑːk, *US* klɜːrk] *n* [in office] urzędnik *m*, urzędniczka *f*; *US* [in shop] ekspedient *m*, -ka *f*.

clever ['klevəʳ] *adj* [person] bystry; [idea, device] sprytny.

click [klık] <> *n* [of wood] trzask. <> *vi* [lock] szczękać/szczęknąć; COMPUT klikać/kliknąć.

client ['klaıənt] *n* klient *m*, -ka *f*.

cliff [klıf] *n* klif *m*.

climate ['klaımıt] *n* klimat *m*.

climax ['klaımæks] *n* kulminacja *f*.

climb [klaım] <> *vt* wspinać/

wspiąć się na. <> *vi* [person] wspinać/wspiąć się; [plane] unosić/unieść się. <> **climb down** <> *vt insep* schodzić/zejść z. <> *vi* wycofywać/wycofać się. <> **climb up** <> *vt insep* wspinać/wspiąć się na.

climber ['klaıməʳ] *n* [person] alpinista *m*, alpinistka *f*.

climbing ['klaımıŋ] *n* wspinaczka *f* • to go climbing iść na wspinaczkę.

climbing frame *n UK* drabinka *f* do wspinania się.

clingfilm ['klıŋfılm] *n UK* folia *f* spożywcza.

clinic ['klınık] *n* przychodnia *f*.

clip [klıp] <> *n* [fastener] klamerka *f*; [for hair] spinka *f*; [of film, programme] fragment *m*. <> *vt* [fasten] spinać/spiąć; [cut] przycinać/przyciąć.

cloak [kləʊk] *n* peleryna *f*.

cloakroom ['kləʊkrʊm] *n* [for coats] szatnia *f*; *UK* [toilet] toaleta *f*.

clock [klɒk] *n* [for telling time] zegar *m*; [mileometer] licznik *m* • round the clock całą dobę.

clockwise ['klɒkwaız] *adv* zgodnie z ruchem wskazówek zegara.

clog [klɒg] <> *n* chodak *m*. <> *vt* zatykać/zatkać.

close¹ <> *adj* bliski; [link, resemblance] ścisły; [examination] dokładny; [race, contest] wyrównany. <> *adv* blisko • close by tuż obok; to follow close behind podążać tuż za; close to [near] blisko; [on the verge of] bliski.

close² <> *vt* zamykać/zamknąć. <> *vi* zamykać/zamknąć się; [deadline, offer, meeting] kończyć/zakończyć się. <> **close down** <> *vt sep* zamykać/zamknąć. <> vi [factory, shop] zostać zamkniętym.

closed [kləʊzd] *adj* [door, jar, eyes] zamknięty; [shop, office] nieczynny.

closely ['kləʊslɪ] *adv* [related, involved] ściśle; [follow] blisko; [examine] dokładnie.

closet ['klɒzɪt] *n US* [cupboard] szafa *f*.

close-up [kləʊs-] *n* zbliżenie *n*.

closing time *n* pora *f* zamknięcia (lokali).

clot [klɒt] *n* [of blood] skrzep *m*.

cloth [klɒθ] *n* [fabric] tkanina *f*; [piece of cloth] szmatka *f*.

clothes [kləʊðz] *npl* ubranie *n*.

clothesline ['kləʊðzlaɪn] *n* sznur *m* do bielizny.

clothes peg *n UK* klamerka *f* do bielizny.

clothespin ['kləʊðzpɪn] *US* = clothes peg.

clothes shop *n* sklep *m* odzieżowy.

clothing ['kləʊðɪŋ] *n* ubranie *n*.

clotted cream ['klɒtɪd-] *n gęsta śmietana zbierana z podgrzewanego mleka.*

cloud [klaʊd] *n* chmura *f*.

cloudy ['klaʊdɪ] *adj* [sky, day] pochmurny; [liquid] mętny.

clove [kləʊv] *n* [of garlic] ząbek *m*. ➡ **cloves** *npl* [spice] goździki *mpl*.

clown [klaʊn] *n* klaun *m*.

club [klʌb] *n* [organization, nightclub] klub *m*; [weapon] pałka *f*; [for golf] kij *m*. ➡ **clubs** *npl* [in cards] trefle *mpl*.

clubbing *n* : to go clubbing *inf* chodzić po klubach.

club sandwich *n US* kanapka *f* z trzech kromek.

club soda *n US* woda *f* sodowa.

clue [kluː] *n* [information] wskazówka *f*; [in investigation] trop *m*; [in crossword] hasło *n* • **I haven't got a clue** nie mam pojęcia.

clumsy ['klʌmzɪ] *adj* [person] niezdarny.

clutch [klʌtʃ] <> *n* [on car, motorbike] sprzęgło *n*; [clutch pedal] pedał *m* sprzęgła. <> *vt* [hold tightly] trzymać się kurczowo.

cm (*abbr of* **centimetre**) cm.

c/o (*abbr of* **care of**) na adres.

Co. [kəʊ] (*abbr of* **company**) sp.

coach [kəʊtʃ] *n* [bus] autokar *m*; [of train] wagon *m*; SPORT trener *m*, -ka *f*.

coach station *n* dworzec *m* autobusowy.

coach trip *n UK* wycieczka *f* autokarowa.

coal [kəʊl] *n* węgiel *m*.

coal mine *n* kopalnia *f* węgla.

coarse [kɔːs] *adj* [rough] szorstki; [vulgar] nieokrzesany.

coast [kəʊst] *n* wybrzeże *n*.

coaster ['kəʊstəʳ] *n* [for glass] podstawka *f* pod kieliszek.

coastguard ['kəʊstgɑːd] *n* [person] strażnik *m*, strażniczka *f* straży przybrzeżnej; [organization] straż *f* przybrzeżna.

coastline ['kəʊstlaɪn] *n* linia *f* brzegowa.

coat [kəʊt] <> *n* [garment] płaszcz *m*; [of animal] sierść *f*. <> *vt* : to coat sthg (with sthg) pokryć coś (czymś).

coat hanger *n* wieszak *m* na ubrania.

coating ['kəʊtɪŋ] *n* [on surface] warstwa *f*; [on food] polewa *f*.

cobbled street *n* wybrukowana ulica *f*.

cobbles *npl* bruk *m*.

cobweb ['kɒbweb] *n* pajęczyna *f*.

Coca-Cola® *n* coca-cola® *f*.

cocaine [kəʊ'keɪn] *n* kokaina *f*.

cock [kɒk] *n* [male chicken] kogut *m*.

cock-a-leekie *n* *zupa z kury i porów*.

cockerel ['kɒkrəl] *n* kogucik *m*.

cockles *npl* *rodzaj małża*.

cockpit ['kɒkpɪt] *n* kabina *f* pilota.

cockroach ['kɒkrəʊtʃ] *n* karaluch *m*.

cocktail ['kɒkteɪl] *n* koktajl *m*.

cocktail party *n* koktajl *m*.

cock-up *n* UK [vulg] fuszerka *f*.

cocoa ['kəʊkəʊ] *n* [drink] kakao *n* *(inv)*.

coconut ['kəʊkənʌt] *n* orzech *m* kokosowy.

cod (*pl* -) *n* dorsz *m*.

code [kəʊd] *n* [system] szyfr *m*; [dialling code] numer *m* kierunkowy.

cod-liver oil *n* tran *m*.

coeducational ['kəʊedʒʊ'keɪʃənl] *adj* koedukacyjny.

coffee ['kɒfɪ] *n* kawa *f* • **black/white coffee** czarna kawa/kawa z mlekiem; **ground/instant coffee** kawa mielona/rozpuszczalna.

coffee break *n* przerwa *f* na kawę.

coffeepot ['kɒfɪpɒt] *n* dzbanek *m* do kawy.

coffee shop *n* [cafe] kawiarnia *f*.

coffee table *n* niski stolik *m*.

coffin ['kɒfɪn] *n* trumna *f*.

cog(wheel) *n* koło *n* zębate.

coil [kɔɪl] ◇ *n* [of rope] zwój *m*; UK [contraceptive] spirala *f*. ◇ *vt* zwijać/zwinąć.

coin [kɔɪn] *n* moneta *f*.

coin box *n* UK aparat *m* telefoniczny na monety.

coincide ['kəʊɪn'saɪd] *vi* : **to coincide (with)** zbiegać się z.

coincidence [kəʊ'ɪnsɪdəns] *n* zbieg *m* okoliczności.

Coke® *n* coca-cola® *f*.

colander ['kʌləndəʳ] *n* durszlak *m*.

cold [kəʊld] ◇ *adj* zimny; [person] zziębnięty; [person, manner] chłodny. ◇ *n* [illness] przeziębienie *n*; [low temperature] zimno *n* • **to get cold** [person] zmarznąć; [food, water] wystygnąć; [weather] ochłodzić się; **to catch (a) cold** przeziębić się.

cold cuts *US* = **cold meats**.

cold meats *npl* wędliny *fpl*.

coleslaw ['kəʊlslɔː] *n* surówka z białej kapusty z dodatkiem majonezu i innych warzyw.

colic ['kɒlɪk] *n* kolka *f*.

collaborate [kə'læbəreɪt] *vi* współpracować.

collapse [kə'læps] *vi* [building, tent] zawalać/zawalić się; [person] zasłabnąć.

collar ['kɒləʳ] *n* [of shirt, coat] kołnierz *m*; [of dog, cat] obroża *f*.

collarbone ['kɒləbəʊn] *n* obojczyk *m*.

colleague ['kɒliːg] *n* kolega *m*, koleżanka *f* z pracy.

collect ◇ *vt* [gather] zbierać/zebrać; [as a hobby] kolekcjonować; [go and get] odbierać/odebrać; [money] prowadzić zbiórkę. ◇ *vi* [dust, leaves, crowd] zbierać/zebrać się. ◇ *adv* US : **to call (sb) collect** dzwonić na koszt rozmówcy.

collection [kə'lekʃn] n [of stamps, coins etc] kolekcja f; [of stories, poems] zbiór m; [of money] kwesta f; [of mail] wybieranie n poczty.

collector [kə'lektə'] n [as a hobby] kolekcjoner m, -ka f.

college ['kɒlɪdʒ] n [school] szkoła f pomaturalna; UK [of university] college; US [university] uczelnia f wyższa.

collide [kə'laɪd] vi : to collide (with) zderzyć się (z).

collision [kə'lɪʒn] n zderzenie n.

cologne n woda f kolońska.

colon ['kəʊlən] n GRAMM dwukropek m.

colonel ['kɜːnl] n pułkownik m & f.

colony ['kɒlənɪ] n [country] kolonia f.

color US = colour.

colour ['kʌlə'] ◇ n kolor m. ◇ adj [photograph, film] kolorowy. ◇ vt [hair] farbować/ufarbować; [food] barwić/zabarwić. ◆ **colour in** ◇ vt sep pokolorować.

colour-blind adj : he's colour-blind on jest daltonistą.

colourful adj lit & fig barwny.

colouring ['kʌlərɪŋ] n [of food] barwnik m; [complexion] karnacja f.

colouring book n książeczka f do kolorowania.

colour supplement n dodatek m ilustrowany.

colour television n telewizja f kolorowa.

column ['kɒləm] n kolumna f; [newspaper article] felieton m.

coma ['kəʊmə] n śpiączka f.

comb [kəʊm] ◇ n grzebień m.

◇ vt : to comb one's hair czesać włosy.

combination ['kɒmbɪ'neɪʃn] n [mixture] połączenie n; [of lock] szyfr m.

combine vt [kəm'baɪn] : to combine sthg (with) łączyć/połączyć coś (z).

combine harvester ['kɒmbaɪn-] n kombajn m.

come [kʌm] (pt came) vi -1. [move] : can you come to dinner? czy możesz przyjść na obiad?; the waiter came at once kelner podszedł natychmiast; we came by taxi przyjechaliśmy taksówką; come and see! chodź i zobacz!; come here! chodź tu! -2. [arrive] : they still haven't come jeszcze nie dotarli; we came to a bend in the road dojechaliśmy do zakrętu na drodze; to come home przyjść do domu; 'coming soon' już wkrótce; spring is coming nadchodzi wiosna. -3. [in order] : to come first/last zająć pierwsze/ostatnie miejsce; A comes before B A znajduje się przed B. -4. [reach] : to come up/down to sięgać do. -5. [become] : to come true spełnić się; to come undone [button, fastener] rozpiąć się; [laces, knot] rozwiązać się; to come loose poluzować się. -6. [be sold] : it comes in a number of colours można to dostać w kilku kolorach; they come in packs of six są pakowane po sześć sztuk; the car comes with a two-year warranty samochód posiada dwuletnią gwarancję. ◆ **come across** vt insep natykać/natknąć się na. ◆ **come along** vi [progress] iść; [arrive] pojawiać się • come! [as encouragement] dalej!; [hurry up] szybciej!

➠ **come apart** vi [book, clothes] rozpadać/rozpaść się. ➠ **come back** vi [return] wracać/wrócić. ➠ **come down** vi [price] spadać/spaść. ➠ **come down with** vt insep [illness] zachorować na. ➠ **come from** vt insep [origins] pochodzić z • honey comes from bees miód jest wytwarzany przez pszczoły. ➠ **come in** vi [person] wchodzić/wejść; [train] nadjeżdżać/nadjechać; [letter] nadejść; [tide] podnosić/podnieść się • come! proszę wejść! ➠ **come off** vi [detatch] odpaść; [succeed] udawać/udać się. ➠ **come on** vi [student] robić/zrobić postępy; [project] postępować • come! [as encouragement] dalej!; [hurry up] szybciej! ➠ **come out** vi [person, photo] wychodzić/wyjść; [book, film] ukazać się; [stain] schodzić/zejść; [sun, moon] pokazać się; [lesbian, gay man] ujawniać/ujawnić swoją orientację homoseksualną. ➠ **come over** vi [visit] zachodzić/zajść. ➠ **come round** vi [visit] wpadać/wpaść; [regain consciousness] dochodzić/dojść do siebie. ➠ **come to** vt insep [subj: bill] wynosić/wynieść. ➠ **come up** vi [go upstairs] iść/wejść na górę; [be mentioned] padać/paść; [happen, arise] powstawać/powstać; [sun, moon] wschodzić/wzejść. ➠ **come up with** vt insep [idea] wymyślać/wymyślić.

comedian [kə'miːdjən] n komik m.

comedy ['kɒmədɪ] n [TV programme, film, play] komedia f; [humour] komizm m.

comfort ['kʌmfət] ◇ n [ease] wygoda f; [luxury] komfort m; [consolation] pociecha f. ◇ vt pocieszać/pocieszyć.

comfortable ['kʌmftəbl] adj [chair, shoes, hotel] wygodny; [physically relaxed] czujący się swobodnie; fig [confident] swobodny; [after operation] w dobrym stanie; [financially] dobrze sytuowany.

comic ['kɒmɪk] ◇ adj [humorous] komiczny. ◇ n [person] komik m; [magazine] komiks m.

comical ['kɒmɪkl] adj komiczny.

comic strip n historyjka f obrazkowa.

comma ['kɒmə] n przecinek m.

command [kə'mɑːnd] ◇ n [order] rozkaz m; [mastery] opanowanie n. ◇ vt [order] rozkazywać/rozkazać; [be in charge of] dowodzić.

commander [kə'mɑːndəʳ] n [army officer] dowódca m; UK [in navy] komandor m.

commemorate [kə'meməreɪt] vt upamiętniać/upamiętnić.

commence [kə'mens] vi fml rozpoczynać/rozpocząć się.

comment ['kɒment] ◇ n komentarz m. ◇ vi komentować/skomentować.

commentary ['kɒməntrɪ] n [on TV, radio] komentarz m.

commentator ['kɒmənteɪtəʳ] n [on TV, radio] komentator m, -ka f.

commerce ['kɒmɜːs] n handel m.

commercial [kə'mɜːʃl] ◇ adj [business] handlowy; pej [film, book] komercyjny. ◇ n reklama f.

commercial break n przerwa f na reklamę.

commission [kə'mɪʃn] n [money] prowizja f; [committee] komisja f.

commit [kə'mɪt] *vt* [crime, sin]
popełniać /popełnić • **to commit
o.s. (to sthg)** zobowiązać się (do
czegoś); **to be committed (to
sthg)** poświęcać się (czemuś); **to
commit suicide** popełnić samobójstwo.

committee [kə'mɪtɪ] *n* komitet
m.

commodity [kə'mɒdətɪ] *n* towar
m.

common ['kɒmən] <> *adj* [usual]
pospolity; [shared] wspólny; *pej
vulg* prostacki. <> *n UK* [land]
błonia *npl* • **in common** [shared]
wspólnie.

commonly ['kɒmənlɪ] *adv* [gener-
ally] powszechnie.

common room *n* [in school]
świetlica *f*; [in university] klub *m.*

common sense *n* zdrowy rozsądek *m.*

Commonwealth ['kɒmənwelθ]
n : **the Commonwealth** Brytyjska Wspólnota *f* Narodów.

communal ['kɒmjʊnl] *adj* [bath-
room, kitchen] wspólny.

communicate [kə'mju:nɪkeɪt] *vi*
: **to communicate (with)** komunikować się (z).

communication [kə'mju:nɪ-
keɪʃn] *n* porozumiewanie się *n.*

communication cord *n UK*
hamulec *m* bezpieczeństwa.

communist ['kɒmjʊnɪst] *n* ko-
munista *m*, komunistka *f.*

community [kə'mju:nətɪ] *n* społeczność *f.*

community centre *n* ≃ dom
kultury.

commute [kə'mju:t] *vi* dojeżdżać
do pracy.

commuter [kə'mju:tər] *n* osoba *f*
dojeżdżająca do pracy.

compact <> *adj* [kəm'pækt] nie-

wielki. <> *n* ['kɒmpækt] [for
make-up] puderniczka *f*; *US* [car]
samochód *m* miejski.

compact disc ['kɒmpækt-] *n*
płyta *f* kompaktowa.

compact disc player *n* odtwarzacz *m* płyt kompaktowych.

company ['kʌmpənɪ] *n* [business]
przedsiębiorstwo *n*; [companion-
ship, guests] towarzystwo *n* • **to
keep sb company** dotrzymywać
komuś towarzystwa.

company car *n* samochód *m*
służbowy.

comparatively [kəm'pærətɪvlɪ]
adv [relatively] stosunkowo.

compare [kəm'peər] *vt* : **to compare sthg (with)** porównywać/
porównać coś (z) • **compared
with** w porównaniu z.

comparison [kəm'pærɪsn] *n* porównanie *n* • **in comparison
with** w porównaniu z.

compartment [kəm'pɑ:tmənt] *n*
[of train] przedział *m*; [section]
przegródka *f.*

compass ['kʌmpəs] *n* [magnetic]
kompas *m* • **(a pair of) compasses** cyrkiel *m.*

compatible [kəm'pætəbl] *adj*
zgodny.

compensate ['kɒmpenseɪt]
<> *vt* rekompensować/zrekom-
pensować. <> *vi* : **to compensate (for sthg)** zrekompensować
sobie (coś) • **to compensate sb
for sthg** zrekompensować coś
komuś.

compensation ['kɒmpen'seɪʃn] *n*
[money] rekompensata *f.*

compete [kəm'pi:t] *vi* [take part]
współzawodniczyć • **to com-
pete with sb for sthg** rywalizować z kimś o coś.

competent ['kɒmpɪtənt] *adj* kompetentny.

competition [ˌkɒmpɪ'tɪʃn] *n* [race, contest] zawody *pl*; [rivalry] współzawodnictwo *n* • **the competition** [rivals] konkurencja *f*.

competitive [kəm'petətɪv] *adj* [person] nastawiony na rywalizację; [price] konkurencyjny.

competitor [kəm'petɪtər] *n* [in race, contest] zawodnik *m*, zawodniczka *f*; COMM konkurent *m*, -ka *f*.

complain [kəm'pleɪn] *vi* : **to complain (about)** skarżyć/poskarżyć się (na).

complaint [kəm'pleɪnt] *n* [statement] skarga *f*; [illness] dolegliwość *f*; [in shop] reklamacja *f*.

complement *vt* ['kɒmplɪ'ment] uzupełniać/uzupełnić.

complete [kəm'pliːt] ⬦ *adj* [whole] kompletny; [finished] ukończony; [utter] zupełny. ⬦ *vt* [finish] ukończyć; [a form] wypełniać/wypełnić; [make whole] kompletować/skompletować • **complete with** razem z.

completely [kəm'pliːtlɪ] *adv* całkowicie.

complex ['kɒmpleks] ⬦ *adj* [complicated] złożony. ⬦ *n* [buildings, mental] kompleks *m*.

complexion [kəm'plekʃn] *n* [of skin] cera *f*.

complicated ['kɒmplɪkeɪtɪd] *adj* skomplikowany.

compliment ⬦ *n* ['kɒmplɪmənt] komplement *m*. ⬦ *vt* ['kɒmplɪment] chwalić/pochwalić.

complimentary ['kɒmplɪ'mentərɪ] *adj* [seat, ticket] bezpłatny; [words, person] pochlebny.

compose [kəm'pəʊz] *vt* [music]

komponować/skomponować; [letter, poem] układać/ułożyć • **to be composed of** składać się z.

composed [kəm'pəʊzd] *adj* opanowany.

composer [kəm'pəʊzər] *n* kompozytor *m*, -ka *f*.

composition ['kɒmpə'zɪʃn] *n* [essay] wypracowanie *n*.

compound *n* ['kɒmpaʊnd] [substance] związek *m*; [word] wyraz *m* złożony.

comprehensive ['kɒmprɪ'hensɪv] *adj* pełny.

comprehensive (school) *n UK* państwowa szkoła średnia przyjmująca uczniów bez względu na wyniki w nauce.

compressed air *n* sprężone powietrze *n*.

comprise [kəm'praɪz] *vt* składać się z.

compromise ['kɒmprəmaɪz] *n* kompromis *m*.

compulsory [kəm'pʌlsərɪ] *adj* obowiązkowy.

computer [kəm'pjuːtər] *n* komputer *m*.

computer game *n* gra *f* komputerowa.

computer-generated [kəm'pjuːtə'dʒenəreɪtɪd] [-'dʒenəreɪtɪd] *adj* stworzony komputerowo.

computerized [kəm'pjuːtəraɪzd] *adj* skomputeryzowany.

computer-literate *adj* umiejący obsługiwać komputer.

computer operator *n* operator *m*, -ka *f* komputera.

computer programmer *n* programista *m*, programistka *f*.

computing [kəm'pjuːtɪŋ] *n* informatyka *f*.

con [kɒn] n inf [trick] kant m • **all mod cons** wszystkie wygody.

conceal [kən'siːl] vt ukrywać/ukryć.

conceited [kən'siːtɪd] adj pej zarozumiały.

concentrate ['kɒnsəntreɪt] <> vi koncentrować/skoncentrować się. <> vt : **to be concentrated** [in one place] być skupionym • **to concentrate on sthg** skupiać się na czymś.

concentrated ['kɒnsəntreɪtɪd] adj [juice, soup, baby food] zagęszczony.

concentration ['kɒnsən'treɪʃn] n skupienie n.

concern [kən'sɜːn] <> n [worry] obawa f; [care] troska f; [matter of interest] sprawa f; COMM koncern m. <> vt [be about] traktować o; [worry] martwić; [involve] dotyczyć • **to be concerned about** martwić się o; **to be concerned with** traktować o; **to concern o.s. with sthg** zajmować się czymś; **as far as I'm concerned** jeśli o mnie chodzi.

concerned [kən'sɜːnd] adj [worried] zatroskany.

concerning [kən'sɜːnɪŋ] prep dotyczący.

concert n ['kɒnsət] koncert m.

concession [kən'seʃn] n [reduced price] zniżka f.

concise [kən'saɪs] adj zwięzły.

conclude [kən'kluːd] <> vt [deduce] wnioskować/wywnioskować; fml [end] kończyć/zakończyć. <> vi fml [end] dobiegać/dobiec końca.

conclusion [kən'kluːʒn] n [decision] wniosek m; [end] zakończenie n.

concrete ['kɒŋkriːt] <> adj [building, path] betonowy; [idea, plan] konkretny. <> n beton m.

concussion [kən'kʌʃn] n wstrząs m mózgu.

condensation ['kɒnden'seɪʃn] n [on window] skroplona para f.

condensed milk n mleko n zagęszczone.

condition [kən'dɪʃn] n [state] kondycja f; [proviso] warunek m; [illness] choroba f • **to be out of condition** nie mieć kondycji; **on condition that** pod warunkiem, że. **conditions** npl [circumstances] warunki mpl.

conditioner [kən'dɪʃnər] n [for hair] odżywka f; [for clothes] płyn m do płukania.

condo ['kɒndəʊ] US inf = condominium.

condom ['kɒndəm] n prezerwatywa f.

condominium ['kɒndə'mɪnɪəm] n US mieszkanie n spółdzielcze własnościowe.

conduct <> vt [kən'dʌkt] [investigation, business] prowadzić; MUS dyrygować. <> n ['kɒndʌkt] fml [behaviour] prowadzenie się n • **to conduct o.s.** fml prowadzić się.

conductor [kən'dʌktər] n MUS dyrygent m, -ka f; [on bus] konduktor m, -ka f biletów; US [on train] konduktor m, -ka f.

cone [kəʊn] n [shape] stożek m; [for ice cream] rożek m; [on roads] pachołek m.

confectionery [kən'fekʃnərɪ] n [sweets] słodycze pl.

conference ['kɒnfərəns] n konferencja f.

confess [kən'fes] vi : **to confess (to)** [admit] przyznać się (do).

confession [kən'feʃn] n [admis-

sion] wyznanie *n*; RELIG spowiedź
f.

confidence ['kɒnfɪdəns] *n* [self-
assurance] pewność *f* siebie; [trust]
zaufanie *n* • **to have confidence
in** wierzyć w.

confident ['kɒnfɪdəʊnt] *adj* [self-
assured] pewny siebie; [certain]
pewny.

confined [kən'faɪnd] *adj* ograniczony.

confirm [kən'fɜːm] *vt* potwier-
dzać/potwierdzić.

confirmation ['kɒnfə'meɪʃn] *n*
potwierdzenie *n*; RELIG bierzmo-
wanie *n*.

conflict ⟨⟩ *n* ['kɒnflɪkt] [dis-
agreement] spór *m*; [war] konflikt
m. ⟨⟩ *vi* [kən'flɪkt] : **to conflict
(with)** kolidować (z).

conform [kən'fɔːm] *vi* : **to conform (to sthg)** podporządkować
się (czemuś).

confuse [kən'fjuːz] *vt* [person]
wprawić w zakłopotanie • **to
confuse sthg with sthg** pomylić
coś z czymś.

confused [kən'fjuːzd] *adj* [person]
zmieszany; [situation] pogmatwa-
ny.

confusing [kən'fjuːzɪŋ] *adj* [diffi-
cult to identify] mylący; [complex]
zagmatwany.

confusion [kən'fjuːʒn] *n* [in situa-
tion] zamieszanie *n*; [in person]
zmieszanie *n*.

congested [kən'dʒestɪd] *adj*
[street] zatłoczony.

congestion [kən'dʒestʃn] *n* [traf-
fic] zator *m*.

congratulate [kən'grætʃʊleɪt] *vt*
: **to congratulate sb (on sthg)**
gratulować komuś (czegoś).

congratulations *excl* gratulacje
pl.

congregate ['kɒŋgrɪgeɪt] *vi* gro-
madzić/zgromadzić się.

Congress ['kɒŋgres] *n US* Kongres
m.

conifer ['kɒnɪfəʳ] *n* drzewo *n*
iglaste.

conjunction [kən'dʒʌŋkʃn] *n*
GRAMM spójnik *m*.

conjurer ['kʌndʒərəʳ] *n* iluzjonista
m, iluzjonistka *f*.

connect [kə'nekt] ⟨⟩ *vt* [join]
łączyć/połączyć; [telephone, ma-
chine] podłączać/podłączyć; [call-
er on phone] łączyć/połączyć.
⟨⟩ *vi* : **to connect with** [train,
plane] mieć dobre połączenie z;
to connect sthg with sthg
[associate] łączyć coś z czymś.

connecting flight *n* połączenie
n lotnicze.

connection [kə'nekʃn] *n* [link]
powiązanie *n*; [train, plane] połączenie *n* • **a bad connection** [on
phone] zła linia *f*; **a loose connection** [in machine] obluzowany
styk *m*; **in connection with** w
związku z.

conquer ['kɒŋkəʳ] *vt* [country]
podbić.

conscience ['kɒnʃəns] *n* sumienie *n*.

conscientious ['kɒnʃɪ'enʃəs] *adj*
sumienny.

conscious ['kɒnʃəs] *adj* [awake]
przytomny; [deliberate] świadomy • **to be conscious of** [aware]
być świadomym.

consent [kən'sent] *n* zgoda *f*.

consequence ['kɒnsɪkwəns] *n*
[result] konsekwencja *f*.

consequently ['kɒnsɪkwəntlɪ]
adv w rezultacie.

conservation ['kɒnsə'veɪʃn] *n*
ochrona *f*.

conservative [kən'sɜːvətɪv] *adj*

konserwatywny. **Conservative** <> adj konserwatywny. <>n konserwatysta m, konserwatystka f.

conservatory [kən'sɜːvətrɪ] n oszklona weranda f.

consider [kən'sɪdə^r] vt [think about] rozważać/rozważyć; [take into account] brać/wziąć pod uwagę; [judge] uważać • to consider doing sthg rozważać zrobienie czegoś.

considerable [kən'sɪdrəbl] adj znaczny.

consideration [kən'sɪdə'reɪʃn] n [careful thought] namysł m; [factor] okoliczność f • to take sthg into consideration wziąć coś pod uwagę.

considering [kən'sɪdərɪŋ] prep zważywszy.

consist [kən'sɪst] **consist in** vt insep polegać na. **consist of** vt insep składać się z.

consistent [kən'sɪstənt] adj [coherent] spójny; [worker, performance] konsekwentny.

consolation ['kɒnsə'leɪʃn] n pocieszenie n.

console <> vt [kən'səʊl] pocieszać/pocieszyć. <> n ['kɒnsəʊl] [for machine, computer game] konsola f.

consonant ['kɒnsənənt] n spółgłoska f.

conspicuous [kən'spɪkjʊəs] adj rzucający się w oczy.

constable ['kʌnstəbl] n UK posterunkowy m, posterunkowa f.

constant ['kɒnstənt] adj stały.

constantly ['kɒnstəntlɪ] adv stale.

constipated ['kɒnstɪpeɪtɪd] adj cierpiący na zaparcie.

constitution ['kɒnstɪ'tjuːʃn] n [health] zdrowie n.

construct vt [kən'strʌkt] budować/zbudować.

construction [kən'strʌkʃn] n [act of building] budowa f; [structure] konstrukcja f • under construction w budowie.

consul ['kɒnsəl] n konsul m & f.

consulate ['kɒnsjʊlət] n konsulat m.

consult [kən'sʌlt] vt [person] radzić/poradzić się; [dictionary, map] sprawdzać/sprawdzić w.

consultant [kən'sʌltənt] n UK [doctor] lekarz m specjalista.

consume [kən'sjuːm] vt [food] konsumować/skonsumować; [fuel, energy] zużywać/zużyć.

consumer [kən'sjuːmə^r] n konsument m, -ka f.

contact ['kɒntækt] <> n kontakt m. <> vt kontaktować/skontaktować się z • in contact with w kontakcie z.

contact lens n soczewki fpl kontaktowe.

contagious [kən'teɪdʒəs] adj zaraźliwy.

contain [kən'teɪn] vt [have inside] zawierać; [control] powstrzymywać/powstrzymać.

container [kən'teɪnə^r] n [box etc] pojemnik m.

contaminate [kən'tæmɪneɪt] vt zanieczyszczać/zanieczyścić.

contemporary [kən'tempərərɪ] <> adj [modern] współczesny. <> n rówieśnik m, rówieśniczka f.

contend [kən'tend] **contend with** <> vt insep borykać się z.

content <> adj [kən'tent] zadowolony. <> n ['kɒntent] [of vitamins, fibre etc] zawartość f. **contents** <> npl [things inside] zawartość f; [at beginning of book] spis m treści.

contest ⬦ n ['kɒntest] [competition] konkurs m; [struggle] rywalizacja f. ⬦ vt [kən'test] [election, seat] ubiegać się o; [decision, will] podważać/podważyć.

context ['kɒntekst] n kontekst m.

continent ['kɒntɪnənt] n kontynent m • **the Continent** UK Europa f kontynentalna.

continental ['kɒntɪ'nentl] adj UK [European] dotyczący Europy kontynentalnej.

continental breakfast n rodzaj lekkiego śniadania europejskiego złożonego z pieczywa, masła, dżemu i kawy.

continental quilt n UK kołdra f.

continual [kən'tɪnjʊəl] adj ciągły.

continually [kən'tɪnjʊəlɪ] adv ciągle.

continue [kən'tɪnjuː] ⬦ vt kontynuować. ⬦ vi [keep happening] ciągnąć się; [start again, carry on speaking] kontynuować; [keep moving on foot] iść dalej; [keep moving in vehicle] jechać dalej • **to continue doing sthg** dalej coś robić; **to continue with sthg** kontynuować coś.

continuous [kən'tɪnjʊəs] adj ciągły.

continuously [kən'tɪnjʊəslɪ] adv ciągle.

contraception ['kɒntrə'sepʃn] n antykoncepcja f.

contraceptive ['kɒntrə'septɪv] n środek m antykoncepcyjny.

contract ⬦ n ['kɒntrækt] kontrakt m. ⬦ vt [kən'trækt] fml [illness] zarażać/zarazić się.

contradict ['kɒntrə'dɪkt] vt zaprzeczać/zaprzeczyć.

contraflow ['kɒntrəfləʊ] n UK ruch obustronny wprowadzony czasowo na jezdni jednokierunkowej.

contrary ['kɒntrərɪ] n : **on the contrary** przeciwnie.

contrast ⬦ n ['kɒntrɑːst] kontrast m. ⬦ vt [kən'trɑːst] kontrastować • **in contrast to** w przeciwieństwie do.

contribute [kən'trɪbjuːt] ⬦ vt [help, money] ofiarowywać/ofiarować. ⬦ vi : **to contribute to** [help to cause] przyczynić się do.

contribution ['kɒntrɪ'bjuːʃn] n [thing contributed] wkład m; [money] datek m.

control [kən'trəʊl] ⬦ n [power] władza f; [over emotions] panowanie n; [operating device] urządzenie n sterownicze. ⬦ vt [have power over] rządzić; [car, machine] panować nad; [restrict] hamować • **to be in control (of a situation)** panować (nad sytuacją); **out of control** poza kontrolą; **under control** pod kontrolą. ➡ **controls** ⬦ npl [of TV, video] przełączniki mpl; [of plane] układ m sterowniczy.

control tower n wieża f kontrolna.

controversial ['kɒntrə'vɜːʃl] adj kontrowersyjny.

convenience [kən'viːnjəns] n [convenient nature] wygoda f; [convenient thing] udogodnienie n • **at your convenience** w dogodnej dla Pana/Pani chwili.

convenient [kən'viːnjənt] adj [suitable] dogodny; [well-situated] blisko położony.

convent ['kɒnvənt] n klasztor m żeński.

conventional [kən'venʃənl] adj konwencjonalny.

conversation ['kɒnvə'seɪʃn] n rozmowa f.

conversion [kən'vɜːʃn] *n* [change] zamiana *f*; [to building] przebudowa *f*.

convert *vt* [kən'vɜːt] [change] zamieniać/zamienić; RELIG nawracać/nawrócić • **to convert sthg into** przekształcać coś w.

converted [kən'vɜːtɪd] *adj* [barn, loft] zaadaptowany.

convertible [kən'vɜːtəbl] *n* kabriolet *m*.

convey [kən'veɪ] *vt fml* [transport] przewozić/przewieźć; [idea, impression] przekazywać/przekazać.

convict ⬦ *n* ['kɒnvɪkt] skazany *m*, skazana *f*. ⬦ *vt* [kən'vɪkt] : **to convict sb (of)** skazać kogoś (za).

convince [kən'vɪns] *vt* : **to convince sb (of sthg)** przekonać kogoś (o czymś) • **to convince sb to do sthg** przekonać kogoś do zrobienia czegoś.

convoy ['kɒnvɔɪ] *n* konwój *m*.

cook [kʊk] ⬦ *n* kucharz *m*, kucharka *f*. ⬦ *vt* gotować/ugotować. ⬦ *vi* [person] gotować; [food] gotować się.

cookbook ['kʊk'bʊk] = cookery book.

cooker ['kʊkəʳ] *n* kuchenka *f*.

cookery ['kʊkərɪ] *n* sztuka *f* kulinarna.

cookery book *n* książka *f* kucharska.

cookie ['kʊkɪ] *n US* herbatnik *m*.

cooking ['kʊkɪŋ] *n* [activity] gotowanie *n*; [food] : French/Mexican cooking kuchnia francuska/meksykańska.

cooking apple *n* jabłko *n* do gotowania.

cooking oil *n* olej *m* jadalny.

cool [kuːl] ⬦ *adj* chłodny; [calm] opanowany; *inf* [great] super. ⬦ *vt* studzić/ostudzić.

cool down ⬦ *vi* [become colder] [water] stygnąć/ostygnąć; [people] chłodzić/ochłodzić się; [become calmer] ochłonąć.

cooperate [kəʊ'ɒpəreɪt] *vi* współpracować.

cooperation [kəʊ'ɒpə'reɪʃn] *n* współpraca *f*.

cooperative [kəʊ'ɒpərətɪv] *adj* [helpful] pomocny.

coordinates *npl* [clothes] komplet *m*.

cope [kəʊp] *vi* : **to cope (with)** dawać sobie radę (z).

co-pilot *n* drugi pilot *m & f*.

copper ['kɒpəʳ] *n* [metal] miedź *f*.

copy ['kɒpɪ] ⬦ *n* kopia *f*; [of newspaper, book] egzemplarz *m*. ⬦ *vt* [duplicate] kopiować/skopiować; [imitate] naśladować.

cord(uroy) *n* sztruks *m*.

core [kɔːʳ] *n* [of fruit] ogryzek *m*.

coriander ['kɒrɪ'ændəʳ] *n* kolendra *f*.

cork [kɔːk] *n* [in bottle] korek *m*.

corkscrew ['kɔːkskruː] *n* korkociąg *m*.

corn [kɔːn] *n UK* [crop] zboże *n*; *US* [maize] kukurydza *f*; [on foot] odcisk *m*.

corned beef [kɔːnd-] *n* peklowana wołowina *f*.

corner ['kɔːnəʳ] *n* [angle] róg *m*; [bend in road] zakręt *m*; [in football] rzut *m* rożny • **it's just around the corner** zaraz za rogiem.

corner shop *n UK* ≈ sklepik *m* osiedlowy.

cornet ['kɔːnɪt] *n UK* [ice-cream cone] rożek *m* lodowy.

cornflakes ['kɔːnfleɪks] *npl* płatki *mpl* kukurydziane.

corn-on-the-cob *n* kolba *f* kukurydzy.

Cornwall ['kɔːnwɔːl] *n* Kornwalia *f*.

corporal ['kɔːpərəl] *n* kapral *m*.

corpse [kɔːps] *n* zwłoki *pl*.

correct [kə'rekt] ⟨⟩ *adj* [accurate] poprawny; [most suitable] właściwy. ⟨⟩ *vt* poprawiać/poprawić.

correction [kə'rekʃn] *n* [change] poprawka *f*.

correspond ['kɒrɪ'spɒnd] *vi* : **to correspond (to)** [match] odpowiadać; **to correspond (with)** [exchange letters] korespondować (z).

corresponding ['kɒrɪ'spɒndɪŋ] *adj* odpowiedni.

corridor ['kɒrɪdɔːʳ] *n* korytarz *m*.

corrugated iron *n* blacha *f* falista.

corrupt [kə'rʌpt] *adj* [dishonest] skorumpowany; [morally wicked] zepsuty.

cosmetics *npl* kosmetyki *mpl*.

cost [kɒst] (*pt&pp* cost) ⟨⟩ *n* [price] koszt *m*; *fig* [loss] cena *f*. ⟨⟩ *vt* kosztować • **how much does it cost?** ile to kosztuje?

costly ['kɒstlɪ] *adj* [expensive] kosztowny.

costume ['kɒstjuːm] *n* [of actor] kostium *m*; [of country, region] strój *m* ludowy.

cosy ['kəʊzɪ] *adj UK* [room, house] przytulny.

cot [kɒt] *n UK* [for baby] łóżeczko *n* dziecięce; *US* [camp bed] łóżko *m* polowe.

cottage ['kɒtɪdʒ] *n* chata *f*.

cottage cheese *n* serek *m* wiejski.

cottage pie *n UK* zapiekanka z ziemniaków, pod którymi znajduje się warstwa mielonego mięsa.

cotton ['kɒtn] ⟨⟩ *adj* [dress, shirt] bawełniany. ⟨⟩ *n* [cloth] bawełna *f*; [thread] nici *fpl*.

cotton candy *n US* wata *f* cukrowa.

cotton wool *n* wata *f*.

couch [kaʊtʃ] *n* [sofa] kanapa *f*; [at doctor's] leżanka *f*.

couchette [kuː'ʃet] *n* [bed on train] kuszetka *f*.

cough [kɒf] ⟨⟩ *n* kaszel *m*. ⟨⟩ *vi* kaszleć • **to have a cough** mieć kaszel.

cough mixture *n* syrop *m* na kaszel.

could [kʊd] *pt* ▷ **can**.

couldn't ['kʊdnt] = **could not**.

could've ['kʊdəv] = **could have**.

council ['kaʊnsl] *n UK* rada *f*.

council house *n UK* ≃ dom *m* komunalny.

councillor ['kaʊnsələʳ] *n UK* [of town, county] radny *m*, radna *f*.

council tax *n UK* podatek *m* lokalny.

count [kaʊnt] ⟨⟩ *vt* [add up] liczyć/policzyć; [include] wliczać/wliczyć. ⟨⟩ *vi* [know numbers] liczyć; [be important, be regarded] liczyć się. ⟨⟩ *n* [nobleman] hrabia *m*. ◆ **count on** ⟨⟩ *vt insep* [rely on, expec] liczyć na.

counter ['kaʊntəʳ] *n* [in shop] lada *f*; [in bank] okienko *n*; [for board game] pionek *m*.

counterclockwise ['kaʊntə-klɒkwaɪz] *adv US* w stronę przeciwną do ruchu wskazówek zegara.

counterfoil ['kaʊntəfcɪl] *n* odcinek *m* kontrolny.

countess ['kaʊntɪs] *n* hrabina *f*.

country ['kʌntrɪ] <> *n* [state] kraj *m*; [countryside] wieś *f*; [population] naród *m*. <> *adj* wiejski.

country and western *n* muzyka *f* country.

country house *n* ≃ dworek *m*.

country road *n* wiejska droga *f*.

countryside ['kʌntrɪsaɪd] *n* wieś *f*.

county ['kaʊntɪ] *n* [in Britain] hrabstwo *n*; [in US] powiat *m*.

couple ['kʌpl] *n* para *f* • **a couple of chocolates** [two] dwie czekolady; **acouple of times** [a few] kilka razy.

coupon ['ku:pɒn] *n* [for discount *etc*] bon *m*; [for orders, enquiries] kupon *m*.

courage ['kʌrɪdʒ] *n* odwaga *f*.

courgette [kɔː'ʒet] *n* UK cukinia *f*.

courier ['kʊrɪəʳ] *n* [for holidaymakers] pilot *m*, -ka *f*; [for delivering letters] kurier *m*, -ka *f*.

course [kɔːs] *n* [of meal] danie *n*; [at university, college] zajęcia *npl*; [of evening classes *etc*] kurs *m*; [of treatment, injections] seria *f*; [of ship, plane] kurs *m*; [of river] bieg *m*; [for golf] pole *n* • **of course** oczywiście; **of course not** oczywiście, że nie; **in the course of** w ciągu.

court [kɔːt] *n* [LAW building, room] sąd *m*; SPORT kort *m*; [of king, queen] dwór *m*.

courtesy coach *n* autokar *m* hotelowy.

court shoes *npl* czółenka *npl*.

courtyard ['kɔːtjɑːd] *n* dziedziniec *m*.

cousin ['kʌzn] *n* kuzyn *m*, -ka *f*.

cover ['kʌvəʳ] <> *n* [soft covering] pokrowiec *m*; [for cushion] poszewka *f*; [lid] wieko *n*; [of book, magazine] okładka *f*; [blanket] nakrycie *n*; [insurance] ubezpieczenie *n*. <> *vt* [protect, hide] zakrywać/zakryć; [travel] pokonywać/pokonać; [apply to] dotyczyć; [discuss] podejmować/podjąć; [report] relacjonować/zrelacjonować; [be enough for] pokrywać/pokryć; [subj: insurance] ubezpieczać/ubezpieczyć • **to be covered in sthg** być pokrytym czymś; **to cover sthg with sthg** przykrywać coś czymś; **to take cover** schronić się. → **cover up** <> *vt sep* [put cover on] okrywać/okryć; [facts, truth] ukrywać/ukryć.

cover charge *n* opłata *f* za wstęp.

cover note *n* UK nota *f* kryjąca *(potwierdzająca ubezpieczenie)*.

cow [kaʊ] *n* [animal] krowa *f*.

coward ['kaʊəd] *n* tchórz *m*.

cowboy ['kaʊbcɪ] *n* kowboj *m*.

crab [kræb] *n* krab *m*.

crack [kræk] <> *n* [in cup, glass, wood] pęknięcie *n*; [gap] szpara *f*. <> *vt* [cup, glass, wood] powodować/spowodować pęknięcie; [egg] rozbijać/rozbić; [nut] rozłupywać/rozłupać; *inf* [joke] opowiadać/opowiedzieć; [whip] trzaskać/trzasnąć. <> *vi* [cup, glass, wood] pękać/pęknąć.

cracker ['krækəʳ] *n* [biscuit] krakers *m*; [for Christmas] *zabawka bożonarodzeniowa w kształcie cukierka zawierająca upominek*.

cradle ['kreɪdl] *n* kołyska *f*.

craft [krɑːft] *n* [skill, trade] rzemiosło *n*; [boat: pl inv] statek *m*.

craftsman ['krɑːftsmən] (*pl* **-men** [-mən]) *n* rzemieślnik *m*.

cram [kræm] *vt* : **to cram sthg into** wpychać/wepchnąć coś do • **to be crammed with** być zapchanym czymś.

cramp [kræmp] *n* [in legs, neck] kurcz *m* • **stomach cramps** skurcze *mpl* żołądka.

cranberry ['krænbərı] *n* żurawina *f*.

cranberry sauce *n* sos *m* żurawinowy.

crane [kreɪn] *n* [machine] dźwig *m*.

crap [kræp] <> *adj vulg* gówniany. <> *n vulg* [excrement] gówno *n*.

crash [kræʃ] <> *n* [accident] wypadek *m*; [noise] łoskot *m*. <> *vt* [car] rozbić. <> *vi* [car, plane, train] rozbić się. ← **crash into** <> *vt insep* zderzyć się z.

crash helmet *n* kask *m*.

crash landing *n* lądowanie *n* awaryjne.

crate [kreɪt] *n* [container] skrzynka *f*.

crawl [krɔːl] <> *vi* [baby] raczkować; [person] czołgać się; [insect] pełzać; [traffic] wlec się. <> *n* [swimming stroke] kraul *m*.

crawler lane *n UK pas ruchu dla pojazdów wolno jadących*.

crayfish ['kreɪfɪʃ] (*pl* -) *n* rak *m*.

crayon ['kreɪɒn] *n* kredka *f*.

craze [kreɪz] *n* szał *m*.

crazy ['kreɪzı] *adj* szalony • **to be crazy about** szaleć za; **like crazy** jak szalony.

crazy golf *n rekreacyjna wersja minigolfa rozgrywana na polu z różnymi przeszkodami, popularna w nadmorskich kurortach*.

cream [kriːm] <> *n* [food] śmie-

tanka *f*; [for face, burns] krem *m*. <> *adj* [in colour] kremowy.

cream cake *n UK* ciastko *n* z kremem.

cream cheese *n* serek *m* śmietankowy.

cream cracker *n* krakers *m*.

cream sherry *n łagodne słodkie sherry o ciemnej barwie*.

cream tea *n UK podwieczorek składający się z herbaty oraz niezbyt słodkich babeczek z dżemem i śmietaną*.

creamy ['kriːmı] *adj* [food, drink] śmietankowy.

crease [kriːs] *n* [on paper] zagięcie *n*; [on cloth] zagniecenie *n*; [on trousers] kant *m*.

creased [kriːst] *adj* pognieciony.

create [kriːˈeɪt] *vt* tworzyć/stworzyć; [interest] wywoływać/wywołać.

creative [kriːˈeɪtɪv] *adj* [person] twórczy.

creature ['kriːtʃəʳ] *n* stworzenie *n*.

crèche [kreʃ] *n UK* żłobek *m*.

credit ['kredɪt] *n* [praise] uznanie *n*; [money] kredyt *m*; [unit of study] punkt *m*; *US* [at school, university] zaliczenie *n* • **to be in credit** mieć dodatnie saldo. ← **credits** *npl* [of film] napisy *mpl* końcowe.

credit card *n* karta *f* kredytowa • **to pay by credit card** płacić kartą kredytową; 'all major credit cards accepted' akceptujemy wszystkie główne karty kredytowe.

creek [kriːk] *n* [inlet] zatoka *f*; *US* [river] strumień *m*.

creep [kriːp] (*pt & pp* crept) <> *vi* [person] skradać się. <> *n inf* [detestable person] menda *f*; [groveller] lizus *m*, -ka *f*.

cremate [krɪ'meɪt] *vt* poddawać/poddać kremacji.

crematorium ['kremə'tɔ:rɪəm] *n* krematorium *n*.

crepe [kreɪp] *n* [thin pancake] naleśnik *m*.

crept [krept] *pt* & *pp* ▷ **creep**.

cress [kres] *n* rzeżucha *f*.

crest [krest] *n* [of hill, wave] grzbiet *m*; [emblem] herb *m*.

crew [kru:] *n* [of ship, plane] załoga *f*.

crew neck *n* pulower *m (z okrągłym wykończeniem przy szyi)*.

crib [krɪb] *n US* [cot] łóżeczko *n* dziecięce.

cricket ['krɪkɪt] *n* [game] krykiet *m*; [insect] świerszcz *m*.

crime [kraɪm] *n* [offence] przestępstwo *n*; [illegal activity] przestępczość *f*.

criminal ['krɪmɪnl] ◇ *adj* [behaviour, offence] przestępczy; *inf* [disgraceful] karygodny. ◇ *n* przestępca *m*, przestępczyni *f*.

cripple ['krɪpl] ◇ *n* kaleka *m* & *f*. ◇ *vt* [subj: disease, accident] okaleczyć.

crisis ['kraɪsɪs] (*pl* **crises** [-si:z]) *n* kryzys *m*.

crisp [krɪsp] *adj* [bacon, apple, pastry] chrupiący. ▪ **crisps** *npl UK* chipsy *mpl*.

crispy ['krɪspɪ] *adj* kruchy.

critic ['krɪtɪk] *n* [reviewer] krytyk *m*.

critical ['krɪtɪkl] *adj* [very important] decydujący; [very serious, disapproving] krytyczny.

criticize ['krɪtɪsaɪz] *vt* krytykować/skrytykować.

crockery ['krɒkərɪ] *n* zastawa *f* stołowa.

crocodile ['krɒkədaɪl] *n* krokodyl *m*.

crocus ['krəʊkəs] (*pl* -es) *n* krokus *m*.

crooked ['krʊkɪd] *adj* [bent, twisted] krzywy.

crop [krɒp] *n* [kind of plant] uprawa *f*; [harvest] plon *m*. ▪ **crop up** *vi* pojawiać/pojawić się.

cross [krɒs] ◇ *adj* rozgniewany. ◇ *n* RELIG krzyż *m*; [X-shape] krzyżyk *m*; [mixture] krzyżówka *f*. ◇ *vt* [road, river] przechodzić/przejść przez; [ocean] przepływać/przepłynąć przez; [arms, legs] krzyżować/skrzyżować; *UK* [cheque] zakreślać/zakreślić. ◇ *vi* [intersect] przecinać/przeciąć się. ▪ **cross out** ◇ *vt sep* skreślać/skreślić. ▪ **cross over** ◇ *vt insep* [road] przechodzić/przejść na drugą stronę.

crossbar ['krɒsbɑ:ʳ] *n* [of goal] poprzeczka *f*; [of bicycle] rama *f*.

cross-Channel ferry *n prom kursujący przez kanał La Manche*.

cross-country (running) *n* bieg *m* przełajowy.

crossing ['krɒsɪŋ] *n* [on road] przejście *n* dla pieszych; [sea journey] przeprawa *f*.

crossroads ['krɒsrəʊdz] (*pl*) *n* skrzyżowanie *n* dróg.

crosswalk ['krɒswɔ:k] *n US* przejście *n* dla pieszych.

crossword (puzzle) *n* krzyżówka *f*.

crotch [krɒtʃ] *n* [of person] krocze *n*.

crouton ['kru:tɒn] *n* grzanka *f*.

crow [krəʊ] *n* [bird] wrona *f*.

crowbar ['krəʊbɑ:ʳ] *n* łom *m*.

crowd [kraʊd] *n* [large group of people] tłum *m*; [at match] rzesza *f* kibiców.

crowded ['kraʊdɪd] *adj* zatłoczony.

crown [kraʊn] *n* korona *f*; [of head] czubek *m*.

Crown Jewels *npl* : the Crown Jewels brytyjskie klejnoty *mpl* koronne.

crucial ['kruːʃl] *adj* kluczowy.

crude [kruːd] *adj* [rough] prymitywny; [rude] ordynarny.

cruel [krʊəl] *adj* okrutny.

cruelty ['krʊəltɪ] *n* okrucieństwo *n*.

cruet (set) *n* komplet *m* do przypraw.

cruise [kruːz] <> *n* rejs *m* wycieczkowy. <> *vi* [car] jechać ze stałą prędkością; [plane] lecieć ze stałą prędkością; [ship] odbywać/odbyć rejs.

cruiser ['kruːzəʳ] *n* [pleasure boat] statek *m* wycieczkowy.

crumb [krʌm] *n* okruch *m*.

crumble ['krʌmbl] <> *n* [pudding] *rodzaj deseru składającego się z owoców pokrytych kruszonką.* <> *vi* [building] rozpadać/rozpaść się; [cliff, cheese] kruszyć/rozkruszyć się.

crumpet ['krʌmpɪt] *n* [savoury cake] racuch *m*.

crunchy ['krʌntʃɪ] *adj* chrupiący.

crush [krʌʃ] <> *n* [drink] napój *m* owocowy. <> *vt* [flatten] miażdżyć/zmiażdżyć; [garlic] rozgniatać/rozgnieść; [ice] rozkruszać/rozkruszyć.

crust [krʌst] *n* [outer part of bread] skórka *f*; [of pie] ciasto *n*.

crusty ['krʌstɪ] *adj* [loaf, pie] chrupiący.

crutch [krʌtʃ] *n* [stick] kula *f*; [between legs] = **crotch**.

cry [kraɪ] <> *n* [shout] krzyk *m*; [of bird] krzyk *m*. <> *vi* [weep] płakać/zapłakać; [shout] krzyczeć/krzyknąć. ➡ **cry out** <> *vi* [in pain, horror] krzyczeć/krzyknąć.

crystal ['krɪstl] *n* kryształ *m*.

cub [kʌb] *n* [animal] młode *n*.

Cub [kʌb] *n* zuch *m*.

cube [kjuːb] *n* [shape] sześcian *m*; [of sugar, ice] kostka *f*.

cubicle ['kjuːbɪkl] *n* kabina *f*.

Cub Scout = **Cub**.

cuckoo ['kʊkuː] *n* kukułka *f*.

cucumber ['kjuːkʌmbəʳ] *n* ogórek *m*.

cuddle ['kʌdl] *n* pieszczota *f* • to have a cuddle przytulić się.

cuddly toy *n* przytulanka *f*.

cue [kjuː] *n* [in snooker, pool] kij *m*.

cuff [kʌf] *n* [of sleeve] mankiet *m*; US [of trousers] mankiet *m*.

cuff links *npl* spinki *fpl* od mankietu.

cuisine [kwɪ'ziːn] *n* kuchnia *f*.

cul-de-sac ['kʌldəsæk] *n* ślepa uliczka *f*.

cult [kʌlt] <> *n* RELIG kult *m*. <> *adj* kultowy.

cultivate ['kʌltɪveɪt] *vt* [grow] uprawiać.

cultivated ['kʌltɪveɪtɪd] *adj* [person] obyty.

cultural ['kʌltʃərəl] *adj* [of society] kulturowy; [of the arts] kulturalny.

culture ['kʌltʃəʳ] *n* kultura *f*.

cumbersome ['kʌmbəsəm] *adj* nieporęczny.

cumin ['kʌmɪn] *n* kminek *m*.

cunning ['kʌnɪŋ] *adj* sprytny.

cup [kʌp] n filiżanka f; [trophy, competition] puchar m; [of bra] miseczka f.

cupboard ['kʌbəd] n szafka f kuchenna.

curator ['kjʊə'reɪtə'] n kustosz m.

curb [kɜːb] US = kerb.

curd cheese n twaróg m.

cure [kjʊə'] <> n [for illness] lekarstwo n. <> vt [illness, person] leczyć/wyleczyć; [with salt] solić/zasolić; [with smoke] wędzić/uwędzić; [by drying] suszyć/wysuszyć.

curious ['kjʊərɪəs] adj [inquisitive] ciekawy; [strange] dziwny.

curl [kɜːl] <> n [of hair] lok m. <> vt [hair] zakręcać/zakręcić.

curler ['kɜːlə'] n lokówka f.

curly ['kɜːlɪ] adj kręcony.

currant ['kʌrənt] n [dried fruit] *gatunek pochodzących z Grecji drobnych rodzynek bez pestek.*

currency ['kʌrənsɪ] n [money] waluta f.

current ['kʌrənt] <> adj aktualny. <> n [of air, sea, electricity] prąd m; [of river] nurt m.

current account n UK rachunek m bieżący.

current affairs npl aktualności fpl.

currently ['kʌrəntlɪ] adv aktualnie.

curriculum [kə'rɪkjələm] n program m nauczania.

curriculum vitae [-'viːtaɪ] n UK życiorys m.

curried ['kʌrɪd] adj przyprawiony curry.

curry ['kʌrɪ] n *potrawa kuchni indyjskiej z mięsa lub warzyw w pikantnym sosie.*

curse [kɜːs] vi przeklinać/przekląć.

cursor ['kɜːsə'] n kursor m.

curtain ['kɜːtn] n [in house] zasłona f; [in theatre] kurtyna f.

curve [kɜːv] <> n [shape] łuk m; [in road, river] zakręt m. <> vi zakręcać/zakręcić łukiem.

curved [kɜːvd] adj zakrzywiony.

cushion ['kʊʃn] n [for sitting on] poduszka f.

custard ['kʌstəd] n sos m waniliowy.

custom ['kʌstəm] n [tradition] zwyczaj m • 'thank you for your custom' dziękujemy za odwiedziny.

customary ['kʌstəmrɪ] adj zwyczajowy.

customer ['kʌstəmə'] n [of shop] klient m.

customer services n [department] dział m obsługi klienta.

customs ['kʌstəmz] n [place] urząd m celny • to go through customs przechodzić odprawę celną.

customs duty n opłata f celna.

customs officer n celnik m, celniczka f.

cut [kʌt] (pt & pp cut) <> n [in skin] skaleczenie n; [in cloth] rozcięcie n; [reduction] cięcie n; [piece of meat] kawałek m; [hairstyle] fryzura f; [style of clothes] krój m. <> vt [with knife] kroić/ukroić; [with scissors] ciąć/obciąć; [wound] kaleczyć/skaleczyć; [reduce] obniżać/obniżyć; [delete] wycinać/wyciąć • cut and blow-dry strzyżenie z modelowaniem; to cut o.s. skaleczyć się; to have one's hair cut ostrzyc się; to cut the grass strzyc trawnik; to cut sthg

open rozciąć coś; **cut the crap** *vulg* przestać pieprzyć; **cut one's losses** zapobiec dalszym stratom; **cut a tooth** ząbkować. ➤ **cut back** ⟨⟩ *vi* : to cut (on) oszczędzać/zaoszczędzić na. ➤ **cut down** ⟨⟩ *vt sep* [tree] ścinać/ściąć. ➤ **cut down on** ⟨⟩ *vt insep* ograniczać/ograniczyć. ➤ **cut off** ⟨⟩ *vt sep* odcinać/odciąć • **I've been cut** [on phone] rozłączono mnie; **to be cut** [isolated] być odciętym *(od świata)*. ➤ **cut out** ⟨⟩ *vt sep* [newspaper article, photo] wycinać/wyciąć. ⟨⟩ *vi* [engine] gasnąć/zgasnąć • **to cut smoking** rzucić palenie; **cut it out!** *inf* przestań! ➤ **cut up** ⟨⟩ *vt sep* kroić/pokroić.

cute [kjuːt] *adj* uroczy.

cut-glass *adj* z rżniętego szkła.

cutlery ['kʌtlərɪ] *n* sztućce *mpl.*

cutlet ['kʌtlɪt] *n* [of meat] kotlet *m*; [of nuts, vegetables] krokiet *m*

cut-price *adj* przeceniony.

cutting ['kʌtɪŋ] *n* [from newspaper] wycinek *m.*

CV *n UK* (*abbr of* curriculum vitae) CV.

cwt = hundredweight.

cycle ['saɪkl] ⟨⟩ *n* [bicycle] rower *m*; [series] cykl *m.* ⟨⟩ *vi* jeździć na rowerze.

cycle hire *n* wypożyczalnia *f* rowerów.

cycle lane *n* pas *m* jezdni dla rowerów.

cycle path *n* ścieżka *f* rowerowa.

cycling ['saɪklɪŋ] *n* jazda *f* na rowerze • **to go cycling** jeździć na rowerze.

cycling shorts *npl* spodenki *pl* kolarskie.

cyclist ['saɪklɪst] *n* rowerzysta *m*, rowerzystka *f.*

cylinder ['sɪlɪndəʳ] *n* [container] butla *f*; [in engine] cylinder *m.*

cynical ['sɪnɪkl] *adj* cyniczny.

Czech [tʃek] ⟨⟩ *adj* czeski. ⟨⟩ *n* [person] Czech *m*, Czeszka *f*; [language] czeski.

Czech Republic *n* : **the Czech Republic** Republika *f* Czeska.

D

dab [dæb] *vt* [ointment, cream] wklepywać/wklepać.

dad [dæd] *n inf* tata *m.*

daddy ['dædɪ] *n inf* tatuś *m.*

daddy-long-legs (*pl*) *n* komarnica *f.*

daffodil ['dæfədɪl] *n* żonkil *m.*

daft [dɑːft] *adj UK inf* głupi.

daily ['deɪlɪ] ⟨⟩ *adj* codzienny. ⟨⟩ *adv* codziennie. ⟨⟩ *n* : **a daily (newspaper)** dziennik *m.*

dairy ['deərɪ] *n* [on farm] mleczarnia *f*; [shop] sklep *m* nabiałowy.

dairy product *n* produkt *m* mleczny.

daisy ['deɪzɪ] *n* stokrotka *f.*

dam [dæm] *n* zapora *f* wodna.

damage ['dæmɪdʒ] ⟨⟩ *n* [physical harm] uszkodzenie *n*; *fig* [to reputation] uszczerbek *m*; [to chances] szkoda *f.* ⟨⟩ *vt* [harm physically] uszkadzać/uszkodzić; *fig* [reputation] narażać/narazić na szwank; [chances] szkodzić/zaszkodzić.

damn [dæm] ⇔ *excl inf* cholera! ⇔ *adj inf* cholerny • **I don't give a damn** mam to gdzieś.

damp [dæmp] ⇔ *adj* wilgotny. ⇔ *n* wilgoć *f*.

damson ['dæmzn] *n (śliwka) damascenka f*.

dance [dɑ:ns] ⇔ *n* [particular set of movements] taniec *m*; [social event] zabawa *f*. ⇔ *vi* tańczyć/zatańczyć • **to have a dance** tańczyć/zatańczyć.

dance floor *n* [in club] parkiet *m*.

dancer ['dɑ:nsə'] *n* tancerz *m*, tancerka *f*.

dancing ['dɑ:nsɪŋ] *n* tańce *mpl* • **to go dancing** iść potańczyć.

dandelion ['dændɪlaɪən] *n* mlecz *m*.

dandruff ['dændrʌf] *n* łupież *m*.

Dane [deɪn] *n* Duńczyk *m*, Dunka *f*.

danger ['deɪndʒə'] *n* niebezpieczeństwo *n* • **in danger** w niebezpieczeństwie.

dangerous ['deɪndʒərəs] *adj* niebezpieczny.

Danish ['deɪnɪʃ] ⇔ *adj* duński. ⇔ *n* [language] duński.

Danish pastry *n słodkie ciasto drożdżowe z polewą, wypełnione owocami lub orzechami*.

dare [deə'] *vt* : **to dare to do sthg** ośmielić się coś zrobić • **to dare sb to do sthg** wyzywać kogoś, aby coś zrobił; **how dare you!** jak śmiesz!

daring ['deərɪŋ] *adj* śmiały.

dark [dɑ:k] ⇔ *adj* ciemny; [person, skin] śniady. ⇔ *n* : **after dark** po zmroku; **the dark** ciemność *f*.

dark chocolate *n* gorzka czekolada *f*.

dark glasses *npl* ciemne okulary *pl*.

darkness ['dɑ:knɪs] *n* zmrok *m*.

darling ['dɑ:lɪŋ] *n* [term of affection] kochanie *n*.

dart [dɑ:t] *n* [weapon] strzałka *f*; [in garment] zakładka *f*. ◆ **darts** *n* [game] gra *f* w strzałki.

dartboard ['dɑ:tbɔ:d] *n* tarcza *f* do gry w strzałki.

dash [dæʃ] ⇔ *n* [of liquid] kropla *f*; [in writing] myślnik *m*. ⇔ *vi* pędzić/popędzić.

dashboard ['dæʃbɔ:d] *n* deska *f* rozdzielcza.

data ['deɪtə] *n* dane *pl*.

database ['deɪtəbeɪs] *n* baza *f* danych.

data protection *n* COMPUT ochrona *f* danych.

date [deɪt] ⇔ *n* [day] termin *m*; [meeting] randka *f*; US [person] chłopak *m*, dziewczyna *f*; [fruit] daktyl *m*. ⇔ *vt* [cheque, letter] opatrzyć datą; [person] spotykać się z. ⇔ *vi* [become unfashionable] wychodzić/wyjść z mody • **what's the date?** jaki dziś mamy dzień?; **to have a date with sb** mieć z kimś randkę.

date of birth *n* data *f* urodzenia.

date rape *n* gwałt *m* na randce.

daughter ['dɔ:tə'] *n* córka *f*.

daughter-in-law *n* synowa *f*.

dawn [dɔ:n] *n* świt *m*.

day [deɪ] *n* dzień *m* • **what day is it today?** jaki mamy dzisiaj dzień?; **what a lovely day!** jaki piękny dzień!; **to have a day off** mieć dzień wolny; **to have a day out** spędzić dzień poza domem; **by day** [travel] w ciągu dnia; **the day after tomorrow** pojutrze; **the day before** dzień wcześniej;

the day before yesterday przedwczoraj; the following day następnego dnia; have a nice day!
miłego dnia!

daydream ['deɪdriːm] <> *n* sen
m na jawie. <> *vi* śnić na jawie.

daylight ['deɪlaɪt] *n* światło *n*
dzienne.

day return *n* UK [railway ticket]
powrotny bilet ważny jeden dzień.

day shift *n* pierwsza zmiana *f*.

daytime ['deɪtaɪm] *n* dzień *m*.

day-to-day *adj* [everyday] codzienny.

day trip *n* jednodniowa wycieczka *f*.

dazzle ['dæzl] *vt* oślepiać/oślepić.

DC (*abbr of* direct current) prąd *m*
stały.

dead [ded] <> *adj* [not alive]
martwy; [town] wymarły; [party]
dretwy; [telephone, line] głuchy;
[battery] wyczerpany. <> *adv*
[precisely] dokładnie; *inf* [very]
super • it's dead ahead jest
zaraz naprzeciwko; 'dead slow'
ograniczenie *n* prędkości.

dead end *n* [street] ślepy zaułek
m.

deadline ['dedlaɪn] *n* termin *m*
ostateczny.

deaf [def] <> *adj* głuchy. <> *npl*
: the deaf głusi *mpl*.

deal [diːl] (*pt & pp* dealt [delt])
<> *n* [agreement] umowa *f*.
<> *vt* [cards] rozdawać/rozdać
karty • a good/bad deal dobry/
zły interes; a great deal of dużo;
it's a deal! umowa stoi!
➣ **deal in** <> *vt insep* handlować czymś. ➣ **deal with**
<> *vt insep* [handle] radzić/pora-
dzić sobie z; [be about] dotyczyć.

dealer ['diːləʳ] *n* COMM handlo-

wiec *m*; [in drugs] handlarz *m*,
handlarka *f*.

dealt [delt] *pt & pp* ▷ deal.

dear [dɪəʳ] <> *adj* drogi. <> *n*
: my dear kochany *m*, kochana *f*
• Dear Sir Szanowny Panie; Dear
Madam Szanowna Pani; Dear
John Drogi Johnie; oh dear! o
Boże!

death [deθ] *n* śmierć *f*.

debate [dɪ'beɪt] <> *n* debata *f*.
<> *vt* [wonder] debatować nad.

debit ['debɪt] <> *n* debet *m*.
<> *vt* [account] debetować.

debit card *n* karta *f* debetowa.

debt [det] *n* dług *m* • to be in
debt być w długach.

Dec. (*abbr of* December) grudzień.

decaff ['diːkæf] *n* inf kawa *f* bez-
kofeinowa.

decaffeinated [dɪ'kæfɪneɪtɪd] *adj*
bezkofeinowy.

decanter [dɪ'kæntəʳ] *n* karafka *f*.

decay [dɪ'keɪ] <> *n* [of building]
niszczenie *n*; [of wood] butwienie
n; [of tooth] próchnica *f*. <> *vi*
[rot] gnić/zgnić.

deceive [dɪ'siːv] *vt* oszukiwać/
oszukać.

decelerate [ˌdiː'seləreɪt] *vi* zwal-
niać/zwolnić.

December [dɪ'sembəʳ] *n* grudzień
m see also September.

decent ['diːsnt] *adj* [respectable,
adequate] przyzwoity; [kind]
sympatyczny.

decide [dɪ'saɪd] <> *vt* decydo-
wać/zdecydować. <> *vi* decydo-
wać/zdecydować się • to decide
to do sthg postanowić coś
zrobić. ➣ **decide on** <> *vt*
insep decydować/zdecydować
się na.

decimal ['desɪml] *adj* dziesiętny.

decimal point *n* przecinek *m*.

decision [dɪ'sɪʒn] *n* decyzja *f* • **to make a decision** podjąć decyzję.

decisive [dɪ'saɪsɪv] *adj* [person] stanowczy; [event, factor] decydujący.

deck [dek] *n* [of ship] pokład *m*; [of bus] piętro *n*; [of cards] talia *f*.

deckchair ['dektʃeəʳ] *n* leżak *m*.

declare [dɪ'kleəʳ] *vt* -1. [war] wypowiadać/wypowiedzieć; [independence] ogłaszać/ogłosić. -2. [announce] : **to declare that** oświadczać/oświadczyć, że; '**goods to declare**' towary do oclenia; '**nothing to declare**' nic do oclenia.

decline [dɪ'klaɪn] <> *n* upadek *m*. <> *vi* [get worse] podupadać/podupaść; [refuse] odmawiać/odmówić.

decorate ['dekəreɪt] *vt* [with wallpaper, paint] odnawiać/odnowić; [make attractive] dekorować/udekorować.

decoration ['dekə'reɪʃn] *n* [wallpaper, paint, furniture] wystrój *m*; [decorative object] ozdoba *f*.

decorator ['dekəreɪtəʳ] *n* malarz *m* pokojowy.

decrease <> *n* ['diːkriːs] spadek *m*. <> *vi* [dɪ'kriːs] obniżać/obniżyć się.

dedicated ['dedɪkeɪtɪd] *adj* [committed] oddany.

deduce [dɪ'djuːs] *vt* wnioskować/wywnioskować.

deduct [dɪ'dʌkt] *vt* odliczać/odliczyć.

deduction [dɪ'dʌkʃn] *n* [reduction] potrącenie *n*; [conclusion] wniosek *m*.

deep [diːp] <> *adj* głęboki; [words] ważki. <> *adv* głęboko.

deep end *n* [of swimming pool] *najgłębsza część*.

deep freeze *n* zamrażarka *f*.

deep-fried *adj* smażony w głębokim tłuszczu.

deep-pan *adj* [pizza] na grubym cieście.

deer [dɪəʳ] (*pl* -) *n* jeleń *m*.

defeat [dɪ'fiːt] <> *n* porażka *f*. <> *vt* pokonywać/pokonać.

defect *n* ['diːfekt] wada *f*.

defective [dɪ'fektɪv] *adj* wadliwy.

defence *n* *UK* obrona *f*.

defend [dɪ'fend] *vt* bronić/obronić.

defense *US* = defence.

deficiency [dɪ'fɪʃnsɪ] *n* [lack] niedostatek *m*.

deficit ['defɪsɪt] *n* deficyt *m*.

define [dɪ'faɪn] *vt* definiować/zdefiniować.

definite ['definɪt] *adj* [clear] wyraźny; [certain] pewny.

definite article *n* rodzajnik *m* określony.

definitely ['definɪtlɪ] *adv* [certainly] na pewno.

definition [defɪ'nɪʃn] *n* definicja *f*.

deflate [dɪ'fleɪt] *vt* [tyre] spuszczać/spuścić powietrze z.

deflect [dɪ'flekt] *vt* [ball] odbijać/odbić.

defogger ['diː'fɒgəʳ] *n* *US* preparat *m* antyroszeniowy.

deformed [dɪ'fɔːmd] *adj* zniekształcony.

defrost ['diː'frɒst] *vt* [food, fridge] rozmrażać/rozmrozić; *US* [windscreen] odszraniać/odszronić.

degree [dɪ'griː] *n* [unit of measurement] stopień *m*; [amount] pewna ilość *f*; [qualification] stopień *m* naukowy • **to have a degree in sthg** posiadać stopień naukowy w jakiejś dziedzinie.

dehydrated adj [food] w proszku; [person] odwodniony.

de-ice [diː'aɪs] vt oczyszczać/oczyścić z lodu; [windscreen] odmrażać/odmrozić.

de-icer [diː'aɪsə'] n odmrażacz m do szyb.

dejected [dɪ'dʒektɪd] adj zniechęcony.

delay [dɪ'leɪ] <> n opóźnienie n. <> vt [person] zatrzymywać/zatrzymać; [flight, departure] opóźniać/opóźnić. <> vi zwlekać • **without delay** bezzwłocznie.

delayed adj [train, flight] opóźniony.

delegate <> n ['delɪɡət] delegat m, -ka f. <> vt ['delɪɡeɪt] [person] wyznaczać/wyznaczyć.

delete [dɪ'liːt] vt kasować/skasować.

deli ['delɪ] n inf (abbr of delicatessen) delikatesy pl.

deliberate adj [dɪ'lɪbərət] [intentional] zamierzony.

deliberately [dɪ'lɪbərətlɪ] adv [intentionally] celowo.

delicacy ['delɪkəsɪ] n [food] przysmak m.

delicate ['delɪkət] adj delikatny; [person] chorowity; [health] słaby.

delicatessen ['delɪkə'tesn] n sklep m delikatesowy.

delicious [dɪ'lɪʃəs] adj [food] pyszny.

delight [dɪ'laɪt] <> n [feeling] radość f. <> vt zachwycać/zachwycić się • **to take (a) delight in doing sthg** czerpać radość z robienia czegoś.

delighted [dɪ'laɪtɪd] adj zachwycony.

delightful [dɪ'laɪtfʊl] adj zachwycający.

deliver [dɪ'lɪvə'] vt [goods, letters, newspaper] dostarczać/dostarczyć; [speech, lecture] wygłaszać/wygłosić; [baby] odbierać/odebrać poród.

delivery [dɪ'lɪvərɪ] n [of goods] dostawa f; [of letters] dostarczenie n; [birth] poród m.

delude [dɪ'luːd] vt zwodzić.

de-luxe adj luksusowy.

demand [dɪ'mɑːnd] <> n [request] żądanie n; COMM popyt m; [requirement] wymaganie n. <> vt [request forcefully] żądać/zażądać; [require] wymagać • **to demand to do sthg** żądać zrobienia czegoś; **in demand** wzięty.

demanding [dɪ'mɑːndɪŋ] adj wymagający.

demerara sugar n rodzaj brązowego cukru trzcinowego.

demist ['diː'mɪst] vt UK usuwać/usunąć zamglenie.

demister ['diː'mɪstə'] n UK preparat m antyroszeniowy.

democracy [dɪ'mɒkrəsɪ] n demokracja f.

democrat ['deməkræt] n demokrata m, demokratka f.

democratic ['demə'krætɪk] adj demokratyczny.

demolish [dɪ'mɒlɪʃ] vt [building] wyburzać/wyburzyć.

demonstrate ['demənstreɪt] <> vt [prove] dowodzić/dowieść; [machine, appliance] prezentować/zaprezentować. <> vi manifestować/zamanifestować.

demonstration ['demən'streɪʃn] n [protest] manifestacja f; [proof] dowód m; [of machine, appliance] prezentacja f.

denial [dɪ'naɪəl] n zaprzeczenie n.

denim ['denɪm] n dżins m.
- **denims** npl dżinsy pl.

denim jacket n kurtka f dżinsowa.

Denmark ['denmɑːk] n Dania f.

dense [dens] adj gęsty.

dent [dent] n wgniecenie n.

dental ['dentl] adj dentystyczny.

dental floss n nić f dentystyczna.

dental surgeon n dentysta m, dentystka f.

dental surgery n [place] gabinet m dentystyczny.

dentist ['dentɪst] n dentysta m, dentystka f • **to go to the dentist's** pójść do dentysty.

dentures npl proteza f dentystyczna.

deny [dɪ'naɪ] vt [declare untrue] zaprzeczać/zaprzeczyć; [refuse] odmawiać/odmówić.

deodorant [diː'əʊdərənt] n dezodorant m.

depart [dɪ'pɑːt] vi odjeżdżać/odjechać.

department [dɪ'pɑːtmənt] n [of business, shop] dział m; [of government] ministerstwo n; [of school, university] wydział m.

department store n dom m towarowy.

departure [dɪ'pɑːtʃəʳ] n odjazd m • 'departures' [at airport] odloty mpl.

departure lounge n hala f odlotów.

depend [dɪ'pend] vi : **it depends** to zależy. - **depend on** vt insep [be decided by] zależeć od; [rely on] polegać na • **depending on** w zależności od.

dependable [dɪ'pendəbl] adj godny zaufania.

deplorable [dɪ'plɔːrəbl] adj godny ubolewania.

deport [dɪ'pɔːt] vt deportować.

deposit [dɪ'pozɪt] <> n [in bank] lokata f; [part-payment] zaliczka f; [against damage] kaucja f; [substance] osad m. <> vt [put down] składać/złożyć; [money in bank] wpłacać/wpłacić.

deposit account n UK rachunek m terminowy.

depot n ['depəʊ] US [for buses, trains] dworzec m.

depressed [dɪ'prest] adj przygnębiony.

depressing [dɪ'presɪŋ] adj przygnębiający.

depression [dɪ'preʃn] n [feeling] przygnębienie n; [economic] zastój m.

deprive [dɪ'praɪv] vt : **to deprive sb of sthg** pozbawić kogoś czegoś.

depth [depθ] n [distance down] głębokość f • **out of one's depth** [when swimming] bez gruntu pod stopami; fig [unable to cope] nie w swoim żywiole; **depth of field** [in photography] głębia ostrości.

deputy ['depjʊtɪ] adj pełniący funkcję zastępcy.

derailleur [dɪ'reɪljəʳ] n przerzutka f.

derailment [dɪ'reɪlmənt] n wykolejenie n.

derelict ['derəlɪkt] adj opuszczony.

descend [dɪ'send] <> vt [stairs, hill] schodzić/zejść z. <> vi schodzić/zejść.

descendant [dɪ'sendənt] n potomek m, potomkini f.

descent [dɪ'sent] *n* [going down] zejście *n*; [downward slope] spadek *m*.

describe [dɪ'skraɪb] *vt* opisywać/ opisać.

description [dɪ'skrɪpʃn] *n* opis *m*.

desert ◇ *n* pustynia *f*. ◇ *vt* [abandon] opuszczać/opuścić.

deserted [dɪ'zɜːtɪd] *adj* [beach, streets] opustoszały.

deserve [dɪ'zɜːv] *vt* zasługiwać/ zasłużyć na.

design [dɪ'zaɪn] ◇ *n* [pattern] wzór *m*; [art] projektowanie *n*; [of machine, building] projekt *m*. ◇ *vt* [machine, building, dress] projektować/zaprojektować • **to be designed for** być przeznaczonym do.

designer [dɪ'zaɪnəʳ] ◇ *n* projektant *m*, -ka *f*. ◇ *adj* [clothes, sunglasses] markowy.

desirable [dɪ'zaɪərəbl] *adj* pożądany.

desire [dɪ'zaɪəʳ] ◇ *n* pragnienie *n*. ◇ *vt* pragnąć/zapragnąć • **it leaves a lot to be desired** pozostawia wiele do życzenia.

desk [desk] *n* [in home, office, school] biurko *n*; [at airport, station, hotel] stanowisko *n*.

desktop publishing *n* poligrafia *f* komputerowa.

despair [dɪ'speəʳ] *n* rozpacz *f*.

despatch [dɪ'spætʃ] = dispatch.

desperate ['desprət] *adj* [person] zrozpaczony; [action] rozpaczliwy • **to be desperate for sthg** bardzo potrzebować czegoś.

despicable [dɪ'spɪkəbl] *adj* podły.

despise [dɪ'spaɪz] *vt* gardzić/pogardzić.

despite [dɪ'spaɪt] *prep* pomimo.

dessert [dɪ'zɜːt] *n* deser *m*.

dessertspoon [dɪ'zɜːtspuːn] *n* [spoon] łyżka *f* deserowa; [spoonful] łyżka *f*.

destination ['destɪ'neɪʃn] *n* [of journey] cel *m*; [of train] stacja *f* docelowa; [of letter, parcel] miejsce *n* przeznaczenia.

destroy [dɪ'strɔɪ] *vt* niszczyć/zniszczyć.

destruction [dɪ'strʌkʃn] *n* zniszczenie *n*.

detach [dɪ'tætʃ] *vt* oddzielać/oddzielić.

detached house *n* dom *m* wolno stojący.

detail [*UK* 'diːteɪl, *US* dɪ'teɪl] *n* szczegół *m* • **in detail** szczegółowo. ◆ **details** *npl* [facts] szczegółowe informacje *fpl*.

detailed [*UK* 'diːteɪld, *US* dɪ'teɪld] *adj* szczegółowy.

detect [dɪ'tekt] *vt* wykrywać/ wykryć.

detective [dɪ'tektɪv] *n* detektyw *m* • **a detective story** kryminał *m*.

detention [dɪ'tenʃn] *n* uwięzienie *n*.

detergent [dɪ'tɜːdʒənt] *n* detergent *m*.

deteriorate [dɪ'tɪərɪəreɪt] *vi* pogarszać/pogorszyć się.

determination [dɪ'tɜːmɪ'neɪʃn] *n* [quality] zdecydowanie *n*.

determine [dɪ'tɜːmɪn] *vt* [control] decydować/zdecydować o; [find out] ustalać/ustalić.

determined [dɪ'tɜːmɪnd] *adj* zdecydowany • **to be determined to do sthg** być zdecydowanym coś zrobić.

deterrent [dɪ'terənt] *n* środek *m* odstraszający.

detest [dɪ'test] *vt* nienawidzić/ znienawidzić.

detour ['diː'tʊəʳ] *n* objazd *m*.

detrain *vi fml* wysiadać/wysiąść z pociągu.

deuce [djuːs] *excl* [in tennis] równowaga *f*.

devastate ['devəsteɪt] *vt* [country, town] pustoszyć/spustoszyć.

develop [dɪ'veləp] ◇ *vt* [idea, company] rozwijać/rozwinąć; [land] zagospodarowywać/zagospodarować; [film] wywoływać/wywołać; [machine, method] doskonalić/udoskonalić; [illness] nabawiać/nabawić się; [habit] nabierać/nabrać; [interest] rozwijać/rozwinąć. ◇ *vi* [evolve] rozwijać/rozwinąć się.

developing country *n* kraj *m* rozwijający się.

development [dɪ'veləpmənt] *n* [growth] rozwój *m*; [new event] rozwój *m* wypadków • **a housing development** osiedle *n* mieszkaniowe.

device [dɪ'vaɪs] *n* [machine] urządzenie *n*.

devil ['devl] *n* diabeł *m* • **what the devil ...?** *inf* co, u diabła...¿

devise [dɪ'vaɪz] *vt* obmyślać/obmyślić.

devolution ['diːvə'luːʃn] *n* POL decentralizacja *f* władzy.

devoted [dɪ'vəʊtɪd] *adj* [person] oddany.

dew [djuː] *n* rosa *f*.

diabetes ['daɪə'biːtiːz] *n* cukrzyca *f*.

diabetic ['daɪə'betɪk] ◇ *adj* [person] chory na cukrzycę; [chocolate] dla diabetyków. ◇ *n* chory *m*, chora *f* na cukrzycę.

diagnosis ['daɪəg'nəʊsɪs] (*pl* -oses [-siːz]) *n* diagnoza *f*.

diagonal [daɪ'ægənl] *adj* ukośny.

diagram ['daɪəgræm] *n* schemat *m*.

dial ['daɪəl] ◇ *n* [of telephone, clock] tarcza *f*; [radio] pokrętło *n*. ◇ *vt* wykręcać/wykręcić *(numer)*.

dialling code ['daɪəlɪŋ-] *n* UK numer *m* kierunkowy.

dialling tone ['daɪəlɪŋ-] *n* UK sygnał *m* zgłoszenia.

dial tone *US* = dialling tone.

diameter [daɪ'æmɪtəʳ] *n* średnica *f*.

diamond ['daɪəmənd] *n* [gem] diament *m*. ◆ **diamonds** *npl* [in cards] karo *n*.

diaper ['daɪəpəʳ] *n* US pieluszka *f*.

diarrhoea ['daɪə'rɪə] *n* biegunka *f*.

diary ['daɪərɪ] *n* [for appointments] terminarz *m*; [journal] pamiętnik *m*.

dice [daɪs] (*pl* -) *n* kości *fpl*.

diced *adj* [food] pokrojony w kostkę.

dictate [dɪk'teɪt] [letter] dyktować/podyktować.

dictation [dɪk'teɪʃn] *n* SCH dyktando *n*.

dictator [dɪk'teɪtəʳ] *n* dyktator *m*, -ka *f*.

dictionary ['dɪkʃənrɪ] *n* słownik *m*.

did [dɪd] *pt* ⊳ do.

die [daɪ] (*pt & pp* died, *cont* dying) *vi* [person] umierać/umrzeć; [animal] zdychać/zdechnąć; [plant] usychać/uschnąć • **to be dying for sthg** *inf* marzyć o czymś; **to be dying to do sthg** *inf* nie móc się doczekać, aby coś zrobić. ◆ **die away** *vi* ustawać/ustać. ◆ **die out** *vi* wymierać/wymrzeć.

diesel [ˈdiːzl] *n* [fuel] olej *m* napędowy; [car] diesel *m*.

diet [ˈdaɪət] ◇ *n* dieta *f*. ◇ *vi* stosować/zastosować dietę. ◇ *adj* dietetyczny.

diet Coke® *n* cola *f* light.

differ [ˈdɪfəʳ] *vi* [disagree] mieć odmienne zdanie • **to differ (from)** [be dissimilar] różnić się (od).

difference [ˈdɪfrəns] *n* różnica *f* • **it makes no difference** to nie ma żadnego znaczenia; **a difference of opinion** różnica zdań.

different [ˈdɪfrənt] *adj* [not the same] inny; [separate] różny, inny • **to be different (from)** różnić się (od).

differently [ˈdɪfrəntlɪ] *adv* inaczej.

difficult [ˈdɪfɪkəlt] *adj* trudny.

difficulty [ˈdɪfɪkəltɪ] *n* [trouble] trudność *f*; [problem] kłopot *m*.

dig [dɪg] (*pt & pp* dug [dʌg]) ◇ *vt* [hole, tunnel] kopać/wykopać; [garden, land] przekopywać/przekopać. ◇ *vi* kopać. ◆ **dig out** ◇ *vt sep* [rescue] odkopywać/odkopać; [find] wyszukiwać/wyszukać. ◆ **dig up** ◇ *vt sep* [from ground] wykopywać/wykopać.

digest *vt* [dɪˈdʒest] [food] trawić/strawić.

digestion [dɪˈdʒestʃn] *n* trawienie *n*.

digestive (biscuit) *n UK herbatnik z mąki pełnoziarnistej.*

digit [ˈdɪdʒɪt] *n* [figure] cyfra *f*; [finger, toe] palec *m*.

digital [ˈdɪdʒɪtl] *adj* [clock, watch] cyfrowy.

dill [dɪl] *n* koper *m*.

dilute [daɪˈluːt] *vt* rozcieńczać/rozcieńczyć.

dim [dɪm] ◇ *adj* [light] przyćmiony; [room] ciemny; *inf* [stupid] tępy. ◇ *vt* [light] ściemniać/ściemnić.

dime [daɪm] *n US* dziesięciocentówka *f*.

dimensions *npl* [measurements] rozmiary *mpl*; [in maths] wymiary *mpl*.

din *n* wrzawa *f*.

dine [daɪn] *vi* zjeść obiad/kolację. ◆ **dine out** *vi* jeść/zjeść posiłek poza domem.

diner [ˈdaɪnəʳ] *n US* [restaurant] przydrożna restauracja *f*; [person] gość *m (restauracji)*.

dinghy [ˈdɪŋgɪ] *n* [with sail] mała żaglówka *f*; [with oars] szalupa *f*.

dingy [ˈdɪndʒɪ] *adj* obskurny.

dining car [ˈdaɪnɪŋ-] *n* wagon *m* restauracyjny.

dining hall [ˈdaɪnɪŋ-] *n SCH* stołówka *f*.

dining room [ˈdaɪnɪŋ-] *n* pokój *m* jadalny.

dinner [ˈdɪnəʳ] *n* [at lunchtime] obiad *m*; [in evening] kolacja *f* • **to have dinner** [at lunchtime] jeść obiad.

dinner jacket *n* smoking *m*.

dinner party *n* przyjęcie *n*.

dinner set *n* serwis *m* obiadowy.

dinner suit *n* smoking *m*.

dinner time *n* [at lunchtime] pora *f* obiadowa; [in evening] pora *f* kolacji.

dinosaur [ˈdaɪnəsɔːʳ] *n* dinozaur *m*.

dip [dɪp] ◇ *n* [in road, in land] spadek *m*; [food] dip *m*. ◇ *vt* [into liquid] zanurzać/zanurzyć. ◇ *vi* [road, land] obniżać/obniżyć się • **to have a dip** [swim] iść popływać; **to dip one's head-**

lights *UK* przełączyć światła z długich na mijania.

diploma [dɪˈpləʊmə] *n* dyplom *m*.

dipstick [ˈdɪpstɪk] *n* wskaźnik *m* (*poziomu oleju*).

direct [dɪˈrekt] <> *adj* bezpośredni. <> *vt* [aim] kierować/skierować; [control] kierować; [film, play, TV programme] reżyserować/wyreżyserować; [give directions to] wskazywać/wskazać drogę. <> *adv* [go, fly, travel] bezpośrednio.

direct current *n* prąd *m* stały.

direction [dɪˈrekʃn] *n* [of movement] kierunek *m* • **to ask for directions** pytać o drogę. ➤ **directions** *npl* [instructions] wskazówki *fpl*.

directly [dɪˈrektlɪ] *adv* [exactly] dokładnie; [soon] wkrótce.

director [dɪˈrektəʳ] *n* [of company] dyrektor *m*; [of film, play, TV programme] reżyser *m*, -ka *f*; [organizer] osoba *f* odpowiedzialna.

directory [dɪˈrektərɪ] *n* [telephone] książka *f* telefoniczna; COMPUT katalog *m*.

directory enquiries *n UK* informacja *f* telefoniczna.

dirt [dɜːt] *n* [on clothes, skin, floor] brud *m*; [earth] ziemia *f*.

dirty [ˈdɜːtɪ] *adj* [clothes, skin, floor, plates] brudny; [joke] sprośny.

disability [ˌdɪsəˈbɪlətɪ] *n* upośledzenie *n*.

disabled [dɪsˈeɪbld] <> *adj* niepełnosprawny. <> *npl* : **the disabled** niepełnosprawni *mpl* • ʻ**disabled toilet**ʼ toaleta *f* dla niepełnosprawnych.

disadvantage [ˌdɪsədˈvɑːntɪdʒ] *n* wada *f*.

disagree [ˌdɪsəˈgriː] *vi* [people] nie

zgadzać/zgodzić się • **to disagree with sb (about)** nie zgadzać się z kimś (w sprawie); **those mussels disagreed with me** te małże mi nie posłużyły.

disagreement [ˌdɪsəˈgriːmənt] *n* [argument] sprzeczka *f*; [dissimilarity] rozbieżność *f*.

disappear [ˌdɪsəˈpɪəʳ] *vi* znikać/zniknąć.

disappearance [ˌdɪsəˈpɪərəns] *n* zniknięcie *n*.

disappoint [ˌdɪsəˈpɔɪnt] *vt* rozczarowywać/rozczarować.

disappointed [ˌdɪsəˈpɔɪntɪd] *adj* rozczarowany.

disappointing [ˌdɪsəˈpɔɪntɪŋ] *adj* rozczarowujący.

disappointment [ˌdɪsəˈpɔɪntmənt] *n* rozczarowanie *n*.

disapprove [ˌdɪsəˈpruːv] *vi* : **to disapprove of** nie pochwalać.

disarmament [dɪsˈɑːməmənt] *n* rozbrojenie *n*.

disaster [dɪˈzɑːstəʳ] *n* [misfortune] nieszczęście *n*; *inf* [unsuccessful thing] klęska *f*.

disastrous [dɪˈzɑːstrəs] *adj* katastrofalny.

disc [dɪsk] *n UK* [circular object] krążek *m*; *UK* [CD] płyta *f* kompaktowa; *UK* [record] płyta *f* • **to slip a disc** wypaść (*o dysku*).

discard *vt* [dɪˈskɑːd] pozbywać/pozbyć się.

discharge *vt* [ˈdɪstʃɑːdʒ] [patient] wypisywać/wypisać; [prisoner, soldier] zwalniać/zwolnić; [liquid] wydzielać/wydzielić; [smoke, gas] wypuszczać/wypuścić.

discipline [ˈdɪsɪplɪn] *n* [control] dyscyplina *f*.

disc jockey *n* didżej *m*.

disco [ˈdɪskəʊ] *n* dyskoteka *f*.

discoloured [dɪs'kʌləd] *adj* przebarwiony.

discomfort [dɪs'kʌmfət] *n* [physical] ból *m*; [mental] skrępowanie *n*.

disconnect ['dɪskə'nekt] *vt* [unplug] rozłączać/rozłączyć; [telephone, gas supply, pipe] odłączać/odłączyć.

discontinued *adj* [product] ostatni z serii.

discotheque ['dɪskəʊtek] *n* dyskoteka *f*.

discount *n* ['dɪskaʊnt] rabat *m*.

discover [dɪ'skʌvə^r] *vt* [country, new drug] odkrywać/odkryć; [information] znajdować/znaleźć.

discovery [dɪ'skʌvərɪ] *n* odkrycie *n*.

discreet [dɪ'skriːt] *adj* dyskretny.

discrepancy [dɪ'skrepənsɪ] *n* rozbieżność *f*.

discriminate [dɪ'skrɪmɪneɪt] *vi* : **to discriminate against sb** dyskryminować kogos.

discrimination [dɪ'skrɪmɪ'neɪʃn] *n* [unfair treatment] dyskryminacja *f*.

discuss [dɪ'skʌs] *vt* omawiać/omówić.

discussion [dɪ'skʌʃn] *n* dyskusja *f*.

disease [dɪ'ziːz] *n* choroba *f*.

disembark ['dɪsɪm'bɑːk] *vi* wysiadać/wysiąść.

disgrace [dɪs'greɪs] *n* [shame] wstyd *m* • **it's a disgrace!** to skandal!

disgraceful [dɪs'greɪsfʊl] *adj* skandaliczny.

disguise [dɪs'gaɪz] <> *n* przebranie *n*. <> *vt* : **disguise oneself as** przebrać się za; **in disguise** w przebraniu.

disgust [dɪs'gʌst] <> *n* wstręt *m*. <> *vt* wzbudzać/wzbudzić wstręt.

disgusting [dɪs'gʌstɪŋ] *adj* wstrętny.

dish [dɪʃ] *n* [container] naczynie *n*; [food] potrawa *f*; *US* [plate] talerz *m* • **to do the dishes** pozmywać naczynia; 'dish of the day' danie dnia. ➡ **dish up** *vt sep* podawać/podać.

dishcloth ['dɪʃklɒθ] *n* ścierka *f* do naczyń.

disheveled *US* = dishevelled.

dishevelled [dɪ'ʃevld] *adj* *UK* [person] niechlujny; [hair] potargany.

dishonest [dɪs'ɒnɪst] *adj* nieuczciwy.

dish towel *n* *US* ścierka *f* do naczyń.

dishwasher ['dɪʃ'wɒʃə^r] *n* [machine] zmywarka *f* do naczyń.

disinfectant ['dɪsɪn'fektənt] *n* środek *m* dezynfekujący.

disintegrate [dɪs'ɪntɪgreɪt] *vi* rozpadać/rozpaść się.

disk [dɪsk] *n* *US* = disc; COMPUT dysk *m*.

disk drive *n* napęd *m* dysku.

dislike [dɪs'laɪk] <> *n* [poor opinion] niechęć *f*. <> *vt* nie lubić • **to take a dislike to** poczuć niechęć do.

dislocate ['dɪsləkeɪt] *vt* [elbow, shoulder] zwichnąć.

dismal ['dɪzml] *adj* [weather, place] ponury; [terrible] fatalny.

dismantle [dɪs'mæntl] *vt* rozmontowywać/rozmontować.

dismay [dɪs'meɪ] *n* konsternacja *f*.

dismiss [dɪs'mɪs] *vt* [not consider] odrzucać/odrzucić; [from job, classroom] zwalniać/zwolnić.

disobedient ['dɪsə'biːdjənt] *adj* nieposłuszny.

disobey ['dɪsə'beɪ] *vt* [parents] nie słuchać/posłuchać; [law] nie przestrzegać.

disorder [dɪs'ɔːdə^r] *n* [confusion] bałagan *m*; [violence] zamieszki *pl*; [illness] zaburzenia *npl*.

disorganized [dɪs'ɔːgənaɪzd] *adj* zdezorganizowany.

dispatch [dɪ'spætʃ] *vt* wysyłać/wysłać.

dispense [dɪ'spens] ➡ **dispense with** *vt insep* obywać/obyć się bez.

dispenser [dɪ'spensə^r] *n* [device] dozownik *m*.

dispensing chemist *n* UK [shop] apteka *f*.

disperse [dɪ'spɜːs] ⟨⟩ *vt* rozpraszać/rozproszyć. ⟨⟩ *vi* rozpraszać/rozproszyć się.

display [dɪ'spleɪ] ⟨⟩ *n* [of goods] wystawa *f*; [public event] pokaz *m*; [readout] wykaz *m*. ⟨⟩ *vt* [goods] wystawiać/wystawić; [feeling, quality] okazywać/okazać [information, quality] ujawniać/ujawnić • **on display** wystawiony.

displeased [dɪs'pliːzd] *adj* niezadowolony.

disposable [dɪ'spəuzəbl] *adj* jednorazowy.

dispute [dɪ'spjuːt] ⟨⟩ *n* spór *m*. ⟨⟩ *vt* kwestionować/zakwestionować.

disqualify ['dɪs'kwɒlɪfaɪ] *vt* dyskwalifikować/zdyskwalifikować • **to be disqualified from driving** UK być pozbawionym prawa jazdy.

disregard ['dɪsrɪ'gɑːd] *vt* lekceważyć/zlekceważyć.

disrupt [dɪs'rʌpt] *vt* zakłócać/zakłócić.

disruption [dɪs'rʌpʃn] *n* zakłócenie *n*.

dissatisfied ['dɪs'sætɪsfaɪd] *adj* niezadowolony.

dissolve [dɪ'zɒlv] ⟨⟩ *vt* rozpuszczać/rozpuścić. ⟨⟩ *vi* rozpuszczać/rozpuścić się.

dissuade [dɪ'sweɪd] *vt* : **to dissuade sb from doing sthg** wyperswadować komuś coś.

distance ['dɪstəns] *n* odległość *f* • **from a distance** z daleka; **in the distance** w oddali.

distant ['dɪstənt] *adj* odległy; [reserved] chłodny.

distilled water *n* woda *f* destylowana.

distillery [dɪ'stɪlərɪ] *n* gorzelnia *f*.

distinct [dɪ'stɪŋkt] *adj* [separate] odrębny; [noticeable] wyraźny.

distinction [dɪ'stɪŋkʃn] *n* [difference] rozróżnienie *n*; [mark for work] wyróżnienie *n*.

distinctive [dɪ'stɪŋktɪv] *adj* charakterystyczny.

distinguish [dɪ'stɪŋgwɪʃ] *vt* rozpoznawać/rozpoznać • **to distinguish sthg from sthg** odróżnić coś od czegoś.

distorted [dɪ'stɔːtɪd] *adj* zniekształcony.

distract [dɪ'strækt] *vt* rozpraszać/rozproszyć.

distraction [dɪ'strækʃn] *n* [diverting thing] rozrywka *f*.

distress [dɪ'stres] *n* [pain, anxiety] cierpienie *n*.

distressing [dɪ'stresɪŋ] *adj* przygnębiający.

distribute [dɪ'strɪbjuːt] *vt* [hand out] rozdawać/rozdać; [spread evenly] rozkładać/rozłożyć.

distributor [dɪ'strɪbjʊtəʳ] *n* COMM dystrybutor *m*, -ka *f*; AUT rozdzielacz *m*.

district ['dɪstrɪkt] *n* [region] rejon *m*; [of town] dzielnica *f*.

district attorney *n* US prokurator *m* okręgowy.

disturb [dɪ'stɜːb] *vt* [interrupt] przeszkadzać/przeszkodzić; [worry] niepokoić/zaniepokoić; [move] poruszać/poruszyć • 'do not disturb' nie przeszkadzać.

disturbance [dɪ'stɜːbəns] *n* [violence] zajście *n*.

ditch [dɪtʃ] *n* rów *m*.

ditto ['dɪtəʊ] *adv* tak samo.

divan [dɪ'væn] *n* tapczan *m*.

dive [daɪv] (US pt dived OR pt dove, UK pt dived [dəʊv]) <> *n* [of swimmer] skok *m* do wody. <> *vi* [from divingboard, rock] skakać/skoczyć do wody; [under sea] nurkować/zanurkować; [bird, plane] spadać/spaść lotem nurkowym, [plane] runąć/runié się.

diver ['daɪvəʳ] *n* [from divingboard, rock] skoczek *m* do wody; [under sea] nurek *m*.

diversion [daɪ'vɜːʃn] *n* [of traffic] objazd *m*; [amusement] rozrywka *f*.

divert [daɪ'vɜːt] *vt* [river] zmieniać/zmienić kierunek; [traffic] skierować na inną trasę; [attention] odwracać/odwrócić.

divide [dɪ'vaɪd] *vt* dzielić/podzielić; [share out] rozdzielać/rozdzielić. ◆ **divide up** *vt sep* dzielić/podzielić; [share out] rozdzielać/rozdzielić.

diving ['daɪvɪŋ] *n* [from divingboard, rock] skoki *mpl* do wody; [under sea] nurkowanie *n* • **to go diving** nurkować.

diving board *n* odskocznia *f*.

division [dɪ'vɪʒn] *n* SPORT liga *f*; COMM oddział *m*; [in maths] dzielenie *n*; [disagreement] niezgoda *f*.

divorce [dɪ'vɔːs] <> *n* rozwód *m*. <> *vt* rozwodzić/rozwieść się.

divorced [dɪ'vɔːst] *adj* rozwiedziony.

DIY *n* (abbr of do-it-yourself) zrób to sam.

dizzy ['dɪzɪ] *adj* : **I feel dizzy** kręci mi się w głowie.

DJ *n* (abbr of disc jockey) didżej *m*.

do (pt did, pp done) <> aux vb -1. [in negatives] : **don't do that!** nie rób tego!; **she didn't listen** nie słuchała. -2. [in questions] : **do you like it? podoba ci się?; how do you do it?** jak to się robi? -3. [referring to previous verb] : **I eat more than you do** jem więcej niż ty; **you took it – no I didn't!** ty to zabrałeś – nieprawda!; **so do I** i ja też. -4. [in question tags] : **so, you like Scotland, do you?** a więc podoba ci się Szkocja, prawda? -5. [for emphasis] : **I do like this bedroom** naprawdę podoba mi się ta sypialnia; **do come in!** proszę wejść! <> *vt* -1. [perform] robić/zrobić; [repairs] wykonywać/wykonać; [the crossword] rozwiązywać/rozwiązać ; **to do one's homework** odrabiać pracę domową; **to do the cooking** gotować; **what is she doing?** co ona robi?; **what can I do for you?** czym mogę służyć? -2. [clean, brush *etc*] : **to do one's hair** uczesać się; **to do one's make-up** malować się; **to do one's teeth** czyścić zęby. -3. [cause] robić/zrobić ; **to do damage** wyrządzać szkodę; **to do sb good** dobrze komuś robić.

-4. [have as job] : **what do you do?** czym się zajmujesz? **-5.** [provide, offer] organizować/zorganizować ; **we do pizzas for under £4** oferujemy pizzę w cenie poniżej 4 funtów. **-6.** [study] uczyć się. **-7.** [subj: vehicle] robić/zrobić. **-8.** inf [visit] zaliczać/zaliczyć ; **we're doing Scotland next week** w przyszłym tygodniu zaliczamy Szkocję. <> vi **-1.** [behave, act] robić/zrobić ; **do as I say** rób, jak ci mówię. **-2.** [progress, get on] radzić/poradzić sobie ; **to do badly** źle wypaść; **to do well** dobrze wypaść. **-3.** [be sufficient] wystarczać/wystarczyć ; **will £5 do?** czy wystarczy 5 funtów? **-4.** [in phrases] : **how do you do?** [greeting] dzień dobry! *(przedstawiając się)*; [answer] miło mi Pana/Panią poznać; **how are you doing?** jak się masz?; **what has that got to do with it?** co to ma z tym wspólnego? <> n (pl **dos**) [party] impreza f • **dos and don'ts** nakazy i zakazy. ➡ **do out of** <> vt sep inf obrabiać/obrobić z. ➡ **do up** <> vt sep [coat, shirt, zip] zapinać/zapiąć; [shoes, laces] zawiązywać/zawiązać; [decorate] odnawiać/odnowić. ➡ **do with** <> vt insep [need] : **I could do a drink** napiłabym się czegoś. ➡ **do without** <> vt insep obywać/obyć się bez.

dock [dɒk] <> n [for ships] dok m; LAW ława f oskarżonych. <> vi wchodzić/wejść do portu.

doctor ['dɒktə^r] n [of medicine] lekarz m, lekarka f; [academic] doktor m • **to go to the doctor's** iść do lekarza.

document n ['dɒkjʊmənt] dokument m.

documentary [ˌdɒkjʊ'mentərɪ] n film m dokumentalny.

Dodgems® npl UK samochodziki mpl *(w wesołym miasteczku)*.

dodgy ['dɒdʒɪ] adj UK inf [plan, car] niepewny; [health] słaby.

does [dʌz] ⊳ **do**.

doesn't ['dʌznt] = does not.

dog [dɒg] n pies m.

dog food n karma f dla psów.

doggy bag n torba, do której zabiera się niedojedzony w restauracji posiłek.

do-it-yourself n majsterkowanie n.

dole [dəʊl] n : **to be on the dole** UK być na zasiłku.

doll [dɒl] n [toy] lalka f.

dollar ['dɒlə^r] n dolar m.

dolphin ['dɒlfɪn] n delfin m.

dome [dəʊm] n kopuła f.

domestic [də'mestɪk] adj [of house] domowy; [of family] rodzinny; [of country] krajowy.

domestic appliance n sprzęt m gospodarstwa domowego.

domestic flight n lot m krajowy.

domestic science n zajęcia pl z gospodarstwa domowego.

dominate ['dɒmɪneɪt] vt [discussion, film, country, person] dominować nad/zdominować; [war] mieć przewagę.

dominoes n domino n.

donate [də'neɪt] vt [blood] oddawać/oddać; [money] darować/podarować.

donation [də'neɪʃn] n [amount] darowizna f.

done [dʌn] <> pp ⊳ **do**. <> adj [finished, cooked] gotowy

• **well done** [as praise] dobra robota; [steak] wysmażony.

donkey ['dɒŋkɪ] *n* osioł *m*, oślica *f*.

don't [dəʊnt] = do not.

door [dɔ:ʳ] *n* [of building, vehicle, cupboard] drzwi *pl*; [doorway] wejście *n*.

doorbell ['dɔ:bel] *n* dzwonek *m* u drzwi.

doorknob ['dɔ:nɒb] *n* klamka *f* u drzwi.

doorman ['dɔ:mən] (*pl* -men [-mən]) *n* portier *m*, -ka *f*.

doormat ['dɔ:mæt] *n* wycieraczka *f*.

doormen *pl* ⊳ **doorman**.

doorstep ['dɔ:step] *n* [in front of door] próg *m*; *UK* [piece of bread] pajda *f* chleba.

doorway ['dɔ:weɪ] *n* wejście *n*.

dope [dəʊp] *n inf* [any illegal drug] prochy *pl*; [marijuana] marycha *f*.

dormitory ['dɔ:mətrɪ] *n* [room] sypialnia *f* (*in school, institution*).

Dormobile® ['dɔ:mə'bi:l] *n* samochód *m* kempingowy.

dosage ['dəʊsɪdʒ] *n* dozowanie *n*.

dose [dəʊs] *n* [amount] dawka *f*; [of illness] atak *m*.

dot [dɒt] *n* kropka *f* • **on the dot** *fig* punktualnie.

dotted line *n* wykropkowana linia *f*.

double ['dʌbl] ⟨⟩ *adj* podwójny • **double three/two** [with figures, letters] trzydzieści trzy, dwadzieścia dwa; **h, and double l** h i dwa l. ⟨⟩ *adv* [twice] dwukrotnie. ⟨⟩ *n* [twice the amount] dwa razy *mpl*. ⟨⟩ *vt* [increase] podwajać/podwoić. ⟨⟩ *vi* [increase] podwajać/podwoić się • **to bend sthg double** zgiąć

coś na pół; **a double whisky** podwójna whisky. ◂▪ **doubles** ⟨⟩ *n* debel *m*.

double bed *n* podwójne łóżko *n*.

double-breasted [-'brestɪd] *adj* dwurzędowy.

double cream *n UK* śmietana kremówka *f*.

double-decker (bus) *n* autobus *m* piętrowy.

double doors *npl* drzwi *pl* dwuskrzydłowe.

double glazing *n* podwójne szyby *fpl*.

double room *n* pokój *m* dwuosobowy.

doubt [daʊt] ⟨⟩ *n* wątpliwość *f*. ⟨⟩ *vt* wątpić/zwątpić • **I doubt it** wątpię; **I doubt she'll be there** wątpię, czy ona tam będzie; **in doubt** niepewny; **no doubt** bez wątpienia.

doubtful ['daʊtfʊl] *adj* [uncertain] niepewny • **it's doubtful that...** [unlikely] to wątpliwe, że...

dough [dəʊ] *n* ciasto *n*.

doughnut ['dəʊnʌt] *n* pączek *m*.

dove[1] *n* [bird] gołąb *m*, gołębica *f*.

dove[2] *pt US* ⊳ **dive**.

Dover ['dəʊvəʳ] *n* Dover *n*.

Dover sole *n* sola *f*.

down ⟨⟩ *adv* -1. [towards the bottom] w dół ; **it's a long waydown!** ale tu głęboko!; **down here** tu na dole; **down there** tam na dole; **to fall down** spadać. -2. [along] : **I'm going down to the shops** idę do sklepu. -3. [downstairs] na dół ; **I'll come down later** zejdę na dół później. -4. [southwards] na południe ; **we're going down to London** jedziemy do Londynu. -5. [in writing] : **to write sthg down** zapisać coś. -6. [in phrases]

: **to go down with** [illness] zachorować na. <> *prep* **-1.** [towards the bottom of] : **they ran down the hill** zbiegli ze wzgórza; **to come down the stairs** zejść po schodach; **water poured down the pipe** woda spłynęła rurą. **-2.** [along] wzdłuż ; **I was walking down the street** szedłem ulicą. <> *adj inf* [depressed] zdołowany. <> *n* [feathers] puch *m*.

downhill ['daʊn'hɪl] *adv* [walk, run, go] w dół.

Downing Street ['daʊnɪŋ-] *n* Downing Street *f*.

downpour ['daʊnpɔːʳ] *n* ulewa *f*.

downstairs ['daʊn'steəz] <> *adj* [room] na parterze. <> *adv* na dole • **to go downstairs** zejść na dół.

downtown ['daʊn'taʊn] <> *adj* [train, hotel] śródmiejski. <> *adv* w centrum • **downtown New York** centrum Nowego Jorku.

down under *adv UK inf* [in Australia] w Australii.

downwards ['daʊnwədz] *adv* w dół.

doz. = dozen.

doze [dəʊz] *vi* drzemać.

dozen ['dʌzn] *n* tuzin *m* • **a dozen eggs** tuzin jaj.

Dr (*abbr of* Doctor) dr.

drab [dræb] *adj* bezbarwny.

draft [drɑːft] *n* [early version] szkic *m*; [money order] trata *f*; *US* = draught.

drag [dræg] <> *vt* [pull along] ciągnąć/zaciągnąć. <> *vi* [along ground] wlec/powlec się • **what a drag!** *inf* ale nuda! **drag on** <> *vi* wlec/powlec się.

dragonfly ['drægənflaɪ] *n* ważka *f*.

drain [dreɪn] <> *n* [sewer] ściek *m*; [grating in street] studzienka *f*. <> *vt* [tank, radiator] opróżniać/opróżnić; [vegetables] odsączać/odsączyć. <> *vi* [vegetables, washing-up] ociekać/ociec.

draining board *n* ociekacz *m*.

drainpipe ['dreɪnpaɪp] *n* rura *f* odpływowa.

drama ['drɑːmə] *n* [paly] dramat *m*; [art] teatr *m*.

dramatic [drə'mætɪk] *adj* [impressive] dramatyczny.

drank [dræŋk] *pt* ⊳ drink.

drapes *npl US* zasłony *fpl*.

drastic ['dræstɪk] *adj* drastyczny.

drastically ['dræstɪklɪ] *adv* drastycznie.

draught [drɑːft] *n UK* [of air] przeciąg *m*.

draught beer *n* piwo *n* z beczki.

draughts [drɑːfts] *n UK* warcaby *pl*.

draughty ['drɑːftɪ] *adj* : **it's rather draughty in here** spory tu przeciąg.

draw [drɔː] (*pt* drew, *pp* drawn) <> *vt* [with pen, pencil] rysować/narysować; [pull] ciągnąć/pociągnąć; [attract] przyciągać/przyciągnąć; [conclusion] wyciągać/wyciągnąć; **draw a comparison** porównać. <> *vi* [with pen, pencil] rysować/narysować; SPORT remisować/zremisować. <> *n* [SPORT & result] remis *m*; [lottery] losowanie *n* • **to draw the curtains** [open] odsłonić zasłony; [close] zaciągnąć zasłony. **draw out** <> *vt sep* [money] pobierać/pobrać. **draw up** <> *vt sep* [list, plan] sporządzać/sporządzić. <> *vi* [car, bus] podjeżdżać/podjechać.

drawback ['drɔːbæk] *n* wada *f*.

drawer *n* szuflada *f*.

drawing ['drɔːɪŋ] *n* [picture] rysunek *m*; [activity] rysowanie *n*.

drawing pin *n* UK pinezka *f*.

drawing room *n* salon *m*.

drawn [drɔːn] *pp* ➣ draw.

dreadful ['dredfʊl] *adj* straszny.

dream [driːm] ◇ *n* [during sleep] sen *m*; [wish] marzenie *n*. ◇ *vt* [when asleep] śnić; [imagine] marzyć o. ◇ *vi* : **to dream (of)** marzyć (o) • **a dream house** dom marzeń; **I wouldn't dream of it** ani mi się śni.

dress [dres] ◇ *n* [for woman, girl] sukienka *f*; [clothes] ubiór *m*. ◇ *vt* [person, baby] ubierać/ubrać; [wound] opatrywać/opatrzyć; [salad] przyprawiać/przyprawić. ◇ *vi* ubierać/ubrać się • **to be dressed in** być ubranym w; **to get dressed** ubrać się. ➣ **dress up** ◇ *vi* [smartly] stroić/wystroić się; [in costume] przebierać/przebrać się.

dress circle *n* pierwszy balkon *m*.

dresser ['dresə^r] *n* UK [for crockery] kredens *m*; US [chest of drawers] komoda *f*.

dressing ['dresɪŋ] *n* [for salad] sos *m*; [for wound] opatrunek *m*.

dressing gown *n* szlafrok *m*.

dressing room *n* SPORT przebieralnia *f*; [theatre] garderoba *f*.

dressing table *n* toaletka *f*.

dressmaker ['dres,meɪkə^r] *n* krawiec *m*, krawcowa *f*.

dress rehearsal *n* próba *f* kostiumowa.

drew [druː] *pt* ➣ draw.

dribble ['drɪbl] *vi* [liquid] ściekać/ściec; [baby] ślinić/poślinić się; [football player] dryblować.

drier ['draɪə^r] = dryer.

drift [drɪft] ◇ *n* [of snow] zaspa *f*. ◇ *vi* [in wind] unosić/unieść się na wietrze; [in water] unosić/unieść się z prądem.

drill [drɪl] ◇ *n* wiertarka *f*. ◇ *vt* [hole] wiercić/wywiercić.

drink [drɪŋk] (*pt* drank, *pp* drunk) ◇ *n* [nonalcoholic] napój *m*; [alcoholic] drink *m*. ◇ *vt* pić/wypić. ◇ *vi* pić/napić się • **a drink of water** łyk wody; **would you like a drink?** [non-alcoholic] chcesz coś do picia?; **to have a drink** [alcoholic] napić się.

drinkable ['drɪŋkəbl] *adj* [safe to drink] zdatny do picia; [wine] : **it's drinkable** nadaje się do picia.

drinking water *n* woda *f* pitna.

drip [drɪp] ◇ *n* [drop] kropla *f*; MED kroplówka *f*. ◇ *vi* [water] kapać/kapnąć, [tap] ciec/pociec, [washing] ociekać/ociec.

drip-dry *adj* niewymagający prasowania.

dripping (wet) *adj* ociekający wodą.

drive [draɪv] (*pt* drove, *pp* driven) ◇ *n* [journey] jazda *f*; [in front of house] podjazd *m*. ◇ *vt* [car, bus, train] prowadzić/poprowadzić; [take in car] zawozić/zawieźć; [operate, power] napędzać. ◇ *vi* [drive car] jeździć; [travel in car] jechać/pojechać • **to go for a drive** pojechać na przejażdżkę; **can she drive?** czy ma prawo jazdy?; **to drive sb to do sthg** doprowadzać kogoś do zrobienia czegoś; **to drive sb mad** doprowadzać kogoś do szału.

drivel ['drɪvl] *n* brednie *fpl*.

driver ['draɪvə'] *n* [car, bus] kierowca *m*; [train] maszynista *m*.

driver's license *US* = driving licence.

driveshaft *n* wał *m* napędowy.

driveway ['draɪvweɪ] *n* podjazd *m*.

driving lesson *n* lekcja *f* jazdy.

driving licence *n* UK prawo *n* jazdy.

driving test *n* egzamin *m* na prawo jazdy.

drizzle ['drɪzl] *n* mżawka *f*.

drop [drɒp] ⇔ *n* [drip] kropla *f*; [small amount] odrobina *f*; [distance down, decrease] spadek *m*. ⇔ *vt* [let fall by accident] upuszczać/upuścić; [let fall on purpose] wrzucać/wrzucić; [reduce] obniżać/obniżyć; [from vehicle] wysadzać/wysadzić; [omit] opuszczać/opuścić. ⇔ *vi* spadać/spaść • **to drop a hint** napomknąć o czymś; **to drop sb a line** napisać do kogoś parę słów. ➡ **drop in** ⇔ *vi inf* wpadać/wpaść. ➡ **drop off** ⇔ *vt sep* [from vehicle] wysadzać/wysadzić. ⇔ *vi* [fall asleep] zdrzemnąć się; [fall off] spadać/spaść. ➡ **drop out** ⇔ *vi* [of college] rezygnować/zrezygnować; [race] odpadać/odpaść.

drought [draʊt] *n* susza *f*.

drove [drəʊv] *pt* ⇒ drive.

drown [draʊn] *vi* topić/utopić się.

drug [drʌg] ⇔ *n* MED lekarstwo *n*; [stimulant] narkotyk *m*. ⇔ *vt* [person, animal] usypiać/uśpić.

drugaddict *n* narkoman *m*, -ka *f*.

druggist ['drʌgɪst] *n* US aptekarz *m*, aptekarka *f*.

drum [drʌm] *n* MUS bęben *m*; [container] beczka *f*.

drummer ['drʌmə'] *n* perkusista *m*, perkusistka *f*.

drumstick ['drʌmstɪk] *n* [of chicken] udko *n*.

drunk [drʌŋk] ⇔ *pp* ⇒ drink. ⇔ *adj* pijany. ⇔ *n* pijak *m*, pijaczka *f* • **to get drunk** upić się.

dry [draɪ] ⇔ *adj* suchy; [sherry, wine] wytrawny. ⇔ *vt* [clothes] suszyć/wysuszyć; [hands, washing-up] wycierać/wytrzeć. ⇔ *vi* schnąć/wyschnąć • **to dry o.s.** wytrzeć się; **to dry one's hair** suszyć włosy. ➡ **dry up** ⇔ *vi* [become dry] wysychać/wyschnąć; [dry the dishes] wycierać/wytrzeć.

dry-clean *vt* prać/wyprać chemicznie.

dry cleaner's *n* pralnia *f* chemiczna.

dryer ['draɪə'] *n* suszarka *f*.

dry-roasted peanuts *npl* prażone orzeszki *mpl (ziemne)*.

DSS *n* (abbr of Department of Social Security) UK ≃ Ministerstwo *n* Spraw Socjalnych.

DTP *n* (abbr of desktop publishing) DTP.

dual carriageway *n* UK droga *f* dwupasmowa.

dubbed *adj* [film] dubbingowany.

dubious ['dju:bjəs] *adj* [suspect] wątpliwy.

duchess ['dʌtʃɪs] *n* księżna *f*.

duck [dʌk] ⇔ *n* kaczka *f*. ⇔ *vi* [lower head] schylać/schylić głowę.

due [dju:] *adj* [expected] planowy; [owed, to be paid] należny • **the train is due at eight o'clock** pociąg ma być o ósmej; **in due course** we właściwym czasie; **due to** ze względu na.

duet [dju:'et] *n* duet *m*.

✓

duffel coat n budrysówka f.

dug [dʌg] pt & pp ⊳ **dig**.

duke [djuːk] n książę m.

dull [dʌl] adj [boring] nudny; [not bright] tępy; [weather] pochmurny; [pain] tępy.

dumb [dʌm] adj inf [stupid] durny; [unable to speak] niemy.

dummy ['dʌmɪ] n UK [for baby] smoczek m; [for clothes] manekin m.

dump [dʌmp] ⬦ n [for rubbish] śmietnik m; inf [place] nora f. ⬦ vt [drop carelessly] rzucać/porzucić; [get rid of] wyrzucać/wyrzucić.

dumpling ['dʌmplɪŋ] n kluska f.

dune [djuːn] n wydma f.

dungarees ['dʌŋgə'riːz] npl UK [for work] drelichy pl; [fashion item] ogrodniczki pl; US [jeans] dżinsy pl.

dungeon ['dʌndʒən] n loch m.

duo ['djuːəʊ] n ; **with a duo of sauces** w dwóch różnych sosach.

duplicate n ['djuːplɪkət] duplikat m.

during ['djʊərɪŋ] prep podczas.

dusk [dʌsk] n zmierzch m.

dust [dʌst] ⬦ n kurz m. ⬦ vt odkurzać/odkurzyć.

dustbin ['dʌstbɪn] n UK pojemnik m na śmieci.

dustcart ['dʌstkɑːt] n UK śmieciarka f.

duster ['dʌstə'] n ściereczka f do kurzu.

dustman ['dʌstmən] (pl -men [-mən]) n UK śmieciarz m.

dustpan ['dʌstpæn] n szufelka f.

dusty ['dʌstɪ] adj [room, road] zakurzony; [air] pełny pyłu.

Dutch [dʌtʃ] ⬦ adj holenderski. ⬦ n [language] holenderski m. ⬦ npl : **the Dutch** Holendrzy mpl.

Dutchman ['dʌtʃmən] (pl -men [-mən]) n Holender m.

Dutchwoman ['dʌtʃwʊmən] (pl -women [-'wɪmɪn]) n Holenderka f.

duty ['djuːtɪ] n [moral obligation] obowiązek m; [tax] cło n • **to be on duty** być na służbie; **to be off duty** być po służbie. ⬤ **duties** npl [job] obowiązki mpl.

duty chemist's n apteka f dyżurująca.

duty-free ⬦ adj bezcłowy. ⬦ n towar m wolny od cła.

duty-free shop n sklep m wolnocłowy.

duvet ['duːveɪ] n kołdra f.

DVD (abbr of Digital Video or Versatile Disc) n DVD n.

DVD ROM (abbr of Digital Versatile Disk read only memory) n DVD ROM m.

dwarf [dwɔːf] (pl dwarves [dwɔːvz]) n karzeł m, karlica f.

dwelling ['dwelɪŋ] n fml mieszkanie n.

dye [daɪ] ⬦ n farba f. ⬦ vt farbować/zafarbować.

dynamite ['daɪnəmaɪt] n dynamit m.

dynamo ['daɪnəməʊ] (pl -s) n [on bike] dynamo n.

dyslexic [dɪs'leksɪk] adj dyslektyczny.

E

E [iː] (*abbr of* **east**) wschód.

E111 *n* formularz używany w krajach Unii Europejskiej przy ubieganiu się o zwrot wydatków związanych z leczeniem.

each [iːtʃ] *adj & pron* każdy • **each one** każdy; **each of them** każdy z nich; **each other** się; **one each** po jednym; **one of each** po jednym z każdego.

eager ['iːgəʳ] *adj* gorliwy • **to be eager to do sthg** być chętnym do zrobienia czegoś.

eagle ['iːgl] *n* orzeł *m*.

ear [ɪəʳ] *n* [of person, animal] ucho *n*; [of corn] kłos *m*; [of maize] kolba *f*.

earache *n* : **to have earache** earache mieć ból ucha.

earl [ɜːl] *n* hrabia *m*.

early ['ɜːlɪ] ◇ *adj* wczesny. ◇ *adv* wcześnie • **it happened early last year** zdarzyło się to na początku ubiegłego roku; **at the earliest** jak najwcześniej; **early on** na początku; **to have an early night** położyć się wcześniej.

earn [ɜːn] *vt* [money] zarabiać/zarobić; [praise, success] zdobywać/zdobyć • **to earn a living** zarabiać na życie.

earnings ['ɜːnɪŋz] *npl* zarobki *mpl*.

earphones ['ɪəfəʊnz] *npl* słuchawki *fpl*.

earplugs ['ɪəplʌgz] *npl* zatyczki *fpl* do uszu.

earrings *npl* kolczyki *mpl*.

earth [ɜːθ] ◇ *n* [planet] Ziemia *f*; [surface, soil] ziemia *f*; *UK* [electrical connection] uziemienie *n*. ◇ *vt UK* [appliance] uziemić • **how on earth...?** jak u licha...?

earthenware ['ɜːθnweəʳ] *adj* ceramika *f*.

earthquake ['ɜːθkweɪk] *n* trzęsienie *n* ziemi.

ease [iːz] ◇ *n* łatwość *f*. ◇ *vt* [pain, problem] ulżyć • **at ease** spokojny; **with ease** z łatwością. ➡ **ease off** ◇ *vi* [pain, rain] zelżeć.

easily ['iːzɪlɪ] *adv* [without difficulty] łatwo; [by far] bez wątpienia.

east [iːst] ◇ *n* wschód *m*. ◇ *adj* wschodni. ◇ *adv* [fly, walk] na wschód; [be situated] na wschodzie • **in the east of England** na wschodzie Anglii; **the East** [Asia] Wschód.

eastbound ['iːstbaʊnd] *adj* na wschód.

Easter ['iːstəʳ] *n* Wielkanoc *f*.

eastern ['iːstən] *adj* wschodni • **Eastern** [Asian] wschodni.

Eastern Europe *n* Europa *f* Wschodnia.

eastwards ['iːstwədz] *adv* na wschód.

easy ['iːzɪ] *adj* łatwy • **take it easy** *inf* wyluzować się.

easygoing [iːzɪgəʊiŋ] *adj* niekonfliktowy.

eat [iːt] (*pt* **ate**, *pp* **eaten**) *vt & vi* jeść/zjeść. ➡ **eat out** *vi* jeść poza domem.

eating apple *n* jabłko *n* deserowe.

ebony ['ebənɪ] *n* heban *m*.

e-business *n* [company] firma *f* prowadząca transakcje w Internecie; [commerce] transakcje *fpl* internetowe.

ECB (*abbr of* **European Central Bank**) *n* CBE.

eccentric [ɪk'sentrɪk] *adj* ekscentryczny.

echo ['ekəʊ] (*pl* **-es**) ⟨⟩ *n* echo *n*. ⟨⟩ *vi* [voice, sound] odbijać/odbić się.

eco-friendly ['i:kəʊ-] *adj* przyjazny dla środowiska.

ecological ['i:kə'lɒdʒɪkl] *adj* ekologiczny.

ecology [ɪ'kɒlədʒɪ] *n* ekologia *f*.

e-commerce ['i:-] *n* handel *m* elektroniczny.

economic ['i:kə'nɒmɪk] *adj* [relating to the economy] gospodarczy; [profitable] rentowny. ➡ **economics** *n* ekonomia *f*.

economical ['i:kə'nɒmɪkl] *adj* [car, system] oszczędny; [person] gospodarny.

economize [ɪ'kɒnəmaɪz] *vi* oszczędzać/oszczędzić.

economy [ɪ'kɒnəmɪ] *n* [of country] gospodarka *f*; [saving] oszczędność *f*.

economy class *n* klasa *f* turystyczna [w samolocie].

economy size *adj* w dużym opakowaniu.

ecstasy ['ekstəsɪ] *n* ekstaza *f*.

eczema [ɪg'zi:mə] *n* egzema *f*.

edge [edʒ] *n* [border] brzeg *m*; [narrow side] krawędź *f*; [of knife] ostrze *n*.

edible ['edɪbl] *adj* jadalny.

Edinburgh ['edɪnbrə] *n* Edynburg *m*.

Edinburgh Festival *n* : **the Edinburgh Festival** *odbywający się co roku w Edynburgu festiwal muzyczno-teatralny*.

edition [ɪ'dɪʃn] *n* wydanie *n*.

editor ['edɪtə'] *n* [of newspaper, magazine] redaktor *m* naczelny, redaktor *f* naczelna; [of book] redaktor *m*, -ka *f*; [of film, TV programme] montażysta *m*, montażystka *f*.

editorial ['edɪ'tɔ:rɪəl] *n* [in newspaper] artykuł *m* wstępny.

educate ['edʒʊkeɪt] *vt* [at school] kształcić/wykształcić.

education ['edʒʊ'keɪʃn] *n* [field] edukacja *f*; [process] kształcenie *n*; [result] wykształcenie *n*.

eel [i:l] *n* węgorz *m*.

effect [ɪ'fekt] *n* [result] skutek *m*; [impression] efekt *m* • **to put sthg into effect** wprowadzić coś w życie; **to take effect** zacząć działać.

effective [ɪ'fektɪv] *adj* [successful] skuteczny; [law, system] sprawny.

effectively [ɪ'fektɪvlɪ] *adv* [successfully] skutecznie; [in fact] faktycznie.

efficient [ɪ'fɪʃənt] *adj* sprawny.

effort ['efət] *n* [exertion] wysiłek *m*; [attempt] próba • **to make an effort to do sthg** dołożyć starań, by coś zrobić; **it's not worth the effort** to nie jest warte zachodu.

e.g. *adv* np.

egg [eg] *n* jajko *n*.

egg cup *n* kieliszek *m* do jajek.

egg mayonnaise *n* jaja na twardo z majonezem.

eggplant ['egplɑ:nt] *n* US bakłażan *m*.

egg white *n* białko *n* jajka.

egg yolk *n* żółtko *n* jajka.

Egypt ['i:dʒɪpt] *n* Egipt *m*.

eiderdown ['aɪdədaʊn] *n* kołdra *f* (*z puchu*).

eight [eɪt] *num* osiem ➤ **six**.

eighteen ['eɪ'tiːn] *num* osiemnaście ▷ **six**.

eighteenth ['eɪ'tiːnθ] *num* osiemnasty ▷ **sixth**.

eighth [eɪtθ] *num* ósmy ▷ **sixth**.

eightieth ['eɪtɪθ] *num* osiemdziesiąty ▷ **sixth**.

eighty ['eɪtɪ] *num* osiemdziesiąt ▷ **six**.

Eisteddfod [aɪ'stedfɒd] *n festiwal muzyki i poezji walijskiej.*

either [*especially UK* 'aɪðə^r, *especially US* 'iːðə^r] ◇ *adj* : **either book will do** albo jedna, albo druga książka się nada. ◇ *pron* : **I'll take either (of them)** wezmę którykolwiek • **I don't like either (of them)** nie podoba mi się żaden (z nich). ◇ *adv* : **I can't either** ja też nie mogę; **either ... or** [in positive] albo... albo; [in negative] ani... ani; **on either side** po obu stronach.

eject [ɪ'dʒekt] *vt* [cassette] wyrzucać/wyrzucić.

elaborate *adj* [ɪ'læbrət] [needlework, design] misterny.

elastic [ɪ'læstɪk] *n* [material] guma *f.*

elastic band *n UK* gumka *f (do włosów).*

elbow ['elbəʊ] *n* [of person] łokieć *m.*

elder ['eldə^r] *adj* starszy.

elderly ['eldəlɪ] ◇ *adj* starszy. ◇ *npl* : **the elderly** starsi ludzie *pl.*

eldest ['eldɪst] *adj* najstarszy.

elect [ɪ'lekt] *vt* [by voting] wybierać/wybrać • **to elect to do sthg** *fml* [choose] zdecydować się coś zrobić.

election [ɪ'lekʃn] *n* wybory *mpl.*

electric [ɪ'lektrɪk] *adj* elektryczny.

electrical goods *npl* urządzenia *npl* elektryczne.

electric blanket *n* koc *m* elektryczny.

electric drill *n* wiertarka *f* elektryczna.

electric fence *n* pastuch *m* elektryczny.

electrician ['ɪlek'trɪʃn] *n* elektryk *m.*

electricity ['ɪlek'trɪsətɪ] *n* elektryczność *f.*

electric shock *n* porażenie *n* prądem.

electrocute [ɪ'lektrəkjuːt] *vt* porażać/porazić prądem.

electronic ['ɪlek'trɒnɪk] *adj* elektroniczny.

elegant ['elɪgənt] *adj* elegancki.

element ['elɪmənt] *n* [part] element *m*; [small part] odrobina *f*; [chemical] pierwiastek *m*; [of fire, kettle] element *m* grzejny • **the elements** [weather] żywioły *mpl.*

elementary ['elɪ'mentərɪ] *adj* [basic] podstawowy; [simple] elementarny.

elephant ['elɪfənt] *n* słoń *m*, słonica *f.*

elevator ['elɪveɪtə^r] *n US* winda *f.*

eleven [ɪ'levn] *num* jedenaście ▷ **six**.

eleventh [ɪ'levnθ] *num* jedenasty ▷ **sixth**.

eligible ['elɪdʒəbl] *adj* nadający się.

eliminate [ɪ'lɪmɪneɪt] *vt* eliminować/wyeliminować.

Elizabethan [ɪ'lɪzə'biːθn] *adj* elżbietański.

elm [elm] *n* wiąz *m.*

else [els] *adv* : **anything else** nic więcej; **anything else?** czy coś jeszcze? • **everyone else** wszyscy *mpl* pozostali, wszystkie *fpl* pozostałe; **nobody else** nikt więcej; **nothing else** nic innego; **somebody else** ktoś inny; **something else** coś jeszcze; **somewhere else** gdzie indziej; **what else?** co jeszcze؟; **who else?** kto jeszcze؟; **or else** [if not] w przeciwnym razie.

elsewhere [elsˈweəʳ] *adv* gdzie indziej.

e-mail [ˈiːmeɪl] <> *n* [system] poczta *f* elektroniczna; [message] e-mail *m*. <> *vt* : **to e-mail sb** wysłać komuś e-mail; **to e-mail sthg to sb** przesłać coś komuś e-mailem.

e-mail address *n* adres *m* e-mailowy.

embankment [ɪmˈbæŋkmənt] *n* [next to river] nabrzeże *n*; [next to road, railway] nasyp *m*.

embark [ɪmˈbɑːk] *vi* [board ship] wchodzić/wejść na pokład.

embarkation card *n* karta *f* pokładowa.

embarrass [ɪmˈbærəs] *vt* wprawiać/wprawić w zakłopotanie.

embarrassed [ɪmˈbærəst] *adj* zakłopotany.

embarrassing [ɪmˈbærəsɪŋ] *adj* [person] kłopotliwy; [situation, question] krępujący.

embarrassment [ɪmˈbærəsmənt] *n* [feeling] zakłopotanie *n*; : **she is an embarrassment to her parents** przynosi wstyd swoim rodzicom.

embassy [ˈembəsɪ] *n* ambasada *f*.

emblem [ˈembləm] *n* [of country] godło *n*; [of organisation] emblemat *m*.

embrace [ɪmˈbreɪs] *vt* [in arms] obejmować/objąć.

embroidered [ɪmˈbrɔɪdəd] *adj* haftowany.

embroidery [ɪmˈbrɔɪdərɪ] *n* haft *m*.

emerald [ˈemərəld] *n* [gem] szmaragd *m*.

emerge [ɪˈmɜːdʒ] *vi* [from place] wyłaniać/wyłonić się; [fact, truth] wychodzić/wyjść na jaw.

emergency [ɪˈmɜːdʒənsɪ] <> *n* nagły wypadek *m*. <> *adj* awaryjny • **in an emergency** w razie niebezpieczeństwa.

emergency exit *n* wyjście *n* awaryjne.

emergency landing *n* lądowanie *n* awaryjne.

emergency services *npl* służby *fpl* ratownicze.

emigrate [ˈemɪgreɪt] *vi* emigrować/wyemigrować.

emit [ɪˈmɪt] *vt* [light] emitować/wyemitować; [smell] wydzielać/wydzielić.

emotion [ɪˈməʊʃn] *n* [strong feelings] emocja *f*; [particular feeling] uczucie *n*.

emotional [ɪˈməʊʃənl] *adj* [situation] wzruszający; [person] uczuciowy.

emphasis [ˈemfəsɪs] (*pl* -ases [-siːz]) *n* nacisk *m*.

emphasize [ˈemfəsaɪz] *vt* podkreślać/podkreślić.

empire [ˈempaɪəʳ] *n* [of countries] imperium *n*.

employ [ɪmˈplɔɪ] *vt* [subj : company] zatrudniać/zatrudnić; *fml* [use] używać/użyć.

employed [ɪmˈplɔɪd] *adj* zatrudniony.

employee [ɪmˈplɔɪiː] *n* pracownik *m*, pracownica *f*.

employer [ɪmˈplɔɪəʳ] *n* pracodawca *m*, pracodawczyni *f*.

employment [ɪmˈplɔɪmənt] *n* [state of having job] zatrudnienie *n*; [work] praca *f*.

employment agency *n* biuro *n* pośrednictwa pracy.

empty [ˈemptɪ] <> *adj* [containing nothing] pusty; [not in use] wolny; [threat, promise] pusty. <> *vt* [box, pockets] opróżniać/opróżnić.

EMU [ˈiːmjuː] *n* (*abbr of* **European Monetary Union**) Europejska Unia *f* Monetarna.

emulsion (paint) *n* farba *f* emulsyjna.

enable [ɪˈneɪbl] *vt* : **to enable sb to do sthg** umożliwiać komuś zrobienie czegoś.

enamel [ɪˈnæml] *n* [decorative] emalia *f*; [on tooth] szkliwo *n*.

enclose [ɪnˈkləʊz] *vt* [surround] otaczać/otoczyć; [with letter] załączać/załączyć.

enclosed [ɪnˈkləʊzd] *adj* [space] ogrodzony.

encounter [ɪnˈkaʊntəʳ] *vt* [experience] stykać/zetknąć się z; *fml* [meet] napotykać/napotkać.

encourage [ɪnˈkʌrɪdʒ] *vt* zachęcać/zachęcić • **to encourage sb to do sthg** zachęcać kogoś do zrobienia czegoś.

encouragement [ɪnˈkʌrɪdʒmənt] *n* zachęta *f*.

encrypt [enˈkrɪpt] [enˈkrɪpt] *vt* COMPUT szyfrować/zaszyfrować.

encyclopedia [ɪnˈsaɪkləˈpiːdjə] *n* encyklopedia *f*.

end [end] <> *n* koniec *m*; [purpose] cel *m*. <> *vt* kończyć/skończyć. <> *vi* kończyć/skończyć się • **to come to an end** dobiegać końca; **to put an end to sthg** położyć kres czemuś; **for days on end** całymi dniami; **in** the end w końcu; **to make ends meet** wiązać koniec z końcem. **• end up** <> *vi* kończyć/skończyć jako/w • **to end doing sthg** zrobić coś koniec końców; **to end somewhere** wylądować gdzieś.

endangered species [ɪnˈdeɪndʒəd-] *n* gatunek *m* zagrożony.

ending [ˈendɪŋ] *n* [of story, film, book] zakończenie *n*; GRAMM końcówka *f*.

endive [ˈendaɪv] *n* [curly] endywia *f*; [chicory] cykoria *f*.

endless [ˈendlɪs] *adj* nieskończony.

endorsement [ɪnˈdɔːsmənt] *n* UK [of driving licence] ≃ punkt *m* karny.

endurance [ɪnˈdjʊərəns] *n* wytrzymałość *f*.

endure [ɪnˈdjʊəʳ] *vt* wytrzymywać/wytrzymać.

enemy [ˈenɪmɪ] *n* wróg *m*.

energy [ˈenədʒɪ] *n* energia *f*.

enforce [ɪnˈfɔːs] *vt* [law] egzekwować/wyegzekwować.

engaged [ɪnˈgeɪdʒd] *adj* [to be married] zaręczony; UK [phone, toilet] zajęty • **to get engaged** zaręczyć się.

engaged tone *n* UK sygnał *m* zajęty.

engagement [ɪnˈgeɪdʒmənt] *n* [to marry] zaręczyny *pl*; [appointment] spotkanie *n*.

engagement ring *n* pierścionek *m* zaręczynowy.

engine [ˈendʒɪn] *n* [of vehicle] silnik *m*; [of train] lokomotywa *f*.

engineer [ˈendʒɪˈnɪəʳ] *n* inżynier *m*.

engineering [ˈendʒɪˈnɪərɪŋ] *n* inżynieria *f*.

engineering works *npl* [on railway line] roboty *fpl* inżynieryjne.

England ['ɪŋglənd] *n* Anglia *f.*

English ['ɪŋglɪʃ] <> *adj* angielski. <> *n* [language] angielski *m.* <> *npl* : the English Anglicy *mpl.*

English breakfast *n* angielskie śniadanie *n.*

English Channel *n* : the English Channel kanał *m* La Manche.

Englishman ['ɪŋglɪʃmən] (*pl* -men [-mən]) *n* Anglik *m.*

Englishwoman ['ɪŋglɪʃ'wumən] (*pl* -women [-'wɪmɪn]) *n* Angielka *f.*

engrave [ɪn'greɪv] *vt* ryć/wyryć.

engraving [ɪn'greɪvɪŋ] *n* [picture] grafika *f.*

enjoy [ɪn'dʒɔɪ] *vt* : to enjoy sthg lubić coś; I enjoyed the book książka mi się podobała; to enjoy doing sthg lubić coś robić; to enjoy o.s. dobrze się bawić; enjoy your meal! smacznego!

enjoyable [ɪn'dʒɔɪəbl] *adj* przyjemny.

enjoyment [ɪn'dʒɔɪmənt] *n* przyjemność *f.*

enlargement [ɪn'lɑːdʒmənt] *n* [of photo] powiększenie *n.*

enormous [ɪ'nɔːməs] *adj* ogromny.

enough [ɪ'nʌf] <> *adj* dosyć. <> *pron* wystarczająco. <> *adv* dostatecznie • enough time dostatecznie dużo czasu; is that enough? czy to wystarczy?; it's not big enough to nie jest wystarczająco duże; to have had enough (of) mieć dosyć.

enquire [ɪn'kwaɪəʳ] *vi* pytać/zapytać.

enquiry [ɪn'kwaɪərɪ] *n* [question] zapytanie *n*; [investigation] docho-

dzenie *n* • 'Enquiries' Informacja.

enquiry desk *n* informacja *f.*

enrol *vi* UK zapisywać/zapisać się.

enroll [ɪn'rəʊl] US = enrol.

en suite bathroom *n* łazienka *f* w pokoju.

ensure [ɪn'ʃʊəʳ] *vt* zapewniać/zapewnić.

entail [ɪn'teɪl] *vt* [involve] pociągać/pociągnąć za sobą.

enter ['entəʳ] <> *vt* [room, building, plane, bus] wchodzić/wejść do; [college, army] wstępować/wstąpić do; [competition] zgłaszać/zgłosić się do/na; [on form] wpisywać/wpisać. <> *vi* [come in] wchodzić/wejść; [in competition] brać/wziąć udział.

enterprise ['entəpraɪz] *n* [company] przedsiębiorstwo *n*; [plan] przedsięwzięcie *n.*

entertain ['entə'teɪn] *vt* [amuse] zabawiać/zabawić.

entertainer ['entə'teɪnəʳ] *n* artysta *m* estradowy, artystka *f* estradowa.

entertaining ['entə'teɪnɪŋ] *adj* zabawny.

entertainment ['entə'teɪnmənt] *n* [amusement] rozrywka *f*; [show] widowisko *n.*

enthusiasm [ɪn'θjuːzɪæzm] *n* entuzjazm *m.*

enthusiast [ɪn'θjuːzɪæst] *n* entuzjasta *m*, entuzjastka *f.*

enthusiastic [ɪn'θjuːzɪ'æstɪk] *adj* entuzjastyczny.

entire [ɪn'taɪəʳ] *adj* cały.

entirely [ɪn'taɪəlɪ] *adv* całkowicie.

entitle [ɪn'taɪtl] *vt* : to entitle sb to sthg dawać komuś prawo do czegoś • to entitle sb to do sthg upoważniać kogoś do zrobienia czegoś.

entrance n [door, gate] wejście n; [admission] wstęp m.

entrance fee ['entrəns-] n opłata f za wstęp.

entry ['entrɪ] n [door, gate] wejście n; [admission] wstęp m; [in dictionary] hasło n; [person in competition] uczestnik m, uczestniczka f konkursu; [thing in competition] praca f konkursowa • **no entry** [sign on door] wstęp m wzbroniony; [road sign] zakaz m wjazdu.

envelope ['envələʊp] n koperta f.

envious ['envɪəs] adj zazdrosny.

environment [ɪn'vaɪərənmənt] n [surroundings] otoczenie n • **the environment** środowisko.

environmental [ɪn'vaɪərən'mentl] adj środowiskowy.

environmentally friendly adj ekologiczny.

envy ['envɪ] vt zazdrościć.

epic ['epɪk] n epopeja f.

epidemic ['epɪ'demɪk] n epidemia f.

epileptic ['epɪ'leptɪk] <> adj [fit] epileptyczny. <> n [person] epileptyk m, epileptyczka f.

episode ['epɪsəʊd] n [of story, TV programme] odcinek m; [event] epizod m.

equal ['iːkwəl] <> adj równy. <> vt [number] równać się • **to be equal to** [number] być równym.

equality [iː'kwɒlətɪ] n równość f.

equalize ['iːkwəlaɪz] vi SPORT wyrównywać/wyrównać.

equally ['iːkwəlɪ] adv [bad, good, matched] równie; [pay, treat] jednakowo; [share] równo; [at the same time] jednocześnie.

equation [ɪ'kweɪʒn] n równanie n.

equator [ɪ'kweɪtə'] n : **the equator** równik m.

equip [ɪ'kwɪp] vt : **to equip sb/ sthg with** wyposażyć kogoś/coś w.

equipment [ɪ'kwɪpmənt] n sprzęt m; [in office] wyposażenie n.

equipped adj : **to be equipped with** być wyposażonym w.

equivalent [ɪ'kwɪvələnt] <> adj równoważny. <> n odpowiednik m.

ER [ɜː'] n US (abbr of emergency room) izba f przyjęć.

erase [ɪ'reɪz] vt [letter, word] wymazywać/wymazać.

eraser [ɪ'reɪzə'] n gumka f do wycierania.

erect [ɪ'rekt] <> adj [person, posture] wyprostowany. <> vt [tent] rozbijać/rozbić; [monument] wznosić/wznieść.

erotic [ɪ'rɒtɪk] adj erotyczny.

errand ['erənd] n sprawa f do załatwienia.

erratic [ɪ'rætɪk] adj [behaviour] niekonsekwentny.

error ['erə'] n [mistake] błąd m.

escalator ['eskəleɪtə'] n ruchome schody pl.

escalope ['eskə'lɒp] n eskalopek m.

escape [ɪ'skeɪp] <> n [flight] ucieczka f; [of gas] ulatnianie się n; [of water] wyciek m. <> vi : **to escape (from)** [prison, danger] uciekać/uciec; [water] wyciekać/wyciec; [gas] ulatniać/ulotnić się.

escort <> n ['eskɔːt] [guard] eskorta f. <> vt [ɪ'skɔːt] [to a function] towarzyszyć; [to the door] odprowadzać/odprowadzić.

espadrilles *npl* espadryle *fpl*.

especially [ɪˈspeʃəlɪ] *adv* [in particular] szczególnie; [on purpose] specjalnie; [very] wyjątkowo.

esplanade [ˈespləˈneɪd] *n* esplanada *f*.

essay *n* [ˈeseɪ] [at school, university] wypracowanie *n*.

essential [ɪˈsenʃl] *adj* [indispensable] konieczny. ⟶ **essentials** *npl* podstawy *fpl* • **the bare essential** najpotrzebniejsze rzeczy *fpl*.

essentially [ɪˈsenʃəlɪ] *adv* [basically] zasadniczo.

establish [ɪˈstæblɪʃ] *vt* [set up, create] zakładać/założyć; [fact, truth] ustalać/ustalić.

establishment [ɪˈstæblɪʃmənt] *n* [business] przedsiębiorstwo *n*.

estate [ɪˈsteɪt] *n* [land in country] majątek *m* ziemski; [for housing] ⟶ ... UK [...] ....

estate agent *n* UK pośrednik *m*, pośredniczka *f* w handlu nieruchomościami.

estate car *n* UK samochód *m* kombi.

estimate ⟶ *n* [ˈestɪmət] [guess] przybliżona ocena *f*; [from builder, plumber] kosztorys *m*. ⟶ *vt* [ˈestɪmeɪt] szacować/oszacować.

estuary [ˈestjʊərɪ] *n* ujście *n* rzeki.

etc. (*abbr of* et cetera) *adv* itd.

et cetera [ɪtˈsetərə] *adv* i tak dalej.

ethnic minority *n* mniejszość *f* etniczna.

EU (*abbr of* European Union) *n* UE ; **EU policy** polityka unijna.

euro [ˈjʊərəʊ] *n* euro *n*.

Europe [ˈjʊərəp] *n* Europa *f*.

European [ˈjʊərəˈpiːən] ⟶ *adj* europejski. ⟶ *n* Europejczyk *m*, Europejka *f*.

European Central Bank *n* Centralny Bank *m* Europejski.

European Commission *n* Komisja *f* Europejska.

European Union *n* Unia *f* Europejska.

Eurostar® [ˈjʊərəʊstːʳ] *n* *szybka kolej pod kanałem La Manche*.

evacuate [ɪˈvækjʊeɪt] *vt* ewakuować.

evade [ɪˈveɪd] *vt* unikać/uniknąć.

evaporated milk [ɪˈvæpəreɪtɪd-] *n* mleko *n* skondensowane.

eve *n* : **on the eve of** w przeddzień.

even ⟶ *adj* [uniform, level, flat] równy; [contest] wyrównany; [distribution] równomierny; [number] parzysty. ⟶ *adv* nawet • **to break even** wyjść na czysto; **even so** mimo to; **even though** chociaż.

evening [ˈiːvnɪŋ] *n* [time of day] wieczór *m*; [event] wieczorek *m* • **good evening!** dobry wieczór!; **in the evening** wieczorem.

evening classes *npl* kursy *mpl* wieczorowe.

evening dress *n* [formal clothes] strój *m* wieczorowy; [woman's garment] suknia *f* wieczorowa.

evening meal *n* kolacja *f*.

event [ɪˈvent] *n* [occurrence] wydarzenie *n*; SPORT konkurencja *f* • **in the event of** *fml* w przypadku.

eventual [ɪˈventʃʊəl] *adj* ostateczny.

eventually [ɪˈventʃʊəlɪ] *adv* w końcu.

ever [ˈevəʳ] *adv* [at any time] kiedykolwiek • **he was ever so**

angry był strasznie zły; **for ever** [eternally] na zawsze; [for a long time] całe wieki; **hardly ever** prawie nigdy; **ever since** [since a point in time] od tej pory; [after an event] od kiedy.

every ['evrɪ] *adj* każdy • **every day** co dzień; **every other day** co drugi dzień; **one in every ten** co dziesiąty; **we make every effort ...** dołożymy wszelkich starań; **every so often** od czasu do czasu.

everybody ['evrɪ'bɒdɪ] = **everyone**.

everyday ['evrɪdeɪ] *adj* codzienny.

everyone ['evrɪwʌn] *pron* każdy *m*, każda *f*.

everyplace ['evrɪ'pleɪs] *US* = **everywhere**.

everything ['evrɪθɪŋ] *pron* wszystko.

everywhere ['evrɪweəʳ] *adv* wszędzie.

evidence ['evɪdəns] *n* [proof] dowód *m*; LAW dowody *mpl*.

evident ['evɪdənt] *adj* widoczny.

evidently ['evɪdəntlɪ] *adv* [apparently] widocznie; [obviously] ewidentnie.

evil ['iːvl] ◇ *adj* zły. ◇ *n* zło *n*.

ex [eks] *n inf* [wife, husband, partner] były *m*, była *f*.

exact [ɪg'zækt] *adj* dokładny • '**exact fare ready please**' proszę przygotować odliczoną kwotę za bilet.

exactly [ɪg'zæktlɪ] ◇ *adv* [precisely] dokładnie. ◇ *excl* właśnie.

exaggerate [ɪg'zædʒəreɪt] ◇ *vt* wyolbrzymiać/wyolbrzymić. ◇ *vi* przesadzać/przesadzić.

exaggeration [ɪg'zædʒə'reɪʃn] *n* przesada *f*.

exam [ɪ'zæm] *n* egzamin *m* • **to take an exam** zdawać egzamin.

examination [ɪg'zæmɪ'neɪʃn] *n* [exam] egzamin *m*; MED badanie *n*.

examine [ɪg'zæmɪn] *vt* [inspect] badać/zbadać; [consider carefully] rozpatrywać/rozpatrzyć; MED badać/zbadać.

example [ɪg'zɑːmpl] *n* przykład *m* • **for example** na przykład.

exceed [ɪk'siːd] *vt* [be greater than] przewyższać/przewyższyć; [go beyond] przekraczać/przekroczyć.

excellent ['eksələnt] *adj* znakomity.

except [ɪk'sept] ◇ *prep* oprócz. ◇ *conj* poza tym, że • **except for** z wyjątkiem; '**except for access**' zakaz ruchu (z wyjątkiem mieszkańców); '**except for loading**' tylko samochody dostawcze.

exception [ɪk'sepʃn] *n* wyjątek *m*.

exceptional [ɪk'sepʃənl] *adj* wyjątkowy.

excerpt ['eksɜːpt] *n* fragment *m*.

excess ◇ *adj* ['ekses] nadmierny. ◇ *n* [ɪk'ses] nadmiar *m*.

excess baggage ['ekses-] *n* nadbagaż *m*.

excess fare ['ekses-] *n UK* dopłata *f* do biletu.

excessive [ɪk'sesɪv] *adj* nadmierny.

exchange [ɪks'tʃeɪndʒ] ◇ *n* [of telephones] centrala *f* telefoniczna; [of students] wymiana *f*. ◇ *vt* wymieniać/wymienić • **to exchange sthg for sthg** wymieniać coś na coś; **to be on an exchange** być na wymianie.

exchange rate n kurs m waluty.

excited [ɪk'saɪtɪd] adj podniecony.

excitement [ɪk'saɪtmənt] n [excited feeling] podniecenie n; [exciting thing] atrakcja f.

exciting [ɪk'saɪtɪŋ] adj ekscytujący.

exclamation mark n UK wykrzyknik m.

exclamation point US = exclamation mark.

exclude [ɪk'skluːd] vt [forbid entry] wykluczać/wykluczyć; [omit] wyłączać/wyłączyć.

excluding [ɪk'skluːdɪŋ] prep wyłączając.

exclusive [ɪk'skluːsɪv] <> adj [high-class] ekskluzywny; [sole] wyłączny. <> n : **the story was a Times exclusive** relacjonował wyłącznie Times • **exclusive of** wyłączając.

excursion [ɪk'skɜːʃn] n wycieczka f.

excuse <> n [ɪk'skjuːs] wymówka f. <> vt [ɪk'skjuːz] [forgive] wybaczać/wybaczyć; [let off] zwalniać/zwolnić z • **excuse me!** przepraszam.

ex-directory adj UK zastrzeżony.

execute ['eksɪkjuːt] vt [kill] wykonywać/wykonać egzekucję na.

executive [ɪg'zekjʊtɪv] <> adj [suite, travel] reprezentacyjny. <> n [person] kierownik m, kierowniczka f.

exempt [ɪg'zempt] adj : **exempt (from)** zwolniony (z).

exemption [ɪg'zempʃn] n zwolnienie n.

exercise ['eksəsaɪz] <> n [physical activity] ruch m; [piece of work] ćwiczenie n. <> vi ćwiczyć • **to do exercises** robić ćwiczenia.

exercise book n zeszyt m.

exert [ɪg'zɜːt] vt [strength] używać/użyć; [pressure] wywierać/wywrzeć.

exhaust [ɪg'zɔːst] <> vt wyczerpywać/wyczerpać. <> n : **exhaust (pipe)** rura f wydechowa.

exhausted [ɪg'zɔːstɪd] adj wyczerpany.

exhibit [ɪg'zɪbɪt] <> n [in museum, gallery] eksponat m. <> vt [in exhibition] wystawiać/wystawić.

exhibition ['eksɪ'bɪʃn] n [of art] wystawa f.

exist [ɪg'zɪst] vi istnieć.

existence [ɪg'zɪstəns] n istnienie n • **to be in existence** istnieć.

existing [ɪg'zɪstɪŋ] adj istniejący.

exit ['eksɪt] <> n wyjście n; [from motorway] zjazd m. <> vi wychodzić/wyjść.

exotic [ɪg'zɒtɪk] adj egzotyczny.

expand [ɪk'spænd] vi [in size] rozrastać/rozrosnąć się; [in number] powiększać/powiększyć się.

expect [ɪk'spekt] vt [believe likely] spodziewać się; [await] oczekiwać • **to expect to do sthg** spodziewać się, że coś się zrobi; **to expect sb to do sthg** [require] oczekiwać, że ktoś coś zrobi; **to be expecting** [be pregnant] spodziewać się dziecka.

expedition ['ekspɪ'dɪʃn] n [to explore etc] ekspedycja f; [short outing] wyprawa f.

expel [ɪk'spel] vt [from school] wydalać/wydalić.

expense [ɪk'spens] n wydatek m • **at the expense of** na koszt. ➡ **expenses** npl [of businessman] koszty mpl.

expensive [ɪk'spensɪv] adj drogi.

experience [ɪk'spɪərɪəns] <> n [practical knowledge] doświadczenie n; [event] przeżycie n. <> vt doświadczać/doświadczyć.

experienced [ɪkˈspɪərɪənst] adj doświadczony.

experiment [ɪkˈsperɪmənt] <> n doświadczenie n. <> vi eksperymentować.

expert [ˈekspɜːt] <> adj [advice, treatment] fachowy. <> n ekspert m.

expire [ɪkˈspaɪəʳ] vi wygasać/wygasnąć.

expiry date n data f ważności.

explain [ɪkˈspleɪn] vt [make clear] wyjaśniać/wyjaśnić; [give reason for] tłumaczyć/wytłumaczyć.

explanation [ˌekspləˈneɪʃn] n [clarification] wyjaśnienie n; [reason] wytłumaczenie n.

explode [ɪkˈspləʊd] vi wybuchać/wybuchnąć.

exploit vt [ɪkˈsplɔɪt] [person] wyzyskiwać/wyzyskać.

explore [ɪkˈsplɔːʳ] vt [place] badać/zbadać.

explosion [ɪkˈspləʊʒn] n wybuch m.

explosive [ɪkˈspləʊsɪv] n materiał m wybuchowy.

export <> n [ˈekspɔːt] eksport m. <> vt [ɪkˈspɔːt] eksportować.

exposed [ɪkˈspəʊzd] adj [place] odsłonięty.

exposure [ɪkˈspəʊʒəʳ] n [photographic process] naświetlenie n; [on film] klatka f; MED wyziębienie n organizmu : **exposure to sunlight** narażenie na promieniowanie słoneczne.

express [ɪkˈspres] <> adj [letter, delivery, train] ekspresowy. <> n [train] ekspres m. <> vt [opinion, idea] wyrażać/wyrazić. <> adv ekspresem.

expression [ɪkˈspreʃn] n [of face]

wyraz m; [word, phrase] wyrażenie n.

expresso n espresso n.

expressway [ɪkˈspreswei] n US droga f ekspresowa.

extend [ɪkˈstend] <> vt [visa, permit] przedłużać/przedłużyć; [road, railway] wydłużać/wydłużyć; [hand] wyciągać/wyciągnąć. <> vi [stretch] rozciągać/rozciągnąć się.

extension [ɪkˈstenʃn] n [of building] przybudówka f; [for phone] numer m wewnętrzny; [for permit, essay] przedłużenie n.

extension lead n przedłużacz m.

extensive [ɪkˈstensɪv] adj [damage, area] rozległy; [selection] szeroki.

extent [ɪkˈstent] n [of damage, knowledge] zakres m • **to a certain extent** do pewnego stopnia; **to what extent ...?** w jakim stopniu...?

exterior [ɪkˈstɪərɪəʳ] <> adj zewnętrzny. <> n [of car, building] zewnętrzna strona f.

external [ɪkˈstɜːnl] adj zewnętrzny.

extinct [ɪkˈstɪŋkt] adj [species] wymarły; [volcano] wygasły.

extinction [ɪkˈstɪŋkʃn] n wymarcie n.

extinguish [ɪkˈstɪŋgwɪʃ] vt gasić/zgasić.

extinguisher [ɪkˈstɪŋgwɪʃəʳ] n gaśnica f.

extortionate [ɪkˈstɔːʃnət] adj wygórowany.

extra [ˈekstrə] <> adj dodatkowy. <> n [bonus, optional thing] dodatek m. <> adv [especially] wyjątkowo; [more] więcej • **extra charge** dopłata; **extra large**

bardzo duży. ◆ **extras** ◇ *npl* [in price] koszty *mpl* dodatkowe.

extract ◇ *n* ['ekstrækt] [of yeast, malt *etc*] ekstrakt *m*; [from book, opera] fragment *m*. ◇ *vt* [ɪk'strækt] [tooth] usuwać/usunąć.

extractor fan *n* UK wentylator *m*.

extraordinary [ɪk'strɔːdnrɪ] *adj* [wonderful] nadzwyczajny; [strange] przedziwny.

extravagant [ɪk'strævəgənt] *adj* [wasteful] rozrzutny; [expensive] drogi.

extreme [ɪk'striːm] ◇ *adj* [very great] ogromny; [furthest] krańcowy; [radical] skrajny. ◇ *n* [limit] skrajność *f*.

extremely [ɪk'striːmlɪ] *adv* niezmiernie.

extrovert ['ekstrəvɜːt] *n* ekstrawertyk *m*, ekstrawertyczka *f*.

eye [aɪ] ◇ *n* [of person] oko *n*; [of needle] ucho *n*. ◇ *vt* przypatrywać/przypatrzyć się • **to keep an eye on** sb mieć oko na kogoś.

eyebrow ['aɪbraʊ] *n* brew *f*.

eye drops *npl* krople *fpl* do oczu.

eyeglasses *npl* US okulary *pl*.

eyelash ['aɪlæʃ] *n* rzęsa *f*.

eyelid ['aɪlɪd] *n* powieka *f*.

eyeliner ['aɪˌlaɪnəʳ] *n* tusz *m* do kresek.

eye shadow *n* cień *m* do powiek.

eyesight ['aɪsaɪt] *n* wzrok *m*.

eye test *n* badanie *n* wzroku.

eyewitness ['aɪˈwɪtnɪs] *n* naoczny świadek *m*.

F

F [ef] (*abbr of* **Fahrenheit**) F.

fabric ['fæbrɪk] *n* tkanina *f*.

fabulous ['fæbjʊləs] *adj inf* wspaniały.

facade [fə'sɑːd] *n* [of building] fasada *f*.

face [feɪs] ◇ *n* [part of body] twarz *f*; [expression] mina *f*; [of cliff, mountain] ściana *f*; [of clock, watch] tarcza *f*. ◇ *vt* [look towards] zwracać/zwrócić się twarzą do; [be looking towards] znajdować się naprzeciw; [confront] stawać/stanąć przed; [accept] przyjmować/przyjąć; [cope with] stawiać/stawić czoło • **to be faced with** napotykać/napotkać. ◆ **face up to** ◇ *vt insep* stawiać/stawić czoło.

facecloth ['feɪsklɒθ] *n* UK ręcznik *m (do twarzy)*.

facial ['feɪʃl] *n* zabieg *m* kosmetyczny twarzy.

facilitate [fə'sɪlɪteɪt] *vt fml* ułatwiać/ułatwić.

facilities *npl* : **cooking facilities** sprzęt do gotowania; **sports facilities** obiekty sportowe; **facilities for disabled people** udogodnienia dla niepełnosprawnych.

facsimile [fæk'sɪmɪlɪ] *n* kopia *f*.

fact [fækt] *n* fakt *m* • **in fact** [in reality] w rzeczywistości; [moreover] właściwie.

factor ['fæktəʳ] *n* [condition] czynnik *m* • **factor ten suntan lotion** mleczko do opalania z filtrem ochronnym 10.

factory ['fæktərɪ] n fabryka f.

faculty ['fæklti] n [at university] wydział m.

fade [feɪd] vi [light] gasnąć/zgasnąć; [sound] ucichać/ucichnąć; [flower] więdnąć/zwiędnąć; [jeans, wallpaper] blaknąć/wyblaknąć.

faded ['feɪdɪd] adj [jeans] wyblakły.

fag [fæg] n UK inf [cigarette] fajka f.

Fahrenheit ['færənhaɪt] adj w skali Fahrenheita.

fail [feɪl] ◇ vt [exam] oblewać/oblać. ◇ vi zawodzić/zawieść; [in exam] oblewać/oblać • to fail to do sthg [not do] nie zrobić czegoś.

failing ['feɪlɪŋ] ◇ n wada f. ◇ prep : failing that w przeciwnym razie.

failure ['feɪljər] n [lack of success] niepowodzenie n; [unsuccessful thing] klęska f; [unsuccessful person] nieudacznik m, nieudacznica f; [act of neglecting] niezrobienie n; [breakdown] awaria f.

faint [feɪnt] ◇ adj niewyraźny. ◇ vi mdleć/zemdleć • to feel faint czuć się słabo; I haven't the faintest idea nie mam najmniejszego pojęcia.

fair [feər] ◇ adj [just] sprawiedliwy; [quite large, quite good] spory; [mark] dostateczny; [hair, skin, person] jasny; [weather] ładny. ◇ n [funfair] wesołe miasteczko n; [trade fair] targi mpl handlowe • fair enough! [indicating agreement] zgoda!

fairground ['feəgraʊnd] n wesołe miasteczko n.

fair-haired adj jasnowłosy.

fairly ['feəlɪ] adv [quite] dosyć.

fairy ['feərɪ] n wróżka f.

fairy tale n bajka f.

faith [feɪθ] n wiara f.

faithfully ['feɪθfʊlɪ] adv : Yours faithfully z poważaniem.

fake [feɪk] ◇ n [false thing] falsyfikat m. ◇ vt fałszować/sfałszować.

fall [fɔːl] (pt fell, pp fallen) ◇ vi [towards ground] spadać/spaść; [lose balance] upadać/upaść; [snow, rain] padać/spaść; [decrease] spadać/spaść; [occur] przypadać/przypaść; [darkness, night] zapadać/zapaść. ◇ n [accident] upadek m; [decrease] spadek m; [standards] obniżenie się n; [of snow] opad m; US [autumn] jesień f • to fall asleep zasnąć; to fall ill zachorować; to fall in love zakochać się. ◆ falls ◇ npl [waterfall] wodospad m. ◆ fall behind ◇ vi [with work, rent] zalegać z. ◆ fall down ◇ vi [lose balance] upadać/upaść. ◆ fall off ◇ vi [person] spadać/spaść; [handle, branch] odpadać/odpaść. ◆ fall out ◇ vi [hair, teeth] wypadać/wypaść; [argue] pokłócić się. ◆ fall over ◇ vi [fall to ground] przewracać/przewrócić się. ◆ fall through ◇ vi nie dojść do skutku.

false [fɔːls] adj [untrue] nieprawdziwy; [idea, impression] błędny; [artificial] sztuczny; [name, identity] fałszywy.

false alarm n fałszywy alarm m.

false teeth npl sztuczne zęby mpl.

fame [feɪm] n sława f.

familiar [fə'mɪljər] adj [known] znajomy; [informal] poufały • to be familiar with [know] być obeznanym z.

family ['fæmlɪ] <> n rodzina f. <> adj [large] rodzinny; [film, holiday] dla całej rodziny.

family planning clinic n poradnia f planowania rodziny.

family room n [at hotel] pokój m rodzinny; [at pub, airport] pokój m dla rodzin z małymi dziećmi.

famine ['fæmɪn] n głód m.

famished ['fæmɪʃt] adj inf zgłodniały.

famous ['feɪməs] adj sławny.

fan [fæn] n [held in hand] wachlarz m; [electric] wiatraczek m; [enthusiast] fan m, -ka f; [supporter] kibic m.

fan belt n pasek m klinowy.

fancy ['fænsɪ] <> vt inf [feel like] mieć ochotę na; [be attracted to] być napalonym na. <> adj [elaborate] wymyślny • **fancy (that)!** coś takiego!

fancy dress n przebranie n.

fan heater n termowentylator m.

fanlight ['fænlaɪt] n UK nadświetle n.

fantastic [fæn'tæstɪk] adj [very good] fantastyczny; [very large] niesamowity.

fantasy ['fæntəsɪ] n [dream] marzenie n.

FAQ [fak, ɛeɪ'kjuː] (abbr of frequently asked questions) n COMPUT często zadawane pytania npl.

far [fɑːʳ] (compar **further farther**, superl **furthest farthest**) <> adv [in distance, in time] daleko; [in degree] o wiele. <> adj [end, side] drugi • **how far is it (to London)?** jak daleko (do Londynu)?; **as far as** [place] aż do; **as far as I'm concerned** jeśli o mnie chodzi; **as far as I know** o ile mi

wiadomo; **far better** dużo lepszy; **by far** o wiele; **so far** [until now] jak dotąd; **to go too far** [behave unacceptably] posuwać/ posunąć się za daleko.

farce [fɑːs] n [ridiculous situation] farsa f.

fare [feəʳ] <> n [on bus, train etc] opłata f za przejazd; fml [food] wikt m. <> vi wieść się.

Far East n : the Far East Daleki Wschód m.

fare stage n UK strefa f.

farm [fɑːm] n gospodarstwo n rolne.

farmer ['fɑːməʳ] n rolnik m, rolniczka f.

farmhouse ['fɑːmhaʊs] n dom m w gospodarstwie rolnym.

farming ['fɑːmɪŋ] n rolnictwo n.

farmland ['fɑːmlænd] n ziemia f uprawna.

farmyard ['fɑːmjɑːd] n podwórze n

farther ['fɑːðəʳ] compar ⊳ **far**.

farthest ['fɑːðɪst] superl ⊳ **far**.

fascinating ['fæsɪneɪtɪŋ] adj fascynujący.

fascination [ˌfæsɪ'neɪʃn] n fascynacja f.

fashion ['fæʃn] n [trend] moda f; [style] styl m; [manner] sposób m • **to be in fashion** być w modzie; **to be out of fashion** być niemodnym.

fashionable ['fæʃnəbl] adj modny.

fashion show n pokaz m mody.

fast [fɑːst] <> adj [quick] szybki. <> adv [quickly] szybko; [securely] mocno • **to be fast asleep** być pogrążonym w głębokim śnie; **a fast train** pociąg pośpieszny; **this clock is fast** ten zegar się śpieszy.

fasten ['fɑːsn] *vt* [belt, coat] zapinać/zapiąć; [two things] przymocowywać/przymocować.

fastener ['fɑːsnəʳ] *n* zapięcie *n*.

fast food *n* fast food *m*.

fat [fæt] <> *adj* [person] gruby; [meat] tłusty. <> *n* tłuszcz *m*.

fatal ['feɪtl] *adj* [accident, disease] śmiertelny.

fat-free *adj* beztłuszczowy.

father ['fɑːðəʳ] *n* ojciec *m*.

Father Christmas *n* UK Święty Mikołaj *m*.

father-in-law *n* teść *m*.

fattening ['fætnɪŋ] *adj* tuczący.

fatty ['fætɪ] *adj* tłusty.

faucet ['fɔːsɪt] *n* US kran *m*.

fault ['fɔːlt] *n* [responsibility] wina *f*; [flaw] wada *f* • **it's your fault** to twoja wina.

faulty ['fɔːltɪ] *adj* wadliwy.

favor US = favour.

favour ['feɪvəʳ] <> *n* UK [kind act] przysługa *f*. <> *vt* [prefer] woleć • **to be in favour of** być za; **to do sb a favour** wyświadczyć komuś przysługę.

favourable ['feɪvrəbl] *adj* [positive] przychylny; [conditions] sprzyjający.

favourite ['feɪvrɪt] <> *adj* ulubiony. <> *n* ulubieniec *m*, ulubienica *f*.

fawn [fɔːn] *adj* płowy.

fax [fæks] <> *n* faks *m*. <> *vt* [document] faksować/przefaksować; [person] wysyłać/wysłać faks do.

fear [fɪəʳ] <> *n* [sensation] strach *m*; [thing feared] obawa *f*. <> *vt* [be afraid of] bać się • **for fear of** w obawie przed.

feast [fiːst] *n* [meal] uczta *f*.

feather ['feðəʳ] *n* pióro *n*.

feature ['fiːtʃəʳ] <> *n* [characteristic] cecha *f*; [of face] rysa *f*; [in newspaper] artykuł *m*; [on radio, TV] program *m*. <> *vt* [subj: film] odgrywać/odegrać pierwszoplanową rolę.

feature film *n* film *m* fabularny.

Feb. (*abbr of* February) *luty*.

February ['februərɪ] *n* luty *m*; see also **September**.

fed *pt & pp* ⊳ **feed**.

fed up *adj* zniechęcony • **to be fed up with** mieć dość.

fee [fiː] *n* honorarium *n*.

feeble ['fiːbəl] *adj* słaby.

feed [fiːd] (*pt & pp* fed [fed]) *vt* [person, animal] karmić/nakarmić; [insert] wprowadzać/wprowadzić.

feel [fiːl] (*pt & pp* felt [felt]) <> *vt* [touch] dotykać/dotknąć; [experience] czuć/poczuć; [think] sądzić. <> *vi* [have sensation, emotion] czuć się. <> *n* [of material] dotyk *m* • **my nose feels cold** jest mi zimno w nos; **your hands feel cold** masz zimne ręce; **to feel like** [fancy] mieć ochotę na; **to feel up to doing sthg** czuć się na siłach, aby coś zrobić.

feeling ['fiːlɪŋ] *n* [emotion] uczucie *n*; [sensation] czucie *n*; [belief] wrażenie *n* • **to hurt sb's feelings** urazić kogoś.

feet [fiːt] *pl* ⊳ **foot**.

fell [fel] <> *pt* ⊳ **fall**. <> *vt* [tree] ścinać/ściąć.

fellow ['feləʊ] <> *n* [man] facet *m*. <> *adj* współ-.

felt [felt] <> *pt & pp* ⊳ **feel**. <> *n* filc *m*.

felt-tip pen *n* flamaster *m*.

female ['fi:meɪl] <> *adj* żeński. <> *n* [animal] samica *f*.

feminine ['femɪnɪn] *adj* [womanly] kobiecy; GRAMM żeński.

feminist ['femɪnɪst] *n* feminista *m*, feministka *f*.

fence [fens] *n* płot *m*.

fencing ['fensɪŋ] *n* SPORT szermierka *f*.

fend [fend] *vi* : **to fend for o.s.** radzić sobie samemu.

fender ['fendə'] *n* [for fireplace] *metalowa osłona zabezpieczająca od ognia i węgli*; US [on car] błotnik *m*.

fennel ['fenl] *n* koper *m* włoski.

fern [fɜːn] *n* paproć *f*.

ferocious [fə'rəʊʃəs] *adj* [animal] dziki; [attack] bezlitosny.

ferry ['ferɪ] *n* prom *m*.

fertile ['fɜːtaɪl] *adj* [land] urodzajny.

fertilizer ['fɜːtɪlaɪzə'] *n* nawóz *m*.

festival ['festəvl] *n* [of music, arts etc] festiwal *m*; [holiday] święto *n*.

feta cheese *n* ser *m* feta.

fetch [fetʃ] *vt* [go and get an object] przynosić/przynieść; [a person, animal] przyprowadzać/przyprowadzić; [by car] przywozić/przywieźć; [be sold for] osiągać/osiągnąć cenę.

fete *n* festyn *m*.

fever ['fi:və'] *n* MED gorączka *f* • **to have a fever** mieć gorączkę.

feverish ['fi:vərɪʃ] *adj* rozgorączkowany.

few [fju:] <> *adj* : **few people** niewielu ludzi; **a few times** kilka razy. <> *pron* niewiele • **a few** kilka; **quite a few** całkiem sporo.

fewer ['fju:ə'] *adj & pron* mniej.

fiancé [fɪ'ɒnseɪ] *n* narzeczony *m*.

fiancée [fɪ'ɒnseɪ] *n* narzeczona *f*.

fib [fɪb] *n inf* bujda *f*.

fiber US = fibre.

fibre ['faɪbə'] *n* UK [thin thread] włókno *n*; [in food] błonnik *m*.

fibreglass ['faɪbəglɑːs] *n* włókno *n* szklane.

fickle ['fɪkl] *adj* zmienny.

fiction ['fɪkʃn] *n* [literature] beletrystyka *f*.

fiddle ['fɪdl] <> *n* [violin] skrzypce *pl*. <> *vi* : **to fiddle with sthg** bawić się czymś.

fidget ['fɪdʒɪt] *vi* wiercić się.

field [fi:ld] *n* [for crops, animals] pole *n*; [for sport] boisko *n*; [subject] dziedzina *f*.

field glasses *npl* lornetka *f*.

fierce [fɪəs] *adj* [person] zawzięty; [animal] dziki; [storm] gwałtowny; [heat] ogromny.

fifteen [fɪf'tiːn] *num* piętnaście ⊳ **six**.

fifteenth [fɪf'diːnθ] *num* piętnasty ⊳ **sixth**.

fifth [fɪfθ] *num* piąty ⊳ **sixth**.

fiftieth ['fɪftɪəθ] *num* pięćdziesiąty ⊳ **sixth**.

fifty ['fɪftɪ] *num* pięćdziesiąt ⊳ **six**.

fig [fɪg] *n* figa *f*.

fight [faɪt] (*pt & pp* fought) <> *n* [physical clash] bójka *f*; [argument] kłótnia *f*; [struggle] walka *f*. <> *vt* [physically] walczyć przeciwko; [combat] zwalczać/zwalczyć. <> *vi* [physically] bić/pobić się; [in war] walczyć; [quarrel] kłócić/pokłócić się; [struggle] walczyć • **to have a fight with sb** pokłócić się z kimś. ➡ **fight back** <> *vi* bronić się. ➡ **fight off** <> *vt* *sep* [attacker] odpierać/odeprzeć; [illness] zwalczać/zwalczyć.

fighting ['faɪtɪŋ] *n* walka *f*.

figure [*UK* 'fɪgə', *US* 'fɪgjər] *n* [number, statistic] liczba *f*; [shape of body] figura *f*; [outline of person] postać *f*; [diagram] rysunek *m*. ➡ **figure out** *vt sep* rozgryzać/rozgryźć.

file [faɪl] ⬦ *n* [document holder] segregator *m*; [information on person] akta *pl*; COMPUT plik *m*; [tool] pilnik *m*. ⬦ *vt* [complaint, petition] wnosić/wnieść; [nails] piłować/spiłować • **in single file** gęsiego.

filing cabinet *n* szafka *f* na akta.

fill [fɪl] *vt* [make full] napełniać/napełnić; [role] obsadzać/obsadzić; [tooth] plombować/zaplombować. ➡ **fill in** *vt sep* [form] wypełniać/wypełnić. ➡ **fill out** *vt sep* = fill in. ➡ **fill up** *vt sep* napełniać/napełnić • **fill her up!** [with petrol] do pełna!

filled roll *n* kanapka *f*.

fillet ['fɪlɪt] *n* filet *m*.

fillet steak *n* filet *m* z polędwicy.

filling ['fɪlɪŋ] ⬦ *n* [of cake, sandwich] nadzienie *n*; [in tooth] plomba *f*. ⬦ *adj* sycący.

filling station *n* stacja *f* benzynowa.

film [fɪlm] ⬦ *n* film *m*. ⬦ *vt* filmować/sfilmować.

film star *n* gwiazda *f* filmowa.

filter ['fɪltə'] *n* filtr *m*.

filthy ['fɪlθɪ] *adj* bardzo brudny.

fin [fɪn] *n* [of fish] płetwa *f*; *US* [of swimmer] płetwa *f*.

final ['faɪnl] ⬦ *adj* [last] ostatni; [decision, offer] ostateczny. ⬦ *n* [of competition] finał *m*.

finalist ['faɪnəlɪst] *n* finalista *m*, finalistka *f*.

finally ['faɪnəlɪ] *adv* [at last] w końcu; [lastly] na koniec.

finance ⬦ *n* ['faɪnæns] [money] środki *mpl* finansowe; [management of money] finanse *mpl*. ⬦ *vt* [faɪ'næns] finansować/sfinansować. ➡ **finances** ⬦ *npl* fundusze *pl*.

financial [faɪ'nænʃl] *adj* finansowy.

find [faɪnd] (*pt & pp* **found** [faʊnd]) ⬦ *vt* [discover by searching] znajdować/znaleźć; [find out] odkrywać/odkryć; [think] uważać. ⬦ *n* odkrycie *n* • **to find the time to do sthg** znaleźć czas na zrobienie czegoś. ➡ **find out** ⬦ *vt sep* [fact, truth] odkrywać/odkryć. ⬦ *vi* : **to find out (about)** dowiedzieć się (o).

fine [faɪn] ⬦ *adj* [weather, day] piękny; [food, wine] dobry; [satisfactory] w porządku; [in health] zdrowy; [thin] cienki. ⬦ *adv* [thinly] cienko; [well] świetnie. ⬦ *n* grzywna *f*. ⬦ *vt* karać/ukarać grzywną.

fine art *n* sztuki *fpl* piękne.

finger ['fɪŋgə'] *n* palec *m*.

fingernail ['fɪŋgəneɪl] *n* paznokieć *m*.

fingertip ['fɪŋgətɪp] *n* koniuszek *m* palca.

finish ['fɪnɪʃ] ⬦ *n* [of activity] zakończenie *n*; [of race] meta *f*; [on furniture] wykończenie *n*. ⬦ *vt* [end activity] kończyć/zakończyć; [complete] kończyć/skończyć; [eat or drink rest of] skończyć. ⬦ *vi* [end] kończyć/skończyć się; [in race] zająć miejsce • **to finish doing sthg** skończyć coś robić. ➡ **finish off** ⬦ *vt sep* [complete] ukończyć; [eat] dojeść/dojadać; [drink] dopijać/dopić. ➡ **finish up** ⬦ *vi* : **I finished up doing it**

skończyło się na tym, że to zrobiłem; **to finish somewhere** wylądować gdzieś.

Finland ['fɪnlənd] n Finlandia f.

Finn [fɪn] n Fin m, -ka f.

Finnan haddock n Scot wędzony łupacz.

Finnish ['fɪnɪʃ] ◇ adj fiński. ◇ n [language] fiński m.

fir [fɜː'] n jodła f.

fire ['faɪə'] ◇ n ogień m; [uncontrolled] pożar m; [device] piecyk m. ◇ vt [gun] strzelać/strzelić; [from job] wylewać/wylać z pracy • **on fire** płonąć; **to catch fire** zapalić się; **to make a fire** [outside] rozpalić ognisko; [inside] rozpalić ogień.

fire alarm n alarm m przeciwpożarowy.

fire brigade n UK straż f pożarna.

fire department US = **fire brigade**.

fire engine n wóz m strażacki.

fire escape n schody pl pożarowe.

fire exit n wyjście n ewakuacyjne.

fire extinguisher n gaśnica f.

fire hazard n zagrożenie n pożarowe.

fireman (pl -men [-mən]) ['faɪəmən] n strażak m.

fireplace ['faɪəpleɪs] n kominek m.

fire regulations npl przepisy mpl przeciwpożarowe.

fire station n komenda f straży pożarnej.

firewood ['faɪəwʊd] n drewno n opałowe.

firework display n pokaz m sztucznych ogni.

fireworks npl [rockets] fajerwerki mpl.

firm [fɜːm] ◇ adj [fruit, mattress] twardy; [structure] solidny; [grip] mocny; [decision] stanowczy; [belief] nieugięty. ◇ n firma f.

first [fɜːst] ◇ adj pierwszy. ◇ adv [in order] jako pierwszy; [at the start] najpierw; [for the first time] po raz pierwszy. ◇ pron pierwszy. ◇ n [event] precedens m • **first (gear)** pierwszy bieg m; **first thing (in the morning)** z samego rana; **the first of January** pierwszy stycznia; **at first** na początku; **first of all** przede wszystkim.

first aid n pierwsza pomoc f.

first-aid kit n apteczka f.

first class n [on train, plane, ship] pierwsza klasa f; [mail] ≃ przesyłka f priorytetowa.

first-class adj [ticket] pierwszej klasy; [stamp] ≃ priorytetowy; [very good] pierwszorzędny.

first floor n UK [floor above ground floor] pierwsze piętro n; US [ground floor] parter m.

firstly ['fɜːstlɪ] adv po pierwsze.

First World War n : **the First World War** pierwsza wojna światowa.

fish [fɪʃ] (pl) ◇ n ryba f. ◇ vi łowić/złowić ryby.

fish and chips n ryba f z frytkami.

fishcake ['fɪʃkeɪk] n kotlet m rybny.

fisherman ['fɪʃəmən] (pl -men [-mən]) n rybak m.

fish farm n gospodarstwo n rybne.

fish fingers npl UK paluszki mpl rybne.

fishing ['fɪʃɪŋ] n SPORT wędkarstwo *n* • **to go fishing** iść na ryby.

fishing boat *n* łódź *f* rybacka.

fishing rod *n* wędka *f*.

fishmonger's *n* [shop] sklep *m* rybny.

fish sticks *US* = fish fingers.

fish supper *n* *Scot* = fish and chips.

fist [fɪst] *n* pięść *f*.

fit [fɪt] ⬦ *adj* [healthy] w dobrej formie. ⬦ *vt* [be right size for] pasować; [install] montować/zamontować; [insert] umieszczać/umieścić. ⬦ *n* [of coughing, anger] napad *m*; [epileptic] atak *m*. ⬦ *vi* [be right size] pasować • **to be a good/bad fit** [clothes] dobrze/źle leżeć; [shoes] pasować; **to be fit for sthg** [suitable] nadawać się do czegoś; **fit to eat** nadający się do spożycia; **it doesn't fit** to nie pasuje; **to get fit** poprawić kondycję; **to keep fit** utrzymywać dobrą kondycję.

➡ **fit in** ⬦ *vt sep* [find time to do] znajdować/znaleźć czas na. ⬦ *vi* [belong] pasować.

fitness ['fɪtnɪs] *n* [health] dobra kondycja *f*.

fitted carpet *n* wykładzina *f* dywanowa.

fitted sheet *n* prześcieradło *n* z gumką.

fitting room *n* przymierzalnia *f*.

five [faɪv] *num* pięć ▷ **six**.

fiver ['faɪvə'] *n* *UK inf* [£5] piątka *f*; [£5 note] banknot *m* pięciofuntowy.

fix [fɪks] *vt* [attach] przymocowywać/przymocować; [mend] naprawiać/naprawić; [decide on] ustalać/ustalić; [drink, food] przygotowywać/przygotować; [arrange] planować/zaplanować.

➡ **fix up** *vt sep* : **to sb up with sthg** załatwiać coś komuś.

fixture ['fɪkstʃə'] *n* SPORT impreza *f* sportowa • **fixtures and fittings** wyposażenie stałe.

fizzy ['fɪzɪ] *adj* gazowany.

flag [flæg] *n* flaga *f*.

flake [fleɪk] ⬦ *n* [of snow] płatek *m*. ⬦ *vi* łuszczyć/złuszczyć się.

flame [fleɪm] *n* płomień *m*.

flammable ['flæməbl] *adj* łatwopalny.

flan [flæn] *n* tarta *f*.

flannel ['flænl] *n* [material] flanela *f*; *UK* [for washing face] myjka *f*.

➡ **flannels** *npl* spodnie *pl* flanelowe.

flap [flæp] ⬦ *n* [of envelope, pocket] klapka *f*; [tent] klapa *f*. ⬦ *vt* [wings] trzepotać/zatrzepotać.

flapjack ['flæpdʒæk] *n* *UK* [cake] *herbatnik z płatków owsianych*.

flare [fleə'] *n* [signal] raca *f* świetlna.

flared [fleəd] *adj* [skirt] kloszowy; **flared trousers** dzwony.

flash [flæʃ] ⬦ *n* [of light] błysk *m*; [for camera] flesz *m*. ⬦ *vi* [light] błyskać/błysnąć • **a flash of lightning** błyskawica; **to flash one's headlights** dawać znak światłami.

flashlight ['flæʃlaɪt] *n* latarka *f*.

flask [flɑːsk] *n* [Thermos] termos *m*; [hip flask] piersiówka *f*.

flat [flæt] ⬦ *adj* [level] płaski; [battery] wyczerpany; [drink] zwietrzały; [rate, fee] jednolity. ⬦ *adv* [level] płasko • **lie flat** [person] leżeć płasko; [thing] rozłożyć. ⬦ *n* *UK* [apartment] mieszkanie *n* • **a flat (tyre)** guma *f*; **flat out** [run, work] bez wytchnienia.

flatter ['flætə^r] *vt* pochlebiać/pochlebić.

flavor *US* = flavour.

flavour ['fleɪvə^r] *n UK* [taste] smak *m*.

flavoured *adj* [food, milk] aromatyzowany • **strawberry flavoured** o aromacie truskawkowym.

flavouring ['fleɪvərɪŋ] *n* przyprawa *f* • **natural/artificial flavouring** aromat naturalny/sztuczny.

flaw [flɔː] *n* [in plan] słaby punkt *m*; [in glass, china] skaza *f*.

flea [fliː] *n* pchła *f*.

flea market *n* pchli targ *m*.

fleece [fliːs] *n* [downy material] polar *m*.

fleet [fliːt] *n* flota *f*.

Flemish ['flemɪʃ] <> *adj* flamandzki. <> *n* [language] flamandzki *m*.

flesh [fleʃ] *n* [of person, animal] ciało *n*; [meat] mięso *n*; [of fruit, vegetable] miąższ *m*.

flew [fluː] *pt* ⊳ **fly**.

flex [fleks] *n* przewód *m* elektryczny.

flexible ['fleksəbl] *adj* [bendable] giętki; [adaptable] elastyczny.

flick [flɪk] *vt* [a switch] pstrykać/pstryknąć; [with finger] prztykać/przytyknąć. ◆ **flick through** *vt insep* kartkować/przekartkować.

flies [flaɪz] *npl* [of trousers] rozporek *m*.

flight [flaɪt] *n* [journey] przelot *m*; [plane] lot *m* • **a flight (of stairs)** schody; **she lives seven flights up** mieszka siedem pięter wyżej.

flight attendant *n* steward *m*, -esa *f*.

flimsy ['flɪmzɪ] *adj* [object] kruchy; [clothes] cienki.

fling [flɪŋ] (*pt* & *pp* **flung** [flʌŋ]) *vt* ciskać/cisnąć.

flint [flɪnt] *n* [of lighter] kamień *m*.

flip-flop *n UK* [shoe] klapek *m*.

flipper ['flɪpə^r] *n UK* [of swimmer] płetwa *f*.

flirt [flɜːt] *vi* : **to flirt (with sb)** flirtować (z kimś).

float [fləʊt] <> *n* [for swimming] deska *f* do pływania; [for fishing] spławik *m*; [in procession] *ruchoma platforma używana w pochodach*; [drink] *napój z pływającymi gałkami lodów*. <> *vi* [on water] unosić/unieść się.

flock [flɒk] <> *n* [of birds, sheep] stado *n*. <> *vi* [people] gromadzić się.

flood [flʌd] <> *n* [of water] powódź *f*. <> *vt* [with water] zalewać/zalać. <> *vi* [river] wylewać/wylać.

floodlight ['flʌdlaɪt] *n* reflektor *m*.

floor [flɔː^r] *n* [of room] podłoga *f*; [storey] piętro *n*; [of nightclub] parkiet *m*.

floorboard ['flɔːbɔːd] *n* deska *f* podłogowa.

floor show *n* występy *mpl* muzyczno-rozrywkowe.

flop [flɒp] *n inf* [failure] klapa *f*.

floppy disk *n* dyskietka *f*.

floral ['flɔːrəl] *adj* [pattern] kwiecisty.

Florida Keys *npl* : **the Florida Keys** *archipelag wysp koralowych u południowych wybrzeży Florydy, popularny region wypoczynkowy*.

florist's *n* [shop] kwiaciarnia *f*.

flour ['flaʊə^r] *n* mąka *f*.

flow [fləʊ] <> *n* [of river, blood]

przepływ m. ⬦ vi [river, blood] płynąć/przepłynąć.

flower ['flauə'] n kwiat m.

flower bed n klomb m.

flowerpot ['flauəpɒt] n doniczka f.

flown [fləun] pp ⊳ fly.

fl oz = fluid ounce.

flu [flu:] n grypa f.

fluent ['flu:ənt] adj [language] płynny • **to befluent in German** biegle mówić po niemiecku.

fluff [flʌf] n [on clothes] kłaczki mpl.

fluid ounce n uncja f płynu.

flume n zjeżdżalnia f wodna.

flung [flʌŋ] pt & pp ⊳ fling.

flunk [flʌŋk] vt US inf [exam] oblewać/oblać.

fluorescent [fluə'resənt] adj [paint, material] odblaskowy; **fluorescent light** świetlówka f.

flush [flʌʃ] ⬦ vt [toilet] spłukiwać/spłukać. ⬦ vi [toilet] spuszczać/spuścić wodę.

flute [flu:t] n flet m.

fly [flaɪ] (pt flew, pp flown) ⬦ n [insect] mucha f; [of trousers] rozporek m. ⬦ vt [plane, helicopter] pilotować; [travel by] latać/lecieć; [transport] dostarczać/dostarczyć (samolotem). ⬦ vi [bird, insect, plane] fruwać/frunąć; [passenger, pilot of plane] latać/lecieć; [flag] powiewać.

fly-drive n [holiday] pakiet turystyczny obejmujący przelot i wynajem samochodu.

flying ['flaɪɪŋ] n latanie n.

flyover ['flaɪˌəuvə'] n UK wiadukt m.

flypaper ['flaɪˌpeɪpə'] n lep m na muchy.

flysheet ['flaɪʃi:t] n tropik m.

FM n [radio] FM.

foal [fəul] n źrebię n.

foam [fəum] n [bubbles] piana f; [foam rubber] gąbka f.

focus ['fəukəs] ⬦ n [of camera] ostrość f. ⬦ vi [with camera, binoculars] ustawiać/ustawić ostrość • **in focus** ostry; **out of focus** nieostry.

fog [fɒg] n mgła f.

fogbound ['fɒgbaund] adj unieruchomiony przez mgłę.

foggy ['fɒgɪ] adj [weather] mglisty.

fog lamp n reflektor m przeciwmgielny.

foil [fɔɪl] n [thin metal] folia f aluminiowa.

fold [fəuld] ⬦ n [in paper] zagięcie n; [in material] fałda f. ⬦ vt [paper, material] składać/złożyć; [wrap] zawijać/zawinąć • **to fold one's arms** skrzyżować ramiona. ➡ **fold up** ⬦ vi [chair, bed, bicycle] składać/złożyć się.

folder ['fəuldə'] n teczka f do akt.

foliage ['fəulɪɪdʒ] n listowie npl.

folk [fəuk] ⬦ npl [people] ludzie pl. ⬦ n : **folk (music)** [traditional] muzyka ludowa; [contemporary] muzyka folkowa. ➡ **folks** ⬦ npl inf [relatives] rodzice mpl.

follow ['fɒləu] ⬦ vt [walk behind] iść/pójść za; [drive behind] jechać/pojechać za; [be after] następować/nastąpić po; [obj: road, path, river] kierować/skierować się wzdłuż; [with eyes] wodzić/powieść wzrokiem za; [understand] rozumieć/zrozumieć; [instructions, advice] stosować/zastosować się do; [take an interest in] śledzić. ⬦ vi [go behind] iść/pójść za kimś; [in time] następować/nastąpić; [understand] rozumieć/zrozumieć • **followed by** [in time] a następnie; **as follows** jak następuje. ➡ **follow on** ◇ *vi* [come later] następować/nastąpić.

following ['fɒləʊɪŋ] ◇ *adj* [next] następny; [mentioned below] następujący. ◇ *prep* : **following your request** w odpowiedzi na Pańską prośbę.

follow-on call *n* nowa rozmowa telefoniczna za kredyt pozostały na karcie, bez odkładania słuchawki.

fond [fɒnd] *adj* : **to be fond of** bardzo lubić.

fondue ['fɒnduː] *n* [dish] fondue.

food [fuːd] *n* [nourishment] jedzenie *n*; [type of food] żywność *f*.

food poisoning *n* zatrucie *n* pokarmowe.

food processor *n* robot *m* kuchenny.

foodstuffs *npl* artykuły *mpl* spożywcze.

fool [fuːl] ◇ *n* [idiot] głupek *m*; [pudding] mus *m* owocowy. ◇ *vt* [deceive] nabierać/nabrać.

foolish ['fuːlɪʃ] *adj* [idea, behaviour] głupi; [person] niemądry.

foot [fʊt] *n* (*pl* **feet**) *n* [of person] stopa *f*; [of animal] łapa *f*; [of hill, cliff] podnóże *n*; [of stairs] podest *m*; [measurement] stopa *f*; [of wardrobe, tripod] noga *f* • **by foot** piechotą; **on foot** pieszo.

football ['fʊtbɔːl] *n UK* [soccer] piłka *f* nożna; *US* [American football] futbol *m* amerykański; *UK* [in soccer] piłka *f*; *US* [in American football] piłka *f* futbolowa.

footballer ['fʊtbɔːləʳ] *n UK* piłkarz *m*, piłkarka *f*.

football pitch *n UK* boisko *n* do piłki nożnej.

footbridge ['fʊtbrɪdʒ] *n* kładka *f*.

footpath ['fʊtpɑːθ] *n* ścieżka *f*.

footprint ['fʊtprɪnt] *n* odcisk *m* stopy.

footstep ['fʊtstep] *n* krok *m*.

footwear ['fʊtweəʳ] *n* obuwie *n*.

for [fɔːʳ] *prep* **-1.** [expressing intention] do ; **this book is for you** ta książka jest dla ciebie. **-2.** [expressing purpose] : **what did you do that for?** po co to zrobiłeś?; **what's it for?** do czego to jest?; **to go for a walk** iść na spacer; **'for sale'** na sprzedaż. **-3.** [expressing reason] : **a town famous for its wine** miasto słynące ze swoich win; **for this reason** z tego powodu; **a prize for achievement** nagroda za osiągnięcia; **the reason for our failure** przyczyna naszego niepowodzenia. **-4.** [during] przez ; **I've lived here for ten years** mieszkam tu od dziesięciu lat; **we talked for hours** rozmawialiśmy godzinami. **-5.** [by, before] na ; **be there for 8 p.m.** bądź tam o ósmej wieczorem; **I'll do it for tomorrow** zrobię to na jutro. **-6.** [on the occasion of] na ; **I got socks for Christmas** dostałam skarpetki na gwiazdkę; **what's for dinner?** co jest na obiad?; **for the first time** po raz pierwszy. **-7.** [on behalf of] dla ; **I'm happy for you** cieszy mnie twoje szczęście; **to do sthg for sb** zrobić coś dla kogoś; **to work for sb** pracować dla kogoś. **-8.** [with time and space] na ; **there's no room for it** nie ma na to miejsca; **to have time for sthg** mieć na coś czas. **-9.** [expressing distance] przez ; **road works for 20 miles** roboty drogowe przez 20 km. **-10.** [expressing destination] do ; **a ticket for Edinburgh** bilet do Edynburga; **this train is for London only**

ten pociąg jedzie tylko do Londynu. -11. [expressing price] za ; **I bought it for five pounds** kupiłem to za pięć funtów. -12. [expressing meaning] : **what does that symbol stand for?** co oznacza ten symbol?; **what's the Spanish for boy?** jak jest po hiszpańsku „chłopiec"? -13. [with regard to] : **to be sorry for sb** współczuć komuś; **respect for human rights** poszanowanie praw człowieka; **it's warm for November** jak na listopad jest ciepło; **it's easy for you** to łatwe dla ciebie. -14. [introducing more information] : **it's too far for us to walk** to za daleko, żeby iść pieszo; **it's time for dinner** czas na obiad; **it's bad for you to smoke** palenie ci szkodzi.

forbid [fə'bɪd] (pt **forbade**, pp **forbidden**) vt zakazywać/zakazać • **to forbid sb to do sthg** zabraniać komuś robienia czegoś.

forbidden [-'bɪdn] adj zakazany.

force [fɔːs] ⬦ n siła f. ⬦ vt [physically] zmuszać/zmusić; [lock, door] wyważać/wyważyć • **to force sb to do sthg** zmusić kogoś do zrobienia czegoś; **to force one's way through** przepchać się; **the forces** siły zbrojne.

ford [fɔːd] n bród m.

forecast ['fɔːkɑːst] n prognoza f.

forecourt ['fɔːkɔːt] n podjazd m.

forefinger ['fɔː'fɪŋgə'] n palec m wskazujący.

foreground ['fɔːgraʊnd] n pierwszy plan m.

forehead ['fɔːhed] n czoło n.

foreign ['fɒrən] adj [not native] zagraniczny; [language, country] obcy.

foreign currency n waluta f obca.

foreigner ['fɒrənə'] n cudzoziemiec m, cudzoziemka f.

foreign exchange n waluta f obca.

Foreign Secretary n UK ≃ minister spraw zagranicznych.

foreman ['fɔːmən] n [of workers] brygadzista m, brygadzistka f.

forename ['fɔːneɪm] n fml imię n.

foresee [fɔː'siː] (pt **foresaw**, pp **foreseen**) vt przewidywać/przewidzieć.

forest ['fɒrɪst] n las m.

forever [fə'revə'] adv [eternally] wiecznie; [continually] ciągle.

forgave [fə'geɪv] pt ▷ **forgive**.

forge [fɔːdʒ] vt [copy] podrabiać/podrobić.

forgery ['fɔːdʒərɪ] n falsyfikat m.

forget [fə'get] (pt **forgot**, pp **forgotten**) ⬦ vt zapominać/zapomnieć; [give up] zapominać/zapomnieć o. ⬦ vi zapominać/zapomnieć • **to forget about sthg** zapominać o czymś; **to forget how to do sthg** zapomnieć, jak coś się robi; **to forget to do sthg** zapomnieć coś zrobić; **forget it!** nie przejmuj się!

forgetful [fə'getfʊl] adj zapominalski.

forgive [fə'gɪv] (pt **forgave**, pp **forgiven**) vt wybaczać/wybaczyć.

forgot [-'gɒt] pt ▷ **forget**.

forgotten [-'gɒtn] pp ▷ **forget**.

fork [fɔːk] n [for eating with] widelec m; [for gardening] widły pl; [of road, path] rozwidlenie n. ➤ **forks** npl [of bike, motorbike] widełki pl.

form [fɔːm] ⬦ n [type] forma f;

[shape] **postać** f; [piece of paper] **formularz** m; SCH **klasa** f. ◇ vt [a shape, queue] **formować/uformować**; [constitute] **stanowić/ustanowić**; [produce] **tworzyć/utworzyć**. ◇ vi **tworzyć/utworzyć się** • **off form** bez formy; **on form** w formie; **to form part of** stanowić część.

formal [ˈfɔːml] adj [occasion, clothes] formalny; [language, word] oficjalny; [person] urzędowy.

formality [fɔːˈmælətɪ] n formalność f • **it's just a formality** to tylko formalność.

format [ˈfɔːmæt] n format m.

former [ˈfɔːməʳ] ◇ adj [previous] były. ◇ pron : **the former** (ten) pierwszy.

formerly [ˈfɔːməlɪ] adv dawniej.

formula [ˈfɔːmjʊlə] (pl -as OR pl -ae) n [in maths, science] wzór m.

fort [fɔːt] n fort m.

forthcoming [fɔːθˈkʌmɪŋ] adj [future] nadchodzący.

fortieth [ˈfɔːtɪθ] num czterdziesty ⊳ sixth.

fortnight [ˈfɔːtnaɪt] n UK dwa tygodnie mpl.

fortunate [ˈfɔːtʃnət] adj [person] szczęśliwy; [circumstance] pomyślny.

fortunately [ˈfɔːtʃnətlɪ] adv na szczęście.

fortune [ˈfɔːtʃuːn] n [money] fortuna f; [luck] szczęście n • **it costs a fortune** inf to kosztuje majątek.

forty [ˈfɔːtɪ] num czterdzieści ⊳ six.

forward [ˈfɔːwəd] ◇ adv [move, lean] naprzód. ◇ n SPORT napastnik m. ◇ vt [letter, goods] przesyłać/przesłać dalej • **to look forward to** cieszyć się na coś.

forwarding address [ˈfɔːwədɪŋ-] n adres m przekazywania poczty.

fought [fɔːt] pt & pp ⊳ fight.

foul [faʊl] ◇ adj [unpleasant] obrzydliwy. ◇ n faul m.

found [faʊnd] ◇ pt & pp ⊳ find. ◇ vt [organization] zakładać/założyć.

foundation (cream) n podkład m.

foundations npl fundamenty mpl.

fountain [ˈfaʊntɪn] n fontanna f.

fountain pen n wieczne pióro n.

four [fɔːʳ] num cztery ⊳ six.

four-star (petrol) n benzyna f super.

fourteen [ˈfɔːˈtiːn] num czternaście ⊳ six.

fourteenth [ˈfɔːˈtiːnθ] num czternasty ⊳ sixth.

fourth [fɔːθ] num czwarty ⊳ sixth.

four-wheel drive n [car] napęd m na cztery koła.

fowl [faʊl] (pl -) n drób m.

fox [fɒks] n lis m.

foyer [ˈfɔɪeɪ] n foyer n.

fraction [ˈfrækʃn] n [small amount] odrobina f; [in maths] ułamek m.

fracture [ˈfræktʃəʳ] ◇ n złamanie n. ◇ vt łamać/złamać.

fragile [UK ˈfrædʒaɪl, US ˈfrædʒl] adj kruchy.

fragment n [ˈfrægmənt] fragment m.

fragrance [ˈfreɪɡrəns] n zapach m.

frail [freɪl] adj [person] wątły.

frame [freɪm] ◇ n rama f; [of

glasses] oprawka f. ⬦ vt [photo, picture] oprawiać/oprawić w ramę.

France [frɑːns] n Francja f.

frank adj szczery.

frankfurter ['fræŋkfɜːtə'] n parówka f (wołowo-wieprzowa).

frankly ['fræŋklɪ] adv szczerze.

frantic ['fræntɪk] adj [person] oszalały; [activity, pace] szaleńczy.

fraud [frɔːd] n [crime] oszustwo n.

freak [friːk] ⬦ adj dziwaczny. ⬦ n inf [fanatic] fanatyk m, fanatyczka f.

freckles npl piegi mpl.

free [friː] ⬦ adj wolny; [costing nothing] bezpłatny. ⬦ vt [prisoner] uwalniać/uwolnić. ⬦ adv [without paying] bezpłatnie • for free za darmo; free of charge bezpłatnie; to be free to do sthg móc coś zrobić.

freedom ['friːdəm] n wolność f.

Freefone® ['friːfəʊn] n UK numer m bezpłatny.

free gift n bezpłatny upominek m.

free house n UK pub nie będący własnością browaru.

free kick n rzut m wolny.

freelance ['friːlɑːns] adj ≃ zatrudniony na umowę-zlecenie.

freely ['friːlɪ] adv [speak, move] swobodnie • freely available łatwo dostępny.

free period n SCH okienko n.

freepost ['friːpəʊst] n przesyłka f na koszt adresata.

free-range adj wiejski.

free time n czas m wolny.

freeway ['friːweɪ] n US autostrada f.

freeze [friːz] (pt froze, pp frozen) ⬦ vt zamrażać/zamrozić. ⬦ vi [solidify] marznąć/zamarznąć. ⬦ impers vb spadać/spaść poniżej zera.

freezer ['friːzə'] n [deep freeze] zamrażarka f; [part of fridge] zamrażalnik m.

freezing ['friːzɪŋ] adj [temperature, water, hands] lodowaty; [person] przemarznięty.

freezing point n punkt m zamarzania.

freight [freɪt] n [goods] towary mpl.

French [frentʃ] ⬦ adj francuski. ⬦ n [language] francuski m. ⬦ npl : the French Francuzi mpl.

French bean n fasolka f szparagowa.

French bread n bagietka f.

French dressing n [in UK] sos m winegret; [in US] sos z majonezu i keczupu.

French fries npl frytki fpl.

Frenchman ['frentʃmən] (pl -men [-mən]) n Francuz m.

French toast n tost m francuski.

French windows npl drzwi pl balkonowe.

Frenchwoman ['frentʃˌwʊmən] (pl -women [-ˌwɪmɪn]) n Francuzka f.

frequency ['friːkwənsɪ] n [on radio] częstotliwość f.

frequent adj ['friːkwənt] częsty.

frequently ['friːkwəntlɪ] adv często.

fresh [freʃ] adj [picked or made recently] świeży; [refreshing] odświeżający; [water] słodki; [recent, new] nowy; [weather] chłodny; [wind] silny • to get some fresh air zaczerpnąć trochę świeżego powietrza.

fresh cream n świeża śmietana f.

freshen ['fre∫n] ➠ **freshen up** vi odświeżać/odświeżyć się.

freshly ['fre∫lɪ] adv świeżo.

fresh orange (juice) n świeżo wyciskany sok m z pomarańczy.

Fri. (abbr of Friday) piątek.

Friday ['fraɪdeɪ] n piątek m see also **Saturday**.

fridge [frɪdʒ] n lodówka f.

fried egg n jajko n sadzone.

fried rice n ryż m smażony (podawany do dań chińskich).

friend [frend] n przyjaciel m, przyjaciółka f • **to be friends with** sb przyjaźnić się z kimś; **to make friends with sb** zaprzyjaźnić się z kimś.

friendly ['frendlɪ] adj przyjazny • **to be friendly with** sb być przyjaźnie nastawionym do kogoś.

friendly fire n omyłkowy atak na własne oddziały.

friendship ['frend∫ɪp] n przyjaźń f.

fries = French fries.

fright [fraɪt] n [fear] przerażenie n • **to give** sb **a fright** nastraszyć kogoś.

frighten ['fraɪtn] vt przerażać/ przerazić.

frightened ['fraɪtnd] adj [scared] przestraszony : **to be frightened that sthg will happen** [worried] bać się, że coś się stanie • **to be frightened of sthg** bać się czegoś.

frightening ['fraɪtnɪŋ] adj przerażający.

frightful ['fraɪtfʊl] adj [very bad, unpleasant] przeraźliwy.

frilly ['frɪlɪ] adj z falbankami.

fringe [frɪndʒ] n UK [of hair] grzywka f; [of clothes, curtain etc] frędzle mpl.

frisk [frɪsk] vt [search] obszukiwać/obszukać.

fritter ['frɪtər] n kawałek owocu, warzywa lub mięsa smażony w cieście.

fro [frəʊ] adv ⊳ **to**.

frog [frɒg] n żaba f.

from [(weak form frəm); (strong form frɒm)] prep **-1.** [expressing origin, source] : **I'm from England** jestem z Anglii; **I bought it from a supermarket** kupiłem to w supermarkecie; **the train from Manchester** pociąg z Manchesteru. **-2.** [expressing removal, deduction] : **away from home** z dala od domu; **to take sthg (away) from** sb odebrać coś komuś; **10% will be deducted from the total** od całości odejmie się 10%. **-3.** [expressing distance] od ; **five miles from London** pięć mil od Londynu; **it's not far from here** to niedaleko stąd. **-4.** [expressing position] z ; **from here you can see the valley** stąd można zobaczyć dolinę. **-5.** [expressing what thing is made of] z ; **it's made from stone** jest zrobiony z kamienia. **-6.** [expressing starting time] od ; **open from nine to five** czynne od dziewiątej do piątej; **from next year** od przyszłego roku. **-7.** [expressing change] z ; **the price has gone up from** £1 **to** £2 cena wzrosła z £1 do £2; **to translate from German into English** tłumaczyć z niemieckiego na angielski. **-8.** [expressing range] od ; **tickets are from** £10 bilety są od £10; **it could take from two to six months** to mogłoby zabrać od dwóch do sześciu miesięcy. **-9.** [as a result of] od; [illness] na ; **I'm tired from walking** zmęczyłam się chodzeniem. **-10.** [expressing protection] od ; **sheltered from the wind** chroniony przed wiatrem. **-11.** [in comparisons] : **different from** inny od.

fromage frais n *rodzaj sera białego.*

front [frʌnt] <> adj przedni. <> n [foremost part] przód m; [of weather] front m atmosferyczny; [by the sea] brzeg m morza • **in front** [further forward] na przedzie; [in the lead] na prowadzeniu; **in front of** przed.

front door n drzwi pl frontowe.

frontier [UK 'frʌn'tɪəʳ, US frʌn'tɪər] n granica f.

front page n pierwsza strona f.

front seat n siedzenie n przednie.

frost [frɒst] n [on ground] szron m; [cold weather] mróz m.

frosty ['frɒstɪ] adj [morning, weather] mroźny.

froth [frɒθ] n piana f.

frown [fraʊn] <> n zmarszczenie n brwi. <> vi marszczyć/zmarszczyć brwi.

froze [frəʊz] pt ▷ freeze.

frozen ['frəʊzn] <> pp ▷ freeze. <> adj [river, ground] zamarznięty; [food] zamrożony; [person] zziębnięty.

fruit [fruːt] n owoc m • **a piece of fruit** owoc; **fruits of the forest** owoce mpl leśne.

fruit cake n *rodzaj keksu z bakaliami.*

fruiterer ['fruːtərəʳ] n UK sprzedawca m, sprzedawczyni f owoców.

fruit juice n sok m owocowy.

fruit machine n UK automat m do gry.

fruit salad n sałatka f owocowa.

frustrating [frʌ'streɪtɪŋ] adj frustrujący.

frustration [frʌ'streɪʃn] n frustracja f.

fry [fraɪ] vt smażyć/usmażyć.

frying pan n patelnia f.

ft = foot, feet.

fudge [fʌdʒ] n [milk sweet] krówka f.

fuel [fjʊəl] n paliwo n.

fuel pump n pompa f paliwowa.

fulfil [fʊl'fɪl] vt UK spełniać/spełnić; [role, need] wypełniać/wypełnić.

fulfill US = fulfil.

full [fʊl] <> adj [filled] pełny, wypełniony; [complete] pełny; [maximum] najwyższy; [busy] zajęty; [flavour] bogaty. <> adv [directly] prosto • **I'm full (up)** jestem najedzony; **full of** [containing a lot of] pełen; **in full** w całości.

full board n pełne wyżywienie n.

full-cream milk n mleko n pełnotłuste.

full-length adj [skirt, dress] do ziemi.

full moon n pełnia f Księżyca.

full stop n kropka f.

full-time <> adj pełnoetatowy. <> adv na pełny etat.

fully ['fʊlɪ] adv [completely] całkowicie.

fully-licensed adj *posiadający licencję na sprzedaż alkoholu.*

fumble ['fʌmbl] vi [search clumsily] grzebać/wygrzebać.

fun [fʌn] n zabawa f • **it's good**

fun to dobra zabawa; **for fun** dla przyjemności; **to have fun** dobrze się bawić; **to make fun of** wyśmiewać/wyśmiać.

function ['fʌŋkʃn] ◇ n [role] funkcja f; [formal event] uroczystość f. ◇ vi funkcjonować.

fund [fʌnd] ◇ n [of money] fundusz m. ◇ vt finansować/sfinansować. ➡ **funds** ◇ npl fundusze mpl.

fundamental ['fʌndə'mentl] adj fundamentalny.

funeral ['fju:nərəl] n pogrzeb m.

funfair ['fʌnfeəʳ] n wesołe miasteczko n.

funky ['fʌŋkɪ] adj inf [music] funky.

funnel ['fʌnl] n [for pouring] lejek m; [on ship] komin m.

funny ['fʌnɪ] adj [amusing] zabawny; [strange] dziwny • **to feel funny** [ill] źle się czuć.

fur [fɜːʳ] n futro n.

fur coat n futro n.

furious ['fjʊərɪəs] adj [angry] wściekły.

furnished ['fɜːnɪʃt] adj umeblowany.

furnishings ['fɜːnɪʃɪŋz] npl umeblowanie n.

furniture ['fɜːnɪtʃəʳ] n meble mpl • **a piece of furniture** mebel m.

furry ['fɜːrɪ] adj [animal] futerkowy; [toy, material] pluszowy.

further ['fɜːðəʳ] ◇ compar ▷ **far**. ◇ adv [in distance] dalej; [more] więcej, bardziej. ◇ adj [additional] dodatkowy • **until further notice** do odwołania.

furthermore ['fɜːðə'mɔːʳ] adv ponadto.

furthest ['fɜːðɪst] ◇ superl ▷ **far**. ◇ adj [most distant] najdalszy. ◇ adv [in distance] najdalej.

fuse [fju:z] ◇ n [of plug] bezpiecznik m; [on bomb] zapalnik m. ◇ vi : **the lights have fused** światło wysiadło.

fuse box n skrzynka f bezpiecznikowa.

fuss [fʌs] n [agitation] zamieszanie n; [complaints] awantura f.

fussy ['fʌsɪ] adj [person] wybredny.

future ['fju:tʃəʳ] ◇ n [time after present] przyszłość f; GRAMM czas m przyszły. ◇ adj przyszły • **in future** w przyszłości.

G

g [dʒi:] (abbr of **gram**) g.

gable ['geɪbl] n szczyt m (dachu).

gadget ['gædʒɪt] n przyrząd m.

Gaelic ['geɪlɪk] n język m gaelicki (używany w zachodniej Szkocji).

gag [gæg] n inf [joke] dowcip m.

gain [geɪn] ◇ vt [get more of] zyskiwać/zyskać; [achieve] osiągać/osiągnąć. ◇ vi [get benefit] zyskiwać/zyskać; [subj: clock, watch] śpieszyć się. ◇ n [improvement] korzyść f.

gale [geɪl] n wichura f.

gallery ['gælərɪ] n galeria f.

gallon ['gælən] n galon m.

gallop ['gæləp] vi galopować/pogalopować.

gamble ['gæmbl] ◇ n ryzyko n.

⬦ *vi* [bet money] uprawiać hazard.

gambling ['gæmblıŋ] *n* hazard *m*.

game [geım] *n* [activity, sport] gra *f*; [of football, tennis, cricket] mecz *m*; [of chess, cards, snooker] partia *f*; [in tennis] gem *m*; [wild animals] zwierzyna *f* łowna; [meat] dziczyzna *f*. ➡ **games** *n* SCH wf *m*. ⬦ *npl* [sporting event] zawody *pl*.

game show *n* teleturniej *m*.

gammon ['gæmən] *n* szynka *f* wędzona.

gang [gæŋ] *n* [of criminals] gang *m*; [of friends] paczka *f*.

gangster ['gæŋstə^r] *n* gangster *m*.

gangway ['gæŋweı] *n* [for ship] kładka *f*; UK [in bus, aeroplane, theatre] przejście *n*.

gaol UK = **jail**.

gap [gæp] *n* [space] szpara *f*; [of time] przerwa *f*; [difference] różnica *f*.

gap year *n* rok *m* przerwy w nauce.

garage *n* [UK 'gærɑːʒ, 'gærıdʒ, US gə'rɑːʒ] [for keeping car] garaż *m*; UK [for petrol] stacja *f* benzynowa; [for repairs] warsztat *m*; UK [for selling cars] salon *m* samochodowy.

garbage ['gɑːbıdʒ] *n* US [refuse] śmieci *mpl*.

garbage can *n* US pojemnik *m* na śmieci.

garbage truck *n* US śmieciarka *f*.

garden ['gɑːdn] ⬦ *n* ogród *m*. ⬦ *vi* uprawiać ogród. ➡ **gardens** ⬦ *npl* [public park] park *m*.

garden centre *n* centrum *n* ogrodnicze.

gardener ['gɑːdnə^r] *n* ogrodnik *m*, ogrodniczka *f*.

gardening ['gɑːdnıŋ] *n* ogrodnictwo *n*.

garden peas *npl* groszek *m* zielony.

garlic ['gɑːlık] *n* czosnek *m*.

garlic bread *n* pieczywo *n* czosnkowe.

garlic butter *n* masło *n* czosnkowe.

garment ['gɑːmənt] *n* część *f* ubrania.

garnish ['gɑːnıʃ] ⬦ *n* [for decoration] przybranie *n*. ⬦ *vt* garnirować/ugarnirować.

gas [gæs] *n* gaz *m*; US [petrol] benzyna *f*.

gas cooker *n* UK kuchenka *f* gazowa.

gas cylinder *n* butla *f* gazowa.

gas fire *n* UK grzejnik *m* gazowy.

gasket ['gæskıt] *n* uszczelka *f*.

gas mask *n* maska *f* przeciwgazowa.

gasoline ['gæsəliːn] *n* US benzyna *f*.

gasp [gɑːsp] *vi* [in shock, surprise] wstrzymywać/wstrzymać oddech.

gas pedal *n* US pedał *m* gazu.

gas station *n* US stacja *f* benzynowa.

gas stove UK = **gas cooker**.

gas tank *n* US bak *m*.

gasworks ['gæswɜːks] (*pl* -) *n* gazownia *f*.

gate [geıt] *n* [to garden, field] furtka *f*; [at airport] wyjście *n*.

gateau (*pl* -x [-təʊz]) ['gætəʊ] *n* UK tort *m*.

gateway ['geıtweı] *n* [entrance] brama *f* wjazdowa.

gather ['gæðə^r] ⬦ *vt* [collect] zbierać/zebrać; [speed] nabierać/

nabrać prędkości [understand] wnioskować/wywnioskować. <> vi [come together] gromadzić/zgromadzić się.

gaudy ['gɔːdɪ] adj jaskrawy.

gauge [geɪdʒ] <> n [for measuring] przyrząd m pomiarowy; [of railway track] rozstaw m torów. <> vt [calculate] określać/określić.

gauze [gɔːz] n gaza f.

gave [geɪv] pt ⊳ give.

gay [geɪ] adj [homosexual] gejowski.

gaze [geɪz] vi : to gaze at wpatrywać się w.

GB [dʒiː'biː] (abbr of Great Britain) Wlk. Bryt.

GCSE n (abbr of General Certificate of Secondary Education) ≃ egzamin m gimnazjalny.

gear [gɪəʳ] n [wheel] przekładnia f; [speed] bieg m; [equipment] sprzęt m; [clothes] ciuchy mpl; [belongings] rzeczy fpl • in gear na biegu.

gearbox ['gɪəbɒks] n skrzynia f biegów.

gear lever n dźwignia f zmiany biegów.

gear shift US = gear lever.

gear stick UK = gear lever.

geese [giːs] pl ⊳ goose.

gel n żel m.

gelatine ['dʒeləˈtiːn] n żelatyna f.

gem [dʒem] n [stone] kamień m szlachetny.

Gemini ['dʒemɪnaɪ] n Bliźnięta pl.

gender ['dʒendəʳ] n płeć f.

general ['dʒenərəl] <> adj ogólny. <> n generał m • in general [as a whole] ogólnie; [usually] na ogół.

general anaesthetic n znieczulenie n ogólne.

general election n wybory mpl powszechne.

generally ['dʒenərəlɪ] adv [usually] zwykle; [by most people] ogólnie.

general practitioner n lekarz m rodzinny.

general store n especially UK sklep m wielobranżowy.

generate ['dʒenəreɪt] vt [cause] powodować/spowodować; [electricity] wytwarzać/wytworzyć.

generation ['dʒenəˈreɪʃn] n pokolenie n.

generator ['dʒenəreɪtəʳ] n generator m.

generosity ['dʒenəˈrɒsətɪ] n hojność f.

generous ['dʒenərəs] adj [with money] hojny; [kind] wspaniałomyślny; [large] obfity.

genitals npl genitalia pl.

genetically [dʒɪˈnetɪklɪ] adv genetycznie ; **genetically modified** genetycznie modyfikowany.

genius ['dʒiːnjəs] n [person] geniusz m; [quality] talent m.

gentle ['dʒentl] adj [careful, kind] delikatny; [movement, breeze] łagodny.

gentleman ['dʒentlmən] (pl -men [-mən]) n [man] pan m; [well-behaved man] dżentelmen m • 'gentlemen' [men's toilets] toaleta f męska.

gently ['dʒentlɪ] adv [carefully] delikatnie.

gents n UK toaleta f męska.

genuine ['dʒenjʊɪn] adj [authentic] autentyczny; [sincere] szczery.

geographical [dʒɪəˈgræfɪkl] adj geograficzny.

geography [dʒɪˈɒɡrəfɪ] n geografia f.

geology [dʒɪˈɒlədʒɪ] n geologia f.

geometry [dʒɪˈɒmətrɪ] n geometria f.

Georgian [ˈdʒɔːdʒjən] adj [architecture etc] z okresu panowania królów: Jerzego I, II, III i IV (1714–1830).

geranium [dʒɪˈreɪnjəm] n pelargonia f.

German [ˈdʒɜːmən] <> adj niemiecki. <> n [person] Niemiec m, Niemka f; [language] niemiecki m.

German measles n różyczka f.

Germany [ˈdʒɜːmənɪ] n Niemcy pl.

germs npl zarazki mpl.

gesture [ˈdʒestʃəʳ] n [movement] gest m.

get [get] (pt & pp got, US pp gotten) <> vt -1. [obtain] dostawać/dostać; [buy] kupować/kupić ; **I got some crisps from the shop** kupiłem w sklepie chipsy; **she got a job** dostała pracę. -2. [receive] dostawać/dostać ; **I got a book for Christmas** dostałem książkę na gwiazdkę. -3. [means of transport] jechać/pojechać ; **let's get a taxi** weźmy taksówkę. -4. [fetch] przynosić/przynieść ; **could you get me the manager?** [in shop, on phone] czy może pan poprosić kierownika? -5. [offer] : **to get sb sthg** przynieść coś komuś; **can I get you a drink?** napijesz się czegoś? -6. [illness] zachorować na ; **I've got a cold** przeziębiłem się. -7. [cause to become] : **to get sthg done** zrobić coś; **to get sthg ready** przygotować coś; **can I get my car repaired here?** czy możecie naprawić mój samo-

chód? -8. [ask, tell] : **can you get someone to fix the TV?** możesz kogoś wezwać, żeby naprawił telewizor?; **I'll get him to phone you back** powiem mu, żeby do ciebie oddzwonił. -9. [move] : **I can't get it through the door** to nie przejdzie przez drzwi. -10. [understand] rozumieć/zrozumieć ; **to get a joke** zrozumieć dowcip. -11. [time, chance] mieć ; **we didn't get the chance to see everything** nie udało się nam obejrzeć wszystkiego. -12. [idea, feeling] mieć ; **I get a lot of enjoyment from it** sprawia mi to wiele przyjemności. -13. [phone] odbierać/odebrać. -14. [in phrases] : **you get a lot of rain here in winter** zimą często pada tu deszcz. <> vi -1. [become] stawać/ stać się ; **it's getting late** robi się późno; **get bored** znudzić się; **get worse** pogorszyć się; **to get lost** zgubić się; **to get ready** przygotować się; **get lost!** spływaj! -2. [into particular state, position] : **to get into/out of bed** położyć się/wstać z łóżka; **to get into trouble** wpakować się w kłopoty; **get out of the way!** z drogi!; **how do you get to Luton from here?** jak dostać się stąd do Luton?; **to get into the car** wsiadać do samochodu. -3. [arrive] docierać/dotrzeć ; **when does the train get here?** o której przyjeżdża pociąg? -4. [in phrases] : **we got to see the Queen's bedroom** udało się nam zobaczyć sypialnię królowej. <> aux vb zostawać/zostać ; **to get delayed** zostać opóźnionym; **to get killed** zostać zabitym. ◆ **get back** <> vi [return] wracać/ wrócić. ◆ **get in** <> vi [arrive] przybywać/przybyć; [enter] wsiadać/wsiąść. ◆ **get off** <> vi [leave train, bus] wysiadać/wysiąść; [depart] wyruszać/wyruszyć. **get on** <> vi -1. [enter train, bus] wsiadać/wsiąść; [in relationship] : **to get well/badly** być w dobrych/złych stosunkach. -2. [progress] : **how are you getting on?** jak ci idzie? **get out** <> vi [of car, bus, train] wysiadać/wysiąść. **get through** <> vi [on phone] łączyć/połączyć się. **get up** <> vi wstawać/wstać.

get-together n inf impreza f.

ghastly ['gɑ:stlɪ] adj inf koszmarny.

gherkin ['gɜ:kɪn] n korniszon m.

ghetto blaster [-'blɑ:stə'] n inf *przenośny radiomagnetofon o dużej mocy i rozmiarach.*

ghost [gəʊst] n duch m.

giant ['dʒaɪənt] <> adj olbrzymi. <> n [in stories] olbrzym m.

giblets ['dʒɪblɪts] npl podroby pl drobiowe.

giddy ['gɪdɪ] adj [dizzy] : **to feel giddy** odczuwać zawroty głowy.

gift n [present] podarunek m; [talent] talent m.

gifted ['gɪftɪd] adj utalentowany.

gift shop n sklep m z upominkami.

gift voucher n UK talon m na zakupy.

gig [gɪg] n inf [concert] koncert m.

gigantic [dʒaɪ'gæntɪk] adj gigantyczny.

giggle ['gɪgl] vi chichotać/zachichotać.

gimmick ['gɪmɪk] n sztuczka f.

gin [dʒɪn] n dżin m • **gin and tonic** dżin z tonikiem.

ginger ['dʒɪndʒə'] <> n imbir m. <> adj [colour] rudy.

ginger ale n napój m imbirowy.

ginger beer n piwo n imbirowe.

gingerbread ['dʒɪndʒəbred] n piernik m.

ginseng ['dʒɪnseŋ] n żeń-szeń m.

gipsy ['dʒɪpsɪ] n Cygan m, -ka f.

giraffe [dʒɪ'rɑ:f] n żyrafa f.

girl [gɜ:l] n [child] dziewczynka f; [young woman] dziewczyna f; [daughter] córka f.

girlfriend ['gɜ:lfrend] n [of boy, man] sympatia f; [of girl, woman] przyjaciółka f.

girl guide n UK harcerka f.

girl scout US = girl guide.

giro ['dʒaɪrəʊ] n [system] system m giro; [benefit payment] zasiłek m.

give [gɪv] (pt gave, pp given) vt [hand over] dawać/dać; [attention, time] poświęcać/poświęcić • **to give sb sthg** [hand over] dać komuś coś; [as present] podarować komuś coś; [advice, news, message] przekazać komuś coś; **to give sthg a push** popchnąć coś; **to give sb a kiss** pocałować kogoś; **to give a laugh** zaśmiać się; **to give sb a look** popatrzeć na kogoś; **to give a speech** dać przemówienie; **to give a performance** dać przedstawienie; **give or take** plus minus; 'give way!' ustąp! **give away** vt sep [get rid of] oddawać/oddać; [reveal] zdradzać/zdradzić. **give back** vt sep oddawać/oddać. **give in** vi poddawać/poddać się. **give off** vt insep wydzielać/wydzielić. **give out** vt sep [distribute] rozdawać/rozdać. **give up** vt sep [cigarettes, smoking, chocolate] rzucać/rzucić; [seat] ustępować/ustąpić. <> vi [stop smoking] rzucać/rzucić pa-

lenie; [admit defeat] poddawać/
poddać się.

glacier ['glæsjə'] *n* lodowiec *m*.

glad [glæd] *adj* zadowolony • **to
be glad to help** pomagać z
chęcią; **I'm so glad!** tak się
cieszę!

gladly ['glædlɪ] *adv* [willingly] chętnie.

glamorous ['glæmərəs] *adj* o-
lśniewający.

glance [glɑːns] <> *n* rzut *m* oka.
<> *vi* : **to glance (at)** zerknąć
(na).

gland [glænd] *n* gruczoł *m*.

glandular fever *n* gorączka *f*
gruczołowa.

glare [gleə'] *vi* [person] spoglądać/
spojrzeć groźnie; [sun, light] o-
ślepiać/oślepić.

glass [glɑːs] <> *adj* szklany.
<> *n* [material] szkło *n*; [for/of
wine, whisky] kieliszek *m*; [for/of
water, beer, milk] szklanka *f* • **a
sheet/pane of glass** szyba.
glasses <> *npl* okulary
mpl.

glassware ['glɑːsweə'] *n* wyroby
mpl ze szkła.

glen [glen] *n Scot* dolina *f*.

glider ['glaɪdə'] *n* szybowiec *m*.

glimpse [glɪmps] *vt* ujrzeć prze-
lotnie • **he glimpsed her in the
crowd** mignęła mu w tłumie.

glitter ['glɪtə'] *vi* połyskiwać.

globalization ['gləʊbəlaɪ'zeɪʃn] *n*
globalizacja *f*.

global warming *n* globalne
ocieplenie *n*.

globe [gləʊb] *n* [with map] globus
m • **the globe** [Earth] glob *m*.

gloomy ['gluːmɪ] *adj* ponury.

glorious ['glɔːrɪəs] *adj* wspaniały.

glory ['glɔːrɪ] *n* [fame] chwała *f*.

gloss [glɒs] *n* [shine] połysk *m*
• **gloss (paint)** emalia *f*; **lip gloss**
błyszczyk do ust.

glossary ['glɒsərɪ] *n* słowniczek
m.

glossy ['glɒsɪ] *adj* [magazine] z
górnej półki; [photo] błyszczący.

glove [glʌv] *n* rękawiczka *f*.

glove compartment *n* schowek *m* w samochodzie.

glow [gləʊ] <> *n* [light] blask *m*.
<> *vi* [light] świecić/zaświecić.

glucose ['gluːkəʊs] *n* glukoza *f*.

glue [gluː] <> *n* klej *m*. <> *vt*
kleić/skleić.

GM (*abbr of* genetically modified)
[dʒiː'em] *adj* genetycznie zmody-
fikowany ; **GM foods** OR **products** żywność genetycznie
zmodyfikowana.

gnat [næt] *n* komar *m*.

gnaw [nɔː] *vt* obgryzać/obgryźć.

GNVQ (*abbr of* General National
Vocational Qualification) *n UK*
pogimnazjalna szkoła zawodowa.

go (*pt* went, *pp* gone) <> *vi* -1.
[move, travel] iść/pójść, jechać/
pojechać ; **to go home** iść do
domu; **to go to Spain** pojechać
do Hiszpanii; **to go by bus**
jechać autobusem; **to go for a
walk** iść na spacer; **to go and do
sthg** iść coś zrobić. -2. [leave] iść/
pójść, odjeżdżać/odjechać ; **it's
time to go** czas już iść; **when
does the bus go?** kiedy odjeżdża autobus?; **go away!** odejdź!
-3. [attend] chodzić/pójść ; **to go
to school** chodzić do szkoły. -4.
[become] stawać/stać się ; **she
went pale** zbladła; **the milk has
gone sour** mleko skwaśniało. -5.
[expressing future tense] : **to be
going to do sthg** mieć zamiar
coś zrobić. -6. [function] działać/
zadziałać ; **the car won't go**

samochód nie chce zapalić. **-7.** [stop working] wysiadać/wysiąść ; **the fuse has gone** przepalił się bezpiecznik. **-8.** [time] mijać/minąć. **-9.** [progress] iść/pójść ; **to go well** iść dobrze. **-10.** [bell, alarm] włączać/włączyć się. **-11.** [match] pasować ; **to go with** pasować; **red wine doesn't go with fish** czerwone wino nie pasuje do ryby. **-12.** [be sold] iść/pójść ; **'everything must go'** wszystko musi pójść. **-13.** [fit] pasować. **-14.** [lead] prowadzić ; **where does this path go?** dokąd prowadzi ta ścieżka? **-15.** [belong] iść. **-16.** [in phrases] : **to let go of sthg** [drop] puszczać/puścić; **to go** [remaining] zostawać/zostać ; *US* [to take away] na wynos/zabrać. ⬦ *n* (*pl* **goes**) **-1.** [turn] kolej ; **it's your go** teraz twoja kolej. **-2.** [attempt] próba ; **to have a go at sthg** spróbować czegoś; **'50p a go'** [for game] 50 pensów za jedno podejście. ➡ **go ahead** ⬦ *vi* [begin] rozpoczynać/rozpocząć; [take place] odbywać/odbyć się • **go!** proszę bardzo! ➡ **go back** ⬦ *vi* [return] wracać/wrócić. ➡ **go down** ⬦ *vi* [decrease] zmniejszać/zmniejszyć się; [sun] zachodzić/zajść • **the tyre's gone down** powietrze zeszło z opony. ➡ **go down with** ⬦ *vt insep inf* [illness] zachorować na. ➡ **go in** ⬦ *vi* [enter] wchodzić/wejść. ➡ **go off** ⬦ *vi* [alarm, bell] włączać/włączyć się; [go bad] psuć/popsuć się; [light, heating] przestawać/przestać działać. ➡ **go on** ⬦ *vi* **-1.** [happen] dziać się; [light, heating] włączać/włączyć się. **-2.** [continue] : **to go on doing sthg** kontynuować; **go!** śmiało! ➡ **go out** ⬦ *vi* **-1.** [leave house] wychodzić/wyjść; [light, fire, cigarette] ga-

snąć/zgasnąć. **-2.** [have relationship] : **to go (with sb)** chodzić z kimś; **to go for a meal** wyjść coś zjeść. ➡ **go over** ⬦ *vt insep* [check] sprawdzać/sprawdzić. ➡ **go round** ⬦ *vi* [revolve] obracać/obrócić się; [be enough] starczać/starczyć. ➡ **go through** ⬦ *vt insep* [experience] przechodzić/przejść; [spend] wydawać/wydać; [search] przeszukiwać/przeszukać. ➡ **go up** ⬦ *vi* [increase] wzrastać/wzrosnąć. ➡ **go without** ⬦ *vt insep* obywać/obyć się bez.

goal [gəʊl] *n* [posts] bramka *f*; [point scored] gol *m*; [aim] cel *m*.

goalkeeper ['gəʊlˌkiːpə^r] *n* bramkarz *m*, bramkarka *f*.

goalpost ['gəʊlpəʊst] *n* słupek *m*.

goat [gəʊt] *n* koza *f*.

gob [gɒb] *n UK inf* [mouth] morda *f*.

god [gɒd] *n* bóg *m*. ➡ **God** *n* Bóg *m*.

goddaughter ['gɒdˌdɔːtə^r] *n* chrześniaczka *f*.

godfather ['gɒdˌfɑːðə^r] *n* ojciec *m* chrzestny.

godmother ['gɒdˌmʌðə^r] *n* matka *f* chrzestna.

gods *npl* : **the gods** [in theatre] *UK inf* galeria *f*.

godson ['gɒdsʌn] *n* chrześniak *m*.

goes [gəʊz] ⊳ **go**.

goggles *npl* [for swimming] okulary *mpl* pływackie; [for skiing] gogle *pl*.

going ['gəʊɪŋ] *adj* [available] dostępny • **the going rate** aktualna stawka.

go-kart *n* gokart *m*.

gold [gəʊld] ⬦ *n* złoto *n*. ⬦ *adj* złoty.

goldfish ['gəʊldfɪʃ] (*pl* -) *n* złota rybka *f*.

gold-plated *adj* pozłacany.

golf [gɒlf] *n* golf *m*.

golf ball *n* piłka *f* golfowa.

golf club *n* [place] klub *m* golfowy; [piece of equipment] kij *m* golfowy.

golf course *n* pole *n* golfowe.

golfer ['gɒlfə'] *n* gracz *m* w golfa.

gone [gɒn] ◇ *pp* ▷ **go**. ◇ *prep UK* [past] : **it's gone ten** jest po dziesiątej.

good [gʊd] (*compar* **better**, *superl* **best**) ◇ *adj* dobry; [kind] miły; [well-behaved] grzeczny; [enjoyable] udany. ◇ *n* [moral correctness] dobro • **to have a good time** bawić się dobrze; **to be good at sthg** być w czymś dobrym; **a good ten minutes** dobre 10 minut; **in good time** w dobrym czasie; **to make good sthg** [damage, loss] naprawić; **for good** na dobre; **for the good of** dla dobra; **to do sb good** dobrze komuś zrobić; **it's no good** [there's no point] nie ma sensu; **good afternoon!** dzień dobry; **good evening!** dobry wieczór; **good morning!** dzień dobry; **good night!** dobranoc. ◇ **goods** ◇ *npl* towar *m*.

goodbye ['gʊd'baɪ] *excl* do widzenia.

Good Friday *n* Wielki Piątek *m*.

good-looking *adj* przystojny.

goods train *n* pociąg *m* towarowy.

goose [guːs] (*pl* **geese**) *n* gęś *f*.

gooseberry ['gʊzbərɪ] *n* agrest *m*.

gorge [gɔːdʒ] *n* [valley] wąwóz *m*.

gorgeous ['gɔːdʒəs] *adj* [day, meal, countryside] wspaniały; *inf* [good-looking] fantastyczny.

gorilla [gə'rɪlə] *n* goryl *m*.

gossip ['gɒsɪp] ◇ *n* [about someone] plotka *f*; [chat] plotki *fpl*. ◇ *vi* plotkować/poplotkować.

gossip column *n* kronika *f* towarzyska.

got [gɒt] *pt & pp* ▷ **get**.

gotten ['gɒtn] *pp US* ▷ **get**.

goujons *npl* [of fish] *kawałki ryby lub kurczaka smażone w cieście*.

goulash ['guːlæʃ] *n* gulasz *m*.

gourmet ['gʊəmeɪ] ◇ *n* smakosz *m*. ◇ *adj* [food, restaurant] wykwintny.

govern ['gʌvən] *vt* [country, city] rządzić.

government ['gʌvnmənt] *n* [people] rząd *m*.

gown [gaʊn] *n* [dress] suknia *f*.

GP *n* (*abbr of* **general practitioner**) lekarz *m* rodzinny.

grab [græb] *vt* [take hold of] chwytać/chwycić.

graceful ['greɪsfʊl] *adj* [elegant] pełen wdzięku.

grade [greɪd] *n* [quality] jakość *f*; [in exam] ocena *f*; *US* [year at school] klasa *f*.

gradient ['greɪdjənt] *n* nachylenie *n*.

gradual ['grædʒʊəl] *adj* stopniowy.

gradually ['grædʒʊəlɪ] *adv* stopniowo.

graduate ◇ *n* ['grædʒʊət] [from university] absolwent *m*, -ka *f*; *US* [from high school] absolwent *m*, -ka *f*. ◇ *vi* ['grædjʊeɪt] [from university] ukończyć studia; *US* [from high school] ukończyć szkołę.

graduation ['grædʒʊ'eɪʃn] *n* [ceremony] uroczystość *f* wręczenia dyplomów.

graffiti [grə'fiːtɪ] *n* graffiti *npl*.

grain [greɪn] *n* [crop] zboże *n*; [seed] ziarno *n*; [of sand, salt] ziarenko *n*.

gram [græm] *n* gram *m*.

grammar ['græmə'] *n* gramatyka *f*.

grammar school *n* [in UK] *szkoła średnia przygotowująca uczniów w wieku od 11 do 18 lat do studiów wyższych*.

gramme [græm] = gram.

gramophone ['græməfəʊn] *n* gramofon *m*.

gran [græn] *n* UK *inf* babcia *f*.

grand [grænd] ◇ *adj* [impressive] okazały. ◇ *n inf* [£1,000] tysiąc *m* funtów; [$1,000] tysiąc *m* dolarów.

grandchild ['grændtʃaɪld] (*pl* **-children** [-'tʃɪldrən]) *n* wnuk *m*, wnuczka *f*.

granddad ['grændæd] *n inf* dziadek *m*.

granddaughter ['græn'dɔːtə'] *n* wnuczka *f*.

grandfather ['grænd'fɑːðə'] *n* dziadek *m*.

grandma ['grænmɑː] *n inf* babcia *f*.

grandmother ['græn'mʌðə'] *n* babcia *f*.

grandpa ['grænpɑː] *n inf* dziadek *m*.

grandparents *npl* dziadkowie *mpl*.

grandson ['grænsʌn] *n* wnuk *m*.

granite ['grænɪt] *n* granit *m*.

granny ['grænɪ] *n inf* babunia *f*.

grant [grɑːnt] ◇ *n* [for study] stypendium *n*; POL dotacja *f*. ◇ *vt fml* [give] przyznawać/ przyznać • **to take sthg for granted** przyjmować coś za

oczywiste; **to take sb for granted** zaniedbywać kogoś.

grape [greɪp] *n* winogrono *n*.

grapefruit ['greɪpfruːt] *n* grejpfrut *m*.

grapefruit juice *n* sok *m* grejpfrutowy.

graph [grɑːf] *n* wykres *m*.

graph paper *n* papier *m* milimetrowy.

grasp [grɑːsp] *vt* [grip] chwytać/ chwycić; [understand] rozumieć/ zrozumieć.

grass [grɑːs] *n* [plant] trawa *f*; [lawn] trawnik *m* • '**keep off the grass**' nie deptać trawnika.

grasshopper ['grɑːsˈhɒpə'] *n* konik *m* polny.

grate [greɪt] *n* palenisko *n*.

grated *adj* starty.

grateful ['greɪtfʊl] *adj* [person] wdzięczny.

grater ['greɪtə'] *n* tarka *f*.

gratitude ['grætɪtjuːd] *n* wdzięczność *f*.

gratuity [grə'tjuːətɪ] *n fml* [tip] napiwek *m*; [at end of employment] odprawa *f* pieniężna.

grave ◇ *adj* [mistake, news, concern] poważny. ◇ *n* grób *m*.

gravel ['grævl] *n* żwir *m*.

graveyard ['greɪvjɑːd] *n* cmentarz *m*.

gravity ['grævətɪ] *n* [force] grawitacja *f*.

gravy ['greɪvɪ] *n* [sauce] sos *m* pieczeniowy.

gray US = grey.

graze [greɪz] *vt* [injure] obcierać/ obetrzeć.

grease [griːs] *n* [oily substance] smar *m*; [animal fat] tłuszcz *m*.

greaseproof paper n UK pergamin m.

greasy ['gri:sɪ] adj [tools, clothes] zatłuszczony; [food] tłusty; [skin, hair] przetłuszczony.

great [greɪt] adj wielki; [very good] świetny • **(that's) great!** (to) świetnie!

Great Britain n Wielka Brytania f.

great-grandfather n pradziadek m.

great-grandmother n prababka f.

greatly ['greɪtlɪ] adv ogromnie.

Greece [gri:s] n Grecja f.

greed [gri:d] n chciwość f.

greedy ['gri:dɪ] adj [for food] łakomy; [for money] chciwy.

Greek [gri:k] ◇ adj grecki. ◇ n [person] Grek m, Greczynka f; [language] grecki m.

Greek salad n sałatka f grecka.

green [gri:n] ◇ adj zielony; inf [inexperienced] zielony. ◇ n [colour] zielony m; [in village] publiczny teren zielony w centrum wsi; [on golf course] green m. ◆ **greens** ◇ npl [vegetables] warzywa npl zielone.

green beans npl fasolka f szparagowa.

green card n UK [for car] międzynarodowe ubezpieczenie samochodowe dla kierowców podróżujących za granicą; US [work permit] zielona karta f.

green channel n zielony korytarz m.

greengage ['gri:ngeɪdʒ] n renkloda f.

greengrocer's n [shop] warzywniak m.

greenhouse ['gri:nhaʊs] n szklarnia f.

greenhouse effect n efekt m cieplarniany.

green light n zielone światło n.

green pepper n zielona papryka f.

Greens npl : **the Greens** Zieloni mpl.

green salad n surówka f (z sałaty i warzyw zielonych).

greet [gri:t] vt witać/przywitać.

greeting ['gri:tɪŋ] n powitanie n.

grenade [grə'neɪd] n granat m.

grew [gru:] pt ▷ **grow**.

grey [greɪ] ◇ adj [weather, suit] szary; [hair] siwy. ◇ n [colour] szary m • **to go grey** siwieć.

greyhound ['greɪhaʊnd] n chart m.

grid [grɪd] n [grating] krata f; [on map etc] siatka f kartograficzna.

grief [gri:f] n żal m • **to come to grief** zakończyć się niepowodzeniem.

grieve [gri:v] vi smucić/zasmucić się.

grill [grɪl] ◇ n [on cooker] opiekacz m; [for open fire] ruszt m; [part of restaurant] grill-bar m. ◇ vt grillować.

grille [grɪl] n AUT krata f.

grilled adj z grilla.

grim [grɪm] adj ponury.

grimace [grɪ'meɪs] n grymas m.

grimy ['graɪmɪ] adj brudny.

grin [grɪn] ◇ n szeroki uśmiech m. ◇ vi uśmiechać/uśmiechnąć się szeroko.

grind [graɪnd] (pt & pp ground) vt [pepper, coffee] mleć/zemleć.

grip [grɪp] ◇ n [hold] uścisk m; [of tyres] przyczepność f; [handle]

uchwyt *m*. ⬦ *vt* [hold] chwy-
tać/chwycić.

gristle ['grɪsl] *n* chrząstka *f*.

groan [grəʊn] ⬦ *n* jęk *m*. ⬦ *vi*
jęczeć/jęknąć.

groceries *npl* artykuły *mpl* spożywcze.

grocer's *n* [shop] sklep *m* spożywczy.

grocery ['grəʊsərɪ] *n* [shop] sklep
m spożywczy.

groin [grcɪn] *n* pachwina *f*.

groove [gruːv] *n* [long cut] rowek
m; [rhythm] podkład *m* rytmiczny.

grope [grəʊp] *vi* [search] szukać/
poszukać po omacku.

gross [grəʊs] *adj* [weight, income]
brutto.

grossly ['grəʊslɪ] *adv* [extremely]
rażąco.

grotty ['grɒtɪ] *adj UK inf* nędzny.

ground [graʊnd] ⬦ *pt & pp*
⊳ **grind**. ⬦ *n* ziemia *f*; SPORT
boisko *n*. ⬦ *adj* [coffee] zmie-
lony. ⬦ *vt* : **to be grounded**
[plane] zostać zatrzymanym na
lotnisku; *US* [electrical connection]
uziemiony. ➠ **grounds**
⬦ *npl* [of building] teren *m*; [of
coffee] fusy *pl*; [reason] powód *m*.

ground floor *n* parter *m*.

groundsheet ['graʊndʃiːt] *n*
płachta *f* nieprzemakalna.

group [gruːp] *n* grupa *f*.

grouse [graʊs] (*pl* -) *n* [bird]
kuropatwa *f*.

grovel ['grɒvl] *vi* płaszczyć się.

grow [grəʊ] (*pt* grew, *pp* grown)
⬦ *vi* [person, animal, plant]
rosnąć/urosnąć; [increase] wzra-
stać/wzrosnąć; [become] wyros-
nąć/wyrastać. ⬦ *vt* [plant, crop]
hodować/wyhodować; [beard]

zapuszczać/zapuścić. ➠ **grow
up** ⬦ *vi* dorastać/dorosnąć.

growl [graʊl] *vi* [dog] warczeć/
zawarczeć.

grown [grəʊn] *pp* ⊳ **grow**.

grown-up ⬦ *adj* dorosły. ⬦ *n*
dorosły *m*, dorosła *f*.

growth [grəʊθ] *n* [increase] przyrost *m*; MED narośl *f*.

grub [grʌb] *n inf* [food] żarcie *n*.

grubby ['grʌbɪ] *adj inf* umorusa-
ny.

grudge [grʌdʒ] ⬦ *n* uraza *f*.
⬦ *vt* : **to grudge sb sthg**
żałować komuś czegoś.

grueling *US* = gruelling.

gruelling ['gruəlɪŋ] *adj UK* wy-
czerpujący.

gruesome ['gruːsəm] *adj* potworny.

grumble ['grʌmbl] *vi* [complain]
zrzędzić.

grumpy ['grʌmpɪ] *adj inf* nadąsa-
ny.

grunt [grʌnt] *vi* [pig] chrząkać/
chrząknąć; [person] odburkiwać/
odburknąć.

guarantee ['gærən'tiː] ⬦ *n*
gwarancja *f*. ⬦ *vt* [product]
udzielać/udzielić gwarancji na;
[quality] gwarantować/zagwaran-
tować.

guard [gɑːd] ⬦ *n* [of prisoner *etc*]
strażnik *m*, strażniczka *f*; *UK* [on
train] konduktor *m*, -ka *f*; [protec-
tive cover] ochraniacz *m*. ⬦ *vt*
[watch over] pilnować/przypilno-
wać • **to be on one's guard**
mieć się na baczności.

guess [ges] ⬦ *n* przypuszczenie
n. ⬦ *vt* zgadywać/zgadnąć.
⬦ *vi* domyślać/domyślić się • **I
guess (so)** tak sądzę.

guest [gest] *n* gość *m*.

guesthouse ['gesthaʊs] n pensjonat m.

guest room n pokój m gościnny.

guest worker n gastarbeiter m.

guidance ['gaɪdəns] n porady fpl.

guide [gaɪd] <> n przewodnik m, przewodniczka f. <> vt [lead] p r o w a d z i ć / p o p r o w a d z i ć.
➡ **Guide** <> n UK harcerka f.

guidebook ['gaɪdbʊk] n przewodnik m.

guide dog n pies m przewodnik.

guided tour n wycieczka f z przewodnikiem.

guidelines npl wskazówki fpl.

guilt [gɪlt] n wina f.

guilty ['gɪltɪ] adj winny.

guinea pig n [animal] świnka f morska; [in experiments] królik m doświadczalny.

guitar [gɪ'tɑːʳ] n gitara f.

guitarist [gɪ'tɑːrɪst] n gitarzysta m, gitarzystka f.

gulf [gʌlf] n [of sea] zatoka f.

Gulf War n : the Gulf War wojna f w Zatoce Perskiej.

gull [gʌl] n mewa f.

gullible ['gʌləbl] adj łatwowierny.

gulp [gʌlp] n [of drink] haust m.

gum [gʌm] n [chewing gum] guma f do żucia; [bubble gum] guma f balonowa; [adhesive] klej m.
➡ **gums** npl [in mouth] dziąsła npl.

gun [gʌn] n [pistol] pistolet m; [rifle] karabin m; [cannon] działo n.

gunfire ['gʌnfaɪəʳ] n ostrzał m.

gunshot ['gʌnʃɒt] n wystrzał m.

gust [gʌst] n podmuch m.

gut [gʌt] n inf [stomach] brzuch m.

➡ **guts** npl inf [intestines] flaki mpl; [courage] odwaga f.

gutter ['gʌtəʳ] n [beside road] rynsztok m; [of house] rynna f.

guy [gaɪ] n inf [man] facet m.
➡ **guys** npl US inf [people] : you guy wy.

Guy Fawkes Night n 5 listopada.

guy rope n linka f namiotowa.

gym [dʒɪm] n [school building] sala f gimnastyczna; [school lesson] WF m; [in health club, hotel] siłownia f.

gymnast ['dʒɪmnæst] n gimnastyk m, gimnastyczka f.

gymnastics [dʒɪm'næstɪks] n gimnastyka f.

gym shoes npl tenisówki fpl.

gynaecologist n ginekolog m, ginekoložka f.

gypsy ['dʒɪpsɪ] = gipsy.

H [eɪtʃ] (abbr of hospital) szpital m.

habit ['hæbɪt] n zwyczaj m.

hacksaw ['hæksɔː] n piła f do metalu.

had [(weak form həd); (strong form hæd)] pt & pp ⊳ have.

haddock ['hædək] (pl -) n łupacz m.

hadn't ['hædnt] = had not.

haggis ['hægɪs] n szkocka potrawa z podróbek baranich podobna do kaszanki.

haggle ['hægl] vi targować się.

hail [heɪl] <> *n* grad *m*. <> *impers vb* : **it's hailing** pada grad.

hailstone ['heɪlstəʊn] *n* kulka *f* gradu.

hair [heə^r] *n* włosy *mpl*; [individual hair] włos *m* • **to have one's hair cut** obciąć włosy.

hairband ['heəbænd] *n* opaska *f* na włosy.

hairbrush ['heəbrʌʃ] *n* szczotka *f* do włosów.

hair clip *n* spinka *f* do włosów.

haircut ['heəkʌt] *n* [style] fryzura *f* • **to have a haircut** ostrzyć się.

hairdo ['heədu:] (*pl* **-s**) *n* fryzura *f*.

hairdresser ['heə'dresə^r] *n* fryzjer *m*, -ka *f* • **hairdresser's** [salon] salon *m* fryzjerski; **to go to the hairdresser's** iść do fryzjera.

hairdryer *n* suszarka *f*.

hair gel *n* żel *m* do włosów.

hairgrip ['heəgrɪp] *n* UK spinka *f* do włosów.

hairnet ['heənet] *n* siatka *f* na włosy.

hairpin bend *n* zakręt *m* o 180 stopni.

hair remover *n* krem *m* do depilacji.

hair rollers *npl* wałki *mpl* do włosów.

hair slide *n* klamra *f* do włosów.

hairspray *n* lakier *m* do włosów.

hairstyle ['heəstaɪl] *n* fryzura *f*.

hairy ['heərɪ] *adj* owłosiony.

half [UK hɑ:f, US hæf] (*pl* **halves** [UK hɑ:vz, US hævz]) <> *n* połowa *f*; [child's ticket] połówka *f*. <> *adj* pół. <> *adv* [not completely] do połowy; [50%] pół- • **four and a half** cztery i pół; **half past seven** wpół do ósmej; **half as big as** równy połowie; **an hour and a half** półtorej godzi-

ny; **half an hour** pół godziny; **half a dozen** pół tuzina; **half price** pół ceny; **two halves of lager, please** dwa małe piwa proszę.

half board *n nocleg ze śniadaniem i kolacją*.

half-day *n* pół dnia pracy.

half fare *n* bilet *m* ulgowy.

half portion *n* pół porcji.

half-price *adj* za pół ceny.

half term *n* UK *krótkie ferie w połowie semestru*.

half time *n* przerwa *f (po pierwszej połowie meczu)*.

halfway [hɑ:f'weɪ] *adv* [in space] w połowie drogi; [in time] w połowie.

halibut ['hælɪbət] (*pl*) *n* halibut *m*.

hall [hɔ:l] *n* [of small house, flat] przedpokój *m*; [of block of flats] korytarz *m*; [in village] remiza *f*; [large room] sala *f*; [country house] dwór *m*.

hallmark ['hɔ:lmɑ:k] *n* [on silver, gold] cecha *f* probiercza.

hallo [hə'ləʊ] = **hello**.

hall of residence *n* akademik *m*.

Halloween *n* Halloween *n*.

halt [hɔ:lt] <> *vi* zatrzymywać/ zatrzymać się. <> *n* : **to come to a halt** zatrzymać się.

halve [UK hɑ:v, US hæv] *vt* [reduce by half] zmniejszać/zmniejszyć o połowę; [divide in two] dzielić/ podzielić na pół.

halves [UK hɑ:vz, US hævz] *pl* ⊳ **half**.

ham [hæm] *n* [meat] szynka *f*.

hamburger ['hæmbɜ:gə^r] *n* [beefburger] hamburger *m*; US [mince] mięso *n* mielone.

hamlet ['hæmlɪt] *n* wioska *f*.

hammer ['hæmə^r] <> *n* młotek *m*. <> *vt* [nail] wbijać/wbić *(gwóźdź) młotkiem*.

hammock ['hæmək] *n* hamak *m*.

hamper ['hæmpə^r] *n* [for food] kosz *m* piknikowy.

hamster ['hæmstə^r] *n* chomik *m*.

hamstring ['hæmstrɪŋ] *n* ścięgno *n* podkolanowe.

hand [hænd] *n* [of person] ręka *f*; [of clock, watch, dial] wskazówka *f* • **to give sb a hand** pomóc komuś; **to get out of hand** wymknąć się z rąk; **by hand** ręcznie; **in hand** [time] w zapasie; **on the one hand** z jednej strony; **on the other hand** z drugiej strony. ← **hand in** *vt sep* oddawać/oddać. ← **hand out** *vt sep* [distribute] rozdawać/rozdać. ← **hand over** *vt sep* [give] przekazywać/przekazać.

handbag ['hændbæg] *n* torebka *f* damska.

handbasin ['hændbeɪsn] *n* umywalka *f*.

handbook ['hændbʊk] *n* podręcznik *m*.

handbrake ['hændbreɪk] *n* hamulec *m* ręczny.

hand cream *n* krem *m* do rąk.

handcuffs ['hændkʌfs] *npl* kajdanki *pl*.

handful ['hændfʊl] *n* [amount] garść *f*.

handicap ['hændɪkæp] *n* [physical, mental] upośledzenie *n*; [disadvantage] utrudnienie *n*.

handicapped ['hændɪkæpt] <> *adj* upośledzony. <> *npl* : **the handicapped** niepełnosprawni *mpl*.

handkerchief ['hæŋkətʃɪf] (*pl* **-chiefs** OR *pl* **-chieves** [-tʃiːvz]) *n* chusteczka *f* do nosa.

handle ['hændl] <> *n* [of door, window] klamka *f*; [of knife] rękojeść *f*; [pan, suitcase] uchwyt *m*. <> *vt* [touch] dotykać/dotknąć; [deal with] zajmować/zająć się • **handle with care** ostrożnie!

handlebars *npl* kierownica *f* roweru.

hand luggage *n* bagaż *m* podręczny.

handmade ['hænd'meɪd] *adj* ręcznie robiony.

handout ['hændaʊt] *n* [leaflet] ulotka *f*.

handrail ['hændreɪl] *n* poręcz *f*.

handset ['hændset] *n* słuchawka *f* • 'please replace the handset' proszę odłożyć słuchawkę.

handshake ['hændʃeɪk] *n* uścisk *m* dłoni.

handsome ['hænsəm] *adj* [man] przystojny.

handstand ['hændstænd] *n* stanie *n* na rękach.

handwriting ['hænd'raɪtɪŋ] *n* charakter *m* pisma.

handy ['hændɪ] *adj* [useful] przydatny; [good with one's hands] zręczny; [near] pod ręką • **to come in handy** *inf* przydać się.

hang [hæŋ] (*pt & pp* hung) <> *vt* [on hook, wall *etc*] wieszać/powiesić; [execute: (*pt & pp* hanged)] wieszać/powiesić. <> *vi* [be suspended] wisieć. <> *n* : **to get the hang of sthg** połapać się w czymś. ← **hang about** <> *vi* UK *inf* pałętać się. ← **hang around** <> *inf* = hang about. ← **hang down** <> *vi* zwisać. ← **hang on** <> *vi inf* [wait] czekać/poczekać. ← **hang out** <> *vt sep* [washing] rozwieszać/rozwiesić. ◇ *vi inf* [spend time] przesiadywać. ◂ **hang up** ◇ *vi* [on phone] odkładać/odłożyć słuchawkę.

hangar ['hæŋəʳ] *n* hangar *m*.

hanger ['hæŋəʳ] *n* wieszak *m*.

hang gliding *n* lotniarstwo *n*.

hangover ['hæŋˌəʊvəʳ] *n* kac *m*.

hankie ['hæŋkɪ] *n inf* chusteczka *f* do nosa.

happen ['hæpən] *vi* zdarzać/zdarzyć się • **to happen to do sthg** zrobić coś przypadkiem.

happily ['hæpɪlɪ] *adv* [luckily] szczęśliwie.

happiness ['hæpɪnɪs] *n* szczęście *n*.

happy ['hæpɪ] *adj* [content] szczęśliwy • **to be happy about sthg** [satisfied] być zadowolonym z; **to be happy to do sthg** [willing] z chęcią coś zrobić; **to be happy with sthg** [satisfied] być z czegoś zadowolonym; **Happy Birthday!** wszystkiego najlepszego z okazji urodzin!; **Happy Christmas!** wesołych świąt!; **Happy New Year!** szczęśliwego Nowego Roku!

happy hour *n inf godziny, w których drinki sprzedawane są w barze po obniżonych cenach.*

harassment ['hærəsmənt] *n* nękanie *n*.

harbor *US* = harbour.

harbour ['hɑːbəʳ] *n UK* port *m*.

hard [hɑːd] ◇ *adj* [rock, floor, water, drugs] twardy; [difficult] trudny; [strenuous] ciężki; [forceful] silny; [severe] surowy. ◇ *adv* mocno.

hardback ['hɑːdbæk] *n* książka *f* w twardej okładce.

hardboard ['hɑːdbɔːd] *n* płyta *f* pilśniowa.

hard-boiled egg *n* jajko *n* na twardo.

hard disk *n* twardy dysk *m*.

hardly ['hɑːdlɪ] *adv* [almost not] prawie wcale; [barely] ledwo • **hardly ever** prawie nigdy.

hardship ['hɑːdʃɪp] *n* [difficult conditions] nędza *f*; [difficult circumstance] trudy *mpl*.

hard shoulder *n UK* pobocze *n*.

hard up *adj inf* spłukany.

hardware ['hɑːdweəʳ] *n* [tools, equipment] towary *mpl* żelazne; COMPUT sprzęt *m* komputerowy.

hardware store *n* sklep *m* żelazny.

hardwearing ['hɑːd'weərɪŋ] *adj UK* nie do zdarcia.

hardworking ['hɑːd'wɜːkɪŋ] *adj* pracowity.

hare [heəʳ] *n* zając *m*.

harm [hɑːm] ◇ *n* krzywda *f*. ◇ *vt* [person] krzywdzić/skrzywdzić; [chances, reputation] szkodzić/zaszkodzić; [clothes, plant] uszkadzać/uszkodzić.

harmful ['hɑːmfʊl] *adj* szkodliwy.

harmless ['hɑːmlɪs] *adj* nieszkodliwy.

harmonica [hɑː'mɒnɪkə] *n* harmonijka *f* ustna.

harmony ['hɑːmənɪ] *n* harmonia *f*.

harness ['hɑːnɪs] *n* [for horse] uprząż *f*; [for child] szelki *fpl*.

harp [hɑːp] *n* harfa *f*.

harsh [hɑːʃ] *adj* [severe, cruel] surowy; [words] ostry; [sound, voice] przenikliwy.

harvest ['hɑːvɪst] *n* [time of year, gathering] żniwa *npl*; [crops gathered] plon *m*.

has [(*weak form* həz); *(strong form* hæz)] ⊳ **have**.

hash browns *npl US gotowane ziemniaki, siekane i smażone z cebulą.*

hasn't ['hæznt] = **has not**.

hassle ['hæsl] *n inf* zawracanie *n* głowy.

hastily ['heɪstɪlɪ] *adv* [rashly] pochopnie.

hasty ['heɪstɪ] *adj* [hurried] pośpieszny; [rash] pochopny.

hat [hæt] *n* czapka *f*; [with brim] kapelusz *m*.

hatch [hætʃ] ⟨⟩ *n* [for serving food] okienko *n*. ⟨⟩ *vi* [egg] : **when will the eggs hatch?** kiedy wylęgną się młode?

hatchback ['hætʃbæk] *n* [car] hatchback *m*.

hatchet ['hætʃɪt] *n* topór *m*.

hate [heɪt] ⟨⟩ *n* nienawiść *f*. ⟨⟩ *vt* nienawidzić/znienawidzić • **to hate doing sthg** nie znosić robienia czegoś.

hatred ['heɪtrɪd] *n* nienawiść *f*.

haul [hɔːl] ⟨⟩ *vt* [drag] ciągnąć. ⟨⟩ *n* : **a long haul** długa droga.

haunted ['hɔːntɪd] *adj* [house] nawiedzany przez duchy.

have [hæv] (*pt & pp* had) ⟨⟩ *aux vb* -1. [to form perfect tenses] *czasownik posiłkowy czasu perfect* : **I have finished** skończyłem; **have you been there? – no, I haven't** czy byłeś tam? – nie, nie byłem; **we had already left** już wyszliśmy. -2. [must] : **to have (got) to do sthg** musieć coś zrobić; **do you have to pay?** czy trzeba płacić? ⟨⟩ *vt* -1. [possess] : **to have (got)** mieć; **do you have** OR **have you got a double room?** czy macie pokój dwuosobowy?; **she has (got)**

brown hair ona ma brązowe włosy. -2. [experience] mieć ; **to have a cold** mieć katar; **to have a great time** świetnie się bawić. -3. [replacing other verbs] : **to have a chat** porozmawiać; **to have breakfast** jeść śniadanie; **to have a drink** napić się; **to have a shower** brać prysznic; **to have a swim** popływać; **to have a walk** pójść na spacer; **to have a baby** urodzić dziecko. -4. [feel] mieć ; **I have no doubt about it** nie mam co do tego żadnych wątpliwości. -5. [cause to be] : **to have one's hair cut** obciąć włosy; **to have one's shoes mended** oddać buty do szewca; **to have one's clothes dry cleaned** oddać ubranie do pralni chemicznej; **we've had the flat redecorated** wyremontowaliśmy mieszkanie; **she's having her car serviced** naprawiają jej samochód. -6. [be treated in a certain way] : **I've had my wallet stolen** skradziono mi portfel.

haversack ['hævəsæk] *n* chlebak *m*.

havoc ['hævək] *n* [destruction] spustoszenie *n*; [disorder] zamęt *m*.

hawk [hɔːk] *n* jastrząb *m*.

hawker ['hɔːkəʳ] *n* [seller] handlarz *m* uliczny, handlarka *f* uliczna.

hay [heɪ] *n* siano *n*.

hay fever *n* katar *m* sienny.

haystack ['heɪˈstæk] *n* stóg *m* siana.

hazard ['hæzəd] *n* niebezpieczeństwo *n*.

hazardous ['hæzədəs] *adj* niebezpieczny.

hazard warning lights *npl UK* światła *npl* awaryjne.

haze [heɪz] *n* [mist] mgiełka *f*.

hazel ['heɪzl] *adj* orzechowy.

hazelnut ['heɪzl'nʌt] *n* orzech *m* laskowy.

hazy ['heɪzɪ] *adj* [misty] zamglony.

he [hiː] *pron* on • **he's tall** jest wysoki.

head [hed] <> *n* [of body] głowa *f*; [of queue, page, letter] początek *m*; [of racket, hammer] głowica *f*; [of table, bed] szczyt *m*; [of company, department] kierownik *m*, kierowniczka *f*; [head teacher] dyrektor *m*, -ka *f*; [of beer] piana *f*. <> *vt* [list] znajdować/znaleźć się na czele; [organization] przewodzić. <> *vi* kierować/skierować się.

headphones ['hedfəʊnz] *npl* słuchawki *fpl*.

headquarters ['hed'kwɔːtəz] *npl* siedziba *f* główna.

headrest ['hedrest] *n* zagłówek *m*.

headroom ['hedrʊm] *n* prześwit *m*.

headscarf ['hedskɑːf] (*pl* -scarves [-skɑːvz]) *n* chustka *f* na głowę.

head start *n* przewaga *f*.

head teacher *n* dyrektor *m*, -ka *f* szkoły.

head waiter *n* szef *m* sali.

heal [hiːl] <> *vt* [person, wound] leczyć/ wyleczyć. <> *vi* goić/ zagoić się.

health [helθ] *n* zdrowie *n* • **to be in good health** cieszyć się dobrym zdrowiem; **to be in poor health** być słabego zdrowia; **your (very) good health!** twoje zdrowie!

health centre *n* ośrodek *m* zdrowia.

health food *n* zdrowa żywność *f*.

health food shop *n* sklep *m* ze zdrową żywnością.

health insurance *n* ubezpieczenie *n* zdrowotne.

healthy ['helθɪ] *adj* zdrowy.

heap [hiːp] *n* stos *m* • **heaps of** *inf* kupa *f*.

hear [hɪəʳ] (*pt&pp* **heard** [hɜːd]) <> *vt* słyszeć/usłyszeć; LAW rozpatrywać/rozpatrzeć. <> *vi* słyszeć/usłyszeć • **to hear about sthg** słyszeć o czymś; **to hear from sb** mieć wiadomość od kogoś; **to have heard of** usłyszeć o.

hearing ['hɪərɪŋ] *n* [sense] słuch *m*; [at court] przesłuchanie *n* • **to be hard of hearing** być przygłuchym.

hearing aid *n* aparat *m* słuchowy.

heart [hɑːt] *n* [organ] serce *n* • **to know sthg (off) by heart** znać coś na pamięć; **to lose heart** zniechęcać/zniechęcić się. **hearts** *npl* [in cards] kiery *m*.

heart attack *n* atak *m* serca.

heartbeat ['hɑːtbiːt] *n* bicie *n* serca.

heartburn ['hɑːtbɜːn] *n* zgaga *f*.

heart condition *n* : **to have a heart condition** mieć dolegliwości sercowe.

hearth [hɑːθ] *n* : **to sit around the hearth** siedzieć przy kominku.

hearty ['hɑːtɪ] *adj* [meal] obfity.

heat [hiːt] *n* [warmth] ciepło *n*; [warm weather] upał *m*; [of oven] temperatura *f*. **heat up** *vt sep* podgrzewać/podgrzać.

heater ['hiːtəʳ] *n* grzejnik *m*.

heath [hiːθ] *n* wrzosowisko *n*.

heather ['heðəʳ] *n* wrzos *m*.

heating ['hi:tɪŋ] *n* ogrzewanie *n*.

heat wave *n* fala *f* upałów.

heave [hi:v] *vt* [push, pull] przesuwać/przesunąć.

heaven ['hevn] *n* niebo *n*.

heavily ['hevɪlɪ] *adv* [smoke, drink] nałogowo; [rain] obficie.

heavy ['hevɪ] *adj* ciężki; [rain] ulewny; [traffic, defeat] duży; [food] ciężko strawny • **how heavy is it?** ile to waży?; **to be a heavy smoker** być nałogowym palaczem.

heavy cream *n* US śmietana *f* kremówka.

heavy goods vehicle *n* UK ciężarówka *f*.

heavy industry *n* przemysł *m* ciężki.

heavy metal *n* [music] heavy metal *m*.

heckle ['hekl] *vt* [speaker] przeszkadzać/przeszkodzić.

hectic ['hektɪk] *adj* gorączkowy.

hedge [hedʒ] *n* żywopłot *m*.

hedgehog ['hedʒhɒg] *n* jeż *m*.

heel [hi:l] *n* [of person] pięta *f*; [of shoe] obcas *m*.

hefty ['heftɪ] *adj* [person] zwalisty; [fine] wysoki.

height [haɪt] *n* [of person] wzrost *m*; [of object, distance above ground] wysokość *f*; [peak period] szczyt *m* • **what height is it?** ile to ma wysokości?

heir [eəʳ] *n* spadkobierca *m*.

heiress ['eərɪs] *n* spadkobierczyni *f*.

held [held] *pt & pp* ⊳ hold.

helicopter ['helɪkɒptəʳ] *n* helikopter *m*.

hell [hel] *n* piekło *n*.

he'll [hi:l] = he will.

hello [hə'ləʊ] *excl* [as greeting] cześć!; [on phone, to attract attention] halo.

helmet ['helmɪt] *n* [for bikers etc] kask *m*.

help [help] ◇ *n* pomoc *f*. ◇ *vt & vi* pomagać/pomóc. ◇ *excl* pomocy! • **I can't help it** nic na to nie poradzę; **to help sb (to) do sthg** pomóc komuś coś zrobić; **to help o.s. (to sthg)** poczęstować się czymś; **can I help you?** [in shop] czy mogę w czymś pomóc? ➡ **help out** ◇ *vi* pomagać/pomóc.

help desk *n* centrum *m* obsługi klienta.

helper ['helpəʳ] *n* [assistant] pomocnik *m*, pomocnica *f*; US [cleaner] sprzątacz *m*, -ka *f*.

helpful ['helpfʊl] *adj* [person] pomocny; [useful] użyteczny.

helping ['helpɪŋ] *n* porcja *f*.

helpless ['helplɪs] *adj* bezradny.

help line *n* telefon *m* zaufania.

hem [hem] *n* rąbek *m* • **let down/take up the hem** podłużyć/skrócić.

haemophiliac ['hi:mə'fɪliæk] *n* hemofilik *m*.

haemorrhage ['hemərɪdʒ] *n* krwotok *m*.

hen [hen] *n* kura *f*.

hepatitis ['hepə'taɪtɪs] *n* zapalenie *n* wątroby.

her [hɜːʳ] ◇ *adj* jej; [referring back to subject] swój. ◇ *pron* : **I know her** znam ją; **it's her** to ona; **send it to her** wyślij to do niej; **tell her** powiedz jej; **with her** z nią; **he's worse than her** on jest gorszy od niej.

herb [hɜːb US ɜːrb] *n* zioło *n*.

herbal tea *n* herbata *f* ziołowa.

herd [hɜːd] *n* stado *n*.

here [hɪə^r] *adv* tu, tutaj • **here's your book** oto twoja książka; **here you are** proszę bardzo.

heritage ['herɪtɪdʒ] *n* dziedzictwo *n*.

heritage centre *n* ośrodek *m* ochrony dziedzictwa narodowego.

hernia ['hɜːnɪə] *n* przepuklina *f*.

hero ['hɪərəʊ] (*pl* -es) *n* bohater *m*.

heroin ['herəʊɪn] *n* heroina *f*.

heroine ['herəʊɪn] *n* bohaterka *f*.

heron ['herən] *n* czapla *f*.

herring ['herɪŋ] *n* śledź *m*.

hers [hɜːz] *pron* jej • **a friend of hers** jej znajomy.

herself [hɜː'self] *pron* [reflexive] się; [after prep] : **she lives by herself in the country** mieszka sama na wsi; **she built a house for herself** zbudowała sobie dom; **she wants a bedroom all to herself** chce sypialnię tylko dla siebie • **she did it herself** zrobiła to sama.

hesitant ['hezɪtənt] *adj* niepewny.

hesitate ['hezɪteɪt] *vi* wahać/zawahać się.

hesitation ['hezɪ'teɪʃn] *n* wahanie *n*.

heterosexual ['hetərə'sekʃʊəl] ◇ *adj* heteroseksualny. ◇ *n* heteroseksualista *m*, heteroseksualistka *f*.

hey [heɪ] *excl inf* hej!

HGV = heavy goods vehicle.

hi [haɪ] *excl inf* cześć!

hiccup ['hɪkʌp] *n* : **to have (the) hiccups** mieć czkawkę.

hide [haɪd] (*pt* hid, *pp* hidden) ◇ *vt* [conceal] ukrywać/ukryć; [truth, feelings] skrywać/skryć; [obscure] chować/schować. ◇ *vi* chować/schować się. ◇ *n* [of animal] skóra *f*.

hideous ['hɪdɪəs] *adj* ohydny.

hi-fi ['haɪfaɪ] *n* zestaw *m* hi-fi.

high [haɪ] ◇ *adj* wysoki; *inf* [from drugs] na haju. ◇ *n* [weather front] wyż *m*. ◇ *adv* wysoko • **high speed** duża prędkość; **high wind** silny wiatr; **it was high above** był wysoko na niebie; **it's too high** jest za wysoko; **how high is it?** ile to ma wysokości?; **it's 10 metres high** ma 10 metrów wysokości.

high chair *n* wysokie krzesełko *n* dziecięce.

high-class *adj* wysokiej klasy.

Higher ['haɪə^r] *n Scot* ≃ matura *f*.

higher education *n* wyższe wykształcenie *n*.

high heels *npl* wysokie obcasy *mpl*.

high jump *n* skok *m* wzwyż.

Highland Games *npl* szkocki *festiwal w plenerze, kulhum torum, rzyszą tańce szkockie, gra na kobzie oraz tradycyjne szkockie konkurencje sportowe.*

Highlands *npl* : **the Highlands** *górskie tereny północno-zachodniej Szkocji, kojarzone z kulturą galicką.*

highlight ['haɪlaɪt] ◇ *n* [best part] główna atrakcja *f*. ◇ *vt* [emphasize] podkreślać/podkreślić. ◆ **highlights** ◇ *npl* [of football match *etc*] przegląd *m* najciekawszych wydarzeń; [in hair] pasemka *npl*.

highly ['haɪlɪ] *adv* [extremely] w najwyższym stopniu; [very well] wysoce.

high-pitched *adj* wysoki.

high-rise *adj* wielopiętrowy • **high-rise flat** mieszkanie w wieżowcu.

high school n szkoła f średnia.

high season n szczyt m sezonu.

high-speed train n pociąg m szybkobieżny.

high street n UK główna ulica f.

high tide n przypływ m.

highway ['haɪweɪ] n US [between towns] autostrada f; UK [any main road] szosa f.

Highway Code n UK kodeks m drogowy.

hijack ['haɪdʒæk] vt porywać/porwać.

hijacker ['haɪdʒækə'] n porywacz m, -ka f.

hike [haɪk] <> n piesza wycieczka f. <> vi wędrować.

hiking ['haɪkɪŋ] n : to go hiking pójść na wycieczkę pieszą.

hilarious [hɪ'leərɪəs] adj przezabawny.

hill [hɪl] n wzgórze n.

hillwalking n chodzenie n po górach.

hilly ['hɪlɪ] adj pagórkowaty.

him [hɪm] pron : I know him znam go; it's him to on; send it to him wyślij to do niego; give it to him daj mu to; tell him powiedz mu; with him z nim; she's worse than him jest gorsza od niego.

himself [hɪm'self] pron [reflexive] się; [after prep] : he lives by himself in the country mieszka sam na wsi; he built a house for himself zbudował sobie dom; he wants a bedroom all to himself chce sypialnię tylko dla siebie • he did it himself sam to zrobił.

hinder ['hɪndə'] vt przeszkadzać/przeszkodzić.

Hindu ['hɪnduː] (pl -s) <> adj

hinduski. <> n [person] hinduista m, hinduistka f.

hinge [hɪndʒ] n zawias m.

hint [hɪnt] <> n [indirect suggestion] aluzja f; [piece of advice] wskazówka f; [slight amount] ślad m. <> vi : to hint at sthg dawać do zrozumienia.

hip [hɪp] n biodro n.

hippopotamus ['hɪpə'pɒtəməs] n hipopotam m.

hippy ['hɪpɪ] n hipis m, -ka f.

hire ['haɪə'] vt [car, bicycle, television] wynajmować/wynająć • for hire [boats, taxi] do wynajęcia. ➡ **hire out** vt sep [car, bicycle, television] wynajmować/wynająć.

hire car n UK wynajęty samochód m.

hire purchase n UK sprzedaż f ratalna • on hire purchase na raty.

his [hɪz] adj & pron jego; [referring back to subject] swój • a friend of his jego znajomy; he loves his children kocha swoje dzieci.

historical [hɪ'stɒrɪkəl] adj historyczny.

history ['hɪstərɪ] n historia f.

hit [hɪt] (pt & pp hit) <> vt [strike on purpose] uderzać/uderzyć; [a target] trafiać/trafić w. <> n [record, play, film] hit m; COMPUT wejście n (na stronę internetową).

hit-and-run adj : hit-and-run accident wypadek spowodowany przez kierowcę, który zbiegł z miejsca tragedii.

hitch [hɪtʃ] <> n [problem] problem m. <> vt : to hitch a lift złapać okazję. <> vi podróżować autostopem.

hitchhike ['hɪtʃhaɪk] vi jeździć/pojechać autostopem.

hitchhiker [ˈhɪtʃhaɪkəʳ] *n* autostopowicz *m*, -ka *f*.

hive [haɪv] *n* [of bees] ul *m*.

HIV-positive *adj* seropozytywny.

hoarding [ˈhɔːdɪŋ] *n UK* [for adverts] bilbord *m*.

hoarse [hɔːs] *adj* zachrypnięty.

hoax [həʊks] *n* kawał *m*.

hob [hɒb] *n* płyta *f* grzejna.

hobby [ˈhɒbɪ] *n* hobby *n*.

hock [hɒk] *n* [wine] wino *n* reńskie.

hockey [ˈhɒkɪ] *n* [on grass] hokej *m*; *US* [ice hockey] hokej *m*.

hoe [həʊ] *n* motyka *f*.

Hogmanay [ˈhɒgmǝneɪ] *n Scot* Sylwester *m (w Szkocji)*.

hold [həʊld] *(pt & pp* **held**) <> *vt* trzymać/potrzymać; [organize] organizować/zorganizować; [contain] mieścić/pomieścić; [possess] posiadać. <> *vi* [remain unchanged] utrzymywać/utrzymać się; [on telephone] czekać/zaczekać. <> *n* [of ship, aircraft] ładownia *f* • **get a hold of sth** chwycić coś; **to hold sb prisoner** więzić kogoś; **hold the line, please** proszę się nie rozłączać.
━ **hold back** <> *vt sep* [restrain] powstrzymywać/powstrzymać; [keep secret] zatajać/zataić. ━ **hold on** <> *vi* czekać/poczekać • **to hold to sthg** [grip] trzymać się czegoś. ━ **hold out** <> *vt sep* [extend] wyciągać/wyciągnąć. ━ **hold up** <> *vt sep* [delay] zatrzymywać/zatrzymać.

holdall [ˈhəʊldɔːl] *n UK* torba *f (sportowa lub turystyczna)*.

holder [ˈhəʊldəʳ] *n* [of passport, licence] posiadacz *m*, -ka *f*; [container] futerał *m*.

hold-up *n* [delay] opóźnienie *n*.

hole [həʊl] *n* [opening] dziura *f*; [in golf] dołek *m*.

holiday [ˈhɒlɪdeɪ] <> *n UK* [vacation] wakacje *pl*; [time off work] urlop *m*; [day off] święto *n*. <> *vi UK* spędzać wakacje • **to be on holiday** być na wakacjach; **to go on holiday** pojechać na wakacje.

holidaymaker [ˈhɒlɪdeɪˌmeɪkəʳ] *n UK* wczasowicz *m*, -ka *f*.

holiday pay *n UK* wynagrodzenie *n* za czas urlopu.

Holland [ˈhɒlǝnd] *n* Holandia *f*.

hollow [ˈhɒləʊ] *adj* [not solid] pusty.

holly [ˈhɒlɪ] *n* ostrokrzew *m*.

Hollywood *n* Hollywood.

holy [ˈhəʊlɪ] *adj* [sacred] święty.

home [həʊm] <> *n* [house] dom *m*; [own country] kraj *m* rodzinny; [one's family] dom *m* rodzinny; [for old people] dom *m* opieki. <> *adv* [in house] w domu; [to house] do domu. <> *adj* [not foreign] krajowy; [at one's house] domowy • **at home** [in one's house] w domu; **to make o.s. at home** rozgościć się; **to go home** iść do domu; **home address** adres; **home number** numer telefonu domowego.

home economics *n* zajęcia *npl* z gospodarstwa domowego.

home help *n UK* pomoc *f* domowa.

homeless [ˈhəʊmlɪs] *npl* : **the homeless** bezdomni *mpl*.

home-made *adj* [food] domowej roboty.

homeopathic [ˌhəʊmɪəʊˈpæθɪk] *adj* homeopatyczny.

Home Office *n UK* Ministerstwo *n* Spraw Wewnętrznych.

homesick [ˈhəʊmsɪk] *adj* stęskniony za domem.

homework [ˈhəʊmwɜːk] *n* zadanie *n* domowe.

homosexual [ˌhɒməˈsekʃʊəl] <> *adj* homoseksualny. <> *n* homoseksualista *m*, lesbijka *f*.

honest [ˈɒnɪst] *adj* [trustworthy] uczciwy; [frank] szczery.

honestly [ˈɒnɪstlɪ] *adv* [truthfully] uczciwie; [frankly] szczerze.

honey [ˈhʌnɪ] *n* [food] miód *m*.

honeymoon [ˈhʌnɪmuːn] *n* miesiąc *m* miodowy.

honor *US* = honour.

honour [ˈɒnəʳ] *n* *UK* [high principles] honor *m*.

honourable [ˈɒnrəbl] *adj* honorowy.

hood [hʊd] *n* [of jacket, coat] kaptur *m*; [on convertible car] składany dach *m*; *US* [car bonnet] maska *f* samochodu.

hoof [huːf , hʊf] *n* kopyto *n*.

hook [hʊk] *n* [for picture, coat] hak *m*; [for fishing] haczyk *m* • **off the hook** [telephone] odwieszony.

hooligan [ˈhuːlɪgən] *n* chuligan *m*, -ka *f*.

hoop [huːp] *n* [band] obręcz *f*.

hoot [huːt] *vi* [driver] trąbić/zatrąbić.

Hoover® [ˈhuːvəʳ] *n* *UK* odkurzacz *m*.

hop [hɒp] *vi* podskakiwać/podskoczyć na jednej nodze.

hope [həʊp] <> *n* nadzieja *f*. <> *vt* mieć nadzieję • **to hope for sthg** liczyć na coś; **to hope to do sthg** mieć nadzieję, że się coś zrobi; **I hope so** mam taką nadzieję.

hopeful [ˈhəʊpfʊl] *adj* [optimistic] pełen nadziei.

hopefully [ˈhəʊpfəlɪ] *adv* [with luck] o ile szczęście dopisze.

hopeless [ˈhəʊplɪs] *adj inf* [useless] beznadziejny; [without any hope] beznadziejny.

hops *npl* chmiel *m*.

horizon [həˈraɪzn] *n* horyzont *m*.

horizontal [ˌhɒrɪˈzɒntl] *adj* poziomy.

horn [hɔːn] *n* [of car] klakson *m*; [on animal] róg *m*.

horoscope [ˈhɒrəskəʊp] *n* horoskop *m*.

horrible [ˈhɒrəbl] *adj* okropny.

horrid [ˈhɒrɪd] *adj* wstrętny.

horrific [hɒˈrɪfɪk] *adj* przerażający.

hors d'oeuvre *n* przystawka *f*.

horse [hɔːs] *n* koń *m*.

horseback [ˈhɔː sbæk] *n* : **on horseback** konno.

horse chestnut *n* kasztanowiec *m*.

horse-drawn carriage *n* powóz *m*.

horsepower [ˈhɔːsˈpaʊəʳ] *n* koń *m* mechaniczny.

horse racing *n* wyścigi *mpl* konne.

horseradish (sauce) *n* chrzan *m*.

horse riding *n* jazda *f* konna.

horseshoe [ˈhɔːsʃuː] *n* podkowa *f*.

hose [həʊz] *n* [hosepipe] wąż *m*.

hosepipe [ˈhəʊzpaɪp] *n* wąż *m*.

hosiery [ˈhəʊzɪərɪ] *n* wyroby *mpl* pończosznicze.

hospitable [hɒˈspɪtəbl] *adj* gościnny.

hospital [ˈhɒspɪtl] *n* szpital *m* • **in hospital** w szpitalu.

hospitality ['hɒspɪ'tælətɪ] n gościnność f.

host [həʊst] n gospodarz m.

hostage ['hɒstɪdʒ] n zakładnik m, zakładniczka f.

hostel ['hɒstl] n [youth hostel] schronisko n młodzieżowe.

hostess ['həʊstes] n [of party, TV programme] gospodyni f; [on aeroplane] stewardesa f.

host family n rodzina f goszcząca studenta.

hostile [UK 'hɒstaɪl, US 'hɒstl] adj wrogi.

hostility [hɒ'stɪlətɪ] n wrogość f.

hot [hɒt] adj [very warm] gorący; [spicy] ostry.

hot chocolate n gorąca czekolada f.

hot-cross bun n słodka bułka ze znakiem krzyża jadana w Wielki Piątek.

hot dog n hot dog m.

hotel [həʊ'tel] n hotel m.

hot line n gorąca linia f.

hotplate ['hɒtpleɪt] n płyta f grzejna.

hotpot ['hɒtpɒt] n potrawa z mięsa gotowanego z pokrojonymi ziemniakami oraz innymi warzywami.

hot-water bottle n termofor m.

hour ['aʊə'] n godzina f • I've been waiting for hours czekam od wielu godzin.

hourly ['aʊəlɪ] <> adj cogodzinny. <> adv co godzinę.

house <> n [haʊs] [to live in] dom m; SCH jedna z grup, na które podzieleni są wszyscy uczniowie szkoły w celu rywalizacji w zawodach sportowych i konkursach. <> vt [haʊz] [person] kwaterować/zakwaterować.

household ['haʊshəʊld] n gospodarstwo n domowe; [people] domownicy mpl.

housekeeping ['haʊs'kiːpɪŋ] n [money] budżet m gospodarstwa domowego.

house music n muzyka f house.

House of Commons n Izba f Gmin.

House of Lords n Izba f Lordów.

Houses of Parliament npl Parlament m Brytyjski.

House of Representatives n Izba f Reprezentantów.

housewife ['haʊswaɪf] (pl -wives [-waɪvz]) n gospodyni f domowa.

house wine n wino stołowe serwowane w restauracji po niższej cenie.

housework ['haʊswɜːk] n prace fpl domowe.

housing ['haʊzɪŋ] n [houses] pomieszczenia npl mieszkalne.

housing estate n UK osiedle n mieszkaniowe.

housing project US = housing estate.

hovercraft ['hɒvəkrɑːft] n poduszkowiec m.

hoverport ['hɒvəpɔːt] n przystań f dla poduszkowców.

how [haʊ] adv -1. [asking about way or manner] jak ; **how do you get there?** jak tam się dostać?; **how does it work?** jak to działa?; **tell me how to do it** powiedz, jak to zrobić. -2. [asking about health, quality] : **how are you?** jak się masz?; **how are you doing?** jak leci?; **how are things?** jak tam sprawy?; **how do you do?** dzień dobry!; **how is your room?** jak tam twój pokój? -3. [asking about degree, amount] : **how far?** jak daleko; **how long?** jak długo; **how many?** ile?; **how much?** ile?; **how much**

is it? ile to kosztuje¿; **how old are you?** ile masz lat¿ -4. [in phrases] : **how about a drink?** może chcesz się napić¿; **how lovely!** jak miło!

however [hau'evə^r] adv [nevertheless] jednak; [no matter how] jakkolwiek.

howl [haul] vi wyć/zawyć.

HP = hire purchase.

HQ = headquarters.

hub airport n ważny międzynarodowy port lotniczy, oferujący loty długodystansowe.

hubcap ['hʌbkæp] n kołpak m.

hug [hʌg] <> vt przytulać/przytulić. <> n : **to give sb a hug** uściskać kogoś.

huge [hju:dʒ] adj ogromny.

hull [hʌl] n [of ship] kadłub m.

hum [hʌm] vi [bee] bzyczeć/bzyknąć; [machine] warczeć; [person] nucić/zanucić.

human ['hju:mən] <> adj ludzki. <> n : **human (being)** istota f ludzka.

humanities npl nauki fpl humanistyczne.

human rights npl prawa npl człowieka.

humble ['hʌmbl] adj [not proud] skromny; [of low status] niski.

humid ['hju:mɪd] adj wilgotny.

humidity [hju:'mɪdəti] n wilgotność f.

humiliating [hju:'mɪlieɪtɪŋ] adj upokarzający.

humiliation [hju:'mɪlɪ'eɪʃn] n upokorzenie n.

hummus ['hʊmʊs] n humus m.

humor US = humour.

humorous ['hju:mərəs] adj dowcipny.

humour ['hju:mə^r] n [comedy] humor m • **a sense of humour** poczucie humoru.

hump [hʌmp] n [bump] próg m zwalniający; [of camel] garb m.

humpbacked bridge n most m łukowy.

hunch [hʌntʃ] n przeczucie n.

hundred ['hʌndrəd] num sto ⊳ **six** • **a hundred** sto.

hundredth ['hʌndrətθ] num setny ⊳ **sixth**.

hundredweight ['hʌndrədweɪt] n cetnar m.

hung [hʌŋ] pt & pp ⊳ **hang**.

Hungarian [hʌŋ'geərɪən] <> adj węgierski. <> n [person] Węgier m, -ka f; [language] węgierski.

Hungary ['hʌŋgərɪ] n Węgry pl.

hunger ['hʌŋgə^r] n głód m.

hungry ['hʌŋgrɪ] adj głodny.

hunt [hʌnt] <> n UK [for foxes] polowanie n na lisa. <> vt & vi [for wild animals] polować • **to hunt (for)** [search] szukać.

hunting ['hʌntɪŋ] n [for wild animals] polowanie n; UK [for foxes] polowanie n na lisa.

hurdle ['hɜ:dl] n SPORT płotek m.

hurl [hɜ:l] vt ciskać/cisnąć.

hurricane ['hʌrɪkən] n huragan m.

hurry ['hʌrɪ] <> vt [person] przynaglać/przynaglić. <> vi śpieszyć/pospieszyć się. <> n : **to be in a hurry** śpieszyć się; **to do sthg in a hurry** robić coś w pośpiechu. ➡ **hurry up** <> vi śpieszyć/pośpieszyć się.

hurt [hɜ:t] (pt & pp hurt) <> vt ranić/zranić. <> vi [be painful] boleć/zaboleć • **to hurt o.s.** zrobić sobie krzywdę; **I fell off the ladder but luckily didn't hurt**

myself spadłem z drabiny ale na szczęście nic mi się nie stało.

husband ['hʌzbənd] *n* mąż *m*.

hustle ['hʌsl] *n* : **hustle and bustle** zgiełk *m*.

hut [hʌt] *n* chata *f*.

hyacinth ['haɪəsɪnθ] *n* hiacynt *m*.

hydrofoil ['haɪdrəfɔɪl] *n* wodolot *m*.

hygiene ['haɪdʒiːn] *n* higiena *f*.

hygienic [haɪ'dʒiːnɪk] *adj* higieniczny.

hymn [hɪm] *n* hymn *m*.

hyperlink ['haɪpəlɪŋk] *n* link *m*.

hypermarket ['haɪpə'mɑːkɪt] *n* hipermarket *m*.

hyphen ['haɪfn] *n* łącznik *m*.

hypocrite ['hɪpəkrɪt] *n* hipokryta *m*.

hypodermic needle *n* strzykawka *f* podskórna.

hysterical [hɪs'terɪkl] *adj* [person] histeryczny; /n/ [very funny] przezabawny.

I [aɪ] [aɪ] *pron* ja.

ice [aɪs] *n* lód *m*; [ice cream] lody *pl*.

iceberg ['aɪsbɜːg] *n* góra *f* lodowa.

iceberg lettuce *n* sałata *f* lodowa.

icebox ['aɪsbɒks] *n US* [fridge] lodówka *f*.

ice-cold *adj* [hand, sea] lodowaty; [drink] zimny.

ice cream *n* lody *pl*.

ice cube *n* kostka *f* lodu.

ice hockey *n* hokej *m* na lodzie.

Iceland ['aɪslənd] *n* Islandia *f*.

ice lolly *n UK* lody *pl* na patyku.

ice rink *n* lodowisko *n*.

ice skates *npl* łyżwy *fpl*.

ice-skating *n* łyżwiarstwo *n* • **to go ice-skating** iść na łyżwy.

icicle ['aɪsɪkl] *n* sopel *m*.

icing ['aɪsɪŋ] *n* lukier *m*.

icing sugar *n* cukier *m* puder.

icy ['aɪsɪ] *adj* [covered with ice] oblodzony; [very cold] lodowaty.

I'd [aɪd] = I would, I had.

ID [ɪd] = identification.

ID card *n* dowód *m* osobisty.

IDD code *n* numer *m* kierunkowy do kraju.

idea [aɪ'dɪə] *n* [suggestion] pomysł *m*; [opinion] pogląd *m*; [understanding] pojęcie *n*; [intention] założenie *n* • **I've no idea** nie mam pojęcia.

ideal [aɪ'dɪəl] ◇ *adj* idealny. ◇ *n* ideał *m*.

ideally [aɪ'dɪəlɪ] *adv* idealnie.

identical [aɪ'dentɪkl] *adj* identyczny.

identification [aɪ'dentɪfɪ'keɪʃn] *n* [proof of identity] dowód *m* tożsamości.

identify [aɪ'dentɪfaɪ] *vt* [recognize] rozpoznawać/rozpoznać.

identity [aɪ'dentətɪ] *n* tożsamość *f*.

idiom ['ɪdɪəm] *n* [phrase] idiom *m*.

idiot ['ɪdɪət] *n* idiota *m*, idiotka *f*.

idle ['aɪdl] ◇ *adj* [person - lazy] leniwy; [factory - not working] nieczynny. ◇ *vi* [engine] pracować na wolnych obrotach.

idol ['aɪdl] *n* [person] idol *m*, -ka *f*.

idyllic [ɪ'dɪlɪk] *adj* sielankowy.

i.e. (*abbr of* id est) tj.

if [ɪf] *conj* [expressing a condition] jeśli, jeżeli; [in indirect questions] czy; [after "know", "wonder"] czy; [that] jeśli • **if I were you** gdybym był tobą; **if not** [otherwise] w przeciwnym razie.

ignition [ɪg'nɪʃn] *n* AUT zapłon *m*.

ignorant ['ɪgnərənt] *adj* [without knowledge] nieświadomy; *pej* [stupid] ciemny.

ignore [ɪg'nɔːʳ] *vt* ignorować/zignorować.

ill [ɪl] *adj* [in health] chory; [bad] zły.

I'll [aɪl] = I will, I shall.

illegal [ɪ'liːgl] *adj* nielegalny.

illegible [ɪ'ledʒəbl] *adj* nieczytelny.

illegitimate ['ɪlɪ'dʒɪtɪmət] *adj* [child] nieślubny.

illiterate [ɪ'lɪtərət] *adj* niepiśmienny.

illness ['ɪlnɪs] *n* choroba *f*.

illuminate [ɪ'luːmɪneɪt] *vt* [with light] oświetlać/oświetlić.

illusion [ɪ'luːʒn] *n* złudzenie *n*.

illustration ['ɪlə'streɪʃn] *n* ilustracja *f*.

I'm [aɪm] = I am.

image ['ɪmɪdʒ] *n* [mental picture] wyobrażenie *n*; [photo, painting, in film] obraz *m*; [of company, person] wizerunek *m*.

imaginary [ɪ'mædʒɪnrɪ] *adj* wymyślony.

imagination [ɪ'mædʒɪ'neɪʃn] *n* wyobraźnia *f*.

imagine [ɪ'mædʒɪn] *vt* [picture mentally] wyobrażać/wyobrazić sobie; [suppose] mieć wrażenie.

imitate ['ɪmɪteɪt] *vt* naśladować.

imitation ['ɪmɪ'teɪʃn] <> *n* [copy] imitacja *f*; [of person] naśladowanie *n*. <> *adj* [leather, fur] sztuczny.

immaculate [ɪ'mækjʊlət] *adj* [very clean, perfect] nieskazitelny.

immature ['ɪmə'tjʊəʳ] *adj* [person] niedojrzały.

immediate [ɪ'miːdjət] *adj* natychmiastowy.

immediately [ɪ'miːdjətlɪ] <> *adv* [at once] natychmiast. <> *conj* UK jak tylko.

immense [ɪ'mens] *adj* ogromny.

immersion heater *n* grzałka *f*.

immigrant ['ɪmɪgrənt] *n* imigrant *m*, -ka *f*.

immigration ['ɪmɪ'greɪʃn] *n* [to country] imigracja *f*; [section of airport, port] kontrola *f* imigracyjna.

imminent ['ɪmɪnənt] *adj* zbliżający się.

immune [ɪ'mjuːn] *adj* : **to be immune to** MED być odpornym na.

immunity [ɪ'mjuːnətɪ] *n* MED odporność *f*.

immunize *vt* szczepić/zaszczepić.

impact *n* ['ɪmpækt] [effect] wpływ *m*; [hitting] uderzenie *n*.

impair [ɪm'peəʳ] *vt* osłabiać/osłabić.

impatient [ɪm'peɪʃnt] *adj* niecierpliwy • **to be impatient to do sthg** niecierpliwić się, żeby coś zrobić.

imperative [ɪm'perətɪv] *n* GRAMM tryb *m* rozkazujący.

imperfect [ɪm'pɜːfɪkt] *n* GRAMM czas *m* przeszły niedokonany.

impersonate [ɪm'pɜːsəneɪt] *vt*

[for amusement] parodiować/sparodiować.

impertinent [ɪmˈpɜːtɪnənt] *adj* impertynencki.

implement ◇ *n* [ˈɪmplɪmənt] narzędzie *n.* ◇ *vt* [ˈɪmplɪment] wdrażać/wdrożyć.

implication [ˈɪmplɪˈkeɪʃn] *n* [consequence] konsekwencja *f.*

imply [ɪmˈplaɪ] *vt* [suggest] sugerować/zasugerować.

impolite [ˈɪmpəˈlaɪt] *adj* niegrzeczny.

import ◇ *n* [ˈɪmpɔːt] import *m.* ◇ *vt* [ɪmˈpɔːt] importować.

importance [ɪmˈpɔːtns] *n* znaczenie *n.*

important [ɪmˈpɔːtnt] *adj* ważny.

impose [ɪmˈpəʊz] ◇ *vt* narzucać/narzucić. ◇ *vi* narzucać/narzucić się • **to impose sthg on** nałożyć coś na.

impossible [ɪmˈpɒsəbl] *adj* [task, request, person, behaviour] nie możliwy.

impractical [ɪmˈpræktɪkl] *adj* niepraktyczny.

impress *vt* [ɪmˈpres] [person] wywierać/wywrzeć wrażenie na.

impression [ɪmˈpreʃn] *n* [opinion] wrażenie *n.*

impressive [ɪmˈpresɪv] *adj* imponujący.

improbable [ɪmˈprɒbəbl] *adj* nieprawdopodobny.

improper [ɪmˈprɒpəʳ] *adj* [incorrect, illegal] niewłaściwy; [rude] niestosowny.

improve [ɪmˈpruːv] ◇ *vt* poprawiać/poprawić. ◇ *vi* polepszać /polepszyć się. ➡ **improve on** ◇ *vt insep* ulepszać/ulepszyć.

improvement [ɪmˈpruːvmənt] *n* [in weather, health] poprawa *f*; [to home] ulepszenie *n.*

improvise [ˈɪmprəvaɪz] *vi* improwizować/zaimprowizować.

impulse [ˈɪmpʌls] *n* impuls *m* • **on impulse** pod wpływem impulsu.

impulsive [ɪmˈpʌlsɪv] *adj* impulsywny.

in [ɪn] ◇ *prep* -1. [expressing place, position] w ; **in here/there** tu/tam; **it comes in a box** sprzedajemy to w pudełkach; **in the street** na ulicy; **in hospital** w szpitalu; **in Scotland** w Szkocji; **in Sheffield** w Sheffield; **in the middle** w środku; **in the sun** w słońcu. -2. [participating in] w ; **who's in the play?** kto gra w tej sztuce? -3. [expressing arrangement] w ; **in half** na pół; **they come in packs of three** są sprzedawane po trzy sztuki w paczce. -4. [during] w ; **in April** w kwietniu; **in the afternoon** po południu; **in the morning** rano; **ten o'clock in the morning** dziesiąta rano; **in 1994** w 1994. -5. [within] w ciągu; [after] za ; **it'll be ready in an hour** będzie gotowe za godzinę. -6. [after] za ; **they're arriving in two weeks** przyjeżdżają za dwa tygodnie. -7. [expressing means] : **to write in ink** pisać atramentem; **painted in oils** pomalowany farbami olejnymi; **in a soft voice** łagodnym głosem; **in writing** na piśmie; **they were talking in English** rozmawiali po angielsku. -8. [wearing] w. -9. [expressing state] w ; **in a hurry** w pośpiechu; **to be in pain** cierpieć ból; **in ruins** w ruinie. -10. [with regard to] : **a change in the weather** zmiana pogody; **deaf in one ear** głuchy na jedno ucho; **a rise in prices** wzrost cen; **to be 50**

metres in length mieć 50 metrów długości. **-11.** [with numbers] : **one in ten** jeden na dziesięć. **-12.** [expressing age] : **she's in her twenties** ona ma dwadzieścia parę lat. **-13.** [with colours] : **it comes in green or blue** mamy zielone i niebieskie. **-14.** [with superlatives] w ; **the best in the world** najlepszy na świecie. <> *adv* **-1.** [inside] do środka ; **you can go in now** możesz teraz wejść do środka. **-2.** [at home, work] : **to stay in** zostać w domu; **she's not in** nie ma jej. **-3.** [train, bus, plane] przybyć ; **the train's not in yet** pociągu jeszcze nie ma. **-4.** [tide] : **the tide's in** jest przypływ. <> *adj inf* [fashionable] na topie.

inability ['ɪnə'bɪlətɪ] *n* : **inability (to do sthg)** niezdolność *f* (zrobienia czegoś).

inaccessible ['ɪnək'sesəbl] *adj* niedostępny.

inaccurate [ɪn'ækjʊrət] *adj* niedokładny.

inadequate [ɪn'ædɪkwət] *adj* [insufficient] niewystarczający.

inappropriate ['ɪnə'prəʊprɪət] *adj* niewłaściwy.

inauguration [ɪ'nɔːgjʊ'reɪʃn] *n* inauguracja *f*.

incapable [ɪn'keɪpəbl] *adj* : **to be incapable of doing sthg** nie być zdolnym do zrobienia czegoś.

incense *n* ['ɪnsens] kadzidło *n*.

incentive [ɪn'sentɪv] *n* zachęta *f*.

inch [ɪntʃ] *n* cal *m*.

incident ['ɪnsɪdənt] *n* incydent *m*.

incidentally ['ɪnsɪ'dentəlɪ] *adv* nawiasem mówiąc.

incline *n* ['ɪnklaɪn] zbocze *n*.

inclined [ɪn'klaɪnd] *adj* [sloping] pochyły • **to be inclined to do sthg** [have tendency] mieć skłonność do robienia czegoś.

include [ɪn'kluːd] *vt* zawierać/zawrzeć.

included [ɪn'kluːdɪd] *adj* [in price] wliczony • **am I included in the invitation?** czy zaproszenie mnie też dotyczy?

including [ɪn'kluːdɪŋ] *prep* wliczając.

inclusive [ɪn'kluːsɪv] *adj* : **from the 8th to the 16th inclusive** od ósmego do szesnastego włącznie • **inclusive of VAT** łącznie z VAT-em.

income ['ɪŋkʌm] *n* dochód *m*.

income support *n UK* zasiłek *m*.

income tax *n* podatek *m* dochodowy.

incoming ['ɪn'kʌmɪŋ] *adj* [train, plane] przybywający; [phone call] przychodzący.

incompetent [ɪn'kɒmpɪtənt] *adj* nieudolny.

incomplete ['ɪnkəm'pliːt] *adj* niekompletny.

inconsiderate ['ɪnkən'sɪdərət] *adj* nietaktowny.

inconsistent ['ɪnkən'sɪstənt] *adj* niekonsekwentny.

incontinent [ɪn'kɒntɪnənt] *adj* [person] nietrzymający moczu/stolca.

inconvenient ['ɪnkən'viːnjənt] *adj* [time] niedogodny; [situation] uciążliwy.

incorporate [ɪn'kɔːpəreɪt] *vt* włączać/włączyć.

incorrect ['ɪnkə'rekt] *adj* błędny.

increase <> *n* ['ɪnkriːs] [in prices, crime, wages] wzrost *m*. <> *vt* [ɪn'kriːs] [prices, productivity] zwiększać/zwiększyć. <> *vi* [ɪn'kriːs] [prices, population] wzrastać/wzrosnąć • an increase in sthg wzrost czegoś.

increasingly [ɪnˈkriːsɪŋlɪ] *adv* coraz.

incredible [ɪnˈkredəbl] *adj* niewiarygodny.

incredibly [ɪnˈkredəblɪ] *adv* [very] niewiarygodnie.

incur [ɪnˈkɜːʳ] *vt* ponosić/ponieść.

indecisive [ˈɪndɪˈsaɪsɪv] *adj* [person] niezdecydowany.

indeed [ɪnˈdiːd] *adv* [for emphasis] w istocie; [certainly] w istocie.

indefinite [ɪnˈdefɪnɪt] *adj* [time, number] nieokreślony; [answer, opinion] niejasny.

indefinitely [ɪnˈdefɪnətlɪ] *adv* [closed, delayed] na czas nieokreślony.

independence [ˈɪndɪˈpendəns] *n* [of person] niezależność *f*; [of country] niepodległość *f*.

independent [ˈɪndɪˈpendənt] *adj* [person, inquiry] niezależny; [country] niepodległy.

independently [ˈɪndɪˈpendəntlɪ] *adv* niezależnie.

independent school *n UK* szkoła *f* prywatna.

index [ˈɪndeks] *n* [of book] skorowidz *m*; [in library] katalog *m*.

index finger *n* palec *m* wskazujący.

India [ˈɪndjə] *n* Indie *pl*.

Indian [ˈɪndjən] <> *adj* indyjski. <> *n* Hindus *m*, -ka *f* • an Indian restaurant restauracja hinduska.

Indian Ocean *n* Ocean *m* Indyjski.

indicate [ˈɪndɪkeɪt] <> *vi* AUT sygnalizować/zasygnalizować. <> *vt* wskazywać /wskazać.

indicator [ˈɪndɪkeɪtəʳ] *n* AUT kierunkowskaz *m*.

indifferent [ɪnˈdɪfrənt] *adj* obojętny.

indigestion [ˈɪndɪˈdʒestʃn] *n* niestrawność *f*.

indigo [ˈɪndɪɡəʊ] *adj* indygo.

indirect [ˈɪndɪˈrekt] *adj* [route] okrężny.

individual [ˈɪndɪˈvɪdʒʊəl] <> *adj* indywidualny. <> *n* osoba *f*.

individually [ˈɪndɪˈvɪdʒʊəlɪ] *adv* [separately] osobno.

Indonesia [ˈɪndəˈniːzjə] *n* Indonezja *f*.

indoor [ˈɪndɔːʳ] *adj* : indoor swimming pool basen kryty; indoor sports sporty halowe.

indoors [ˈɪnˈdɔːz] *adv* wewnątrz budynku.

indulge [ɪnˈdʌldʒ] *vi* : to indulge in pozwalać sobie na.

industrial [ɪnˈdʌstrɪəl] *adj* przemysłowy.

industrial estate *n UK* teren *m* przemysłowy.

industry [ˈɪndʌstrɪ] *n* przemysł *m*.

inedible [ɪnˈedɪbl] *adj* niejadalny.

inefficient [ˈɪnɪˈfɪʃnt] *adj* nieefektywny.

inequality [ˈɪnɪˈkwɒlətɪ] *n* nierówność *f*.

inevitable [ɪnˈevɪtəbl] *adj* nieunikniony.

inevitably [ɪnˈevɪtəblɪ] *adv* nieuchronnie.

inexpensive [ˈɪnɪkˈspensɪv] *adj* niedrogi.

infamous [ˈɪnfəməs] *adj* niesławny.

infant [ˈɪnfənt] *n* [baby] niemowlę *n*; [young child] małe dziecko *n*.

infant school n UK ≃ zerówka f.

infatuated adj : to be infatuated with być zadurzonym w.

infected [ɪnˈfektɪd] adj zarażony.

infectious [ɪnˈfekʃəs] adj [disease] zakaźny.

inferior [ɪnˈfɪərɪəʳ] adj gorszy.

infinite [ˈɪnfɪnət] adj nieskończony.

infinitely [ˈɪnfɪnətlɪ] adv nieskończenie.

infinitive [ɪnˈfɪnɪtɪv] n bezokolicznik m.

infinity [ɪnˈfɪnətɪ] n nieskończoność f.

infirmary [ɪnˈfɜːmərɪ] n szpital m.

inflamed [ɪnˈfleɪmd] adj MED w stanie zapalnym.

inflammation [ˈɪnfləˈmeɪʃn] n MED zapalenie n.

inflatable [ɪnˈfleɪtəbl] adj nadmuchiwany.

inflate [ɪnˈfleɪt] vt nadmuchiwać/nadmuchać.

inflation [ɪnˈfleɪʃn] n [of prices] inflacja f.

inflict [ɪnˈflɪkt] vt wyrządzać/wyrządzić.

in-flight adj podczas lotu.

influence [ˈɪnfluəns] ⬦ vt wpływać/wpłynąć. ⬦ n : influence (on) [effect] wpływ na.

inform [ɪnˈfɔːm] vt informować/poinformować.

informal [ɪnˈfɔːml] adj [occasion, dress] nieformalny.

information [ˈɪnfəˈmeɪʃn] n informacja f • a piece of information informacja.

information desk n informacja f.

information office n biuro n informacji.

information superhighway n infostrada f.

informative [ɪnˈfɔːmətɪv] adj pouczający.

infuriating [ɪnˈfjʊərɪeɪtɪŋ] adj bardzo denerwujący.

ingenious [ɪnˈdʒiːnjəs] adj pomysłowy.

ingredient [ɪnˈɡriːdjənt] n składnik m.

inhabit [ɪnˈhæbɪt] vt zamieszkiwać.

inhabitant [ɪnˈhæbɪtənt] n mieszkaniec m, mieszkanka f.

inhale [ɪnˈheɪl] vi wdychać.

inhaler [ɪnˈheɪləʳ] n inhalator m.

inherit [ɪnˈherɪt] vt dziedziczyć/odziedziczyć.

inhibition [ˈɪnhɪˈbɪʃn] n zahamowanie n.

initial [ɪˈnɪʃl] ⬦ adj początkowy • initial letters początkowe litery. ⬦ vt parafować. ➡ **initials** ⬦ npl inicjały mpl.

initially [ɪˈnɪʃəlɪ] adv początkowo.

initiative [ɪˈnɪʃətɪv] n inicjatywa f.

injection [ɪnˈdʒekʃn] n MED zastrzyk m.

injure [ˈɪndʒəʳ] vt ranić/zranić • to injure o.s. zrobić sobie krzywdę.

injured [ˈɪndʒəd] adj ranny.

injury [ˈɪndʒərɪ] n obrażenie n.

ink [ɪŋk] n atrament m.

inland ⬦ adj [ˈɪnlənd] śródlądowy. ⬦ adv [ɪnˈlænd] w głąb lądu.

Inland Revenue n UK Urząd m Skarbowy.

inn [ɪn] n gospoda f.

inner [ˈɪnəʳ] adj wewnętrzny.
inner city n śródmieście n.
inner tube n dętka f.
innocence [ˈɪnəsəns] n [of crime] niewinność f.
innocent [ˈɪnəsənt] adj [of crime] niewinny.
inoculate [ɪˈnɒkjʊleɪt] vt : to inoculate sb (against sthg) zaszczepić kogoś (przeciwko czemuś).
inoculation [ɪˌnɒkjʊˈleɪʃn] n szczepienie n.
input [ˈɪnpʊt] vt COMPUT wprowadzać/wprowadzić.
inquire [ɪnˈkwaɪəʳ] = enquire.
inquiry [UK ɪnˈkwaɪərɪ, US ɪnkwərɪ] = enquiry.
insane [ɪnˈseɪn] adj obłąkany.
insect [ˈɪnsekt] n owad m.
insect repellent n środek m przeciw owadom.
insensitive [ɪnˈsensətɪv] adj [unkind] niewrażliwy.
insert vt [ɪnˈsɜːt] wkładać/włożyć.
inside [ɪnˈsaɪd] ⬦ prep [within] w. ⬦ adv [building, container etc] wewnątrz. ⬦ adj [internal] wewnętrzny. ⬦ n : the inside [interior] wnętrze; to go inside wejść do środka; inside out [clothes] na lewą stronę.
inside lane n [AUT in UK] lewy pas m; [in Europe, US] prawy pas m.
inside leg n wewnętrzna długość f nogawki.
insight [ˈɪnsaɪt] n [glimpse] wgląd m.
insignificant [ˌɪnsɪgˈnɪfɪkənt] adj [person] nic nieznaczący; [difference, amount] niewielki.

insinuate [ɪnˈsɪnjʊeɪt] vt insynuować/zainsynuować.
insist [ɪnˈsɪst] vi nalegać • to insist on doing sthg nalegać, żeby coś zrobić.
insole [ˈɪnsəʊl] n wkładka f.
insolent [ˈɪnsələnt] adj bezczelny.
insomnia [ɪnˈsɒmnɪə] n bezsenność f.
inspect [ɪnˈspekt] vt [object] badać/zbadać; [ticket, passport] kontrolować/skontrolować.
inspection [ɪnˈspekʃn] n [of object] zbadanie n; [of ticket, passport] kontrola f.
inspector [ɪnˈspektəʳ] n [on bus, train] kontroler m, -ka f; [in police force] inspektor m, -ka f.
inspiration [ˌɪnspəˈreɪʃn] n inspiracja f.
instal US = install.
install [ɪnˈstɔːl] vt UK instalować/zainstalować.
installment US = instalment.
instalment [ɪnˈstɔːlmənt] n [payment] rata f; [episode] odcinek m.
instance [ˈɪnstəns] n przypadek m • for instance na przykład.
instant [ˈɪnstənt] ⬦ adj [results, success] natychmiastowy; [food] błyskawiczny. ⬦ n [moment] moment m.
instant coffee n kawa f rozpuszczalna.
instead [ɪnˈsted] adv zamiast • instead of zamiast.
instep [ˈɪnstep] n podbicie n.
instinct [ˈɪnstɪŋkt] n instynkt m.
institute [ˈɪnstɪtjuːt] n instytut m.
institution [ˌɪnstɪˈtjuːʃn] n [organization] instytucja f.
instructions npl [for use] instrukcja f.

instructor [ɪn'strʌktə^r] n instruktor m, -ka f.

instrument ['ɪnstrʊmənt] n [musical] instrument m; [tool] narzędzie n.

insufficient ['ɪnsə'fɪʃnt] adj niewystarczający.

insulating tape ['ɪnsjʊleɪtɪŋ-] n taśma f izolacyjna.

insulation ['ɪnsjʊ'leɪʃn] n [material] izolacja f.

insulin ['ɪnsjʊlɪn] n insulina f.

insult ⬦ n ['ɪnsʌlt] zniewaga f. ⬦ vt [ɪn'sʌlt] obrażać/obrazić.

insurance [ɪn'ʃɔːrəns] n ubezpieczenie n.

insurance certificate n zaświadczenie n o ubezpieczeniu.

insurance company n firma f ubezpieczeniowa.

insurance policy n polisa f ubezpieczeniowa.

insure [ɪn'ʃɔː^r] vt ubezpieczać/ubezpieczyć.

insured [ɪn'ʃɔːd] adj : to be insured być ubezpieczonym.

intact [ɪn'tækt] adj nietknięty.

intellectual ['ɪntə'lektjʊəl] ⬦ adj [discussion, film] intelektualny. ⬦ n intelektualista m, intelektualistka f.

intelligence [ɪn'telɪdʒəns] n inteligencja f.

intelligent [ɪn'telɪdʒənt] adj inteligentny.

intend [ɪn'tend] vt zamierzać • to intend to do sthg zamierzać coś zrobić.

intense [ɪn'tens] adj silny.

intensity [ɪn'tensətɪ] n nasilenie n.

intensive [ɪn'tensɪv] adj intensywny.

intensive care n intensywna opieka f medyczna.

intent [ɪn'tent] adj : to be intent on doing sthg być zdecydowanym coś zrobić.

intention [ɪn'tenʃn] n zamiar m.

intentional [ɪn'tenʃənl] adj celowy.

intentionally [ɪn'tenʃənəlɪ] adv celowo.

interchange n ['ɪntətʃeɪndʒ] [on motorway] rozjazd m.

InterCity® ['ɪntə'sɪtɪ] n UK pociąg m InterCity.

intercom ['ɪntəkɒm] n [entryphone] domofon m; [in ship, plane] głośnik m.

interest ['ɪntrəst] ⬦ n [in politics, music etc] zainteresowanie n; [on money] oprocentowanie n. ⬦ vt interesować/zainteresować • to take an interest in sthg interesować się czymś.

interested ['ɪntrestɪd] adj [showing interest] zainteresowany • to be interested in sthg być zainteresowanym czymś.

interesting ['ɪntrəstɪŋ] adj interesujący.

interest rate n stopa f procentowa.

interfere ['ɪntə'fɪə^r] vi [meddle] wtrącać/wtrącić się • to interfere with sthg [damage] majstrować przy czymś.

interference ['ɪntə'fɪərəns] n [on TV, radio] zakłócenia npl.

interior [ɪn'tɪərɪə^r] ⬦ adj [inside] wewnętrzny. ⬦ n [of building] wnętrze n.

intermediate ['ɪntə'miːdjət] adj [stage, level] średnio zaawansowany.

intermission ['ɪntə'mɪʃn] n [at cinema, theatre] przerwa f.

internal [ɪn'tɜːnl] *adj* wewnętrzny.

internal flight *n* lot *m* krajowy.

international ['ɪntə'næʃənl] *adj* międzynarodowy.

international flight *n* lot *m* międzynarodowy.

Internet ['ɪntənet] *n* : **the Internet** Internet; **on the Internet** w Internecie.

Internet café *n* kafejka *f* internetowa.

Internet Service Provider *n* dostawca *m* usług internetowych.

interpret [ɪn'tɜːprɪt] *vi* tłumaczyć/przetłumaczyć ustnie.

interpreter [ɪn'tɜːprɪtə^r] *n* tłumacz *m* ustny, -ka *f* ustna.

interrogate [ɪn'terəgeɪt] *vt* przesłuchiwać/przesłuchać.

interrupt ['ɪntə'rʌpt] *vt* [person] przerywać/przerwać.

intersection ['ɪntə'sekʃn] *n* [of roads] skrzyżowanie *n*.

interval ['ɪntəvl] *n* przerwa *f*.

intervene [ɪntə'viːn] *vi* [person] interweniować/zainterweniować; [event] przeszkadzać/przeszkodzić.

interview ['ɪntəvjuː] ◇ *n* [on TV, in magazine] wywiad *m*; [for job] rozmowa *f* kwalifikacyjna. ◇ *vt* [on TV, in magazine] przeprowadzić/przeprowadzać wywiad; [for job] przeprowadzić/przeprowadzać rozmowę kwalifikacyjną.

interviewer ['ɪntəvjuːə^r] *n* [on TV, in magazine] osoba *f* prowadząca wywiad.

intestine [ɪn'testɪn] *n* jelito *n*.

intimate *adj* ['ɪntɪmət] [friends, relationship] bliski; [secrets, thoughts] intymny; [cosy] kameralny.

intimidate [ɪn'tɪmɪdeɪt] *vt* zastraszać/zastraszyć.

into ['ɪntʊ] *prep* [inside] do; [against] w; [concerning] nad • **4 into 20 goes 5 (times)** 20 podzielone przez 4 daje 5; **to translate into Spanish** przetłumaczyć na hiszpański; **to change into sthg** zmienić się w coś; **to be into sthg** *inf* [like] interesować się czymś.

intolerable [ɪn'tɒlrəbl] *adj* nie do zniesienia.

intransitive [ɪn'trænzətɪv] *adj* nieprzechodni.

intricate ['ɪntrɪkət] *adj* zawiły.

intriguing [ɪn'triːgɪŋ] *adj* intrygujący.

introduce ['ɪntrə'djuːs] *vt* [person] przedstawiać/przedstawić; [TV programme] przedstawiać/przedstawić • **I'd like to introduce you to Fred** chciałbym przedstawić cię Fredowi.

introduction ['ɪntrə'dʌkʃn] *n* [to book, programme] wstęp *m*; [to person] : **our guest needs no introduction** naszego gościa nie trzeba przedstawiać; **before we start, let's have introductions** może każdy się przedstawi, zanim zaczniemy.

introverted ['ɪntrəvɜːtɪd] *adj* zamknięty w sobie.

intruder [ɪn'truːdə^r] *n* intruz *m*.

intuition ['ɪntjuː'ɪʃn] *n* intuicja *f*.

invade [ɪn'veɪd] *vt* dokonywać/dokonać inwazji.

invalid [ɪn'vælɪd] ◇ *adj* ['ɪnvəlɪd] [ticket, cheque] nieważny. ◇ *n* ['ɪnvəlɪd] inwalida *m*, inwalidka *f*.

invaluable [ɪn'væljʊəbl] *adj* nieoceniony.

invariably [ɪn'veərɪəblɪ] adv [always] niezmiennie.

invasion [ɪn'veɪʒn] n najazd m.

invent [ɪn'vent] vt wynajdywać/ wynaleźć.

invention [ɪn'venʃn] n wynalazek m.

inventory ['ɪnvəntrɪ] n [list] spis m inwentarza; US [stock] inwentarz m.

inverted commas [ɪn'vɜːtɪd-] npl cudzysłów m.

invest [ɪn'vest] <> vt [money] inwestować/zainwestować. <> vi : to invest in sthg inwestować w coś.

investigate [ɪn'vestɪɡeɪt] vt [crime, causes] badać/zbadać.

investigation [ɪnvestɪ'ɡeɪʃn] n [of crime] śledztwo n; [of causes] badanie n.

investment [ɪn'vestmənt] n [of money] inwestycja f.

invisible [ɪn'vɪzɪbl] adj niewidzialny.

invitation ['ɪnvɪ'teɪʃn] n zaproszenie n.

invite vt [ɪn'vaɪt] [to party, wedding etc] zapraszać/zaprosić • to invite sb to do sthg [ask] poprosić kogoś, żeby coś zrobił; to invite sb round zaprosić kogoś do siebie.

invoice ['ɪnvɔɪs] n faktura f.

involve [ɪn'vɒlv] vt [entail] wymagać • what does it involve? czego to wymaga?; to be involved in sthg uczestniczyć w czymś.

involved [ɪn'vɒlvd] adj : what's involved? co wchodzi w grę?

inwards ['ɪnwədz] adv do środka.

IOU n skrypt m dłużny.

IQ n (abbr of intelligence quotient) współczynnik m inteligencji.

Iran [ɪ'rɑːn] n Iran m.

Iraq [ɪ'rɑːk] n Irak m.

Ireland ['aɪələnd] n Irlandia f.

iris ['aɪərɪs] (pl -es) n [flower] irys m.

Irish ['aɪrɪʃ] <> adj irlandzki. <> n [language] irlandzki m. <> npl : the Irish Irlandczycy pl.

Irish coffee n kawa f po irlandzku.

Irishman ['aɪrɪʃmən] (pl -men [-mən]) n Irlandczyk m.

Irish stew n baranina duszona z cebulą i ziemniakami.

Irishwoman ['aɪrɪʃ'wʊmən] (pl -women [-'wɪmɪn]) n Irlandka f.

iron ['aɪən] <> n [metal] żelazo n; [for clothes] żelazko n; [golf club] metalowy kij m golfowy. <> vt prasować/wyprasować.

ironic [aɪ'rɒnɪk] adj ironiczny.

ironing board n deska f do prasowania.

irrelevant [ɪ'reləvənt] adj nieistotny.

irresistible ['ɪrɪ'zɪstəbl] adj : she's irresistible nie można jej się oprzeć.

irrespective ['ɪrɪ'spektɪv] ➡ **irrespective of** prep bez względu na.

irresponsible ['ɪrɪ'spɒnsəbl] adj nieodpowiedzialny.

irrigation ['ɪrɪ'ɡeɪʃn] n nawadnianie n.

irritable ['ɪrɪtəbl] adj drażliwy.

irritate ['ɪrɪteɪt] vt [annoy] irytować/zirytować; [inflame] podrażniać/podrażnić.

irritating ['ɪrɪteɪtɪŋ] adj [annoying] irytujący.

IRS *n US* Urząd *m* Skarbowy.

is [ɪz] ▷ **be**.

Islam ['ɪzlɑːm] *n* islam *m*.

island ['aɪlənd] *n* [in water] wyspa *f*; [in road] wysepka *f*.

isle [aɪl] *n* wyspa *f*.

isolated ['aɪsəleɪtɪd] *adj* odosobniony; [error] pojedynczy.

Israel ['ɪzreɪəl] *n* Izrael *m*.

issue ['ɪʃuː] ◇ *n* [problem, subject] kwestia *f*; [of newspaper, magazine] wydanie *n*. ◇ *vt* [statement] wydawać/wydać; [passport, document] wystawiać/wystawić; [stamps, bank notes] emitować/wyemitować.

it [ɪt] *pron* -1. [referring to specific thing] [subject] on *m*, ona *f*, ono *n*; [direct object] go *m*, ją *f*, je *n*; [indirect object] mu *m* LUB *n*, jej *f* ; **it's big** jest duże; **she hit it** uderzyła go; **you've got my book, give it to me** masz moją książkę, daj mi ją. -2. [nonspecific] to ; **it's nice here** ładnie tu; **I can't remember it** nie pamiętam tego; **tell me about it** opowiedz mi o tym; **it's me** to ja; **who is it?** kto tam? -3. [used impersonally] : **it's hot** jest gorąco; **it's six o'clock** jest szósta; **it's Sunday** jest niedziela.

Italian [ɪ'tæljən] ◇ *adj* włoski. ◇ *n* [person] Włoch *m*, Włoszka *f*; [language] *m* włoski • **an Italian restaurant** restauracja *f* włoska.

Italy ['ɪtəlɪ] *n* Włochy *pl*.

itch [ɪtʃ] *vi* swędzić.

item ['aɪtəm] *n* [object] rzecz *f*; [of news] wiadomość *f*; [on agenda] punkt *m*.

itemized bill *n* rachunek *m* szczegółowy.

its [ɪts] *adj* jego; [referring back to subj] swój.

it's [ɪts] = it is= it has.

itself [ɪt'self] *pron* [reflexive] się; [after prep] siebie • **the house itself is fine** sam dom jest piękny.

I've [aɪv] = I have.

ivory ['aɪvərɪ] *n* [substance] kość *f* słoniowa.

ivy ['aɪvɪ] *n* bluszcz *m*.

J

jab [dʒæb] *n UK inf* [injection] zastrzyk *m*.

jack [dʒæk] *n* [for car] podnośnik *m*· [playing card] walet *m*.

jacket ['dʒækɪt] *n* [garment for man] marynarka *f*; [for woman] żakiet *m*; [of book] obwoluta *f*; [of potato] mundurek *m*.

jacket potato *n* ziemniak *m* w mundurku.

jack-knife *vi* składać/złożyć się jak scyzoryk.

Jacuzzi® [dʒə'kuːzɪ] *n* jacuzzi *n*.

jade [dʒeɪd] *n* [stone] nefryt *m*.

jail [dʒeɪl] *n* więzienie *n*.

jam [dʒæm] ◇ *n* [food] dżem *m*; [of traffic] korek *m*; *inf* [difficult situation] tarapaty *pl*. ◇ *vt* [pack tightly] upychać/upchnąć. ◇ *vi* [get stuck] zablokowywać/zablokować się • **the roads are jammed** drogi są zakorkowane.

jam-packed *adj inf* zapchany.

Jan. (*abbr of* **January**) *styczeń*.

janitor [ˈdʒænɪtəʳ] *n US & Scot* dozorca *m*, dozorczyni *f*.

January [ˈdʒænjʊərɪ] *n* styczeń *m* *see also* **September**.

Japan *n* Japonia *f*.

Japanese [ˌdʒæpəˈniːz] ⟨⟩ *adj* japoński. ⟨⟩ *n* [language] japoński *m*. ⟨⟩ *npl* : **the Japanese** Japończycy *mpl*.

jar [dʒɑːʳ] *n* słoik *m*.

javelin [ˈdʒævlɪn] *n* oszczep *m*.

jaw [dʒɔː] *n* szczęka *f*.

jazz [dʒæz] *n* jazz *m*.

jealous [ˈdʒeləs] *adj* zazdrosny.

jeans [dʒiːnz] *npl* dżinsy *pl*.

Jeep® [dʒiːp] *n* jeep *m*.

Jello® *n US* galaretka *f* owocowa.

jelly [ˈdʒelɪ] *n* [dessert] galaretka *f*; *US* [jam] dżem *m*.

jellyfish [ˈdʒelɪfɪʃ] *n* meduza *f*.

jeopardize [ˈdʒepədaɪz] *vt* zagrażać/zagrozić.

jerk [dʒɜːk] *n* [movement] szarpnięcie *n*; *inf* [idiot] palant *m*.

jersey (*pl* -s) *n* [garment] sweter *m*.

jet [dʒet] *n* [aircraft] samolot *m* odrzutowy; [of liquid, gas] strumień *m*; [outlet] ustnik *m*.

jetfoil [ˈdʒetfɔɪl] *n* wodolot *m*.

jet lag *n* zmęczenie *n* po podróży samolotem *(spowodowane zmianą stref czasowych)*.

jet-ski *n* skuter *m* wodny.

jetty [ˈdʒetɪ] *n* molo *n*.

Jew [dʒuː] *n* Żyd *m*, -ówka *f*.

jewel [ˈdʒuːəl] *n* klejnot *m*. ► **jewels** *npl* [jewellery] biżuteria *pl*.

jeweler's *US* = **jeweller's**.

jeweller's *n UK* jubiler *m*.

jewellery [ˈdʒuːəlrɪ] *n UK* biżuteria *pl*.

jewelry *US* = **jewellery**.

Jewish [ˈdʒuːɪʃ] *adj* żydowski.

jigsaw (puzzle) *n* puzzle *pl*.

jingle [ˈdʒɪŋgl] *n* [of advert] slogan *m* reklamowy.

job *n* [regular work] praca *f*; [task] zadanie *n*; [function] rola *f* • **to lose one's job** stracić pracę.

job centre *n UK* Urząd *m* Pracy.

jockey [ˈdʒɒkɪ] (*pl* -s) *n* dżokej *m*, -ka *f*.

jog [dʒɒg] ⟨⟩ *vt* [bump] trącić/potrącić. ⟨⟩ *vi* uprawiać jogging. ⟨⟩ *n* : **to go for a jog** iść pobiegać.

jogging [ˈdʒɒgɪŋ] *n* jogging • **to go jogging** iść biegać.

join [dʒɔɪn] *vt* [club, organization] wstępować/wstąpić do; [fasten together] łączyć/połączyć; [come together with] dołączać/dołączyć do; [connect] łączyć/połączyć; [participate in] przyłączać/przyłączyć się do • **will you join me for dinner?** zje pan ze mną obiad?; **to join a queue** dołączyć do kolejki; **the road joins the motorway at junction 12** droga łączy się z autostradą na skrzyżowaniu 12. ► **join in** *vt insep* przyłączać/przyłączyć się do. ⟨⟩ *vi* przyłączać/przyłączyć się.

joint [dʒɔɪnt] ⟨⟩ *adj* wspólny. ⟨⟩ *n* [of body] staw *m*; *UK* [of meat] sztuka *f*; [in structure] złącze *n*.

joke [dʒəʊk] ⟨⟩ *n* żart *m*. ⟨⟩ *vi* żartować/zażartować.

joker [ˈdʒəʊkəʳ] *n* [playing card] dżoker *m*.

jolly [ˈdʒɒlɪ] ⟨⟩ *adj* [cheerful] wesoły. ⟨⟩ *adv UK inf* [very] strasznie.

jolt [dʒəʊlt] *n* wstrząs *m*.

jot [dʒɒt] ➠ **jot down** *vt sep* notować/zanotować.

journal ['dʒɜːnl] *n* [professional magazine] czasopismo *n*; [diary] dziennik *m*.

journalist ['dʒɜːnəlɪst] *n* dziennikarz *m*, dziennikarka *f*.

journey ['dʒɜːnɪ] (*pl* -s) *n* podróż *f*.

joy [dʒɔɪ] *n* radość *f*.

joypad *n* [of video game] joypad *m*.

joyrider ['dʒɔɪraɪdə^r] *n* *osoba, która kradnie samochód, aby się nim przejechać*.

joystick ['dʒɔɪstɪk] *n* [of video game] dżojstik *m*.

judge [dʒʌdʒ] <> *n* sędzia *m*, sędzina *f*. <> *vt* [competition] sędziować; [evaluate] oceniać/ocenić.

judgement *n* LAW wyrok *m*; [opinion] pogląd *m*; [capacity to judge] rozsądek *m*.

judo ['dʒuːdəʊ] *n* judo *n*.

jug [dʒʌg] *n* dzbanek *m*.

juggernaut ['dʒʌgənɔːt] *n* UK tir *m*.

juggle ['dʒʌgl] *vi* żonglować.

juice [dʒuːs] *n* [from fruit, vegetables] sok *m*; [from meat] sos *m* własny.

juicy ['dʒuːsɪ] *adj* [food] soczysty.

jukebox ['dʒuːkbɒks] *n* szafa *f* grająca.

Jul. (*abbr of* July) *lipiec*.

July [dʒuː'laɪ] *n* lipiec *m* see also **September**.

jumble sale *n* UK *wyprzedaż rzeczy używanych na cele dobroczynne*.

jumbo ['dʒʌmbəʊ] *adj* *inf* [big] olbrzymi.

jumbo jet *n* wielki odrzutowiec *m* pasażerski.

jump [dʒʌmp] <> *n* skok *m*. <> *vi* [through air] skakać/skoczyć; [with fright] podskoczyć; [increase] wzrastać/wzrosnąć gwałtownie. <> *vt* US [train, bus] jechać/pojechać na gapę • **to jump the queue** UK wepchnąć się poza kolejką.

jumper ['dʒʌmpə^r] *n* UK [pullover] sweter *m*; US [dress] bezrękawnik *m*.

jump leads *npl* przewody *mpl* rozruchowe.

Jun. (*abbr of* June) *czerwiec*.

junction ['dʒʌŋkʃn] *n* [of roads] skrzyżowanie *n*; [of railway lines] węzeł *m* kolejowy.

June [dʒuːn] *n* czerwiec *m* see also **September**.

jungle ['dʒʌŋgl] *n* dżungla *f*.

junior ['dʒuːnjə^r] <> *adj* [of lower rank] młodszy; US [after name] junior. <> *n* [younger person] : **she's 3 years my junior** jest ode mnie o 3 lata młodsza.

junior school *n* UK szkoła *f* podstawowa *(dla uczniów w wieku od 7 do 11 lat)*.

junk [dʒʌŋk] *n* *inf* [unwanted things] rupiecie *mpl*.

junk food *n* *inf* niezdrowe jedzenie *n*.

junkie ['dʒʌŋkɪ] *n* *inf* ćpun *m*, -ka *f*.

junk shop *n* sklep *m* ze starzyzną.

jury ['dʒʊərɪ] *n* LAW ława *f* przysięgłych; [in competition] jury *n*.

just <> *adv* właśnie; [only] tylko; [slightly] trochę. <> *adj* sprawiedliwy • **I'm just coming** już idę; **it's just five o'clock** jest dokładnie piąta; **to be just**

about to do sthg właśnie mieć coś do zrobienia; **she's just done it** właśnie to zrobiła; **just about** [almost] prawie; **(only) just** [almost not] o mało co; **just a minute!** chwileczkę!; **that's just what I wanted** to jest dokładnie to, co chciałem; **it's just as good as the other one** jest nie gorszy od tamtego.

justice ['dʒʌstɪs] *n* sprawiedliwość *f*.

justify ['dʒʌstɪfaɪ] *vt* uzasadniać/uzasadnić.

jut [dʒʌt] ➡ **jut out** *vi* wystawać.

juvenile ['dʒuːvənaɪl] *adj* [young] młodociany; [childish] dziecinny.

K

kangaroo ['kæŋgə'ruː] *n* kangur *m*, kangurzyca *f*.

karate [kə'rɑːtɪ] *n* karate *n*.

kebab [kɪ'bæb] *n* : **(doner) kebab** gyros *m*; **(shish) kebab** szaszłyk *m*.

keel [kiːl] *n* kil *m*.

keen [kiːn] *adj* [enthusiastic] zapalony; [eyesight, hearing] wyostrzony • **to be keen on** być zapalonym do; **to be keen to do sthg** bardzo chcieć coś zrobić.

keep [kiːp] (*pt & pp* **kept** [kept]) ⬦ *vt* zatrzymywać/zatrzymać; [in place] trzymać; [promise] dotrzymywać/dotrzymać; [appointment] stawiać/stawić się na; [secret] zachowywać/zachować; [record, diary] prowadzić. ⬦ *vi* [food] nie psuć/popsuć się; [remain] : **try and keep warm** staraj się nie zmarznąć; **to keep awake** nie zasnąć • **to keep (on) doing sthg** [do continuously] nie przestawać czegoś robić; [do repeatedly] ciągle coś robić; **to keep sb from doing sthg** powstrzymać kogoś od zrobienia czegoś; **keep back!** nie zbliżać się!; **'keep in lane!'** *zakaz zmiany pasa ruchu*; **'keep left'** trzymać się lewej strony; **'keep off the grass!'** nie deptać trawnika!; **'keep out!'** ≃ wstęp wzbroniony!; **'keep your distance!'** zachowaj odstęp!; **to keep clear (of)** trzymać się z dala od. ➡ **keep up** ⬦ *vt sep* utrzymywać/utrzymać. ⬦ *vi* [maintain pace, level *etc*] nadążać za.

keep-fit *n UK* zajęcia *npl* gimnastyczne.

kennel ['kenl] *n* buda *f* dla psa.

kept [kept] *pt & pp* ⊳ **keep**.

kerb [kɜːb] *n UK* krawężnik *m*.

kerosene ['kerəsiːn] *n US* nafta *f*.

ketchup ['ketʃəp] *n* keczup *m*.

kettle ['ketl] *n* czajnik *m* • **to put the kettle on** wstawić wodę.

key [kiː] ⬦ *n* [for lock] klucz *m*; [of piano, typewriter] klawisz *m*; [of map] legenda *f*. ⬦ *adj* kluczowy.

keyboard ['kiːbɔːd] *n* [of typewriter, piano] klawiatura *f*; [musical instrument] syntezator *m*.

keyhole ['kiːhəʊl] *n* dziurka *f* od klucza.

keypad ['kiːpæd] *n* klawiatura *f* pomocnicza.

key ring *n* kółko *n* na klucze.

kg (*abbr of* **kilogram**) kg *m*.

kick [kɪk] ⬦ *n* [of foot] kopniak

m. <> *vt* [with foot] kopać/kopnąć.

kickoff ['kɪkɒf] *n* rozpoczęcie *n* meczu.

kid [kɪd] <> *n inf* [child] dzieciak *m*; [young person] małolat *m*. <> *vi* [joke] żartować/zażartować.

kidnap ['kɪdnæp] *vt* porywać/porwać.

kidnaper *US* = kidnapper.

kidnapper ['kɪdnæpə'] *n UK* porywacz *m*, -ka *f*.

kidney ['kɪdnɪ] (*pl* -s) *n* [organ] nerka *f*; [food] cynadra *f*.

kidney bean *n* fasola *f* czerwona.

kill [kɪl] *vt* zabijać/zabić • my feet are killing me! stopy strasznie mnie bolą!

killer ['kɪlə'] *n* zabójca *m*, zabójczyni *f*.

kilo ['kiːləʊ] (*pl* -s) *n* kilo *n*.

kilogram *n* kilogram *m*.

kilometre ['kɪləˌmiːtə', kɪ'lɒmɪtə'] *n* kilometr *m*.

kilt [kɪlt] *n* szkocka spódniczka *f*.

kind <> *adj* życzliwy. <> *n* [sort, type] rodzaj *m* • kind of *inf* trochę.

kindergarten ['kɪndəˌgɑːtn] *n* przedszkole *n*.

kindly ['kaɪndlɪ] *adv* : would you kindly...? czy mógłbyś łaskawie...?

kindness ['kaɪndnɪs] *n* życzliwość *f*.

king [kɪŋ] *n* król *m*.

kingfisher ['kɪŋˌfɪʃə'] *n* zimorodek *m*.

king prawn *n* krewetka *f* królewska.

king-size bed *n łóżko podwójne o ponadstandardowych wymiarach.*

kiosk ['kiːɒsk] *n* [for newspapers etc] kiosk *m*; *UK* [phone box] budka *f* telefoniczna.

kipper ['kɪpə'] *n* śledź *m* wędzony.

kiss [kɪs] <> *n* pocałunek *m*. <> *vt* całować/pocałować.

kiss of life *n* sztuczne oddychanie *n* metodą usta-usta.

kit [kɪt] *n* zestaw *m*; [clothes] strój *m*.

kitchen ['kɪtʃɪn] *n* kuchnia *f*.

kitchen unit *n* szafka *f* kuchenna.

kite [kaɪt] *n* [toy] latawiec *m*.

kitten ['kɪtn] *n* kocię *n*.

kitty ['kɪtɪ] *n* [for regular expenses] wspólna kasa *f*.

kiwi fruit *n* (owoc) kiwi *n*.

Kleenex® ['kliːneks] *n* chusteczka *f* higieniczna.

km (*abbr of* kilometre) km *m*.

km/h (*abbr of* kilometres per hour) km/godz.

knack [næk] *n* : to have the knack of doing sthg mieć dryg do robienia czegoś.

knackered ['nækəd] *adj UK inf* wykończony.

knee [niː] *n* kolano *n*.

kneecap ['niːkæp] *n* rzepka *f*.

kneel [niːl] (*pt&pp* knelt [nelt]) *vi* [be on one's knees] klęczeć/klęknąć; [go down on one's knees] uklęknąć.

knew [njuː] *pt* > know.

knickers ['nɪkəz] *npl UK* [underwear] majtki *pl*.

knife [naɪf] (*pl* knives) *n* nóż *m*.

knight [naɪt] *n* [in history] rycerz *m*; [in chess] konik *m*.

knit [nɪt] *vt* robić/zrobić na drutach.

knitted ['nɪtɪd] *adj* zrobiony na drutach.

knitting ['nɪtɪŋ] *n* [thing being knitted] robótka *f*; [activity] robienie *n* na drutach.

knitting needles *n* druty *mpl* *(do robótek z dzianiny)*.

knitwear ['nɪtweəʳ] *n* dzianina *f*.

knives [naɪvz] *pl* ⊳ **knife**.

knob [nɒb] *n* [on door *etc*] gałka *f*; [on machine] pokrętło *n*.

knock [nɒk] ⟨⟩ *n* [at door] pukanie *n*. ⟨⟩ *vt* [hit] uderzać/uderzyć; [move] strącać/strącić. ⟨⟩ *vi* [at door *etc*] pukać/zapukać. ➤ **knock down** ⟨⟩ *vt sep* [pedestrian] potrącać/potrącić; [building] burzyć/zburzyć; [price] obniżać/obniżyć. ➤ **knock out** ⟨⟩ *vt sep* [make unconscious] nokautować/znokautować; [of competition] eliminować/wyeliminować z zawodów. ➤ **knock over** ⟨⟩ *vt sep* [glass, vase] przewracać/przewrócić; [pedestrian] potrącać/potrącić.

knocker ['nɒkəʳ] *n* [on door] kołatka *f*.

knot [nɒt] *n* węzeł *m*; [tangle] supeł *m*.

know [nəʊ] *(pt* knew, *pp* known) *vt* znać; [have knowledge of] wiedzieć • **to get to know sb** poznać kogoś; **to know about sthg** [understand] wiedzieć o czymś; [have heard] wiedzieć coś; **to know how to do sthg** wiedzieć, jak coś się robi; **to know of** znać; **to be known as** być znanym jako; **to let sb know sthg** powiadomić kogoś o czymś; **you know** [for emphasis] no wiesz.

knowledge ['nɒlɪdʒ] *n* wiedza *f*

• **to my knowledge** jak mi wiadomo.

known [nəʊn] *pp* ⊳ **know**.

knuckle ['nʌkl] *n* [of hand] knykieć *m*; [of pork] golonka *f*.

Koran [kɒ'rɑːn] *n* : **the Koran** Koran *m*.

L

l [el] *(abbr of* litre) l *m*.

L [el] *(abbr of* learner) L; *(abbr of* large) L.

lab *n inf* laboratorium *n*.

label ['leɪbl] *n* [tag] etykieta *f*.

labor *US* = **labour**.

laboratory [*UK* lə'bɒrətrɪ, *US* 'læbrə'tɔːrɪ] *n* laboratorium *n*.

labour ['leɪbəʳ] *n* [work] praca *f* • **to be in labour** MED rodzić.

labourer ['leɪbərəʳ] *n* pracownik *m* fizyczny, pracownica *f* fizyczna.

Labour Party *n UK* Partia *f* Pracy.

labour-saving *adj* usprawniający pracę.

lace [leɪs] *n* [material] koronka *f*; [for shoe] sznurowadło *n*.

lace-ups *npl* buty *mpl* sznurowane.

lack [læk] ⟨⟩ *n* brak *m*. ⟨⟩ *vt* brakować. ⟨⟩ *vi* : **to be lacking** brakować.

lacquer ['lækəʳ] *n* lakier *m*.

lad [læd] *n inf* [boy] chłopak *m*.

ladder ['lædə^r] *n* [for climbing] drabina *f*; *UK* [in tights] oczko *n*.

ladies ['leɪdɪz] *n UK* [toilet] toaleta *f* damska.

ladies room *US* = ladies.

ladieswear *n* odzież *f* damska.

ladle ['leɪdl] *n* chochla *f*.

lady ['leɪdɪ] *n* [woman] pani *f*; [woman of high status] dama *f*.

ladybird ['leɪdɪbɜːd] *n UK* biedronka *f*.

ladybug ['leɪdɪbʌg] *US* = ladybird.

lag [læg] *vi* : **to lag behind** pozostawać w tyle.

lager ['lɑːgə^r] *n* piwo *n* jasne.

lagoon [lə'guːn] *n* laguna *f*.

laid [leɪd] *pt & pp* ⊳ lay.

lain [leɪn] *pp* ⊳ lie.

lake [leɪk] *n* jezioro *n*.

Lake District *n* : **the Lake District** *pojezierze na północy Anglii*.

lamb [læm] *n* [animal] jagnię *n*; [meat] jagnięcina *f*.

lamb chop *n* kotlet *m* jagnięcy.

lame [leɪm] *adj* [person, animal] kulawy.

lamp [læmp] *n* lampa *f*.

lamppost ['læmppəʊst] *n* latarnia *f*.

lampshade ['læmpʃeɪd] *n* abażur *m*.

land [lænd] ⇔ *n* [solid ground] ląd *m*; [nation] kraj *m*; [property] teren *m*. ⇔ *vi* [plane] lądować/ wylądować; [passengers] wysiadać/wysiąść; [fall] upadać/upaść.

landing ['lændɪŋ] *n* [of plane] lądowanie *n*; [on stairs] podest *m*.

landlady ['lænd'leɪdɪ] *n* [of house] właścicielka *f*; [of pub] kierowniczka *f*.

landlord ['lændlɔːd] *n* [of house]

właściciel *m*; [of pub] kierownik *m*.

landmark ['lændmɑːk] *n* [in landscape, city] punkt *m* orientacyjny.

landscape ['lændskeɪp] *n* krajobraz *m*.

landslide ['lændslaɪd] *n* osunięcie się *n* ziemi.

lane [leɪn] *n* [in town] uliczka *f*; [in country] droga *f* lokalna; [on road, motorway] pas *m* ruchu • '**get in lane**' [on road, motorway] *zakaz zmiany pasa ruchu*.

language ['læŋgwɪdʒ] *n* język *m*; [words] : **bad language** wulgarne wyrażanie się *n*.

lap [læp] *n* [of person] kolana *npl*; [of race] okrążenie *n*.

lapel [lə'pel] *n* klapa *f*.

lapse [læps] *vi* [passport, membership] wygasać/wygasnąć.

lard [lɑːd] *n* smalec *m*.

larder ['lɑːdə^r] *n* spiżarnia *f*.

large [lɑːdʒ] *adj* duży.

largely ['lɑːdʒlɪ] *adv* w dużej mierze.

large-scale *adj* na dużą skalę.

lark [lɑːk] *n* skowronek *m*.

laryngitis ['lærɪn'dʒaɪtɪs] *n* zapalenie *n* krtani.

lasagne [lə'zænjə] *n* lasagne *f*.

laser ['leɪzə^r] *n* laser *m*.

lass [læs] *n inf* [girl] dziewczyna *f*.

last ⇔ *adj* ostatni. ⇔ *adv* [most recently] ostatnio; [at the end] na końcu. ⇔ *pron* : **she was the last to come** przyszła ostatnia; **the last but one** przedostatni; **the day before last** przedwczoraj • **last year** w zeszłym roku; **the last year** zeszły rok; **at last** wreszcie. ⇔ *vi* [expressing duration] trwać; [be enough] wystar-

czać/wystarczyć; [keep fresh] za-
chowywać/zachować świeżość.

lastly ['lɑːstlɪ] *adv* na koniec.

last-minute *adj* w ostatniej
chwili.

latch [lætʃ] *n* zapadka *f* • **to be on
the latch** być zamkniętym na
klamkę.

late [leɪt] ⬦ *adj* [not on time]
spóźniony; [near end of, after
usual time] późny; [dead] świętej
pamięci. ⬦ *adv* [not on time] z
opóźnieniem; [near end of period]
pod koniec; [after usual time]
późno.

lately ['leɪtlɪ] *adv* ostatnio.

late-night *adj* [shopping] późny;
[film, news] nadawany późno w
nocy.

later ['leɪtər] ⬦ *adj* [train] późniejszy. ⬦ *adv* : **later (on)** później • **at a later date** w później-
szym terminie.

latest ['leɪtɪst] *adj* : **the latest
fashion** ostatnia moda *f*; **the
latest** [in series, in fashion] nowość
f • **at the latest** najpóźniej.

lather ['lɑːðər] *n* piana *f*.

Latin ['lætɪn] *n* [language] łacina *f*.

Latin America *n* Ameryka *f*
Łacińska.

Latin American ⬦ *adj* laty-
noamerykański. ⬦ *n* Latynos
m, -ka *f*.

latitude ['lætɪtjuːd] *n* szerokość *f*
geograficzna.

latter ['lætər] *n* : **the latter** drugi
m, druga *f* z wymienionych.

laugh [lɑːf] ⬦ *n* [sound] śmiech
m. ⬦ *vi* śmiać/zaśmiać się
• **she gave a laugh** zaśmiała
się; **to have a laugh** *UK inf* [have
fun] dobrze się bawić.
➡ **laugh at** ⬦ *vt insep*
[mock] wyśmiewać/wyśmiać.

laughter ['lɑːftər] *n* śmiech *m*.

launch [lɔːntʃ] *vt* [boat] spusz-
czać/spuścić na wodę; [new pro-
duct] wprowadzać/wprowadzić
na rynek.

launderette ['lɔːndəret] *n* pralnia *f* samoobsługowa.

laundry ['lɔːndrɪ] *n* [washing]
pranie *n*; [place] pralnia *f*.

lavatory ['lævətrɪ] *n* toaleta *f*.

lavender ['lævəndər] *n* [plant]
lawenda *f*.

lavish ['lævɪʃ] *adj* [meal] obfity;
[decoration] wystawny.

law [lɔː] *n* LAW prawo *n* • **the law**
LAW [set of rules] prawo *n*; **to be
against the law** być wbrew
prawu.

lawn [lɔːn] *n* trawnik *m*.

lawnmower ['lɔːnˌməʊər] *n* kosiarka *f* do trawy.

lawyer ['lɔːjər] *n* prawnik *m*,
prawniczka *f*.

laxative ['læksətɪv] *n* środek *m*
przeczyszczajacy.

lay [leɪ] (*pt & pp* **laid**) ⬦ *pt*
▷ **lie.** ⬦ *vt* [place] kłaść/poło-
żyć; [egg] znosić/znieść • **to lay
the table** nakryć do stołu.
➡ **lay off** ⬦ *vt sep* [worker]
zwalniać/zwolnić. ➡ **lay on**
⬦ *vt sep* [food, transport, enter-
tainment] organizować/zorgani-
zować. ➡ **lay out** ⬦ *vt sep*
[display] wyłożyć/wykładać.

lay-by (*pl* **lay-bys**) *n* zatoczka *f*.

layer ['leɪər] *n* [of dust, clothing]
warstwa *f*.

layman ['leɪmən] (*pl* **-men** [-mən])
n laik *m*, laiczka *f*.

layout ['leɪaʊt] *n* [of building,
streets] rozkład *m* • **'new road
layout'** zmiana *f* organizacji
ruchu.

lazy ['leɪzɪ] *adj* [person] leniwy.

lb (*abbr of* **pound**) funt *m*.

lead¹ (*pt & pp* **led**) ⬦ *vt* prowadzić/poprowadzić; [take across] prowadzić/przeprowadzić; [take to] zaprowadzać/zaprowadzić. ⬦ *vi* [be winning] prowadzić. ⬦ *n* [for dog] smycz *f*; [cable] przewód *m* • **to lead sb to do sthg** sprawić, że ktoś coś zrobi; **to lead to** prowadzić do; **to lead the way** iść przodem; **to be in the lead** [in race, match] być na prowadzeniu.

lead² ⬦ *n* [metal] ołów *m*; [for pencil] grafit *m*. ⬦ *adj* ołowiany.

leaded petrol *n* benzyna *f* ołowiowa.

leader ['liːdər] *n* [person in charge] przywódca *m*, przywódczyni *f*; [in race] lider *m*, -ka *f*.

leadership ['liːdəʃɪp] *n* przywództwo *n*.

lead-free [led-] *adj* bezołowiowy.

leading *adj* [most important] czołowy.

lead singer *n* główny wokalista *m*, główna wokalistka *f*.

leaf [liːf] (*pl* **leaves** [liːvz]) *n* liść *m*.

leaflet ['liːflɪt] *n* ulotka *f*.

league [liːg] *n* liga *f*.

leak [liːk] ⬦ *n* [hole] dziura *f*; [of gas, water] wyciek *m*. ⬦ *vi* [roof, tank] przeciekać/przeciec.

lean [liːn] (*pt & pp* **leant** OR *pt & pp* **leaned**) ⬦ *adj* [meat] chudy; [person] szczupły; [animal] smukły. ⬦ *vi* [bend] nachylać/nachylić się. ⬦ *vt* : **to lean sthg against sthg** opierać coś o coś • **to lean on** opierać się na. ➤ **lean forward** ⬦ *vi* pochylać/pochylić się do przodu. ➤ **lean over** ⬦ *vi* przechylać/przechylić się.

leap [liːp] (*pt & pp* **leapt** OR *pt & pp* **leaped**) *vi* [jump] skakać/skoczyć.

leap year *n* rok *m* przestępny.

learn [lɜːn] (*pt & pp* **learnt** OR *pt & pp* **learned**) *vt* uczyć/nauczyć się • **to learn (how) to do sthg** uczyć się robienia czegoś; **to learn about sthg** [hear about] dowiedzieć się o czymś; [study] uczyć się o czymś.

learner (driver) *n* osoba *f* uczestnicząca w kursie prawa jazdy.

learnt [lɜːnt] *pt & pp* ➢ **learn**.

lease [liːs] ⬦ *n* dzierżawa *f*. ⬦ *vt* dzierżawić/wydzierżawić • **to lease sthg from sb** wydzierżawić coś od kogoś; **to lease sthg to sb** wydzierżawić coś komuś.

leash [liːʃ] *n* smycz *f*.

least [liːst] ⬦ *adv & adj* najmniej. ⬦ *pron* : **(the) least** najmniej; **at least** [with quantities, numbers] co najmniej; [to indicate an advantage] przynajmniej.

leather ['leðər] *n* skóra *f*. ➤ **leathers** *npl* [of motorcyclist] *kurtka i spodnie skórzane dla motocyklistów*.

leave (*pt & pp* **left**) ⬦ *vt* zostawiać/zostawić; [school, job] zrezygnować z; [wife, husband] opuszczać/opuścić; [mark, scar] pozostawiać/pozostawić; [go away from] [on foot] wychodzić/wyjść z; [in vehicle] wyjeżdżać/wyjechać z. ⬦ *vi* odchodzić/odejść. ⬦ *n* [time off work] urlop *m* • **to leave a message** zostawić wiadomość. ➤ **leave behind** ⬦ *vt sep* zostawiać/zostawić. ➤ **leave out** ⬦ *vt sep* pomijać/pominąć.

leaves [liːvz] *pl* ➢ **leaf**.

Lebanon ['lebənən] *n* Liban *m*.

lecture ['lektʃəʳ] n [at university, conference] wykład m.

lecturer ['lektʃərəʳ] n wykładowca m, wykładowczyni f.

lecture theatre n aula f.

led [led] pt & pp ▷ lead.

ledge [ledʒ] n parapet m.

leek [liːk] n por m.

left ◇ pt & pp ▷ leave. ◇ adj [not right] lewy. ◇ adv w lewo. ◇ n lewa strona f • on the left [direction] po lewej; to be left pozostać.

left-hand adj [side, lane] lewy.

left-hand drive n samochód z lewostronnym układem kierowniczym.

left-handed [-'hændɪd] adj [person] leworęczny; [implement] przystosowany dla leworęcznych.

left-luggage locker n UK skrytka f bagażowa.

left-luggage office n UK przechowalnia f bagażu.

left-wing adj lewicowy.

leg [leg] n noga f; [of trousers] nogawka f • leg of lamb udziec m barani.

legal ['liːgl] adj [concerning the law] prawny; [lawful] legalny.

legal aid n bezpłatna pomoc f prawna.

legalize ['liːgəlaɪz] vt legalizować/zalegalizować.

legal system n system m prawny.

legend ['ledʒənd] n legenda f.

leggings ['legɪŋz] npl leginsy pl.

legible ['ledʒəbl] adj czytelny.

legislation ['ledʒɪs'leɪʃn] n ustawodawstwo n.

legitimate adj [lɪ'dʒɪtɪmət] uzasadniony.

leisure [UK 'leʒəʳ, US 'liːʒər] n czas m wolny.

leisure centre n kompleks m rekreacyjny.

leisure pool n basen m rekreacyjny.

lemon ['lemən] n cytryna f.

lemonade ['lemə'neɪd] n lemoniada f.

lemon curd n UK krem m cytrynowy.

lemon juice n sok m z cytryny.

lemon meringue pie n tarta pokryta masą bezową i wypełniona kremem cytrynowym.

lemon sole n sola f.

lemon tea n herbata f z cytryną.

lend [lend] (pt & pp lent [lent]) vt pożyczać/pożyczyć • to lend sb sthg pożyczyć komuś coś.

length [leŋθ] n długość f; [in time] czas m trwania.

lengthen ['leŋθən] vt wydłużać/wydłużyć.

lens [lenz] n [of camera] obiektyw m; [of glasses] szkło n; [contact lens] soczewka f.

lent pt & pp ▷ lend.

Lent n Wielki Post m.

lentils npl soczewica f.

leopard ['lepəd] n lampart m.

leopard-skin adj w lamparcie cętki.

leotard ['liːətɑːd] n trykot m.

leper ['lepəʳ] n trędowaty m, trędowata f.

lesbian ['lezbɪən] ◇ adj lesbijski. ◇ n lesbijka f.

less [les] adj & adv & pron mniej • less than 20 mniej niż 20.

lesson ['lesn] n [class] lekcja f.

let (pt & pp **let**) vt [allow] pozwalać/pozwolić; [rent out] wynajmować/wynająć • **to let sb do sthg** pozwalać komuś coś robić; **to let go of sthg** [release] puścić coś; **to let sb have sthg** [temporarily] pożyczać komuś coś; [permanently] dać komuś coś; **to let sb know sthg** powiadomić kogoś o czymś; **let's go!** chodźmy!; **'to let'** [for rent] do wynajęcia. **let in** vt sep [allow to enter] wpuszczać/wpuścić. **let off** vt sep [excuse] zwalniać/zwolnić • **can you let me off at the station?** czy możesz mnie wysadzić na stacji? **let out** vt sep [allow to go out] wypuszczać/wypuścić.

letdown ['letdaʊn] n inf zawód m.

lethargic [lə'θɑːdʒɪk] adj letargiczny.

letter ['letə'] n [written message] list m; [of alphabet] litera f.

letterbox ['letəbɒks] n UK [in door] skrzynka f na listy; [in street] skrzynka f pocztowa.

lettuce ['letɪs] n sałata f.

leuk(a)emia białaczka f.

level ['levl] ⇔ adj [horizontal] poziomy; [flat] płaski. ⇔ n poziom m; [storey] piętro n • **to be level with sthg** [equal in height] być równym z czymś; [equal in standard] być na poziomie czegoś.

level crossing n UK przejazd m kolejowy.

lever [UK 'liːvə', US 'levər] n lewarek m.

liability [laɪə'bɪlətɪ] n odpowiedzialność f.

liable ['laɪəbl] adj : **to be liable to do sthg** [likely] mieć skłonność do robienia czegoś; **to be liable for** sthg [responsible] ponosić odpowiedzialność za.

liaise [lɪ'eɪz] vi : **to liaise with** współpracować z.

liar ['laɪə'] n kłamca m, kłamczucha f.

liberal ['lɪbərəl] adj [tolerant] liberalny; [generous] hojny.

Liberal Democrat Party n Partia f Liberalno Demokratyczna.

liberate ['lɪbəreɪt] vt wyzwalać/wyzwolić.

liberty ['lɪbətɪ] n [freedom] wolność f.

librarian [laɪ'breərɪən] n bibliotekarz m, bibliotekarka f.

library ['laɪbrərɪ] n biblioteka f.

Libya ['lɪbɪə] n Libia f.

lice [laɪs] npl wszy fpl.

licence ⇔ n UK [official document] pozwolenie n; [TV] abonament m. ⇔ vt US udzielać/udzielić zezwolenia na • **driving licence** prawo n jazdy.

license ['laɪsəns] ['laɪsəns] ⇔ vt UK udzielać/udzielić zezwolenia na. ⇔ n US = **licence**.

licensed ['laɪsənst] adj [restaurant, bar] posiadający prawo do sprzedaży alkoholu.

licensing hours npl UK godziny fpl sprzedaży alkoholu.

lick [lɪk] vt lizać/polizać.

lid [lɪd] n [cover] pokrywka f.

lie [laɪ] (pt **lay**, pp **lain** cont **lying**) ⇔ n kłamstwo n. ⇔ vi [tell lie: (pt & pp **lied**)] kłamać/skłamać; [be horizontal, be situated] leżeć; [lie down] kłaść/położyć się • **to tell lies** kłamać; **she lied about her age** zataiła swój prawdziwy wiek; **he lied about it** mówił o tym nieprawdę. **lie down**

⟺ *vi* [on bed, floor] kłaść/poło-
żyć się.

lieutenant [*US* lu:'tenənt] *n* po-
rucznik *m*.

life [laɪf] (*pl* lives) *n* życie *n*.

life assurance *n* ubezpieczenie *n*
na życie.

life belt *n* koło *n* ratunkowe.

lifeboat ['laɪfbəʊt] *n* [launched
from shore] łódź *f* ratunkowa;
[launched from ship] szalupa *f*.

lifeguard ['laɪfgɑ:d] *n* ratownik
m, ratowniczka *f*.

life jacket *n* kamizelka *f* ratunkowa.

lifelike ['laɪflaɪk] *adj* jak żywy.

life preserver *n US* [life belt] koło
n ratunkowe; [life jacket] kamizelka *f* ratunkowa.

life-size *adj* naturalnych rozmiarów.

lifespan *n* długość *f* życia.

lifestyle ['laɪfstaɪl] *n* styl *m* życia.

lift [lɪft] ⟺ *n UK* [elevator] winda
f. ⟺ *vt* [raise] podnosić/pod-
nieść. ⟺ *vi* [fog] podnosić/pod-
nieść się • **to give sb a lift**
podrzucić kogoś. ➡ **lift up**
⟺ *vt sep* podnosić/podnieść.

light [laɪt] (*pt&pp* lit OR *pt&pp*
lighted) ⟺ *adj* [not dark] jasny;
[in weight, meal] lekki; [wine]
łagodny; [traffic] mały; [rain]
drobny. ⟺ *n* światło *n*; [cigar-
ette] ogień *m*. ⟺ *vt* [fire, cigar-
ette] zapalać/zapalić; [room,
stage] oświetlać/oświetlić • **have
you got a light?** [for cigarette]
masz ogień?; **to set light to sthg**
podpalić coś. ➡ **lights**
⟺ [traffic lights] światła *npl*
drogowe. ➡ **light up** ⟺ *vt
sep* [house, road] oświetlać/
oświetlić. ⟺ *vi inf* [light a cigar-
ette] zakopcić.

light bulb *n* żarówka *f*.

lighter ['laɪtə'] *n* [for cigarettes]
zapalniczka *f*.

light-hearted *adj* beztroski.

lighthouse ['laɪthaʊs] *n* latarnia *f*
morska.

lighting ['laɪtɪŋ] *n* oświetlenie *n*.

light meter *n* światłomierz *m*.

lightning ['laɪtnɪŋ] *n* błyskawica
f.

lightweight ['laɪtweɪt] *adj*
[clothes, object] lekki.

like ⟺ *prep* [similar to] taki jak;
[in the same way as] tak, jak;
[typical of] : **it's just like him to
do that** to do niego podobne,
żeby zrobić coś takiego; **it's not
like him to do that** to nie w jego
stylu, żeby zrobić coś takiego.
⟺ *vt* [be fond of] lubić/polubić;
[want] chcieć • **to like doing sthg**
lubić coś robić; **what's it like?**
jakie to jest?; **to look like sb/
sthg** wyglądać jak ktoś/coś; **I'd
like to sit down** chciałbym
usiąść; **I'd like a drink** chciałbym
się napić.

likelihood ['laɪklɪhʊd] *n* prawdopodobieństwo *n*.

likely ['laɪklɪ] *adj* [probable] prawdopodobny.

likeness ['laɪknɪs] *n* [similarity]
podobieństwo *n*.

likewise ['laɪkwaɪz] *adv* podobnie.

lilac ['laɪlək] *adj* liliowy.

Lilo® ['laɪləʊ] (*pl* -s) *n UK* materac
m nadmuchiwany.

lily ['lɪlɪ] *n* lilia *f*.

lily of the valley *n* konwalia *f*.

limb [lɪm] *n* [of person] kończyna
f.

lime [laɪm] *n* [fruit] limona *f* • **lime
(juice)** sok *m* z limony.

limestone ['laɪmstəʊn] n wapień m.

limit ['lɪmɪt] <> n ograniczenie n. <> vt ograniczać/ograniczyć • **the city limits** granice f miasta.

limited ['lɪmɪtɪd] adj [restricted] ograniczony; [in company name] z ograniczoną odpowiedzialnością.

limp [lɪmp] <> adj wiotki. <> vi kuleć.

line [laɪn] <> n [long, thin mark] linia f; [row] rząd m; US [queue] kolejka f; [of words on page] wiersz m; [of poem, song] linijka f; [for fishing] żyłka f; [rope] lina f; [for telephone] linia f telefoniczna; [train or bus route] linia f; [railway track] tor m; [of business, work] branża f; [type of product] asortyment m. <> vt [coat] podszywać/podszyć; [drawers] wykładać/ wyłożyć • **in line** [aligned] równo; **it's a bad line** [on phone] są zakłócenia w połączeniu; **the line is engaged** [on phone] linia jest zajęta; **to drop sb a line** inf napisać kilka słów do kogoś; **to stand in line** US stać w kolejce; **to walk in a straight line** iść prosto. ◆ **line up** <> vt sep [arrange] organizować/zorganizować. <> vi ustawiać/ustawić się w szeregu.

lined [laɪnd] adj [paper] w linie.

linen ['lɪnɪn] n [cloth] płótno n lniane; [sheets] pościel f; [tablecloths] bielizna f stołowa.

liner ['laɪnə'] n [ship] liniowiec m.

linesman ['laɪnzmən] (pl -men [-mən]) n sędzia m liniowy.

linger ['lɪŋgə'] vi zostawać/zostać dłużej.

lingerie ['lænʒərɪ] n bielizna f damska.

lining ['laɪnɪŋ] n [of coat, jacket] podszewka f; [of brake] okładzina f.

link [lɪŋk] <> n [between people] więź f; [between facts] związek m. <> vt łączyć/połączyć • **rail link** połączenie n kolejowe; **road link** połączenie drogowe.

lino ['laɪnəʊ] n UK linoleum n.

lion ['laɪən] n lew m.

lioness ['laɪənes] n lwica f.

lip [lɪp] n [of person] warga f.

lip salve n maść f do warg.

lipstick ['lɪpstɪk] n szminka f.

liqueur [lɪ'kjʊə'] n likier m.

liquid ['lɪkwɪd] n płyn m.

liquor ['lɪkə'] n US alkohol m wysokoprocentowy.

liquorice ['lɪkərɪs] n [substance] lukrecja f.

lisp [lɪsp] n : **to have a lisp** seplenić.

list [lɪst] <> n lista f. <> vt spisywać/spisać.

listen ['lɪsn] vi : **to listen (to)** słuchać/posłuchać.

listener ['lɪsnə'] n [on radio] słuchacz m, -ka f.

lit [lɪt] pt & pp ⊳ light.

liter US = litre.

literally ['lɪtərəlɪ] adv dosłownie.

literary ['lɪtərərɪ] adj [word, style] literacki.

literature ['lɪtrətʃə'] n literatura f; [printed information] materiały mpl informacyjne.

litre ['liːtə'] n UK litr m.

litter ['lɪtə'] n [rubbish] śmieci mpl.

litter bin n UK kosz m na śmieci.

little <> adj mały; [sister, brother] młodszy; [insignificant] drobny. <> pron mało. <> adv rzadko • **as little as possible** jak najmniej; **little by little** po trochu; **a**

little [small amount, short time] trochę; [slightly] nieco; **a little while** chwila *f*; **a little way** kawałek; **little money** mało pieniędzy.

little finger *n* mały palec *m*.

live¹ *vi* [have home] mieszkać; [be alive] żyć; [survive] przeżyć • **to live with** *sb* żyć z kimś. ➡ **live together** *vi* żyć ze sobą.

live² ◇ *adj* [alive] żywy; [programme, performance] na żywo; [wire] pod napięciem. ◇ *adv* na żywo.

lively ['laɪvlɪ] *adj* [person] żwawy; [place, atmosphere] tętniący życiem.

liver ['lɪvə'] *n* [organ] wątroba *f*; [food] wątróbka *f*.

lives [laɪvz] *pl* ⊳ life.

living ['lɪvɪŋ] ◇ *adj* żywy. ◇ *n* : **to earn a living** zarabiać na życie; **what do you do for a living?** czym się zajmujesz?

living room *n* salon *m*.

lizard ['lɪzəd] *n* jaszczurka *f*.

load [ləʊd] ◇ *n* ładunek *m*. ◇ *vt* [vehicle, gun] ładować/załadować; [camera] wkładać/włożyć film • **loads of** *inf* mnóstwo.

loaf [ləʊf] (*pl* loaves [ləʊvz]) *n* : **loaf (of bread)** bochenek *m* (chleba).

loan [ləʊn] ◇ *n* [of money] pożyczka *f*. ◇ *vt* pożyczać/pożyczyć.

loathe [ləʊð] *vt* nie cierpieć.

loaves [ləʊvz] *pl* ⊳ loaf.

lobby ['lɒbɪ] *n* [hall] hol *m*.

lobster ['lɒbstə'] *n* homar *m*.

local ['ləʊkl] ◇ *adj* lokalny. ◇ *n inf* [local person] miejscowy *m*, miejscowa *f*; UK [pub] pobli-

ska knajpa *f*; US [bus] autobus *m* miejscowy; [train] pociąg *m* lokalny.

local anaesthetic *n* znieczulenie *n* miejscowe.

local call *n* połączenie *n* miejscowe.

local government *n* samorząd *m* lokalny.

locate [UK ləʊ'keɪt, US 'ləʊkeɪt] *vt* [find] lokalizować/zlokalizować • **to be located** być położonym.

location [ləʊ'keɪʃn] *n* [place] położenie *n*.

loch [lɒk, lɒx] *n Scot* jezioro *n*.

lock [lɒk] ◇ *n* [on door, drawer] zamek *m*; [on bike] kłódka *f*; [on canal] śluza *f*. ◇ *vt* [fasten with key] zamykać/zamknąć na klucz; [keep safely] trzymać pod kluczem. ◇ *vi* [become stuck] zablokować się. ➡ **lock in** ◇ *vt sep* [accidentally] zatrzasnąć drzwi *(tak, że nie można wydostać się na zewnątrz)*. ➡ **lock out** ◇ *vt sep* [accidentally] zatrzasnąć drzwi *(tak, że nie można się dostać do środka z zewnątrz)*. ➡ **lock up** ◇ *vt sep* [imprison] przymknąć. ◇ *vi* zamykać/zamknąć na klucz.

locker ['lɒkə'] *n* szafka *f*.

locker room *n US* szatnia *f (przy basenie, sali gimnastycznej)*.

locket ['lɒkɪt] *n* medalion *m*.

locomotive ['ləʊkə'məʊtɪv] *n* lokomotywa *f*.

locum ['ləʊkəm] *n* [doctor] zastępca *m*, zastępczyni *f*.

locust ['ləʊkəst] *n* szarańcza *f*.

lodge [lɒdʒ] ◇ *n* [for hunters] domek *m* myśliwski; [for skiers] schronisko *n*. ◇ *vi* [stay] zamieszkiwać/zamieszkać; [get stuck] utkwić.

lodger ['lɒdʒəʳ] n lokator m, -ka f.

lodgings npl wynajęte mieszkanie n.

loft [lɒft] n [in house] strych m.

log [lɒg] n [piece of wood] kłoda f. ➡ **log off** vi COMPUT wylogować się. ➡ **log on** vi COMPUT logować/zalogować się.

logic ['lɒdʒɪk] n logika f.

logical ['lɒdʒɪkl] adj [sensible] logiczny.

logo ['ləʊgəʊ] (pl -s) n logo n.

loin [lɔɪn] n [beef, horse] polędwica f; [pork] schab m; [lamb] comber m.

loiter ['lɔɪtəʳ] vi wałęsać się.

lollipop ['lɒlɪpɒp] n lizak m.

lolly ['lɒlɪ] n inf [lollipop] lizak m; UK [ice lolly] lody mpl na patyku.

London ['lʌndən] n Londyn m.

Londoner ['lʌndənəʳ] n Londyńczyk m, mieszkanka f Londynu.

lonely ['ləʊnlɪ] adj [person] samotny; [place] odludny.

long [lɒŋ] ⬦ adj długi. ⬦ adv długo • it's 2 metres long ma 2 metry długości; it's two hours long trwa 2 godziny; how long is it? [in distance] ile ma długości?; [in time] jak długo trwa?; a long time długo; all day long przez cały dzień; as long as pod warunkiem; for long długo; no longer już nie; so long! inf na razie! ➡ **long for** ⬦ vt insep tęsknić za.

long-distance adj [phone call] międzymiastowy.

long drink n koktajl m.

long-haul adj dalekiego zasięgu.

longitude ['lɒŋɪtjuːd] n długość f geograficzna.

long jump n skok m w dal.

long-life adj [milk, fruit juice] o przedłużonej trwałości; [battery] o przedłużonej żywotności.

long-sighted adj dalekowzroczny.

long-term adj długoterminowy.

long wave n fale fpl długie.

longwearing ['lɒŋ'weərɪŋ] adj US trwały.

loo [luː] (pl -s) n UK inf ubikacja f.

look [lʊk] ⬦ n [act of looking] spojrzenie n; [appearance] wygląd m. ⬦ vi [with eyes] patrzeć/popatrzeć; [search] szukać/poszukać; [seem] wyglądać • to look onto [building, room] wychodzić na; to have a look [see] spojrzeć; [search] szukać; (good) looks uroda f; I'm just looking [in shop] tylko się rozglądam; look out! uwaga! ➡ **look after** ⬦ vt insep [person] opiekować/zaopiekować się; [matter, arrangements] zajmować/zająć się. ➡ **look at** ⬦ vt insep [observe] patrzeć/popatrzeć na; [examine] przyglądać/przyjrzeć się. ➡ **look for** ⬦ vt insep szukać. ➡ **look forward to** ⬦ vt insep cieszyć się na. ➡ **look out for** ⬦ vt insep [be careful] uważać na. ➡ **look round** ⬦ vt insep rozglądać/rozejrzeć się po. ⬦ vi oglądać/obejrzeć się. ➡ **look up** ⬦ vt sep [in dictionary, phone book] sprawdzać/sprawdzić.

loony ['luːnɪ] n inf dziwak m, dziwaczka f.

loop [luːp] n pętla f.

loose [luːs] adj [clothes, sheets of paper] luźny; [hinge, handle] obluzowany; [sweets] na wagę; [tooth] ruszający się • to let sb/sthg loose wypuścić kogoś/coś.

loosen ['luːsn] vt [belt, grip, tie] rozluźniać/rozluźnić.

lop-sided adj przekrzywiony.

lord [lɔːd] n lord m.

lorry ['lɒrɪ] n UK ciężarówka f.

lorry driver n UK kierowca m ciężarówki.

lose [luːz] (pt & pp lost [lɒst]) <> vt tracić/stracić; [misplace] gubić/zgubić; [competition] przegrywać/przegrać; [subj: watch, clock] późnić się. <> vi [in competition] przegrywać/przegrać • to lose weight stracić na wadze.

loser ['luːzəʳ] n [in contest] przegrywający m, przegrywająca f.

loss [lɒs] n [losing] utrata f; [of business, company] strata f.

lost [lɒst] <> pt & pp ⊳ lose. <> adj [person] zagubiony • to get lost [lose way] zabłądzić.

lost-and-found office n US biuro n rzeczy znalezionych.

lost property office n UK biuro n rzeczy znalezionych.

lot n [group of things] partia f; [at auction] artykuł m; US [car park] parking m • a lot (of) [large amount] dużo; a lot [very much] bardzo; [often] często; a lot better o wiele lepszy; lots (of) mnóstwo.

lotion ['ləʊʃn] n balsam m do ciała.

lottery ['lɒtərɪ] n loteria f.

loud [laʊd] adj [voice, music, noise] głośny; [colour, clothes] krzykliwy.

loudspeaker ['laʊd'spiːkəʳ] n głośnik m.

lounge [laʊndʒ] n [in house] salon m; [at airport] poczekalnia f.

lounge bar n UK sala barowa z komfortowym wyposażeniem.

lousy ['laʊzɪ] adj inf [poor-quality] kiepski.

lout [laʊt] n gbur m.

love [lʌv] <> n miłość f; [strong liking] zamiłowanie n; [in tennis] zero n. <> vt kochać/pokochać; [like a lot] uwielbiać; [want a lot] bardzo chcieć • to love doing sthg uwielbiać coś robić; to be in love (with) być zakochanym (w); (with) love from [in letter] pozdrowienia od; I'd love a cup of coffee chętnie napiłabym się kawy.

love affair n romans m.

lovely ['lʌvlɪ] adj [very beautiful] śliczny; [very nice] cudowny.

lover ['lʌvəʳ] n [sexual partner] kochanek m, kochanka f; [enthusiast] miłośnik m, miłośniczka f.

loving ['lʌvɪŋ] adj kochający.

low [ləʊ] <> adj niski; [quantity, supply] niewielki; [quiet] cichy; [depressed] przygnębiony. <> n [area of low pressure] niż m • we're low on petrol kończy się nam benzyna.

low-alcohol adj niskoalkoholowy.

low-calorie adj niskokaloryczny.

low-cut adj wydekoltowany.

lower <> adj niższy; [part of body, city, river] dolny. <> vt [move downwards] opuszczać/opuścić; [reduce] obniżać/obniżyć.

lower sixth n UK ≃ pierwsza klasa f liceum.

low-fat adj niskotłuszczowy.

low tide n odpływ m.

loyal ['lɔɪəl] adj lojalny.

loyalty ['lɔɪəltɪ] n lojalność f.

lozenge ['lɒzɪndʒ] n [sweet] pastylka f do ssania.

LP n płyta f długogrająca.

L-plate n UK tablica f „nauka jazdy".

Ltd (abbr of limited) sp. z o.o.

lubricate ['lu:brɪkeɪt] vt [engine] smarować/nasmarować.

luck [lʌk] n szczęście n • **bad luck** pech; **good luck!** powodzenia!; **with luck** przy odrobinie szczęścia.

luckily ['lʌkɪlɪ] adv na szczęście.

lucky ['lʌkɪ] adj [person, number, colour] szczęśliwy; [event, situation] sprzyjający; [escape] w samą porę • **to be lucky** mieć szczęście.

ludicrous ['lu:dɪkrəs] adj absurdalny.

lug [lʌg] vt inf taszczyć/wtaszczyć.

luggage ['lʌgɪdʒ] n bagaż m.

luggage compartment n przedział m bagażowy.

luggage locker n skrytka f bagażowa.

luggage rack n [on train] półka f bagażowa.

lukewarm ['lu:kwɔ:m] adj letni.

lull [lʌl] n [in storm, conversation] chwila f ciszy.

lullaby ['lʌləbaɪ] n kołysanka f.

lumbago [lʌm'beɪgəʊ] n lumbago n.

lumber ['lʌmbər] n US [timber] drewno n budowlane.

luminous ['lu:mɪnəs] adj świecący.

lump [lʌmp] n [of coal] bryła f; [of mud] gruda f; [of sugar] kostka f; [of cheese] kawałek m; [on body] guz m.

lump sum n wypłata f jednorazowa.

lumpy ['lʌmpɪ] adj [sauce] grudkowaty; [mattress] nierówny.

lunatic ['lu:nətɪk] n pej [foolish person] szaleniec m.

lunch [lʌntʃ] n lunch m • **to have lunch** jeść lunch.

luncheon ['lʌntʃən] n fml uroczysty lunch m.

luncheon meat n mielonka f.

lunch hour n przerwa f na lunch.

lunchtime ['lʌntʃtaɪm] n pora f lunchu.

lung [lʌŋ] n płuco n.

lunge [lʌndʒ] vi rzucać/rzucić się.

lurch [lɜ:tʃ] vi [person] zataczać/zatoczyć się; [vehicle] szarpać/szarpnąć.

lure [ljʊər] vt wabić/zwabić.

lurk [lɜ:k] vi [person] czaić/zaczaić się.

lush [lʌʃ] adj bujny.

lust [lʌst] n żądza f.

Luxembourg ['lʌksəmbɜ:g] n Luksemburg m.

luxurious [lʌg'ʒʊərɪəs] adj luksusowy.

luxury ['lʌkʃərɪ] ◇ adj luksusowy. ◇ n luksus m.

LW (abbr of long wave) f.dł.

lying ['laɪɪŋ] cont ▷ **lie**.

lyrics npl tekst m.

m [em] (abbr of **metre**) m; (abbr of **mile**) m.

M [em] UK (abbr of **motorway**) A; (abbr of **medium**) M.

MA [mɑ:] n (abbr of **Master of**

Arts) magister *m* nauk humanistycznych.

mac [mæk] *n UK inf* [coat] płaszcz *m* nieprzemakalny.

macaroni ['mækə'rəʊnɪ] *n* makaron *m*.

macaroni cheese *n* makaron *m* zapiekany z serem.

machine [mə'ʃiːn] *n* maszyna *f*.

machine gun *n* karabin *m* maszynowy.

machinery [mə'ʃiːnərɪ] *n* maszyneria *f*.

machine-washable *adj* nadający się do prania w pralce.

mackerel ['mækrəl] (*pl* mackerel) *n* makrela *f*.

mackintosh ['mækɪntɒʃ] *n UK* płaszcz *m* nieprzemakalny.

mad *adj* [mentally ill] obłąkany; [foolish, uncontrolled] szalony; [angry] wściekły • **to be mad about** *inf* [like a lot] szaleć za; **like mad** jak szalony.

Madam ['mædəm] *n* [form of address] pani *f*.

made [meɪd] *pt & pp* ⊳ **make**.

Madeira [mə'dɪərə] *n* [wine] madera *f*.

made-to-measure *adj* szyty na miarę.

madness ['mædnɪs] *n* szaleństwo *n*.

magazine ['mægə'ziːn] *n* czasopismo *n*.

maggot ['mægət] *n* robak *m*.

magic ['mædʒɪk] *n* [supernatural force] czary *mpl*; [conjuring] sztuczki *fpl* magiczne; [special quality] magia *f*.

magician [mə'dʒɪʃn] *n* [conjurer] magik *m*.

magistrate ['mædʒɪstreɪt] *n* samodzielny sędzia niezawodowy decydujący w sprawach drobniejszych.

magnet ['mægnɪt] *n* magnes *m*.

magnetic [mæg'netɪk] *adj* magnetyczny.

magnificent [mæg'nɪfɪsənt] *adj* [very good] wspaniały; [very beautiful] przepiękny.

magnifying glass ['mægnɪfaɪŋ-] *n* szkło *n* powiększające.

mahogany [mə'hɒgənɪ] *n* mahoń *m*.

maid [meɪd] *n* pokojówka *f*.

maiden name *n* nazwisko *n* panieńskie.

mail [meɪl] ◇ *n* [letters, system] poczta *f*. ◇ *vt US* [letter, parcel, goods] wysyłać/wysłać.

mailbox ['meɪlbɒks] *n US* [letterbox] skrzynka *f* na listy; [postbox] skrzynka *f* pocztowa.

mailman ['meɪlmən] (*pl* -men [-mən]) *n US* listonosz *m*.

mail order *n* sprzedaż *f* wysyłkowa.

main [meɪn] *adj* główny.

main course *n* danie *n* główne.

main deck *n* [on ship] pokład *m* główny.

mainland ['meɪnlənd] *n* : **the mainland** ląd *m* stały.

main line *n* [of railway] magistrala *f* kolejowa.

mainly ['meɪnlɪ] *adv* głównie.

main road *n* droga *f* główna.

mains [meɪnz] *npl* [of gas, electricity] : **the mains** sieć *f*.

main street *n US* ulica *f* główna.

maintain [meɪn'teɪn] *vt* utrzymywać/utrzymać.

maintenance ['meɪntənəns] *n* [of car, machine] konserwacja *f*; [money] alimenty *pl*.

maisonette ['meɪzə'net] *n* UK mieszkanie *n* dwupoziomowe *(z osobnym wejściem)*.

maize [meɪz] *n* kukurydza *f*.

major ['meɪdʒə^r] ◇ *adj* [important] ważny; [most important] główny. ◇ *n* MIL major *m*. ◇ *vi* US : **to major in** specjalizować się w.

majority [mə'dʒɒrətɪ] *n* [largest number] większość *f*; [margin] przewaga *f*.

major road *n* droga *f* główna.

make [meɪk] (*pt & pp* **made**) ◇ *vt* **-1.** [produce, manufacture] robić/zrobić [in factory] produkować/wyprodukować ; **to be made of** być zrobionym z; **to make lunch/supper** robić lunch/kolację; **made in Japan** wyprodukowano w Japonii. **-2.** [perform, do] robić/zrobić ; **to make a speech** wygłosić przemówienie; **to make a decision** podjąć decyzję; **to make a mistake** popełnić błąd; **to make a phone call** zatelefonować. **-3.** [cause to be] : **to make sthg better** ulepszyć coś; **to make sb sad** zasmucić kogoś; **to make sb happy** uszczęśliwić kogoś. **-4.** [force] zmuszać/zmusić ; **to make sb do sthg** zmusić kogoś do zrobienia czegoś; [cause to do] : **it made her laugh** rozśmieszyło to ją. **-5.** [amount to, total] wynosić/wynieść ; **that makes £5** to będzie w sumie £5. **-6.** [calculate] : **I make it £4** to będzie z £4; **I make it seven o'clock** na moim zegarku jest siódma. **-7.** [earn] zarabiać/zarobić; [profit] osiągać/osiągnąć; [loss] ponosić/ponieść. **-8.** *inf* [arrive in time for] : **we didn't make the 10 o'clock train** nie zdążyliśmy na pociąg o dziesiątej **-9.** : **to make enemies** narobić sobie wrogów; **to make friends with sb** zaprzyjaźnić się z kimś. **-10.** [have qualities for] być ; **this would make a lovely bedroom** to byłaby cudowna sypialnia. **-11.** [bed] ścielić/pościelić. **-12.** [in phrases] : **to make do** zadowolić się; **to make good** [loss] zrekompensować; **to make it** [arrive on time] zdążyć; [be able to go] móc iść. ◇ *n* [of product] marka *f*. ◆ **make out** ◇ *vt sep* [cheque, receipt, form] wypisywać/wypisać; [see] dostrzec; [hear] dosłyszeć. ◆ **make up** ◇ *vt sep* [invent] zmyślać/zmyślić; [comprise] składać się z; [difference, extra] wyrównywać/wyrównać. ◆ **make up for** ◇ *vt insep* nadrabiać/nadrobić.

makeover ['meɪkəʊvə^r] ['meɪkəʊvə^r] *n* [person] całkowita odmiana *f*; [building, area] przeróbka *f*.

makeshift ['meɪkʃɪft] *adj* prowizoryczny.

make-up *n* [cosmetics] makijaż *m*.

malaria [mə'leərɪə] *n* malaria *f*.

Malaysia [mə'leɪzɪə] *n* Malezja *f*.

male [meɪl] ◇ *adj* [person, animal] płci męskiej. ◇ *n* [animal] samiec *m*.

malfunction [mæl'fʌŋkʃn] *vi fml* wadliwe działanie *n*.

malignant [mə'lɪgnənt] *adj* [disease, tumour] złośliwy.

mall [mɔːl] *n* [shopping centre] galeria *f* handlowa.

mallet ['mælɪt] *n* drewniany młotek *m*.

malt [mɔːlt] *n* słód *m*.

maltreat ['mæl'triːt] *vt* maltretować.

malt whisky *n* whisky *f* słodowa.

mammal ['mæml] *n* ssak *m*.

man [mæn] (*pl* **men**) <> *n* [male] mężczyzna *m*; [human being, mankind] człowiek *m*. <> *vt* [phones, office] obsługiwać.

manage ['mænɪdʒ] <> *vt* [company, business] zarządzać; [suitcase, job, food] radzić/poradzić sobie z. <> *vi* [cope] dawać/dać sobie radę • **can you manage Friday?** czy piątek ci odpowiada?; **to manage to do sthg** zdołać coś zrobić.

management ['mænɪdʒmənt] *n* [people in charge] dyrekcja *f*; [control, running] zarządzanie *n*.

manager ['mænɪdʒə'] *n* [of business, bank] dyrektor *m*, pani dyrektor *f*; [shop] kierownik *m*, kierowniczka *f*; [of sports team] menadżer *m*, -ka *f*.

manageress ['mænɪdʒə'res] *n* [of business, bank, shop] kierowniczka *f*.

managing director ['mænɪdʒ-ɪŋ-] *n* dyrektor *m* generalny, dyrektor *f* generalna.

mandarin ['mændərɪn] *n* [fruit] mandarynka *f*.

mane [meɪn] *n* grzywa *f*.

maneuver *US* = manoeuvre.

mangetout ['mãʒ'tu:] *n* groszek *m* cukrowy.

mangle ['mæŋgl] *vt* zniekształcać/zniekształcić.

mango ['mæŋgəʊ] (*pl* **-es** OR *pl* **-s**) *n* mango *n*.

Manhattan [mæn'hætn] *n* Manhattan *m*.

manhole ['mænhəʊl] *n* właz *m* kanalizacyjny.

maniac ['meɪnɪæk] *n* *inf* [wild person] maniak *m*, maniaczka *f*.

manicure ['mænɪ'kjʊə'] *n* manicure *m*.

manifold ['mænɪfəʊld] *n* AUT : **in-**take **manifold** rura dolotowa; **exhaust manifold** rura wydechowa.

manipulate [mə'nɪpjʊleɪt] *vt* [person] manipulować; [machine, controls] obsługiwać.

mankind [mæn'kaɪnd] *n* ludzkość *f*.

manly ['mænlɪ] *adj* męski.

man-made *adj* [synthetic] sztuczny.

manner ['mænə'] *n* [way] sposób *m*. ◆ **manners** *npl* maniery *pl* • **to have good manner** być dobrze wychowanym.

manoeuvre [mə'nu:və'] <> *n* *UK* [in car, boat *etc*] manewr *m*. <> *vt* *UK* manewrować/wymanewrować.

manor ['mænə'] *n* dwór *m*.

mansion ['mænʃn] *n* rezydencja *f*.

manslaughter ['mæn'slɔːtə'] *n* nieumyślne spowodowanie *n* śmierci.

mantelpiece ['mæntlpiːs] *n* gzyms *m* kominka.

manual ['mænjʊəl] <> *adj* [work] fizyczny; [operated by hand] ręczny. <> *n* [book] instrukcja *f* obsługi.

manufacture ['mænjʊ'fæktʃə'] <> *n* produkcja *f*. <> *vt* produkować/wyprodukować.

manufacturer ['mænjʊ'fæktʃərə'] *n* producent *m*, -ka *f*.

manure [mə'njʊə'] *n* nawóz *m* naturalny.

many ['menɪ] (*compar* **more**, *superl* **most**) <> *adj* wiele. <> *pron* : **how many?** ile?; **so many** tyle; **too many** za dużo; **twice as many** dwa razy więcej; **not many** niewiele; **as many as** tyle..., ile...

map [mæp] *n* mapa *f*.

Mar. (*abbr of* **March**) *marzec*.

marathon ['mærəθn] *n* maraton *m*.

marble ['mɑːbl] *n* [stone] marmur *m*; [glass ball] szklana kulka *f*.

march <> *n* [demonstration] marsz *m*. <> *vi* [walk quickly] maszerować.

March *n* marzec *m* see also **September**.

mare [meəʳ] *n* klacz *f*.

margarine ['mɑːdʒəˈriːn, 'mɑːgəˈriːn] *n* margaryna *f*.

margin ['mɑːdʒɪn] *n* [of page] margines *m*; [difference] różnica *f*.

marina [məˈriːnə] *n* przystań *f*.

marinated *adj* marynowany.

marital status *n* stan *m* cywilny.

mark <> *n* [spot, cut *etc*] ślad *m*; [symbol] znak *m*; SCH ocena *f*. <> *vt* [blemish] plamić/poplamić; [put symbol on] oznaczać/oznaczyć; [correct] oceniać/ocenić; [show position of] wskazywać/wskazać • **at (gas) mark five** na (gazie) piątce.

marker pen *n* marker *m*.

market ['mɑːkɪt] *n* [place] bazar *m*.

marketing ['mɑːkɪtɪŋ] *n* marketing *m*.

marketplace ['mɑːkɪtpleɪs] *n* [place] rynek *m*.

markings *npl* [on road] znaki *mpl* drogowe poziome.

marmalade ['mɑːməleɪd] *n* marmolada *f* (*z owoców cytrusowych*).

marquee [mɑːˈkiː] *n* duży namiot *m*.

marriage ['mærɪdʒ] *n* [event] ślub *m*; [wedlock] małżeństwo *n*.

married ['mærɪd] *adj* [man] żonaty; [woman] zamężna • **to get married** pobierać/pobrać się.

marrow ['mærəʊ] *n* [vegetable] kabaczek *m*.

marry ['mærɪ] <> *vt* [get married to] [man] żenić/ożenić się z; [woman] wychodzić/wyjść za mąż za. <> *vi* pobrać się.

marsh [mɑːʃ] *n* bagno *n*.

martial arts *npl* sztuki *fpl* walki.

marvellous ['mɑːvələs] *adj UK* cudowny.

marvelous *US* = **marvellous**.

marzipan ['mɑːzɪpæn] *n* marcepan *m*.

mascara [mæsˈkɑːrə] *n* tusz *m* do rzęs.

masculine ['mæskjʊlɪn] *adj* męski.

mashed potatoes *npl* purée *n* ziemniaczane.

mask [mɑːsk] *n* maska *f*.

masonry ['meɪsnrɪ] *n* kamieniarka *f*.

mass *n* [large amount] masa *f*; RELIG msza *f* • **masses (of)** *inf* [lots] cała masa.

massacre ['mæsəkəʳ] *n* masakra *f*.

massage [*UK* 'mæsɑːʒ, *US* məˈsɑːʒ] <> *n* masaż *m*. <> *vt* masować/wymasować.

masseur [*UK* mæˈsɜːʳ, *US* mæˈsʊər] *n* masażysta *m*.

masseuse [*UK* mæˈsɜːz, *US* mæˈsuːz] *n* masażystka *f*.

massive ['mæsɪv] *adj* masywny.

mast [mɑːst] *n* [on boat] maszt *m*.

master ['mɑːstəʳ] <> *n* [at school] nauczyciel *m*; [of servant, dog] pan *m*. <> *vt* [skill, language] opanowywać/opanować.

masterpiece ['mɑːstəpiːs] *n* arcydzieło *n*.

mat [mæt] *n* [small rug] dywanik *m*; [on table] podkładka *f*.

match [mætʃ] ⬦ *n* [for lighting] zapałka *f*; [game] mecz *m*. ⬦ *vt* [in colour, design] pasować do; [be the same as] odpowiadać; [be as good as] dorównywać/dorównać. ⬦ *vi* [in colour, design] pasować do siebie.

matchbox ['mætʃbɒks] *n* pudełko *n* zapałek.

matching ['mætʃɪŋ] *adj* pasujący.

mate [meɪt] ⬦ *n inf* [friend] kumpel *m*, -ka *f*; *UK inf* [form of address] stary *m*, stara *f*. ⬦ *vi* łączyć/połączyć się w pary.

material [mə'tɪərɪəl] *n* materiał *m*; [information] materiały *mpl*.
➡ **materials** *npl* [things needed] materiały *mpl*.

maternity leave *n* urlop *m* macierzyński.

maternity ward *n* oddział *m* położniczy.

math [mæθ] *US* = maths.

mathematics ['mæθə'mætɪks] *n* matematyka *f*.

maths [mæθs] *n UK* matma *f*.

matinée *n* seans *m* popołudniowy.

matt [mæt] *adj* matowy.

matter ['mætər] ⬦ *n* [issue, situation] sprawa *f*; [physical material] materia *f*. ⬦ *vi* mieć znaczenie • **it doesn't matter** [accepting apology] nie szkodzi; **no matter what happens** bez względu na to, co się stanie; **there's something the matter with my car** coś jest nie tak z moim samochodem; **what's the matter?** czy coś się stało?; **as a matter of course** automatycznie; **as a matter of fact** prawdę mówiąc.

mattress ['mætrɪs] *n* materac *m*.

mature [mə'tjʊər] *adj* dojrzały.

mauve [məʊv] *adj* fioletoworóżowy.

max. (*abbr of* maximum) maks.

maximum ['mæksɪməm] ⬦ *adj* maksymalny. ⬦ *n* maksimum *n*.

May *n* maj *m see also* September.

may *aux vb* -1. [expressing possibility] móc ; **it may be done as follows** można to zrobić w następujący sposób; **it may rain** może padać; **they may have got lost** możliwe, że zabłądzili. -2. [expressing permission] móc ; **may I smoke?** czy mogę zapalić?; **you may sit, if you wish** może pan usiąść, jeśli pan chce. -3. [when conceding a point] : **it may be a long walk, but it's worth it** może to i długi spacer, ale wysiłek się opłaca.

maybe ['meɪbiː] *adv* [perhaps, approximately] może.

mayonnaise ['meɪə'neɪz] *n* majonez *m*.

mayor [meər] *n* burmistrz *m*, -yni *f*.

mayoress ['meərɪs] *n* pani *f* burmistrz.

maze [meɪz] *n* labirynt *m*.

me *pron* mi, mnie • **she knows me** ona mnie zna; **it's me** to ja; **send it to me** wyślij mi to; **tell me** powiedz mi; **he's worse than me** jest ode mnie gorszy.

meadow ['medəʊ] *n* łąka *f*.

meal [miːl] *n* posiłek *m*.

mealtime ['miːltaɪm] *n* pora *f* posiłku.

mean [miːn] (*pt & pp* meant) ⬦ *adj* [miserly] skąpy; [unkind] podły. ⬦ *vt* [signify, matter] znaczyć; [intend] mieć na myśli; [be serious about] mówić/powiedzieć poważnie; [be a sign of] oznaczać • **to mean to do sthg** zamierzać coś zrobić; **to be meant to do sthg** mieć coś zrobić; **it's meant to be good** mówią, że jest dobre.

meaning ['mi:nɪŋ] *n* [of word, phrase] znaczenie *n*; [intention] sens *m*.

meaningless ['mi:nɪŋlɪs] *adj* bezsensowny.

means [mi:nz] (*pl* **means**) ⬦ *n* [method] sposób *m*. ⬦ *npl* [money] środki *mpl* • **by all means!** jak najbardziej; **by means of** za pomocą.

meant [ment] *pt & pp* ▷ **mean**.

meantime ['mi:n'taɪm] ➡ **in the meantime** *adv* tymczasem.

meanwhile ['mi:n'waɪl] *adv* [at the same time] tymczasem; [in the time between] w międzyczasie.

measles ['mi:zlz] *n* odra *f*.

measure ['meʒər] ⬦ *vt* [find size of] mierzyć/zmierzyć. ⬦ *n* [step, action] środek *m*; [of alcohol] miarka *f* • **the room measures 10 m** pokój mierzy 10 m.

measurement ['meʒəmənt] *n* [size measured] pomiar *m*. ➡ **measurements** *npl* [of person] wymiary *mpl*.

meat [mi:t] *n* mięso *n* • **red meat** czerwone mięso *n*; **white meat** białe mięso *n*.

meatball ['mi:tbɔ:l] *n* klopsik *m*.

mechanic [mɪ'kænɪk] *n* mechanik *m*.

mechanical [mɪ'kænɪkl] *adj* [device] mechaniczny.

mechanism ['mekənɪzm] *n* mechanizm *m*.

medal ['medl] *n* medal *m*.

media ['mi:djə] *npl* : **the media** media *pl*.

Medicaid ['medɪkeɪd] *n US* państwowy program opieki zdrowotnej dla osób ubogich poniżej 65 roku życia.

medical ['medɪkl] ⬦ *adj* medyczny. ⬦ *n* badania *npl*.

Medicare ['medɪkeər] *n US* państwowy program opieki zdrowotnej dla osób ubogich powyżej 65 roku życia.

medication [medɪ'keɪʃn] *n* lek *m*.

medicine ['medsɪn] *n* [substance] lek *m*; [science] medycyna *f*.

medicine cabinet *n* apteczka *f*.

medieval ['medɪ'i:vl] *adj* średniowieczny.

mediocre ['mi:dɪ'əʊkər] *adj* mierny.

Mediterranean ['medɪtə'reɪnjən] *n* : **the Mediterranean** [region] rejon *m* Morza Śródziemnego; **the Mediterranean (Sea)** Morze *n* Śródziemne.

medium ['mi:djəm] *adj* [middle-sized] średni; [wine] półwytrawny.

medium-dry *adj* półwytrawny.

medium-sized *adj* średniej wielkości.

medley ['medlɪ] *n* CULIN rozmaitości *fpl*.

meet [mi:t] (*pt & pp* **met**) ⬦ *vt* spotykać/spotkać; [get to know] poznawać/poznać; [go to collect] wychodzić/wyjść po; [need, requirement] spełniać/spełnić; [cost, expenses] pokrywać/pokryć. ⬦ *vi* spotykać/spotkać się; [get to know each other] poznawać/poznać się; [intersect] stykać/zetknąć się. ➡ **meet up** ⬦ *vi* spotykać/spotkać się. ➡ **meet with** ⬦ *vt insep* [problems, resistance] spotykać/ spotkać się z; *US* [by arrangement] spotykać/spotkać się z.

meeting ['miːtɪŋ] *n* [for business] spotkanie *n*.

meeting point *n* [at airport, station] miejsce *n* spotkań.

melody ['melədɪ] *n* melodia *f*.

melon ['melən] *n* melon *m*.

melt [melt] *vi* topnieć/stopnieć.

member ['membəʳ] *n* członek *m*, członkini *f*.

Member of Congress *n* kongresman *m*, pani kongresman *f*.

Member of Parliament *n* poseł *m*, posłanka *f*.

membership ['membəʃɪp] *n* [state of being a member] członkostwo *n*; [members] członkowie *mpl*.

memorial [mɪˈmɔːrɪəl] *n* [structure] pomnik *m*.

memorize ['meməraɪz] *vt* uczyć/ nauczyć się na pamięć.

memory ['memərɪ] *n* pamięć *f*; [thing remembered] wspomnienie *n*.

men [men] *pl* ▷ **man**.

menacing ['menəsɪŋ] *adj* groźny.

mend [mend] *vt* naprawiać/naprawić.

menopause ['menəpɔːz] *n* menopauza *f*.

men's room *n US* toaleta *f* męska.

menstruate ['menstrʊeɪt] *vi* miesiączkować.

menswear ['menzweəʳ] *n* odzież *f* męska.

mental ['mentl] *adj* [of the mind] umysłowy; MED psychiatryczny.

mental hospital *n* szpital *m* psychiatryczny.

mentally handicapped ◇ *adj* upośledzony umysłowo. ◇ *npl* : **the mentally handicapped** upośledzeni umysłowo *pl*.

mentally ill *adj* umysłowo chory.

mention ['menʃn] *vt* wspominać/ wspomnieć • **don't mention it!** nie ma o czym mówić!

menu ['menjuː] *n* [restaurant] karta *f* dań; COMPUT menu *n* • **children's menu** menu *n* dla dzieci.

merchandise ['mɜːtʃəndaɪz] *n* towar *m*.

merchant marine *US* = **merchant navy**.

merchant navy *n UK* flota *f* handlowa.

mercury ['mɜːkjʊrɪ] *n* rtęć *f*.

mercy ['mɜːsɪ] *n* łaska *f*.

mere [mɪəʳ] *adj* [emphasizing smallness] zaledwie; [emphasizing unimportance] zwykły.

merely ['mɪəlɪ] *adv* [emphasizing smallness] zaledwie; [emphasizing unimportance] tylko.

merge [mɜːdʒ] *vi* [combine] łączyć/połączyć się • **'merge'** *US znak drogowy oznaczający, że pojazdy chcące wjechać na autostradę powinny kontynuować jazdę z normalną prędkością bez zatrzymywania*.

merger ['mɜːdʒəʳ] *n* fuzja *f*.

meringue [məˈræŋ] *n* beza *f*.

merit ['merɪt] *n* [worthiness] wartość *f*; [good quality] zaleta *f*; [in exam] wyróżnienie *n*.

merry ['merɪ] *adj* [cheerful] wesoły; *inf* [tipsy] podchmielony • **Merry Christmas!** Wesołych Świąt!

merry-go-round *n* karuzela *f*.

mess [mes] *n* [untidiness] bałagan

m; [difficult situation] tarapaty *pl* • **in a mess** [untidy] w nieładzie. ➡ **mess about** *vi inf* [have fun] bawić się; [behave foolishly] wygłupiać/wygłupić się • **to mess with sthg** [interfere] grzebać przy czymś. ➡ **mess up** *vt sep inf* [ruin, spoil] spaprać.

message ['mesɪdʒ] *n* wiadomość *f.*

messenger ['mesɪndʒəʳ] *n* kurier *m*, -ka *f.*

messy ['mesɪ] *adj* [untidy] niechlujny.

met *pt & pp* ⊳ meet.

metal ['metl] <> *adj* metalowy. <> *n* metal *m.*

metalwork ['metlwɜːk] *n* [craft] metaloplastyka *f.*

meter ['miːtəʳ] *n* [device] licznik *m*; *US* = metre.

method ['meθəd] *n* metoda *f.*

methodical [mɪ'θɒdɪkl] *adj* metodyczny.

meticulous [mɪ'tɪkjʊləs] *adj* skrupulatny.

metre ['miːtəʳ] *n UK* metr *m.*

metric ['metrɪk] *adj* metryczny.

mews [mjuːz] (*pl* mews) *n UK uliczka domów z komfortowymi mieszkaniami powstałymi po przebudowaniu stajni.*

Mexican ['meksɪkn] <> *adj* meksykański. <> *n* Meksykanin *m*, Meksykanka *f.*

Mexico ['meksɪkəʊ] *n* Meksyk *m.*

mg (*abbr of* milligram) mg.

miaow [miːˈaʊ] *vi UK* miauczeć/zamiauczeć.

mice [maɪs] *pl* ⊳ mouse.

microchip ['maɪkrəʊtʃɪp] *n* mikroukład *m.*

microphone ['maɪkrəfəʊn] *n* mikrofon *m.*

microscope ['maɪkrəskəʊp] *n* mikroskop *m.*

microwave (oven) *n* kuchenka *f* mikrofalowa.

midday ['mɪddeɪ] *n* południe *n.*

middle ['mɪdl] <> *n* [in space] środek *m*; [in time] połowa *f.* <> *adj* [central] środkowy • **in the middle of the road** na środku drogi; **in the middle of April** w połowie kwietnia; **to be in the middle of doing sthg** być w trakcie robienia czegoś.

middle-aged *adj* w średnim wieku.

middle-class *adj* klasy średniej.

Middle East *n* : **the Middle East** Bliski Wschód *m.*

middle name *n* drugie imię *n.*

middle school *n* [in UK] *szkoła dla dzieci w wieku 9 i 13 lat w Anglii.*

midge [mɪdʒ] *n* muszka *f.*

midget ['mɪdʒɪt] *n* karzeł *m*, karlica *f.*

Midlands ['mɪdləndz] *npl* : **the Midlands** Anglia *f* środkowa.

midnight ['mɪdnaɪt] *n* północ *f.*

midsummer ['mɪd'sʌməʳ] *n* środek *m* lata.

midway *adv* ['mɪd'weɪ] [in space] w połowie drogi; [in time] w połowie.

midweek *adj* ['mɪd'wiːk] *adv* w środku tygodnia.

midwife ['mɪdwaɪf] (*pl* -wives [-waɪvz]) *n* położna *f.*

midwinter ['mɪd'wɪntəʳ] *n* środek *m* zimy.

might *aux vb* -1. [expressing possibility] móc ; **I suppose they might still come** przypuszczam, że mogą jeszcze przyjść; **they might have been killed** być może zostali zabici. **-2.** *fml* [expressing permission] móc ; **might I have a few words?** czy mogę zamienić kilka słów? **-3.** [when conceding a point] : **it might be expensive, but it's good quality** może i jest drogi, ale to dobra jakość. **-4.** [would] : **I'd hoped you might come too** miałem nadzieję, że też przyjdziesz.

migraine ['mi:greɪn, 'maɪgreɪn] *n* migrena *f*.

mild [maɪld] ◇ *adj* łagodny; [interest, protest] umiarkowany; [surprise, discomfort, illness] lekki. ◇ *n UK* [beer] *ciemne lekkie piwo.*

mile [maɪl] *n* mila *f* • **it's miles away** to bardzo daleko.

mileage ['maɪlɪdʒ] *n* [distance] ≃ kilometraż *m*.

mileometer [maɪ'lɒmɪtə'] *n* ≃ licznik *m* kilometrów.

military ['mɪlɪtrɪ] *adj* wojskowy.

milk [mɪlk] ◇ *n* mleko *n*. ◇ *vt* [cow] doić/wydoić.

milk chocolate *n* czekolada *f* mleczna.

milkman ['mɪlkmən] (*pl* **-men** [-mən]) *n* mleczarz *m*.

milk shake *n* koktajl *m* mleczny.

milky ['mɪlkɪ] *adj* [drink] mleczny.

mill [mɪl] *n* [flour-mill] młyn *m*; [for grinding] młynek *m*; [factory] zakład *m*.

milligram *n* miligram *m*.

millilitre ['mɪlɪ,li:tə'] *n* mililitr *m*.

millimetre ['mɪlɪ,mi:tə'] *n* milimetr *m*.

million ['mɪljən] *n* milion *m* • **millions of** *fig* miliony.

millionaire [,mɪljə'neə'] *n* milioner *m*, -ka *f*.

mime [maɪm] *vi* grać/zagrać pantomimę.

min. (*abbr of* **minute**) min; (*abbr of* **minimum**) min.

mince [mɪns] *n UK* mięso *n* mielone.

mincemeat ['mɪnsmi:t] *n* [sweet filling] *słodkie nadzienie z bakalii i przypraw korzennych*; *US* [mince] mięso *n* mielone.

mince pie *n babeczka z kruchego ciasta z nadzieniem bakaliowym spożywana podczas świąt Bożego Narodzenia.*

mind [maɪnd] ◇ *n* [intellect] umysł *m*; [thoughts] głowa *f*; [memory] pamięć *f*. ◇ *vt* [be careful of] uważać na; [look after] pilnować/przypilnować. ◇ *vi* [be bothered] przejmować/przejąć się • **she minds/doesn't mind it** to jej przeszkadza/nie przeszkadza; **it slipped my mind** wyleciało mi to z głowy; **to my mind** moim zdaniem; **to bear sthg in mind** pamiętać o czymś; **to change one's mind** zmienić zdanie; **to have sthg in mind** myśleć o czymś; **to have sthg on one's mind** być czymś zaabsorbowanym; **to make one's mind up** zdecydować się; **do you mind if ...?** pozwolisz, że...?; **I don't mind** wszystko mi jedno; **I wouldn't mind a drink** chętnie bym się napił; **'mind the gap!'** [on underground] *ogłoszenie dla pasażerów nakazujące zwrócenie uwagi na odstęp między peronem a pociągiem metra*; **never mind!** [don't worry] nie szkodzi!

mine¹ *pron* mój • **a friend of mine** mój kolega.

mine² *n* [for coal *etc*] kopalnia *f*; [bomb] mina *f*.

miner ['maɪnə'] *n* górnik *m*.

mineral ['mɪnərəl] *n* minerał *m*.

mineral water *n* woda *f* mineralna.

minestrone *n* zupa *f* minestrone.

mingle ['mɪŋgl] *vi* [combine] mieszać/zmieszać się; [at social function] krążyć wśród gości.

miniature ['mɪnətʃə'] <> *adj* miniaturowy. <> *n* [bottle of alcohol] buteleczka *f*.

minibar *n* minibar *m*.

minibus ['mɪnɪbʌs] *(pl* -es) *n* mikrobus *m*.

minicab ['mɪnɪkæb] *n* UK taksówka *f (na telefon)*.

minimal ['mɪnɪml] *adj* minimalny.

minimum ['mɪnɪməm] <> *adj* minimalny. <> *n* minimum *n*.

miniskirt ['mɪnɪskɜ:t] *n* mini *f*.

minister ['mɪnɪstə'] *n* [in government] minister *m*; [in church] pastor *m*.

ministry ['mɪnɪstrɪ] *n* [of government] ministerstwo *n*.

minor [ˈmaɪnə'] <> *adj* [small, unimportant] drobny. <> *n fml* nieletni *m*, nieletnia *f*.

minority [maɪ'nɒrətɪ] *n* mniejszość *f*.

minor road *n* droga *f* boczna.

mint [mɪnt] *n* [sweet] miętówka *f*; [plant] mięta *f*.

minus ['maɪnəs] *prep* [in subtraction] minus *m* • **it's minus 10°C** jest minus 10°C.

minuscule ['mɪnəskju:l] *adj* maleńki.

minute[1] *n* minuta *f* • **any minute** w każdej chwili; **just a minute!** chwileczkę!

minute[2] *adj* malutki.

minute steak ['mɪnɪt-] *n* stek do *szybkiego przygotowania*.

miracle ['mɪrəkl] *n* cud *m*.

miraculous [mɪ'rækjʊləs] *adj* cudowny.

mirror ['mɪrə'] *n* [on wall, handheld] lustro *n*; [on car] lusterko *n*.

misbehave ['mɪsbɪ'heɪv] *vi* źle się zachowywać/zachować.

miscarriage ['mɪs'kærɪdʒ] *n* poronienie *n*.

miscellaneous ['mɪsə'leɪnɪəs] *adj* różny.

mischievous ['mɪstʃɪvəs] *adj* psotny.

misconduct *n* ['mɪs'kɒndʌkt] złe prowadzenie się *n*.

miser ['maɪzə'] *n* sknera *m* LUB *f*.

miserable ['mɪzrəbl] *adj* [unhappy] nieszczęśliwy; [depressing] przygnębiający; [weather] ponury; [amount] marny.

misery ['mɪzərɪ] *n* [unhappiness] nieszczęście *n*; [poor conditions] nędza *f*.

misfire *vi* ['mɪs'faɪə'] [car] nie zapalać/zapalić się.

misfortune [mɪs tɔ:tju:n] *n* [bad luck] nieszczęście *n*.

mishap ['mɪshæp] *n* niefortunny wypadek *m*.

misjudge ['mɪs'dʒʌdʒ] *vt* źle oceniać/ocenić.

mislay ['mɪs'leɪ] *(pt & pp* mislaid [-'leɪd]) *vt* zapodziać.

mislead ['mɪs'li:d] *(pt & pp* misled [-'led]) *vt* wprowadzać/wprowadzić w błąd.

miss [mɪs] <> *vt* [not notice] nie zauważać/zauważyć; [fail to hit] nie trafiać/trafić; [regret absence of] tęsknić/zatęsknić za; [bus, plane, train] nie zdążać/zdążyć na; [appointment] opuszczać/opuścić; [chance, opportunity, programme] przegapiać/przegapić. <> *vi* [fail to hit] chybiać/chybić.

➡ **miss out** <> *vt sep* pomijać/pominąć. <> *vi* być pokrzywdzonym.

Miss [mɪs] *n* [title] ≃ pani *f*.

missile [*UK* 'mɪsaɪl, *US* 'mɪsəl] *n* pocisk *m*.

missing ['mɪsɪŋ] *adj* [lost] zaginiony • **to be missing** [not there] brakować.

missing person *n* osoba *f* zaginiona.

mission ['mɪʃn] *n* [assignment] misja *f*.

missionary ['mɪʃənrɪ] *n* misjonarz *m*, misjonarka *f*.

mist [mɪst] *n* mgła *f*.

mistake [mɪ'steɪk] (*pt* **mistook**, *pp* **mistaken**) <> *n* błąd *m*. <> *vt* [misunderstand] opacznie rozumieć/zrozumieć • **by mistake** omyłkowo; **to make a mistake** popełnić błąd; **to mistake sb/sthg for** pomylić coś/kogoś z.

mistook [-'stʊk] *pt* ⊳ **mistake**.

mistress ['mɪstrɪs] *n* [woman in authority, in control] pani *f*; [lover] kochanka *f*.

mistrust ['mɪs'trʌst] *vt* nie ufać.

misty ['mɪstɪ] *adj* mglisty.

misunderstanding ['mɪsʌndə'stændɪŋ] *n* nieporozumienie *n*.

misuse *n* ['mɪs'juːs] nadużycie *n*.

mitten ['mɪtn] *n* rękawiczka *f* z jednym palcem.

mix [mɪks] <> *vt* [ingredients, colours, paint] mieszać/zmieszać; [drink] przyrządzać/przyrządzić. <> *vi* [socially] utrzymywać kontakty towarzyskie. <> *n* [for cake, sauce] proszek *m* • **to mix sthg with sthg** mieszać coś z czymś. ◆ **mix up** <> *vt sep* [confuse] pomylić; [put into disorder] pomieszać.

mixed [mɪkst] *adj* [school] koedukacyjny.

mixed grill *n* *potrawa z różnych gatunków mięs lub kiełbas i warzyw pieczonych na ruszcie.*

mixed salad *n* sałatka *f* mieszana.

mixed vegetables *npl* bukiet *m* z jarzyn.

mixer ['mɪksəʳ] *n* [for food] robot *m* kuchenny; [drink] bezalkoholowy dodatek *m* do napojów alkoholowych.

mixture ['mɪkstʃəʳ] *n* mieszanka *f*.

mix-up *n* *inf* zamieszanie *n*.

ml (*abbr of* **millilitre**) ml.

mm (*abbr of* **millimetre**) mm.

moan [məʊn] *vi* [in pain, grief] jęczeć/jęknąć; *inf* [complain] narzekać.

moat [məʊt] *n* fosa *f*.

mobile ['məʊbaɪl] *adj* [able to move, travel] : **she's much more-mobile now she has a car** odkąd ma samochód, o wiele więcej podróżuje; [workforce] mobilny.

mobile phone *n* telefon *m* komórkowy.

mock [mɒk] <> *adj* udawany. <> *vt* przedrzeźniać. <> *n UK* [exam] egzamin *m* próbny.

mode [məʊd] *n* sposób *m*.

model ['mɒdl] *n* [small copy] makieta *f*; [thing copied] wzór *m*; [of car, weapon, machine] model *m*; [fashion model] model *m*, -ka *f*.

moderate *adj* ['mɒdərət] umiarkowany; [size] średni.

modern ['mɒdən] *adj* [recently developed] nowoczesny; [present-day] współczesny.

modernized *adj* zmodernizowany.

modern languages *npl* języki *mpl* nowożytne.

modest ['mɒdɪst] *adj* skromny.

modify ['mɒdɪfaɪ] *vt* modyfikować/zmodyfikować.

mohair ['məʊheəʳ] *n* moher *m*.

moist [mɔɪst] *adj* wilgotny.

moisture ['mɔɪstʃəʳ] *n* wilgoć *f*.

moisturizer ['mɔɪstʃəraɪzəʳ] *n* krem *m* nawilżający.

molar ['məʊləʳ] *n* ząb *m* trzonowy.

mold *US* = **mould**.

mole [məʊl] *n* [animal] kret *m*; [spot] pieprzyk *m*.

molest [mə'lest] *vt* [child, woman] molestować seksualnie.

mom [mɑːm] *n US inf* mama *f*.

moment ['məʊmənt] *n* [short time] chwila *f*; [point in time] moment *m* • **at the moment** w tej chwili; **for the moment** na razie

Mon. (*abbr of* **Monday**) pon.

monarchy ['mɒnəkɪ] *n* : **the monarchy** [royal family] rodzina *f* królewska.

monastery ['mɒnəstrɪ] *n* klasztor *m (męski)*.

Monday ['mʌndeɪ] *n* poniedziałek *m* see also **Saturday**.

money ['mʌnɪ] *n* pieniądze *mpl*.

money belt *n* pas *m* na pieniądze.

money order *n* przekaz *m* pieniężny.

mongrel ['mʌŋgrəl] *n* kundel *m*.

monitor ['mɒnɪtəʳ] <> *n* [computer screen] monitor *m*. <> *vt* [check, observe] kontrolować/skontrolować.

monk [mʌŋk] *n* mnich *m*.

monkey ['mʌŋkɪ] (*pl* **monkeys**) *n* małpa *f*.

monopoly [mə'nɒpəlɪ] *n* COMM monopol *m*.

monorail ['mɒnəreɪl] *n* kolej *f* jednoszynowa.

monotonous [mə'nɒtənəs] *adj* monotonny.

monsoon [mɒn'suːn] *n* monsun *m*.

monster ['mɒnstəʳ] *n* potwór *m*.

month [mʌnθ] *n* miesiąc *m* • **every month** co miesiąc; **in a month's time** za miesiąc.

monthly ['mʌnθlɪ] <> *adj* miesięczny. <> *adv* co miesiąc.

monument ['mɒnjʊmənt] *n* pomnik *m*.

mood [muːd] *n* nastrój *m* • **to be in a (bad) mood** być w złym humorze; **to be in a good mood** być w dobrym humorze.

moody ['muːdɪ] *adj* [bad-tempered] posępny; [changeable] kapryśny.

moon [muːn] *n* księżyc *m*.

moonlight ['muːnlaɪt] *n* światło *n* księżyca.

moor <> *n* wrzosowisko *n*. <> *vt* cumować/zacumować.

moose [muːs] (*pl* **moose**) *n* łoś *m*, łosza *f*.

mop [mɒp] <> *n* [for floor] mop *m*. <> *vt* [floor] myć/umyć. ◆ **mop up** <> *vt sep* [clean up] ścierać/zetrzeć.

moped ['məʊped] *n* motorynka *f*.

moral ['mɒrəl] <> *adj* [of morality] moralny. <> *n* [lesson] morał *m*.

morality [mə'rælətɪ] *n* moralność *f*.

more [mɔːʳ] <> *adj* **-1.** [a larger amount of] więcej ; **there are**

more tourists than usual jest więcej turystów niż zwykle. **-2.** [additional] jeszcze ; **are there any more cakes?** czy jest jeszcze trochę ciastek‹; **I'd like two more bottles** chciałbym jeszcze dwie butelki; **there's no more wine** nie ma już wina. **-3.** [in phrases] : **more and more** coraz więcej. ⬦ *adv* **-1.** [in comparatives] bardziej ; **it's more difficult than before** jest to trudniejsze niż przedtem; **speak more clearly** mów wyraźniej; **we go there more often now** chodzimy tam teraz częściej. **-2.** [to a greater degree] więcej ; **we ought to go to the cinema more** powinniśmy częściej chodzić do kina. **-3.** [in phrases] : **not ... any more** już nie; **I don't go there any more** już tam nie chodzę; **once more** jeszcze raz; **more or less** mniej więcej; **we'd be more than happy to help** z chęcią pomożemy. ⬦ *pron* **-1.** [a larger amount] więcej ; **I've got more than you** mam więcej od ciebie; **more than 20 types of pizza** ponad 20 rodzajów pizzy. **-2.** [an additional amount] więcej ; **is there any more?** czy zostało coś jeszcze‹; **there's no more** więcej nie ma.

moreover [mɔːˈrəʊvəʳ] *adv fml* ponadto.

morning [ˈmɔːnɪŋ] *n* [first part of day] poranek *m*; [between midnight and noon] rano *n* • **two o'clock in the morning** druga rano; **good morning!** dzień dobry!; **in the morning** rano; **tomorrowmorning** jutro rano.

morning-after pill *n* pigułka *f* wczesnoporonna.

morning sickness *n* poranne nudności *pl*.

Morocco [məˈrɒkəʊ] *n* Maroko *n*.

moron [ˈmɔːrɒn] *n inf* [idiot] kretyn *m*, -ka *f*.

Morse (code) *n* alfabet *m* Morse'a.

mortgage [ˈmɔːgɪdʒ] *n* hipoteka *f*.

mosaic *n* mozaika *f*.

Moslem [ˈmɒzləm] = Muslim.

mosque [mɒsk] *n* meczet *m*.

mosquito [məˈskiːtəʊ] (*pl* **-es**) *n* komar *m*.

mosquito net *n* moskitiera *f*.

moss [mɒs] *n* mech *m*.

most [məʊst] ⬦ *adj* **-1.** [the majority of] : **most people agree** większość osób się zgadza. **-2.** [the largest amount of] najwięcej ; **I drank (the) most beer** wypiłem najwięcej piwa. ⬦ *adv* **-1.** [in superlatives] najbardziej ; **the most expensive hotel in town** najdroższy hotel w mieście. **-2.** [to the greatest degree] najbardziej ; **I like this one most** ten mi się najbardziej podoba. **-3.** *fml* [very] wielce ; **we would be most grateful if you would refrain from smoking** bylibyśmy bardzo wdzięczni, gdyby mogli państwo powstrzymać się od palenia. ⬦ *pron* **-1.** [the majority] większość ; **most of the villages** większość wiosek; **most of the time** większość czasu. **-2.** [the largest amount] najwięcej ; **she earns (the) most** zarabia najwięcej. **-3.** [in phrases] : **at most** co najwyżej; **to make the most of sthg** wykorzystać coś w pełni.

mostly [ˈməʊstlɪ] *adv* przeważnie.

MOT *n UK* [test] ≃ obowiązkowy przegląd *m* techniczny.

motel [məʊˈtel] *n* motel *m*.

moth [mɒθ] *n* ćma *f*.

mother [ˈmʌðə^r] *n* matka *f*.

mother-in-law *n* teściowa *f*.

mother-of-pearl *n* macica *f* perłowa.

motif [məʊˈtiːf] *n* [pattern] motyw *m*.

motion [ˈməʊʃn] ⋄ *n* ruch *m*. ⋄ *vi* : **to motion to sb** skinąć na kogoś.

motionless [ˈməʊʃənlɪs] *adj* nieruchomy.

motivate [ˈməʊtɪveɪt] *vt* motywować.

motive [ˈməʊtɪv] *n* motyw *m*.

motor [ˈməʊtə^r] *n* silnik *m*.

Motorail® [ˈməʊtəreɪl] *n* ≃ autokuszetki *fpl*.

motorbike [ˈməʊtəbaɪk] *n* motor *m*.

motorboat [ˈməʊtəbəʊt] *n* motorówka *f*.

motorcar *n* samochód *m*.

motorcycle [ˈməʊtəˈsaɪkl] *n* motocykl *m*.

motorcyclist [ˈməʊtəˈsaɪklɪst] *n* motocyklista *m*, motocyklistka *f*.

motorist [ˈməʊtərɪst] *n* kierowca *m*.

motor racing *n* wyścigi *mpl* samochodowe.

motorway [ˈməʊtəweɪ] *n UK* autostrada *f*.

motto [ˈmɒtəʊ] *(pl -s)* *n* motto *n*.

mould [məʊld] ⋄ *n UK* [shape] forma *f*; [substance] pleśń *f*. ⋄ *vt UK* [shape] formować/uformować.

mouldy [ˈməʊldɪ] *adj UK* spleśniały.

mound [maʊnd] *n* [hill] kopiec *m*; [pile] stos *m*.

mount [maʊnt] ⋄ *n* [for photo] passe-partout *n*; [mountain] góra *f*. ⋄ *vt* [horse] wsiadać/wsiąść na; [photo] oprawiać/oprawić *(w passe-partout)*. ⋄ *vi* [increase] wzrastać/wzrosnąć.

mountain [ˈmaʊntɪn] *n* góra *f*.

mountain bike *n* rower *m* górski.

mountaineer [ˈmaʊntɪˈnɪə^r] *n* alpinista *m*, alpinistka *f*.

mountaineering [ˈmaʊntɪˈnɪəd rɪŋ] *n* : **to go mountaineering** wybrać się na wspinaczkę.

mountainous [ˈmaʊntɪnəs] *adj* górzysty.

Mount Rushmore *n* góra *f* Rushmore.

mourning [ˈmɔːnɪŋ] *n* : **to be in mourning** być w żałobie.

mouse [maʊs] *(pl* **mice** [maɪs])* *n* [animal, computing] mysz *f*.

moussaka [muːˈsɑːkə] *n* musaka *f*.

mousse [muːs] *n* mus *m*.

moustache [məˈstɑːʃ] *n UK* wąsy *mpl*.

mouth *n* [maʊθ] [of person] usta *pl*; [of animal] pysk *m*; [of cave, tunnel] wylot *m*; [of river] ujście *n*.

mouthful [ˈmaʊθfʊl] *n* [of food] kęs *m*; [of drink] łyk *m*.

mouth organ *n* harmonijka *f* ustna.

mouthpiece [ˈmaʊθpiːs] *n* [of telephone] mikrofon *m*; [of musical instrument] ustnik *m*.

mouthwash [ˈmaʊθwɒʃ] *n* płyn *m* do płukania ust.

move [muːv] ⋄ *n* [change of house] przeprowadzka *f*; [movement, turn to play] ruch *m*; [course of action, in games] posunięcie *n*. ⋄ *vt* [parts of body] ruszać/poruszyć; [shift] przesuwać/przesunąć; [emotionally] poruszać/poruszyć. ⋄ *vi* [shift] ruszać/ru-

szyć się • **to move (house)**
przeprowadzić się; **to make a
move** [leave] zbierać się.
➡ **move along** ⬦ *vi* odsu-
wać/odsunąć się. ➡ **move in**
⬦ *vi* [to house] wprowadzać/
wprowadzić się. ➡ **move off**
⬦ *vi* [train, car] odjeżdżać/odje-
chać. ➡ **move on** ⬦ *vi* [after
stopping] ruszać/ruszyć dalej.
➡ **move out** ⬦ *vi* [from
house] wyprowadzać/wyprowa-
dzić się. ➡ **move over** ⬦ *vi*
posuwać/posunąć się. ➡ **move
up** ⬦ *vi* przesuwać/przesunąć
się.

movement ['muːvmənt] *n* ruch
m.

movie ['muːvɪ] *n* film *m*.

movie theater *n* US kino *n*.

moving ['muːvɪŋ] *adj* [emotionally]
poruszający.

mow [məʊ] *vt* : **to mow the lawn**
kosić trawnik.

mozzarella *n* mozzarella *f*.

MP *n* (*abbr of* **Member of Parliament**) poseł *m*, posłanka *f*.

mph (*abbr of* **miles per hour**) mile
f na godzinę.

Mr ['mɪstə'] *n* pan *m*.

Mrs ['mɪsɪz] *n* pani *f* (*mężatka*).

Ms [mɪz] *n* pani *f* (*bez względu na
stan cywilny kobiety*).

MSc *n* (*abbr of* **Master of Science**)
magister *m* nauk ścisłych.

much [mʌtʃ] (*compar* **more**,
superl **most**) ⬦ *adj* : **I haven't
got much money** nie mam dużo
pieniędzy; **as much food as you
can eat** tyle jedzenia, ile zdołasz
zjeść; **how much time is left?** ile
czasu jeszcze zostało?; **they
have so much money** mają tyle
pieniędzy; **we have too much
food** mamy za dużo jedzenia.
⬦ *adv* **-1.** [to a great extent]

znacznie ; **it's much better** jest
znacznie lepsze; **he's much too
good** on jest zdecydowanie za
dobry; **I like it very much** bardzo
to lubię; **it's not much good** *inf*
jest takie sobie; **thank you very
much** dziękuję bardzo. **-2.** [often]
często ; **we don't go there
much** nie jeździmy tam często.
⬦ *pron* dużo • **I haven't got
much** nie mam zbyt wiele; **as
much as you like** ile tylko
chcesz; **how much is it?** ile to
kosztuje?; **you've got so much**
masz tak dużo; **you've got too
much** masz za dużo.

muck [mʌk] *n* [dirt] brud *m*.
➡ **muck about** *vi* UK *inf*
wygłupiać się. ➡ **muck up** *vt
sep* UK *inf* spaprać.

mud [mʌd] *n* błoto *n*.

muddle ['mʌdl] *n* : **to be in a
muddle** [confused] mieć mętlik w
głowie; [in a mess] mieć straszny
bałagan.

muddy ['mʌdɪ] *adj* [shoes] zabłocony; [road, field] błotnisty.

mudguard ['mʌdgɑːd] *n* błotnik *m*.

muesli ['mjuːzlɪ] *n* muesli *n*.

muffin ['mʌfɪn] *n* [roll] okrągła
bułeczka drożdżowa jedzona na
gorąco; [cake] rodzaj babeczki.

muffler ['mʌflə'] *n* US [silencer]
tłumik *m*.

mug [mʌg] ⬦ *n* [cup] kubek *m*.
⬦ *vt* [attack] napadać/napaść
na (*w celach rabunkowych*).

mugging ['mʌgɪŋ] *n* napaść *f*
rabunkowa.

muggy ['mʌgɪ] *adj* parny.

mule [mjuːl] *n* muł *m*, mulica *f*.

multicoloured ['mʌltɪˈkʌləd] *adj*
wielobarwny.

multiple ['mʌltɪpl] *adj* wielokrotny.

multiplex cinema *n* multiplex *m*.

multiplication ['mʌltɪplɪ'keɪʃn] *n* [in maths] mnożenie *n*.

multiply ['mʌltɪplaɪ] ⇔ *vt* [in maths] mnożyć/pomnożyć. ⇔ *vi* [increase] mnożyć/pomnożyć się.

multistorey (car park) *n* parking *m* wielopoziomowy.

multivitamin [UK 'mʌltɪvɪtəmɪn] [US 'mʌltɪvaɪtəmɪn] *n* multiwitamina *f*.

mum [mʌm] *n* UK *inf* mama *f*.

mummy ['mʌmɪ] *n* UK *inf* [mother] mamusia *f*.

mumps [mʌmps] *n* świnka *f*.

munch [mʌntʃ] *vt* przeżuwać/przeżuć.

municipal [mju:'nɪsɪpl] *adj* miejski.

mural ['mju:ərəl] *n* malowidło *n* ścienne.

murder ['mɜ:də'] ⇔ *n* morderstwo *n*. ⇔ *vt* mordować/zamordować.

murderer ['mɜ:dərə'] *n* morderca *m*, morderczyni *f*.

muscle ['mʌsl] *n* mięsień *m*.

museum [mju:'zi:əm] *n* muzeum *n*.

mushroom ['mʌʃrʊm] *n* [cultivated] pieczarka *f*; [wild] grzyb *m*.

music ['mju:zɪk] *n* muzyka *f*.

musical ['mju:zɪkl] ⇔ *adj* [connected with music] muzyczny; [person] muzykalny. ⇔ *n* musical *m*.

musical instrument *n* instrument *m* muzyczny.

musician [mju:'zɪʃn] *n* muzyk *m*.

Muslim ['mʊzlɪm] ⇔ *adj* muzuł-mański. ⇔ *n* muzułmanin *m*, muzułmanka *f*.

mussels *npl* małże *mpl*.

must ⇔ *aux vb* musieć. ⇔ *n inf* : **it's a must!** to konieczność! • **I must go** muszę iść; **the room must be vacated by ten** doba hotelowa kończy się o godzinie 10; **you must have seen it** musiałeś to widzieć; **you must see that film** musisz zobaczyć ten film; **you must be joking!** chyba żartujesz!

mustache US = moustache.

mustard ['mʌstəd] *n* musztarda *f*.

mustn't [mʌsnt] = must not.

mutter ['mʌtə'] *vt* mamrotać/wymamrotać.

mutton ['mʌtn] *n* baranina *f*.

mutual ['mju:tʃʊəl] *adj* [feeling] odwzajemniony; [friend, interest] wspólny.

muzzle ['mʌzl] *n* [for dog] kaganiec *m*.

MW *(abbr of medium wave)* fale *fpl* średnie.

my [maɪ] *adj* mój.

myself [maɪ'self] *pron* [reflexive] się; [after prep] siebie • **I did it myself** sam to zrobiłem.

mysterious [mɪ'stɪərɪəs] *adj* [strange] tajemniczy.

mystery ['mɪstərɪ] *n* [unexplained event] tajemnica *f*.

myth [mɪθ] *n* mit *m*.

N

N [en] (*abbr of north*) północ.

nag [næg] *vt* nękać.

nail [neɪl] ⋄ *n* [of finger, toe] paznokieć *m*; [metal] gwóźdź *m*. ⋄ *vt* [fasten] przybijać/przybić.

nailbrush ['neɪlbrʌʃ] *n* szczoteczka *f* do paznokci.

nail file *n* pilniczek *m* do paznokci.

nail scissors *npl* nożyczki *pl* do paznokci.

nail varnish *n* lakier *m* do paznokci.

nail varnish remover *n* zmywacz *m* do paznokci.

naive *adj* naiwny.

naked ['neɪkɪd] *adj* [person] nagi.

name [neɪm] ⋄ *n* [of person, animal] imię *n*; [of place] nazwa *f*; [reputation] reputacja *f*. ⋄ *vt* [person, place, animal] nazywać/nazwać; [date, price] wyznaczać/wyznaczyć • **first name** imię *n*; **last name** nazwisko *n*; **what's your name?** jak się nazywasz?; **my name is ...** nazywam się...; **to have a name for sthg** być znanym z.

namely ['neɪmlɪ] *adv* mianowicie.

nan bread [nɑː-] *n podawany na ciepło indyjski chleb w kształcie łezki tradycyjnie wypiekany w glinianym piecu.*

nanny ['nænɪ] *n* [childminder] niania *f*; *inf* [grandmother] babcia *f*.

nap [næp] *n* : **to have a nap** zdrzemnąć się.

napkin ['næpkɪn] *n* [at table] serwetka *f*.

nappy ['næpɪ] *n* pielucha *f*.

nappy liner *n* wkładka *f* do pieluchy.

narcotic [nɑː'kɒtɪk] *n* narkotyk *m*.

narrow ['nærəʊ] ⋄ *adj* [road, gap] wąski. ⋄ *vi* [road, gap] zwężać/zwęzić się.

narrow-minded *adj* ograniczony.

nasty ['nɑːstɪ] *adj* [spiteful] złośliwy; [accident, fall] groźny; [unpleasant] nieprzyjemny.

nation ['neɪʃn] *n* [state] państwo *n*; [people] naród *m*.

national ['næʃənl] ⋄ *adj* [news] krajowy; [newspaper] ogólnokrajowy; [characteristics] narodowy. ⋄ *n* [person] obywatel *m*, -ka *f*.

national anthem *n* hymn *m* narodowy.

National Health Service *n* państwowa służba *f* zdrowia.

National Insurance *n UK* [contributions] ≃ Zakład *m* Ubezpieczeń Społecznych.

National Lottery *n UK* : **the National Lottery** ≃ Totalizator *m* Sportowy.

nationality ['næʃə'nælətɪ] *n* narodowość *f*.

national park *n* park *m* narodowy.

nationwide ['neɪʃənwaɪd] *adj* ogólnokrajowy.

native ['neɪtɪv] ⋄ *adj* [country] ojczysty; [customs, population] miejscowy. ⋄ *n* mieszkaniec *m*, mieszkanka *f* • **she's a native speaker of English** angielski jest jej językiem ojczystym.

NATO ['neɪtəʊ] *n* NATO *n*.

natural ['nætʃrəl] *adj* naturalny; [ability, charm] wrodzony; [swimmer, actor] urodzony.

natural gas *n* gaz *m* ziemny.

naturally ['nætʃrəlɪ] *adv* [of course] oczywiście.

natural yoghurt *n* jogurt *m* naturalny.

nature ['neɪtʃəʳ] *n* [plants, animals *etc*] przyroda *f*; [quality, character] natura *f*.

nature reserve *n* rezerwat *m* przyrody.

naughty ['nɔːtɪ] *adj* [child] niegrzeczny.

nausea ['nɔːsjə] *n* mdłości *pl*.

navigate ['nævɪgeɪt] *vi* [in boat, plane] nawigować; [in car] wskazywać/wskazać drogę.

navy ['neɪvɪ] <> *n* [ships] flota *f*. <> *adj* : **navy (blue)** granatowy.

NB (*abbr of* **nota bene**) nb.

near [nɪəʳ] <> *adv* blisko. <> *adj* bliski. <> *prep* : **near (to)** [edge, object, place] blisko • **in the near future** w najbliższej przyszłości.

nearby <> *adv* ['nɪə'baɪ] w pobliżu. <> *adj* ['nɪəbaɪ] pobliski.

nearly ['nɪəlɪ] *adv* prawie.

near side *n* [for right-hand drive] prawa strona *f*; [for left-hand drive] lewa strona *f*.

neat [niːt] *adj* [room] schludny; [writing, work] staranny; [whisky, vodka *etc*] nierozcieńczony.

neatly ['niːtlɪ] *adv* starannie.

necessarily ['nesə'serɪlɪ] *adv* : **not necessarily** niekoniecznie!

necessary ['nesəsrɪ] *adj* [arrangements, information] konieczny • **it is necessary to do it** koniecznie trzeba to zrobić.

necessity [nɪ'sesətɪ] *n* konieczność *f*. ➡ **necessities** *npl*

artykuły *mpl* pierwszej potrzeby.

neck [nek] *n* [of person, animal] szyja *f*; [of jumper, dress, shirt] wycięcie *n*.

necklace ['neklɪs] *n* naszyjnik *m*.

nectarine ['nektərɪn] *n* nektarynka *f*.

need [niːd] <> *n* potrzeba *f*. <> *vt* potrzebować • **to need to do sthg** musieć zrobić coś.

needle ['niːdl] *n* igła *f*.

needlework ['niːdlwɜːk] *n* SCH robótki *fpl* ręczne.

needn't [niːdnt] = **need not**.

needy ['niːdɪ] *adj* potrzebujący.

negative ['negətɪv] <> *adj* [person] negatywnie nastawiony; [attitude, result] negatywny. <> *n* [in photography] negatyw *m*; GRAMM przeczenie *n*.

neglect [nɪ'glekt] *vt* zaniedbywać/zaniedbać.

negligence ['neglɪdʒəns] *n* zaniedbanie *n*.

negotiations *npl* negocjacje *pl*.

neighbour ['neɪbəʳ] *n* sąsiad *m*, -ka *f*.

neighbourhood ['neɪbəhʊd] *n* sąsiedztwo *n*.

neighbouring ['neɪbərɪŋ] *adj* sąsiadujący.

neither ['naɪðəʳ UK; esp US 'niːðəʳ] <> *adj* żaden *(z dwóch)*. <> *pron* : **neither of us** żaden z nas *(dwóch)*. <> *conj* : **neither do I** ja też nie; **neither ... nor ...** ani... ani...

neon light *n* neon *m*.

nephew ['nefjuː] *n* [brother's son] bratanek *m*; [sister's son] siostrzeniec *m*.

nerve [nɜːv] *n* [in body] nerw *m*;

[courage] odwaga f • **what a nerve!** co za tupet!

nervous ['nɜːvəs] *adj* [apprehensive] zdenerwowany; [tense by nature] nerwowy • **to be nervous before sthg** denerwować się przed czymś.

nervous breakdown *n* załamanie *n* nerwowe.

nest [nest] *n* gniazdo *n*.

net [net] <> *n* [for fishing] sieć *f*; [for tennis, badminton] siatka *f*. <> *adj* [profit, result] na czysto; [weight] netto.

netball ['netbɔːl] *n rodzaj koszykówki*.

Netherlands ['neðələndz] *npl* : **the Netherlands** Holandia *f*.

netiquette ['netiket] *n* COMPUT etykieta *f* sieciowa.

nettle ['netl] *n* pokrzywa *f*.

network ['netwɜːk] *n* sieć *f*.

neurotic ['njʊə'rɒtɪk] *adj* neurotyczny.

neutral ['njuːtrəl] <> *adj* neutralny; [in argument] bezstronny. <> *n* AUT : **in neutral** na luzie.

never ['nevəʳ] *adv* [not ever] nigdy; [as simple negative] w ogóle • **she's never late** ona nigdy się nie spóźnia; **never mind!** nieważne!

nevertheless ['nevəðə'les] *adv* tym niemniej.

new [njuː] *adj* nowy.

newly ['njuːlɪ] *adv* nowo.

new potatoes *npl* młode ziemniaki *mpl*.

news [njuːz] *n* [information] wiadomość *f*; [on TV, radio] wiadomości *fpl* • **a piece of news** wiadomość *f*.

newsagent ['njuːz'eɪdʒənt] *n* [shop] kiosk *m* z gazetami.

newspaper ['njuːz'peɪpəʳ] *n* gazeta *f*.

New Year *n* Nowy Rok *m*.

New Year's Day *n* Nowy Rok *m*.

New Year's Eve *n* Sylwester *m*.

New Zealand [-'ziːlənd] *n* Nowa Zelandia *f*.

next [nekst] <> *adj* [in the future] przyszły; [following] następny; [room, house] sąsiedni. <> *adv* [afterwards] potem; [on next occasion] następnym razem • **when does the next bus leave?** kiedy odjeżdża następny autobus?; **next to** [by the side of] obok; **the week after next** za dwa tygodnie.

next door *adv* po sąsiedzku.

next of kin *n* najbliższy krewny *m*, najbliższa krewna *f*.

NHS = National Health Service.

nib [nɪb] *n* stalówka *f*.

nibble ['nɪbl] *vt* [eat] podjadać/podjeść; [bite] podgryzać/podgryźć.

nice [naɪs] *adj* [pleasant] przyjemny; [pretty] ładny; [kind] miły • **to have a nice time** miło spędzić czas; **nice to see you!** miło cię widzieć.

nickel ['nɪkl] *n* [metal] nikiel *m*; *US* [coin] pięciocentówka *f*.

nickname ['nɪkneɪm] *n* przezwisko *n*.

niece [niːs] *n* [brother's daughter] bratanica *f*; [sister's daughter] siostrzenica *f*.

night [naɪt] *n* [time when asleep] noc *f*; [evening] wieczór *m* • **at night** [not in daytime] w nocy; [in evening] wieczorem; **by night** [hunt, work, sleep] nocą; **last night** zeszłej nocy.

nightclub ['naɪtklʌb] *n* nocny lokal *m*.

nightdress ['naɪtdres] *n* koszula *f* nocna.

nightie ['naɪtɪ] *n inf* koszula *f* nocna.

nightlife ['naɪtlaɪf] *n* nocne życie *n*.

nightly ['naɪtlɪ] *adv* co wieczór.

nightmare ['naɪtmeə^r] *n* koszmar *m*.

night safe *n* skarbiec *m* nocny.

night school *n* szkoła *f* wieczorowa.

night shift *n* nocna zmiana *f*.

nil [nɪl] *n* SPORT zero *n*.

Nile [naɪl] *n* : the Nile Nil *m*.

nine [naɪn] *num* dziewięć ⊳ **six**.

nineteen ['naɪn'tiːn] *num* dziewiętnaście ⊳ **six • nineteen ninety-five** tysiąc dziewięćset dziewięćdziesiąt pięć.

nineteenth ['naɪn'tiːnθ] *num* dziewiętnasty ⊳ **sixth**.

ninetieth ['naɪntɪəθ] *num* dziewięcdziesiąty ⊳ **sixth**.

ninety ['naɪntɪ] *num* dziewięćdziesiąt ⊳ **six**.

ninth [naɪnθ] *num* dziewiąty ⊳ **sixth**.

nip *vt* [pinch] szczypać/uszczypnąć.

nipple ['nɪpl] *n* [of breast] sutek *m*; *US* [of bottle] smoczek *m*.

nitrogen ['naɪtrədʒən] *n* azot *m*.

no [nəʊ] ⬦ *adv* nie. ⬦ *adj* [not any] żaden. ⬦ *n* odmowa *f* • **no parking** zakaz parkowania; **I've got no money left** skończyły mi się pieniądze; **I've got no time** nie mam czasu.

noble ['nəʊbl] *adj* szlachetny.

nobody ['nəʊbədɪ] *pron* nikt • **there's nobody in** nie ma nikogo w domu.

nod [nɒd] *vi* [in agreement] przytakiwać/przytaknąć.

noise [nɔɪz] *n* [individual sound] dźwięk *m*; [loud sounds] hałas *m*.

noisy ['nɔɪzɪ] *adj* hałaśliwy; [car] głośny.

nominate ['nɒmɪneɪt] *vt* mianować.

nonalcoholic ['nɒnælkə'hɒlɪk] *adj* bezalkoholowy.

none [nʌn] *pron* żaden.

nonetheless ['nʌnðə'les] *adv* niemniej jednak.

nonfiction ['nɒn'fɪkʃn] *n* literatura *f* faktu.

non-iron *adj* niewymagający prasowania.

nonsense ['nɒnsəns] *n* [stupid words] nonsens *m*; [foolish behaviour] wygłupy *mpl*.

nonsmoker ['nɒn'sməʊkə^r] *n* niepalący *m*, niepaląca *f*.

nonstick ['nɒn'stɪk] *adj* [saucepan] teflonowy.

nonstop ['nɒn'stɒp] ⬦ *adj* [flight] bezpośredni; [talking, arguing] nieustający. ⬦ *adv* [fly] bez międzylądowania; [travel, run, rain] bez przerwy.

noodles *npl* kluski *fpl*.

noon [nuːn] *n* południe *n*.

no one = nobody.

nor [nɔː^r] *conj* też nie • **nor do I** ja też nie.

normal ['nɔːml] *adj* normalny.

normally ['nɔːməlɪ] *adv* [usually] zazwyczaj; [properly] normalnie.

north [nɔːθ] ⬦ *n* północ *f*. ⬦ *adj* północny. ⬦ *adv* [fly, walk] na północ; [be situated] na północy • **in the north of England** w północnej części Anglii.

North America *n* Ameryka *f* Północna.

northbound ['nɔːθbaʊnd] *adj* w kierunku północnym.

northeast ['nɔːθ'iːst] *n* północny wschód *m*.

northern ['nɔːðən] *adj* północny.

Northern Ireland *n* Irlandia *f* Północna.

North Pole *n* biegun *m* północny.

North Sea *n* Morze *n* Północne.

northwards ['nɔːθwədz] *adv* na północ.

northwest ['nɔːθ'west] *n* północny zachód *m*.

Norway ['nɔːweɪ] *n* Norwegia *f*.

Norwegian [nɔː'wiːdʒən] <> *adj* norweski. <> *n* [person] Norweg *m*, Norweżka *f*; [language] norweski.

nose [nəʊz] *n* [of person, animal] nos *m*; [of plane, rocket] dziób *m*.

nosebleed ['nəʊzbliːd] *n* krwawienie *n* z nosa.

no smoking area *n* miejsce *m* dla niepalących.

nostril ['nɒstrɪl] *n* nozdrze *n*.

nosy ['nəʊzɪ] *adj* wścibski.

not [nɒt] *adv* nie • she's not there nie ma jej tam; not yet jeszcze nie; not at all [pleased, interested] wcale nie; [in reply to thanks] nie ma za co.

notably ['nəʊtəblɪ] *adv* [in particular] zwłaszcza.

note [nəʊt] <> *n* [message] notatka *f*; MUS nuta *f*; [comment] uwaga *f*; [bank note] banknot *m*. <> *vt* [notice] zauważać/zauważyć; [write down] zapisywać/zapisać • to take notes robić notatki.

notebook ['nəʊtbʊk] *n* notatnik *m*.

noted ['nəʊtɪd] *adj* słynny.

notepaper ['nəʊtpeɪpəʳ] *n* papier *m* listowy.

nothing ['nʌθɪŋ] *pron* nic • he did nothing all day nic nie robił cały dzień; nothing new/interesting nic nowego/interesującego; for nothing [for free] za darmo; [in vain] na nic.

notice ['nəʊtɪs] <> *vt* zauważać/zauważyć. <> *n* [written announcement] ogłoszenie *n*; [warning] powiadomienie *n* • to take notice of zwrócić uwagę na; to hand in one's notice złożyć wymówienie.

noticeable ['nəʊtɪsəbl] *adj* zauważalny.

notice board *n* tablica *f* ogłoszeń.

notion ['nəʊʃn] *n* pojęcie *n*.

notorious [nəʊ'tɔːrɪəs] *adj* notoryczny.

nougat ['nuːgɑː] *n* nugat *m*.

nought [nɔːt] *n* zero *n* • noughts and crosses *UK* gra *f* w kółko i krzyżyk.

noun [naʊn] *n* rzeczownik *m*.

nourishment ['nʌrɪʃmənt] *n* pożywienie *n*.

Nov. (*abbr of* **November**) *listopad*.

novel ['nɒvl] <> *n* powieść *f*. <> *adj* nowatorski.

novelist ['nɒvəlɪst] *n* powieściopisarz *m*, powieściopisarka *f*.

November [nə'vembəʳ] *n* listopad *m* *see also* **September**.

now [naʊ] <> *adv* [at this time] teraz. <> *conj* : now (that) skoro • just now właśnie teraz; right now [at the moment] w tej chwili; [immediately] natychmiast; by now do tej pory; from now on od tej pory.

nowadays ['naʊədeɪz] *adv* obecnie.

nowhere ['nəʊweə^r] *adv* nigdzie.

nozzle ['nɒzl] *n* dysza *f.*

nuclear ['njuːklɪə^r] *adj* nuklearny.

nude [njuːd] *adj* nagi.

nudge [nʌdʒ] *vt* trącać/potrącić łokciem.

nuisance ['njuːsns] *n* : **it's a real nuisance!** to prawdziwy kłopot! • **he's such a nuisance!** on jest taki dokuczliwy!

numb [nʌm] *adj* zdrętwiały.

number ['nʌmbə^r] ⬦ *n* [numeral, quantity] liczba *f*; [of telephone, house] numer *m.* ⬦ *vt* [give number to] numerować/ponumerować.

numberplate ['nʌmbəpleɪt] *n* tablica *f* rejestracyjna.

numeral ['njuːmərəl] *n* cyfra *f.*

numerous ['njuːmərəs] *adj* liczny.

nun [nʌn] *n* zakonnica *f.*

nurse [nɜːs] ⬦ *n* pielęgniarka *f.* ⬦ *vt* [look after] pielęgnować • **male nurse** pielęgniarz *m.*

nursery ['nɜːsərɪ] *n* [in house] pokój *m* dziecinny; [for plants] szkółka *f.*

nursery (school) *n* przedszkole *n.*

nursery slope *n* ośla łączka *f.*

nursing ['nɜːsɪŋ] *n* [profession] pielęgniarstwo *n.*

nut [nʌt] *n* [to eat] orzech *m*; [of metal] nakrętka *f.*

nutcrackers ['nʌt'krækəz] *npl* dziadek *n* do orzechów.

nutmeg ['nʌtmeg] *n* gałka *f* muszkatołowa.

NVQ (*abbr of* National Vocational Qualification) *n kwalifikacja zawodowa przyznawana na pięciu różnych poziomach zaawansowania.*

nylon ['naɪlɒn] ⬦ *n* nylon *m.* ⬦ *adj* nylonowy.

O

O [əʊ] *n* [zero] O *n.*

oak [əʊk] ⬦ *n* dąb *m.* ⬦ *adj* dębowy.

OAP = old age pensioner.

oar [ɔː^r] *n* wiosło *n.*

oatcake ['əʊtkeɪk] *n krakers owsiany.*

oath [əʊθ] *n* [promise] przysięga *f.*

oatmeal ['əʊtmiːl] *n* mąka *f* owsiana.

oats *npl* owies *m.*

obedient [ə'biːdjənt] *adj* posłuszny.

obey [ə'beɪ] *vt* [rules] przestrzegać; [parents] słuchać/posłuchać.

object ⬦ *n* [thing] przedmiot *m*; [purpose] cel *m*; GRAMM dopełnienie *n.* ⬦ *vi* : **to object (to)** sprzeciwić się.

objection [əb'dʒekʃn] *n* [protest] sprzeciw *m.*

objective [əb'dʒektɪv] *n* cel *m.*

obligation ['ɒblɪ'geɪʃn] *n* zobowiązanie *n.*

obligatory [ə'blɪgətrɪ] *adj* obowiązkowy.

oblige [ə'blaɪdʒ] *vt* : **to oblige sb to do sthg** zmuszać kogoś do robienia czegoś.

oblique [ə'bliːk] *adj* [sloping] skośny; [angle] wypukły.

oblong ['ɒblɒŋ] ⬦ *adj* podłużny. ⬦ *n* prostokąt *m.*

obnoxious [əb'nɒkʃəs] *adj* wstrętny.

oboe ['əʊbəʊ] *n* obój *m.*

obscene [əb'si:n] *adj* obsceniczny.

obscure [əb'skjʊəʳ] *adj* [difficult to understand] niejasny; [not well-known] nieznany.

observant [əb'zɜ:vnt] *adj* [quick to notice] spostrzegawczy.

observation ['ɒbzə'veɪʃn] *n* [watching] obserwacja *f*; [comment] spostrzeżenie *n*.

observatory [əb'zɜ:vətrɪ] *n* obserwatorium *n*.

observe [əb'zɜ:v] *vt* [watch, see] obserwować/zaobserwować.

obsessed *adj* : to be obsessed by sthg mieć obsesję na punkcie czegoś.

obsession [əb'seʃn] *n* obsesja *f*.

obsolete ['ɒbsəli:t] *adj* przestarzały.

obstacle ['ɒbstəkl] *n* przeszkoda *f*.

obstinate ['ɒbstənət] *adj* uparty.

obstruct [əb'strʌkt] *vt* [road, path] blokować/zablokować.

obstruction [əb'strʌkʃn] *n* [in road, path] przeszkoda *f*.

obtain [əb'teɪn] *vt* uzyskiwać/uzyskać.

obtainable [əb'teɪnəbl] *adj* osiągalny.

obvious ['ɒbvɪəs] *adj* [answer, reason] oczywisty; [displeasure] wyraźny.

obviously ['ɒbvɪəslɪ] *adv* [of course] oczywiście; [clearly] najwyraźniej.

occasion [ə'keɪʒn] *n* okazja *f*; [important event] wydarzenie *n* • on one occasion pewnego razu; on several occasions kilkakrotnie.

occasional [ə'keɪʒənl] *adj* sporadyczny.

occasionally [ə'keɪʒnəlɪ] *adv* od czasu do czasu.

occupant ['ɒkjʊpənt] *n* [of house] mieszkaniec *m*, mieszkanka *f*; [of car, plane] pasażer *m*, -ka *f*.

occupation ['ɒkjʊ'peɪʃn] *n* [job] zawód *m*; [pastime] zajęcie *n*.

occupied ['ɒkjʊpaɪd] *adj* [toilet] zajęty.

occupy ['ɒkjʊpaɪ] *vt* zajmować/zająć; [by force] okupować.

occur [ə'kɜ:ʳ] *vi* [happen] zdarzać/zdarzyć się; [exist] występować/wystąpić.

occurrence [ə'kʌrəns] *n* zdarzenie *n*.

ocean ['əʊʃn] *n* ocean *m* • the ocean *US* [sea] morze *n*.

o'clock [ə'klɒk] *adv* : one o'clock godzina pierwsza.

Oct. (*abbr of* October) *październik*.

October [ɒk'təʊbəʳ] *n* październik *m* see also September.

octopus ['ɒktəpəs] *n* ośmiornica *f*.

odd [ɒd] *adj* [strange] dziwny; [number] nieparzysty; [not matching] nie do pary; [occasional] przypadkowy • 60 odd miles jakieś 60 mil; some odd bits of paper jakieś kartki papieru; odd jobs [for money] prace *fpl* dorywcze; [around house] drobne prace *fpl*.

odds [ɒdz] *npl* [in betting] notowania *npl*; [chances] szanse *fpl* • odds and ends drobiazgi *mpl*.

odor *US* = odour.

odour ['əʊdəʳ] *n UK* woń *f*.

of [(*weak form* əv, *strong form* ɒv)] *prep* -1. [belonging to] : the colour of the car kolor samochodu; the first of May pierwszy maja; the manager of the firm dyrektor firmy; the handle of the

door klamka u drzwi. **-2.** [expressing amount] *(tłumaczy się formą dopełniacza)* : **a piece of cake** kawałek ciastka; **a fall of 20% people** pięćdziesięciotysięczne miasto. spadek o 20 %; **a town of 50,000 people** pięćdziesięciotysięczne miasto. **-3.** [containing] *(tłumaczy się formą dopełniacza)* : **a glass of beer** szklanka piwa. **-4.** [made from] z ; **a house of stone** dom z kamienia; **it's made of wood** jest zrobione z drewna. **-5.** [regarding, relating to] *(tłumaczy się formą dopełniacza)* : **the Ministry of Defence** Ministerstwo *n* Obrony Narodowej; **fear of spiders** strach przed pająkami. **-6.** [referring to time] *(tłumaczy się przez formę dopełniacza)* : **the summer of 1969** lato roku 1969; **the 26th of August** 26-ego sierpnia. **-7.** [indicating cause] *(tłumaczy się formą dopełniacza)* : **the cause of sthg** przyczyna czegoś; **he died of cancer** zmarł na raka. **-8.** [with towns, countries] *(nie tłumaczy się)* : **the city of Glasgow** miasto Glasgow. **-9.** [on the part of] ze strony ; **that was very kind of you** to bardzo miło z twojej strony. **-10.** *US* [in telling the time] za ; **it's ten of four** jest czwarta za dziesięć.

off [ɒf] ⟨⟩ *adv* **-1.** [away] : **to get off** [from bus, train, plane, boat] wysiadać; **to drive off** odjechać; **we're off to Austria next week** jedziemy do Austrii w przyszłym tygodniu; **I'm off** wychodzę! **-2.** [expressing removal] : **to take sthg off** [clothes, lid] zdjąć coś; [money] potrącić coś. **-3.** [so as to stop working] : **to turn sthg off** wyłączyć. **-4.** [expressing distance or time away] : **it's 10 miles off** 10 mil stąd; **it's 2 months off** to za dwa miesiące; **it's a long way off** [in distance] to bardzo daleko; [in time] to jeszcze dużo czasu. **-5.** [not at work] : **I'm taking a week off** biorę tydzień wolnego. ⟨⟩ *prep* **-1.** [away from] : **to fall off sthg** spaść z czegoś; **to come off sthg** odpaść od czegoś; **to get off sthg** wysiąść z czegoś; **off the coast** niedaleko brzegu; **just off the main road** blisko głównej drogi. **-2.** [indicating removal] od, z : **take the lid off the jar** zdejmij wieczko ze słoika; **we'll take 20 off the price** odejmiemy 20 funtów od tej ceny. **-3.** [absent from] : **to be off work** być na urlopie. **-4.** *inf* [from] od ; **I bought it off her** kupiłem to od niej. **-5.** *inf* [no longer liking] : **I'm off my food** nie mam apetytu. ⟨⟩ *adj* **-1.** [meat, cheese] zepsuty; [milk, beer] skwaśniały. **-2.** [not working] wyłączony. **-3.** [cancelled] odwołany. **-4.** [not available] : **the soup's off, I'm afraid** niestety nie ma już zupy.

offence [əˈfens] *n* *UK* [crime] przestępstwo *n*; [upset] obraza *f*.

offend [əˈfend] *vt* [upset] obrażać/obrazić.

offender [əˈfendəʳ] *n* [criminal] przestępca *m*.

offense *US* = offence.

offensive [əˈfensɪv] *adj* [insulting] obraźliwy.

offer [ˈɒfəʳ] ⟨⟩ *n* oferta *f*; [of help] propozycja *f*. ⟨⟩ *vt* [present, propose] oferować/zaoferować; [provide] zapewniać/zapewnić • **on offer** [available] w ofercie; [reduced] w promocji; **to offer to do sthg** zaproponować zrobienie czegoś; **to offer sb sthg** [gift] ofiarować; [money, food, job, seat] zaproponować.

office [ˈɒfɪs] *n* [room] biuro *n*.

office block *n* biurowiec *m*.

officer [ˈɒfɪsəʳ] *n* [military] oficer *m*; [policeman] policjant *m*, -ka *f*.

official [əˈfɪʃl] ◇ *adj* [formal] oficjalny. ◇ *n* urzędnik *m*, urzędniczka *f*.

officially [əˈfɪʃəlɪ] *adv* [formally] oficjalnie.

off-licence *n* UK ≃ sklep *m* monopolowy.

off-peak *adj* [train, ticket] poza godzinami szczytu.

off sales *npl* UK sprzedaż *f* alkoholu na wynos.

off-season *n* poza sezonem.

offshore [ˈɒfʃɔːʳ] *adj* [breeze] od lądu.

off side *n* [for right-hand drive] strona *f* lewa; [for left-hand drive] strona *f* prawa.

off-the-peg *adj* gotowy (*o ubraniu*).

often [ˈɒftn] *adv* często • **how often do the buses run?** jak często kursują autobusy?; **every so often** od czasu do czasu.

oh [əʊ] *excl* och!

oil [ɔɪl] *n* olej *m*; [fuel] ropa *f* naftowa.

oilcan [ˈɔɪlkæn] *n* oliwiarka *f*.

oil filter *n* filtr *m* oleju.

oil rig *n* platforma *f* wiertnicza.

oily [ˈɔɪlɪ] *adj* [cloth, hands] zatłuszczony; [food] ociekający tłuszczem.

ointment [ˈɔɪntmənt] *n* maść *f*.

OK [ˈəʊˈkeɪ] ◇ *adj inf* [acceptable, satisfactory] do przyjęcia; [unharmed] zdrowy i cały; [of average quality] w porządku. ◇ *adv inf* [expressing agreement] w porządku; [well, satisfactorily] dobrze.

okay [ˈəʊˈkeɪ] = OK.

old [əʊld] *adj* stary • **how old are you?** ile masz lat?; **I'm 36 years**

old mam 36 lat; **to get old** starzeć się.

old age *n* starość *f*.

old age pensioner *n* emeryt *m*, -ka *f*.

O level *n* ≃ mała matura *f*.

olive [ˈɒlɪv] *n* oliwka *f*.

olive oil *n* oliwa *f* z oliwek.

Olympic Games *npl* igrzyska *pl* olimpijskie.

omelette [ˈɒmlɪt] *n* omlet *m* • **mushroom omelette** omlet *m* z pieczarkami.

ominous [ˈɒmɪnəs] *adj* złowieszczy.

omit [əˈmɪt] *vt* opuszczać/opuścić.

on [ɒn] ◇ *prep* -1. [expressing position, location] na ; **it's on the table** leży na stole; **put it on the table** połóż to na stole; **on my right** po mojej prawej stronie; **on the right** po prawej stronie; **a picture on the wall** obraz na ścianie; **the exhaust on the car** rura wydechowa samochodu; **we stayed on a farm** mieszkaliśmy na farmie. -2. [with forms of transport] : **on the train/plane** w pociągu/samolocie; **to get on a bus** wsiąść do autobusu. -3. [expressing means, method] na ; **paid on an hourly basis** płacony za godzinę; **on foot** pieszo; **on TV** w TV; **on the piano** na pianinie. -4. [using] na ; **it runs on unleaded petrol** jeździ na benzynie bezołowiowej; **to be on medication** być na lekach. -5. [about] o ; **a book on Germany** książka o Niemczech. -6. [expressing time] w ; **on arrival** w chwili przybycia; **on Tuesday** we wtorek; **on 25th August** 25 sierpnia. -7. [with regard to] na ; **a tax on imports** podatek importowy;

the effect on Britain wpływ na Wielką Brytanię. **-8.** [describing activity, state] w ; **on holiday** na wakacjach; **on offer** w ofercie; **on sale** w sprzedaży. **-9.** [in phrases] : **do you have any money on you?** *inf* masz przy sobie jakieś pieniądze?; **the drinks are on me** ja płacę tę kolejkę. <> *adv* **-1.** [in place, covering] : **put the lid on** nałóż przykrywkę; **to put one's clothes on** nałożyć ubranie; **she had a dress on** miała na sobie sukienkę. **-2.** [film, play, programme] : **the news is on** są wiadomości; **what's on at the cinema?** co grają w kinach?. **-3.** [with transport] : **to get on** wsiadać do; **everybody on?** wszyscy już wsiedli?. **-4.** [functioning] : **to turn sthg on** włączyć coś. **-5.** [taking place] : **how long is the festival on?** jak długo trwa festiwal?. **-6.** [further forward] dalej ; **to drive on** jechać dalej. **-7.** [in phrases] : **to have sthg on** mieć coś w planach. <> *adj* [working] włączony.

once [wʌns] <> *adv* [one time] raz; [in the past] kiedyś. <> *conj* jak tylko • **at once** [immediately] od razu; [at the same time] naraz; **for once** tym razem; **once more** [one more time] jeszcze raz; [again] ponownie.

oncoming ['ɒn'kʌmɪŋ] *adj* [traffic] nadchodzący.

one [wʌn] <> *num* [the number 1] jeden. <> *adj* [only] jedyny. <> *pron* [object, person] : **which one?** który z nich?; **this one** ten; *fml* [you] : **one does one's best** każdy stara się jak może • **thirty-one** trzydzieści jeden; **one fifth** jedna piąta; **I like that one** podoba mi się tamten; **the one I told you about** ten o któ-

rym ci mówiłem; **one of my friends** jeden z moich przyjaciół; **one day** pewnego dnia.

one-piece (swimsuit) *n* jednoczęściowy kostium *m* kąpielowy.

oneself [wʌn'self] *pron* [reflexive] się; [after prep] : **to live by oneself in the country** mieszkać samemu na wsi; **to build a house for oneself** zbudować sobie dom; **to have a room to oneself** mieć pokój dla siebie • **to help oneself** poczęstować się.

one-way *adj* [street] jednokierunkowy; [ticket] w jedną stronę.

onion ['ʌnjən] *n* cebula *f.*

onion bhaji *n* cebula opiekana w cieście – specjalność kuchni hinduskiej.

onion rings *npl* smażona w cieście cebula w plasterkach.

only ['əʊnlɪ] <> *adj* jedyny. <> *adv* tylko • **an only child** jedynak, jedynaczka; **I only want one** chcę tylko jeden; **we've only just arrived** dopiero co przyjechaliśmy; **there's only just enough** ledwo wystarczy; 'members only' tylko dla członków; **not only** nie tylko.

onto ['ɒntuː] *prep* [with verbs of movement] na • **to get onto sb** [telephone] skontaktować się z kimś.

onward ['ɒnwəd] <> *adj* [journey] dalszy. <> *adv* = **onwards**.

onwards ['ɒnwədz] *adv* [forwards] dalej • **from now onwards** od teraz; **from October onwards** od października.

opal ['əʊpl] *n* opal *m.*

opaque [əʊ'peɪk] *adj* nieprzejrzysty.

open ['əʊpn] <> *adj* otwarty; [countryside] rozległy; [honest]

szczery; [coat, shirt] rozpięty.
◇ *vt* otwierać/otworzyć; [bank account] zakładać/założyć; [start] rozpoczynać/rozpocząć. ◇ *vi* [door, window, lock] otwierać/otworzyć się; [shop, office, bank] być czynnym; [start] rozpoczynać się • **are you open at the weekend?** czy pracujecie w weekend?; **wide open** szeroko otwarty; **in the open (air)** na świeżym powietrzu. ➡ **open onto** ◇ *vt insep* wychodzić na. ➡ **open up** ◇ *vi* [unlock the door] otwierać/otworzyć; [shop, cinema, *etc*] rozpoczynać/ rozpocząć działalność.

open-air *adj* na otwartym powietrzu.

opening ['əʊpnɪŋ] *n* [gap] otwór *m*; [beginning] otwarcie *n*; [opportunity] sposobność *f*.

opening hours *npl* godziny *fpl* otwarcia.

open-minded *adj* bez uprzedzeń.

open-plan *adj* bez ścian działowych.

open sandwich *n* kanapka *f* *(z jednej kromki)*.

opera ['ɒpərə] *n* opera *f*.

opera house *n* opera *f*.

operate ['ɒpəreɪt] ◇ *vt* [machine] obsługiwać. ◇ *vi* [work] działać • **to operate on sb** operować kogoś.

operating room *n* US = operating theatre.

operating theatre *n* UK sala *f* operacyjna.

operation ['ɒpə'reɪʃn] *n* [in hospital] operacja *f*; [task] przedsięwzięcie *n* • **to be in operation** [law, system] obowiązywać; **to have an operation** mieć operację.

operator ['ɒpəreɪtə'] *n* [on phone] telefonista *m*, telefonistka *f* • **to call the operator** zadzwonić do centrali.

opinion [ə'pɪnjən] *n* opinia *f* • **in my opinion** moim zdaniem.

opponent [ə'pəʊnənt] *n* przeciwnik *m*, przeciwniczka *f*.

opportunity [ɒpə'tjuːnətɪ] *n* okazja *f*.

oppose [ə'pəʊz] *vt* sprzeciwiać/ sprzeciwić się.

opposed [ə'pəʊzd] *adj* : **to be opposed to sth** być przeciwnym czemuś.

opposite ['ɒpəzɪt] ◇ *adj* [facing] przeciwległy; [totally different] przeciwny. ◇ *prep* naprzeciw. ◇ *n* : the opposite (of) przeciwieństwo *n* • **on theopposite page** na odwrotnej stronie; **to mean quite theopposite** znaczyć coś zupełnie przeciwnego.

opposition ['ɒpə'zɪʃn] *n* [objections] sprzeciw *m*; SPORT przeciwnik *m* • **the Opposition** POL opozycja *f*.

opt [ɒpt] *vt* : **to opt to do sthg** zdecydować się coś zrobić.

optician's *n* [shop] zakład *m* optyczny.

optimist ['ɒptɪmɪst] *n* optymista *m*, optymistka *f*.

optimistic ['ɒptɪ'mɪstɪk] *adj* optymistyczny.

option ['ɒpʃn] *n* opcja *f*.

optional ['ɒpʃənl] *adj* nieobowiązkowy.

or [ɔː'] *conj* [after negative] ani; [otherwise] w przeciwnym razie; [in statements] albo; [in questions] czy.

OR [ɔː'] = operating room.

oral ['ɔːrəl] ◇ *adj* ustny. ◇ *n* [exam] egzamin *m* ustny.

orange ['ɒrɪndʒ] <> *adj* pomarańczowy. <> *n* [fruit] pomarańcza *f*; [colour] pomarańczowy *m*.

orange juice *n* sok *m* pomarańczowy.

orange squash *n* UK napój *m* pomarańczowy z syropu.

orbit ['ɔ:bɪt] *n* orbita *f*.

orbital (motorway) *n* UK obwodnica *f*.

orchard ['ɔ:tʃəd] *n* sad *m*.

orchestra ['ɔ:kɪstrə] *n* orkiestra *f*.

ordeal [ɔ:'di:l] *n* męka *f*.

order ['ɔ:dəʳ] <> *n* [sequence, neatness] porządek *m*; [command] rozkaz *m*; [in restaurant, in commerce] zamówienie *n*; [discipline] dyscyplina *f*. <> *vt* [command] rozkazywać/rozkazać; [food, drink, taxi, goods] zamawiać/zamówić. <> *vi* [in restaurant] zamawiać/zamówić • **in order to** w celu; **out of order** [not working] awaria; **in working order** na chodzie; **to order sb to do sthg** nakazać komuś zrobienie czegoś.

order form *n* formularz *m* zamówienia.

ordinary ['ɔ:dənrɪ] *adj* zwykły.

ore [ɔ:ʳ] *n* ruda *f*.

oregano [UK 'ɒrɪ'gɑ:nəʊ, US ə'regənəʊ] *n* oregano *n*.

organ ['ɔ:gən] *n* MUS organy *pl*; [in body] narząd *m*.

organic [ɔ:'gænɪk] *adj* [food] ekologiczny.

organization ['ɔ:gənaɪ'zeɪʃn] *n* [group] organizacja *f*.

organize ['ɔ:gənaɪz] *vt* [holiday, event] organizować/zorganizować.

organizer ['ɔ:gənaɪzəʳ] *n* [person] organizator *m*, -ka *f*; [personal organizer] notes *m* menadżerski;

[electronic] notes *m* elektroniczny.

oriental ['ɔ:rɪ'entl] *adj* orientalny.

orientate ['ɔ:rɪenteɪt] *vt* : **to orientate o.s.** zorientować się *(w terenie)*.

origin ['ɒrɪdʒɪn] *n* pochodzenie *n*.

original [ɒ'rɪdʒɪnl] *adj* [first] pierwotny; [novel] oryginalny.

originally [ə'rɪdʒənəlɪ] *adv* [formerly] pierwotnie.

originate [ə'rɪdʒəneɪt] *vi* : **to originate (from)** pochodzić (z).

ornament *n* ['ɔ:nəmənt] [object] ozdoba *f*.

ornamental ['ɔ:nə'mentl] *adj* ozdobny.

ornate [ɔ:'neɪt] *adj* zdobiony.

orphan ['ɔ:fn] *n* sierota *m* LUB *f*.

orthodox ['ɔ:θədɒks] *adj* ortodoksyjny.

ostentatious ['ɒstən'teɪʃəs] *adj* ostentacyjny.

ostrich ['ɒstrɪtʃ] *n* struś *m*.

other ['ʌðəʳ] <> *adj* inny; [remaining] pozostały. <> *adv* : **other than** poza • **the other (one)** ten drugi; **the other day** któregoś dnia; **one after the other** jeden po drugim. ➡ **others** <> *pron pl* [additional ones] inni • **the other** [remaining ones] pozostali.

otherwise ['ʌðəwaɪz] *adv* [or else] w przeciwnym razie; [apart from that] poza tym; [differently] inaczej.

otter ['ɒtəʳ] *n* wydra *f*.

ought *aux vb* powinien.

ounce [aʊns] *n* [unit of measurement] uncja *f*.

our ['aʊəʳ] *adj* nasz.

ours ['aʊəz] *pron* nasz • **a friend of ours** nasz przyjaciel.

ourselves [aʊə'selvz] *pron* [reflexive] się; [after prep] : **we live by ourselves in the country** mieszkamy sami na wsi; **we built a house for ourselves** zbudowaliśmy sobie dom; **we want a bedroom all to ourselves** chcemy sypialnię tylko dla siebie • **we did it ourselves** sami to zrobiliśmy.

out [aʊt] <> *adj* [light, cigarette] zgaszony. <> *adv* -1. [outside] na zewnątrz ; **to get out (of)** wyjść (z); **to go out (of)** wyjść (z); **It's cold out today** dzisiaj jest zimno na dworze. -2. [not at home, work] : **to go out** wyjść gdzieś; **sorry, she's out** niestety nie ma jej. -3. [so as to be extinguished] : **put your cigarette out** zgaś papierosa. -4. [expressing removal] : **to take sth out (of)** wyjąć coś (z). -5. [outwards] : **to stick out** wystawać. -6. [expressing distribution] : **to hand sth out** rozdawać coś. -7. [wrong] : **to be out** mylić się. -8. [in phrases] : **to get enjoyment out of sth** cieszyć się czymś; **to stay out of the sun** unikać słońca; **made out of wood** zrobiony z drewna; **five out of ten women** pięć na dziesięć kobiet; **I'm out of cigarettes** skończyły mi się papierosy.

outback ['aʊtbæk] *n* : **the outback** busz *m* australijski.

outboard (motor) *n* silnik *m* przyczepny.

outbreak ['aʊtbreɪk] *n* wybuch *m*.

outburst ['aʊtbɜːst] *n* [of joy, anger] wybuch *m*.

outcome ['aʊtkʌm] *n* wynik *m*.

outcrop ['aʊtkrɒp] *n* występ *m* skalny.

outdated ['aʊt'deɪtɪd] *adj* przestarzały.

outdo ['aʊt'duː] *vt* przewyższać/przewyższyć.

outdoor ['aʊtdɔːʳ] *adj* [swimming pool] odkryty; [activities] na świeżym powietrzu.

outdoors [aʊt'dɔːz] *adv* na dworze.

outer ['aʊtəʳ] *adj* zewnętrzny.

outer space *n* przestrzeń *f* kosmiczna.

outfit ['aʊtfɪt] *n* [clothes] strój *m*.

outing ['aʊtɪŋ] *n* [trip] wycieczka *f*.

outlet ['aʊtlet] *n* [pipe] odpływ *m* • **'no outlet'** *US* ślepa uliczka *f*.

outline ['aʊtlaɪn] *n* zarys *m*.

outlook ['aʊtlʊk] *n* [for future] perspektywy *fpl*; [of weather] prognoza *f*; [attitude] pogląd *m*.

out-of-date *adj* [old-fashioned] staromodny; [passport, licence] nieważny.

outpatients' (department) *n* lecznica *f* ambulatoryjna.

output ['aʊtpʊt] *n* [of factory] produkcja *f*; [COMPUT printout] wydruk *m* komputerowy.

outrage ['aʊtreɪdʒ] *n* [cruel act] akt *m* przemocy.

outrageous [aʊt'reɪdʒəs] *adj* [shocking] oburzający.

outright *adv* [aʊt'raɪt] [tell] wprost; [deny] kategorycznie; [own] pełnoprawnie.

outside <> *adv* [aʊt'saɪd] [outdoors] na dworze; [not in room] na zewnątrz. <> *prep* ['aʊtsaɪd] poza; [in front of] przed. <> *adj* ['aʊtsaɪd] [exterior] zewnętrzny; [help, advice] z zewnątrz. <> *n* ['aʊtsaɪd] : **the outside** [of building, car, container] zewnętrzna strona *f* ; AUT [in UK] prawa strona *f* ; AUT [in Europe, US] lewa strona *f* • **an outside line** ze-

V

wnętrzna linia f; **outside of** US [on the outside of] poza; [apart from] poza.

outside lane n [AUT in UK] pas m prawy; [in Europe, US] pas m lewy.

outsize ['aʊtsaɪz] adj [clothes] w dużych rozmiarach.

outskirts ['aʊtskɜːts] npl [of town] peryferie pl.

outstanding ['aʊt'stændɪŋ] adj [remarkable] wybitny; [problem] nierozstrzygnięty; [debt] niespłacony.

outward ['aʊtwəd] adj [journey] w jedną stronę; [external] zewnętrzny.

outwards ['aʊtwədz] adv na zewnątrz.

oval ['əʊvl] adj owalny.

ovation [əʊ'veɪʃn] n owacja f.

oven ['ʌvn] n piekarnik m.

oven glove n rękawica f kuchenna.

ovenproof ['ʌvnpruːf] adj żaroodporny.

oven-ready adj do podgrzania w piekarniku.

over ['əʊvə^r] <> prep -1. [above] nad ; **a bridge over the road** kładka nad ulicą. -2. [across] przez ; **to walk over sthg** przechodzić przez coś; **it's just over the road** jest dokładnie po drugiej stronie ulicy; **a view over the gardens** widok na ogrody. -3. [covering] na ; **put a plaster over the wound** nałóż plaster na ranę. -4. [more than] ponad ; **it cost over 1,000** kosztowało ponad tysiąc funtów. -5. [during] w czasie ; **over the past two years** przez te dwa ostatnie lata. -6. [with regard to] o ; **she laughed over her mistake** śmiała się ze swojego błędu; **an argument over the price** spór o

cenę. -7. [in control of] nad ; **to have control over** mieć kontrolę nad. <> adv -1. [downwards] : **to fall over** upaść; **to bend over** pochylić się. -2. [referring to position, movement] : **to drive over** przyjechać; **over here** tutaj; **over there** tam. -3. [round to other side] : **to turn sthg over** odwrócić coś. -4. [more] : **children aged 12 and over** dzieci od 12 lat. -5. [remaining] : **to be (left) over** pozostać. -6. [to one's house] do siebie ; **to invite sb over for dinner** zaprosić kogoś na kolację do siebie. -7. [in phrases] : **all over** [finished] skończony; **all over the world/country** na całym świecie/ w całym kraju. <> adj [finished] : **to be over** skończyć się.

overall <> adv ['əʊvər'ɔːl] [in general] ogólnie. <> n ['əʊvərɔːl] UK [coat] fartuch m; US [boiler suit] spodnie pl ogrodniczki ; **how much does it cost overall?** ile to w sumie kosztuje? **overalls** <> npl UK [boiler suit] kombinezon m; US [dungarees] spodnie pl ogrodniczki.

overboard ['əʊvəbɔːd] adv [from ship] za burtę.

overbooked adj [flight, hotel] mający nadkomplet.

overcame ['əʊvə'keɪm] pt ⊳ overcome.

overcast adj ['əʊvəkɑːst] pochmurny.

overcharge ['əʊvə'tʃɑːdʒ] vt [customer] policzyć za dużo.

overcoat ['əʊvəkəʊt] n płaszcz m.

overcome ['əʊvə'kʌm] (pt overcame, pp overcome) vt [defeat] pokonywać/pokonać.

overcooked adj rozgotowany.

overcrowded ['əʊvə'kraʊdɪd] *adj* zatłoczony.

overdo ['əʊvə'du:] (*pt* **overdid**, *pp* **overdone**) *vt* [exaggerate] przesadzać/przesadzić z • **to overdo it** przemęczyć się.

overdone [-'dʌn] ⬦ *pp* ⊳ **overdo**. ⬦ *adj* [rice, vegetables] rozgotowany; [steak] przypieczony.

overdose ['əʊvədəʊs] *n* przedawkowanie *n*.

overdraft ['əʊvədrɑːft] *n* debet *m*.

overdue ['əʊvə'dju:] *adj* [bus, flight] opóźniony; [rent, payment] zaległy.

over easy *adj US* [egg] smażony z dwóch stron.

overexposed *adj* [photograph] prześwietlony.

overflow ⬦ *vi* ['əʊvə'fləʊ] [bath] przelewać/przelać się; [river] wylewać/wylać się; [container] przepełniać/przepełnić się. ⬦ *n* ['əʊvəfləʊ] [pipe] rura *f* przelewowa.

overgrown ['əʊvə'grəʊn] *adj* [garden, path] zarośnięty.

overhaul ['əʊvəhɔːl] [of machine, car] *n* przegląd *m*.

overhead ⬦ *adj* ['əʊvəhed] [lighting] górny; [cable] napowietrzny. ⬦ *adv* ['əʊvə'hed] w górze.

overhead locker *n* [on plane] schowek *m* bagażowy.

overhear ['əʊvə'hɪəʳ] (*pt&pp* **overheard**[-'hɜːd]) *vt* słyszeć/ usłyszeć przypadkiem.

overheat ['əʊvə'hiːt] *vi* przegrzewać/przegrzać się.

overland ['əʊvəlænd] *adv* drogą lądową.

overlap ['əʊvə'læp] *vi* nakładać/ nałożyć się.

overleaf ['əʊvə'liːf] *adv* na odwrocie.

overload *vt* ['əʊvə'ləʊd] [with weight] przeciążać/przeciążyć.

overlook ['əʊvə'lʊk] ⬦ *vt* [subj: room] wychodzić na; [subj: building] wznosić się nad; [miss] przeoczyć. ⬦ *n* : **(scenic) overlook** *US* punkt *m* widokowy.

overnight ⬦ *adv* ['əʊvə'naɪt] [during the night] nocą; [until next day] na noc. ⬦ *adj* ['əʊvənaɪt] [train, journey] nocny.

overnight bag *n* torba *f* podróżna.

overpass ['əʊvəpɑːs] *n* estakada *f*.

overpowering ['əʊvə'paʊərɪŋ] *adj* [heat, smell] nie do zniesienia.

oversaw ['əʊvə'sɔː] *pt* ⊳ **oversee**.

overseas ⬦ *adv* ['əʊvə'siːz] za granicą. ⬦ *adj* ['əʊvəsiːz] zagraniczny.

oversee ['əʊvə'siː] (*pt* **oversaw**, *pp* **overseen**) *vt* [supervise] nadzorować.

overshoot (*pt&pp* **overshot**) *vt* ['əʊvə'ʃuːt] [turning, motorway exit] minąć.

oversight ['əʊvəsaɪt] *n* przeoczenie *n*.

oversleep ['əʊvə'sliːp] (*pt&pp* **overslept** [-'slept]) *vi* zaspać.

overtake ['əʊvə'teɪk] (*pt* **overtook**, *pp* **overtaken**) ⬦ *vt* [vehicle, runner] wyprzedzać/wyprzedzić. ⬦ *vi* wyprzedzać/wyprzedzić • **'no overtaking'** zakaz wyprzedzania.

overtime ['əʊvətaɪm] *n* nadgodziny *fpl*.

overtook [-'tʊk] *pt* ⊳ **overtake**.

overture ['əʊvə'tjʊəʳ] *n* MUS uwertura *f*.

overturn [ˌəʊvəˈtɜːn] *vi* [boat, car] wywracać/wywrócić.

overweight *adj* [ˌəʊvəˈweɪt] z nadwagą.

overwhelm [ˌəʊvəˈwelm] *vt* przytłaczać/przytłoczyć.

owe [əʊ] *vt* [money] być winnym • to owe sb sthg być komuś coś winnym; **owing to** z powodu.

owl [aʊl] *n* sowa *f*.

own [əʊn] <> *adj* własny. <> *pron* własny. <> *vt* posiadać • **on my own** [alone] sam; [without help] sam; **to get one's own back** zemścić się. ➤ **own up** <> *vi* : to own (to sthg) przyznać się (do czegoś).

owner [ˈəʊnəʳ] *n* właściciel *m*, -ka *f*.

ownership [ˈəʊnəʃɪp] *n* własność *f*.

ox [ɒks] (*pl* **oxen** [ˈɒksn]) *n* wół *m*.

oxtail soup *n* zupa *f* ogonowa.

oxygen [ˈɒksɪdʒən] *n* tlen *m*.

oyster [ˈɔɪstəʳ] *n* ostryga *f*.

oz (*abbr of* **ounce**) uncja *f*.

ozone-friendly *adj* nie niszczący warstwy ozonowej.

P

p [piː] (*abbr of* **penny, pence**) pens *m*; (*abbr of* **page**) strona *f*.

pace *n* [speed] tempo *n*; [step] krok *m*.

pacemaker [ˈpeɪsˌmeɪkəʳ] *n* [for heart] rozrusznik *m*.

Pacific *n* : the Pacific (Ocean) Ocean *m* Spokojny.

pacifier [ˈpæsɪfaɪəʳ] *n US* [for baby] smoczek *m*.

pacifist [ˈpæsɪfɪst] *n* pacyfista *m*, pacyfistka *f*.

pack [pæk] <> *n* [packet] paczka *f*; *UK* [of cards] talia *f*; [rucksack] plecak *m*. <> *vt* [suitcase, bag, products] pakować/zapakować; [clothes, camera *etc*] pakować/ spakować. <> *vi* [for journey] pakować/spakować się • a pack of lies stek *m* kłamstw; to pack sthg into sthg spakować coś do czegoś; to pack one's bags pakować walizki. ➤ **pack up** <> *vi* [pack suitcase] spakować się; [tidy up] sprzątnąć; *UK inf* [machine, car] wysiadać/wysiąść.

package [ˈpækɪdʒ] <> *n* [parcel] paczka *f*; COMPUT pakiet *m*. <> *vt* pakować/zapakować.

package holiday *n* wczasy *pl* zorganizowane.

package tour *n* wycieczka *f* zorganizowana.

packaging [ˈpækɪdʒɪŋ] *n* [material] opakowanie *n*.

packed [pækt] *adj* [crowded] wypełniony po brzegi.

packed lunch *n* drugie śniadanie *n*.

packet [ˈpækɪt] *n* paczka *f* • it cost a packet *UK inf* to kosztowało grube pieniądze.

packing [ˈpækɪŋ] *n* [for journey] pakowanie się *n*; [material] opakowanie *n*.

pad [pæd] *n* [of paper] blok *m*; [of cloth, cotton wool] tampon *m*; [for protection] ochraniacz *m*.

padded [ˈpædɪd] *adj* [jacket, seat] z poduszkami.

padded envelope n koperta f wyścielana.

paddle ['pædl] ◇ n [pole] wiosło n. ◇ vi [wade] brodzić; [in canoe] wiosłować.

paddling pool n brodzik m.

paddock ['pædək] n [at racecourse] padok m.

padlock ['pædlɒk] n kłódka f.

page [peɪdʒ] ◇ n [of book, newspaper] strona f. ◇ vt [call] przywoływać/przywołać • '**paging Mr Hill**' pan Hill wzywany do telefonu.

paid [peɪd] ◇ pt & pp ▷ **pay**. ◇ adj [holiday, work] płatny.

pain [peɪn] n [physical] ból m • **to be in pain** [physical] cierpieć; **he's such a pain!** inf jest taki męczący! ◆ **pains** npl [trouble] trud m.

painful ['peɪnfʊl] adj bolesny.

painkiller ['peɪn,kɪlə'] n środek m przeciwbólowy.

paint [peɪnt] ◇ n farba f. ◇ vt [wall, room, furniture] malować/pomalować; [picture, scene] malować/namalować. ◇ vi malować • **to paint one's nails** malować paznokcie. ◆ **paints** npl [tubes, pots etc] farby fpl.

paintbrush ['peɪntbrʌʃ] n pędzel m.

painter ['peɪntə'] n malarz m, malarka f.

painting ['peɪntɪŋ] n [picture] obraz m; [artistic activity] malarstwo n; [by decorator] malowanie n.

pair [peə'] n [of two things] para f • **in pairs** parami; **a pair of pliers** kombinerki; **a pair of scissors** nożyczki; **a pair of shorts** szorty; **a pair of tights** rajstopy; **a pair of trousers** spodnie.

pajamas US = pyjamas.

Pakistan [UK 'pɑːkɪ'stɑːn, US 'pækɪstæn] n Pakistan m.

Pakistani [UK 'pɑːkɪ'stɑːnɪ, US 'pækɪ'stænɪ] ◇ adj pakistański. ◇ n [person] Pakistańczyk m, Pakistanka f.

pakora [pə'kɔːrə] npl indyjska przekąska z warzyw smażonych w mące z ciecierzycy.

pal n inf kumpel m, -ka f.

palace ['pælɪs] n pałac m.

palatable ['pælətəbl] adj [food, drink] smaczny.

palate ['pælət] n [ability to taste] podniebienie n.

pale [peɪl] adj blady.

pale ale n jasne piwo n.

palm [pɑːm] n [of hand] dłoń f • **palm (tree)** palma f.

palpitations npl palpitacje fpl.

pamphlet ['pæmflɪt] n broszura f.

pan [pæn] n [for frying] patelnia f; [for cooking] rondel m; [for roasting] brytfanna f.

pancake ['pænkeɪk] n naleśnik m.

pancake roll n sajgonka f.

panda ['pændə] n panda f.

pane [peɪn] n szyba f.

panel ['pænl] n [of wood] płyta f; [group of experts] zespół m; [on TV, radio] panel m.

paneling US = panelling.

panelling ['pænəlɪŋ] n UK boazeria f.

panic ['pænɪk] (pt & pp **panicked**, cont **panicking**) ◇ n panika f. ◇ vi wpadać/wpaść w panikę.

panniers npl [for bicycle] sakwa f.

panoramic ['pænə'ræmɪk] adj panoramiczny.

pant [pænt] vi dyszeć.

panties ['pæntɪz] *npl inf* [for women] figi *pl*.

pantomime ['pæntəmaɪm] *n UK* [show] *bożonarodzeniowe przedstawienie dla dzieci.*

pantry ['pæntrɪ] *n* spiżarnia *f*.

pants [pænts] *npl UK* [underwear] majtki *pl*; *US* [trousers] spodnie *pl*.

panty hose ['pæntɪ'həʊz] *npl US* rajstopy *pl*.

paper ['peɪpə^r] <> *n* [material] papier *m*; [newspaper] gazeta *f*; [exam] egzamin *m*. <> *adj* [cup, plate, hat] papierowy. <> *vt* tapetować/wytapetować • **a piece of paper** [sheet] kartka papieru; [scrap] skrawek papieru. **papers** <> *npl* [documents] dokumenty *mpl*.

paperback ['peɪpəbæk] *n* książka *f* w miękkiej okładce.

paper bag *n* papierowa torba *f*.

paperboy ['peɪpəbɔɪ] *n* roznosiciel *m* gazet.

paper clip *n* spinacz *m*.

papergirl ['peɪpəgɜːl] *n* roznosicielka *f* gazet.

paper handkerchief *n* papierowa chusteczka *f*.

paper shop *n* kiosk *m* z gazetami.

paperweight ['peɪpəweɪt] *n* przycisk *m* do papieru.

paprika ['pæprɪkə] *n* papryka *f*.

par [pɑː^r] *n* [in golf] norma *f*.

paracetamol ['pærə'siːtəmɒl] *n* paracetamol *m*.

parachute ['pærəʃuːt] *n* spadochron *m*.

parade [pə'reɪd] *n* [procession] parada *f*; [of shops] rząd *m* sklepów.

paradise ['pærədaɪs] *n fig* raj *m*.

paraffin ['pærəfɪn] *n* nafta *f*.

paragraph ['pærəgrɑːf] *n* akapit *m*.

parallel ['pærəlel] *adj* : **parallel (to)** [lines] równoległy (do).

paralysed ['pærəlaɪzd] *adj UK* MED sparaliżowany.

paralyzed *US* = paralysed.

paramedic ['pærə'medɪk] *n* sanitariusz *m*, -ka *f*.

paranoid ['pærənɔɪd] *adj* : **to be paranoid** mieć urojenia.

parasite ['pærəsaɪt] *n* [animal] pasożyt *m*; *pej* [person] pasożyt *m*.

parasol ['pærəsɒl] *n* parasolka *f* od słońca.

parcel ['pɑːsl] *n* paczka *f*.

parcel post *n* : **to send by parcel post** wysłać paczką.

pardon ['pɑːdn] *excl* : **pardon?** proszę? • **pardon (me)!** przepraszam!; **I beg your pardon!** [apologizing] przepraszam!; **I beg your pardon?** [asking for repetition] słucham?

parent ['peərənt] *n* rodzic *m*.

parish ['pærɪʃ] *n* [of church] parafia *f*; [village area] gmina *f*.

park [pɑːk] <> *n* [in town] park *m*. <> *vt & vi* [vehicle] parkować/zaparkować.

park and ride *n system miejskiego transportu, w którym pasażerowie są przewożeni z parkingów na peryferiach do centrum przez transport publiczny.*

parking ['pɑːkɪŋ] *n* parkowanie *n*.

parking brake *n US* hamulec *m* ręczny.

parking lot *n US* parking *m*.

parking meter *n* parkometr *m*.

parking space *n* miejsce *n* parkingowe.

parking ticket n mandat m za nieprawidłowe parkowanie.

parliament ['pɑːləmənt] n parlament m.

Parmesan (cheese) n parmezan m.

parrot ['pærət] n papuga f.

parsley ['pɑːslɪ] n natka f pietruszki.

parsnip ['pɑːsnɪp] n pasternak m.

parson ['pɑːsn] n pastor m.

part [pɑːt] <> n część f; US [in hair] przedziałek m. <> adv [partly] częściowo. <> vi [couple] rozstawać/rozstać się • in this part of France w tej części Francji; to form part of tworzyć część; to play a part in grać rolę w; to take part in brać udział w; for my part jeśli o mnie chodzi; for the most part przeważnie; in these parts w tych stronach.

partial ['pɑːʃl] adj [not whole] częściowy • to be partial to sthg mieć słabość do czegoś.

participant [pɑːˈtɪsɪpənt] n uczestnik m, uczestniczka f.

participate [pɑːˈtɪsɪpeɪt] vi : to participate (in) uczestniczyć (w).

particle ['pɑːtɪkl] n [physics] cząstka f.

particular [pəˈtɪkjʊləʳ] adj szczególny; [fussy] wymagający • in particular szczególnie; nothing in particular nic konkretnego. **particulars** npl [details] szczegóły mpl.

particularly [pəˈtɪkjʊləlɪ] adv szczególnie.

parting ['pɑːtɪŋ] n UK [in hair] przedziałek m.

partition [pɑːˈtɪʃn] n [wall] ścianka f działowa.

partly ['pɑːtlɪ] adv częściowo.

partner ['pɑːtnəʳ] n partner m, -ka f; COMM wspólnik m, wspólniczka f.

partnership ['pɑːtnəʃɪp] n [alliance] partnerstwo n; [business] spółka f.

partridge ['pɑːtrɪdʒ] n kuropatwa f.

part-time <> adj niepełnoetatowy. <> adv na niepełnym etacie.

party ['pɑːtɪ] n [for fun] przyjęcie n; POL partia f; [group of people] grupa f • to have a party urządzać przyjęcie.

pass [pɑːs] <> vt podawać/podać; [move past] mijać/minąć; [test, exam] zdać; [time, life] spędzać/spędzić; [overtake] wyprzedzać/wyprzedzić; [law] uchwalać/uchwalić. <> vi [move past] mijać/minąć; [road, river, path, pipe] biec; [overtake] wyprzedzać/wyprzedzić; [in test, exam] zdać; [time, holiday] mijać/minąć. <> n [document] przepustka f; [in mountain] przełęcz f; [in exam] zaliczenie n; SPORT podanie n • to pass sb sthg podać coś komuś. **pass by** <> vt insep & vi przechodzić/przejść obok. **pass on** <> vt sep [message] przekazywać/przekazać. **pass out** <> vi [faint] mdleć/zemdleć. **pass up** <> vt sep [opportunity] przepuszczać/przepuścić.

passable ['pɑːsəbl] adj [road] przejezdny; [satisfactory] znośny.

passage ['pæsɪdʒ] n [corridor] korytarz m; [in book] fragment m; [sea journey] przeprawa f.

passageway ['pæsɪdʒweɪ] n korytarz m.

passenger ['pæsɪndʒəʳ] n pasażer m, -ka f.

passerby n przechodzień m.

passing place n [for cars] mijanka f.

passion ['pæʃn] n pasja f.

passionate ['pæʃənət] adj namiętny.

passive ['pæsɪv] n GRAMM strona f bierna.

passport ['pɑːspɔːt] n paszport m.

passport control n kontrola f paszportowa.

passport photo n zdjęcie n paszportowe.

password ['pɑːswɜːd] n hasło n.

past [pɑːst] <> adj [earlier, former] dawny; [finished] : **the time is past** czas minął; [last] ostatni. <> prep [in times] po; [further than] za; [in front of] przed. <> adv obok. <> n [former time] przeszłość f • **past (tense)** GRAMM czas przeszły; **the past month** ubiegły miesiąc; **twenty past four** dwadzieścia po czwartej; **in the past** w przeszłości.

pasta ['pæstə] n makaron m.

paste [peɪst] n [spread] pasta f; [glue] klajster m.

pastel ['pæstl] n [for drawing] pastel m; [colour] odcień m pastelowy.

pasteurized ['pɑːstʃəraɪzd] adj pasteryzowany.

pastille ['pæstɪl] n pastylka f.

pastime ['pɑːstaɪm] n rozrywka f.

pastrami [pə'strɑːmɪ] n pastrami n.

pastry ['peɪstrɪ] n [for pie] ciasto n; [cake] ciastko n.

pasture ['pɑːstʃəʳ] n pastwisko n.

pasty n UK pasztecik m.

pat [pæt] vt klepać/poklepać.

patch [pætʃ] n [for clothes] łata f;

[of colour, cloud, damp] plama f; [for skin] plaster m; [for eye] przepaska f • **a bad patch** fig zły okres.

pâté ['pæteɪ] n pasztet m.

patent [UK 'peɪtənt, US 'pætənt] n patent m.

path [pɑːθ] n ścieżka f.

pathetic [pə'θetɪk] adj pej [useless] żałosny.

patience ['peɪʃns] n [quality] cierpliwość f; UK [card game] pasjans m.

patient ['peɪʃnt] <> adj cierpliwy. <> n pacjent m, -ka f.

patio ['pætɪəʊ] n taras m.

patriotic [UK 'pætrɪ'ɒtɪk, US 'peɪtrɪ'ɒtɪk] adj patriotyczny.

patrol [pə'trəʊl] <> vt patrolować. <> n [group] patrol m.

patrol car n wóz m policyjny.

patron ['peɪtrən] n fml [customer] klient -ka • **'patrons only'** tylko dla gości.

patronizing ['pætrənaɪzɪŋ] adj protekcjonalny.

pattern ['pætən] n [of shapes, colours] wzór m; [for sewing] wykrój m.

patterned ['pætənd] adj wzorzysty.

pause [pɔːz] <> n [gap] przerwa f; [on tape recorder, CD] pauza f. <> vi [when speaking] przerywać/przerwać; [in activity] zatrzymywać/zatrzymać się.

pavement ['peɪvmənt] n UK [beside road] chodnik m; US [roadway] nawierzchnia f.

pavilion [pə'vɪljən] n pawilon m.

paving stone n płyta f chodnikowa.

pavlova [pæv'ləʊvə] n rodzaj de-

seru z bezy podanej z bitą śmietaną i owocami.

paw [pɔ:] *n* łapa *f*.

pawn [pɔ:n] ⋄ *vt* zastawiać/zastawić. ⋄ *n* [in chess] pionek *m*.

pay [peɪ] (*pt&pp* **paid**) ⋄ *vt* płacić/zapłacić. ⋄ *vi* [give money] płacić/zapłacić; [be profitable] opłacać/opłacić się. ⋄ *n* [salary] płaca *f* • **to pay sb for sthg** płacić komuś za coś; **to pay money into an account** wpłacać pieniądze na rachunek; **to pay attention (to)** zwracać uwagę (na); **to pay sb a visit** składać komuś wizytę; **to pay by credit card** płacić kartą kredytową. ➡ **pay back** ⋄ *vt sep* [money] spłacać/spłacić; [person] oddawać/oddać pieniądze. ➡ **pay for** ⋄ *vt insep* [purchase] płacić/zapłacić za. ➡ **pay in** ⋄ *vt sep* [cheque, money] wpłacać/wpłacić. ➡ **pay out** ⋄ *vt sep* [money] wypłacać/wypłacić. ➡ **pay up** ⋄ *vi* oddawać/oddać pieniądze.

payable ['peɪəbl] *adj* [bill] płatny • **payable to** [cheque] wystawiony na.

payment ['peɪmənt] *n* [of money, bill] płatność *f*; [amount] zapłata *f*.

pay-per-view *adj* [television, distributor] *dotyczący płatnej telewizji kablowej bądź satelitarnej (płać i oglądaj)*.

payphone ['peɪfəʊn] *n* automat *m* telefoniczny.

pay television *n* telewizja *f* kodowana.

PC *n* (*abbr of* **personal computer**) pecet *m*; UK (*abbr of* **police constable**) posterunkowy *m*.

PE *n* (*abbr of* **physical education**) wf *m*.

pea [pi:] *n* groszek *m*.

peace [pi:s] *n* [no anxiety] spokój *m*; [no war] pokój *m* • **to leave sb in peace** zostawić kogoś w spokoju; **peace and quiet** cisza i spokój.

peaceful ['pi:sfʊl] *adj* spokojny.

peach [pi:tʃ] *n* brzoskwinia *f*.

peach melba *n* melba *f*.

peacock ['pi:kɒk] *n* paw *m*.

peak [pi:k] *n* szczyt *m*; [of hat] daszek *m*.

peak hours *npl* godziny *fpl* szczytu.

peak rate *n* taryfa *f* w godzinach szczytu.

peanut ['pi:nʌt] *n* orzeszek *m* ziemny.

peanut butter *n* masło *n* orzechowe.

pear [peəʳ] *n* gruszka *f*.

pearl [pɜ:l] *n* perła *f*.

peasant ['peznt] *n* chłop *m*, -ka *f*.

pebble ['pebl] *n* kamyk *m*.

pecan pie *n* *rodzaj tarty z nadzieniem orzechowym popularnej w USA.*

peck [pek] *vi* [bird] dziobać.

peculiar [pɪ'kju:ljəʳ] *adj* [strange] osobliwy • **to be peculiar to** [exclusive] być właściwym dla.

peculiarity [pɪˌkju:lɪ'ærətɪ] *n* [special feature] osobliwość *f*.

pedal ['pedl] ⋄ *n* pedał *m*. ⋄ *vi* pedałować.

pedal bin *n* kosz *m* na śmieci *(z pedałem)*.

pedalo ['pedələʊ] (*pl* **-s**) *n* rower *m* wodny.

pedestrian [pɪ'destrɪən] *n* pieszy *m*, piesza *f*.

pedestrian crossing *n* przejście *n* dla pieszych.

pedestrianized adj przeznaczony dla ruchu pieszego.

pedestrian precinct n UK strefa f ruchu pieszego.

pedestrian zone US = pedestrian precinct.

pee [pi:] <> vi inf siusiać. <> n : **to have a pee** inf wysiusiać się.

peel [pi:l] <> n skórka f. <> vt [fruit, vegetables] obierać/obrać. <> vi łuszczyć/złuszczyć się.

peep [pi:p] n : **to have a peep** zerkać/zerknąć.

peer [pɪəʳ] vi przyglądać/przyjrzeć się.

peg [peg] n [for tent] śledź m; [hook] wieszak m; [for washing] spinacz m do bielizny.

pelican crossing n UK przejście n dla pieszych (z sygnalizacją świetlną regulowaną przez samych pieszych).

pelvis ['pelvɪs] n miednica f.

pen [pen] n [ballpoint pen] długopis m; [fountain pen] pióro n; [for animals] zagroda f.

penalty ['penltɪ] n [fine] kara f; [in football] rzut m karny.

pence [pens] npl pensy mpl • **it costs 20 pence** to kosztuje 20 pensów.

pencil ['pensl] n ołówek m.

pencil case n piórnik m.

pencil sharpener n temperówka f.

pendant ['pendənt] n [on necklace] wisiorek m.

pending ['pendɪŋ] adj w toku.

penetrate ['penɪtreɪt] vt [pierce] przenikać/przeniknąć.

penfriend n przyjaciel m korespondencyjny, przyjaciółka f korespondencyjna.

penguin ['peŋgwɪn] n pingwin m.

penicillin [ˌpenɪ'sɪlɪn] n penicylina f.

peninsula [pə'nɪnsjʊlə] n półwysep m.

penis ['pi:nɪs] n penis m.

penknife ['pennaɪf] (pl -knives [-naɪvz]) n scyzoryk m.

penny ['penɪ] (pl pennies) n [coin in UK] pens m; [coin in US] cent m.

pension n ['penʃn] [for retired people] emerytura f; [for disabled people] renta f.

pensioner ['penʃənəʳ] n [retired] emeryt m, -ka f; [disabled] rencista m, rencistka f.

penthouse ['penthaʊs] n apartament m na ostatnim piętrze.

penultimate [pe'nʌltɪmət] adj przedostatni.

people ['pi:pl] <> npl [persons] osoby fpl; [in general] ludzie pl. <> n [nation] naród m • **the people** [citizens] obywatele mpl; **French people** Francuzi.

people carrier n minivan m.

pepper ['pepəʳ] n [spice] pieprz m; [vegetable] papryka f.

peppercorn ['pepəkɔ:n] n ziarnko n pieprzu.

peppermint ['pepəmɪnt] <> adj miętowy. <> n [sweet] miętówka f.

pepper pot n pieprzniczka f.

pepper steak n stek z polędwicy wołowej smażony w pieprzu.

Pepsi® n Pepsi® f.

per [pɜ:ʳ] prep na • **per person** na osobę; **per week** na tydzień; **20 per night** 20 funtów za noc.

perceive [pə'si:v] vt spostrzegać/spostrzec.

per cent [pə'sent] adv procent.

percentage [pə'sentɪdʒ] n procent m.

perch [pɜːtʃ] *n* [for cage bird] żerdka *f*.

perfect <> *adj* ['pɜːfɪkt] doskonały. <> *vt* [pə'fekt] doskonalić/udoskonalić. <> *n* ['pɜːfɪkt] : **the perfect (tense)** czas typu perfect.

perfection [pə'fekʃn] *n* : **to do sthg to perfection** doprowadzić coś do perfekcji.

perfectly ['pɜːfɪktlɪ] *adv* [very well] doskonale.

perform [pə'fɔːm] <> *vt* [task] wykonywać/wykonać; [operation] przeprowadzać/przeprowadzić; [play] przedstawiać/przedstawić; [concert] dawać/dać. <> *vi* [actor, singer] występować/wystąpić.

performance [pə'fɔːməns] *n* [of play] przedstawienie *n*; [of concert] wykonanie *n*; [of film] pokaz *m*; [by actor, musician] wykonanie *n*; [of car] osiągi *mpl*.

performer [pə'fɔːməʳ] *n* [entertainer] artysta *m*, artystka *f*; [of role, of music] wykonawca *m*, wykonawczyni *f*.

perfume *n* ['pɜːfjuːm] [worn by woman] perfumy *pl*.

perhaps [pə'hæps] *adv* może.

perimeter [pə'rɪmɪtəʳ] *n* obwód *m*.

period ['pɪərɪəd] <> *n* okres *m*; SCH godzina *f* lekcyjna; US [full stop] kropka *f*. <> *adj* [costume, furniture] z epoki.

periodic ['pɪərɪˈɒdɪk] *adj* okresowy.

period pains *npl* bóle *mpl* menstruacyjne.

periphery [pə'rɪfərɪ] *n* skraj *m*.

perishable ['perɪʃəbl] *adj* [food] łatwo psujący się.

perk *n* [pɜːk] dodatkowa korzyść *f* *(w pracy)*.

perm [pɜːm] <> *n* trwała *f*. <> *vt* : **to have one's hair permed** zrobić sobie trwałą.

permanent ['pɜːmənənt] *adj* [address, job, exhibition] stały; [relationship, disability] trwały.

permanent address *n* adres *m* stały.

permanently ['pɜːmənəntlɪ] *adv* [for indefinite period] trwale; [constantly] ciągle.

permissible [pə'mɪsəbl] *adj* *fml* dopuszczalny.

permission [pə'mɪʃn] *n* pozwolenie *n*.

permit <> *vt* [pə'mɪt] [allow] zezwalać/zezwolić. <> *n* ['pɜːmɪt] zezwolenie *n* • **to permit sb to do sthg** pozwolić komuś na coś; **'permit holders only'** *tylko dla upoważnionych*.

perpendicular ['pɜːpən'dɪkjʊləʳ] *adj* prostopadły.

persevere ['pɜːsɪ'vɪəʳ] *vi* trwać/wytrwać.

persist [pə'sɪst] *vi* [continue to exist] utrzymywać/utrzymać się • **to persist in doing sthg** nie przestawać czegoś robić.

persistent [pə'sɪstənt] *adj* uporczywy; [person] wytrwały.

person ['pɜːsn] *(pl* **people** ['piːpl]) *n* osoba *f* • **in person** osobiście.

personal ['pɜːsənl] *adj* [private] osobisty; [for one person] własny • **a personal friend** przyjaciel przyjaciółka.

personal assistant *n* osobisty asystent *m*, osobista asystentka *f*.

personal belongings *npl* rzeczy *fpl* osobiste.

personal computer *n* komputer *m* osobisty.

personality [ˈpɜːsəˈnælətɪ] *n* [of person] osobowość *f*; [famous person] osobistość *f*.

personally [ˈpɜːsnəlɪ] *adv* osobiście.

personal property *n* majątek *n* osobisty.

personal stereo *n* odtwarzacz *m* osobisty.

personnel [ˈpɜːsəˈnel] *npl* personel *m*.

perspective [pəˈspektɪv] *n* perspektywa *f*.

Perspex® [ˈpɜːspeks] *n UK* pleksiglas *m*.

perspiration [ˈpɜːspəˈreɪʃn] *n* pot *m*.

persuade [pəˈsweɪd] *vt* : **to persuade sb (to do sthg)** przekonywać kogoś (do zrobienia czegoś) • **to persuade that ...** przekonywać, że

persuasive [pəˈsweɪsɪv] *adj* przekonujący.

pervert [ˈpɜːvɜːt] *n* zboczeniec *m*.

pessimist [ˈpesɪmɪst] *n* pesymista *m*, pesymistka *f*.

pessimistic [ˈpesɪˈmɪstɪk] *adj* pesymistyczny.

pest [pest] *n* [insect, animal] szkodnik *m*; *inf* [person] utrapieniec *m*.

pester [ˈpestəʳ] *vt* męczyć.

pesticide [ˈpestɪsaɪd] *n* pestycyd *m*.

pet [pet] *n* [animal] zwierzę *n* domowe • **the teacher's pet** pupilek nauczyciela.

petal [ˈpetl] *n* płatek *m*.

pet food *n* karma *f* dla zwierząt.

petition [pɪˈtɪʃn] *n* [letter] petycja *f*.

petits pois *npl* zielony groszek *m*.

petrified [ˈpetrɪfaɪd] *adj* [frightened] skamieniały ze strachu.

petrol [ˈpetrəl] *n UK* benzyna *f*.

petrol can *n UK* kanister *m*.

petrol cap *n UK* korek *m* wlewu paliwa.

petrol gauge *n UK* wskaźnik *m* poziomu paliwa.

petrol pump *n UK* pompa *f* paliwowa.

petrol station *n UK* stacja *f* benzynowa.

petrol tank *n UK* zbiornik *m* paliwa.

pet shop *n* sklep *m* zoologiczny.

petticoat [ˈpetɪkəʊt] *n* halka *f*.

petty [ˈpetɪ] *adj pej* [person] małostkowy; [rule] nieistotny.

petty cash *n* fundusz *m* na drobne wydatki.

pew [pjuː] *n* ławka *f* kościelna.

pewter [ˈpjuːtəʳ] *adj* [metal] stop *m* cyny z ołowiem.

PG (*abbr of* **parental guidance**) *kategoria filmów, które dzieci mogą oglądać za zgodą i w obecności rodziców.*

pharmacist [ˈfɑːməsɪst] *n* aptekarz *m*, aptekarka *f*.

pharmacy [ˈfɑːməsɪ] *n* [shop] apteka *f*.

phase [feɪz] *n* [stage] faza *f*.

PhD *n* [degree] dr.

pheasant [ˈfeznt] *n* bażant *m*.

phenomena [fɪˈnɒmɪnə] *pl* ▷ **phenomenon**.

phenomenal [fɪˈnɒmɪnl] *adj* [extraordinary] fenomenalny.

phenomenon [fɪˈnɒmɪnən] (*pl* **-mena** [fɪˈnɒmɪnə]) *n* zjawisko *n*.

Philippines [ˈfɪlɪpiːn z] *npl* : **the Philippines** Filipiny *pl.*

philosophy [fɪˈlɒsəfɪ] *n* filozofia *f.*

phlegm [flem] *n* [in throat] flegma *f.*

phone [fəʊn] ◇ *n* telefon *m.* ◇ *vt UK* dzwonić/zadzwonić do. ◇ *vi UK* dzwonić/zadzwonić • **to be on the phone** [talking] rozmawiać przez telefon; **we're not on the phone** [connected] nie mamy telefonu. ➡ **phone up** ◇ *vt sep* dzwonić/zadzwonić do. ◇ *vi* dzwonić/zadzwonić.

phone book *n* książka *f* telefoniczna.

phone booth *n* budka *f* telefoniczna.

phone box *n UK* budka *f* telefoniczna.

phone call *n* rozmowa *f* telefoniczna.

phonecard [ˈfəʊnkɑːd] *n* karta *f* telefoniczna.

phone number *n* numer *m* telefonu.

photo [ˈfəʊtəʊ] *n* zdjęcie *n* • **to take a photo of sb** zrobić komuś zdjęcie.

photo album *n* album *m* na zdjęcia.

photocopier [ˈfəʊtəʊˈkɒpɪə'] *n* xero *n.*

photocopy [ˈfəʊtəʊˈkɒpɪ] ◇ *n* kserokopia *f.* ◇ *vt* kserować/skserować.

photograph [ˈfəʊtəgrɑːf] ◇ *n* fotografia *f.* ◇ *vt* fotografować/sfotografować.

photographer [fəˈtɒgrəfə'] *n* fotograf *m*, -ka *f.*

photography [fəˈtɒgrəfɪ] *n* fotografia *f.*

phrase [freɪz] *n* zwrot *m.*

phrasebook [ˈfreɪzbʊk] *n* rozmówki *pl.*

physical [ˈfɪzɪkl] ◇ *adj* fizyczny. ◇ *n* badanie *n* lekarskie.

physical education *n* wychowanie *n* fizyczne.

physically handicapped *adj* niepełnosprawny ruchowo.

physics [ˈfɪzɪks] *n* fizyka *f.*

physiotherapy [ˈfɪzɪəʊˈθerəpɪ] *n* fizjoterapia *f.*

pianist [ˈpɪənɪst] *n* pianista *m*, pianistka *f.*

piano (*pl* -s) *n* [upright] pianino *n*; [grand] fortepian *m.*

pick [pɪk] ◇ *vt* [select] wybierać/wybrać; [fruit, flowers] zrywać/zerwać. ◇ *n* [pickaxe] kilof *m* • **to pick a fight** wszczynać bójkę; **to pick one's nose** dłubać w nosie; **to take one's pick** wybrać. ➡ **pick on** ◇ *vt insep* czepiać/przyczepić się. ➡ **pick out** ◇ *vt sep* [select] wybierać/wybrać; [see] dostrzegać/dostrzec. ➡ **pick up** ◇ *vt sep* [lift up] podnosić/podnieść; [collect] odbierać/odebrać; [acquire] łapać/złapać; [hitchhiker] podwozić/podwieźć; *inf* [woman, man] podrywać/poderwać. ◇ *vi* [improve] poprawiać/poprawić się • **to pick the phone** [answer] podnieść słuchawkę.

pickaxe [ˈpɪkæks] *n* kilof *m.*

pickle [ˈpɪkl] *n UK* [food] marynata *f*; *US* [pickled cucumber] ogórek *m* konserwowy.

pickled onion *n* cebula *f* marynowana.

pickpocket [ˈpɪkˈpɒkɪt] *n* kieszonkowiec *m.*

pick-up (truck) *n* furgonetka *f.*

picnic ['pıknık] n piknik m.

picnic area n teren m piknikowy.

picture ['pıktʃə'] n [painting, drawing] rysunek m; [photograph] zdjęcie n; [on TV] obraz m; [film] film m. ➠ **pictures** npl : **the pictures** UK kino n.

picture frame n rama f obrazu.

picturesque ['pıktʃə'resk] adj malowniczy.

pie [paı] n potrawa z owoców, mięsa lub warzyw zapiekanych w kruchym cieście.

piece [pi:s] n [part, bit] kawałek m; [component] część f; [single item] sztuka f; [of paper] kartka f; [in chess] figura f; MUS utwór m • **a 20p piece** dwudziestopensówka; **a piece of advice** rada; **to fall to pieces** rozpaść się; **in one piece** w całości.

pier [pıə'] n molo n.

pierce [pıəs] vt [puncture] przekłuwać/przekłuć • **to have one's ears pierced** przekłuć sobie uszy.

pig [pıg] n [animal] świnia f; inf [greedy person] świnia f.

pigeon ['pıdʒın] n gołąb m.

pigeonhole ['pıdʒınhəʊl] n przegródka f.

pigskin ['pıgskın] adj świńska skóra f.

pigtails npl mysie ogonki mpl.

pike [paık] n [fish] szczupak m.

pilau rice n pilaw m.

pilchard ['pıltʃəd] n odmiana sardynek popularna w Anglii.

pile [paıl] <> n [heap] sterta f; [neat stack] stos m. <> vt [untidily] zwalać/zwalić; [neatly] układać/ułożyć w stos • **piles of** inf [a lot] masa. ➠ **pile up** <> vt sep gromadzić/zgroma-

dzić. <> vi [accumulate] gromadzić/nagromadzić się.

piles [paılz] npl MED hemoroidy mpl.

pile-up n karambol m.

pill [pıl] n pigułka f • **the pill** [contraceptive] pigułka antykoncepcyjna.

pillar ['pılə'] n [of building] filar m.

pillar box n UK skrzynka f pocztowa.

pillion ['pıljən] n : **to ride pillion** jechać na tylnym siodełku.

pillow ['pıləʊ] n [for bed] poduszka f; US [on chair, sofa] poduszka f.

pillowcase ['pıləʊkeıs] n poszewka f.

pilot ['paılət] n pilot m, -ka f.

pilot light n płomyk m pilotujący.

pimple ['pımpl] n pryszcz m.

pin <> n [for sewing] szpilka f; [drawing pin] pinezka f; [safety pin] agrafka f; US [brooch] broszka f; US [badge] plakietka f. <> vt [fasten] spinać/spiąć • **a two-pin plug** wtyczka z dwoma bolcami; **pins and needles** mrowienie.

pinafore ['pınəfɔ:'] n [apron] fartuch m; UK [dress] bezrękawnik m.

pinball ['pınbɔ:l] n fliper m.

pincers npl [tool] obcęgi pl.

pinch [pıntʃ] <> vt [squeeze] szczypać/uszczypnąć; UK inf [steal] zwędzić. <> n [of salt] szczypta f.

pine [paın] <> n sosna f. <> adj sosnowy.

pineapple ['paın'æpl] n ananas m.

pink [pıŋk] <> adj różowy. <> n [colour] różowy m.

pinkie *n US* mały palec *m*.

PIN number *n* numer *m* PIN.

pint [paɪnt] *n* ≃ pół litra• **a pint (of beer)** *UK* duże piwo.

pip [pɪp] *n* [of fruit] pestka *f*.

pipe [paɪp] *n* [for smoking] fajka *f*; [for gas, water] rura *f*.

pipe cleaner *n* wycior *m* do fajki.

pipeline ['paɪplaɪn] *n* rurociąg *m*.

pipe tobacco *n* tytoń *m* do fajki.

pirate ['paɪrət] *n* [sailor] pirat *m*, -ka *f*.

Pisces ['paɪsi:z] *n* Ryby *pl*.

piss [pɪs] ⋄ *vi vulg* szczać. ⋄ *n* : **to have a piss** *vulg* odlać się • **it's pissing down** *vulg* leje.

pissed [pɪst] *adj UK vulg* [drunk] zalany; *US vulg* [angry] wkurzony.

pissed off *adj vulg* wkurzony.

pistachio [pɪ'stɑ:ʃɪəʊ] ⋄ *n* [nut] orzech *m* pistacjowy. ⋄ *adj* [flavour] pistacjowy.

pistol ['pɪstl] *n* pistolet *m*.

piston ['pɪstən] *n* tłok *m*.

pit [pɪt] *n* [hole] dół *m*; [coal mine] kopalnia *f*; [for orchestra] kanał *m*; *US* [in fruit] pestka *f*.

pitch [pɪtʃ] ⋄ *n UK* SPORT boisko *n*. ⋄ *vt* [throw] rzucać/rzucić • **to pitch a tent** rozbijać namiot.

pitcher ['pɪtʃə'] *n* [large jug] dzban *m*; *US* [small jug] dzbanek *m*; [baseball] miotacz *m*, -ka *f*.

pitfall ['pɪtfɔ:l] *n* pułapka *f*.

pith [pɪθ] *n* [of orange] biała skórka *f*.

pitta (bread) *n* pitta *f*.

pitted ['pɪtɪd] *adj* [olives] drylowany.

pity ['pɪtɪ] *n* [compassion] współczucie *n* • **to have pity on** sb zlitować się nad kimś; **it's a pity (that)** ... [shame] szkoda, (że) ...; **what a pity!** wielka szkoda!

pivot ['pɪvət] *n* oś *f*.

pizza ['pi:tsə] *n* pizza *f*.

pizzeria ['pi:tsə'rɪə] *n* pizzeria *f*.

Pl. (*abbr of* Place) *nazwa niektórych ulic w Wlk. Brytanii*.

place [pleɪs] ⋄ *n* [location] miejsce *n*; [house, flat] dom *m*; [in list] pozycja *f*; [at table] nakrycie *n*. ⋄ *vt* [put] kłaść/położyć; [an order] składać/złożyć; [bet] robić/zrobić • **in the first place** [firstly] po pierwsze; **to my place** do mnie; **to take place** mieć miejsce; **to take sb's place** [replace] zastąpić; **all over the place** wszędzie; **in place of** zamiast.

place mat *n* podkładka *f* pod nakrycie.

placement ['pleɪsmənt] *n* [work experience] staż *f*.

place of birth *n* miejsce *n* urodzenia.

plague [pleɪg] *n* [disease] zaraza *f*.

plaice [pleɪs] (*pl* plaice) *n* płastuga *f*.

plain [pleɪn] ⋄ *adj* [not decorated] zwyczajny; [simple] prosty; [yoghurt] naturalny; [clear] jasny; [paper] gładki; *pej* [not attractive] nieładny. ⋄ *n* równina *f*.

plain chocolate *n* czekolada *f* gorzka.

plainly ['pleɪnlɪ] *adv* [obviously] oczywiście; [distinctly] jasno.

plait [plæt] ⋄ *n* warkocz *m*. ⋄ *vt* pleść/zapleść.

plan [plæn] ⋄ *n* plan *m*. ⋄ *vt* [organize] planować/zaplanować

• **have you any plans for to-night?** masz jakieś plany na wieczór?; **according to plan** zgodnie z planem; **to plan to do sthg, to plan on doing sthg** planować zrobienie czegoś.

plane [pleɪn] n [aeroplane] samolot m; [tool] hebel m.

planet ['plænɪt] n planeta f.

plank [plæŋk] n deska f.

plant [plɑ:nt] ◇ n [living thing] roślina f; [factory] zakład m. ◇ vt [seeds] siać/zasiać; [tree] sadzić/zasadzić; [land] obsiewać/obsiać, obsadzać/obsadzić • 'heavy plant crossing' „uwaga na ciężkie pojazdy – plac budowy".

plantation [plæn'teɪʃn] n plantacja f.

plaque [plɑ:k] n [plate] plakietka f; [on teeth] płytka f nazębna.

plaster ['plɑ:stə^r] n UK [for cut] plaster m; [for walls] tynk m • **in plaster** [arm, leg] w gipsie.

plaster cast n [for broken bones] opatrunek m gipsowy.

plastic ['plæstɪk] ◇ n [material] plastik m. ◇ adj plastikowy.

plastic bag n torebka f foliowa; [for shopping] reklamówka f.

Plasticine® ['plæstɪsi:n] n UK plastelina f.

plate [pleɪt] n [for food] talerz m; [of metal, glass] płyta f.

plateau ['plætəʊ] n [flat land] płaskowyż m.

plate glass adj ze szkła walcowanego.

platform ['plætfɔ:m] n [at raiway station] peron m; [raised structure] platforma f.

platinum ['plætɪnəm] n platyna f.

platter ['plætə^r] n [of food] półmisek m.

play [pleɪ] ◇ vt grać/zagrać; [opponent] grać/zagrać z; [CD, tape, record] puszczać/puścić. ◇ vi [child] bawić/pobawić się; [in sport, game, music] grać/zagrać. ◇ n [in theatre, on TV] sztuka f; [button on CD, tape recorder] przycisk m „play". ➡ **play back** ◇ vt sep odtwarzać/odtworzyć. ➡ **play up** ◇ vi [machine, car] nawalać/nawalić.

player ['pleɪə^r] n [of sport, game] gracz m, -ka f; [of musical instrument] muzyk m • **guitarplayer** gitarzysta m, gitarzystka f.

playful ['pleɪfʊl] adj [person] figlarny.

playground ['pleɪgraʊnd] n [in school] boisko n; [in park etc] plac m zabaw.

playgroup ['pleɪgru:p] n przedszkole n środowiskowe.

playing card ['pleɪɪŋ-] n karta f do gry.

playing field ['pleɪɪŋ] n boisko n sportowe.

playroom ['pleɪrʊm] n bawialnia f.

playschool ['pleɪsku:l] = **playgroup**.

playtime ['pleɪtaɪm] n przerwa f.

playwright ['pleɪraɪt] n dramaturg m.

plc UK (abbr of public limited company) z o.o.

pleasant ['pleznt] adj [day, feeling, meal] przyjemny; [person] miły.

please [pli:z] ◇ adv proszę. ◇ vt [give enjoyment to] zadowalać/zadowolić • **yes please!** poproszę!; **whatever you please** cokolwiek pani sobie życzy.

pleased [pli:zd] adj zadowolony • **to be pleased with** być zadowolonym z; **pleased to meet you!** miło mi pana poznać!

pleasure ['pleʒəʳ] n przyjemność f • **with pleasure** z przyjemnością; **it's a pleasure!** cała przyjemność po mojej stronie!

pleat [pliːt] n plisa f.

pleated ['pliːtɪd] adj plisowany.

plentiful ['plentɪfʊl] adj obfity.

plenty ['plentɪ] pron dużo • **plenty of** dużo.

pliers ['plaɪəz] npl kombinerki pl.

plimsoll ['plɪmsəl] n UK tenisówka f.

plonk [plɒŋk] n UK inf [wine] bełt m.

plot [plɒt] n [scheme] spisek m; [of story, film, play] fabuła f; [of land] działka f.

plough [plaʊ] ⬦ n UK pług m. ⬦ vt UK orać/zaorać.

ploughman's (lunch) n UK posiłek składający się z chleba, sera i marynowanych jarzyn.

plow US = **plough**.

ploy [plɔɪ] n chwyt m.

pluck [plʌk] vt [eyebrows, hair] wyskubywać/wyskubać; [chicken] skubać/oskubać.

plug [plʌg] n [with pins] wtyczka f; [socket] gniazdko n; [for bath, sink] korek m. ➡ **plug in** vt sep włączać/włączyć do kontaktu.

plughole ['plʌghəʊl] n odpływ m.

plum [plʌm] n śliwka f.

plumber ['plʌməʳ] n hydraulik m.

plumbing ['plʌmɪŋ] n [pipes] instalacja f wodno-kanalizacyjna.

plump [plʌmp] adj [person] pulchny; [animal] tłuściutki.

plunge [plʌndʒ] vi [dive] nurkować/zanurkować; [fall] wpadać/wpaść; [decrease] spadać/spaść gwałtownie.

plunge pool n basen m (mały i głęboki).

plunger ['plʌndʒəʳ] n [for unblocking pipe] przepychacz m.

pluperfect (tense) n : **the pluperfect (tense)** czas zaprzeszły.

plural ['plʊərəl] n liczba f mnoga • **in the plural** w liczbie mnogiej.

plus [plʌs] ⬦ prep plus. ⬦ adj : **30 plus** po trzydziestce.

plush [plʌʃ] adj [luxurious] luksusowy.

Pluto ['pluːtəʊ] n Pluton m.

plywood ['plaɪwʊd] n sklejka f.

p.m. (abbr of post meridiem) po południu.

PMT n (abbr of premenstrual tension) napięcie n przedmiesiączkowe.

pneumatic drill n młot m pneumatyczny.

pneumonia [njuː'məʊnjə] n zapalenie n płuc.

poached egg n jajko n w koszulce.

poached salmon n łosoś m gotowany.

poacher ['pəʊtʃəʳ] n kłusownik m, kłusowniczka f.

PO Box n (abbr of Post Office Box) skr. poczt.

pocket ['pɒkɪt] ⬦ n kieszeń f. ⬦ adj [camera, calculator] kieszonkowy.

pocketbook ['pɒkɪtbʊk] n [notebook] notes m; US [handbag] torebka f.

pocket money n UK kieszonkowe n.

podiatrist [pə'daɪətrɪst] n US specjalista chorób stóp.

poem ['pəʊɪm] n wiersz m.

poet ['pəʊɪt] n poeta m, poetka f.

poetry ['pəʊɪtrɪ] n poezja f.

point [pɔɪnt] ◇ n punkt m; [tip] czubek m; [place] miejsce n; [moment] moment m; [most important thing] cel m; [full stop] kropka f; UK [electric socket] gniazdko n. ◇ vi : **to point to** [with finger] wskazać na; [arrow, sign] kierować do • **five point seven** pięć i siedem dziesiątych; **five point eight seven five three** pięć przecinek osiem tysięcy siedemset pięćdziesiąt trzy; **what's the point?** po co?; **there's no point** nie ma sensu; **to be on the point of doing sthg** mieć właśnie coś zrobić. ➡ **points** ◇ npl UK [on railway] zwrotnica f. ➡ **point out** ◇ vt sep wskazywać/wskazać.

pointed ['pɔɪntɪd] adj [in shape] zaostrzony.

pointless ['pɔɪntlɪs] adj bezsensowny.

point of view n punkt m widzenia.

poison ['pɔɪzn] ◇ n trucizna f. ◇ vt truć/otruć.

poisoning ['pɔɪznɪŋ] n zatrucie n.

poisonous ['pɔɪznəs] adj [food, gas, substance] trujący; [snake, spider] jadowity.

poke [pəʊk] vt szturchać/szturchnąć.

poker ['pəʊkə'] n [card game] poker m.

Poland ['pəʊlənd] n Polska f.

polar bear n niedźwiedź m polarny.

Polaroid® ['pəʊlərɔɪd] n [photograph] zdjęcie n z polaroidu; [camera] polaroid m.

pole n [of wood] słup m.

Pole n [person] Polak m, Polka f.

police [pə'liːs] npl : **the police** policja f.

police car n wóz m policyjny.

police force n policja f.

policeman [pə'liːsmən] (pl -men [-mən]) n policjant m.

police officer n oficer m policji.

police station n posterunek m policji.

policewoman [pə'liːs'wʊmən] (pl -women [-'wɪmɪn]) n policjantka f.

policy ['pɒləsɪ] n [approach, attitude] polityka f; [for insurance] polisa f.

policyholder ['pɒləsɪ'həʊldə'] n ubezpieczony m, ubezpieczona f.

polio ['pəʊlɪəʊ] n choroba f Heinego-Medina.

polish ◇ n [for cleaning] pasta f. ◇ vt polerować/wypolerować.

Polish ◇ adj polski. ◇ n [language] polski m. ◇ npl : **the Polish** Polacy mpl.

polite [pə'laɪt] adj uprzejmy.

political [pə'lɪtɪkl] adj [concerning politics] polityczny.

politician ['pɒlɪ'tɪʃn] n polityk m.

politics ['pɒlətɪks] n [political affairs] polityka f.

poll [pəʊl] n [survey] ankieta f • **the polls** [election] wybory mpl.

pollen ['pɒlən] n pyłek m.

pollute [pə'luːt] vt zanieczyszczać/zanieczyścić.

pollution [pə'luːʃn] n [of sea, river, air] zanieczyszczenie n; [substances] zanieczyszczenia npl.

polo neck n UK [jumper] golf m.

polyester ['pɒlɪ'estə'] n poliester m.

polystyrene ['pɒlɪ'staɪriːn] n styropian m.

polythene bag n torebka f plastikowa.

pomegranate ['pɒmɪ'grænɪt] n granat m.

pompous ['pɒmpəs] adj [person] pompatyczny.

pond [pɒnd] n staw m.

pontoon [pɒn'tu:n] n [card game] oczko n.

pony ['pəʊnɪ] n kucyk m.

ponytail ['pəʊnɪteɪl] n koński ogon m.

pony-trekking [-'trekɪŋ] n UK wycieczka f konna.

poodle ['pu:dl] n pudel m.

pool [pu:l] n [for swimming] basen m; [of water, blood, milk] kałuża f; [small pond] sadzawka f; [game] pool m. ➡ **pools** npl UK : the pool totalizator m sportowy.

poor [pʊəʳ] ⬦ adj biedny; [bad] kiepski • you poor thing! biedactwo! ⬦ npl : the poor biedni.

poorly ['pʊəlɪ] ⬦ adj UK [ill] chory. ⬦ adv marnie.

pop [pɒp] ⬦ n [music] pop m. ⬦ vt inf [put] wpakować. ⬦ vi [balloon] pękać/pęknąć • my ears popped uszy mi się odetkały. ➡ **pop in** ⬦ vi UK [visit] wpadać/wpaść.

popcorn ['pɒpkɔ:n] n popcorn m.

Pope [pəʊp] n : the Pope papież m.

pop group n zespół m popowy.

poplar (tree) n topola f.

pop music n muzyka f pop.

poppadom ['pɒpədəm] n rodzaj cienkiego hinduskiego placka smażonego w głębokim tłuszczu.

popper ['pɒpəʳ] n UK [press stud] zatrzask m.

poppy ['pɒpɪ] n mak m.

Popsicle® ['pɒpsɪkl] n US lód m na patyku.

pop socks npl podkolanówki fpl.

pop star n gwiazda f pop.

popular ['pɒpjʊləʳ] adj [person, place, activity] popularny; [opinion, ideas] powszechny.

popularity ['pɒpjʊ'lærətɪ] n popularność f.

populated adj zaludniony, zamieszkany.

population ['pɒpjʊ'leɪʃn] n [number of people] populacja f; [people] ludność f.

porcelain ['pɔ:səlɪn] n porcelana f.

porch [pɔ:tʃ] n [entrance] ganek m; US [outside house] weranda f.

pork [pɔ:k] n wieprzowina f.

pork chop n kotlet m wieprzowy.

pork pie n rodzaj pasztetu wieprzowego w kruchym cieście.

pornographic ['pɔ:nə'græfɪk] adj pornograficzny.

porridge ['pɒrɪdʒ] n owsianka f.

port [pɔ:t] n port m; [drink] porto n.

portable ['pɔ:təbl] adj przenośny.

porter ['pɔ:təʳ] n [at hotel, museum] portier m, -ka f; [at station, airport] bagażowy m.

porthole ['pɔ:θəʊl] n luk m.

portion ['pɔ:ʃn] n [part] część f; [of food] porcja f.

portrait ['pɔ:treɪt] n portret m.

Portugal ['pɔ:tʃʊgl] n Portugalia f.

Portuguese ['pɔ:tʃʊ'gi:z] ⬦ adj portugalski. ⬦ n [language] portugalski m. ⬦ npl : the Portuguese Portugalczycy mpl.

pose [pəʊz] ⬦ vt [problem,

threat] stawiać/postawić. ⟨⟩ *vi*
[for photo] pozować.

posh [pɒʃ] *adj inf* [person, accent] z
wyższych sfer; [hotel, restaurant]
elegancki.

position [pə'zɪʃn] *n* [place, situa-
tion] położenie *n*; [stance] postawa *f*; [on appliance, in race,
contest] pozycja *f*; [rank, importance, job] stanowisko *n* • 'position closed' [in bank, post office
etc] „okienko nieczynne".

positive ['pɒzətɪv] *adj* pozytywny; [certain, sure] pewny; [optimis-
tic] pozytywnie nastawiony;
[number] dodatni.

possess [pə'zes] *vt* posiadać/po-
siąść.

possession [pə'zeʃn] *n* własność *f*.

possessive [pə'zesɪv] *adj pej* [per-
son] zaborczy; GRAMM dzierża-
wczy.

possibility ['pɒsə'bɪlətɪ] *n* możliwość *f*.

possible ['pɒsəbl] *adj* możliwy
• it's possible that we may be
late być może się spóźnimy;
would it be possible ...? czy
byłoby możliwe...?; as much as
possible w miarę możliwości; if
possible jeśli można.

possibly ['pɒsəblɪ] *adv* być może.

post [pəʊst] ⟨⟩ *n* poczta *f*; [pole]
pal *m*; *fml* [job] posada *f*. ⟨⟩ *vt*
[letter, parcel] wysyłać/wysłać
• by post pocztą.

postage ['pəʊstɪdʒ] *n* opłata *f*
pocztowa • postage and pack-
ing koszty przesyłki; postage
paid opłatę pocztową opłacono.

postage stamp *n fml* znaczek *m*
pocztowy.

postal order *n* przekaz *m* pocztowy.

postbox ['pəʊstbɒks] *n UK*
skrzynka *f* pocztowa.

postcard ['pəʊstkɑːd] *n* pocztówka *f*.

postcode ['pəʊstkəʊd] *n UK* kod
m pocztowy.

poster ['pəʊstə'] *n* plakat *m*.

poste restante ['pəʊst'restɑːnt]
n UK poste *n* restante.

post-free *adv* bez opłaty poczto-
wej.

postgraduate ['pəʊst'grædʒʊət]
n student *m* podyplomowy,
studentka podyplomowa *f*.

Post-it (note)® *n* karteczka *f*
samoprzylepna.

postman ['pəʊstmən] (*pl* post-
men[-mən]) *n* listonosz *m*.

postmark ['pəʊstmɑːk] *n* stempel
m pocztowy.

post office *n* [building] poczta *f*
• the Post Office poczta *f*.

postpone ['pəʊst'pəʊn] *vt* odra-
czać/odroczyć.

posture ['pɒstʃə'] *n* postura *f*.

postwoman (*pl* -women) *n* lis-
tonoszka *f*.

pot [pɒt] *n* [for cooking] garnek *m*;
[for jam, paint] słoik *m*; [for coffee,
tea] dzbanek *m*; *inf* [cannabis]
trawka *f* • a pot of tea dzbanek
herbaty.

potato [pə'teɪtəʊ] (*pl* -es) *n*
ziemniak *m*.

potato salad *n* sałatka *f* ziem-
niaczana.

potential [pə'tenʃl] ⟨⟩ *adj* potencjalny. ⟨⟩ *n* [possibility] po-
tencjał *m*.

pothole ['pɒthəʊl] *n* [in road]
wybój *m*.

pot plant *n* roślina *f* doniczko-
wa.

pot scrubber *n* druciak *m*.

potted ['pɒtɪd] *adj* [meat, fish] w wekach; [plant] doniczkowy.

pottery ['pɒtərɪ] *n* [clay objects] wyroby *mpl* garncarskie; [craft] garncarstwo *n*.

potty ['pɒtɪ] *n* nocnik *m*.

pouch [paʊtʃ] *n* [for money] sakiewka *f*; [for tobacco] kapciuch *m*.

poultry ['pəʊltrɪ] *n & npl* drób *m*.

pound [paʊnd] <> *n* [unit of money, weight] funt *m*. <> *vi* [heart, head] walić.

pour [pɔːʳ] <> *vt* [liquid] nalewać/nalać; [dry goods] sypać/wysypać; [drink] nalewać/nalać. <> *vi* [flow] lać się • **it's pouring (with rain)** leje jak z cebra. ➡ **pour out** <> *vt sep* [drink] wylać/wylewać.

poverty ['pɒvətɪ] *n* ubóstwo *n*.

powder ['paʊdəʳ] *n* proszek *m*.

power ['paʊəʳ] <> *n* [control, authority] władza *f*; [ability] zdolność *f*; [strength, force] siła *f*; [energy] energia *f*; [electricity] prąd *m*. <> *vt* zasilać/zasilić • **to be in power** być u władzy.

power cut *n* przerwa *f* w dopływie energii elektrycznej.

power failure *n* przerwa *f* w dopływie energii elektrycznej.

powerful ['paʊəfʊl] *adj* silny; [machine, drug, smell] mocny; [having control] wpływowy.

power point *n* UK gniazdko *n* elektryczne.

power station *n* elektrownia *f*.

power steering *n* wspomaganie *n* kierownicy.

practical ['præktɪkl] *adj* praktyczny; [sensible, realistic] realistyczny.

practically ['præktɪklɪ] *adv* [almost] praktycznie.

practice <> *n* [training] wprawa *f*; [training session] ćwiczenie *n*; [of doctor, lawyer] praktyka *f*; [regular activity, custom] zwyczaj *m*. <> *vt US* = **practise** • **to be out of practice** wyjść z wprawy.

practise <> *vt* [sport, music, technique] ćwiczyć/przećwiczyć. <> *vi* [train] trenować; [doctor, lawyer] prowadzić praktykę. <> *n US* = **practice**.

praise [preɪz] <> *n* pochwała *f*. <> *vt* chwalić/pochwalić.

pram *n* UK wózek *m* dziecięcy.

prank [præŋk] *n* psikus *m*.

prawn [prɔːn] *n* krewetka *f*.

prawn cocktail *n* koktajl *m* z krewetek.

prawn crackers *n* chipsy *mpl* krewetkowe.

pray [preɪ] *vi* modlić/pomodlić się • **to pray for sthg** *fig* [rain, help] modlić się o coś.

prayer [preəʳ] *n* modlitwa *f*.

precarious [prɪ'keərɪəs] *adj* [not safe] niebezpieczny; [uncertain] niepewny.

precaution [prɪ'kɔːʃn] *n* zabezpieczenie *n*.

precede [prɪ'siːd] *vt fml* poprzedzać/poprzedzić.

preceding [prɪ'siːdɪŋ] *adj* poprzedzający.

precinct ['priːsɪŋkt] *n* UK [for shopping] pasaż *m* handlowy; US [area of town] dzielnica *f*.

precious ['preʃəs] *adj* cenny.

precious stone *n* kamień *m* szlachetny.

precipice ['presɪpɪs] *n* przepaść *f*.

precise [prɪ'saɪs] *adj* [accurate] precyzyjny; [actual] : **at that precise moment** dokładnie w tym momencie.

precisely [prɪ'saɪslɪ] adv [accurately] precyzyjnie; [exactly] dokładnie.

predecessor ['priːdɪsesəʳ] n poprzednik m, poprzedniczka f.

predicament [prɪ'dɪkəmənt] n kłopotliwe położenie n.

predict [prɪ'dɪkt] vt przewidywać/przewidzieć.

predictable [prɪ'dɪktəbl] adj [foreseeable] przewidywalny; pej [unoriginal] do przewidzenia.

prediction [prɪ'dɪkʃn] n prognoza f.

preface ['prefɪs] n przedmowa f.

prefect ['priːfekt] n UK [at school] *starszy uczeń pełniący dyżur w szkole.*

prefer [prɪ'fɜːʳ] vt : to prefer sthg (to) woleć coś (od) • to prefer to do sthg woleć coś robić.

preferable ['prefrəbl] adj : be preferable to być lepszym od.

preferably ['prefrəblɪ] adv najlepiej.

preference ['prefərəns] n preferencja f.

prefix ['priːfɪks] n przedrostek m.

pregnancy ['pregnənsɪ] n ciąża f.

pregnant ['pregnənt] adj w ciąży.

prejudice ['predʒʊdɪs] n uprzedzenie n.

prejudiced ['predʒʊdɪst] adj uprzedzony.

preliminary [prɪ'lɪmɪnərɪ] adj wstępny.

premature ['premə'tjʊəʳ] adj [arrival, ageing, death] przedwczesny • premature baby wcześniak m, wcześniaczka f.

premier ['premjəʳ] <> adj główny. <> n premier m.

premiere ['premɪeəʳ] n premiera f.

premises ['premɪsɪz] npl posesja f.

premium ['priːmjəm] n [for insurance] składka f ubezpieczeniowa.

premium-quality adj [meat] najwyższej jakości.

preoccupied [priː'ɒkjʊpaɪd] adj zaabsorbowany.

pre-packed adj w opakowaniu.

prepaid [(past, pp) 'priː'peɪd] adj koperta f zwrotna.

preparation ['prepə'reɪʃn] n [preparing] przygotowanie n. ➡ **preparations** npl [arrangements] przygotowania npl.

preparatory school n [in UK] prywatna szkoła f podstawowa; [in US] prywatna szkoła f średnia.

prepare [prɪ'peəʳ] <> vt przygotowywać/przygotować. <> vi [get ready] przygotowywać/przygotować się.

prepared [prɪ'peəd] adj [ready] gotowy • to be prepared to do sthg być gotowym do zrobienia czegoś.

preposition ['prepə'zɪʃn] n przyimek m.

prep school = preparatory school.

prescribe [prɪ'skraɪb] vt przepisywać/przepisać.

prescription [prɪ'skrɪpʃn] n [paper] recepta f; [medicine] przepisany lek m.

presence ['prezns] n obecność f • in sb's presence w czyjejś obecności.

present <> adj ['preznt] obecny. <> n ['preznt] [gift] prezent m. <> vt [prɪ'zent] [give] darować/podarować; [problem, challenge] stanowić; [portray] przedstawiać/przedstawić; [radio or TV programme] prowadzić/poprowadzić; [play] wystawiać/wystawić • the present (tense) GRAMM czas teraźniejszy; **at present** obecnie; **the present** teraźniejszość *f*; **to present sb to sb** przedstawiać komuś kogoś.

presentable [prɪ'zentəbl] *adj* dobrze prezentujący się.

presentation ['prezn'teɪʃn] *n* [way of presenting] sposób *m* prezentacji; [ceremony] wręczenie *n*.

presenter [prɪ'zentəʳ] *n* [of TV, radio programme] prezenter *m*, -ka *f*.

presently ['prezntlɪ] *adv* [soon] wkrótce; [now] obecnie.

preservation ['prezə'veɪʃn] *n* ochrona *f*.

preservative [prɪ'zɜ:vətɪv] *n* konserwant *m*.

preserve [prɪ'zɜ:v] *n* [jam] konfitura *f*. *vt* [conserve] chronić/ochronić; [keep] zachowywać/zachować; [food] konserwować/zakonserwować.

president ['prezɪdənt] *n* [of country] prezydent *m*; [of company] prezes *m*; [of organization] przewodniczący *m*, przewodnicząca *f*.

press [pres] *vt* [push] naciskać/nacisnąć; [iron] prasować/wyprasować. *n* : **the press** prasa • **to press sb to do sthg** zmuszać kogoś do zrobienia czegoś.

press conference *n* konferencja *f* prasowa.

press-stud *n* zatrzask *m*.

press-ups *npl* pompki *fpl*.

pressure ['preʃəʳ] *n* [downward force] ciśnienie *n*; [strong influence] nacisk *m*; [stress] napięcie *n*.

pressure cooker *n* szybkowar *m*.

prestigious [pre'stɪdʒəs] *adj* prestiżowy.

presumably [prɪ'zju:məblɪ] *adv* przypuszczalnie.

presume [prɪ'zju:m] *vt* [assume] przypuszczać.

pretend [prɪ'tend] *vt* : **to pretend to do sthg** udawać, że się coś robi.

pretentious [prɪ'tenʃəs] *adj* pretensjonalny.

pretty ['prɪtɪ] *adj* [attractive] ładny. *adv inf* [quite] całkiem; [very] zupełnie.

prevent [prɪ'vent] *vt* zapobiegać/zapobiec • **to prevent sthg from happening** zapobiegać czemuś; **to prevent sb from doing sthg** uniemożliwiać komuś zrobienie czegoś.

prevention [prɪ'venʃn] *n* prewencja *f*.

preview ['pri:vju:] *n* [of film] pokaz *m* przedpremierowy; [short description] zapowiedź *f*.

previous ['pri:vjəs] *adj* [preceding] poprzedni; [earlier] wcześniejszy.

previously ['pri:vjəslɪ] *adv* poprzednio.

price [praɪs] *n lit & fig* cena *f*. *vt* wyceniać/wycenić.

priceless ['praɪslɪs] *adj* bezcenny.

price list *n* cennik *m*.

pricey ['praɪsɪ] *adj inf* drogawy.

prick [prɪk] *vt* [skin, finger] kłuć/pokłuć; [sting] kłuć/ukłuć.

prickly ['prɪklɪ] *adj* [plant, bush] kolczasty.

prickly heat *n* potówki *fpl*.

pride [praɪd] *n* [satisfaction] duma *f*; [self-respect] godność *f*; [arrogance] pycha *f*. *vt* : **to pride o.s. on sthg** szczycić się czymś.

priest [priːst] n ksiądz m.

primarily [UK 'praɪmərɪlɪ, US praɪ'merəlɪ] adv głównie.

primary school n szkoła f podstawowa.

prime [praɪm] adj [chief] główny; [quality, beef, cut] pierwszorzędny.

prime minister n premier m.

primitive ['prɪmɪtɪv] adj prymitywny.

primrose ['prɪmrəʊz] n pierwiosnek m.

prince [prɪns] n książę m.

Prince of Wales n książę m Walii.

princess [prɪn'ses] n księżniczka f.

principal ['prɪnsəpl] <> adj główny. <> n [of school, university] dyrektor m, -ka f.

principle ['prɪnsəpl] n zasada f • in principle w zasadzie.

print [prɪnt] <> n [words] druk m; [photo] odbitka f; [of painting] reprodukcja f; [mark] odcisk m. <> vt [book, newspaper] drukować/wydrukować; [publish] publikować/opublikować; [write] pisać/napisać drukowanymi literami; [photo] robić/zrobić odbitki • out of print wyczerpany nakład. **print out** <> vt sep drukować/wydrukować.

printed matter n druki mpl.

printer ['prɪntər] n [machine] drukarka f; [person] drukarz m.

printout ['prɪntaʊt] n wydruk m.

prior ['praɪər] adj [previous] uprzedni • prior to fml przed.

priority [praɪ'ɒrətɪ] n priorytet m • to have priority over być nadrzędnym w stosunku do.

prison ['prɪzn] n więzienie n.

prisoner ['prɪznər] n więzień m, więźniarka f.

prisoner of war n jeniec m wojenny.

prison officer n strażnik m więzienny, strażniczka więzienna f.

privacy [UK 'prɪvəsɪ, US 'praɪvəsɪ] n prywatność f.

private ['praɪvɪt] <> adj prywatny; [confidential] poufny; [quiet] ustronny. <> n MIL szeregowy m, szeregowa f • in private na osobności.

private health care n prywatna opieka m medyczna.

private property n własność f prywatna.

private school n szkoła f prywatna.

privilege ['prɪvɪlɪdʒ] n przywilej m • it's a privilege! to dla mnie zaszczyt!

prize [praɪz] n nagroda f.

prize-giving n rozdanie n nagród.

pro (pl -s) n inf [professional] zawodowiec m. **pros** npl : pros and cons za i przeciw.

probability ['prɒbə'bɪlətɪ] n [likelihood] prawdopodobieństwo n.

probable ['prɒbəbl] adj [likely] prawdopodobny.

probably ['prɒbəblɪ] adv prawdopodobnie.

probation officer n kurator m sądowy.

problem ['prɒbləm] n problem m • no problem! inf nie ma sprawy!

procedure [prə'siːdʒər] n procedura f.

proceed [prə'siːd] vi [act, advance] postępować/postąpić; fml [continue] kontynuować • 'proceed with caution' zachowaj ostrożność.

proceeds ['prəʊsiːdz] *npl* dochód *m*.

process *n* ['prəʊses] [series of events] proces *m*; [method] metoda *f* • to be in the process of doing sthg być w trakcie robienia czegoś.

processed cheese *n* [for spreading] ser *m* topiony; [in slices] ser *m* plasterkowany.

procession [prə'seʃn] *n* procesja *f*.

prod [prɒd] *vt* [poke] szturchać/szturchnąć.

produce ◇ *vt* [prə'djuːs] [make, manufacture] produkować/wyprodukować; [cause] powodować/spowodować; [create naturally] wytwarzać/wytworzyć; [show] przedstawiać/przedstawić; [play] wystawiać/wystawić; [film] produkować/wyprodukować. ◇ *n* ['prɒdjuːs] produkty *mpl* rolne.

producer [prə'djuːsə'] *n* producent *m*, -ka *f*.

product ['prɒdʌkt] *n* [thing manufactured] produkt *m*; [result] wynik *m*.

production [prə'dʌkʃn] *n* produkcja *f*; [play] wystawienie *n*.

productivity ['prɒdʌk'tɪvətɪ] *n* wydajność *f*.

profession [prə'feʃn] *n* zawód *m*.

professional [prə'feʃənl] ◇ *adj* [relating to work] zawodowy; [specialist] fachowy; [not amateur] profesjonalny • a professional footballer zawodowy piłkarz. ◇ *n* [not amateur] zawodowiec *m*.

professor [prə'fesə'] *n* [in UK] profesor *m*; [in US] nauczyciel *m* akademicki.

profile ['prəʊfaɪl] *n* [silhouette, outline] zarys *m*; [description] profil *m*.

profit ['prɒfɪt] ◇ *n* zysk *m*. ◇ *vi* : to profit (from) odnieść korzyść (z).

profitable ['prɒfɪtəbl] *adj* opłacalny.

profiteroles *npl* rodzaj ptysi w czekoladzie podawanych na deser.

profound [prə'faʊnd] *adj* [intense] głęboki.

program ['prəʊɡræm] ◇ *n* COMPUT program *m*; *US* = programme. ◇ *vt* COMPUT programować/zaprogramować.

programme ['prəʊɡræm] *n* *UK* program *m*.

progress ◇ *n* ['prəʊɡres] [improvement] rozwój *m*; [forward movement] postęp *m*. ◇ *vi* [prə'ɡres] [work, talks, student] robić/zrobić postęp; [day, meeting] postępować • to make progress [improve] robić postępy; [in journey] posuwać się naprzód; in progress w toku.

progressive [prə'ɡresɪv] *adj* [forward-looking] postępowy.

prohibit [prə'hɪbɪt] *vt* [prevent] zabraniać/zabronić • 'smoking strictly prohibited' całkowity zakaz palenia.

project *n* ['prɒdʒekt] [plan] projekt *m*; [at school] referat *m*.

projector [prə'dʒektə'] *n* rzutnik *m*.

prolong [prə'lɒŋ] *vt* [visit, stay, meeting] przedłużać/przedłużyć.

prom [prɒm] *n* *US* [dance] bal *m* szkolny.

promenade ['prɒmə'nɑːd] *n* *UK* [by the sea] promenada *f*.

prominent ['prɒmɪnənt] *adj* [person] wybitny; [noticeable] widoczny.

promise ['prɒmɪs] <> n [commitment] obietnica f. <> vt & vi obiecywać/obiecać • **to show promise** [work, person] dobrze zapowiadać się; **I promise (that) I'll come** daję słowo, że przyjdę; **to promise sb sthg** obiecać coś komuś; **to promise to do sthg** obiecać, że się coś zrobi.

promising ['prɒmɪsɪŋ] adj obiecujący.

promote [prə'məʊt] vt : **to be promoted** [in job] awansować.

promotion [prə'məʊʃn] n [in job] awans m; [of product] promocja f.

prompt [prɒmpt] <> adj [quick] szybki. <> adv : **at six o'clock prompt** punktualnie o szóstej.

prone [prəʊn] adj : **to be prone to sthg** mieć skłonność do czegoś • **to be prone to do sthg** mieć skłonność do robienia czegoś.

prong [prɒŋ] n [ot tork] ząb m.

pronoun ['prəʊnaʊn] n zaimek m.

pronounce [prə'naʊns] vt wymawiać/wymówić.

pronunciation [prə'nʌnsɪ'eɪʃn] n wymowa f.

proof [pruːf] n [evidence] dowód m • **12% proof** zawartość alkoholu: 12%.

prop [prɒp] ➡ **prop up** vt sep [support] podpierać/podeprzeć.

propeller [prə'pelə'] n śmigło n.

proper ['prɒpə'] adj [suitable] odpowiedni; [correct] właściwy; [socially acceptable] stosowny.

properly ['prɒpəlɪ] adv [suitably] odpowiednio; [correctly] właściwie.

property ['prɒpətɪ] n [possessions] mienie n; [land] posiadłość f; fml [building] nieruchomość f; [quality] właściwość f.

proportion [prə'pɔːʃn] n [part, amount] odsetek m; [ratio] stosunek m; [in art] proporcja f.

proposal [prə'pəʊzl] n propozycja f.

propose [prə'pəʊz] <> vt proponować/zaproponować. <> vi : **to propose (to sb)** oświadczyć się (komuś).

proposition ['prɒpə'zɪʃn] n propozycja f.

proprietor [prə'praɪətə'] n fml właściciel m, -ka f.

prose [prəʊz] n [not poetry] proza f.

prosecute ['prɒsɪkjuːt] vt pociągać/pociągnąć do odpowiedzialności karnej.

prospect n ['prɒspekt] [possibility] perspektywa f • **I don't relish the prospect** nie jestem zachwycony perspektywą ➡ **prospects** npl [for the future] perspektywa f.

prospectus [prə'spektəs] (pl -es) n prospekt m.

prosperous ['prɒspərəs] adj [person] zamożny; [business] prosperujący.

prostitute ['prɒstɪtjuːt] n prostytutka f, męska prostytutka f.

protect [prə'tekt] vt chronić/ochronić • **to protect sb/sthg from** chronić kogoś/coś przed; **to protect sb/sthg against** chronić kogoś/coś przed.

protection [prə'tekʃn] n ochrona f.

protection factor n [of suntan lotion] filtr m.

protective [prə'tektɪv] adj [person] opiekuńczy; [clothes] ochronny.

protein [ˈprəʊtiːn] n białko n.

protest <> n [ˈprəʊtest] protest m. <> vt [prəˈtest] US [protest against] protestować/zaprotestować. <> vi : **to protest (against)** protestować przeciwko.

Protestant [ˈprɒtɪstənt] n protestant m, -ka f.

protester [prəˈtestəʳ] n protestujący m, protestująca f.

protractor [prəˈtræktəʳ] n kątomierz m.

protrude [prəˈtruːd] vi sterczeć.

proud [praʊd] adj [pleased] dumny; pej [arrogant] wyniosły • **to be proud of** być dumnym z.

prove [pruːv] (pp **proved** pp **proven** [ˈpruːvn]) vt [show to be true] udowadniać/udowodnić; [turn out to be] okazywać/okazać się.

proverb [ˈprɒvɜːb] n przysłowie n.

provide [prəˈvaɪd] vt [food, opportunity, ideas] dostarczać/dostarczyć; [job, accommodation, funds] zapewniać/zapewnić • **to provide sb with sthg** [information, equipment] dostarczyć komuś coś. ➡ **provide for** vt insep [person] utrzymywać/utrzymać; [in will] zabezpieczyć finansowo.

provided (that) conj pod warunkiem, że.

providing (that) = provided (that).

province [ˈprɒvɪns] n [of country] prowincja f.

provisional [prəˈvɪʒənl] adj tymczasowy.

provisions npl zapasy mpl.

provocative [prəˈvɒkətɪv] adj prowokacyjny.

provoke [prəˈvəʊk] vt [cause] wywoływać/wywołać; [annoy] prowokować/sprowokować.

prowl [praʊl] vi grasować.

prune [pruːn] <> n suszona śliwka f. <> vt [tree, bush] przycinać/przyciąć.

PS (abbr of **postscript**) P.S.

psychiatrist [saɪˈkaɪətrɪst] n psychiatra m.

psychic [ˈsaɪkɪk] adj [person] jasnowidzący.

psychological [ˈsaɪkəˈlɒdʒɪkl] adj psychologiczny.

psychologist [saɪˈkɒlədʒɪst] n psycholog m.

psychology [saɪˈkɒlədʒɪ] n psychologia f.

psychotherapist [ˈsaɪkəʊd ˈθerəpɪst] n psychoterapeuta m, psychoterapeutka f.

pt = **pint**.

PTO (abbr of **please turn over**) verte.

pub [pʌb] n pub m.

puberty [ˈpjuːbətɪ] n pokwitanie n.

public [ˈpʌblɪk] <> adj publiczny; [of the people] społeczny. <> n : **the public** społeczeństwo • **in public** publicznie.

publican [ˈpʌblɪkən] n UK właściciel m, -ka f pubu.

publication [ˈpʌblɪˈkeɪʃn] n publikacja f.

public bar n UK tańsza sala w pubie.

public convenience n UK toaleta f publiczna.

public footpath n UK ścieżka f (traktowana jako droga publiczna).

public holiday n święto n państwowe.

public house n UK fml pub m.

publicity [pʌb'lɪsɪtɪ] n [public attention] rozgłos m; [advertising] reklama f.

public school n [in UK] szkoła f prywatna; [in US] szkoła f państwowa.

public telephone n automat m telefoniczny.

public transport n komunikacja f publiczna.

publish ['pʌblɪʃ] vt [book, magazine] wydawać/wydać; [letter, article] publikować/opublikować.

publisher ['pʌblɪʃəʳ] n [person] wydawca m, wydawczyni f; [company] wydawnictwo n.

publishing ['pʌblɪʃɪŋ] n [industry] działalność f wydawnicza.

pub lunch n lunch m w pubie.

pudding ['pʊdɪŋ] n [sweet dish] *słodka gotowana potrawa podawana na deser;* UK [course] deser m; US [creamy sweet dish] budyń m.

puddle ['pʌdl] n kałuża f.

puff ⬦ vi [breathe heavily] sapać/sapnąć. ⬦ n [of air] podmuch m; [of smoke] smużka f • **to puff at** [cigarette, pipe] kurzyć.

puff pastry [pʌf-] n ciasto n francuskie.

pull [pʊl] ⬦ vt & vi [tug] ciągnąć/pociągnąć. ⬦ n : **to give sthg a pull** pociągnąć coś • **to pull a face** zrobić minę; **to pull a muscle** nadwyrężyć mięsień; 'pull' [on door] ciągnąć. ➡ **pull apart** ⬦ vt sep [machine] rozbierać/rozebrać na części; [book] rozrywać/rozerwać. ➡ **pull down** ⬦ vt sep [lower] spuszczać/spuścić; [demolish] burzyć/zburzyć. ➡ **pull in** ⬦ vi [train] wjeżdżać/wjechać na stację; [car] zatrzymywać/zatrzymać się. ➡ **pull out** ⬦ vt sep [tooth, cork, plug] wyciągać/wyciągnąć. ⬦ vi [train] odjeżdżać/odjechać; [car] zmieniać/zmienić pas ruchu; [withdraw] wycofywać/wycofać się. ➡ **pull over** ⬦ vi [car] zjeżdżać/zjechać na bok. ➡ **pull up** ⬦ vt sep [socks, trousers, sleeve] podciągać/podciągnąć. ⬦ vi [stop] zatrzymywać/zatrzymać się.

pulley ['pʊlɪ] (pl pulleys) n wielokrążek m.

pull-out n US [beside road] pobocze n.

pullover ['pʊl͵əʊvəʳ] n pulower m.

pulpit ['pʊlpɪt] n ambona f.

pulse [pʌls] n MED puls m.

pump [pʌmp] n [device] pompa f; [bicycle pump] pompka f rowerowa; [for petrol] dystrybutor m. ➡ **pumps** npl [sports shoes] tenisówki fpl. ➡ **pump up** vt sep [tyre, ball] pompować/napompować.

pumpkin ['pʌmpkɪn] n dynia f.

pun [pʌn] n kalambur m.

punch ⬦ n [blow] uderzenie n pięścią; [drink] poncz m. ⬦ vt [hit] uderzać/uderzyć pięścią; [ticket] kasować/skasować.

Punch and Judy show n *tradycyjne przedstawienie kukiełkowe z parą bohaterów wystawiane na wolnym powietrzu.*

punctual ['pʌŋktʃʊəl] adj punktualny.

punctuation ['pʌŋktʃʊ'eɪʃn] n interpunkcja f.

puncture ['pʌŋktʃəʳ] ⬦ n przebicie n dętki. ⬦ vt przebijać/przebić • **to get a puncture** złapać gumę.

punish ['pʌnɪʃ] vt : **to punish sb (for sthg)** karać kogoś (za coś).

punishment ['pʌnɪʃmənt] n kara f.

punk [pʌŋk] *n* punk *m*.

punnet ['pʌnɪt] *n* UK mała kobiałka *f*.

pupil ['pju:pl] *n* [student] uczeń *m*, uczennica *f*; [of eye] źrenica *f*.

puppet ['pʌpɪt] *n* [toy] kukiełka *f*.

puppy ['pʌpɪ] *n* szczenię *n*.

purchase ['pɜ:tʃəs] <> *vt fml* nabywać/nabyć. <> *n fml* zakup *m*.

pure [pjʊəʳ] *adj* czysty.

puree ['pjʊəreɪ] *n* purée *n*.

purely ['pjʊəlɪ] *adv* [only] jedynie.

purity ['pjʊərətɪ] *n* [of water, air] czystość *f*.

purple ['pɜ:pl] *adj* fioletowy.

purpose ['pɜ:pəs] *n* cel *m* • **on purpose** celowo.

purr [pɜ:ʳ] *vi* [cat] mruczeć/zamruczeć.

purse [pɜ:s] *n* UK [for money] portmonetka *f*; US [handbag] torebka *f* damska.

pursue [pə'sju:] *vt* [follow] ścigać; [matter] wnikać/wniknąć w; [inquiry, business] prowadzić; [study] kontynuować.

pus [pʌs] *n* ropa *f*.

push [pʊʃ] <> *vt* [shove] pchać/pchnąć; [press] naciskać/nacisnąć; [product] promować/wypromować. <> *vi* [shove] pchać/pchnąć. <> *n* : **to give sb/sthg a push** popchnąć kogoś/coś • **to push sb into doing sthg** zmusić kogoś do zrobienia czegoś; 'push' [on door] pchać. **push in** <> *vi* [in queue] wpychać się/wepchnąć się. **push off** <> *vi inf* [go away] odczepić się.

pushchair ['pʊʃtʃeəʳ] *n* UK spacerówka *f*.

pushed [pʊʃt] *adj inf* : **to be pushed (for time)** mieć mało (czasu).

push-ups *npl* pompki *fpl*.

put [pʊt] (*pt & pp* **put**) *vt* [place] kłaść/położyć; [responsibility, blame] zrzucać/zrzucić; [pressure] wywierać/wywrzeć; [express] wyrażać/wyrazić; [write] pisać/napisać; [a question] stawiać/postawić • **to put sthg at** [estimate] oszacować coś na; **to put a child to bed** położyć dziecko spać; **to put money into sthg** zainwestować w coś pieniądze. **put aside** *vt sep* [money] odkładać/odłożyć. **put away** *vt sep* [tidy up] chować/schować. **put back** *vt sep* [replace] odkładać/odłożyć; [postpone] przekładać/przełożyć; [clock, watch] cofać/cofnąć. **put down** *vt sep* [on floor, table] odkładać/odłożyć; [passenger] wysadzać/wysadzić; UK [animal] usypiać/uśpić; [deposit] wpłacać/wpłacić. **put forward** *vt sep* [clock, watch] przestawiać/przestawić do przodu; [suggest] wysuwać/wysunąć. **put in** *vt sep* [insert] wkładać/włożyć; [install] instalować/zainstalować. **put off** *vt sep* [postpone] przełożyć/przekładać; [distract] rozpraszać/rozproszyć; [repel] zniechęcać/zniechęcić; [passenger] wysadzać/wysadzić. **put on** *vt sep* [clothes, glasses, make-up] zakładać/założyć; [television, light, radio] włączać/włączyć; [CD, tape, record] nastawiać/nastawić; [play, show] wystawiać/wystawić • **to put weight** przybrać na wadze. **put out** *vt sep* [cigarette, fire, light] gasić/zgasić; [publish] wydawać/wydać; [hand, arm, leg] wyciągać/wyciągnąć; [inconvenience] sprawiać/sprawić kłopot

• **to put one's back** nadwyrężyć kręgosłup. **put together** *vt sep* [assemble] składać/złożyć; [combine] łączyć/połączyć. **put up** *vt sep* [tent, statue, building] stawiać/postawić; [umbrella] rozkładać/rozłożyć; [a notice, sign] wywieszać/wywiesić; [price, rate] podnosić/podnieść; [provide with accommodation] przenocować. *vi UK* [in hotel] nocować/przenocować. **put up with** *vt insep* znosić/znieść.

putter ['pʌtəʳ] *n* [golf club] putter *m*.

putting green *n* pole *n* puttingowe.

putty ['pʌtɪ] *n* kit *m*.

puzzle ['pʌzl] <> *n* zagadka *f*; [jigsaw] układanka *f*. <> *vt* intrygować/zaintrygować.

puzzling ['pʌzlɪŋ] *adj* zagadkowy.

pyjamas *npl UK* piżama *f*.

pylon ['paɪlən] *n* [electricity] słup *m* wysokiego napięcia.

pyramid ['pɪrəmɪd] *n* piramida *f*.

Pyrenees ['pɪrə'niːz] *npl* : **the Pyrenees** Pireneje *pl*.

Pyrex® ['paɪreks] *n* szkło *n* żaroodporne.

Q

quail [kweɪl] *n* przepiórka *f*.

quail's eggs *npl* jaja *npl* przepiórcze.

quaint [kweɪnt] *adj* [charming] malowniczy; [odd] osobliwy.

qualification ['kwɒlɪfɪ'keɪʃn] *n* [diploma] dyplom *m*; [ability] kwalifikacje *fpl*.

qualified ['kwɒlɪfaɪd] *adj* [having qualifications] wykwalifikowany; [with degree] dyplomowany.

qualify ['kwɒlɪfaɪ] *vi* [for competition] kwalifikować/zakwalifikować się; [pass exam] zdawać/zdać.

quality ['kwɒlətɪ] <> *n* jakość *f*; [feature] cecha *f*. <> *adj* wysokiej jakości.

quarantine ['kwɒrəntiːn] *n* kwarantanna *f*.

quarrel ['kwɒrəl] <> *n* kłótnia *f*. <> *vi* kłócić/pokłócić się.

quarry ['kwɒrɪ] *n* kamieniołom *m*.

quart [kwɔːt] *n* kwarta *f*.

quarter ['kwɔːtəʳ] *n* [fraction] ćwierć *f*; *US* [coin] ćwierć *f* dolara; [4 ounces] 4 uncje; [three months] kwartał *m*; [part of town] dzielnica *f* ; **(a) quarter to five** *UK* za kwadrans piąta; **(a) quarter of five** *US* za kwadrans piąta; **(a) quarter past five** *UK* kwadrans po piątej; **(a) quarter after five** *US*; kwadrans po piątej; **(a) quarter of an hour** kwadrans.

quarterpounder *n* duży hamburger *m*.

quartet [kwɔː'tet] *n* [group] kwartet *m*.

quartz [kwɔːts] *adj* [watch] kwarcowy.

quay [kiː] *n* nabrzeże *n*.

queasy ['kwiːzɪ] *adj inf* odczuwający mdłości.

queen [kwiːn] *n* królowa *f*; [in chess] hetman *m*; [in cards] dama *f*.

queer [kwɪəʳ] *adj* [strange] dziwny

inf [homosexual] *offensive* pedzio-waty.

quench [kwentʃ] *vt* : **to quench one's thirst** ugasić pragnienie.

query [ˈkwɪərɪ] *n* zapytanie *n*.

question [ˈkwestʃn] ⬦ *n* pytanie *n*; [issue] kwestia *f*. ⬦ *vt* [person] przesłuchiwać/przesłuchać • **it's out of the question** to wykluczone.

question mark *n* znak *m* zapytania.

questionnaire [ˈkwestʃəˈneəʳ] *n* ankieta *f*.

queue [kjuː] ⬦ *n* UK kolejka *f*. ⬦ *vi* UK stać w kolejce. ➡ **queue up** ⬦ *vi* UK stać w kolejce.

quiche [kiːʃ] *n* quiche *m*.

quick [kwɪk] ⬦ *adj* szybki; [short] krótki. ⬦ *adv* szybko.

quickly [ˈkwɪklɪ] *adv* szybko.

quid [kwɪd] (*pl*) *n* UK *inf* [pound] funciak *m*.

quiet [ˈkwaɪət] ⬦ *adj* cichy; [calm, peaceful] spokojny. ⬦ *n* spokój *m* • **keep quiet!** proszę o ciszę!; **to keep quiet** [not say anything] nic nie mówić; **to keep quiet about sthg** nie mówić nikomu o czymś.

quieten [ˈkwaɪətn] ➡ **quieten down** ⬦ *vi* uspokajać/uspokoić się.

quietly [ˈkwaɪətlɪ] *adv* cicho; [calmly] spokojnie.

quilt [kwɪlt] *n* [duvet] kołdra *f*; [eiderdown] pikowana narzuta *f*.

quince [kwɪns] *n* pigwa *f*.

quirk [kwɜːk] *n* dziwactwo *n*.

quit [kwɪt] (*pt&pp* quit) ⬦ *vi* rezygnować/zrezygnować. ⬦ *vt* US [school, job] rzucać/rzucić • **to quit doing sthg** zaprzestać robienia czegoś.

quite [kwaɪt] *adv* [fairly] dość; [completely] całkowicie • **not quite** niezupełnie; **quite a lot (of)** dosyć dużo.

quiz [kwɪz] (*pl* -zes) *n* [game] kwiz *m*.

quota [ˈkwəʊtə] *n* limit *m*.

quotation [kwəʊˈteɪʃn] *n* [phrase] cytat *m*; [estimate] wycena *f*.

quotation marks *npl* cudzysłów *m*.

quote [kwəʊt] ⬦ *vt* [phrase, writer] cytować/zacytować; [price] podawać/podać. ⬦ *n* [phrase] cytat *m*; [estimate] wycena *f*.

R

rabbit [ˈræbɪt] *n* królik *m*, królica *f*.

rabies [ˈreɪbiːz] *n* wścieklizna *f*.

RAC (*abbr of* Royal Automobile Club) *n* ≃ PZMot *m*.

race [reɪs] ⬦ *n* [competition] wyścig *m*; [ethnic group] rasa *f*. ⬦ *vi* [compete] ścigać się; [go fast] gnać/pognać; [engine] pracować na wysokich obrotach. ⬦ *vt* [compete against] ścigać się z.

racecourse [ˈreɪskɔːs] *n* tor *m* wyścigowy.

racehorse [ˈreɪshɔːs] *n* koń *m* wyścigowy.

racetrack [ˈreɪstræk] *n* [for horses] tor *m* wyścigowy.

racial [ˈreɪʃl] *adj* rasowy.

racing ['reɪsɪŋ] *n* : **(horse) racing** wyścigi *mpl* (konne).

racing car *n* samochód *m* wyścigowy.

racism ['reɪsɪzm] *n* rasizm *m*.

racist ['reɪsɪst] *n* rasista *m*, rasistka *f*.

rack [ræk] *n* [for coats] wieszak *m*; [plates] suszarka *f*; [for bottles] stojak *m* • **(luggage) rack** półka *f* na bagaż; **rack of lamb** łopatka jagnięca *mpl*.

racket ['rækɪt] *n* [for tennis, badminton, squash] rakieta *f*; [noise] harmider *m*.

racquet ['rækɪt] *n* rakieta *f*.

radar ['reɪdɑː'] *n* radar *m*.

radiation ['reɪdɪ'eɪʃn] *n* [nuclear] promieniowanie *n*.

radiator ['reɪdɪeɪtə'] *n* [in building] kaloryfer *m*; [of vehicle] chłodnica *f*.

radical ['rædɪkl] *adj* radykalny.

radii ['reɪdɪaɪ] *pl* ⊳ **radius**.

radio ['reɪdɪəʊ] (*pl* -s) ◇ *n* radio *n*. ◇ *vt* [person] łączyć/połączyć się przez radio • **on the radio** w radio.

radioactive ['reɪdɪəʊ'æktɪv] *adj* radioaktywny.

radio alarm *n* radiobudzik *m*.

radish ['rædɪʃ] *n* rzodkiewka *f*.

radius ['reɪdɪəs] (*pl* **radii**['reɪdɪaɪ]) *n* [of circle] promień *m*.

raffle ['ræfl] *n* loteria *f* fantowa.

raft [rɑːft] *n* [of wood] tratwa *f*; [inflatable] ponton *m*.

rafter ['rɑːftə'] *n* krokiew *f*.

rag [ræg] *n* [old cloth] szmata *f*.

rage [reɪdʒ] *n* wściekłość *f*.

raid [reɪd] ◇ *n* [attack] atak *m*; [by police] obława *f*; [robbery] napad *m*. ◇ *vt* [subj: police] robić/zrobić obławę na; [subj: thieves] napadać/napaść na.

rail [reɪl] ◇ *n* szyna *f*; [for curtain] karnisz *m*; [on stairs] poręcz *f*. ◇ *adj* [travel, transport, network] kolejowy • **by rail** koleją.

railcard ['reɪlkɑːd] *n* UK legitymacja uprawniająca do ulgowych przejazdów kolejowych.

railings *npl* ogrodzenie *n* z metalowych prętów.

railroad ['reɪlrəʊd] US = **railway**.

railway ['reɪlweɪ] *n* [system] kolej *f*; [track] tor *m* kolejowy.

railway line *n* [route] linia *f* kolejowa; [track] tor *m* kolejowy.

railway station *n* stacja *f* kolejowa.

rain [reɪn] ◇ *n* deszcz *m*. ◇ *impers vb* padać.

rainbow ['reɪnbəʊ] *n* tęcza *f*.

raincoat ['reɪnkəʊt] *n* płaszcz *m* przeciwdeszczowy.

raindrop ['reɪndrɒp] *n* kropla *f* deszczu.

rainfall ['reɪnfɔːl] *n* opady *mpl* deszczu.

rainy ['reɪnɪ] *adj* [day, place] deszczowy.

raise [reɪz] ◇ *vt* [lift] podnosić/podnieść; [increase] podwyższać/podwyższyć; [money] zbierać/zebrać; [child] wychowywać/wychować; [cattle, sheep *etc*] hodować/wyhodować; [question, subject] podnosić/podnieść. ◇ *n* US [pay increase] podwyżka *f*.

raisin ['reɪzn] *n* rodzynek *m*.

rake [reɪk] *n* [gardening tool] grabie *pl*.

rally ['rælɪ] *n* [public meeting] wiec *m*; [motor race] rajd *m*; [in tennis, badminton, squash] wymiana *f* piłek.

ram <> n [sheep] baran m. <> vt [bang into] taranować/staranować.

Ramadan [ˈræməˈdæn] n Ramadan m.

ramble [ˈræmbl] n wędrówka f.

ramp [ræmp] n [slope] podjazd m; UK [in road] próg m zwalniający; US [to freeway] wjazd m • 'ramp' UK uwaga nierówna nawierzchnia!

ramparts npl wały mpl obronne.

ran [ræn] pt ▷ run.

ranch [rɑːntʃ] n rancho n.

ranch dressing n US sos sałatkowy z maślanki i majonezu z przyprawami.

rancid [ˈrænsɪd] adj zjełczały.

random [ˈrændəm] <> adj przypadkowy. <> n : at random na chybił trafił.

rang [ræŋ] pt ▷ ring.

range [reɪndʒ] <> n [of radio, aircraft, telescope] zasięg m; [of prices, temperatures, ages] zakres m; [of goods, services] asortyment m; [of hills, mountains] łańcuch m; [for shooting] strzelnica f; [cooker] kuchenka f. <> vi [vary] : to range from... to wahać się od... do.

ranger [ˈreɪndʒəʳ] n [of park, forest] strażnik m leśny.

rank [ræŋk] <> n [in armed forces, police] ranga f. <> adj [smell, taste] cuchnący.

ransom [ˈrænsəm] n okup m.

rap [ræp] n [music] rap m.

rape [reɪp] <> n gwałt m. <> vt gwałcić/zgwałcić.

rapid [ˈræpɪd] adj gwałtowny. ➤ **rapids** npl bystrza npl.

rapidly [ˈræpɪdlɪ] adv gwałtownie.

rapist [ˈreɪpɪst] n gwałciciel m, -ka f.

rare [reəʳ] adj [not common] rzadki; [meat] krwisty.

rarely [ˈreəlɪ] adv rzadko.

rash [ræʃ] <> n [on skin] wysypka f. <> adj [person] nierozważny; [decision] pochopny.

rasher [ˈræʃəʳ] n plasterek m.

raspberry [ˈrɑːzbərɪ] n malina f.

rat [ræt] n szczur m, szczurzyca f.

ratatouille n ratatouille n.

rate [reɪt] <> n [level] poziom m; [charge] stawka f; [speed] tempo n. <> vt [consider] oceniać/ocenić; [deserve] zasługiwać/zasłużyć na • rate of exchange kurs wymiany; at any rate tak czy inaczej; at this rate w tym tempie.

rather [ˈrɑːðəʳ] adv [quite] dosyć; [expressing preference] raczej • I'd rather not nie chciałbym; would you rather ...? czy wolałbyś...?; rather than zamiast.

ratio [ˈreɪʃɪəʊ] (pl -s) n proporcja f.

ration [ˈræʃn] n [share] przydział m. ➤ **rations** npl [food] racje fpl.

rational [ˈræʃənl] adj racjonalny.

rattle [ˈrætl] <> n [of baby] grzechotka f. <> vi grzechotać/zagrzechotać.

rave [reɪv] n [party] impreza f.

raven [ˈreɪvn] n kruk m.

ravioli [ˈrævɪˈəʊlɪ] n ravioli n.

raw [rɔː] adj surowy.

raw material n surowiec m.

ray [reɪ] n [of light, heat] promień m.

razor [ˈreɪzəʳ] n [with blade] brzytwa f; [electric] golarka f.

razor blade n żyletka f.

Rd (*abbr of* **Road**) ul.

re *prep odnośnie do.*

RE *n* (*abbr of* **religious education**) religia *f.*

reach [ri:tʃ] ◇ *vt* [arrive at] docierać/dotrzeć do; [manage to touch] dosięgać/dosięgnąć; [extend up to] sięgać/sięgnąć do; [contact] kontaktować/skontaktować się z; [agreement, decision, level] osiągać/osiągnąć. ◇ *n* : **out of reach** nieosiągalny • **within reach of the beach** w pobliżu plaży. ◆ **reach out** ◇ *vi* : **to reach (for)** sięgać/sięgnąć (po).

react [rɪ'ækt] *vi* reagować/zareagować.

reaction [rɪ'ækʃn] *n* reakcja *f.*

read (*pt & pp* read) ◇ *vt* [book, map *etc*] czytać/przeczytać; [subj: sign, note] brzmieć; [subj: meter, gauge] wskazywać/wskazać. ◇ *vi* czytać • **to read about sthg** przeczytać o czymś. ◆ **read out** ◇ *vt sep* odczytywać/odczytać.

reader ['ri:də'] *n* [of newspaper, book] czytelnik *m,* czytelniczka *f.*

readily ['redɪlɪ] *adv* [willingly] ochoczo; [easily] łatwo.

reading ['ri:dɪŋ] *n* [of books, papers] czytanie *n;* [of meter, gauge] odczyt *m.*

reading matter *n* lektura *f.*

ready ['redɪ] *adj* [prepared] gotowy • **to be ready for sthg** [prepared] być przygotowanym do czegoś; **to be ready to do sthg** być gotowym do zrobienia czegoś; **to get ready** przygotować się; **to get sthg ready** przygotować coś.

ready cash *n* gotówka *f.*

ready-cooked *adj* do podgrzania.

ready-made *adj* gotowy.

ready-to-wear *adj* gotowy.

real [rɪəl] ◇ *adj* [existing] prawdziwy. ◇ *adv US* naprawdę.

real ale *n UK* piwo beczkowe tradycyjnie warzone i przechowywane.

real estate *n* nieruchomość *f.*

realistic ['rɪə'lɪstɪk] *adj* realistyczny.

reality [rɪ'ælətɪ] *n* [realness] rzeczywistość *f;* [real thing] realia *pl* • **in reality** [actually] w rzeczywistości.

realize ['rɪəlaɪz] *vt* [become aware of] uświadamiać/uświadomić sobie; [know] zdawać/zdać sobie sprawę z; [ambition, goal] realizować/zrealizować.

really ['rɪəlɪ] *adv* naprawdę; • **not really** nie bardzo; **really?** [expressing surprise] naprawdę?

realtor ['rɪəltə'] *n US* pośrednik *m,* pośredniczka *f* w handlu nieruchomościami.

rear [rɪə'] ◇ *adj* tylny. ◇ *n* [back] tył *m.*

rearrange ['ri:ə'reɪndʒ] *vt* [furniture] przestawiać/przestawić; [room] przemeblowywać/przemeblować; [meeting] przekładać/przełożyć.

rearview mirror ['rɪəvju:-] *n* lusterko *n* wsteczne.

rear-wheel drive *n* napęd *m* na tylne koła.

reason ['ri:zn] *n* powód *m* • **for some reason** z jakiegoś powodu.

reasonable ['ri:znəbl] *adj* [fair] możliwy do przyjęcia; [not too expensive] umiarkowany; [sensible] rozsądny; [quite big] godziwy.

reasonably ['ri:znəblɪ] *adv* [quite] dosyć.

reasoning ['riːznɪŋ] *n* rozumowanie *n*.

reassure ['riːə'ʃɔːʳ] *vt* uspokajać/uspokoić.

reassuring ['riːə'ʃɔːrɪŋ] *adj* dodający otuchy.

rebate ['riːbeɪt] *n* [refund] zwrot *m* nadpłaty; [discount] rabat *m*.

rebel <> *n* ['rebl] buntownik *m*, buntowniczka *f*. <> *vi* [rɪ'bel] buntować /zbuntować się.

rebound *vi* [rɪ'baʊnd] [ball *etc*] odbijać/odbić się.

rebuild ['riː'bɪld] (*pt & pp* **rebuilt** [-'bɪlt]) *vt* odbudowywać/odbudować.

rebuke [rɪ'bjuːk] *vt* karcić/skarcić.

recall *vt* [rɪ'kɔːl] [remember] przypominać/przypomnieć sobie.

receipt [rɪ'siːt] *n* [for goods, money] pokwitowanie *n* • **on receipt of** po otrzymaniu; **till receipt** paragon *m*.

receive [rɪ'siːv] *vt* [be given] otrzymywać/otrzymać; [experience] spotykać/spotkać się z; [guest] przyjmować/przyjąć • **to receive treatment** poddać się leczeniu.

receiver [rɪ'siːvəʳ] *n* [of phone] słuchawka *f*.

recent ['riːsnt] *adj* [event] niedawny; [film] najnowszy.

recently ['riːsntlɪ] *adv* ostatnio.

receptacle [rɪ'septəkl] *n fml* pojemnik *m*.

reception [rɪ'sepʃn] *n* [in hotel] recepcja *f*; [in hospital] rejestracja *f*; [party] przyjęcie *n*; [welcome] powitanie *n*; [of TV, radio] odbiór *m*.

reception desk *n* recepcja *f*.

receptionist [rɪ'sepʃənɪst] *n* recepcjonista *m*, recepcjonistka *f*.

recess [*UK* rɪ'ses, *US* 'riːses] *n* [in wall] wnęka *f*; *US* SCH przerwa *f*.

recession [rɪ'seʃn] *n* recesja *f*.

recipe ['resɪpɪ] *n* przepis *m*.

recite [rɪ'saɪt] *vt* [poem] recytować/wyrecytować; [list] wyliczać/wyliczyć.

reckless ['reklɪs] *adj* [person] lekkomyślny; [driving] nieostrożny.

reckon ['rekn] *vt inf* [think] uważać. ⟳ **reckon on** *vt insep* liczyć na. ⟳ **reckon with** *vt insep* [expect] liczyć się z.

reclaim [rɪ'kleɪm] *vt* [baggage] odbierać/odebrać.

reclining seat *n* siedzenie *n* z odchylanym oparciem.

recognition ['rekəg'nɪʃn] *n* [recognizing] rozpoznanie *n*; [acceptance] uznanie *n*.

recognize ['rekəgnaɪz] *vt* [be familiar with] rozpoznawać/rozpoznać; [accept] uznawać/uznać.

recollect ['rekə'lekt] *vt* przypominać/przypomnieć sobie.

recommend ['rekə'mend] *vt* polecać/polecić • **to recommend sb to do sthg** doradzać komuś, aby coś zrobił.

recommendation ['rekəmen'deɪʃn] *n* zalecenie *n*.

reconsider ['riːkən'sɪdəʳ] *vt* rozważać/rozważyć ponownie.

reconstruct ['riːkən'strʌkt] *vt* [building] odbudowywać/odbudować.

record <> *n* ['rekɔːd] MUS nagranie *n*; [best performance, highest level] rekord *m*; [account] zapis *m*. <> *vt* [rɪ'kɔːd] [keep account of] odnotowywać/odnotować; [on tape] nagrywać/nagrać.

recorded delivery *n UK* poczta *f* polecona.

recorder [rɪ'kɔːdəʳ] *n* [tape recorder] magnetofon *m*; [instrument] flet *m* prosty.

recording [rɪˈkɔːdɪŋ] *n* [tape, record] nagranie *n*.

record player *n* gramofon *m*.

record shop *n* sklep *m* z płytami.

recover [rɪˈkʌvəʳ] ⟨⟩ *vt* [stolen goods, lost property] odzyskiwać/odzyskać. ⟨⟩ *vi* [from illness, shock] zdrowieć/wyzdrowieć.

recovery [rɪˈkʌvərɪ] *n* [from illness] powrót *m* do zdrowia.

recovery vehicle *n* UK pomoc *f* drogowa.

recreation [ˌrekrɪˈeɪʃn] *n* rekreacja *f*.

recreation ground *n* tereny *mpl* rekreacyjne.

recruit [rɪˈkruːt] ⟨⟩ *n* [to army] poborowy *m*, poborowa *f*. ⟨⟩ *vt* [staff] rekrutować.

rectangle [ˈrektæŋgl] *n* prostokąt *m*.

rectangular [rekˈtæŋgjʊləʳ] *adj* prostokątny.

recycle [ˌriːˈsaɪkl] *vt* przetwarzać/przetworzyć wtórnie.

red [red] ⟨⟩ *adj* [in colour] czerwony; [hair] rudy. ⟨⟩ *n* [colour] czerwony *m* • **to be in the red** mieć deficyt.

red cabbage *n* czerwona kapusta *f*.

Red Cross *n* Czerwony Krzyż *m*.

redcurrant [ˈredkʌrənt] *n* czerwona porzeczka *f*.

redecorate [ˌriːˈdekəreɪt] *vt* odnawiać/odnowić.

redhead [ˈredhed] *n* rudy *m*, ruda *f*.

red-hot *adj* [metal] rozgrzany do czerwoności.

redial [ˈriːˈdaɪəl] *vi* ponownie wybierać/wybrać numer.

redirect [ˈriːdɪˈrekt] *vt* [letter] przeadresowywać/przeadresować; [traffic, plane] skierowywać/skierować na inną trasę.

red pepper *n* czerwona papryka *f*.

reduce [rɪˈdjuːs] ⟨⟩ *vt* [make smaller] zmniejszać/zmniejszyć; [make cheaper] przeceniać/przecenić. ⟨⟩ *vi* US [slim] chudnąć/schudnąć.

reduced price *n* obniżka *f* ceny.

reduction [rɪˈdʌkʃn] *n* [in size] zmniejszenie *n*; [in price] obniżka *f*.

redundancy [rɪˈdʌndənsɪ] *n* UK [job loss] zwolnienie *n* z pracy *(wskutek redukcji etatów)*.

redundant [rɪˈdʌndənt] *adj* UK : **to be made redundant** zostać zwolnionym z pracy *(wskutek redukcji etatów)*.

red wine *n* czerwone wino *n*.

reed [riːd] *n* [plant] trzcina *f*.

reef [riːf] *n* rafa *f*.

reek [riːk] *vi* cuchnąć.

reel [riːl] *n* [of thread] szpulka *f*; [on fishing rod] kołowrotek *m*.

refectory [rɪˈfektərɪ] *n* [in convent] refektarz *m*; [in school] stołówka *f*.

refer [rɪˈfɜːʳ] ➡ **refer to** *vt insep* [speak about] wspominać/wspomnieć o; [relate to] odnosić/odnieść się do; [consult] sprawdzać/sprawdzić w.

referee [ˌrefəˈriː] *n* SPORT sędzia *m*.

reference [ˈrefrəns] ⟨⟩ *n* [mention] wzmianka *f*; [letter for job] referencje *fpl*. ⟨⟩ *adj* : **reference book** pozycja słownikowo-encyklopedyczna; **reference library**

księgozbiór podręczny • **with reference to** w nawiązaniu do.

referendum ['refə'rendəm] *n* referendum *n*.

refill <> *n* ['ri:fɪl] [for pen] wkład *m*; *inf* [drink] dolewka *f*. <> *vt* ['ri:'fɪl] powtórnie napełniać/napełnić.

refinery [rɪ'faɪnərɪ] *n* rafineria *f*.

reflect [rɪ'flekt] <> *vt* [light, heat, image] odbijać/odbić. <> *vi* [think] zastanawiać/zastanowić się.

reflection [rɪ'flekʃn] *n* [image] odbicie *n*.

reflector [rɪ'flektə'] *n* [on bicycle, car] światło *n* odblaskowe.

reflex ['ri:fleks] *n* odruch *m*.

reflexive [rɪ'fleksɪv] *adj* zwrotny.

reform [rɪ'fɔːm] <> *n* reforma *f*. <> *vt* reformować/zreformować.

refresh [rɪ'freʃ] *vt* orzeźwiać/orzeźwić.

refreshing [rɪ'freʃɪŋ] *adj* [drink, breeze, sleep] orzeźwiający; [change] odświeżający.

refreshments *npl* przekąski *fpl* i napoje *mpl*.

refrigerator [rɪ'frɪdʒəreɪtə'] *n* lodówka *f*.

refugee ['refjʊ'dʒi:] *n* uchodźca *m*.

refund <> *n* ['ri:fʌnd] zwrot *m* pieniędzy. <> *vt* [rɪ'fʌnd] zwracać/zwrócić pieniądze.

refundable [ri:'fʌndəbl] *adj* zwrotny.

refusal [rɪ'fju:zl] *n* odmowa *f*.

refuse¹ <> *vt* [not accept] odrzucić/odrzucać; [not allow] odmawiać/odmówić. <> *vi* odmawiać/odmówić • **to refuse to do sthg** odmówić zrobienia czegoś.

refuse² *n fml* odpadki *mpl*.

refuse collection ['refju:s] *n fml* wywóz *m* śmieci.

regard [rɪ'gɑːd] <> *vt* [consider] uważać. <> *n* : **with regard to** odnośnie do • **as regards** co się tyczy. **regards** <> *npl* [in greetings] pozdrowienia *pl* • **give them my regard** pozdrów ich ode mnie.

regarding [rɪ'gɑːdɪŋ] *prep* dotyczący.

regardless [rɪ'gɑːdlɪs] *adv* bez względu • **regardless of** bez względu na.

reggae ['regeɪ] *n* reggae *n*.

regiment *n* ['redʒɪmənt] pułk *m*.

region ['ri:dʒən] *n* region *m* • **in the region of** około.

regional ['ri:dʒənl] *adj* regionalny.

register ['redʒɪstə'] <> *n* [official list] rejestr *m*. <> *vt* rejestrować/zarejestrować. <> *vi* [be officially recorded] rejestrować/zarejestrować się; [at hotel] meldować/zameldować się.

registered ['redʒɪstəd] *adj* [letter, parcel] polecony.

registration ['redʒɪ'streɪʃn] *n* [for course, at conference] rejestracja *f*.

registration (number) *n* numer *m* rejestracyjny.

registry office *n* urząd *m* stanu cywilnego.

regret [rɪ'gret] <> *n* [thing regretted] żal *m*. <> *vt* żałować • **to regret doing sthg** żałować, że się coś zrobiło; **we regret any inconvenience caused** przepraszamy za wynikłe utrudnienia.

regrettable [rɪ'gretəbl] *adj* godny pożałowania.

regular ['regjʊləʳ] ⬦ *adj* regularny; [normal, of normal size] zwykły. ⬦ *n* [customer] stały klient *m*, stała klientka *f*.

regularly ['regjʊləlɪ] *adv* regularnie.

regulate ['regjʊleɪt] *vt* [machine, temperature] regulować.

regulation ['regjʊ'leɪʃn] *n* [rule] przepis *m*.

rehearsal [rɪ'hɜːsl] *n* próba *f*.

rehearse [rɪ'hɜːs] *vt* robić/zrobić próbę.

reign [reɪn] ⬦ *n* panowanie *n*. ⬦ *vi* [monarch] panować.

reimburse ['riːɪm'bɜːs] *vt fml* zwracać/zwrócić koszty.

reindeer ['reɪn'dɪəʳ] (*pl* reindeer) *n* renifer *m*.

reinforce ['riːɪn'fɔːs] *vt* [wall, handle] wzmacniać/wzmocnić; [argument, opinion] umacniać/umocnić.

reinforcements *npl* posiłki *pl*.

reins *npl* [for horse] lejce *pl*; [for child] szelki *fpl*.

reject *vt* [rɪ'dʒekt] odrzucać/odrzucić; [subj: machine] nie przyjmować/ przyjąć.

rejection [rɪ'dʒekʃn] *n* odrzucenie *n*.

rejoin *vt* [motorway] łączyć ponownie z.

relapse [rɪ'læps] *n* : she had a relapse jej stan się pogorszył.

relate [rɪ'leɪt] ⬦ *vt* [connect] wiązać/powiązać. ⬦ *vi* : to relate to [be connected with] wiązać się z; [concern] odnosić się do.

related [rɪ'leɪtɪd] *adj* [of same family] spokrewniony; [connected] związany.

relation [rɪ'leɪʃn] *n* [member of family] krewny *m*, krewna *f*; [connection] związek *m* • in relation to w związku z. ⬦ relations *npl* stosunki *mpl*.

relationship [rɪ'leɪʃnʃɪp] *n* związek *m*; [between countries, people] stosunek *m*.

relative ['relətɪv] ⬦ *adj* względny; [comparative] stosunkowy. ⬦ *n* krewny *m*, krewna *f*.

relatively ['relətɪvlɪ] *adv* stosunkowo.

relax [rɪ'læks] *vi* relaksować/zrelaksować się.

relaxation ['riːlæk'seɪʃn] *n* relaks *m*.

relaxed [rɪ'lækst] *adj* [person] odprężony; [atmosphere] swobodny.

relaxing [rɪ'læksɪŋ] *adj* relaksujący.

relay ['riːleɪ] *n* [race] sztafeta *f*.

release [rɪ'liːs] ⬦ *vt* wypuszczać/wypuścić; [prisoner, brake, catch] zwalniać/zwolnić; [let go of] puszczać/puścić. ⬦ *n* [record] wydanie *n*; [film] wejście *n* na ekrany.

relegate ['relɪgeɪt] *vt* : to be relegated SPORT spaść do niższej ligi.

relevant ['reləvənt] *adj* [important] istotny; [appropriate] odpowiedni; [connected] : to be relevant to mieć związek z.

reliable [rɪ'laɪəbl] *adj* [person, machine] niezawodny.

relic ['relɪk] *n* [object] relikt *m*.

relief [rɪ'liːf] *n* [gladness] ulga *f*; [aid] pomoc *f*.

relief road *n* objazd *m*.

relieve [rɪ'liːv] *vt* [pain, headache] ulżyć.

relieved [rɪ'liːvd] *adj* : to be relieved odczuwać ulgę.

religion [rɪ'lɪdʒn] *n* religia *f*.

religious [rɪ'lɪdʒəs] *adj* religijny.

relish ['relɪʃ] *n* [sauce] pikantny sos *m*.

reluctant [rɪ'lʌktənt] *adj* niechętny.

rely [rɪ'laɪ] **rely on** *vt insep* [trust] polegać na; [depend on] zależeć od.

remain [rɪ'meɪn] *vi* [stay] pozostawać/pozostać; [continue to exist] zostawać/zostać. **remains** *npl* [of meal] resztki *pl*; [of body] szczątki *pl*; [of ancient buildings *etc*] pozostałości *fpl*.

remainder [rɪ'meɪndə^r] *n* [rest] reszta *f*.

remaining [rɪ'meɪnɪŋ] *adj* pozostały.

remark [rɪ'mɑːk] *n* uwaga *f*. *vt* zauważać/zauważyć.

remarkable [rɪ'mɑːkəbl] *adj* niezwykły.

remedy ['remədɪ] *n* [medicine] lekarstwo *n*; [solution] środek *m*.

remember [rɪ'membə^r] *vt* pamiętać/zapamiętać. *vi* [recall] przypominać/przypomnieć sobie • to remember doing sthg pamiętać, że się coś zrobiło; to remember to do sthg pamiętać, by coś zrobić.

remind [rɪ'maɪnd] *vt* : to remind sb of przypominać komuś o • to remind sb to do sthg przypominać komuś, żeby coś zrobił.

reminder [rɪ'maɪndə^r] *n* [for bill, library book] upomnienie *n*.

remittance [rɪ'mɪtns] *n* [money] przekaz *m*.

remnant ['remnənt] *n* resztka *f*.

remote [rɪ'məʊt] *adj* [isolated] odległy; [unlikely] niewielki.

remote control *n* [device] pilot *m*.

removal [rɪ'muːvl] *n* [taking away] usunięcie *n*.

removal van *n* meblowóz *m*.

remove [rɪ'muːv] *vt* usuwać/usunąć; [take off] zdejmować/zdjąć.

renew [rɪ'njuː] *vt* [licence, membership] odnawiać/odnowić; [library book] przedłużać/przedłużyć.

renovate ['renəveɪt] *vt* odnawiać/odnowić.

renowned [rɪ'naʊnd] *adj* sławny.

rent [rent] *n* czynsz *m*. *vt* [flat, car] wynajmować/wynająć; [TV] wypożyczać/wypożyczyć.

rental ['rentl] *n* opłata *f*.

repaid [riː'peɪd] *pt & pp* repay.

repair [rɪ'peə^r] *vt* naprawiać/naprawić. *n* : in good repair w dobrym stanie. **repairs** *npl* naprawy *fpl*.

repair kit *n* [for bicycle] zestaw *m* narzędzi.

repay [riː'peɪ] (*pt & pp* repaid [riː'd peɪd]) *vt* [money] spłacać/spłacić; [favour, kindness] odwzajemniać/odwzajemnić się za.

repayment [riː'peɪmənt] *n* [money] spłata *f*.

repeat [rɪ'piːt] *vt* [say or do again] powtarzać/powtórzyć. *n* [on TV, radio] powtórka *f*.

repetition ['repɪ'tɪʃn] *n* powtórzenie *n*.

repetitive [rɪ'petɪtɪv] *adj* monotonny.

replace [rɪ'pleɪs] *vt* [substitute] zastępować/zastąpić; [faulty goods] wymieniać/wymienić; [put back] odkładać/odłożyć.

replacement [rɪ'pleɪsmənt] *n* : to be a replacement for sb zastępować kogoś; to give a replacement wymienić coś.

replay n ['riːpleɪ] [rematch] powtórny mecz m; [on TV] powtórka f.

reply [rɪ'plaɪ] ◇ n odpowiedź f. ◇ vt & vi odpowiadać/odpowiedzieć.

report [rɪ'pɔːt] ◇ n [account] sprawozdanie n; [in newspaper, on TV, radio] relacja f; UK SCH świadectwo n. ◇ vt zgłaszać/zgłosić. ◇ vi [give account] zdawać/zdać sprawozdanie; [for newspaper, TV, radio] relacjonować • to report to sb [go to] zgłosić się do kogoś.

report card n świadectwo n.

reporter [rɪ'pɔːtə'] n reporter m, -ka f.

represent ['reprɪ'zent] vt [act on behalf of] reprezentować; [symbolize] przedstawiać.

representative ['reprɪ'zentətɪv] n przedstawiciel m, -ka f.

repress [rɪ'pres] vt [feelings] tłumić/stłumić; [people] represjonować.

reprieve [rɪ'priːv] n [delay] odroczenie n.

reprimand ['reprɪmɑːnd] vt ganić/zganić.

reproach [rɪ'prəʊtʃ] vt zarzucać/zarzucić.

reproduction ['riːprə'dʌkʃn] n reprodukcja f.

reptile ['reptaɪl] n gad m.

republic [rɪ'pʌblɪk] n republika f.

Republican [rɪ'pʌblɪkən] ◇ n [in US] republikanin m, republikanka f. ◇ adj [in US] republikański.

repulsive [rɪ'pʌlsɪv] adj odpychający.

reputable ['repjʊtəbl] adj o dobrej reputacji.

reputation ['repjʊ'teɪʃn] n reputacja f.

reputedly [rɪ'pjuːtɪdlɪ] adv rzekomo.

request [rɪ'kwest] ◇ n prośba f. ◇ vt prosić/poprosić • to request sb to do sthg prosić kogoś, aby coś zrobił; available on request dostępny na życzenie.

request stop n UK przystanek m na żądanie.

require [rɪ'kwaɪə'] vt [subj: person] potrzebować; [subj: situation, thing] wymagać • to be required to do sthg musieć coś zrobić.

requirement [rɪ'kwaɪəmənt] n wymaganie n.

resat ['riː'sæt] pt & pp ⊳ resit.

rescue ['reskjuː] vt ratować/uratować.

research [rɪ'sɜːtʃ] n [academic] badania npl; [journalistic] śledztwo n.

resemblance [rɪ'zembləns] n podobieństwo n.

resemble [rɪ'zembl] vt przypominać.

resent [rɪ'zent] vt mieć za złe.

reservation ['rezə'veɪʃn] n [booking] rezerwacja f; [doubt] zastrzeżenie n • to make a reservation dokonać rezerwacji.

reserve [rɪ'zɜːv] ◇ n SPORT rezerwowy m, rezerwowa f; [for wildlife] rezerwat m. ◇ vt [book] rezerwować/zarezerwować; [save] zachowywać/ zachować.

reserved [rɪ'zɜːvd] adj [booked] zarezerwowany; [shy] skryty.

reservoir ['rezəvwɑː'] n [of water] zbiornik m.

reset (pt & pp reset) vt ['riː'set] [watch, meter, device] przestawiać/przestawić.

reside [rɪ'zaɪd] vi fml [live] mieszkać.

residence ['rezɪdəns] *n fml* [house] rezydencja *f* • **place of residence** *fml* miejsce zamieszkania.

residence permit *n* zezwolenie *n* na pobyt.

resident ['rezɪdənt] *n* [of country] mieszkaniec *m*, mieszkanka *f*; [of hotel] gość *m* • **'residents only'** [for parking] tylko dla mieszkańców.

residential ['rezɪ'denʃl] *adj* [area] mieszkaniowy.

residue ['rezɪdjuː] *n* pozostałość *f*.

resign [rɪ'zaɪn] ◇ *vi* [from job] rezygnować/zrezygnować. ◇ *vt* : **to resign o.s. to sthg** pogodzić się z czymś.

resignation ['rezɪg'neɪʃn] *n* [from job] rezygnacja *f*.

resilient [rɪ'zɪlɪənt] *adj* [person] odporny.

resist [rɪ'zɪst] *vt* [fight against] przeciwstawiać/przeciwstawić się; [temptation] opierać/oprzeć się • **to resist doing sthg** powstrzymać się od zrobienia czegoś.

resistance [rɪ'zɪstəns] *n* opór *m*.

resit (*pt & pp* **resat**) *vt* ['riː'sɪt] powtarzać/powtórzyć egzamin.

resolution ['rezə'luːʃn] *n* postanowienie *n*.

resolve [rɪ'zɒlv] *vt* rozwiązywać/rozwiązać.

resort [rɪ'zɔːt] *n* [for holidays] kurort *m* • **as a last resort** jako ostatnia deska ratunku. ➡ **resort to** *vt insep* uciekać się do • **to resort to doing sthg** uciekać się do zrobienia czegoś.

resource [rɪ'sɔːs] *n* : **financial resources** środki finansowe; **the world's resources of oil** światowe złoża ropy.

resourceful [rɪ'sɔːsfʊl] *adj* pomysłowy.

respect [rɪ'spekt] ◇ *n* [admiration] szacunek *m*; [aspect] wzgląd *m*. ◇ *vt* [admire] szanować • **in some respects** pod pewnymi względami; **with respect to** w odniesieniu do.

respectable [rɪ'spektəbl] *adj* przyzwoity.

respective [rɪ'spektɪv] *adj* : **they went to their respective homes** rozeszli się do swoich domów.

respond [rɪ'spɒnd] *vi* [reply] odpowiadać/odpowiedzieć; [react] reagować/zareagować.

response [rɪ'spɒns] *n* [reply] odpowiedź *f*; [reaction] reakcja *f*.

responsibility [rɪ'spɒnsə'bɪlətɪ] *n* [duty] obowiązek *m*; [blame] odpowiedzialność *f*.

responsible [rɪ'spɒnsəbl] *adj* odpowiedzialny • **to be responsible (for)** być odpowiedzialnym (za).

rest [rest] ◇ *n* [relaxation] odpoczynek *m*; [support] oparcie *n*. ◇ *vi* [relax] odpoczywać/odpocząć • **the rest** [remainder] reszta *f*; **to have a rest** odpoczywać; **to rest against** opierać się o.

restaurant ['restərɒnt] *n* restauracja *f*.

restaurant car *n UK* wagon *m* restauracyjny.

restful ['restfʊl] *adj* sprzyjający wypoczynkowi.

restless ['restlɪs] *adj* [bored, impatient] zniecierpliwiony; [fidgety] niespokojny.

restore [rɪ'stɔːʳ] *vt* [reintroduce] przywracać/przywrócić; [renovate] restaurować/odrestaurować.

restrain [rɪ'streɪn] *vt* powstrzymywać/powstrzymać.

restrict [rɪ'strɪkt] *vt* ograniczać/ograniczyć.

restricted [rɪ'strɪktɪd] *adj* [limited] ograniczony.

restriction [rɪ'strɪkʃn] *n* [rule] restrykcja *f*; [limitation] ograniczenie *n*.

rest room *n US* toaleta *f*.

result [rɪ'zʌlt] ⬦ *n* wynik *m*. ⬦ *vi* : **to result in** prowadzić do • **as a result of** w wyniku. ➠ **results** ⬦ *npl* [of test, exam] wyniki *mpl*.

resume [rɪ'zjuːm] *vi* rozpoczynać/rozpocząć się ponownie.

résumé ['rezjuːmeɪ] *n* [summary] streszczenie *n*; *US* [curriculum vitae] życiorys *m*.

retail ['riːteɪl] ⬦ *n* sprzedaż *f* detaliczna. ⬦ *vt* [sell] sprzedawać detalicznie. ⬦ *vi* : **to retail at** kosztować w detalu.

retailer ['riːteɪlə'] *n* sprzedawca *m* detaliczny.

retail price *n* cena *f* detaliczna.

retain [rɪ'teɪn] *vt fml* zachowywać/zachować.

retaliate [rɪ'tælɪeɪt] *vi* rewanżować/zrewanżować się.

retire [rɪ'taɪə'] *vi* [stop working] odchodzić/odejść na emeryturę.

retired [rɪ'taɪəd] *adj* emerytowany.

retirement [rɪ'taɪəmənt] *n* [leaving job] przejście *n* na emeryturę; [period after retiring] emerytura *f*.

retreat [rɪ'triːt] ⬦ *vi* [move away] wycofywać/wycofać się. ⬦ *n* [place] zacisze *n*.

retrieve [rɪ'triːv] *vt* [get back] odzyskiwać/odzyskać.

return [rɪ'tɜːn] ⬦ *n* [arrival back] powrót *m*; *UK* [ticket] bilet *m* powrotny. ⬦ *vt* [give back] zwracać/zwrócić; [put back] odkładać/odłożyć; [ball, serve] odbijać/odbić. ⬦ *vi* [go back, come back] wracać/wrócić. ⬦ *adj* [journey] powrotny • **to return sthg (to sb)** [give back] zwrócić coś (komuś); **by return of post** *UK* odwrotną pocztą; **many happy returns!** sto lat!; **in return (for)** w zamian (za).

return flight *n* lot *m* powrotny.

return ticket *n UK* bilet *m* powrotny.

reunite ['riːjuː'naɪt] *vt* [people] spotykać się ponownie z.

reveal [rɪ'viːl] *vt* [make known] ujawniać/ujawnić; [uncover] odsłaniać/odsłonić.

revelation ['revə'leɪʃn] *n* [fact] rewelacja *f*.

revenge [rɪ'vendʒ] *n* zemsta *f*.

reverse [rɪ'vɜːs] ⬦ *adj* odwrotny. ⬦ *n AUT* bieg *m* wsteczny; [of coin, document] rewers *m*. ⬦ *vt* [car] cofać/cofnąć; [decision] unieważniać/unieważnić. ⬦ *vi* [car, driver] cofać/cofnąć się • **the reverse** [opposite] przeciwieństwo *n*; **in reverse order** w odwrotnym porządku; **to reverse the charges** *UK* dzwonić na koszt abonenta.

reverse-charge call *n UK* rozmowa *f* na koszt abonenta.

review [rɪ'vjuː] ⬦ *n* [of book, record, film] recenzja *f*; [examination] przegląd *m*. ⬦ *vt US* [for exam] powtarzać/powtórzyć.

revise [rɪ'vaɪz] ⬦ *vt* [opinion, methods, policy] rewidować/zrewidować. ⬦ *vi UK* [for exam] powtarzać/powtórzyć.

revision [rɪ'vɪʒn] *n UK* [for exam] powtórka *f*.

revive [rɪ'vaɪv] *vt* [person] cucić/ocucić; [economy] ożywiać/ożywić; [custom] wskrzeszać/wskrzesić.

revolt [rɪ'vəʊlt] *n* rewolta *f*.

revolting [rɪ'vəʊltɪŋ] *adj* odrażający.

revolution ['revə'lu:ʃn] *n* rewolucja *f*.

revolutionary ['revə'lu:ʃnərɪ] *adj* [completely new] rewolucyjny.

revolver [rɪ'vɒlvəʳ] *n* rewolwer *m*.

revolving door *n* drzwi *pl* obrotowe.

revue [rɪ'vju:] *n* rewia *f*.

reward [rɪ'wɔ:d] ⇔ *n* nagroda *f*. ⇔ *vt* nagradzać/nagrodzić.

rewind (*pt & pp* **rewound**) *vt* ['ri:d 'waɪnd] przewijać/przewinąć.

rheumatism ['ru:mətɪzm] *n* reumatyzm *m*.

rhinoceros [raɪ'nɒsərəs] (*pl* **-es** [-raɪ]) *n* nosorożec *m*.

rhubarb ['ru:bɑ:b] *n* rabarbar *m*.

rhyme [raɪm] ⇔ *n* [poem] wiersz *m*. ⇔ *vi* rymować się.

rhythm ['rɪðm] *n* rytm *m*.

rib [rɪb] *n* [of body] żebro *n*.

ribbon ['rɪbən] *n* [for tying, decorating] wstążka *f*; [for typewriter] taśma *f*.

rice [raɪs] *n* ryż *m*.

rice pudding *n* pudding *m* ryżowy.

rich [rɪtʃ] ⇔ *adj* [wealthy] bogaty; [food] tłusty. ⇔ *npl* : **the rich** bogaci *mpl* • **to be rich in sthg** [country] obfitować w coś; [food] być bogatym w coś.

ricotta cheese *n* ricotta *n*.

rid [rɪd] *vt* : **to get rid of** pozbyć się.

ridden ['rɪdn] *pp* ⊳ ride.

riddle ['rɪdl] *n* zagadka *f*.

ride [raɪd] (*pt* **rode**, *pp* **ridden**) ⇔ *n* [on horse, bike, in vehicle] jazda *f*. ⇔ *vt & vi* jeździć • **to go for a ride** [in car] wybrać się na przejażdżkę.

rider ['raɪdəʳ] *n* [on horse] jeździec; [on bicycle] rowerzysta *m*, rowerzystka *f*; [on motorbike] motocyklista *m*, motocyklistka *f*.

ridge [rɪdʒ] *n* [of mountain] grzbiet *m*; [in sea] rafa *f*.

ridiculous [rɪ'dɪkjʊləs] *adj* śmieszny.

riding ['raɪdɪŋ] *n* jazda *f*.

riding school *n* szkoła *f* jeździecka.

rifle ['raɪfl] *n* [for hunting] strzelba *f*; MIL karabin *m*.

rig [rɪg] ⇔ *n* [oilrig] platforma *f* wiertnicza. ⇔ *vt* [fix] fałszować/sfałszować.

right ⇔ *adj* **-1.** [correct] prawidłowy ; **to be right** [person] mieć rację; **to be right to do sthg** mieć rację, że się coś robi; **have you got the right time?** ma pan dokładny czas?; **that's right!** to prawda! **-2.** [most suitable] właściwy ; **is this the right way to do it?** czy to się tak robi?; **is this the right way to the station?** czy tędy dojdę na stację? **-3.** [fair] słuszny ; **that's not right!** to nie w porządku! **-4.** [on the right] prawy ; **the right side of the road** prawa strona jezdni. ⇔ *n* **-1.** [side] : **the right** prawa strona. **-2.** [entitlement] prawo ; **to have the right to do sthg** mieć prawo coś zrobić. ⇔ *adv* **-1.** [towards the right] na prawo ; **turn right at the post office** proszę skręcić w prawo za pocztą. **-2.** [correctly] dobrze ; **am I pronouncing it right?** czy dobrze to wymawiam? **-3.** [for emphasis] : **right**

in the middle na samym środku;
right here właśnie tutaj; **I'll be
right back** zaraz wracam; **right
away** od razu.

right angle n kąt m prosty.

right-hand adj [side, lane] prawy.

right-hand drive n prawostronny układ m kierowniczy.

right-handed [-'hændɪd] adj [person] praworęczny; [implement]
dla praworęcznych.

rightly ['raɪtlɪ] adv [correctly] prawidłowo; [justly] słusznie.

right of way n AUT pierwszeństwo n przejazdu; [path] droga f
publiczna.

right-wing adj [person, views]
prawicowy.

rigid ['rɪdʒɪd] adj [stiff] sztywny.

rim [rɪm] n [of cup] brzeg m; [of
glasses] oprawka f; [of wheel]
obręcz f.

rind [raɪnd] n skórka f.

ring [rɪŋ] (pt rang, pp rung) ◇ n
[for finger] pierścionek m; [for
wedding] obrączka f; [circle] krąg
m; [sound] dzwonek m; [on cooker] palnik m; [for boxing] ring m;
[in circus] arena f. ◇ vt UK [make
phone call to] dzwonić/zadzwonić do. ◇ vi dzwonić/zadzwonić; UK [make phone call] dzwonić/zadzwonić • **to give sb a
ring** [phone call] zadzwonić do
kogoś; **to ring the bell** [of house,
office] zadzwonić do drzwi.
➡ **ring back** ◇ vt sep & vi
UK oddzwaniać/oddzwonić.
➡ **ring off** ◇ vi UK rozłączyć się. ➡ **ring up** ◇ vt
sep & vi UK dzwonić/zadzwonić.

ringing tone n sygnał m dzwonienia.

ring road n obwodnica f.

rink [rɪŋk] n lodowisko n & f.

rinse [rɪns] vt płukać/opłukać.
➡ **rinse out** vt sep [clothes,
mouth] płukać/wypłukać.

riot ['raɪət] n rozruchy pl.

rip [rɪp] ◇ n rozdarcie n. ◇ vt
rozrywać/rozerwać. ◇ vi
drzeć/podrzeć się. ➡ **rip up**
◇ vt sep drzeć/podrzeć na
strzępy.

ripe [raɪp] adj [fruit, vegetable,
cheese] dojrzały.

ripen ['raɪpn] vi dojrzewać/dojrzeć.

rip-off n inf zdzierstwo n.

rise [raɪz] (pt rose, pp risen)
◇ vi [move upwards] wznosić/
wznieść się; [sun, moon] wschodzić/wzejść; [increase] rosnąć/
wzrosnąć; [stand up] wstawać/
wstać. ◇ n [increase] wzrost m;
UK [pay increase] podwyżka f;
[slope] wzniesienie n.

risk [rɪsk] ◇ n ryzyko n. ◇ vt
ryzykować/zaryzykować • **to
take a risk** podjąć ryzyko; **at
your own risk** na własne ryzyko;
to risk doing sthg zaryzykować
zrobienie czegoś; **to risk it** zaryzykować.

risky ['rɪskɪ] adj ryzykowny.

risotto [rɪ'zɒtəʊ] (pl -s) n risotto
n.

ritual ['rɪtʃʊəl] n rytuał m.

rival ['raɪvl] ◇ adj konkurencyjny. ◇ n rywal m, -ka f.

river ['rɪvə'] n rzeka f.

river bank n brzeg m rzeki.

riverside ['rɪvəsaɪd] n brzeg m
rzeki.

Riviera ['rɪvɪ'eərə] n : **the (French)
Riviera** Riwiera (francuska).

roach [rəʊtʃ] n US [cockroach]
karaluch m.

road [rəʊd] n [route] droga f;

[roadway] jezdnia f • **by road** samochodem.

road map n mapa f drogowa.

road safety n bezpieczeństwo n na drogach.

roadside ['rəʊdsaɪd] n : **the roadside** pobocze n.

road sign n znak m drogowy.

road tax n podatek m drogowy.

roadway ['rəʊdweɪ] n jezdnia f.

road works npl roboty pl drogowe.

roam [rəʊm] vi przemierzać/przemierzyć.

roar [rɔːʳ] ⬦ n [of crowd, aeroplane] ryk m. ⬦ vi [lion, crowd] ryczeć/zaryczeć; [traffic] huczeć.

roast [rəʊst] ⬦ n pieczeń f. ⬦ vt piec/upiec. ⬦ adj pieczony • **roast beef** pieczeń wołowa; **roast chicken** pieczony kurczak; **roast lamb** pieczeń jagnięca; **roast pork** pieczeń wieprzowa; **roast potatoes** pieczone ziemniaki.

rob [rɒb] vt [house, bank, person] rabować/obrabować • **to rob sb of sthg** obrabować kogoś z czegoś.

robber ['rɒbəʳ] n bandyta m.

robbery ['rɒbərɪ] n [break-in] włamanie n; [crime] rabunek m.

robe [rəʊb] n US [bathrobe] szlafrok m.

robin ['rɒbɪn] n rudzik m.

robot ['rəʊbɒt] n robot m.

rock [rɒk] ⬦ n [boulder] skała f; US [stone] kamień m; [substance] skała f; [music] rock m; UK [sweet] *twardy cukierek karmelkowy w formie lasek*. ⬦ vt [baby, boat] kołysać • **on the rocks** [drink] z lodem.

rock climbing n wspinaczka f

skałkowa • **to go rock climbing** udać się na wspinaczkę.

rocket ['rɒkɪt] n rakieta f; [firework] petarda f.

rocking chair n fotel m bujany.

rock 'n' roll n rock and roll m.

rocky ['rɒkɪ] adj [place] skalisty.

rod [rɒd] n [pole] pręt m; [for fishing] wędka f.

rode [rəʊd] pt ⊳ ride.

roe [rəʊ] n ikra f.

role n rola f.

roll [rəʊl] ⬦ n [of bread] bułka f; [of film] rolka; [of paper] rulon m. ⬦ vi [ball, rock, vehicle] toczyć/potoczyć się; [ship] kołysać/zakołysać się. ⬦ vt [ball, rock] toczyć/potoczyć; [cigarette] skręcać/skręcić; [dice] rzucać/rzucić. ➠ **roll over** ⬦ vi [person, animal] przewracać/przewrócić się; [car] dachować. ➠ **roll up** ⬦ vt sep [map, carpet] zwijać/zwinąć; [sleeves, trousers] podwijać/podwinąć.

Rollerblades® ['rəʊləbleɪd] n rolki pl.

rollerblading ['rəʊləbleɪdɪŋ] n jazda f na rolkach • **to go rollerblading** jeździć na rolkach.

roller coaster n kolejka f górska(w wesołym miasteczku).

roller skates npl wrotki pl.

roller-skating n jazda f na wrotkach.

rolling pin n wałek m do ciasta.

Roman ⬦ adj [in history] rzymski. ⬦ n [in history] Rzymianin m, Rzymianka f.

Roman Catholic n rzymski katolik m, rzymska katoliczka f.

romance [rəʊ'mæns] n romans m; [quality] romantyka f.

Romania [ru:'meɪnjə] n Rumunia f.

romantic [rəʊ'mæntɪk] adj romantyczny.

romper suit n pajacyk m.

roof [ru:f] n dach m.

roof rack n bagażnik m dachowy.

room [ru:m]n pokój m; [space] miejsce n.

room number n numer m pokoju.

room service n obsługa f pokojowa.

room temperature n temperatura f pokojowa.

roomy ['ru:mɪ] adj przestronny.

root [ru:t] n korzeń m; [of hair] cebulka; [of nail] macierz f.

rope [rəʊp] ◇ n [cord] lina f. ◇ vt [tie] wiązać/związać.

rose [rəʊz] ◇ pt ⊳ rise. ◇ n [flower] róża f.

rosé ['rəʊzeɪ] n różowe wino n.

rosemary ['rəʊzmərɪ] n rozmaryn m.

rot [rɒt] vi gnić/zgnić.

rota ['rəʊtə] n grafik m.

rotate vi [rəʊ'teɪt] obracać/obrócić się.

rotten ['rɒtn] adj [food] zepsuty; [wood] spróchniały; inf [not good] nędzny • I feel rotten [ill] marnie się czuję.

rouge [ru:ʒ] n róż m.

rough [rʌf] ◇ adj [surface, skin, cloth] szorstki; [road, ground] nierówny; [sea] wzburzony; [crossing] trudny; [person] grubiański; [approximate] pobieżny; [figure, estimate] przybliżony; [conditions] surowy; [area, town] niespokojny; [wine] cierpki. ◇ n [on golf course] rough m • at a rough guess z grubsza; to

have a rough time przechodzić ciężkie chwile.

roughly ['rʌflɪ] adv [approximately] z grubsza; [push, handle] szorstko.

roulade n rolada f.

roulette [ru:'let] n ruletka f.

round [raʊnd] ◇ adj -1. [circular] okrągły. -2. [spherical] kulisty. -3. [curved] okrągły. ◇ n -1. [of drinks] kolejka f ; it's my round teraz ja stawiam. -2. : a roundof sandwiches kanapka z dwóch kromek. -3. [of toast] : a round of toast tost. -4. [of competition] runda f. -5. [in golf] partia f; [in boxing] runda f . -6. [of policeman, postman, milkman] obchód m. ◇ adv -1. [in a circle] : to go round chodzić w kółko; to spin round kręcić się. -2. [surrounding] dookoła ; it had a fence all (the way) round było ogrodzone dookoła. -3. [near] blisko ; round about wokół. -4. [to someone's house] : to ask some friends round zaprosić znajomych do siebie; we went round to her place poszliśmy do niej. -5. [continuously] : all year round przez cały rok. ◇ prep -1. [surrounding] dookoła ; they put a blanket round him owinęli go kocem. -2. [circling] dookoła ; to go round the corner skręcić za rogiem; we walked round the lake spacerowaliśmy wokół jeziora. -3. [visiting] po ; to go round a museum chodzić po muzeum; to show sb round sthg oprowadzać kogoś po czymś. -4. [approximately] około ; round (about) 100 około 100; round ten o'clock koło dziesiątej. -5. [near] w pobliżu ; round here tutaj. -6. [in phrases] : it's just round the corner [nearby] to tuż za rogiem; round the clock całą dobę. **round off** ⬦ *vt sep* [meal, day, visit] kończyć/zakończyć.

roundabout [ˈraʊndəbaʊt] *n UK* [in road] rondo *n*; [in playground, fairground] karuzela *f*.

rounders [ˈraʊndəz] *n UK rodzaj palanta.*

round trip *n* podróż *f* w obie strony.

route [*UK* ruːt, *US* raʊt] ⬦ *n* trasa *f*. ⬦ *vt* [flight, plane] kierować/skierować.

routine [ruːˈtiːn] ⬦ *n* [usual behaviour] zwyczaj *m*; *pej* [drudgery] rutyna *f*. ⬦ *adj* rutynowy.

row¹ ⬦ *n* rząd *m*. ⬦ *vt & vi* [boat] wiosłować • **in a row** [in succession] z rzędu.

row² *n* [argument] awantura *f*; *inf* [noise] hałas *m* • **to have a row** pokłócić się.

rowboat [ˈrəʊbəʊt] *US* = **rowing boat**.

rowdy [ˈraʊdɪ] *adj* awanturniczy.

rowing [ˈrəʊɪŋ] *n* wioślarstwo *n*.

rowing boat *n UK* łódź *f* wiosłowa.

royal [ˈrɔɪəl] *adj* królewski.

royal family *n* rodzina *f* królewska.

royalty [ˈrɔɪəltɪ] *n członkowie rodziny królewskiej.* ⬦ **royalties** *npl* honoraria *npl* autorskie.

RRP (*abbr of* **recommended retail price**) sugerowana cena *f* detaliczna.

rub [rʌb] ⬦ *vt* [back, eyes] trzeć/potrzeć; [polish] przecierać/przetrzeć. ⬦ *vi* [with hand, cloth] wycierać/wytrzeć; [shoes] obcierać/obetrzeć. ⬦ **rub in** ⬦ *vt sep* [lotion, oil] wcierać/wetrzeć. ⬦ **rub out** ⬦ *vt sep* [erase] wycierać/wytrzeć.

rubber [ˈrʌbəʳ] ⬦ *adj* gumowy. ⬦ *n* [material] guma *f*; *UK* [eraser] gumka *f* do wycierania; *US inf* [condom] guma *f*.

rubber band *n* gumka *f* recepturka.

rubber gloves *npl* rękawice *fpl* gumowe.

rubber ring *n* spławik *m*.

rubbish [ˈrʌbɪʃ] *n* [refuse] śmieci *mpl*; *inf* [worthless thing] tandeta *f*; *inf* [nonsense] bzdura *f*.

rubbish bin *n UK* pojemnik *m* na śmieci.

rubbish dump *n UK* wysypisko *n* śmieci.

rubble [ˈrʌbl] *n* gruz *m*.

ruby [ˈruːbɪ] *n* rubin *m*.

rucksack [ˈrʌksæk] *n* plecak *m*.

rudder [ˈrʌdəʳ] *n* ster *m*.

rude [ruːd] *adj* [person, behaviour] niegrzeczny; [joke, picture] nieprzyzwoity.

rug [rʌg] *n* [for floor] dywanik *m*; *UK* [blanket] pled *m*.

rugby [ˈrʌgbɪ] *n* rugby *n*.

ruin [ˈruːɪn] *vt* [spoil] niszczyć/zniszczyć. ⬦ **ruins** *npl* [of building] ruiny *fpl*.

ruined [ˈruːɪnd] *adj* [building, clothes] zniszczony; [holiday, meal] zepsuty.

rule [ruːl] ⬦ *n* [law] zasada *f*. ⬦ *vt* [country] rządzić • **to be the rule** [normal] być regułą; **against the rules** wbrew przepisom; **as a rule** z reguły. ⬦ **rule out** ⬦ *vt sep* wykluczać/wykluczyć.

ruler [ˈruːləʳ] *n* [of country] władca *m*, władczyni *f*; [for measuring] linijka *f*.

rum [rʌm] *n* rum *m*.

rumor *US* = **rumour**.

rumour [ˈruːməᵊ] *n UK* pogłoska *f.*

rump steak *n* wołowina *f* krzyżowa.

run [rʌn] (*pt* ran *pp* run [ræn]) <> *vi* -1. [on foot] biec/pobiec ; **we had to run for the bus** musieliśmy biec do autobusu. -2. [train, bus] kursować ; **the bus runs every hour** autobus odjeżdża co godzinę; **the train is running an hour late** pociąg jest spóźniony o godzinę. -3. [operate] działać ; **to run on sthg** być napędzanym czymś; **leave the engine running** zostaw silnik na chodzie. -4. [tears, liquid] cieknąć. -5. [river] płynąć/popłynąć ; **to run through** [river] przepływać przez; [road] przebiegać przez; **the path runs along the coast** ścieżka biegnie wzdłuż wybrzeża. -6. [play] być na afiszu; [event] trwać ; 'now running at the Palladium' do obejrzenia w Palladium. -7. [tap] cieknąć ; **she left the tap running** zostawiła odkręcony kran. -8. [nose] cieknąć; [eyes] łzawić. -9. [clothes] farbować/zafarbować/ufarbować; [colour, dye] puszczać/puścić. -10. [remain valid] być ważnym ; **the offer runs until July** oferta jest ważna do lipca. <> *vt* -1. [on foot] przebiegać/przebiec. -2. [compete in] startować/wystartować w ; **to run a race** brać udział w wyścigu. -3. [manage, organize] kierować. -4. [car, machine] utrzymywać ; **it's cheap to run** jest tanie w eksploatacji. -5. [bus, train] podstawiać/podstawić ; **we're running a special bus to the airport** podstawiamy specjalny autobus na lotnisko. -6. [take in car] podwozić/podwieźć ; **I'll run you home** podwiozę cię do domu. -7. [bath, water] napuszczać/napuścić ; **to run a**

bath napełnić wannę. <> *n* -1. [on foot] bieg *m* ; **to go for a run** iść pobiegać. -2. [in car] przejażdżka *f* ; **to go for a run** jechać na przejażdżkę. -3. [of play, show] : **it had a two-year run** nie schodziło z afisza przez dwa lata. -4. [for skiing] stok *m*. -5. *US* [in tights] oczko *n*. -6. [in phrases] : **in the long run** na dłuższą metę. **run away** <> *vi* [from place] uciekać/uciec. **run down** <> *vt sep* [run over] przejechać; [criticize] obmawiać/obmówić. <> *vi* [clock] stawać/stanąć; [battery] wyczerpywać/wyczerpać się. **run into** <> *vt insep* wpadać/wpaść na; [problem, difficulty] napotykać/napotkać. **run out** <> *vi* [be used up] kończyć/skończyć się. **run out of** <> *vt insep* kończyć/skończyć się • **we are running out of money** kończą nam się pieniądze. **run over** <> *vt sep* [hit] przejechać.

runaway [ˈrʌnəweɪ] *n* uciekinier *m*, -ka *f.*

rung [rʌŋ] <> *pp* ▷ ring. <> *n* [of ladder] szczebel *m.*

runner [ˈrʌnəʳ] *n* [person] biegacz *m*, -ka *f*; [for door, drawer] prowadnica *f*; [for sledge] płoza.

runner bean *n* fasola *f* Jaś.

runner-up (*pl* runners-up) *n* zdobywca *m*, zdobywczyni *f* drugiego miejsca.

running [ˈrʌnɪŋ] <> *n* SPORT bieganie *n*; [management] kierowanie *n*. <> *adj* : **three days running** trzy dni pod rząd • **to go running** iść .pobiegać.

running water *n* bieżąca woda *f.*

runny [ˈrʌnɪ] *adj* [sauce] rzadki; [egg, omelette] nieścięty; [nose] cieknący; [eye] załzawiony.

runway ['rʌnweɪ] *n* pas *m* startowy.

rural ['rʊərəl] *adj* wiejski.

rush [rʌʃ] ◇ *n* [hurry] pośpiech *m*; [of crowd] napływ *m*. ◇ *vi* [move quickly] pędzić/popędzić; [hurry] śpieszyć /pośpieszyć się. ◇ *vt* [food] wpychać/wepchnąć; [work] śpieszyć się z; [transport quickly] błyskawicznie dowozić/dowieźć • **to be in a rush** śpieszyć się; **there's no rush!** nie ma się co śpieszyć!; **don't rush me!** nie poganiaj mnie!

rush hour *n* godzina *f* szczytu.

Russia ['rʌʃə] *n* Rosja *f*.

Russian ['rʌʃn] ◇ *adj* rosyjski. ◇ *n* [person] Rosjanin *m*, Rosjanka *f*; [language] rosyjski *m*.

rust [rʌst] ◇ *n* [corrosion] rdza *f*. ◇ *vi* rdzewieć/zardzewieć.

rustic ['rʌstɪk] *adj* rustykalny.

rustle ['rʌsl] *vi* szeleścić/zaszeleścić.

rustproof ['rʌstpruːf] *adj* nierdzewny.

rusty ['rʌstɪ] *adj* [metal] zardzewiały; *fig* : **my French is a bit rusty** zapomniałem już trochę francuskiego; **I used to play cricket but now I'm very rusty** grywałem w krykieta, ale wyszedłem z wprawy.

RV *n US* (*abbr of* **recreational vehicle**) samochód *m* kempingowy.

rye [raɪ] *n* żyto *n*.

rye bread *n* chleb *m* żytni.

S

S [es] (*abbr of* **south**) płd; (*abbr of* **small**) mały.

saccharin ['sækərɪn] *n* sacharyna *f*.

sachet ['sæʃeɪ] *n* saszetka *f*.

sack [sæk] ◇ *n* [bag] worek *m*. ◇ *vt* zwalniać/zwolnić • **to get the sack** zostać wylanym.

sacrifice ['sækrɪfaɪs] *n* fig poświęcenie *n*.

sad [sæd] *adj* smutny.

saddle ['sædl] *n* [on horse] siodło *n*; [on bicycle, motorbike] siodełko *n*.

saddlebag ['sædlbæg] *n* [on bicycle, motorbike] sakwa *f*; [on horse] juki *pl*.

sadly ['sædlɪ] *adv* [unfortunately] niestety; [unhappily] smutno.

sadness ['sædnɪs] *n* smutek *m*.

s.a.e. *n UK* (*abbr of* **stamped addressed envelope**) zaadresowana koperta *f* ze znaczkiem.

safari park *n* park *m* safari.

safe [seɪf] ◇ *adj* bezpieczny. ◇ *n* [for money, valuables] sejf *m* • **a safe place** bezpieczne miejsce; **(have a) safe journey!** szerokiej drogi!; **safe and sound** cały i zdrowy.

safe-deposit box *n* skrytka *f* depozytowa.

safely ['seɪflɪ] *adv* bezpiecznie.

safety ['seɪftɪ] *n* bezpieczeństwo *n*.

safety belt *n* pas *m* bezpieczeństwa.

safety pin *n* agrafka *f*.

sag [sæg] *vi* [hang down] obwisać/ obwisnąć; [sink] zapadać/zapaść się.

sage [seɪdʒ] *n* [herb] szałwia *f*.

Sagittarius ['sædʒɪ'teərɪəs] *n* Strzelec *m*.

said [sed] *pt* & *pp* ⊳ say.

sail [seɪl] ⬦ *n* żagiel *m*. ⬦ *vi* [boat, ship] pływać, płynąć/po- płynąć; [person] pływać; [depart] wypływać/wypłynąć. ⬦ *vt* : to sail a boat żeglować łódką • to set sail wyruszyć.

sailboat ['seɪlbəʊt] *US* = sailing boat.

sailing ['seɪlɪŋ] *n* [activity] żeglar- stwo *n*; [departure] wypłynięcie *n* • to go sailing iść na żagle.

sailing boat *n* żaglówka *f*.

sailor ['seɪləʳ] *n* marynarz *m*.

saint [seɪnt] *n* święty *m*, święta *f*.

sake *n* : for my/their sake przez wzgląd na mnie/na nich; for God's sake! na miłość boską!

salad ['sæləd] *n* sałatka *f*.

salad bar *n* *UK* bar *m* sałatkowy.

salad bowl *n* salaterka *f*.

salad cream *n* *UK* sos *m* sałat- kowy *(z majonezem)*.

salad dressing *n* sos *m* do sałatek *(typu winegret)*.

salami [sə'lɑːmɪ] *n* salami *n*.

salary ['sælərɪ] *n* pensja *f*.

sale [seɪl] *n* [selling] sprzedaż *f*; [at reduced prices] wyprzedaż *f* • 'for sale' na sprzedaż; on sale w sprzedaży. ➡ **sales** *npl* COMM obroty *mpl* • the sale [at reduced prices] wyprzedaże *fpl*.

sales assistant *n* sprzedawca *m*, sprzedawczyni *f*.

salesclerk ['seɪlzklɜːrk] *US* = sales assistant.

salesman ['seɪlzmən] (*pl* -men

[-mən]) *n* [in shop] sprzedawca *m*; [rep] przedstawiciel *m* hand- lowy.

sales rep(resentative) *n* przed- stawiciel *m* handlowy, przedsta- wicielka *f* handlowa.

saleswoman ['seɪlz'wʊmən] (*pl* -women [-'wɪmɪn]) *n* sprze- dawczyni *f*.

saliva [sə'laɪvə] *n* ślina *f*.

salmon ['sæmən] (*pl* salmon) *n* łosoś *m*.

salon ['sælɒn] *n* [hairdresser's] salon *m*.

saloon [sə'luːn] *n* *UK* [car] sedán *m*; *US* [bar] bar *m* • saloon (bar) *UK komfortowo wyposażona sala barowa, gdzie drinki sprzedaje się po cenach znacznie wyższych niż w 'public bar'.*

salopettes ['sælə'pets] *npl* spod- nie *pl* narciarskie.

salt *n* sól *f*.

saltcellar *n* *UK* solniczka *f*.

salted peanuts *npl* solone orzeszki *mpl*.

salt shaker *US* = saltcellar.

salty ['sɔːltɪ] *adj* [food] słony.

salute [sə'luːt] ⬦ *n* [MIL with hand] salutowanie *n*. ⬦ *vi* [MIL with hand] salutować/zasaluto- wać.

same [seɪm] ⬦ *adj* [unchanged] ten sam; [identical] taki sam. ⬦ *pron* : the same [unchanged] tak samo, taki sam; [in compar- isons] tak samo • they look the same wyglądają tak samo; I'll have the same as her poproszę to samo co ona; you've got the same book as me masz tę samą książkę co ja; it's all the same to me jest mi to obojętne.

samosa [sə'məʊsə] *n* *indyjska potrawa w formie trójkątnego placka* *smażonego w głębokim tłuszczu i faszerowanego mielonym mięsem lub warzywami.*

sample ['sɑːmpl] ◇ n próbka f. ◇ vt [food, drink] próbować/spróbować.

sanctions npl POL sankcje fpl.

sanctuary ['sæŋktʃʊərɪ] n [for birds, animals] rezerwat m.

sand [sænd] ◇ n piasek m. ◇ vt [wood] szlifować/oszlifować papierem ściernym. ➡ **sands** ◇ npl [beach] plaża f.

sandal ['sændl] n sandał m.

sandcastle ['sænd'kɑːsl] n zamek m z piasku.

sandpaper ['sænd'peɪpəʳ] n papier m ścierny.

sandwich ['sænwɪdʒ] n [with bread] kanapka f.

sandwich bar n bar m kanapkowy.

sandy ['sændɪ] adj [beach] piaszczysty; [hair] rudoblond.

sang [sæŋ] pt ▷ sing.

sanitary ['sænɪtrɪ] adj [conditions, measures] sanitarny; [hygienic] higieniczny.

sanitary napkin US = sanitary towel.

sanitary towel n UK podpaska f higieniczna.

sank [sæŋk] pt ▷ sink.

sapphire ['sæfaɪəʳ] n szafir m.

sarcastic [sɑːˈkæstɪk] adj sarkastyczny.

sardine [sɑːˈdiːn] n sardynka f.

SASE n US (abbr of self-addressed stamped envelope) koperta zwrotna ze znaczkiem.

sat pt & pp ▷ sit.

Sat. (abbr of Saturday) sobota.

SAT (abbr of Scholastic Assessment Test) n egzamin wstępny na studia dla uczniów szkół średnich w USA.

satchel ['sætʃəl] n tornister m.

satellite ['sætəlaɪt] n [in space] satelita m.

satellite dish n antena f satelitarna.

satellite TV n telewizja f satelitarna.

satin ['sætɪn] n satyna f.

satisfaction ['sætɪsˈfækʃn] n [pleasure] satysfakcja f.

satisfactory ['sætɪsˈfæktərɪ] adj dostateczny.

satisfied ['sætɪsfaɪd] adj zadowolony.

satisfy ['sætɪsfaɪ] vt [please] zadowalać/zadowolić; [need, requirement, conditions] spełniać/spełnić.

satsuma ['sæt'suːmə] n UK rodzaj mandarynki.

saturate ['sætʃəreɪt] vt [with liquid] przesiąkać/przesiąknąć.

Saturday ['sætədeɪ] n sobota f • it's Saturday jest sobota; **Saturday morning** sobota rano; **on Saturday** w sobotę; **on Saturdays** w soboty; **last Saturday** w zeszłą sobotę; **this Saturday** w tę sobotę; **next Saturday** w przyszłą sobotę; **Saturday week,** **a week on Saturday** za tydzień od soboty.

sauce [sɔːs] n CULIN sos m.

saucepan ['sɔːspən] n rondel m.

saucer ['sɔːsəʳ] n spodek m.

Saudi Arabia n Arabia f Saudyjska.

sauna ['sɔːnə] n sauna f.

sausage ['sɒsɪdʒ] n kiełbasa f.

sausage roll n kiełbasa f w cieście.

sauté [UK 'səʊteɪ, US səʊ'teɪ] adj saute.

savage ['sævɪdʒ] adj dziki.

save [seɪv] <> vt [rescue] ratować/uratować; [money, time, space] oszczędzać/zaoszczędzić; [seat] zajmować/zająć [food, goods] zachowywać/zachować; SPORT bronić/obronić; COMPUT zachowywać/zachować. <> n [football] parada f. ➤ **save up** <> vi oszczędzać/oszczędzić • **to save (for sthg)** oszczędzać pieniądze (na coś).

saver ['seɪvəʳ] n UK [ticket] tani bilet m.

savings npl oszczędności pl.

savings and loan association n US kasa f oszczędnościowo--pożyczkowa.

savings bank n kasa f oszczędnościowa.

savory ['seɪvərɪ] US = savoury.

savoury ['seɪvərɪ] adj UK [not sweet] pikantny, słony.

saw [sɔː] (UK pt sawed, pp sawn US pp sawed [sɔːn]) <> pt ▷ see. <> n [tool] piła f. <> vt piłować.

sawdust ['sɔːdʌst] n trociny pl.

sawn [sɔːn] pp ▷ saw.

saxophone ['sæksəfəʊn] n saksofon m.

say [seɪ] (pt & pp said) <> vt [in words] mówić/powiedzieć; [subj: clock, sign, meter] wskazywać/wskazać. <> n : **to have a say in sthg** mieć coś do powiedzenia w jakiejś sprawie • **could you say that again?** mógłbyś to powtórzyć?; **say we met at nine?** spotkajmy się o dziewią-

tej?; **what did you say?** co powiedziałeś?

saying ['seɪɪŋ] n powiedzenie n.

scab [skæb] n [on skin] strup m.

scaffolding ['skæfəldɪŋ] n rusztowanie n.

scald [skɔːld] vt [skin] oparzyć/poparzyć (wrzątkiem).

scale [skeɪl] n skala f; [of fish, snake] łuska f; [in kettle] kamień m. ➤ **scales** npl [for weighing] waga f.

scallion ['skæljən] n US dymka f.

scallop ['skɒləp] n przegrzebek m.

scalp [skælp] n [top of head] skóra f głowy.

scampi ['skæmpɪ] n potrawa z gotowanych lub panierowanych langustynek.

scan [skæn] <> vt [consult quickly] przeglądać/przejrzeć. <> n MED badanie n USG.

scandal ['skændl] n [disgrace] skandal m; [gossip] plotki fpl.

Scandinavia ['skændɪ'neɪvjə] n Skandynawia f.

scar [skɑːʳ] n blizna f.

scarce ['skeəs] adj [rare] rzadki; [insufficient] skąpy • **food was scarce** brakowało żywności.

scarcely ['skeəslɪ] adv [hardly] ledwo.

scare [skeəʳ] vt straszyć/przestraszyć.

scarecrow ['skeəkrəʊ] n strach m na wróble.

scared ['skeəd] adj przestraszony.

scarf [skɑːf] (pl scarves) n [woollen] szalik m; [for women] apaszka f.

scarlet ['skɑːlət] adj szkarłatny.

scarves [skɑːvz] pl ▷ scarf.

scary ['skeərɪ] adj inf straszny.

scatter ['skætə'] ◇ vt [seeds, papers] rozrzucać/rozrzucić; [birds] rozpędzać/rozpędzić. ◇ vi rozpraszać/rozproszyć się.

scene [si:n] n scena f • **the music scene** scena muzyczna; **to make a scene** zrobić scenę.

scenery ['si:nərı] n [countryside] sceneria f; [in theatre] dekoracje fpl.

scenic ['si:nık] adj malowniczy.

scent [sent] n [smell] zapach m; [of animal] trop m; [perfume] perfumy pl.

sceptical ['skeptıkl] adj UK sceptyczny.

schedule [UK 'ʃedju:l, US 'skedʒʊl] ◇ n [of work, things to do] rozkład m; [timetable] harmonogram m; [list] wykaz m. ◇ vt [plan] planować/zaplanować • **according to schedule** zgodnie z harmonogramem; **behind schedule** z opóźnieniem w stosunku do planu; **on schedule** na czas.

scheduled flight n lot m rejsowy.

scheme [ski:m] n [plan] plan m; pej [dishonest plan] intryga f.

scholarship ['skɒləʃɪp] n [award] stypendium n.

school [sku:l] ◇ n szkoła f; [university department] instytut m; US [university] uczelnia f. ◇ adj [age, holiday, report] szkolny • **at school** w szkole.

school bag n teczka f.

schoolbook ['sku:lbʊk] n podręcznik m.

schoolboy ['sku:lbɔɪ] n uczeń m.

school bus n autobus m szkolny.

schoolchild ['sku:ltʃaɪld] (pl -children [-tʃɪldrən]) n dziecko n w wieku szkolnym.

schoolgirl ['sku:lgɜ:l] n uczennica f.

schoolmaster ['sku:l'mɑ:stə'] n UK nauczyciel m (w szkole prywatnej).

schoolmistress ['sku:l'mɪstrɪs] n UK nauczycielka f (w szkole prywatnej).

schoolteacher ['sku:l'ti:tʃə'] n nauczyciel m, -ka f.

school uniform n mundurek m szkolny.

science ['saɪəns] n [knowledge] nauka f; [branch of knowledge] nauka f ścisła; SCH przedmioty mpl ścisłe.

science fiction n science fiction n.

scientific ['saɪən'tɪfɪk] adj naukowy.

scientist ['saɪəntɪst] n naukowiec m.

scissors npl : **(a pair of) scissors** nożyczki pl.

scold [skəʊld] vt besztać/zbesztać.

scone [skɒn] n rodzaj okrągłego niesłodkiego ciasteczka, podawanego do herbaty z masłem lub dżemem.

scoop [sku:p] n [for ice cream] łyżka f; [for flour] łopatka f; [of ice cream] gałka f; [in media] sensacyjna wiadomość f.

scooter ['sku:tə'] n [motor vehicle] skuter m.

scope [skəʊp] n [possibility] możliwości pl; [range] zakres m.

scorch [skɔ:tʃ] vt przypalać/przypalić.

score [skɔ:'] ◇ n [total, final result] wynik m; [current position] sytuacja f. ◇ vt [SPORT point] zdobywać/zdobyć; [goal] strzelać/strzelić; [points in test] zdobywać/zdobyć. ◇ vi [SPORT about point] zdobywać/zdobyć punkt; [about goal] strzelać/strzelić bramkę.

scorn [skɔːn] *n* pogarda *f*.

Scorpio ['skɔːpɪəʊ] *n* Skorpion *m*.

scorpion ['skɔːpjən] *n* skorpion *m*.

Scot [skɒt] *n* Szkot *m*, -ka *f*.

scotch *n* szkocka whisky *f*.

Scotch broth *n krupnik jęczmienny na baraninie lub wołowinie z warzywami.*

Scotch tape® *n US* taśma *f* klejąca.

Scotland ['skɒtlənd] *n* Szkocja *f*.

Scotsman ['skɒtsmən] (*pl* -men-[-mən]) *n* Szkot *m*.

Scotswoman ['skɒtswʊmən] (*pl* -women[-'wɪmɪn]) *n* Szkotka *f*.

Scottish ['skɒtɪʃ] *adj* szkocki.

scout [skaʊt] *n* [boy scout] skaut *m*.

scowl [skaʊl] *vi* krzywić/skrzywić się.

scrambled eggs *npl* jajecznica *f*.

scrap [skræp] *n* [of paper, cloth] skrawek *m*; [old metal] złom *m*.

scrapbook ['skræpbʊk] *n* album *m* z wycinkami.

scrape [skreɪp] *vt* [rub] skrobać/zeskrobać; [scratch] zadrapać/zadrapnąć.

scrap paper *n UK* papier *m* do pisania na brudno.

scratch [skrætʃ] ⋄ *n* [cut] zadrapanie *n*; [mark] rysa *f*. ⋄ *vt* zadrapać; [rub] drapać/podrapać • **to be up to scratch** spełniać wymogi; **to start from scratch** zaczynać od zera.

scratch paper *US* = scrap paper.

scream [skriːm] ⋄ *n* [shout] krzyk *m*. ⋄ *vi* [person] wrzeszczeć/wrzasnąć.

screen [skriːn] ⋄ *n* ekran *m*; [hall in cinema] sala *f*; [panel] parawan *m*. ⋄ *vt* [film, programme] wyświetlać/wyświetlić.

screening ['skriːnɪŋ] *n* [of film] projekcja *f*.

screen wash *n* płyn *m* do spryskiwania szyb.

screw [skruː] ⋄ *n* śruba *f*. ⋄ *vt* [fasten] przykręcać/przykręcić; [twist] wykręcać/wykręcić.

screwdriver ['skruːˌdraɪvəʳ] *n* śrubokręt *m*.

scribble ['skrɪbl] *vi* bazgrać/nabazgrać.

script [skrɪpt] *n* [of play, film] scenariusz *m*.

scrub [skrʌb] *vt* [clean] szorować/wyszorować.

scruffy ['skrʌfɪ] *adj* niechlujny.

scrumpy ['skrʌmpɪ] *n rodzaj mocnego jabłecznika z południowej Anglii.*

scuba diving *n* nurkowanie *n* z akwalungiem.

sculptor ['skʌlptəʳ] *n* rzeźbiarz *m*, rzeźbiarka *f*.

sculpture ['skʌlptʃəʳ] *n* rzeźba *f*.

sea [siː] *n* morze *n* • **by sea** drogą morską; **by the sea** nad morzem.

seafood ['siːfuːd] *n* owoce *m* morza.

seafront ['siːfrʌnt] *n* ulica *f* nadbrzeżna.

seagull ['siːgʌl] *n* mewa *f*.

seal [siːl] ⋄ *n* [animal] foka *f*; [on bottle, container] plomba *f*; [official mark] pieczęć *f*. ⋄ *vt* [envelope, container] zaklejać/zakleić.

seam [siːm] *n* [in clothes] szew *m*.

search [sɜːtʃ] ⋄ *n* poszukiwanie *n*. ⋄ *vt* przeszukiwać/przeszukać. ⋄ *vi* : **to search for** poszukiwać.

efort3

search engine n COMPUT wyszukiwarka f.

seashell ['siːʃel] n muszla f.

seashore ['siːʃɔːʳ] n brzeg m morza.

seasick ['siːsɪk] adj : **to be seasick** cierpieć na chorobę morską.

seaside ['siːsaɪd] n : **the seaside** wybrzeże n.

seaside resort n kurort m nadmorski.

season ['siːzn] <> n [division of year] pora f roku; [period] sezon m. <> vt [food] doprawiać/doprawić • **strawberries are in/out of season** jest sezon na truskawki/sezon na truskawki się skończył; **a holiday in/out of season** urlop w sezonie/poza sezonem.

seasoning ['siːznɪŋ] n przyprawa f.

season ticket n bilet m okresowy.

seat [siːt] <> n [place, chair] miejsce n; [in parliament] mandat m. <> vt [subj: building, vehicle] móc pomieścić • '**please wait to be seated**' prośba do klientów restauracji o zaczekanie na wyznaczenie stolika.

seat belt n pas m bezpieczeństwa.

seaweed ['siːwiːd] n wodorosty mpl.

secluded [sɪ'kluːdɪd] adj odosobniony.

second <> n [unit of time] sekunda f; [moment] chwila f. <> num drugi ⊳ **sixth** • **second gear** drugi bieg m. ➡ **seconds** <> npl [goods] towary mpl wybrakowane; inf [of food] dokładka f.

secondary school n szkoła f średnia.

second-class adj [ticket, stamp] drugiej klasy; [inferior] drugiej kategorii.

second-hand adj [not new] używany.

Second World War n : **the Second World War** II wojna f światowa.

secret ['siːkrɪt] <> adj [kept hidden] tajny. <> n [hidden information] sekret m.

secretary [(UK 'sekrətrɪ, US 'sekrə'terɪ)] n [in office] sekretarz m, sekretarka f.

Secretary of State n US [foreign minister] sekretarz m stanu; UK [government minister] minister m.

section ['sekʃn] n [part] część f.

sector ['sektəʳ] n [of economy, society] sektor m.

secure [sɪ'kjʊəʳ] <> adj [safe, protected] bezpieczny; [firmly fixed] przytwierdzony; [free from worry] spokojny. <> vt [fix] przymocowywać/przymocować; fml [obtain] uzyskiwać/uzyskać.

security [sɪ'kjʊərətɪ] n [protection] bezpieczeństwo n; [freedom from worry] poczucie n bezpieczeństwa.

security guard n strażnik m, strażniczka f.

sedative ['sedətɪv] n środek m uspokajający.

seduce [sɪ'djuːs] vt [sexually] uwodzić/uwieść.

see [siː] (pt saw, pp seen) <> vt widzieć/zobaczyć; [visit] widzieć się z; [understand] rozumieć/zrozumieć; [accompany] odprowadzać/odprowadzić; [consider] uważać za; [find out] zobaczyć; [undergo] przeżyć. <> vi [have vision] widzieć • **I see** [understand] rozumiem; **to see if one can do sthg** zobaczyć, co można zrobić;

to see to sthg zająć się czymś; **see you!** do zobaczenia!; **see you later!** na razie!; **see you soon!** do zobaczenia wkrótce!; **see p 14 zob. str. 14.** ◆ **see off** ◇ *vt sep* [say goodbye to] odprowadzać/odprowadzić.

seed [si:d] *n* [of plant] nasienie *n*.

seedy ['si:dɪ] *adj* zapuszczony.

seeing (as) *conj* skoro.

seek [si:k] (*pt & pp* sought[sɔ:t]) *vt fml* [look for] poszukiwać; [request] żądać/zażądać.

seem [si:m] ◇ *vi* wydawać/wydać się. ◇ *impers vb* : **it seems (that)** ... zdaje się, (że).

seen [si:n] *pp* ⊳ see.

seesaw ['si:sɔ:] *n* huśtawka *f (na desce)*.

segment *n* ['segmənt] [of fruit] cząstka *f*.

seize [si:z] *vt* [grab] chwytać/chwycić; [drugs, arms] przechwytywać/przechwycić. ◆ **seize up** *vi* [machine] zacinać/zaciąć się; [leg, back] odmawiać/odmówić posłuszeństwa.

seldom ['seldəm] *adv* rzadko.

select [sɪ'lekt] ◇ *vt* wybierać/wybrać. ◇ *adj* [exclusive] ekskluzywny.

selection [sɪ'lekʃn] *n* wybór *m*.

self-assured *adj* pewny siebie.

self-catering *adj* [flat, holiday] z wyżywieniem we własnym zakresie.

self-confident *adj* pewny siebie.

self-conscious *adj* [nervous] skrępowany.

self-contained *adj* [flat] z osobnym wejściem.

self-defence *n* [art] samoobrona *f*.

self-employed *adj* prowadzący własną działalność.

selfish ['selfɪʃ] *adj* samolubny.

self-raising flour *n UK* mąka *zmieszana z proszkiem do pieczenia*.

self-rising flour *US* = self-raising flour.

self-service *adj* samoobsługa *f*.

sell [sel] (*pt & pp* sold) ◇ *vt* [for money] sprzedawać/sprzedać. ◇ *vi* sprzedawać/sprzedać • **to sell for** chodzić po; **to sell sb sthg** sprzedawać coś komuś.

sell-by date *n* data *f* ważności.

seller ['selə^r] *n* [person] sprzedawca *m*, sprzedawczyni *f*.

Sellotape® ['seləteɪp] *n UK* taśma *f* klejąca.

semester [sɪ'mestə^r] *n* semestr *m*.

semicircle ['semɪ,sɜ:kl] *n* półkole *n*.

semicolon ['semɪ,kəʊlən] *n* średnik *m*.

semidetached ['semɪdɪ'tætʃt] *adj* : **a semidetached house** bliźniak *m*.

semifinal ['semɪ'faɪnl] *n* półfinał *m*.

seminar ['semɪnɑ:^r] *n* seminarium *n*.

semolina ['semə'li:nə] *n* kasza *f* manna.

Senate ['senɪt] *n* [in US] : **the Senate** Senat *m*.

send [send] (*pt & pp* sent [sent]) *vt* wysyłać/wysłać; [TV or radio signal] nadawać/nadać • **to send sthg to sb** wysłać coś komuś. ◆ **send back** *vt sep* [faulty goods] odsyłać/odesłać. ◆ **send off** *vt sep* [letter, parcel] wysyłać/wysłać; SPORT wyrzucać/wyrzucić z boiska. *vi* : **to send (for sthg)** zamówić (coś) wysyłkowo.

sender ['sendə'] *n* nadawca *m*, nadawczyni *f*.

senile ['si:naıl] *adj* nie w pełni władz umysłowych.

senior ['si:njə'] ◇ *adj* [high-ranking] starszy; [higher-ranking] wysoki rangą. ◇ *n* UK SCH *uczeń/uczennica starszej klasy*; *US* UNIVERSITY *student* *m*, -ka *f* ostatniego roku studiów; [school] uczeń *m*, uczennica *f* najstarszej klasy.

senior citizen *n* emeryt *m*, -ka *f*.

sensation [sen'seıʃn] *n* [physical feeling] czucie *n*; [mental impression] uczucie *n*; [cause of excitement] sensacja *f*.

sensational [sen'seıʃənl] *adj* [very good] rewelacyjny.

sense [sens] ◇ *n* [physical ability] zmysł *m*; [common sense] rozsądek *m*; [usefulness] pożytek *m*; [of word, expression] sens *m*. ◇ *vt* [realize] wyczuwać/wyczuć • **to make sense** mieć sens; **sense of direction** zmysł *m* orientacji; **sense of humour** poczucie *n* humoru.

sensible ['sensəbl] *adj* [person] rozsądny; [clothes, shoes] praktyczny.

sensitive ['sensıtıv] *adj* wrażliwy; [easily offended] drażliwy; [device] czuły; [subject, issue] drażliwy.

sent [sent] *pt & pp* ⊳ **send**.

sentence ['sentəns] ◇ *n* GRAMM zdanie *n*; [for crime] wyrok *m*. ◇ *vt* skazywać/skazać.

sentimental ['sentı'mentl] *adj* *pej* sentymentalny.

Sep. (*abbr of* **September**) wrzesień.

separate ◇ *adj* ['seprət] [different] osobny; [individual] poszczególny; [not together] oddzielny. ◇ *vt* ['sepəreıt] [divide] rozdzielać/rozdzielić; [detach] oddzielać/ oddzielić. ◇ *vi* ['sepəreıt] [move apart] rozchodzić/rozejść się; [married couple] rozstawać/rozstać się. ➡ **separates** ◇ *npl* UK *części garderoby do noszenia w różnych zestawach*.

separately ['seprətlı] *adv* [individually] niezależnie; [alone] osobno.

separation ['sepə'reıʃn] *n* [of married couple] separacja *f*.

September [sep'tembə'] *n* wrzesień *m* • **at the beginning of September** na początku września; **at the end of September** pod koniec września; **during September** we wrześniu; **every September** każdego września; **in September** we wrześniu; **last September** zeszłego września; **next September** we wrześniu przyszłego roku; **this September** tego września; **2 September 2004** [in letters *etc*] 2 września 2004 r.

septic ['septık] *adj* zakażony.

septic tank *n* szambo *n*.

sequel ['si:kwəl] *n* [to book, film] dalszy ciąg *m*.

sequence ['si:kwəns] *n* [series] ciąg *m*; [order] kolejność *f*.

sequin ['si:kwın] *n* cekin *m*.

sergeant ['sɑ:dʒənt] *n* sierżant *m*.

serial ['sıərıəl] *n* serial *m*.

series ['sıərı:z] (*pl* **series**) *n* [sequence] szereg *m*; [on TV, radio] cykl *m*.

serious ['sıərıəs] *adj* [very bad] poważny • **are you serious about moving house?** czy mówisz poważnie o przeprowadzce?

seriously ['sıərıəslı] *adv* [really] naprawdę; [badly] poważnie.

sermon ['sɜ:mən] *n* kazanie *n*.

servant ['sɜ:vənt] *n* służący *m*, służąca *f*.

serve [sɜ:v] ⟨⟩ *vt* [food, drink] podawać/podać; [customer] obsługiwać/obsłużyć. ⟨⟩ *vi* SPORT serwować/zaserwować; [work] służyć. ⟨⟩ *n* SPORT serwis *m* • **to serve as** [be used for] służyć za; **the town is served by two airports** miasto posiada dwa lotniska; **'serves two'** [on packaging, menu] porcja dla dwóch osób; **it serves you right** dobrze ci tak.

service ['sɜ:vɪs] ⟨⟩ *n* [in shop, restaurant *etc*] obsługa *f*; [job done] usługa *f*; [organization, system] służba *f*; [transport] komunikacja *f*; [at church] nabożeństwo *n*; SPORT serwis *m*; [of car] przegląd *m* techniczny. ⟨⟩ *vt* [car] robić/zrobić przegląd • **'out of service'** nieczynny; **'service included'** obsługa wliczona w cenę; **to be of service to sb** *fml* przydać się komuś; **a frequent bus service** częste połączenia autobusowe.

➥ **services** ⟨⟩ *npl* [on motorway] stacja *f* obsługi; [of person] usługi *fpl*.

service area *n punkt usługowy przy autostradzie.*

service charge *n* opłata *f* za obsługę.

service department *n* serwis *m*.

service provider *n* = **Internet Service Provider.**

service station *n* stacja *f* obsługi.

serviette ['sɜ:vɪ'et] *n* serwetka *f*.

serving ['sɜ:vɪŋ] *n* [helping] porcja *f*.

serving spoon *n* łyżka *f* do nakładania potraw.

sesame seeds *npl* ziarno *n* sezamowe.

session ['seʃn] *n* [of activity] sesja *f*; [formal meeting] posiedzenie *n*.

set [set] (*pt&pp* set) ⟨⟩ *adj* -1. [fixed] stały ; **a set lunch** zestaw *m* obiadowy. -2. [text, book] obowiązkowy. -3. [situated] położony. ⟨⟩ *n* -1. [collection] zestaw *m*. -2. [TV] odbiornik *m* ; **a TV set** telewizor *m* . -3. [in tennis] set *m*. -4. SCH *grupa uczniów na tym samym poziomie z danego przedmiotu* . -5. [of play] dekoracje *f* . -6. [at hairdresser's] : **a shampoo and set** mycie i układanie. ⟨⟩ *vt* -1. [put] postawić, położyć. -2. [cause to be] : **to set sb free** uwolnić kogoś; **to set fire to sthg** podpalić coś; **to set a machine going** uruchomić maszynę. -3. [clock, alarm, controls] nastawiać/nastawić ; **set the alarm for 7 a.m.** nastaw budzik na 7 rano. -4. [fix] wyznaczać/wyznaczyć. -5. [the table] nakrywać/nakryć do stołu. -6. [a record] ustanawiać/ustanowić. -7. [broken bone] nastawiać/nastawić. -8. [homework, essay, exam] zadawać/zadać. -9. [play, film, story] : **to be set** rozgrywać się. ⟨⟩ *vi* -1. [sun] zachodzić/zajść. -2. [glue] wysychać/wyschnąć; [jelly] zsiadać/zsiąść się. ➥ **set down** ⟨⟩ *vt sep UK* [passengers] wysadzać/wysadzić. ➥ **set off** ⟨⟩ *vt sep* [alarm] powodować/spowodować włączenie. ⟨⟩ *vi* [on journey] wyruszać/wyruszyć. ➥ **set out** ⟨⟩ *vt sep* [arrange] rozkładać/rozłożyć. ⟨⟩ *vi* [on journey] wyruszać/wyruszyć. ➥ **set up** ⟨⟩ *vt sep* [barrier] tworzyć/utworzyć; [equipment] przygotowywać/przygotować; [meeting, interview] organizować/

zorganizować; [committee] two-rzyć/utworzyć.

set meal *n* zestaw *n* obiadowy.

set menu *n* stałe zestawy *mpl* dań.

settee [se'ti:] *n* sofa *f*.

setting ['setɪŋ] *n* [on machine] ustawienie *n*; [surroundings] sceneria *f*.

settle ['setl] ◇ *vt* [argument] rozstrzygać/rozstrzygnąć; [bill] regulować/uregulować; [stomach, nerves] uspokajać/uspokoić; [arrange, decide on] załatwiać/załatwić. ◇ *vi* [start to live] osiedlać/osiedlić się; [come to rest] siadać/usiąść; [sediment, dust] osiadać/osiąść. ◆ **settle down** ◇ *vi* [calm down] uspokajać/uspokoić się; [sit comfortably] sadowić/usadowić się. ◆ **settle up** ◇ *vi* [pay bill] zapłacić.

settlement ['setlmənt] *n* [agreement] porozumienie *n*; [place] osada *f*.

set-top box *n* dekoder *m*.

seven ['sevn] *num* siedem ▷ **six**.

seventeen ['sevn'ti:n] *num* siedemnaście ▷ **six**.

seventeenth ['sevn'ti:nθ] *num* siedemnasty ▷ **sixth**.

seventh ['sevnθ] *num* siódmy ▷ **sixth**.

seventieth ['sevntjəθ] *num* siedemdziesiąty ▷ **sixth**.

seventy ['sevntɪ] *num* siedemdziesiąt ▷ **six**.

several ['sevrəl] *adj* & *pron* kilka.

severe [sɪ'vɪəʳ] *adj* [damage, illness] poważny; [conditions] ciężki; [criticism, person, punishment] surowy; [pain] ostry.

sew [səʊ] (*pp* **sewn** [səʊn]) ◇ *vt* szyć/uszyć. ◇ *vi* szyć.

sewage ['su:ɪdʒ] *n* ścieki *pl*.

sewing ['səʊɪŋ] *n* szycie *n*.

sewing machine *n* maszyna *f* do szycia.

sewn [səʊn] *pp* ▷ **sew**.

sex [seks] *n* [gender] płeć *f*; [sexual intercourse] seks *m* • **to have sex (with)** mieć stosunek (z).

sexist ['seksɪst] *n* seksista *m*, seksistka *f*.

sexual ['sekʃʊəl] *adj* [relationship, abuse] seksualny; [equality, discrimination] płciowy.

sexy ['seksɪ] *adj* seksowny.

shabby ['ʃæbɪ] *adj* [clothes] szmatławy; [room] odrapany; [person] obdarty.

shade [ʃeɪd] ◇ *n* [shadow] cień *m*; [lampshade] abażur *m*; [of colour] odcień *m*. ◇ *vt* [protect] osłaniać/osłonić. ◆ **shades** ◇ *npl inf* [sunglasses] okulary *pl* przeciwsłoneczne.

shadow ['ʃædəʊ] *n* cień *m*.

shady ['ʃeɪdɪ] *adj* [place] cienisty; *inf* [person, deal] podejrzany.

shaft [ʃɑ:ft] *n* [of machine] wałek *m*; [of lift] szyb *m*.

shake [ʃeɪk] (*pt* **shook**, *pp* **shaken**) ◇ *vt* [bottle, tree, rug, person, *etc*] potrząsać/potrząsnąć; [shock] wstrząsać/wstrząsnąć. ◇ *vi* trząść/zatrząść się • **to shake hands (with sb)** uścisnąć (czyjąś) dłoń; **to shake one's head** [saying no] kręcić głową.

shall [(weak form ʃəl); (strong form ʃæl)] *aux vb* **-1.** [expressing future] : **I shall be ready soon** zaraz będę gotowy; **I shan't tell her till tomorrow** powiem jej dopiero jutro. **-2.** [in questions] : **shall I buy some wine?** czy mam kupić wino?; **shall we listen to the radio?** a może byśmy posłuchali radia?; **where**

shall we go? gdzie pójdziemy? -3. *fml* [expressing order] : **payment shall be made within a week** należy uiścić zapłatę w przeciągu tygodnia.

shallot [ʃə'lɒt] *n* szalotka *f*.

shallow ['ʃæləʊ] *adj* [pond, water, earth] płytki.

shallow end *n* [of swimming pool] *najpłytsza część*.

shambles ['ʃæmblz] *n* bałagan *m*.

shame [ʃeɪm] *n* wstyd *m* • **it's a shame** szkoda; **what a shame!** ale szkoda!

shampoo [ʃæm'puː] (*pl* -s) ⇔ *n* [liquid] szampon *m*. ⇔ *vt* [wash] myć/umyć szamponem.

shandy ['ʃændɪ] *n* piwo *n* z lemoniadą.

shape [ʃeɪp] *n* [form] kształt *m*; [object, person, outline] figura *f* • **to be in good/bad shape** być w dobrej/złej formie.

share [ʃeəʳ] ⇔ *n* [part] część *f*; [in company] udział *m*. ⇔ *vt* [room, work, cost, responsibility] dzielić; [divide] rozdzielać/rozdzielić. ➡ **share out** ⇔ *vt sep* rozdzielać/rozdzielić.

shark [ʃɑːk] *n* rekin *m*.

sharp [ʃɑːp] ⇔ *adj* ostry; [quick, intelligent] bystry; [rise, change] gwałtowny; [taste] ostry; [lemon, apple, wine] kwaśny. ⇔ *adv* [exactly] punktualnie.

sharpen ['ʃɑːpn] *vt* [pencil, knife] ostrzyć/naostrzyć.

shatter ['ʃætəʳ] ⇔ *vt* [break] roztrzaskiwać/roztrzaskać. ⇔ *vi* roztrzaskiwać/roztrzaskać się.

shattered ['ʃætəd] *adj UK inf* [tired] przybity.

shave [ʃeɪv] ⇔ *vt* [beard, face, legs] golić/ogolić. ⇔ *vi* golić/

ogolić się. ⇔ *n* : **to have a shave** golić się.

shaver ['ʃeɪvəʳ] *n* elektryczna maszynka *f* do golenia.

shaver point *n* gniazdko *n* do maszynki do golenia.

shaving brush *n* pędzel *m* do golenia.

shaving cream *n* krem *m* do golenia.

shaving foam *n* pianka *f* do golenia.

shawl [ʃɔːl] *n* szal *m*.

she [ʃiː] *pron* ona • **she's tall** jest wysoka.

sheaf [ʃiːf] (*pl* sheaves) *n* [of paper, notes] plik *m*.

shears *npl* [for gardening] nożyce *pl* ogrodnicze.

sheaves [ʃiːvz] *pl* ⊳ sheaf.

shed [ʃed] (*pt&pp* shed) ⇔ *n* szopa *f*. ⇔ *vt* [tears, blood] przelewać/przelać.

she'd [(*weak form* ʃɪd); (*strong form* ʃiːd)] = she had, she would.

sheep [ʃiːp] (*pl* sheep) *n* owca *f*.

sheepdog ['ʃiːpdɒg] *n* owczarek *m*.

sheepskin ['ʃiːpskɪn] *adj* z owczej skóry.

sheer [ʃɪəʳ] *adj* [pure, utter] czysty; [cliff] pionowy; [stockings] przezroczysty.

sheet [ʃiːt] *n* [for bed] prześcieradło *n*; [of paper] kartka *f*; [of glass, metal, wood] płyta *f*.

shelf [ʃelf] (*pl* shelves [ʃelvz]) *n* półka *f*.

shell [ʃel] *n* [of egg, nut] skorupka *f*; [on beach] muszla *f*; [of animal] pancerz *m*; [bomb] pocisk *m* artyleryjski.

she'll [ʃiːl] = she will, she shall.

shellfish ['ʃelfɪʃ] n [food] owoce mpl morza.

shell suit n UK dresy mpl ortalionowe.

shelter ['ʃeltə'] ⬦ n [building, construction] schronienie n; [protection] osłona f. ⬦ vt [protect] chronić/uchronić. ⬦ vi chronić/schronić się • to take shelter znaleźć schronienie.

sheltered ['ʃeltəd] adj [place] osłonięty.

shelves [ʃelvz] pl ⊳ shelf.

shepherd ['ʃepəd] n pasterz m, pasterka f.

shepherd's pie n zapiekanka z mięsa mielonego i ziemniaków.

sheriff ['ʃerɪf] n [in US] szeryf m.

sherry ['ʃerɪ] n sherry f.

she's [ʃiːz] = she is, she has.

shield [ʃiːld] ⬦ n [of soldier, policeman] tarcza f. ⬦ vt osłaniać/osłonić.

shift [ʃɪft] ⬦ n zmiana f. ⬦ vt [move] przesuwać/przesunąć. ⬦ vi [move] przesuwać/przesunąć się; [change] zmieniać/zmienić się.

shin [ʃɪn] n goleń f.

shine [ʃaɪn] (pt & pp shone) ⬦ vi [light, sun, lamp] świecić; [surface, glass] błyszczeć. ⬦ vt [shoes] polerować/wypolerować; [torch] świecić/zaświecić.

shiny ['ʃaɪnɪ] adj błyszczący.

ship [ʃɪp] n statek m • by ship statkiem.

shipwreck ['ʃɪprek] n [accident] katastrofa f morska; [wrecked ship] wrak m statku.

shirt [ʃɜːt] n koszula f.

shit [ʃɪt] ⬦ n vulg [excrement] gówno n. ⬦ excl vulg cholera!

shiver ['ʃɪvə'] vi drżeć/zadrżeć.

shock [ʃɒk] ⬦ n [surprise] szok m; [force] wstrząs m. ⬦ vt [surprise] szokować/zaszokować; [horrify] wstrząsnąć • to be in shock MED być w szoku.

shock absorber [-əb'zɔːbə'] n amortyzator m.

shocking ['ʃɒkɪŋ] adj [very bad] szokujący.

shoe [ʃuː] n but m.

shoelace ['ʃuːleɪs] n sznurowadło n.

shoe polish n pasta f do butów.

shoe repairer's n szewc m.

shoe shop n sklep m obuwniczy.

shone [ʃɒn] pt & pp ⊳ shine.

shook [ʃʊk] pt ⊳ shake.

shoot [ʃuːt] (pt & pp shot) ⬦ vt [kill] zastrzelić; [injure] postrzelić; [gun] strzelać/wystrzelić z; [arrow] wystrzelić; [film] kręcić/nakręcić. ⬦ vi strzelać/strzelić; [move quickly] przemykać/przemknąć. ⬦ n [of plant] kiełek m.

shop [ʃɒp] ⬦ n sklep m. ⬦ vi robić/zrobić zakupy.

shop assistant n UK sprzedawca m, sprzedawczyni f.

shopkeeper ['ʃɒp'kiːpə'] n sklepikarz sklepikarka.

shoplifter ['ʃɒp'lɪftə'] n złodziej m sklepowy, złodziejka f sklepowa.

shopper ['ʃɒpə'] n kupujący m, kupująca f.

shopping ['ʃɒpɪŋ] n zakupy pl • to do the shopping robić zakupy; to go shopping iść na zakupy.

shopping bag n torba f na zakupy.

shopping basket n koszyk m na zakupy.

shopping centre n centrum n handlowe.

shopping list n lista f zakupów.

shopping mall n galeria f handlowa.

shop steward n przedstawiciel m załogi (z ramienia związków zawodowych).

shop window n wystawa f sklepowa.

shore [ʃɔːʳ] n brzeg m • **on shore** na lądzie.

short [ʃɔːt] ◇ adj krótki; [not tall] niski. ◇ adv [cut hair] krótko. ◇ n UK [drink] mała wódeczka f; [film] film m krótkometrażowy • **she's short of money** brakuje jej pieniędzy; **to be short for sthg** [be abbreviation of] być skrótem od; **he's short of breath** nie może złapać tchu; **in short** krótko mówiąc. ➡ **shorts** ◇ npl [short trousers] szorty pl; US [underpants] slipy pl.

shortage [ˈʃɔːtɪdʒ] n brak m.

shortbread [ˈʃɔːtbred] n ciastko n maślane.

short-circuit vi zwarcie n.

shortcrust pastry [ˈʃɔːtkrʌst-] n kruche ciasto n.

short cut n [quick route] skrót m.

shorten [ˈʃɔːtn] vt skracać/skrócić.

shorthand [ˈʃɔːthænd] n stenografia f.

shortly [ˈʃɔːtlɪ] adv [soon] wkrótce • **shortly before** na krótko przed.

short-sighted adj [with poor eyesight] krótkowzroczny.

short-sleeved adj z krótkim rękawem.

short-stay car park n parking m godzinowy.

short story n opowiadanie n.

short wave n fala f krótka.

shot [ʃɒt] ◇ pt & pp ▷ **shoot**. ◇ n strzał m; [photo] zdjęcie n; [in film] ujęcie n; inf [attempt] próba f; [drink] : **fancy a shot?** no to po jednym?

shotgun [ˈʃɒtgʌn] n śrutówka f.

should [ʃʊd] aux vb **-1.** [expressing desirability] powinien ; **we should leave now** powinniśmy już iść. **-2.** [asking for advice] powinien ; **should I go too?** czy też powiniem pójść? **-3.** [expressing probability] powinien ; **she should be home soon** powinna być wkrótce w domu. **-4.** [ought to] powinien ; **they should have won the match** powinni byli wgrać mecz. **-5.** fml [in conditionals] : **should you need anything, call reception** jeżeli będzie Pan czegoś potrzebował, proszę zadzwonić na recepcję. **-6.** fml [expressing wish] : **I should like to come with you** chciałbym iść z tobą.

shoulder [ˈʃəʊldəʳ] n [of person] ramię n; [of meat] łopatka f; US [of road] pobocze n.

shoulder pad n SPORT ochrona f barku; [fashion] poduszeczka f.

shouldn't [ˈʃʊdnt] = should not.

should've [ˈʃʊdəv] = should have.

shout [ʃaʊt] ◇ n [cry] krzyk m. ◇ vt & vi krzyczeć/krzyknąć. ➡ **shout out** ◇ vt sep wykrzykiwać/wykrzyknąć.

shove [ʃʌv] vt [push] pchać/pchnąć; [put carelessly] wpychać/wepchnąć.

shovel [ˈʃʌvl] n szufla f.

show [ʃəʊ] (pp **showed** pp **shown**) ◇ n [at theatre, on TV, radio] widowisko n; [exhibition] wystawa *f.* <> *vt* [allow to be seen] pokazywać/pokazać; [prove, demonstrate] wykazywać/wykazać; [represent, depict] przedstawiać/przedstawić; [accompany] prowadzić/zaprowadzić; [respect, kindness, concern, feelings] okazywać/okazać; [film, TV programme] emitować/wyemitować. <> *vi* [be visible] być widocznym; [film] grać • **to show sthg to sb** pokazać coś komuś; **to show sb how to do sthg** pokazać komuś, jak coś się robi. ➡ **show off** <> *vi* popisywać/popisać się. ➡ **show up** <> *vi* [come along] zjawiać/zjawić się; [be visible] być widocznym.

shower ['ʃaʊəʳ] <> *n* [for washing] prysznic *m*; [of rain] przelotny deszcz *m*. <> *vi* [wash] brać/wziąć prysznic • **to have a shower** brać prysznic.

shower gel *n* żel *m* pod prysznic.

shower unit *n* kabina *f* prysznicowa.

showing ['ʃəʊɪŋ] *n* [of film] projekcja *f*.

shown [ʃəʊn] *pp* ▷ show.

showroom ['ʃəʊrʊm] *n* sala *f* wystawowa.

shrank [ʃræŋk] *pt* ▷ shrink.

shrimp [ʃrɪmp] *n* krewetka *f*.

shrine [ʃraɪn] *n* [building] świątynia *m*; [altar] ołtarz *m*.

shrink [ʃrɪŋk] (*pt* shrank, *pp* shrunk) <> *n inf* [psychoanalyst] psychiatra *m*. <> *vi* [become smaller] kurczyć/skurczyć się; [diminish] zmniejszać/zmniejszyć się.

shrub [ʃrʌb] *n* krzew *m*.

shrug [ʃrʌg] <> *n* wzruszenie *n* ramion. <> *vi* wzruszać/wzruszyć ramionami.

shrunk [ʃrʌŋk] *pp* ▷ shrink.

shuffle ['ʃʌfl] <> *vt* [cards] tasować/przetasować. <> *vi* [walk] szurać/zaszurać nogami.

shut [ʃʌt] (*pt & pp* shut) <> *adj* [door, mouth, eyes] zamknięty; [shop, restaurant] nieczynny. <> *vt* zamykać/zamknąć. <> *vi* zamykać/zamknąć się. ➡ **shut down** <> *vt sep* zamykać/zamknąć. ➡ **shut up** <> *vi inf* [stop talking] zamykać/zamknąć się.

shutter ['ʃʌtəʳ] *n* [on window] okiennica *f*; [on camera] migawka *f*.

shuttle ['ʃʌtl] *n* [plane, bus *etc*] wahadłowiec *m*.

shuttlecock ['ʃʌtlkɒk] *n* lotka *f*.

shy [ʃaɪ] *adj* nieśmiały.

sick bag *n* torebka *f* chorobowa.

sickness ['sɪknɪs] *n* [illness] choroba *f*.

sick pay *n* zasiłek *m* chorobowy.

side [saɪd] <> *n* strona *f*; [of hill] zbocze *n*; [of road, river, pitch] pobocze *n*; *UK* [TV channel] kanał *m*. <> *adj* [door, pocket] boczny • **at the side of** obok; **on the other side** z drugiej strony; **on this side** po tej stronie; **side by side** obok siebie.

sideboard ['saɪdbɔːd] *n* [furniture] kredens *m*.

sidecar ['saɪdkɑːʳ] *n* przyczepa *f (motocyklowa)*.

side dish *n salatka lub inny dodatek do dania głównego*.

side effect *n* skutek *m* uboczny.

sidelight ['saɪdlaɪt] *n UK* [of car] światło *n* boczne.

side order *n* dodatek *m* do dania głównego.

side salad *n* sałatka *f* do dania głównego.

side street n uliczka f boczna.

sidewalk n US chodnik m.

sideways ['saɪdweɪz] adv bokiem.

sieve [sɪv] n sito n.

sigh [saɪ] ⬦ n westchnienie n. ⬦ vi wzdychać/westchnąć.

sight [saɪt] n [eyesight] wzrok m; [thing seen] widok m • **at first sight** na pierwszy rzut oka; **to catch sight of** dostrzec; **in sight** w zasięgu wzroku; **to lose sight of** tracić z oczu; **out of sight** poza zasięgiem wzroku. ➡ **sights** npl [of city, country] atrakcje fpl turystyczne.

sightseeing ['saɪt'siːɪŋ] n : **to go sightseeing** udać się na zwiedzanie.

sign [saɪn] ⬦ n znak m; [in shop] napis m; [indication] oznaka f. ⬦ vt [cheque, document] podpisywać/podpisać. ⬦ vi podpisywać/podpisać się • **there's no sign of her** jakoś jej nie widać. ➡ **sign in** ⬦ vi [at, club] wpisywać/wpisać się na listę; [at hotel] meldować/zameldować się.

signal ['sɪgnl] ⬦ n [indication] sygnał m; [on railway] semafor m; US [traffic lights] sygnalizacja f świetlna. ⬦ vi [in car, on bike] dawać/dać znak.

signature ['sɪgnətʃəʳ] n podpis m.

significant [sɪg'nɪfɪkənt] adj [large] znaczny; [important] ważny.

signpost ['saɪnpəʊst] n drogowskaz m.

Sikh [siːk] n sikh m, -ijka f.

silence ['saɪləns] n [quiet] cisza f.

silencer ['saɪlənsəʳ] n UK AUT tłumik m.

silent ['saɪlənt] adj [taciturn] małomówny; [quiet] cichy.

silk [sɪlk] n jedwab m.

sill [sɪl] n parapet m.

silly ['sɪlɪ] adj głupi.

silver ['sɪlvəʳ] ⬦ n [substance] srebro n; [coins] drobne monety fpl. ⬦ adj [made of silver] srebrny.

silver foil n folia f aluminiowa.

silver-plated [-'pleɪtɪd] adj posrebrzany.

similar ['sɪmɪləʳ] adj podobny • **to be similar to** być podobnym do.

similarity ['sɪmɪ'lærətɪ] n podobieństwo n.

simmer ['sɪməʳ] vi gotować się na wolnym ogniu.

simple ['sɪmpl] adj prosty; [uncomplicated] nieskomplikowany.

simplify ['sɪmplɪfaɪ] vt upraszczać/uprościć.

simply ['sɪmplɪ] adv prosto; [just] po prostu.

simulate ['sɪmjʊleɪt] vt symulować.

simultaneous [UK 'sɪməl'teɪnjəs, US 'saɪməl'teɪnjəs] adj równoczesny.

simultaneously [UK 'sɪməl'teɪnjəslɪ, US 'saɪməl'teɪnjəslɪ] adv równocześnie.

sin [sɪn] ⬦ n RELIG grzech m. ⬦ vi grzeszyć/zgrzeszyć.

since [sɪns] ⬦ adv od tej pory. ⬦ prep od. ⬦ conj [in time] odkąd; [as] ponieważ • **ever since** od tego czasu.

sincere [sɪn'sɪəʳ] adj szczery.

sincerely [sɪn'sɪəlɪ] adv szczerze • **Yours sincerely** z poważaniem.

sing [sɪŋ] (pt sang, pp sung) vt & vi śpiewać/zaśpiewać.

singer ['sɪŋəʳ] n [pop, folk] piosenkarz m, piosenkarka f; [opera]

śpiewak *m*, śpiewaczka *f*; [jazz] wokalista *m*, wokalistka *f*.

single ['sɪŋgl] ⟨> *adj* [just one] jeden; [not married] [man] nieżonaty [woman] niezamężna. ⟨> *n* UK [ticket] bilet *m* w jedną stronę; [record] singiel *m* • **every single** każdy. **➡ singles** ⟨> *n* SPORT gra *f* pojedyńcza. ⟨> *adj* [bar, club] dla samotnych.

single bed *n* łóżko *n* jednoosobowe.

single cream *n* UK śmietanka *f* niskotłuszczowa.

single currency *n* wspólna waluta *f*.

single parent *n* samotny rodzic *m*.

single room *n* pokój *m* jednoosobowy.

single track road *n* droga *f* z jednym pasem ruchu.

singular ['sɪŋgjʊlə'] *n* liczba *f* pojedyncza • **in the singular** w liczbie pojedyńczej.

sinister ['sɪnɪstə'] *adj* złowieszczy.

sink [sɪŋk] (*pt* sank, *pp* sunk) ⟨> *n* [in kitchen] zlew *m*; [washbasin] umywalka *f*. ⟨> *vi* [in water, mud] tonąć/zatonąć; [decrease] obniżać/obniżyć się.

sink unit *n* zlewozmywak *m* z obudową.

sinuses *npl* zatoki *fpl*.

sip [sɪp] ⟨> *n* łyczek *m*. ⟨> *vt* popijać/popić małymi łykami.

siphon ['saɪfn] ⟨> *n* [tube] syfon *m*. ⟨> *vt* [liquid] pompować/przepompować.

sir [sɜː'] *n* pan *m* • **Dear Sir** Szanowny Panie; **Sir Richard Blair** Sir Richard Blair; **excuse me, sir** przepraszam pana; **yes, sir** tak, proszę pana.

siren ['saɪərən] *n* [device] syrena *f*.

sirloin steak *n* befsztyk *m* z polędwicy.

sister ['sɪstə'] *n* [relative] siostra *f*; UK [nurse] siostra *f*.

sister-in-law *n* [husband or wife's sister] szwagierka *f*; [brother's wife] bratowa *f*.

sit [sɪt] (*pt & pp* sat) ⟨> *vi* [be seated] siedzieć; [sit down] siadać/usiąść; [be situated] znajdować się. ⟨> *vt* [to place] sadzać/posadzić; UK [exam] przystępować/przystąpić do • **to be sitting** siedzieć. **➡ sit down** ⟨> *vi* siadać/siąść • **to be sitting down** siedzieć. **➡ sit up** ⟨> *vi* [after lying down] podnosić/podnieść się; [stay up late] siedzieć do późna w nocy.

site [saɪt] *n* [place] miejsce *n*; [building site] plac *m*.

sitting room *n* salon *m*.

situated ['sɪtjʊeɪtɪd] *adj* : **to be situated** być położonym.

situation ['sɪtjʊ'eɪʃn] *n* [state of affairs] sytuacja *f*; fml [location] położenie *n* • **'situations vacant'** rubryka „Praca".

six [sɪks] ⟨> *num* sześć. ⟨> *num* sześć • **to be six (years old)** mieć sześć lat; **it's six (o'clock)** jest szósta; **a hundred and six** sto sześć; **six Hill St** Hill St 6; **it's minus six (degrees)** jest minus sześć (stopni); **six out of ten** sześć z dziesięciu.

sixteen [sɪks'tiːn] *num* szesnaście ▷ **six**.

sixteenth [sɪks'tiːnθ] *num* szesnasty ▷ **sixth**.

sixth [sɪksθ] ⟨> *num* szósty. ⟨> *num* szósty. ⟨> *num* [fraction] szósta. ⟨> *num* [in race, competition] szósty • **the sixth**

(of September) szósty (września).

sixth form n UK ≃ klasa f maturalna.

sixth-form college n UK ośrodek nauczania przygotowujący uczniów w wieku od 16 do 18 lat do egzaminu A-level lub szkoły zawodowej.

sixtieth ['sɪkstɪəθ] num sześćdziesiąty ▷ sixth.

sixty ['sɪkstɪ] num sześćdziesiąt ▷ six.

size [saɪz] n [of room, bed, building] wielkość f; [of swimming pool, person] wymiary pl; [of clothes, hats] rozmiar m; [of shoes] numer m • **what size do you take?** jaki nosisz rozmiar?; **what size is this?** jaki to rozmiar?

sizeable ['saɪzəbl] adj spory.

skate [skeɪt] ⋄ n [ice skate] łyżwa f; [roller skate] wrotka f; [fish: pl inv] płaszczka f. ⋄ vi [ice-skate] jeździć na łyżwach; [roller-skate] jeździć na wrotkach.

skateboard ['skeɪtbɔːd] n deskorolka f.

skater ['skeɪtəʳ] n [ice-skater] łyżwiarz m, łyżwiarka f; [rollerskater] wrotkarz m, wrotkarka f.

skating ['skeɪtɪŋ] n : **to go skating** [ice-skating] wybrać się na łyżwy; [roller-skating] wybrać się na wrotki.

skeleton ['skelɪtn] n szkielet m.

skeptical US = sceptical.

sketch [sketʃ] ⋄ n [drawing] szkic m; [humorous] skecz m. ⋄ vt [draw] szkicować/naszkicować.

skewer ['skjʊəʳ] n szpikulec m.

ski [skiː] (pt & pp **skied**, cont **skiing**) ⋄ n narta f. ⋄ vi jeździć na nartach.

ski boots npl buty mpl narciarskie.

skid [skɪd] ⋄ n [of vehicle, bicycle] poślizg m. ⋄ vi [vehicle, bicycle] wpadać/wpaść w poślizg.

skier ['skiːəʳ] n narciarz m, narciarka f.

skiing ['skiːɪŋ] n narciarstwo n • **to go skiing** wybrać się na narty; **a skiing holiday** urlop na nartach.

skilful ['skɪlfʊl] adj UK [person] zręczny; [action, use] umiejętny.

ski lift n wyciąg m narciarski.

skill [skɪl] n [ability] zręczność f; [technique] umiejętność f.

skilled [skɪld] adj [worker] wykwalifikowany; [job] wymagający kwalifikacji; [driver, chef] fachowy.

skillful ['skɪlfʊl] US = skilful.

skimmed milk [skɪmd-] n mleko n chude.

skin [skɪn] n skóra f; [on fruit, vegetable, sausage] skórka f; [on milk] kożuch m.

skin freshener n tonik m odświeżający.

skinny ['skɪnɪ] adj chudy.

skip [skɪp] ⋄ vi [with rope] skakać przez skakankę; [jump] podskakiwać/podskoczyć. ⋄ vt [omit] pomijać/pominąć. ⋄ n [container] kontener m (na odpady).

ski pants npl spodnie pl narciarskie.

ski pass n karnet m na wyciąg.

ski pole n kijek m narciarski.

skipping rope n skakanka f.

skirt [skɜːt] n [garment] spódnica f.

ski slope n stok m narciarski.

ski tow n wyciąg m orczykowy.

skittles n [game] kręgle pl.

skull [skʌl] n czaszka f.

sky [skaɪ] n niebo n.

skylight ['skaɪlaɪt] n świetlik m.

skyscraper ['skaɪ'skreɪpəʳ] n drapacz m chmur.

slab [slæb] n [of stone, concrete] płyta f.

slack [slæk] adj [rope] luźny; [careless] niedbały; [not busy] słaby.

slacks [slæks] npl spodnie pl.

slam [slæm] <> vt [door, window, boot, lid] trzaskać/trzasnąć. <> vi zatrzaskiwać/zatrzasnąć się.

slander ['slɑːndəʳ] n oszczerstwo n.

slang [slæŋ] n slang m.

slant [slɑːnt] <> n [slope] nachylenie n. <> vi nachylać/nachylić się.

slap [slæp] <> n [smack] klaps m. <> vt dawać/dać klapsa.

slash [slæʃ] <> vt [cut] ciąć/rozciąć/pociąć; fig [prices] drastycznie obniżać/obniżyć. <> n [written symbol] ukośnik m.

slate [sleɪt] n [rock] łupek m; [on roof] dachówka f łupkowa.

slaughter ['slɔːtəʳ] vt [kill] dokonywać/dokonać rzezi; fig [defeat] masakrować/zmasakrować.

slave [sleɪv] n niewolnik m, niewolnica f.

sled [sled] = **sledge**.

sledge [sledʒ] n [for fun, sport] sanki pl; [for transport] sanie pl.

sleep [sliːp] (pt & pp **slept**) <> n [rest] sen m; [nap] drzemka f. <> vi [rest] spać. <> vt : **the house sleeps six** domu dla sześciu osób • **did you sleep well?** czy dobrze spałeś?; **I couldn't get to sleep** nie mogłem zasnąć; **to go to sleep** iść

spać; **to sleep with sb** spać z kimś.

sleeper ['sliːpəʳ] n [train] pociąg m sypialny; [sleeping car] wagon m sypialny; UK [on railway track] podkład m kolejowy; UK [earring] kolczyk m (mający zapobiec zarośnięciu ucha po przekłuciu).

sleeping bag n śpiwór m.

sleeping car n wagon m sypialny.

sleeping pill n tabletka f nasenna.

sleeping policeman n UK próg m zwalniający.

sleep mode n COMPUT tryb m bezczynności.

sleepy ['sliːpɪ] adj senny.

sleet [sliːt] <> n deszcz m ze śniegiem. <> impers vb : **it's sleeting** pada deszcz ze śniegiem.

sleeve [sliːv] n [of garment] rękaw m; [of record] okładka f.

sleeveless ['sliːvlɪs] adj bez rękawów.

slept [slept] pt & pp ⊳ **sleep**.

S level (abbr of Special level) n (in UK) w Anglii, Walii oraz Irlandii Północnej, jest to egzamin z jednego przedmiotu zdawany wraz z egzaminem A-level z tego przedmiotu, lecz obejmujący obszerniejszy program nauki.

slice [slaɪs] <> n [of bread] kromka f; [of meat, cake, pizza] plasterek m. <> vt kroić/pokroić w plasterki.

sliced bread [slaɪst-] n chleb m krojony.

slide [slaɪd] (pt & pp **slid**) <> n [in playground] zjeżdżalnia f; [of photograph] przeźrocze n; UK [hair slide] spinka f. <> vi [slip] ślizgać/poślizgnąć się.

sliding door n drzwi pl rozsuwane.

slight [slaɪt] *adj* [minor] drobny
• **the slightest** najmniejszy; **not in the slightest** ani trochę.

slightly ['slaɪtlɪ] *adv* [a bit] odrobinę.

slim [slɪm] ⬦ *adj* szczupły. ⬦ *vi* odchudzać/odchudzić się.

slimming ['slɪmɪŋ] *n* odchudzanie *n*.

sling [slɪŋ] (*pt & pp* **slung**) ⬦ *n* [for arm] temblak *m*. ⬦ *vt inf* [throw] ciskać/cisnąć.

slip [slɪp] ⬦ *vi* [slide] pośliznąć się. ⬦ *n* [mistake] pomyłka *f*; [of paper] karteczka *f*; [petticoat] halka *f*. ➡ **slip up** ⬦ *vi* [make a mistake] pomylić się.

slipper ['slɪpəʳ] *n* kapeć *m*.

slippery ['slɪpərɪ] *adj* [surface, object] śliski.

slip road *n* UK [onto motorway] wjazd *m*; [off motorway] zjazd *m*.

slit [slɪt] *n* [in fence, wall] szpara *f*; [in garment] rozcięcie *n*.

slob [slɒb] *n inf* flejtuch *m*.

slogan ['sləʊgən] *n* slogan *m*.

slope [sləʊp] ⬦ *n* [incline] zbocze *n*; [hill] wzniesienie *n*; [for skiing] stok *m* narciarski. ⬦ *vi* nachylać się.

sloping ['sləʊpɪŋ] *adj* pochyły.

slot [slɒt] *n* [for coin] otwór *m*; [groove] szczelina *f*.

slot machine *n* [vending machine] automat *m* na monety; [for gambling] automat *m* do gry.

Slovakia [slə'vækɪə] *n* Słowacja *f*.

slow [sləʊ] ⬦ *adj* wolny; [clock, watch] spóźniający się; [business] niemrawy; [in understanding] tępy. ⬦ *adv* wolno • **'slow'** [sign on road] zwolnij; **a slow train** pociąg *m* osobowy. ➡ **slow down** ⬦ *vt sep* zwalniać/zwolnić. ⬦ *vi* przyhamować.

slowly ['sləʊlɪ] *adv* [not fast] wolno; [gradually] powoli.

slug [slʌg] *n* [animal] ślimak *m* nagi.

slum [slʌm] *n* [building] rudera *f*. ➡ **slums** *npl* [district] slumsy *pl*.

slung [slʌŋ] *pt & pp* ⊳ **sling**.

slush [slʌʃ] *n* [snow] breja *f*.

sly [slaɪ] *adj* [cunning] przebiegły; [deceitful] chytry.

smack [smæk] ⬦ *n* [slap] klaps *m*. ⬦ *vt* [slap] dawać/dać klapsa.

small [smɔːl] *adj* mały.

small change *n* drobne *pl*.

smallpox ['smɔːlpɒks] *n* ospa *f*.

smart [smɑːt] *adj* [elegant] elegancki; [clever] bystry; [posh] szykowny.

smart card *n* karta *f* chipowa.

smash [smæʃ] ⬦ *n* SPORT ścięcie *n*; *inf* [car crash] kraksa *f*. ⬦ *vt* [plate, window] rozbijać/rozbić. ⬦ *vi* [plate, vase *etc*] stłuc się.

smashing ['smæʃɪŋ] *adj* UK *inf* bombowy.

smear test *n* badanie *n* cytologiczne.

smell [smel] (*pt & pp* **smelled** OR *pt & pp* **smelt**) ⬦ *n* [odour] zapach *m*; [bad odour] odór *m*. ⬦ *vt* [sniff at] wąchać/powąchać; [detect] czuć/poczuć zapach. ⬦ *vi* [have odour] pachnieć; [have bad odour] śmierdzieć • **to smell of sthg** pachnieć czymś.

smelly ['smelɪ] *adj* śmierdzący.

smelt [smelt] *pt & pp* ⊳ **smell**.

smile [smaɪl] ⬦ *n* uśmiech *m*. ⬦ *vi* uśmiechać/uśmiechnąć się.

smoke [sməʊk] ⬦ *n* dym *m*.

◇ *vt & vi* palić/zapalić • **to have a smoke** zapalić.

smoked [sməʊkt] *adj* [meat, fish, cheese] wędzony.

smoked salmon *n* wędzony łosoś *m*.

smoker ['sməʊkə'] *n* palacz *m*, palaczka *f*.

smoking ['sməʊkɪŋ] *n* palenie *n* • 'no smoking' palenie wzbronione.

smoking area *n* [in public place] strefa *f* dla palących.

smoking compartment *n* wagon *m* dla palących.

smoky ['sməʊkɪ] *adj* [room] zadymiony.

smooth [smuːð] *adj* gładki; [take-off, flight, journey, life] spokojny; [landing] miękki; [wine, beer] łagodny; *pej* [suave] przesłodzony. ➤ **smooth down** *vt sep* [tablecloth, clothes, hair] wygładzać/wygładzić.

smother ['smʌðə'] *vt* [cover] pokrywać/pokryć.

smudge [smʌdʒ] *n* plama *f*.

smuggle ['smʌgl] *vt* przemycać/przemycić.

snack [snæk] *n* przekąska *f*.

snack bar *n* bar *m* szybkiej obsługi.

snail [sneɪl] *n* ślimak *m*.

snake [sneɪk] *n* [animal] wąż *m*.

snap [snæp] ◇ *vt* [break] łamać/złamać. ◇ *vi* [break] łamać/złamać się. ◇ *n* *inf* [photo] fotka *f*; *UK* [card game] *rodzaj gry w karty*.

snare [sneə'] *n* [trap] sidła *pl*.

snatch [snætʃ] *vt* [grab] chwytać/chwycić; [steal] porywać/porwać.

sneakers *npl US* tenisówki *pl*.

sneeze [sniːz] ◇ *n* kichnięcie *n*. ◇ *vi* kichać/kichnąć.

sniff [snɪf] ◇ *vi* [from cold, crying] pociągać/pociągnąć nosem. ◇ *vt* [smell] wąchać/powąchać.

snip [snɪp] *vt* ciąć/pociąć nożyczkami.

snob [snɒb] *n* snob *m*, -ka *f*.

snog [snɒg] *vi UK inf* całować się.

snooker ['snuːkə'] *n* snooker *m*.

snooze [snuːz] *n* drzemka *f*.

snore [snɔː'] *vi* chrapać.

snorkel ['snɔːkl] *n* rurka *f* do nurkowania.

snout [snaʊt] *n* pysk *m*.

snow [snəʊ] ◇ *n* śnieg *m*. ◇ *impers vb* : **it's snowing** pada śnieg.

snowball ['snəʊbɔːl] *n* śnieżka *f*.

snowboard ['snəʊ'bɔːd] *n* deska *f* snowboardowa.

snowboarding ['snəʊ'bɔːdɪŋ] *n* snowboarding *m*.

snowdrift ['snəʊdrɪft] *n* zaspa *f* śnieżna.

snowflake ['snəʊfleɪk] *n* płatek *m* śniegu.

snowman ['snəʊmæn] (*pl* -men [-men]) *n* bałwan *m*.

snowplough ['snəʊplaʊ] *n* pług *m* śnieżny.

snowstorm ['snəʊstɔːm] *n* zamieć *f* śnieżna.

snug [snʌg] *adj* [person] : **I'm so snug in here** jest mi tu bardzo wygodnie; [place] przytulny.

so ◇ *adv* -1. [emphasizing degree] tak ; **it's so difficult (that ...)** jest tak trudne, (że); **don't be so stupid!** nie bądź taki głupi! -2. [referring back] : **so you knew already** więc już wiedziałeś; **I don't think so** myślę, że nie; **I'm afraid so** obawiam się, że tak; **if**

so jeśli tak. **-3.** [also] też ; **so do I** ja też. **-4.** [in this way] właśnie tak. **-5.** [expressing agreement] rzeczywiście ; **so there is** rzeczywiście. **-6.** [in phrases] : **or so** mniej więcej; **so as** żeby; **so that** tak, żeby. ⟨⟩ *conj* **-1.** [therefore] więc; **I'm away next week so I won't be there** wyjeżdżam w przyszłym tygodniu, więc mnie tu nie będzie. **-2.** [summarizing] tak więc ; **so what have you been up to?** cóż więc porabiałeś? **-3.** [in phrases] : **so what?** *inf* i co z tego?; **so there!** *inf* i już!

soak [səʊk] ⟨⟩ *vt* [leave in water] namaczać/namoczyć; [make very wet] przemoczyć/przemoknąć. ⟨⟩ *vi* : **to soak through sthg** przesiąknąć przez coś. ➡ **soak up** ⟨⟩ *vt sep* [liquid] wchłaniać/ wchłonąć.

soaked [səʊkt] *adj* [very wet] przemoczony.

soaking ['səʊkɪŋ] *adj* [very wet] przemoczony.

soap [səʊp] *n* mydło *n*.

soap opera *n* opera *f* mydlana.

soap powder *n* proszek *m* do prania.

sob ['sɒbɪŋ] ⟨⟩ *n* szloch *m*. ⟨⟩ *vi* szlochać/zaszlochać.

sober ['səʊbə'] *adj* [not drunk] trzeźwy.

soccer ['sɒkə'] *n* piłka *f* nożna.

sociable ['səʊʃəbl] *adj* towarzyski.

social ['səʊʃl] *adj* [problem, conditions, class] społeczny; [acquaintance, function, drink] towarzyski.

social club *n* klub *m* towarzyski.

socialist ['səʊʃəlɪst] ⟨⟩ *adj* socjalistyczny. ⟨⟩ *n* socjalista *m*, socjalistka *f*.

social life *n* życie *n* towarzyskie.

social security *n* [money] ubezpieczenie *n* społeczne.

social worker *n* pracownik *m* socjalny, pracownica *f* socjalna.

society [sə'saɪətɪ] *n* [people in general] społeczeństwo *n*; [social group] społeczność *f*; [organization, club] towarzystwo *n*.

sociology ['səʊsɪ'ɒlədʒɪ] *n* socjologia *f*.

sock [sɒk] *n* skarpetka *f*.

socket ['sɒkɪt] *n* [for plug, light bulb] gniazdko *n*.

sod [sɒd] *n UK vulg* dupek *m*.

soda ['səʊdə] *n* [soda water] woda *f* sodowa; *US* [fizzy drink] napój *m* gazowany.

soda water *n* woda *f* sodowa.

sofa ['səʊfə] *n* sofa *f*.

sofa bed *n* rozkładana kanapa *f*.

soft [*UK* sɒft, *US* sɔːft] *adj* miękki; [not forceful] łagodny; [not loud] cichy.

soft cheese *n* ser *m* miękki.

soft drink *n* napój *m* bezalkoholowy.

software ['sɒftweə'] *n* oprogramowanie *n*.

soil [scɪl] *n* [earth] ziemia *f*.

solarium [sə'leərɪəm] *n* solarium *n*.

solar panel *n* bateria *f* słoneczna.

sold [səʊld] *pt & pp* ⊳ **sell**.

soldier ['səʊldʒə'] *n* żołnierz *m*.

sold out *adj* wyprzedany.

sole [səʊl] ⟨⟩ *adj* [only] jedyny; [exclusive] wyłączny. ⟨⟩ *n* podeszwa *f*; [fish: pl inv] sola *f*.

solemn ['sɒləm] *adj* [person] poważny; [occasion] uroczysty.

solicitor [sə'lɪsɪtə'] *n UK* adwokat *m*.

solid ['sɒlɪd] *adj* [not liquid or gas] stały; [rock] lity; [strong] solidny; [gold, silver, oak] czysty; [tyre] pełny.

solo ['səʊləʊ] (*pl* **-s**) *n* MUS solo *n* • '**solo m/cs**' [traffic sign] parking tylko dla jednośladów.

soluble ['sɒljʊbl] *adj* rozpuszczalny.

solution [sə'luːʃn] *n* [to problem, puzzle] rozwiązanie *n*.

solve [sɒlv] *vt* rozwiązywać/rozwiązać.

some [sʌm] ◇ *adj* -1. [certain amount of] trochę ; **some meat** trochę mięsa; **some money** trochę pieniędzy. -2. [certain number of] parę ; **some sweets** parę cukierków; **some people** kilka osób. -3. [large amount of] spory ; **I had some difficulty getting here** miałem spore trudności, aby się tu dostać. -4. [large number of] dobrych kilka ; **I've known him for some years** znam go dobrych kilka lat. -5. [not all] niektóry ; **some jobs are better paid than others** niektóre zawody są lepiej opłacane niż inne. -6. [in imprecise statements] jakiś ; **she married some writer (or other)** wyszła za jakiegoś pisarza (czy kogoś tam). ◇ *pron* -1. [certain amount] trochę ; **can I have some?** czy mogę trochę? -2. [certain number] kilka ; **can I have some?** czy mogę kilka?; **some (of them) left early** kilku z nich wyszło wcześnie. ◇ *adv* [approximately] około • **there were some 7,000 people there** było tam około 7000 osób.

somebody ['sʌmbədɪ] = **someone**.

somehow ['sʌmhaʊ] *adv* [some way or other] jakoś; [for some reason] z jakiegoś powodu.

someone ['sʌmwʌn] *pron* ktoś.

someplace ['sʌmpleɪs] *US* = **somewhere**.

somersault ['sʌməsɔːlt] *n* przewrót *m*.

something ['sʌmθɪŋ] *pron* coś • **it's really something** to jest coś!; **or something** *inf* lub coś w tym rodzaju; **something like** coś jak.

sometime ['sʌmtaɪm] *adv* kiedyś.

sometimes ['sʌmtaɪmz] *adv* czasami.

somewhere ['sʌmweəʳ] *adv* gdzieś.

son [sʌn] *n* syn *m*.

song [sɒŋ] *n* piosenka *f*.

son-in-law *n* zięć *m*.

soon [suːn] *adv* [in a short time] niebawem; [early] wcześnie; [quickly] szybko • **as soon as** jak tylko; **as soon as possible** jak najwcześniej; **soon after** wkrótce potem; **sooner or later** prędzej czy później.

soot [sʊt] *n* sadza *f*.

soothe [suːð] *vt* [pain, sunburn] łagodzić/złagodzić; [person, anger, nerves] uspokajać/uspokoić.

sophisticated [sə'fɪstɪkeɪtɪd] *adj* [refined, chic] wyrafinowany; [complex] skomplikowany.

sorbet ['sɔːbeɪ] *n* sorbet *m*.

sore [sɔːʳ] ◇ *adj* [painful] bolesny; *US inf* [angry] obrażony. ◇ *n* otarcie *n* skóry • **to have a sore throat** cierpieć na ból gardła.

sorry ['sɒrɪ] *adj* [in apologies] : **I'm sorry!** przepraszam!; **to be sorry about sthg** przepraszać za coś; [regretful] : **aren't you sorry?** czy nie jest ci przykro?; [sad, upset]

: **we'll be sorry to go** szkoda nam będzie wyjeżdżać; **I'm sorry you didn't get the job** przykro mi, że nie dostałeś tej pracy; **to feel sorry for sb** współczuć komuś • **sorry?** [asking for repetition] słucham?

sort [sɔːt] ◇ n [type] rodzaj m. ◇ vt sortować/posortować • **sort of** [more or less] w pewnym sensie. ➤ **sort out** ◇ vt sep [classify] segregować/posegregować; [resolve] rozwiązywać/rozwiązać.

so-so ◇ adj inf taki sobie. ◇ adv inf tak sobie.

soufflé ['suːfleɪ] n suflet m.

sought [sɔːt] pt & pp ⊳ **seek**.

soul [səʊl] n [spirit] dusza f; [soul music] soul m.

sound [saʊnd] ◇ n [noise] dźwięk m; [volume] głośność f. ◇ vt [horn, bell] brzmieć/zabrzmieć. ◇ vi [make a noise] brzmieć/zabrzmieć, [seem to be] wydawać/wydać się. ◇ adj [in good condition] nienaruszony; [health] mocny; [of heart] zdrowy; [reliable] rozsądny • **to sound like** [make a noise like] brzmieć jak; [seem to be] wydawać się.

soundcard ['saʊndkaːd] n COMPUT karta f dźwiękowa.

soundproof ['saʊndpruːf] adj dźwiękoszczelny.

soup [suːp] n zupa f.

soup spoon n łyżka f stołowa.

sour ['saʊər] adj kwaśny • **to go sour** skwaśnieć.

source [sɔːs] n źródło n.

sour cream n kwaśna śmietana f.

south [saʊθ] ◇ n południe n. ◇ adj południowy. ◇ adv [fly, walk, be situated] na południe;

[live] na południu • **in the south of England** w południowej Anglii.

South Africa n Republika f Południowej Afryki.

South America n Ameryka f Południowa.

southbound ['saʊθbaʊnd] adj w kierunku południowym.

southeast ['saʊθ'iːst] n południowy wschód m.

southern ['sʌðən] adj południowy.

South Pole n biegun m południowy.

southwards ['saʊθwədz] adv na południe.

southwest ['saʊθ'west] n południowy zachód m.

souvenir ['suːvə'nɪər] n pamiątka f.

Soviet Union n : **the Soviet Union** Związek m Radziecki.

sow[1] (pp sown [səʊn]) vt [seeds] siać/posiać.

sow[2] n [pig] maciora f.

soya ['sɔɪə] n soja f.

soya bean ['sɔɪbiːn] n soja f.

soy sauce n sos m sojowy.

spa [spɑː] n uzdrowisko n.

space [speɪs] ◇ n [room] miejsce n; [gap] szpara f; [between words] odstęp m; [in astronomy etc] przestrzeń f kosmiczna; [period] okres m. ◇ vt rozmieszczać/rozmieścić.

spaceship ['speɪsʃɪp] n statek m kosmiczny.

space shuttle n wahadłowiec m.

spacious ['speɪʃəs] adj przestronny.

spade [speɪd] n [tool] łopata f. ➤ **spades** npl [in cards] piki mpl.

spaghetti [spə'getɪ] *n* spaghetti *n*.

Spain [speɪn] *n* Hiszpania *f*.

span [spæn] ⬦ *pt* ▷ **spin**. ⬦ *n* [length] rozpiętość *f*; [of time] okres *m*.

Spaniard ['spænjəd] *n* Hiszpan *m*, -ka *f*.

spaniel ['spænjəl] *n* spaniel *m*.

Spanish ['spænɪʃ] ⬦ *adj* hiszpański. ⬦ *n* [language] hiszpański *m*.

spank [spæŋk] *vt* dawać/dać klapsa.

spanner ['spænə'] *n* klucz *m* płaski.

spare [speə'] ⬦ *adj* [kept in reserve] zapasowy; [not in use] wolny. ⬦ *n* [spare part] część *f* zamienne; [spare wheel] koło *n* zapasowe. ⬦ *vt* [give up] : **Can you spare me £5?** miałbyś dla mnie pięć funtów?; **I can't spare the time to do it** nie mam czasu na zrobienie tego • **with ten minutes to spare** z dziesięciominutowym wyprzedzeniem.

spare part *n* część *f* zamienna.

spare ribs *npl* żeberka *npl*.

spare room *n* pokój *m* gościnny.

spare time *n* wolny czas *m*.

spare wheel *n* zapasowe koło *n*.

spark [spɑːk] *n* iskra *f*.

sparkling ['spɑːklɪŋ] *adj* [mineral water, soft drink] gazowany.

sparkling wine *n* wino *n* musujące.

spark plug *n* świeca *f* zapłonowa.

sparrow ['spærəʊ] *n* wróbel *m*.

spat [spæt] *pt & pp* ▷ **spit**.

speak [spiːk] (*pt* spoke, *pp* spoken) ⬦ *vt* mówić. ⬦ *vi* [talk] rozmawiać/porozmawiać; [make

a speech] przemawiać/przemówić • **who's speaking?** [on phone] kto mówi?; **can I speak to Sarah? – speaking!** [on phone] czy mogę mówić z Sarą? – słucham?; **to speak to sb about sthg** porozmawiać z kimś o czymś. ⬦ **speak up** ⬦ *vi* [more loudly] mówić głośniej.

speaker ['spiːkə'] *n* [person] mówca *m*, mówczyni *f*; [loudspeaker, of stereo] głośnik *m* • **a Spanish speaker** osoba hiszpańskojęzyczna.

spear [spɪə'] *n* włócznia *f*.

special ['speʃl] ⬦ *adj* [not ordinary] specjalny; [particular] szczególny. ⬦ *n* [dish] specjalność *f* • **'today's special'** dziś polecamy.

special delivery *n* UK przesyłka *f* ekspresowa.

special effects *npl* efekty *mpl* specjalne.

specialist ['speʃəlɪst] *n* [doctor] specjalista *m*, specjalistka *f*.

speciality ['speʃɪ'ælətɪ] *n* specjalność *f*.

specialize ['speʃəlaɪz] *vi* : **to specialize (in)** specjalizować się (w).

specially ['speʃəlɪ] *adv* szczególnie; [on purpose] specjalnie.

special needs *npl* : **children with special needs** dzieci specjalnej troski.

special offer *n* oferta *f* specjalna.

special school *n* UK szkoła *f* specjalna.

specialty US = speciality.

species ['spiːʃiːz] *n* gatunek *m*.

specific [spə'sɪfɪk] *adj* [particular] określony; [exact] ścisły.

specifications *npl* [of machine, car] parametry *mpl*.

specimen [ˈspesɪmən] *n* MED próbka *f*; [example] okaz *m*.

specs [speks] *npl inf* okulary *pl*.

spectacle [ˈspektəkl] *n* [sight] widok *m*.

spectacles [ˈspektəklz] *npl* okulary *pl*.

spectacular [spekˈtækjʊləʳ] *adj* wspaniały.

spectator [spekˈteɪtəʳ] *n* widz *m*.

sped [sped] *pt & pp* ⊳ **speed**.

speech [spiːtʃ] *n* [ability to speak] mowa *f*; [manner of speaking] wymowa *f*; [talk] przemówienie *n*.

speech impediment *n* zaburzenie *n* mowy.

speed [spiːd] (*pt & pp* **speeded** OR *pt & pp* **sped**) ⟨⟩ *n* [rate, pace] prędkość *f*; [fast rate] szybkość *f*; [of film] czułość *f*; [bicycle gear] bieg *m*. ⟨⟩ *vi* [move quickly] mknąć/pomknąć; [drive too fast] przekraczać/przekroczyć dozwoloną prędkość • reduce speed now' zwolnij. ⟨⟩ **speed up** ⟨⟩ *vi* przyspieszać/przyspieszyć.

speedboat [ˈspiːdbəʊt] *n* ślizgacz *m*.

speed bump *n* próg *m* zwalniający.

speed camera *n* kamera rejestrująca nadmierną prędkość.

speeding [ˈspiːdɪŋ] *n* przekroczenie *n* dozwolonej prędkości.

speed limit *n* ograniczenie *n* prędkości.

speedometer [spɪˈdɒmɪtəʳ] *n* prędkościomierz *m*.

spell [spel] (*UK pt & pp* **spelled** OR *pt & pp* **spelt** *US pt & pp* **spelled**) ⟨⟩ *vt* : her name is spelt like this tak pisze się jej nazwisko; shall I spell that? czy mam to

przeliterować?; C-A-T spells cat K-O-T czyta się kot. ⟨⟩ *n* [period] okres *m*; [magic] zaklęcie *n*.

spell-check ⟨⟩ *n* automatyczne sprawdzanie *n* pisowni. ⟨⟩ *vt* [text, file, document] automatycznie sprawdzać/sprawdzić pisownię.

spell-checker [-tʃekəʳ] *n* autokorekta *f*.

spelling [ˈspelɪŋ] *n* [correct order] pisownia *f*; [ability] ortografia *f*.

spelt [spelt] *pt & pp UK* ⊳ **spell**.

spend [spend] (*pt & pp* **spent**) *vt* [money] wydawać/wydać; [time] spędzać/spędzić.

sphere [sfɪəʳ] *n* [round shape] kula *f*.

spice [spaɪs] ⟨⟩ *n* CULIN przyprawa *f*. ⟨⟩ *vt* CULIN przyprawiać/przyprawić.

spicy [ˈspaɪsɪ] *adj* [food] pikantny.

spider [ˈspaɪdəʳ] *n* pająk *m*.

spider's web *n* pajęczyna *f*.

spike [spaɪk] *n* [metal] szpikulec *m*.

spill [spɪl] (*UK pt & pp* **spilled** OR *pt & pp* **spilt** *US pt & pp* **spilled**) ⟨⟩ *vt* [liquid] rozlewać/rozlać; [sugar, salt *etc*] rozsypywać/rozsypać. ⟨⟩ *vi* [liquid] rozlewać/rozlać się; [sugar, salt *etc*] rozsypywać/rozsypać się.

spin [spɪn] (*pt* **span spun**, *pp* **spun**) ⟨⟩ *vt* [wheel, coin, chair] kręcić/zakręcić; [washing] wirować/odwirować. ⟨⟩ *n* [on ball] podkręcenie *n* • to go for a spin *inf* [in car] wybrać się na przejażdżkę.

spinach [ˈspɪnɪdʒ] *n* szpinak *m*.

spine [spaɪn] *n* [of back] kręgosłup *m*; [of book] grzbiet *m*.

spiral [ˈspaɪərəl] *n* spirala *f*.

spiral staircase n kręte schody pl.

spire ['spaɪəʳ] n iglica f.

spirit ['spɪrɪt] n [soul] dusza f; [energy] duch m; [courage] odwaga f; [mood] nastrój m. ➡ **spirits** npl UK [alcohol] napoje mpl alkoholowe.

spit [spɪt] (UK pt&pp **spat** US pt&pp **spit**) ⬦ vi [person] pluć/plunąć; [fire, food] skwierczeć/zaskwierczeć. ⬦ n [saliva] ślina f; [for cooking] rożen m. ⬦ impers vb : it's spitting kropi.

spite [spaɪt] ➡ **in spite of** ⬦ prep mimo.

spiteful ['spaɪtfʊl] adj złośliwy.

splash [splæʃ] ⬦ n [sound] plusk m. ⬦ vt chlapać/pochlapać.

splendid ['splendɪd] adj [beautiful] wspaniały; [very good] świetny.

splint [splɪnt] n szyna f usztywniająca.

splinter ['splɪntəʳ] n drzazga f.

split [splɪt] (pt&pp **split**) ⬦ n [tear] rozdarcie n; [crack] pęknięcie n; [in skirt] rozcięcie n. ⬦ vt [wood, stone] rozłupywać/rozłupać; [tear] rozdzierać/rozedrzeć; [bill, cost, profits, work] dzielić/podzielić. ⬦ vi [wood, stone] pękać/pęknąć; [tear] rozdzierać/rozedrzeć się. ➡ **split up** ⬦ vi [group] dzielić/podzielić się; [couple] rozstawać/rozstać się.

spoil [spɔɪl] (pt&pp **spoiled** OR pt&pp **spoilt**) vt [ruin] psuć/zepsuć; [child] rozpieszczać/rozpieścić.

spoke [spəʊk] ⬦ pt ⊳ speak. ⬦ n [of wheel] szprycha f.

spoken ['spəʊkn] pp ⊳ speak.

spokesman ['spəʊksmən] (pl -men [-mən]) n rzecznik m.

spokeswoman ['spəʊks'wʊmən] (pl -women [-'wɪmɪn]) n rzeczniczka f.

sponge [spʌndʒ] n [for cleaning, washing] gąbka f.

sponge bag n UK kosmetyczka f.

sponge cake n biszkopt m.

sponsor ['spɒnsəʳ] n [of event, TV programme] sponsor m.

sponsored walk ['spɒnsəd-] n marsz organizowany w celu zdobycia funduszy.

spontaneous [spɒn'teɪnjəs] adj spontaniczny.

spoon [spuːn] n łyżka f.

spoonful ['spuːnfʊl] n łyżka f.

sport [spɔːt] n sport m.

sports car n samochód m sportowy.

sports centre n ośrodek m sportowy.

sports jacket n marynarka f sportowa.

sportsman ['spɔːtsmən] (pl -men [-mən]) n sportowiec m.

sports shop n sklep m sportowy.

sportswoman ['spɔːts'wʊmən] (pl -women [-'wɪmɪn]) n sportsmenka f.

spot [spɒt] ⬦ n [stain] plama f; [on skin] pryszcz m; [on clothes] groszek m; [of rain] kropla f; [on leopard] cętka f; [place] miejsce n. ⬦ vt dostrzegać/dostrzec • on the spot [at once] na poczekaniu; [at the scene] na miejscu.

spotless ['spɒtlɪs] adj nieskazitelny.

spotlight ['spɒtlaɪt] n reflektor m.

spotty ['spɒtɪ] adj pryszczaty.

spouse [spaʊs] n fml małżonek m, małżonka f.

spout [spaʊt] n [of kettle, carton, teapot] dziobek m.

sprain [spreɪn] vt zwichnąć.

sprang [spræŋ] pt ⊳ spring.

spray [spreɪ] ◇ n [of aerosol, perfume] spray m; [droplets] mgiełka f. ◇ vt [surface, wall, car, crops] spryskiwać/spryskać; [paint, water etc] rozpryskiwać/rozpryskać.

spread [spred] (pt & pp spread) ◇ vt [butter, jam, glue] smarować/posmarować; [map, tablecloth, blanket] rozpościerać/rozpostrzeć; [legs, fingers, arms] rozkładać/rozłożyć; [disease] rozprzestrzeniać/rozprzestrzenić; [news, rumour] rozpowszechniać/rozpowszechnić. ◇ vi [disease, fire, stain] rozprzestrzeniać/rozprzestrzenić się; [news, rumour] rozpowszechniać/rozpowszechnić się. ◇ n [food] pasta f. ⬤ spread out ◇ vi [disperse] rozpraszać/rozproszyć się.

spring [sprɪŋ] (pt sprang, pp sprung) ◇ n [season] wiosna f; [coil] sprężyna f; [in ground] źródło n. ◇ vi [leap] skakać/skoczyć • in (the) spring wiosną.

springboard ['sprɪŋbɔːd] n [for diving] trampolina f.

spring-cleaning n wiosenne porządki mpl.

spring onion n dymka f.

spring roll n sajgonka f.

sprinkle ['sprɪŋkl] vt [with liquid] spryskiwać/spryskać; [with sugar, herbs, nuts etc] posypywać/posypać.

sprinkler ['sprɪŋklə'] n [for fire] instalacja f tryskaczowa; [for grass] zraszacz m.

sprint [sprɪnt] ◇ n [race] sprint m. ◇ vi [run fast] biec/pobiec sprintem.

sprout [spraʊt] n [vegetable] brukselka f.

spruce [spruːs] n świerk m.

sprung [sprʌŋ] ◇ pp ⊳ spring. ◇ adj [mattress] sprężynowy.

spud [spʌd] n inf kartofel m.

spun [spʌn] pt & pp ⊳ spin.

spur [spɜː'] n [for horse rider] ostroga f • on the spur of the moment pod wpływem chwili.

spurt [spɜːt] vi tryskać/trysnąć.

spy [spaɪ] n szpieg m.

squall [skwɔːl] n [weather] nawałnica f.

squalor ['skwɒlə'] n nędza f.

square [skweə'] ◇ adj [in shape] kwadratowy. ◇ n [shape] kwadrat m; [in town] plac m; [of chocolate] kawałek m; [on chessboard] pole n • 2 square metres 2 metry kwadratowe; it's 2 metres square ma 2 metry kwadratowe; we're (all) square now [not owing money] teraz jesteśmy kwita.

squash [skwɒʃ] ◇ n [game] squash m; UK [drink] zagęszczony napój z wyciśniętych owoców; US [vegetable] warzywo mające wiele odmian, podobne do dyni i kabaczka. ◇ vt [crush] zgniatać/zgnieść.

squat [skwɒt] ◇ adj przysadzisty. ◇ n [building] nielegalnie zasiedlony pustostan m. ◇ vi [crouch] kucać/przykucać • to live in a squat mieszkać na dziko.

squeak [skwiːk] vi [mouse, toy] piszczeć/zapiszczeć; [shoes, wheel] skrzypieć/zaskrzypieć.

squeeze [skwiːz] vt [hand] ściskać/uścisnąć; [tube, orange] wyciskać/wycisnąć. **squeeze in** vi wciskać/wcisnąć się.

squid [skwɪd] n kalmar m.

squint [skwɪnt] <> n zez m. <> vi [strain to see] : **to squint at sb** patrzeć na kogoś z przymrużonymi oczami.

squirrel [UK 'skwɪrəl, US 'skwɜːrəl] n wiewiórka f.

squirt [skwɜːt] vi tryskać/trysnąć.

St (abbr of **Street**) ul; (abbr of **Saint**) św.

stab [stæb] vt dźgać/dźgnąć.

stable ['steɪbl] <> adj [unchanging] trwały; [firmly fixed] stabilny. <> n stajnia f.

stack [stæk] n [pile] stos m • **stacks of** inf [lots] kupa.

stadium ['steɪdjəm] n stadion m.

staff [stɑːf] n [workers] personel m.

stage [steɪdʒ] n [phase] etap m; [in theatre] scena f.

stagger ['stægər] <> vt [arrange in stages] rozkładać/rozłożyć w czasie. <> vi zataczać/zatoczyć się.

stagnant ['stægnənt] adj [water] stojący.

stain [steɪn] <> n plama f. <> vt plamić/poplamić.

stained glass n : **stained glass window** witraż m.

stainless steel n stal f nierdzewna.

staircase ['steəkeɪs] n klatka f schodowa.

stairs npl schody pl.

stairwell ['steəwel] n klatka f schodowa.

stake [steɪk] n [share] udział m; [in gambling] stawka f; [post] pal m • **to be at stake** wchodzić w grę; **she's got a lot at stake** ma wiele do stracenia.

stale [steɪl] adj [food] nieświeży; [bread etc] czerstwy.

stalk [stɔːk] n [of flower, plant] łodyga f; [of fruit] szypułka f; [of leaf] ogonek m.

stall [stɔːl] <> n [in market, at exhibition] stoisko n. <> vi [car, plane, engine] gasnąć/zgasnąć. **stalls** <> npl UK [in theatre] parter m.

stamina ['stæmɪnə] n wytrzymałość f.

stammer ['stæmər] vi jąkać/zająknąć się.

stamp [stæmp] <> n [for letter] znaczek m; [in passport, on document] stempel m. <> vt [passport, document] stemplować/ostemplować : **to stamp one's foot** tupnąć nogą. <> vi : **to stamp on sthg** nadepnąć na coś.

stamp-collecting n filatelistyka f.

stamp machine n automat m do sprzedaży znaczków.

stand [stænd] (pt & pp **stood**) <> vi [be on feet, be situated] stać; [get to one's feet] wstawać/wstać. <> vt [place] stawiać/postawić; [bear] znosić/znieść; [withstand] wytrzymywać/wytrzymać. <> n [stall] stoisko n; [for umbrellas, coats] wieszak m; [for bike, motorbike] stojak m; [at sports stadium] trybuna f • **to be standing** stać; **to stand sb a drink** postawić komuś drinka; **'no standing'** US AUT zakaz zatrzymywania się. **stand back** <> vi cofać się/cofnąć się. **stand for** <> vt insep [mean] oznaczać; [tolerate] znosić/znieść. **stand in** <> vi : **to stand for sb** zastępować kogoś. **stand out** <> vi [be conspicuous] rzucać/rzucić się w oczy; [be superior] wyróżniać/wyróżnić się. **stand up** ◇ *vi* [be on feet] stać/ stanąć; [get to one's feet] wstawać/wstać. ◇ *vt sep inf* [boyfriend, girlfriend *etc*] wystawiać/ wystawić do wiatru. **stand up for** ◇ *vt insep* [person] stawać/stanąć w obronie.

standard ['stændəd] ◇ *adj* [normal] typowy; [procedure, practice] standardowy. ◇ *n* [level] poziom *m*; [point of comparison] norma *f* • **up to standard** na odpowiednim poziomie. **standards** ◇ *npl* [principles] normy *fpl*.

standard-class *adj UK* [on train] druga klasa *f*.

standby ['stændbaɪ] *adj* [ticket] *zniżkowy bilet sprzedawany na wolne miejsca przed startem samolotu.*

stank [stæŋk] *pt* ▷ stink.

staple ['steɪpl] *n* [for paper] zszywka *f*.

stapler ['steɪplər] *n* zszywacz *m*.

star [stɑːr] ◇ *n* gwiazda *f*; [hotel rating] gwiazdka *f*. ◇ *vt* [subj: film, play *etc*] : **the film stars Meryl Streep** główną rolę w filmie gra Meryl Streep. **stars** ◇ *npl* [horoscope] horoskop *m*.

starboard ['stɑːbəd] *adj* prawy.

starch [stɑːtʃ] *n* [for clothes] krochmal *m*; [in food] skrobia *f*.

stare [steər] *vi* wpatrywać się • **to stare at** gapić się na.

starfish ['stɑːfɪʃ] (*pl* **starfish**) *n* rozgwiazda *f*.

starling ['stɑːlɪŋ] *n* szpak *m*.

Stars and Stripes *n* : **the Stars and Stripes** flaga *f* amerykańska.

start [stɑːt] ◇ *n* [beginning] początek *m*; [starting place] start *m*. ◇ *vt* [begin] zaczynać/zacząć; [car, engine] uruchamiać/uruchomić; [business, club] zakładać/ założyć. ◇ *vi* [begin] zaczynać/ zacząć się; [car, engine] zapalać/ zapalić; [begin journey] wyruszać/ wyruszyć • **prices start at** OR **from £5** ceny od 5 funtów; **to start doing sthg** OR **to do sthg** zacząć coś robić; **to start with** [in the first place] po pierwsze; [when ordering meal] zamówić coś na początek. **start out** ◇ *vi* [on journey] wyruszać/wyruszyć; [be originally] zaczynać/zacząć. **start up** ◇ *vt sep* [car, engine] uruchamiać/uruchomić; [business, shop] założyć.

starter ['stɑːtər] *n UK* [of meal] przystawka *f*; [of car] rozrusznik *m* • **for starters** [in meal] na przystawkę.

starter motor *n* rozrusznik *m*.

starting point *n* punkt *m* wyjścia.

startle ['stɑːtl] *vt* zaskakiwać/ zaskoczyć.

starvation [stɑːˈveɪʃn] *n* głód *m*.

starve [stɑːv] *vi* [have no food] głodować • **I'm starving!** umieram z głodu.

state [steɪt] ◇ *n* [condition] stan *m*; [country] państwo *n*; [region] stan *m*. ◇ *vt* [declare] oświadczać/oświadczyć; [specify] podawać/podać • **the State** państwo *n*; **the States** Stany *pl*.

statement ['steɪtmənt] *n* [declaration] zeznanie *n*; [announcement] oświadczenie *n*; [from bank] wyciąg *m* z konta.

state school *n* szkoła *f* państwowa.

statesman ['steɪtsmən] (*pl* **-men** [-mən]) *n* mąż *m* stanu.

static ['stætɪk] n [on radio, TV] zakłócenia npl.

station ['steɪʃn] n [for underground, trains – small] stacja f; [for buses, trains – large] dworzec m; [on radio] rozgłośnia f.

stationary ['steɪʃnərɪ] adj nieruchomy.

stationer's n [shop] sklep m papierniczy.

stationery ['steɪʃnərɪ] n artykuły mpl papiernicze.

station wagon n US kombi n.

statistics [stə'tɪstɪks] npl [facts] dane pl statystyczne.

statue ['stætʃuː] n statua f.

Statue of Liberty n : the Statue of Liberty Statua f Wolności.

status [UK 'steɪtəs, US 'stætəs] n status m.

status bar n pasek m stanu.

stay [steɪ] <> n [time spent] pobyt m. <> vi [remain] zostawać/zostać; [as guest] zatrzymywać/zatrzymać się; Scot [reside] mieszkać • to stay the night zostać na noc; to stay the same nie zmienić się; to stay asleep nie budzić się. ◆ **stay away** <> vi [not attend] nie przychodzić/przyjść; [not go near] trzymać się z dala. ◆ **stay in** <> vi zostawać/zostać w domu. ◆ **stay out** <> vi [from home] być poza domem. ◆ **stay up** <> vi nie kłaść się.

STD code n numer m kierunkowy.

steady ['stedɪ] <> adj [not shaking, firm] stabilny; [gradual, stable] stały. <> vt [stop from shaking] unieruchamiać/unieruchomić.

steak [steɪk] n stek m.

steak and kidney pie n tradycyjna brytyjska potrawa z kawał-

ków gotowanej wołowiny i cynaderek zapiekanych w kruchym cieście.

steakhouse ['steɪkhaʊs] n restauracja, której specjalnością są steki.

steal [stiːl] (pt stole, pp stolen) vt kraść/ukraść • to steal sthg from sb ukraść coś komuś.

steam [stiːm] <> n para f. <> vt [food] gotować/ugotować na parze.

steamboat ['stiːmbəʊt] n parowiec m.

steam engine n lokomotywa f.

steam iron n żelazko n z nawilżaczem.

steel [stiːl] <> n stal f. <> adj stalowy.

steep [stiːp] adj [hill, path] stromy; [increase, drop] gwałtowny.

steeple ['stiːpl] n iglica f.

steer ['stɪəʳ] vt [car] kierować/pokierować; [boat] sterować; [plane] pilotować.

steering ['stɪərɪŋ] n układ m kierowniczy.

steering wheel n kierownica f.

stem [stem] n [of plant] łodyga f; [of glass] nóżka f.

step [step] <> n krok m; [stair, rung] stopień m. <> vi : to step on sthg nadepnąć na coś • 'mind the step' uwaga na stopień! ◆ **steps** <> npl [stairs] schody pl. ◆ **step aside** <> vi [move aside] schodzić/zejść na bok. ◆ **step back** <> vi [move back] cofać/cofnąć się.

step aerobics n step m.

stepbrother ['step'brʌðəʳ] n brat m przyrodni.

stepdaughter ['step'dɔːtəʳ] n pasierbica f.

stepfather ['step'fɑːðəʳ] n ojczym m.

stepladder ['step'lædə'] *n* drabina *f* podestowa.

stepmother ['step'mʌðə'] *n* macocha *f*.

stepsister ['step'sɪstə'] *n* siostra *f* przyrodnia.

stepson ['stepsʌn] *n* pasierb *m*.

stereo ['sterɪəʊ] (*pl* -s) <> *adj* stereofoniczny. <> *n* [hi-fi] zestaw *m* stereo; [stereo sound] stereo *n*.

sterile ['steraɪl] *adj* [germ-free] sterylny.

sterilize ['sterəlaɪz] *vt* [container, milk, utensil] sterylizować/wysterylizować.

sterling ['stɜːlɪŋ] <> *adj* [pound] w funtach szterlingach. <> *n* funt *m* szterling.

sterling silver *n* srebro *n* najwyższej próby.

stern [stɜːn] <> *adj* [strict] surowy. <> *n* [of boat] rufa *f*.

stew [stjuː] *n rodzaj gulaszu.*

steward ['stjʊəd] *n* [on plane, ship] steward *m*; [at public event] porządkowy *m*, porządkowa *f*.

stewardess ['stjʊədɪs] *n* stewardesa *f*.

stewed [stjuːd] *adj* [fruit] w kompocie.

stick [stɪk] (*pt & pp* stuck) <> *n* [of wood] patyk *m*; [for sport] kij *m*; [thin piece] kawałek *m*; [celery] łodyga *f*; [walking stick, cinnamon] laska *f*. <> *vt* [glue onto] przyklejać/przykleić : **stick together** sklejać/skleić [figurative] trzymać się razem; [push, insert] wtykać/wetknąć; *inf* [put] kłaść/położyć. <> *vi* [become attached] przyklejać/przykleić się; [door, zip] zacinać/zaciąć się; [body part] utykać/utknąć. **stick out** <> *vi* [protrude] sterczeć; [be

noticeable] rzucać/rzucić się w oczy. **stick to** <> *vt insep* [decision, principles, promise] pozostawać/pozostać przy. **stick up** <> *vt sep* [poster, notice] wywieszać/wywiesić. <> *vi* sterczeć. **stick up for** <> *vt insep* stawać/stanąć w obronie.

sticker ['stɪkə'] *n* naklejka *f*.

sticking plaster ['stɪkɪŋ-] *n* plaster *m* opatrunkowy.

stick shift *n US* [car] dźwignia *f* zmiany biegów.

sticky ['stɪkɪ] *adj* [substance, hands, sweets] lepki; [label, tape] klejący; [weather] parny.

stiff [stɪf] <> *adj* sztywny; [door, latch, mechanism] zacinający się. <> *adv* : **to be bored stiff** *inf* być śmiertelnie znudzony.

stile [staɪl] *n* przełaz *m*.

stiletto heels *npl* [shoes] szpilki *pl*.

still <> *adv* [up to now, even now] wciąż; [possibly, even] jeszcze; [despite that] mimo to. <> *adj* [motionless] nieruchomy; [quiet, calm] spokojny; [not fizzy] niegazowany • **we've still got 10 minutes** mamy jeszcze 10 minut; **still more** jeszcze więcej; **to stand still** stać nieruchomo.

Stilton ['stɪltn] *n angielski ser typu rokpol.*

stimulate ['stɪmjʊleɪt] *vt* pobudzać/pobudzić.

sting [stɪŋ] (*pt & pp* stung) <> *vt* [subj:] [bee, wasp] żądlić/użądlić; [nettle] oparzyć. <> *vi* [skin, eyes] szczypać.

stingy ['stɪndʒɪ] *adj inf* sknerowaty.

stink [stɪŋk] (*pt* stank stunk, *pp* stunk) *vi* śmierdzieć.

stipulate ['stɪpjʊleɪt] *vt* określać/określić.

stir [stɜːʳ] *vt* mieszać/zamieszać.

stir-fry ⬦ *n potrawa, którą smaży się na dużym ogniu mieszając.* ⬦ *vt* smażyć/przysmażyć ciągle mieszając.

stirrup ['stɪrəp] *n* strzemię *n*.

stitch [stɪtʃ] *n* [in sewing, style of knitting] ścieg *m*; [in knitting] oczko *n* • **to have a stitch** [stomach pain] mieć kolkę. ➡ **stitches** *npl* [for wound] szwy *mpl*.

stock [stɒk] ⬦ *n* [of shop, business] towar *m*; [supply] zapas *m*; FIN kapitał *m* akcyjny; [in cooking] bulion *m*. ⬦ *vt* [have in stock] mieć w sprzedaży • **in stock** w sprzedaży; **out of stock** wyprzedany.

stock cube *n* kostka *f* rosołowa.

Stock Exchange *n* giełda *f* papierów wartościowych.

stocking ['stɒkɪŋ] *n* pończocha *f*.

stock market *n* giełda *f* papierów wartościowych.

stodgy ['stɒdʒɪ] *adj* [food] ciężko strawny.

stole [stəʊl] *pt* ▷ **steal**.

stolen ['stəʊln] *pp* ▷ **steal**.

stomach ['stʌmək] *n* [organ] żołądek *m*; [belly] brzuch *m*.

stomach ache *n* ból *m* brzucha.

stomach upset *n* rozstrój *m* żołądka.

stone [stəʊn] ⬦ *n* kamień *m*; [in fruit] pestka *f*; [measurement: pl inv] 6,35 kg; [gem] kamień *m* szlachetny. ⬦ *adj* kamienny.

stonewashed ['stəʊnwɒʃt] *adj* sprany.

stood [stʊd] *pt & pp* ▷ **stand**.

stool [stuːl] *n* [for sitting on] stołek *m*.

stop [stɒp] ⬦ *n* przystanek *m*. ⬦ *vt* [cause to cease] przerywać/przerwać; [car, machine] zatrzymywać/zatrzymać; [prevent] powstrzymywać/powstrzymać. ⬦ *vi* [cease to move] zatrzymywać/zatrzymać się; [cease] przestawać/przestać; [cease to function] stawać/stanąć • **to stop sb/sthg from doing sthg** powstrzymać kogoś/coś od zrobienia czegoś; **to stop doing sthg** zaprzestać robienia czegoś; **to put a stop to sthg** położyć kres czemuś; 'stop' [road sign] stop; 'stopping at ...' [train, bus] zatrzymuje się w... ➡ **stop off** ⬦ *vi* zatrzymywać/zatrzymać się.

stopover ['stɒpˌəʊvəʳ] *n* przerwa *f* w podróży.

stopper ['stɒpəʳ] *n* zatyczka *f*.

stopwatch ['stɒpwɒtʃ] *n* stoper *m*.

storage ['stɔːrɪdʒ] *n* : **in storage** w magazynie.

store [stɔːʳ] ⬦ *n* [shop] sklep *m*; [supply] zapas *m*. ⬦ *vt* [keep in storage] magazynować.

storehouse ['stɔːhaʊs] *n* [warehouse] magazyn *m*.

storeroom ['stɔːrʊm] *n* [in shop] magazyn *m*.

storey ['stɔːrɪ] (*pl* -s) ['stɔːrɪ] *n UK* piętro *n*.

stork [stɔːk] *n* bocian *m*.

storm [stɔːm] *n* burza *f*.

stormy ['stɔːmɪ] *adj* [weather] burzowy.

story ['stɔːrɪ] *n* [tale] opowiadanie *f*; [account] relacja *f*; [news item] artykuł *m*; *US* = **storey**.

stout [staʊt] <> adj [fat] tęgi. <> n [drink] porter m.

stove [stəʊv] n [for cooking] kuchenka f; [for heating] piecyk m.

straight [streɪt] <> adj prosty; [consecutive] nieprzerwany; [drink] czysty. <> adv [in a straight line] prosto; [directly] bezpośrednio • **straight ahead** prosto przed siebie; **straight away** od razu.

straightforward ['streɪt'fɔ:wəd] adj [easy] prosty.

strain [streɪn] <> n [force] nacisk m; [nervous stress] stress m; [tension] napięcie n; [injury] nadwyrężenie n. <> vt [muscle, eyes] przemęczać/przemęczyć; [tea] cedzić/przecedzić; [pasta, rice etc] odsączać/odsączyć.

strainer ['streɪnə'] n sitko n.

strait [streɪt] n cieśnina f.

strange [streɪndʒ] adj [unusual] dziwny; [unfamiliar] obcy.

stranger ['streɪndʒə'] n [unfamiliar person] nieznajomy m; [person from different place] obcy m.

strangle ['stræŋgl] vt [kill] dusić/udusić.

strap [stræp] n [of bag, camera, watch, shoe] pasek m.

strapless ['stræplɪs] adj bez ramiączek.

strategy ['strætɪdʒɪ] n strategia f.

Stratford-upon-Avon n Stratford-upon-Avon.

straw [strɔ:] n [substance] słoma f; [for drinking] słomka f.

strawberry ['strɔ:bərɪ] n truskawka f.

stray [streɪ] <> adj [animal] bezpański. <> vi [wander] błąkać/zabłąkać się.

streak [stri:k] n [stripe, mark] smuga f; [period] passa f.

stream [stri:m] n strumień m.

street [stri:t] n ulica f.

streetcar ['stri:tkɑ:'] n US tramwaj m.

street light n latarnia f.

street plan n plan m miasta.

strength [streŋθ] n siła f; [of structure] wytrzymałość f; [strong point] mocna strona f; [of food, drink, drug] moc m.

strengthen ['streŋθn] vt wzmacniać/wzmocnić.

stress [stres] <> n [tension] stres m; [on word, syllable] akcent m. <> vt [emphasize] podkreślać/podkreślić; [word, syllable] akcentować/zaakcentować.

stretch [stretʃ] <> n [of land, water] obszar m; [of time] okres m. <> vt rozciągać/rozciągnąć. <> vi [land, sea] rozciągać się; [person, animal] przeciągać/przeciągnąć się • **to stretch one's legs** fig rozprostować nogi. ➡ **stretch out** <> vt sep [hand] wyciągać/wyciągnąć. <> vi [lie down] wyciągać/wyciągnąć się.

stretcher ['stretʃə'] n nosze pl.

strict [strɪkt] adj surowy; [exact] dokładny.

strictly ['strɪktlɪ] adv [absolutely] surowo; [exclusively] ściśle • **strictly speaking** ściśle mówiąc.

stride [straɪd] n [step] krok m.

strike [straɪk] (pt & pp **struck** [strʌk]) <> n [of employees] strajk m. <> vt fml uderzać/uderzyć; [a match] zapalać/zapalić. <> vi [refuse to work] strajkować/zastrajkować; [happen suddenly] uderzyć • **the clock struck eight** zegar wybił ósmą.

striking ['straɪkɪŋ] adj [noticeable]

uderzający; [attractive] robiący wrażenie.

string [strɪŋ] n [substance, piece of string] sznurek m; [of pearls, beads] sznur m; [of musical instrument, tennis raquet] struna f; [series] seria f • **a piece of string** kawałek sznurka.

strip [strɪp] <> n [of paper, cloth etc] pasek m; [of land, water] pas m. <> vt [paint] zdrapywać/zdrapać; [wallpaper] zdzierać/zedrzeć. <> vi [undress] rozbierać/rozebrać się.

stripe [straɪp] n pasek m.

striped [straɪpt] adj w paski.

strip-search vt poddawać/poddać f rewizji osobistej.

strip show n striptiz m.

stroke [strəʊk] <> n MED udar m; [in tennis, golf] uderzenie n; [swimming style] styl m. <> vt głaskać/pogłaskać • **a stroke of luck** uśmiech losu.

stroll [strəʊl] n przechadzka f.

stroller ['strəʊləʳ] n US [pushchair] wózek m spacerowy.

strong [strɒŋ] adj [person, feeling, smell, wind] silny; [competitor, candidate] poważny; [structure, bridge, chair, drink, drug, point, subject] mocny; [party, organization, movement] wpływowy; [effect, incentive, possibility] duży; [food] ostry.

struck [strʌk] pt & pp ▷ strike.

structure ['strʌktʃəʳ] n [arrangement, organization] struktura f; [building] konstrukcja f.

struggle ['strʌgl] <> n [great effort] walka f. <> vi [fight] walczyć; [in order to get free] szamotać się • **to struggle to do sthg** usiłować coś zrobić.

stub [stʌb] n [of cigarette] niedo-

pałek m; [of cheque, ticket] odcinek m kontrolny.

stubble ['stʌbl] n [on face] zarost m.

stubborn ['stʌbən] adj [person] uparty.

stuck [stʌk] <> pt & pp ▷ stick. <> adj [jammed] zablokowany; [stranded, unable to continue] : **to be stuck** utknąć.

stud [stʌd] n [on football boots] korek m; [fastener] zatrzask m; [earring] kolczyk m.

student ['stjuːdnt] n [at university, college] student m, -ka f; [at school] uczeń m, uczennica f.

student card n legitymacja f studencka.

students' union n [place] klub m studencki.

studio ['stjuːdɪəʊ] (pl -s) n [for filming, broadcasting] studio n; [of artist] pracownia f.

studio apartment US = studio flat.

studio flat n UK studio n.

study ['stʌdɪ] <> n [learning] nauka f; [piece of research] badanie n; [room] gabinet m. <> vt [learn about] studiować; [examine] studiować/przestudiować. <> vi uczyć się/nauczyć się.

stuff [stʌf] <> n inf [substance] coś n; [things, possessions] rzeczy fpl. <> vt [put roughly] wpychać/wepchnąć; [fill] faszerować/nafaszerować.

stuffed [stʌft] adj [food] faszerowany; inf [full up] opchany; [dead animal] wypchany.

stuffing ['stʌfɪŋ] n [food] farsz m; [of pillow, cushion] wypełnienie n.

stuffy ['stʌfɪ] adj [room, atmosphere] duszny.

stumble ['stʌmbl] *vi* [when walking] potykać/potknąć się.

stump [stʌmp] *n* [of tree] pniak *m*.

stun [stʌn] *vt* [shock] oszałamiać/oszołomić.

stung [stʌŋ] *pt & pp* ▷ **sting**.

stunk [stʌŋk] *pt & pp* ▷ **stink**.

stunning ['stʌnɪŋ] *adj* [very beautiful] powalający; [very surprising] oszałamiający.

stupid ['stjuːpɪd] *adj* głupi.

sturdy ['stɜːdɪ] *adj* mocny.

stutter ['stʌtəʳ] *vi* jąkać/zająknąć się.

style [staɪl] ⋄ *n* styl *m*; [design] fason *m*. ⋄ *vt* [hair] modelować/wymodelować.

stylish ['staɪlɪʃ] *adj* stylowy.

stylist ['staɪlɪst] *n* [hairdresser] fryzjer *m*, -ka *f*.

sub [sʌb] *n inf* [substitute] rezerwowy *m*, rezerwowa *f*; *UK* [subscription] prenumerata *f*; *US* [filled baguette] duża kanapka *f*

subdued [səb'djuːd] *adj* [person] przygaszony; [lighting, colour] przyćmiony.

subject ⋄ *n* ['sʌbdʒekt] [topic] temat *m*; [at school, university] przedmiot *m*; GRAMM podmiot *m*; *fml* [of country] obywatel *m*, -ka *f*. ⋄ *vt* [səb'dʒekt] : **to subject sb to sthg** poddać kogoś czemuś • **subject to availability** dostępne do wyczerpania zapasów; **they are subject to an additional charge** podlegają dodatkowej opłacie.

subjunctive [səb'dʒʌŋktɪv] *n* tryb *m* łączący.

submarine ['sʌbməˈriːn] *n* łódź *f* podwodna.

submit [səb'mɪt] ⋄ *vt* [present] przedstawiać/przedstawić. ⋄ *vi* [give in] poddawać/poddać się.

subordinate *adj* GRAMM podrzędny.

subscribe [səb'skraɪb] *vi* [to magazine, newspaper] prenumerować/zaprenumerować.

subscription [səb'skrɪpʃn] *n* prenumerata *f*.

subsequent ['sʌbsɪkwənt] *adj* późniejszy.

subside [səb'saɪd] *vi* [ground] osuwać/osunąć się; [noise, feeling] ustawać/ustać.

substance ['sʌbstəns] *n* [material] substancja *f*.

substantial [səb'stænʃl] *adj* [large] pokaźny.

substitute ['sʌbstɪtjuːt] *n* [replacement] zastępca *m*, zastępczyni *f*; SPORT rezerwowy *m*, rezerwowa *f*.

subtitles *npl* napisy *mpl*.

subtle ['sʌtl] *adj* subtelny.

subtract [səb'trækt] *vt* odejmować/odjąć.

subtraction [səb'trækʃn] *n* odejmowanie *n*.

suburb ['sʌbɜːb] *n* przedmieście *n* • **the suburbs** przedmieścia *npl*.

subway ['sʌbweɪ] *n UK* [for pedestrians] przejście *n* podziemne; *US* [underground railway] metro *n*.

succeed [sək'siːd] ⋄ *vi* [person] odnosić/odnieść sukces; [plan] udać się. ⋄ *vt fml* [follow] następować/nastąpić po • **to succeed in doing sthg** odnieść sukces w czymś.

success [sək'ses] *n* sukces *m*.

successful [sək'sesfʊl] *adj* [person] odnoszący sukcesy; [plan, attempt] udany; [film, book, TV programme] popularny.

succulent ['sʌkjʊlənt] *adj* soczysty.

such [sʌtʃ] ⬦ *adj* taki. ⬦ *adv* : **such a lot** tyle • **it's such a lovely day** jest taki piękny dzień; **such a thing should never have happened** taka rzecz nigdy nie powinna była się wydarzyć; **such as** taki jak.

suck [sʌk] *vt* ssać.

sudden ['sʌdn] *adj* nagły • **all of a sudden** nagle.

suddenly ['sʌdnlɪ] *adv* nagle.

sue [su:] *vt* podawać/podać do sądu.

suede [sweɪd] *n* zamsz *m*.

suffer ['sʌfəʳ] ⬦ *vt* [defeat, injury] doznawać/doznać. ⬦ *vi* cierpieć/ucierpieć • **to suffer from** [illness] cierpieć na.

suffering ['sʌfrɪŋ] *n* cierpienie *n*.

sufficient [sə'fɪʃnt] *adj fml* wystarczający.

sufficiently [sə'fɪʃntlɪ] *adv fml* wystarczająco.

suffix ['sʌfɪks] *n* przyrostek *m*.

suffocate ['sʌfəkeɪt] *vi* dusić/udusić się.

sugar ['ʃʊgəʳ] *n* cukier *m*.

suggest [sə'dʒest] *vt* [propose] proponować/zaproponować • **to suggest doing sthg** zaproponować zrobienie czegoś.

suggestion [sə'dʒestʃn] *n* [proposal] propozycja *f*; [hint] sugestia *f*.

suicide ['su:ɪsaɪd] *n* samobójstwo *n* • **to commit suicide** popełnić samobójstwo.

suit [su:t] ⬦ *n* [man's clothes] garnitur *m*; [woman's clothes] kostium *m*; [in cards] kolor *m*; LAW proces *m*. ⬦ *vt* [be convenient for] odpowiadać; [be appropriate for] pasować • **to be suited to** nadawać się do; **does** this colour/style suit me? dobrze mi w tym kolorze?

suitable ['su:təbl] *adj* odpowiedni • **to be suitable for** być odpowiednim do.

suitcase ['su:tkeɪs] *n* walizka *f*.

suite [swi:t] *n* [set of rooms] apartament *m*; [furniture] komplet *m* wypoczynkowy.

sulk [sʌlk] *vi* dąsać się.

sultana [səl'tɑ:nə] *n UK* [raisin] rodzynek *m* sułtański.

sultry ['sʌltrɪ] *adj* [weather, climate] duszny.

sum [sʌm] *n* suma *f*. ➡ **sum up** *vt sep* [summarize] podsumowywać/podsumować.

summarize ['sʌməraɪz] *vt* streszczać/streścić.

summary ['sʌmərɪ] *n* streszczenie *n*.

summer ['sʌməʳ] *n* lato *n* • **in (the) summer** latem; **summer holidays** wakacje *pl* letnie.

summertime ['sʌmətaɪm] *n* lato *n*.

summit ['sʌmɪt] *n* [of mountain, meeting] szczyt *m*.

summon ['sʌmən] *vt* wzywać/wezwać.

sumptuous ['sʌmptʃʊəs] *adj* wspaniały; [meal] obfity.

sun [sʌn] ⬦ *n* słońce *n*. ⬦ *vt* : **to sun o.s.** wygrzewać się na słońcu • **to catch the sun** lekko się opalić; **in the sun** w słońcu; **out of the sun** zacieniony.

Sun. (*abbr of* Sunday) niedziela.

sunbathe ['sʌnbeɪð] *vi* opalać się.

sunbed ['sʌnbed] *n* [for tanning] łóżko *n* opalające; [for lounging] leżak *m*.

sun block *n* krem *m* przeciwsłoneczny.

sunburn ['sʌnbɜːn] *n* oparzenie *n* słoneczne.

sunburnt ['sʌnbɜːnt] *adj* spalony słońcem.

sundae ['sʌndeɪ] *n* deser *m* lodowy.

Sunday ['sʌndeɪ] *n* niedziela *f see also* **Saturday**.

Sunday school *n* szkółka *f* niedzielna.

sundress ['sʌndres] *n* letnia sukienka *f* bez rękawów.

sundries *npl* [on bill] wydatki *mpl* różne.

sunflower ['sʌn'flaʊəʳ] *n* słonecznik *m*.

sunflower oil *n* olej *m* słonecznikowy.

sung [sʌŋ] *pt* ⊳ **sing**.

sunglasses ['sʌn'glɑːsɪz] *npl* okulary *pl* przeciwsłoneczne.

sunhat ['sʌnhæt] *n* kapelusz *m* od słońca.

sunk [sʌŋk] *pp* ⊳ **sink**.

sunlight ['sʌnlaɪt] *n* światło *n* słoneczne.

sun lounger *n* [chair] leżak *m*.

sunny ['sʌnɪ] *adj* słoneczny.

sunrise ['sʌnraɪz] *n* wschód *m* słońca.

sunroof ['sʌnruːf] *n* szyberdach *m*.

sunscreen ['sʌnskriːn] *n* filtr *m* przeciwsłoneczny.

sunset ['sʌnset] *n* zachód *m* słońca.

sunshine ['sʌnʃaɪn] *n* słońce *n* • in the sunshine w słońcu.

sunstroke ['sʌnstrəʊk] *n* porażenie *n* słoneczne.

suntan ['sʌntæn] *n* opalenizna *f*.

suntan cream *n* krem *m* do opalania.

suntan lotion *n* emulsja *f* do opalania.

super ['suːpəʳ] ◇ *adj* [wonderful] świetny. ◇ *n* [petrol] paliwo *n* wysokooktanowe.

superb [suːˈpɜːb] *adj* wspaniały.

superficial ['suːpəˈfɪʃl] *adj pej* [person] płytki; [wound] powierzchowny.

superfluous [suːˈpɜːfluəs] *adj* zbędny.

Superglue® ['suːpəgluː] *n* superklej *m*.

superior [suːˈpɪərɪəʳ] ◇ *adj* [in quality] lepszy; [in rank] wyższy. ◇ *n* przełożony *m*, przełożona *f*.

supermarket ['suːpəˈmɑːkɪt] *n* supermarket *m*.

supernatural ['suːpəˈnætʃrəl] *adj* nadprzyrodzony.

Super Saver® *n UK* [rail ticket] *zniżkowy bilet kolejowy, sprzedawany z dużym wyprzedzeniem.*

superstitious ['suːpəˈstɪʃəs] *adj* przesądny.

superstore ['suːpəstɔːʳ] *n* hipermarket *m*.

supervise ['suːpəvaɪz] *vt* nadzorować.

supervisor ['suːpəvaɪzəʳ] *n* [of workers] kierownik *m*, kierowniczka *f*.

supper ['sʌpəʳ] *n* [evening meal] kolacja *f*.

supple ['sʌpl] *adj* gibki.

supplement ◇ *n* ['sʌplɪmənt] [of magazine] dodatek *m*; [extra charge] dopłata *f*; [of diet] uzupełnienie *n*. ◇ *vt* ['sʌplɪment] uzupełniać/uzupełnić.

supplementary ['sʌplɪˈmentərɪ] *adj* dodatkowy.

supply ◇ *n* [store] zapas *m*;

[providing] dostarczanie n. ◇ vt dostarczać/dostarczyć • to supply sb with sthg zaopatrzyć kogoś w coś. ➡ supplies ◇ npl zaopatrzenie n.

support [sə'pɔːt] ◇ n [for cause, candidate] poparcie n; [supporting object] podpora f; [encouragement] wsparcie n. ◇ vt [cause] popierać/poprzeć; [campaign, person] wspierać/wesprzeć; SPORT kibicować; [hold up, finance] utrzymywać/utrzymać; [financially] utrzymywać/utrzymać.

supporter [sə'pɔːtə^r] n SPORT kibic m; [of cause, political party] zwolennik m, zwolenniczka f.

suppose [sə'pəuz] ◇ vt [assume] zakładać/założyć; [think] sądzić. ◇ conj = supposing • I suppose so chyba tak; to be supposed to do sthg mieć coś do zrobienia; supposed to be the best in London podobno najlepszy w Londynie.

supposing [sə'pəuzɪŋ] conj przypuśćmy, że.

supreme [su'priːm] adj [great] najwyższy.

surcharge ['sɜːtʃɑːdʒ] n dopłata f.

sure [ʃuə^r] ◇ adj pewny. ◇ adv inf [yes] pewnie; US inf [certainly] rzeczywiście • to be sure of o.s. być pewnym siebie; to make sure (that) ... upewnić się, (że) ...; for sure na pewno.

surely ['ʃuəlɪ] adv [for emphasis] z pewnością.

surf [sɜːf] ◇ n piana f morska. ◇ vi surfować.

surface ['sɜːfɪs] n powierzchnia f • 'temporary road surface' tymczasowa nawierzchnia f drogi.

surface area n powierzchnia f.

surface mail n poczta f lądowa.

surfboard ['sɜːfbɔːd] n deska f surfingowa.

surfing ['sɜːfɪŋ] n surfing m • to go surfing iść posurfować.

surgeon ['sɜːdʒən] n chirurg m.

surgery ['sɜːdʒərɪ] n [treatment] operacja f; UK [building] przychodnia f; UK [period] godziny fpl przyjęć.

surname ['sɜːneɪm] n nazwisko n.

surplus ['sɜːpləs] n nadwyżka f.

surprise [sə'praɪz] ◇ n [feeling] zaskoczenie n; [unexpected event] niespodzianka f. ◇ vt [astonish] zaskakiwać/zaskoczyć.

surprised [sə'praɪzd] adj zaskoczony.

surprising [sə'praɪzɪŋ] adj zaskakujący.

surrender [sə'rendə^r] ◇ vi [admit defeat] poddawać/poddać się. ◇ vt fml [hand over] oddawać/oddać.

surround [sə'raund] vt otaczać/otoczyć.

surrounding [sə'raundɪŋ] adj otaczający. ➡ surroundings npl otoczenie n.

survey n ['sɜːveɪ] [investigation] badanie n; [poll] sondaż m; [of land] mapa f topograficzna; UK [of house] inspekcja f.

surveyor [sə'veɪə^r] n UK [of houses] rzeczoznawca m, rzeczoznawczyni f; [of land] mierniczy m, miernicza f.

survival [sə'vaɪvl] n przeżycie n.

survive [sə'vaɪv] ◇ vi [remain alive] przeżyć; [cope] przetrwać. ◇ vt [crash, fire, storm etc] przeżyć.

survivor [sə'vaɪvə^r] n osoba f ocalała.

suspect ◇ vt [sə'spekt] podejrzewać. ◇ n ['sʌspekt] podej-

rzany *m*, podejrzana *f.* ◇ *adj*
['sʌspekt] podejrzany • **to suspect sb of sthg** podejrzewać
kogoś o coś.

suspend [sə'spend] *vt* zawieszać/
zawiesić.

suspender belt *n* pas *m* do
pończoch.

suspenders *npl UK* [for stockings]
podwiązki *fpl*; *US* [for trousers]
szelki *fpl*.

suspense [sə'spens] *n* napięcie *n*.

suspension [sə'spenʃn] *n* zawieszenie *n*.

suspicion [sə'spiʃn] *n* [mistrust]
podejrzliwość *f*; [idea] podejrze-
nie *n*; [trace] odrobina *f*.

suspicious [sə'spiʃəs] *adj* [beha-
viour, situation] podejrzany • **to
be suspicious (of)** [distrustful]
odnosić się podejrzliwie (do).

SW (*abbr of* short wave) fale *fpl*
krótkie.

swallow ['swɒləʊ] ◇ *n* [bird]
jaskółka *f.* ◇ *vt* połykać/po-
łknąć. ◇ *vi* przełykać/prze-
łknąć.

swam [swæm] *pt* ⊳ **swim**.

swamp [swɒmp] *n* bagno *n*.

swan [swɒn] *n* łabędź *m*.

swap [swɒp] *vt* [possessions,
places] zamieniać/zamienić się;
[ideas, stories] wymieniać/wymie-
nić się • **to swap sthg for sthg**
zamienić coś na coś.

swarm [swɔːm] *n* [of bees] rój *m*.

swear [sweəʳ] (*pt* **swore**, *pp*
sworn) ◇ *vi* [use rude language]
przeklinać/przekląć; [promise]
przysięgać/przysiąc. ◇ *vt* : **to
swear to do sthg** przysiąc coś
zrobić.

swearword ['sweəwɜːd] *n* przekleństwo *n*.

sweat [swet] ◇ *n* pot *m.* ◇ *vi*
pocić/spocić się.

sweater ['swetəʳ] *n* sweter *m*.

sweat pants *n US* spodnie *pl*
dresowe.

sweatshirt ['swetʃɜːt] *n* bluza *f*
sportowa.

swede *n UK* brukiew *f*.

Swede *n* Szwed *m*, -ka *f*.

Sweden ['swiːdn] *n* Szwecja *f*.

Swedish ['swiːdɪʃ] ◇ *adj* szwedzki. ◇ *n* [language] szwedzki *m.*
◇ *npl* : **the Swedish** Szwedzi
mpl.

sweep [swiːp] (*pt & pp* **swept**
[swept]) *vt* [with brush, broom]
zamiatać/zamieść.

sweet [swiːt] ◇ *adj* słodki; [per-
son, nature] uroczy. ◇ *n UK*
[candy] cukierek *m*; [dessert] deser
m.

sweet-and-sour *adj* słodko-
-kwaśny. .

sweet corn *n* kukurydza *f* (słodka).

sweetener ['swiːtnəʳ] *n* [for drink]
słodzik *m*.

sweet potato *n* patat *m*.

sweet shop *n UK* sklep *m* ze
słodyczami.

swell [swel] (*pp* **swollen**) *vi* [ankle,
arm *etc*] puchnąć/spuchnąć.

swelling ['swelɪŋ] *n* opuchlizna *f*.

swept [swept] *pt & pp* ⊳ **sweep**.

swerve [swɜːv] *vi* [vehicle] gwałtownie skręcać/skręcić.

swig [swɪg] *n inf* łyk *m*.

swim [swɪm] (*pt* **swam**, *pp* **swum**)
◇ *n* : **to go for a swim** pójść
popływać. ◇ *vi* [in water] pływać.

swimmer ['swɪməʳ] *n* pływak *m*,
pływaczka *f*.

swimming ['swɪmɪŋ] n pływanie n • **to go swimming** iść popływać.

swimming baths npl UK basen m.

swimming cap n czepek m kąpielowy.

swimming costume n UK kostium m kąpielowy.

swimming pool n basen m.

swimming trunks npl kąpielówki pl.

swimsuit ['swɪmsuːt] n kostium m kąpielowy.

swindle ['swɪndl] n oszustwo n.

swing [swɪŋ] (pt & pp swung) ⬦ n [for children] huśtawka f. ⬦ vt [move from side to side] huśtać/rozhuśtać. ⬦ vi [move from side to side] huśtać/rozhuśtać się.

swipe [swaɪp] vt [electronically] przeciągać/przeciągnąć.

Swiss [swɪs] ⬦ adj szwajcarski. ⬦ n [person] Szwajcar m, -ka f. ⬦ npl : **the Swiss** Szwajcarzy mpl.

Swiss cheese n ser m szwajcarski.

swiss roll n rolada f biszkoptowa.

switch [swɪtʃ] ⬦ n [for light, television, power] włącznik m. ⬦ vt [change] zmieniać/zmienić; [exchange] zamieniać/zamienić się. ⬦ vi zamieniać/zamienić się. ➡ **switch off** ⬦ vt sep [light, radio, engine] wyłączać/wyłączyć. ➡ **switch on** ⬦ vt sep [light, radio, engine] włączać/włączyć.

Switch® [swɪtʃ] n UK ≃ Maestro®.

switchboard ['swɪtʃbɔːd] n centrala f (telefoniczna).

Switzerland ['swɪtsələnd] n Szwajcaria f.

swivel ['swɪvl] vi obracać/obrócić się.

swollen ['swəʊln] ⬦ pp ⊳ **swell**. ⬦ adj [ankle, arm etc] spuchnięty.

swop [swɒp] = **swap**.

sword [sɔːd] n miecz m.

swordfish ['sɔːdfɪʃ] (pl) n miecznik m.

swore [swɔːʳ] pt ⊳ **swear**.

sworn [swɔːn] pp ⊳ **swear**.

swum [swʌm] pp ⊳ **swim**.

swung [swʌŋ] pt & pp ⊳ **swing**.

syllable ['sɪləbl] n sylaba f.

syllabus ['sɪləbəs] n program m nauczania.

symbol ['sɪmbl] n symbol m.

sympathetic ['sɪmpə'θetɪk] adj [understanding] pełen zrozumienia.

sympathize ['sɪmpəθaɪz] vi : **to sympathize (with)** [feel sorry] współczuć; [understand] rozumieć.

sympathy ['sɪmpəθɪ] n [understanding] zrozumienie n.

symphony ['sɪmfənɪ] n symfonia f.

symptom ['sɪmptəm] n objaw m.

synagogue ['sɪnəgɒg] n synagoga f.

synthesizer ['sɪnθəsaɪzəʳ] n syntezator m.

synthetic [sɪn'θetɪk] adj syntetyczny.

syringe [sɪ'rɪndʒ] n strzykawka f.

syrup ['sɪrəp] n syrop m.

system ['sɪstəm] n system m; [for gas, heating etc] instalacja f; [hi-fi] aparatura f.

T

ta [tɑː] *excl UK inf* dzięki!

tab [tæb] *n* [of cloth, paper *etc*] etykietka *f*; [bill] rachunek *m* • **put it on my tab** proszę dopisać to do mojego rachunku.

table ['teɪbl] *n* [piece of furniture] stół *m*; [of figures *etc*] tabela *f*.

tablecloth ['teɪblklɒθ] *n* obrus *m*.

table mat *n* podkładka *f*.

tablespoon ['teɪblspuːn] *n* łyżka *f* stołowa.

tablet ['tæblɪt] *n* [pill] tabletka *f*; [of chocolate] tabliczka *f*; [of soap] kostka *f*.

table tennis *n* tenis *m* stołowy.

table wine *n* wino *n* stołowe.

tabloid ['tæblɔɪd] *n* [newspaper] brukowiec *n*.

tack [tæk] *n* [nail] mały gwóźdź *m*.

tackle ['tækl] <> *n* SPORT blokowanie *n*; [for fishing] sprzęt *m* wędkarski. <> *vt* SPORT blokować/zablokować; [deal with] brać/wziąć się do czegoś.

tacky ['tækɪ] *adj inf* [jewellery, design *etc*] kiczowaty.

taco ['tækəʊ] (*pl* -s) *n* taco *n*.

tact [tækt] *n* takt *m*.

tactful ['tæktfʊl] *adj* taktowny.

tactics ['tæktɪks] *npl* taktyka *f*.

tag [tæg] *n* [label] metka *f*.

tagliatelle *n* makaron *m* wstążki.

tail [teɪl] *n* ogon *m*. ➡ **tails** *n* [of coin] reszka *f*, <> *npl* [formal dress] frak *m*.

tailgate ['teɪlgeɪt] *n* [of car] klapa *f* tylna.

tailor ['teɪlə'] *n* krawiec *m*, krawcowa *f*.

Taiwan ['taɪ'wɑːn] *n* Taiwan *m*.

take [teɪk] (*pt* took, *pp* taken) *vt* -1. [carry] zabierać/zabrać. -2. [hold, grasp] brać/wziąć. -3. [do, make] : **to take a bath/shower** wziąć kąpiel/prysznic; **to take an exam** zdawać egzamin; **to take a photo** zrobić zdjęcie; **to take a walk** przejść się; **totake a decision** podjąć decyzję. -4. [drive] podwozić/podwieźć. -5. [require] wymagać ; **how long will it take?** jak dużo czasu to zajmie?; **the flight only takes an hour** lot trwa tylko godzinę. -6. [steal] ukraść. -7. [train, taxi, bus] jechać/pojechać; [plane] lecieć/polecieć. -8. [route, path, road] wybierać/wybrać. -9. [medicine] brać/wziąć. -10. [size in clothes, shoes] nosić : **what size do you take?** jaki rozmiar Pan/Pani nosi? -11. [subtract] odejmować/odjąć. -12. [accept] przyjmować/przyjąć ; **do you take traveller's cheques** czy przyjmują Państwo czeki podróżne?; **to take sb's advice** przyjąć czyjąś radę. -13. [contain] mieścić/pomieścić. -14. [react to] reagować/zareagować. -15. [control, power] obejmować/objąć ; **to take charge (of sthg)** wziąć odpowiedzialność (za coś). -16. [tolerate] znosić/znieść. -17. [attitude] : **to take an interest in sthg** interesować się czymś; **to take a different view** mieć odmienny pogląd. -18. [assume] : **I take it that ...** zakładam, że... -19. [temperature, pulse] mierzyć/zmierzyć. -20. [rent] wynajmować/wynająć. ➡ **take apart** *vt sep* [dismantle] rozbierać/rozebrać. ➡ **take away** *vt* *sep* [remove] zabierać/zabrać; [subtract] odejmować/odjąć. **take back** *vt sep* [return goods] zwracać/zwrócić; [person] odwozić/odwieźć; [accept] przyjmować/przyjąć; [statement] odwoływać/odwołać. **take down** *vt sep* [picture, decorations, curtains] zdejmować/zdjąć. **take in** *vt sep* [include] obejmować/objąć; [understand] pojmować/pojąć; [deceive] oszukiwać/oszukać; [clothes] zwężać/zwęzić. **take off** *vi* [plane] startować/wystartować. *vt sep* [remove] zdejmować/zdjąć; [as holiday] wziąć wolne. **take out** *vt sep* [from container, pocket] wyjmować/wyjąć; [library book] wypożyczać/wypożyczyć; [loan, insurance policy] uzyskać; [go out with] zabierać/zabrać. **take over** *vi* [take control] : **can you take over** możesz mnie zmienić?; [in job] przejmować/przejąć obowiązki. **take up** *vt sep* [begin] zabierać/zabrać się za, zainteresować się; [use up] zajmować/zająć; [trousers, skirt, dress] skracać/skrócić.

takeaway ['teikəwei] *n UK* [shop] *sklep sprzedający gotowe jedzenie na wynos*; [food] danie *n* na wynos.

taken ['teikən] *pp* ⊳ take.

takeoff ['teikɒf] *n* [of plane] start *m*.

takeout *US* = takeaway.

takings *npl* wpływy *mpl* kasowe.

talcum powder ['tælkəm-] *n* talk *m*.

tale [teil] *n* [story] opowiadanie *n*; [account] historia *f*.

talent ['tælənt] *n* talent *m*.

talk [tɔːk] ◇ *n* [conversation] rozmowa *f*; [speech] pogadanka *f*. ◇ *vi* [speak] mówić • **to talk to sb (about sthg)** rozmawiać z

kimś (o czymś); **to talk with sb** rozmawiać z kimś. **talks** ◇ *npl* rozmowy *fpl*.

talkative ['tɔːkətiv] *adj* gadatliwy.

tall [tɔːl] *adj* wysoki • **how tall are you?** ile masz wzrostu?; **I'm 1.70 m tall** mam 1,70 wzrostu.

tame [teim] *adj* [animal] oswojony.

tampon ['tæmpɒn] *n* tampon *m*.

tan [tæn] ◇ *n* [suntan] opalenizna *f*. ◇ *vi* opalać/opalić się. ◇ *adj* [colour] jasnobrązowy.

tangerine [ˌtændʒə'riːn] *n* mandarynka *f*.

tank [tæŋk] *n* [container] zbiornik *m*; [vehicle] czołg *m*.

tanker ['tæŋkər] *n* [truck] cysterna *f*.

tanned [tænd] *adj* [suntanned] opalony.

tap [tæp] ◇ *n* [for water] kran *m*. ◇ *vt* [hit] stukać/stuknąć.

tape [teip] ◇ *n* taśma *f*; [adhesive material] taśma *f* klejąca; [cassette, video] kaseta *f*. ◇ *vt* [record] nagrywać/nagrać; [stick] zaklejać/zakleić taśmą.

tape measure *n* [dressmaker's] centymetr *m*; [builder's] taśma *f* miernicza.

tape recorder *n* magnetofon *m*.

tapestry ['tæpistri] *n* gobelin *m*.

tap water *n* woda *f* z kranu.

tar [tɑːr] *n* [for roads] smoła *f*; [in cigarettes] substancje *fpl* smoliste.

target ['tɑːgit] *n* [in archery, shooting] tarcza *f*; MIL cel *m*.

tariff ['tærif] *n* [price list] cennik *m*; *UK* [menu] menu *n*; [at customs] taryfa *f* celna.

tarmac ['tɑːmæk] *n* [at airport] pas

m kołowania. ➠ **Tarmac**® *n* [on road] asfalt *m*.

tarpaulin [tɑːˈpɔːlɪn] *n* plandeka *f*.

tart [tɑːt] *n* [sweet] tarta *f*.

tartan [ˈtɑːtn] *n* [design] szkocka krata *f*; [cloth] tartan *m*.

tartare sauce [ˈtɑːtə-] *n* sos *m* tatarski.

task [tɑːsk] *n* zadanie *n*.

taste [teɪst] ◇ *n* smak *m*; [discernment] gust *m*. ◇ *vt* [sample] próbować/spróbować; [detect] czuć smak. ◇ *vi* : to taste of sthg smakować jak coś; it tastes good/bad dobrze/źle smakuje • to have a taste of sthg *lit & fig* skosztować czegoś.

tasteful [ˈteɪstfʊl] *adj* gustowny.

tasteless [ˈteɪstlɪs] *adj* [food] bez smaku; [comment, decoration] w złym guście.

tasty [ˈteɪstɪ] *adj* smaczny.

tattoo [təˈtuː] *(pl -s)* *n* [on skin] tatuaż *m*; [military display] capstrzyk *m*.

taught [tɔːt] *pt & pp* ⊳ **teach**.

Taurus [ˈtɔːrəs] *n* Byk *m*.

taut [tɔːt] *adj* napięty.

tax [tæks] ◇ *n* [on income, import, goods] podatek *m*. ◇ *vt* [goods, person] opodatkowywać/ opodatkować.

tax disc *n* UK *naklejka poświadczająca zapłatę podatku drogowego.*

tax-free *adj* wolny od podatku.

taxi [ˈtæksɪ] ◇ *n* taksówka *f*. ◇ *vi* [plane] kołować.

taxi driver *n* taksówkarz *m*, taksówkarka *f*.

taxi rank *n* UK postój *m* taksówek.

taxi stand *US* = taxi rank.

T-bone steak *n* stek *z polędwicy z kością w kształcie litery T.*

tea [tiː] *n* herbata *f*; [herbal] herbata *f* ziołowa; [afternoon meal] podwieczorek *m*; [evening meal] kolacja *f*.

tea bag *n* torebka *f* herbaty.

teacake [ˈtiːkeɪk] *n* bułeczka *f* z rodzynkami.

teach [tiːtʃ] *(pt & pp* taught[tɔːt]*)* ◇ *vt* uczyć/nauczyć. ◇ *vi* uczyć • to teach sb sthg, to teach sthg to sb uczyć kogoś czegoś; to teach sb (how) to do sthg nauczyć kogoś (jak) coś robić.

teacher [ˈtiːtʃəʳ] *n* nauczyciel *m*, -ka *f*.

teaching [ˈtiːtʃɪŋ] *n* [profession] zawód *m* nauczyciela; [of subject] nauczanie *n*.

tea cloth = tea towel.

teacup [ˈtiːkʌp] *n* filiżanka *f (do herbaty).*

team [tiːm] *n* SPORT drużyna *f*; [group] zespół *m*.

teapot [ˈtiːpɒt] *n* dzbanek *m* do herbaty.

tear¹ *(pt* tore, *pp* torn*)* ◇ *vt* [rip] drzeć/podrzeć. ◇ *vi* [rip] drzeć/podrzeć się; [move quickly] gnać/pognać. ◇ *n* [rip] rozdarcie *n*. ➠ **tear up** ◇ *vt sep* drzeć/podrzeć.

tear² *n* łza *f*.

tearoom [ˈtiːrʊm] *n* herbaciarnia *f*.

tease [tiːz] *vt* [person] dokuczać/ dokuczyć.

tea set *n* serwis *m* do herbaty.

teaspoon [ˈtiːspuːn] *n* [utensil] łyżeczka *f* do herbaty; [amount] = teaspoonful.

teaspoonful [ˈtiːspuːnˈfʊl] *n* łyżeczka *f* do herbaty.

teat [ti:t] *n* [of animal] dójka *f*; *UK* [of bottle] smoczek *m*.

teatime ['ti:taɪm] *n* pora *f* podwieczorku.

tea towel *n* ścierka *f* do naczyń.

technical ['teknɪkl] *adj* [mechanical, industrial] techniczny; [point, reason] formalny.

technical drawing *n* rysunek *m* techniczny.

technicality ['teknɪ'kælətɪ] *n* [specific detail] szczegół *m* techniczny; [point of law] szczegół *m* formalny.

technician [tek'nɪʃn] *n* technik *m*.

technique [tek'ni:k] *n* technika *f*.

technological ['teknə'lɒdʒɪkl] *adj* technologiczny.

technology [tek'nɒlədʒɪ] *n* technologia *f*.

teddy (bear) *n* miś *m* pluszowy.

tedious ['ti:djəs] *adj* nużący.

tee [ti:] *n* [peg] podkładka *f*; [area] rzutnia *f*.

teenager ['ti:n'eɪdʒəʳ] *n* nastolatek *m*, nastolatka *f*.

teeth [ti:θ] *pl* ▷ **tooth**.

teethe [ti:ð] *vi* : to be teething ząbkować.

teetotal [ti:'təʊtl] *adj* niepijący.

telebanking ['telɪbæŋkɪŋ] ['telɪ'bæŋkɪŋ] *n* bankowość *f* telefoniczna.

teleconference ['telɪ'kɒnfərəns] ['telɪ'kɒnfərəns] *n* telekonferencja *f*.

telegram ['telɪgræm] *n* telegram *m*.

telegraph ['telɪgrɑ:f] <> *n* [system] telegraf *m*. <> *vt* telegrafować/przetelegrafować.

telegraph pole *n* słup *m* telegraficzny.

telephone ['telɪfəʊn] <> *n* telefon *m*. <> *vt* [person, place] dzwonić/zadzwonić do. <> *vi* dzwonić/zadzwonić • to be on the telephone [talking] rozmawiać przez telefon; [connected] mieć telefon.

telephone booth *n* budka *f* telefoniczna.

telephone box *n* budka *f* telefoniczna.

telephone call *n* rozmowa *f* telefoniczna.

telephone directory *n* książka *f* telefoniczna.

telephone number *n* numer *m* telefonu.

telephonist [tɪ'lefənɪst] *n* *UK* telefonista *m*, telefonistka *f*.

telephoto lens ['telɪ'fəʊtəʊ-] *n* teleobiektyw *m*.

telescope ['telɪskəʊp] *n* teleskop *m*.

television ['telɪ'vɪʒn] *n* telewizja *f*; [set] telewizor *m* • on (the) television [broadcast] w telewizji.

teleworking ['telɪ'wɜ:kɪŋ] *n* telepraca *f*.

telex ['teleks] *n* [message] teleks *m*.

tell [tel] (*pt&pp* **told** [təʊld]) <> *vt* mówić/powiedzieć; [story, joke] opowiadać/opowiedzieć; [distinguish] widzieć. <> *vi* [know] zauważyć • can you tell me the time? czy możesz mi powiedzieć, która jest godzina?; to tell sb sthg powiedzieć coś komuś; to tell sb about sthg powiedzieć komuś o czymś; to tell sb how to do sthg powiedzieć komuś, jak coś należy zrobić; to tell sb to do sthg powiedzieć komuś, żeby coś zrobił. ◆ **tell off** <> *vt sep* ganić/zganić.

teller ['telə'] *n* [in bank] kasjer *m*, -ka *f*.

telly ['telɪ] *n UK inf* telewizja *f*.

temp [temp] ⬦ *n* pracownik *m* tymczasowy, pracowniczka *f* tymczasowa. ⬦ *vi* pracować dorywczo.

temper ['tempə'] *n* : **to be in a temper** być złym; **to lose one's temper** wpadać w złość.

temperature ['temprətʃə'] *n* temperatura *f* • **to have a temperature** mieć temperaturę.

temple ['templ] *n* [building] świątynia *f*; [of forehead] skroń *f*.

temporary ['tempərərɪ] *adj* tymczasowy.

tempt [tempt] *vt* kusić • **to be tempted to do sthg** mieć ochotę coś zrobić.

temptation [temp'teɪʃn] *n* [state] kuszenie *n*; [tempting thing] pokusa *f*.

tempting ['temptɪŋ] *adj* kuszący.

ten [ten] *num* dziesięć.

tenant ['tenənt] *n* lokator *m*, -ka *f*.

tend [tend] *vi* : **to tend to do sthg** mieć skłonność do robienia czegoś.

tendency ['tendənsɪ] *n* tendencja *f*.

tender ['tendə'] ⬦ *adj* [affectionate] czuły; [sore] wrażliwy; [meat] kruchy. ⬦ *n* [offer] oferta *f* przetargowa. ⬦ *vt fml* [pay] przekazywać/przekazać.

tendon ['tendən] *n* ścięgno *n*.

tenement ['tenəmənt] *n* [building] kamienica *f* czynszowa.

tennis ['tenɪs] *n* tenis *m*.

tennis ball *n* piłka *f* tenisowa.

tennis court *n* kort *m* tenisowy.

tennis racket *n* rakieta *f* tenisowa.

tenpin bowling ['tenpɪn-] *n UK* kręgle *pl*.

tenpins ['tenpɪnz] *US* = **tenpin bowling**.

tense [tens] ⬦ *adj* [person] spięty; [situation, muscles] napięty. ⬦ *n* GRAMM czas *m*.

tension ['tenʃn] *n* napięcie *n*.

tent [tent] *n* [for camping] namiot *m*.

tenth [tenθ] *num* dziesiąty; ▷ **sixth**.

tent peg *n* śledź *m*.

tepid ['tepɪd] *adj* [water] letni.

tequila [tɪˈkiːlə] *n* tequila *f*.

term [tɜːm] *n* [word, expression] określenie *n*; [at school, university] trymestr *m* • **in the long term** na dłuższą metę; **in the short term** na krótką metę; **in terms of** pod względem; **in business terms** w ujęciu biznesowym. ➡ **terms** *npl* [of contract] warunki *mpl*; [price] warunki *mpl* płatności.

terminal ['tɜːmɪnl] ⬦ *adj* [illness] nieuleczalny. ⬦ *n* terminal *m*; [for buses] zajezdnia *f*.

terminate ['tɜːmɪneɪt] *vi* [train, bus] kończyć/skończyć bieg.

terminus ['tɜːmɪnəs] *n* przystanek *m* końcowy.

terrace ['terəs] *n* [patio] taras *m* • **the terraces** [at football ground] trybuny *fpl*.

terraced house *n UK* segment *m* (*w szeregowcu*).

terrible ['terəbl] *adj* okropny; [very ill] : **to feel terrible** strasznie się czuć.

terribly ['terəblɪ] *adv* [extremely] strasznie; [very badly] okropnie.

terrier ['terɪəʳ] *n* terier *m*.

terrific [təˈrɪfɪk] *adj inf* [very good] wspaniały; [very great] ogromny.

terrified ['terɪfaɪd] *adj* przerażony.

territory ['terətrɪ] *n* [political area] terytorium *m*; [terrain] teren *m*.

terror ['terəʳ] *n* [fear] przerażenie *n*.

terrorism ['terərɪzm] *n* terroryzm *m*.

terrorist ['terərɪst] *n* terrorysta *m*, terrorystka *f*.

terrorize ['terəraɪz] *vt* terroryzować/sterroryzować.

test [test] ◇ *n* [exam] egzamin *m*; [check] test *m*; MED badanie *n*. ◇ *vt* [check] testować/przetestować; [give exam to] egzaminować/przeegzaminować; [dish, drink] próbować/wypróbować.

testicles *npl* jądra *npl*.

tetanus ['tetənəs] *n* tężec *m*.

text [tekst] *n* [written material] tekst *m*; [textbook] podręcznik *m*.

textbook ['tekstbʊk] *n* podręcznik *m*.

textile ['tekstaɪl] *n* tkanina *f*.

texture ['tekstʃəʳ] *n* faktura *f*.

Thai [taɪ] *adj* tajski.

Thailand ['taɪlænd] *n* Tajlandia *f*.

Thames [temz] *n* : the Thames Tamiza *f*.

than *prep & conj* niż • you're better than me jesteś lepszy ode mnie; I'd rather stay in than go out wolałbym zostać, niż wychodzić; more than ten więcej niż dziesięć.

thank [θæŋk] *vt* : to thank sb (for sthg) dziękować komuś (za coś). ➡ **thanks** *npl* podziękowania *npl*. *excl* dziękuję! • thank to dzięki; many thank wielkie dzięki.

Thanksgiving ['θæŋksˈgɪvɪŋ] *n* Święto *n* Dziękczynienia.

thank you *excl* dziękuję! • thank you very much! dziękuję bardzo!; no thank you! nie, dziękuję!

that [ðæt] (*pl* those[ðəʊz]) ◇ *adj* -1. [referring to thing, person mentioned] ten ; **those chocolates are delicious** te czekoladki są pyszne. -2. [referring to thing, person further away] tamten ; **I prefer that book** wolę tamtą książkę; **I'll have that one** wezmę tamtą. ◇ *pron* -1. [referring to thing, person mentioned] to ; **who's that?** kto to jest?; **is that Lucy?** czy to jest Lucy?; **what's that?** co to jest?; **that's interesting** to ciekawe. -2. [referring to thing, person further away] tamten. -3. [introducing relative clause: subject] który ; **a shop that sells antiques** sklep z antykami. -4. [introducing relative clause: object] który ; **the film that I saw** film, który widziałem. -5. [introducing relative clause: with prep] który. ◇ *adv* aż tak. ◇ *conj* że • **it wasn't that bad/good** to nie było aż tak złe/dobre; **tell him that I'm going to be late** powiedz mu, że się spóźnię.

thatched [θætʃt] *adj* pokryty strzechą.

that's = that is.

thaw [θɔː] ◇ *vi* [snow, ice] roztapiać/roztopić się. ◇ *vt* [frozen food] rozmrażać/rozmrozić.

the *def art* -1. [generally] : **the book** książka; **the man** mężczyzna; **the girls** dziewczyny; **the Wilsons** Państwo Wilson; **to play the piano** grać na pianinie. -2. [with an adjective to form a noun]

: the British Brytyjczycy; **the young** młodzież; **the poor** biedni. **-3.** [in dates] : **the twelfth** dwunasty; **the forties** lata czterdzieste. **-4.** [in titles] : **Elizabeth the Second** Elżbieta druga.

theater n US [for plays, drama] = **theatre**; [for films] kino n.

theatre ['θɪətə'] n teatr m.

theft [θeft] n kradzież f.

their adj ich.

theirs [ðeəz] pron ich • **a friend of theirs** ich przyjaciel.

them pron ich • **I know them** znam ich; **it's them** to oni; **send it to them** wyślij im to; **tell them** powiedz im; **he's worse than them** jest gorszy od nich.

theme [θiːm] n temat m.

theme park n tematyczny park m rozrywki.

theme pub n UK pub m z tematem przewodnim.

themselves [ðəm'selvz] pron [reflexive] się; [after prep] ; **they live by themselves in the country** mieszkają sami na wsi; **they built a house for themselves** zbudowali sobie dom; **they want a bathroom all to themselves** chcą łazienkę tylko dla siebie • **they did it themselves** sami to zrobili.

then [ðen] adv [at time in past] wtedy; [at time in future] : **I'll see you then** na razie; **it should be ready by then** powinno być gotowe do tego czasu; [next, afterwards] potem; [in that case] w takim razie • **from then on** od tego czasu; **until then** do tego czasu.

theory ['θɪərɪ] n [idea] teoria f • **in theory** w teorii.

therapist ['θerəpɪst] n terapeuta m, terapeutka f.

therapy ['θerəpɪ] n terapia f.

there ◇ adv tam. ◇ pron : **there is** jest; **there are** jest • **is Bob there, please?** [on phone] czy mogę rozmawiać z Bobem?; **over there** tam; **there you are** [when giving] proszę!

thereabouts ['ðeərəbaʊts] adv : **or thereabouts** albo coś koło tego.

therefore ['ðeəfɔː'] adv dlatego.

there's = there is.

thermal underwear n ciepła bielizna f.

thermometer [θə'mɒmɪtə'] n termometr m.

Thermos (flask)® n termos m.

thermostat ['θɜːməstæt] n termostat m.

these [ðiːz] pl ▷ this.

they [ðeɪ] pron oni mpl, one f.

thick [θɪk] adj [in size] gruby; [dense] gęsty; inf [stupid] tępy • **it's one metre thick** ma metr grubości.

thicken ['θɪkn] ◇ vt [sauce, soup] zagęszczać/zagęścić. ◇ vi [mist, fog] gęstnieć/zgęstnieć.

thickness ['θɪknɪs] n grubość f.

thief [θiːf] (pl thieves [θiːvz]) n złodziej m, -ka f.

thigh [θaɪ] n udo n.

thimble ['θɪmbl] n naparstek m.

thin [θɪn] adj [in size] cienki; [not fat] chudy; [soup, sauce] rzadki.

thing [θɪŋ] n rzecz f; [matter] sprawa f • **the thing is** chodzi o to... ▶ **things** npl [clothes, possessions] rzeczy fpl • **how are thing?** inf jak sprawy się mają?

thingummyjig n inf jak mu tam.

think [θɪŋk] (pt & pp **thought** [θɔːt]) ◇ vt [believe] sądzić; [have in mind, expect] myśleć.

◇ *vi* [reflect] myśleć/pomyśleć • **to think that** uważać, że; **to think about** [have in mind] myśleć o; [consider] pomyśleć o; **to think of** [have in mind] myśleć o; [consider] pomyśleć o; [invent] obmyślić; [remember] przypomnieć sobie; **to think of doing sthg** zastanawiać się nad zrobieniem czegoś; **I think so** chyba tak; **I don't think so** nie sądzę; **do you think you could ...?** czy mógłbyś...؟; **to think highly of sb** mieć o kimś dobrą opinię. ➡ **think over** ◇ *vt sep* rozważać/rozważyć. ➡ **think up** ◇ *vt sep* wymyślać/wymyślić.

third [θɜːd] *num* trzeci; ➪ **sixth**.

third party insurance *n* ubezpieczenie *n* od odpowiedzialności cywilnej.

Third World *n* : **the Third World** Trzeci Świat *m*.

thirst [θɜːst] *n* pragnienie *n*.

thirsty ['θɜːstɪ] *adj* [for drink] spragniony.

thirteen [ˌθɜːˈtiːn] *num* trzynaście; ➪ **six**.

thirteenth [ˌθɜːˈtiːnθ] *num* trzynasty; ➪ **sixth**.

thirtieth ['θɜːtɪəθ] *num* trzydziesty; ➪ **sixth**.

thirty ['θɜːtɪ] *num* trzydzieści; ➪ **six**.

this [ðɪs] (*pl* **these** [ðiːz]) ◇ *adj* -1. [referring to thing, person mentioned] ten ; **these chocolates are delicious** te czekoladki są pyszne; **this morning** dzisiaj rano; **this week** w tym tygodniu. -2. [referring to thing, person nearer] ten ; **I prefer this book** wolę tę książkę; **I'll have this one** wezmę ten. -3. *inf* [used when telling a story] taki jeden; [person] pewien. ◇ *pron* -1. [referring to

thing, person mentioned] to ; **this is for you** to jest dla ciebie; **what are these?** co to jest؟; **this is David Gregory** [introducing someone] to jest David Gregory; [on telephone] mówi David Gregory. -2. [referring to thing, person nearer] ten. ◇ *adv* tak • **it was this big** to było takie duże.

thistle ['θɪsl] *n* oset *m*.

thorn [θɔːn] *n* kolec *m*.

thorough ['θʌrə] *adj* [check, search] gruntowny; [person] skrupulatny.

thoroughly ['θʌrəlɪ] *adv* [completely] zupełnie.

those [ðəʊz] *pl* ➪ **that**.

though [ðəʊ] ◇ *conj* chociaż. ◇ *adv* jednak • **even though** chociaż.

thought [θɔːt]   ◇ *pt & pp* ➪ **think**. ◇ *n* [idea] pomysł *m*; [thinking] myśl *f*; [careful consideration] : **to give thought to sth** zastanawiać się nad czymś. ➡ **thoughts** ◇ *npl* [opinion] przemyślenia *npl*.

thoughtful ['θɔːtfʊl] *adj* [quiet and serious] zamyślony; [considerate] życzliwy.

thoughtless ['θɔːtlɪs] *adj* bezmyślny.

thousand ['θaʊznd] *num* tysiąc • **a** OR **one thousand** tysiąc; **thousands of** tysiące.

thrash [θræʃ] *vt inf* [defeat heavily] pobić.

thread [θred] ◇ *n* [of cotton *etc*] nić *f*. ◇ *vt* [needle] nawlekać/nawlec.

threadbare ['θredbeə'] *adj* wytarty.

threat [θret] *n* [to do harm] groźba *f*; [possibility] zagrożenie *n*.

threaten ['θretn] *vt* [person] grozić/zagrozić • **to threaten to do sthg** grozić zrobieniem czegoś.

threatening ['θretnɪŋ] *adj* groźny.

three [θriː] *num* trzy ▷ **six**.

three-D *n* : **in three-D** w trójwymiarze.

three-piece suite *n* komplet *m* wypoczynkowy.

three-quarters *n* [fraction] trzyczwarte • **three-quarters of an hour** trzy kwadranse.

threshold ['θreʃhəʊld] *n fml* [of door] próg *m*.

threw [θruː] *pt* ▷ **throw**.

thrift shop *n* lumpeks *m*.

thrift store *n US* = thrift shop.

thrifty ['θrɪftɪ] *adj* oszczędny.

thrilled [θrɪld] *adj* zachwycony.

thriller ['θrɪlə'] *n* thriller *m*.

thrive [θraɪv] *vi* [person, plant, animal] dobrze się rozwijać; [business, tourism, place] kwitnąć.

throat [θrəʊt] *n* gardło *n*.

throb [θrɒb] *vi* [pain] pulsować; : **my head's throbbing** głowa mi pęka; [noise, engine] warczeć.

throne [θrəʊn] *n* [chair] tron *m*.

throttle ['θrɒtl] *n* [of motorbike] przepustnica *f*.

through [θruː] ◇ *prep* [to other side of, by means of] przez; [because of] dzięki; [from beginning to end of, throughout] przez cały. ◇ *adv* [to other side] na drugą stronę; [from beginning to end] do końca. ◇ *adj* : **to be through (with sthg)** [finished] skończyć z czymś; **you're through** [on phone] ma pani połączenie • **Monday through Thursday** *US* od poniedziałku do czwartku; **to let sb through** przepuścić kogoś; **through traf-**

fic ruch tranzytowy; **a through train** bezpośredni pociąg; '**no through road**' *UK* ślepa uliczka.

throughout [θruːˈaʊt] ◇ *prep* [day, morning, year] przez cały; [place, country, building] w całym. ◇ *adv* [all the time] cały czas; [everywhere] wszędzie.

throw [θrəʊ] (*pt* **threw**, *pp* **thrown**) *vt* rzucać/rzucić; [a switch] włączać/włączyć • **to throw sthg in the bin** wyrzucić coś do kosza. ◆ **throw away** *vt sep* [get rid of] wyrzucać/wyrzucić. ◆ **throw out** *vt sep* [get rid of] wyrzucać/wyrzucić; [person] usuwać/usunąć. ◆ **throw up** *vi inf* [vomit] wymiotować/zwymiotować.

thru [θruː] *US* = through.

thrush [θrʌʃ] *n* [bird] drozd *m*.

thud [θʌd] *n* łomot *m*.

thug [θʌg] *n* zbir *m*.

thumb [θʌm] ◇ *n* kciuk *m*. ◇ *vt* : **to thumb a lift** łapać okazję.

thumbtack ['θʌmtæk] *n US* pinezka *f*.

thump [θʌmp] ◇ *n* [punch] uderzenie *n*; [sound] głuchy odgłos *m*. ◇ *vt* [punch] uderzać/uderzyć.

thunder ['θʌndə'] *n* grzmot *m*.

thunderstorm ['θʌndəstɔːm] *n* burza *f* z piorunami.

Thurs. (*abbr of* **Thursday**) czwartek *m*.

Thursday ['θɜːzdeɪ] *n* czwartek *m* *see also* **Saturday**.

thyme [taɪm] *n* tymianek *m*.

tick [tɪk] ◇ *n* [written mark] ptaszek *m*; [insect] kleszcz *m*. ◇ *vt* zaznaczać/zaznaczyć. ◇ *vi* [clock, watch] tykać.

tick off <> vt sep [mark off] odhaczać/odhaczyć.

ticket ['tɪkɪt] n [for travel, cinema, theatre, match] bilet m; [label] etykietka f; [speeding, parking ticket] mandat m.

ticket collector n [at barrier] bileter m, -ka f.

ticket inspector n [on train] konduktor m, -ka f.

ticket machine n automat m biletowy.

ticket office n [in station, cinema, theatre] kasa f biletowa.

tickle ['tɪkl] <> vt łaskotać/połaskotać. <> vi łaskotać.

ticklish ['tɪklɪʃ] adj łaskotliwy.

tick-tack-toe n US gra f w kółko i krzyżyk.

tide [taɪd] n [sea coming in] przypływ m; [going out] odpływ m.

tidy ['taɪdɪ] adj [room, desk, papers] uporządkowany; [person, hair, clothes] schludny. **tidy up** vt sep sprzątać/posprzątać.

tie [taɪ] (pt & pp tied, cont tying) <> n [around neck] krawat m; [draw] remis m; US [on railway track] podkład m. <> vt [fasten] przywiązywać/przywiązać; [laces, knot] wiązać/zawiązać. <> vi [draw] remisować/zremisować. **tie up** <> vt sep [fasten] związywać/związać; [laces] wiązać/zawiązać; [delay] wstrzymywać/wstrzymać.

tiepin ['taɪpɪn] n szpilka f do krawata.

tier [tɪəʳ] n [of seats] rząd m.

tiger ['taɪgəʳ] n tygrys m.

tight [taɪt] <> adj [difficult to move] zaciśnięty; [clothes, shoes] ciasny; [rope, material, schedule] napięty; [bend, turn] ostry; inf [drunk] wstawiony. <> adv [hold] mocno • **a tight chest** ucisk w klatce piersiowej.

tighten ['taɪtn] vt [knot, belt] zaciskać/zacisnąć; [rope, muscles] napinać/napiąć; [laws, control] zaostrzać/zaostrzyć.

tightrope ['taɪtrəʊp] n lina f (do akrobacji).

tights npl rajstopy pl • **a pair of tights** para f rajstop.

tile [taɪl] n [for roof] dachówka f; [for floor, wall] kafelek m.

till [tɪl] <> n [for money] kasa f sklepowa. <> prep do. <> conj aż.

tiller ['tɪləʳ] n ster m.

tilt [tɪlt] <> vt przechylać/przechylić. <> vi przechylać/przechylić się.

timber ['tɪmbəʳ] n [wood] drewno n; [of roof] belka f.

time [taɪm] <> n czas m; [measured by clock] godzina f; [moment] moment m; [occasion] raz m. <> vt [measure] mierzyć/zmierzyć; [arrange] planować/zaplanować • **do you have the time, please?** czy może mi pan powiedzieć, która jest godzina?; **I haven't got the time** nie mam czasu; **it's time to go** czas na mnie; **what's the time?** która jest godzina?; **two times two** dwa razy dwa; **five times as much** pięć razy tyle; **in a month's time** za miesiąc; **to have a good time** dobrze się bawić; **all the time** cały czas; **every time** za każdym razem; **from time to time** od czasu do czasu; **for the time being** na razie; **in time** [arrive] na czas; **in good time** w porę; **last time** ostatnim razem; **most of the time** zwykle; **on time** punktualnie; **some of the time** czasami;

this time/tym razem; **two at a time** dwa na raz.

time difference n różnica f czasu.

time limit n limit m czasowy.

timer ['taɪmə'] n [machine] minutnik m.

time share n [house, flat] *dom lub mieszkanie, z którego współwłaściciele korzystają w różnych okresach czasu.*

timetable ['taɪm,teɪbl] n [of trains, buses, boats *etc*] rozkład m jazdy; SCH plan m lekcji; [of events] program m.

time zone n strefa f czasowa.

timid ['tɪmɪd] adj nieśmiały.

tin [tɪn] ◇ n [metal] cyna f; UK [packaging container] puszka f; [storage container] pudełko n metalowe. ◇ adj blaszany.

tinfoil ['tɪnfɔɪl] n folia f aluminiowa.

tinned food n UK jedzenie n z puszki.

tin opener n UK otwieracz m do puszek.

tinsel ['tɪnsl] n lameta f.

tint [tɪnt] n odcień m.

tinted glass n przyciemnione szkło n.

tiny ['taɪnɪ] adj malutki.

tip [tɪp] ◇ n [of pen, cigarette] końcówka f; [of sword] szpic m; [of fingers] koniuszek m; [to waiter, taxi driver *etc*] napiwek m; [piece of advice] rada f; [rubbish dump] wysypisko n. ◇ vt [waiter, taxi driver *etc*] dawać/dać napiwek; [tilt] przechylać/przechylić; [pour] wysypywać/wysypać. ◆ **tip over** ◇ vt sep przewracać/przewrócić. ◇ vi wywracać/wywrócić się.

tire ◇ vi męczyć/zmęczyć się. ◇ n US = tyre.

tired ['taɪəd] adj [sleepy] zmęczony • **to be tired of** [fed up with] mieć dosyć.

tired out adj wykończony.

tiring ['taɪərɪŋ] adj męczący.

tissue ['tɪʃuː] n [handkerchief] chusteczka f higieniczna.

tissue paper n bibułka f.

tit [tɪt] n vulg [breast] cycek m.

title ['taɪtl] n tytuł m.

T-junction n skrzyżowanie n *(w kształcie litery T).*

to ◇ prep -1. [indicating direction, position] do ; **to go to France** jechać do Francji; **to go to school** iść do szkoły; **to the left/right** po lewej/prawej stronie. -2. [expressing indirect object] : **to give sthg to sb** dać coś komuś; **to listen to the radio** słuchać radia; **to add sthg to sthg**. -3. [indicating reaction, effect] dla , **to my surprise** ku mojemu zdziwieniu. -4. [until] do ; **to count to ten** liczyć do dziesięciu; **we work from nine to five** pracujemy od dziewiątej do piątej. -5. [in stating opinion] według. -6. [indicating change of state] : **it could lead to trouble** to może spowodować kłopoty; **to turn to sthg** zmienić się w coś; **it drove me to drink** zacząłem przez to pić. -7. UK [in expressions of time] za ; **it's ten to three** jest za dziesięć trzecia; **at quarter to seven** za piętnaście siódma. -8. [in ratios, rates] : **40 miles to the gallon** ≃ 7 litrów na 100 kilometrów ; **eight francs to the pound** osiem franków za funta. -9. [of, for] : **the key to the car** klucz do samochodu; **a letter to my daughter** list do mojej córki;

the **answer to** question five odpowiedź na piąte pytanie; **assistant to the managing director** asystentka dyrektora generalnego. **-10.** [indicating attitude] dla ; **to be rude to sb** być nieuprzejmym dla kogoś. ◇ **-1.** [forming simple infinitive] : **to walk** chodzić; **to laugh** śmiać się. **-2.** [following another verb] : **to begin to do sthg** zacząć coś robić; **to try to do sthg** próbować coś zrobić. **-3.** [following an adjective] : **difficult to do** trudny do zrobienia; **ready to go** gotowy do odejścia. **-4.** [indicating purpose] żeby ; **we came here to look at the castle** przyszliśmy tutaj, żeby popatrzeć na zamek.

toad [təʊd] n ropucha f.

toadstool ['təʊdstuːl] n grzyb m trujący.

toast [təʊst] ◇ n [bread] grzanka f; [when drinking] toast m. ◇ vt [bread] opiekać/opiec • **a piece** OR **slice of toast** grzanka f.

toasted sandwich n zapiekanka f.

toaster ['təʊstə'] n toster m.

toastie = toasted sandwich.

tobacco [tə'bækəʊ] n tytoń m.

tobacconist's n sklep m tytoniowy.

toboggan [tə'bɒgən] n sanki pl.

today [tə'deɪ] ◇ n [current day] dzisiaj n. ◇ adv [on current day] dzisiaj n; [these days] obecnie n.

toddler ['tɒdlə'] n dziecko n uczące się chodzić.

toe [təʊ] n [of person] palec m u nogi.

toe clip n [on bike] nosek m.

toenail ['təʊneɪl] n paznokieć m u nogi.

toffee ['tɒfɪ] n toffi n.

together [tə'geðə'] adv razem • **together with** razem z.

toilet ['tɔɪlɪt] n [room] toaleta f; [bowl] sedes m • **to go to the toilet** pójść do toalety; **where's the toilet?** gdzie są toalety?

toilet bag n kosmetyczka f.

toilet paper n papier m toaletowy.

toiletries ['tɔɪlɪtrɪz] npl przybory mpl toaletowe.

toilet roll n [paper] papier m toaletowy.

toilet water n woda f toaletowa.

token ['təʊkn] n [metal disc] żeton m.

told [təʊld] pt & pp ▷ tell.

tolerable ['tɒlərəbl] adj znośny.

tolerant ['tɒlərənt] adj tolerancyjny.

tolerate ['tɒləreɪt] vt [put up with] znosić/znieść; [permit] tolerować.

toll [təʊl] n [for road, bridge] opłata f za przejazd.

tollbooth ['təʊlbuːθ] n punkt m pobierania opłat.

toll-free adj US bezpłatny.

tomato [UK tə'mɑːtəʊ, US tə'meɪtəʊ] (pl -es) n pomidor m.

tomato juice n sok m pomidorowy.

tomato ketchup n keczup m.

tomato puree n przecier m pomidorowy.

tomato sauce n sos m pomidorowy.

tomb [tuːm] n grobowiec m.

tomorrow [tə'mɒrəʊ] n & adv jutro n • **the day after tomorrow** pojutrze; **tomorrow afternoon** jutro po południu; **tomorrow**

morning jutro rano; **tomorrow night** jutro wieczorem.

ton [tʌn] *n* [in Britain] *1016 kg*; [in U.S.] *907,2 kg*; [metric tonne] tona *f* • **tons of** *inf* masa.

tone [təʊn] *n* ton *m*; [on phone] sygnał *m*.

toner ['təʊnə'] *n* [cosmetic] tonik *m*.

tongs [tɒŋz] *npl* [for hair] lokówka *f*; [for sugar] szczypce *pl*.

tongue [tʌŋ] *n* [organ] język *m*; [meat] ozorek *m*.

tonic ['tɒnɪk] *n* [tonic water] tonik *m*; [medicine] lek *m* tonizujący.

tonic water *n* tonik *m*.

tonight [tə'naɪt] <> *n* [evening] dzisiejszy wieczór *m*; [later] dzisiejsza noc *f*. <> *adv* [evening] dziś wieczorem; [later] dziś w nocy.

tonne [tʌn] *n* tona *f*.

tonsillitis ['tɒnsɪ'laɪtɪs] *n* zapalenie *n* migdałków.

too [tuː] *adv* [excessively] zbyt, [also] też • **it's not too good** to nie jest zbyt dobre; **it's too late to go out** jest za późno, żeby wyjść; **too many** zbyt wiele; **too much** zbyt dużo.

took [tʊk] *pt* ⊳ take.

tool [tuːl] *n* narzędzie *n*.

tool kit *n* zestaw *m* narzędzi.

tooth [tuːθ] (*pl* teeth) *n* ząb *m*.

toothache ['tuːθeɪk] *n* ból *m* zęba.

toothbrush ['tuːθbrʌʃ] *n* szczoteczka *f* do zębów.

toothpaste ['tuːθpeɪst] *n* pasta *f* do zębów.

toothpick ['tuːθpɪk] *n* wykałaczka *f*.

top [tɒp] <> *adj* [highest] najwyższy; [best, most important] najlep-

szy. <> *n* [of table] blat *m*; [of class] prymus *m*; [of league] czoło *n*; [of pen] zatyczka *f*; [of bottle, tube] zakrętka *f*; [of jar, box] wieczko *n*; [of street, road] koniec *m*; [garment] top *m* • **at the top (of)** [stairway, pile, scale] na szczycie; [list, page] u góry; **on top of** [on highest part of] na; [of hill, mountain] na szczycie; [in addition to] na dodatek; **at top speed** z największą prędkością; **top gear** najwyższy bieg. ◆ **top up** <> *vt sep* [glass, drink] dolewać/dolać do. <> *vi* [with petrol] dolewać/dolać.

top floor *n* ostatnie piętro *n*.

topic ['tɒpɪk] *n* temat *m*.

topical ['tɒpɪkl] *adj* aktualny.

topless ['tɒplɪs] *adj* topless.

topped *adj* : **topped with** [food] pokryty z wierzchu.

topping ['tɒpɪŋ] *n* [for dessert] przybranie *n*; [for pizza] dodatek *m*; [for cake] polewa *f*.

torch [tɔːtʃ] *n* UK [electric light] latarka *f*.

tore [tɔː'] *pt* ⊳ tear1.

torment *vt* [tɔː'ment] [annoy] dręczyć.

torn [tɔːn] <> *pp* ⊳ tear1. <> *adj* [ripped] podarty.

tornado [tɔː'neɪdəʊ] (*pl* -es OR *pl* -s) *n* tornado *n*.

torrential rain *n* ulewny deszcz *m*.

tortoise ['tɔːtəs] *n* żółw *m* (*lądowy*).

tortoiseshell ['tɔːtəʃel] *n* [shell] szylkret *m*.

torture ['tɔːtʃə'] <> *n* tortura *f*. <> *vt* torturować.

Tory ['tɔːrɪ] *n* torys *m*.

toss [tɒs] *vt* rzucać/rzucić; [salad, vegetables] mieszać/wymieszać.

total ['təʊtl] ◇ *adj* [number, amount] całkowity; [complete] zupełny. ◇ *n* suma *f* • **in total** ogółem.

touch [tʌtʃ] ◇ *n* [sense] dotyk *m*; [small amount] odrobina *f*; [detail] moment *m*. ◇ *vt* dotykać/dotknąć; [move emotionally] poruszać/poruszyć. ◇ *vi* stykać/zetknąć się • **to get in touch (with sb)** skontaktować się (z kimś); **to keep in touch (with sb)** być w kontakcie (z kimś). ◆ **touch down** ◇ *vi* [plane] lądować/wylądować.

touching ['tʌtʃɪŋ] *adj* [moving] wzruszający.

tough [tʌf] *adj* [resilient] wytrzymały; [hard, strong] mocny; [meat] twardy; [difficult] ciężki; [harsh, strict] ostry.

tour [tʊəʳ] ◇ *n* [journey] podróż *f*; [of city, castle *etc*] wycieczka *f*; [of pop group, theatre company] trasa *f*. ◇ *vt* objeżdżać/objechać • **on tour** w trasie.

tourism ['tʊərɪzm] *n* turystyka *f*.

tourist ['tʊərɪst] *n* turysta *m*, turystka *f*.

tourist class *n* [on plane] klasa *f* turystyczna.

tourist information office *n* informacja *f* turystyczna.

tournament ['tɔːnəmənt] *n* turniej *m*.

tour operator *n* operator *m* turystyczny.

tout [taʊt] *n* konik *m* *(sprzedający bilety)*.

tow [təʊ] *vt* holować/przyholować.

toward [tə'wɔːd] *US* = **towards**.

towards [tə'wɔːdz] *prep UK* [in the direction of] ku; [facing] w stronę; [with regard to] wobec; [near, around] około; [to help pay for] na.

towaway zone *n US obszar, na którym parkowanie jest zakazane i grozi odholowaniem samochodu przez odpowiednie służby.*

towel ['taʊəl] *n* ręcznik *m*.

toweling *US* = **towelling**.

towelling ['taʊəlɪŋ] *n UK* frotté *n*.

towel rail *n* wieszak *m* na ręczniki.

tower ['taʊəʳ] *n* wieża *f*.

tower block *n UK* wieżowiec *m*.

Tower Bridge *n* most *m* Tower Bridge.

Tower of London *n* : **the Tower of London** Tower of London.

town [taʊn] *n* [city] miasto *n*; [town centre] miasto *n*.

town centre *n* centrum *n*.

town council *n* rada *f* miejska.

town hall *n* ratusz *m*.

towpath ['təʊpɑːθ] *n ścieżka wzdłuż kanału albo rzeki, po której chodziły konie holujące barki.*

towrope ['təʊrəʊp] *n* lina *f* holownicza.

tow truck *n US* samochód *m* pomocy drogowej.

toxic ['tɒksɪk] *adj* toksyczny.

toy [tɔɪ] *n* zabawka *f*.

toy shop *n* sklep *m* z zabawkami.

trace [treɪs] ◇ *n* ślad *m*. ◇ *vt* [find] odszukiwać/odszukać.

tracing paper *n* kalka *f* techniczna.

track [træk] *n* [path] ścieżka *f*; [of railway] tor *m*; SPORT tor *m* wyścigowy; [athletics] bieżnia *f*; [song] utwór *m*. ◆ **track down** *vt sep* tropić/wytropić.

tracksuit ['træksuːt] *n* dres *m*.

tractor ['træktəʳ] *n* traktor *m*.

trade [treɪd] ⬦ n COMM handel m; [job] fach m. ⬦ vt [exchange] wymieniać/wymienić. ⬦ vi COMM handlować.

trade-in n stary artykuł oddawany do sklepu jako częściowa zapłata za nowy.

trademark ['treɪdmɑːk] n COMM znak m towarowy.

trader ['treɪdə'] n handlowiec m.

tradesman ['treɪdzmən] (pl -men [-mən]) n [plumber, electrician etc] fachowiec m; [shopkeeper] kupiec m • tradesmen's entrance tylne wejście n.

trade union n związek m zawodowy.

tradition [trə'dɪʃn] n tradycja f.

traditional [trə'dɪʃənl] adj tradycyjny.

traffic ['træfɪk] (pt & pp trafficked) ⬦ n [cars etc] ruch m. ⬦ vi : to traffic in handlować nielegalnie.

traffic circle n US rondo n.

traffic island n wysepka f.

traffic jam n korek m.

traffic lights npl sygnalizacja f świetlna.

traffic warden n UK osoba zajmująca się naruszeniami przepisów parkingowych.

tragedy ['trædʒədɪ] n tragedia f.

tragic ['trædʒɪk] adj tragiczny.

trail [treɪl] ⬦ n [path] szlak m; [marks] trop m. ⬦ vi [be losing] przegrywać.

trailer ['treɪlə'] n [for boat, luggage] przyczepa f; US [caravan] przyczepa f kempingowa; [for film, programme] zwiastun m.

train [treɪn] ⬦ n [on railway] pociąg m. ⬦ vt [teach humans] szkolić/wyszkolić; [animals] tresować/wytresować. ⬦ vi SPORT trenować • by train pociągiem.

train driver n maszynista m.

trainee [treɪ'niː] n stażysta m, stażystka f.

trainer ['treɪnə'] n [of athlete etc] trener m, -ka f. ➡ trainers npl UK [shoes] adidasy mpl.

training ['treɪnɪŋ] n [instruction] szkolenie n; [exercises] trening m.

training shoes npl UK adidasy mpl.

tram [træm] n UK tramwaj m.

tramp [træmp] n [vagrant] włóczęga m.

trampoline ['træmpəliːn] n trampolina f.

trance [trɑːns] n trans m.

tranquilizer US = tranquillizer.

tranquillizer ['træŋkwɪlaɪzə'] n UK środek m uspokajający.

transaction [træn'zækʃn] n transakcja f.

transatlantic ['trænzət'læntɪk] adj transatlantycki.

transfer ⬦ n ['trænsfɜː'] [of sportsman] transfer m; [of power] przekazanie n; [of money] przelew m; [picture] kalkomania f; US [ticket] bilet m z możliwością przesiadek. ⬦ vt [træns'fɜː'] [money] przelewać/przelać; [object, respnsibility] przekazywać/ przekazać; [allegiance] przenosić/ przenieść. ⬦ vi [træns'fɜː'] [change bus, plane etc] przesiadać/przesiąść się • 'transfers' [in airport] przesiadki.

transfer desk n [in airport] stanowisko odpraw pasażerów tranzytowych.

transform [træns'fɔːm] vt przekształcać/przekształcić.

transfusion [træns'fjuːʒn] n transfuzja f.

transistor radio n radio n tranzystorowe.

transit ['trænsɪt] ➤ **in transit** adv w trakcie transportu.

transitive ['trænzɪtɪv] adj przechodni.

transit lounge n hala f tranzytowa.

translate [træns'leɪt] vt tłumaczyć/przetłumaczyć.

translation [træns'leɪʃn] n tłumaczenie n.

translator [træns'leɪtə'] n tłumacz m, -ka f.

transmission [trænz'mɪʃn] n [broadcast] transmisja f.

transmit [trænz'mɪt] vt [send electronically] transmitować; [pass on] przesyłać/przesłać.

transparent [træns'pærənt] adj [see-through] przezroczysty.

transplant ['træns'plɑːnt] n przeszczep m.

transport ◇ n ['trænspɔːt] transport m. ◇ vt [træn'spɔːt] przewozić/przewieźć.

transportation ['trænspɔː'teɪʃn] n US transport m.

trap [træp] ◇ n pułapka f. ◇ vt : **to be trapped** [stuck] być uwięzionym.

trapdoor ['træp'dɔː'] n klapa f.

trash [træʃ] n US [waste material] śmieci mpl.

trash can n US kosz m na śmieci.

trauma [UK 'trɔːmə, US 'traʊmə] n [bad experience] uraz m.

traumatic [trɔː'mætɪk] adj traumatyczny.

travel ['trævl] ◇ n podróże fpl. ◇ vt [distance] przejeżdżać/przejechać. ◇ vi podróżować.

travel agency n biuro n podróży.

travel agent n [person] pracownik m, pracownica f biura podróży • **travel agent's** [shop] biuro n podróży.

travel card n [for underground] ≃ bilet m okresowy.

travel centre n [in railway] ≃ informacja f kolejowa; [bus station] ≃ informacja f autobusowa.

traveler ['trævlə'] US = traveller.

travel insurance n ubezpieczenie n turystyczne.

traveller ['trævlə'] n UK podróżny m, podróżna f.

traveller's cheque n czek m podróżny.

travel-sick adj : **to be travel-sick** cierpieć na chorobę lokomocyjną.

trawler ['trɔːlə'] n trawler m.

tray [treɪ] n taca f.

treacherous ['tretʃərəs] adj [person] zdradziecki; [roads, conditions] zdradlliwy.

treacle ['triːkl] n UK melasa f.

tread [tred] (pt trod, pp trodden) ◇ n [of tyre] bieżnik m. ◇ vi : **to tread on sthg** nastąpić na coś.

treasure ['treʒə'] n [gold, jewels etc] skarb m.

treat [triːt] ◇ vt [behave towards] traktować/potraktować; [deal with] traktować; [patient, illness] leczyć. ◇ n [special thing] : **I want to give them a treat** chcę sprawić im szczególną przyjemność; **what a treat to have a quiet afternoon** jak to dobrze spędzić spokojnie popołudnie • **to treat sb to sthg** zafundować coś komuś.

treatment ['triːtmənt] n MED

leczenie *n*; [of person, subject] traktowanie *n*.

treble ['trebl] *adj* potrójny.

tree [tri:] *n* drzewo *n*.

trek [trek] *n* wyprawa *f*.

tremble ['trembl] *vi* [person] drżeć/zadrżeć.

tremendous [trɪ'mendəs] *adj* [very large] ogromny; *inf* [very good] świetny.

trench [trentʃ] *n* [ditch] rów *m*.

trend [trend] *n* trend *m*.

trendy ['trendɪ] *adj inf* modny.

trespasser ['trespəsər] *n* intruz *m*, -ka *f* • **'trespassers will be prosecuted'** wstęp wzbroniony pod groźbą kary.

trial ['traɪəl] *n* LAW proces *m*; [test] próba *f* • **a trial period** okres próbny.

triangle ['traɪæŋgl] *n* [shape] trójkąt *m*.

triangular [traɪ'æŋgjʊlər] *adj* trójkątny.

tribe [traɪb] *n* plemię *n*.

tributary ['trɪbjʊtrɪ] *n* dopływ *m*.

trick [trɪk] ⬦ *n* [deception] podstęp *m*; [in magic] sztuczka *f*. ⬦ *vt* oszukiwać/oszukać • **to play a trick on sb** płatać komuś figla.

trickle ['trɪkl] *vi* [liquid] sączyć się.

tricky ['trɪkɪ] *adj* skomplikowany.

tricycle ['traɪsɪkl] *n* rower *m* trójkołowy.

trifle ['traɪfl] *n* [dessert] *zimny deser z ciasta biszkoptowego z owocami, galaretką i budyniem*.

trigger ['trɪgər] *n* spust *m*.

trim [trɪm] ⬦ *n* [haircut] podcięcie *m*. ⬦ *vt* [hair, beard, hedge] podcinać/podciąć.

trinket ['trɪŋkɪt] *n* błyskotka *f*.

trio ['triːəʊ] (*pl* **-s**) *n* [of musicians] trio *n*.

trip [trɪp] ⬦ *n* [outing] wycieczka *f*. ⬦ *vi* [stumble] potykać/potknąć się. ⬥ **trip up** ⬦ *vi* [stumble] potykać/potknąć się.

triple ['trɪpl] *adj* potrójny.

tripod ['traɪpɒd] *n* statyw *m*.

triumph ['traɪəmf] *n* [victory] triumf *m*.

trivial ['trɪvɪəl] *adj pej* trywialny.

trod [trɒd] *pt* ⊳ **tread**.

trodden ['trɒdn] *pp* ⊳ **tread**.

trolley ['trɒlɪ] (*pl* **-s**) *n* UK [in supermarket, at airport] wózek *m*; UK [for food, drinks] stolik *m* na kółkach; US [tram] trolejbus *m*.

trombone [trɒm'bəʊn] *n* puzon *m*.

troops *npl* wojsko *n*.

trophy ['trəʊfɪ] *n* trofeum *n*.

tropical ['trɒpɪkl] *adj* tropikalny.

trot [trɒt] ⬦ *vi* [horse] kłusować/pokłusować. ⬦ *n* : **on the trot** *inf* z rzędu.

trouble ['trʌbl] ⬦ *n* kłopoty *mpl*; [specific problem] kłopot *m*; [malfunction] nieprawidłowość *f*. ⬦ *vt* [worry] martwić/zmartwić; [bother] przeszkadzać/przeszkodzić (*komuś*) • **to be in trouble** [having problems] mieć kłopoty; [with police, parents] mieć problemy; **to get into trouble** wpaść w tarapaty; **to take the trouble to do sthg** zadać sobie trud zrobienia czegoś; **it's no trouble** żaden kłopot.

trough [trɒf] *n* [for animals] koryto *n*.

trouser press *n* prasowalnica *f* do spodni.

trousers ['traʊzəz] *npl* spodnie *pl* • **a pair of trousers** para spodni.

trout [traʊt] (*pl* **trout**) *n* pstrąg *m*.

trowel ['traʊəl] *n* [for gardening] łopatka *f*.

truant ['truːənt] *n* : **to play truant** iść na wagary.

truce [truːs] *n* rozejm *m*.

truck [trʌk] *n* [lorry] ciężarówka *f*.

true [truː] *adj* prawdziwy • **what she says is true** to, co mówi jest prawdą.

truly ['truːlɪ] *adv* : **yours truly** z poważaniem.

trumpet ['trʌmpɪt] *n* trąbka *f*.

trumps *npl* atu *n*.

truncheon ['trʌntʃən] *n* pałka *f*.

trunk [trʌŋk] *n* [of tree] pień *m*; US [of car] bagażnik *m*; [case, box] kufer *m*; [of elephant] trąba *f*.

trunk call *n* UK rozmowa *f* międzymiastowa.

trunk road *n* UK droga *f* krajowa.

trunks *npl* [for swimming] kąpielówki *pl*.

trust [trʌst] ⬦ *n* [confidence] zaufanie *n*. ⬦ *vt* [believe, have confidence in] ufać/zaufać; *fml* [hope] mieć nadzieję.

trustworthy ['trʌst'wɜːðɪ] *adj* godny zaufania.

truth [truːθ] *n* [true facts] prawda *f*; [quality of being true] prawdziwość *f*.

truthful ['truːθʊl] *adj* [statement, account] zgodny z prawdą; [person] prawdomówny.

try [traɪ] ⬦ *n* [attempt] próba *f*. ⬦ *vt* próbować/spróbować; [seek help from] próbować/wypróbować; LAW sądzić. ⬦ *vi* starać/postarać się • **to try to do sthg** starać się coś zrobić; **it's worth a try** warto spróbować. ➠ **try on** ⬦ *vt sep* [clothes] przymierzać/przymierzyć.

➠ **try out** ⬦ *vt sep* wypróbowywać/wypróbować.

T-shirt *n* T-shirt *m*.

tub [tʌb] *n* [of margarine *etc*] opakowanie *n*; *inf* [bath] wanna *f*.

tube [tjuːb] *n* [container] tubka *f*; UK *inf* [underground] metro *n*; [pipe] rura *f* • **by tube** metrem.

tube station *n* UK *inf* stacja *f* metra.

tuck [tʌk] ➠ **tuck in** *vt sep* [shirt] wkładać/włożyć do spodni, spódnicy; [child, person] otulać/otulić do snu. ⬦ *vi inf* wsuwać/wsunąć.

tuck shop *n* UK sklepik *m* ze słodyczami (*szkolny*).

Tues. (*abbr of* **Tuesday**) wtorek *m*.

Tuesday ['tjuːzdeɪ] *n* wtorek *m*; *see also* **Saturday**.

tuft [tʌft] *n* kępka *f*.

tug [tʌg] *vt* ciągnąć/przeciągnąć.

tuition [tjuː'ɪʃn] *n* nauczanie *n*.

tulip ['tjuːlɪp] *n* tulipan *m*.

tumble-dryer *n* suszarka *f* bębnowa.

tumbler ['tʌmbləʳ] *n* [glass] szklanka *f*.

tummy ['tʌmɪ] *n* *inf* brzuszek *m*.

tummy upset *n* *inf* ból *m* brzucha.

tumor ['tjuːməʳ] *US* = **tumour**.

tumour *n* UK guz *m*.

tuna (fish) *n* [food] tuńczyk *m*.

tuna melt *n* *US* zapiekanka z tuńczykiem i roztopionym serem.

tune [tjuːn] ⬦ *n* [melody] melodia *f*. ⬦ *vt* [radio, TV] nastawiać/nastawić; [engine] regulować/wyregulować; [instrument] stroić/nastroić • **in tune** czysto; **out of tune** fałszywie.

tunic ['tjuːnɪk] *n* tunika *f*.

Tunisia [tjuːˈnɪzɪə] *n* Tunezja *f.*

tunnel [ˈtʌnl] *n* tunel *m.*

turban [ˈtɜːbən] *n* turban *m.*

turbo [ˈtɜːbəʊ] (*pl* -s) *n* [car] turbo *n.*

turbulence [ˈtɜːbjʊləns] *n* [when flying] turbulencja *f.*

turf [tɜːf] *n* [grass] darń *f.*

Turk [tɜːk] *n* Turek *m*, Turczynka *f.*

turkey (*pl* -s) *n* indyk *m.*

Turkey *n* Turcja *f.*

Turkish [ˈtɜːkɪʃ] ◇ *adj* turecki. ◇ *n* [language] turecki *m.* ◇ *npl* : the Turkish Turcy *mpl.*

Turkish delight *n* rachatłukum *n.*

turn [tɜːn] ◇ *n* [in road] skręt *m*; [of knob, key, switch] obrót *m*; [go, chance] kolej *f.* ◇ *vt* odwracać/ odwrócić; [car] obrócić/obracać; [knob, key, switch] obracać/obró- cić; [corner, bend] : **to turn a corner** skręcić za róg; [become] stawać/stać się; [cause to become] : **the soot turned her face black** sadza poczerniła jej twarz; **her comment turned him red with anger** jej komentarz sprawił, że poczerwieniał na twarzy. ◇ *vi* [person] odwracać/odwrócić się; [car] wykręcać/wykręcić; [rotate] obracać/obrócić się; [milk] psuć/ zepsuć się • **to turn into sthg** [become] zamienić się w coś; **to turn sthg into sthg** zamienić coś w coś; **to turn left/right** skręcić w lewo/w prawo; **it's your turn** twoja kolej; **at the turn of the century** na przełomie wieków; **to take it in turns to do sthg** robić coś na zmianę; **to turn sthg inside out** wywrócić coś na lewą stronę. ➥ **turn back** ◇ *vt sep* & *vi* [person, car] za- wracać/zawrócić. ➥ **turn**

down ◇ *vt sep* [radio] przy- ciszać/przyciszyć; [volume, heat- ing] zmniejszać/zmniejszyć; [of- fer, request] odrzucać/odrzucić. ➥ **turn off** ◇ *vt sep* [light, TV, engine] wyłączać/wyłączyć; [water, gas, tap] zakręcać/zakrę- cić. ◇ *vi* [leave road] zjeżdżać/ zjechać. ➥ **turn on** ◇ *vt sep* [light, TV, engine] włączać/włą- czyć; [water, gas, tap] odkręcać/ odkręcić. ➥ **turn out** ◇ *vt sep* [light, fire] wyłączać/wyłą- czyć. ◇ *vi* [be in the end] wychodzić/wyjść; [come, attend] przybywać/przybyć • **to turn to be sthg** okazać się być czymś. ➥ **turn over** ◇ *vi* [in bed] przewracać/przewrócić się na drugi bok; UK [change channels] przełączać/przełączyć. ◇ *vt sep* [page, card, omelette] prze- wracać/przewrócić. ➥ **turn round** ◇ *vt sep* [car] zawra- cać/zawrócić; [table] obracać/ob- rócić. ◇ *vi* [person] odwracać/ odwrócić się. ➥ **turn up** ◇ *vt sep* [radio] podgłaśniać/ podgłośnić; [volume, heating] pod- kręcać/podkręcić. ◇ *vi* [come, attend] przybywać/przybyć.

turning [ˈtɜːnɪŋ] *n* [off road] skręt *m.*

turnip [ˈtɜːnɪp] *n* rzepa *f.*

turn-up *n* UK [on trousers] man- kiet *m.*

turps [tɜːps] *n* UK *inf* terpentyna *f.*

turquoise [ˈtɜːkwɔɪz] *adj* turku- sowy.

turtle [ˈtɜːtl] *n* żółw *m* morski.

turtleneck [ˈtɜːtlnek] *n* [jumper] golf *m.*

tutor [ˈtjuːtəʳ] *n* [private teacher] korepetytor *m*, -ka *f.*

tuxedo [tʌkˈsiːdəʊ] (*pl* -s) *n* US smoking *m.*

TV n telewizja f; [television set] telewizor m • **on TV** w telewizji.

TV movie n film m telewizyjny.

tweed [twi:d] n tweed m.

tweezers ['twi:zəz] npl pinceta f.

twelfth [twelfθ] num dwunasty ▷ **sixth**.

twelve [twelv] num dwanaście ▷ **six**.

twentieth ['twentɪəθ] num dwudziesty • **the twentieth century** dwudziesty wiek.

twenty ['twentɪ] num dwadzieścia ▷ **six**.

twice [twaɪs] adv dwa razy • **it's twice as good** to jest dwa razy lepsze.

twig [twɪg] n gałązka f.

twilight ['twaɪlaɪt] n zmierzch m.

twin [twɪn] n [person] bliźniak m, bliźniaczka f.

twin beds npl dwa pojedyncze łóżka npl (w pokoju hotelowym).

twine [twaɪn] n sznurek m.

twin room n pokój m hotelowy z dwoma łóżkami.

twist [twɪst] vt [wire, thread, rope] skręcać/skręcić; [hair] kręcić/pokręcić; [injure] wykręcać/wykręcić; [bottle top, lid, knob] odkręcać/odkręcić.

twisting adj [road, river] kręty.

two [tu:] num dwa ▷ **six**.

two-piece adj [swimsuit, suit] dwuczęściowy.

tying cont ▷ **tie**.

type [taɪp] ◇ n [kind] typ m. ◇ vt & vi [on typewriter, computer] pisać/napisać.

typewriter ['taɪp'raɪtər] n maszyna f do pisania.

typhoid ['taɪfɔɪd] n tyfus m.

typical ['tɪpɪkl] adj typowy.

typist ['taɪpɪst] n osoba f pisząca na maszynie.

tyre n UK opona f.

U [ju:] adj UK [film] b.o.

UCAS ['ju:kæs] (abbr of Universities and Colleges Admissions Service) n UK brytyjska organizacja nadzorująca warunki przyjmowania na uczelnie wyższe.

UFO ['ju:ef'əʊ, 'ju:fəʊ] n (abbr of unidentified flying object) UFO n.

ugly ['ʌglɪ] adj brzydki.

UHT adj (abbr of ultra heat treated) UHT.

UK n : **the UK** Zjednoczone Królestwo n.

ulcer ['ʌlsər] n wrzód m.

ultimate ['ʌltɪmət] adj [final] ostateczny; [best, greatest] maksymalny.

ultraviolet ['ʌltrə'vaɪələt] adj ultrafioletowy.

umbrella [ʌm'brelə] n parasol m.

umpire ['ʌmpaɪər] n sędzia m.

UN n (abbr of United Nations) : **the UN** ONZ.

unable [ʌn'eɪbl] adj : **to be unable to do sthg** nie być w stanie czegoś zrobić.

unacceptable ['ʌnək'septəbl] adj nie do przyjęcia.

unaccustomed ['ʌnə'kʌstəmd]

adj : **to be unaccustomed to sthg** być nieprzyzwyczajonym do czegoś.

unanimous [juːˈnænɪməs] *adj* [people] jednomyślny; [decision] jednogłośny.

unattended [ˈʌnəˈtendɪd] *adj* [baggage] bez opieki.

unattractive [ˈʌnəˈtræktɪv] *adj* [person, place] nieatrakcyjny; [idea] nieciekawy.

unauthorized [ˈʌnˈɔːθəraɪzd] *adj* nieautoryzowany.

unavailable [ˈʌnəˈveɪləbl] *adj* nieosiągalny.

unavoidable [ˈʌnəˈvɔɪdəbl] *adj* nieunikniony.

unaware [ˈʌnəˈweəˈ] *adj* nieświadomy • **to be unaware of sthg** być nieświadomym czegoś.

unbearable [ʌnˈbeərəbl] *adj* nie do wytrzymania.

unbelievable [ˈʌnbɪˈliːvəbl] *adj* niewiarygodny.

unbutton [ʌnˈbʌtn] *vt* rozpinać/rozpiąć.

uncertain [ʌnˈsɜːtn] *adj* niepewny.

uncertainty [ʌnˈsɜːtntɪ] *n* niepewność *f.*

uncle [ˈʌŋkl] *n* [mother's brother] wujek *m*; [father's brother] stryj *m.*

unclean [ˈʌnˈkliːn] *adj* [dirty] zanieczyszczony.

unclear [ˈʌnˈklɪəˈ] *adj* niejasny; [not sure] niepewny.

uncomfortable [ˈʌnˈkʌmftəbl] *adj* [person, chair, bed] niewygodny; *fig* [awkward] nieswój.

uncommon [ʌnˈkɒmən] *adj* [rare] niezwykły.

unconscious [ʌnˈkɒnʃəs] *adj* [after accident] nieprzytomny; [unaware] nieświadomy.

unconvincing [ˈʌnkənˈvɪnsɪŋ] *adj* nieprzekonujący.

uncooperative [ˈʌnkəʊˈɒpərətɪv] *adj* niechcący współpracować.

uncork [ʌnˈkɔːk] *vt* odkorkowywać/odkorkować.

uncouth [ʌnˈkuːθ] *adj* nieokrzesany.

uncover [ʌnˈkʌvəˈ] *vt* [discover] ujawniać/ujawnić; [car] składać/złożyć dach; [swimming pool *etc*] odkrywać/odkryć.

under [ˈʌndəˈ] *prep* [beneath] pod; [less than] poniżej; [according to] według; [in classification] pod • **children under ten** dzieci poniżej dziesiątego roku życia; **under the circumstances** w tych okolicznościach; **to be under pressure** być pod presją.

underage [ˈʌndərˈeɪdʒ] *adj* nieletni.

undercarriage [ˈʌndəˈkærɪdʒ] *n* podwozie *n.*

underdone [ˈʌndəˈdʌn] *adj* [boiled food] niedogotowany; [fried food] niedosmażony; [baked food] niedopieczony.

underestimate *vt* [ˈʌndərˈestɪˌmeɪt] [cost, size, importance] zbyt nisko oszacować; [person] nie doceniać/docenić.

underexposed *adj* [photograph] niedoświetlony.

undergo [ˈʌndəˈgəʊ] (*pt* **underwent**, *pp* **undergone**) *vt* przechodzić/przejść.

undergraduate [ˈʌndəˈgrædʒʊət] *n* student *m*, -ka *f (przed uzyskaniem stopnia licencjata).*

underground ⬦ *adj* [ˈʌndəgraʊnd] podziemny. ⬦ *n* [ˈʌndəgraʊnd] *UK* [railway] metro *n.*

undergrowth ['ʌndəgrəʊθ] *n* podszycie *n* leśne.

underline ['ʌndəlaɪn] *vt* podkreślać/podkreślić.

underneath ['ʌndə'niːθ] <> *prep* poniżej. <> *adv* pod spodem. <> *n* spód *m*.

underpants ['ʌndəpænts] *npl* slipy *pl*.

underpass ['ʌndəpɑːs] *n* [for pedestrians] przejście *n* podziemne; [for cars] przejazd *m* podziemny.

undershirt ['ʌndəʃɜːt] *n* US podkoszulek *m*.

underskirt ['ʌndəskɜːt] *n* półhalka *f*.

understand ['ʌndə'stænd] (*pt & pp* understood [-'stʊd]) *vt & vi* [know meaning of] rozumieć/zrozumieć • **I don't understand** nie rozumiem; **to make o.s. understood** porozumieć się.

understanding ['ʌndə'stændɪŋ] <> *adj* wyrozumiały. <> *n* [agreement] porozumienie *n*; [knowledge, sympathy] zrozumienie *n*; [interpretation] rozumienie *n*.

understatement ['ʌndə'steɪtmənt] *n* : **that's an understatement** to mało powiedziane.

understood [-'stʊd] *pt & pp* ⊳ understand.

undertake ['ʌndə'teɪk] (*pt* undertook, *pp* undertaken) *vt* podejmować/podjąć się • **to undertake to do sthg** zobowiązać się do zrobienia czegoś.

undertaker ['ʌndə'teɪkə'] *n* przedsiębiorca *m* pogrzebowy.

undertaking ['ʌndə'teɪkɪŋ] *n* [promise] zobowiązanie *n*; [task] przedsięwzięcie *n*.

undertook [-'tʊk] *pt* ⊳ undertake.

underwater ['ʌndə'wɔːtə'] <> *adj* podwodny. <> *adv* pod wodą.

underwear ['ʌndəweə'] *n* bielizna *f*.

underwent [-'went] *pt* ⊳ undergo.

undesirable ['ʌndɪ'zaɪərəbl] *adj* niepożądany.

undo ['ʌn'duː] (*pt* undid, *pp* undone) *vt* [coat, shirt] rozpinać/rozpiąć; [shoelaces] rozwiązywać/rozwiązać; [parcel] rozpakowywać/rozpakować.

undone [-'dʌn] *adj* [coat, shirt] rozpięty; [tie, shoelaces] rozwiązany.

undress ['ʌn'dres] <> *vi* rozbierać/rozebrać się. <> *vt* rozbierać/rozebrać.

undressed ['ʌn'drest] *adj* rozebrany • **to get undressed** rozebrać się.

uneasy [ʌn'iːzɪ] *adj* niespokojny.

uneducated ['ʌn'edjʊkeɪtɪd] *adj* niewykształcony.

unemployed ['ʌnɪm'plɔɪd] <> *adj* bezrobotny. <> *npl* : **the unemployed** bezrobotni *mpl*.

unemployment ['ʌnɪm'plɔɪmənt] *n* bezrobocie *n*.

unemployment benefit *n* zasiłek *m* dla bezrobotnych.

unequal ['ʌn'iːkwəl] *adj* nierówny.

uneven ['ʌn'iːvn] *adj* nierówny; [speed] nierównomierny.

uneventful ['ʌnɪ'ventfʊl] *adj* spokojny.

unexpected ['ʌnɪk'spektɪd] *adj* nieoczekiwany.

unexpectedly ['ʌnɪk'spektɪdlɪ] *adv* nieoczekiwanie.

unfair [ˈʌnˈfeəʳ] *adj* niesprawiedliwy.

unfairly [ˈʌnˈfeəlɪ] *adv* niesprawiedliwie.

unfaithful [ˈʌnˈfeɪθfʊl] *adj* [sexually] niewierny.

unfamiliar [ˈʌnfəˈmɪljəʳ] *adj* nieznany • **to be unfamiliar with** nie znać.

unfashionable [ˈʌnˈfæʃnəbl] *adj* niemodny.

unfasten [ˈʌnˈfɑːsn] *vt* rozpinać/rozpiąć.

unfavourable *adj* niekorzystny.

unfinished [ˈʌnˈfɪnɪʃt] *adj* niedokończony.

unfit [ˈʌnˈfɪt] *adj* [not healthy] w słabej kondycji • **to be unfit for sthg** [not suitable] być niezdatnym do czegoś.

unfold [ʌnˈfəʊld] *vt* [map, sheet] rozkładać/rozłożyć.

unforgettable [ˈʌnfəˈgetəbl] *adj* niezapomniany.

unforgivable [ˈʌnfəˈgɪvəbl] *adj* niewybaczalny.

unfortunate [ʌnˈfɔːtʃnət] *adj* [unlucky] pechowy; [regrettable] nieszczęśliwy.

unfortunately [ʌnˈfɔːtʃnətlɪ] *adv* niestety.

unfriendly [ˈʌnˈfrendlɪ] *adj* nieprzyjazny.

unfurnished [ˈʌnˈfɜːnɪʃt] *adj* nieumeblowany.

ungrateful [ʌnˈgreɪtfʊl] *adj* niewdzięczny.

unhappy [ʌnˈhæpɪ] *adj* [sad] nieszczęśliwy; [not pleased] niezadowolony • **to be unhappy about sthg** być niezadowolonym z czegoś.

unharmed [ˈʌnˈhɑːmd] *adj* bez szwanku.

unhealthy [ʌnˈhelθɪ] *adj* niezdrowy.

unhelpful [ˈʌnˈhelpfʊl] *adj* [person] nieskory do pomocy; [advice] nieprzydatny.

unhurt [ˈʌnˈhɜːt] *adj* bez szwanku.

unhygienic [ˈʌnhaɪˈdʒiːnɪk] *adj* niehigieniczny.

unification [ˈjuːnɪfɪˈkeɪʃn] *n* zjednoczenie *n*.

uniform [ˈjuːnɪfɔːm] *n* mundur *m*.

unimportant [ˈʌnɪmˈpɔːtənt] *adj* nieważny.

unintelligent [ˈʌnɪnˈtelɪdʒənt] *adj* nieinteligentny.

unintentional [ˈʌnɪnˈtenʃənl] *adj* niezamierzony.

uninterested [ˈʌnˈɪntrəstɪd] *adj* niezainteresowany.

uninteresting [ˈʌnˈɪntrəstɪŋ] *adj* nieinteresujący.

union [ˈjuːnjən] *n* [of workers] związek *m*.

Union Jack *n* : **the Union Jack** flaga *f* brytyjska.

unique [juːˈniːk] *adj* [exceptional] unikalny; [very special] wyjątkowy • **to be unique to** być wyłączną cechą.

unisex [ˈjuːnɪseks] *adj* [clothes] uniseks; [hairdresser] damsko-męski.

unit [ˈjuːnɪt] *n* [measurement, group] jednostka *f*; [department] oddział *m*; [building] budynek *m*; [piece of furniture] szafka *f*; [machine] urządzenie *n*.

unite [juːˈnaɪt] ◇ *vt* jednoczyć/zjednoczyć. ◇ *vi* jednoczyć/zjednoczyć się.

United Kingdom *n* : **the United Kingdom** Zjednoczone Królestwo *n*.

United Nations npl : **the United Nations** Narody mpl Zjednoczone.

United States (of America) npl : **the United States (of America)** Stany mpl Zjednoczone (Ameryki).

unity ['juːnətɪ] n jedność f.

universal ['juːnɪ'vɜːsl] adj uniwersalny.

universe ['juːnɪvɜːs] n wszechświat m.

university ['juːnɪ'vɜːsətɪ] n uniwersytet m.

unjust ['ʌn'dʒʌst] adj niesprawiedliwy.

unkind [ʌn'kaɪnd] adj [person, remark] nieprzyjemny.

unknown ['ʌn'nəʊn] adj nieznany.

unleaded ['ʌn'ledɪd] adj bezołowiowy.

unleaded (petrol) n benzyna f bezołowiowa.

unless [ən'les] conj chyba że; [at beginning of sentence] jeśli nie.

unlike ['ʌn'laɪk] prep [different to] różny od; [in contrast to] w odróżnieniu od; [not typical of] niepodobny do.

unlikely [ʌn'laɪklɪ] adj nieprawdopodobny • **she's unlikely to do it** mało prawdopodobne, by to zrobiła.

unlimited [ʌn'lɪmɪtɪd] adj nieograniczony • **unlimited mileage** bez ograniczenia kilometrażu.

unlisted [ʌn'lɪstɪd] adj US [phone number] zastrzeżony.

unload ['ʌn'ləʊd] vt [goods, vehicle] rozładowywać/rozładować.

unlock ['ʌn'lɒk] vt otwierać/otworzyć (kluczem).

unlucky [ʌn'lʌkɪ] adj [unfortunate] nieszczęśliwy; [bringing bad luck] pechowy.

unmarried ['ʌn'mærɪd] adj [man] nieżonaty; [woman] niezamężna.

unnatural [ʌn'nætʃrəl] adj nienaturalny.

unnecessary [ʌn'nesəsərɪ] adj niepotrzebny.

unobtainable ['ʌnəb'teɪnəbl] adj [product] nieosiągalny; [phone number] niedostępny.

unoccupied ['ʌn'ɒkjʊpaɪd] adj [place, seat] wolny.

unofficial ['ʌnə'fɪʃl] adj nieoficjalny.

unpack ['ʌn'pæk] <> vt rozpakowywać/rozpakować. <> vi rozpakowywać/rozpakować się.

unpleasant [ʌn'pleznt] adj nieprzyjemny.

unplug [ʌn'plʌg] vt wyłączać/wyłączyć z sieci.

unpopular ['ʌn'pɒpjʊləʳ] adj niepopularny.

unpredictable ['ʌnprɪ'dɪktəbl] adj nieprzewidywalny.

unprepared ['ʌnprɪ'peəd] adj nieprzygotowany.

unprotected ['ʌnprə'tektɪd] adj niechroniony.

unqualified ['ʌn'kwɒlɪfaɪd] adj [person] niewykwalifikowany.

unreal ['ʌn'rɪəl] adj nieprawdziwy.

unreasonable [ʌn'riːznəbl] adj [unfair] nierozsądny; [excessive] wygórowany.

unrecognizable adj nie do poznania.

unreliable ['ʌnrɪ'laɪəbl] adj [person] niesolidny; [car] zawodny.

unrest ['ʌn'rest] n rozruchy pl.

unroll ['ʌn'rəʊl] *vt* rozwijać/rozwinąć.

unsafe ['ʌn'seɪf] *adj* [dangerous] niebezpieczny; [in danger] zagrożony.

unsatisfactory ['ʌn'sætɪs'fæktərɪ] *adj* niewystarczający.

unscrew ['ʌn'skru:] *vt* [lid, top] odkręcać/odkręcić.

unsightly [ʌn'saɪtlɪ] *adj* szpetny.

unskilled ['ʌn'skɪld] *adj* [worker] niewykwalifikowany.

unsociable [ʌn'səʊʃəbl] *adj* nietowarzyski.

unsound ['ʌn'saʊnd] *adj* [building, structure] niesolidny; [argument, method] błędny.

unspoiled ['ʌn'spɔɪld] *adj* [place, beach] nieskażony.

unsteady ['ʌn'stedɪ] *adj* [pile, structure] niestabilny; [person] niepewny; [hand] drżący.

unstuck ['ʌn'stʌk] *adj* : **to come unstuck** [label, poster *etc*] odkleić się.

unsuccessful ['ʌnsək'sesfʊl] *adj* [person] pechowy; [attempt] nieudany.

unsuitable ['ʌn'su:təbl] *adj* nieodpowiedni.

unsure ['ʌn'ʃɔ:'] *adj* : **to be unsure (about)** być niepewnym.

unsweetened ['ʌn'swi:tnd] *adj* niesłodzony.

untidy [ʌn'taɪdɪ] *adj* [person] nieporządny; [room, desk] niesprzątany.

untie ['ʌn'taɪ] (*cont* **untying**) *vt* rozwiązywać.

until [ən'tɪl] <> *prep* aż do. <> *conj* aż.

untrue ['ʌn'tru:] *adj* [false] nieprawdziwy.

untrustworthy ['ʌn'trʌst'wɜ:ðɪ] *adj* niegodny zaufania.

untying *cont* ▷ **untie**.

unusual [ʌn'ju:ʒl] *adj* niezwykły.

unusually [ʌn'ju:ʒəlɪ] *adv* [more than usual] niezwykle.

unwell ['ʌn'wel] *adj* niezdrowy • **to feel unwell** źle się czuć.

unwilling ['ʌn'wɪlɪŋ] *adj* : **to be unwilling to do sthg** nie chcieć czegoś zrobić.

unwind ['ʌn'waɪnd] (*pt & pp* **unwound** ['ʌn'waʊnd]) <> *vt* rozwijać/rozwinąć. <> *vi* [relax] odprężać/odprężyć się.

unwrap ['ʌn'ræp] *vt* odwijać/odwinąć.

unzip ['ʌn'zɪp] *vt* rozpinać/rozpiąć zamek.

up [ʌp] <> *adv* **-1.** [towards higher position] do góry ; **we walked up to the top** weszliśmy na samą górę; **to pick sthg up** podnieść coś. **-2.** [in higher position] : **she's up in her bedroom** jest u siebie na górze; **up there** tam w górze. **-3.** [into upright position] prosto ; **to stand up** wstać; **to sit up** [from lying position] podnieść się; [sit straight] siedzieć prosto. **-4.** [to increased level] : **unemployment is up again** bezrobocie znowu wzrosło; **prices are going up** ceny idą w górę. **-5.** [northwards] na północ, na północy. **-6.** [in phrases] : **to walk up and down** chodzić tam i z powrotem; **to jump up and down** dawać susy; **up to six weeks** do sześciu tygodni; **up to ten people** do dziesięciu osób; **are you up to travelling?** czujesz się na siłach, by podróżować?; **what are you up to?** co knujesz?; **it's up to you** to zależy od ciebie; **up until ten o'clock** do dziesiątej. <> *prep*

-1. [towards higher position] w górę ; **to walk up a hill** wspiąć się na wzgórze; **I went up the stairs** wszedłem po schodach. -2. [in higher position] wyżej ; **up a hill** na szczycie wzgórza; **up a ladder** na górze drabiny. -3. [at end of] : **they live up the road from us** mieszkają na końcu naszej ulicy. <> *adj* -1. [out of bed] na nogach ; **I was up at six today** wstałem dziś o szóstej. -2. [at an end] dobiegający końca ; **time's up** czas minął. -3. [rising] : **the up escalator** schody w górę *(ruchome)*. <> *n* : **ups and downs** wzloty i upadki.

update *vt* ['ʌp'deɪt] uaktualniać/ uaktualnić.

uphill ['ʌp'hɪl] *adv* pod górę.

upholstery [ʌp'həʊlstərɪ] *n* tapicerka *f*.

upkeep ['ʌpkiːp] *n* utrzymanie *n*.

up-market *adj* ekskluzywny.

upon [ə'pɒn] *prep fml* [on] na • **upon hearing the news ...** usłyszawszy wieści.

upper ['ʌpəʳ] <> *adj* górny. <> *n* [of shoe] cholewka *f*.

upper class *n* klasa *f* wyższa.

uppermost ['ʌpəməʊst] *adj* [highest] najwyższy.

upper sixth *n UK* SCH *drugi rok nieobowiązkowego kursu przygotowującego 18–latków do zdawania egzaminów końcowych na poziomie wyższym, dającym prawo wstępu na uczelnie (A-level).*

upright ['ʌpraɪt] <> *adj* [person] prawy; [object] pionowy. <> *adv* prosto.

upset *(pt & pp* **upset)** <> *adj* [ʌp'set] [distressed] zmartwiony. <> *vt* [ʌp'set] [distress] martwić/ zmartwić; [cause to go wrong] psuć/popsuć; [knock over] wy-

wracać/wywrócić • **to have an upset stomach** mieć rozstrój żołądka.

upside down *adj & adv* do góry nogami.

upstairs ['ʌp'steəz] *adj & adv* na górze • **to go upstairs** iść na górę.

up-to-date *adj* [modern] aktualny; [well-informed] dobrze poinformowany.

upwards ['ʌpwədz] *adv* [to a higher place] do góry; [to a higher level] w górę • **upwards of 100 people** ponad sto osób.

urban ['ɜːbən] *adj* miejski.

urban clearway *n UK* droga *f* szybkiego ruchu.

Urdu ['ʊəduː] *n* [language] urdu *m*.

urge [ɜːdʒ] *vt* : **to urge sb to do sthg** zachęcać kogoś do zrobienia czegoś.

urgent ['ɜːdʒənt] *adj* pilny.

urgently ['ɜːdʒəntlɪ] *adv* [immediately] pilnie.

urinal ['jʊərɪnl] *n* [place] toaleta *f* męska; [bowl] pisuar *m*.

urinate ['jʊərɪneɪt] *vi fml* oddawać/oddać mocz.

urine ['jʊərɪn] *n* mocz *m*.

URL *(abbr of* **uniform resource locator)** *n* COMPUT URL *m*.

us [ʌs] *pron* nas, nam • **they know us** oni nas znają; **it's us** to my; **send it to us** przyślij nam to; **tell us** powiedz nam; **they're worse than us** oni są gorsi od nas.

US [ʌs] *n* (*abbr of* **United States**) : **the US** USA *pl*.

USA *n* (*abbr of* **United States of America**) : **the USA** USA *pl*.

usable ['juːzəbl] *adj* przydatny.

use <> *n* [using] wykorzystanie *n*; [purpose] zastosowanie *n*.

◇ *vt* [make use of] używać/
użyć; [exploit] wykorzystywać/
wykorzystać; [run on] wymagać
• **to be of use** przydać się; **to
have the use of sthg** korzystać z
czegoś; **to make use of sthg**
skorzystać z czegoś; '**out of use**'
nie działać; **to be in use** być w
użyciu; **it's no use** nie ma sensu;
what's the use? po co?; **can I
use your phone?** korzystać z; **to
use sthg as sthg** użyć czegoś
jako czegoś; '**use before ...**'
[food, drink] należy spożyć przed.
➡ **use up** ◇ *vt sep* zuży-
wać/zużyć.

used ◇ *adj* używany. ◇ *aux
vb* : **I used to live near here**
mieszkałem kiedyś w pobliżu; **I
used to go there every day**
zwykłem tam chodzić codziennie • **to be used to sthg** być
przyzwyczajonym do czegoś; **to
get used to sthg** przyzwyczaić
się do czegoś.

useful ['ju:sful] *adj* przydatny.

useless ['ju:slɪs] *adj* [not useful]
bezużyteczny; [pointless] bezcelowy; *inf* [very bad] beznadziejny.

user ['ju:zər] *n* użytkownik *m*.

usher ['ʌʃər] *n* [at cinema, theatre]
*osoba usadzająca widzów na miej-
scach (mężczyzna)*.

usherette [ˌʌʃə'ret] *n osoba usadzająca widzów na miejscach (kobieta)*.

USSR *n* : **the (former) USSR**
(były) Związek *m* Socjalistycz-
nych Republik Radzieckich.

usual ['ju:ʒəl] *adj* zwykły • **as
usual** jak zwykle.

usually ['ju:ʒəlɪ] *adv* zwykle.

utilize ['ju:tɪlaɪz] *vt fml* wykorzys-
tywać/wykorzystać.

utmost ['ʌtməʊst] ◇ *adj* najwyższy. ◇ *n* : **to do one's**

utmost zrobić wszystko, co w
czyjejś mocy.

utter ['ʌtər] ◇ *adj* zupełny.
◇ *vt* wypowiadać/wypowie-
dzieć.

utterly ['ʌtəlɪ] *adv* zupełnie.

U-turn *n* [in vehicle] zawracanie *n*.

vacancy ['veɪkənsɪ] *n* [job] wakat
m • '**vacancies**' wolne pokoje;
'**no vacancies**' brak wolnych
pokoi.

vacant ['veɪkənt] *adj* [room, seat]
wolny • '**vacant**' [on toilet door]
wolne.

vacate [və'keɪt] *vt fml* [room,
house] zwalniać/zwolnić.

vacation [və'keɪʃn] ◇ *n US* [holi-
day] wakacje *pl.* ◇ *vi US* mieć
wakacje • **to go on vacation**
jechać na wakacje.

vacationer [və'keɪʃənər] *n US*
wczasowicz *m*, -ka *f*.

vaccination ['væksɪ'neɪʃn] *n*
szczepienie *n*.

vaccine *n* szczepionka *f*.

vacuum ['vækjʊəm] *vt* odkurzać/
odkurzyć *(odkurzaczem)*.

vacuum cleaner *n* odkurzacz *m*.

vague [veɪg] *adj* [plan, letter, idea]
niejasny; [memory] mglisty;
[shape, outline] niewyraźny; [per-
son] mało konkretny.

vain [veɪn] *adj pej* [conceited]
próżny • **in vain** na próżno.

Valentine card *n* walentynka *f*.

Valentine's Day n dzień m św. Walentego *(święto zakochanych, 14.02).*

valet n ['vælɪt, 'væleɪ] [in hotel] pokojowy m, pokojowa f.

valet service n [in hotel] usługi fpl hotelowe; [for car] sprzątanie n w samochodzie.

valid ['vælɪd] adj [ticket, passport] ważny.

validate ['vælɪdeɪt] vt [ticket] nadawać/nadać ważność.

Valium® ['vælɪəm] n valium n.

valley ['vælɪ] n dolina f.

valuable ['væljʊəbl] adj [jewellery, object] drogocenny; [advice, help] cenny. ➡ **valuables** npl kosztowności pl.

value ['vælju:] n [financial] wartość f; [usefulness] znaczenie n • a value pack duże opakowanie; to be good value (for money) być opłacalnym. ➡ **values** npl [principles] wartości fpl.

valve [vælv] n zawór m.

van [væn] n półciężarówka f, furgonetka f.

vandal ['vændl] n wandal m.

vandalize ['vændəlaɪz] vt dewastować/zdewastować.

vanilla [və'nɪlə] n [flavour] wanilia f.

vanish ['vænɪʃ] vi znikać/zniknąć.

vapor ['veɪpə] US = vapour.

vapour n opary pl.

variable ['veərɪəbl] adj zmienny.

varicose veins npl żylaki mpl.

varied ['veərɪd] adj zróżnicowany.

variety [və'raɪətɪ] n [collection] różnorodność f; [type] odmiana f.

various ['veərɪəs] adj [different] różny; [diverse] rozmaity.

varnish ['vɑːnɪʃ] ◇ n [for wood]

pokost m. ◇ vt [wood] pokostować.

vary ['veərɪ] ◇ vi różnić się. ◇ vt zmieniać • to vary from sthg to sthg wahać się od do; 'prices vary' ceny mogą ulegać zmianom.

vase [UK vɑːz, US veɪz] n wazon m.

Vaseline® ['væsəliːn] n wazelina f.

vast [vɑːst] adj rozległy.

vat n kadź f.

VAT n (abbr of value added tax) VAT m.

vault [vɔːlt] n [in bank] skarbiec m; [in church] sklepienie n.

VCR n (abbr of video cassette recorder) wideo n.

VDU n (abbr of visual display unit) monitor m komputera.

veal [viːl] n cielęcina f.

veg [vedʒ] = vegetable.

vegan ['viːgən] ◇ adj wegański. ◇ n weganin m, weganka f.

vegetable ['vedʒtəbl] n warzywo n.

vegetable oil n olej m roślinny.

vegetarian ['vedʒɪ'teərɪən] ◇ adj wegetariański. ◇ n wegetarianin m, wegetarianka f.

vegetation ['vedʒɪ'teɪʃn] n wegetacja f.

vehicle ['viːɪkl] n pojazd m.

veil [veɪl] n [worn by woman] welon m.

vein [veɪn] n [in body] żyła f.

Velcro® ['velkrəʊ] n rzep m (za-pięcie).

velvet ['velvɪt] n aksamit m.

vending machine n automat m.

venetian blind n żaluzja f.

venison ['venɪzn] n dziczyzna f.

vent [vent] n [for air, smoke etc] otwór m wentylacyjny.

ventilation ['ventɪ'leɪʃn] n wentylacja f.

ventilator ['ventɪleɪtə^r] n [fan] wentylator m.

venture ['ventʃə^r] <> n przedsięwzięcie n. <> vi [go] odważyć się pójść.

venue ['venjuː] n miejsce n (konferencji, spotkania etc).

veranda n weranda f.

verb [vɜːb] n czasownik m.

verdict ['vɜːdɪkt] n LAW wyrok m; [opinion] zdanie n.

verge [vɜːdʒ] n [of road, lawn, path] skraj m • 'soft verges' nieutwardzone pobocze.

verify ['verɪfaɪ] vt weryfikować/ zweryfikować.

vermin ['vɜːmɪn] n [rats, mice etc] szkodnik m.

vermouth ['vɜːməθ] n wermut m.

versa ▷ vice versa.

versatile ['vɜːsətaɪl] adj [person] wszechstronny; [machine, food] uniwersalny.

verse [vɜːs] n [of song, poem] wers m; [poetry] poezja f.

version ['vɜːʃn] n wersja f.

versus ['vɜːsəs] prep kontra.

vertical ['vɜːtɪkl] adj wertykalny, pionowy.

vertigo ['vɜːtɪgəʊ] n zawroty mpl głowy.

very ['verɪ] <> adv bardzo. <> adj : the very person ta sama osoba; very much bardzo; not very nie bardzo; my very own room mój własny pokój.

vessel ['vesl] n fml [ship] statek m.

vest [vest] n UK [underwear] podkoszulek m; US [waistcoat] kamizelka f.

vet [vet] n UK weterynarz m.

veteran ['vetrən] n [of war] weteran m.

veterinarian ['vetərɪ'neərɪən] US = vet.

veterinary surgeon UK fml = vet.

VHF n (abbr of very high frequency) bardzo wielka częstotliwość f (zakres fal metrowych).

VHS n (abbr of video home system) VHS m.

via ['vaɪə] prep przez.

viaduct ['vaɪədʌkt] n wiadukt m.

vibrate [vaɪ'breɪt] vi wibrować/ zawibrować.

vibration [vaɪ'breɪʃn] n wibracja f.

vicar ['vɪkə^r] n pastor m.

vicarage ['vɪkərɪdʒ] n plebania f.

vice n [vaɪs] [moral fault] przywara f; [crime] występek m; UK [tool] imadło n.

vice-president n wiceprezydent m.

vice versa ['vaɪsɪ'vɜːsə] adv vice versa.

vicinity [vɪ'sɪnətɪ] n : in the vicinity w pobliżu.

vicious ['vɪʃəs] adj [attack, animal] wściekły; [comment] złośliwy.

victim ['vɪktɪm] n ofiara f.

Victorian [vɪk'tɔːrɪən] adj [age, architecture, clothes] wiktoriański.

victory ['vɪktərɪ] n zwycięstwo n.

video ['vɪdɪəʊ] (pl -s) <> n [video recording] film m wideo; [videotape] kaseta f wideo; [video recorder] magnetowid m. <> vt [using video recorder] nagrywać/ nagrać na wideo; [using camera] filmować/sfilmować kamerą wideo • on video na wideo.

video camera n kamera f wideo.

video game n gra f wideo.

video recorder n magnetowid m.

video shop n wypożyczalnia f i sklep m wideo.

videotape ['vɪdɪəʊteɪp] n taśma f wideo.

Vietnam [UK 'vjet'næm, US 'vjet'-naːm] n Wietnam m.

view [vjuː] ⬦ n widok m; [opinion] pogląd m; [attitude] zapatrywanie n; [perspective] spojrzenie n. ⬦ vt [look at] oglądać/obejrzeć • in my view w moim mniemaniu; in view of [considering] zważywszy na; to come into view pojawić się w polu widzenia.

viewer ['vjuːə^r] n [of TV] telewidz m.

viewfinder ['vjuːˌfaɪndə^r] n wizjer m.

viewpoint ['vjuːpɔɪnt] n [opinion] punkt m widzenia; [place] punkt m widokowy.

vigilant ['vɪdʒɪlənt] adj fml czujny.

villa ['vɪlə] n [in countryside, by sea] dacza f; UK [in town] willa f.

village ['vɪlɪdʒ] n wieś f.

villager ['vɪlɪdʒə^r] n mieszkaniec m mieszkanka f wsi.

villain ['vɪlən] n [of book, film] czarny charakter m; [criminal] łotr m.

vinaigrette ['vɪnɪ'gret] n sos m winegret.

vine [vaɪn] n [grapevine] winorośl f; [climbing plant] pnącze n.

vinegar ['vɪnɪgə^r] n ocet m.

vineyard ['vɪnjəd] n winnica f.

vintage ['vɪntɪdʒ] ⬦ adj [wine] z dobrego rocznika. ⬦ n [year] rocznik m.

vinyl ['vaɪnɪl] n winyl m.

viola [vɪ'əʊlə] n altówka f.

violence ['vaɪələns] n [violent behaviour] przemoc f.

violent ['vaɪələnt] adj gwałtowny.

violet ['vaɪələt] ⬦ adj fioletowy. ⬦ n [flower] fiołek m.

violin [vaɪə'lɪn] n skrzypce pl.

VIP n (abbr of very important person) VIP m.

virgin ['vɜːdʒɪn] n dziewica f.

Virgo ['vɜːgəʊ] (pl -s) n Panna f.

virtually ['vɜːtʃʊəlɪ] adv praktycznie.

virtual reality n rzeczywistość f wirtualna.

virus ['vaɪrəs] n MED wirus m.

visa ['viːzə] n wiza f.

viscose ['vɪskəʊs] n wiskoza f.

visibility ['vɪzɪ'bɪlətɪ] n widoczność f.

visible ['vɪzəbl] adj widoczny.

visit ['vɪzɪt] ⬦ vt [person] odwiedzać/odwiedzić; [place] zwiedzać/zwiedzić. ⬦ n [to person] wizyta f; [to place] pobyt m.

visiting hours npl godziny fpl odwiedzin.

visitor ['vɪzɪtə^r] n [to person] gość m; [to place] osoba f zwiedzająca.

visitor centre n UK [at tourist attraction] informacja f turystyczna.

visitors' book n księga f gości.

visitor's passport n UK karnet m do muzeów i galerii.

visor n [of hat] daszek m; [of helmet] wizjer m.

vital ['vaɪtl] adj [essential] niezbędny.

vitamin [UK 'vɪtəmɪn, US 'vaɪtə-mɪn] n witamina f.

W

vivid ['vɪvɪd] *adj* [colour] żywy; [description, memory] barwny.

V-neck *n* [design] dekolt *m* w szpic.

vocabulary [və'kæbjʊlərɪ] *n* słownictwo *n*.

vodka ['vɒdkə] *n* wódka *f*.

voice [vɔɪs] *n* głos *m*.

voice mail *n* poczta *f* głosowa ; **to check one's voice mail** sprawdzić pocztę głosową.

volcano [vɒl'keɪnəʊ] (*pl* **-es** OR *pl* **-s**) *n* wulkan *m*.

volleyball ['vɒlɪbɔːl] *n* siatkówka *f*.

volt [vəʊlt] *n* wolt *m*.

voltage ['vəʊltɪdʒ] *n* napięcie *n*.

volume ['vɒljuːm] *n* [sound level] głośność *n*; [space occupied] objętość *f*; [amount] pojemność *f*; [book] tom *m*.

voluntary ['vɒləntrɪ] *adj* [unforced] dobrowolny; [unpaid] ochotniczy.

volunteer [vɒlən'tɪəʳ] ◇ *n* ochotnik *m*, ochotniczka *f*. ◇ *vt* : **to volunteer to do sthg** zgłosić się na ochotnika do zrobienia czegoś.

vomit ['vɒmɪt] ◇ *n* wymiociny *pl*. ◇ *vi* wymiotować/zwymiotować.

vote [vəʊt] ◇ *n* [choice] głos *m*; [process] głosowanie *n*; [number of votes] głosy *mpl*. ◇ *vi* : **to vote (for)** głosować (za).

voter ['vəʊtəʳ] *n* wyborca *m*.

voucher ['vaʊtʃəʳ] *n* kupon *m*.

vowel ['vaʊəl] *n* samogłoska *f*.

voyage ['vɔɪɪdʒ] *n* [by sea] rejs *m*; [space] lot *m*.

vulgar ['vʌlgəʳ] *adj* [rude] wulgarny; [in bad taste] ordynarny.

vulture ['vʌltʃəʳ] *n* [bird] sęp *m*.

W ['dʌblju:] (*abbr of* **west**) *zachód*.

wad [wɒd] *n* [of paper, banknotes] plik *m*; [of cotton] wacik *m*.

waddle ['wɒdl] *vi* dreptać/przydreptać.

wade [weɪd] *vi* brodzić.

wading pool *n* US brodzik *m*.

wafer ['weɪfəʳ] *n* [biscuit] wafel *m*.

waffle ['wɒfl] ◇ *n* [pancake] gofr *m*. ◇ *vi inf* [speaking] ględzić/pogledzić; [writing] rozpisać/rozpisywać się.

wag [wæg] *vt* [finger] kiwać/pokiwać; [tail] merdać/zamerdać.

wage [weɪdʒ] *n* płaca *f*. ➡ **wages** *npl* zarobki *mpl*.

wagon ['wægən] *n* [vehicle] wóz *m*; UK [of train] wagon *m*.

waist [weɪst] *n* [of person] talia *f*; [of garment] pas *m*.

waistcoat ['weɪskəʊt] *n* kamizelka *f*.

wait [weɪt] ◇ *n* oczekiwanie *n*. ◇ *vi* czekać/poczekać • **to wait for sb to do sthg** poczekać aż ktoś coś zrobi; **I can't wait!** nie mogę się doczekać! ➡ **wait for** ◇ *vt insep* czekać/poczekać na.

waiter ['weɪtəʳ] *n* kelner *m*.

waiting room *n* poczekalnia *f*.

waitress ['weɪtrɪs] *n* kelnerka *f*.

wake [weɪk] (*pt* **woke**, *pp* **woken**) ◇ *vt* budzić/obudzić. ◇ *vi* budzić/obudzić się. ➡ **wake up** ◇ *vt sep* budzić/obudzić. ◇ *vi* [wake] budzić/obudzić się.

Waldorf salad ['wɔːldɔːf-] *n* sałatka *f* Waldorf.

Wales [weɪlz] *n* Walia *f*.

walk [wɔːk] ⇔ *n* [journey on foot] spacer *m*; [path] trasa *f*. ⇔ *vi* [move on foot] iść/pójść; [as hobby] spacerować. ⇔ *vt* [distance] przechodzić/przejść; [dog] wyprowadzać/wyprowadzić • **to go for a walk** pójść na spacer; **it's a short walk** to parę kroków stąd; **to take the dog for a walk** wyprowadzić psa na spacer; 'walk' *US* ≃ zielone światło dla pieszych; 'don't walk' *US* ≃ czerwone światło dla pieszych. ➡ **walk away** ⇔ *vi* [leave] odchodzić/odejść. ➡ **walk in** ⇔ *vi* [enter] wchodzić/wejść. ➡ **walk out** ⇔ *vi* [leave angrily] wychodzić/wyjść.

walker ['wɔːkəʳ] *n* [for pleasure] spacerowicz *m*, -ka *f*; [for exercise] piechur *m*, -ka *f*.

walking boots *npl* buty *mpl* turystyczne.

walking stick *n* laska *f*.

Walkman® ['wɔːkmən] *n* walkman® *m*.

wall [wɔːl] *n* [of building, room] ściana *f*; [in garden, countryside, street] mur *m*.

wallet ['wɒlɪt] *n* [for money] portfel *m*.

wallpaper ['wɔːlˌpeɪpəʳ] *n* tapeta *f*.

Wall Street *n* Wall Street.

wally ['wɒlɪ] *n* UK inf tuman *m*.

walnut ['wɔːlnʌt] *n* [nut] orzech *m* włoski.

waltz [wɔːls] *n* walc *m*.

wander ['wɒndəʳ] *vi* wędrować/powędrować.

want [wɒnt] *vt* [desire] chcieć; [need] wymagać • **to want to do sthg** chcieć coś zrobić; **to want sb to do sthg** chcieć aby ktoś coś zrobił.

war [wɔːʳ] *n* wojna *f*.

ward [wɔːd] *n* [in hospital] oddział *m*.

warden ['wɔːdn] *n* [of park] strażnik *m*, strażniczka *f*; [of youth hostel] kierownik *m*, kierowniczka *f*.

wardrobe ['wɔːdrəʊb] *n* szafa *f*.

warehouse ['weəhaʊs, *(pl* -haʊzɪz)] *n* hurtownia *f*.

warm [wɔːm] ⇔ *adj* ciepły; [friendly] serdeczny. ⇔ *vt* ogrzewać/ogrzać. ➡ **warm up** ⇔ *vt sep* podgrzewać/podgrzać. ⇔ *vi* [get warmer] ogrzewać/ogrzać się; [do exercises] rozgrzewać/rozgrzać się; [machine, engine] nagrzewać/nagrzać się.

war memorial *n* pomnik *m* poległych.

warmth [wɔːmθ] *n* ciepło *n*.

warn [wɔːn] *vt* ostrzegać/ostrzec • **to warn sb about sthg** ostrzegać kogoś przed czymś; **to warn sb not to do sthg** ostrzegać kogoś, żeby czegoś nie robił.

warning ['wɔːnɪŋ] *n* ostrzeżenie *n*.

warranty ['wɒrəntɪ] *n fml* gwarancja *f*.

warship ['wɔːʃɪp] *n* okręt *m* wojenny.

wart [wɔːt] *n* kurzajka *f*.

was [(weak form) wəz, *(strong form)* wɒz] *pt* ▷ **be**.

wash [wɒʃ] ⇔ *vt* [face, hands, car] myć/umyć; [dishes] zmywać/pozmywać; [clothes] prać/uprać. ⇔ *vi* [clean o.s.] myć/umyć się. ⇔ *n* : **to give sthg a wash**

umyć coś; **to have a wash** umyć się • **to wash one's hands** umyć ręce. **wash up** ⬦ *vi UK* [do washing-up] zmywać/pozmywać; *US* [clean o.s.] myć/umyć się.

washable ['wɒʃəbl] *adj* nadający się do prania.

washbasin ['wɒʃ'beɪsn] *n* umywalka *f*.

washbowl ['wɒʃbəʊl] *n US* umywalka *f*.

washer ['wɒʃəʳ] *n* [ring] uszczelka *f*.

washing ['wɒʃɪŋ] *n* pranie *n*.

washing line *n* sznur *m* do bielizny.

washing machine *n* pralka *f*.

washing powder *n* proszek *m* do prania.

washing-up *n UK* : **to do the washing-up** pozmywać naczynia.

washing-up bowl *n UK* miska *f* *(do płukania)*.

washing-up liquid *n UK* płyn *m* do mycia naczyń.

washroom ['wɒʃrʊm] *n US* toaleta *f*.

wasn't [wɒznt] = was not.

wasp *n* osa *f*.

waste [weɪst] ⬦ *n* [rubbish] odpady *pl*. ⬦ *vt* marnować/zmarnować • **a waste of money** strata pieniędzy; **a waste of time** strata czasu.

wastebin *n* kubeł *m* na śmieci.

waste ground *n* nieużytki *mpl*.

wastepaper basket ['weɪst-'peɪpəʳ-] *n* kosz *m* na śmieci.

watch [wɒtʃ] ⬦ *n* [wristwatch] zegarek *m*. ⬦ *vt* [observe] oglądać/obejrzeć; [spy on] obserwować; [be careful with] uważać na.

watch out ⬦ *vi* [be careful] uważać • **to watch out for** [look for] wypatrywać.

watchstrap ['wɒtʃstræp] *n* pasek *m* do zegarka.

water ['wɔːtəʳ] ⬦ *n* woda *f*. ⬦ *vt* [plants, garden] podlewać/podlać. ⬦ *vi* [eyes] łzawić; [mouth] ślinić się.

water bottle *n* [for cyclist] bidon *m*.

watercolour *n* [picture] akwarela *f*.

watercress *n* rzeżucha *f*.

waterfall ['wɔːtəfɔːl] *n* wodospad *m*.

watering can *n* konewka *f*.

watermelon ['wɔːtəˈmelən] *n* arbuz *m*.

waterproof ['wɔːtəpruːf] *adj* nieprzemakalny.

water purification tablets *npl* tabletki *fpl* odkażające wodę.

water skiing *n* narciarstwo *n* wodne.

water sports *npl* sporty *mpl* wodne.

water tank *n* zbiornik *m* wody.

watertight ['wɔːtətaɪt] *adj* wodoszczelny.

watt [wɒt] *n* wat *m* • **a 60-watt bulb** żarówka 60 watowa.

wave [weɪv] ⬦ *n* fala *f*. ⬦ *vt* [hand, flag] machać/pomachać. ⬦ *vi* [move hand] machać/pomachać.

wavelength ['weɪvleŋθ] *n* długość *f* fali.

wavy ['weɪvɪ] *adj* [hair] falisty.

wax [wæks] *n* [for candles] wosk *m*; [in ears] woskowina *f*.

way [weɪ] *n* [manner, means] sposób *m*; [route, distance travelled] droga *f*; [direction] kierunek *m* • **which way is the station?** którędy do stacji?; **the town is out of our way** to miasto jest nam nie po drodze; **to be in the way** stać na drodze; **to be on the way** [coming] w drodze; **to get out of the way** zejść z drogi; **to get under way** rozpocząć się; **a long way** daleko; **a long way away** daleko; **to lose one's way** zgubić drogę; **on the way back** z powrotem; **on the way there** po drodze; **that way** [like that] w ten sposób; [in that direction] tamtędy; **this way** [like this] w taki sposób; [in this direction] tędy; 'give way' ustąp pierwszeństwa przejazdu; 'way in' wejście; 'way out' wyjście; **no way!** *inf* ani mi się śni!

WC *n* (*abbr of* **water closet**) WC *n*.

we [wi:] *pron* my.

weak [wi:k] *adj* słaby.

weaken ['wi:kn] *vt* osłabiać/osłabić.

weakness ['wi:knɪs] *n* słabość *f*.

wealth [welθ] *n* bogactwo *n*.

wealthy ['welθɪ] *adj* bogaty.

weapon ['wepən] *n* broń *f*.

wear [weəʳ] (*pt* **wore**, *pp* **worn**) ◇ *vt* nosić. ◇ *n* [clothes] odzież *f* • **wear and tear** zużycie. ➤ **wear off** ◇ *vi* [lose effect] słabnąć/osłabnąć; [lose intensity] ustępować/ustąpić. ➤ **wear out** ◇ *vi* zdzierać/zedrzeć się.

weary ['wɪərɪ] *adj* zmęczony.

weasel ['wi:zl] *n* łasica *f*.

weather ['weðəʳ] *n* pogoda *f* • **what's the weather like?** jaka jest pogoda?; **to be under the weather** *inf* czuć się kiepsko.

weather forecast *n* prognoza *f* pogody.

weather forecaster *n* meteorolog *m*.

weather report *n* [on radio, TV, in newspaper] komunikat *m* pogodowy.

weather vane *n* wiatrowskaz *m*.

weave [wi:v] (*pt* **wove**, *pp* **woven**) *vt* tkać/utkać.

web [web] *n* COMPUT : **the web** Internet *m*; **on the web** w internecie.

web site *n* COMPUT strona *f* internetowa.

Wed. (*abbr of* **Wednesday**) *środa*.

wedding ['wedɪŋ] *n* ślub *m*.

wedding anniversary *n* rocznica *f* ślubu.

wedding dress *n* suknia *f* ślubna.

wedding ring *n* obrączka *f*.

wedge [wedʒ] *n* [of cake] kawałek *m*; [of wood *etc*] klin *m*.

Wednesday ['wenzdɪ] *n* środa *f* *see also* **Saturday**.

wee [wi:] ◇ *adj Scot* maleńki. ◇ *n inf* : **have a wee** robić siku.

weed [wi:d] *n* [plant] chwast *m*.

week [wi:k] *n* tydzień *m* • **a week today** od dziś za tydzień; **in a week's time** za tydzień.

weekday ['wi:k'deɪ] *n* dzień *m* powszedni.

weekend ['wi:k'end] *n* weekend *m*.

weekly ['wi:klɪ] ◇ *adj* cotygodniowy. ◇ *adv* raz w tygodniu. ◇ *n* tygodnik *m*.

weep [wi:p] (*pt & pp* **wept** [wept]) *vi* płakać/zapłakać.

weigh [weɪ] ◇ *vi* [be in weight] ważyć. ◇ *vt* [find weight of] ważyć/zważyć • **how much does it weigh?** ile to waży?

weight [weɪt] *n* [heaviness] waga

f; [heavy object] ciężar *m* • **to lose weight** schudnąć; **to put on weight** przytyć. ⇒ **weights** *npl* [for weight training] sztangi *fpl*.

weightlifting ['weɪt'lɪftɪŋ] *n* podnoszenie *n* ciężarów.

weight training *n* trening *m* siłowy.

weir [wɪəʳ] *n* grobla *f*.

weird [wɪəd] *adj* dziwaczny.

welcome ['welkəm] ⬦ *adj* [guest] mile widziany; [appreciated] pożądany. ⬦ *n* powitanie *n*. ⬦ *vt* [greet] witać/powitać; [be grateful for] przyjmować/przyjąć z zadowoleniem. ⬦ *excl* witam! • **to make sb feel welcome** życzliwie kogoś przyjmować; **to be welcome to use sthg** mieć coś do swojej dyspozycji; **to be welcome to do sthg** móc coś zrobić; **you're welcome!** nie ma za co!

weld [weld] *vt* spawać/zespawać.

welfare ['welfeəʳ] *n* [happiness, comfort] dobro *n*; *US* [money] zasiłek *m*.

well (*compar* **better**, *superl* **best**) ⬦ *adj* [healthy] zdrowy. ⬦ *adv* dobrze; [a lot] dużo. ⬦ *n* [for water] studnia *f* • **to get well** wrócić do zdrowia; **to go well** pójść dobrze; **well done!** dobra robota!; **it may well happen** łatwo może się wydarzyć; **it's well worth it** jest w pełni tego warte; **as well** [in addition] również; **as well as** [in addition to] jak również.

we'll [wiːl] = we shall, we will.

well behaved *adj* dobrze wychowany.

well built *adj* dobrze zbudowany.

well done *adj* [fried meat] dobrze wysmażony.

well dressed *adj* dobrze ubrany.

wellington (boot) *n* kalosz *m*.

well known *adj* dobrze znany.

well off *adj* [rich] dobrze sytuowany.

well paid *adj* dobrze płatny.

welly ['welɪ] *n UK inf* gumiak *m*.

Welsh ⬦ *adj* walijski. ⬦ *n* [language] walijski *m*. ⬦ *npl* : **the Welsh** Walijczycy *mpl*.

Welshman ['welʃmən] (*pl* -men [-mən]) *n* Walijczyk *m*.

Welsh rarebit *n* zapiekanka *f* z serem.

Welshwoman ['welʃ'wumən] (*pl* -women [-'wɪmɪn]) *n* Walijka *f*.

went [went] *pt* ⊳ **go**.

wept [wept] *pt & pp* ⊳ **weep**.

were [wɜːʳ] *pt* ⊳ **be**.

we're [wɪəʳ] = we are.

weren't [wɜːnt] = were not.

west [west] ⬦ *n* zachód *m*. ⬦ *adj* zachodni. ⬦ *adv* [fly, walk, be situated] na zachód • **in the west of England** w zachodniej Anglii.

westbound ['westbaund] *adj* w kierunku zachodnim.

West Country *n* : **the West Country** południowo-zachodnia Anglia.

West End *n* : **the West End** [of London] West End.

western ['westən] ⬦ *adj* zachodni. ⬦ *n* [film] western *m*.

West Indies *npl* Indie *pl* Zachodnie.

Westminster ['westmɪnstəʳ] *n* Westminster.

Westminster Abbey *n* Opactwo *n* Westminster.

westwards ['westwədz] *adv* na zachód.

wet [wet] (*pt & pp* **wet** OR *pt & pp* **wetted**) ◇ *adj* [soaked, damp] mokry; [rainy] deszczowy. ◇ *vt* moczyć/zamoczyć • **to get wet** zmoknąć; 'wet paint' świeżo malowane.

wet suit *n* kombinezon *m* piankowy.

we've [wiːv] = **we have.**

whale [weɪl] *n* wieloryb *m*.

wharf [wɔːf] (*pl* **-s** OR *pl* **wharves** [wɔːvz]) *n* nabrzeże *n*.

what [wɒt] ◇ *adj* **-1.** [in questions] jaki ; **what colour is it?** jakiego jest koloru؟; **he asked me what colour it was** zapytał mnie, jaki to jest kolor. **-2.** [in exclamations] co za ; **what a surprise!** co za niespodzianka!; **what a beautiful day!** co za piękny dzień!. ◇ *pron* **-1.** [in direct questions, subject, object, after prep] co ; **what is going on?** co się dzieje؟; **what are they doing?** co oni robią؟; **what is that?** co to jest؟; **what's your name?** jak się nazywasz؟; **what's the price?** po ile؟; **what are they talking about?** o czym oni rozmawiają؟; **what is it for?** do czego to służy؟ **-2.** [in indirect questions, subject, object, after prep] co ; **she asked me what had happened** zapytała mnie, co się stało; **she asked me what I had seen** zapyała mnie, co widziałem; **she asked me what I was thinking about** zapytała mnie, o czym myślałem. **-3.** [introducing relative clauses, subject, object] : **I didn't see what happened** nie widziałem tego, co się stało; **you can't have what you want** nie możesz mieć tego, czego chcesz. **-4.** [in phrases]

: **what for?** po co؟; **what about going out for a meal?** a może wyszlibyśmy coś zjeść؟ ◇ *excl* co؟!

whatever [wɒt'evə'] *pron* : **take whatever you want** weź cokolwiek chcesz; **whatever I do, I'll lose** cokolwiek zrobię i tak przegram; **whatever that may be** cokolwiek to jest.

wheat [wiːt] *n* pszenica *f*.

wheel [wiːl] *n* [of car, bicycle *etc*] koło *n*; [steering wheel] kierownica *f*.

wheelbarrow ['wiːl'bærəʊ] *n* taczka *f*.

wheelchair ['wiːl'tʃeə'] *n* wózek *m* inwalidzki.

wheel clamp *n* blokada *f* na koło.

wheezy ['wiːzɪ] *adj* świszczący.

when [wen] ◇ *adv* kiedy. ◇ *conj* kiedy.

whenever [wen'evə'] *conj* kiedykolwiek.

where [weə'] ◇ *adv* gdzie. ◇ *conj* gdzie.

whereabouts ◇ *adv* ['weərə-'baʊts] w którym miejscu. ◇ *npl* ['weərəbaʊts] : **his/her/its whereabouts are unknown** nie wiadomo, gdzie się znajduje.

whereas [weər'æz] *conj* podczas gdy.

wherever [weər'evə'] *conj* gdziekolwiek • **wherever that may be** gdziekolwiek to jest.

whether ['weðə'] *conj* czy.

which [wɪtʃ] ◇ *adj* [in direct, indirect questions] który ; **which room do you want?** który chcesz pokój؟; **which one?** który؟; **she asked me which room I wanted** spytała mnie, który chcę pokój. ◇ *pron* **-1.** [in direct,

323

indirect questions] który ; **which is the cheapest?** który jest najtańszy‹; **which do you prefer?** który wolisz‹; **he asked me which was the best** spytała mnie, który jest najlepszy; **he asked me which I preferred** spytał mnie, który wolę; **he asked me which I was talking about** spytał mnie, o którym mówiłem. **-2.** [introducing relative clause] który ; **the house which is on the corner** dom, który znajduje się na rogu; **the television which I bought** telewizor, który kupiłem; **the settee on which I'm sitting** sofa, na której siedzę. **-3.** [referring back] co ; **he's late, which annoys me** on się spóźnia, co mnie irytuje; **he's always late, which I don't like** on się zawsze spóźnia, czego ja nie lubię.

whichever [wɪtʃ'evəʳ] *adj & pron* którykolwiek.

while [waɪl] ◇ *conj* [during the time that] podczas gdy; [although] chociaż. ◇ *n* : **a while** chwila • **for a while** na chwilę; **in a while** za chwilę.

whim [wɪm] *n* zachcianka *f.*

whine [waɪn] *vi* [make noise] skomleć/zaskomleć; [complain] jęczeć/zajęczeć.

whip [wɪp] ◇ *n* bat *m.* ◇ *vt* [with whip] chłostać/wychłostać.

whipped cream *n* bita śmietana *f.*

whirlpool ['wɜːlpuːl] *n* [Jacuzzi] jacuzzi *n.*

whisk [wɪsk] ◇ *n* [utensil] trzepaczka *f* do ubijania. ◇ *vt* [eggs, cream] ubijać/ubić.

whiskers *npl* [of animal] wąsy *mpl.*

whiskey (*pl* -s) *n* whisky *f.*

whisky *n* whisky *f.*

whisper ['wɪspəʳ] *vt & vi* szeptać/wyszeptać.

whistle ['wɪsl] ◇ *n* [instrument] gwizdek *m*; [sound] gwizd *m.* ◇ *vi* gwizdać/zagwizdać.

white [waɪt] ◇ *adj* biały; [coffee, tea] z mlekiem. ◇ *n* [colour] biały *m*; [of egg] białko *n*; [person] biały *m*, biała *f.*

white bread *n* białe pieczywo *n.*

White House *n* : **the White House** Biały Dom *m.*

white sauce *n* sos *m* biały.

white spirit *n* benzyna *f* lakowa.

white wine *n* białe wino *n.*

Whitsun *n* [day] Zielone Świątki *pl.*

who [huː] *pron* kto; [in relative clauses: subj] kto, który; [in relative clauses: obj] który • **who are you?** kim jesteś‹; **she asked me who I'd seen** zapytała mnie, kogo widziałem; **do you know anyone who can help** znasz kogoś, kto może pomóc‹

whoever [huː'evəʳ] *pron* [whichever person] ktokolwiek • **whoever it is** ktokolwiek to jest.

whole [həʊl] ◇ *adj* [entire] cały; [undamaged] nienaruszony. ◇ *n* : **the whole of** cały • **on the whole** na ogół.

wholefoods *npl* zdrowa żywność *f.*

wholemeal bread *n UK* chleb *m* razowy.

wholesale ['həʊlseɪl] *adv* COMM hurtowo.

wholewheat bread *US* = wholemeal bread.

whom [huːm] *pron fml* [in questions] : **to whom did you give it?** komu to dałeś‹; **I'd like to know whom you saw** chcę wiedzieć kogo widziałeś; [in relative clauses] : **that's the man whom I saw** to mężczyzna, którego widziałem; **a woman to whom he had written a letter** kobieta, do której napisał list.

whooping cough ['huːpɪŋ-] *n* koklusz *m*.

whose [huːz] <> *adj* [in questions] czyj; [in relative clauses] którego. <> *pron* [in questions] czyj.

why [waɪ] *adv & conj* dlaczego • **why not?** [in suggestions] może byś...?; [all right] czemu nie?

wick [wɪk] *n* [of candle, lighter] knot *m*.

wicked ['wɪkɪd] *adj* [evil] podły; [mischievous] figlarny.

wicker ['wɪkə^r] *adj* wiklinowy.

wide [waɪd] <> *adj* szeroki; [difference, gap] rozległy. <> *adv* : **to open sthg wide** otworzyć coś szeroko • **how wide is the road?** jaka jest szerokość drogi?; **it's 12 metres wide** ma 12 metrów szerokości; **wide open** szeroko otwarty.

widely ['waɪdlɪ] *adv* [known, found] szeroko; [travel] dużo.

widen ['waɪdn] <> *vt* [make broader] poszerzać/poszerzyć. <> *vi* [gap, difference] powiększać/powiększyć się.

wide screen *n* TV & CIN szeroki ekran *m*. ➡ **wide-screen** *adj* szerokoekranowy.

widespread ['waɪdspred] *adj* rozpowszechniony.

widow ['wɪdəʊ] *n* wdowa *f*.

widower ['wɪdəʊə^r] *n* wdowiec *m*.

width [wɪdθ] *n* szerokość *f*.

wife [waɪf] (*pl* **wives** [waɪvz]) *n* żona *f*.

wig [wɪg] *n* peruka *f*.

wild [waɪld] *adj* dziki; [uncontrolled] nieokiełznany; [crazy] szalony • **to be wild about** *inf* mieć bzika na punkcie.

wild flower *n* polny kwiat *m*.

wildlife ['waɪldlaɪf] *n* dzikie zwierzęta *npl*.

will *aux vb* -1. [expressing future tense] : **I will see you next week** zobaczę cię w przyszłym tygodniu; **will you be here next Friday?** czy będziesz tu w następny piątek?; **yes I will** tak, będę; **no I won't** nie, nie będę. -2. [expressing willingness] : **I won't do it** nie zrobię tego; **no one will do it** nikt nie chce tego zrobić. -3. [expressing polite question] : **will you have some more tea?** chciałby Pan jeszcze jeszcze herbaty? -4. [in commands, requests] : **will you please be quiet!** Będziesz ty cicho!; **close that window, will you?** zamknij okno, dobrze?

will *n* [document] testament *m* • **against one's will** wbrew swojej woli.

willing ['wɪlɪŋ] *adj* : **to be willing (to do sthg)** być chętnym (by coś zrobić).

willingly ['wɪlɪŋlɪ] *adv* chętnie.

willow ['wɪləʊ] *n* wierzba *f*.

win [wɪn] (*pt & pp* **won** [wʌn]) <> *n* wygrana *f*. <> *vt* [race, match, competition] wygrywać/wygrać; [support, approval, friends] zdobywać/zdobyć. <> *vi* wygrywać/wygrać.

wind[1] *n* [air current] wiatr *m*; [in stomach] wzdęcie *n*.

wind[2] (*pt & pp* **wound** [waʊnd]) <> *vi* [road, river] wić się. <> *vt* : **to wind sthg round sthg** owijać coś wokół czegoś.

wind up ⬥ *vt sep UK inf* [annoy] wnerwiać/wnerwić; [car window] zakręcać/zakręcić; [clock, watch] nakręcać/nakręcić.

windbreak ['wɪndbreɪk] *n* wiatrochron *m*.

windmill ['wɪndmɪl] *n* wiatrak *m*.

window ['wɪndəʊ] *n* okno *n*.

window box *n* skrzynka *f* na kwiaty.

window cleaner *n* czyściciel *m*, -ka *f* okien.

windowpane ['wɪndəʊpeɪn] *n* szyba *f* okienna.

window seat *n* [on plane] miejsce *n* przy oknie.

window-shopping *n* oglądanie *n* wystaw sklepowych.

windowsill ['wɪndəʊsɪl] *n* parapet *m*.

windscreen ['wɪndskriːn] *n UK* przednia szyba *f*.

windscreen wipers *npl UK* wycieraczki *fpl*.

windshield ['wɪndʃiːld] *n US* przednia szyba *f*.

Windsor Castle *n* Zamek *m* Windsor.

windsurfing ['wɪnd'sɜːfɪŋ] *n* windsurfing *m* • **to go windsurfing** wybrać się na windsurfing.

windy ['wɪndɪ] *adj* [day, weather] wietrzny • **it's windy** jest duży wiatr.

wine [waɪn] *n* wino *n*.

wine bar *n UK* winiarnia *f*.

wineglass ['waɪnɡlɑːs] *n* kieliszek *m* do wina.

wine list *n* karta *f* win.

wine tasting [-'teɪstɪŋ] *n* degustacja *f* win.

wine waiter *n* kelner *m* podający wino, kelnerka *f* podająca wino.

wing [wɪŋ] *n* skrzydło *n*; [food] skrzydełko *n*; *UK* [of car] błotnik *m*. ⬥ **wings** *npl* : **the wing** [in theatre] kulisy *fpl*.

wink [wɪŋk] *vi* [person] mrugać/mrugnąć.

winner ['wɪnəʳ] *n* zwycięzca *m*, zwyciężczyni *f*.

winning ['wɪnɪŋ] *adj* [person, team] zwycięski; [ticket, number] wygrywający.

winter ['wɪntəʳ] *n* zima *f* • **in (the) winter** zimą.

wintertime ['wɪntətaɪm] *n* zima *f*.

wipe [waɪp] *vt* wycierać/wytrzeć • **to wipe one's hands/feet** wytrzeć ręce/nogi. ⬥ **wipe up** *vt sep* [liquid, dirt] wycierać/wytrzeć. ⬥ *vi* [dry the dishes] wycierać/wytrzeć naczynia.

wiper ['waɪpəʳ] *n* [windscreen wiper] wycieraczka *f* samochodowa.

wire ['waɪəʳ] ⬥ *n* [thin piece of metal] drut *m*; [electrical wire] przewód *m*. ⬥ *vt* [plug] podłączać/podłączyć.

wireless ['waɪəlɪs] *n* radio *n*.

wiring ['waɪərɪŋ] *n* instalacja *f* elektryczna.

wisdom tooth *n* ząb *m* mądrości.

wise [waɪz] *adj* mądry.

wish [wɪʃ] ⬥ *n* [desire] życzenie *n*. ⬥ *vt* życzyć/zażyczyć sobie • **I wish I was younger** chciałbym być młodszy; **I wish you'd told me earlier** szkoda, że mi wcześniej nie powiedziałeś; **best wishes** najlepsze życzenia; **to wish for sthg** pragnąć czegoś; **to wish to do sthg** *fml* pragnąć coś zrobić; **to wish sb luck/happy birthday** życzyć komuś szczęścia/wszystkiego najlepszego z okazji urodzin; **if you wish** *fml* jeśli sobie życzysz.

witch [wɪtʃ] *n* [with broomstick] czarownica *f*; [practitioner of witchcraft] wiedźma *f*; [enchantress] czarodziejka *f*.

with [wɪð] *prep* **-1.** [in company of] z ; **come with me** chodź ze mną. **-2.** [at house of] u ; **we stayed with friends** zostaliśmy u przyjaciół. **-3.** [in descriptions] z ; **a man with a beard** mężczyzna z brodą; **a room with a bathroom** pokój z łazienką. **-4.** [indicating means, covering, contents] : **I washed it with detergent** umyłem to detergentem; **to fill sthg with sthg** napełniać coś czymś; **topped with cream** polane śmietaną. **-5.** [indicating emotion, manner, opposition] z ; **to tremble with fear** drżeć ze strachu; **they won with ease** wygrali z łatwością; **to argue with sb** kłócić się z kimś. **-6.** [regarding] z ; **be careful with that!** ostrożnie z tym!

withdraw [wɪð'drɔː] (*pt* **withdrew**, *pp* **withdrawn**) <> *vt* [take out] wyjmować/wyjąć; [money] wypłacać/wypłacić. <> *vi* [from race, contest] wycofywać/wycofać się.

withdrawal [wɪð'drɔːəl] *n* [from bank account] wypłata *f*.

withdrawn [wɪð'drɔːn] *pp* ▷ withdraw.

withdrew [wɪð'druː] *pt* ▷ withdraw.

wither ['wɪðəʳ] *vi* [plant] więdnąć/zwiędnąć.

within [wɪ'ðɪn] <> *prep* [inside] wewnątrz; [not exceeding] w obrębie. <> *adv* w środku • **it's within walking distance** można tam dojść pieszo; **within 10 miles of ...** w odległości 10 mil

od...; **it arrived within a week** nadeszło w ciągu tygodnia; **within the next week** w ciągu następnego tygodnia.

without [wɪ'ðaʊt] *prep* bez • **without doing sthg** nie robiąc czegoś.

withstand [wɪð'stænd] (*pt&pp* **withstood** [-'stʊd]) *vt* [force, weather] wytrzymywać/wytrzymać; [challenge, attack] stawiać/stawić czoło.

witness ['wɪtnɪs] <> *n* świadek *m*. <> *vt* [see] być świadkiem.

witty ['wɪtɪ] *adj* dowcipny.

wives [waɪvz] *pl* ▷ wife.

wobbly ['wɒblɪ] *adj* [table, chair] chybotliwy.

wok [wɒk] *n* wok *m*.

woke [wəʊk] *pt* ▷ wake.

woken ['wəʊkn] *pp* ▷ wake.

wolf [wʊlf] (*pl* **wolves** [wʊlvz]) *n* wilk *m*.

woman ['wʊmən] (*pl* **women** ['wɪmɪn]) *n* kobieta *f*.

womb [wuːm] *n* macica *f*.

women ['wɪmɪn] *pl* ▷ woman.

won [wʌn] *pt&pp* ▷ win.

wonder ['wʌndəʳ] <> *vi* [ask o.s.] zastanawiać/zastanowić się. <> *n* [amazement] zdumienie *n* • **to wonder if** [speculate] zastanawiać się czy; **I wonder if I could ask you a favour?** czy mógłbym poprosić cię o przysługę?

wonderful ['wʌndəfʊl] *adj* cudowny.

won't [wəʊnt] = will not.

wood [wʊd] *n* [substance] drewno *n*; [small forest] las *m*; [golf club] kij *m* typu wood.

wooden ['wʊdn] *adj* drewniany.

woodland ['wʊdlənd] *n* lasy *mpl*.

woodpecker ['wʊd'pekə^r] *n* dzięcioł *m*.

woodwork ['wʊdwɜːk] *n* SCH stolarka *f*.

wool [wʊl] *n* wełna *f*.

woolen ['wʊlən] *US* = **woollen**.

woollen *adj* UK wełniany.

woolly ['wʊlɪ] *adj* wełniany.

wooly ['wʊlɪ] *US* = **woolly**.

Worcester sauce ['wʊstə-] *n* sos *m* Worcester.

word [wɜːd] *n* słowo *n*; [written] wyraz *m* • **in other words** innymi słowy; **to have a word with sb** zamienić z kimś słowo.

wording ['wɜːdɪŋ] *n* sformułowanie *n*.

word processing *n* edycja *f* tekstu.

word processor *n* edytor *m* tekstu.

wore [wɔː^r] *pt* ⯈ **wear**.

work [wɜːk] ⬦ *n* praca *f*; [novel, artwork *etc*] dzieło *n*; [piece of music] utwór *m*. ⬦ *vi* pracować; [function] działać/zadziałać. ⬦ *vt* [machine, controls] obsługiwać • **out of work** bez pracy; **to be at work** [at workplace] być w pracy; [working] pracować; **to be off work** być na zwolnieniu; **the works** *inf* [everything] wszystko; **how does it work?** jak to działa?; **it's not working** to nie działa. ➡ **work out** ⬦ *vt sep* [price, total] obliczać/obliczyć; [reason] pojmować/pojąć; [solution] znajdować/znaleźć; [method, plan] opracowywać/opracować; [understand] rozumieć/zrozumieć. ⬦ *vi* [result, turn out] powieść się; [be successful] udawać/udać się; [do exercise] trenować • **it works out at £20 each** [bill, total] wychodzi po 20 funtów każdy.

worker ['wɜːkə^r] *n* [employee] pracownik *m*, pracownica *f*.

working class *n* : **the working class** klasa *f* pracująca.

working hours *npl* godziny *fpl* pracy.

workman ['wɜːkmən] (*pl* -men [-mən]) *n* robotnik *m*.

work of art *n* [painting, sculpture] dzieło *n* sztuki.

workout ['wɜːkaʊt] *n* trening *m*.

work permit [-'pɜːmɪt] *n* pozwolenie *n* na pracę.

workplace ['wɜːkpleɪs] *n* miejsce *n* pracy.

workshop ['wɜːkʃɒp] *n* [for repairs] warsztat *m*.

work surface *n* blat *m* kuchenny.

world [wɜːld] ⬦ *n* świat *m*. ⬦ *adj* światowy • **the best in the world** najlepszy na świecie.

World Series *n* : **the World Series** rozgrywki pierwszoligowe w baseballu.

worldwide ['wɜːldwaɪd] *adv* na całym świecie.

World Wide Web *n* COMPUT : **the World Wide Web** globalny system *m* stron internetowych.

worm [wɜːm] *n* robak *m*.

worn [wɔːn] ⬦ *pp* ⯈ **wear**. ⬦ *adj* [clothes, carpet] wytarty.

worn-out *adj* [clothes, shoes *etc*] znoszony; [tired] wyczerpany.

worried ['wʌrɪd] *adj* zmartwiony.

worry ['wʌrɪ] ⬦ *n* zmartwienie *n*. ⬦ *vt* martwić/zmartwić. ⬦ *vi* : **to worry (about)** martwić się (o).

worrying ['wʌrɪɪŋ] *adj* niepokojący.

worse [wɜːs] ⬦ *adj* gorszy; [more ill] : **is she feeling worse?**

czy ona czuje się gorzej? ⟺ *adv* gorzej • **to get worse** pogorszyć się; [more ill] poczuć się gorzej; **worse off** [in worse position] w gorszym położeniu; [poorer] gorzej sytuowany.

worsen ['wɜːsn] *vi* pogarszać/pogorszyć się.

worship ['wɜːʃɪp] ⟺ *n* [church service] nabożeństwo *n*. ⟺ *vt* [god] czcić; *fig* [person] uwielbiać/uwielbić.

worst [wɜːst] ⟺ *adj* najgorszy. ⟺ *adv* najgorzej. ⟺ *n* : **the worst** najgorszy.

worth [wɜːθ] *prep* : **how much is it worth?** ile to jest warte?; **it's worth £50** jest warte 50 funtów; **it's worth seeing** warto to obejrzeć; **it's not worth it** to nie jest tego warte; **£50 worth of traveller's cheques** czeki podróżne o wartości 50 funtów.

worthless ['wɜːθlɪs] *adj* bezwartościowy.

worthwhile ['wɜːθ'waɪl] *adj* wart zachodu.

worthy ['wɜːðɪ] *adj* [winner] godny; [cause] szlachetny • **to be worthy of sthg** być wartym czegoś.

would [wʊd] *aux vb* -1. [in reported speech] : **she said she would come** powiedziała, że przyjdzie. -2. [indicating condition] : **what would you do?** co byś zrobił?; **what would you have done?** co byś zrobił?; **I would be most grateful** byłbym bardzo zobowiązany. -3. [indicating willingness] : **she wouldn't go** nie chciała iść; **he would do anything for her** wszystko by dla niej zrobił. -4. [in polite questions] : **would you like a drink?** napijesz się czegoś?; **would you mind closing the window?** czy

mógłbyś zamknąć okno?. -5. [indicating inevitability] : **he would say that** to cały on. -6. [giving advice] : **I would report it if I were you** na twoim miejscu zgłosiłbym to. -7. [expressing opinions] : **I would prefer** wolałbym; **I would have thought (that) ...** pomyślałbym, (że)...

wound¹ ⟺ *n* rana *f*. ⟺ *vt* [injure] ranić/zranić.

wound² *pt & pp* ⤳ **wind²**.

wove [wəʊv] *pt* ⤳ **weave**.

woven ['wəʊvn] *pp* ⤳ **weave**.

wrap [ræp] *vt* [package] pakować/zapakować • **to wrap sthg round sthg** owijać coś wokół czegoś. ➤ **wrap up** *vt sep* [package] pakować/zapakować. *vi* [dress warmly] ubierać/ubrać się ciepło.

wrapper ['ræpər] *n* [of sweet, chocolate] papierek *m*; [of book] obwoluta *f*.

wrapping ['ræpɪŋ] *n* [material] opakowanie *n*.

wrapping paper *n* [strong] papier *m* pakowy; [decorative] papier *m* do pakowania.

wreath [riːθ] *n* [for grave] wieniec *m*.

wreck [rek] ⟺ *n* wrak *m*. ⟺ *vt* [destroy] niszczyć/zniszczyć; [spoil] psuć/zepsuć • **to be wrecked** [ship] być rozbitym.

wreckage ['rekɪdʒ] *n* [of plane, car] szczątki *pl*; [of building] ruiny *fpl*.

wrench [rentʃ] *n* UK [monkey wrench] klucz *m* szwedzki; US [spanner] klucz *m*.

wrestler ['reslər] *n* zapaśnik *m*, zapaśniczka *f*.

wrestling ['reslɪŋ] *n* zapasy *pl*.

wretched ['retʃɪd] *adj* [miserable] okropny; [very bad] żałosny.

wring [rɪŋ] (*pt & pp* **wrung** [rʌŋ]) *vt* [clothes, cloth] wyżymać/wyżąć.

wrinkle ['rɪŋkl] *n* zmarszczka *f*.

wrist [rɪst] *n* nadgarstek *m*.

wristwatch ['rɪstwɒtʃ] *n* zegarek *m*.

write [raɪt] (*pt* **wrote**, *pp* **written**) ⬦ *vt* pisać/napisać; [cheque, prescription] wypisywać/wypisać; *US* [send letter to] pisać/napisać do. ⬦ *vi* [produce writing] pisać; [send letter] : **to write (to sb)** *UK* pisać (do kogoś). ◆ **write back** ⬦ *vi* odpisywać/odpisać. ◆ **write down** ⬦ *vt sep* zapisywać/zapisać. ◆ **write off** ⬦ *vt sep UK inf* [car] kasować/skasować. ⬦ *vi* : **to write for sthg** prosić listownie o coś. ◆ **write out** ⬦ *vt sep* wypisywać/wypisać.

write-off *n* [vehicle] samochód *m* do kasacji.

writer ['raɪtəʳ] *n* [author] pisarz *m*, pisarka *f*.

writing ['raɪtɪŋ] *n* [handwriting, written words] pismo *n*; [activity] pisanie *n*.

writing desk *n* biurko *n*.

writing pad *n* notatnik *m*.

writing paper *n* papier *m* listowy.

written ['rɪtn] ⬦ *pp* ⊳ **write**. ⬦ *adj* pisemny.

wrong [rɒŋ] ⬦ *adj* [incorrect] zły; [unsatisfactory] nie w porządku; [unsuitable] niewłaściwy; [bad, immoral] zły. ⬦ *adv* [incorrectly] źle • **what's wrong?** co się stało?; **something's wrong with the car** coś jest nie w porządku z jej samochodem; **she was wrong to ask him** źle zrobiła, że go zapytała; **it was wrong of you to laugh** nie powinieneś się śmiać; **to be in the wrong** zawinić; **to be wrong** mylić się; **to get sthg wrong** mylić się co do czegoś; **to go wrong** [machine] popsuć się; '**wrong way**' *US* ≃ zakaz wjazdu.

wrongly ['rɒŋlɪ] *adv* źle.

wrong number *n* pomyłka *f*.

wrote [rəʊt] *pt* ⊳ **write**.

wrought iron *n* kute żelazo *n*.

wrung [rʌŋ] *pt & pp* ⊳ **wring**.

WWW (*abbr of* World Wide Web) *n* COMPUT WWW.

xing *US* (*abbr of* **crossing**) : '**ped xing**' przejście *n* dla pieszych.

XL (*abbr of* **extra-large**) XL.

Xmas *n inf* Boże Narodzenie *n*.

X-ray ⬦ *n* [picture] zdjęcie *n* rentgenowskie. ⬦ *vt* robić/zrobić prześwietlenie • **to have an X-ray** zrobić sobie prześwietlenie.

yacht [jɒt] *n* jacht *m*.

Yankee ['jæŋkɪ] *n* Jankes *m*, -ka *f*.

yard [jɑːd] *n* [unit of measurement]

jard *m*; [enclosed area] podwórko *n*; US [behind house] ogródek *m*.

yard sale *n* US wyprzedaż *f* rzeczy używanych.

yarn [jɑːn] *n* [thread] przędza *f*.

yawn [jɔːn] *vi* [person] ziewać/ziewnąć.

yd = yard.

yeah [jeə] *adv inf* tak.

year [jɪəʳ] *n* rok *m* • **next year** następnego roku; **this year** w tym roku; **I'm 15 years old** mam 15 lat; **I haven't seen her for years** *inf* nie widziałem jej kupę lat.

yearly ['jɪəlɪ] *adj* [once a year] doroczny; [every year] coroczny.

yeast [jiːst] *n* drożdże *pl*.

yell [jel] *vi* wrzeszczeć/wrzasnąć.

yellow ['jeləʊ] ◇ *adj* żółty. ◇ *n* żółty *m*.

yellow lines *npl* żółte linie *fpl*.

Yellow Pages® *n* : **the Yellow Pages** żółte strony *fpl*.

yes [jes] *adv* tak • **to say yes** powiedzieć „tak".

yesterday ['jestədɪ] *n & adv* wczoraj • **the day before yesterday** przedwczoraj; **yesterday afternoon** wczoraj po południu; **yesterday morning** wczoraj rano.

yet [jet] ◇ *adv* jeszcze; [up to now] do tej pory. ◇ *conj* mimo to • **not yet** jeszcze nie; **I've yet to do it** mam to jeszcze to zrobienia; **yet again** znowu; **yet another delay** jeszcze jedno opóźnienie.

yew [juː] *n* cis *m*.

yield [jiːld] ◇ *vt* [profit, interest] przynosić/przynieść. ◇ *vi* [break] nie wytrzymywać/wytrzymać; [give way] ustępować/ustąpić • '**yield**' US AUT ustąp pierwszeństwa przejazdu.

YMCA *n* YMCA *f*.

yob [jɒb] *n UK inf* chuligan *m*.

yoga ['jəʊgə] *n* joga *f*.

yoghurt [UK 'jɒgət, US 'jəʊgərt] *n* jogurt *m*.

yolk [jəʊk] *n* żółtko *n*.

York Minster *n* katedra *f* w Yorku.

Yorkshire pudding *n rodzaj ciasta z jaj, mleka i mąki podawanego tradycyjnie z pieczenią wołową.*

you [juː] *pron* -1. [subject: singular] ty; [subject: polite form] pan *m*, -i *f*; [subject: plural] państwo ; **you French** wy Francuzi. -2. [direct object: singular] cię; [direct object: polite form] pana *m*, panią *f*; [direct object: plural] was. -3. [indirect object: singular] ci; [indirect object: polite form] panu *m*, pani *f*; [indirect object: plural] wam. -4. [after prep: singular] ciebie; [after prep: polite form] panem *m*, panią *f*; [after prep: plural] was • **I'm shorter than you** jestem niższy od ciebie. -5. [indefinite use: object] : **you never know** nigdy nie wiadomo.

young [jʌŋ] ◇ *adj* młody. ◇ *npl* : **the young** młodzież *f*.

younger *adj* młodszy.

youngest *adj* najmłodszy.

youngster ['jʌŋstəʳ] *n* chłopak *m*.

your [jɔːʳ] *adj* -1. [singular subject] twój; [polite form – male] pański [polite form – female] pani; [plural subject] wasz; [polite form] państwa; **your dog** twój/wasz/pański/pani pies; **your house** twój/wasz/pański/pani dom; **your children** twoje/wasze/pańskie/pani dzieci; **your mother** twoja/wasza/pańska/pani matka. -2. [indefinite subject] : **it's good for your health** to dobre dla zdrowia.

yours [jɔːz] *pron* [singular subject] twój *m*, twoja *f*; [plural subject] twoi *mpl*, twoje *fpl*; [polite form] pana *m*, pani *f*, państwa *pl* • **a friend of yours** twój znajomy.

yourself [jɔːˈself] (*pl* **-selves** [-ˈselvz]) *pron* **-1.** [reflexive] się. **-2.** [after prep: singular, plural, polite form] : **look at yourself** spójrz na siebie; **tell me about yourselves** opowiedzcie mi o sobie; **you should take better care of yourself** powinna pani lepiej o siebie dbać • **did you do it yourself?** [singular] sam to zrobiłeś ?; [polite form] czy pan to sam zrobił?; **did you do it yourselves?** czy sami to zrobiliście?

youth [juːθ] *n* młodość *f*; [young man] młodzieniec *m*.

youth club *n* klub *m* młodzieżowy.

youth hostel *n* schronisko *n* młodzieżowe.

Yugoslavia [ˈjuːgəʊˈslɑːvɪə] *n* Jugosławia *f*.

yuppie *n* yuppie *m*.

YWCA *n* YWCA *f*.

zest [zest] *n* [of lemon, orange] skórka *f*.

zigzag [ˈzɪgzæg] *vi* poruszać się zygzakiem.

zinc [zɪŋk] *n* cynk *m*.

zip [zɪp] ◇ *n* UK zamek *m* błyskawiczny. ◇ *vt* zapinać/zapiąć na zamek. ➡ **zip up** ◇ *vt sep* [dress, coat] zapinać/zapiąć na zamek.

zip code *n* US kod *m* pocztowy.

zipper [ˈzɪpəʳ] *n* US zamek *m* błyskawiczny.

zit [zɪt] *n inf* pryszcz *m*.

zodiac [ˈzəʊdɪæk] *n* zodiak *m*.

zone [zəʊn] *n* strefa *f*.

zoo [zuː] (*pl* **-s**) *n* zoo *n*.

zoom (lens) *n* teleobiektyw *m*.

zucchini [zuːˈkiːnɪ] (*pl* **zucchini**) *n* US cukinia *f*.

Z

zebra [UK ˈzebrə, US ˈziːbrə] *n* zebra *f*.

zebra crossing *n* UK przejście *n* dla pieszych.

zero [UK ˈzɪərəʊ, US ˈziːrəʊ] (*pl* **-es**) *n* [number] zero *n* • **five degrees below zero** pięć stopni poniżej zera.

Achevé d'imprimer par l'Imprimerie
Maury-Eurolivres à Manchecourt
N° de projet 10097794
Dépôt légal : février 2004 - N° d'imprimeur : 22269

Imprimé en France - (Printed in France)

English Irregular Verbs

Angielskie czasowniki nieregularne

English Irregular Verbs

Infinitive	Past Tense	Past Participle	Infinitive	Past Tense	Past Participle
arise	arose	arisen	fight	fought	fought
awake	awoke	awoken	find	found	found
be	was/were	been	fling	flung	flung
bear	bore	born(e)	fly	flew	flown
beat	beat	beaten	forbid	forbade/ forbad	forbidden
become	became	become			
begin	began	begun	forget	forgot	forgotten
bend	bent	bent	freeze	froze	frozen
bet	bet/ betted	bet/ betted	get	got	got (US gotten)
bid	bid	bid	give	gave	given
bind	bound	bound	go	went	gone
bite	bit	bitten	grind	ground	ground
bleed	bled	bled	grow	grew	grown
blow	blew	blown	hang	hung/ hanged	hung/ hanged
break	broke	broken			
breed	bred	bred	have	had	had
bring	brought	brought	hear	heard	heard
build	built	built	hide	hid	hidden
burn	burnt/ burned	burnt/ burned	hit	hit	hit
			hold	held	held
burst	burst	burst	hurt	hurt	hurt
buy	bought	bought	keep	kept	kept
choose	chose	chosen	kneel	knelt/ kneeled	knelt/ kneeled
can	could	-			
come	came	come	know	knew	known
cost	cost	cost	lay	laid	laid
creep	crept	crept	lead	led	led
cut	cut	cut	lean	leant/ leaned	leant/ leaned
deal	dealt	dealt			
dig	dug	dug	leap	leapt/ leaped	leapt/ leaped
do	did	done			
draw	drew	drawn	learn	learnt/ learned	learnt/ learned
dream	dreamed/ dreamt	dreamed/ dreamt			
			leave	left	left
			lend	lent	lent
drink	drank	drunk	let	let	let
drive	drove	driven	lie	lay	lain
eat	ate	eaten	light	lit/lighted	lit/lighted
fall	fell	fallen	lose	lost	lost
feed	fed	fed	make	made	made
feel	felt	felt	may	might	-

Infinitive	Past Tense	Past Participle	Infinitive	Past Tense	Past Participle
mean	meant	meant	spend	spent	spent
meet	met	met	spill	spilt/ spilled	spilt/ spilled
mow	mowed	mown/ mowed			
			spin	spun	spun
mistake	mistook	mistaken	spit	spat	spat
pay	paid	paid	split	split	split
put	put	put	spoil	spoiled/ spoilt	spoiled/ spoilt
read	read	read			
rid	rid	rid	spread	spread	spread
ride	rode	ridden	spring	sprang	sprung
ring	rang	rung	stand	stood	stood
rise	rose	risen	steal	stole	stolen
run	ran	run	stick	stuck	stuck
saw	sawed	sawn	sting	stung	stung
say	said	said	stink	stank	stunk
see	saw	seen	strike	struck	struck/ stricken
seek	sought	sought			
sell	sold	sold	swear	swore	sworn
send	sent	sent	sweep	swept	swept
set	set	set	swell	swelled	swollen/ swelled
shake	shook	shaken			
shall	should	-	swim	swam	swum
shed	shed	shed	swing	swung	swung
shine	shone	shone	take	took	taken
shoot	shot	shot	teach	taught	taught
show	showed	shown	tear	tore	torn
shrink	shrank	shrunk	tell	told	told
shut	shut	shut	think	thought	thought
sing	sang	sung	throw	threw	thrown
sink	sank	sunk	tread	trod	trodden
sit	sat	sat	wake	woke/ waked	woken/ waked
sleep	slept	slept			
slide	slid	slid	wear	wore	worn
sling	slung	slung	weave	wove/ weaved	woven/ weaved
smell	smelt/ smelled	smelt/ smelled			
			weep	wept	wept
sow	sowed	sown/ sowed	wed	wedded	wedded
			win	won	won
speak	spoke	spoken	wind	wound	wound
speed	sped/ speeded	sped/ speeded	wring	wrung	wrung
			write	wrote	written
spell	spelt/ spelled	spelt/ spelled			

Polish Verbs

Czasowniki
polskie

I

				bać się	być	chcieć
bezokolicznik			1	bać się	być	chcieć
aspekt			2	imperf	imperf	imperf
para aspektowa			3	-	-	zechcieć
tryb oznajmujący	czas teraźniejszy	ja	4	boję się	jestem	chcę
		ty	5	boisz się	jesteś	chcesz
		on, ona, ono	6	boi się	jest	chce
		my	7	boimy się	jesteśmy	chcemy
		wy	8	boicie się	jesteście	chcecie
		oni, one	9	boją się	są	chcą
	czas przeszły	ja m	10	bałem się	byłem	chciałem
		ja ż	11	bałam się	byłam	chciałam
		ty m	12	bałeś się	byłeś	chciałeś
		ty ż	13	bałaś się	byłaś	chciałaś
		on m	14	bał się	był	chciał
		ona ż	15	bała się	była	chciała
		ono n	16	bało się	było	chciało
		my mos	17	baliśmy się	byliśmy	chcieliśmy
		my nmos	18	bałyśmy się	byłyśmy	chciałyśmy
		wy mos	19	baliście się	byliście	chcieliście
		wy nmos	20	bałyście się	byłyście	chciałyście
		oni mos	21	bali się	byli	chcieli
		one nmos	22	bały się	były	chciały
	czas przyszły prosty	ja	23	-	będę	zechcę
		ty	24	-	będziesz	zechcesz
		on, ona, ono	25	-	będzie	zechce
		my	26	-	będziemy	zechcemy
		wy	27	-	będziecie	zechcecie
		oni, one	28	-	będą	zechcą
tryb rozkazujący	ty		29	bój się	bądź	chciej
	on, ona, ono		30	niech boi się	niech będzie	niech chce
	my		31	bójmy się	bądźmy	chciejmy
	wy		32	bójcie się	bądźcie	chciejcie
	oni, one		33	niech boją się	niech będą	niech chcą
tryb przypuszczający	ja	m	34	bałbym się	byłbym	chciałbym
		ż	35	bałabym się	byłabym	chciałabym
	ty	m	36	bałbyś się	byłbyś	chciałbyś
		ż	37	bałabyś się	byłabyś	chciałabyś
	on	m	38	bałby się	byłby	chciałby
	ona	ż	39	bałaby się	byłaby	chciałaby
	ono	n	40	bałoby się	byłoby	chciałoby
	my	mos	41	balibyśmy się	bylibyśmy	chcielibyśmy
		nmos	42	bałybyśmy się	byłybyśmy	chciałybyśmy
	wy	mos	43	balibyście się	bylibyście	chcielibyście
		nmos	44	bałybyście się	byłybyście	chciałybyście
	oni	mos	45	baliby się	byliby	chcieliby
	one	nmos	46	bałyby się	byłyby	chciałyby
imiesłów przymiotnikowy bierny służący do tworzenia strony biernej	lp.	m	47	-	-	chciany
		ż	48	-	-	chciana
		n	49	-	-	chciane
	lm.	mos	50	-	-	chciani
		nmos	51	-	-	chciane

1	ciągnąć	czytać	dawać	iść
2	imperf	imperf	imperf	imperf
3	pociągnąć	przeczytać	dać	pójść
4	ciągnę	czytam	daję	idę
5	ciągniesz	czytasz	dajesz	idziesz
6	ciągnie	czyta	daje	idzie
7	ciągniemy	czytamy	dajemy	idziemy
8	ciągniecie	czytacie	dajecie	idziecie
9	ciągną	czytają	dają	idą
10	ciągnąłem	czytałem	dawałem	szedłem
11	ciągnęłam	czytałam	dawałam	szłam
12	ciągnąłeś	czytałeś	dawałeś	szedłeś
13	ciągnęłaś	czytałaś	dawałaś	szłaś
14	ciągnął	czytał	dawał	szedł
15	ciągnęła	czytała	dawała	szła
16	ciągnęło	czytało	dawało	szło
17	ciągnęliśmy	czytaliśmy	dawaliśmy	szliśmy
18	ciągnęłyśmy	czytałyśmy	dawałyśmy	szłyśmy
19	ciągnęliście	czytaliście	dawaliście	szliście
20	ciągnęłyście	czytałyście	dawałyście	szłyście
21	ciągnęli	czytali	dawali	szli
22	ciągnęły	czytały	dawały	szły
23	pociągnę	przeczytam	dam	pójdę
24	pociągniesz	przeczytasz	dasz	pójdziesz
25	pociągnie	przeczyta	da	pójdzie
26	pociągniemy	przeczytamy	damy	pójdziemy
27	pociągniecie	przeczytacie	dacie	pójdziecie
28	pociągną	przeczytają	dadzą	pójdą
29	ciągnij	czytaj	dawaj	idź
30	niech ciągnie	niech czyta	niech daje	niech idzie
31	ciągnijmy	czytajmy	dawajmy	idźmy
32	ciągnijcie	czytajcie	dawajcie	idźcie
33	niech ciągną	niech czytają	niech dają	niech idą
34	ciągnąłbym	czytałbym	dawałbym	szedłbym
35	ciągnęłabym	czytałabym	dawałabym	szłabym
36	ciągnąłbyś	czytałbyś	dawałbyś	szedłbyś
37	ciągnęłabyś	czytałabyś	dawałabyś	szłabyś
38	ciągnąłby	czytałby	dawałby	szedłby
39	ciągnęłaby	czytałaby	dawałaby	szłaby
40	ciągnęłoby	czytałoby	dawałoby	szłoby
41	ciągnęlibyśmy	czytalibyśmy	dawalibyśmy	szlibyśmy
42	ciągnęłybyśmy	czytałybyśmy	dawałybyśmy	szłybyśmy
43	ciągnęlibyście	czytalibyście	dawalibyście	szlibyście
44	ciągnęłybyście	czytałybyście	dawałybyście	szłybyście
45	ciągnęliby	czytaliby	dawaliby	szliby
46	ciągnęłyby	czytałyby	dawałyby	szłyby
47	ciągnięty	czytany	dawany	-
48	ciągnięta	czytana	dawana	-
49	ciągnięte	czytane	dawane	-
50	ciągnięci	czytani	-	-
51	ciągnięte	czytane	dawane	-

III

				jechać	jeść	lecieć
bezokolicznik			1	jechać	jeść	lecieć
aspekt			2	imperf	imperf	imperf
para aspektowa			3	pojechać	zjeść	polecieć
tryb oznajmujący	czas teraźniejszy	ja	4	jadę	jem	lecę
		ty	5	jedziesz	jesz	lecisz
		on, ona, ono	6	jedzie	je	leci
		my	7	jedziemy	jemy	lecimy
		wy	8	jedziecie	jecie	lecicie
		oni, one	9	jadą	jedzą	lecą
	czas przeszły	ja m	10	jechałem	jadłem	leciałem
		ja ż	11	jechałam	jadłam	leciałam
		ty m	12	jechałeś	jadłeś	leciałeś
		ty ż	13	jechałaś	jadłaś	leciałaś
		on m	14	jechał	jadł	leciał
		ona ż	15	jechała	jadła	leciała
		ono n	16	jechało	jadło	leciało
		my mos	17	jechaliśmy	jedliśmy	lecieliśmy
		my nmos	18	jechałyśmy	jadłyśmy	leciałyśmy
		wy mos	19	jechaliście	jedliście	lecieliście
		wy nmos	20	jechałyście	jadłyście	leciałyście
		oni mos	21	jechali	jedli	lecieli
		one nmos	22	jechały	jadły	leciały
	czas przyszły prosty	ja	23	pojadę	zjem	polecę
		ty	24	pojedziesz	zjesz	polecisz
		on, ona, ono	25	pojedzie	zje	poleci
		my	26	pojedziemy	zjemy	polecimy
		wy	27	pojedziecie	zjecie	polecicie
		oni, one	28	pojadą	zjedzą	polecą
tryb rozkazujący		ty	29	jedź	jedz	leć
		on, ona, ono	30	niech jedzie	niech je	niech leci
		my	31	jedźmy	jedzmy	lećmy
		wy	32	jedźcie	jedzcie	lećcie
		oni, one	33	niech jadą	niech jedzą	niech lecą
tryb przypuszczający		ja m	34	jechałbym	jadłbym	leciałbym
		ja ż	35	jechałabym	jadłabym	leciałabym
		ty m	36	jechałbyś	jadłbyś	leciałbyś
		ty ż	37	jechałabyś	jadłabyś	leciałabyś
		on m	38	jechałby	jadłby	leciałby
		ona ż	39	jechałaby	jadłaby	leciałaby
		ono n	40	jechałoby	jadłoby	leciałoby
		my mos	41	jechalibyśmy	jedlibyśmy	lecielibyśmy
		my nmos	42	jechałybyśmy	jadłybyśmy	leciałybyśmy
		wy mos	43	jechalibyście	jedlibyście	lecielibyście
		wy nmos	44	jechałybyście	jadłybyście	leciałybyście
		oni mos	45	jechaliby	jedliby	lecieliby
		one nmos	46	jechałyby	jadłyby	leciałyby
imiesłów przymiotnikowy bierny służący do tworzenia strony biernej	lp. m		47	-	jedzony	-
	lp. ż		48	-	jedzona	-
	lp. n		49	-	jedzone	-
	lm. mos		50	-	jedzeni	-
	lm. nmos		51	-	jedzone	-

1	łamać	mieć	mnożyć	mówić
2	imperf	imperf	imperf	imperf
3	złamać	-	pomnożyć	powiedzieć
4	łamię	mam	mnożę	mówię
5	łamiesz	masz	mnożysz	mówisz
6	łamie	ma	mnoży	mówi
7	łamiemy	mamy	mnożymy	mówimy
8	łamiecie	macie	mnożycie	mówicie
9	łamią	mają	mnożą	mówią
10	łamałem	miałem	mnożyłem	mówiłem
11	łamałam	miałam	mnożyłam	mówiłam
12	łamałeś	miałeś	mnożyłeś	mówiłeś
13	łamałaś	miałaś	mnożyłaś	mówiłaś
14	łamał	miał	mnożył	mówił
15	łamała	miała	mnożyła	mówiła
16	łamało	miało	mnożyło	mówiło
17	łamaliśmy	mieliśmy	mnożyliśmy	mówiliśmy
18	łamałyśmy	miałyśmy	mnożyłyśmy	mówiłyśmy
19	łamaliście	mieliście	mnożyliście	mówiliście
20	łamałyście	miałyście	mnożyłyście	mówiłyście
21	łamali	mieli	mnożyli	mówili
22	łamały	miały	mnożyły	mówiły
23	złamię	-	pomnożę	powiem
24	złamiesz	-	pomnożysz	powiesz
25	złamie	-	pomnoży	powie
26	złamiemy	-	pomnożymy	powiemy
27	złamiecie	-	pomnożycie	powiecie
28	złamią	-	pomnożą	powiedzą
29	łam	miej	mnóż	mów
30	niech łamie	niech ma	niech mnoży	niech mówi
31	łammy	miejmy	mnóżmy	mówmy
32	łamcie	miejcie	mnóżcie	mówcie
33	niech łamią	niech mają	niech mnożą	niech mówią
34	łamałbym	miałbym	mnożyłbym	mówiłbym
35	łamałabym	miałabym	mnożyłabym	mówiłabym
36	łamałbyś	miałbyś	mnożyłbyś	mówiłbyś
37	łamałabyś	miałabyś	mnożyłabyś	mówiłabyś
38	łamałby	miałby	mnożyłby	mówiłby
39	łamałaby	miałaby	mnożyłaby	mówiłaby
40	łamałoby	miałoby	mnożyłoby	mówiłoby
41	łamalibyśmy	mielibyśmy	mnożylibyśmy	mówilibyśmy
42	łamałybyśmy	miałybyśmy	mnożyłybyśmy	mówiłybyśmy
43	łamalibyście	mielibyście	mnożylibyście	mówilibyście
44	łamałybyście	miałybyście	mnożyłybyście	mówiłybyście
45	łamaliby	mieliby	mnożyliby	mówiliby
46	łamałyby	miałyby	mnożyłyby	mówiłyby
47	łamany	-	mnożony	mówiony
48	łamana	-	mnożona	mówiona
49	łamane	-	mnożone	mówione
50	łamani	-	-	-
51	łamane	-	mnożone	mówione

V

bezokolicznik			1	myć	nieść	pić
aspekt			2	imperf	imperf	imperf
para aspektowa			3	umyć	przenieść	wypić
tryb oznajmujący	czas teraźniejszy	ja	4	myję	niosę	piję
		ty	5	myjesz	niesiesz	pijesz
		on, ona, ono	6	myje	niesie	pije
		my	7	myjemy	niesiemy	pijemy
		wy	8	myjecie	niesiecie	pijecie
		oni, one	9	myją	niosą	piją
	czas przeszły	ja m	10	myłem	niosłem	piłem
		ja ż	11	myłam	niosłam	piłam
		ty m	12	myłeś	niosłeś	piłeś
		ty ż	13	myłaś	niosłaś	piłaś
		on m	14	mył	niósł	pił
		ona ż	15	myła	niosła	piła
		ono n	16	myło	niosło	piło
		my mos	17	myliśmy	nieśliśmy	piliśmy
		my nmos	18	myłyśmy	niosłyśmy	piłyśmy
		wy mos	19	myliście	nieśliście	piliście
		wy nmos	20	myłyście	niosłyście	piłyście
		oni mos	21	myli	nieśli	pili
		one nmos	22	myły	niosły	piły
	czas przyszły prosty	ja	23	umyję	przeniosę	wypiję
		ty	24	umyjesz	przeniesiesz	wypijesz
		on, ona, ono	25	umyje	przeniesie	wypije
		my	26	umyjemy	przeniesiemy	wypijemy
		wy	27	umyjecie	przeniesiecie	wypijecie
		oni, one	28	umyją	przeniosą	wypiją
tryb rozkazujący	ty		29	myj	nieś	pij
	on, ona, ono		30	niech myje	niech niesie	niech pije
	my		31	myjmy	nieśmy	pijmy
	wy		32	myjcie	nieście	pijcie
	oni, one		33	niech myją	niech niosą	niech piją
tryb przypuszczający	ja	m	34	myłbym	niósłbym	piłbym
		ż	35	myłabym	niosłabym	piłabym
	ty	m	36	myłbyś	niósłbyś	piłbyś
		ż	37	myłabyś	niosłabyś	piłabyś
	on	m	38	myłby	niósłby	piłby
	ona	ż	39	myłaby	niosłaby	piłaby
	ono	n	40	myłoby	niosłoby	piłoby
	my	mos	41	mylibyśmy	nieślibyśmy	pilibyśmy
		nmos	42	myłybyśmy	niosłybyśmy	piłybyśmy
	wy	mos	43	mylibyście	nieślibyście	pilibyście
		nmos	44	myłybyście	niosłybyście	piłybyście
	oni	mos	45	myliby	nieśliby	piliby
	one	nmos	46	myłyby	niosłyby	piłyby
imiesłów przymiotnikowy bierny służący do tworzenia strony biernej	lp.	m	47	myty	niesiony	pity
		ż	48	myta	niesiona	pita
		n	49	myte	niesione	pite
	lm.	mos	50	myci	niesieni	-
		nmos	51	myte	niesione	pite

1	piec	pisać	płynąć	robić
2	imperf	imperf	imperf	imperf
3	upiec	napisać	popłynąć	zrobić
4	piekę	piszę	płynę	robię
5	pieczesz	piszesz	płyniesz	robisz
6	piecze	pisze	płynie	robi
7	pieczemy	piszemy	płyniemy	robimy
8	pieczecie	piszecie	płyniecie	robicie
9	pieką	piszą	płyną	robią
10	piekłem	pisałem	płynąłem	robiłem
11	piekłam	pisałam	płynęłam	robiłam
12	piekłeś	pisałeś	płynąłeś	robiłeś
13	piekłaś	pisałaś	płynęłaś	robiłaś
14	piekł	pisał	płynął	robił
15	piekła	pisała	płynęła	robiła
16	piekło	pisało	płynęło	robiło
17	piekliśmy	pisaliśmy	płynęliśmy	robiliśmy
18	piekłyśmy	pisałyśmy	płynęłyśmy	robiłyśmy
19	piekliście	pisaliście	płynęliście	robiliście
20	piekłyście	pisałyście	płynęłyście	robiłyście
21	piekli	pisali	płynęli	robili
22	piekły	pisały	płynęły	robiły
23	upiekę	napiszę	popłynę	zrobię
24	upieczesz	napiszesz	popłyniesz	zrobisz
25	upiecze	napisze	popłynie	zrobi
26	upieczemy	napiszemy	popłyniemy	zrobimy
27	upieczecie	napiszecie	popłyniecie	zrobicie
28	upieką	napiszą	popłyną	zrobią
29	piecz	pisz	płyń	rób
30	niech piecze	niech pisze	niech płynie	niech robi
31	pieczmy	piszmy	płyńmy	róbmy
32	pieczcie	piszcie	płyńcie	róbcie
33	niech pieką	niech piszą	niech płyną	niech robią
34	piekłbym	pisałbym	płynąłbym	robiłbym
35	piekłabym	pisałabym	płynęłabym	robiłabym
36	piekłbyś	pisałbyś	płynąłbyś	robiłbyś
37	piekłabyś	pisałabyś	płynęłabyś	robiłabyś
38	piekłby	pisałby	płynąłby	robiłby
39	piekłaby	pisałaby	płynęłaby	robiłaby
40	piekłoby	pisałoby	płynęłoby	robiłoby
41	pieklibyśmy	pisalibyśmy	płynęlibyśmy	robilibyśmy
42	piekłybyśmy	pisałybyśmy	płynęłybyśmy	robiłybyśmy
43	pieklibyście	pisalibyście	płynęlibyście	robilibyście
44	piekłybyście	pisałybyście	płynęłybyście	robiłybyście
45	piekliby	pisaliby	płynęliby	robiliby
46	piekłyby	pisałyby	płynęłyby	robiłyby
47	pieczony	pisany	-	robiony
48	pieczona	pisana	-	robiona
49	pieczone	pisane	-	robione
50	pieczeni	-	-	robieni
51	pieczone	pisane	-	robione

VII

bezokolicznik			1	rozumieć	słyszeć	spać
aspekt			2	imperf	imperf	imperf
para aspektowa			3	zrozumieć	usłyszeć	-
tryb oznajmujący	czas teraźniejszy	ja	4	rozumiem	słyszę	śpię
		ty	5	rozumiesz	słyszysz	śpisz
		on, ona, ono	6	rozumie	słyszy	śpi
		my	7	rozumiemy	słyszymy	śpimy
		wy	8	rozumiecie	słyszycie	śpicie
		oni, one	9	rozumieją	słyszą	śpią
	czas przeszły	ja m	10	rozumiałem	słyszałem	spałem
		ja ż	11	rozumiałam	słyszałam	spałam
		ty m	12	rozumiałeś	słyszałeś	spałeś
		ty ż	13	rozumiałaś	słyszałaś	spałaś
		on m	14	rozumiał	słyszał	spał
		ona ż	15	rozumiała	słyszała	spała
		ono n	16	rozumiało	słyszało	spało
		my mos	17	rozumieliśmy	słyszeliśmy	spaliśmy
		my nmos	18	rozumiałyśmy	słyszałyśmy	spałyśmy
		wy mos	19	rozumieliście	słyszeliście	spaliście
		wy nmos	20	rozumiałyście	słyszałyście	spałyście
		oni mos	21	rozumieli	słyszeli	spali
		one nmos	22	rozumiały	słyszały	spały
	czas przyszły prosty	ja	23	zrozumiem	usłyszę	-
		ty	24	zrozumiesz	usłyszysz	-
		on, ona, ono	25	zrozumie	usłyszy	-
		my	26	zrozumiemy	usłyszymy	-
		wy	27	zrozumiecie	usłyszycie	-
		oni, one	28	zrozumieją	usłyszą	-
tryb rozkazujący		ty	29	rozumiej	słysz	śpij
		on, ona, ono	30	niech rozumie	niech słyszy	niech śpi
		my	31	rozumiejmy	słyszmy	śpijmy
		wy	32	rozumiejcie	słyszcie	śpijcie
		oni, one	33	niech rozumieją	niech słyszą	niech śpią
tryb przypuszczający		ja m	34	rozumiałbym	słyszałbym	spałbym
		ja ż	35	rozumiałabym	słyszałabym	spałabym
		ty m	36	rozumiałbyś	słyszałbyś	spałbyś
		ty ż	37	rozumiałabyś	słyszałabyś	spałabyś
		on m	38	rozumiałby	słyszałby	spałby
		ona ż	39	rozumiałaby	słyszałaby	spałaby
		ono n	40	rozumiałoby	słyszałoby	spałoby
		my mos	41	rozumielibyśmy	słyszelibyśmy	spalibyśmy
		my nmos	42	rozumiałybyśmy	słyszałybyśmy	spałybyśmy
		wy mos	43	rozumielibyście	słyszelibyście	spalibyście
		wy nmos	44	rozumiałybyście	słyszałybyście	spałybyście
		oni mos	45	rozumieliby	słyszeliby	spaliby
		one nmos	46	rozumiałyby	słyszałyby	spałyby
imiesłów przymiotnikowy bierny służący do tworzenia strony biernej	lp.	m	47	rozumiany	słyszany	-
		ż	48	rozumiana	słyszana	-
		n	49	rozumiane	słyszane	-
	lm.	mos	50	rozumiani	słyszani	-
		nmos	51	rozumiane	słyszane	-

1	śmiać się	tańczyć	widzieć	wiedzieć
2	imperf	imperf	imperf	imperf
3	zaśmiać się	zatańczyć	zobaczyć	-
4	śmieję się	tańczę	widzę	wiem
5	śmiejesz się	tańczysz	widzisz	wiesz
6	śmieje się	tańczy	widzi	wie
7	śmiejemy się	tańczymy	widzimy	wiemy
8	śmiejecie się	tańczycie	widzicie	wiecie
9	śmieją się	tańczą	widzą	wiedzą
10	śmiałem się	tańczyłem	widziałem	wiedziałem
11	śmiałam się	tańczyłam	widziałam	wiedziałam
12	śmiałeś się	tańczyłeś	widziałeś	wiedziałeś
13	śmiałaś się	tańczyłaś	widziałaś	wiedziałaś
14	śmiał się	tańczył	widział	wiedział
15	śmiała się	tańczyła	widziała	wiedziała
16	śmiało się	tańczyło	widziało	wiedziało
17	śmialiśmy się	tańczyliśmy	widzieliśmy	wiedzieliśmy
18	śmiałyśmy się	tańczyłyśmy	widziałyśmy	wiedziałyśmy
19	śmialiście się	tańczyliście	widzieliście	wiedzieliście
20	śmiałyście się	tańczyłyście	widziałyście	wiedziałyście
21	śmiali się	tańczyli	widzieli	wiedzieli
22	śmiały się	tańczyły	widziały	wiedziały
23	zaśmieję się	zatańczę	zobaczę	-
24	zaśmiejesz się	zatańczysz	zobaczysz	-
25	zaśmieje się	zatańczy	zobaczy	-
26	zaśmiejemy się	zatańczymy	zobaczymy	-
27	zaśmiejecie się	zatańczycie	zobaczycie	-
28	zaśmieją się	zatańczą	zobaczą	-
29	śmiej się	tańcz	widz	wiedz
30	niech śmieje się	niech tańczy	niech widzi	niech wie
31	śmiejmy się	tańczmy	widźmy	wiedzmy
32	śmiejcie się	tańczcie	widźcie	wiedzcie
33	niech śmieją się	niech tańczą	niech widzą	niech wiedzą
34	śmiałbym się	tańczyłbym	widziałbym	wiedziałbym
35	śmiałabym się	tańczyłabym	widziałabym	wiedziałabym
36	śmiałbyś się	tańczyłbyś	widziałbyś	wiedziałbyś
37	śmiałabyś się	tańczyłabyś	widziałabyś	wiedziałabyś
38	śmiałby się	tańczyłby	widziałby	wiedziałby
39	śmiałaby się	tańczyłaby	widziałaby	wiedziałaby
40	śmiałoby się	tańczyłoby	widziałoby	wiedziałoby
41	śmialibyśmy się	tańczylibyśmy	widzielibyśmy	wiedzielibyśmy
42	śmiałybyśmy się	tańczyłybyśmy	widziałybyśmy	wiedziałybyśmy
43	śmialibyście się	tańczylibyście	widzielibyście	wiedzielibyście
44	śmiałybyście się	tańczyłybyście	widziałybyście	wiedziałybyście
45	śmialiby się	tańczyliby	widzieliby	wiedzieliby
46	śmiałyby się	tańczyłyby	widziałyby	wiedziałyby
47	-	tańczony	widziany	-
48	-	tańczona	widziana	-
49	-	tańczone	widziane	-
50	-	-	widziani	-
51	-	tańczone	widziane	-

				powinien
tryb oznajmujący	czas teraźniejszy	ja	m	powinienem
			ż	powinnam
			n	-
		ty	m	powinieneś
			ż	powinnaś
			n	-
		on		powinien
		ona		powinna
		ono		powinno
		my	mos	powinniśmy
			nmos	powinnyśmy
		wy	mos	powinniście
			nmos	powinnyście
		oni		powinni
		one		powinny
	czas przeszły	ja	m	powinienem był
			ż	powinnam była
			n	-
		ty	m	powinieneś był
			ż	powinnaś była
			n	-
		on		powinien był
		ona		powinna była
		ono		powinno było
		my	mos	powinniśmy byli
			nmos	powinnyśmy były
		wy	mos	powinniście byli
			nmos	powinnyście były
		oni		powinni byli
		one		powinny były
tryb przypuszczający		ja	m	powinien bym
			ż	powinna bym
			n	powinno bym
		ty	m	powinien byś
			ż	powinna byś
			n	powinno byś
		on		powinien by
		ona		powinna by
		ono		powinno by
		my	mos	powinni byśmy
			nmos	powinny byśmy
		wy	mos	powinni byście
			nmos	powinny byście
		oni		powinni by
		one		powinny by

czasownik niewłaściwy		można	trzeba	widać
tryb oznajmujący	czas teraźniejszy	można	trzeba	widać
	czas przeszły	było można	było trzeba	było widać
	czas przyszły	będzie można	będzie trzeba	będzie widać
tryb rozkazujący		niech będzie można	niech będzie trzeba	niech będzie widać
tryb przypuszczający	czas teraźniejszy	można by	trzeba by	widać by
	czas przeszły	byłoby można	byłoby trzeba	byłoby widać